汶川特大地震安县抗震救灾志

《汶川特大地震安县抗震救灾志》编纂委员会　编

WENCHUAN
TEDA DIZHEN
ANXIAN KANGZHEN JIUZAI ZHI

方志出版社
Publishing House of Local Records

图书在版编目（CIP）数据

汶川特大地震安县抗震救灾志 / 《汶川特大地震安县抗震救灾志》编纂委员会编. —北京：方志出版社，2015.5

ISBN 978-7-5144-1602-2

Ⅰ. ①汶… Ⅱ. ①汶… Ⅲ. ①抗震-救灾-概况-安县 Ⅳ. ①D632.5

中国版本图书馆 CIP 数据核字（2015）第 085380 号

汶川特大地震安县抗震救灾志

编　　者：《汶川特大地震安县抗震救灾志》编纂委员会
责任编辑：黄　彦
出 版 人：冀祥德
出 版 者：方志出版社
　地址　北京市朝阳区潘家园东里 9 号（国家方志馆 4 层）
　邮编　100021
　网址　http://www.fzph.org
发　　行：方志出版社发行中心
　电话（010）67110500
经　　销：各地新华书店
印　　刷：四川省印刷制版中心有限公司
开　　本：889×1194　1/16
印　　张：42
字　　数：1341 千
版　　次：2015 年 5 月第 1 版　2015 年 5 月第 1 次印刷
印　　数：0001~2000 册

ISBN 978-7-5144-1602-2　定价：580.00 元

ISBN 978-7-5144-1602-2
9 787514 416022 >

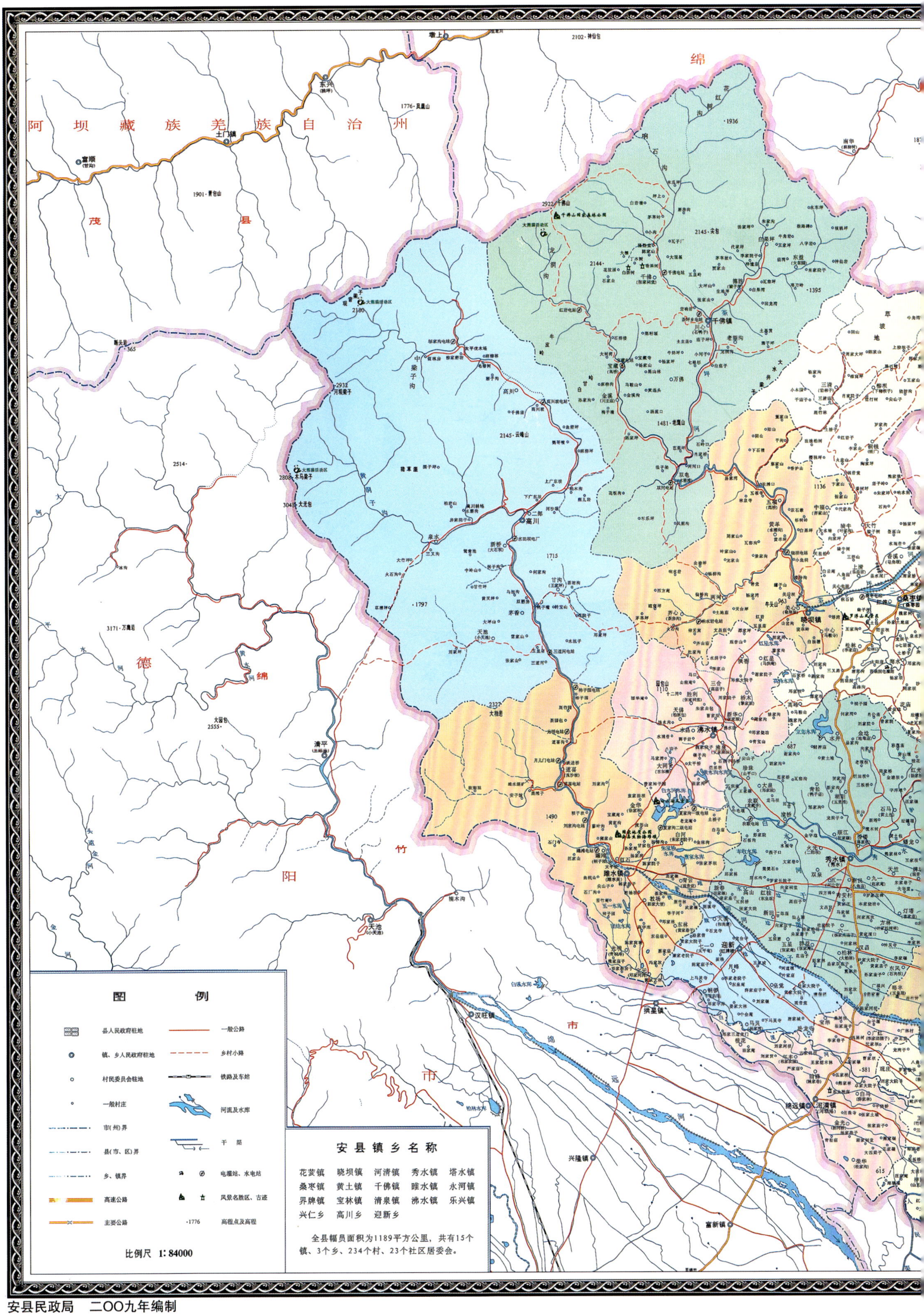

安县民政局 二OO九年编制

安县行政区划图

安县城区街道图
北川羌族自治县
花荄镇
黄土镇
秀水镇
桑枣镇
河清镇
塔水镇
宝林镇
永河镇
乐兴镇
界牌镇
雎水镇
安昌镇
擂鼓镇
通口镇
香泉
西屏
方水
龙门镇
青莲镇
丰谷镇
金山镇
永安镇
文星镇
广富镇

汶川特大地震灾害分区图

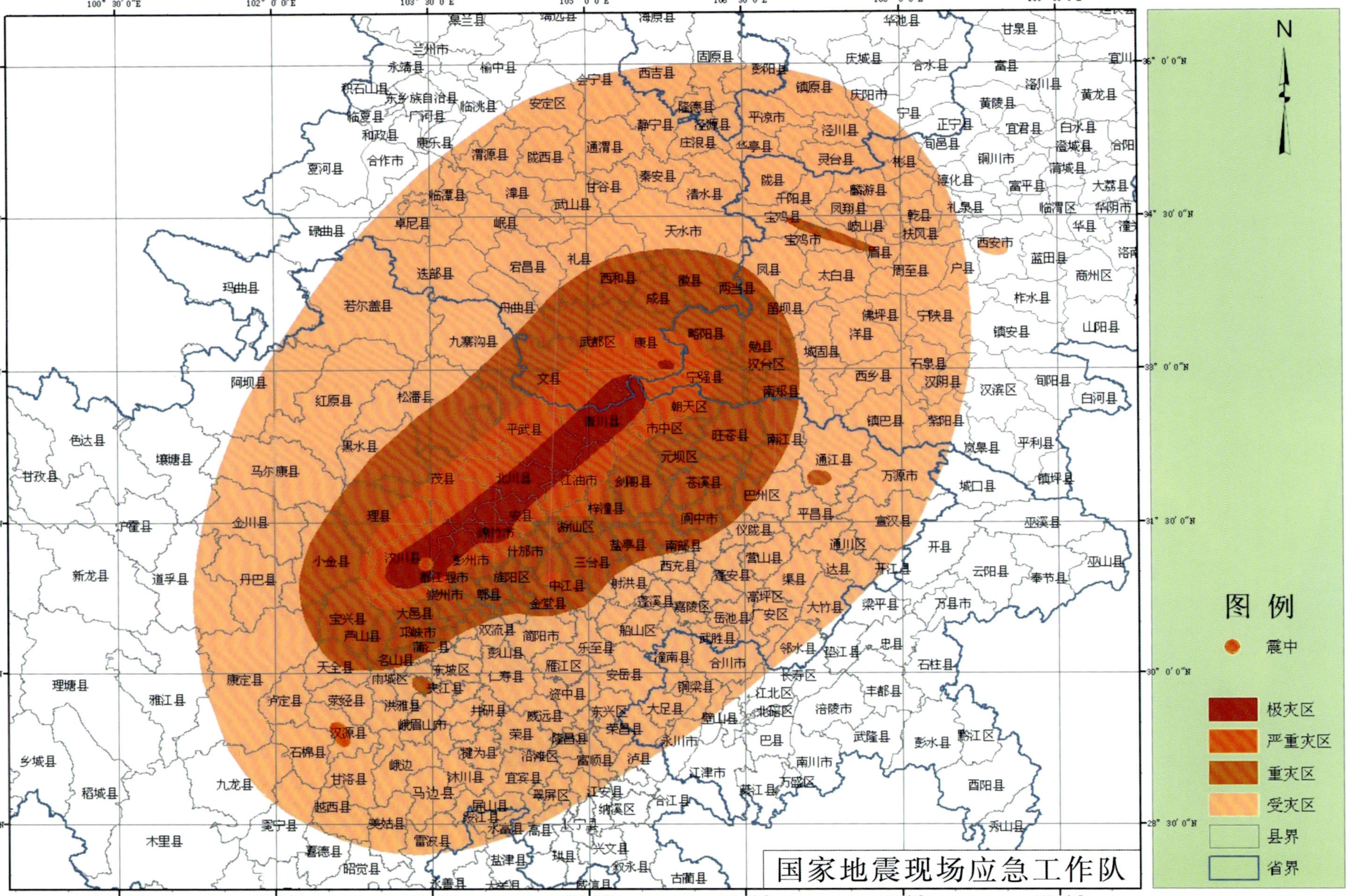

灾情

ZAIQING

2008年5月12日14时28分，汶川特大地震爆发，顿时山摇地动，天昏地暗，房倒屋塌，滚石滑坡，地陷人埋，山河移位，道路断裂，堰塞湖高危，断电，断水，停气，51万安县儿女在死亡线上苦苦挣扎……特大地震造成安县20个乡镇，51万人民全部受灾，因灾死亡2640人，失踪655人，受伤88623人。直接经济损失430.4亿元。

安县被国务院综合评估为汶川特大地震10个极重灾县，位列第七位。

肖家桥大地震后毁损地貌

茶坪乡地震后老街灾情

高川乡老街

肖家桥堰塞湖排险泄流情景

县行政大楼内受损

大地震后茶坪乡场镇鸟瞰图

安县银河公司2万吨无钙焙烧红矾钠动态浸取系统受损

35KV高压室及主控室严重受损

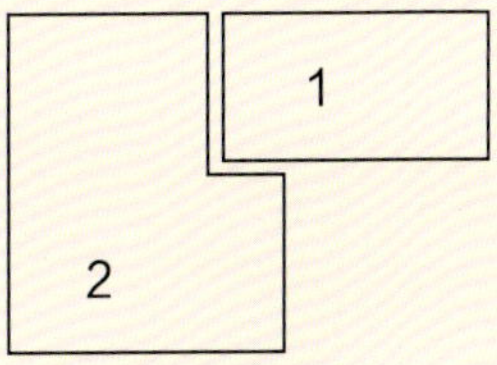

1. 秀水镇毁损房屋
2. 秀水镇毁损的水塔

1. 安昌镇南河大桥处从山上滚下的巨石
2. 地震发生时县人民医院（安昌镇）的抢救现场
3. 县人民医院（花荄镇）领导和职工紧急抢救伤员
4.银河建化集团公司职工抢救伤员

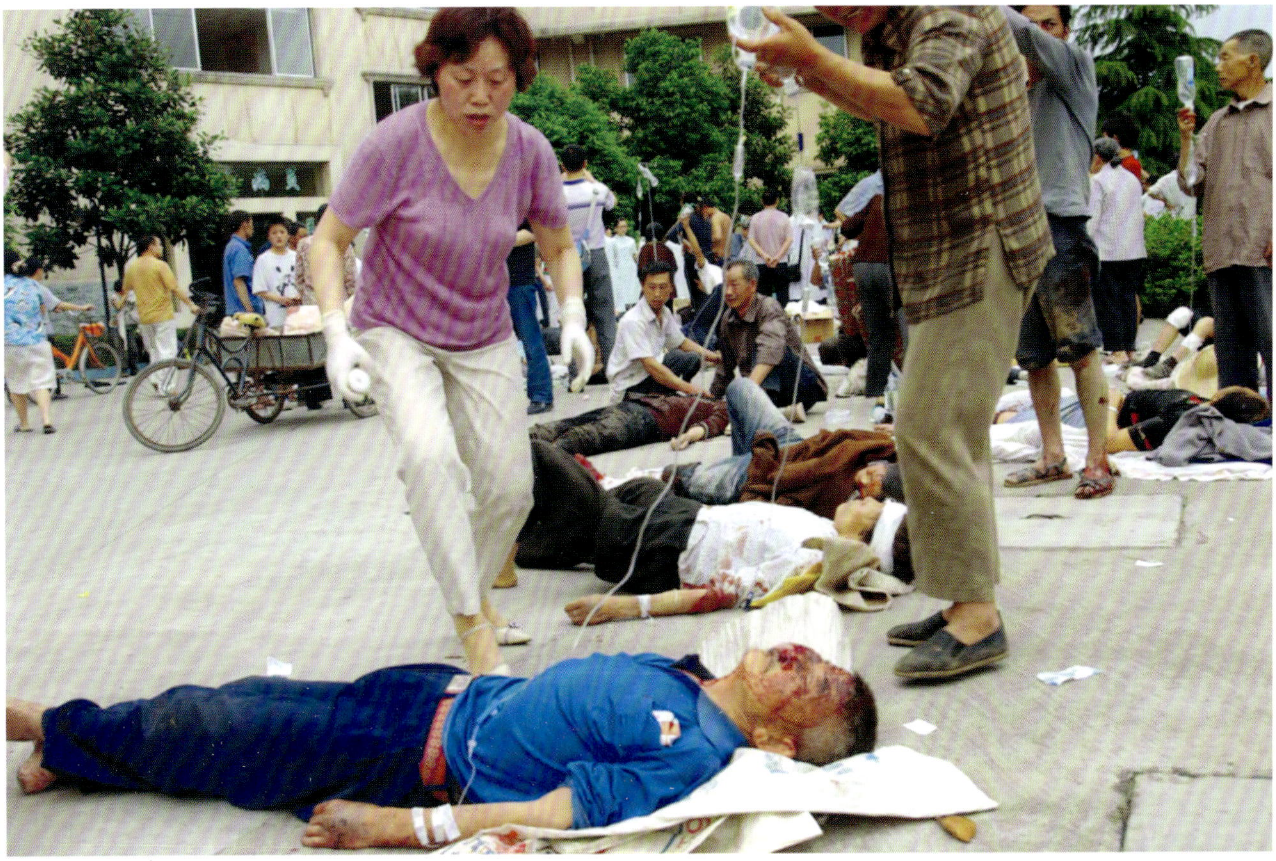

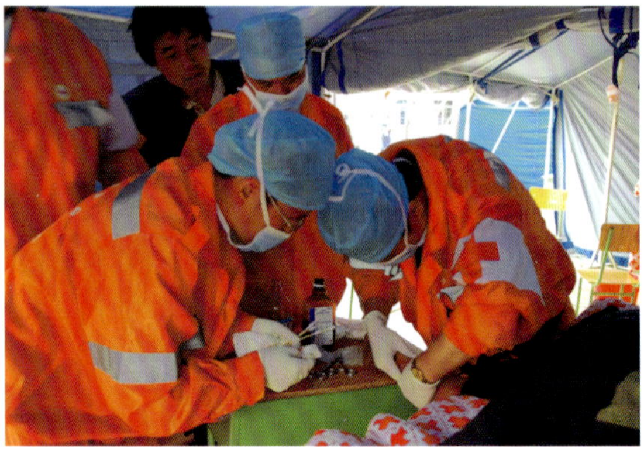

中国红十字医院上海华山医院紧急救援队
在帐篷中救治伤员

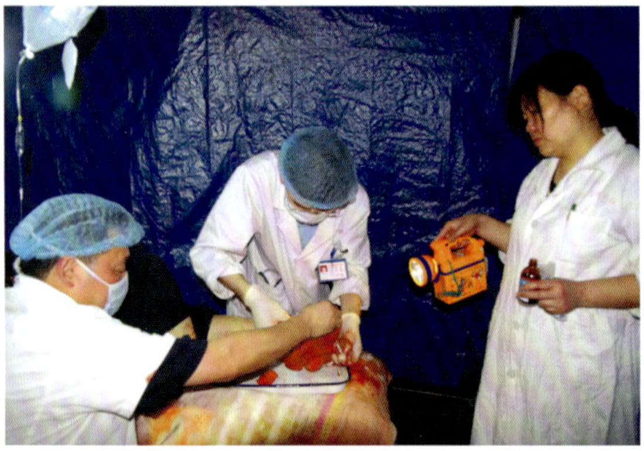

县中医院用手电筒照明在帐篷做手术

河北省卫生防疫人员在茶坪乡处理遇难群众遗体

河北省卫生防疫队在灾民安置点开展心理干预

肖家桥堰塞湖排险的勇士们

新闻媒体采访安县受灾群众

震后的钟鼓楼

震前老县城钟鼓楼

震前县城文星阁

震后的文星阁

震前千佛山“成佛之路”艺术墙

震后千佛山“成佛之路”艺术墙

内江军分区官兵从茶坪乡深山开辟出一条20公里的生命线转移重伤员

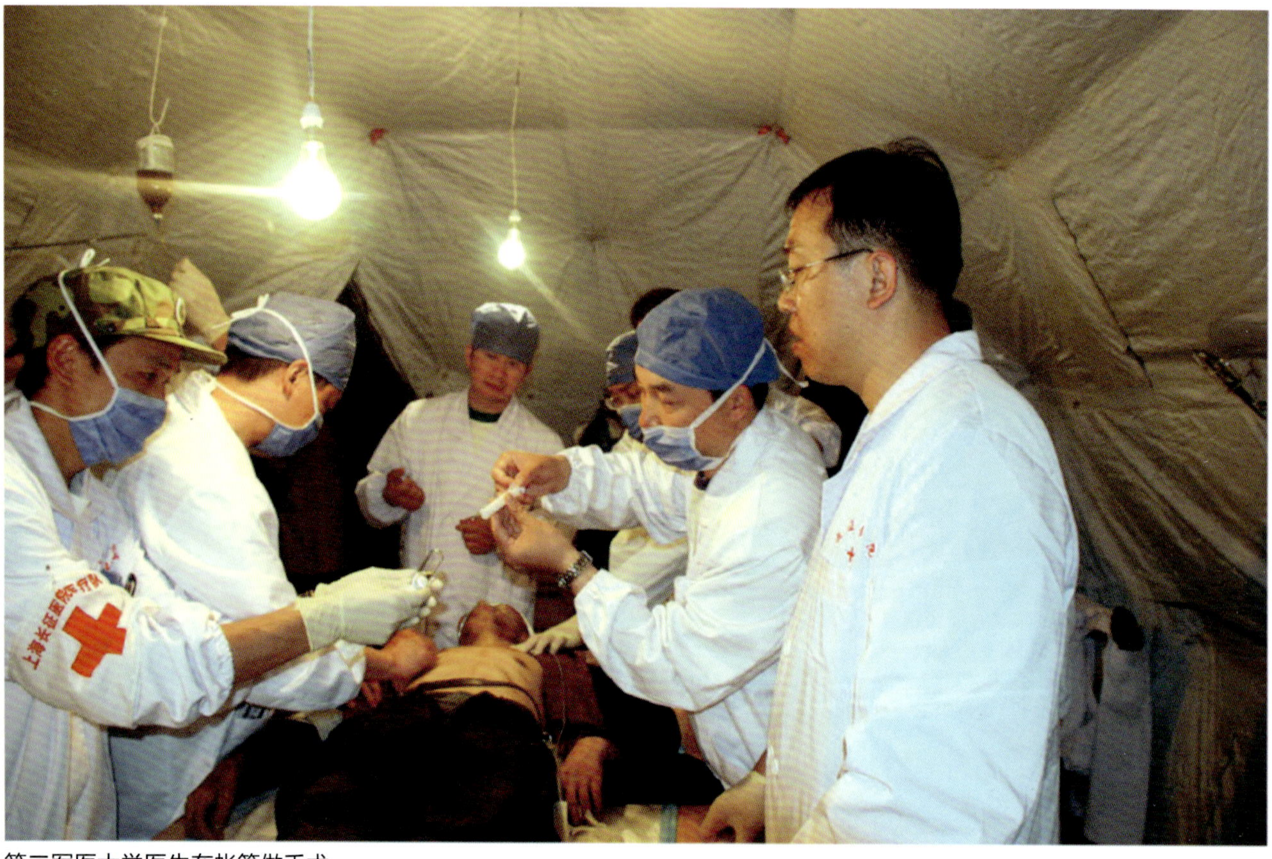

第二军医大学医生在帐篷做手术

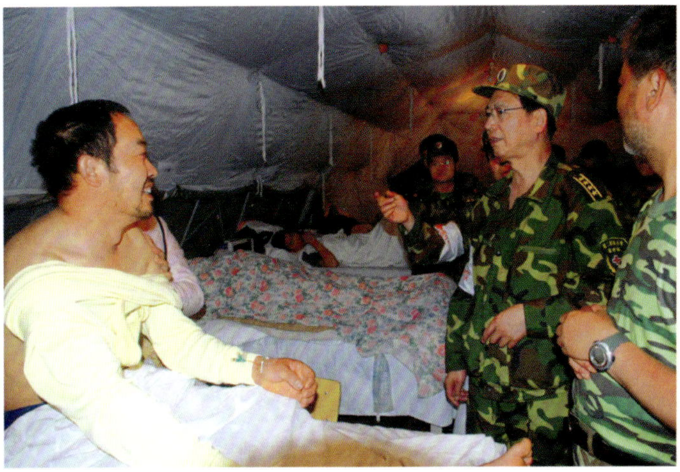

1 2 3

1. 被埋172小时的矿工彭国华被救出后在部队医院治疗
2. 二炮消防队在睢水一带开展防疫工作
3. 十四军周小舟军长在睢水镇了解受灾情况，组织救援

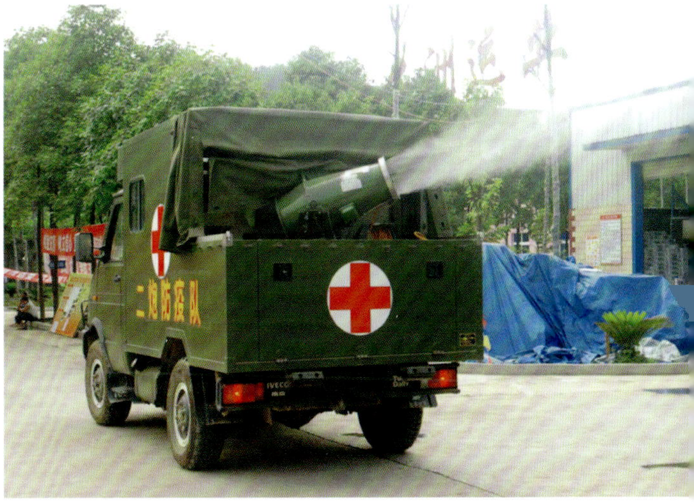

2009年5月11日，中共中央总书记、国家主席、中央军委主席胡锦涛（右二）在绵阳接见辽宁援建前线指挥部总指挥张征

2008年11月16日，中共中央政治局常委、国务院总理温家宝（中）在茶坪乡慰问受灾群众

2008年5月19日，中共中央政治局常委、国务院副总理李克强（左一）在晓坝镇救助站指挥抗震救灾

2010年6月23日，中共中央政治局常委李长春（左一）在安县视察重建工作

2011年4月，中共中央政治局委员、中央书记处书记、中宣部部长刘云山（中）在晓坝镇视察重建工作

2011年5月3日，中共中央政治局常委、中央纪律检查委员会书记贺国强（中）在安县视察重建工作

2008年5月24日，中共中央政治局委员、中组部部长李源潮（右二）看望桑枣镇飞龙村支部书记夏平

2009年6月25日，中共中央政治局委员、国务院副总理回良玉（中）在兴仁乡农业服务站视察

2011年6月19日，中共中央政治局委员、国务委员刘延东（中）在安县视察灾后重建工作

2008年6月27日，中共辽宁省委书记、省人大主任张文岳（右一）看望安县受灾群众

2010年5月8-9日，中共辽宁省委书记、省人大主任王珉（左二）看望安县受灾群众

辽宁省公安厅对口支援安县公安局
中国工商银行 现金支票
壹佰万元整
¥100000000

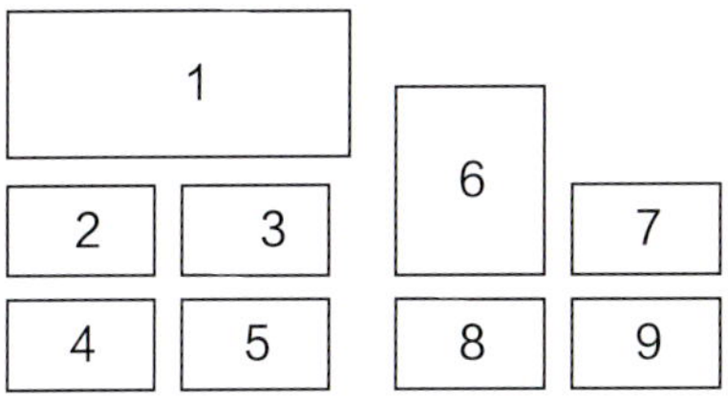

1. 2010年9月29-30日，辽宁省省长陈政高（右二）在安县视察援建工作
2. 中共辽宁省委常委、常务副省长许卫国（左二）要求辽宁电影放映队为灾区做好文化援助工作
3. 中共辽宁省委常委、总工会主席王俊莲（前左二）看望受灾群众
4. 辽宁省副省长滕卫平（中）在安县指导工作
5. 辽宁省公安厅向安县公安局捐赠资金
6. 辽宁省民政厅厅长徐铁南（左一）看望受灾群众
7. 辽宁省卫生厅厅长姜潮（中）在安县界牌卫生院视察
8. 辽宁省文化厅厅长郭兴文（中）看望在板房中学习的学生
9. 辽宁省政府副秘书长张征（前排右一）视察花荄镇柏杨村农房重建情况

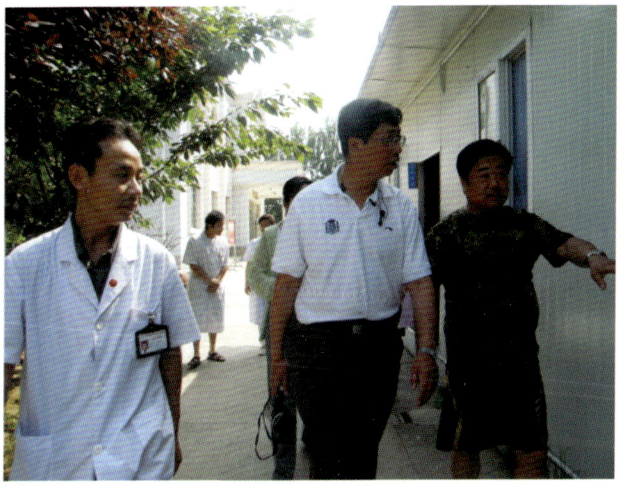

HYUNDAI

1 3
2 4

1. 2008年11月15日，中共四川省委书记、省人大主任刘奇葆（中）在安县视察灾后重建工作
2. 2008年6月1日，四川省省长蒋巨峰（前排左一）在安县视察重建工作
3. 2008年9月23日，中共四川省委常委、副省长魏宏（前左三）在花荄镇初级中学视察工作
4. 2009年5月20日，中共四川省委常委、省总工会主席李登菊（左一）在银河建化集团查看灾情

2009年3月29日，市委书记吴靖平深入安县就灾后重建工作进行调研

2008年8月18日，中共绵阳市委副书记、市长曾万明（前排右二）到银河建化集团指导抗震救灾工作

中共安县县委书记王黎（右一）给群众分发救灾物资

县长赵迎春（左一）看望救助站灾民

县人大党组书记、副主任朱安保（右一），副主任田涌泉（前排右二），副主任杨通远（前排右三），副主任潘昌友（左一）指导农业重建工作

县政协主席张忠贵（中）指导灾后重建工作

县委副书记张道斌（前排右二）调研学校重建工作

县委常委、常务副县长梁建（前排右一）调研计生重建工作

1. 县委常委、宣传部部长谭莉（左二）在睢水镇检查工作
2. 县委常委、纪委书记姜曦（右一）在介绍重建中的纪律检查工作
3. 县委常委、副县长安瑛（左一）到宝林镇调元社区困难群众罗会义家中慰问
4. 县委常委、政法委书记钟思亮（中）检查重建工作
5. 县委常委、总工会主席朱元光（左一）指导援建工作

1 2
3
4

1. 县委常委陈本志（右二）指导灾后水利重建工作
2. 县委常委、组织部部长党海燕（中）检查学校重建工作
3. 县委常委、武装部政委严元宝（中）向县委书记王黎（左）汇报工作
4. 县委常委、副县长、辽安路工程建设安县指挥部副指挥长兼指挥部办公室主任郭向前（右二）指导拆迁工作

辽宁援建安县，三年援建任务两年全面完成。援建102个项目，总投入40.27亿元。辽宁援建“输血与造血并重，重建与发展并举”，覆盖民生、社会、文化各项事业，使安县跨越了数十年。

2010年5月，异址重建的晓坝镇全景

2009年4月22日，安县灾后新建的辽安路竣工通车，打通安县腹地“瓶颈”，贯穿六个乡镇，形成全县半小时经济圈，25万群众从中受益

2009年5月9 日，晓坝镇新场镇建设竣工揭碑仪式

灾后新建的社会福利中心

辽宁援建的县人民医院住院部综合大楼

辽宁援建的县中医院

1. 辽宁援建的辽安工业园落成
2. 辽宁援建的桑枣中学

感谢辽宁兄弟姐妹 您们辛苦了
安 工 业
四川安县工业园区（规划图）

辽宁援建的花荄镇初级中学

辽宁援建的广播电影电视业务用房

花荄镇前进村新建的灾后新村

黄土镇平桥村灾后新貌

2009年1月，黄土镇方碑村喜迁新居

震后经改造的新县城五路口道路整洁宽阔

2010年5月，灾后新建的农业科技示范园观光走廊

2010年5月，农业科技示范园投入使用

灾后重建的文星阁

灾后重建的中联水泥集团公司水泥生产线

灾后重建的华晨汽车南方基地花荄工厂项目总装车间整车生产线

2009年12月，新建的城区堤坝及水环境治理闸坝——姊妹廊桥

《汶川特大地震安县抗震救灾志》编纂委员会

2009 年 9 月—2010 年 4 月

顾　问： 王　黎

主　任： 赵迎春

副主任： 张道斌　梁　建　田涌泉　王　刚　李　培

委　员： 吴　森　任晓军　詹世勇　陈　鼎　刘　宁　陈小平　李　春　张清儒　潘　进
向云刚　李建强　何廷超　何　超　顾德军

2010 年 4 月—2012 年 2 月

主　任： 赵迎春

副主任： 梁　建　杨代根　田涌泉　刘胜军　李　培

委　员： 任晓军　詹世勇　王　森　刘　宁　陈小平　李　春　张加军　曾　洵　何　波
邓德元　向云刚　李建强　李　凯　何廷超　何　超　顾德军　黄定拥

2012 年 2 月后

顾　问： 廖雪梅

主　任： 赵迎春

副主任： 谭　莉　钟思亮　党海燕　赵　奎　王勇军　许　红　邓德元　李　凯

委　员： 刘云相　李广荣　詹世勇　王　森　董　键　何　超　陈小平　李　春　曾　洵
向云刚　杨宝童　李建强　何廷超　顾德军　齐桂芳　何　波　张旭辉　黄定拥

《汶川特大地震安县抗震救灾志》编纂委员会办公室

主　任： 张清儒（2009 年 9 月—2010 年 4 月）
张加军（2010 年 4 月—2011 年 9 月）
何　超（2011 年 9 月—2014 年 4 月）

副主任： 田世荣（2009 年 9 月后）

《汶川特大地震安县抗震救灾志》编纂委员会编辑室

主　编： 张清儒（2009 年 9 月—2010 年 4 月）
张加军（2010 年 4 月—2011 年 9 月）
何　超（2011 年 9 月—2014 年 4 月）
总　纂： 杨永安（2012 年 2 月—2015 年 3 月）
副主编： 桂玉德（2010 年 4 月—2011 年 9 月）
杨　剑（2010 年 4 月—2011 年 9 月）
田世荣（2011 年 9 月—2015 年 3 月）
编　辑： 何　超　田世荣　杨永安　桂玉德　杨　剑　张　琴　郭　娟
摄　影： 王　剑　钟述强　贺　敏　席珍奎　何　超　杨　剑　徐　尧
王　凌　梁　军　吕　伟 等
资料员： 王照彤　刘　艳

初稿编写人员及责任编辑

篇　名	初稿编写责任单位	编写人员	责任编辑
图　片	安县地方志办公室	田世荣	何　超
凡　例	安县地方志办公室	杨永安	田世荣
概　述	安县地方志办公室	杨永安	田世荣
大事记	安县地方志办公室	张　琴	田世荣　杨永安
灾情篇	安县防震减灾局	朱国华	杨永安　桂玉德　杨　剑
抢险救灾篇	安县武装部	何纯芳	张清儒　杨永安　张　琴
医疗防疫篇	安县卫生局	陈朝礼	桂玉德　何　超　杨永安
赈灾篇	安县民政局	何纯芳	田世荣　杨永安　桂玉德
灾后重建篇	安县发改局	朱国华	杨永安　杨　剑　田世荣
辽宁对口援建篇	安县地方志办公室	田世荣	何　超　杨永安
英雄人物和英雄（先进）集体篇	安县人力资源和社会保障局	蒋一军	杨永安　郭　娟　张　琴
文　存	安县地方志办公室	郭　娟	何　超
编后记	安县地方志办公室	杨永安	

《汶川特大地震安县抗震救灾志》市专家组审查人员

组　长： 余正道
组　员： 黄宪礼　唐洪健　黄天清　赵兴武　晏茂川　李维怡　刘　刚

序

公元2008年5月12日14时28分，四川龙门山脉三百余里，突然爆发八级大地震，史称汶川特大地震。安县位于龙门山脉中段，遭受重创。县内高川、茶坪两乡，位置居于汶川北川之间，距第一震中汶川县映秀镇直径距离不超过百里，与第二震中北川县曲山镇山水相连。灾难之巨，难以想像。大震之后，县内全境受灾，死亡2640人，失踪655人，救治伤员逾20万人（含北川伤员），50余万人无家可归。高川、茶坪两乡成生命“孤岛”，山河破碎，道路堵塞，上下不通。军队驰援，近2万人翻山越岭撤离家园，妥善安置于全县救治点。县内房屋倒塌过半，全县人民全部避居板房帐篷；道路桥梁大多中断，工商诸业几近瘫痪。全县综合损失过400亿元。经国务院评估，安县列十极重灾县第七。

大灾过后涌大爱。中央、省、市领导，辽宁省及海内外各界人士，对安县的抢险救灾与灾后重建，给予了巨大的关怀与帮助。

大震之后，党和国家领导人胡锦涛、温家宝、李长春、李克强、贺国强、回良玉、刘延东、李源潮、刘云山等；四川省刘奇葆、蒋巨峰、魏宏、王怀臣、李登菊等；绵阳市吴靖平、曾万明、张世虎、左代富等，多次到安县视察指导工作。中共中央高屋建瓴的治世良策、重建构想，对安县顺利完成抢险救灾、灾后重建工作，起到了决定性的作用。

大震之后，中共安县县委、安县人民政府在第一时间成立抗震救灾指挥部，启动应急预案，组织全县人民抗震救灾。50余万安县人民众志成城，同舟共济，历时数月，经历了抢救伤员、卫生防疫、恢复水电通信、稳定社会局势、安置受灾群众、接受安置北川灾民、转移高川茶坪两乡人员、保通道路、排除堰塞湖险情、恢复全县生产生活等极为艰难困苦的工作，实现了大灾之后无大疫，社会秩序良好稳定，取得了抗震救灾的重大胜利。

安县人民感恩全国人民、海外同胞的无私援助，收到了大量的物资与资金。正是这些非常必要的食品、饮水、药品、帐篷、工程机械与救灾资金等，让安县人民度过了大灾之初最困难的时期。十四集团军、二炮、辽宁特警、山西消防、内江军分区等组成的救灾力量，起到了十分关键的作用；来自全国各地的卫生单位、抢险队伍、新闻单位、志愿者、红十字会、慈善组织等，为安县奉献了无私大爱。

灾后重建工作中，安县人民十分感恩于辽宁的无私援建。辽宁省委、省政府把安县当成辽宁的第四十五个县来建设，是辽宁人民的深情厚爱；102个项目，40余亿元资金，是辽宁人民真金白银的爱心付出；设置辽宁对口援建前线指挥部，支票工程，钥匙工程，节约更多资金用于安县的重建，是辽宁援建有别于其他省市援建的特色；辽宁省委、省政府领导张文岳、王珉、陈政高、许卫国、王俊莲等多次莅临指导，是辽宁党政领导对安县人民最炽热的关怀；改善交通，形成安县半小时经济圈，文化、卫生、教育、福利院等一批民生工程的建设，让安县向前跨越了数十年，则是辽宁给予安县人民的福祉。

安县四大班子领导集体在三年灾后重建工作中，对安县灾后重建工作的尽心尽力，则是对安县人民的另一种奉献。面对繁重的重建工作，县委、县政府广泛征求各方意见，首先做好重建规划。755个项目，316亿元资金，涉及一二三产业的各个方面。农业基础设施和农业产业项目的建设，得到了广大农民的欢迎。特别是省级工业园区的成立与建设，对辽宁援安企业华晨汽车产业园建设的协助，安县本土大型企业银河建化集团的重建，150万吨中联水泥集团的引进，好医生制药的生产线扩张等，对安县今后的发展形成了强大的造血功能，并已经产生了明显的经济效益，得到了上级领导与群众的一致好评。

无论是抢险救灾还是在灾后重建工作中，安县都涌现出了一批敢于牺牲、乐于奉献的基层干部群众。他们的事迹可歌可泣，本志进行了典型记载，而这些典型只是抗震救灾中在安县涌现出来的成千上万优秀干部群众的代表。

安县大力支援北川的灾后重建工作，将安县永安、安昌两镇及黄土镇六个村的二百余平方公里、近八万人划入北川，对北川人民作出了巨大的贡献。

《汶川特大地震安县抗震救灾志》为国家、省政府规定的必修专志，七个牵头单位，百余部门的工作人员合作，历时三年编纂而成，记载了这一段难忘的历史。书中翔实的文字、典型的图片，不论是我们经历了这一艰难而又辉煌时期的现在人，还是百千年后希望了解这一段历史的未来人，都可作为一种感动的阅读。这对于我们激励当代，借鉴未来，都具有重要的意义。

谨为序。

中共安县县委书记　赵迎春

2012年6月29日

凡 例

一、本志以马克思列宁主义、毛泽东思想、邓小平理论、“三个代表”重要思想，科学发展观为指导，坚持辩证唯物主义和历史唯物主义的立场、观点和方法，客观记述安县地震灾害、抗震救灾、灾后重建及辽宁对口支援工作。

二、本志记述地域范围以断限期内的安县行政区划为准。上限2008年5月12日，下限断至2011年9月30日。

三、全志按篇、章、节设置，节下设目，视需要设子目、细目。

四、体裁采用述、记、志、图、表、录等，以志为主。特别重要的文件、资料以文存收录。

五、本志“人物”收录标准：“英模人物传”“英模人物选介”为获得省级以上表彰的抗震救灾、灾后重建英模先进个人，英模表为市委、市政府、县委、县政府表彰的先进个人。

六、本志资料主要来源于县级各部门、各乡镇及相关单位，部分资料源于社会调查。均为经过核实、鉴别的档案资料。文内资料一般不注明出处。

七、本志采用规范的语体文，记述体，述而不论。语言文字、标点符号、数字数据、计量单位的使用和引文注释按国家公布的简化字，国家语言文字工作委员会、国家标准计量局颁布的《简化字总表》《第一批异形词整理表》《出版物上数字用法的规定》《标点符号用法》为准。

八、本志统计数据，以统计部门的法定数据为准。统计部门没有统计的，采用县级相关部门和各乡镇提供的统计数据。

汶川特大地震

安县抗震救灾志

WENCHUAN TEDA DIZHEN
ANXIAN KANGZHENJIUZAI ZHI

CONTENTS

目　录

第二篇 抢险救灾

第三篇　医疗防疫

第四篇　赈　灾

第六篇　辽宁对口援建

概　述

一

安县，位于成都平原西北部，历史悠久，风景秀丽，资源得天独厚，物富民殷，为四川省商品粮和商品猪基地县，又是四川省新兴工业县和风光旅游县之一。

如果说广袤的四川盆地像一个富饶美丽的聚宝盆，那么南距成都100公里的安县，正好是这个聚宝盆的盆沿部分。这里，是龙门山脉中段与成都平原的接合处，北纬31°32′～31°47′，东经104°05′～104°38′，从海拔3047米大光包主峰到海拔479米的安昌河谷地，全境从东到西54.9公里，从南到北43公里，辖区面积1404平方公里（2009年2月1日安昌、永安、黄土6个村辖区面积215平方公里划入北川，安县辖区面积1189平方公里），被高山、丘陵、平坝三分天下。

如果说安县的地形像一块绿色的翡翠，那么坐落在安昌河上的县城花荄镇恰是这块绿色翡翠的吊坠，这个美丽的吊坠，像一朵含苞欲放的郁金香，美轮美奂，光彩夺目，让人流连忘返。安昌河，睢水河与秀水河流经的区域由西北向东南呈扇形展开。其间，丘陵约束着河流，河流贯穿着平坝，平坝又依偎着丘陵。遥望高山，千峰竞秀，灌乔木林郁郁葱葱，植被极好；环视丘陵，竹木丛生，瓜果飘香，气象万千；俯瞰平坝菜花金黄，稻浪万顷，一派绮丽的田园风光。

安县，汉为涪县地，晋置晋兴、益昌、西充国三县，唐建龙安，宋设石泉军，元称安州，明降州为县，历史1660余年。全县17镇3乡（2009年2月1日，安昌、永安、黄土6个村划归北川），乡乡修通了公路，条条公路把安县与祖国各地连在一起，东连中国西部科学城绵阳市，东北紧依唐代大诗人李白故里江油市，南接重工业基地德阳市和剑南春酒乡绵竹市、罗江县，北通大禹故里北川羌族自治县。县东南紧邻宝成铁路和川陕公路。即将修建的成（都）兰（州）铁路将横贯睢水、高川，结束安县没有铁路的历史。

然而，2008年5月12日14时28分，3000年一遇的汶川特大地震爆发，顿时山摇地动，天昏地暗，房倒屋塌，滚石滑坡，地陷车埋，山河移位，道路断裂，堰塞湖堵塞，断电、停水、停气，51万安县儿女在死亡线上苦苦挣扎……事后得知，主震区汶川震级达到里氏8.0级。最集中的反映点群，就在断裂带中段长约200公里的“北川—映秀断层”。所以，专家又称此次汶川地震为奇特的映秀、北川“双震中”现象。“双震中”持续时间长，破坏力最大。汶川特大地震地表形成了两条大断裂，一条是龙门山中央断裂，即北川—映秀断裂；另一条是龙门山山前断裂，即安县—灌县（都江堰）断裂。这两条毁灭和死亡的走廊，在这次大地震中安县正当其中，一阵地动山摇，大地像波浪一样在翻滚，群山顷刻间坍塌，巨大的声浪从各个山谷中咆哮而来，河床的水位猛然上涨，山路变得扭曲，又突然从中间裂开，折断成数节，大地在痉挛，山在震摇、怒吼，人们在恐怖中逃命……大多数楼房倒塌或五马分尸，到处堆积着瓦砾和砖块，木料和门窗，倒塌的电杆横七竖八，密如蛛网的电线，像一堆理不清的乱麻，新县城花荄告急！老县城安昌告急！秀水、睢水、塔水、沸水、河清、迎新、永安、晓坝、桑枣告急！茶坪怎么样？高川怎么样？不得而知，这两个大山乡已与外界隔绝，音讯全无，成了生命孤岛。

高川、茶坪两乡与北川山水相连，直径距汶川更近，震灾损失更为惨重。公路、桥梁被毁、被埋，山体在痉挛，沟谷在变迁，无数鲜活生命在废墟下湮没。断裂带是大的伤口，让人们感到无比的疼痛。

二

地震无情，人间有爱。站在时代的窗口眺望，你又一次看到汶川大地震废墟上高高举起的拳头，听到那“任何困难都难不倒英雄的中国人民”的黄钟大吕……在每一次灾难来临时，中央领导总是在第一时间出现在现场。不惜代价，抢救每一个生命，不放弃、不抛弃。以人为本，不但成为执政党坚定的理念，也成为全社会的共同追求。地震发生后，中共中央、国务院领导人，各部委、中央军委、总部领导人先后亲临安县现场指挥抗震救灾。中共中央总书记、国家主席、中央军委主席胡锦涛路过安县界牌、花荄、黄土、安昌、永安时指示“要全力抢救安县”。国务院总理温家宝亲临茶坪、晓坝看望灾民。四川省委、省政府和其他兄弟省市领导人，绵阳市委、政府领导人深入安县抗震救灾一线，看望、慰问受灾群众，组织抢险救灾。极大地鼓舞了全县人民开展抗震自救和重建家园的斗志。中国人民解放军成都军区14集团军，解放军77123、77156、71998部队，解放军某装甲团、解放军某高炮旅、济南军区某装甲师、云南77289部队、解放军二炮抗震救灾突击队、宜宾军分区民兵预备役救援队，自贡军分区民兵预备役救援队、宜宾武警、陕西武警、陕西消防总队、福建消防总队、山东消防大队、天津消防总队等救援部队20余支8700余人到安县抢险救灾，搜救被困群众1190余人，转移群众1.5万余人，搬运救灾物资1500余吨。“5·12”是日23时，四川省卫生厅派来华西医院、省人民医院、省肿瘤医院、省骨科医院、成都阳光妇科医院、绵阳市三医院等省、市14家130余名医务人员到安县抢救伤病员。5月13日，北京医疗卫生队、上海医疗卫生队、广东医疗卫生队，云南、河南、湖南、湖北、海南、河北、山东、重庆、辽宁医疗卫生救援队1000余人，以及台湾医疗卫生救援队，国际专业医疗救援队，新加坡心连心医疗队近200人到达安县开展医疗救援工作，医治病员23.5万人次，卫生防疫消毒面积56万平方米，搭建帐篷2.3万余顶，排除危房5600余间，清理废墟垃圾5.8万余立方米，收割油菜籽5600余亩，收割小麦500余亩，插秧3000余亩，抢种玉米600余亩，抢修道路120公里，排除肖家桥、老鹰岩堰塞湖险情。来自辽宁、河北、北京、上海、青海、河南等全国40余个省市1.6万余名志愿者，奔赴乡镇、街道社区、农村、厂矿、学校，进村入户开展救灾和转移群众，搬运救灾物资、搭建帐篷、清理废墟垃圾、环境消毒工作。给安县灾区人民以极大的关怀和帮助，安县人民将世代永远铭记。

中共安县县委、安县人民政府在地震发生后迅即成立了抗震救灾临时指挥部，启动重大自然灾害紧急预案，5月12日15时成立了抗震救灾指挥部，指挥长县委书记、县人大常委会主任王黎，县委副书记、县长赵迎春。指挥部下设抢险救灾、医疗救助、信息收集、宣传报道、抗灾救济及群众安置，罹难灾民善后工作等10个组，每个组由副县级领导牵头负责，深入到20个乡镇，与各乡镇党委、镇政府，组织动员党员、干部、群众全方位开展抗震救灾工作。展开了生死大营救。后经统计：在8级大地震的淫威下安县因灾死亡2640人，失踪655人，受伤88623人，从废墟中救出1193人。全县20个乡镇，51万人全部受灾，成灾人口超过47万。全县临时安置受灾群众46.55万人。其中，500人以上的集中安置救助点42个，集中安置群众5万多人。全县建筑物受损80%以上，垮塌50%以上，房屋受损面积达1950万平方米，35万群众无家可归。房屋倒塌面积1167万平方米，部分损毁78万平方米。全县损毁道路826公里，桥梁254座。其中，睢水到高川20公里，晓坝至茶坪20公里二级公路，以及高川乡、茶坪乡境内150公里村通公路由于山体垮塌滑坡全部损毁，两个乡的桥梁垮塌40余座，隧道垮塌2公里，因地震形成睢水罐滩堰塞湖、茶坪河肖家桥堰塞湖导致公路、桥梁难以修复。全县其他道路均受到不同程度损毁，80%以上桥梁成为危桥。全县117所学校房屋垮塌42.1万平方米，损失各种教学设备6.45万台（套），学校全面停课。全县374所医疗卫生单位损毁，房屋损毁11.2万平方米，损失各种医疗器械设备2159台（套），全县275个村卫生站受损严重。全县249公里供水管网，70027处农村供水工程，77公里燃气管道、自来水、电力、通讯、天然气全部中断，导致全县50余万群众基本生活困难。全县100%的企业受灾停产，企业死亡32人，受伤425人，煤矿失踪人员11人，厂房损毁201万平方米，1.8万台（套）设备受损。全县69户规模企业全部停产。因地震使一批在建重大项目停工。全县牲畜死亡18.39万头，农作物受损18.22万亩，水利设施损毁3990处，其中水库严重受损28处。安县各旅游景点和文物古迹遭受重创，白水湖风景区和寻龙山风景区损毁严重，龙隐镇影视基地成了废墟，罗浮山飞鸣禅院，睢水卧佛寺、晓坝姊妹桥以及具有600多年历史的文星阁垮塌夷为平地，投资6.8亿元新建的千佛山风景区，因山体垮塌大部分被毁。

全县因灾直接经济损失达430.4亿元，被国务院综合评估为汶川特大地震全国十个极重灾县，位列第七位。

三

灾后重建，安县依然美丽。经历了严重的自然灾害，安县人进一步深化了对科学发展观内涵的认识，中共安县县委、安县人民政府在组织指挥抗震抢险安置工作告一段落后，迅速带领全县人民进行了灾后重建的伟大工程。随着那令人心碎的时刻在时间的长河里渐渐远去，留在人们心中的悲伤化作了希望，化作了力量，化作继续前进的帆和桨。在中央、省、市的坚强领导和辽宁的强力援建下，安县人提出了科学重建、务实重建、和谐重建、艰苦重建，不等、不靠、不要，自己的事自己干，自力更生、艰苦奋斗，三年任务两年完成的豪迈誓言。经过两年的艰苦努力，取得了灾后恢复重建的初步胜利。全县共规划编制 755 个灾后重建项目，总投资 316 亿元。到 2011 年 9 月 30 日，已开工 754 个，开工率 99.87%；完工 680 个，完工率 90.1%；累计完成投资 294.8 亿元，投资完成率 93.29%。民生项目重建率先完成。城乡住房重建全面完成。完成教育项目 6 个，卫生项目 22 个，敬老院等民政项目 40 个，村委会办公场所 232 个、社区居委会办公场所 25 个，广播电视项目 6 个，县职工和文化活动中心建成投入使用。基础设施重建成效显著。新（改）建道路 331 公里，投资 4.13 亿元的辽安路竣工通车，成青路改造全面完成，辽安路、辽宁大道和成青路构架起安县新的骨干路网。墩秀路、秀茶路等 32 条县乡公路以及干河子大桥、友谊桥等 12 座桥梁重建全面完成，改（扩）建村组道路 493 公里。县城及乡镇市政基础设施项目全面开工，完工水库 24 座、堤防 18 处，整治塘堰 5266 口、渠道 158 公里。新建和恢复提灌站 701 处、机耕道 460 公里。产业经济重建加快推进。辽安现代农业科技示范园、兴仁长沟现代畜牧业养殖示范园投入生产，以工代赈项目全面完成，10 万亩受损农田全面修复。115 个工业重建项目进展顺利，道路及水、电、气配套设施基本完成。4 个旅游恢复重建项目全部开工，109 个商贸服务、粮食流通、金融网点等市场体系重建项目基本完成。生态环境重建有序展开。肖家桥等 27 处堰塞湖有效治理，山洪灾害防治预警预报项目基本完成。林业“三大工程”有效实施，连续 34 年无森林火灾，荣获国家绿色丰碑奖。切实开展工业“三废”和污染源治理工作，削减污染物总量指标，单位 GDP 综合能耗下降 5.2%。城乡住房全面完成，基础设施根本性改善，产业重建再生性跨越，民生事业超 20 年跨越，生态重建稳步实施，城乡面貌焕然一新。

2011 年，全县国民经济与社会事业发展迅速得到恢复与发展，全年实现地区生产总值 71.94 亿元，同比增长 15.3%。其中第一产业增加值 20.56 亿元，增长 3.8%；第二产业增加值 34.45 亿元，增长 26.8%；第三产业增加值 16.93 亿元，增长 10%。三次产业结构为 28.57∶47.89∶23.54，全县人均生产总值 16400 元。财政收入 10.1 亿元，比 2010 年增长 43%。全社会固定资产投资总额 71.47 亿元。实现旅游总收入 9.97 亿元，同比增长 53.2%；实现农业总产值 33.85 亿元，同比增长 3.9%；农民人均纯收入达到 7081 元，同比增长 12.1%。工业经济提速增效。实施企业、产业、园区“三倍增计划”，精细化工、医药食品、汽车整装及零部件产业加快发展。新增规模以上工业企业 5 户，总数达 82 户，工业增加值同比增长 33%。工业新区近期规划 8 平方公里，完成开发 3 平方公里，累计入园企业 96 户，投产 38 户，完成工业产值 21 亿元。狠抓工业项目建设，完成投资 17 亿元，安县中联新型干法水泥、好医生中药饮片及固体制剂、启明星磷化工甲酸钾一期技改等项目竣工投产。“好医生”荣获中国驰名商标，工业产品名牌战略深入实施。城镇化发展加快推进。县城堤防及水环境整治工程、基础设施改造工程全面竣工，湿地公园投入使用。各乡镇场镇基础设施改造全面推进。城乡环境综合整治深入开展，城市管理水平有效提升。农村经济持续增长。省级绵安新农村示范片建设取得明显成效，10 个重点示范村建设强力推进。粮食总产 26.15 万吨，成为全国粮食生产能力建设核心县。出栏生猪 51.24 万头，现代畜牧养殖园区建设初见成效。安县魔芋荣获全国农产品地理标志。全县通过省级无公害农产品生产基地整体认证，荣获四川省林业产业强县示范县称号。农业专合组织达到 120 个，龙头企业达到 42 个。圣康蛋鸡“五统一分”经营模式在全国推广，兴仁长沟“股份合作、联建联养”机制得到省市高度评价。旅游开发逐步提升，全年接待游客177万人次。编制完成罗浮山温泉国家级旅游度假区规划，景区基础设施不断完善。天浩集团五星级酒店项目前期工作进展顺利。积极打造“辽安路乡村旅游产业带”，农家乐总数达到50余家。对外开放取得实效。全年共引进项目27个，到位资金16.9亿元，增长35%；到位外资2541万美元，增长33%；实现出口创汇3720万美元，增长10.2%。财税金融保障有力。地方财政一般预算收入首次突破2亿元，达到2.1亿元，增长58.2%。争取各种转移支付和专项资金29亿元。调整优化支出结构，保障了灾后重建、三农、教育、卫生、社会保障等重点支出需要。金融机构信贷投入力度加大，各项贷款余额48亿元，比年初增长23%，其中农房重建贷款7.1亿元。投资消费拉动增强。全社会固定资产投资71.47亿元，实现消费品零售总额31.81亿元，投资、消费保持了对县域经济发展的强大推力。

恩格斯曾经说过：“没有哪一次巨大的历史灾难，不是以历史的进步为补偿。”安县人正是在自然灾害的磨难中创造了灿烂的中华文明和中国速度，三年重建两年基本完成。安县2011年工作在全市点评考核中位列第二位，得到上级领导和全县人民的高度评价和充分认可。

四

辽宁支援，安县更加美丽。多难兴邦，灾难磨砺人的意志，更迸发人间大爱。那一次次照亮我们人性光辉，一个个感天动地的感人故事不都是在灾难中发生的吗？8级大地震，一场惨烈的大灾难，把辽宁与安县紧紧凝聚，在援建中彰显了“敢担当、重情义、能吃苦”的辽宁精神。辽宁对口援建安县的援建工作，取得了瞩目的成就，取得了伟大胜利，为安县国民经济和社会事业的发展，奠定了坚实的基础，让安县展开了经济腾飞的翅膀。

中央决定辽宁援建安县后，辽宁省在第一时间成立了以省长陈政高为首的辽宁援建安县工作领导小组，决定把有51万人口的安县，当作辽宁的第45个县来建设。辽宁省委、省政府提出“向前冲、往前站、争分夺秒，全力以赴，争取提前完成任务”。第一时间，辽宁党政主要领导到安县调研并指导援建工作。辽宁省政府成立了“辽宁省对口支援安县恢复重建工作领导小组办公室”，前线指挥部设在安县，由省政府副秘书长张征带领前线指挥部指挥重建工作；在辽宁省政府内设立了后方办公室，保障援建的一切工作。辽宁省援建安县项目102个，总投资40.27亿元。

辽宁对安县援建工作，自始至终得到了辽宁省主要领导的高度重视。两任辽宁省委书记张文岳、王珉，辽宁省省长陈政高，辽宁省省委常委、副省长许卫国，省委常委、省纪委书记（原省委常委、总工会主席）王俊莲，先后到安县调研与指导灾后重建工作。

辽宁援建与其他省对口援建，具有明显的特点，那就是辽宁省著名的“支票工程”。辽宁省委、省政府确定要以安县县委、县政府为主导，以安县广大干部群众灾后重建为主体，辽宁提供人力、物力、财力和智力全方位支持的对口援建、重建原则和方式。辽宁省为了把更多的资金用在援建安县的重建项目上，在安县前线指挥部仅设置指挥人员五人。这种援建方式，最大限度地发挥了两个优势，调动了两个积极性，辽安双方一起策划、一起部署、一起排查、一起落实，节约了大量资金，让安县得到了更多的实惠。

两年来，辽宁援建取得辉煌业绩。民生援建项目全面完成。辽宁援建始终坚持以人为本，惠泽灾区人民的工作思路。在援建总盘子中，民生工程项目占84%，资金总额占90%。其中，投入6.4亿元用于城乡住房建设，99329户农户喜迁新居，417户宅基地灭失农户得到妥善安置，2044套廉租房拔地而起，城乡面貌发生了根本改变，人居环境得到显著提升；投资近8亿元实施10个教育项目、14个卫生项目、10个社会福利项目和3个文化项目，使安县社会事业硬件设施实现了新的跨越。基础设施建设项目全面完成。投入8.2亿元实施15个乡镇，农村和农业基础设施项目极大地提升了安县基础设施水平。特别是总投资4.1亿元的辽安路，全长30公里，纵贯6个乡镇，涉及25万人口，总投资额达5.6亿元的辽宁大道、辽安大道，形成了安县交通的“金三角”，成功实现了绵安同城化发展，安县半小时经济圈。产业扶持成效显著，产业重建是发展灾区经济、扩大灾区就业、维护灾区稳定的重要途径。辽宁省在援建中，坚持“输血”和“造血”并重，强调造血助推经济起飞。辽安工业园是一个集示范、带动、辐射等多功能于一体的集空间、时间的重大投入。华晨汽车项目入驻安县省级工业园，其附属项目投资额超百亿，将会对安县经济的发展起到巨大的增长作用。39 所学校、医院、文化馆、敬老院等公共服务设施拔地而起，安县的民生工程取得了巨大的发展，更为安县老百姓带来了巨大的实惠。正如中共安县县委书记赵迎春在讲话中所指出的，辽宁对安县的援建，让安县跨越了数十年。

43 万安县人民，永远不会忘记辽宁人民的援建大恩。

五

艰难困苦，玉汝于成。中华文明在一次次灾难的洗礼中，生生不息，永远向前，必将在迎接一次又一次挑战中创造新的辉煌。安县的灾后重建，得到了党中央、国务院和省、市的大力支持。中央所拨的特殊党费 3 亿余元，对安县的农户重建和学校重建，注入了强大的推动力。特别值得提到的是，国内外的红十字协会和各种慈善机构，对安县的重建工作给予了极大的资金支持，这是安县人民又一种不能忘怀的恩情。

在安县的重建中，安县各级领导，都自觉地站在重建第一线，不顾家庭、不顾个人的健康情况，忘我地工作，他们为安县的重建付出了自己的智慧与辛劳；安县的广大干部职工，在重建中担当了主力军的责任，大量细致纷繁的工作，在他们手中一一完成；在乡镇众多的基层组织中，基层党员干部，他们在重建工作的 1200 多个日日夜夜里，始终战斗在第一线，付出最多。正是由于有这些部门、这些人的付出，安县的重建工作，才取得了如此巨大的成就。

三年来，在党中央的深切关怀和全国各族人民的大力支持下，在省委、市委的坚强领导和辽宁省的倾情援建下，英雄的安县人民克服了难以想象的重重困难，以“快”的速度、“闯”的干劲、“拼”的精神重整河山、重建家园，以“苦干三年，跨越二十年”的壮志豪情谱写了一曲曲穿越灾难、崛起危难的自强自立壮歌，打赢了一场场艰苦卓绝气势恢宏的攻坚决胜战役，留存下一幕幕百折不挠感天动地的场景和瞬间，在地震废墟上重建起更加美好的新家园。

百日攻坚，安县取得了抗震救灾和抢险救援安置的伟大胜利。千日奋战，安县实现了“家家有房住、户户有就业、人人有保障、设施有提高、经济有发展、生态有改善”的重建目标，取得了灾后恢复重建的决定性胜利。

安县的重建是科学的，为安县今后的快速发展，奠定了坚实的基础，囤积了强大的后劲。第一产业、第二产业的重建，特别是四川省级安县工业园、辽安工业园、银河集团等一批企业的产业链的延伸，使规模企业不断增加，为安县在未来经济腾飞，储备了足够的力量，奠定了强大的后劲。而社会事业的系列重建成果，让安县人民群众切身感受到了，生活在祥和幸福的氛围中，人们的幸福指数不断攀升。

感恩党！感恩祖国！感恩辽宁！这是全县 43 万人民的共同心声。

Wenchuan Teda Dizhen Anxian Kangzhenjiuzai Zhi

大事记

2008 年

5 月

12 日　14 时 28 分，四川汶川发生里氏 8.0 级特大地震。安县处于地震断裂带，地震烈度 10 度，茶坪、高川两乡达 11 度。全县 20 个乡镇的居民住宅及其他建筑物均发生大面积垮塌，建筑物受损达 80% 以上，垮塌 50% 以上。茶坪、高川两乡山体大面积滑坡，导致交通中断。全县通讯、电力、自来水、天然气供应全部中断。

是日　14 时 30 分，中共安县县委、县政府立即启动地震应急预案，在行政办公大楼上班的县委副书记张道斌立即组织县委、县人大、县政府、县政协在家领导成立安县“5·12”抗震救灾临时指挥部，安排在行政办公大楼上班的县级领导梁建、姜曦、贾友忠、谭莉、钟思亮、朱元光、田涌泉、杨通远、杨代根等人，迅速奔赴各乡镇了解灾情，组织抗震救灾。张道斌到安昌镇西苑中学救治点、安县公园救治点看望伤员。同时，派副县长詹勇为专程前往绵阳向市委、市政府报告安县的严重灾情。

是日　15 时成立由中共安县县委书记、县人大常委会主任王黎，县委副书记、县长赵迎春任指挥长的抗震救灾指挥部，下设抢险救灾、医疗救治、后勤保障、信息收集、宣传报道五个工作小组，抗灾抢险各项工作全面有序展开。由副县级以上领导带领县级部门负责人分片到各乡镇查看灾情。

是日　18 时，工作组反馈乡镇灾情初步情况。县指挥部立即组织救援小组奔赴各乡镇，指导并协助乡镇党委、政府开展抗灾自救和灾情上报工作，通讯、电力、自来水等部门立即对损毁设施进行抢修，设立应急电话。

是日　21 时，王黎主持召开县级领导和县级部门参加的紧急会议，研究救援、物资管理、宣传、维护稳定等工作，并派出工作组火速到周边地区采购救灾必需品。

是日　22 时 30 分，王黎、赵迎春等县领导到县医院了解情况，指导伤员救治工作。当晚，县抗震救灾指挥部立即对燃油实行控制供应，以确保救灾工作用油。

13 日　安县抗震救灾指挥部召开会议，通报灾情，安排部署救灾工作。联系乡镇的县级领导带领联系村的县级部门负责人奔赴各乡镇指导抗震救灾、统计灾情。王黎到秀水、桑枣、睢水、永安等镇指挥抗灾救灾工作，赵迎春到秀水、桑枣、晓坝等镇指挥抗灾救灾工作。县委、县政府成立 8 支应急小分队，其中赴茶坪乡、高川乡的救援应急小分队人员各 30 名。

14 日　中共安县县委、县政府发布《关于进一步加强抗震救灾工作的公告》。成立抗震抢险工作小组，电力、通讯、供水、医药、医疗、卫生防疫、后勤保障等部门全力抢险，力争尽快恢复水、电、气、通讯等设施。

是日　5 时 30 分，云南 77296 部队到达安县花荄，在县抗震救灾指挥部统一协调下，部队随地方救援干部徒步向高川乡、茶坪乡挺进，投入抗震救灾。

是日　13 时 30 分，内江军分区司令员刘保健、副政委李荣贵奉命率民兵预备役突击队 747 人，车辆 71 台，冲锋舟 4 艘，橡皮舟 1 艘，切割机等，沿成渝高速公路向安县开进，19 时 30 分到达安县晓坝镇。随即向茶坪乡挺进，投入抗震救灾。

15 日　第二军医大学附属上海长征医院和第四军医大学西京医院抗震救灾医疗队抵达安县，在安县中学操场搭建野战医院。医疗救助队由骨科、脑外科等专家组成，配备先进的手术车和检查设备，为受伤群众提供及时的医疗救治。

16日　中共中央总书记、国家主席、中央军委主席胡锦涛抵达绵阳市南郊机场，与先期到达的中央政治局常委、国务院总理、抗震救灾指挥部总指挥温家宝研究部署抗震救灾工作后，乘车赶赴北川羌族自治县，看望慰问受灾群众，指挥抗震救灾工作。途经界牌、花荄、黄土、安昌、永安等镇，在车上看见严重的灾情时，胡锦涛与温家宝要求各级领导一定做好对安县的救援工作。

是日　县委组织部向全县各级党组织和党员发出积极抗震救灾的《倡议书》，以及《关于在抗震救灾工作中充分发挥基层党组织战斗堡垒作用和共产党员先锋模范作用的通知》。

是日　安县财政局、民政局、审计局、监察局联合发文，要求对各类救灾资金、物资加强监督管理，各乡镇要切实加强对抗震救灾资金的管理使用，严禁截留、挪用，县财政、民政、纪委（监察）、审计等部门组织人员进行专项检查，凡违反规定者按有关规定从严从重处理。

是日　经过部队与地方的共同努力和受灾群众互助自救，从高川乡成功营救群众2000多人，从茶坪乡成功营救群众3800余人，妥善安置在晓坝、睢水、沸水、安昌等镇救助站。全县共设置抗灾救助点24个，临时安置受灾群众3.5万人，累计从废墟中救出人员850人。

17日　中国人民解放军第十四集团军高炮旅进驻安县开展救援工作。王黎会见部队首长，介绍安县受灾情况。高炮旅把绝大部分兵力投入到抗震救灾一线乡镇，集中优势兵力开往高川乡、茶坪乡、睢水镇等重灾区救援。

是日　据统计，全县因灾死亡1352人，受伤12196人，失踪2500人；房屋全面损毁（倒塌）705万平方米、部分损毁915万平方米；牲畜死亡14.24万头；损毁道路811公里、桥梁249座、水利设施7022处；全县11800户企业、143所学校、3.46万亩农作物及电力、通讯、医疗设施严重受损。全县直接经济损失共计234亿元。支援安县抗震救灾的部队达到15支，官兵达到4800余人。全县累计组织志愿者2400余人参加抗震救灾。

18日　县抗震救灾指挥部召开乡镇党委书记会议，通报全县灾情，安排布置近期工作。会议要求做好“四关”：一是救援关，主要是一些边远山区的救援工作；二是安置关，要妥善安置全县受灾群众；三是重建关，要做好乡镇与部队的沟通和协调，通过部队的大力支援搞好灾后重建；四是统计关，要抓好灾情统计工作，认真统计死亡、失踪、受伤人数和受灾损失。

19日　中共中央政治局常委、国务院副总理、国务院抗震救灾总指挥部副总指挥李克强到永安镇和晓坝镇查看灾情，慰问受灾群众，对安县大力保障灾区群众基本生活条件的做法表示满意，希望全县增强受灾群众抗震救灾的信心，众志成城，万众一心，共同渡过难关。

是日　省委组织部副部长刘中伯一行到安县指导抗震救灾工作，看望受灾党员干部群众。

是日　安县被国家民政部列为国家地震灾害重点县。

21日　全国人大农业和农村委员会副主任委员张中伟到安县看望受灾群众，了解农业受灾情况。

是日　省人大、常委会副主任韩忠信一行到安县指导抗震救灾工作，先后到桑枣、晓坝、沸水等镇救助站以及银河建化集团公司查看灾情，看望受灾群众。韩忠信对安县在救助站成立临时党支部和组建党员义务服务队的做法给予充分肯定。要求全县广大党员干部要继续发扬优良传统，共同抗灾救灾。

22日　市委书记到安县看望慰问受灾群众，要求在继续抓好重点灾区安置、卫生防疫工作的基础上，切实做好灾后全面重建工作。

23日　民政部副部长窦玉沛在安县永安镇、晓坝镇、秀水镇、迎新乡等地，实地查看受灾情况和受灾群众的安置情况，对安县基层干部认真组织受灾群众的生产生活、有序发放救灾物资等工作给予肯定。

是日　科技部党组书记、副部长李学勇在安县花荄镇初级中学、黄土镇常乐村过渡房安置点和桑枣中学实地查看、了解重建工作开展情况。

是日　省委常委、总工会主席李登菊到安县就灾后防疫工作进行随机走访和指导，先后走访黄土镇安置点、永安镇安置点、安县水厂的受灾群众，详细询问当地防疫情况，查看供水设备、厕所等设施运行情况。李登菊要求，一是监测水质要落实到人，二是监测数据每日必须登记在册，三是发现水质有问题要及时上报，确保群众安全饮水。

是日　辽宁省委常委、副省长许卫国带领对口支援联络组赶赴安县了解灾情，并代表辽宁省向安县捐赠现金1000万元用于阶段性救助。

24日　中共中央政治局委员、中央书记处书记、中组部部长李源潮到安县视察基层党组织建设工作，着重了解基层党组织在抗震救灾工作中所发挥的作用。李源潮看望慰问飞龙村村支部书记夏平以及其他受灾群众，对飞龙村两委和夏平个人在抗震救灾工作中的突出表现给予肯定。

25日　交通运输部副部长冯正霖在省交通厅厅长高峰、副市长李亚莲等的陪同下，视察安县地震后交通恢复情况。实地到墩秀路睢水镇至高川段了解情况后，他要求要细化施工措施，尽快拿出方案向上汇报，以抢通道路为前提，做好堰塞湖排险，确保施工人员和志愿者的生命安全。

是日　四川省文物局领导到安县调查文物损毁情况。汶川特大地震使全县28处地面文物遭到严重损毁，损失巨大。四川省重点文物保护单位魁星阁、安县重点文物保护单位魁星楼（钟楼）全部震毁，成为废墟；飞鸣禅院、姊妹桥、李调元故里厅堂、秀水天主教堂、河清东火神庙、黄土皇恩寺、乐兴观音寺正殿垮塌严重，其他18处均遭到破坏。

是日　安县举行汶川特大地震县级党政机关干部捐赠活动，捐款总额25.67万元，全部用于帮助受灾群众恢复生产和灾后重建。

27日　第二炮兵96501部队抗震救灾突击队援建桑枣镇飞龙村“红星帐篷小学”落成，并举行开学典礼。

是日　国务院抗震救灾总指挥部卫生防疫组组长、卫生部党组书记高强到安县视察卫生防疫工作，到桑枣镇救助站、县疾控中心等地查看，详细了解全县受灾群众的饮用水安全以及重点地区的卫生防疫工作。

是日　民政部副部长罗平飞到安县查看受灾群众安置情况，先后到永安、晓坝等镇救助站了解情况，听取全县受灾情况以及抗震救灾工作进展情况汇报，对安县灾后安置受灾群众工作给予充分肯定。

是日　辽宁省委、省政府派出省委常委、省总工会主席王俊莲，副省长滕卫平等组成的慰问组赴安县慰问受灾群众，进一步了解安县灾区需求，并带来3000万元的救灾物资。

28日　省长蒋巨峰视察安县堰塞湖排险情况，王黎陪同并介绍安县堰塞湖情况。

是日　副省长李成云到晓坝镇、睢水镇查看灾情，视察灌滩堰塞湖排险和道路抢修情况。

29日　高川、茶坪等重点受灾乡500名因灾失去学习和生活条件的小学生转到云南继续学习。学习时间为2008年5月底到2009年1月底。此次活动是云南省妇联与安县妇联携手开展的“把爱留给孩子，云南、安县妇女在行动”的帮扶活动。

30日　中共中央政治局委员、国务委员刘延东到安县考察教育系统抗震救灾工作，王黎、赵迎春陪同考察。刘延东希望全国教育系统都投入到支援灾区教育的工作当中，努力改善灾区孩子的学习和生活环境，消除地震灾害带来的阴影，让孩子们健康茁壮成长。

是日　水利部副部长胡四一到安县视察灾情和受灾群众安置工作，走访查看秀水、黄土、兴仁三个乡镇，重点了解供水管线的修复建设情况，要求相关部门要以最快的速度恢复供水管网的运行，保证广大受灾群众用水。

31日　卫生部部长陈竺到安县视察抗震救灾卫生防疫工作，在黄土镇受灾群众安置点查看饮水、用餐、医疗、厕所卫生情况，慰问在安县抗震救灾的医疗、卫生防疫救援队，强调一定要做好受灾群众的疾病监测和宣传教育工作，确保大灾之后无大疫。

是日　据统计，汶川特大地震后，安县基础设施恢复情况良好。电力设施：全县14个变电站恢复10个。通讯设施：电信公司通讯网络恢复16个，移动公司全部恢复。饮水设施：全县受损城镇供水管网200公里，恢复供应量74%；全县乡镇43个供水站，除高川、茶坪乡外，其余部分恢复，恢复供水能力40.6%，解决26660户群众饮水。道路交通：全县20个乡镇总里程754公里，除茶坪、高川乡外，其他18个乡镇全部通车。燃气供应：对损坏的600公里供气管网进行全面检查，有9个乡镇开始供气，3个乡镇完成试压、稳压，其余乡镇试压全部完成。有线电视：全县恢复覆盖15个乡镇。

6月

1日　省长蒋巨峰到安县了解灾情，指导抗震救灾、恢复生产和灾后重建工作。

是日　市委常委、总工会主席王倩，市教育局副书记叱利华，解放军63820部队领导，王黎、赵迎春等领导在安县各帐篷学校与受灾小朋友共度儿童节，并慰问工作在一线的教师。

3日　文化部副部长周和平一行深入花荄、桑枣、秀水等乡镇，查看了解文化基础设施受灾情况，指导灾后重建工作。

是日　人力资源和社会保障部副部长张小建一行深入到花荄镇益昌社区，视察花荄劳动保障所灾情，并到县劳动和社会保障局的临时办公点看望慰问干部职工，指导灾后重建工作。

4日　民政部副部长姜力到安县查看灾区群众安置情况，在捐赠物资中转仓库听取关于捐赠物资收支情况的汇报，查看电子账目，并详细了解物资的发放情况，对安县物资账目记录工作给予充分肯定，同时要求民政部门尽快将中转仓库的物资发放到各个安置点。

是日　第一批337套过渡安置房在花荄镇雍峙村建成并投入使用。安置房由北京建设者们修建，安置茶坪乡部分外迁群众，命名“京安小区”。

是日　中国人口福利基金会副理事长、中国幸福工程组委会副会长余德惠，省计划生育协会副会长兼秘书长文人勇，市人口计生委主任顾体良到安县指导抗震救灾，并到县计生服务站、花荄镇计生服务站、永安镇跃进村看望慰问受灾职工和受灾群众。

5日　水利部水资源司副司长孙雪涛、王国兴一行到宝林镇供水站、永安镇受灾群众安置点查看供水保障系统运行情况，并了解大连市水务局支援建设情况。

6日　安县成功实施肖家桥堰塞湖泄洪排险。肖家桥堰塞湖是仅次于北川唐家山堰塞湖的高危堰塞湖，排险前积水量超过1000万立方米。

是日　中央政治局委员、中央军委领导到安县看望慰问战斗在一线的第二军医大学和第四军医大学官兵。

是日　市委常委、组织部部长董维全深入河清、秀水、桑枣等镇指导抗震救灾工作，要求各乡镇在抗震救灾中要发挥好基层组织的带头作用，深入一线，及时做好受灾群众的安置工作，避免次生灾害的发生，着手做好重建规划，解决好老百姓的实际困难。

是日　全县5个集中安置点共安置受灾群众14889人，其中，晓坝镇安置点2648人，桑枣农场安置点2137人，桑枣镇云丰村安置点1888人，睢水镇安置点4434人，永安镇安置点1983人，沸水镇安置点1829人。

7日　环保部西南督察中心主任马宁一行到安县受灾群众临时安置点指导工作，援助一批饮用水净化设备。

8日　中共中央政治局领导在省委书记、省人大常委会主任刘奇葆陪同下，到安县视察“京安小区”活动板房建设情况，看望、慰问居住在小区的茶坪乡受灾群众。

9日　市委副书记、代市长曾万明率队到安县检查受灾群众安置工作，实地查看花荄镇雍峙村安置点和桑枣镇飞龙村，对安县完善安置点各种便民设施和企业在灾后积极发动职工生产自救等工作给予充分肯定。

10日　国务院新闻办副主任王国庆到安县调研抗震救灾新闻宣传工作的开展情况。县委常委、宣传部部长谭莉详细介绍“5·12”以来全县抗震救灾新闻宣传工作开展的总体情况，王国庆对安县迅速整合县内各宣传单位，快速真实地向外报道全县灾情的做法表示肯定。

是日　辽宁省委常委、副省长许卫国到安县银河建化集团公司视察受灾情况和重建工作。

11 日　国务院办公厅印发〔2008〕53 号文件《汶川地震灾后恢复重建对口支援方案》，决定辽宁省对口援建安县。

12 日　农业部畜牧兽医司司长程金根到安县检查畜牧业受灾情况和动物防疫工作。

是日　省委常委、省总工会主席李登菊到安县看望慰问受灾企业职工。

是日　县委宣传部组织“思想宣传大讲堂”宣讲团，分别到各乡镇和救助站开展“自强不息、重建家园”巡回演讲活动，号召广大受灾群众要正视灾难、增强信心、积极自救，在党和政府的关心帮助下共渡难关，重建家园。

13 日　联合国粮农组织地震灾害评估考察团 Rajenvlra Aryal、胡松一行到安县进行实地考察，了解安县震后农业生产情况。

是日　农业部巡视员、抗震救灾指挥部前线工作组组长张天佑一行到安县查看农业受灾及农业生产恢复情况，深入永安、桑枣等乡镇检查农业示范点和示范片，听取相关情况汇报。视察组对安县在地震后不等不靠、自力更生，大力进行改种、补种农经作物，降低地震给农业生产带来损失的做法表示肯定。

是日　辽宁省委、省政府在安县行政大楼前举行捐赠仪式，在前期已捐助 6500 多万元钱物的基础上，再次捐助 2000 万元现金及金杯商务车 23 台、推土机 10 台和一批生活物资，价值 1800 多万元。辽宁省委常委、副省长许卫国和县领导王黎等出席捐赠仪式。

14 日　全县复课学生共计 8864 人。其中，在县内复课的学生 6988 人（小学 2736 人、初中 2236 人、普高 1996 人、职高 20 人）；在外省、外县借读的学生 1876 人。

15 日　国家发改委价格司副司长周望军一行到安县检查市场物价控制情况，并看望慰问工作在一线的县物价局干部职工。

是日　县委常委、纪委书记姜曦，高川乡党委副书记、纪委书记马传荣在成都与中央政治局常委、中央纪委书记贺国强亲切会见。

16 日　选派近 300 名县级机关干部到全县 273 个村、社区参加抗震救灾重建工作，协助村上进一步逐户完善灾情建档工作；制定各村灾后重建规划，组织发动群众有序开展生产自救，尽快恢复生产；发动群众开展好卫生防疫、清淤排危、治安巡逻等。

17 日　中纪委驻交通运输部纪检组长杨利民、交通运输部总工程师周海涛一行到安县调查抗震救灾情况。

是日　四川、浙江、福建三省在安县开展企业用工现场招聘活动。共组织近 60 家企业，提供岗位近 2 万个，涉及食品、制衣、制鞋、厨艺、电子等多个行业。各企业分别深入桑枣、晓坝、黄土、秀水等镇救助站进行招聘，受到群众好评。这是全县有史以来规模最大的一次招聘活动。

18 日　副省长黄彦蓉到安县查看受灾群众安置情况，到京安小区查看并与受灾群众交流，充分肯定安县解决受灾群众安置问题取得的成绩。

19 日　国家人口计生委宣传司司长石海龙一行到安县到花荄、永安、秀水、黄土等镇计生服务站以及安昌镇东升村文化大院等地查看受灾情况，并对安县所做的工作表示满意。

20 日　卫生部部长陈竺第二次到安县视察灾后卫生防疫和医疗保障工作。陈竺深入京安小区，详细查看和询问小区的环境卫生、饮食卫生、消毒、杀虫、垃圾处理、厕所建设及无害化处理等各项防疫措施落实情况以及受灾群众的健康状况。陈竺对王黎汇报的全县抗震救灾医疗保障和卫生防疫工作给予充分肯定，并指出：安县的灾后卫生防疫工作思路清晰、措施具体，特别是把支援安县的防疫大军整合到一起，统一指挥、统一行动、资源共享，经验值得总结。

22 日　中央政治局原委员、全国政协副主席杨汝岱，全国政协原副主席李蒙一行到安县视察受灾情况以及全县抗震救灾、灾后重建工作情况。

24 日　省人大领导率队到安县查看堰塞湖和水库的排险避险工作。省人大领导一行到肖家桥堰塞湖、罐滩堰塞湖、五一水库和丰收水库了解情况，查看正在加固整修的河清镇保华河堤、黄土镇红岩河堤防汛工程进展情况，认为安县的水利抢险避险工作及时有效，取得阶段性成果。

26日　水利部农水司副司长顾斌杰到安县调研地震灾害小（微）型水利设施损毁以及灾后供水情况。

27日　辽宁省委书记、省人大常委会主任张文岳带队到安县视察灾情，看望慰问受灾群众和辽宁援建安县人员，检查指导对口援建工作。张文岳先后到花荄、安昌、晓坝、桑枣等乡镇实地走访，查看灾情，并提出对口支援安县的八个方面工作。

28日　安县召开抗震救灾先进事迹报告会，成都军区驻滇高炮旅政治部宣传科干事唐山、高川乡党委书记邓文平、县人民医院护士张燕、花荄镇初级中学教师瞿娅、茶坪乡党委书记向云刚、安县电视台记者陈泓光先后做报告。

29日　县直机关工委在秀水镇东风村举行新党员入党宣誓仪式，在抗震救灾前线表现突出的40名来自县级机关的新党员和11名预备党员共同面向党旗庄严宣誓。全县各级党组织把抗震救灾工作作为检验各级干部和群众的主战场，注重在抗震救灾一线发现、培养和发展党员，在抗震救灾一线发展党员300多名。

31日　卫生部部长陈竺到安县查看医疗救助和卫生防疫工作的开展情况，先后到黄土镇医疗救助点和安昌镇中心医院实地了解情况，看望慰问工作在一线的医疗工作人员。

是月　县委提出“一年基本恢复，两年大有提高，三年建设新安县”的灾后重建总体目标。

7月

1日　县委召开纪念建党87周年暨抗震救灾表彰大会，105个抗震救灾先进党组织和200名抗震救灾优秀共产党员受到县委表彰。县委书记、县人大常委会主任王黎，县长赵迎春作重要讲话，全县1000余人参加表彰大会。

2日　国务院副秘书长毕井泉一行到京安小区查看受灾群众的安置情况。

3日　农业部农垦局局长杨绍品到安县检查国营安县稻麦原种场地震损坏情况和灾后重建工作。

5日　财政部副部长丁学东、住房与城乡建设部政策法规司司长冯俊一行到安县就城镇居民住房重建政策的制定作专题调研，并对房屋损毁的城镇居民家庭补助、安居房建设、加固受损住房、重建住房等方面制定政策提出意见和建议。

是日　团中央书记处书记卢雍政在团省委书记张彤的陪同下，到安洲驾校群众安置点查看基层团组织工作开展情况。卢雍政对安县的基层团组织工作开展情况表示满意，认为团县委在抗震救灾中积极动员和组织广大共青团干部、团员青年、志愿者参与到抗震救灾一线，充分发挥了生力军、突击队的作用。

10日　安县召开灾后农房重建工作会议，强调各乡镇、职能部门实行“一把手”负责制，2008年底必须完成农房重建任务的60%，到2009年底各乡镇要全面完成农房重建任务。

12日　安县被国务院列为汶川特大地震极重灾县。全国共有十个极重灾县（市），安县列第七位。

22日　安县召开灾后农房重建工作会议，市委常委、副市长左代富到会指导。王黎强调全县上下要进一步调整思路，切实转变工作作风，把灾后农房重建作为一项重要工作，结合自身实际找差距，调动一切力量主动、提前落实农房重建工作。赵迎春安排部署全县灾后农房重建工作。

26日　由卫生部、民政部、水利部、住房和城乡建设部、中国地质环境监测院联合组成的国务院调查组，对安县的受灾群众安置和恢复重建工作进行调研。调查组一行先后到安中校复课点、京安小区、桑枣镇卫生院、晓坝镇黄羊村、肖家桥堰塞湖、晓茶路等实地查看，认为安县灾后重建范围大、内容多、任务重。

8月

7日　省委常委、省国资委书记王少雄一行到安县视察灾后重建工作。

8日　黄土镇方碑村中国中外企业社会责任同盟理论实施“一帮一”灾后乡村家园重建计划试点工作正式启动。

是日　市委书记和市委常委、宣传部部长李炜一行到安县京安小区看望慰问临时居住在这里的茶坪乡受灾群众。

10日　市委副书记、代市长曾万明到安县视察灾后农村永久性住房建设、受灾群众安置等各项工作开展情况。曾万明一行先后到晓坝、茶坪、桑枣等乡镇查看了解情况，对安县各项工作的开展给予高度评价。

11日　安县召开农房建设工作会，要求各级党委政府要把受灾群众永久性住房建设作为恢复重建的头等大事来抓，想方设法保证建材供应，加强监管审核，保证建房质量。并强调在永久性农房建设上，要坚持受灾群众为主体、当地政府为主导、援建力量支持、部队官兵帮助四位一体的原则，全面拉开受灾农房建设工作。

15日　安县召开农村基层党风廉政建设暨抗震救灾资金物资监管工作会，传达中央、省、市农村基层党风廉政建设以及抗震救灾资金物资监管工作会议精神，对全县农村基层党风廉政建设及抗震救灾资金物资监管工作做安排部署。

24日　省长蒋巨峰到安县查看学校复课情况。蒋巨峰一行查看安县中学复课点，听取全县的学校情况介绍，认为安县的学校复课工作领导非常重视，措施实实在在，前期工作抓得早、抓得好。

25日　省卫生厅厅长沈骥带队到安县督察恢复重建工作，先后查看县人民医院、中医院、桑枣卫生院等单位，对安县的基本医疗服务和卫生防疫工作给予充分肯定。

26日　省抗震救灾资金物资督察工作组一行对安县灾后资金、物资发放和灾后农房重建等工作进行督查。

27日　教育部体卫艺司司长廖文科、辽宁省教育厅副厅长张建华和四川省教育厅相关部门负责人到安县查看中小学复课情况和学校食堂卫生状况。

30日　辽宁省委常委、副省长许卫国，辽宁省委常委、总工会主席王俊莲先后到花荄镇柏杨村、安昌小学板房学校以及晓坝镇黄羊村等地，详细了解灾后各项重建工作的开展情况。

9月

1日　辽宁省经委、国资委、省商业厅组织本钢集团、华晨集团、能源集团、辽宁大连海洋渔业集团等21家大型企业负责人组成辽宁省企业经贸考察团到安县考察，为安县企业恢复生产和产业发展提出建议。

2日　市委书记、市人大常委会主任杨步润、市政协主席张世虎、副市长林新等到茶坪、高川两个山区乡镇指导灾后重建工作。

7日　全省灾后农户永久性住房建设工作现场会在安县召开。

10日　中国联合水泥有限公司与安县人民政府投资协议暨安县浮山水泥有限公司合作框架签约仪式在安县举行。

是日　省抗震救灾资金物资监督检查组举行情况通报会。工作组于8月20日进驻安县，对全县18个重灾乡镇的抗震救灾款物管理使用情况进行全面监督检查。检查组认为，安县自“5·12”以来，在抗震救灾资金物质的发放方面做了大量艰苦细致的工作，使救灾款物接收管理发放工作有序、高效、规范运行。

15 日　县领导王黎、赵迎春、朱安保、张忠贵、张道斌、朱元光带领县交通、水务、规划和建设、卫生等部门负责人到茶坪乡察看灾后重建工作。

23 日　省委常委、副省长魏宏，省人大常委会副主任韩忠信到安县看望慰问辽宁对口援建的工作者。

23—27 日　安县普降暴雨同时伴有强阵风，洪灾造成全县 19 个乡镇受灾，受灾人口 14.5 万余人，直接经济损失达 1.45 亿元。

27 日　县委召开灾后科学重建辅导报告会，邀请省委党校党史研究室主任彭穗宁就灾后科学重建等作辅导。

是日　县委党史研究室组织编写的《八级大地震·四川安县》由中共党史出版社出版发行。该书以 400 多幅照片、50 余万文字记录了汶川特大地震发生后，安县人民在抗震救灾各方面做出的贡献和取得的胜利。

10 月

4 日　中央电视台记者到安县高川、茶坪两乡镇采访灾后重建情况。

7 日　市委常委、组织部部长董维全到安县调研灾后农房重建工作。

8 日　中共中央、国务院、中央军委在北京人民大会堂隆重举行全国抗震救灾总结表彰大会。县委书记、县人大常委会主任王黎获“全国抗震救灾模范”荣誉称号，安县水务局获得“全国抗震救灾英雄集体”荣誉称号。

14 日　科技部高新司司长冯记春到安县调研抗震救灾和灾后重建工作，认为安县抗震救灾取得卓越成效，特别是堰塞湖的处置经受住了暴雨等次生灾害的考验，没有造成人员伤亡。

15 日　市委书记、市委常委、纪委书记楚明到茶坪乡指导灾后重建工作。实地查看茶坪乡政府驻地、信用社、老街等，并深入群众家中了解情况。

16 日　安县召开县委中心学习组学习会议，县委书记王黎结合灾后重建工作讲意见。与会人员听取了《弘扬中华文化，建设精神家园》的辅导报告，参观黄土镇方碑村、花荄镇龙兴村、晓坝镇黄羊村的农房建设和银河建化集团公司精细化工业园区建设情况。

24—25 日　县领导王黎、赵奎一行赶赴辽宁，代表安县人民感谢辽宁人民的深情厚谊，并签署辽宁支援安县三年重建协议。

是月　县委根据全县工作实际，调整灾后恢复重建的思路，提出“一年重点安民，两年基本恢复，三年建设新安县”的建设目标。

11 月

3 日　省人大常委会副秘书长李清禾到安县检查灾后重建及群众安全越冬落实情况。

4 日　省林业厅副厅长罗增斌到安县视察林业受灾情况并就林业灾后恢复等工作进行检查指导。

5 日　省委常委、副省长钟勉到安县视察灾后重建工作进展情况，先后到晓坝镇和茶坪乡实地查看，对山区乡镇道路保通、排危除险等方面工作提出要求。

是日　省政府农房重建建材质量价格督察组到安县督察。督察组先后到晓坝镇黄羊村、三多免烧砖厂、浮山集团二分厂、花荄镇永固建材经营门市等地，向受灾群众、建材生产商、经营商详细了解建材价格、经营和销售情况，认为安县农房重建建材特供工作有理有序、措施到位、效果良好。

12 日　市委书记在茶坪乡场镇、晓坝镇黄羊村调研灾后恢复重建工作时，要求加快重建步伐，确保受灾群众安全过冬。

14 日　世界华人协会绵阳聚能拓展有限公司年产 5500 吨中药饮片加工项目入驻安县。这是安县地震以后首个开工的农业产业化项目。

15日　省委书记、省人大常委会主任刘奇葆在茶坪乡调研时强调，灾区第一位的任务是确保群众安全过冬，要加快进度，加大力度，保过冬住房，保御寒衣被，保卫生防疫，落实物资储备，落实工作责任，落实督促检查，绝不让一个受灾群众挨饿受冻。

16日　中共中央政治局常委、国务院总理温家宝到安县视察。温家宝深入晓坝镇黄羊村、茶坪乡看望慰问灾区群众，实地考察灾后恢复重建工作，还到乡村考察永久性住房建设、震损房屋维修加固等情况。省委书记刘奇葆、省长蒋巨峰等陪同。

17日　省国土资源厅厅长宋光齐到安县部分乡镇调研震后国土资源工作开展情况。

20日　省卫生厅厅长沈骥一行到安县调研卫生工作，要求全县各医疗卫生机构要落实好卫生防疫工作，做好消灭“四害”、垃圾清运、环境消毒处理、水质监测、食品卫生监督和流行疾病监测工作，为受灾群众安全过冬提供健康保证。

12月

2日　市委常委、宣传部部长李炜和市人大常委会副主任张贵乾带领市财政局、市民政局等相关部门负责人组成的检查组，到安县检查受灾群众安全过冬各项工作措施落实情况。

3日　安县召开灾后重建推进工作会，县长赵迎春通报灾后农房重建、受灾群众安全过冬以及重建项目进展情况。辽宁省有关负责人通报援建安县第二批项目的前期准备情况。

9日　市人大常委会主任杨步润一行到安县视察灾后农房重建及受灾群众安全过冬工作。

23日　安县召开灾后重建项目推进会议。县委书记、县人大常委会主任王黎强调，在项目的规划和建设中，要着重突出一个“快”字，征地要尽快落实、设计要尽快完成、项目要尽快开工，各部门要提高效率，全力推进项目建设速度。

24日　安县召开农业和农村工作会议，提出加快灾后农房重建，加快农业基础设施恢复重建，加快农业生态环境恢复重建，加快农业产业恢复重建，加快农村社会事业恢复重建，积极推进新农村建设，大力发展现代农业，努力促进农民增收，确保农村稳定。

27日　卫生部部长陈竺到安县检查卫生系统恢复重建工作，对恢复重建进度表示满意，强调医疗卫生事业关乎人民群众的切身利益，要切实加快重建进度，确保工程质量。

30日　全县已有80545户农房开工建设，完工21644户。

是月　全县10万名受灾农民住进永久性住房。

2009年

1月

5日　县政协主席张忠贵、县委常委朱元光、副县长刘胜军赴云南省参加“把爱留给孩子——七彩云南爱心大行动”纪念林揭碑仪式。云南省政协副主席管国忠，四川省政协副主席曾清华等领导为纪念林揭碑，并和灾区孩子们共同栽种下象征两地人民友谊的常青树。

8日　省文化厅副厅长泽波一行先后到桑枣镇文化中心、界牌镇文化中心、县文化馆和图书馆，查看乡镇文化站重建、文化信息资源共享工程重建和其他公共文化设施恢复重建的情况。

9日　国务院办公厅检查组到安县检查指导农房重建工作。

13日　市“5·12”地震灾后恢复重建委员会办公室到安县检查受灾群众安全温暖过冬工作落实情

况。为做好受灾群众安全温暖过冬工作，安县按照“确保不冻死一人、不饿死一人”的工作目标，采取对口支援、上级调拨、社会募捐和群众自筹等方式，及时把御寒衣被发放到受灾群众手中。全县共发放棉大衣15.4万件、棉被16.2万件；储备大米920吨、食用油92吨、燃油20吨、发电机10台、食盐12吨及部分药品。

是日　全县受灾农房恢复重建累计开工80545户，完工33577户；全县受损农房加固维修完工45455户。

19—21日　辽宁省委常委、省总工会主席王俊莲率辽宁省慰问团到安县慰问受灾群众。先后到茶坪、晓坝、黄土等乡镇重灾区调研群众过年、越冬和住房建设情况，为受灾群众送去了慰问金、科普读物、春联等。

28日　文化部副部长王文章一行到安县查看文化事业发展情况。

是月　县委书记王黎、县长赵迎春等领导看望各行各业战斗在一线的工作人员，走访慰问孤残人员。

2月

6日　副市长左代富检查安县灾后恢复重建工作，强调各项恢复重建工作在注重安全和质量的前提下，要着力突出一个快字，确保重建工作又好又快进行。

10日　安县召开传达市委五届十次全会精神暨灾后重建项目推进会，强调2009年是安县灾后重建关键的一年，一方面要实现经济全面恢复，另一方面要全力做好灾后重建工作，基础设施、产业、社会事业、环境建设以及关系到民生的农房、学校、医院建设是重建的重中之重。辽宁省前线指挥部总指挥张征就援建工作讲话。

13日　市委书记到安县黄土镇方碑村查看灾后农房重建情况，对该村农房重建统一风格和采取“一帮一”模式表示满意，并对打造环境提出要求。

16日　国家林业局保护司总工程师严旬到安县检查林业受损和林业恢复情况，实地查看肖家桥堰塞湖遗址，肖家桥一带的灾后森林覆盖率不足35%。严旬强调，要认真组织实施林业恢复重建规划，提高建设标准，重点加强自然保护区、林业工作站、森林防火、林业有害生物防治、林业野外生态监测以及林区道路等基础设施恢复重建工作。

23日　安县中学永久性教室复课暨安县教育系统灾后重建项目集中开工仪式举行。至此，在板房教室生活学习长达9个月之久的安县中学5000余名师生重新回到宽敞舒适的永久性校舍上课。同时，由辽宁援建的总投资38442万元的秀水中学等21所学校恢复重建项目正式启动。

24日　安县召开2009年工作会议。王黎传达全市灾后重建暨农村工作会议精神，要求全县切实按照市委提出的“三年重建任务两年基本完成”和“四个加快”的要求，围绕“坚持科学发展，敢于三路争先，打造三大环境，推进三个升级”总体思路，把各项工作抓紧抓实。

是日　省卫生厅厅长沈骥到安县人民医院、安县中医院实地查看医疗机构重建情况并座谈听取全县卫生重建工作推进情况汇报，全面了解重建工作中存在的困难，研究卫生重建措施，要求灾后重建项目建设既要做到高速高效推进，又要做到廉洁重建。

3月

5日　安县召开交通灾后重建拟定实施项目专题研究会，初步规划2009年实施公路建设项目10个，道路12条，里长203.7公里，总投资16.54亿元，其中辽宁援建资金7.46亿元。

10日　安县召开红十字会震后援建项目推进工作会。签约红十字会援建项目115个，包括红十字博爱新村、博爱学校、博爱卫生院、博爱卫生站、敬老院等。申请援建资金2.2亿元，博爱新村项目全部开工建设，竣工827户，22个村卫生站建成并交付使用。

13日　市委书记，副市长左代富、林新、李亚莲到安县调研永安路扩建以及晓坝场镇建设情况。投资6.67亿元的永、安、北一级公路永兴至安昌段扩建工程已开工，市委领导要求相关部门要集中力量协调解决好公路交通建设中存在的困难和问题，确保灾后交通建设能够按计划顺利实施。

15日　中共中央政治局委员、国务委员刘延东到安县考察教育系统恢复重建工作。在查看花荄镇初级中学等学校教学楼建设状况和学生的住宿情况后，刘延东对安县教育系统的恢复重建工作表示满意，并要求各地、各部门要高度重视灾区学校的恢复重建工作，进一步加快灾区学校重建步伐，把学校建成全社会最牢固、最安全，家长最放心的地方。省委书记刘奇葆和市委领导陪同考察。

16日　民政部副部长窦玉沛一行到安县指导社会福利中心建设。安县社会福利中心包括社会福利院、光荣院、社会救助站，占地38亩，总建筑面积10550平方米，建成后可容纳400名救助对象。项目总投资2950万元，其中上海慈善基金会定向援助800万元，辽宁省对口支援2150万元。该工程2008年11月28日开工奠基，主体工程完成50%。窦玉沛对安县福利中心建设进度表示满意，要求施工单位强化工程质量管理，早日建成标准化示范福利院，使这项民生工程尽快发挥社会效益，为全县的优抚对象和“三孤”人员营造一个美丽、祥和、温馨的家园。

18日　安县召开农房重建补助资金发放工作会议，县长赵迎春要求务必把重建补助资金发放工作做实、做细，做到程序合法，资金到位，让群众真正得到实惠，确保全县社会环境和谐稳定。县委常委、纪委书记姜曦，副县长严洪兵分别就全县农房重建补助资金发放工作中存在的问题、整治和监管等情况作通报。

27日　国家中医药管理局副局长马建中到安县视察中医药事业发展情况。

28日　省委副书记到安县调研城乡环境综合治理工作。

29日　市委书记吴靖平在安县界牌、花荄、晓坝等乡镇调研灾后重建、产业恢复、环境综合整治等情况，提出要坚持科学重建、务实重建、和谐重建，并强调坚持民生优先，形成规划引领项目、项目带动投资、投资推动建设的良好工作格局，促进工业化、城镇化和农业现代化“三化”联动，加快推进灾后产业重建和经济社会发展。

4月

2日　四川省发改委副主任王光四带队到安县检查灾后恢复重建项目、中央扩大内需项目和省市重点项目推进等情况。

是日　中国企业改革与发展研究会秘书长席建国到安县调研工业园区发展建设情况，实地查看花荄镇工业集中发展区汇利纸业、虹润公司、郎迪公司等，对安县工业园区发展建设给予充分肯定，并指出安县工业经济依托园区重点发展、带动周边持续发展的模式值得研究与推广。同时，中国企业改革与发展研究会与安县签订合作发展协议。

3日　北川县和安县行政区划调整交接工作正式启动。根据民政部《关于四川省调整北川羌族自治县行政区划的批复》，安县安昌镇、永安镇，黄土镇的常乐、红岩、顺义、红旗、温泉、东鱼6个村划归北川羌族自治县管辖。划出总面积215平方公里，人口7.89万人。

12日　安县召开深入学习实践科学发展观活动专题报告会，邀请省委政策研究室副主任李后强作《科学发展观与灾后恢复重建》专题报告，各乡镇党委书记、乡镇长，县级机关实职副科级以上领导干部共350人听取报告。

22日　省民政厅、财政厅到安县调研灾后恢复重建工作。

是日　省水利厅副厅长朱兵带队检查安县水利工程灾后重建工作，到黄土镇方碑村、伍家碑水库查看了解情况。安县水利工程灾后重建包括水库、塘堰、沟渠等水利设施以及人饮工程项目，完工水利工程4处、水井1300口，使用国债恢复重建人饮工程专项资金433万元，解决全县1.4万人的永久饮水问题。

26日　出席全省地震重灾区城乡环境综合治理工作现场会的人员在四川省委领导，副省长黄彦蓉的带领下，到安县黄土镇平桥村进行参观考察。

5月

7日　省委常委、省政法委书记王怀臣到安县就灾后重建、社会稳定和民生工作进行调研，并看望慰问政法干警。

7—8日　县委中心学习组学习实践科学发展观专题学习会议在绵州温泉酒店召开。

11日　中共中央总书记、国家主席、中央军委主席胡锦涛在绵阳市考察期间，亲切接见来自全市的抗震救灾英模代表、基层干部代表和对口援建单位代表，辽宁省前线指挥部总指挥张征，县委书记、县人大常委会主任王黎，县水务局局长唐鸿，塔水镇党委书记刘云相，桑枣中学校长叶志平受到胡锦涛的亲切接见。

12日　安县在文化广场举行汶川特大地震周年纪念祭奠仪式。县委、县人大、县政府、县政协领导以及县级各部门干部职工和部分学生参加祭奠活动。

是日　市灾后恢复重建项目督查组到安县对灾后恢复重建项目推进情况进行督查。

13日　国家审计署固定资产投资司副司长卢华胜、边巴一行到安县检查灾后重建审计工作开展情况。

是日　王黎到茶坪乡调研灾后农房重建工作，实地查看双电村曹家坪安置点场地、茶坪场镇和德胜村农房集中建设点，要求把农房重建摆在首要位置，重建安置点的确定必须经过多方论证，科学规划，做到既要立足当前，又要考虑长远。

21日　安县召开灾后恢复重建项目推进会，通报全县灾后恢复重建项目进展情况，对项目中存在的问题进行分析研究。截至21日，安县灾后重建完成立项报批项目222个，开工项目102个，到位资金32.34亿元，累计完成投资45.02亿元。按照“三年任务两年基本完成”的要求，辽宁省援建安县项目在2008年、2009年计划实施总数为88个，总投资35.63亿元，援建资金34亿元，开工实施项目共33个，涉及辽宁援建资金16.64亿元。

25日　安县召开灾后产业重建征地拆迁工作会。

是月　县委、县政府将全县恢复重建的思路调整为“一年重点安民，两年全面恢复，三年建设新安县”。

6月

5日　中华全国总工会副主席、书记处书记王炯一行到安县调研灾后工会建设情况。

9日　安县召开城乡住房重建暨城乡环境综合治理工作会，县政府与各乡镇、县级相关部门签订灾后城乡住房恢复重建目标责任书。

16日　国家审计署审计长刘家义到安县视察灾后恢复重建跟踪审计工作。

是日　省长蒋巨峰视察安县水利工程恢复重建工作。要求把每一处工程都做成放心工程、民心工程。

17日　安县召开2009年对口援建项目推进例会，辽宁省前线指挥部总指挥张征，县领导王黎、赵迎春、姜曦、安瑛等出席会议。

22日　市委书记吴靖平在茶坪乡、晓坝镇调研山区灾后恢复重建工作，强调要按照“三年重建任务两年基本完成”的要求，抢抓重建机遇，坚持以人为本，重新梳理重建项目，优先保障山区群众基本生产生活条件，统筹解决用电、道路、通讯等问题，切实把钱用在刀刃上，使山区群众生活生产同步走，灾后重建山里山外一个样。

25日　中共中央政治局委员、国务院副总理回良玉深入安县黄土镇伍家碑水库和睢水镇罐滩堰塞湖考察防汛保安和灾后重建工作。他强调，要大力弘扬伟大的抗震救灾精神，认真贯彻落实中央关于防灾减灾的部署，坚持把保障人民生命安全放在首位，以确保震损水库、重要堤防和堰塞湖防洪安全为重点，高度重视山洪、滑坡、泥石流等灾害的防御，周密安排，精心组织，切实做好防汛保安减灾各项工作，为灾后重建和经济社会发展提供有力保障。水利部部长陈雷、国务院副秘书长张勇、民政部副部长罗平飞、财政部副部长丁学东、国家地震局局长陈建民、国务院研究室党组成员黄守宏等随同考察。

30日　安县召开纪念建党88周年暨表彰大会，表彰一批先进党组织、优秀党务工作者和优秀共产党员。

7月

9日　县委常委会通过《关于进一步加强作风建设加快灾后重建，推行“5+1”工作制度的意见（草案）》，决定在全县倡导推行“5+1”工作制度，即每周增加1个工作日，倡导各级领导干部深入一线、深入基层、深入实际，强力推进1项重点任务、中心工作；或深入1个联系点、1户联系群众，帮助解决至少1个问题；或深入一线调查研究，提出并解决好1个具体问题。

是日　安县中联水泥有限公司日产4500吨熟料新型干法水泥生产线项目奠基仪式在桑枣镇举行。

14日　辽宁省前线指挥部总指挥张征带队，对在援建项目中开展“天府杯”拉练活动的情况进行检查。

16日　辽安路开工奠基仪式在兴仁乡五郎村隆重举行。辽安路东接江油，西达秀水，全长30.01公里，建设采用一级公路标准，从花荄、界牌、兴仁、乐兴、塔水、秀水等6个乡镇穿境而过，辐射面积近360平方公里，受益人口超过25万，建设工期10个月。是辽宁援建安县的重点项目。

17日　安县普降暴雨，造成全县18个乡镇，2万余户，6万余人受灾。受灾最严重的6个沿山乡镇，300多户农房被山洪、泥石流冲毁，造成的直接经济损失1.5亿元。

21日　四川省科技厅副巡视员施遐一行到花荄镇柏杨村检查灾后新农村建设技术集成与示范项目实施情况。花荄镇柏杨村灾后新农村建设技术集成与示范项目是震后安县争取科技部灾后重建项目，由省科技厅组织实施，项目总投资400万元。

8月

1日　省委、省政府“5·12”灾后重建督查组第二小组组长、省政协副主席陈杰到茶坪乡对灾后重建工作进行督查。

7日　市调研组到安县督查调研灾后恢复重建项目推进工作。县长赵迎春汇报全县灾后恢复重建项目推进情况：安县的灾后恢复重建项目总投资172.69亿元，2009年与市上签订责任书纳入年终考核的项目320个，计划投资110多亿元；全县灾后重建已完成立项批报项目544个，开工项目380个，已竣工200个，累计完成投资118亿元。市调研组对安县灾后恢复重建项目推进总体情况给予肯定。

14日　安县召开乡镇灾后重建项目推进会，全县18个乡镇的灾后重建项目包括市级项目320个，辽宁援建项目74个。

21日　市委书记吴靖平到高川乡调研地质灾害后期整治和灾后重建工作。

9月

1日　安县53所学校秋季学期如期开学。

5日　省水利厅总工程师张强言带领省水利厅灾后恢复重建监督检查组到安县督查水利灾后恢复重建及工程安全管理工作。安县列入国家灾后重建规划的水利项目共66个，完工17个，在建17个，完工项目中包括7座水库的除险加固，27处堰塞湖的应急排险，9处集中供水站的建设。

10日　由美国艾默生电气公司援建的清泉小学教学综合楼正式落成并投入使用。美国艾默生电气公司董事长、首席执行官兼总裁范大为，市委书记吴靖平等出席落成仪式。

11日　茶坪乡德胜桥全面竣工通车。德胜、东益、白果3个村2000多人的出行及物资运输有了保障。

15日　辽宁对口援建安县项目推进会召开。2008年、2009年安县辽宁援建项目计划实施总数88个，总投资35.63亿元，援建资金34亿元，项目已开工60个，占计划数的68.2%，已竣工项目12个，占13.6%。

19日　安县召开深入学习实践科学发展观活动第二批总结暨第三批动员会议。全县第二批学习实践活动时间为3月至8月，参学单位共69个，参学党员3789名，活动紧紧围绕“科学重建新安县，奋力推进新跨越”的主题，圆满完成各项任务。

10月

1日　县委书记、县人大主任王黎作为全国抗震救灾英雄模范代表应邀到北京天安门前参加新中国成立60年盛大庆典活动观礼。

9日　安县召开村（社区）综合服务设施恢复重建工作会，全面启动村（社区）综合服务设施恢复重建工作。国家有关部委、省政府和市政府核准安县村级服务设施重建项目232个，全部实施重建，总投资9165.8万元（其中中央重建资金6200万元、“特殊党费”资金2965.8万元）；全县社区服务设施灾后重建项目23个，总投资1570万元。

12日　王黎主持召开全县因灾失地农民安置专题会。全县宅基地灭失农户共有4176户，全部集中在雎水、桑枣、沸水、晓坝、茶坪和高川等6个山区乡镇，农房重建开工3948户，未开工228户。王黎强调，扫尾阶段的农房重建是一场硬仗，要按照“就地、就近、分散”的原则，在做好山区因灾失地农民农房重建的同时，做好全县农房重建的拾遗补阙工作，全面完成目标任务。

15—16日　为期两天的县委中心学习组学习会暨贯彻党的十七届四中全会精神会议召开。与会人员到绵竹无锡汉旺新镇、绵竹经济开发区江苏工业园、孝德镇大乘村“年画村”参观学习，并观看“《凤凰涅槃》——沈阳铁西老工业基地调整改造暨装备制造业发展纪实”专辑。

11月

3日　市委常委、组织部长董维全到安县部分乡镇、村组调研灾后重建和基层党组织建设。

6日　安县召开灾后永久性农房重建攻坚扫尾工作会。通报各乡镇未开工农房户数以及县级领导、县级部门包乡镇和包村名单。

11日　安县举行灾后重建和工程建设领域预防职务犯罪辅导报告会，王黎要求领导干部要做到“四不”：不插手工程、不接受钱物、不赌博、不乱交朋友。

12日　安县召开灾后重建未开工项目专题推进会。辽宁援建安县首批项目总数为88个，援建资金34亿元，累计开工75个项目，未开工13个，竣工12个；2009年与市上签订责任书项目有320个，计划投资110.68亿元，开工280个，未开工40个，竣工41个。

15日　中国国际工程咨询公司社会事业部副主任王迁率专家组一行赴安县考察指导工作。

23日　市委副书记张锦明到安县调研因灾失地农民安置、灾后恢复重建及经济社会发展情况，看望各级干部和受灾群众。

是月　全县98562户农房重建全部开工，发放政策补助资金14.41亿元。

12月

1日　市长曾万明到安县调研永安北路沿线风貌提升工作。永安北路途经安县界牌镇、花荄镇和黄土镇，是绵阳通往北川途经安县的重要通道。永安北路的改造是省委、省政府的一项重要决策，曾万明强调要把永安北沿线建设成为清爽、简洁、明快的亮丽大道。

15日　安县召开灾后重建工作会。全县灾后重建完成立项报批项目598个，开工项目428个，竣工项目231个；到位中央财政资金48.5亿元，到位辽宁援建资金19.27亿元，到位特殊党费1.08亿元，全县累计完成投资164.5亿元。

16日　教育部部长袁贵仁到安县考察教育灾后重建工作。全县教育系统灾后恢复重建规划学校（含事业单位）共有53所，全部开工建设，其中35所基本竣工、23500名学生搬进永久性校舍上课。副省长黄彦容，副市长黄正良等领导陪同考察。

18日　王黎调研全县灾后恢复重建在建项目推进及完工项目使用情况，分别查看新县城城区堤防文胜路闸坝、银河建化集团公司和晓坝新场镇迁建施工现场，并提出合理建议。

24日　辽宁对口援建安县项目推进会召开，各相关部门和乡镇就辽宁援建各项目的推进情况以及存在的问题做了汇报。

29日　市委书记吴靖平到安县就“两所一庭”建设、对口援建项目进展、基层党建和新农村建设情况进行调研。

2010年

1月

2—4日　中共中央政治局常委、中央政法委领导一行考察安县灾后恢复重建情况，对安县在灾后重建中紧密结合新农村建设的做法给予高度评价。

3—4日　辽宁省委常委、副省长许卫国到安县视察灾后恢复重建工作，许卫国要求继续加大援建工作的领导，所有援建项目都做到“保质量、保安全、保工期”，都要创优质工程、精品工程。

8日　安县召开灾后重建档案归档工作暨《汶川特大地震安县抗震救灾志》编撰工作领导小组会议。辽宁省前线指挥部副总指挥王天宇、副县长王刚分别就两项工作提出要求。

13日　全县召开农房重建扫尾攻坚和受灾群众安全越冬工作会。

23日　由国务院办公厅督查室巡视员陈建安带领中办、国办联合督查组对安县灾后重建恢复建设和受灾群众安全温暖过冬等工作进行为期两天的督查。

2月

1日　安县召开辽宁援建项目检查情况汇总会。从1月20日开始，全县分为8个组，对辽宁援建项目责任落实、执行规划及投资计划、项目资金管理、项目质量、安全、造价、工期保证等情况进行集中检查。

2日　市委副书记张锦明带领市畜牧局、市农办等部门负责人到绵阳永丰乳业有限责任公司调研新农村示范片建设及产业发展工作。

21日　安县召开辽宁援建项目决战誓师大会。

是日　安县一大渠茶坪闸灾后重建工程破土动工。

3月

8日　县委副书记郭向前、副县长梁建、组织部部长党海燕一行前往辽宁省政府汇报安县的灾后恢复重建工作。辽宁省委常委、副省长许卫国对安县的灾后恢复重建工作十分关心，并给予充分肯定。

10日　四川省副省长王宁到安县辽安工业园考察重点项目建设情况，对晓坝镇场镇迁建工作及旅游产业的规划与建设给予肯定。

17日　省林业厅副厅长郭亨孝带队到安县视察林业灾后重建工作。

20日　市委书记吴靖平到睢水、黄土和花荄等镇，调研地质灾害避让治理、现代农业发展和城市规划建设工作。

4月

8日　农业部副部长牛顿、渔业局局长李健华到安县视察水产业发展情况。

9日　辽宁省委常委、省纪委书记、省总工会主席、对口援建领导小组副组长王俊莲率领辽宁省发改、财政、审计、建设等部门的负责人，到安县视察对口援建工作。

是日　由中组部、新华社、人民日报社组成的采访组到安县采访“特殊党费”援建项目工作。“特殊党费”援建安县资金是3.9亿余元，主要涉及学校、村级组织活动场所、农村党员干部现代远程教育接收站点建设、农房重建等。

10日　中央纪委委员、中央纪委驻卫生部纪检组组长、中央第十六检查组组长李熙一行到安县检查中央扩大内需促进经济增长政策落实、治理工程建设领域突出问题、灾后恢复重建资金物资管理使用等工作。

22日　全县灾后重建项目竣工验收、决算审计和档案管理培训会召开。

是月　安县社会福利中心正式建成并投入使用。安县社会福利中心是由辽宁援建的交支票工程，总占地面积38亩，建筑面积10550平方米，主要由社会福利院、光荣院和救助站三部分组成，是绵阳市规模最大、设施最先进的国办综合性社会福利机构。

5月

4日　安县举行庆祝辽宁省对口援建三年任务两年基本完成暨辽宁广场命名仪式。

8—9日　辽宁省委书记、省人大常委会主任王珉率辽宁省党政代表团考察安县灾后重建各项工作，四川省委书记、省人大常委会主任刘奇葆等陪同考察。

9日　辽宁省援建的辽安路竣工通车。

是日　晓坝镇举行新场镇建设揭碑仪式。

11日　全市灾后恢复重建工作现场会与会人员参观晓坝镇。

22—23日　县长赵迎春到桑枣、茶坪、高川、睢水等沿山乡镇调研灾后重建扫尾、防洪度汛以及次生灾害防治工作。

31日　全市产业园区工作会与会人员在市委书记吴靖平、市长曾万明的率领下到安县工业园区参观。

6月

1日　辽宁省人大常委会党组书记、副主任闫丰到安县视察指导灾后对口援建工作并看望慰问安县干部群众。

10 日　安县“创先争优”活动动员大会召开。“创先争优”活动的总体要求是“推动科学发展、促进社会和谐、服务人民群众、加强基层组织”；主要内容是“创建先进基层党组织、争当优秀共产党员”。

18 日　市委书记吴靖平、副市长林新到安县调研工业项目建设、防汛防灾、地质灾害治理等工作。

23 日　中共中央政治局常委李长春到安县视察灾后恢复重建工作。

26 日　安县中联水泥有限公司日产 4500 吨水泥熟料生产线项目竣工点火仪式在桑枣镇举行。中国建材集团董事长兼党委书记、中国建材股份有限公司董事局主席宋志平，市委书记吴靖平为水泥生产线竣工点火。该项目是由中联水泥与四川浮山水泥联合投资 7.2 亿元兴建，该项目的建成投产标志着央企和民营资金合作的范例在安县正式投入运营。

30 日　安县召开纪念建党 89 周年暨先进表彰大会，102 个先进基层党组织、58 名优秀党务工作者、198 名优秀共产党员分别受到表彰。

7 月

6 日　北川县、安县灾后重建行政对接扫尾工作现场会召开。

9 日　国家扶贫办副主任王国良一行到安县视察贫困村灾后重建工作。安县贫困村灾后重建工作已全面完成。

9—12 日　辽宁省监察厅、辽宁省前线指挥部与安县组成 6 个联合检查组，对《辽宁援建安县项目三年任务两年基本完成实施计划》中的 88 个项目进行专项检查。检查组认为项目进展顺利，资金到位情况良好，援建进度排在全国对口援建省市的前列，援建工作成绩显著。

29 日　安县“灾后新农村建设技术集成与示范”项目通过省科技厅专家组验收。

8 月

2 日　由于连续暴雨、洪水侵袭，凌晨 1 时，黄土大桥垮塌。垮塌长度 100 余米。垮塌造成沿桥架设的水、电、气和有线电视、通讯中断。直接经济损失 1500 万元，无人员伤亡。

8 日　农业部部长韩长赋一行到安县调研新农村建设工作。

12 日　安县沿山地区普降大到暴雨。茶坪、高川、睢水、沸水、晓坝、桑枣遭受特大暴雨，雨量最高达 256 毫米。强降雨导致多处发生山体滑坡和泥石流，对全县山区 11 处居民集中安置点形成威胁，部分乡镇供电、通讯中断。墩秀路、晓茶路等多条道路中断。

19 日　3 时至 11 时，安县沿山地区普降大雨到暴雨，雨量高达 160 毫米。导致 10 余处居民集中安置点受到严重威胁，部分乡镇通讯中断，茶坪、高川道路交通中断，农、林、水系统损失严重，直接经济损失近 5 亿元。无人员伤亡。

是日　因洪水袭击，花荄镇先林大桥垮塌。垮塌长度 200 米，直接经济损失 1800 余万元。由于提前防范，采取了限制通行措施，大桥垮塌未造成人员伤亡。

20 日　省委书记、省人大常委会主任刘奇葆到安县查看暴雨灾情，对安县主动避险、积极落实防灾预案、及时转移群众、未造成任何人员伤亡给予高度评价。

24 日　卫生部副部长陈啸宏到安县视察医疗卫生灾后对口援建项目建设使用情况。

25 日　四川省委常委、省政法委书记王怀臣到安县查看山洪地质灾害情况，指导抢险避灾工作，看望一线政法干警。

30 日　省长蒋巨峰一行到安县视察特大洪水地质灾害抢险救灾工作。

9 月

14 日　县委书记、县长赵迎春对全县被征地拆迁农民统建安置房建设情况进行调研。

30 日　辽宁省省长陈政高率辽宁省党政代表团到安县检查对口援建各项工作，并与安县签订对口合作协议。截至9月底，辽宁省对口援建总投入34亿元，88个援建项目主体工程全部完工。

是日　辽宁省对口援建安县工作基本完成总结大会在县工人文化宫召开。辽宁省委常委、省纪委书记王俊莲主持大会。安县县委书记、县长赵迎春汇报安县灾后重建和对口受援工作。辽宁省委副书记、省长陈政高讲话，四川省委副书记、省长蒋巨峰宣布辽宁对口援建安县重建工作基本完成。市委书记、市人大常委会主任吴靖平代表市委、市政府向辽宁省委、省政府赠送“对口援建铸丰碑　世代铭记辽沈情”的锦旗。

10 月

14 日　辽宁省副省长刘国强一行到安县辽安工业园视察华瑞汽车花荄厂项目推进情况。

21 日　市委副书记张锦明视察安县城乡环境综合整治工作。

27 日　安县通过创建全国农村中医工作先进县评审验收。

29 日　副省长钟勉到安县视察新农村建设工作。

11 月

11 日　市委书记吴靖平带领市发改局、规划局、环保局、电力公司等部门负责人到安县工业园区调研。吴靖平一行到辽宁对口援建安县最大的产业项目——华瑞汽车花荄工厂现场，听取工厂负责人关于项目建设进度情况汇报，询问项目的电力等生产要素保障情况，并提出合理建议。县政府主要领导陪同调研。

24—25 日　省委、省政府检查验收组到安县考察绵安新农村示范片建设工作，认为安县绵安新农村示范片建设工作起点高，效果好，示范带动作用大，评定为优秀等级。

是月　安县成为全市第一个无公害农产品产地县。

12 月

7 日　市委书记吴靖平、市委副书记张锦明等到安县调研工业、农业和城市规划建设情况。

20 日　辽宁对口支援安县恢复重建工作表彰大会在沈阳辽宁大厦隆重召开。县委书记赵迎春率安县党政代表团参加会议。

24 日　县委十届九次全委会（扩大）会议召开，县委书记赵迎春做工作报告，县政府主要领导就《中共安县县委关于安县国民经济和社会发展第十二个五年规划纲要（讨论稿）》作说明。

是年　安县银河建化集团公司实现工业总产值20.8亿元、销售收入实现19.4亿元、出口创汇1060万美元、上缴税金4536万元、利润8200万元，跃升至绵阳市规模以上工业企业第5位，是全市首家年产值过20亿的县域工业企业。

2011 年

1 月

9 日　安县新型农村社会养老保险金首发仪式在兴仁乡举行。

10 日　市长曾万明率市国土、水务等部门负责人到安县检查指导工作。

11 日　副省长李成云率省委、省政府慰问团到安县开展春节慰问送温暖活动，并到县社会福利中心看望慰问老人及“三孤”人员。

11—13 日　政协第十二届安县委员会第五次会议在启明星温泉酒店召开。

12—15 日　安县第十六届人民代表大会第五次会议在绵州温泉酒店召开，大会听取县政府主要领导作《政府工作报告》，听取《安县国民经济和社会发展的第十二个五年规划纲要（草案）编制情况的报告》，依法选举朱安保为县人大第十六届常委会主任。

20 日　“红十字博爱送万家”活动在睢水镇道喜村集中安置点举行。该活动由省、市红十字会组织安排，为全县困难群众发放的大米、食用油、棉被等物资共计 12.5 万元，物资全部由日本红十字会捐赠。

21 日　灾后重建项目推进会召开，通报全县灾后重建项目及辽宁援建项目推进情况。全县灾后重建项目累计完成投资 296.97 亿元，投资完成率为 91.92%，完工项目 695 个，完工率 92.05%；辽宁援建项目基本完工 88 个，完工率 86.3%；23 个扩大内需项目全部开工，完工 21 个项目，完成投资 1.75 亿元。

2 月

12 日　农业部畜牧业司司长、农业部调研组组长王智才到安县开展为期半个月的“百乡万户调查”活动。旨在通过走进千家万户、深入田间地头开展调查研究，感受农业、农村的发展变化，了解农民的需求意愿，研究实际问题，把握发展趋势。同时广泛宣传中央各项强农惠农政策和农业、农村发展目标任务，推动农业农村经济科学发展和“十二五”规划顺利实施。

23 日　四川农业大学专家组一行 30 余人到兴仁乡长沟村考察农业产业发展情况。

24 日　全省“三基地一窗口”建设推进现场会在晓坝镇召开。安县初步形成以晓坝新场镇为重点，连接县内博物馆、辽宁广场、兴仁长沟村大学生创业园、肖家桥堰塞湖等 10 个具有“灾害遗址、抗震救灾精神、恢复重建成果”特色的“爱国主义教育基地、社会主义核心价值体系教育基地、民族团结进步宣传教育基地和展示中国发展模式、发展理念、发展道路勃勃生机的窗口”参观环线。

25 日　中央外宣办副主任、国务院新闻办公室副主任钱小芊到花荄镇前进村调研灾后重建工作。

3 月

8 日　市长曾万明率队到黄土镇盐井村 3 组、花荄镇农资一条街、花荄镇联丰村调研农业生产工作情况，希望安县在全市范围内实现“三个率先”：率先在全市实现全域灌溉，率先在全市实现集中联片发展，率先实现农民人均纯收入增长与经济增长同步。

14 日　安县举行《民生工作学习资料》首发仪式。赵迎春指出，《民生工作学习资料》首发仪式彰显县委、县政府在保民生、促和谐工作中的决心和信心，开启全县民生工作的新篇章。

17 日　安县工业发展和招商引资工作大会在县工人文化宫召开。

22 日　安县举行 17 个工业项目集中开工仪式。参加集中开工的 17 个工业项目涵盖汽车及零部件、模具、新能源、食品等领域，项目总投资 15.7 亿元，平均单项投资达 9200 多万元，总占地 1085 亩，利税可达 3.2 亿元。

23—24 日　安县举行为期两天的雎水春社踩桥民俗活动，参加活动人数逾 20 万。雎水春社踩桥民俗活动是川西北地区群众祈福纳祥的一次民间盛会，被纳入省级非物质文化遗产项目。

4 月

13 日　全国妇联党组书记、副主席、书记处书记陈秀榕率全国妇联督导组到安县调研妇女儿童工作。

16 日　中共中央政治局委员、中央书记处书记、中宣部部长刘云山在安县调研宣传思想工作和灾后恢复重建工作，看望慰问干部群众，检查指导"三基地一窗口"建设工作并提出希望。

26 日　市长曾万明到河清、秀水、桑枣等地调研龙门山断裂带灾后重建和城乡环境综合治理工作。

是月　安县被评为 2010 年度全省维护社会稳定工作先进单位，同时荣获全市 2010 年度维护社会稳定工作一等奖。

5 月

1 日　市委书记吴靖平率队到河清、秀水、乐兴、花荄、黄土等镇视察灾后重建和城乡环境综合治理工作。

2 日　全县召开工作会议。县长胡德兵强调，再添干劲，抖擞精神，充分展示灾后重建丰硕成果。县委副书记梁建通报"5·12"纪念期间系列重大活动安排部署情况；副县长杨代根通报城乡环境综合治理及领导视察点的打造情况；县委常委、政法委书记钟思亮通报信访维稳形势并安排部署相关工作；县委常委、组织部部长党海燕对近期开展的公开选拔科级领导干部进行通报和部署。

3 日　中共中央政治局常委、中央纪律检查委员会书记贺国强到安县视察灾后恢复重建工作。

7 日　安县举行游客接待中心落成暨地质博物馆开馆仪式。安县游客接待中心属于辽宁援建项目，总投资 1400 余万元，2009 年底开工建设，2011 年 3 月正式投入使用，建筑面积 3800 平方米，主要包括游客服务中心、地质博物馆、旅游商品展示中心。

11 日　市长曾万明一行到安县调研地质灾害防治及群众生产生活情况，要求严格落实汛期值班制度，做好应急演练和适时检测，加强灾毁耕地复垦工作，维护好山区道路。

19 日　省政府因灾失地农民安置帮扶工作督导组到安县，就因灾失地农民安置帮扶工作进行督导。

20 日　国家发改委西部开发司司长秦玉才一行到安县视察。

是日　安县召开灾后重建项目推进工作会。截至 2011 年 5 月 19 日，全县共有灾后重建项目 755 个，完工项目 704 个，占总数的 93.2%。赵迎春强调，要加快项目建设进度，确保按要求时间完成任务。

26 日　副省长钟勉率队到安县调研水利设施重建及防洪度汛工作。省水利厅厅长冷刚、市委书记吴靖平、县长胡德兵等陪同调研。

是月　安县森泰养鸡专业合作社被全国供销合作总社评为"2011 年农民专业合作社示范社"。

6 月

7 日　国家发改委国民经济动员培训中心主任牛灵君到安县视察灾后恢复重建工作。

10 日　安县召开灾后重建（辽宁援建）项目推进暨资金管理工作会。安县灾后重建项目 755 个，总投资 316 亿元。按照省发改委灾后重建信息报送口径统计，全县已开工项目 755 个，开工率为 100%；已完工项目 717 个，完工率达 95%；累计完成投资 302.6 亿元，占规划总投资的 93.7%；细化后子项目为 1750 个，未开工项目 27 个，在建项目 145 个，完工项目 1578 个。

13 日　市委书记吴靖平到安县工业园区调研工业产业化发展工作。

19 日　中共中央政治局委员、国务委员刘延东视察桑枣镇初级中学，称赞学校历练了注重生命安全的好做法，一定要认真坚持下去，让学校师生永远平安，并勉励同学们珍惜条件、努力学习。省委书记刘奇葆、省长蒋巨峰等陪同视察。

23 日　安县国家农业综合开发 2010 年度项目顺利通过省级验收。包括：中低产田改造项目、高标准农田建设示范工程、30 万只蛋鸡养殖基地改扩建项目、2009 年 600 吨改性魔芋葡甘聚糖加工新建项目及 2010 年 100 万公斤附片加工新建项目。

30 日　安县召开纪念建党 90 周年暨先进表彰大会，同时举行《中国共产党安县历史（第一卷）》首发仪式。

7 月

11 日　市委书记吴靖平率市国土资源、水利、民政、交通部门主要负责人，到高川乡、茶坪乡调研地质灾害防治工作，查看防洪抢险物资储备情况。

14 日　省人口计生综合改革示范县评估组到安县考察评估人口计生工作，通过实地考察评估，对安县计生工作给予高度评价。

15 日　四川省第六期新农村规划建设培训现场会在花荄镇前进村十三组召开，旨在展示地震极重灾区重建经验及特色亮点，在相互交流中向其他市州推广。

28 日　绵阳市上半年工业经济形势分析会在安县召开。安县上半年工业增长突破全市平均水平，工业园区在确定发展规划、培育主导产业、构建产业链条、突出招商引资等方面稳步走在全市前列。

是日　中共安县县委中心学习组（扩大）会议在县工人文化宫召开，邀请省委党校教授彭穗宁对胡锦涛总书记“七一”讲话精神作辅导报告。县委书记赵迎春要求在全县迅速掀起学习贯彻胡锦涛重要讲话精神的热潮。

8 月

3 日　省民政厅基层政权和社区建设促进处副处长曹伟一行到安县调研汶川特大地震重灾区农房重建集中居住点社区化管理情况，并检查指导村（居）务公开工作。

12 日　市委书记吴靖平在市委组织部长邵革军的陪同下到安县调研创先争优工作。

25 日　县委书记赵迎春一行赴辽宁省，向辽宁省委常委、副省长许卫国，辽宁省委常委、省纪委书记王俊莲汇报对口受援工作和下一步工作打算。许卫国、王俊莲表示，要进一步加快对口援建安县项目的收官扫尾工作。

是月　四川省人力资源和社会保障厅、四川省教育厅联合追授桑枣中学原党支部书记、校长叶志平“四川省优秀教育工作者”称号。

9 月

1 日　四川省委决定，追授叶志平“优秀共产党员”称号，并在全省广大党员和干部职工中开展向叶志平学习的活动。

5 日　叶志平先进事迹报告会在成都锦江大礼堂隆重举行。报告会前，省委书记、省人大常委会主任刘奇葆，省委副书记、省长蒋巨峰等领导亲切接见安县报告团成员。

8 日　由中央文明办、财政部、教育部组织实施的中央专项彩票公益金支持乡村学校少年宫项目建设四川省启动仪式在安县晓坝镇举行。晓坝镇九年一贯制学校乡村少年宫于 2010 年 7 月 9 日正式挂牌成立，为绵阳市乡村学校少年宫试点学校。

14 日　市委党校 2011 年秋季县级领导干部进修班全体学员 40 余人到安县参观考察灾后重建成果。

23 日　全县领导干部大会召开，安排部署县级部门正科级领导干部公开选岗工作。

是月　安县兴仁山地土鸡养殖专业合作社、花荄联丰养殖专业合作社荣获省级示范社称号。

第一篇 灾 情

Wenchuan Teda Dizhen Anxian Kangzhenjiuzai Zhi

汶川特大地震是新中国成立以来破坏性最强、波及范围最广、救灾难度最大的地震。这起历史罕见的地震灾害所造成的巨大破坏，举国震惊，举世关注。安县作为国务院综合评估的十个极重灾县，位列第七位。在汶川特大地震灾害中死亡2640人，失踪655人，受伤88623人，废墟中救出1193人，全县20个乡镇，51万人，受灾人口47万，安置受灾群众46.55万人。其中，500人以上安置点42个，集中安置群众28万人。全县因灾建筑物受损80%以上，垮塌50%以上，房屋受损面积达1950万平方米，35万群众无家可归，损毁道路826公里，损毁桥梁254座。全县117所学校房屋垮塌42.1万平方米，损失各种教学设备6.45万台（套），学校全部停课，374所医疗卫生单位损毁，房屋垮塌11.2万平方米，损毁医疗器械2159万台（套），275个村卫生站损毁，249公里供水管网，70027处农村供水工程、自来水、电力、燃气全部中断，导致50万群众基本生活困难。

全县69家规模企业全部停产，厂房损毁201万平方米，损毁设备1.8万台（套）。全县牲畜死亡18.39万头，农作物损毁18.22万亩，水利设施损毁3990处，因灾直接经济损失430.4亿元。

第一章　地理环境与地震监测

第一节　自然地理环境

一、地质构造

安县地区出露地层比较齐全，除第三系未见到外，自震旦系至白垩系均有出露，地层总厚度7—20公里。在构造上处于龙门山断裂带中段，该断裂的两条主干断裂即江油—都江堰和北川—映秀断裂呈北东—西南向通过安县北西侧中低山区。而在深部则发育有与之大致平行或北北东向的隐伏断裂。其中江油—都江堰断裂通过安县境内的桑枣、晓坝、沸水、睢水等地，北川—映秀断裂通过茶坪、高川等地。根据现有地震地质资料分析，北川—映秀断裂为全新世活动断裂，是这次汶川8.0级特大地震的发震断裂；江油—都江堰断裂为中更新世活动断裂。

二、地形地貌

安县地处四川盆地西北边缘，位于龙门山脉中段，与成都平原接壤。全县总的地势呈西北高、东南低，由西北逐渐向东南倾斜。以桑枣、晓坝、沸水、睢水一线为分界，西北部为龙门山脉，属山区，地形切割强烈，相对高差较大，山脊海拔多在800—1200米，最高峰为大光包，海拔3047米；东南部地区为平坝、丘陵分布，地形开阔、平坦，相对高差较小，一般在50米左右。境内平坝占18.82%、丘陵占41.16%、山地占40.02%。

三、气象气候

安县位于四川盆地边缘、龙门山地震带上，山、丘、坝结合，气象条件复杂，属典型的中亚热带湿润季风气候，气候温和，四季明显，降雨充沛。多年平均气温16.3℃，多年平均降雨量1261毫米。降雨主要集中在每年的7、8、9月份，是四川有名的暴雨中心区之一。农业基础设施薄弱，气象灾害频繁，时常有干旱、冰雹、大风、洪涝和其他山地灾害发生。

四、土壤植被

安县境内地带性土壤属岩层土类层，但在中、深丘间；平坝和槽沟内紫色土壤广泛发育，安昌河、干河子沿岸则分布较大面积冲积土。水稻土为主要土壤资源，分布于平坝和丘陵区的山塝和支冲沟范围内，有机质含量较高，适宜各种农作物生长。县境内地带性植被为亚热带常绿阔叶林，自然植被组合与地形、气候环境因素相统一，坝区内冲积农耕地带，植被较少，主要为经济庭园林木为主。丘陵区内植被稀疏，集中成片较少，树种混杂，多为散生和混生植物。西北梁丘是主要森林植被覆盖区，多为常绿及落叶、阔叶混交林。全县森林资源林地面积106.95万亩，林木蓄积421.6万立方米，森林覆盖率为44%。

五、水文水系

受地层岩性、地形地貌及构造的控制，县境内水文地质主要分布为第四系松散堆积河卵砾层、孔隙潜水和红层区裂隙水以及山区岩溶水地质构造三大水文地质单元。其中，孔隙潜水主要分布在安昌河和干河子两岸坝区一、二级台阶地上，红层区裂隙水广泛布局在县境内龙门山前地带，山区岩溶水主要分布在县境内西北向山区一带。安县境内属桑洼汉第四次水系河。河流主要有安昌河和睢水河（又名干河子），两条河流境内共长约120公里，安昌河为最大河流。安昌河由苏包河和茶坪河两条支流在安昌镇南河桥汇合而成，向东南经花荄、界牌到绵阳注入涪江。睢水河发源于高川乡，向东南汇集白溪、秀水河二支流，经罗江注入凯江，汇入涪江。两条河流在山区地段，河谷深切，河床较窄，水流湍急，落差较大，是水电开发的主要地段。全县河道总长度达232.7公里，流域面积1320平方公里，年均地表径流总量13.47亿立方米。各河流水量主要来源是雨水，其次是地下水，也有少量岩溶水补给，水质一般良好。

第二节 地震监测

一、安县地震活动及其影响

有史料记载以来，安县及其周边地区发生过多次强烈地震。如清光绪五年（1879）7月1日甘肃武都南8级地震，对安县的影响烈度为Ⅵ度；民国22年（1933）8月25日茂县叠溪7.5级地震，波及安县西部地区，烈度达Ⅴ—Ⅵ度；1958年2月8日北川6.2级地震，波及安县西部山区烈度达Ⅵ度；1976年8月16日松潘—平武7.2级地震，1994年2月5日江油南4.7级地震均使安县境内受到不同程度的响；1999年9月和11月安县、绵竹间两次5.0级地震，震中烈度达Ⅵ度；2008年5月12日汶川8.0级地震，高川、茶坪两个乡镇位于极震区，烈度高达Ⅺ度，其他乡镇烈度均为Ⅷ度以上。

二、地震断裂及活动情况

安县地处龙门山地震断裂带中段。龙门山断裂带是规模宏大的深大断裂带，此断裂带有两条主干断裂通过安县境内。其中，前山断裂（江油至都江堰断裂）经过桑枣、晓坝、沸水、睢水等乡镇，长约38公里；主中央断裂（北川至映秀断裂）经过茶坪、高川两乡，长约24公里。山前和丘陵、平坝区还有不少隐伏及地腹断裂。西北龙门山区有四条北北东向隐伏断裂，即高川千佛庙至睢水欧阳观断裂、茶坪金溪沟至睢水安子坡断裂、茶坪至睢水罐滩断裂、北川桥楼至沸水断裂；丘陵和平坝区隐伏、地腹断裂有桑枣至永河隐伏断裂、花荄至宝林隐伏断裂、江油彰明至黄土地腹断裂、黄土至秀水地腹断裂。汶川特大地震之后，该地区又产生很多新的破裂。安县地质构造十分复杂，地震活动非常活跃。

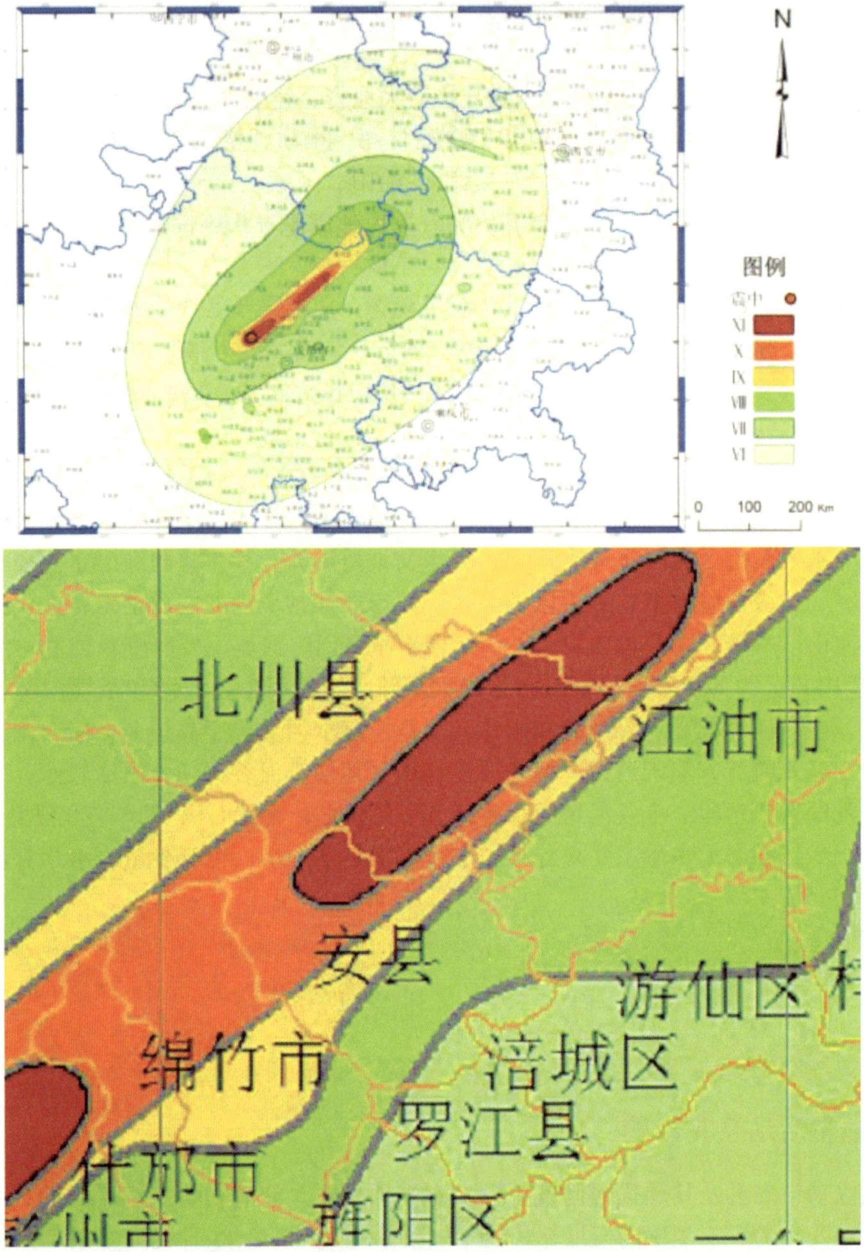

汶川特大地震烈度分布图

说明：下图系上图放大比例图示

三、地震监测

1. 地震工作机构及运行情况

安县人民政府于1976年成立地震办公室，1977年建立县地震台，2008年成立县防震减灾局，选调和培训出一支地震工作专业技术队伍，6名工作人员中有大专以上学历4人、工程师以上职称4人。多年来，县地震台（办）沿龙门山断裂带设置地震观测网点，完善微震、水氡、地下水位、水温、强震等观测手段，初步建成县地震监测网络体系，将常年监测数据和资料及时上报，为县乡政府及上级业务主管部门提供大量的震情趋势信息和防震减灾意见。

县地震台位于安昌镇下河街47号，汶川特大地震前有微震观测、水氡观测、强震观测、上清村水位观测等地震监测手段，汶川特大地震发生后，由于永安泉水氡取样点被毁，水氡观测取样点更改为10公里以外的桑枣镇上清村，新增地倾斜观测手段。

2. 监测

2008 年 5 月 12 日 14 时 28 分，发生汶川 8.0 级特大地震，经中国地震台网测定，微观震中为：北纬 31.0°，东经 103.4°，发震断裂为龙门山主干断裂带的一次浅源地震。地震发生后，震感波及全国 20 余个省、市、自治区和直辖市，使四川省成都、德阳、绵阳、阿坝、广元、雅安等六市（州）成为重灾区；同时，邻省的陕西和甘肃部分地区也受到损失。这次地震是近代中国最强的一次大陆地震，其强度和烈度都超过 1976 年唐山大地震。

受损民房

地震发生后，县地震台全体职工 10 分钟内全部赶到单位，对仪器设备进行抢修。5 月 9—12 日，微震监测显示地震活动异常平静，其他监测无明显异常，安县境内未接到宏观异常的报告。5 月 12 日 14 日 28 分，主震发生后，余震活动持续不断，截至 2009 年 5 月 11 日 23 时 59 分，共监测到余震 53809 次，其中，6 级以上 8 次，5 至 6 级 62 次，4 至 5 级 620 次，3 至 4 级 3693 次，3 级以下 49425 次。

地震发生后，境内出现大量的宏观现象：5 月 19 日秀水高山村 11 组水井水位下降 60 厘米；5 月 26 日，乐兴镇八角村 2 组井水变浑浊；同日桑枣镇红牌村和立志村井水明显上涨；5 月 28 日黄土镇人民村六组一口水井水质变黑；6 月 1 日晓坝镇中心村 1 组井水变为铁锈黄；6 月 12 日，迎新乡卧龙村 8 组井水水位上升；6 月 17 日迎新乡卧龙村 4 组水井出现冒泡并发出很大响声；2009 年 2 月 6 日桑枣镇松林村 12 组一块冬水田出现成群鳝鱼死亡；2009 年 5 月 7 日，桑枣镇香溪村 4 组万余只蟾蜍上岸聚集。截至 2009 年 5 月 12 日，境内发生宏观现象 50 余次，对这些宏观异常现象，县防震减灾局派专人全部进行核实记录。

截至 2009 年 5 月 12 日，县防震减灾局根据地震形势的变化召开临时会商会 10 余次，报送震情 200 余次，编写安县震后恢复重建规划、方案 6 个，发放地震宣传资料 10 万余份；向县委、县政府、援建部队、总装备部驻川基地和江油、三台、盐亭、北川等县市以及上级业务部门提供大量的震情、灾情信息资料，为国家地震部门进行震情趋势的判定提供可靠的原始依据。

表 1　　安县 5.0 级以上地震统计表

时间							方位	震级	震中
年	月	日	时	分	秒	度分	度分	级	地名
2008	5	15	05	1	5.8	3143	10408	MS 5.1	安县
2008	7	18	00	40	41.1	3141	10406	ML 5.1	安县

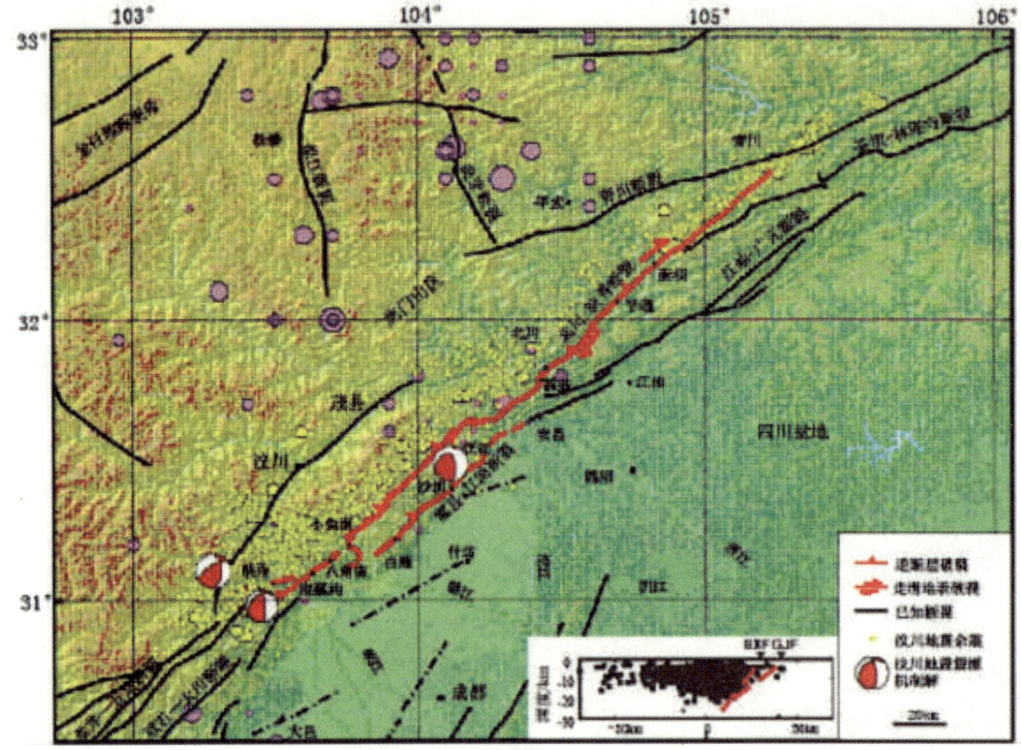

汶川特大地震的地表破裂带分布图

说明：紫色圆圈为历史破坏性地震；黄色圆圈为重新定位后的余震；汶川地震震中及震源机制解分别来自于USGS，Harvard和中国数字地震台网中心。

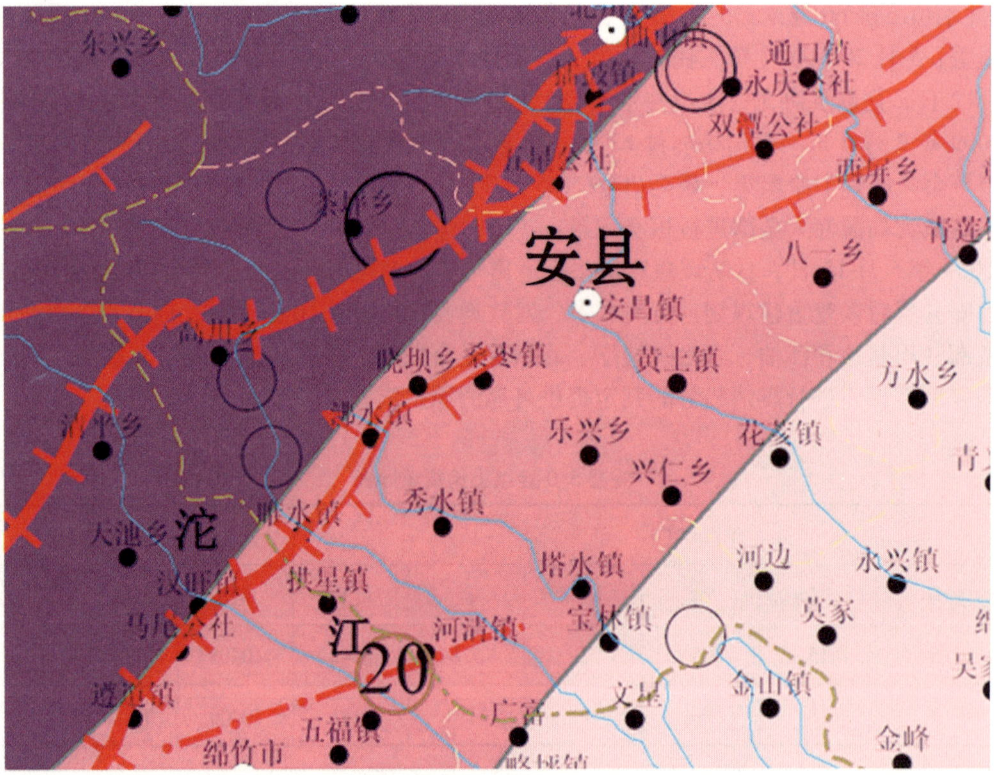

汶川特大地震灾后重建地震评价规划图（峰值加速度）
（安县部分）

第二章　地质灾害与次生灾害

第一节　地质灾害

高川乡老鹰岩滑坡

全县除高川、茶坪乡和桑枣、睢水4个极重灾乡镇的个别村因交通中断无法进入巡查排查外，共新增各类地质灾害隐患点72处，其中大型以上3处，中型18处，小型51处。这些地质灾害隐患点中，有滑坡37处、崩塌（危岩）27处、泥石流3处，其他地质灾害隐患点5处，这些隐患点已威胁到万余名群众的生命财产安全。因地震影响，全县还有15处震前已发现的崩塌（危岩）、滑坡和不稳定斜坡隐患险情加剧，4处轻微变形，26处基本维持原状。其中滑坡变形加剧的有8处，变形轻微的有5处，维持原状的有17处；2处危岩基本维持原状；2处地面塌陷基本维持原状；不稳定斜坡变形加剧的有3处，3处基本维持原状；泥石流物源急剧增加的有4处，1处泥石流物源因道路改变，目前无威胁对象，共威胁人口389人。规模巨大的崩塌、滑坡还堵塞河流形成27处危害程度不等的堰塞湖（茶坪河17处、干河子10处），较大的有3处，分别是茶坪肖家桥堰塞湖、睢水罐滩堰塞湖和高川老鹰岩堰塞湖。

汶川特大地震灾害对安县不仅直接引发几百处崩塌、滑坡等地质灾害，还造成大量的人员伤亡和财产损失。全县因地质灾害死亡的人数达695人，失踪254人，受伤1726人。全县建筑物受损达80%以上，垮塌50%以上，房屋受损面积达到1950万平方米，全县需要安置的受灾群众达12万户35万人。安县生物礁国家地质公园、风景名胜区、主要厂矿企业、重要交通干线以及重要水利电力工程等重点区域和重要设施都遭受严重损坏。

地质灾害山体滑坡情况汇总表

表2　　　　单位：个/万立方米　截至2008年6月5日

单　位	大　型	中　型	小　型	合　计
安昌镇	1/212.4	2/105	9/136.52	453.92
桑枣镇	1/100	—	10/93.24	193.24
花荄镇	—	—	5/56.82	56.82

续表

单　位	大　型	中　型	小　型	合　计
黄土镇	—	—	2/2.4	2.4
塔水镇	—	2/300	3/8.4	308.4
秀水镇	—	—	1/2.4	2.4
河清镇	—	—	2/2.0	2
永安镇	8/2189.6	4/264.25	21/283.09	2736.94
界牌镇	—	—	1/6.6	6.6
永河镇	—	—	—	—
雎水镇	1/510	2/135	2/60	705
清泉镇	—	—	3/23.8	23.8
宝林镇	—	—	2/9.0	9
沸水镇	—	—	3/60.44	60.44
晓坝镇	2/385	—	7/101.14	486.14
乐兴镇	—	—	4/10.06	10.06
茶坪乡	—	2/110	4/40.65	150.65
兴仁乡	—	—	—	—
高川乡	2/440	1/65.8	3/110.16	615.96
迎新乡	—	—	—	—
合　计	15/3837	13/980.05	84/1006.72	5823.77

第二节　次生灾害

一、次生灾害的产生及规模

安县是地质灾害易发、多发、频发县，汶川特大地震又引发出大量的崩塌、滑坡、泥石流等次生地质灾害。尤其地震还造成大量山体松动，数以亿计的崩塌物、滑坡体堆积在山沟和斜坡上，在暴雨、余震的诱发下，还会产生大量新的崩塌、滑坡和泥石流等地质灾害。根据915地质队的巡查排查以及四川省建筑设计院的详查成果，全县共查出各类地质灾害隐患点353处，是地震前的5倍。其中，大型以上的灾害点25处，中型灾害点68处。这些隐患点涉及全县17个乡镇，主要分布在高川、茶坪等6个沿山乡镇，威胁到主要公路、河道、场镇、厂矿、学校以及农村安置点和聚居点3000余户12000多人的生命财产安全。特别是雎水镇教场坝滑坡、桑枣镇梓潼沟泥石流、高川乡政府滑坡等30余个场镇和人口集中居住区地质灾害隐患点险情最重，其中滑坡12个，崩塌（含危岩）12个，泥石流5个，塌陷1个，灾害规模属大型的4个，中型14个，小型12个。据专家预测，这些隐患点的潜在经济损失均在100万元—6300万元之间。

二、次生灾害的特点及其表现

地质次生灾害的特点　主要是数量众多、危害极大、险情紧迫、防治难度高。

地质次生灾害的表现　汶川特大地震震级大（8级）、烈度高（11度），导致山区大部分山体产生不

通往高川的道路被震毁

同程度的变形和松动，大幅度降低斜坡的稳定性，不仅加剧震前发现的地质灾害隐患点的险情，而且还引发大量新的地质灾害隐患点。晓坝镇—茶坪乡、睢水镇—高川乡两条公路仍难以恢复畅通，高川、茶坪、睢水、桑枣4个乡镇的个别村交通十分困难。在余震及降雨的影响下，这些隐患点次生地质灾害极有可能频发，给抗震救灾、临时安置、恢复重建等工作带来严重的威胁和不可估量的损失。主要反映在以下方面：一是地震强大的动力使原本非常坚固的大量山体整体松动，同时大量的崩塌、滑坡积累数十亿立方米的松散堆积物。在汛期，如遇持续降雨或强降雨天气，松动的山体和大量的松散堆积物将不可避免地引发新的崩塌、滑坡和泥石流地质灾害，并可能堵塞江河形成堰塞湖，进一步引发洪水、泥石流和回水淹没等次生灾害。二是地震过程使大量山体形成整体松动，山体稳定性大幅度降低。这次地质灾害应急巡查排查情况表明，大量山体存在大范围开裂现象，裂缝延伸长度达到数百米甚至数公里，睢水至永安40多公里长的龙门山前山一线，裂缝分布广泛，最宽处达到1米以上，这些山体裂缝已经引起政府部门的高度重视，并迅速撤离处于危险区的群众，纳入监控范围。但是，除这些已被发现的裂缝外，还有大量处于隐蔽状态的裂缝将在恢复重建中逐渐显现出来并将不断产生危害。三是山区大量的农房恢复重建工程不得不穿越断裂带或者布置在滑坡、泥石流堆积区等恶劣地质环境地区，其场址本身就存在一定的安全风险。开展区域性地质环境适宜性评价是安县山丘区恢复重建的重要基础性依据。四是这次特大地震灾害使建筑物受损达80%以上，垮塌在50%以上，全县需要安置的受灾群众达12万户35万人，急需尽快找到不受震后地质灾害威胁的临时和永久集中安置区，不能使饱受地震灾害之苦的灾区群众再次遭受地质灾害的威胁，使灾情“雪上加霜”，因此，受灾群众安置区以及城镇和人口集中居住区的地质灾害防治工作已显得异常紧迫和必要。五是汶川特大地震还使生物礁国家地质公园、风景名胜区、主要厂矿企业、重要交通干线以及重要水利电力工程等重点区域和重要设施遭受严重的损坏。这些重点区域和重要设施同时也遭受地震诱发的滑坡、崩塌以及次生的泥石流、堰塞湖溃决等灾害的严重威胁，需要进行地质灾害的应急处理和确保长期安全的综合治理。

被堰塞湖淹没的民房

表3　　地质灾害隐患点巡查排查情况汇总表

灾害类型	详细位置	规模（万立方米）	危及对象	应急处理措施
教场坝滑坡	雎水镇教场村尖山子	大型，510	150户、1所小学，1500人，直接经济损失4300万元	专人监测，设立警示标志，人员撤出危险区
团结电站滑坡	雎水镇罐滩村4组	中型，60	15千瓦电站1座	专人监测，设立警示标志，人员撤出危险区
雍家山滑坡	雎水镇罐滩村3组	30	9户38人	专人监测，设立警示标志，人员撤出危险区
罐滩村4组滑坡	雎水镇罐滩村4组	中型，75	堵塞雎水河	专人监测，设立警示标志，人员撤出危险区
罐滩村4组崩塌	雎水镇罐滩村4组	30	堵塞雎水河	专人监测，设立警示标志，人员撤出危险区
大圆包山滑坡	永安镇向阳村十一组	11.16	7户25人，财产68.82万元	专人监测，设立警示标志，人员撤出危险区
三十六步不稳定斜坡	花荄镇柏杨村2组	2.4	1户4人，财产6.96万元	专人监测，设立警示标志，人员撤出危险区
胡儿包滑坡	花荄镇先林村8组	0.25	2户8人	夯实后缘裂缝，上侧水塘放水，专人监测
雍峙庙地裂缝	花荄镇雍峙村4组	小型	4户12人，财产30万元	裂缝回填
瓦窑湾滑坡	花荄镇太平村4组	23.45	14户53人，财产70万元	专人监测，设立警示标志，人员撤出危险区
渣子岭滑坡	花荄镇斩龙村5组	30.72	4户9人，财产24万元	专人监测，设立警示标志，人员撤出危险区
石家坡滑坡	沸水镇水晶村九社	1.44	4户14人，潜在经济损失78万元	群测群防、避险搬迁
大队山崩塌	沸水镇天福村六社	0.48	4户17人，房屋2间，41.5万元	群测群防、避险搬迁
老林包滑坡	沸水镇枫香村10组	11	23户74人	专人监测，设立警示标志，人员撤出危险区
挑水堰滑坡	界牌镇五显村8组	6.6	1户4人，财产5.8万元	专人监测，设立警示标志，人员撤出危险区
长青桥崩塌	晓坝镇五福村	0.08	7户25人，房屋29间，电站1座	专人监测，设立警示标志，人员撤出危险区
罗浮山后山滑坡	晓坝镇中心村8组	5	17户82人，财产100万元	专人监测，设立警示标志，人员撤出危险区
易家湾滑坡	晓坝镇五福村12组	0.38	1户6人，财产60万元	专人监测，设立警示标志，人员撤出危险区
大槽滑坡	晓坝镇两河村1组	10.05	4户13人，财产24万元	专人监测，设立警示标志，人员撤出危险区
杨柳沟松林槽崩塌	晓坝镇两河村1组	大型，157	5户19人，财产56万元	专人监测，设立警示标志，人员撤出危险区
杨家包崩塌	晓坝镇两河村13组	1.23	1户4人，财产30万元	专人监测，设立警示标志，人员撤出危险区
高家嘴滑坡	晓坝镇两河村13组	45.5	2户7人，财产32.3万元	专人监测，设立警示标志，人员撤出危险区
菩善滑坡	晓坝镇两河村7组	38.9	13户43人，财产112.65万元	专人监测，设立警示标志，人员撤出危险区
张家大院滑坡	晓坝镇齐心村8组	大型，22	22户88人，财产408.00万元	专人监测，设立警示标志，人员撤出危险区

续表

灾害类型	详细位置	规模（万立方米）	危及对象	应急处理措施
高川乡政府滑坡	高川乡政府	中型，65.8	1102 人，财产 6328 万元	专人监测，设立警示标志，人员撤出危险区
老太平滑坡	高川乡二郎村 7 组	大型，190	高川乡政府及 3 户居民	专人监测，设立警示标志，人员撤出危险区
高川中学不稳定斜坡	高川乡二郎村 8 组	岩质崩塌，3	15 户 53 人，房屋 165 间	专人监测，设立警示标志，人员撤出危险区
牛筋山滑坡	高川乡二郎村 7 组	土质滑坡，6	8 户 25 人，楼房 3 幢	专人监测，设立警示标志，人员撤出危险区
石皮子滑坡	高川乡二郎村 7 组	岩质滑坡，0.02	1 户 4 人，房 4 间	专人监测，设立警示标志，人员撤出危险区
老鹰岩崩塌	高川乡泉水村 5 组	大型，250	堰塞湖威胁 6 个村、8000 人	专人监测，设立警示标志，人员撤出危险区
燕儿窝滑坡	清泉镇双星村 8 组	0.8	2 户 7 人，财产 10 万元	专人监测，设立警示标志，人员撤出危险区
古井四组滑坡	清泉镇古井村 4 组	8	1 户 7 人，财产 15 万元	专人监测，设立警示标志，人员撤出危险区
红豆子山滑坡	清泉镇金塔村 17 组	土质滑坡，15	15 户 65 人	专人监测，设立警示标志，人员撤出危险区
梓潼沟泥石流	桑枣镇铜钱、大竹、上清、香溪村	大型	526 户 5236 人，财产 1.35 亿元	专人监测，设立警示标志，人员撤出危险区
麻子桥滑坡	桑枣镇红牌村 8 组	21	8 户 26 人，财产 36.01 万元	专人监测，设立警示标志，人员撤出危险区
阴山滑坡	桑枣镇铜钱村 10 组	0.48	2 户 5 人，财产 8.52 万元	专人监测，设立警示标志，人员撤出危险区
飞鸣禅院滑坡	桑枣镇罗浮山景区	4	60 人，财产 5300 万元	专人监测，设立警示标志，人员撤出危险区
魏家山滑坡	桑枣镇铜钱村 5 组	0.96	1 户 2 人，财产 7.06 万元	专人监测，设立警示标志，人员撤出危险区
叶家沟滑坡	桑枣镇骑牛村 1 组	0.6	3 户 11 人，财产 12.19 万元	专人监测，设立警示标志
堵水坝沟泥石流	桑枣镇大竹村 9 组	9	6 户 20 人，财产 24.35 万元	专人监测，设立警示标志，人员撤出危险区
悬鼓石左山危岩	桑枣镇罗佛山风景区	岩质，3.6	游客	专人监测，设立警示标志
吊脚楼危岩	桑枣镇罗佛山风景区	岩质，10	游客	专人监测，设立警示标志
鼓楼危岩	桑枣镇罗佛山风景区	岩质，40	游客	专人监测，设立警示标志，人员撤出危险区
悬鼓石左山危岩	桑枣镇罗佛山风景区	岩质，3.6	游客	专人监测，设立警示标志
刘家坡滑坡	乐兴镇先锋村 6 组	2.4	3 户 24 人，财产 16.34 万元	专人监测，设立警示标志
团坟山不稳定斜坡	乐兴镇八角村 9 组	1.26	1 户 6 人，财产 8.01 万元	专人监测，设立警示标志
白鹤林不稳定斜坡	乐兴镇莲花村 7 组	2.4	1 户 3 人，财产 11.76 万元	专人监测，设立警示标志
李家山不稳定斜坡	乐兴镇白云村 4 组	4	1 户 5 人，财产 10.96 万元	专人监测，设立警示标志，人员撤出危险区

续表

灾害类型	详细位置	规模（万立方米）	危及对象	应急处理措施
虎头山滑坡	塔水镇青安村 5 组	中型，80	9 户 35 人，财产 145. 54 万元	专人监测，设立警示标志，人员撤出危险区
望水庵滑坡	塔水镇团结村 6 组	2. 4	1 户 3 人，财产 15. 86 万元	专人监测，设立警示标志
窝窝店不稳定斜坡	塔水镇七里村 6 组	4	4 户 19 人，财产 42. 68 万元	专人监测，设立警示标志
石龙庙地裂缝	塔水镇油房村十四社	中型	3 户 11 人，潜在损失 28. 5 万元	群测群防
刘家坟滑坡	塔水镇安塘村 3 组	2	2 户 6 人，财产 12. 83 万元	专人监测，设立警示标志，人员撤出危险区
天鹅蛋滑坡	茶坪乡老望沟村 2 组	10	6 户 29 人，财产 46. 96 万元	专人监测，设立警示标志，人员撤出危险区
千佛村三组滑坡	茶坪乡千佛村 3 组	中型，60	13 户 57 人，财产 239. 59 万元	专人监测，设立警示标志，人员撤出危险区
千佛村一组滑坡	茶坪乡千佛村 1 组	中型，50	5 户 13 人，财产 89. 56 万元	专人监测，设立警示标志，人员撤出危险区
杜家地滑坡	茶坪乡东益村 4 组	2. 25	2 户 9 人，财产 20. 12 万元	专人监测，设立警示标志，人员撤出危险区
火地堂滑坡	茶坪乡东益村 4 组	14	2 户 8 人，财产 14. 34 万元	专人监测，设立警示标志，人员撤出危险区
海角堂滑坡	茶坪乡东益村 3 组	14. 4	4 户 19 人，财产 35. 14 万元	专人监测，设立警示标志，人员撤出危险区
青龙庙下部滑坡	河清镇金光村 3 组	2	以耕地为主	专人监测，设立警示标志
桂花村 8、9 组地裂缝	河清镇桂花村 8、9 组	小型	威胁耕地	裂缝回填
五郎村 3 组滑坡	兴仁乡五郎村 3 组	小型	威胁耕地	专人监测，设立警示标志
上游村 12 组滑坡	兴仁乡上游村 12 组	小型	威胁耕地	专人监测，设立警示标志
徐家梁子滑坡	宝林镇三桥村 7 组	7	2 户 7 人	专人监测，设立警示标志，人员撤出危险区
郑家大院子滑坡	宝林镇赤林村 2 组	2	3 户 13 人	专人监测，设立警示标志，人员撤出危险区
朝阳一组滑坡	秀水镇朝阳村 1 组	2. 4	1 户 3 人，财产 5 万元	专人监测，设立警示标志，人员撤出危险区

第三章 人员伤亡

第一节 因灾死亡及失踪

一、人员死亡

茶坪乡灾情

汶川特大地震地表形成两条断裂。一条是龙门山中央断裂，即北川—映秀断裂；另一条是龙门山前断裂，即安县—灌县（都江堰）断裂。安县正处在这两条断裂之间，全境受灾严重。除高川、茶坪为重中之重的受灾乡之外，龙门山前地带和沿山地区的永安、安昌、黄土、桑枣、晓坝、沸水、睢水、迎新、塔水、河清、秀水、永河等乡镇仅次于高川、茶坪两乡。宝林、清泉、乐兴、兴仁、花荄等乡镇再次之。界牌镇也未免其难，房屋倒塌，人员伤亡。全县因灾死亡2640人，占总人口的0.5%。其中，大山地区，沿山地区死人特别严重。睢水镇死亡120人，占镇总人口的0.57%；晓坝镇死亡74人，占镇总人口的0.76%；永安镇死亡98人，占镇总人口的0.41%；迎新乡死亡53人，占乡总人口的0.36%；桑枣死亡137人，占镇总人口的0.38%；秀水死亡143人，占镇总人口的0.22%；黄土镇死亡89人，占镇总人口的0.19%；县城花荄镇死亡70人，占镇总人口的0.12%。全县20个乡镇都有人员死亡。

二、人员失踪

由于山体滑坡、地裂、房屋塌陷，导致无法清理，特别是墩秀路睢水至高川段，山高沟深，滑坡造成的数以亿计的崩塌物，堆集在山沟和斜坡上，人员被埋后无法清理造成全县失踪人员655人。占全县总人口的0.12%。秀水镇人员失踪80人，占镇总人口的0.12%；安昌镇人员失踪64人，占镇总人口的0.14%；晓坝镇人员失踪28人，占镇总人口的0.29%；县城花荄镇人员失踪40人，占镇总人口的0.07%。全县除兴仁乡外，各乡镇均有人员失踪。

第二节　因灾受伤

由于全县80%的建筑物受损，50%的房屋垮塌，加之山体滑坡、泥石流，公路、桥梁垮塌，全县因地震88623人受伤。其中，县城花荄镇受伤9135人，占镇总人口的16.27%；安昌镇受伤6942人，占镇总人口的15.03%；桑枣镇受伤5820人，占镇总人口的16.19%；黄土镇受伤7897人，占镇总人口的17.22%；塔水镇受伤8224人，占镇总人口的16.41%；秀水镇受伤11317人，占镇总人口的17.2%；河清镇受伤3484人，占镇总人口的16.38%；永安镇受伤3613人，占镇总人口的15.17%；界牌镇受伤42人，占镇总人口的0.2%；永河镇受伤1539人，占镇总人口的8.1%；睢水镇受伤3200人，占镇总人口的15.21%；清泉镇受伤2867人，占镇总人口的17.20%；宝林镇受伤2648人，占镇总人口的16.74%；沸水镇受伤2606人，占镇总人口17.19%；晓坝镇受伤1654人，占镇总人口的17.1%；乐兴镇受伤3688人，占镇总人口的17.2%；茶坪乡受伤6957人，占乡总人口的71.98%；高川乡受伤4318人，占乡总人口的59.77%；兴仁乡受伤195人，占乡总人口的1.68%；迎新乡受伤2477人，占乡总人口的17.0%。

安县受灾人员情况统计表

表4　　　　单位：人

单位	受灾	死亡	失踪	受伤
安昌镇	46180	43	64	6942
桑枣镇	35926	137	28	5820
花荄镇	56129	70	40	9135
黄土镇	45860	89	6	7897
塔水镇	50105	34	0	8224
秀水镇	65795	143	80	11317
河清镇	21264	20	15	3484
永安镇	23808	98	26	3613
界牌镇	20840	3	1	42
永河镇	18998	4	5	1539
睢水镇	21039	120	11	3200
清泉镇	16666	6	1	2867
宝林镇	15631	2	4	2648
沸水镇	15157	7	4	2606
晓坝镇	9670	74	28	1654
乐兴镇	21479	11	9	3688
茶坪乡	9665	852	217	6957
兴仁乡	11554	3	0	195
高川乡	7224	871	103	4318
迎新乡	14557	53	13	2477
合　计	527547	2640	655	88623

第四章　房屋财产损失

第一节　房屋损毁

一、全县房屋损失概况

全县建筑物因地震灾害受损达 80% 以上，垮塌 50% 以上，房屋受损面积达 1950 万平方米。其中，高川乡、茶坪乡房屋全部倒塌、毁损，永安镇、安昌镇、晓坝镇、桑枣镇、雎水镇、沸水镇等 6 个沿山乡镇 90% 以上房屋毁损，距汶川震中较近的迎新乡、永河镇、塔水镇、河清镇、秀水镇等 5 个乡镇 80% 以上房屋毁损，乐兴镇、黄土镇、花荄镇、界牌镇、兴仁乡、清泉镇、宝林镇等 7 个乡镇 70% 以上房屋毁损。

二、城镇居民房屋灾害损失

汶川特大地震前，全县城镇居民有住宅面积 586.86 万平方米，实际登记产权房屋住宅面积 508.78 万平方米。地震造成全县城镇居民约 4 万户（包含安昌镇、永安镇）、城镇住房受损面积 565.56 万平方米。其中，1.22 万户房屋倒塌，面积 173.46 万平方米，2 万户成为危房，面积 280.1 万平方米，0.8 万户轻度受损，面积 112.33 万平方米。共计造成直接经济损失 5423 亿元。

三、农村居民房屋灾害损失

全县农村居民住房倒塌和严重受损不能居住的住房 13.29 万户，共计 43.58 万间、2710.5 万平方米，特别是沿山 6 个乡镇受损严重，2600 户农房宅基地灭失。其中，7.23 万户房屋倒塌 1482.28 万平方米，6.06 万户房屋严重受损 1228.22 万平方米，造成直接经济损失 187.38 亿元。

秀水镇灾情

城镇居民房屋灾害损失情况表

表5　　单位：平方米、万元

单　位	原有房屋住宅面积	已登记产权宅面积	倒塌或损毁	严重破坏	一般破坏	面积合计	直接经济损失
安昌镇	751744	581690	124496	409627	207621	741744	60140
桑枣镇	225102	225102	85373	125683	13446	224502	17866
花荄镇	1806681	1525731	336430	869425	562628	1768483	189575
黄土镇	231680	227046	43345	183033	5302	231680	18110
塔水镇	562636	460718	88027	221229	98130	407386	35777
秀水镇	1185426	1171530	501953	660750	22723	1185426	130388
河清镇	226610	200375	180287	23215	19569	223071	23596
永安镇	100810	100810	83492	16858	—	100350	12000
界牌镇	84080	79140	3780	14240	66060	84080	1376
永河镇	80036	32014	2430	7950	69656	80036	843
雎水镇	92398	36271	11632	75411	5355	92398	10445
清泉镇	46202	46202	8169	39425	1808	49402	2772
宝林镇	94889	94889	46020	21866	27003	94889	8146
沸水镇	65988	65988	7094	55121	3773	65988	7466
晓坝镇	22460	12010	6700	15760	—	22460	2695
乐兴镇	37160	3450	18061	16514	2585	37160	2900
茶坪乡	169243	169243	154813	14430	—	169243	13539
兴仁乡	28600	600	320	15400	10000	25720	760
高川乡	20552	20552	17984	2568	—	20552	1335
迎新乡	36273	34478	14191	12455	7601	34247	2531
合　计	5868570	5087839	1734597	2800960	1123260	5658817	542260

农村居民房屋灾害损失情况表

表6　　单位：平方米、万元

单　位	倒塌房屋		严重受损房屋		直接经济损失
	户数	面积	户数	面积	
安昌镇	3507	516577	5835	919371	137246
桑枣镇	5185	919977	4593	879933	78028
花荄镇	6640	1167557	5941	1378044	346689
黄土镇	9123	2345833	4524	857948	174606
塔水镇	4472	905328	6248	1288474	164535
秀水镇	8520	1851508	9069	2028461	212494
河清镇	3691	843840	2507	560610	98338
永安镇	4828	949016	1649	295294	100819

续表

单 位	倒塌房屋		严重受损房屋		直接经济损失
	户数	面积	户数	面积	
界牌镇	758	128017	3418	652820	49470
永河镇	3234	544056	2155	519740	41475
雎水镇	3638	592566	2065	570575	99515
清泉镇	669	58991	2155	304575	19400
宝林镇	1214	157061	3101	536416	54091
沸水镇	2029	417822	2306	485074	54169
晓坝镇	2589	572303	159	18985	47303
乐兴镇	2748	584257	2762	543186	49712
茶坪乡	2043	532100	92	6900	41750
兴仁乡	1470	213013	1488	304404	25871
高川乡	1575	397880	28	7078	20245
迎新乡	4393	1125088	516	124328	58066
合 计	72326	14822790	60611	12282216	1873822

第二节 财产损失

高川黄磷厂损毁

县、乡镇、村（社区）办公设备大部分毁损。高川乡、茶坪乡、晓坝镇和雎水镇、沸水镇、永安镇、安昌镇部分地区地处山区及地震断裂带上，承受地震烈度和强度大，山体滑坡、泥石流、堰塞湖等地质灾害和次生灾害多而严重，农村道路交通、电力、通信、农田水利、工矿企业损失巨大。电话、互联网和有线电视网络光纤及电力、通信电缆线路、设施设备损坏严重；249 公里供水管网、70027 处农村供水工程、77 公里燃气管道、自来水、电力、燃气全部中断。382 户企业（规模企业 69 户）全部受灾停产。农作物受损 18.22 万亩，牲畜死亡 18.39 万头，水利设施损毁 3990 处（其中水库 28 处）。全县损毁道路 826 公里、桥梁 254 座；117 所学校垮塌，374 所医疗卫生单位、275 个村卫生站损毁严重；旅游景点和文物古迹遭受重创，投资 6 亿元修建的千佛山风景区因山体垮塌大部分被毁。

财产损失情况汇总表

表 7　　2008 年 6 月 30 日　单位：万元

单　位	城镇居民房屋损失	农村房屋损失	地方电力系统损失	通信系统损失	城镇公用设施损失	水利系统灾害损失	工业系统灾害损失	采掘业系统灾害损失	公路交通系统灾害损失	广电系统灾害损失	合　计
安昌镇	60140	137246	20	1951	23794	15080	28640	—	7563	2635	277069
桑枣镇	17866	78028	280	1211	14103	11103	38500	—	—	1354	162445
花荄镇	189575	346689	—	3033	41388	24208	71420	—	6670	1024	684007
黄土镇	18110	174606	—	1104	15606	14993	6840	—	—	653	231912
塔水镇	35777	164535	—	592	18309	10979	10190	—	1192	904	242478
秀水镇	130388	212494	746	1170	22668	17642	26020	—	1688	1383	414199
河清镇	23596	98338	—	605	12026	5297	31370	—	—	678	171910
永安镇	12000	100819	120	1064	4995	5066	5440	—	—	705	132955
界牌镇	1376	49470	—	523	7737	7199	11900	—	—	496	78701
永河镇	843	41475	—	346	2884	2473	9860	—	—	535	58416
雎水镇	10445	99515	3530	797	8568	13246	57590	—	—	547	194238
清泉镇	2772	19400	—	486	4250	2489	730	—	—	496	30623
宝林镇	8146	54091	—	341	3478	3863	2800	—	—	444	73163
沸水镇	7466	54169	—	572	2738	8314	5260	—	—	556	79075
晓坝镇	2695	47303	4716	587	8741	5840	1980	—	—	511	72373
乐兴镇	2900	49712	—	575	3038	7684	2660	—	—	392	66961
茶坪乡	13539	41750	11875	1930	1199	12680	3110	—	—	471	86554
兴仁乡	760	25871	—	321	1551	3551	3530	—	—	481	36065
高川乡	1335	20245	16713	1283	836	17212	16670	15077	—	1189	90560
迎新乡	2531	58066	—	319	2160	3889	7940	—	—	503	75408

第五章 生态环境灾情

第一节 植 被

一、震前植被生态环境

自然状况 安县位于四川盆地西北边缘龙门山脉中段与成都平原接壤的地震带，面积13.99万公顷。山地、丘陵和平坝兼有，地势西北高，东南低，起伏变化十分明显，山地占全县总面积的45%，丘陵占37.7%，平坝占17.3%。最低海拔为492米，最高海拔为3047.3米。

森林资源 县境内地带性植被为亚热带常绿阔叶林，自然植被组合与地形、气候环境因素相统一，坝区内冲积农耕地带，植被较少，主要为经济庭园林木为主。丘陵区内植被稀疏，集中成片较少，树种混杂，多为散生和混生植物。西北山区是主要森林植被覆盖区，多为常绿及落叶、阔叶混交林。震前森林资源活立木蓄积421.60万立方米。其中：有林地414.54万立方米、疏林地0.36万立方米、散生木0.48万立方米、四旁树6.22万立方米。震前森林面积7.13万公顷。其中：有林地5.81万公顷、疏林地0.04万公顷、灌木林地0.35万公顷、未成林地0.8万公顷、宜林地0.12万公顷、森林覆盖率44%。

二、植被破坏情况

千佛山景区森林植被损毁

西北部山地区的高川、茶坪、永安、晓坝、沸水、桑枣、睢水、安昌为极重灾区，东南部丘坝区的秀水、塔水、永河、黄土、花荄等地区为重灾区。林业单位多在西北大山地区，主要有千佛山国家森林公园、千佛山自然保护区（保护对象大熊猫、金丝猴等）、太平伐木场和国有林场以及林业站等，在这次地震中都受到巨大的损毁。地震极重灾区的高川乡、茶坪乡、永安镇、睢水镇全部，涉及部分山区林地的沸水镇、晓坝镇、桑枣镇及安昌镇、黄土镇等部分村，共计64个，351个组，县林产公司、千佛山自然保护区、王银章沟林场、睢水苗圃、天台山林场、城北园林场（含森林公园）6个国营单位，因地震造成垮塌、滑坡、泥石流致使林地、林木被毁28万亩，林地林木植被直接经济损失22.54亿元。

林木损毁 生态林损毁10.08万亩，直接经济损失1.41亿元；经济林损毁3.94万亩，直接经济损失1.97亿元；竹林损毁2.68万亩，直接经济损失6712万元；速丰林损毁11.33万亩，直接经济损失4.53亿万元。

林地损毁　林地损毁28.02万亩，直接经济损失13.96亿元。

三、植被破坏影响生态环境

植被破坏导致局部小气候改变，存在发生局部突发气象灾害以及由此引发气象灾害的风险。工业原料林基地、竹子基地、五木药材基地大面积损毁，千佛山生态旅游景区受到重创，林业产业难以在短时间内恢复。

第二节　水　文

一、震前水文环境概况

水库堤坝震损

地形地貌　安县地处四川盆地西北边缘，位于龙门山脉中段，与成都平原接壤，境内平坝、丘陵、山地各占1/3。全县总的地势呈西北高，东南低，由西北逐渐向东南倾斜。大致以桑枣、晓坝、沸水、雎水一线为分界，西北部为龙门山脉，属山区，地形切割强烈，相对高差较大，山脊海拔多在800—1200米之间，最高峰为大光包，海拔3047米；东南部地区为平坝、丘陵分布，地形开阔、平坦，相对高差较小，一般在50米左右。

河流水系　境内主要河流有安昌河、雎水河（又名干河子）两大河流，均属于长江流域一级支流嘉陵江流域——涪江水系。河床较宽的平坝地段既是粮食（水稻）的主要生产区，也是境内城镇及居民的主要分布区。

气象气候　安县位于四川盆地边缘、龙门山地震带上，山、丘、坝结合，气象条件复杂，属典型的中亚热带湿润季风气候，气候温和，四季明显，降雨充沛。多年平均气温16.2℃，多年平均降雨量1251毫米。降雨主要集中在每年的7、8、9月份，是四川有名的暴雨区中心之一。农业基础设施薄弱，气象灾害频繁，时有干旱、冰雹、大风、洪涝和山地灾害发生。

水文地质　受地层岩性、地形地貌及构造的控制，县境内水文地质主要分布为第四系松散堆积河卵砾层、孔隙潜水地质构造和红层区裂隙水，以及山区岩溶水地质构造三大水文地质单元。孔隙潜水，主要分布在安昌河和干河子两岸坝区一、二级台阶地上；红层区裂隙水广泛布局在县境内龙门山前地带；山区岩溶水主要分布在县境内西北向北山区乡镇一带。

县境内属桑洼汉第四次水系河，干河子、秀水河、白溪河等6条主要河流。全县河道总长度达232.7公里，流域面积1320平方公里，年均地表径流总量13.47亿立方米，县境内水量充沛，河床比降大，水能蕴藏量较丰富，各河流水量主要来源是雨水，其次是地下水，也有少量岩溶水补给，水质一般良好。

二、水文破坏情况

在安县境内，地震造成的山体开裂、山坡岩体变形、地表破碎，使得许多地区存在再次发生地质灾害的危险。植被破坏导致局部小气候改变，存在发生局部突发气象灾害以及由此引发山洪、泥石流等次生灾害的风险。地震形成的堰塞湖，导致河流改道，防洪、排涝工程损坏，存在潜在的水患。地震形成的堰塞湖以及堤防工程等防洪设施遭受破坏，给社会经济特别是灾后恢复重建安全带来严重威胁。

第三节 土 壤

一、土质分布

安县境内地带性土壤属岩层土类层，但在中、深丘间，平坝和槽沟内紫色土壤广泛发育，安昌河沿岸、干河子沿岸则分布较大面积冲积土，水稻土为主要土壤资源，分布于平坝和丘陵区的塝和支冲沟范围内，有机质含量较高，适宜各种农作物生长。

二、土壤灾害

地震造成的山体开裂、山坡岩体变形、地表破碎，使得许多地区存在再次发生地质灾害的危险。山体滑坡、山洪、泥石流等次生灾害掩埋、损毁大量耕地和农田，使农业生产遭受史无前例的严重损失。据统计，全县农业耕地损毁、损坏面积9.14万亩，损失金额1.59亿元。其中，因地裂、地陷、滑坡损毁耕地32160亩，损失金额9538万元；严重损坏耕地36440亩，损失金额4978万元；一般损坏耕地22800亩，损失金额1343万元。另外，农田排灌毛渠损毁1387公里，损失金额9899万元；农田田埂损毁1910公里，损失金额7820万元。

三、土壤设施设备受损

地震使环保系统各种监测仪器、办公设备、办公用房、工作用车等设施严重损毁，生态环境监管能力严重受损。全县130多家受灾工业企业，环保设施设备受损严重，废水处理设施51台（套）、废水处理池12.26万立方米、废气处理设施124台（套），约需污染治理资金9682.7万元才能恢复环保系统正常运转。

第四节 千佛山自然保护区

一、震前千佛山自然保护区概况

地理位置、范围、面积 千佛山自然保护区地处四川盆地西北边缘、青藏高原东南缘岷山南端、龙门山中南段的西侧，位于茶坪乡、高川乡，北川县墩上乡及茂县光明乡、富顺乡、土门乡、东兴乡境内，是四县（市）交界的区域。地理位置北起茂县灰州岩山脊，南至高川乡罗家大坪后山脊，东抵茶坪乡黑岩，西到茂县与绵竹县交界的老鹰窝梁子，同时分别与九顶山自然保护区和宝顶沟自然保护区相连。地理坐标为北纬31°37′—31°48′，东经103°56′—104°18′。保护区总面积为177.4平方公里，其中安县占86.7平方公里，茂县占73.5平方公里，北川县占17.2平方公里，区内的森林属国有林。

地质、地貌、水文 千佛山自然保护区地处龙门山断裂带，地貌复杂，为中、高山地貌，山峦层层，山峰林立，沟谷纵横，坡陡谷深，上缓下陡，坡度为25°—55°，最大坡度可达70°以上。山间河谷平地极少，相对高差较大，保护区内最高海拔4047米，位于西南部的老鹰梁子尖包；最低海拔1630米，位于罗家大坪梁子，相对高差2417米。保护区地处四川西部地槽区和扬子淮地台区结合部，地质构造复杂，分属两个一级构造单元和两个二级构造单元。即以大光包斜冲断层和北川冲断层为界，属四川西部地槽区后龙门山塑变带的前龙门山褶皱带。保护区由两部分水系组成，区内东部区域属安昌河支流茶坪河，经安昌河注入涪江；东南部区域属凯江支流睢水河，经睢水河注入凯江；境内北部及西北部区域（茂县和北川境内）属白草河支流土门河，经土门河、白草河注入湔江。境内各大支沟水流湍急，落差较大，水利电力资源丰富。

野生动植物资源种类、分布和数量　千佛山自然保护区有国家Ⅰ、Ⅱ级保护动物39种，其中国家Ⅰ级保护动物8种，它们是金丝猴、大熊猫、豹、扭角羚、马麝、林麝、绿尾虹雉、金雕。Ⅱ级重点保护动物有猕猴、藏酋猴、小熊猫、黑熊等31种。保护区内的脊椎动物种类丰富，有287种，其中，哺乳动物计有7目25科79种，鸟类有13目35科160种，爬行动物1目6科30种，两栖动物2目6科14种。有蝶类138种。在动物地理分区上属于东洋界西南区，西南山地亚区，南北物种混杂，特有种丰富。保护区内共有高等植物228科、926属、2802种。其中Ⅰ级保护植物5种，即：银杏、红豆杉、珙桐、光叶珙桐、独叶草。国家Ⅱ级保护植物及其他珍稀植物43种。如岷江柏、油麦吊云杉、连香树、水青树、厚朴、圆叶玉兰、红花绿绒蒿等。

自然生态系统类型、分布和面积　千佛山自然保护区是以保护大熊猫及其生存环境为主，全面保护其他濒危、珍稀物种及其栖息地和森林生态系统，是集物种与生态保护、科学研究、国际交流、生态与环境科普宣传、水源涵养、生态旅游和可持续发展利用等多功能于一体的自然保护区。核心区面积171.2平方公里，占保护区面积的96.5%。核心区是保护区内保护对象具有代表性的区域，植被群落稳定。大熊猫、牛羚、金丝猴等珍稀野生动物分布集中，生态系统完整。实验区面积有6.2平方公里，占保护区面积的3.5%，主要可以从事科学研究、科普宣传、生态旅游等有利于自然生态系统保护管理的活动。

二、千佛山自然保护区灾情

灾情评估　地震灾害影响范围，地理位置为北纬31°37′—31°48′，东经103°56′—104°08′，海拔在1340—4047米之间，面积177.4平方公里，全为国有林。破坏程度非常严重，属于建县史上最大的一次灾难：多处山体滑坡，造成区内资源大面积破坏，道路、桥梁、通讯、电力全面瘫痪。

自然生态系统受损情况　野生动物：区内多处山体滑坡，道路断裂，堰塞湖堵塞，地质条件非常恶劣。在区内可视范围内可见毛冠鹿、小麂（黄麂）等小型动物尸体。目前尚未发现大熊猫以及其他珍稀野生动物死亡及异常情况。大熊猫等主要保护对象栖息地环境部分遭到破坏。山体滑坡，部分大熊猫主食箭竹被埋没，大熊猫监测道路、野外监测点、巡护小道都遭到严重破坏，致使大熊猫活动路线遭到不同程度阻隔或破坏，食源箭竹减少。地震可能造成大熊猫居住的洞穴受损或倒塌，同时还可能造成大熊猫喜于居住的树洞的树干倾倒。五月份正是大熊猫发情交配繁殖期，因受震惊吓，对交配繁殖还可能产生一定的影响。地震形成大熊猫种群交流的新屏障和新隔离带。森林和植被：区内因山体滑坡、堰塞湖淹没等自然灾害，致使林地损毁约3万亩，直接经济损失1.5亿元；林木损毁约5万亩，直接经济损失2亿元。

保护区人员伤亡和设施设备受损情况　保护区职工死亡1人，受伤1人。高川站护林员罗平死亡。茶坪站护林员曹银会头部受伤。管理处机关办公楼损坏，科研、宣教和辅助用房轻度受损。保护和监测站点（含防火瞭望塔）受损，高川保护站、茶坪保护站、猫儿沟哨卡3处房屋垮塌面积约1780平方米，危房面积约1340平方米，3处共计约3120平方米，造成直接经济损失约289万元。保护区标牌标桩损失约2000个，直接经济损失6万余元。后勤、生活和服务基地受损，职工住宅危房面积840平方米，造成家庭财产损失65万元。保护区自备水电站输配电线路损失24公里，变压器损毁2个，损失20万元。巡护道路损坏60公里，巡山步行道280余公里，计损失200余万元。由保护区支出经费建设的周边社区的给排水系统全部损失约5万元。通讯系统和卫星电视系统受损，高川、茶坪两个保护站共损失6台电视机和一部电视接收器，共计2万元。设备损失共计20.6万元。其中，砸毁工作用车一辆，经济损失10万元；处机关办公设备空调、电脑损失2.8万元；高川保护站办公设备损失3.8万元；茶坪保护站办公设备损失4万元。保护区的管理体系总体受损不大，除机关除部分设备受损外，档案、资料未丢失。两个保护站房屋、办公设备遭受毁灭性灾害。管理机构的人员、体系无损失。

第六章　基础设施灾情

第一节　交通设施

一、公路、桥梁损毁

墩秀路老虎嘴震毁

省道　县内省道S105线成青路路基路面损坏达42.2公里，桥梁受损23座，直接经济损失达35953.58万元。

县、乡（镇）道　县、乡道路因路基塌方、滑坡、沉陷等原因共受损34条、289公里、桥梁受损114座，隧道受损1道。影响20个乡镇车辆通行，公路阻断的乡镇2个，影响人口1.6万人，经济损失150520.57万元。其中墩秀路阻断18.3公里，累计垮塌受损30多处，塌方量达到800万立方米，从睢水的“老虎嘴”处至高川乡16公里路段，几乎全部被泥石覆盖，公路两边山体滑坡、崩塌形成4个堰塞湖。其中睢水灌滩老虎嘴堰塞湖较大，高50余米、长200余米。秀茶路晓坝至茶坪段全线受损，阻断22公里，累计垮塌受损40多处，塌方量达到500万立方米。沿线山体垮塌堵塞河道形成大小8个堰塞湖。其中肖家桥堰塞湖最大，坝长272米、坝高61.5米、湖水最大淹没深度53.9米，蓄水量近1000万立方米，晓坝至茶坪的路段受损路面近20公里，其中有10.5公里均被堰塞湖淹没。

村道　全县村道公路共受损115条495公里，桥梁受损117座，高川、茶坪、桑枣、沸水、晓坝等5个乡镇的32个行政村交通中断，经济损失31715万元。

二、车站、码头、办公设施损失

全县交通系统综合办公设施设备受损，18个道班、3个运管站等办公设施设备严重受损，损毁养护设施28套，经济损失8159.83万元。全县1个县级汽车客运站、14个农村客运站、24个招呼站因地震灾害损毁，丧失或部分丧失使用功能，经济损失共计990万元。全县受损渡口码头4座，经济损失598万元。

第二节　广播电视及通信设施

一、广播电视系统

房屋损毁　位于安昌镇东风路的县广播电视局（台）综合办公楼损毁严重，安昌、桑枣、秀水、高川四个乡镇广播站房屋完全垮塌，垮塌机（站）房、办公用房和危房总计7135平方米，直接经济损失1427万元。安县广播电视局（台）和安昌、桑枣、秀水广播站共66名职工住宿楼全部成危房无法使用，其他地方的职工住宿不同程度受损，损失金额共计447万元。

设备设施　电台2套音频工作站、16路数字调音台、监播监听系统和电台播音室设备设施损毁。电视台摄、录、编、播设备及专题用虚拟演播系统被毁，电台、电视台设施设备损失达2111万元。安昌广播电视站工程车被垮塌房屋砸毁，损失11万元。广播电台、电视台无法正常工作。有线电视总前端和20个分前端毁损；全县受损光电缆达8738公里，光接收机、交换机等主设备损失毁坏严重，网络直接经济损失4431万元；665个自然村“村村通”毁损。广电宽带网中受损宽带用户900余户，5户专网用户受损信息线路40公里，收发器、交换机等主设备全部毁坏，共损失297万元。县广播电视局为高川核研究所、千佛山风景旅游区等6家高端集团用户建立的加密电视节目专网，其前端设备被毁，线路损坏，经济损失达99万元。在汶川特大地震灾害中，安县广播电视系统经省、市广播电视局认定，直接经济损失总计达8823万元。

二、电信通信系统

全县电信通信系统损毁业务用房13202平方米、小灵通基站158座、光缆皮长385公里、电缆皮长1285公里、交换机及接入设备57台、传输设备86台，造成直接经济损失9168万元。

三、移动通信系统

安县移动通信系统损毁业务用房13202平方米、移动通信基站98座、小灵通基站158座、光缆皮长885公里、电缆皮长264公里、交换机及接入设备39台、传输设备114台，造成直接经济损失1.88亿元。

四、联通公司

汶川特大地震使安县联通100多个基站全部瘫痪，安县联通全部客户失去与外界的通信联系。安县联通公司办公场所成为危房，造成直接经济损失4000多万元。安县联通公司基础设施损失巨大。其中，损毁有线网络长度88.5公里、微波站3个、有线网络设备30个，合计直接经济损失1575万元。

电信通信系统灾情统计表

表8　　　　　　　　　　　　　　　　　　　　　　　　2008年6月6日

单　位	业务用房（平方米）	小灵通基站（座）	光缆（皮长公里）	电缆（皮长公里）	交换设备（台）	传输设备（台）	经济损失（万元）
安昌镇	4986	17	15	23	3	8	935
桑枣镇	655	20	22	35	5	9	484
花荄镇	4140	10	14	28	5	4	1685
黄土镇	373	15	15	33	2	4	248
塔水镇	886	12	14	35	3	2	348

续表

单　位	业务用房（平方米）	小灵通基站（座）	光缆（皮长公里）	电缆（皮长公里）	交换设备（台）	传输设备（台）	经济损失（万元）
秀水镇	770	35	22	62	8	14	599
河清镇	399	11	19	48	4	7	361
永安镇	150	5	21	23	2	4	161
界牌镇	100	1	12	12	2	—	82
永河镇	120	4	11	6	1	2	82
睢水镇	115	6	22	17	6	11	167
清泉镇	43	2	14	19	2	4	75
宝林镇	80	1	13	23	1	2	130
沸水镇	75	3	12	24	2	4	74
晓坝镇	60	2	30	29	1	2	123
乐兴镇	50	1	17	27	3	3	183
茶坪镇	50	6	60	320	1	2	1472
兴仁乡	50	2	11	14	2	2	97
高川乡	50	4	30	480	1	2	1766
迎新乡	50	1	11	27	3	3	96
合　计	13202	158	385	1285	57	86	9168

移动通信系统灾情统计表

表 9　　2008 年 6 月 6 日

单　位	业务用房（平方米）	小灵通基站（座）	光缆（皮长公里）	电缆（皮长公里）	交换设备（台）	传输设备（台）	经济损失（万元）
安昌镇	4986	9	49	4	—	3	1951
桑枣镇	655	7	47	7	5	12	1211
花荄镇	4140	12	49	6	2	8	3033
黄土镇	373	8	33	6	2	9	1104
塔水镇	886	3	39	7	1	4	592
秀水镇	770	6	49	10	8	17	1170
河清镇	399	3	37	9	4	9	605
永安镇	150	7	51	4	2	5	1064
界牌镇	100	4	30	2	—	3	523
永河镇	120	2	26	1	1	3	346
睢水镇	115	5	45	1	6	13	797
清泉镇	43	3	36	1	2	5	486
宝林镇	80	2	29	4	1	3	341
沸水镇	75	4	30	1	2	6	572
晓坝镇	60	4	46	3	1	4	587

续表

单　位	业务用房（平方米）	小灵通基站（座）	光缆（皮长公里）	电缆（皮长公里）	交换设备（台）	传输设备（台）	经济损失（万元）
乐兴镇	50	4	35	5	—	2	575
茶坪镇	50	8	127	80	1	4	1930
兴仁乡	50	2	28	2	—	1	321
高川乡	50	3	70	110	1	2	1283
迎新乡	50	2	29	1	—	1	319
合　计	13202	98	885	264	39	114	18810

第三节　邮政设施

一、邮政部门损失概况

汶川特大地震造成安县邮政办公、生产、职工用房大面积严重倾斜、倒塌，19 个金融网点，彻底垮塌 3 个，损毁 2 个，其他 14 个网点也遭到不同程度的破坏，设备设施 30% 损坏，网络全部中断。全县邮政直接经济损失 1468 万元。

二、邮政局、所设施设备损毁情况

邮政局位于安昌镇西河小区的综合办公大楼严重损毁，面积 3344 平方米，损失金额 670 万元。花荄、秀水、永安局、所营业房屋倒塌或成为危房，损失金额达 218 万元。

桑枣、塔水、安昌、黄土、河清、睢水局（所）房屋内部结构损坏严重，墙体大面积裂缝，承重墙、柱、梁不同程度断裂，成为危险建筑，面积共计 3493 平方米，其损失金额达 180 万元。全局 160 户职工（含离退休职工）的住房受损严重，完全损毁 880 平方米，严重损毁 10125 平方米，损失金额达 300 万元。县邮政局通信网络设备、设施损失严重，绿卡中心机房设备损坏 70% 以上，造成网络中断；县局办公电脑、打印机损毁不能修复的 20 多套。19 个网点终端设备、设施损坏。损失金额近 100 万元。

第四节　电力设施

一、电力系统损失概况

电力联营公司损失严重。供区电网损毁瘫痪，公司所属 14 座变电站损失巨大，大多数变电站的围墙垮塌，变压器移位，相关设备受损，特别是 220 千伏安县变电站损失最为严重，中控室全部垮塌，1#主变移位倾斜，2#主变严重漏油，其他相关设备严重受损，致使供区内 110 千伏、35 千伏无电源点；110 千伏辕门坝变电站设备、房屋全部损坏；110 千伏晓坝变电站主变导管断裂，开关倒地，10 千伏高压室、控制室裂纹，值班宿舍垮塌。恢复供电非常困难；供区内发生倒杆、断线 170 处，410 多台配电变压器发生倾斜，还有多处电杆倾斜和断裂。老鹰岩电站被深埋在山体下，12 名电站人员失踪。此外，在地震中公司死亡职工 3 人，重伤 4 人，轻伤 3 人。直接经济损失近 5 亿元。

二、国营供电系统设施设备损失情况

供电局直属变电站设施损失12714万元，线路损失2956万元，农电资产损失7160.52万元，计量资产损失10934.48万元，供电公司电站损失3440万元，其他电站损失13254万元。全县国营电网设施直接经济损失合计50459万元。

变电站设备及厂房损坏严重，全部设备及厂房需原址重建，预计需费用15000万元。辕门坝变电站设备及厂房损坏严重，全部设备及厂房需原址重建，预计需费用3200万元。

永安变电站损毁

三、地方电力系统设施设备损失情况

地方电力系统受损电站41座、输电线路795公里，遭受直接经济损失3.8亿元。

供电系统线路损失情况统计表

表10 单位：万元

项目	项目地址或破坏情况	损失金额	备注
10千伏城桑线	24#—30#杆，共计7基电杆倾斜	3	电杆基础已经垮塌，需要重新选点
10千伏城西线	支线电杆倾斜5基，拉线断4处，瓷横担断裂8处，公用变压器受损两台	17	变压器漏油、移位、芯体受损，其中一台被倒塌房屋砸烂，
10千伏花镇线	30#—38#导线断，电杆受损3基，导线、金具无法利用	8	高低压导线均受损，电杆裂纹2基
10千伏花林线	绝缘子烂233只，拉线断股70根	8	更换绝缘子，更换拉线
10千伏晓茶线	山体塌方，线路受损情况不明	52	线路长度4.8公里，损失值为估计
10千伏城东线	支线电杆倾斜3基，拉线断5处，瓷横担断裂3处，公用变压器受损两台	15	变压器漏油、移位、芯体受损
6千伏田磷线	山体塌方，线路受损情况不明	45	山体塌方，估计恢复重建需要45万元
35千伏睢河线	58#杆、20#杆避雷器各受损一组，38基电杆拉线断股	10	更换拉线、加装避雷器
35千伏睢河Ⅱ回	瓷瓶损坏302片，拉线断股31基	15	更换绝缘子，更换拉线
35千伏高佛线	山体塌方，线路受损情况不明	520	估计线路恢复重建需要520万元
35千伏安城线	山体塌方，线路受损情况不明	20	山体塌方，线路估计受损0.87公里
35千伏城秀线	瓷瓶损坏，拉线断股，地线断股	13	更换绝缘子、拉线、地线
35千伏擂城线	线路断线，倒杆	60	重新架设部分线路，需要更改线路通道，增加线路长度
35千伏田高线	山体塌方，线路受损情况不明	300	线路长度7.5公里，估计恢复重建线路需要300万元
35千伏睢田线	山体塌方，线路受损情况不明	630	线路长度19.37公里，估计重建线路需要630万元
35千伏秀塔线	瓷横担偏移断裂，瓷瓶甩烂，拉线断股6	8	重新制作拉线，更换绝缘子

续表

项　目	项目地址或破坏情况	损失金额	备　注
35 千伏老鹰岩上网线路	山体塌方，线路受损情况不明	200	线路长度 5 公里，恢复重建估计需要 200 万
35 千伏高邬线	山体塌方，线路受损情况不明	210	线路长度 5.5 公里，恢复重建估计需要 210 万元
110 千伏安永线	杆塔倾斜，部分杆塔基础滑坡，还有部分崩塌，16 处	48	恢复基础，砌保坎估计需要 48 万元
110 千伏安晓线	杆塔倾斜，部分杆塔基础滑坡 33 处，导线严重断股 18 档	149	恢复基础，砌保坎估计需要 99 万，重新架设 18 档导线
110 千伏安睢线	拉线棒断 80 根，杆塔基础崩塌 20 处	88	重新开挖拉线坑，制作拉线
110 千伏安辕线	土坡崩塌 21 处	63	恢复基础，砌保坎估计需要 63 万元
220 千伏大安线	断线 13 基，铁塔基础受损、边坡垮塌 19 处	84	重新架设地线，砌保坎估计需要 83.5 万元
花荄	开关移位、操作机构受损 8 台，电缆分支箱、环网柜基础裂缝，箱体变形	200	重新浇注基础，更换电缆分支箱、环网柜
安昌	柱上开关移位、操作机构受损 6 台	12	更换真空开关 6 台
桑枣	基础开缝、分支箱箱体变形	110	重新浇注基础，更换电缆分支箱
线路检修班、线路运行班办公室	电脑砸烂 5 台、办公桌砸烂 7 张、文件柜砸烂 6 个	8	重新购买需要 8 万元
线路检修班、线路运行班库房	开裂、开缝面积 600 平方米，工器具砸烂 25 套	60	重新恢复，重新购买需要 60 万元
花荄供电所	花荄镇、兴仁乡、界牌镇	427	—
黄土供电所	黄土镇、乐兴镇	1076	—
安昌供电所	安昌镇、永安镇	1612	—
桑枣供电所	桑枣镇、晓坝镇	1859	—
秀水供电所	秀水镇、睢水镇、沸水镇	1542	—
河清供电所	河清镇、迎新镇	517	—
塔水供电所	塔水镇、清泉镇、宝林镇	515	—
农电科	—	44	—
安县变电站	—	7654	—
辕门坝变电站	—	2552	—
永安变电站	—	171	—
花荄变电站	—	177	—
界牌变电站	—	36	—
睢水变电站	—	157	—
晓坝变电站	—	413	—
黄土变电站	—	15	—
河清变电站	—	48	—
发变电检修班	—	108	—

续表

项　目	项目地址或破坏情况	损失金额	备　注
办公室	—	19	—
水田坝变电站	—	485	—
茶坪变电站	—	345	—
城关变电站	—	15	—
秀水变电站	—	312	—
塔水变电站	—	207	—
高川坡电站	高川乡二郎村	2400	装机：2×1500 千瓦
晓坝电站	晓坝乡黄羊村	500	装机：2×320 千瓦
桑枣电站	桑枣镇红牌村	220	装机：1×160+1×125 千瓦
城关电站	安昌镇纳溪村	320	装机：2×200 千瓦
晓坝立新电站	晓坝	288	360 千瓦
晓坝老足电站	晓坝	40	50 千瓦
茶坪石门砍电站	茶坪	510	640 千瓦
双河电站	茶坪	200	250 千瓦
茶坪乡电站	茶坪	768	960 千瓦
茶坪千佛电站	茶坪	812	1015 千瓦
茶坪宝藏电站	茶坪	544	680 千瓦
茶坪太阳坪电站	茶坪	904	1130 千瓦
响水岩一级电站	晓坝	260	320 千瓦
响水岩二级电站	晓坝	160	200 千瓦
茶坪花板沟电站	茶坪	400	500 千瓦
红光电站	秀水	60	75 千瓦
白水湖电站	秀水	744	930 千瓦
夏家沟电站	秀水	200	250 千瓦
农联电站	秀水	200	250 千瓦
团结电站	雎水	510	640 千瓦
三道河电站	高川	1280	1600 千瓦
雎水灌滩电站	雎水	510	640 千瓦
道喜电站	雎水	510	640 千瓦
二埝电站	桑枣	100	125 千瓦
胜利电站	晓坝	128	160 千瓦
晓坝长滩电站	晓坝	2016	2520 千瓦
平桥电站	永安	144	180 千瓦
广东坝电站	高川	800	1260 千瓦
茅香电站	高川	656	820 千瓦

续表

项目	项目地址或破坏情况	损失金额	备注
高川泉水电站	高川	510	640千瓦
花街办公大楼	—	1500	约7600平方米
安昌办公大楼	—	370	—
老鹰岩电站	高川乡泉水村	2560	装机：2×1600千瓦
邬家沟电站	高川乡高川村	1144	装机：1×630+2×400千瓦
水田坝电站	高川乡新桥村	1328	装机：2×630+1×400千瓦
柿子园电站	睢水镇道喜村	560	装机：2×250+1×200千瓦
斑竹园电站	睢水镇道喜村	840	装机：2×400+1×250千瓦
月儿门电厂	睢水镇道喜村	500	装机：2×400+1×250千瓦
刘家沟电站	睢水镇灌滩村	960	装机：3×400千瓦
水磨滩电站	茶坪乡双电村	520	装机：1×400+1×250千瓦
大安电站	永安镇	100	—
五福电站	晓坝乡五福村	150	装机：1×400+1×200千瓦
县地方电力系统	全县	38000	41座

表11　**安县农村水电设施地震灾后损失调查表**

电站名称	位置	装机容量	堤坝	压力管道	渠隧道垮塌	附属设备	发电机组	送出工程	生产设施	生活设施	直接损失
单　位		万千瓦	处	米	米	台	万千瓦	处	平方米	平方米	万元
邬家沟电站	高川	0.143	1	210	2500	7	0.143	1	250	200	1226
高川坡电站	高川	0.25	1	420	3600	7	0.25	1	350	250	2165
广东坝电站	高川	0.126	1	110	2600	7	0.126	1	250	250	961
老鹰岩电站	高川	0.32	1	550	4500	7	0.32	1	350	350	1907
泉水电站	高川	0.104	1	110	2100	7	0.104	2	250	200	844
水田坝电站	高川	0.166	1	85	2950	7	0.166	1	400	300	1089
三道河电站	高川	0.16	1	120	4200	12	0.16	1	400	250	1384
茅香电站	高川	0.082	1	60	950	7	0.082	1	220	180	529
水磨沟电站	高川	0.138	1	370	3200	7	0.138	1	120	130	919
鱼洞口电站	高川	0.146	1	260	2300	7	0.146	1	120	130	845
斑竹园电站	睢水	0.18	1	110	3250	7	0.18	1	550	390	1301
刘家沟电站	睢水	0.12	1	240	1200	12	0.12	1	350	250	923
道喜电站	睢水	0.02	1	140	2200	3	0.02	1	120	120	230
月儿门电站	睢水	0.105	1	150	1300	7	0.105	1	240	240	803
灌滩电站	睢水	0.016	1	140	500	3	0.016	1	100	100	187
团结电站	睢水	0.064	1	50	1100	12	0.064	1	240	260	568
龙神堂电站	茶坪	0.064	1	120	1250	7	0.064	1	180	170	538
千佛电站	茶坪	0.0375	1	75	1150	7	0.0375	1	180	170	535

续表

电站名称	位置	装机容量	堤坝	压力管道	渠隧道垮塌	附属设备	发电机组	送出工程	生产设施	生活设施	直接损失
白果电站	茶坪	0.0075	1	120	1200	3	0.0075	1	90	90	119
茶坪电站	茶坪	0.096	1	140	3200	8	0.096	1	240	260	959
太阳坪电站	茶坪	0.113	1	130	3500	7	0.113	1	300	340	1071
花板沟电站	茶坪	0.05	1	386	2900	3	0.05	1	90	70	502
红岩电站	茶坪	0.052	1	120	950	5	0.052	1	200	200	528
宝藏电站	茶坪	0.016	1	110	2100	3	0.016	1	100	100	362
水磨滩电站	茶坪	0.057	1	50	950	7	0.057	1	240	240	406
双河电站	茶坪	0.025	1	75	500	3	0.025	1	120	120	209
石门坎电站	茶坪	0.064	1	40	1160	7	0.064	1	300	350	557
长滩电站	晓坝	0.08	1	50	1500	8	0.08	1	300	300	659
五福电站	晓坝	0.064	1	50	1100	8	0.064	1	200	200	265
老足岩电站	晓坝	0.005	1	140	1500	3	0.005	1	100	100	83
天桥电站	晓坝	0.08	1	50	1300	8	0.08	1	300	300	570
立新电站	晓坝	0.036	1	150	780	7	0.036	1	120	120	209
响水岩站	晓坝	0.052	1	390	2910	10	0.052	2	320	200	562
晓坝电站	晓坝	0.064	1	30	1500	6	0.064	1	240	260	220
胜利电站	晓坝	0.2	1	120	3500	14	0.2	1	300	400	610
桑枣电站	桑枣	0.016	1	20	300	3	0.016	1	200	200	71
二埝电站	桑枣	0.01	1	—	100	3	0.01	1	120	120	140
城关电站	安昌	0.04	1	30	2500	7	0.04	1	200	200	51
大安站	永安	0.03	1	250	3700	80	0.03	2	360	240	460
平桥电站	永安	0.01	1	—	500	3	0.01	1	120	120	198
白水湖电站	秀水	0.118	1	100	1550	15	0.118	3	600	320	360
农联电站	秀水	0.025	1	15	500	3	0.025	1	120	120	220
红光电站	秀水	0.0075	1	—	500	3	0.0075	1	90	90	75
合　计		3.5595	43	5886	81050	360	3.5595	48	10040	9000	26420

第五节　市政公用设施

一、县城市政公用设施受损情况

汶川特大地震使县城9.2公里道路受损，损毁客运车站1座；城市桥梁受损1座，交通直接经济损失1.6亿元。水厂生产用房、取水设备、供水设备受到损坏，多处管网出现裂缝、断裂，导致供水中断。城区18.4公里污水管网受损，花荄镇内燃气管道40%损坏，导致部分燃气管线不能使用。城区环卫设施不同程度受损（公厕、垃圾桶、果皮箱及垃圾集中收集点），房屋建筑垃圾增多，环卫收集清运工作量增加。

二、乡镇市政公用设施受损情况

县行政办公大楼震损

地震灾害造成乡镇交通、通讯全面中断，供电、供气、供水等市政公用基础设施遭到不同程度的破坏。其中城镇道路损毁60.3公里。城镇供水设施供水能力受损5.85万立方米/日，供、排水管道损毁226.27公里。城镇桥梁损毁20座。城镇生活垃圾填埋场3座，垃圾收运系统受损16处。其他基础设施：城镇防洪堤损毁40.8公里，损毁公厕32处，绿化受损面积150万平方米，路灯损毁2334盏（杆）等，受损金额达13.18亿元。其中：桑枣镇、秀水镇、塔水镇和河清镇市政公用基础设施受损较重，受损金额分别为1.7亿元、1.8亿元、3.25亿元、1.52亿元和1.15亿元，其余乡镇受损分别为：黄土镇0.86亿元、界牌镇0.33亿元、永河镇0.18亿元、雎水镇0.55亿元、清泉镇0.27亿元、宝林镇0.11亿元、沸水镇0.27亿元、晓坝镇0.47亿元、乐兴镇0.23亿元、兴仁乡0.16亿元、迎新乡0.33亿元。

第六节　石油和天然气设施

一、石油系统灾情

安（县）北（川）片区内10座加油站不同程度受损，停业3座，综合办公楼已无法使用。片区房改房47户中，属于危房的27户，加固后使用的20户，在外居住的员工50%的房屋受损严重。

二、天然气系统灾情

主管线损失　主管线76公里试压（不含温泉公司9公里）费用60万元；主管线更换、材料及施工费0.5万元，主管道护坡、护坎等费用15万元；气量损失16.65万元。汇源分公司天然气损失3.45万元。北川天然气公司损失13.2万元。合计损失92.15万元。

城市管网损失　天然气气体损失2.88万元；城市管网开挖、占道、补偿费用24万元；施工（焊机、发电机）用油6.09万元；材料费用98.3万元，土建费用113万元；人工费用31.26万元；城市街道穿越费用21万元。合计损失386.52万元。

配气站损失　50调压器2台8万元；各配气站阀门更换：φ150平板闸阀15个8.25万元，φ100平板闸阀5个2.25万元。合计损失18.5万元。户内管道损失11136户，料费、人工费、机械费、辅助材料费等合计1224.96万元。永安镇专用天然气供气管网3公里57.60万元。安昌镇—永安镇主管道合计418.12万元。全县天然气合计损失恢复供气费用2107.85万元。

四川华星天然气有限责任公司安县汇源分公司灾情统计表

表12 单位：万元

项 目	管线位置	建成时间	使用年限	原值	损失净值	修复成本
塔花管线	塔水－花荄	20001231	8年	396.53	65.19	26.1
花荄城市及门站管网	花荄	20001231	8年	204.93	39.74	767.9
塔水城市门站及管网	塔水	19961231	8年	75.66	2.27	83.4
安昌城市门站及管网	安昌	19961231	8年	181.6	5.45	716.8
秀水城市及门站管网	秀水	20011031	8年	85.31	25.28	141.9
塔秀管线	塔水－秀水	20011031	8年	147.2	33.19	16.2
界牌城市门站及管网	界牌	20011031	8年	54.81	16.68	75.6
智能旋进流量计	睢水	20080317	8年	1.4	1.4	—
花安管线	花荄－安昌	20051231	8年	397.73	277.36	17.3
秀银管线	秀水－银河	20020630	8年	145.5	41.52	—
永安管网及门站	永安	20020630	8年	65.62	2.36	107.3
绵阳神龙饲料公司天然气供气管道	秀水	20060331	8年	29.99	22.8	—
绵阳金鸿公司天然气供气管道	秀水	20060331	8年	47.78	37.61	—
秀银配气站	秀水－睢水	20020630	8年	59.01	7.2	—
黄土城市及门站管网	黄土	20070524	8年	73.76	66.91	87.2
黄土配气站输配气流程	黄土	20070524	8年	4.6	4.17	—
金鸿配气站输配气流程	睢水	20070524	8年	14.98	13.59	—
涡轮流量计补偿仪	睢水	20070801	8年	5.5	5.05	—
睢水城市管网及门站	睢水	—	—	—	—	72.95
合 计	—	—	—	1991.91	667.78	2112.65

第七节 水利设施

一、水利设施损失概况

水利设施损毁严重，干渠、支渠、毛渠、水库及塘堰均遭受严重破坏。全县水库损坏28座，6座有溃堤可能，7座有高危险情，15座有次高危险情。塘堰重度损坏1733口，中度损坏2888口。农排毛渠损毁1387千米，农田田埂损毁1910千米，二大渠因地质变形而无法排灌，灌区大春作物部分损毁。

二、水利工程设施灾害损失具体情况

水库工程受损中型1座、小型27座，堤防工程损毁长度34千米，供水工程受损管道长度854千米，灌溉工程受损重点建筑物680处、渠道长度405千米，农村水电受损电站41座、容量3.276万千瓦，水土保持设施受损蓄水池72口、坡面水系18.4千米，房屋及管理设施受损办公及管理用房11952平方米、管理设施受损70台（套），共计直接经济损失19.28亿元。

表 13

2008 年 6 月水利系统灾情统计表

分　类	水库（座）	堤防（千米）	供水管道（千米）	灌溉渠道（千米）	农村水电站（座）	蓄水池（口）	护坡（千米）	管理房（平方米）	设备（台/套）	直接经济损失（万元）
安昌镇	3	5	138	22	1	—	—	4794	30	15080
桑枣镇	2	4	63	24	2	—	—	—	—	11103
花荄镇	3	4	46	56	—	—	—	3000	40	24208
黄土镇	4	4	73	21	—	5	1.5	—	—	14993
塔水镇	1	2	71	49	—	—	—	—	—	10979
秀水镇	2	3	11	65	3	—	0.5	1940	—	17642
河清镇	—	1	37	19	—	—	—	2218	—	5297
永安镇	—	3	68	8	2	—	—	—	—	5066
界牌镇	—	4	21	12	—	—	5	—	—	7199
永河镇	—	1	53	11	—	—	—	—	—	2473
睢水镇	4	—	54	15	6	15	3	—	—	13246
清泉镇	1	—	29	7	—	—	—	—	—	2489
宝林镇	—	—	26	15	—	—	—	—	—	3863
沸水镇	4	—	27	11	—	—	—	—	—	8314
晓坝镇	—	—	15	6	8	—	—	—	—	5840
乐兴镇	4	—	36	32	—	—	—	—	—	7684
茶坪乡	—	—	24	—	11	42	8.4	—	—	12680
兴仁乡	—	—	17	22	—	—	—	—	—	3551
高川乡	—	—	15	—	8	—	—	—	—	17212
迎新乡	—	3	30	10	—	—	—	—	—	3889
合　计	28	34	854	405	41	72	18.4	11952	70	192808

第七章 工业灾情

第一节 县属工业

一、震前安县工业经济发展状况

2007年，规模以上中小工业企业达到67户，安县规模以上中小工业企业工业产值实现38.5亿元，工业增加值实现11.5亿元，全县中小工业企业技术改造投资额达到5.3亿元，对外贸易出口额达到2480万美元。

2008年1—4月，安县规模工业企业增加到69户，完成工业总产值16.29亿元。新增规模企业5户。

银河集团生产车间受损

安县银河建化集团有限公司 完成工业总产值10.6亿元，同比增长1.9%，完成销售收入10.69亿元，同比增长6.6%，完成利润1833万元，同比减少1.4%。

安县浮山水泥集团有限公司 完成工业总产值8424万元，同比减少38.5%，完成销售收入7981万元，同比减少32%，利润亏损1205万元。

安县启明星磷化工公司 完成工业总产值5.67亿元，同比增长25.1%，完成销售收入3.77亿元，同比增长38.78%，完成利润3819万元，同比净增利润3112万元。

安县纸业公司 完成工业总产值4827万元，同比减少56.4%，完成销售收入3353万元，同比减少67.55%，利润亏损107万元。

绵阳市永安金属材料公司 完成工业总产值6192万元，同比减少70.79%，完成销售收入5150万元，同比减少74.42%，利润亏损182万元。

二、企业损失概况

地震中，710户中小企业全部受损，直接经济损失34.24亿元，间接损失76.5亿元，其中：工业企业受损382户，直接经济损失19.24亿元，间接损失56.5亿元，规模工业企业受损69户，直接经济损失16.9亿元，间接经济损失40.6亿元。

化工企业 受损16户，直接经济损失6.07亿元，间接损失10.9亿元。

食品企业 受损21户，直接经济损失0.5亿元，间接损失4.7亿元。

建材企业　受损 7 户，直接经济损失 3.07 亿元，间接损失 5.1 亿元。

采掘企业　受损 64 户，直接经济损失 1.78 亿元。

工业系统灾害损失情况统计表

表 14　　2008 年 6 月

分　类	受灾企业	厂房		设备、设施		产品和材料	停产	在建项目受阻	直接损失
单　位	户	平方米	万元	台（套）	万元	万元	万元	万元	万元
安昌镇	37	305500	10020	599	2170	16450	33640	4000	28640
桑枣镇	16	299900	15000	526	11630	11870	22300	2900	38500
花荄镇	52	300420	15020	1367	31240	25160	81900	3200	71420
黄土镇	19	66000	3300	242	540	3000	21200	3100	6840
塔水镇	21	63500	3170	472	650	6370	18450	100	10190
秀水镇	33	270000	13500	600	1120	11400	30250	650	26020
河清镇	29	157840	7900	2771	7270	16200	83900	1290	31370
永安镇	18	33980	1700	923	980	2760	3500	200	5440
界牌镇	36	21000	1050	186	1610	9240	13800	790	11900
永河镇	6	23500	1170	78	430	8260	580	270	9860
雎水镇	26	236500	14270	6459	25300	18020	171900	13850	57590
清泉镇	4	11400	570	2	10	150	400	—	730
宝林镇	5	4660	230	16	90	2480	2200	600	2800
沸水镇	11	25000	1250	79	440	3570	5200	60	5260
晓坝镇	9	15000	750	60	330	900	1500	500	1980
乐兴镇	6	33000	1650	80	450	560	1200	10	2660
茶坪乡	16	11500	570	229	1270	1270	4800	—	3110
兴仁乡	7	48000	2400	153	850	280	680	80	3530
高川乡	24	56000	2800	2920	11110	2760	3800	8800	16670
迎新乡	7	28800	4080	248	2560	1300	17800	5600	7940
合　计	382	2011500	100400	18010	100050	142000	519000	46000	342450

第二节　工业园区

一、震前工业园区基本情况

四川安县工业园区原名安县花荄（长虹）配套工业园，1999 年 1 月 29 日经绵阳市人大、市政府批准，由绵阳市机构编制委员会绵编发〔1999〕9 号文件确认成立的副县级机构，体制为：区、镇（花荄镇）合一，两块牌子，一套人马，两条战线。2003 年 3 月 20 日又调整职能，区、镇分开，单设园区，并更名为“安县花荄工业开发区”，并明确区域范围：北至花兴路，南至 6 号路，东至永安路和富乐路，西至西岩村山脚，面积 2.38 平方公里，辖前进、胜果、西岩三个村的 20 个组，总人口 3650 人，其中农业人口 2456 人。

2007 年 12 月，安县花荄工业集中发展区被省中小企业局命名为“省小企业创业基地”，2008 年被市人民政府安排为承接产业转移的重要基地。

二、灾害及损失情况

园区企业损失严重，全部受灾停产。企业损失折资计分别为：金江板材厂 70 多万元，绵阳市万达金属材料有限公司 130.33 万元，四川好医生制药有限公司 2711 万元，科伦发豪公司 526 万元，沸泉酒业 110 万元，汇利纸业 246.5 万元，豪茂魔芋 490 万元，朗迪塑胶 500 万元，正德实业 75 万元，其他企业损失合计 2000 万元。安县工业园区企业灾害损失总计 6858.83 万元。

第三节 重点企业

安县银河建化集团有限公司　汶川特大地震致使银河公司化工、水泥生产线全面停产，成品、半成品、原（燃）材料大量受损，睢水井水泥熟料车间和石灰石矿山损毁。后经勘察，公司化工厂、水泥厂两大生产线主体设备及建筑在地震中均遭受严重破坏，办公大楼及部分职工住宿楼严重损坏，已无法使用。全公司因震死亡 7 人、重伤 5 人、轻伤 11 人。经济损失达 4.6 亿元，其中，厂房受损 9 万平方米，经济损失 1.08 亿元；设备受损 5700 台（套），经济损失 2.92 亿元。

公司 4 条红矾钠生产线、1 条铬酸酐生产线以及锅炉、余热电站等工程的生产厂房、库房、职工宿舍、办公楼，设备严重受损。损失纯碱、硫酸等原料 2000 吨、熟料、碱性液等半成品 5200 多吨、红矾钠产品 80 吨、铬酸酐 110 吨，直接经济损失 1.8 亿元。绵阳市华意达化工有限公司两条红矾钠生产线以及配套设施的生产厂房、库房和设备严重受损。损失纯碱、硫酸等原料 800 吨、熟料、碱性液等半成品 2600 多吨、红矾钠产品 50 吨、氧化铬半成品 50 吨、产品 50 吨，直接经济损失 11000 万元。绵阳市安剑化工有限公司 4 条铬粉生产线和 1 条红矾钾生产线的生产车间、库房和设备受损。损失原料葡萄糖 120 吨、铬粉产品 300 吨、红矾钾 20 吨，直接经济损失 1500 万元。绵阳市崴尼达化工有限公司年产 600 吨的 VK3 生产线车间、库房和设备受损。损失原料 50 吨、半成品 30 吨、VK3 产品 20 吨，直接经济损失 2000 万元。绵阳市新一美化工有限公司吡啶甲酸铬、草酸铬等生产线车间、库房和设备受损。损失原料、半成品 2 吨、产品近 1 吨，直接经济损失 150 万元。

安县启明星磷化工公司　经济损失 10050 万元。其中，厂房受损 6 万平方米，经济损失 3800 万元；设备受损 2800 台（套），经济损失 4000 万元。

安县浮山水泥集团有限公司　经济损失 2.43 亿元。其中，厂房受损 16 万平方米，经济损失 8700 万元；设备受损 7 台（套），经济损失 1.1 亿元。

浮山水泥厂受损

安县纸业公司　经济损失 5350 万元。其中，厂房受损 3.7 万平方米，经济损失 2140 万元；设备受损 70 台（套），经济损失 523 万元。

绵阳市永安金属材料公司　经济损失 500 万元。其中，厂房受损 5600 平方米，经济损失 447 万元；设备受损 2 台（套），经济损失 53 万元。

安县肉联厂　制冷系统由于地震破坏严重，液氨外泄，随时都有发生爆炸的危险，直接威胁着老县城几万人的生命。

第八章　农业灾情

第一节　种植业

一、震前种植业基本情况

2007年末全县总户数176879户，总人口510203人（其中农业户数143240户、农业人口433611人），劳动力27.92万人，耕地面积46万亩（其中田34.28万亩、旱地11.69万亩），农民人均耕地1.06亩。2007年农业总产值30.82亿元（其中种植业总产值10.77亿元），农民人均纯收入达到4247元，劳动力转移人数13万人。

安县农业以种植业为主，种植业又以粮油生产为主，属国家级商品粮基地县，国家级杂交水稻制种基地县，四川省商品粮、油基地县，四川省优质水稻生产基地县。2007年全年农作物播种面积109.76万亩，人均生产粮食638公斤，人均占有粮食542公斤。

二、种植业灾情

灌溉设施受损

概况　全县耕地损毁和损坏9.14万亩。因地震使土壤遭到严重破坏，致使农作物大面积减产。全县种植业直接经济损失达11.19亿元。具体损失情况如下：

农业服务体系损失　农业服务体系遭受严重损失而处于基本瘫痪状态，损失达0.51亿元。农业事业股（站）用房全部破坏，县农业局系统行政及事业单位办公用房、事业单位业务用房损毁面积达2579平方米，损失金额3293万元。县农业局房屋损毁293间，面积9272平方米，损失金额1725万元。安县国营农场房屋损毁456间，面积12000平方米，损失金额886万元。20个乡镇农技站、农经站房屋损毁153间，面积4520平方米，损失金额618万元。围墙损毁4200米，损失金额70万元。各类办公仪器设备损毁严重：全部破坏和无法使用的各类办公仪器设备共1981件，损失金额1421万元。县农业局各事业股（站）损毁办公仪器设备1272件，损失金额929万元；国营农场损毁186件，损失金额153万元；20个乡镇农技站、农经站损毁523件，损失金额339万元。承担的国家农业项目被破坏：测土配方施肥项目损失95万元；农业污染源普查项目损失金额20万元；基本农田建设项目损失金额70万元。损失总额185万元。农用物资被破坏：

损毁机动喷雾器等农用物资336件，损失金额61万元；损毁农药21吨，损失金额50万元。损失总额111万元。县国营农场畜禽死亡损失：据统计，地震造成县农场畜禽4731头死亡，损失金额56万元。

农业生产损失 农业生产遭受严重破坏而导致农作物减产，损失达4.42亿元。2008年大小春农作物播种面积106万亩（其中小春47.4万亩、大春58.6万亩），受损面积34.82万亩。粮食作物损失：全县粮食作物受损面积18.22万亩，损失金额6745万元。小麦9.74万亩，损失金额3208万元；马铃薯1.45万亩，损失金额781万元；水稻5.51万亩，损失金额2148万元；玉米1.52万亩，损失金额338万元。经济作物损失：全县经济作物受损面积16.6万亩，损失金额31851万元。油菜6.9万亩，损失金额3808万元；水果1.1万亩，损失金额1689万元；茶叶1.5万亩，损失金额4365万元；药材2.62万亩，损失金额13339万元；蔬菜、魔芋及其他4.48万亩，损失金额8650万元。蚕业损失：全县春蚕0.6万张全部损毁，桑园0.46万亩、蚕种、蚕具损失金额5880万元。

农业生产设施损失 农业生产设施严重损毁对农业产生长期的负面影响，损失达5.26亿元。全县损毁农用大棚551座，损失面积达近20万平方米，损失金额411万元。农户农具、农药及药械损毁101819件，损失1416万元。全县农业种植耕地损毁、损坏面积9.14万亩，损失金额15859万元。其中因地裂、地陷、滑坡损毁耕地32160亩，损失金额9538万元；严重损坏耕地36440亩，损失金额4978万元；一般损坏耕地22800亩，损失金额1343万元。农田排灌毛渠损毁1387公里，损失金额9899万元。农田田埂损毁1910公里，损失金额7820万元。

农产品批发市场损失 全县农产品批发市场严重受损，损失金额0.37亿元。其中：房屋损毁14680平方米，损坏5500平方米，损失金额3320万元；设备损失425台（套），损失金额380万元。

农民专业合作组织损失 全县农民专业合作组织损失严重，损失金额0.62亿元。其中：房屋损毁20300平方米，损坏40000平方米，损失金额5942万元；设备损失469台（套），损失金额298万元。

三、地震灾害对农业生产发展造成的影响

影响农业综合生产能力 地震造成大面积山体滑坡、地裂地陷，农业综合生产能力遭受严重破坏而下降，集中反映在以下方面。2008年小春粮油作物减产已成定局。地震造成小春农作物大面积被掩埋、冲毁和倒伏，未受损毁和损毁较轻的小春作物因缺乏劳动力无法及时收获。油菜亩产比2007年减少24公斤，小麦亩产减少41公斤，小春粮油作物减产25218吨。耕地撕裂而降低生产水平。据统计，地震造成农耕地全毁32160亩，使基本农田面积减少。中度损毁36440亩，轻度破坏22800亩，主要表现在水田渗漏现象严重，生产用水耗量剧增，一些田块保持肥力能力下降，直接影响粮食单产和全县粮食总产量。初步预测，年粮食总产量将减产2万—3万吨。耕地及农业生产设施被严重毁坏。全县水利设施损毁严重，干渠、支渠、毛渠、水库及塘堰均遭受严重破坏。据统计，全县水库损坏28座，6座有溃堤可能，7座有高危险情，15座有次高危险情，塘堰重度损坏1733口，中度损坏2888口，损坏的水利设施必须修复后方能有效蓄水，农排毛渠损毁达1387公里，农田田埂损毁1910公里，二大渠因地质变形而无法排灌，灌区大春作物部分损毁，改种补种量大，改善农田灌溉条件、恢复地理是灾后重建的一个艰巨任务。因山体滑坡或地质变形而影响经济作物的持续发展能力。茶叶、水果、药材、蔬菜等经济作物持续发展能力损毁，需数年才能恢复正常生产。

影响农业生态环境 由于地震发生大量地质灾害，导致山体滑坡、泥石流、地表塌陷、堰塞湖等，致使山坡耕地被毁，河谷耕地被埋，植被破坏，造成严重的水土流失，生态修复需要数年甚至十多年才能完成。沼气池损毁2.91万口，随着气温升高，安全形势十分严峻，损毁的沼气池还对农村环境卫生造成严重污染。

影响农业管理服务能力 地震对农业技术服务体系造成严重破坏，农技服务体系基本处于瘫痪状态，功能极度脆弱。据统计，县农业局及16个事业站和20个乡镇农技站、1个农场损毁房屋25792平方米，其中全毁12000平方米、D级危房4400平方米、需加固9392平方米。设备损毁1981件。农业生产管理和技术服务能力被严重削弱。

影响农业经营管理方式 地震致使近100个专业合作组织被破坏，对农业生产技术指导、培训、种子供应、产品销售产生影响，制约生产发展。

影响农民生产生活 地震致使近90%农户房屋、农具、仓储设施被毁，近2亿公斤存粮被毁坏。

四、受灾后种植业收成情况

小春粮食、经济作物因震灾减产减收 全县小春粮食作物播种面积50.6万亩，比2007年增加14235亩，增2.9%，其中：小春粮食播种面积20.2万亩，亩产253公斤，总产51037吨，比2007年面积减少1035亩，减少0.5%，亩产减少37公斤，减少12.8%，总产减少7815吨，减少13.8%。其中：小麦面积15.89万亩，亩产260公斤，总产41313吨，比2007年面积减少1380亩，减少0.9%，亩产减少41公斤，减少13.6%，总产减少6949吨，减少14.4%；大麦面积14835亩，亩产258公斤，总产3827吨，比2007年面积减少1695亩，减少10.3%，亩产保持，总产减少439吨，减少10.3%；豌豆面积1500亩，亩产211公斤，总产317吨，比2007年面积减少15亩，减少1%，亩产保持，总产减少3吨，减少0.9%；胡豆面积3690亩，亩产246公斤，总产908吨，比2007年面积增加75，增加2.1%，亩产保持，总产增加19吨，增加2.1%；洋芋（土豆）面积23130亩，亩产202公斤，总产4672吨，比2007年面积增加2115亩，增加10.1%，亩产减少40公斤，减少6.5%，总产减少414吨，减少8.1%。经济作物播种面积27.75万亩，其中：油菜面积23.49万亩，亩产126公斤，总产29604吨，比2007年面积增加36510亩，增加18.4%，亩产减少24公斤，减少15.8%，总产减少96吨，减少0.3%；蔬菜37845亩，亩产1945公斤，总产73596吨，比2007年面积减少3855亩，减少9.2%，亩产减少400公斤，减少22.7%，总产减少21931吨，减少29.8%；药材面积4740亩，亩产255公斤，总产1207吨，比2007年面积减少975亩，减少17.1%，亩产减少185公斤，减少42.1%，总产减少1308吨，减少52%；水果总产1965吨，比2007年减少3吨，减少2.1%；茶叶总产393担，比2007年减少2担，减少0.5%。小春种植业因5.12强烈地震影响，粮食、蔬菜减产，共减少收入2723.1万元，油菜单产减少。2008年因油菜和蔬菜种植面积增加较多和价格上涨，新增加纯收入3864.3万元，油菜和粮食、蔬菜品迭后，全县共新增加纯收入1141.2万元，农民人均增收26.32元。

大春、晚秋作物生产因补救措施得力增产增收 2008年大春农作物播种面积53.32万亩，其中大春粮食作物播种面积46.54万亩，亩产468公斤，总产21.78万吨，比2007年面积减少9203亩，减少1.9%，亩产增加9公斤，增产2%，总产增加150吨，增加0.1%，其中：水稻32.78万亩，亩产545公斤，总产17.86万吨，比2007年面积减少4958亩，减1.5%，亩产比2007年增8公斤，增1.5%，总产减少101吨；玉米96570亩，亩产270公斤，总产2.9万吨，比2007年面积增9240亩，增10.6%，亩产增加6公斤，增2.3%，总产增3061吨，增13.3%；红苕3.05万亩，亩产351公斤，总产1.07万吨，比2007年面积减少1905亩，减少5.9%，亩产减少2公斤，减少0.6%，总产减少718吨，减少6.3%；豆类3191亩，亩产330公斤，总产1053吨，比2007年面积增211亩，增7.1%，总产增加48吨，增4.8%。2008年晚秋生产面积87122亩，总产值4592.8万元，比2007年新增产值891.9万元，农民人均增收20.6元。

2008年全县农作物播种面积103.92万亩，其中粮食作物播种面积66.75万亩，亩产402公斤，总产26.89万吨。全县小春因震灾减产，大春全面增产增收。全县种植业共新增纯收入5067.8万元，农民人均新增纯收入116.91元。

第二节　养殖业

一、畜牧业

震前畜牧业发展概况 2007年，畜牧业生猪存栏39.22万头，比2006年增长1.16%，生猪出栏

65.02万头，比2006年增长7.97%；小家畜禽存栏492.9万羽，比2006年增长16.27%，小家禽畜出栏2300.03万羽，比2006年增长19.8%。安县圣康和绵阳森泰开发公司存栏蛋鸡125万羽；肉牛出栏1.1万头，比2006年增长21.41%，肉羊出栏3.24万只，比2006年增长12.33%；禽蛋产量达到3.28万吨，牛奶产量达到5610吨，肉类总产量达到8.03万吨，分别比2006年增长23.77%、23.03%、11.67%，畜牧业总产值达到14.35亿元，占全年任务12.57亿元，比2006年增长114.16%，农民牧业纯增收300元。

畜牧业灾情　全县共计死亡动物183.92万头（只）。其中，生猪14.69万头、小家禽168.42万只、牛5013头、羊3012只、兔9.11万只。畜禽圈舍损毁565.43万平方米，其中，受损268.47万平方米、垮塌296.96万平方米。绝大多数乡镇畜牧兽医站房屋损毁1.24万平方米。其中，受损0.81万平方米、垮塌0.43万平方米，20个站无办公用房，90%以上职工房屋损毁无法居住。全县饲料损失3301吨，18个规模饲料生产企业中13个严重损毁；直接经济损失12.6亿元。

二、水产渔业

水库受损影响水产渔业情况　全县28座水库均遭受不同程度的损毁，塘堰重度损坏1733口，中度损坏2888口。损毁堤防工程29处，长42.4公里，损毁渠道403公里。白水湖取水枢纽因地震引发的山体崩塌而掩埋；渔业受灾14000亩，死亡成鱼及鱼种3951吨。

水产龙头企业、重点渔业基地受灾情况　损毁渔业生产用房15000平方米、办公用房260平方米、进排水渠179651米。其中，花荄雍峙渔场受灾面积110亩，损毁进排水沟180米，池底裂缝渗漏，池埂垮塌，毁坏生产生活用房3000平方米，死亡各类鱼苗500万尾、死亡成鱼90吨，造成直接经济损失260万元。

渔业行政机关和服务体系设施受损情况　县水生动物疫病防治站受损房屋260平方米，损坏仪器20套，经济损失26万元。

渔业灾情统计表

表15　　2008年6月

分　类	水产受灾（亩）	死亡鱼（吨）
安昌镇	500	114
桑枣镇	300	157
花荄镇	2700	641
黄土镇	2250	588
塔水镇	1800	384
秀水镇	1350	242
河清镇	100	146
永安镇	50	66
界牌镇	700	308
永河镇	340	183
睢水镇	80	58
清泉镇	200	116
宝林镇	1400	414
沸水镇	250	100
晓坝镇	—	—
乐兴镇	700	156
茶坪乡	—	—

续表

分 类	水产受灾（亩）	死亡鱼（吨）
兴仁乡	1200	228
高川乡	—	—
迎新乡	80	50
合 计	14000	3951

第三节 农业机械

一、农机系统基本情况

农业机械管理局机关在职职工30人，下属安昌、花荄、秀水、塔水四个片区农业机械管理服务站在职职工16人，全县农机从业人员9380人。

截至2007年底，全县拥有农机总动力21.69万千瓦，其中：大中型拖拉机（含运输型拖拉机）388台13195千瓦；小型拖拉机3039台45450千瓦；稻麦联合收割机294台10718千瓦；提灌动力机械2744台31206千瓦；耕整机396台1630千瓦。2007年完成机耕79.85万作业亩、机电提水6600万立方米，负担23.5万亩、机械脱粒粮食14.2万吨、农副产品加工40.6万吨、农机运输8699万吨公里、机械化收割18.3万亩、培训各类农机人员836人、完成改扩建乡村机耕道45.9公里。2008年已完成农机购置补贴资金600万元，补贴购置各型联合收割机52台（其中高性能收割机8台），各型拖拉机236台（其中大中型拖拉机39台），微耕机、植保机械、排灌机械共1023台（套）。

二、灾害损失及其影响

农机系统造成直接经济损失达2.82亿元。其中，办公业务用房毁损7970平方米，损失金额1592万元。农机具毁损2525台（套），损失金额947万元。提灌站毁损1156处15486千瓦，损失金额7743万元。机耕道毁损858公里，损失金额17160万元。农机库棚7204平方米，损失金额217万元；办公设备毁损960台（套），损失金额560万元。

地震灾害使县、乡（片区站）两级农机主管部门正常工作秩序被打乱、大批农机具不能正常发挥作用，机耕、机收、农副产品的加工受到严重影响，大批提灌站不能得到及时有效修复，提水栽插受到严重影响，乡村道路不畅通、农副产品及农业生产资料的运输受到严重影响。由于灾后重建，农户购买重心转移，制约全县农机化装备水平的提升。

农机系统灾害损失情况统计表

表16　　2008年6月10日

乡镇	农机具毁损（台/套）	提灌站毁损（座）	机耕毁损（公里）	农机库棚毁损（平方米）	办公用品（平方米）	办公设备（台/套）	直接经济损失（万元）
安昌	38	81	44	265	552	61	1494
桑枣	104	22	46	530	710	40	1380
晓坝	46	25	105	342	—	—	2204
永安	32	19	87	508	—	35	1872
茶坪	40	15	116	250	—	—	2472

续表

乡镇	农机具毁损（台/套）	提灌站毁损（座）	机耕毁损（公里）	农机库棚毁损（平方米）	办公用品（平方米）	办公设备（台/套）	直接经济损失（万元）
黄土	223	91	44	370	350	68	1800
花荄	207	146	42	480	2877	400	2639
界牌	—	69	—	360	612	52	761
兴仁	69	11	84	260	468	40	1873
塔水	305	133	6	915	122	60	1258
乐兴	168	65	9	300	150	37	566
清泉	20	35	5	200	—	—	509
宝林	30	50	3	150	—	—	387
永河	18	105	—	315	—	32	655
河清	319	110	18	245	—	—	1136
迎新	238	39	23	60	—	—	721
秀水	325	79	41	867	2129	70	2071
睢水	123	9	52	420	—	30	1225
沸水	215	5	22	157	—	35	574
高川	5	47	113	210	—	—	2623
合计	2525	1156	858	7204	7970	960	28219

第四节 林 业

一、安县森林资源及森林覆盖面积情况

震前森林资源 活立木蓄积421.60万立方米。其中：有林地414.54万立方米、疏林地0.36万立方米、散生木0.48万立方米、四旁树6.22万立方米。

震前森林面积 森林面积7.13万公顷，其中：有林地5.81万公顷、疏林地0.04万公顷、灌木林地0.35万公顷、未成林地0.8万公顷、宜林地0.12万公顷。森林覆盖率44%。

二、震后灾害损失情况

人员伤亡 林业系统受灾420户1449人，死亡17人，受伤11人，失踪8人。其中：千佛山自然保护区36人，职工13人，亲属24人（死亡1人）。太平伐木场采伐企业421人，职工113人（死亡1人，受伤1人，失踪3人），亲属308人。天台山国有林场50人，职工11人，亲属39人（受伤1人）。国有睢水苗圃57人，职工16人，亲属41人；乡镇林业工作站204人，职工63人，亲属151人（死亡4人，受伤3人）。木材检查77人，职工20人，亲属57人（死亡2人，失踪4人）。其他国有单位166人，职工52人，亲属114人（死亡9人，受伤6人，失踪1人）。涉林企业438人，职工122人，亲属316人。

林地植被 高川乡、茶坪乡、永安镇、睢水镇全部，涉及部分山区林的沸水镇、晓坝镇、桑枣镇及安昌镇、黄土镇部分村，共计64个村、351个组，安县林产公司、千佛山自然保护区、王银章沟林场、睢水苗圃、天台山林场、城北园林场（含森林公园）6个企事业单位，因垮塌、滑坡、泥石流造成林地、林木被毁28万亩，直接经济损失22.54亿元。其中，生态林损毁10.08万亩，直接经济损失1.41亿元；经济林

损毁3.94万亩，直接经济损失1.97亿元；竹林损毁2.68万亩，直接经济损失6712万元；速丰林损毁11.33万亩，直接经济损失4.53亿元。林地损毁28.02万亩，直接经济损失13.96亿元。

雎水镇林业受损

房屋 县林产公司、太平伐木场、千佛山保护区、雎水苗圃、护林防火检查站、城北园林场、国有林场、局属12个林业站、县局机关以及下属企业办公用房垮塌2960平方米，危房4270平方米，直接经济损失1084.5万元；职工住房垮塌16650平方米，危房19290平方米，直接经济损失4312.6万元；其他用房垮塌2300平方米，危房2010平方米，直接经济损失646.5万元。太平伐木场、千佛山保护区、乡镇林业站物资储备库垮塌500平方米，损失75万元。

林区道路桥涵 林区道路、桥涵经济损失合计1.35亿元。其中，林区公路垮塌379公里，直接经济损失1.33亿元；桥梁2座，直接经济损失150万元；涵洞143处，直接经济损失80.8万元。主要损失单位有：太平伐木场、千佛山保护区、城北园林场、森林公园、国有林场等。

设施设备 局机关及千佛山保护区、高川、茶坪林业站、木材检查站损毁汽车5辆，直接经济损失75万元；办公设备及器材314台（套），直接经济损失76.9万元，经营性损失260万元。职工个人家庭财产损失426.6万元，经营性损失1146万元。损坏电脑、GPS、办公桌、文件柜等256台（套），直接经济损失89.6万元；防火专用设施损坏57台（套），损失28.5万元；太平伐木场（邬家沟站、黄洞子沟站）、天台山林场、高川、茶坪等主要山区林业站的森林监测系统损毁4960平方米，直接经济损失864万元。太平伐木场、千佛山保护区、雎水苗圃、国有林场等输电通讯和输水管道损毁共计40.2公里，直接经济损失120.6万元。其中，输电线断28.8公里，直接经济损失86.4万元；通讯线5公里，直接经济损失15万元；输水管损坏6.4公里，直接经济损失19.2万元。

安县林业系统经济损失共计24.62亿元。其中，基础设施损失2.06亿元，林地林木植被损失22.54亿元，设施设备损失193.1万元。

第五节　农村沼气

一、农村沼气池损毁

在地震灾害中，以沼气建设为主的安县农村能源建设受到重创，沼气及农能系统财产损失惨重，农村户用沼气池、沼气配套设施以及办公设施严重破坏，损失金额高达1.75亿元。截至2007年底，全县共有沼气池3.83万口，地震受损沼气池2.91万口，占全县总数的76%，其中：损毁沼气池2.04万口，损失金额9672.35万元；损坏沼气池8727口，损失金额3054.65万元；全县养殖及污水净化大型沼气池损毁5.2万立方米，损失金额4512万元。由于沼气池严重损毁，池液泄漏，对农村环境卫生造成一定影响。

二、沼气物业管理网点损毁

35个沼气物业管理网点设施被毁，砸毁沼气专用三轮车25辆，直接损失达52.5万元。财产损失金额达261.9万元，其中房屋损毁20间，面积650平方米，损毁办公用品47件，损失金额10.5万元。

第九章 商贸业、金融业和建筑业灾情

第一节 商贸业

全县房屋垮塌或成为危房的商业服务业468家、商业网点5981家；受损较轻的商贸服务业951户。全县商贸业直接经济损失达6.78亿元。

市场 全县受地震破坏的农贸市场共计8个，损毁营业房面积24130平方米，损毁商品金额657万元，损失现金126万元，共造成直接经济损失2327万元。秀水镇、晓坝镇农贸市场遭受地震完全损毁，损毁营业房面积5000平方米，损失金额558万元。花荄镇、雎水镇、桑枣镇等8个镇的农贸市场受到部分损毁，损毁营业房面积9708平方米，损失金额579万元。全县受地震破坏的农贸市场共计10个，损毁营业房面积14708平方米，损毁商品金额228万元，损失现金23万元，共造成直接经济损失1137万元。秀水农产品批发市场在地震中完全损毁，损毁营业房面积2000平方米，损毁商品、设备、设施金额143万元，共造成直接经济损失350万元。

秀水、晓坝、雎水3个消费品批发市场，损毁营业房面积8360平方米，损失金额1275万元。花荄镇、桑枣镇、塔水镇等5个镇的消费品批发市场受到部分损毁，损毁营业房面积15770平方米，损失金额1052万元。

全县受地震破坏的家装建材市场共计2个，损毁营业房面积6579平方米，损毁商品金额52万元，共造成直接经济损失789万元。秀水建材市场遭受地震完全损毁，损毁营业房面积3889平方米，损失金额487万元。花荄建材市场受到部分损毁，损毁营业房面积2690平方米，损失金额302万元。

高川、茶坪、沸水、晓坝、桑枣、雎水、秀水、河清、迎新、塔水等乡镇的93家超市，损毁营业房面积5.4万平方米，损失金额2928万元。全县18个乡镇（除永安镇、安昌镇）受到部分损毁的超市有115家，损毁营业房面积41981平方米，损失金额1931万元。全县受地震破坏的超市共计208家，损毁营业房面积95963平方米，损毁商品金额2926万元，损失现金210万元，共造成直接经济损失4859万元。

秀水综合市场受损

高川、茶坪、沸水、晓坝、桑枣、雎水、秀水、河清、迎新、塔水等乡镇的385个农家店，损毁营业房面积16405平方米，损失金额807.43万元。全县18个乡镇受到部分损毁的农家店有343个，损毁营业房面积8203平方米，损失金额389万元。全县受地震破坏的农家店共计728家，损毁营业房面积24608平方米，损毁商品金额845万元，损失现金32万元，共造成直接经济损失1196.43万元。

高川、茶坪、沸水、晓坝、桑枣、雎水、秀水、迎新等乡镇的31家购物中心，损毁营业房面积19273平方米，损失金额1060万元。18个乡镇（永安镇、安昌镇划入北川）受到部分损毁的购物中心有71家，损毁营业房面积19903平方米，损失金额942万元。全县受地震破坏的购物中心共计102家，损毁营业房面积39176平方米，损毁商品金额1149万元，损失现金124万元，共造成直接经济损失2002万元。

商贸企业　农业生产资料企业：安县鑫隆植保有限公司遭受地震完全损毁，损毁房屋面积1828平方米，损失金额297万元。安县粮丰农资有限公司、安县三和科技种业服务有限公司受到部分损毁，损毁房屋面积3055平方米，损失金额418万元。全县受地震破坏的农业生产资料企业共计3个，损毁房屋面积4883平方米，损毁商品金额15万元，共造成直接经济损失715万元。

农畜产品企业：绵阳市大正养殖有限公司安县分公司遭受地震完全损毁，损毁房屋面积4816平方米，损失金额547万元。安县金星牧业有限公司、绵阳市森泰农业开发有限公司、安县永丰奶牛厂等5家企业受到部分损毁，损毁房屋面积6574平方米，损失金额621万元。全县受地震破坏的农畜产品企业共计6个，损毁房屋面积11390平方米，损毁商品金额169万元，共造成直接经济损失1168万元。安县24个生猪屠宰厂（场）完全损毁的7个，部分损毁的17个。损毁房屋面积14000平方米，其中完全损毁3500平方米，部分损毁5300平方米，轻微损毁5200平方米，损毁设备、设施109台（套），损毁商品金额20万元，全县生猪屠宰厂（场）共造成直接经济损失1095万元。绵阳市圣康农畜商贸有限公司遭受地震完全损毁，损毁房屋面积3870平方米，损毁商品金额170万元，共造成直接经济损失545万元。

家装建材企业：绵阳市博媛建材有限公司、绵阳市釜新建材有限公司、绵阳市宏森木业有限公司、绵阳市国强门业有限公司、安县美怡玻璃制品有限公司、安县金江板材厂、安县秀水豪帝建材有限公司、安县黄土兴隆建材有限公司等10个家装建材企业受到部分损毁，损毁房屋面积26680平方米，损毁商品金额391万元，共造成直接经济损失3910万元。

纺织服装及日用品企业：绵阳市美乐化妆品有限公司、绵阳市众利达贸易有限公司、绵阳市锦诚物资有限公司，安县全益工贸有限公司、安县铭烽商贸有限公司，绵阳市骏腾贸易有限公司、安县正博物贸有限公司、安县友诚商贸有限公司、安县塔水商业公司以及安县沸水、塔水、清泉、桑枣、乐兴、茶坪、花荄供销合作社等20个纺织服装及日用品企业受到部分损毁，损毁房屋面积22110平方米，损毁商品金额256万元，共造成直接经济损失3737万元。

百货企业：百货商品零售企业遭受地震完全损毁的有高川、茶坪、沸水、晓坝、桑枣、雎水、秀水、迎新等乡镇的186家百货零售企业，损毁营业房面积33175平方米，损失金额1524万元。全县18个乡镇（除永安镇、安昌镇）受到部分损毁的百货零售企业有404家，损毁营业房面积40337平方米，损失金额1745万元。全县受地震破坏的百货商品零售企业共计590家，损毁营业房面积73512平方米，损毁商品金额2136万元，损失现金87万元，共造成直接经济损失3269万元。绵阳市华蜀物资有限公司受到部分损毁，损毁房屋面积4221平方米，损毁商品金额28万元，共造成直接经济损失425万元。

餐饮住宿企业：绵州温泉酒店、启明星温泉酒店遭受地震完全损毁，损毁房屋面积26257平方米，损失金额4986万元。罗浮山温泉酒店受到部分损毁，损毁房屋面积4203平方米，损失金额786万元。全县受地震破坏的星级宾馆饭店共计3家，损毁房屋面积30460平方米，损毁商品金额978万元，共造成直接经济损失5769万元。

高川、茶坪、沸水、晓坝、桑枣、雎水、秀水等乡镇的37家住宿企业，损毁营业房面积29374平方米，损失金额1266万元；18个乡镇（永安镇、安昌镇划入北川）受到部分损毁的住宿企业有191家，损毁营业房面积55748平方米，损失金额1930万元。全县受地震破坏的住宿企业共计228家，损毁营业房面积85122平方米，损毁商品金额1274万元，损失现金18万元，共造成直接经济损失3196万元。高川、茶坪、沸水、晓坝、桑枣、雎水、秀水、迎新等乡镇的84家餐饮企业，损毁营业房面积12933平方米，损失金额791万元。全县18个乡镇受到部分损毁的餐饮企业有384家，损毁营业房面积22867平方米，损失金额1523万元。全县受地震破坏的餐饮企业共计468家，损毁营业房面积35800平方米，损毁商品金额517.49万元，损失现金236万元，共造成直接经济损失2314万元。

外贸企业：绵阳市威尼达化工有限公司遭受地震完全损毁，损毁房屋面积3540平方米，损失金额1884万元。四川省安县银河建化（集团）有限公司、绵阳市启明星磷化工有限公司、绵阳市天明磷化工有限公司、四川省利衡保温材料科技发展有限公司等4家企业受到部分损毁，损毁房屋面积5310平方米，损失金额2576万元。全县受地震破坏的工业品外贸企业共计6家，损毁房屋面积8850平方米，损毁商品金额1243万元，共造成直接经济损失4460万元。绵阳市豪茂魔芋食品有限公司、绵阳市圣鼎民乐丝绸有限公司、绵阳市神龙饲料有限公司3家农产品外贸企业受到部分损毁，损毁房屋面积2800平方米，损毁商品金额233万元，共造成直接经济损失1780万元。纺织品外贸企业绵阳市民盛丝绸有限公司受到部分损毁，损毁房屋面积1560平方米，损毁商品金额110万元，共造成直接经济损失1850万元。

重要商品储备库　高川、茶坪、沸水、晓坝、桑枣、雎水、秀水、迎新、河清等乡镇的16个肉类、成品油、粮油储备库（站）遭受损失，损毁房屋面积22020平方米，损失金额2897万元。全县18个乡镇受到部分损毁的肉类、成品油、粮油储备库（站）有40家，损毁房屋面积35042平方米，损失金额4713万元。全县受地震破坏的肉类、成品油、粮油储备库（站）共计56家，损毁房屋面积57062平方米，损毁商品金额851万元，共造成直接经济损失7610万元。

其他　绵阳市聚安民用爆破器材有限公司、安县高新蔬菜种业服务有限公司、四川省龙安种业有限公司、安县天诚大药房连锁有限公司、安县蓝焰燃气有限公司、绵阳市黑农夫食品有限公司、安县日杂废旧棉麻有限公司等14家商贸服务企业遭受地震完全损毁，损毁房屋面积1.87万平方米，损失金额4537万元。全县18个乡镇受到部分损毁的其他商贸服务业有50家，损毁房屋面积4.04万平方米，损失金额9074万元。全县受地震破坏的其他商贸服务业共计64家，损毁房屋面积5.91万平方米，损毁商品金额2383万元，共造成直接经济损失1.36亿元。

商业网点损毁情况统计表

表17　　2009年9月1日

项目类别	项目个数			损毁面积（平方米）	直接经济损失（万元）	损失商品（万元）	损失现金（万元）
	合计	部分损毁	完全损毁				
商品交易市场（4项）	21	14	7	47417	4603	1080	149
物流配送企业（2项）	2	1	1	8091	970	198	0
商品零售企业（4项）	1628	933	695	233259	11326.43	7056	453
餐饮住宿企业（3项）	699	576	123	151382	11279	2769.49	254
外贸企业（3项）	10	8	2	13500	7800	1586	0
其他商贸服务业（3项）	134	99	35	116678	14516	1861	0
合　计	2543	1516	1027	648890	67824.43	16967.49	856

第二节　金融业

一、人民银行安县支行及其他商业行（社）

人民银行安县支行　办公楼、招待所、食堂与职工个人财产损失共计达1500万元。

农业发展银行安县支行　有偿购买的安昌镇安州大道中段的营业办公用房受损。其面积1558平方米，地震后墙立面严重裂缝，结构受损。一至三层楼道墙面大面积破损。各层办公室墙体多处开裂，部分墙体、天花吊顶垮塌。屋顶防水层全部损坏，营业室方向地基下沉。农业发展银行安县支行租赁的办公用房财产受损。电脑、空调、文件柜等机器设备损毁14台（套）。全行直接经济损失341.5万元。

农业银行安县支行　位于安昌镇东风路北段15号的500平方米房屋，部分内墙倒塌，结构严重受损，直接经济损失45.5万元。

其他行（社）　办公用房损失9812万元，职工宿舍损失8015万元，办公设施损失3290万元。565名银行员工宿舍损毁无法居住。

二、中国人民财产保险股份有限公司安县支公司

公司损失　中国人民财产保险股份有限公司安县支公司在地震中遭到严重破坏，造成经济损失273万元。公司营业办公用房出现大量裂缝，立体结构严重受损，已无法继续使用，受损面积达300平方米，损失金额达60万元。公司职工住房严重受损，受损面积达1706平方米，损失金额达194万元。损毁的其他资产共计10万元，其中：网络设备设施包括电脑及终端设备等共计损失4.5万元；各种其他固定资产包括空调2台、传真机2台、碎纸机一台、电视机一台共计损失2.6万元；其他财产包括饮水机、文件柜、办公桌、防盗门、电脑桌、玻璃墙共计损失1.9万元。

涉震商业保险赔款　5月13日上午，公司召集部门负责人开会，部署抗震救灾和灾情日报工作，随后率部门负责人及时到公司承保的全县各受灾企业，如：银河建化公司、电力公司、浮山集团公司、启明星磷化公司、安县纸业公司等地查勘灾情，慰问受灾企业，并对受灾情况进行拍照登记，并于每日下午3点前向市公司汇报受损情况及预计损失金额。截至5月24日17时，共上报受灾企业25户，预计损失金额达5.6亿元；人员死亡31人，预计损失金额达800余万元。2008年6月1日，安县支公司员工共分成4个组，到各个乡镇的村组，对受灾的农房挨家挨户进行实地查勘。

第三节　建筑业

一、建筑物倒塌受损情况

安县17万户房屋，有12万户被毁，35万群众无家可归。房屋倒塌面积达1167万平方米，部分损毁783万平方米。

二、建筑企业在建工程受损情况

全县建筑企业在花荄、界牌、黄土、桑枣、秀水、睢水等乡镇已开工建设的13个在建工程项目，建筑面积10.59万平方米，涉及学校教学楼、工业企业技改、经济适用房、拆迁安置房和商品房开发项目，不同程度受损，受损面积达30%，直接经济损失0.3亿元。

三、房地产开发企业受损情况

全县房地产开发企业14个，其中安县宝丰置业有限责任公司、绵阳忠宇房地产开发有限责任公司等外来企业8个，已开发项目25个，投资规模9.7亿元，建设面积64.75万平方米。地震造成广厦景园、长兴现代城、格兰春天、安洲花园、花城广场、新城花园等商住小区不同程度损伤，直接经济损失约1000万元。

第十章 党政机关和社会事业设施灾情

第一节 党政机关设施

安县党政机关于2002年4月16日由安昌镇迁花荄镇。在行政大楼办公的单位有：县委组织部、县纪委（监察局）、宣传部（新闻中心）、统战部，团县委、县妇联，人大机关全部委室，县政府部分办、局、委，县政协机关各委、室、办。县行政办公大楼系2000年动工修建，按地震烈度七度设防，全框架结构。在汶川特大地震中，行政大楼主体结构损坏较轻，只是隔墙破裂、脱皮、吊顶脱落，以及办公设施损坏。本章对部分单位予以记述。

安县人民政府办公室部分归口部门　地震给安县行政机关造成巨大损失，县府办口在这次震灾中损失金额达1935万余元。其中：办公用房受损面积逾4000平方米，电脑90台，办公设备损坏45套，办公桌椅73套，空调53台，电视机5台，摄像机一台，饮水机3个，各种类型文件柜、档案柜70个，相关专业设备15套。位于县城文化广场新建的2400平方米办公用房还未正式投入使用，在地震中严重损毁，全部成为危房，直接经济损失达300万元。

中共安县县委统战部、县民宗局、县台办　县委统战部、县民宗局、县台办办公用房、办公设施遭受损失，墙体裂缝，灯管脱落，办公电脑、办公桌椅、文件柜等59件办公设备损毁，直接经济损失8.45万元。

中共安县县委党校　位于安昌镇党校内的教学大楼3904平方米、办公用房1004平方米、职工宿舍房屋1775平方米在地震中遭受中度损毁（墙体裂缝、灯管脱落），教学办公设备损毁严重，直接经济损失达150万元。

安县人民检察院　安县检察院3000平方米的办公楼损毁严重。办公大楼主体结构严重受损。部分横梁和立柱断裂，大楼南侧地基下沉，一楼内过道两侧墙体垮塌，墙体内铺设的供电、供水及网络布线被破坏，二楼及二楼以上部分墙体出现裂缝，一楼到二楼楼梯断裂。整栋大楼的全部装修及附属设施全部损坏，无法使用。大楼内装备及办公设施严重损毁。侦查设备受损30台（套），省院配备的同步录音录像设备安置在一楼遭破坏；信息化设备严重受损，院局域网遭到破坏；电脑、打印机、空调、办公桌椅、文件柜等损坏，档案密集柜受到挤压脱轨变形。

县行政大楼隔墙倒塌，办公设施受损

安县妇女联合会　安县妇女联合会在县行政大楼的3间150平方米的办公房屋严重受损裂缝，电脑、电视机、传真机、空调、办公桌椅等价值14万余元的办公设备、设施受损。

安县国家税务局　安县国家税务局办公楼在地震中严重受损，办公设备遭受毁坏。职工住房损失情况为：14人的房屋完全倒塌，8人的房屋严重破坏，44人的房屋中等破坏，其余36人的房屋轻微受损。

安县档案局（馆）　位于县行政办公大楼一楼的局办公室和档案馆库房共800平方米的房屋

全部严重受损，墙体断裂倾斜，楼顶坍塌，档案柜架、办公桌椅和电脑等设施设备全部倒塌损坏，大量档案散落在倒塌的砖块水泥残渣中，档案馆无法使用。据统计，此次地震灾害共造成县档案局（馆）损失634万元，其中：办公用房和档案库房严重损毁损失140万元；档案设备、装备损失94万元（档案密集柜60万元、木质柜3万元、办公桌椅3万元、空调7.5万元、电脑4万元、除湿机4万元、复印机1.4万元、打印机0.6万元、传真机0.2万元、电视机0.3万元、温湿度监测设备和网络建设10万元）。10万卷档案散落、破损、变形损失400万元。同时，全县机关、企事业单位和乡镇档案室均不同程度受灾，人行、公安局、农业局、妇幼保健院、县医院、中医院、浮山公司、龙泉供水公司等30多个机关、企事业单位的档案室墙面坍塌，楼板断裂，门窗损坏，成为危房。高川、茶坪两个乡的档案室已全部损毁，其余18个乡镇档案室全部成危房。

安县移民办公室　全县768户移民不同程度受灾。清泉镇有13户、秀水镇有26户、黄土镇有14户移民住房严重受损，受损面积5700平方米。在高川乡打工的两名“瀑电”移民失踪，黄土镇一名三峡移民腿被砸伤。移民安置区损毁沟渠3千米、道路2公里、学校校舍5700平方米。

安县交通局　全县交通系统综合办公设施设备受损，18个道班、3个运管站等办公设施设备严重受损，养护设施28套损毁，共计经济损失8159.83万元。

安县林业局　安县林业局机关以及下属企事业单位（含县林产公司、太平伐木场、千佛山保护区、睢水苗圃、护林防火检查站、城北园林场、国有林场、局属12个林业站）房屋损毁共计47480平方米。汽车损毁5辆，直接经济损失75余万元。损坏电脑、GPS、办公桌、文件柜等256台（套），直接经济损失89.6万元。损坏防火专用设施57台（套），损失28.5万元。损坏办公设备及器材314台（套），直接经济损失76.9万元，经营性损失260万元。

安县公安局　安县公安局财产损失12705.36万元。其中，房屋损毁价值9850.36万元，办公设备损毁价值2855万元。安县公安装备损毁情况：损毁各类汽车42辆、价值569.72万元，损毁警用摩托车37辆、价值44.4万元，损毁办公设备2647台（件）、价值812.82万元，损毁警用防护器材及警具警械530套、价值84.05万元，损毁通讯设备59台（件）、价值314.5万元，损毁专用设备46台（件）、价值1029万元。全县共计损毁公安装备3361辆台（件），折合损失价值2855万元。

第二节　教育设施

一、震前安县教育概况

肖家桥堰塞湖中的双电村小学

震前，安县有各级各类学校和其他教育单位共117所，在校学生总数54074人，中小学在职教职工3532人。全县中小学校舍总建筑面积42.13万平方米，固定资产总值5.37亿元，其中教学仪器设备总值6703万元。

二、教育设施损毁情况

全县所有学校（单位）均不同程度受到损失。全县中小学校舍受损面积40.38万平方米。其中，垮塌1.91万平方米，严重受损28.3万平方米，轻微受损10.17万平方米。受损仪器设备29.56万台（件、套）、图书资料23.14万册、体育场地7.5万平方米、附属设施395处。直接经济损失4.4亿元。

表18 教育系统受灾情况统计表

项目	倒塌房屋		造成危房		教学仪器设备	课桌椅	图书	直接经济损失（万元）
单位	间	平方米	间	平方米	台、套、件	套	万册	
小学	410	2620	3513	80524	58055	2135	7.28	12616
初中	118	3241	3081	94205	52935	2112	4.68	13737
普高	67	980	2179	104988	107049	4238	2.77	13958.5
中职	—	—	449	13418	31423	557	2.77	2256
学前	4	170	126	4024	—	—	—	636.6
其他	—	—	143	4970	10098	—	0.44	844.5
合计	599	7011	9491	302129	259560	9042	17.94	44048.6

第三节 医疗卫生设施

一、医疗卫生系统损失

地震造成安县医疗卫生机构业务用房屋、设备等直接损失4.26亿元。其中：损毁房屋5926间、12平方米，价值2.79亿元；医疗器械、设备2159台（套），价值3159万元；药品损失6087万元；其他损失3668万元。

二、药品生产销售行业及监管机构损失

药店损毁

安县是国家级农村药品“两网”建设示范县，在汶川特大地震中，网络遭受严重破坏，陷入瘫痪。药品生产企业直接经济损失达4426万元。全县675个供应网点90%的药房成为危房，直接经济损失达780余万元。26个县、乡镇级医疗机构药房和90%以上村卫生室全部成为危房。安县食品药品监督管理局办公楼和职工房屋遭受严重损失，其中办公楼及设施设备损失达58万元；职工家庭财产损失达265.5万元。

三、计划生育系统损失

震前，安县计划生育系统有服务机构320个，业务用房28350平方米，设备价值1342万元。地震灾害中，房屋倒塌17120平方米、成为危房9030平方米、轻度受损2200平方米，折价3149万元。设备损失2263件，价值1070万元。药品药具损毁205万元。全县共计直接经济损失4424万元，间接损失约26万元。

计划生育系统灾情统计表

表 19　　单位：个、万元、平方米

受损机构	服务机构	房屋损毁情况				损失金额			直接损失合计	间接损失
		总面积	倒塌	危房	损坏	建筑	设备	药品药具		
县　站	1	2500	1000	1500	—	531	229	5	765	3
安昌镇	1	350	—	350	—	45	30	3	78	2
桑枣镇	1	800	600	—	300	89	50	3	142	2
花荄镇	1	1000	1000	—	—	138	50	4	192	2
黄土镇	1	750	350	—	400	62	40	3	105	1
塔水镇	1	670	—	—	720	30	30	2	62	1
秀水镇	1	1700	1700	—	—	217	60	4	281	2
河清镇	1	2300	1000	1300	—	293	50	4	347	2
永安镇	1	500	500	—	—	64	40	2	106	1
界牌镇	1	580	—	—	780	33	40	2	75	1
永河镇	1	1000	—	900	—	115	30	2	147	1
雎水镇	1	500	—	500	—	64	40	2	106	1
清泉镇	1	900	300	500	—	102	40	3	145	2
宝林镇	1	670	670	—	—	85	45	2	132	1
沸水镇	1	400	—	400	—	51	40	2	93	1
晓坝镇	—	—	—	—	—	—	—	2	2	—
乐兴镇	1	500	—	400	—	51	45	2	98	1
茶坪乡	—	—	—	—	—	—	—	2	2	—
兴仁乡	1	300	—	250	—	32	30	2	64	1
高川乡	—	—	—	—	—	—	—	2	2、	—
迎新乡	1	850	—	850	—	108	30	2	140	1
村服务室	302	12080	10000	2080	—	1039	151	150	1340	—
合　计	320	28350	17120	9030	2200	3149	1070	205	4424	26

第四节　科技设施

一、科学技术局及所属科技系统受损情况

办公设施及职工住房　地震造成单位办公用房 249 平方米损坏，办公桌椅、电脑、复印机、打印机等办公设备损毁 62 件，价值 40.35 万元。职工住房损坏 3200 平方米，财产损失 100 余万元。全县各乡镇科技办公用房、高新技术企业、科技型中小企业、科技创新体系平台等遭受前所未有的惨重损失。各乡镇科技办公用房 750 余平方米及办公设施受损，经济损失 300 余万元。

科普设施　银河集团、花荄胜果社区等 15 处科普画廊严重损毁，损失金额 6 万余元。花荄镇柏杨村、界牌镇石林村等 56 处科普宣传栏严重损毁，损失金额 12 万余元。

损毁车辆

科普示范基地　安县时新水产养殖科技示范基地、安县健绿优质水果科技示范基地、安县明星园艺科技示范基地、安县永丰奶牛养殖科技示范基地、圣康蛋鸡养殖科技基地、界牌石林蔬菜种植科技基地等基地损失约1.2亿元。

农村专业技术协会　全县以蔬菜、魔芋、药材、水果、水产、禽畜生产经营为骨干的42个农村专业技术协会不同程度受灾。

正在实施的项目　安县银河建化集团有限公司“铬渣资源化处理及利用”、绵阳启明星磷化工有限公司“黄磷尾气综合利用联产4万吨甲酸”、安县豪茂魔芋制品有限公司“魔芋产业化技术集成与示范”等11个正在实施的科技项目受损严重，被迫中断实施。安昌镇双福村100亩高产优质魔芋繁育核心种源基地和在安昌镇双福、裕清村和永安镇土桥等村魔芋推广示范面积2300余亩基地在地震中基本损毁。

二、质量技术监督局及质量技术设施受损情况

质量技术监督局技术监督局机关办公设施及职工住房受损情况　安县质量技术监督局新县城办公楼房屋严重受损，受损面积1450平方米。老县城安昌镇业务检测用房、配件库房严重损毁，受损面积达761.1平方米，其房顶全部垮塌，地基下沉，围墙2/3全部倒塌。县局办公设施、检测设备遭受损毁，因灾损失财产共计约188.47万元。单位2名退休职工房屋全部倒塌，1名退休职工受重伤。全局职工房屋受损25户，受损面积3075平方米。其中全毁2户，停止使用危房3户，加固维修使用20户。

质量技术设施　在用锅炉128台，电梯13部，压力容器158台，起重机械99台，大型游乐设施6台，厂内机动车辆5台，66.45公里压力管道受地震影响存在不同程度的损坏，全部停止使用，均需要重新经过检定合格后方可再次投入使用。12台（件）特种设备因地震损毁严重，无法修复。特种设备附属设施，锅炉房、生产厂房等受灾严重，95%的受调查企业安放特种设备的厂房均不同程度受损，20%左右的企业厂房屋顶或墙体彻底坍塌。安县诚信肉类联合加工厂及秀水食品厂的液氨制冷设备，因地震损毁，相继出现液氨泄漏现象，存在较大安全隐患。

第五节　体育设施

一、体育管理部门设施损失

教育体育局办公楼绝大多数墙体开裂，裂缝宽达35厘米，多处严重垮塌，经房管部门鉴定为危房，要求停止使用。

家属楼承重墙体有严重裂缝三处，部分墙面脱离，楼板之间有轻度裂缝，楼顶也有轻度裂缝，经鉴定为“维修使用”。

二、体育馆、体育中心、业余体校、老年活动中心设施损失

体育馆　南北挑台屋面整体拉裂，四角钢架承重墙受损，南面楼屋与主柱衔接处有明显裂痕，馆内穹顶大型钢架多处焊缝错位、断裂，体育馆存在安全隐患。经鉴定损毁严重，停止使用。

紧急安置的学生

体育中心　设有400米标准田径场一块（内设标准足球场一块、训练场一块）；老年门球场四块；室外水泥篮球场四块。地震造成体育馆顶钢网结构大面积移位，体育馆南侧有地基拱起和大量裂痕出现，南北楼梯也有大面积裂痕，馆内显示屏在地震中损坏，无法使用，体育馆外墙墙体有大量脱落和裂痕现象，体育馆的所有吊顶都大面积脱落，体育馆地下室及一至四楼的预制板也有断裂和移位现象。经鉴定损毁严重，停止使用。体育中心的其他配套设施设备也受到严重损失。地震发生后，由于体育场地势开阔、容量大，县人民政府迅速将其确定为受灾群众临时安置点。安县体育场在抗震救灾的关键时刻牺牲局部利益，转换体育功能，疏散安置受灾群众避难，发挥极好的社会效益，但也因为大量救灾车辆和受灾群众的进入，对体育设施破坏十分严重，造成地震后的二次损毁。

业余体校　办公设备遭到严重破坏，办公室内4台电脑、2台打印机、1台复印机、1台饮水机、5个档案柜及办公桌椅因墙面垮塌全部砸毁。600平方米乒乓球馆在此次地震及稍后的余震中遭受毁灭性破坏，已成危房。乒乓球馆墙面垮塌，乒乓球台等体育器材基本被砸坏，4月份新安装的木地板全部变形，全部无法使用。新采购的更衣柜也被砸坏。经济损失300余万元。

灯光球场　严重受损。线路、灯光全部被损坏，篮板全部倒塌，地面和看台有裂缝，无法使用。经济损失约30万元。

老年活动中心　办公室及办公设施、器材保管室全部损毁。70平方米的办公室墙面垮塌或裂缝，成为危房。

三、社区体育健身活动设施损失情况

地震前，各乡镇由国家投资2万元、自筹1万元实施全民体育健身工程，为群众提供锻炼场所，每天有许多群众在此锻炼、休闲。地震中，大量的设施器材损坏，有的篮球架焊接部分断裂，定位扭腰器、秋千等都出现扭曲变形、地面出现不同程度的裂痕，由于建设位置在人口居住稠密的地方，在地震后，很多群众都把此处作为避难场所，使周围的景观绿化带受到损毁，很多草坪因为踩踏干枯，有些树枝被折断等，造成二次损毁。加之后来有的场地上面搭建板房，造成原有篮球场无法使用。

第六节　社会福利设施

一、社会福利设施损失概况

全县18所农村敬老院、县殡仪馆、县皮肤病防治院等福利设施全部受损，302个村（社区）委会全

部受损，民政系统社会福利设施直接经济损失达1248.49万元。

二、乡镇民政系统灾害损失

全县民政事业单位原有19个、受损18个，房屋原有面积16071平方米、受损面积16071平方米，设备原有价值761万元、损毁价值686万元，地震造成直接经济损失1248.49万元。

民政系统灾害情况统计表

表20　　2008年6月7日

统计单位	民政事业单位		房屋		设备		直接经济损失
	原有数量	受损数量	原有面积	受损面积	原有价值	损毁价值	
计量单位	个	个	平方米	平方米	万元	万元	万元
安昌镇	2	2	2460	2460	123	98	184.1
桑枣镇	2	2	3695	3695	230	230	359.33
花荄镇	1	1	2250	2250	50	50	128.75
黄土镇	1	1	1000	1000	20	18	53
塔水镇	2	1	300	300	15	12	22.5
秀水镇	1	1	900	900	45	43	74.5
河清镇	—	—	—	—	—	—	—
永安镇	1	1	680	680	34	30	53.8
界牌镇	1	1	450	450	26	23	38.75
永河镇	1	1	500	500	25	20	37.5
睢水镇	1	1	450	450	23	20	35.75
清泉镇	1	1	1200	1200	60	40	82
宝林镇	1	1	600	600	30	28	49
沸水镇	1	1	400	400	20	18	32
晓坝镇	—	—	—	—	—	—	—
乐兴镇	1	1	350	350	18	16	28.25
茶坪乡	1	1	336	336	17	15	26.76
兴仁乡	—	—	—	—	—	—	—
高川乡	—	—	—	—	—	—	—
迎新乡	1	1	500	500	25	25	42.5
合　计	19	18	16071	16071	761	686	1248.49

第十一章　文化产业损失

第一节　文化产业设施

一、文化新闻出版系统

在地震中，安县文化新闻出版系统死亡1人，职工家属失踪1人，受伤4人，文化设施设备遭到毁灭性破坏，直接经济损失2.82亿元。

文化旅游局机关及县直属文化单位受损情况　局机关及县直文化单位文化馆、图书馆、沙汀纪念馆、办公及业务用房大多成为危房，新购进的电脑、空调、打印复印机、摄像机、数码相机等办公设施全部损坏，办公、会议桌椅、书架、文件柜及阅览室桌椅等基本被砸坏，演出音响、展览设施、舞蹈培训等设备均被损毁，馆藏图书损毁6万余册，信息资源共享工程设备及电影放映设施被砸坏。经济损失约4291余万元。

乡镇文化基础设施受损情况　省特级文化站——桑枣文化站3500平方米的房屋全部垮塌，内部设施全部被砸坏，已变成废墟，站长杨素清被砸伤。秀水文化站1600平方米的房屋垮塌过半，墙体出现裂缝，老站长李先秀在疏散群众时遇难。其他乡镇（街道）文化站及村文化活动室也严重损毁。经济损失约3716万元。

印刷行业受损情况　全县43家印刷企业受损严重。新建的年产值过亿的科伦发豪包装印刷厂出现地面下沉、厂房倾斜，办公楼墙体裂缝或垮塌，天花板脱落，房屋柱头及框架出现错位；绵阳新鸿宇印刷有限公司围墙垮塌，两台变压器被砸坏，办公用房墙体裂缝严重；秀水全益工贸印刷厂厂房全部垮塌，印刷设备被砸坏；秀水镇的文印部房屋垮塌，设备材料全部砸毁；其他印刷企业不同程度遭到破坏。直接损失约980余万元。

书刊、农家书屋受损情况　35户书刊经营单位中，四川新华文轩安县分公司办公楼墙体出现裂缝，地基出现下沉，天花板脱落，办公设施被砸坏。图书仓库墙体裂缝，围墙倒塌，部分教学用书及图书被毁。秀水镇文化书店、宏文书店、雎水图书音像门市房屋和图书全部被毁。全县已建成8个书社书屋中，桑枣镇新农村书社、沸水桥木村、晓坝黄羊村等书社书屋全部损毁，直接损失约1671余万元。

文化娱乐市场受损情况　全县20个乡镇268家文化经营场所因灾停业，花荄“时代”网吧、秀水“晶晶”网吧、秀水凯迪龙OK厅、桑枣游戏厅等近百家经营场所被毁。县剧场、电影院房屋及设备受损。经济损失约8461万元。

二、广播电视系统

广播电视系统震前基本情况　县广播电视局（台）下设8个部门和20个乡镇广播电视站，共有干部职工165人。灾前，县电视台开办一套电视节目，安县人民广播电台开办一套调频广播节目。利用光缆实现全县联网，覆盖20个乡镇258个行政村，村通率达94%，有线电视用户近7万户。近年来，县

广播电视工作多次受到全省和全国的表彰奖励。比如，2001 年被四川省人事厅和四川省广电局评为全省广播电视先进县，2003 年被国家人事部、国家广电总局评为全国广播电视先进县。

广播电视系统受灾情况　人员伤亡：秀水广播电视站两名女职工钟燕君和曾永红在工作岗位上遇难，一名家属遇难，共死亡 3 人。8 名干部职工受伤。房屋损毁：位于安昌镇东风路的县广播电视局（台）综合办公楼损毁严重，安昌、桑枣、秀水、高川四个乡镇广播站房屋完全垮塌，垮塌机（站）房、办公用房和危房总计 7135 平方米，直接经济损失 1427 万元。电台、电视台设备损毁：电台 2 套音频工作站、16 路数字调音台、监播监听系统和电台播音室设备设施损毁。电视台摄、录、编、播设备及专题用虚拟演播系统被毁，电台、电视台设施设备损失达 2111 万元。致使广播电台、电视台无法正常工作。有线广播电视网络受损：有线电视总前端和 20 个分前端毁损。全县受损光电缆达 8738 公里（其中主干光缆 650 多公里，受损用户达 4 万户），光接收机、交换机等主设备损失毁坏严重，网络直接经济损失 4431 万元。全县“十一五”规划 1685 个自然村“村村通”任务，地震前完成 1000 个，被毁损 665 个。广电宽带信息网络受损情况：广电宽带网中受损宽带用户 900 余户，专网用户 5 户（农行、农发行、检察院、中华财险、中国石油），受损双胶线近 40 公里，收发器、交换机等主设备全部毁坏，共损失 297 万元。职工宿舍受灾：县广播电视局（台）和安昌、桑枣、秀水广播站共 66 名职工旧住宿楼全部成危房，无法使用。其他地方的职工住宿不同程度受损，损失金额共计 447 万元。车辆受损：安昌广播电视站工程车垮塌房屋砸毁，损失 11 余万元。有线电视专网受损：县广播电视局为高川核研究所、千佛山风景旅游区等 6 家高端集团用户建立的加密电视节目专网，其前端设备被毁，线路损坏，经济损失达 99 万元。全系统直接经济损失总计 8823 万元。

第二节　文化遗产

一、非物质文化遗产受损概况

非物质文化遗传保护项目中，4 位传承人死亡，28 人受伤，“桑枣焦鸭子”、“秀水红酥”、“张包蛋”等企业因厂房垮塌，部分生产设施被砸坏而损毁严重。在地震中，安县非物质文化遗产方面也遭受前所未有的重大损失。在传承保护项目中，高川乡、茶坪乡 5 位民间歌手（县级非物质文化遗产传承人）遇难，有 28 位民间艺术传承人受伤。全县非物质文化遗产经济损失约 8461 余万元。

二、重点文物保护单位损毁情况

飞鸣禅院　位于罗浮山中部山麓上，省级文物保护单位，原为唐代古刹，初为唐武宗年间建，宋宣和年间改为“祥符观”，明永乐二年（1404 年）更名为“玉虚观”，正德年间被焚毁，嘉靖、万历、崇祯年间又先后重建东岳宫、纯阳阁、铁瓦森罗殿等处。

清顺治十六年（1659 年）恢复原名。现有殿宇为清康熙、乾隆年间重建，地震造成飞鸣禅院，屋面受损严重，主体结构遭到破坏。

开禧寺大雄宝殿　位于塔水镇，明代建筑。面阔三间，进深四间，七架单檐歇山式建筑，建造风格独特。建于明永乐四年（1406 年），距今已有 606 年历史。斗拱雄大，形式多样，前檐斗拱为五踩单翘单昂重拱，头砍作昂形，后檐斗拱为三踩单翘三辅重拱。梁架极为简洁，前后槽只施穿插枕，其上为五架梁和三架梁，再上立脊柱，扶已叉手，共托脊檩。地震造成严重损坏，围墙垮塌，墙壁裂缝，偏殿成危房。

睢水太平桥　位于睢水镇灌滩村 2 组虎头岩下，为清嘉庆四年（1799 年）修建。桥质坚固，造型美观，为单孔、正圆弧形石拱。桥长 39.5 米，宽 9.1 米，高约 15 米，两侧石栏杆上刻有人物、走兽花纹图案。正面看去高大、雄伟、稳重。为地震造成桥面局部沉陷，桥两头梯步有断裂。

文星塔 位于花荄镇文星社区，清代建筑，始建于清道光十六年（1836年），至光绪十六年（1890年）先后三次建成，塔外共分十三层，高28米，土砖叠砌而成。地震造成文星塔垮塌，仅存一层残垣，并且多处裂缝。

文星阁震毁

姊妹桥 位于晓坝镇五福村茶坪河上，建于清同治十一年（1872年），为木构两洞平桥，两桥共长50米，宽3.6米，高15米。地震造成保护标志被毁，屋面损毁严重，结构受损，桥楼倾斜。

李调元墓 位于宝林镇大沙村，清代建筑，市级文物保护单位，地震造成墓碑严重倾斜，墓冢多处裂缝，结构严重受损。

其他县级文物保护单位 安县人民公园山顶上清代建筑魁星楼全部垮塌；位于高川乡二郎村的单孔石拱桥接龙桥全部垮塌；位于秀水镇槐荫街的天主教堂多处垮塌；位于河清镇东门处的清代建筑，东火神庙（普济寺）受损70%，现有房屋出现倒塌趋势；红四方面军长征时在千佛山等地阻击国民党军队的战壕沟堑等战场遗址损毁。

三、馆藏重要文物损毁情况

2007年6月，安县文物管理所移交到绵阳市博物馆中心库房代管的青花瓷坛损毁。安县文管所馆藏文物57件被毁，其中三级文物一件，其余被毁均为未登记的陶俑、陶罐等器物。

四、文物管理设施损毁情况

安县文物管理所面积380平方米文物办公室及文物库房遭到严重破坏，墙体多处裂缝，天花板脱落；消防设施设备、安防设施严重受损；其他办公用房结构受损，办公室设施设备严重损坏。

省级文物保护单位：罗浮山飞鸣禅院文物受损

第十二章 旅游产业损失

第一节 概 况

一、震前全县旅游业总体情况

1999年以来，安县罗浮山温泉成功开发，四川兴力达集团投资5亿元开发的千佛山景区试运行，安县旅游产业得到迅猛发展。安县围绕“工业强县、农业稳县、旅游活县”的发展战略，“抓工业在强字上下功夫，抓农业在特字上下功夫，抓旅游在精字上下功夫”，坚持打造全省著名、西部知名、全国有名的旅游大品牌的目标，将旅游业作为安县经济发展的优势支柱产业和新的经济增长点来抓，在近8年时间中，安县以高品质的旅游资源、完善的基础设施和良好的投资政策环境，吸引近20亿资金投入到旅游行业，使全县旅游业的软、硬件设施得到明显改善，取得良好的社会效应和经济效益。全县旅游产业形成“三山”（即国家森林公园千佛山、国家AAA级旅游景区寻龙山、省级风景名胜区罗浮山）、“两洞”（即龙泉洞、高科技风洞）、“一泉”（即罗浮山“温泉之都”）、“一湖”（即国家水利风景名胜区白水湖）为骨干，以及绵州温泉酒店等四个星级旅游饭店和36个规模农家乐为支撑的较完善的旅游接待体系，永（安）安（县）路、成青路、桑晓茶路等旅游交通干道全部完成硬化改造，旅游公路网络体系也基本完成。2007年，全县旅游业接待国内旅游人数154.09万人，实现旅游总收入6.38亿元，占全县GDP的12.67%，旅游业直接从业人员近3000人。旅游业已发展成为第三产业的龙头产业，成为全县经济支柱产业，安县成为川西北的旅游热点和休闲、观光目的地。

二、旅游业受损情况

旅游行业遭到严重破坏，直接经济损失9.12亿元。千佛山景区山体倾斜移位、垮塌，景区内的百鸟园、龙洞沟古栈道被土石方掩埋，金溪湖被填为平地，金溪湖2道坝无法使用，藏羌艺术宫整体移位，老街、国际大酒店破坏严重，损失5.29亿元，景区在短时间内无法恢复营业；罗浮山温泉度假区，地面设施破坏严重，酒店宾馆损失较大，羌王城中的著名景点“壁绘仙人”“天然坐佛”受损，景区山体存在众多安全隐患，全区财产损失2.96亿元；寻龙山风景区中卧龙居、新李宅受损严重，龙隐古镇建筑物均有不同程度损坏，温泉洗浴中心、汉阙、溶洞存在安全隐患，损失2010万元。白水湖景区湖心岛码头、园林站、酒店餐厅、配电线路、输水管道等损坏严重，损失5700万元；县境内的旅游通道均受到不同程度的损坏，其中晓坝镇、睢水镇、秀水镇至白水湖计30公里，晓坝至茶坪的20公里以及高川乡和茶坪乡的公路由于山体的垮塌滑坡全部受损，损失1287万元。2000多名旅游行业从业人员面临失业危险。

第二节　千佛山国家森林公园

一、震前千佛山国家森林公园基本情况

千佛山国家森林公园位于北川、安县、茂县三县交界处，面积220平方公里，海拔2942.2米，形成于远古侏罗纪第四世纪冰川活动时期，是川北旅游区域体系和九环线的重要组成部分，核心景区58平方公里。千佛山古老而神秘，是多种动植物的保存地和繁衍地，自然景区景色美不胜收，青山、碧水、古树、奇石、飞禽、走兽、云海、日出让人流连忘返，保持着原始古朴的生态面貌；各种传说、山歌、民谣比比皆是，神秘而悠远；佛教文化和民俗文化内涵丰富，构成发展旅游事业的天然优势，具有极高的旅游开发价值和科研价值。

二、震前千佛山风景区开发投资情况

千佛山国家森林公园于2000年经省林业厅批准建设省级森林公园，2002年林业部林场发〔2002〕274号批准建立国家森林公园，管理机构为“千佛山国家森林公园安县管理处”，引进四川兴力达集团公司投资，联合经营。森林公园景区所有项目都进行总体规划和可行性分析论证并得到上级相关部门批准。公园建设分二期开发，计划总投资8.5亿元，已累计完成投资5.29亿元，其中：农行贷款2.24亿元，自筹投入2.45亿元，施工单位垫支0.6亿元。管理处以7800公顷林木林地及修建防火便道、林区公路等配套设施作为投入。千佛山国家森林公园从2000年开始投资建设，经过5年的艰辛努力，克服重重困难，建成栈道、山地车、樱花园、接待中心、老街、藏羌艺术宫、宾馆等项目，具备较为完善的接待能力，于2005年9月30日正式对外开放营业，2006年4月10日国际李白文化旅游节暨绵阳市第三届旅游发展大会在千佛山国家森林公园召开，开展“千佛山名特小吃开寨”仪式，省委、省人大、省政府、省政协主要领导亲临千佛山并对千佛山国家森林公园的开发建设成果给予充分的肯定。千佛山国家森林公园管理处配套设施投入4000万元，完成封山育林1.13万余亩，修建防火便道158公里、林区道路35公里。

三、千佛山风景区损毁情况

千佛山景区毁损

千佛山国家森林公园死亡8人，伤6人，市农行参会人员有9人下落不明，山崩地裂、山体倾斜移位、垮塌、泥石流随处可见，地形地貌完全变样，肖家桥两座大山合围一起，形成堰塞湖。公园内建设项目有些被损毁、有些倾斜成危房、有些被山体垮塌淹埋，修建的基础设施全部失去使用价值。景区直接经济损失达5.29亿元。管理处在园区内投资修建的158公里防火便道、35公里林区道路全部损毁，损失1287万元。因地震灾害严重垮塌、植被严重破坏，使灾前园内的森林覆盖率由95%变为灾后的不足50%，林木林地损毁4.5万亩，其中：全毁面积3.3万亩，受损面积1.2万亩，直接经济损失1.56亿元，间接经

济损失1.89亿元。千佛山国家森林公园管理处办公区分别位于景区和安县安昌镇城北园林场，办公室均为仿古式小青瓦平房，在这次特大地震中560平方米的主办公区房体开裂和倾斜已成危房，损失42万元；280平方米的职工食堂和库房全部倒塌，240平方米的防火瞭望房全部垮塌，损失78万元；750米围墙和300米道路垮塌或损毁，损失46.5万元；职工住房1223平方米成危房，损失91.7万元。管理处职工在各自家庭受灾和住房倒塌或成危房的情况下，尽最大努力积极参与抗灾自救，出动人员到晓坝、桑枣等山区救灾点安置受灾群众，在办公区安全区域安置受灾群众，积极协调撤离公园内员工和游客。千佛山国家森林公园共损失7.04亿元，其中：开发商投资损失5.29亿元，管理处损失1.75亿元。

第三节　罗浮山温泉度假区

一、罗浮山温泉度假区震前概况

省级名胜风景区罗浮山温泉度假区位于桑枣镇，交通便捷，罗浮山以“浮山叠翠”“浮山仙境”“浮山奇峰”“羌王城”等文化遗址而素有“小西天”之称，电视剧《西游记》续集曾在此拍摄。度假区有建于隋唐时期的千年古刹——飞鸣禅院，禅院殿堂结构严谨，雕刻、绘画精致玲珑，气势宏伟，规模壮观，佛事活动、庙会与游浮山、泡温泉相辅相成。度假区建成并投入运营的有绵州温泉酒店、启明星温泉酒店、泰丰源温泉酒店、中洋仙泉酒店、罗浮山飞鸣温泉酒店，还有晓坝温泉疗养山庄、温泉开发示范区、世纪温泉广场、仙池温泉宾馆洗浴部、天池温泉宾馆住宿楼和别墅。投资1.3亿元的绵州温泉酒店、投资1000万元的中洋仙泉酒店和投资6000万元的启明星温泉度假村，都是按星级标准修建的高档次温泉休闲度假宾馆。度假区能接待2000人住宿和5000人洗浴，整个度假区按日接待游客万人以上的标准建设。

二、度假区受损

概况　地震发生后，给正在迅速发展的罗浮山温泉度假区造成严重的损毁，直接经济损失3亿元，各酒店、景区不同程度受损，当天全部停业，全力组织人员投入抗震救灾工作。

绵州温泉酒店　当天停业，没有人员伤亡，酒店内部设施遭到不同程度损坏，直接损失达1亿元。

罗浮山天池温泉酒店　是由中国石化总公司西南石油局、西北石油局以及川西地区各市县天然气公司共同投资建设，按三星级标准建设的旅游度假温泉宾馆，配有标准间30间，豪华别墅二幢，普通别墅二幢，三人间16间、馆内有设施豪华的室内温泉、桑拿、茶坊、会议室、室外温泉广场等设施，是集餐饮、住宿、娱乐、会议、温泉理疗为一体的理想场所。地震后全部停业，设施损坏严重，直接经济损失达8000万元。

启明星温泉酒店　是绵阳电业局按三星级标准投资兴建的园林式温泉酒店，占地4万余平方米，拥有标间80余间，豪华棋牌室3栋、游泳池1座，设有各类温泉泡池30余个，具备牛奶浴、瓜果浴、梅兰竹菊四君子浴、泡泡浴、石板浴等十余种水疗功能，并提供全套保健按摩服务，日可接待游客800余人次。地震当天停业，直接损失6000万元。

中洋仙泉酒店　酒店有27间豪华标准房、两间套房，两间单人房及高标准豪华别墅，餐饮、歌厅、茶坊、棋牌、健身、按摩、会议室等配套服务齐全。地震后全部停业，设施遭到严重破损。

罗浮山飞鸣温泉酒店　2000年10月8日正式营业，是罗浮山旅游开发区第一家外来投资企业。洗浴中心设有室外大池，室内盆式、冲浪温泉浴；大堂吧、棋牌雅间、美容美发、按摩中心、卡拉ok厅等设备先进。地震当天停业，设施受损严重。

中洋温泉酒店　地震当天停业，设施设备受损严重。

第四节　白水湖风景区

一、震前白水湖开发概况

安县白水湖，位于川西平原北部，紧邻绵阳、绵竹、德阳、成都经济三角带，周边景点名胜众多。白水湖海拔664米，水面面积3000余亩，蓄水量1672万立方米，平均水深10米，最深处20余米，1993年被省政府批准为省级风景名胜区。1998年被省建委授予文明风景名胜区。2005年白水湖风景区被水利部评为第五批国家水利风景名胜区。

白水湖环境优美，气候宜人，湖周群山环抱，湖面宽阔幽静，水质清澈，微风轻拂，波光粼粼。山石以水清而晶莹，林木以水纯而灵秀。23个自然小岛像璀璨的绿宝石布撒在白水玉盘之上，将数千亩水面巧妙分割组合，形成多层次的立体景区和许多幽深曲折的港湾。

白水湖野趣迷人，岛上古树藤蔓遮天蔽日，闲花野草落英缤纷，茂林修竹挺拔青翠，林间小径曲折回环。湖内鱼群觅食卷浪，鸥鹭戏水成群，鸳鸯吻劲畅游，鹭鸶展翅盘旋。湖内盛产鲈鱼，其肉独具特色；冬春两季数十万只鹭鸶、野鸭等水鸟汇集湖面，形成天然的水上乐园。1999年4月，由中央电视台、中国电视剧制作中心续拍电视剧《西游记》中的《受阻狮驼铃》和《罗汉收大鹏》等三集外景戏在白水湖拍摄。总导演杨洁及著名演员六小龄童等对白水湖的山青、水碧、岛美非常赞赏，并欣然写下“绿岛浮碧波，鸥鹭自悠然”等佳句。杨洁、六小龄童还在湖边栽种了金桂树以示纪念。

二、白水湖风景区损失

4家宾馆均受到不同程度的破坏，损失379.83万元；客房损毁437间，损失1526.4万元；办公楼损毁5处，损失592.35万元；景区摊点损毁4家，损失417.1万元；通讯设施损毁3处，损失46万元；景区道路损毁3.7公里，损失278万元；购物点损毁2处，损失42万元。累计损失3281.68万元。

第五节　寻龙山风景区

一、震前开发建设情况

寻龙山地处安昌镇主要交通要道，是安县旅游的门户，以奇特的喀斯特地貌砾岩溶洞、石林和家喻户晓的“王保长故乡”龙隐镇而在安县丰富的旅游资源中独领风骚。

二、受损情况

景区内的龙泉洞、龙隐镇影视基地、龙鳞坡石林等核心景观以及景区内的通讯管网、电缆线路，客房、餐饮等配套服务设施遭受严重损坏，寻龙山蒙受巨大的经济损失。面临灾后重建工程大、资金严重紧缺等棘手的难题，寻龙山景区全体上下积极开展生产自救，董事长余学田带领抗震救灾领导班子想方设法，紧急筹集资金200万元，开展游客救援安抚、抢救和保护财产等工作，实施员工待岗发生活补贴规定，并着重抓好寻龙山温泉、客房、会议中心、美食中心等服务设施恢复重建工作。寻龙山景区总经理殷吉贵说：“面对这场突如其来的严重灾难，我们不能坐以待毙，必须克服一切困难，创造条件，积极自救。”为尽可能节约资金，景区值守及重建班子精心筹划，努力工作，大家头顶烈日，不畏酷暑，连续作战，7月1日，安县寻龙山景区完成药浴温泉、卧龙居客房、美食中心、会议中心的灾后重建工作，正式恢复以上服务项目的对外营业，成为安县第一个对外营业的旅游景区。

第十三章 乡镇灾情

第一节 极重灾乡灾情

一、茶坪乡

（一）灾前概况

茶坪乡地处安县边缘与北川、茂县交界，辖区面积165平方公里，下辖1个社区和10个行政村、89个村民小组，共2652户、8858人，住宅建筑面积60.82万平方米。2007年，全乡完成国内生产总值13855万元，固定资产投资15228万元，财政总收入1965.14万元，农民人均纯收入达到4520元，计划生育率98.9%，人口自然增长率1.96‰，新型农村合作医疗参合率100%。

（二）灾害损失

人员伤亡及失去住所 全乡因灾死亡852人，失踪217人，受伤6957人，宅基地完全灭失870户、2840人。

房屋受损 全乡房屋损毁共计18.2万间、64.5万平方米，直接经济损失5.53亿元。其中，房屋倒塌14.5万间、52.3万平方米，经济损失3.98亿元；形成危房3.7万间、12.2万平方米，经济损失1.55亿元。

基础设施损毁 交通道路损毁157公里。其中通乡公路损毁25公里，村组公路损毁152公里，经济损失共4500万元。不同程度损毁桥涵30处，经济损失600万元。全乡水力发电10座、电力线路133公里，不同程度毁损，经济损失1.2亿元。

机关事业损失 党政群机关：政府办公用房共有5800平方米，其中倒塌3500平方米，经济损失1450万元，形成危房2000余平方米，办公设备损毁70台，经济损失245万元。学校：茶坪中学和小学共有5.3万平方米，大量校舍和房屋出现倒塌损毁，经济损失1400余万元。其中倒塌0.12万平方米，经济损失900万元，形成危房0.5万平方米，经济损失500万元。教学设备经济损失30万元。医疗卫生：全乡原有卫生院一所，村级卫生站4所，房屋损毁面积0.25万平方米，经济损失200万元，医用仪器和设备经济损失10万元。

茶坪乡场镇受灾

工矿商贸企业损失 工矿企业及商业房屋损毁0.4万平方米，经济损失1200万元。其中倒塌0.3万平方米，经济损失900万元，形成危房0.1万平方米，经济损失300万元。库存产品和商

品损失500万元；仪器设备损毁76台（件），经济损失900万元。

受损学生宿舍

农林牧业损失　农业：退耕还林后，茶坪乡农业主要以经济作物为主，震后经济作物受灾面积达15万亩，经济损失达6亿元。畜牧业：房屋倒塌损失0.5万平方米，经济损失500万元；饲草料损失200吨，经济损失100万元；牲畜死亡4000头，经济损失1000万元；禽兔死亡1.1万只，经济损失100万元。林业：茶坪乡是全县的林业重点乡镇，地震发生后，因山体滑坡及泥石流，全乡80%的林木及林地受损，面积达17.6万亩，经济损失达8.9亿元。林用设施经济损失400万元。水利：地震造成金溪湖3处水库损毁，经济损失3000万元，196.3公里供水管道损毁，造成9032人饮用水困难，经济损失900万元，防洪堤损毁2公里，经济损失500万元。

其他损失　国家级地质公园千佛山景区和茶坪乡村旅游遭受灭顶之灾，千佛山景区经济损失达5.29亿元，接待中心、民族艺术演艺厅及金溪湖全部毁损。茶坪乡的农家乐损失达1000万元。地震还对茶坪的附属设施、车辆、农用设施等造成6000万元的巨大损失。

二、高川乡

（一）灾前概况

高川乡位于安县西北部，地处山区，东南与茶坪乡、沸水镇、睢水镇接壤，西北与绵竹市清平乡、茂汶藏族羌族自治县土门乡相邻，面积173平方公里。辖7个行政村、56个村民小组和1个社区，共1940户，6208人，住宅建筑面积29.93万平方米。2007年，全乡实现工业总产值16500万元，农业总产值4300万元，农民人均纯收入4200元，固定资产投资2280万元，民营经济产值11050万元，入库税收510万元，粮食总产量450吨，计划生育率98%，人口自然增长率1.76‰，新型农村合作医疗参合率98.6%。

受灾群众从灾区迁出

（二）灾害损失

人员伤亡　全乡因灾死亡871人，失踪103人，受伤4318人。6400余人失去住所。

办公和住房损毁　农村场镇居民房屋：1849户农村居民住房倒塌或严重受损，损毁面积28.5万余平方米。93户城镇居民住房受损。机关单位用房：乡机关办公房屋严重受损2410平方米。

道路交通设施损毁　公路，乡、村

道路损毁217公里。桥梁损毁19座。车站损毁1个。

市政基础设施损毁　街道损毁1公里，损毁主街道两条。商店损毁22家，其中超市3家，百货商店3家，五金店4家，饭馆4家，其他商店8家。通信、邮政、有线电视、网络设施严重损毁，信号全部中断。变电站损坏2座，高低压线路损坏571公里。人畜饮水工程蓄水池损坏38口，水网管道损毁485公里。公共厕所损毁两座，垃圾池损毁8个，垃圾箱损毁25个，护栏损毁850米。

社会事业基础设施损毁　学校：高川乡学校损毁1所（高川乡英才学校），损毁学校教学楼、学生公寓、学生食堂、远程教育室、运动场等，建筑面积4500平方米。医院（计生站）：高川乡卫生院房屋和医疗设施受到严重损毁。广电、文化站（室）：乡广播站房屋和设备遭受严重损毁。宗教场所：寺庙损毁4座，道观损毁2座。

受损住宅楼

农业灾情　汶川特大地震发生后。由于山体大量垮塌，高川乡形成多个堰塞湖，其中老鹰岩堰塞湖形势最为危险，老鹰岩堰塞坝体顶宽105米、坝长180米、高度105米，至5月22日蓄水量已达到80万立方米，蓄满达250万立方米，直接威胁到下游乡镇人民群众和生命财产安全。防洪堤遭受严重损坏，共计12公里。农机受损严重，被埋农机车辆28辆。乡、村道路损坏217公里、桥梁损坏19座，耕地损毁8970亩，农作物受灾面积2万亩，林地损毁12161亩，林业作物受灾面积9.41万亩，养殖业受损严重，因灾生猪死亡235头，鸡鸭等禽类死亡2000余只。

工业企业灾情　16个工矿企业房屋、设备和库存商品严重损毁，10个电站的房屋、设备和引水渠严重损毁。损毁矿山货运车辆40辆。

第二节　其他乡镇灾情

一、基本情况

汶川特大地震除高川、茶坪受灾极为严重外，龙门山前地带和沿山地区的永安、安昌、黄土、桑枣、晓坝、沸水、睢水、迎新、塔水、河清、秀水、永河等乡镇的灾情较重；宝林、清泉、乐兴、兴仁、花荄、界牌等乡镇灾情次之。

二、灾害损失

人员因灾死亡、失踪、受伤情况　安昌、永安、黄土、花荄、晓坝、桑枣、沸水、睢水、秀水、迎新、永河、河清、塔水、宝林、清泉、乐兴、兴仁、界牌18个乡镇，因灾死亡917人，失踪335人，受伤77348人。

城镇居民房屋灾害损失　原有房屋住宅面积5678775平方米，已登记产权面住宅面积4898044平方米，倒塌或损毁1561800平方米，严重破坏2783962平方米，一般破坏1123260平方米，面积合计5479022平方米，直接经济损失528721万元。

农村住房受损

农村居民房屋灾害损失　全县农村居民住房倒塌严重受损不能居住的住房（除高川、茶坪）68908户，面积13892810平方米，严重受损60491户，面积12268238平方米，直接经济损失1811827万元。

财产损失　永安、安昌、晓坝、桑枣、沸水、雎水、永河、迎新、秀水、河清等乡镇财产损失严重。乡镇村（社区）办公房屋设施全部或大部损毁。山区及地震断裂带上，承受地震烈度和强度大，山体滑坡、泥石流、堰塞湖等地质灾害多而危害严重，农村道路交通、电力、通讯、农田水利、工矿企业损失巨大。地方电力系统损失9412万元，通讯系统损失15669万元，城镇公共设施损失198034万元，水利资源灾害损失162916万元，工业系统灾害损失322676万元，公路损失17113万元，广播电视台站损失14297万元。

农林牧业损失　耕地损毁和损坏9.14万亩，种植业直接经济损失达11.19亿元。养殖业损失死亡动物183.92万头，其中：生猪14.69万头，小家禽168.42万只，牛5013头，羊3012只，兔9.11万只，家禽圈舍损毁565.43万平方米，直接经济损失115261万元。林业损失9个乡镇，64个村，351个组，6个林业企事业单位，因垮塌、滑坡、泥石流造成林地、林木被毁28万亩，直接经济损失22.54亿元。

桑枣中学实验室受损

第二篇 抢险救灾

Wenchuan Teda Dizhen Anxian Kangzhenjiuzai Zhi

地震发生后，中共安县县委、县人民政府带领全县人民奋力抢险救灾，把抢救生命作为重中之重，全力做好抢救保护财产、临时安置、抢修基础设施、防治次生灾害、维护稳定等工作。

中共中央、国务院、中央军委领导人以及中央各部委、解放军各总部领导人先后亲临安县现场指挥抗震救灾。四川省委、省政府和其他省市领导，绵阳市委、市政府领导人深入安县抗震救灾一线，看望、慰问受灾群众，组织抢险救灾，极大地鼓舞全县人民开展抗震自救和重建家园的斗志，稳定人心。

中国人民解放军成都军区14集团军，解放军77123、77156、71998部队，解放军某装甲团、某高炮旅、济南军区工卫旅、济南军区某装甲师、云南77289、77296部队、解放军第二炮兵抗震救灾突击队、内江军分区民兵救援队、乐山军分区民兵救援队，泸州、宜宾、自贡军分区民兵救援队，宜宾武警、陕西武警、陕西消防总队、福建消防总队、山东消防大队、天津消防总队等20支部队，8700人到安县抢险救灾。搜救被困群众1190人，转移群众1.5万人，搬运救灾物资1500吨，医治病人2.35万人次，卫生防疫消毒面积56万平方米，搭建帐篷2.3万顶，排除危房5600间，清理废墟垃圾5.8万立方米，收割油菜籽5600亩，收割小麦500亩，插秧3000亩，抢种玉米600亩，抢修道路120公里，排除肖家桥堰塞湖险情。辽宁、河北、北京、上海、青海、河南等地1.6万名志愿者，奔赴社区、农村、厂矿、学校等救灾现场，开展转移群众、搬运救灾物资、搭建帐篷、清理废墟垃圾、环境消毒等工作。

第一章　组织指挥

第一节　中央和国家领导人在安县指挥抗震救灾

胡锦涛　2008年5月16日中午，中共中央总书记、国家主席、中央军委主席胡锦涛抵达四川省绵阳市南郊机场，立即在机场主持召开会议，同先期抵达绵阳灾区的中共中央政治局常委、国务院总理、抗震救灾总指挥部总指挥温家宝共同研究部署抗震救灾工作。随后，胡锦涛乘车赶赴受灾严重的绵阳市北川羌族自治县，看望慰问受灾群众，指挥抗震救灾工作。途经安县时，看见界牌、花荄、黄土、安昌、永安等镇的严重灾情，要求各级领导做好对安县的救援工作。

温家宝　2008年11月16日上午，中共中央政治局常委、国务院总理、抗震救灾总指挥部总指挥温家宝到晓坝镇、茶坪乡，查看农民永久性住房建设和防寒保暖情况。温家宝先后到晓坝镇黄羊村搬进新居的郭泽友、彭仕平等村民家，详细询问他们的建房和过冬物资准备情况。得知辽宁省支持当地政府为山区老百姓每家每户按人头发放棉被、棉衣，还组织老人和小孩注射预防流感的疫苗，帮助群众温暖过冬，他说："看到大家能够安全过冬、温暖过冬，我就放心了。"

温家宝还到茶坪乡查看过冬物资储备库，看到仓库里棉衣、棉被、菜油、大米等物资，总理说："你们高度重视受灾群众安全温暖过冬问题，全面开展暖冬行动，保过冬住房、保御寒衣被、保冬春口粮、保卫生防疫，还建立应急性的过冬物资储备，工作做得很好。要继续落实好各项安全温暖过冬措施，加快对过渡住房进行防寒保暖的改造，抓好高寒山区和特困群众的过冬问题，绝不能让一个受灾群众受冻挨饿。要按照安全、经济、适用、省地的原则，加快推进永久性住房建设，让受灾群众早日住进新房。"

在茶坪乡，总理在一家农户与老百姓亲切攀谈之后，提出要见辽宁援建的领导，站在一旁的绵阳市委书记，急忙把站在身边的辽宁省政府副秘书长、前线指挥部总指挥张征介绍给总理。总理高兴地握住张征的手，说当地干部和老百姓高度赞扬和评价辽宁的援建工作，辽宁方抓得好，抓得实，抓得有成效。张征一边握着总理的手一边对总理说：“辽宁省委、省政府对中央交办的对口援建任务高度重视，我们省有44个县，我们将安县作为第45个县，当自家人相待，举全省之力帮助他们重建家园。辽宁援建正在加大力度，争取提前完成中央交给的援建任务。”总理听后满意地点点头：“你们的想法符合中央的精神。援建工作要争取三年工作两年完成。”

李克强　2008年5月19日，中共中央政治局常委、国务院副总理、国务院抗震救灾总指挥部副总指挥李克强到安县，在永安镇、晓坝镇安置点看望受灾群众，指挥抗震救灾。他在帐篷里盘腿坐下，与受灾群众促膝交谈，询问生活上有什么具体困难。他说，大灾过后，生活还要继续下去，愈艰难就要愈坚强，党和政府一定会安置好受灾群众生活，大家要共渡难关。当前要认真解决好“吃、住、孤”的问题，让无房可住、无生产资料和收入来源的困难群众吃上饭，让灾区人民有临时住所，让“孤儿、孤老、孤残”有人抚养。必须抓紧帐篷的生产和供应，加快组织调运和安装一批活动板房、简易房，同时动员群众自搭简易帐篷，多种方式解决住的问题。对遗孤者要妥善安置，全部收养，一个人也不能遗漏，使他们的生活得到很好照顾。李克强还走进帐篷小学看望正在复习功课的师生。

温家宝总理在茶坪看望受灾群众

刘延东　2008年6月27日，中共中央政治局委员、国务委员刘延东到安县视察灾情，慰问受灾群众。刘延东对县委、县政府抗震救灾工作措施得力、反应迅速和效果显著给予充分肯定。她要求，切实抓好灾后水、电、路、气以及学校、医院等基础设施建设，抓好灾后永久性住房建设。

李源潮　2008年5月24日，中共中央政治局委员、中央书记处书记、中组部部长李源潮在桑枣镇飞龙村看望基层党员干部和受灾群众。李源潮代表中组部对飞龙村党支部书记夏平进行表彰，并亲自赠送一面党旗给飞龙村党支部。他要求全体党员干部学习夏平无私奉献、英勇顽强的抗震救灾精神，带领广大党员和群众开展生产自救。

第二节　中央军委、解放军总装备部领导在安县指挥抗震救灾

一、中央军委领导在安县指挥抗震救灾

2008年6月6日，中央军委副主席郭伯雄，中央军委委员、国防部部长梁光烈等中央军委领导到安县，看望慰问战斗在安县的第二军医大学和第四军医大学的部队官兵，郭伯雄要求部队官兵继续发扬特别能吃苦、特别能战斗的精神，落实好胡锦涛主席进村入户指示，为灾区群众治好伤病，全力开展卫生防疫工作。

二、解放军总装备部领导在安县指挥抗震救灾

2008年6月1日，解放军总装备部政委迟万春到永安镇八一帐篷学校看望受灾学生，送来学习用具、食品和慰问金。迟万春鼓励同学们：“要好好学习，祖国和人民不会忘记你们，一定会帮你们建造漂亮的学校”。同时，要求部队官兵帮助八一帐篷学校排忧解难。

第三节　省、市领导指挥安县抗震救灾

一、四川省领导在安县指挥抗震救灾

中共四川省委书记、省人大常委会主任刘奇葆检查指导工作

刘奇葆　2008年6月8日，中共四川省委书记、省人大常委会主任、省抗震救灾指挥部指挥长刘奇葆到安县看望受灾群众，视察花荄镇京安小区，听取县委书记、县人大常委会主任王黎的工作汇报。刘奇葆对安县前期抗震救灾工作给予充分肯定，并就今后如何进一步加强抗震救灾工作作出重要指示，要求各级党委、政府及时做好水、电、路和公共基础设施等的修复，及时启动恢复重建，组织引导群众搞好生产自救，增加收入。

蒋巨峰　2008年5月28日上午，中共四川省委副书记、省长、省抗震救灾指挥部副指挥长蒋巨峰到安县检查指挥抗震救灾工作。他强调，下最大决心，尽最大可能，尽快打通墩秀公路。墩秀路安县段是安县当时仍然断道的两条县到乡公路之一。地震使该条公路老虎嘴段出现34处大面积滑坡，塌方量达800万立方米，并形成较大的堰塞湖3处，其中最严重的罐滩堰塞湖坝宽200米、长2.7公里，库容达到500万立方米，整体抢修工作难度极大。蒋巨峰一行冒着沿线山坡随时有滚石下落的危险，到墩秀路老虎嘴滑坡处，仔细查看滑坡情况和施工情况，认真听取施工情况汇报，并向正在此处抢修的二炮某工程部全体官兵表示深切问候和衷心感谢。蒋巨峰说，早日打通墩秀路对国防建设和沿途乡村经济社会发展关系重大，一定要千方百计采用非常规办法清除滑坡体和堰塞湖，尽快打通道路。他表示，四川省政府将积极搞好后勤保障，要不计成本，在最短时间内打通进入高川乡的通道。

6月1日，蒋巨峰再次到安县指导抗震救灾，他说：“我们要在废墟中站起来！”穿过墙体开裂、墙砖脱落的厂房，蒋巨峰走进科伦发豪包装公司生产车间。当听说该公司在震后两天即恢复生产，蒋巨峰十分赞许。看到两位工人正在抢修被震坏的设备，他蹲下身来询问，损坏大不大，多长时间能修复，并嘱咐他们加快抢修，让生产早日恢复正常。在好医生制药公司的厂区里，身着印有“自立自强”字样服装的员工们，一边清理倒塌的两处废墟，一边展开生产自救。复工半月来，厂里的生产抓得很紧，尤其是诺氟沙星和清热解毒口服液等救灾急需药品的生产线，24小时不停工。“谢谢工人师傅！”蒋巨峰对大家的辛勤劳动表示感谢，对他们自立自强的精神表示肯定。当听说公司把受损较轻的新厂区用于安置高

省长蒋巨峰在雎水救助站指导抗震救灾

三学生时，他再次连声道谢。蒋巨峰仔细听取并记录干部和群众的建议。他说，中央和省里高度重视灾后重建工作，国务院抗震救灾总指挥部专门成立灾后重建规划组，四川省也成立相应机构。要在科学评估的基础上，客观、充分、实事求是地反映灾情，本着对党中央和国务院负责、对灾区群众负责、对历史负责、对子孙后代负责的态度，编制好重建规划。蒋巨峰要求各地要加大宣传教育力度，引导、组织农民群众与子弟兵、各界援助人士一起，加快恢复生产，重建家园。各级政府在抓紧制定扶持政策的同时，要千方百计帮助和动员工业企业尽快恢复生产。要在废墟中站起来，重建家园，加快发展，不仅要弥补灾害带来的损失，还要创造更加辉煌的业绩。

李登菊　2008年6月12日，中共四川省委常委、省总工会主席李登菊到安县部分乡镇和企业，就工青妇组织在抗震救灾工作中所发挥的作用进行调研。她充分肯定安县工青妇组织取得的成绩，要求各级工青妇组织继续带领团员青年和广大妇女群众开展生产自救，帮助群众开辟就业门路，增加收入。

韩忠信　2008年5月20日，四川省人大常委会副主任韩忠信到安县指导抗震救灾，并到银河公司查看灾情。在听取公司董事长、总经理李先荣的汇报后，他对公司的抗震救灾工作给予肯定，并要求各级党委政府要协助企业搞好抗震救灾，帮助企业解决实际困难，力争早日恢复生产。6月3日，韩忠信深入安县部分乡镇了解灾情，对安县乡镇抗震救灾工作取得的成绩给予充分肯定。他要求乡镇党委政府立足基层，联系实际，组织引导灾区群众及时搞好灾后生产恢复工作，增加收入。

李成云　2008年5月28日，四川省副省长李成云到晓坝镇、雎水镇查看灾情，研究灌滩堰塞湖排险和道路抢修情况。李成云强调，要协调组织各方力量，及时做好灌滩堰塞湖排险和道路抢修工作，防止次生灾害发生。

黄彦蓉　2008年6月18日，四川省副省长黄彦蓉到安县查看受灾群众安置情况。黄彦蓉一行到花荄镇京安小区查看并与受灾群众交流，充分肯定安县抗震救灾工作。她强调，在抓好各安置点、安置小区治安工作的同时，要联系实际，组织群众做好永久性房屋建设。

二、绵阳市领导在安县指挥抗震救灾

市委书记　2008年5月12日15时20分，中共绵阳市委书记、市抗震救灾指挥部指挥长听取安县人民政府副县长詹勇为汇报地震灾情后，高度重视安县的抢险救灾工作，安排市级领导、市级部门到安县紧急支援。5月19日，市委书记到永安镇、晓坝镇安置点，看望群众，指挥救灾。5月22日，市委书记到安县视察抗震救灾工作。在桑枣镇飞龙村二组，市委书记询问村民罗隆和家受灾情况以及灾后生活情况，还听取桑枣镇负责人关于该镇抗震救灾情况的汇报。市委书记说，在前一阶段的抗震救灾工作中，重点是做好点上的工作，当前要把工作重心转移到面上来，进一步对所有受灾群众实施救助。8月24日，市委书记深入花荄镇、晓坝镇等地，实地调研灾后农房建设情况。视察花荄镇柏杨村后，市委书记充分肯定柏杨村"农户主体、统一规划、集中建设"的重建思路，对花荄镇下一步发展提出明确要求。

曾万明　2008年6月9日上午，中共绵阳市委副书记、代理市长、抗震救灾指挥部副指挥长曾万明

中共绵阳市委副书记、代理市长曾万明视察安置工作

到安县银河建化集团公司视察灾后恢复重建工作。银河建化集团公司是安县工业的龙头企业，2007年产值与销售收入均过10亿元。在大地震中，银河建化集团公司损失总额4.6亿元。曾万明在银河建化集团公司指导抗震救灾工作时指出：公司虽然遭受大地震、大灾害，但也面临着大发展、大跨越的机遇，全体员工要把灾后重建作为公司调整结构、改良设备、优化工艺的一次难得机会，坚持科学重建，加大科技投入，向着既定目标努力奋进。要增强克服困难的勇气，积极想办法渡过难关，尽最大努力完成全年既定的目标任务，为全市工业经济发展做出积极贡献。曾万明强调，公司要注重长远发展规划，不断延伸产业链，发展铬盐化工工业园区，市、县党委政府将全力协调，解决公司在恢复重建过程中所遇到的困难和问题，积极为公司的经济建设和经济发展营造优良环境。

8月10日，曾万明带领市国土资源局、市建设局、市规划局等部门负责人到安县检查调研群众安置和灾后重建工作。曾万明一行先后深入晓坝镇异地重建规划点、黄羊村、肖家桥堰塞湖、茶坪乡场镇、晓坝镇免烧砖厂、桑枣镇洛祥小区实地查看，看望慰问受灾群众和战斗在灾后重建一线的广大干部，听取群众安置、重建规划和农房重建等工作汇报，了解灾后重建的进展情况和有关问题，对做好当前群众安置和灾后重建工作提出明确要求。

楚　明　2008年10月4日，中共绵阳市委常委、市纪委书记楚明到安县调研畜牧产业灾后恢复重建工作。他说，各级党委、政府要把畜牧业生产放在重要位置，要引导群众特别是养殖大户，在抓好永久性住房建设的同时，抓好畜牧产业灾后恢复重建工作，因地制宜，发展养猪、养鸡、养鸭等养殖业，增加群众收入。

王　倩　2008年6月1日，中共绵阳市委常委、总工会主席王倩，市教育局副局长吒利华，解放军63820部队领导一行在安县各帐篷学校与受灾小朋友们共度“六一”儿童节。

黄正良　2008年7月2日，副市长黄正良到设在安县好医生药业公司二期厂房的安县中学临时复课点，查看考前各项准备工作。黄正良与来自高川、茶坪乡的考生们亲切攀谈，鼓励他们克服心理压力，以最好的状态迎战高考。

李亚莲　2008年5月25日，副市长李亚莲和二炮部队部队长王治民在永安镇专题研究墩秀路睢水镇至高川段道路抢修工程。李亚莲说，墩秀路睢水镇至高川段道路抢修工程涉及周围几个乡镇开展抗震救灾工作，打通道路的任务十分艰巨。王治民少将说，墩秀路是关系到几万人的生命线，部队官兵不会辜负安县干部群众的期望，要克服各种困难，力争早日打通。

三、绵阳市抗震救灾指挥部驻安县工作组指挥救援

地震发生后，绵阳市委安排市人大常委会副主任任石林驻安县指导抗震救灾工作。5月16日，任石林带领市级相关部门到安县，他要求各级党委、政府组织力量，及时抢修水、电、路等基础设施建设；动员群众自力更生搭建简易临时避险棚；组织群众开展生产自救，抓好抢种抢收，增加收入。5

月23日，任石林一行督导安县抗震救灾工作，召开安昌、黄土、桑枣三个乡镇和县公安局负责人会议，提出具体要求：加大宣传工作力度，叫响“感谢党的关怀，感谢人民的支持”的口号和“艰苦奋斗，重建家园”的口号，营造浓厚的抗震救灾氛围；通过村社干部和广大党员，了解受灾群众思想情绪，增强疏导工作的针对性，切实搞好场镇、道路沿线的交通和治安秩序，绝不能再发生哄抢救灾物资、拦截车辆事件；高度重视卫生防疫工作，必须进村入户开展卫生防疫工作，不留死角。5月24日，任石林深入茶坪河肖家桥堰塞湖，查看险情，检查指导工作，要求及早动手排除堰塞湖隐患，防止次生灾害发生。

第四节　安县组织指挥抗震救灾工作

一、安县抗震救灾指挥机构

（一）抗震救灾临时指挥部

2008年5月12日14时35分，由于安县四大班子主要领导正在成都招商，在行政办公大楼上班的县委副书记张道斌立即组织县委、县人大、县政府、县政协在家领导成立安县“5·12”抗震救灾临时指挥部。负责人：县委副书记张道斌。成员有：梁建、姜曦、贾友忠、谭莉、钟思亮、朱元光、田涌泉、杨通远、杨代根等。

（二）抗震救灾指挥部

5月12日15时，成立县抗震救灾指挥部，县委书记、县人大常委会主任王黎，县委副书记、县长赵迎春任指挥长。副指挥长由县人大常委会党组书记、副主任朱安保，县政协主席张忠贵，县委副书记张道斌，县委常委、常务副县长梁建，副县长杨代根，县人武部政委王浩担任。

抗震救灾指挥部下设抢险救灾、医疗救助、后勤保障、信息收集、宣传报道等十个工作小组，每个工作组由副县级领导牵头负责，县级部门为成员单位，负责抗震救灾具体工作。

辽宁省委、省政府领导和安县领导在抗震救灾指挥部研究工作

表 21

安县“5·12”地震抗震救灾指挥部工作组职责分工表

组　名	牵头人及负责人	成员单位	分　组	职　责
综合协调组	牵头人：张道斌 负责人：王刚、陈鼎	县委办、政府办、目标督查办、防邪办、政研室、机要局、保密局、法制办、地震台、气象局、电信公司等	文秘信息工作组、会务联络工作组、通讯后勤工作组、机要工作组、值班工作组、气象地震信息组	负责指挥部日常工作；全县抗震救灾工作的组织协调、文稿起草、联络服务、收集情况、上报信息，为指挥部各组提供后勤保障等工作
抗灾救济及群众安置组	牵头人：朱安保、张忠贵 负责人：姜曦、贾友忠、朱元光、赵奎、詹勇为、杨通远、潘昌友、马贵显、杨建新、丁敏、李振奎	人大机关、政协机关、组织部、机关工委、人事局、总工会、团县委、妇联、科技局、民政局、交通局、供销社、粮食局、文化旅游局、规划和建设局、国土资源局、劳动保障局、财金办、工商局、烟草专卖局、邮政局、国税局、地税局、史志办、档案局、政务服务中心、农办、水务局、农业局、畜牧局、林业局、移民办、计生办、农机局等	高川救援组、茶坪救援组、睢水救助站、沸水救助站、晓坝救助站、永安救助站	负责组织抢救受伤群众，及时将群众转移安全地带，应对可能出现的余震，尽快恢复和保持正常工作和生产生活秩序；加强对桥梁、道路、水库大坝及供水、供电等基础设施检查，防止出现不安全事故，确保人民生命财产安全；负责接受分配外来增援部队，组织县内部队及民兵等参加抢险救灾
供给保障社会捐赠组	牵头人：梁建、安瑛	政府办、发展改革和商务局、物价局、交通局、建设局、住房公积金管理处、民政局、财政局、监察局、金融单位等	物资供应分配组、水电气油组、运输保障组、社会捐赠组	负责组织救灾急需的抢险物资、防护用品、生活必需品和水、电、油、气等物资的生产、储备和保障供应；维护市场秩序，保持物价稳定；负责转移受灾群众和为受灾群众运送救灾物资提供运送保障；负责接待友好城市、社会各界来人来访，办理回复慰问函电等事宜
医疗教育组	牵头人：姜曦 负责人：刘胜军、邹兴贵、胡建生	教体局、卫生局、科技局、质监局、药监局、疾控中心爱卫办、文明办等	医药救护组、卫生防疫组、学校工作组	负责学校秩序维护，组织救灾急需的药品、医疗器械的生产、储备和调度，受灾群众的医疗救护防病等工作，灾区水源、食品的卫生监督和卫生防疫，防止重大疫情、疾病的传播及蔓延
遇难受灾群众善后组	牵头人：朱元光、刘胜军	民政局、民宗局、残联等		负责遇难受灾群众的善后处置工作
安全稳定组	牵头人：钟思亮、杨代根、李培	政法委、公安局、法院、检察院、统战部、工商联、司法局、信访和群众工作局等	公共安全组、维护稳定组、交通秩序组	负责组织公安干警等参加抢险救灾；加强各级各部门安全保卫；做好交通疏导和救灾物资保护等工作，保障交通干线的秩序；打击各种违法行为和犯罪活动，确保社会稳定
技术指导组	牵头人：詹勇为、杨代根	规划和建设局、交通局、水务局、质监局、安监局等		负责建筑物鉴定整治
新闻宣传组	牵头人：谭莉、田涌泉	宣传部、广电局、安州通讯社、精神文明办等	外宣工作组、新闻工作组	根据县委、县政府和指挥部的要求，组织协调新闻媒体向公众发布灾情等有关信息，发布抗震救灾工作进展情况，做好舆论引导和宣传工作，组织媒体宣传救灾知识，提高全县的防灾、减灾、救灾的意识和能力
军地联络组	牵头人：安瑛、王浩	人武部		根据县委、县政府和指挥部的要求，组织协调各部队、民兵等参与抗震救灾工作
灾情统计组	牵头人：梁建、赵奎	统计局		根据县委、县政府和县指挥部的要求收集、上报地震灾害各种统计数据

二、组织指挥抢险救灾

（一）县抗震救灾临时指挥部及抗震救灾指挥部指挥抢险救灾

2008年5月12日14时28分，全县迅速开展抗灾自救。

14时35分，县抗震救灾临时指挥部安排在行政办公大楼上班的县级领导梁建、姜曦、贾友忠、谭莉、钟思亮、朱元光、田涌泉、杨通远、杨代根等人带队，县级部门参加，迅速奔赴各乡镇查看灾情，组织抗震救灾。同时，派副县长詹勇为带领县政府办副主任王定友迅速赶赴绵阳市委、市人民政府汇报安县的受灾情况和抗震救灾行动。张道斌到安昌镇西苑中学救治点、安县公园救治点看望伤员。

14时50分起，县级各部门救援小组奔赴各乡镇指导和协助乡镇党委、政府开展抗灾自救和灾情上报工作。组织协助解放军、武警、消防官兵营救高川乡、茶坪乡受困群众，做好转移、安置工作。组织协调各部门立即抢修通讯、水、电、气、交通等基础设施。及时安置受灾群众和学生，稳定社会秩序。组织各方力量排除次生灾害，切实加强运输、物资、资金保障工作。

14时40分，在成都地建置业集团公司招商的县委书记、县人大常委会主任王黎，县委副书记、县长赵迎春等县领导立即启程返回安县。由于成绵高速公路因地震封闭，考察组改道由大件路经绵竹市返回安县。绵竹市也因地震灾害，路上堵车严重，考察组17时30分左右到达河清镇场镇。王黎、赵迎春等领导与河清镇党委、政府主要负责人紧急碰头，了解受灾范围、人员伤亡、房屋倒塌情况和抗震救灾工作开展情况，实地查看灾情，并着重了解学校伤亡情况。之后，王黎安排人大常委会党组书记、副主任朱安保和地质公园管理处党工委书记杨建新分别立即赶赴晓坝镇和安昌镇指挥救灾工作。18时20分，王黎、赵迎春赶赴秀水镇政府，了解受灾情况。到民兴中学操场，查看紧急救治站医疗救助情况，慰问受灾群众，调配医疗急需物资；到镇指挥部指导抗震救灾工作，安排紧急开展救援、医疗救助和稳定工作，布置注意事项。20时10分左右，赶赴桑枣镇政府，了解受灾情况、抗震救灾工作部署和工作开展情况，了解紧缺物资情况和抗震救灾存在的实际困难。

20时，县抗震救灾指挥部派县政府办副主任、县惠民中心主任何超带领县政府办、县财政局相关人员紧急赶赴三台县组织救灾物资，经过一个通宵努力，13日7时组织的两卡车物资安全运送到安县财政局物资储备站。

21时，县委书记、县人大常委会主任王黎，县委副书记、县长赵迎春在县行政大楼前主持召开安县“5·12”抗震救灾指挥部紧急会议，听取县级领导汇报已经开展的工作和各地灾情，当即做出具体的安排部署。要求副县级以上领导带记者和工作人员兵分四路到各乡镇进一步核查灾情，并约定13日6时回县委汇总情况；命令县级各部门立即组织职工赶到所联系的乡镇协助开展救援工作；立即派人到市委、市政府报告安县发生地震灾情已搜集的初步情况；紧急调动正在安昌集训的120名民兵组成突击队到已经报告灾情的安昌、黄土、永安等乡镇的学校、医院实施救援；命令卫生部门全力做好救治伤员的准备，在县医院设立临时救治点；命令公安、交警立即投入稳控。王黎在会上进一步安排部署抗震救灾工作，全面启动地震灾害应急预案。县抗震救灾指挥部针对当时的紧迫形势，提出五项具体要求：县委常委、副县长梁建负责捐赠物资接受、物资紧急求援和救灾物资调配工作，命令工商、物价部门严格监控，严禁哄抬物价；公安、政法部门必须全力维护社会秩序稳定，保证人民群众生命财产安全；加强宣传安抚工作，确保人民群众情绪稳定，并严禁群众回家过夜；在各受灾严重乡镇紧急设立医疗救治点，负责救治轻伤员，将重伤员转移到县、市医院；要求联系乡镇的副县级以上领导立即赶赴各乡镇指挥乡镇救援工作。

（二）县级四大班子指挥抢险救灾工作

县委班子　统一组织指挥。地震发生后，县委书记、县人大常委会主任、县抗震救灾指挥部指挥长王黎，县委副书记、县长、县抗震救灾指挥部指挥长赵迎春，县委副书记、县抗震救灾指挥部副指挥长张道斌，县委常委、县纪委书记姜曦，县委常委、副县长、县抗震救灾指挥部副指挥长梁建，县委常委、组织部部长贾友忠，县委常委、县人武部政委、县抗震救灾指挥部副指挥长王浩，县委常委、宣传部部长谭莉，县委常委、副县长安瑛，县委常委、县政法委书记钟思亮，县委常委、县总工会主席朱元光，县委常委高量，县委常委、副县长郭向前等领导奋力抢险救灾。王黎带领县委一班人紧急启动重大灾情应急预案，组建县抗震救灾指挥部和下设10个工作组，统一指挥全县抗震救灾。实行县级领导和县级部门包乡镇工作责任制，将县级机关318名干部充实到村（社区）一线，组织带领全县51万人民抗震救灾。先后下发有关抗震救灾的紧急通知、公告、公开信等，把全县各界力量凝聚到抗震救灾中。协助军地救援人员从废墟中抢救被埋人员1193人，医治伤员11.8万人。通过军地共同努力，从受灾严重的茶坪、高川两乡营救出伤员550人，转移被困群众1.5万人。5月12日至8月底，全县基本抢修抢通交通、电力、通信、广电、水利、供水、供气等基础设施。6月11日，县委一班人组织带领有关部门及时处理和排除堰塞湖等次生灾害。

安置受灾群众。全县建立192个临时安置点，对城镇居民和茶坪、高川两个重灾乡及14个高山村28万名受灾群众进行集中安置。每个安置点由1—2名副县级领导负责管理督导临时安置工作，全力保障物资供应和改善居住生活条件，及时让受灾群众吃上热饭、洗上热水澡、喝上大锅药、听到广播、看到电视。做到被安置群众有饭吃、有衣穿、有干净水喝、有住处，有病能及时治疗。根据上级通知要求，同时做好受灾群众基本生活物资发放。受灾群众每人每天发放1斤口粮和10元生活补助金，灾后3个月内对异地安置的受灾人员和因灾住房倒塌或严重损坏且生活困难的受灾群众每人每月补助200元。在后续救治政策到期后，对生活困难仍需救助的受灾群众，分别纳入城乡最低生活保障、农村五保供养和冬春荒受灾群众生活困难救助对象，保障其基本生活；对孤儿、孤老、孤残人员每人每月提供600元基本生活费；向因灾死亡人员家庭按照每位遇难者5000元的标准发放慰问金。

加强党组织建设。县委一班人始终坚持以加强党的执政能力建设和先进性建设为主线，以抗震救灾、灾后重建工作大局为重点，以“四强”党组织、“双强”党员、“星级联创”等主题争创活动为载体，发挥各级党委的领导核心作用、基层党组织的战斗堡垒作用、领导干部的模范带头作用和共产党员的先锋模范作用，为全县抗震救灾提供组织保证。恢复重建受损的党组织，在受灾群众集中安置点建立9个临时党委、31个临时党支部、112个党小组。把136名在抗震救灾和恢复重建中表现突出的人才选拔到村（社区）领导岗位上，对在抗震救灾中表现不力、临阵退缩的3名村（社区）干部及时进行调整处理，将1名村支部书记破格提拔为乡镇副科级领导，1名村支部书记通过考试被录用为公务员。全县配齐配强科级领导班子40个，调整干部142人次，直接从抗震救灾一线提拔干部22人。建立党员责任区600个，设立党员示范岗1200个，帮助受灾群众解决问题3万件。在抗震救灾中发展党员719名，其中火线入党408名。

加强廉政建设。抗震救灾期间，先后出台《安县抗震救灾资金物资管理办法》《安县地震灾后恢复重建项目审计监督办法》《安县抗震救灾及灾后重建大额度资金大宗物资重点项目监督办法》等文件，加强对抗震救灾资金物资和灾后重建工程项目监管力度。对行政效能低、影响抗震救灾和灾后重建工作的5名干部实行问责制，3人被免职。

县人大班子　人大班子齐动员。县人大常委会党组书记、县人大常委会副主任、县抗震救灾指挥部副指挥长朱安保，县人大常委会党组副书记、副主任田涌泉，县人大常委会副主任杨通远、潘昌友、邹兴贵等奔赴黄土、界牌、兴仁、桑枣、晓坝、睢水等20个乡镇现场指挥抗震救灾。协助各级党委（党组）、政府及各部门迅速组织建立指挥系统，指挥抢救伤员，搭建临时医疗点，救治受伤群众，安排联系救灾物资。

地震发生时，县人民医院内有200名病员、家属以及大批的医疗器械和药品还来不及转移。县人大常委会副主任、县人民医院院长邹兴贵立即带领全体医务人员，冲进住院大楼，转移和疏散病员。病员转移到安全地带后，邹兴贵带领医护人员抢出药品和医疗设备。当天救治伤员300人。

组建晓坝镇救助站。5月14日，县指挥部决定建立晓坝救助站，由朱安保任站长。负责转移重灾区茶坪乡下山的受灾群众和伤员，安置受灾群众；组织晓坝镇受灾群众生产自救，协调进山抢险部队转运伤员。在晓坝中心村建立安置点，安置从茶坪乡转移下来的4800名受灾群众；转移到安昌、永安、桑枣等镇安置2000人。之后，朱安保又忙着组织救灾物资，仔细安排受灾群众的生活和卫生防疫工作，为加强救助站的管理，他严格要求救助站的工作人员执行物资管理规章制度。

协调建设京安小区。5月21日，受县委安排，田涌泉负责协调建设京安小区工作。田涌泉、刘平安等领导全力协调，使北京市政府援建的京安小区在12天内快速竣工。茶坪乡1100名群众入住后，田涌泉和刘平安等对京安小区创造出一套军事化新社区的科学管理方式，引起各方关注。6月8日下午，中央政治局常委、中央政法委领导在省委书记、省人大常委会主任刘奇葆和省长蒋巨峰等领导陪同下视察京安小区，对京安小区的规范化建设和管理给予高度肯定。此后，国家有关部委、群团组织领导和四川省委、省政府领导及省有关厅局负责人纷纷前来视察，并作为样本进行典型宣传。

组建沸水镇受灾群众救助站。杨通远奉命到沸水受灾群众救助站担任指挥长，组织县级机关有关部门和沸水镇、高川乡党委、政府干部，确定安置点，组织物资，在沸水小学搭建帐篷180顶，接收安置下山受灾群众。启动沸水救助站的建设，从选址到搭建帐篷仅用一天时间。沸水救助站两个点先后接收安置转送高川、茶坪乡受灾群众2500人。杨通远在救助站实行人性化安置，高度重视卫生防疫，建立母婴、孕妇、腹泻、发热专用帐篷和消毒、医疗救助点，平安帐篷评选和站村共建等做法受到上级领导肯定和推广。

县政府班子　群众安置。县委副书记、县长、县抗震救灾指挥部指挥长赵迎春，组织带领副县长梁建、安瑛、赵奎、詹勇为、杨代根、刘胜军、冯安、严洪兵、何建非深入城乡搜救被埋人员。在晓坝、沸水、花荄、黄土、永安等乡镇建立临时安置点192个，重点对城镇居民和茶坪、高川两个重灾乡及14个高山村28万名受灾群众进行安置，对孤儿、孤老、孤残人员实行优先就近安置。全面保证受灾群众基本生活，各类捐赠资金物资及时发放到群众手中。截至10月底，全县发放遇难家属慰问金819.5万元，粮食2.16万吨，发放受灾群众临时生活补助45673.9万元，发放后续生活补助金8244.5万元，发放过渡安置房补助款23063万元。

开展卫生防疫。组织卫生系统落实乡镇、村组、社区卫生防疫责任制，加强卫生防疫和疫情监测；强化五项措施，严防传染病流行蔓延。2008年累计出动疾控防疫人员4万人次，累计消毒面积4亿平方米，消杀蚊蝇地环境3000万处次，发放健康宣传资料1000万份。全县没有发生重大疫情。

抢修基础设施。县政府组织有关部门及时抢通全县损毁公路826公里，打通茶坪、高川重灾乡镇损毁道路。6月10日，抢通墩秀路；7月27日，抢通晓茶路；7月初公众通讯全部恢复正常运行；及时抢通除茶坪、高川外18个乡镇的广电光缆主干线；及时修复受损的水厂、供水管，城乡居民饮水基本得到解决；基本完成水利工程应急除险工作。

抢险除险。县政府安排2000万元专项排危资金，对全县1000万平方米危房和106个高危点进行排危清理废墟工作。成功排除肖家桥、灌滩、老鹰岩等3个高危级堰塞湖险情。开展环境安全隐患排查整改，严防泥石流、塌方等次生灾害发生。妥善处置"9·24"洪涝泥石流灾害。

确保受灾群众安全过冬。县政府在辽宁省的援助下，利用辽宁省援助的2240万元资金，采购棉衣裤14万套、棉被14万床；开展向灾区"送温暖，献爱心"捐赠棉衣被活动，筹集捐赠棉衣裤11986套，棉被31654床，现金14038元；设立物资仓库11个，储备大米560吨、稻谷13900吨，并储备一定数量的棉衣、棉被、食盐、菜油、花生、榨菜、药品等物资。为全县需救助的6.06万户、14.26万名受灾群众发放过冬物资。

县政协班子　组建睢水镇安置点。地震发生后，县政协主席张忠贵，副主席马贵显、李培、金红等分赴全县20个乡镇，协助开展抗震救灾，抢救伤员，搭建帐篷，安置受灾群众30万人。睢水安置点的受灾群众没有开水喝，吃不上热饭菜，县政协领导协调各种关系邀请重庆餐饮服务队给群众做饭烧菜。5月16日，高川乡2500名受灾群众和睢水镇1900名受灾群众终于每天能吃上两顿干饭和热菜。县政协领导还联系重庆陶然居厨校、绵阳职业技术学校到救助点现场招生，将250名灾区群众送去免费培训并安排工作。县政协先后联系上海华山医院和二炮537部队医院在救助站设立医疗点。医疗点把B超、X光机和脑电检查机等仪器搬到救助站为百姓检查身体。睢水救助站4000名受灾群众生活、医疗救治都得到妥善安置。

建言献策。在抗震救灾进入受灾群众安置、防疫和恢复重建阶段，县政协一班人主动为县委、县政府灾后恢复生产、重建家园建言献策。带领干部深入企业、农村、社区、街道，就受灾群众安置、受灾群众生产自救、灾后恢复重建工作进行调研。与受灾企业、乡镇领导、基层干部和农户共商灾后恢复重建工作。每到一处详细查看灾情，宣传发动群众恢复生产，开展自救。形成具有超前性、操作性强的调研报告，受到县委、县政府的重视和采纳。

统战工作。县政协组织统战部全体干部职工奔赴各宗教场所查看灾情，走访慰问统战重点对象、台侨属（胞）和各宗教人员，并动员各宗教场所立即搭建帐篷，架锅煮饭，开展赈灾活动。从高川乡和睢水镇转移下山来的受灾群众太多，救助站接济不过来时，他们当即与睢水卧佛寺联系，组织寺庙僧人安锅煮饭，为2000名受灾群众解决吃、穿、住的临时生活问题。

开展救助站安置管理工作。县政协负责睢水、晓坝、永安等救助站的安置管理工作。永安救助站接收安置3000名群众，晓坝救助站接收安置4000名群众，睢水救助站接收安置高川、茶坪等乡镇4000名群众。制定出救灾物资和工作人员管理制度，得到省纪委和省电教站的肯定。配合解放军总装备部联合组建全县第一个帐篷学校“八一帐篷学校”。

（三）乡镇指挥抢险救灾工作

概况　地震发生后，全县20个乡镇党委、政府立即启动抗震救灾紧急预案，成立抗震救灾指挥部。乡镇党委书记任指挥，党委副书记、乡镇长任副指挥。指挥部下设抗震救灾办公室、抗震救灾综合协调组、应急抢险组、后勤保障供应组、宣传联络组、民政物资收发保管组、社会治安稳定组、灾后公共卫生防疫组。各组组长分别由党委副书记、副乡镇长或党委委员担任，成员为乡镇机关干部。各乡镇抗震救灾指挥部在乡镇党委、政府领导下，开展抗震救灾工作。抢险救人、安置受灾群众、接收救灾物资、分发救灾物品、维护地方稳定、救治伤员、转移被困群众、开展卫生防疫、抢救国家、集体、群众财产，积极开展自救，恢复生产。

在茶坪乡组织救援

第二章　救　援

第一节　县内力量救援

一、县领导抢险救灾

王　黎　中共安县县委书记、县人大常委会主任，县抗震救灾指挥部指挥长。2008 年 5 月 12 日 9 时，率安县招商引资工作组一行，到郫县成都地建置业集团商讨招商引资事宜。地震发生后，考察组一行中断考察，立即返县。17 时 30 分回到安县河清镇。沿途对河清、桑枣、安昌部署抗震救灾工作，了解抗震救灾的实际困难。21 时，回到县城花荄镇，立即召开全县抗震救灾工作会议，进一步明确安县抗震救灾指挥部工作职责，指挥部下设抢险救灾、医疗救助、后勤保障、综合协调、宣传报道等 10 个工作组。安排六项工作：由副县级以上领导带队分四路到各乡镇调查核实灾情，约定于次日 6 时回县汇总灾情；命令县级各部门立即赶赴联系乡镇协助开展救援工作；派人到市委、市政府报告安县发生地震灾情已收集的初步情况；紧急调动正在安昌镇集训的 120 余名民兵组成突击队到安昌、黄土、永安等区域，以及学校、医院实施救援；命令卫生部门全力做好救治伤员的各项准备，在县医院设立临时救助点；命令公安、交警立即投入社会全面稳定工作。

在全县救援期间，王黎协调 8700 多名解放军指战员、民兵预备役官兵、民警消防官兵、公安干警，1.6 万名志愿者和 20 余万名干部群众，搜救被困群众 1190 人，转移群众 1.5 万人；协调 16 个省市医疗救护人员 2831 人（含本县 1217 人），设立医疗救护点 20 余个，对 88600 余名受伤群众进行及时救治；按规定依法处理地震遇难者遗体 2640 具。

赵迎春　县委副书记、县长、县抗震救灾指挥部指挥长。2008 年 5 月 12 日 9 时，与县委书记王黎率队到成都招商引资。地震发生后，随即与考察组一行急速赶回安县，沿途在河清、秀水、桑枣、安昌、花荄了解灾情，安抚群众，抢救伤员，投入抗震救灾工作。21 时，在县行政大楼前召开全县抗震救灾工作会议，全面分析评估全县受灾情况，安排部署全县抗震救灾工作，明确县级领导和部门工作职责，全力抢救伤员，连夜组织药品和食品，解决救治伤员急需药品和受灾群众生活。从县级部门组织 45 岁以下男性工作人员成立抢险应急分队。21 时 30 分，与县委书记王黎前往绵阳市委、市政府汇报安县受灾严重情况并请求支援。

在全县救援期间，深入乡镇、机关、学校、农户指导工作，协调抢险救灾。参与茶坪、高川乡两个生命“孤岛”救援指挥，抢救生命，转移安置群众；深入工厂、企业、堰塞湖指挥抢险排险，落实恢复全县水电供应；协调 8700 多名解放军官兵、民兵预备役、武警消防官兵、公安干警以及 1.6 万多名志愿者和 20 余万名干部群众，搜救被困群众 1190 人，转移群众 1.5 万人，对 88600 余名受伤群众进行及时救治；按规定依法处理遇难群众遗体 2640 具。到雎水、沸水、河清、桑枣、晓坝、安昌、花荄集中安置点和救助站看望慰问受灾群众。

朱安保　县人大常委会副主任、县抗震救灾指挥部副指挥长。地震发生时，朱安保正随安县招商团在成都考察工业项目。地震过后，他随团回到安县，迅速投入抗震救灾斗争。

在抢险救灾期间，朱安保负责指挥部日常工作。落实指挥部的指令，使各级党委（党组）、政府及各部门的指挥系统迅速组建，抗震救灾抢险工作有序开展。指挥部决定建立安县晓坝救助站，朱安保担任站长并负责落实具体工作。他立即草拟出救助站组成方案，抽派工作人员，成立接应救应组、医疗救助组、交通安全组、受灾群众转运组。各工作组15日早上7点到指定地点开展工作。在晓坝中心村，安置从山上下来的4800余名茶坪受灾群众。

张忠贵　县政协主席、县抗震救灾指挥部副指挥长。地震发生后，张忠贵先后跑遍全县18个乡镇，查看灾情，组织救援。14日下午，他被任命为雎水救助站前线指挥长，负责安置从特重灾区——高川乡撤出的受灾群众。他把县上工作人员和受灾群众中的党员共100余人组织起来分为后勤、安全保卫、物资运输接送、伤员救治4个组，明确各自责任。把当时仅有的物资予以分发，一人一瓶矿泉水，20人一箱饼干；组织干部群众搭建帐篷；伤员被送到雎水镇卫生院，得到及时救治；把仅有的几顶简易帐篷和不足100床被子分给老人和小孩。15日凌晨1时，洪雅县的志愿者送来一卡车食品和饮水，4时30分又来第二车物资，他亲自参与卸货。安置点建立初期受灾群众只能吃方便食品，通过他的努力，5月16日受灾群众吃上热饭，喝上开水。他请来重庆餐饮服务队给群众做饭烧菜，高川乡的2500多名受灾群众和雎水镇的1900多名受灾群众每天能吃上两顿干饭和热菜。为了解决受灾群众伤病医治，他先后联系上海华山医院和二炮537部队医院在救助站设立医疗点，把B超、X光机和脑电检查机等仪器搬到救助站为百姓检查。

为灾区的孩子们，张忠贵到处联系学校。5月29日，他亲手将58名小学生送上去昆明免费学习的客车；6月1日，537部队“爱心学校”和温州志愿者“爱心幼儿园”在他的努力和协助下相继开学。

张道斌　县委副书记、县抗震救灾指挥部副指挥长。地震发生时，张道斌正在办公室批阅文件。地震后，他迅速赶往花荄镇老城区，查看灾情。随后回到县行政大楼前，召集在家的县级领导梁建、姜曦、贾友忠、谭莉、钟思亮、朱元光等商量，立即成立安县抗震救灾临时指挥部，启动重大自然灾害应急预案。指挥部当即对全县的抗震救灾工作作出安排和部署：设立抢险救灾、医疗救助、后勤保障、综合协调、宣传报道5个工作小组，要求各地要尽快摸清灾情，全力救治伤员，积极开展自救，认真组织好饮水、食物、帐篷等，搞好物资供应。

在抗震救灾抢救生命的关键期间，张道斌跑遍全县95%以上的受灾地区和重灾乡镇，进村入户走完每个村组。

姜　曦　县委常委、县纪委书记。地震发生后，他主动申请到与外界失去联系的高川乡救援。县委、县政府迅即派出应急小分队由姜曦带队前往救援。在经过最危险的雎水镇月儿门时，因泥石流不停，交通中断，小分队受阻。14日，当解放军某部救援官兵抵达安县后，姜曦再次要求担任部队向导，引领突击队冒险闯关。由于公路阻断与部队商量后决定，启用近30年不用的老路，取道沸水从天台山进入高川乡。队伍翻越20多个海拔1800多米的山头，行程60多公里，徒步强行军10多个小时后，终于到达高川乡政府。此时，废墟中的高川乡场镇上，已聚集3000多名受灾群众和200多名伤员。姜曦得到消息，偏远的高川村无法进入，300多名村民至今下落不明。他马上派人探路联络。5月16日、17日，4000余名群众和伤员，在部队官兵以及乡干部的带领下，一个不少安全撤离。

在抢险救援期间，姜曦担任县抗震救灾指挥部资金物资监督组组长，为掌握全县各乡镇、村、组救灾款物接收、发放情况，将县纪委工作人员分成4个组到全县各乡镇调研。针对调研中发现的各乡镇、村、组在实际操作中存在的问题，及时制定《关于规范乡镇、村、组抗震救灾资金物资监管工作的通知》等规章制度。

梁　建　县委常委、常务副县长、县抗震救灾指挥部副指挥长。地震发生后，梁建与县委副书记张道斌一起，迅速启动重大自然灾害应急预案，安排县级领导带领有关部门分赴各乡镇了解灾情。紧急开展抢救伤员和疏散、转移受灾群众，安抚百姓，并安排人员在危险区域设置警示牌。随后，梁建立即赶往安昌镇、永安镇、桑枣镇指挥抗震救灾工作。并将伤者送往县城和绵阳。在获悉“五一”煤矿受灾较重的情况后，梁建又安排专业人员进入矿区，进行紧急救援。

梁建兼任后勤保障组负责人，全县受灾群众的生活保障都由他调配。接受任务后，梁建立即派出人员火速赶赴三台、盐亭等地连夜采购回最急需的水、食品和篷布等物资，并安排各乡镇和粮食部门近期要大量采购和储备米、面、油、矿泉水等物资，做好长期抗灾的准备。在抗震救灾期间，经梁建亲自审批发放帐篷 54492 顶、衣服 115526 件、被褥 157409 床、粮食 3842.16 吨、食品 2050 吨、饮用水 3145 吨。

贾友忠　县委常委、组织部长。5 月 12 日 14 时 40 分，在组织部迅速成立临时指挥部，下设前线组、应急组、信息宣传、后勤保障 4 个工作组，从部长到一般工作人员，迅速落实工作责任。

14 时 50 分，贾友忠前往安县中学、花荄镇中立即与校领导和老师解救被困的学生，迅速向开阔的操场转移；花荄镇益昌路房屋垮塌严重，他指挥群众安全撤离；县医院伤员迅速大量转入，他安排医院在草坪紧急救治，将重症病人立即送市级医院；睢水镇到高川乡的山体大面积滑坡，公路全部封堵，他立即赶到现场查看灾情，疏散群众；永安镇场镇中北川受灾群众不断涌入，他组织紧急医疗。17 日 19 时，被困 5 天的 2000 多名茶坪乡受灾群众被部队官兵解救出来，被迅速安置到桑枣救助站。贾友忠奉命带着 8 个县级部门、40 多名干部负责救助站工作，建立 10 余条工作制度，救助站工作井井有条。

王　浩　县委常委、县人武部政委、县抗震救灾指挥部副指挥长。震后 10 分钟，王浩迅速召集干部进行分工，每名干部带领 6 名民兵分别在安昌镇人员集中地（主要是学校、医院）开展救援工作。20 分钟后，张道斌派人向他送来请求救援黄土二中的亲笔信，20 名民兵跑步前往救出 25 名学生。在抗震救灾期间，他组织民兵投入抗震救灾第一线，在县医院住院部救出病人 5 人，在县职业中学、西苑中学、安昌镇小学、蓝天幼儿园、小太阳幼儿园共安全转移师生 970 余人；在交通局家属楼内的废墟里挖掘出一名生命垂危的老人；在安昌镇群联村救出被埋老人 2 人，在永安镇救出被掩埋群众 34 人；县看守所的围墙垮塌后，他立即组织 15 名队员协助武警战士 10 米一岗，守护看守所；13 日凌晨 3 时左右，他带领民兵迅速集合徒步赶到伤员救治点（西苑中学操场），转移从北川县输送下来的伤员。21 日，他组织 20 多名民兵在茶坪乡的堰塞湖里打捞高度腐烂的遗体两具，动物腐尸 10 多只。从 5 月 21 日至 6 月 5 日，他安排 10 名民兵在茶坪乡堰塞湖打捞漂浮物体。

在抗震救灾期间，他为联系村迎新乡铜锣村送去矿泉水 50 件、方便面 30 件、牛奶 20 件、饼干 15 件、火腿肠 10 件，总价值近 8000 元。交纳特殊党费 2000 元。“六一”前夕，为该村幼儿园搭建临时帐篷“学校”，为幼儿园购买各类文具、玩具、糖果等 5000 多元的礼品。

谭　莉　县委常委、宣传部长。地震发生后，谭莉中断研究企业宣传思想工作，投身到抗震救灾工作之中。第一时间做出应急工作部署，要求全体干部立即深入一线查看灾情，参加伤员救治和进行思想情绪稳定宣传，想方设法进行对外宣传等。是日夜，从乡镇查看灾情赶回的谭莉主动请缨到安昌西苑中学救治点工作。克服一切困难，组织干部搭建手术台。

在抗震救援期间，做出抗震救灾工作宣传的全面部署；谭莉安排宣传车辆开展城乡巡回宣传；部署宣传干部全力投入到抗震救灾一线搜集情况、组织报道。5 月 14 日，“茶坪、高川告急——安县灾情严重”的信息在中国新闻网上迅速传播。5 月 17 日，《抢救茶坪》的新闻见诸《人民日报》第 7 版。中央及全国各地新闻媒体 140 余家，记者近 1300 余人次汇聚安县。1350 篇安县灾情及抗震救灾动态消息的稿件见诸各报刊、电台、电视台、网络等媒体，报道近 150 余条，全方位、多角度报道重灾的安县，有力争取全国各地的大力支援。辽宁省、河南省对口援建安县的消息传来后，谭莉与两省省委宣传部联系，将安县震灾情况及面临的困难和问题书面传真交流。并邀请他们前来安县采访报道。

安　瑛　县委常委、副县长。地震发生后，在成都随县主要领导招商的安瑛，马上赶回安县，积极参加抗震救灾工作。5 月 13 日，安瑛到睢水镇至高川乡路段，会同有关部门，分析灾情，开展抗震救灾工作。

在抗震救灾期间，安瑛负责与绵阳市各部门联系，协调救灾物资。通过各种努力，与绵阳市物资储备组、捐赠组、交通组沟通，接收北京、成都、重庆、洛阳等全国各地捐赠的帐篷、棉被、食品、饮用水、药品等物资。组织交通局、建设局等相关部门全力抢通墩秀路、晓茶路，保障生命供给线；深入广播电视、劳动保障、文化旅游等部门组织抗震救灾，科学拟定灾后恢复重建规划。协同妇联向上寻求支援，关注妇女儿童灾后身心健康，保障妇女儿童合法权益。

钟思亮　县委常委、县政法委书记。地震发生后，钟思亮沉着应对，迅速召集政法委有关人员赶往公安、法院、检察、司法四部门察看人员伤亡和房屋受损情况，了解政法干警震后状态，安排政法四部门保持平稳心态，组织政法干警就地待命。然后，他赶到县医院，见医院巷道站满等候救治的伤员和陆续送来的伤员，立即安排医院组织医务人员全力救治伤员。15 时 20 分，赶到花荄镇初级中学和花荄的几所幼儿园了解人员伤亡和房屋受损情况。16 时，钟思亮向县委汇报灾情，研究成立安县抗震救灾指挥部等。16 时 30 分，前往永安镇察看灾情，参与救人抢险，指挥疏导安北路永安段；在永安镇政府门前垮塌的民房废墟中抢救伤员 20 多人，他亲自抬出 7 名伤员；到永安后庄、向阳、平桥、元门等村查看灾情，安抚受灾群众。13 日凌晨 4 时许，冒雨到绵阳候迎昆明某高炮旅部队 800 人，于 14 日早上 6 点将部队带往安县抗震救灾指挥部。这是进入安县重灾区的第一支救援部队。是日，再到绵阳迎接第二批救援部队 350 人，前往高川。

在抗震救灾期间，钟思亮协助绵阳市政府到永安选址搭建安县第一个救助站——永安救助站。15 日晚上受灾群众入住，安置北川受灾群众 200 多人，永安 120 多人，高川 240 多人，安中、秀中、安昌职中、桑中和北川县的学生 260 多人。5 月 20 日—25 日，拳命为保障直升飞机救援起降，在秀水、桑枣、安昌、黄土、花荄、界牌、沸水、睢水、晓坝等镇牵头制止焚烧秸秆，其中行政拘留 8 人、训诫 85 人。

朱元光　县委常委、县总工会主席。5 月 12 日 14 时 28 分，地震灾害突如其来。正在安县工业集中园区召开会议的朱元光马上取消会议，立即赶回行政大楼。他与在家领导立即成立安县抗震救灾临时指挥部，紧急启动重大灾情应急预案，迅速组织力量投入抗震救灾工作。随后，他立即赶往联系的茶坪乡查看灾情。在到达晓坝后，严重山体垮塌道路已阻断，无法进入。6 名受伤的晓坝变电站职工在路边求救，他安排迅速送往县医院，并立即向指挥部报告灾情。秀水镇告急，他又立即赶往秀水镇协调柴油、小型发电机、医疗药品等紧急物资，确保秀水医院全力展开伤员抢救工作。

14 日晨，朱元光带领抢险分队和解放军某部救援队冒雨徒步向茶坪挺进。14 时 30 分左右到达长青桥，与首批从海拔 2000 多米的山道逃离出的茶坪群众相遇，得知茶坪伤亡惨重，6000 余人被困。朱元光下达命令：由他带领 6 人组成的先遣队继续向茶坪挺进，其他队员驻扎长青桥建立救助点，做救援安置和接应工作。15 日凌晨 1 时，先遣队经过艰难跋涉抵达茶坪乡政府，立即展开救援工作。为确保群众安全转移，他协调部队对通往山外的“生命天梯”进行排险和抢修，通过直升机转移重伤员 46 名，100 多名轻伤员和 6000 多名群众从抢修出来的“生命天梯”安全转移到晓坝、桑枣等救助点。5 月 19 日 13 时 42 分，朱元光在全乡人员基本安全转移完后，最后撤离下山。

高　量　县委常委。省科技厅的一名处级领导，地震后，省委组织部下派到安县工作。

2008 年 6 月 1 日，高量到安县报到。县委分工，协助县委副书记张道斌工作。除高川、茶坪以外高量走遍全县乡镇进行调研，充分了解全县灾情后，随即向科技部、省科技厅领导进行汇报，并争取到科技部“地震灾后新农村建设技术集成与示范”项目，在花荄镇柏杨村推广应用，并取得成功在全县推广。

郭向前　县委常委、副县长。2008 年 7 月 10 日，辽宁省交通厅公路局副局长郭向前受中组部选派，到安县支援灾后重建。

郭向前到安县赴任以前，他已随辽宁省领导两次到安县了解灾情。7 月 12 日，他到达安县的第二天，就顶着烈日，到墩秀路二炮某部 2 队抢通前线指挥部参加墩秀路保通协调会，深入秀茶路抢通现场。在抢险救灾期间，安县气温高达 32 摄氏度左右，且潮湿闷热。郭向前多有不适，但他坚持深入一线，在酷暑中指导研究工作。他腰部不好，但他却在不到一个月的时间里，行程近 5000 公里，深入全县各乡镇调查研究，熟悉情况。他心脏不好，但他却克服重重困难，先后 6 次深入秀茶路抢通一线，查看堰塞湖水位，与现场指挥员研究指导抢通工作。7 月 29 日，在秀茶路抢通的第一时间，他与县委书记通过抢通道路，深入安县受灾最重的茶坪乡查看灾情。他是第一位到达茶坪乡的辽宁省援安干部。

田涌泉 县人大常委会副主任。地震发生后他到黄土镇了解灾情，指导镇村干部抢险救灾，到县医院组织协调抢救伤员。5 月 12 日 19 时左右，奉命到宝林镇了解灾情，组织救灾工作，想方设法向外界传达安县灾情。5 月 14 日早上 8 点，他向《中国文化报》副总编徐世丕（安县河清人）报告安县的重大灾情，引起高度重视。

5 月 21 日，负责协调建设“京安小区”工作。田涌泉与刘平安等通过努力，“京安小区”在 12 天内竣工投入使用。茶坪乡 1100 多名群众入住后，田涌泉和刘平安等对“京安小区”创造出一套科学管理的方式。

杨通远 县人大常委会副主任。地震发生后，杨通远于 14 点 35 分赶到行政大楼前，接受临时指挥部任务后，15 时到达界牌镇中、小学和卫生院指挥抢救伤员。随后前往兴仁乡、河清镇查看灾情，进村入户、抢救伤员，搭建临时医疗点，联系救灾物资。

14 日晚 23 时，奉命到沸水受灾群众救助站担任指挥长。组织县级机关有关部门和沸水镇、高川乡党委、政府干部搭建帐篷 180 余顶，接收安置下山的受灾群众。随着受灾群众的不断增加，马上启动沸水救助站第二站点的建设。沸水救助站两个点先后接收安置转送高川、绵竹市、茶坪乡受灾群众 2500 余人。杨通远在救助站实行人性化安置，高度重视卫生防疫，建立母婴、孕妇、腹泻、发热专用帐篷和消毒、医疗救助点，平安帐篷评选和站村共建等做法受到上级领导肯定和推广。

潘昌友 县人大常委会副主任。地震发生时，他正从安昌镇返回花荄途中。当日下午 5 点，奉命到晓坝镇组织指挥抗震救灾工作。5 月 14 日，县指挥部决定建立安县晓坝救助站，他和朱安保一道，立即投入救助站建设，安置从茶坪转移下来的 4800 余名受灾群众。转移安昌、永安、桑枣安置 2000 多人。

5 月 17 日，县指挥部将他调到秀水镇指挥抗震救灾工作。到达秀水镇后，立即展开救援，始终坚持当天事当天办，并仔细盘查当天剩余物资，做到事事有计划、早安排，列出详细清单。第二天，根据储备情况，写出物资调拨申请，联系审批，安排车辆装车、押车，确保受灾群众有吃的、有住的。从 5 月 17 日开始，共协调组织生活必需品 240 多车，对秀水的抗震救灾和受灾群众的安抚、稳定起到强有力的支撑作用。

邹兴贵 县人大常委会副主任。地震发生后，安县人民医院院长邹兴贵组织全体医护人员、干部群众抢救伤员，确保伤病员的安全和救治。疏散医院内尚有的 200 多名病员和家属，以及大批的医疗器械和药品。在医院草坪救治从四面八方源源不断地送到的伤病员。5 月 16 日到 18 日，他带领医疗突击队，冒着余震的危险三上茶坪乡重灾区，参加伤员救治、疫情防范。

赵 奎 副县长。地震发生后，赵奎立即奔赴各乡镇了解灾情，为县委、县政府统筹全局指挥全县抗震救灾工作提供第一手情况。强震使全县电力、通讯中断，赵奎迅速组织电力、通讯、燃气、燃油等生产供应企业立即开展抢险修复，为应急指挥、抢险救援、群众安置提供基本保障。赵奎还深入 69 户规模以上工业企业逐户察看灾情，组织企业抢险救灾，协调解决企业复产和灾后重建中的实际问题。及时召集相关部门，深入整顿市场秩序，积极恢复商贸服务网点，加强招商引资项目跟踪，协调灾后重建物资生产企业尽快复产。

震后形成的堰塞湖对下游群众和企业构成极大威胁，赵奎多次深入下游各企业指导应急准备工作，冒着余震和溃坝的危险在泄流当天深入堰塞湖坝顶检查通讯保障工作。他还多次深入到所联系的永河镇及村组指导抗震救灾和恢复重建工作，并向永河镇受灾群众捐赠 7 吨大米。

詹勇为 副县长。地震发生后，詹勇为奉命向市上汇报灾情，请求支援。返回后，詹勇为立即奔赴永河、塔水、秀水、安昌等乡镇，深入救灾一线，组织指挥抗震救灾工作。在安昌救援期间，还承担着北川伤员中转站的任务，詹勇为积极统筹协调医疗救助点和受灾群众临时安置点，协调交通、供电、供油、生活物资、防疫等应急事宜，尽最大努力满足北川受灾群众需求。詹勇为奉命具体负责处理堰塞湖和震损水库的排险避险工作。14 日早上 5 点，他陪同国家防总等有关专家冒着余震不断，泥石流和山体滑坡的危险，步行 12 公里，到肖家桥堰塞湖实地查看，掌握堰塞湖的第一手资料。其后的一段时间，他几乎天天都要同水利部、长江委、成水院等有关部门的专家到堰塞湖坝顶实地观察，共同会诊，提出切实可行的处置方案。积极协调和配合川工局开展抢险工作。5月28日罐滩堰塞湖开始泄流，6月6日肖家桥堰塞湖正式泄洪，确保人员零伤亡。

詹勇为积极组织农口部门开展“双抢”和生产自救，组织86支自耕队，帮助农民割麦插秧，及时组织优质种子、化肥、农药，确保农资供应。全县16万亩小麦和23.5万亩油菜全部收割，30多万亩水稻满栽满插，8.5万亩玉米全部种下。积极组织畜牧部门认真开展死亡动物无害化处理，确保大灾之后无大疫。

杨代根　副县长、公安局长、县抗震救灾指挥部副指挥长。地震后，杨代根与在家的县领导一道，第一时间迅速启动突发自然灾害应急预案，开展抢险救援工作。组织公安民警、县上各部门、各乡镇和村组干部，全力抢救运送伤员3500余人，全力维护医院、加油加气站等重点部门的治安秩序；积极协调支援的部队、外地工程队，奋力打通晓茶线、秀墩线生命通道；组织本县公安民警和外援警力共327人，坚守在通往北川、安县高川、茶坪的交通要道，疏导车辆8万余台次；维护全县和县境内15个受灾群众集中安置点的社会治安秩序，及时推出公安机关便民利民服务30条措施，并加强社会治安防控，在全县建立帐篷、板房警务室10个；积极协调组织完成全县1000余处危房排危和3.5万余平方米过渡板房的搭建、用地、用电、用水等工作任务；疏导化解遇难学生家长、救灾物资分配等闹事苗头12起；圆满完成党和国家领导人视察灾区一、二级警卫任务16次；组织完成肖家桥堰塞湖排险等安全保卫工作任务，确保河道沿线群众无一人伤亡；组织研究制定灾后农房重建和晓坝迁址重建工作方案，地质灾害预防、安全生产等工作措施，并负责组织实施。

刘胜军　县人民政府副县长。地震发生时，刘胜军正在卫生局五楼会议室召开全县血防工作会议。当即，他一边指挥参会人员撤离到安全地带，一边命令各医院院长立即返回单位，全力组织抢救伤员。随后又奔赴花荄、安昌、桑枣、秀水、乐兴等镇的医院、学校救灾一线，查看灾情，组织和带领医务人员、教师和乡镇干部职工抢救伤员、安置受灾群众和学生，直到13日凌晨3时才返回指挥部。6时又赶往省卫生厅在安昌西苑中学设立的临时医疗救助站，组织车辆转运北川伤员和受灾群众，协调站内供电、供水和组织药品、生活物资等应急事宜。

刘胜军把县内卫生防疫人员与来援的19支卫生防疫队伍进行资源整合，实行分片包干，责任到人，全面覆盖；组织河北、河南、山东、海南等19支援安卫生防疫队专家每天召开联系会，认真听取专家们的意见和建议，并作出科学决策，确保大灾之后无大疫目标的顺利实现。地震使全县117所中小学校损毁严重，无法正常上课，有34名学生在这次大地震中遇难。为使学校尽快复课，刘胜军与教育主管部门积极组织协调相关职能部门努力工作。全县2045名高三学生在地震后10天内恢复上课，并于7月3日在好医生考点顺利通过全国普通高校招生统一考试。

冯　安　副县长。为支援安县抗震救灾灾后重建工作，冯安于5月31日从省下派到安县工作。在抗震救灾期间，解决塔水团结陶瓷厂、界牌德胜页岩砖厂恢复生产、技改等工作；协调塔水中学、塔水二小捐建学校等事项；协调解决银河公司灾后恢复生产所需6000万元流动资金贷款及灾后重建，将德天线铁路、袁塔线天然气管线和睢水工业园区建设纳入总体规划；协调县纸业公司恢复生产经营及5万吨竹浆纸技改项目在建工程所需1000万元流动资金贷款，浮山公司日产3200吨熟料新型干法水泥生产线技改项目工程等问题；为县地质公园管理处和花荄工业集中发展区策划旅游灾后重建、恢复生产经营等工作。

严洪兵　副县长。严洪兵是省下派到安县任职干部。到任后，深入全县18个乡镇了解灾情，以及灾区群众急需解决的问题。带领城建、国土、环保、消防、卫生等部门，深入河南省各援建单位建筑工地现场办公，认真研究，解决活动板房建设中的问题。在全县页岩制砖厂选址工作中，组织发改、国土、林业、环保、水务、电力等相关部门，深入全县16个乡镇，对50多个页岩点进行现场勘验，为全县页岩砖厂的合理规划、布局提供依据。认真落实维稳上访包案工作。对自己负责的上访案件，深入乡镇了解个案缘由和上访人员的思想状况，化解矛盾于基层，力争做到防患于未然。协助公安局认真落实公安机关灾后重建便民、利民的30项承诺，保证受灾群众能在3个月内领到二代身份证。

何建非　副县长。2008年5月底组织安排到安县任职，到任三天时间，便跑遍全部受灾乡镇。6月上旬开始，先后对魔芋生产加工基地、花荄工业园的规模企业进行调研。为“圣康”蛋鸡养殖在省上获得产品认证以及著名商标的申请，向省上相关部门寻求将安县作为新农村建设试点的支持援助，协调陕西省工商、个体私营经济协会在安县援建学校。并积极寻求企业的资金、物资、技术等援助。救灾期间，他对基层生活特别困难的党员干部家庭进行慰问看望。

马贵显　县政协副主席。地震后，他奉命将县政协机关干部职工分为3个组。在第一时间赶赴抗震救灾前线睢水救助站，全力以赴投入救灾抢险，抓好受灾群众生活安置、卫生防疫、思想教育、生产自救、就业就学、治安管理等，每天工作在18个小时以上，使睢水救助站4000多个受灾群众得到妥善安置。在抗震救灾进入受灾群众安置、防疫和恢复重建阶段，他又积极为灾后恢复生产、重建家园建言献策，发动群众恢复生产，开展自救。他还带头捐款1000元，交纳特殊党费300元。

李　培　县政协副主席、统战部部长。5月12日下午，李培率“民营经济发展”课题调研组的五位同志，在基层开展调研工作。当到黄土镇五家碑水库时，地震了，李培决定到学校救援。当他们匆匆赶到最近一所村小学时，学校教室部分垮塌，但没有人员伤亡。李培又率调研组一行人赶往民营企业察看灾情。当看到陈前忠的油厂厂房垮塌，李培一边组织抢险，一边安慰鼓励他们要战胜灾害，增强重建家园的信心。

随后，李培组织统战部干部职工奔赴各宗教场所察看灾情，走访慰问台、侨属（胞）和宗教教职人员，并动员各宗教场所立即搭建帐篷，架锅煮饭，力所能及地开展赈灾活动。13日晨，李培赶到联系的塔水镇察看灾情，组织寺庙僧人，为2000多个受灾群众解决吃、穿、住的临时生活问题。李培充分利用统战部门联系广泛的优势，积极争取八方支援，共争取到4000余万元重建项目到位资金。

金　红　县政协副主席、社保中心主任。地震发生后，金红在巨大灾难面前不退缩、勇担当。金红负责联系永安镇、跃进村、永安救助站三个抗震救灾站的全面工作。震后不足一小时，她就带领单位职工奔赴永安镇政府和联系的跃进村了解灾情和人员伤亡情况，指导开展人员搜救和安全转移工作。在永安救助站，她抓紧制定救灾物资和工作人员管理制度，与解放军总装备部联合组建全县第一个“八一帐篷学校”。在抢险救灾期间，金红坚持“两手抓，两不误”，及时租用临时办公场地，尽快恢复正常工作秩序。积极有效地开展灾情核查、业务咨询、社保缴费、资金测算、社保待遇发放等工作。

胡建生　县政协副主席、县人民医院副院长。地震发生时，胡建生迅速冲出家门，向医院的住院大楼跑去，与医生和护士一道，一趟又一趟地向楼下转运住院的伤病员。得知电梯里有人被困，他冒着强余震与医院总务科长和保卫科长一道撬开电梯门，将困在电梯内的两名女职工救出，最后才撤离大楼。

当第一批地震中受伤的伤员送到医院，他又带领医护人员投身到抢救伤员的紧张战斗中。抬伤员，调急救药品，搭临时手术台，轻重伤员的分区管理与处置，临时发电机和铺设临时供电线路等，他都亲自一一安排落实。地震两小时后，医院篮球场空地已无法容纳更多的伤员，可伤员仍在源源不断地被送来。他马上去开辟第二救治点，并安排人员到西苑中学救治点抢救北川重创的伤员。13日傍晚，接到县卫生局通知，把所有重伤员都转移到绵阳市去集中救治，胡建生马上组织医生护士转运伤病员。14日，救援物资送到医院，他又组织并带领职工们卸车。连续重体力劳动，他的腰伤旧病复发，疼痛难忍，但他捆上一个腰托又咬牙坚持战斗在第一线。

杨建新　地管处党工委书记。5月12日，杨建新随同县上领导到成都洽谈旅游招商项目。地震发生后，他立即赶回安县，奉命前往安昌镇组织抗震救灾工作。23时，安昌镇抗震救灾工作基本就绪，立即又赶往各旅游企业调查地震受损情况。并对各单位的抗震救灾工作提出临时性处置意见，要求对滞留游客和员工进行妥善安置，从即日起各旅游企业停止对外营业。

13日上午9时，杨建新召开全体干部职工会议，对旅游行业抗震救灾工作方案进行安排布置：成立安县旅游抗震救灾工作指挥部，安排干部职工前往各景区，安抚企业员工，投入抗震救灾工作。14日，他针对各企业抗震救灾物资匮乏的情况，四处联系，争取到一批矿泉水、食品，并及时分发到各企业。15日，他奉命到晓坝救助站负责指挥受灾群众的安置工作；16日，救助站基本解决缺少食物的问题；19

日，晓坝救助站的第一间活动板房建成；20日，救助站卫生防疫工作机制全面落实，数千人在救助站内生活未发生疫情。

二、县级部门抢险救灾

县纪委（监察局） 5月12日14时50分，强震刚过，县纪委（监察局）领导迅速到乡镇了解灾情。19时，委局领导再次赶赴清泉、塔水、乐兴、宝林等受灾乡镇指导救灾工作，到13日凌晨3时返回。县委常委、县纪委书记姜曦带领抢险救灾部队前往高川乡救援。

班子成员带领其他纪检监察干部加入应急小分队随时听从县抗震救灾指挥部的调遣，不分昼夜装卸救灾物资，并分别派员在睢水安置点、沸水安置点和晓坝安置点做受灾群众安置工作。绝大部分干部舍小家顾大家，在抗震救灾中既当监督员、指挥员、宣传员、群众工作员，又是抢险队员、搬运工、帐篷搭建工。

县人民武装部 地震发生后，县人武部共出动民兵10500余人，转移安置受灾群众4650多人，从县两所幼儿园转移儿童121人，从安昌镇中小学、黄土镇二中转移学生1500多人，帮助安昌镇医疗救助站搬运、转移伤员2400余人，掏挖、打捞、搬运遗体127具；从废墟中救出人员累计53人，排除危房79户，从危房中抢出各类家具700多件，家电346件，粮食50余吨，生猪70头，腊肉等各种食品约7吨。从危险教室内搬运桌椅5500多件，书包和课本无数。搭建帐篷760余顶，装卸救灾物资2100余吨；出动民兵治安巡逻9000余人次，消毒防疫800余人次；协调到安县和经安县到北川抗震救灾部队30余支，共计20000余人。

5月12日以来，先后有30余支救灾部队，共20000余人相继挺进和路过安县。人武部主动作为，在安县永安路明显地段设置“抗震救灾过往部队联络处”，为进驻安县和路过安县部队当好向导。部队进驻安县后，为掌握各部队的具体情况，他们一家一家去衔接，逐一弄清各部队的性质、名称、兵力、指挥机构和负责人、联系人等，并及时将其力量划分到灾区的救援队伍中，以此为安县的抗震救灾赢得更大的效益。积极协调县移动、电信公司和县广播电视局，为每个部队解决通信和有线电视的问题。主动协调，为宜宾、内江、攀枝花、自贡军分区搞好供应保障工作。

县人民法院 5月12日14时38分，院党组书记、院长刘平安在法院门前集合队伍，清点人数，安排干警互助自救，寻找家属，安抚亲人。刘平安迅速赶到县委，火速奔赴河清镇等地察看灾情。当日下午18时30分，县人民法院在震后召开党组会。成立安县人民法院抗震救灾办公室。由35名男干警组成应急抢险队，下设4个小分队，分别由党组成员带队，奔赴茶坪、高川、睢水、河清等地营救群众。女干警组成抗震救灾后勤保障组。5月13日清晨，县法院领导带队干警向重灾区——茶坪乡进发，到达晓坝的关心村，与茶坪乡宝藏村支书严家品和兴力达集团总经理张均会合，得知路断山崩无法前行，3人一起返回县委，详细汇报茶坪、晓坝一带灾情，并带回乡党委书记向云刚给县委的灾情汇报信。县委高度重视，请求上级空中支援。法院系统在抗震救灾战斗的第一时间涌现一大批抗震救灾勇士们。

在抗震救灾中，县人民法院的干警在党组一班人的带领下，沉着镇定，众志成城，坚决服从县委、县政府的统一指挥，始终战斗在抗震救灾的最前沿。据不完全统计，截至5月22日23时，县人民法院的应急抢险队已先后救助伤员120余名，安全转移受灾群众2000余人，安抚灾后群众6000余人。

县人民检察院 高川乡是县检察院的帮扶乡。地震发生后，交通、通讯、电力等设施遭到严重破坏，高川乡与外界失去一切联系。为尽快掌握高川乡受灾情况，县检察院党组书记、检察长陈志勃在震后三个小时，带领干警驱车前往高川，行至睢水镇星火矿山时，地震造成的山体滑坡已经阻断公路，无法继续前行。干警就地投入抢险救援，在路边垮塌的房屋中，搜寻被困群众。深夜11点返回。5月14日凌晨，他们随部队一边沿途搜救伤员一边前进，全天行程不到四公里，由于无路可行，滑坡、塌方不断，只得再次随救援部队返回。三次进山受阻，县检察院党组万分着急，在得到部队将徒步翻山越岭到高川的消息后，县检察院党组研究决定，由副检察长阮建祥带队随部队前行。5月15日，阮建祥带领县检察院突击队和救援部队冒雨翻越海拔1700多米的天台山，向高川乡进发。步行8个多小时的山路后，终于在晚上8时到达高川乡政府所在地，并配合县纪委、救援部队、乡政府干部一起研究转移伤员和群众的方案。5月17日早上5时，阮建祥和突击队员汪平随最后一批群众撤离。

从12日地震发生至17日的五天时间里，县检察院先后派出50余人次，数次冒着余震、山体滑坡和滚石危险前往高川，共转移、救助睢水方向受灾群众40余人，配合救援部队，翻越沸水天台山，转移120多名伤员和1000余名受困群众。

在抢险救灾期间，得知北川县检察院在安昌镇设立临时办公点后，陈志勃多次前往帮助协调解决相关问题，并为北川县检察院送去帐篷和5000元现金。抽派两名干警到北川检察院当联络员，帮其搬运物资，搭建帐篷和协助当地关系。

县委办公室　地震发生时，县委办主任王刚因公出差，在家的几名副主任，立即召集县委办全体员工迅速摸清灾情，向上级报告，投入抗震救灾中。

县委办公室在电力、通讯完全中断的情况下，奉命紧急开通应急电话，协助调集医务人员、药品和医疗器械、交通工具，确定临时医治点，全力救治伤员。严重的灾害使北川县城遭受毁灭性破坏，市委决定，将安昌作为北川羌族自治县县委、县政府的临时办公地点。面对满目疮痍的安昌镇，协调难度非常大。县委办接到任务后，及时和通讯、电力、消防、供水等部门衔接，调动安昌城管30余人、民兵预备役15人，一天之内抢修疏通供电、供水、通讯设施，确保5月22日北川县四大班子及所有机关入驻，受到市委领导和北川县委、县政府的高度评价。

县委办承担起草县抗震救灾指挥部各类文件、汇报材料，搜集全县灾情、信息，编辑供领导决策的动态信息，掌握各乡镇抗震救灾进展等大量幕后工作，充分发挥县委办公室枢纽作用。抗震救援期间，起草、审核全县抗震救灾各类文件200多件，汇报材料30多个，给援助安县的部队官兵、兄弟省、市、县撰写《感谢信》140多封；收集信息6500余条，编辑《抗震救灾专报》《抗震救灾简报》《安州信息·抗震救灾专刊》各20多期。20多天来，他们每天早上7时开始工作，到次日凌晨两三点才休息，每天睡眠不到4个小时。全面完成县抗震救灾指挥部交付的各项工作。

县人大常委会办公室　在“5·12”大灾难面前，县人大机关干部在抗震救灾中充分发挥带头作用。县人大办在地震发生后，先后到永安镇、安昌镇、西苑中学救助站协助安置受灾群众，组织抢救安昌、北川地震受伤的伤员。随后，又到晓坝救助站协助开展抗震救灾工作，一直坚守到最后才撤离。5月14日，办公室奉命负责接应救迎组工作。5月15日晨，奉命接迎茶坪转移出来的6000余名群众。负责晓坝救助站物资调配组工作。晓坝物资站既要保证晓坝10300余人的救灾需要，又要保证茶坪8000余人受灾群众不断下山的生活需要，同时还要保证救灾部队官兵、抢险分队、应急分队、各地志愿者的生活需要。从晓坝救助站物调组成立以来，人大办公室干部每时每刻都坚守在自己的工作岗位上。

县人民政府办公室　5月12日14时28分，地震发生后，县政府办共9名领导，40余名工作人员，全力投入抢险救灾一线。在抗震救援期间，县府办全体干部职工分赴抗震救灾各条战线，各司其职，分工协作，团结一致，为抗震救灾竭尽全力。地震当天下午到第二天，所需抗震救灾物资紧缺，县政府办后勤组先后分头奔赴县外联系购运饮用水、方便食品等物资，并连夜向临时医治点、各乡镇和抢险前线等最需要的地方转运。办公室分别担负起文秘信息和后勤服务工作，一个月来，编印《抗震救灾快报》130期。在抗震救灾的危急时刻，办公室积极组织应急分队，调配人员向茶坪、高川抢险救援前线突进。向市委、市政府汇报安县地震灾害的初步情况，紧急控制并统一调度全县所有燃油，切实保障抗震救灾所需。努力向上向外争取支持，搜集各乡镇具体灾情和抗震救灾工作进度，传达指挥部指示指令，搞好指挥部会务，接待群众来电来访，进行宣传解释，妥善化解矛盾。按照县指挥部卫生防疫分部的要求，认真落实卫生防疫工作。县政府办顺利完成救援期间组织交代的各项任务。

县政协办公室　地震发生后，县政协办反应迅速，对政协抗震救灾工作作出安排。5月14日，县政协机关干部职工分为3个组，分别由主席、副主席、秘书长带队，具体负责抗震救灾各项工作。第一组组建睢水救助站，安置受灾群众；第二组在县抗震救灾指挥部参加应急抢险，昼夜值班；第三组奔赴乡镇、村勘察灾情，安置受灾群众。

政协秘书处负责睢水救助站。全体干部每天工作16个小时以上，安抚受灾群众，解决群众的吃、喝、拉、撒、住，帮助联系解决受灾群众中“三孤”的救助及抚养；帮助245名受灾群众就业；建起帐篷学校使230名学生复课。5月18日，政协机关共捐款11800元，机关党员交纳“特殊党费”2750元。县政协先后组织救灾物资10余批发给受灾群众。组织政协委员通过不同渠道和方式向受灾群众捐款达110264元、捐赠物资价值461.94万元、交纳特殊党费10000元。6月5日以来，通过大量调研，形成《关于过渡安置政策有关情况的调研材料》《当前受灾群众安置及恢复重建工作应注意的几个问题和建议》调查报告，受到县上领导的重视和采纳。

县委组织部　地震发生后，全体组工干部迅速反应，立即行动，投入到救灾工作中。12日14时40分，迅速成立组织部抗震救灾临时指挥部，将干部职工分成前线组、应急组、后勤保障、信息宣传等4个工作小组，从班子成员到一般工作人员甚至是伤员，都迅速落实工作责任。

14时45分，组织部班子成员分组带领干部职工分赴学校、医院、矿山、乡镇、企业参加抗灾抢险。组织部于12日晚进驻所联系的桑枣镇及飞龙村，与当地干部群众一起开展抢险救援。在地震后不到10天的时间里，为桑枣镇、迎新乡、茶坪乡救助站协调安排饮用水30吨，大米30吨，方便面、方便粉丝及饼干100吨，救灾帐篷500余件，消毒液和各类药品10吨。

从5月13日起，组织部在全县展开“组织找党员、党员找组织”，摸清受灾党员情况。5月18日，制定下发一系列文件，对有3名以上党员的救助站（点）、安置集中地建立临时党组织，5月29日，完成党组织和基层政权的重建和恢复工作。全县村、社区达到有场所、有旗帜、有标牌、有班子、有制度、有党员服务队、有党务政务公开栏、有重建规划等“八有”目标。全县救助站（点）、安置集中地建立临时党组织46个，组建党员服务队、党员突击队、入党积极分子服务队953支，火线入党85人，涌现出朱元光、向云刚、夏平、郑发富、伍豪等一大批先进典型。截至6月27日，全县收到“特殊党费”59万多元支持抗震救灾。在抢险救援期间，配齐配强全县科级领导班子23个，考察识别干部267名，调整交流提拔干部25人，19名新提拔科级干部中破格提拔9人，直接从抗震救灾基层一线提拔干部12人。累计上报各类材料265篇，有80篇（条）被中央、省、市委组织部和《人民日报》《光明日报》、人民网、新华网、《四川日报》等中央、省、市主流媒体采用。

县委宣传部　地震发生后，县委宣传部班子做出抢险救灾全面部署。要求县外宣办、广播电视局、安州通讯社、信息办等，抢占对内对外宣传的制高点。及时准确、公开透明宣传报道灾情，宣传党中央和国务院及各级党委、政府抗震救灾的重大举措，发掘宣传抗震救灾中的感人故事和典型事迹，统一思想，鼓舞士气。

5月14日，茶坪、高川告急——安县灾情严重的信息在中国新闻网上登出后，迅速传播。5月17日，《人民日报》刊载《抢救茶坪》，引起各方救援力量的高度重视。截至5月30日，县委宣传部已先后接待中央及全国各地新闻媒体140余家，记者近1300余人次，在各类报刊、电台、电视台、网络媒体上报道安县灾情及抗震救灾动态消息的稿件1350篇，其中《人民日报》、中央电视台、中央人民广播电台、人民网、新华网等国家权威媒体采用近150余条。辽宁省对口援建安县的消息传来后，县委宣传部马上与辽宁省委宣传部联系，将安县震灾情况及面临的困难和问题书面传真交流。辽宁电视台等10多家新闻媒体进驻安县，辽宁电视台等主动要求参与安县制作光碟《灾难安州》和《“5·12”大地震：永恒的记忆》专辑，给予人力资金支持。同时，还开办《抗震救灾专辑宣传工作简报》《抗震救灾大家在行动的宣传快讯》等。

在抗震救援期间，开展废墟上的坝坝电影、帐篷学校、艺校、图书馆和心理疏导，中国人民解放军战旗歌舞团、绵阳市艺术剧院到安县受灾群众安置救助点进行慰问演出，县文艺慰问演出小分队开展巡回慰问演出等。

县委统战部　地震发生当天下午，县委统战部班子立即组织统战部机关干部，奔赴乡镇和宗教活动场所，组织施救。当高川、茶坪、睢水等山区乡受灾群众扶老携幼从山上下来，饥困交加时，县委统战部当即与睢水卧佛寺联系，接济受灾群众。组织寺庙僧人及群众捐粮、捐物，埋锅煮饭，设立临时救助站，让一批又一批从山上下来的受灾群众有饭吃、有处住。仅在睢水卧佛寺头5天时间里，就安置转移受灾群众2000余人。

在抗震救援期间，利用统战工作渠道，积极向各方争取救灾援助。先后得到上级统战、对台、民族宗教工作部门以及包括台胞、宗教界人士在内的社会各界的大力援助。

县政法委　地震发生后，县政法委班子领导于5月12日15时10分召集政法委全体干部召开紧急会议，对抗震救灾和维护社会稳定作出部署，要求全体政法委干部在积极投入抗震救灾的同时，发挥职能作用，切实加强灾区社会治安综合治理工作，排查矛盾纠纷，依法打击和防范抢劫、盗窃、诈骗、销售假冒伪劣商品和有毒有害食品，以及散布传播谣言、制造恐慌等干扰破坏抗震救灾的违法犯罪活动，依法快侦、快诉、快判严重犯罪，全力维护社会稳定。

抗震救灾期间，班子全体干部靠前指挥，始终战斗在抗震救灾第一线，研究灾情，部署工作，率领政法战线全体干警深入全县20个乡镇和厂矿、机关、学校、工地，走村入户实施救援。在抢险救灾中，县政法部门共出动警力1.5万人次，车辆2800台次，消防车辆100台次，从废墟中救出130人，解救围困群众4800余人，运送救灾物资35万公斤，在各救助站点等人口聚集地、党政机关、水电油气供应站、物资储备点、金融部门、学校、医院、超市等重点场所加大巡逻设立警卫，共出动警力近万人次，警车1200台次，保安3500人次，群防人员3万人次，有力保障社会治安，确保抗震救灾的顺利进行。

县民生工委办公室（县惠民帮扶中心）　5月12日下午，在电力、通讯完全中断的情况下，奉命搭建指挥部办公室、值班室，开通应急电话，找来发电机应急供电，迅速投入到救灾值班当中，调集医务人员、药品和医疗器械、交通工具，确定临时医治点，全力救治伤员。5月12日晚8时，民生办迅速赶赴三台等地采购食品、药品等救灾急需物资。13日7时，将两车急需物资运到安县指挥部。在抢险救援期间，深入乡镇、村组和社区抗震救灾一线，慰问受灾群众、疏散群众、救治伤员，协助指挥部领导处理好日常事务。民生办负责人还担负文秘、信息工作，主持编印《抗震救灾快报》180余期、《对口支援简报》60余期。

县直机关工委　地震发生时，县直机关工委干部坚守在岗位，听从指挥，全力投入抗震救灾一线。震后第二天，工委全体党员干部主动报名参与抗震救灾应急分队小组。在得知全国各地的救灾物资运达安县装卸告急时，又及时组织县直机关共产党员、入党积极分子186人，搬运救灾物资。及时将物资分发到受灾群众手中。

5月18日，工委负责人奉命赶到在绵阳市抗震救灾指挥部安县接受捐赠临时办公点工作。为顺利让救灾物资送达安县，工委领导立即协调检察院、财政局、地税局、惠民中心、劳动局等支部的党员干部10余人进驻绵阳物资储备的樊华集团，协助物资运送工作。与桑枣救助站干部一起妥善安置茶坪乡宝藏村、金溪村等地转移的3000余名受灾群众。缴纳特殊党费510元，捐赠抗震救灾款1000元。组织所辖的89个党支部缴纳“特殊党费”，累计金额共98028.2元。

共青团安县委员会　地震发生后，团县委迅速行动，组织团员青年投入抗震救灾第一线。团县委倡议成立安县抗震救灾志愿者协会，协会先后共组织各类志愿者16000余名，参与志愿服务10万人次，组织200多台车辆和大型机械设备参加志愿服务，调动车辆达3500台次，运输转运北川和安县灾区群众15000人，搬运装卸物资1.5万吨。团县委及时向上级团组织和辽宁、大连团委汇报安县受灾情况，共筹集到抗震救灾物资、资金达1510.65万元，协调资金1559万元。

积极争取山东大学、川师大、北京交大等50余支高校服务团在安县进行支教、支医、贫困学生资助等社会实践活动。建立22个临时团支部，并在辽宁、大连、唐山团委帮助下，建立全县第一所板房小学、12个红领巾书屋以及资助团员青年和大中小学生6300人次。

中央电视台、《中国青年报》、新浪网、新华网等媒体网站对安县志愿服务抗震救灾工作进行100余次报道，在百度搜索上关于安县志愿者的相关信息达到54.7万条。

县妇女联合会　地震后，县妇联牵头组织成立女子突击队。5月29日，将茶坪、高川乡等10个乡镇的500名小学生送到云南昆明市代管学习。争取到国务院妇儿工委和联合国儿童基金会的支持，在全县四个受灾群众安置点建四处儿童友好空间，开展儿童友好家园工作。组织赵花蓉等28名来自20个乡镇的孤儿到山东日照“安康家园”免费生活学习直至大学毕业。组织开展爱心红书包捐献发放1116套。为广大妇女儿童组织救灾物资700余万元。为受灾妇女提供适合的岗位2000余个，组织受灾群众赴深圳、天津等地就业。协调援建安县秀水一小汉昌分校科力春蕾活动板房学校1000平方米。争取到支持教育娱乐等活动用品40余万元。争取在全县安置小区捐建“爱心岛”2个，提供书籍20万元。争取中国儿童少年基金会儿童弱视专项基金。争取到“三个一工程”，为受灾群众美容整形公益行动。争取到为灾区150名地震中失去亲人的儿童每人400元的助学资金；河南省平顶山一中对安县5名高一贫困生每人每年1000元资助；绵阳市妇联资助3名女大学生每人2000元；成都市退休职工李倩等个人捐资3000元资助10名儿童上学。争取全国妇联饮水工程项目，为黄土镇、茶坪乡、迎新乡受灾群众安置小区各安装制水机一台价值90万元。积极与沈阳市妇联对212户单亲母亲送棉被及羽绒服等越冬用品。

县委党校 地震后，县委党校立即成立抗震救灾领导小组，全力组织开展抗震救灾工作。校领导迅速赶到所联系的塔水镇正觉村，看望慰问受灾干部群众。又赶往清泉镇，查看了解所联系的邹庆等五户瀑布沟电站移民的受灾情况。为帮助受灾群众解决临时居住、生产自救，组织2000元现金和价值2万多元的衣物、帐篷、篷布以及饮食品等，分批运送到正觉村，缓解群众的困难。组织党校共产党员帮助正觉村军属雷定福栽插水稻两亩。

在抢险救援期间，党校地势开阔，有数百名群众涌入校区内避震，加上周边地带，共有受灾群众上千人。因地震停电停水，校领导和职工千方百计设法解决群众饮水和临时照明。为保证大灾之后无大疫，及时对损毁严重的公厕进行清理修复，解决群众如厕问题，派专人对校区及周边每天进行清洁和消毒工作。党校教职工还轮流义务为老弱病残受灾群众从好几米深的井里提水，受到群众称赞。为北川县重建工委、管委会的临时办公点提供场地、设备。派出两位应急队员，协助抗震救灾指挥部工作。

县总工会 地震发生后，县总工会迅速行动，向上级汇报灾情，争取上级工会的支持和援助，全国、省、市总工会以及辽宁省各市地方工会，相继下拨和捐赠300余万元的救灾物资和资金。

5月16日起，县总工会将上级工会和辽宁省总工会的救灾物资源源不断地运到安县，根据受灾程度的轻重进行分配。陆续发放帐篷、食品、药品、被子等紧缺物资到银河集团、浮山公司、汇利纸厂、茶坪、高川、安昌、桑枣、塔水、河清、秀水等乡镇救助站以及教育工会各受灾乡镇学校、粮食局工会基层粮站、建设局工会环卫所等受灾较重的企、事业单位，及时把物资发放到受灾职工手中。6月1日，上级工会拨付4万元“六一”慰问专项资金。县总工会为灾区受灾儿童购买书包、饭盒、被套、铅笔等学习用品，陆续发放给受灾儿童。

在抢险救援期间，县总工会制定《安县总工会抗震救灾资金及物资的管理办法》，对救灾物资的科学发放起到重要作用。

县委党史研究室、县地方志办公室 地震发生后，县史志办全体工作人员迅速行动，投入抗震救灾工作，及时收集资料撰写《八级大地震·四川安县》一书。

县史志办共7名在职工作人员，地震中有2人受伤，三间办公室损毁严重。在抢险救援期间，史志办领导带领全室干部奉命前往黄土、桑枣、花荄等乡镇，投入抗震救灾工作。史志办干部还通过大学同学，从西安个协为安县组织回3万余元的药品、食品等救灾物资，并进一步联系西安企业家到安县建立希望小学。年轻干部被安排在县抗震救灾指挥部应急分队，连续在财政局、交通局、电力公司、永安金属厂等地搬运救灾物资和修建板房材料。女干部被安排在志愿者招募组工作，并将河南南阳市支援绵阳市的300余万元救灾物资联系到安县。

在抗震救灾工作中，县史志办全体党员为受灾群众捐款1800元，交特殊党费650元；为特困党员送去慰问金1500元及粮油等物资。由中央党史出版社编辑出版的《八级大地震·四川安县——安县“5·12”抗震救灾纪实》一书，全书30万字，图片500余幅，详细记录安县抗震救灾的全过程。该书从策划到出版仅4个月。

县公安局 地震发生后，县公安局干警迅速自发在县局操场集结，值班局领导立即启动突发事件应

急预案。通信、电力中断，干警从办公楼内抢出21部手持机，用单频迅速建立小范围通信集群，统一调度指挥。在地震后几分钟，安排民警到县城各街道、小区和重要地段、重点单位展开救援工作。14个基层派出所和5个交警中队的民警各自为战，独立抢救、运送辖区伤员，强化对社会面治安管控。睢水派出所民警张晟、杨世平在去高川乡办案途中，成功自救后，他们就近将150余名群众转移到安全地带。5月13日，张晟、杨世平冒险进入高川，积极参与配合高川乡党委政府开展抗震救灾工作，为当时已成孤岛的高川稳定社会秩序发挥重要作用。桑枣派出所地震当天抢救伤员50余名。花荄派出所民警董顺华临近退休，从一处垮塌房屋下抢出3名幸存者。据不完全统计，仅5月12日下午，全局就出动车辆393台次，抢救、运送伤员800余人，协助安全转移群众2000余人。当晚，完成县抗震救灾指挥部临时交办的紧急任务20余次。将已损毁的安县看守所在押的127名人犯转移到市看守所羁押，无一人伤亡或逃跑。5月12日当晚，成立局抗震救灾工作领导小组。

在抗震救灾期间，县公安局成功处置群体性突发事件8起，破获刑事案件26件，查处治安案件58件。

县水务局 地震后，县水务局党委迅速启动应急预案，成立以局党委书记、局长任指挥长的水利抗震救灾指挥部，下设10个工作组，全体干部职工迅速奔赴各水利工程一线查看灾情，在18个小时内全面摸清全县各类水利工程震损情况并迅速上报。在24小时内完成全县水利工程除险、避险方案，及时出台《病险水库、山平塘临时应急工程措施》《加强震后病险水库安全工作的紧急通知》《抗震期间集中供水和饮用水注意事项》《堰塞湖溃决影响范围人员疏散撤离预案》等多个文件。第一时间完成抢险除险，在120小时之内解决全县51万受灾群众和47个救助安置点的应急供水，大春生产用水得到有效保障，加固修复工程快速推进。

成功排肖家桥、睢水河罐滩、老鹰岩3处库容最大并危害着2个国防科研院所、30余家企业及17.3万人生命财产安全的高危堰塞湖。

县发改局 地震后，县发改局领导立即带领办公室干部奔赴永安镇鑫怡煤业。15时50分他们赶到已面目全非的煤矿688井口，企业董事长蒋国维正坐在距矿区200米处的堆积物上，焦急地等待井下2000米处搜救1名失踪人员的38名矿工。

通过抗震救灾，到5月29日，全县地震造成的水、电、气、油、道路已部分或大部分得到恢复，规模企业20家部分复产，救灾重要物资正陆续分批到位。在抢险救援期间，发改局兵分两路，一路到工矿企业抢险救灾，一路到本部门联系乡镇黄土镇抢险救援，圆满完成抗震救灾任务。

县卫生局 地震发生后，县卫生局启动一级应急预案，成立安县卫生局抗震救灾领导小组，下设医疗救治组、卫生防疫组、疫情信息组、信息资料组及后勤保障资料统计五个工作组，抢救受伤病员工作全面开展。全县28家医疗单位全力投入救治伤病员，抽调业务骨干在晓坝和睢水两个镇建立抗震救灾医疗急救前哨站，全系统共建立26个抗震救灾急救站。并派出医疗队24人同第二军医大学医疗队9人赴地震重灾区茶坪、高川开展医疗急救和卫生防疫等工作。做好急救药品、血浆、器械的组织、调拨和供应，做好伤员的救治、分流、转运转诊和转院，启动灾后防病工作预案，迅速恢复和重建疾病监测系统，恢复县、乡镇、村三级医疗预防保健网。

截至6月14日17时统计，参加医疗救护的队伍22支，人数为2646人，其中部队、省、市州派驻974人，本县1672人。累计收治病人109801人次；累计转运伤员65215人次，其中转往市外治疗98人；累计住院病人12148人次。累计出动疾控防疫人员19915人次，车辆1744台次，累计消毒面积30250.98万平方米，厕所消毒1422394个次，消杀蚊蝇孳生环境1445675处次，检查供水单位1475个次，饮水消毒462555.7立方米，发放健康宣传资料1185.18万份，开展心理干预31857人次。

截至6月14日，累计巡查就诊登记47211人次，报告腹泻病人1610例，发热病人1161例，皮疹/皮炎3677例，感冒病人2734例。防疫队员每天深入到受灾群众安置点开展相关症状病例专题调查，累计调查6042人，发现发热16例，腹泻48例，皮疹/皮炎33例。累计抽样调查安置点受灾群众2370人，发现腹泻病人3人。经卫生防疫专家组对调查结果分析，认为安县震灾之后疫情平稳，无传染病流行及突发公共卫生事件发生。截至6月12日，全县共计免费接种甲肝疫苗29681人份次；乙脑疫苗14762人份次。全县无接种异常反应报告。

县财政局　地震后半小时，县财政局党组紧急召开会议研究应急措施方案，是日晚，县抗震救灾指挥部安排财政局负责做好抢险救灾物资的购买、接收、发放和资金收转、拨付等工作。

13日凌晨3时，远赴绵阳、三台、成都等地购买食品、药品、饮用水、雨具等救灾物资的几路人马，在历经10余小时后满载而归。早晨8时，全局干部职工兵分五路各自开始履行职责。资金调拨组负责资金拨付、接收捐赠款；装卸组负责救灾物资的装卸；分发组负责救灾物资的分发；统管组负责救灾物资的统计、保管；后勤保障组负责接待、职工生活、后勤保障、灾情上报，以及对救灾钱、粮、物使用进行监督检查，发现问题及时纠正。

县交通局　地震发生后，县交通局立即启动紧急应急措施，投入抗震救灾抢险工作。5月12日晚，成立安县交通局抢险指挥部，指挥部下设5个工作组，即抗震救灾办公室、工程抢险组、运力协调组、包村驻镇工作组及宣传报道组、综合协调组及后勤保障组。兵分三路（永安北路、墩秀路、晓茶路），抢通生命线。

在抢险救援期间，局党委共组织挖掘机、装载机、吊车等施工机械设备895台次，派出工程技术人员1万人次，清理道路塌方162万余立方米，抢通保通省、市、县阻断道路695.2公里；村道损毁495公里，已抢通、保通410.7公里；桥梁安全通行率达100%。省道损毁23座，全部设置危桥标志及限重限速标志，安昌南河大桥架设钢架桥1座，成青路干河子大桥修建便道一处。为整个抗震救灾提供安全的交通条件。

为及时运送救援人员、受灾群众和抗震救灾物资，共组织货车1300辆次，出动1668趟次，运送抗震救灾物资13971吨；客车370辆次，出动635趟次，小车303辆次，出动1578趟次，共运送救助人员、志愿者及受灾群众36128人次。

县食品药品监督管理局　地震发生后，迅速查清全县人员伤亡情况，局行政一班人分别带领干部职工通宵达旦到乡镇搜集灾情，奔赴绵阳，组织回8车药品6005件，货值501.72万元，及时送到各医院。切实保证全县急救药品的及时供应，使广大受伤受灾群众及时得到救治。

在抢险救援期间，共接受捐赠药品9409件，货值791.27万元。震后第二天，县药监局还派出灾后重建工作组深入到各药品供应网点，敦促具备条件的网点尽快恢复经营。全县2家生产企业、3家配送企业、4家惠民药房、26家县、乡镇级医疗机构药房、近20%的村卫生室和药店迅速恢复营业。7家药品连锁企业出动10台流动售药车，到受灾较重的秀水、安昌等8个乡镇，向受灾群众免费赠送药品，免费为受灾群众赠送药品价值4万余元。

在抗震救灾过程中，县药监局还及时制定《抗震救灾药械管理制度》，并派出执法人员加大对全县药品经营、使用单位监督检查力度，共出动执法人员40人次，检查单位100多家次。确保大灾之后农村食品药品市场有人管、管得住、管得好。

县规划和建设局　地震当天，就成立抗震救灾应急部，局主要领导任指挥长，下设市政组、住房组、在建工程组、环境保护组、乡镇联系组、后勤保障组、灾情收集督查组7个工作组，由领导班子成员担任组长；同时成立抗震救灾应急分队。根据抗震救灾不同时期的需要，又相继成立救灾资金物资监督组、过渡房搭建组、采购组、规划重建组、村管组、城监组，使整个抗震救灾工作有序开展。

在抗震救援期间，积极抢修供水设施，14日起县城花荄、安昌逐步解决群众生活用水。集中力量强化新县城环境卫生保护，严把大灾防大疫工作。专门抽调15名职工参与新县城主要街道60万平方米保洁工作，日均清运垃圾达90吨，保证人口密集区垃圾的及时收集清运。精心安排房屋震后应急安全检查。抽调30余名技术人员会同省建设厅、市建设局从泸州、广州、唐山、眉山等地调集的20余名专家，分组对全县学校、医院、电力、银行网点、政府机关、大型商住小区进行应急安全检查。据统计，15天时间共检查项目1020个，建筑面积达165.23万平方米。加快受灾群众的过渡房搭建工作。县规划和建设局在永安后庄村八一希望小学内搭建北川、安县救灾物资转换站一处约600平方米。在桑枣镇农场和云丰村搭建468顶临时帐篷，面积共达7200余平方米，解决茶坪转移的4000余名受灾群众的住宿问题。在受灾群众救助站修建厕所9个。

县广播电影电视局　地震发生后，迅速派出局（台）20多名记者全部奔赴灾区采访，抢拍灾情第一手资料。电台于14日在帐篷里恢复播出，县电视台于19日恢复临时应急播出，全县12个乡镇场镇收到中央一套、四川一套、绵阳一套等电视节目。到23日，全县有14个乡镇的场镇可以收到上述电视节目，架通党联系灾区群众的信息网。

5月15日，重灾区茶坪乡、高川乡交通阻塞，余震不断，大批救援部队无法开进。广电局陈泓光、李佳颖、陈思杨、朱中赫等4名记者主动请缨，分两组肩扛摄像机，翻山越岭，冒着生命危险徒步挺进重灾区，历时10多个小时，拍摄两地灾情，为部队救援提供第一手资料。19日，陈泓光再次进入重灾区高川乡采访。县广电局（台）20多名记者不分昼夜、不分野外室内，平均每天采播广播新闻20多条，制作灾情报道节目时长达1个多小时。向中央、省、市电视台提供灾情报道线索及音像素材180多条，采用46条；电视台8名记者分别与中央电视台、中央人民广播电台做直播连线；四川台、绵阳台专门制作《帐篷里的电视台》专题节目，集中表现安县广电人的坚韧、坚强、坚定。

县民政局　地震发生后，成立局抗震救灾领导小组，下设查灾救灾慰问组、灾情收集报送组、捐赠物资接收分发组等7个工作组，迅速深入灾区，核查灾情，慰问受灾群众。

为了管好用好捐赠物资、资金，民政局专门制发《安县抗震救灾资金和物资管理办法》《关于加强对抗震救灾物资管理工作的通知》，对抗震救灾物资的管理做到3个“一定”：一定要有账，物资来源、数量、分配去向要登记造册，做到有账可查；一定要及时分配，不能积压；一定要全程跟踪，防止物资去向不明，保证全部用于灾区群众。全县救灾物资的接收和发放稳定有序，切实落实“五有”制度，确保受灾群众有饭吃、有衣穿、有住宿、有水喝、有基本医疗。

县殡仪馆承担着安县及北川县部分遇难人员的遗体火化任务。成立遗体火化处理组，专门负责对因灾死亡的遗体进行消毒处理、转运和火化等工作。截至6月8日，火化、安葬2640人。全县临时安置受灾群众46.55万人，建立集中安置救助点42个，安置受灾群众54000余人。

县供销联社　地震后，县供销联社及时组织各企业和专业合作社查灾情、排灾害、搞自救；要求本系统党员、干部、职工和各合作社社员行动起来，主动投入到抗灾第一线；并动员各服务网点，在搞好自救同时，尽最大努力组织服务农业生产、服务抗灾自救的物资，满足灾区市场储备和供应。服从县指挥部统一安排调度，供销联社先后组织干部在晓坝、睢水、沸水、塔水等镇各救灾点参加抢险救灾工作，出色完成上级安排的任务。

县国土资源局　地震后，立即成立“抗震救灾应急分队”，设立联络、信息、地质灾害隐患技术指导和巡查等工作小组，并及时启动重大地质灾害紧急预案。

帐篷电视台

安县地质灾害隐患较多，县国土资源局及时对全县地质灾害隐患巡查、排查。5月13日，省地矿局915水文地质队进入灾区，对全县地质灾害隐患点进行拉网式排查，共排查490处。到5月31日，全局已组织500人次巡查、排查251个行政村。

为及时安置好受灾群众，根据县抗震救灾指挥部安置用地必须邻近水源、电源，能集中安置并具备安置生活条件的要求，县国土资源局展开紧张的征地工作。先后在晓坝、沸水、睢水、桑枣

4个乡镇征地69亩安置6000多名灾区群众，在永安、安昌、桑枣等15个乡镇落实灾区群众安置点用地64块，征地2000余亩，安置受灾群众97580人。

县教育体育局　面对突发大地震，局机关全体干部迅速奔赴各学校指导疏散学生，抗震救灾。各学校迅速启动安全应急预案，做到疏散及时有序，赢得宝贵时间。从学校领导到教师坚持“学生生命安全第一，把生的希望留给学生，把死的威胁留给自己”的理念，全系统因灾死亡学生34名，教师3名。5月17日，教育局组织安排花荄小学率先在32顶帐篷中示范复课开学。随后，黄土、界牌、永安、晓坝、沸水、雎水小学在救助站帐篷里相继开学。5月26日至29日，桑枣中学、秀水高中、安县高中相继在好医生制药二期工程厂房复课。截至6月30日，全县所有学校全面复课，复课学生达到49452人，占灾前在校学生总数的97.3%，2.7%的学生疏散到省外云南、辽宁和投亲靠友就地插班学习。与此同时，全县统筹规划搭建板房，秋季开学80%的学校和学生进入板房学习。

县农业局　地震后，县农业局行政一班人带领全局干部职工奔赴一线抗震救灾。组织灾情调查组382人，深入到全县每个乡镇农业生产第一线，及时查清全县小春粮油作物、大春作物损失情况和农业设施、农业服务体系损毁、破坏情况；全力抓好全县“双抢”和改种、补种工作。成立恢复生产技术组，4名局领导实行分片区负责，抽派93名技术人员深入村、组、农户进行恢复生产技术指导，印发技术资料2万份，及时组织调回改种、补种杂交玉米种子等；认真对全县沼气池的损毁情况进行核查登记，对建池农户的受损沼气池和灶具及配件进行全面安全大检查，并印发沼气安全管理资料，进行广泛宣传，确保灾后不发生安全事故；组建专业灭鼠队伍24支，农业局组织技术人员45人和村防保医生4000余人深入村组进行技术指导、投放毒饵、宣传发动，有力地防止灾后疫病流行。

县林业局　地震后，县林业局成立抗震救灾指挥部，下设综合协调组、后勤保障组、灾情调查组、救灾应急组、信息情报收集组，立即启动应急预案。对基层站、公司等20个企事业单位送去饮用水、方便食品、帐篷等抗灾物资和救济资金，看望慰问死伤、困难职工及家属35户，安置茶坪、高川等林业站及专兼职森林管护、林农受灾人员420户。严格落实昼夜带班制，切实加强值班预警，确保安全。全天24小时与县抗震救灾指挥部保持信息畅通，服从县上统一安排，深入一线开展工作。从5月13日起，主动抽调干部74人参加全县抗震救灾应急队，并分赴县抗震救灾物资储备站和茶坪、高川、雎水、桑枣、晓坝、永安等救助站开展工作。截至5月29日，全局共出动应急队员2000余人次，出动车辆485台次，装卸救灾物资220车次，为受灾群众搭建帐篷250余顶，分发物资5000余件，对1200名受灾群众进行心理辅导。局领导深入到联系乡镇永河镇插山村抗震救灾，帮助安置受灾群众40户，组织党员干部40人参加“双抢”，帮助抢收小麦100亩、栽植水稻70亩。

县人事局　地震后，县人事局立即召开党组会议，迅速成立抗震救灾指挥部，指挥部下设乡镇联系组、应急组和后勤保障组，成立抗震救灾应急分队，负责指挥抗震救灾工作，确保工作正常有序地开展。5月12日16时10分，局领导带领党组成员分两组深入联系乡镇河清镇，与镇党委一班人进行交流，了解该镇受灾情况，及时向县委、县政府汇报；到部门包村河清镇广红村实地查看灾情，参与“双抢”，开展生产自救，防范次生灾害等工作。同时深入第一线了解全县147名企业军转干部的受灾情况。搜集全县机关事业单位受灾和伤亡情况，经统计，全县1234名公务员、5838名事业单位人员，死亡8人、失踪2人，其中在职6人，退休1人，病休1人，民师1人，学校自聘1人。其他干部全力投入一线抢险救灾。

县文化旅游局　地震后，县文化旅游局及时组织救灾工作，组织网吧业主将发电机送到医院，为救治伤员提供电源；于5月13日起组织电影队分别在安昌、桑枣、花荄等受灾群众集中点进行露天电影放映，同时做好辽宁省总工会赴川慰问电影放映的协调工作；5月15日，组织书美协会会员和职工书写张贴宣传标语5000余幅，悬挂过街标语300余幅；奉命全力搞好卫生防疫工作，两名职工由于表现突出已“火线入党”；制作“安县抗震救灾大型图片展”展板20块，分别在安昌、花荄等地展出；组织全县业余文艺爱好者创作、编排文艺节目10个，在一线慰问部队指战员、受灾干部群众和志愿者，协助做好战旗、二炮、中宣部“心连心”艺术团慰问演出的组织工作；在桑枣农场救助站、京安小区、沸水高川救助站建立起临时阅览室；号召全县文艺工作者积极开展文艺创作，已创作发表数十部抗震救灾主题的文艺作品；开展地震文物收集工作，现已收集地震实物近500件，资料1200余份，抗震救灾图片1万余张；深入联系村了解灾情，安抚受灾群众，指导搞好抗震救灾和生产自救工作，散发防震知识手册300余份，张贴宣传标语40张，送去大米500公斤、面条100公斤、矿泉水106件及帐篷等物资。

县物价局 地震后，控制物价是抗震救灾工作的重要环节。县物价局启动紧急预案，动用临时价格干预措施发动所有受灾群众监督价格，对乱涨价的行为，人人可以谴责，人人可以举报。联合执法，打整体战，要求纪检、监察、工商、公安、标准计量、广播电台、各乡镇人民政府等要积极配合。清仓查库，不准囤积，将能够抢救出来的所有商品都投放市场，满足受灾群众的需要。号召所有老百姓抢收粮食，及时把蔬菜、猪肉等副食品投入市场，平抑市价。局领导率办公室干部到联系村桑枣铜钱村了解受灾情况，指导抗震救灾工作。组织人员迅速投入市场巡查，先后对花荄、安昌等乡镇开展市场价格巡查，并现场纠正大南街一商家高价出售矿泉水行为。

5月14日，绵阳市物价局《关于做好抗震救灾，加强市场价格监管的紧急通知》到达安县不到半小时，局机关立即组织制定相应的《紧急通知》，驱车到全县（除高川、茶坪外）18个乡镇发送，为控制全县灾后物价上涨赢得宝贵时间。据统计，从5月13日到31日，共受理“12358”举报11件，100%办理结案；派出市场价格检查组20个，出动检查人员49人次，共检查商店904个，罚款3000元。

县统计局 地震后，县统计局全力以赴投入抗震救灾工作。兵分三路，一组立即赶到宝林镇乌龙村了解灾情，抢险救灾；二组从损毁严重的办公室内，将重要数据资料和档案抢运出来，搜集大量数据资料，为后来的灾情统计和灾情上报发挥重要作用；三组前往职工家属区看望退休老同志。成立县抗震救灾灾情统计组，24小时不间断地将收集、整理、汇总的灾情数据上报给县指挥部。灾情统计组每天要收集20个乡镇86个部门的上千个灾情统计数据，上午9时和下午5时前向省、市抗震救灾指挥部上报灾情报表，随时向社会及各部门提供最新的灾情数据，还要利用自己的专业优势指导乡镇和县级部门做好灾情统计工作。

县人口和计生局 地震发生时，县局正在培训乡镇计生干部，15名干部被困4楼会议室。局领导立即组织疏散，迅速成立局抗震救灾领导小组，设营救组、察灾抗震组、受灾群众服务组，奔赴抗震救灾一线。

5月12日下午6时，局领导带领察灾抗震组赶到全县8个乡镇服务站了解灾情。全县8个中心服务站房屋倒塌80%，有4名技术人员在高川乡工作下落不明时，及时向县委汇报，并立即投入到查找工作中。掌握灾情，开展救援；抽出人员配合医院抢救受伤受灾群众；利用服务站的医疗设备、药物，设立医疗点，免费为受灾群众服务。全县各乡镇计生服务站共医治受灾群众10000余人次。

县劳动和社会保障局 地震后，全局干部职工深入抗震救灾第一线，组织搭建帐篷207个，安置受灾群众2251人，采购红砖9.7万匹，联系重庆市陶然居餐饮集团20多名厨师到救助站生火煮饭。全体职工捐款13800元，缴纳特殊党费2750元。共为所包村永安镇跃进村、宝林镇通裕村、花荄镇红武村送去帐篷22顶、大米4615公斤、菜油55公斤等物资，现金1000元，排除水库的险情5处。

在抗震救灾工作中，截至9月上旬，县劳动和社会保障局发放“优惠证”21000本。将全县受灾企业纳入公益性对象三批48家，让1858名受灾群众受益，对有关人员进行岗位补贴，已补贴2058人。完成职业培训3008人，共拨付各项变业资金补贴699万元。对外输出劳动力10.3万人。组织到辽宁务工的劳动者均由局负责单程火车票费用，共计41234元。开展失业救助：降低失业保险费率，受灾企业恢复生产经营期间，失业保险缴费单位下调为1%，个人下调为0.5%，有54户参保企业降低缴费费率，共计5586人，降低费率减少缴费47.56万元。15户参保企业缓缴失业保险，有15家企业提交缓缴失业保险申请，共计5380人，缓缴金额100万元。对参保企业因灾停产，歇业职工进行失业预登记，发放职工生活费84万元。

落实社保特殊政策。有23户企业申报缓缴养老保险费，共计772.69万元；2户企业申报缓缴医疗保险费，共计101.51万元。全县因地震灾害破产、关闭企业5户，申请核销基本养老保险费1285万元。因地震造成参保职工因工死亡156人，支付各种费用810.7万元。

县审计局　地震后，县审计局及时成立抗震救灾领导小组，下设救援救助组等5个工作小组，制定抗震抢险方案。奉命派出2位干部参加高川抢险，派出3名职工协助做好高川受灾群众沸水安置点工作。12名干部在晓坝救助站开展工作，协助修建厕所2处，挖排水沟3000余米，搭建帐篷560顶。全体职工踊跃为受灾群众捐款3000元，主动缴纳特殊党费1350元。为包点的秀水长春村购买矿泉水100件、牛奶30箱、火腿肠50件等物资。

县审计局还制定《安县抗震救灾资金物资管理办法》《关于加强对抗震救灾资金和物资监管的通知》。在震后仅7天，启动对救灾资金和物资的跟踪审计监督，审计人员深入到18个乡镇和5个救助站，检查、监督救灾物资的分发和资金的使用，做到手续齐备，账实相符，分配合理，管理制度健全。

县科技局（科协）　地震后，县科技局（科协）派车协助黄土镇转送危重伤员，联系救灾用油，并向县上汇报灾情。配合省科技厅专家组开展救灾服务工作；深入全县的救助站、安置点和学校、堰塞湖、受损房屋调查了解灾情；运用遥感飞机对茶坪河流域堰塞湖进行航拍；及时向省、市反映安县受灾情况，请求科技援助。为花荄镇中学搭建1000平方米的板房，赠送一套30台电脑的网络教室；为桑枣中学送去帐篷120顶；为该两所学校送去太阳能应急发电装置、卫星电视接收装置、纯净水装置各1套；为晓坝镇安置点、桑中、花荄镇中送去防疾病中药。抽调3名干部参加县抗震救灾应急抢险小组，出动救灾车辆50余台次，救灾人员260余人次，到全县20个乡镇参加抗震救灾，装卸救灾物资1500余吨。为黄土人民村两次送去面包、方便面、矿泉水和救灾帐篷一顶以及彩条篷布等急需物资约40余万元，帮助联系包村群众缓解食宿困难。对因灾死亡的7户家属每户送去慰问金200元和大米25公斤及方便食品。

县档案局　地震后，局领导在得知北川10多位亲人遇难的情况下，强忍悲痛，迅速赶到联系村安昌镇翼泉村察看灾情，组织抢救伤员，安置受灾群众，使村上的9名伤员得到及时救治。派人冒险抢救档案，确保馆藏近10万卷档案的安全。做好联系村工作，由于地震造成通往翼泉村6、7组的1200多米自来水管断裂，致使300多人无水喝。县档案局挤出1500元钱送到村上，解决维修自来水设施所需材料和价值3000余元的生活用品。

县白水湖管理局　地震后，县白水湖管理局迅速成立抗震救灾工作领导小组，下设6个工作组，迅速展开抗震救灾和灾后救援工作。立即启动抢险预案和应急预案，要求迅速展开水库大坝24小时不间断监测。落实专人专点专职专责。对二大渠进水口进行监控。

面对受损的水库大坝和已被专家定为次高危水库，要求尽快降低库容的指示，局领导心急如焚。放水，可保大坝安全，但面临着灾区群众生产、生活用水困难，灌区数万亩农田可能无水可灌；延后放水，一旦大溃坝将成千古罪人。经与专家协商做出“加快清理渠道，严密监测大坝，逐步放水”的决定，实现白水湖灌区1.55万亩大春秧田满栽满插。

县安州通讯社　地震后，安州通讯社全体干部用手中的笔，记下了一幕幕惊心动魄的场面和感人的英雄事迹，对抢险救灾工作进行深入细致的报道。通讯社编辑出版《“5·12”大地震特刊》，推出《抗震救灾·重建家园特刊》、《安州通讯》周刊，及时快捷地报道县抗震救灾、恢复重建的成效。

县电力联营公司　地震后，成立安县电力抗震救灾应急指挥中心。组织动员370名应急抢险人员，于5月12日20时恢复安县抗震救灾指挥部和医疗救扶中心的供电；72小时就对供区内的重点医院、移动通讯、加油站等重要单位和部门恢复供电；5月27日，全县供区内269个村全部恢复供电。专线用户除少数保成路因地震造成设备或线路损害不能恢复外，其余专线用户全部恢复供电。在集中安置点，投入300多万元，解决用电问题。

抢险救灾期间，公司一手抓抢险救灾，一手抓安全管理。始终把抗震抢险和优质服务紧密结合起来，为争取用户及早恢复用电，公司先后编制印发《客户告知书》《用电公告》《安全用电须知》共8万余份，向全县发放，使用户尽早知道办理恢复用电的方法和程序。

县电信分公司　县电信分公司以安县抗震救灾工作的通信保障和全县51万人民群众的通信为己任，及时恢复县抗震救灾指挥部的通信联络。

12 日下午 14 时 40 分左右，光缆抢修应急组在从绵阳到安昌的 42 公里的光缆线路上通过光时域反射仪等精密仪器进行逐段排查，精确锁定障碍点，于 15 时左右中继通信光缆渐次恢复正常。个人客户线路支撑应急组全组人员冒着余震危险，抢通修复花荄、安昌小灵通基站 19 个，450M 村通设备基站 3 处，恢复局部地区的小灵通和无线村村通信号。政企客户线路支撑应急组于 15 时到县行政办公大楼为县委、县政府装应急指挥电话，为全县抗震救灾提供通信保障。花荄电信营业厅特意为群众开通“免费打电话报平安”业务。12 日晚 20 时，在花荄、安昌电信公司院内同时开通带宽 100Mb/S 的互联网业务，免费提供给党政军、新闻界使用。20 时 30 分，乡镇应急组派专人给乡镇送去无线村通功能的应急指挥电话 34 部。特为县级部门、乡镇配备 126 部超级无绳应急办公指挥电话，配发无线村通电话到 18 个乡镇，搭起乡镇与县抗震救灾指挥部的电信“桥梁”。

经过十多天的紧急抢修，采取布放线路和对山区投放海事卫星电话的措施，迅速恢复通信。截至 5 月 25 日，安县分公司被毁的通信在全体电信人的奋力拼搏下，在规定的时间内，得到全部恢复。

县武警中队　地震发生时，县看守所的围墙倒塌，执勤哨兵迅速发出地震灾害警报，中队队长汤勇立即组织召开支部会议，进行分工，指挥官兵对县看守所进行严密封控，迅速率领 30 名官兵将 127 名在押人犯成功转移至绵阳市看守所。政治指导员冯刚率领 30 名武警，冒着余震，连续奋战三天三夜，抢救出被困群众 18 人，帮助抢救运送伤员 57 名，协助当地群众清理街道垃圾 40 吨，为群众搭建帐篷 370 顶。9 月 23 日 23 时，县人民医院突发火灾，县武警中队迅速前往火灾现场实施救援，官兵们不顾烟火熏烤，将毛巾打湿捂住口鼻，冲进医院大楼，率先抢救被困病人和医护人员 40 人，并及时扑灭大火。9 月 23 日，中队长汤勇迅速率领 30 名官兵参加永安镇抗洪抢险任务，官兵们将被困群众一个一个背到安全地带，共转移群众 37 人，抢救财物价值 1.5 万元，修建临时渠道 80 米。截至 2008 年 12 月底，中队出动官兵 15 人次参与灭犬行动，出动官兵 20 人次昼夜治安巡逻，出动官兵 50 人次对花荄镇救灾物资仓库进行武装警戒、装卸物资 100 吨，出动官兵 40 人次帮助黄土镇村民搭建房屋 15 间、清理废墟 17 吨、铺平道路 100 米，出动官兵 120 人次执行警卫任务。

县消防大队　地震发生后，大队长姚军立即组织队员带上救援装备，前往现场实施救援。楼房已垮塌一半，另一半随时可能在余震中坍塌，被埋人员在一个很狭小的空间。姚军带领 5 名政府专职队员，半跪着进入废墟中，用小铁铲一点一点挖，用手刨砖块、瓦砾，消防队员的手被磨破，鲜血直流，但他们全然不顾，半小时后，被埋的大爷被救。14 时 50 分，大队副教导员陈伟带领政府专职队员驱车行至花荄镇老街时，听见一位中年妇女在呼救，陈伟立即停车，得知中年妇女的母亲被埋在废墟楼下，他立即展开侦察，被埋人员所在的三层楼梯间全部垮塌，当时余震连连，楼上的预制板块随时可能掉下。陈伟带领队员没有退缩，用铁铲铲、用肩扛、用手刨，经过 20 分钟努力，将老人救出。16 时 10 分，大队又接到大北街有人被困的消息，干警们立刻赶到现场，利用切割机、撬棍等器材排除障碍，消防队员扒开水泥板、沙石，发现幸存者的手臂被水泥板压住，无法动弹。经过一个多小时救援，被埋在废墟下的女青年终于被救出。直至 19 时许，消防干警共救出被埋人员 30 人。5 月 13 日凌晨，得知塔水镇有多名人员被埋在废墟里，大队长姚军立即决定，携带简易救援设备前往。当驱车行驶至秀水镇东风村时，前方道路发生大面积山体滑坡，车辆无法通行，距事故地点还有六公里路程，姚军立即决定徒步到达塔水镇救援。在抗震救灾期间，县消防大队为受灾群众送水 1500 吨，为受灾群众搭建帐篷 600 顶，运送救援物资 300 吨。

民兵预备役　地震发生后，县人武部立即成立抗震救灾指挥部，要求每名党委委员分别带领 20 名民兵应急分队队员到安昌镇居民集中地、学校、幼儿园、医院开展救援工作。自 5 月 12 日下午 15 时起至 12 月 31 日止，组织动员民兵 10500 人次。主要完成转移安置受灾群众 4650 人，转移幼儿园儿童 121 人、学生 1500 人，帮助安昌镇医疗救助站搬运、转移伤员 2400 人；掏挖、打捞、搬运遇难者遗体 127 具；从废墟中救出被压群众 53 人；排除危房 79 户、230 间；从危房中抢出各类家具 700 件，家电 346 件，粮食 50 吨，生猪 20 头，腊肉等其他食品 2 吨；搬运学生课桌椅 5500 套；搭建帐篷 760 顶，装卸救灾物资 2100 吨；参与治安巡逻 9000 人次；消毒防疫 800 人次。

三、乡镇党委、政府抢险救灾

茶坪乡　地震发生时，乡党委书记向云刚正在县城出差，乡党委副书记唐国春、副乡长王友强在距乡政府8公里以外的千佛村做乡村道路规划。在家的党委、政府干部立即组织人员抢险救灾。14时30分，刚从废墟里爬出来的副乡长张平，迅速组织乡干部分三路抢险救灾：一路到中、小学指挥抢救师生，一路到人口稠密的老街居民区指挥救援，另一路到乡卫生院搭建医疗救治帐篷，实施伤员救治。抢险救人组迅速展开工作。大家用手刨、用锄挖，伤员一个一个从废墟里救出。30分钟后，医疗救治帐篷搭好，42名重伤员得到救治，500名师生转移到安全地带，3000名群众得到妥善安置。

随即，抗震救灾指挥部成立，下设办公室、抗震救灾综合协调组、应急抢险安全保卫组、生产自救组、灾后公共卫生防疫组、物资收发后勤保障组、灾情调查收集组。各组根据职责全面启动抗震救灾紧急预案和制定抗震自救方案。

5月13日下午1时，当党委书记向云刚、副书记李华志带领10名敢死队员，从县城回到茶坪，立即指挥全乡党员干部由各组组长带队深入学校、医院、街道农贸市场、村组、院落，进村入户全面深入展开生命搜救工作。截至5月13日，全乡受灾2825户、9032人，因灾伤2234人，死852人，失踪217人；从废墟中救出被埋105人，清理罹难者遗体852具；转移安置群众5200人，接送住院救治785人。5月14日，县抢险救灾救援队与解放军救援官兵，克服重重困难驰援茶坪，于5月15日晨到达茶坪乡政府，投入抢险救灾工作。截至5月15日，抢救粮食150吨，化肥50吨，家电2800件，电脑115台，手机500部，棉被、衣物1500件（套），家具1800件，农用机械600件（套），药品200件，医药器械30件（台），教学仪器设备35件；抢救居民存单2800张、现金65万元，搭建帐篷1000顶，装卸救灾物资80吨。受灾群众生活环境消毒面积115万平方米，消毒面达95%，排危6500间。指挥部一边组织抗震救灾，一边组织干部群众和救援部队恢复生产，抢修供水、供电、通讯设施。5月14日，全乡水、电、通讯相继恢复。

高川乡　高川乡处于断裂带，瞬间山崩地裂，通讯、电力、交通全部中断，与外界隔绝。高川乡党委书记邓文平出差从县城返乡，地震发生时，他正行驶在睢水镇道喜村险要路段，小腿被滚石擦伤。他担心高川6000名父老乡亲，不顾余震频发，冒着生命危险坚持向高川行进。此时，在乡机关的党委、政府班子成员李勇等，立即启动抗震救灾紧急预案，成立抗震救灾指挥部，分工协作，组织抢险自救。他们奔赴学校、矿山、农户抢救生命，动员商店将药品、粮食、食盐、塑料篷布等物资集中，由乡政府统筹安排，防止哄抢，稳定人心。保障外援部队到来前3000名受灾群众的医、吃、住问题。

5月12日18时，乡党委书记邓文平不顾伤痛，翻山越岭、长途跋涉，回到乡政府，他立即组织召开党委会，成立抗震救灾指挥部。邓文平任指挥，指挥部下设办公室、应急抢险组、后勤保障供应组、宣传联络组、民政物资分发组、社会治安稳定组、医疗防疫组。各组组长分别由党委副书记、副乡长、党委委员担任。指挥部要求各组组长组织带领全乡党员、干部和能工作的群众深入矿山、机关、工厂、学校、街道、农户搜救伤员，抢救财物。截至5月13日，全乡1955户、7224人，因灾死亡871人，失踪103人，受伤4318人，6400人失去住所，生活极度困难。

5月12日，县委、县政府派出抗震救灾应急小分队赶往高川救援，但交通受阻。5月14日，解放军某部救援官兵抵达安县，县委常委、县纪委书记姜曦带领部队，翻越20个海拔1200米的高山，徒步强行军10个小时，行程70公里，5月17日23时到达乡政府。救援部队随即展开救援工作，用带来的卫星电话呼唤军队直升机空投食品、矿泉水、药品，由于地形复杂，受风力影响，偏差较远，大量物资无法获取。5月18日16时，部队集中200名政治素质好、业务能力强的官兵组成突击队，分成8个救援队，进村入户开始搜救被困群众。截至5月20日16时，共救出受灾群众5000人。

桑枣镇　地震后，镇党委、政府立即启动自然灾害紧急预案，迅速成立抗震救灾指挥部组织机关干部，由党委、政府正副职领导带队，深入机关、学校、村、组进村入户搜救受灾群众，疏散群众3.59万人，抢救伤员5820人，挖出处置遗体137具。按照科学规划，短时间内需搭建2926套活动板房的5个集中安置点，协调5所学校、1家医院临时安置点选址工作，做好3个援建单位（河南省洛阳市、濮阳市、济源市）进场的前期准备工作。截至6月5日，“三通一平”工程已经完成，板房建设工程快速有序推进。

按“调动三个积极性，全力搞好一个服务”的工作思路开展工作。即：充分调动单位积极性；充分调动群众的积极性，群众义务参与板房材料的下车运送工作，组织群众到工地打工挣钱；调动供水供电部门的积极性，为援建单位创造施工条件。

秀水镇　地震发生后，秀水镇党委立即启动抗震救灾应急预案，成立抗震救灾指挥部，下设自救组、防疫组、安全保卫组、物资发放组、生产发展组。全镇干部立即深入34个村、3个社区疏散群众6.8万余人，挖出并掩埋遗体170余具，按规定进行消毒处置。

5月14日，县级相关部门等15人为成员的工作组，进驻秀水镇，指挥部及时将已组建的1200名抢险组成员和1000余名部队救援官兵，汇集成抢险救援队开展抢险救灾工作。出动卫生防疫人员3621人次。截至26日下午5点，全镇累计发放救灾补助资金65805人、1316.1万元。城镇板房建设和农村过渡房建设进度加快，建成板房2469套，农村过渡房建设完成15260余户，占80%。卫生防疫消毒、灭鼠，不留死角，消毒防疫工作也未间断，每天的消毒面积32万平方米，饮用水消毒346个点，排危工作有序进行，全镇排危面积达到130万平方米，完成63%。稳定工作明显好转，积极稳妥做好12位遇难学生家庭的工作，接待上访群众达3500余人次，下访解决问题180余件。

睢水镇　地震发生后，镇党委、政府立即启动自然灾害紧急预案，迅速成立抗震救灾指挥部，村、组、社区成立相应机构，投入抢险救灾。镇党委、政府主要领导带领机关干部迅速奔向幼儿园、中小学校，疏散师生。兵分两路，率领镇干部和派出所干警快速赶到教场、光明、宝元等村了解灾情，抢救、输送伤员。

镇党委组织5批抢险队员与率先赶来救援的827部队抢险队一道，冒着余震、泥石流、飞石不断的危险，攀着松散的悬崖峭壁，以最快的速度奔赴灾区抢救废墟中的幸存者和伤员，抢险队转移山区群众到安全地带。5月14日，成都军区驻滇某部装甲团的官兵们和县级机关抢险队前来救援，在部队和各方救援队的鼎力支持下，从废墟中及时救出60余人，救护伤病员40多人，救护转移山区受灾群众（包括高川乡）5000余人。在最短的时间内成立睢水镇道喜、罐滩和社区三个集中安置点。

在整个抗震救灾工作中，睢水镇党委始终坚持一切为了受灾群众的原则，精心设置安置点，组织党员服务队和积极分子协助排危、耕作，组织群众投入到生产自救，协调有关单位在最短的时间恢复电力、通信、交通、饮水，解决受灾群众实际问题。

晓坝镇　地震发生后，晓坝镇立即成立抗震救灾指挥部，启动自然灾害紧急预案。党委、政府将机关干部分成安抚宣传、灾情统计、卫生防疫、抢险救援、群众安置5个组。由党委书记、镇长、副书记、副镇长带队分别深入全镇7个行政村、1个社区和机关、学校、医院，进村入户查看灾情，慰问受灾群众，安抚死伤家庭，投入抢险救灾。在抢险救灾期间，抢救运输伤员209人，安埋遗体86具，抢通因灾受阻公路100余公里，抢通村道107公里，干线公路5公里，搭便桥10座，疏散安置受灾群众9600余人。协助县指挥部建晓坝救助站一处，并加强安置点、救助站工作，做到震后初期所有受灾群众有洁净水喝、有饭吃、有衣穿、有地方住，生病后能得到及时救治。

6月1日，将生活补贴、补助钱粮、后续生活补助、遇难群众抚慰金、受灾群众安置补偿款、农房建设补偿款、农房维修加固补助资金以及各种物资发放到每户受灾家庭。及时开工板房学校建设，确保秋季全镇500余名学子按时入学，积极规划选址和设计集镇异址新建设计。

永安镇　地震发生后，镇党委在临时搭建的窝棚内召开党委会，成立永安镇抗震救灾指挥部，下设抢险救灾、医疗防疫、后期保障、信息宣传、安全保卫等5个组，启动自然灾害紧急救援预案投入抗震救灾工作。抢救输送伤员3600余人，将大安、永明、平桥等山区村组近4000名群众安全转移。作为最毗邻重灾区北川县城的乡镇，市委、市政府决定把永安镇作为北川县受灾群众的重要安置区。刚刚使全镇初步恢复秩序的永安镇党委，又积极投入到北川县受灾群众安置点的土地协调工作，教育本镇群众顾全大局，在短短半天时间内，协调土地25亩，安置北川受灾群众2500余名，为全市的抗震救灾工作做出贡献。

截至5月26日，共从废墟中抢出粮食155吨；以互助形式帮助孤寡老人、劳弱户抢收小春抢种大春，全镇70%的小春收割完毕，40%的大春完成栽插。同时组织改旱玉米种0.5吨，购回化肥90吨。严防死守卫生防疫，组织17支防疫队伍，出动防疫人员7500人次，确保大灾之后无大疫。

黄土镇　5月12日，灾情发生后，镇党委、政府立即启动抗震救灾应急预案，成立抗震救灾指挥部，安排专人轮流24小时值守，确保指挥部指令的迅速传达和落实。组织全镇66名机关事业单位干部深入一线，帮助群众抗灾自救。全镇各级各部门、村（社区）成立抗震救灾相应机构，干部24小时联系畅通，领导和专人值班。

在抗灾救援期间，镇党委书记要求45个党支部和6个安置点临时党小组把党员干部组织起来，把广大群众团结起来，全力开展抢险、救人、排危、群众安置、“双抢”工作。组织力量对全镇党政机关、学校、医院、农村、城镇、公用基础设施等进行全面应急调查评估，其中检查房屋113万间，面积达3290多万平方米。镇党委一边抓灾情评估，一边抓灾后重建。截至5月28日，全镇4户规模以上工业企业全部恢复生产，企业生产能力均已恢复到80%。

花荄镇　地震发生后，花荄镇立即启动特大自然灾害应急预案，成立抗震救灾指挥部，组织干部职工投入抗震救灾一线，分三组进村入院抢险救灾。到学校、医院、场镇疏散学生，转移街道危房群众，运送伤员；深入农村进村入户抢救伤员，慰问群众；深入企业协助抢险救灾。当天从废墟中救出45人。

及时做好食品、药品、物资的筹集，确保受灾初期群众生活，发放救灾物资7.07万件、救灾粮2328.24吨。安排专人配合部队医疗卫生防疫小分队，对京安小区集中安置点、学校、场镇社区、农村院落、板房区进行卫生防疫和垃圾清运，派出干部协助县人民医院，做好伤员转运等工作。

安昌镇　地震发生后，镇党委、政府立即成立安昌镇抗震救灾指挥部，指挥部下设综合协调和宣传组、卫生防疫组、救灾物资管理组、震情调查和排危组、群众安置和城管组、社会治安综治组。有序调控和指挥全镇抗震救灾工作，当天下午2点40分，将全体镇干部按照分工组成25个灾情调查组，安排一个城区宣传车，深入到20个村、3个社区和企业、学校、医院，及时组织各村、社区、场镇单位开展伤员抢救、受灾群众安置工作，并立即开展流动宣传，稳定人心、安抚群众，有序开展抗震救灾工作。

解决人民群众应急的衣食用品。成立4个物资配送小组，每个小组由镇上一位领导负责，2名工作人员，每个小组负责5个村或社区物资的及时输送。发放受灾群众生活临时补助3778.66万元，发放救灾口粮190万公斤，发放22226名困难群众后续补助667.07万元。地震将水、电、通信全部损坏，给群众生活带来困难，镇党委、政府组织力量，加速抢修进度，5月18日，全镇电、通讯、水相继畅通。地震后，全镇房屋全部成为危房，群众全都撤离住所，积极组织帐篷，按照老、弱、病、残四种人员优先的原则进行分发。

为了防范灾后疫情发生，镇政府安排两位副镇长专门负责清洁卫生和消毒防疫工作。及时组织专人对各村社进行不间断消毒，宣传饮用水安全和卫生常识，将防疫工作做到每位受灾群众中。支援和协调相关部门，帮助学校恢复上课。通过10天努力，全镇学校共5所，先后在帐篷、板房复课。协调各方力量，积极支持四川省抗震救灾医疗救助站工作，为北川县及安县周边乡镇抗震救灾伤员救治、救灾物资中转等做大量组织协调工作，有力地支持北川灾区的抗震救灾工作。

迎新乡　地震后，迎新乡立即成立抗震救灾指挥部，立即启动预案。乡党委、政府召集所有机关干部设立综合协调组、医疗救护组、紧急抢险组、车辆协调组、情况统计组，奔赴各村、企业查看灾情，紧急疏散群众，争分夺秒救人。党委、政府主要领导带领干部冒着生命危险，率先进入中心小学抢救被埋受伤的师生32人、转移安置572人、运送伤员120人。抗震抢险期间，共抢救运送重伤员115人、处理尸体37具、清理垮塌残骸3400平方米、拆除危房4500平方米、协调车辆500余台次。

塔水镇　地震后，镇党委、政府立即成立抗震救灾指挥部，启动救灾预案，率领干部群众投入抗震救灾一线。灾后第3天就及时清运场镇生活垃圾和建筑垃圾，组织清洁工人、志愿者共计1230人次。集中人力、物力，先后排除所有倒塌被埋烟花爆竹和居民楼顶倒塌危楼等场镇危害公共安全重大隐患。积极组织党员和群众，组成党员服务队伍和群众志愿者队伍，帮助受灾严重、缺少劳力的家庭和贫困户，抢种抢收、搭建避震棚、维修房屋、抢出被埋物资，并在三泉、双林、正觉等村，及时为部分群众的危房排除险情。

在板房安置中，创新出“三泉模式”，集中解决灾后农村过渡房规范建设问题。在集中的地点，以院落为单位，规范搭建临时过渡棚户。一般有10余户集中搭建，最大的有25户在一起搭建，全村共有500余户集中搭建。建立严格的安全巡逻和卫生防疫制度，每天早晚集中消毒；由党员干部和群众一道，分组编班进行夜间巡逻，确保安全。三泉村集中搭建的做法，受到各级和广大群众充分肯定，该模式在全县范围内迅速推广开来，有效凝聚受灾群众的人心。

河清镇　地震后，河清镇党委、政府立即成立抗震救灾指挥部，并迅速组建6个临时机构，同村组干部一道积极开展抗震救灾工作。

宣传组负责向受灾群众宣传抗震救灾有关知识和党的政策等，稳定民心；统计组负责各项数据统计、上报等工作；卫生安全防疫组负责食品安全、卫生防疫等工作的组织实施；排危建设组负责对危房，特别是临街危房的拆除，担任部队排危的向导，组织对场镇垮塌建筑物清运等；生产恢复组负责解决关系老百姓生产生活的水、电疏通工作；物资供应组负责物资调运、供应、发放。由于组织有力，措施到位，截至5月27日，全镇农村、场镇电网全部恢复供电；救灾物资已按时按量及时发放到每个受灾群众手中。

乐兴镇　地震后，乐兴镇立即成立抗震救灾指挥部，下设抢险救灾、医疗救治、信息宣传、安全保卫、卫生防疫、物资供应等工作组。灾后10分钟召开指挥部紧急会议，启动自然灾害紧急预案。组织动员机关全体干部分组立即投入抢险救灾第一线。在全镇11个行政村、106个村民小组、1个社区居委会和学校、医院查看灾情、慰问群众、抢险救灾。在抢险救灾期间，全镇抢救受伤人员560人，妥善安埋因灾死亡遗体15具，安置受灾群众2.1万余人，抢险加固水库4座，排危59万平方米，其中场镇29361平方米，农房566750平方米。及时开工建设板房学校，确保全镇中小学、幼儿园秋季开学入住板房学校。及时开展卫生防疫，确保大灾之后无大疫。

沸水镇　地震后，镇党委、政府迅速成立抗震救灾指挥部，启动救灾预案，始终靠前指挥，党员干部身先士卒，确保抗震救灾工作有力、有序、有效地推进，保证受灾群众的吃和住是首要任务。根据受灾群众不同情况，临时帐篷、临时过渡房和永久性住房3个层次的安居建设同时推进，每个村（社区）实行责任到人，时间限定。全镇农村受灾群众自建过渡房达3991套，河南省援建的高川受灾群众安置点活动板房869套和社区安置点、卫生院419套，全部交付使用。援建2500平方米、可容纳学生1400名的沸水板房，于6月13日复课。

宝林镇　地震发生后，宝林镇立即启动自然灾害应急预案，成立抗震救灾指挥部，组织干部职工投入救灾一线。镇党委、政府全体干部由主要领导带队，分别到学校、医院、街道、社区、农村10个村、企业、厂矿抢险救灾。抢救伤员16人，疏散安置受灾群众1.6万余人。发放受灾救助金735万元，救助14700人，第二批发放622.32万元，救助14817人，发放救助粮678.7吨。建立防疫队伍，对因灾死亡牲畜进行无害化处理，对水源、板房区、受灾群众集中安置点、受灾群众自救安置点进行定期消杀防疫，开展爱国卫生活动，确保大灾之后无大疫。

永河镇　地震发生后，镇党委、政府立即启动自然灾害应急预案，组织机关干部分别前往学校、医院、街道、农村进行抢险救灾和搜救被埋、被压伤员。救援期间，广东公安边防支队、云南装甲团某部及时赶到抢险救灾和排危除险。抢救伤员90人，其中重伤15人，掩埋遇难遗体1具，安抚遇难家属6户（在外遇难）。排危153户、18360平方米，防疫消毒每天达27.5万平方米。安置受灾群众1.8万余人。接受和发放中央临时救助资金222.94万元，发放救助粮食850吨，发放救灾物资2000余吨。

清泉镇　地震发生后，清泉镇及时成立抗震救灾指挥部，下设通信联系、道路疏通、医疗救护、抢险应急、后勤保障等工作组，确保灾区社会稳定。党委、政府紧急启动自然灾害应急预案，立即组织干部群众积极自救。地震造成全镇6300余户、1.7万余人受灾。抢救伤员44人，其中重伤24人。

镇党委、政府奉县指挥部命令，立即安置受灾群众并解决地震初期受灾群众生活问题。组织协调军地医院防疫人员开展防疫工作，严防死守，加大排危、清运垃圾、清理废墟，对学校受灾群众集中安置点、街道、社区以及居民自救防震棚进行消毒，确保大灾之后无大疫。

兴仁乡　地震后，兴仁乡立即成立抗震救灾指挥部，下设信息宣传、抢险救灾、后勤保障、受灾群众安置、卫生防疫、治安巡逻等组。立即启动自然灾害紧急预案，由党委书记、镇长、班子成员带队，深入全乡6个行政村1个社区和74个村民小组，进村入户展开救援。发放帐篷2862顶、棉被6598床、大米456.79吨，发放三个月临时生活补助11580人。

在抢险救灾期间，全乡共抢救伤员195人，转院治疗11人。安埋处置遗体3具，安埋消毒处理死亡生猪6619头和鸡、鸭、兔等家禽家兽64186只。掩埋因灾死鱼22吨，抢修危堰、塘池58口。拆除危房213013平方米，安置受灾群众1.16万余人。

界牌镇　镇党委、政府在扎扎实实抓好自救自建的同时，积极开展轻灾帮重灾援助活动。先后组织干部群众到县城、晓坝、永安等地搬运物资和防疫、助耕。鼓舞士气恢复生产，全镇农业、工业、商业迅速恢复生产。全镇大春田间管理有序推进；因灾中断商谈的广东投资过亿的客商又继续进行；投资1000万元的东娟食品扩建项目和绵阳广吉油脂有限公司投资上亿元的项目建设的前期环评、用地等工作有序进行。

转移高川乡受灾伤员和群众

四、志愿者救援

安洲驾校　5月12日起，安洲驾校组织车辆转移受灾群众和救灾物资。截至5月31日，共出动车辆2800车次，总行程22.37万公里，从废墟中救出幸存者8人，安全转运伤员及受灾群众1.4万人，运送救灾物资4000吨，并为在安县抗震救灾的武警官兵、红十字会、志愿者提供交通工具1000车次。

绵阳市永宏汽车运业有限公司　5月16日，绵阳市永宏汽车运业有限公司组织出租车25辆，免费接送高川、晓坝、永安、秀水等乡镇的120名受伤群众。

清泉镇红埝村　地震发生后，红埝村党支部发动全村预备党员、入党积极分子，组成5支志愿队开展自救互救，对全村进行24小时巡逻，挨家挨户进行排查。

黄土镇常乐村　常乐村党支部组织党员和群众开展自救互救，为受灾农户房屋排危20户；他们把鲜艳的党旗插在工地上，让村民们知道，那就是老百姓的主心骨。

塔水镇三泉村　三泉村党支部针对该村青壮劳力大多外出务工的实际，首先给老、弱、病、残等困难群众搭建简易帐篷50顶。

“红丝带行动”驾驶员　5月12日15时至15日，安县的有车人员、出租车驾驶员率先发起“红丝带行动”，全县到处都能看见悬挂红丝带的救援服务车队接送伤员，转运救灾物资。

李国洪、王永华、桂春容　地震发生后，茶坪商人李国洪马上叫来邻居的老板王永华和桂春容，商量把店里的物资全部捐献出来救受灾群众。李国洪经营的“山里人超市”在茶坪有两个分店，主要经营副食，货物总值约70万元；王永华经营日杂用品，有近30万元的货；桂春容开药店，药品和医疗器械价值8万元。几个人商议把货物集中起来，统一管理发放。他们对受灾群众发放饮用水和食物，安抚大家情绪，同时派人保护水源。看到李国洪他们无偿把自己家里几十万元的商品拿出来救济受灾群众，街上12家商户都把自己的商品拿出来救济受灾群众。听到废墟下被掩埋的乡亲在求救，李国洪组织群众挖掘被埋的乡亲。没有工具，他们就用手刨，许多人的手指都抓出鲜血来。桂春容对救援出来的伤员进行包扎、止血，消炎、止痛。王永华数次冒着生命危险，冲进倒塌的库房中抢运彩条布，为受灾群众搭帐篷。因劳累过度，李国洪终于晕倒在地，桂春容赶紧对他实施抢救，没想到他醒来后又去废墟里刨人、抬伤员。李国洪、王永华、桂春容等10家商店100万元的物品和药品在灾难发生时紧急救援群众3000名。

席万芬　5月12日，茶坪乡万佛村妇女主任席万芬到乡计生办报送月报表，地震突发，被埋废墟。二十多分钟后，席万芬从废墟中自救出来，胳膊受重伤，不能动弹。乡长让她去医院包扎，席万芬怎么也不肯，现场的医生用树枝为她固定包扎后，她带着伤痛参加救助其他伤员。14日7时，席万芬步行十余里山路，中午到达自己的村所在地。她看到房屋全部倒塌，山体崩裂，一尺多宽的裂口到处都是，在山上采药的人被滚石砸伤砸死，席万芬决定带领乡亲们转移。15日16时，村民们决定离开家园，席万芬和村里的干部带领村民疏散转移。可哪里有路啊，到处是裂缝，到处有滑坡，时时有滚石，最大的滑坡高达800米。村民们扶老携幼，相互照顾，手拉着手，腰部缠着绳索，在山脊上爬行。转移途中，受灾群众与救援的解放军部队官兵相遇。解放军官兵身背老人和伤员，遇到悬崖峭壁，用绳索将受灾群众滑下20多米的悬崖。志愿者到来，为村民们送来矿泉水、食物、药品，为他们包扎伤口。是日19时，经过14个小时的跋涉，席万芬带领乡亲们终于安全转移到晓坝镇长青桥临时安置点。

马传荣　5月12日震后当天，高川乡党委书记邓文平在返乡途中失去联系，乡长受伤，乡亲们死的死、伤的伤，通讯、道路中断，高川成为“孤岛”。危急时刻，乡党委副书记、纪委书记马传荣将乡干部组成3个应急小组开展自救互救，在废墟中营救出20人。乡政府门前2000人慌成一团等待救援。马传荣一方面组织群众在安全地带搭棚安顿，另一方面让应急小组用大锅熬稀饭，很快群众的情绪稳定下来。就在此时，噩耗突然传来，马传荣的家垮塌，母亲和弟弟还在废墟下。马传荣了解到营救难度大，生存可能性小的情况时，决定放弃营救。“先救活的……”马传荣只说这么一句话，强忍悲痛继续指挥救援，转移受灾群众。邻居叫马传荣赶紧回家看看如何处理他母亲的遗体，此时他正不分昼夜地组织5000名乡亲们有序转移。他说：“没法，先救活人要紧!”为了高川的父老乡亲，他已顾不得自己的家。

欧清禄　地震发生后，茶坪中学校长欧清禄大声喊道：“不怕死的跟我来!”话音未落就被地震波掀翻在地，他随即弹身而起，带领10名教师一边大声呼喊着，一边四处搜救掩埋在废墟里的学生。一根水泥梁压在张冬梅的身上，血不断地流。救援人员刨去砖瓦，搬走木料，挪开水泥梁，张冬梅由于失血过多，离开人世。15时45分，女生寝室里传来微弱的呼救声。没有工具，师生们靠双手刨，不一会儿，手指头鲜血直流，没有一个人停下来。他们一边用双手清理废墟，一边向压在下面的学生喊话，稳定他们的情绪。17时14分，李顺美同学获救；又是一个多小时的生死营救，压在厨房墙下的席清莲同学也终于获救。茶坪中学的师生从废墟中共自救、互救出5名学生。

赵　彬　茶坪中学初三（二）班学生，15岁。地震将他从睡梦中惊醒，他急忙叫同学：“地震啦，快跑!”他边叫同学边往外跑，刚跑出寝室几步，地震波将他掀倒在地，几个同学压在他的身上，所幸没有受伤。片刻间，学校广播室垮塌、寝室垮塌。赵彬迅速从地上爬起，跑向操场，操场正在开裂，时分时合。赵彬便往男生寝室奔去。看到七年级一名同学被埋在瓦砾中，一面是高坎，一面是倒塌的房屋。赵彬和刚跑来的李小飞、马军几个同学搬开被压同学腿部的砖瓦，将受伤同学转移出来，搀扶到操场相对安全的地带。赵彬和李小飞、马军几个同学向男生寝室废墟呼喊搜索，寻找被压同学。他们摸索前进到八年级（一）班寝室处听到呼救声。赵彬他们仔细判断声音的位置，搬掉上面的残垣断壁，看到废墟下掩埋了两个同学。其中一个同学的头、手、脚朝下被墙掩埋，他们先救这位同学，救出来时已经遇难。另一个同学被上铺的棕垫盖住头，后面是一堵比赵彬身子还高的断墙。赵彬考虑到墙体垮塌可能会再次将同学掩埋，便同李小飞、马军合力将断墙向外推倒。教师们迅速赶来施救，被棕垫盖住头的同学最终获救，受轻伤。

陈 俊 县检察院办公室副主任陈俊出差返回，行至安昌镇东风路时，突发地震，街上的群众乱作一团。陈俊当即开着警车，用喊话器指挥群众撤离到安全地带，配合安昌镇政府，将16名在幼儿园、托儿所上学的儿童转移。陈俊与县武装部抢险队员冒着生命危险一起冲进敬老院危房，救出受伤老人3名。

唐大旭 黄土镇友谊村二组村民唐大旭，得知陈永秀老人被埋在废墟中，立即组织群众10人，搬走砖瓦，抱开土砖块，终于救出老人，送往医院救治。

第二节 县外力量救援

一、军队救援

成都军区 5月14日，成都军区空降兵进驻安县，17时空军开始对被困在高川乡、茶坪乡的群众，分三个点进行救灾物资空投。5月14日至17日，向茶坪、高川多次空投食品、矿泉水、药品，由于地形复杂，受风力影响，偏差较远，大量物资无法获取。5月16日20时，由成都派出4架直升机前往茶坪乡政府和千佛山风景区抢救危重伤员。5月18日，7架直升机在茶坪乡空降食品、药品和其他必备生活用品，将50名伤员成功救出。

进村入户。地震发生后，中国人民解放军14集团军高炮旅官兵连夜奔赴安县地震重灾区，随即将部队分成小分队，进入19个乡镇、268个村，开展抢险救灾工作。截至6月底，共转移受灾群众413人，拆除危房5765间，抢救粮食2453吨，抢修公路27.87公里，为灾区群众搭建帐篷3161顶，帮助农民插秧1200亩，抢收油菜1500亩。

茶坪救援。地震发生后，茶坪乡道路、通信中断，次生灾害不断发生，救援工作面临着巨大的危险和挑战。高炮旅旅长范宏彬在茶坪救援动员会上要求官兵：必须排除万难，向“孤岛”茶坪挺进！5月18日，在晓坝通往茶坪的路上，一对骑摩托车的夫妇被滚石砸中，连人带车翻进20多米深的悬崖，掉入齐腰深的水潭，被路过此地的旅政委曹军看到，曹政委命令立刻组织救援。晋华和汪维军都不识水性，带着7名战士，跳入水中救援。20分钟后，丈夫被成功救起，妻子被石块砸中头部，导致失血过多遇难。5月19日，由一营的干部、党员和骨干160人组成突击队，在高炮旅参谋长晋华的带领下，勇闯“孤岛”茶坪。临行前，30名突击队员向部队首长写下“我能行，我要上”的血书。经过8个小时的艰难跋涉，160名官兵到达茶坪乡。群众见到救援的解放军后，纷纷围拢过来，拉着战士们的手，激动得流下眼泪。在茶坪救援期间，官兵们每天步行20公里，到各个村组转移被困群众、处理遇难者遗体、清理废墟、消除疫情、抢运物资。由于物资携带有限，官兵们每天只能靠压缩干粮和稀饭来维持体力。为不打扰灾区人民，他们晚上睡在潮湿的地铺上，很多官兵都患上“关节炎”“湿疹”。他们从未埋怨，更没有向灾区群众要过一针一线，多次拒绝群众赠送的食品。5月22日，救援官兵从乡政府那里得到消息，茶坪乡白果村一位72岁下肢瘫痪的老大爷已经在一个简易木棚里住了10天，一直靠少量的干粮维持生命。由于下山的道路被毁，给转移救助带来很大困难。某旅一营二连连长知道后，带领10名战士来到老大爷住地，老人不愿走，陈发友说：“大爷，你儿子不在身边，我们都是你的儿子，请你跟我们下山吧！如果你不走，我们就陪你坐在这儿！”老人被陈连长这番话语感动，终于愿意与官兵一起下山。官兵们用树枝做一个架子，肩扛背驮，走四个多小时的山路，将老大爷成功转移到乡里的救助点。

抢救财产。某师官兵在秀水镇红光村执行救灾任务，从村信用社的废墟中挖出3大箱现金，从当地银行等单位抢运出价值近千万元的贵重物品，都一分不少地交给当地镇政府。37师装甲团一名战士，在废墟中挖出现金1万元、金项链1条和金戒指2对，及时交还给失主永安镇平桥村村民。

高川营救。5月14日上午8时，77296部队奉命援救高川乡被困群众，大地震使安县高川乡通往外界的唯一通道墩秀路彻底损毁，6000多人被困大山深处。77296部队沿雎水镇至高川乡公路搜索前进。大地震引起的山体滑坡，导致雎水镇至高川的道路中断。副师长刘清泉命令部队官兵小心搜索前行，一定要尽快赶到高川，救出被困的受灾群众。救援官兵踩着乱石岗，向高川挺进，一路上搜索着受灾群众。一场高川乡生死大营救开始。9 时，救援部队在一辆载有 20 人的中巴车内发现一名幸存者，官兵们马上投入到紧张的救人战斗中，没有工具，救援官兵用石头砸烂车窗玻璃，用木棒撬开车门，将这名幸存的女子救出来。14 日 8 时至 21 时 30 分，一路上救援部队官兵疏散群众 100 人，救出 5 名重伤群众。高川乡有数千名受灾群众被困，必须重新打通一条疏散受灾群众的“绿色生命通道”。15 日 6 时，该部政治委员江水清率领 1200 余名官兵在与当地党委、政府共同协商后，决定从沸水镇胜利村出发，翻越海拔 1840 米、坡度系数在 60 度至 70 度、高差达 1200 米的天台山，到达高川乡。5 月 16 日，在沸水通往高川乡的 56 公里的生命线上，该部 1200 余名官兵演绎着一场生命接力的感人故事。天台山上那条多年不用的狭窄山路，荆棘丛生、沟壑纵横，根本没有道路可寻。面对困境和险情，官兵们手拿砍刀、身背绳索，一边开辟道路，一边急行军。17 日 23 时，终于在天台山上开辟出一条长 56 公里的“绿色生命通道”。为不使受伤群众发生二次伤害，官兵们用人背、担架抬转移受灾群众。由于坡陡路窄，为保证担架平衡，官兵们双膝跪地，一只手握担架，一只手插入泥土中艰难爬行，在 56 公里的生命通道上，每几百米设一个点位，每个点位上 4—8 人作为一个“接力组”，尽量用官兵的双手将伤员托平，防止二次伤害，就这样救援官兵们顺利疏散受灾群众 4500 人，抢救受伤群众 300 人，其中重伤群众 70 人。为保证命令的及时、准确传达，官兵们采用一个人传一个人、手手相递的方式，把当年曾使用过的“鸡毛信”传递消息的方式，重新用在救援行动中。当得知天池村一组还有一位百岁老人没有被救出来的消息时，马上用“鸡毛信”写一纸命令：“天池一组伤者 10 人左右，其中有一位百岁老人，请政委组织人员抢救下山。”正是这封“鸡毛信”，官兵们及时知道这一消息，才将这位 103 岁名叫王正平的老人背下山。步兵一连连长张绍发在一个废墟旁发现一位刚刚分娩一天的妇女，由于几天无吃无喝，加上产后无人护理，已经非常虚弱。官兵立刻用大衣裹上婴儿，做了担架，迅速将母女抬下山。为了纪念这个特殊的日子，这位母亲将早已取名曾紫阳的女儿改名“曾震生”。装甲 2 连战士段扬波所在的小分队，在进村入户搜救时，在一间破损的房屋内发现一名满身污垢，全身上下只有眼睛能微微转动的村民，已无法说话，战士们也未找到他的家人。“他是个植物人，地震后家里人顾不了他了，别管他了”，认识他的群众说。“是生命就不能放弃”，战士们把他救出送到山下。当这名已被家人无奈抛弃的植物人被战士们送到救助站时，在场的村民们感动得泣不成声。从 5 月 18 日 16 时开始，部队组织 200 名政治素质好、业务精的官兵组成突击队，分成 8 个救援队，进村入户开始搜救受困群众。在高川村，官兵发现一名全身爬满苍蝇、近似植物人的伤员。官兵打来水为他清洗，再为他换上干净衣服，然后用担架把他抬出来。在此次救援行动中，救援部队疏散群众 150 人，救出受伤群众和老人 30 人。从 5 月 14 日 8 时开始营救至 20 日 16 时结束，历时 7 天，经过三次救援行动，官兵们总共营救出地震受灾群众 5000 人，出色完成营救任务。

部队徒步挺进高川

生产救援。5 月 29 日 9 时，一大片农田里，部队官兵冒雨为睢水镇教场村群众抢收抢种。在部队官兵的帮助下，全镇受灾群众的双抢已完成 85%，水稻栽插也接近尾声。在塔水镇油坊村 1 组，来自成都军区某师官兵，帮助村民陆再清连续两天栽插秧苗 6 亩。5 月中下旬，有近 10 支部队 3000 名官兵在全县农村参加“双抢”。仅 77296、77123 等部队 600 名官兵帮助当地群众栽秧 366 亩，种玉米 106 亩，抢收小麦156亩，抢收油菜252亩。5月30日，官兵搭建起近300顶帐篷，承担起平整场地、铺路、排水等工作。冒着烈日为黄土镇江池村老百姓排危，加强与群众之间的交流，帮助受灾群众树立重建家园的信心，村支部书记衡孝淑深深地向官兵们三鞠躬。在沸水镇三合村，95%的农房变成危房，随时面临倒塌。50名官兵连续奋战100个小时，拆除危房200间，抢运粮食10吨。当地干部群众深受感动，村主任每天都向部队赠送2箱自家种的蘑菇和木耳，20名群众端着自家做的饭菜慰劳“最可爱的人”。塔水镇峨眉村7组邓学平的鱼塘快要垮塌，堰塘里2000公斤成品鱼危在旦夕。“双抢”突击队经过3个小时的努力，加固即将垮塌的堰埂，保住邓学平近5万元财产不受损失。部队在抢险救援工作中，主要为群众做好排危、清理废墟、恢复学生学业、治病防疫、抢种抢收、三通（通路、通电、通水）、治安联防、临时住房搭建以及对政策的宣传，帮助建设村党支部，做好孤儿、孤残老人、贫困学生的帮扶工作。在抗震救灾期间，部队官兵帮扶孤儿、孤残老人、贫困学生500人。

云南省77289部队　5月14日，77289部队1000名官兵到达安县后，部队分成多个小分队奔赴桑枣、安昌、黄土等乡镇抢险救援。在抗震救灾期间，官兵帮助当地群众搭建帐篷300顶，拆除危房1200间，抢修道路10公里，栽秧560亩，种玉米200亩，抢收小麦300亩，抢收油菜500亩。

驻绵阳市高炮旅　5月15日，驻绵阳市高炮旅100名官兵奔赴晓坝、沸水镇抢险救援。帮助晓坝镇转移受灾群众325人，拆除危房11处、1300平方米，搭建帐篷560平方米；帮助沸水镇转移受灾群众220人，排危除险8处、1000平方米。

济南军区　5月20日，济南军区装甲师100名官兵在安昌镇南丰村废墟上，平整场地，搭建帐篷，建起帐篷学校。官兵们还当教师给孩子们上课。6月5日21时，接到紧急通知，次日肖家桥堰塞湖泄洪，需要紧急转移涉险的5000名群众，要求紧急搭建临时安置点，确保疏散群众妥善安置。当晚天空下起暴雨，130名官兵没有一个人停下来，通过近两小时奋战终于把临时安置点搭建好。

二炮官兵　高川乡老鹰岩河沟被掩埋，形成一个堰塞湖，蓄水量超过220万立方米，对下游数十万群众生命财产带来严重威胁。6月4日，二炮官兵接受老鹰岩堰塞湖的抢险救灾任务后，立即组织300人的队伍，挖掘泄流槽。道路严重毁损，机械设备上不来，他们调用直升机100架次，空运30台凿岩机和一些小型机械设备。部队官兵完全靠人打、锤敲、爆破等方式排险。二炮官兵们用7天时间，挖开一条上口宽20米、下口宽12米、深5米的泄流槽，圆满完成省抗震救灾指挥部下达的排险任务。6月12日，解放军二炮某部奉命抢修睢水老虎嘴至高川段18.3公里道路。该工程危险性极高、工程量极大、施工极其困难，被施工队伍称为“虎口拔牙”。部队、地方等抢险人员对该路段损毁、地质地貌、施工方式等情况进行勘测，制订施工方案。解放军二炮某部官兵冒着山体滑坡、山石不断滚落、余震不断等险情，与现场各方工程队一道，昼夜鏖战。不到一个月，开通高川乡抗震救灾的生命线。

二炮部队抢险救灾誓师大会

二、消防、武警、特警、民兵救援

（一）消防部队抢险救援

山西省消防总队　5月14日，山西省消防总队214名官兵到秀水镇、桑枣镇参加抢修道路、排危除险、搭建帐篷等工作。救援队兵分两路展开工作。一路先后两次派突击队前往茶坪乡救援，首次35名突击队员前往茶坪乡，经过十余个小时，终于开凿出一条道路，参与转移群众5000人。另一路的大同市4名消防队员参与晓坝镇废墟搜救，转移群众，为受灾群众抢救衣服、粮食、现金。5月15日，大同消防支队警犬基地训导班班长王雨来在废墟中发现一名60多岁的妇女，立即用双手挖开老人身上的泥土，将老人背至指挥部医务所救治。当日下午，王雨来接到命令，急速转战茶坪乡，疏散被困群众，因山体滑坡，1000名群众被困于山腰悬崖处。王雨来见山体陡直，没有道路可走，他带领身边战友经过三个多小时奋战，开辟出一条道路，利用安全绳和安全带捆绑，使身体悬挂于空中，用双手一个一个接过被困群众，用自己的双手将1000名群众安全转移。5月16日，大同消防支队搜救犬分队训导员刘华军在深入重灾区进行搜救过程中，得知有500名受灾群众和游客从茶坪乡和千佛山风景区逃出后被困在悬崖峭壁上，他立即与其他队员一起利用携带的腰斧，在悬崖峭壁上开辟出一小块的立足之地，再用安全绳一段一段接起来，系在山腰小树上，开辟出一条小路。通过这条小路，他们终于将500名群众救出。5月16日，总队战士刘华军隐约听到呼救声，经过寻找，他发现山上有一家三口，妇女受重伤神志不清，男子腿部扭伤。刘华军背上妇女，带着她的丈夫、小孩下山，直至把他们送到山下的医疗救助点。大同消防支队特勤中队代理副中队长、二级士官郭武靖和大同消防支队特勤中队一班班长、一级士官宋东风在解救废墟下被埋群众时，他们用双手挖开一层层砖头和瓦块，手套磨烂，手指出血，但他们仍不停息，直到救出一个又一个被埋群众。5月17日，大同市消防中队官兵经过十余个小时的努力，成功疏散群众400人。之后，他们与其他队员一起去另一座山上营救一名50多岁的受伤妇女。战士郭武靖背起受伤妇女，走完1/3路程，累得眼前发黑。战士宋东风争抢着轮换背人，又用3个多小时，把伤者送到红十字会医疗室救治。5月19日上午，战士刘华军带着他的警犬迈克与其他队员一起，经过近6个多小时的搜救，在废墟发现一具老人的遗体，及时进行掩埋。

山东省消防总队　5月16日，山东省消防总队310名官兵到桑枣镇抢险救灾。在抢险救灾期间，共计抢修道路10公里、排危除险50处、搭建帐篷100顶。

福建省消防总队　5月17日，厦门市消防救援队进入河清镇开展抢险救援，官兵们进村入户帮助群众搭建帐篷，排危除险。随后，福建消防总队150名官兵到晓坝镇救助站帮助转运伤员50名、搭建帐篷130顶、拆除危房30间。

天津市消防总队　天津市消防总队官兵到塔水镇抢险救灾。在抢险救灾期间，共计抢修道路8公里、排危除险30处、搭建帐篷100顶。

陕西省消防总队　陕西省消防总队官兵到安昌、黄土等镇抢险救灾。在抢险救灾期间，共计抢修道路10公里、排危除险30处、搭建帐篷200顶。

（二）武警部队救援

陕西省武警总队　5月15日，陕西省武警总队50人翻越海拔约3000米的高山进入茶坪乡抢险救灾。在抗震救灾期间，帮助转移群众3000名，搭建帐篷300顶，拆除危房100间。

宜宾市武警支队　6月9日，宜宾市武警支队80名官兵到达永安镇，冒着余震，紧急抢修苏包河永安段的水毁河堤，加固水毁河堤70米。

（三）特警救援

辽宁省特警　2008年6月2日至2009年5月12日，辽宁省先后派出公安民警569人到安县参加抗震救灾，配合安县公安局维护社会治安、打击违法犯罪活动。共协助办理刑事案件157起、治安案件263起，圆满完成13次安全保卫任务。

（四）民兵救援

内江军分区民兵　5月14日21时20分，内江军分区组织民兵到达晓坝镇，但通往茶坪乡的公路被山体滑坡封死，部队无法前进。内江军分区司令员刘保健连夜赶往县抗震救灾指挥部，得知茶坪乡有很多伤员因路不通运不出，又缺药医治而死亡，几百条生命等待药品抢救，几千名群众每天只能喝上一小碗稀粥。刘保健立即返回与副政委李荣贵召开临时党委会，决定翻越海拔2842米的横梁子大山进入茶坪。5月15日8时，组织部队携带食品、药品向茶坪乡进发，15日17时到达茶坪乡。得知有一台发电机埋在离茶坪乡7公里外的一个废墟里，派出小分队翻越高山，将重达300公斤的发电机抬到茶坪乡政府发电。16日中午，组织4艘冲锋舟、2艘橡皮艇紧急运送到堰塞湖，打通通往灾区的水上通道。在三天里，组织三批突击队为茶坪乡9000名受灾群众运送物资4.3吨、药品42箱，转移输送灾区群众3000人，为500名伤员施药，使46名重伤员脱离危险。

乐山军分区民兵　5月14日，乐山军分区带领300名民兵奔赴茶坪乡紧急救援，协助转移受灾群众2000人，转运物资1.5吨。

宜宾军分区民兵　5月15日，宜宾军分区带领应急独立营500名民兵，星夜兼程奔赴安县，在桑枣镇参加抢险救灾。部队长下达命令："再困难也要为百姓抢救一些粮食出来!"桑枣镇飞龙村2组村民蒋世群家所有的粮食和衣物都被埋在废墟下，民兵们经过3个多小时的努力，将掩埋的600公斤稻谷、几十件衣物和现金抢救出来。

辽宁特警巡逻

泸州市军分区民兵　5月15日，泸州市军分区带领800名民兵奔赴永安镇开展抢险救灾，帮助群众搭建帐篷500顶，排除危房300间。

自贡市富顺县民兵　5月16日，自贡市富顺县民兵进驻永安镇平桥村，排危100间，搬运物资30吨，抢修道路10公里。

三、国家部委领导救援

王守荣　5月14日，中国气象局副局长王守荣、四川省气象局局长赵光中和市气象局局长王永斌一行到安县看望慰问县气象局职工和灾区群众。王守荣指出气象部门要继续为抗震救灾提供气象服务。

齐小飞　5月20日，国家宗教局副局长齐小飞、省宗教局局长王增建、市宗教局局长白元林等一行到安县查看灾情，并表示采取措施对安县灾区予以援助。

张海涛　5月21日，国家广电总局副局长张海涛，省广电局长何大兴，绵阳市委常委、宣传部部长李炜等一行到安县查看广播电视系统受灾情况。在听取县委常委、宣传部部长谭莉和县广电局长崔强关于灾情和抗震救灾工作汇报后，对县委、县政府快速、有力组织抗震救灾工作给予充分肯定。张海涛要求，广播电视系统干部职工要克服困难，大力宣传抗震救灾中的先进典型，弘扬抗震救灾精神，鼓舞群众斗志，搞好家园重建。

窦玉沛　5月23日，民政部副部长窦玉沛到安县查看灾情。他充分肯定县委、县政府在抗震救灾工作中行动迅速、组织有力、效果明显。同时，他指出当前要抓好受灾群众的生活救济，特别是孤、残等困难群体的救助，使广大受灾群众有衣穿、有饭吃、有住处。

高鸿斌　5月23日，农业部副部长高鸿斌在省畜牧食品局局长杨昌明、副局长兰明建以及市畜牧兽医局局长蒋开恩等人的陪同下，深入安县督导检查动物尸体无害化处理、消毒灭源和灾后重建工作开展情况。高鸿斌对动物尸体无害化处理、消毒灭源工作给予充分肯定，他要求要继续抓好动物防疫工作，抓好灾后重建，大力发展畜牧业。

刘家义　5月24日，国家审计署审计长刘家义、审计署驻成都特派员办事处特派员李勇库，省审计厅厅长高仁全，市审计局局长刘清华、副局长苏继林一行，到安县查看地震灾情并看望和慰问审计人员，对抗震救灾和加强抗震救灾款物的审计监督工作作出重要指示。刘家义对安县抗震救灾物资资金的管理和发放工作做得早、做得细给予充分肯定，他要求审计部门干部职工要严格按照救灾物资资金管理办法，继续做好抗震救灾款物的审计监督工作。

冯正霖　5月25日，交通运输部副部长冯正霖一行到安县视察地震后交通恢复情况。冯正霖对县委、县政府快速反应、组织有力、效果明显的抗震救灾工作给予充分肯定，他指出要动员人力、物力及时抢通道路设施建设，确保抗震救灾和灾后重建顺利进行。

交通部副部长冯正霖指挥抢险

汪　民　5月29日，国土资源部副部长汪民到安县了解受灾群众集中安置用地情况。汪民对县委、县政府及时落实受灾群众集中安置用地给予充分肯定，他指出，在灾后永久性住房建设上，本着节约用地的原则，因地制宜，搞好用地规划。

李　斌　5月30日，国家人口计生委主任李斌到安县看望灾区群众和基层计生干部。对计生系统干部职工快速反应、组织有力、效果明显的抗震救灾工作给予充分肯定，要求计生系统干部职工抓好灾后计生服务工作，帮助困难群众排忧解难。

周伯华　5月30日，国家工商总局党组书记、局长周伯华，省工商局局长李柏云一行深入秀水镇慰问工商干部，感谢基层工商干部在抗震救灾中的英勇表现。周伯华指出，工商干部要继续做好食品、药品的监督管理工作，抓好物价监管，防止乱涨价。

胡四一　5月30日，水利部副部长胡四一、法规司长高而坤、农水司长王小东一行到秀水镇、兴仁乡、黄土镇红岩安置点了解人饮安全供水情况，慰问在安县援助的大连市水务局抢险队人员。胡四一要求，要继续抓好饮水监测，确保饮水安全。

周和平　6月3日，文化部部长周和平带领文化部计划财务司副司长都海江、社会文化司副司长张永新、国家图书馆副馆长张雅芳一行深入花荄、桑枣、秀水等镇，查看全县文化基础设施受灾情况，指导灾后重建工作。周和平指出，安县的文化基础设施受损严重，要切实抓好文化基础设施重建工作，带动第三产业的发展。

张小建　6月3日，人力资源和社会保障部副部长张小建深入花荄镇益昌社区，视察花荄镇劳动保障所，到县劳动保障系统的临时办公地点看望慰问干部职工，指导灾后重建工作。要求在抓好抗震救灾的同时，及时抓好就业人员培训，广开就业门路，使受灾群众增加收入。

莫文秀　6月10日，全国妇联副主席、中国儿童少年基金会副秘书长莫文秀，到秀水镇小学汉昌分校参加科力春蕾活动板房学校挂牌仪式，并看望慰问学校师生。她指出，夏季来临，要做好板房防暑降温，加强卫生防疫，确保学生身体健康。

陈　竺　6月20日，卫生部部长陈竺到安县视察灾后卫生防疫和医疗保障工作。陈竺深入京安小区，详细查看和询问小区的环境卫生、饮食卫生、消毒、杀虫、垃圾处理、厕所建设及无害化处理等各项防疫措施落实情况以及受灾群众的健康状况。县委书记、县人大常委会主任王黎汇报全县抗震救灾医疗保障和卫生防疫工作。陈竺对安县的工作给予充分肯定，他说："安县的灾后卫生防疫工作思路清晰、措施具体，特别是把支援安县的防疫工作队整合到一起，统一指挥、统一行动、资源共享的经验值得总结。"

于广州　6月26日，商务部副部长于广州、省商务厅厅长谢开华到安县查看受灾群众生活状况。于广州对安县灾后市场物资供应充足和价格平稳给予充分肯定，并指出要继续做好市场物资供应工作，满足群众需求。

赵　实　6月29日，国家广电总局常务副局长赵实到安县查看灾情，了解电影文化事业在地震中的损失情况。赵实先后前往安昌、界牌等乡镇实地走访，他希望全县文化部门干部职工继续坚定信心，振奋精神，早日恢复包括电影放映在内的文化事业。

翁　政　7月5日，团中央书记处书记翁政等团中央领导在团省委书记张彤，团市委书记廖雪梅，县委常委、总工会主席朱元光等陪同下到安洲驾校救助点调研基层团组织建设工作。翁政对安洲驾校团组织在抢险救灾中做出的成绩给予充分肯定，他要求广大团员青年继续开展生产自救，重建家园，再立新功。

丁学东　7月5日，财政部副部长丁学东、住房与城乡建设部政策法规司司长冯俊一行到安县对城镇居民住房重建政策制定作专题调研。丁学东对县委、县政府制定的城镇居民住房重建政策给予充分肯定，认为县委、县政府反应迅速，措施得力，充分调动群众建房积极性，效果显著。

四、省、直辖市救援

（一）四川省救援

何大兴　5月14日，省广播电视局局长何大兴等一行到安县慰问广电职工。他要求全县广电职工坚定信心，克服困难，及时组织人员抢修广电设施，做好宣传工作。

余孝恒　5月14日，省宗教局副局长余孝恒、市民宗局副局长刘华荣到安县看望慰问民宗干部和宗教界人士。

绵阳市应急办　5月15日至16日，绵阳市应急办协调成都军区陆航团，出动直升机10架次，向茶坪、高川乡空投食品、矿泉水、药品三次，由于风力影响偏差较大，大量物资无法获取。

绵阳市电业局　5月16日，绵阳市电业局派出救援队18人，先后到永安、晓坝、睢水、高川、茶坪等乡镇开展救援，共计抢修电力设施10处，架设高压线路30公里。5月27日，绵阳市电业局副局长陈一邛一行与县电力联营公司领导、技术人员一道拆除安县损毁水塔。

刘中伯　5月19日，省委组织部副部长刘中伯一行到安县指导抗震救灾工作，看望受灾党员干部群众。在抗震救灾指挥部，刘中伯传达中组部部长李源潮的重要指示精神，代表省委组织部向战斗在抗灾一线的基层党员干部表示亲切慰问，并详细了解全县受灾抗灾情况。

胡金玉　5月20日，省档案局局长胡金玉一行到安县看望档案局全体职工。

何大清　5月21日，省政府移民办公室副主任何大清一行到安县查看受灾情况。

马小兵　5月22日，省档案局副局长马小兵一行到安县看望县档案局职工并捐款捐物。

张　琦　5月23日，省交通厅稽查征费局局长张琦带领厅属部门一行5人到安县实地核查全县公路、桥梁受损情况。

任永昌　5月24日，省农业厅厅长任永昌到安县检查灾情、灭鼠及“双抢”工作。他指出，要及时做好受灾群众安置、大春的抢种抢收和灭鼠工作。

伍丕光　5月25日，省中小企业局局长伍丕光一行深入安县启明星磷化工、浮山水泥、工业集中发展区等调研指导企业生产恢复工作，考察中小企业灾后恢复生产支持项目。

省科技厅专家组　5月25日，省科技厅、成都山地灾害研究所、西南石油大学建筑学院组成专家组赴安县救灾。他们结合自身的专业特点，向受灾群众宣传灾后预防次生地质灾害发生常识和灾后房屋安全检测常识，并同县规划和建设局技术员一道研究房屋应急检测方案，指导并带领建设部门技术人员挨家挨户进行检测，参与应急检测房屋60万平方米。

省文物局调查组　5月25日，省文物局调查组在市文物局领导的陪同下到安县调查文物损毁情况。调查组对文星塔（阁）、魁星楼（钟楼）、飞鸣禅院、姊妹桥、李调元故里厅堂、秀水镇天主教堂等文物保护单位进行调查。

罗亚夫　5月29日，省地方志编委会党组成员、副主任罗亚夫等一行到安县看望慰问县地方志办公室的全体职工。

李红星　5月29日，省农机监理总站站长李红星、中国农机化导报社社长兼总编辑宋毅、吉峰农机有限公司董事长王新民、川龙拖拉机制造有限公司董事长詹佑林一行到安县农机局调查受损情况。

邱宗宪　5月30日，省公安厅治安总队副总队长邱宗宪一行到安县看望慰问户政治安民警。

刘功勋　5月31日，省劳动和社会保障厅副厅长刘功勋一行到安县，实地查看劳动和社会保障局、就业中心、社保中心、乡镇劳动保障所受灾情况和劳动保障系统灾后各项工作的开展情况。

李忠昊　5月31日，省图书馆馆长、省文化信息资源共享工程中心主任李忠昊一行到安县了解图书馆受灾情况，看望奋战在抗灾一线的文化系统干部职工。6月24日，省图书馆第一党支部的23名党员到花荄镇京安小区，结合"七一"建党节，开展"文化惠民，重建家园"主题活动。

朱兵、肖先进　6月3日，省水利厅副厅长朱兵、省农水局局长肖先进一行到安县五一水库、睢水罐滩堰塞湖查看灾情，指导工作。

李东风　6月4日，省防洪办副主任李东风一行到安县睢水河一带，进一步核实堰塞湖情况。

华蓥市　5月15日，华蓥市人民政府机械队到安县安昌镇救助。排除危险障碍物26处、清理废墟垃圾100吨。

眉山市　5月18日，眉山市彭山县妇联组织人员到安县救援，帮助搬运物资100吨。

宜宾市　6月4日，宜宾市环境保护局对安县14个集中饮用水源进行取样检测50份，对县城大气全天候进行监测。

张月辉　5月24日，内江市水利农机局高工张月辉、韩金文一行4人，由省水利厅指派到安县指导救灾工作，检查、评估水库20座。

省农业厅专家组　6月4日，省农业厅组织省农科院、省农机研究院、四川大学、南充农科所、绵阳农科所的玉米种植专家刘永宏、王秀等一行到安县，深入睢水镇宝元村指导灾区农民水改旱玉米种植技术。

绵阳市抗震救灾指挥部水利工作专家组　6月9日，绵阳市抗震救灾指挥部水利工作专家组对睢水罐滩堰塞湖进行评估。专家们提出具体意见，要求尽快组织人员排除险情。

冷　刚　6月9日，省水利厅厅长冷刚、副厅长朱兵、副市长邱明君、市水务局局长安天云一行到茶坪乡肖家桥堰塞湖、干河子罐滩堰塞湖查看排险情况，研究部署下一步堰塞湖排险工作。

张德宽　6月12日，省供销联社副主任张德宽、市供销社副主任马铁兵等一行到安县看望慰问供销系统干部职工，并代表省政府对化肥、农药等农资储备供应情况进行检查。

苏海红　6月12日，省食品药品监督管理局局长苏海红一行到安县看望坚守在药监岗位的干部职工，了解地震损失和抗震救灾相关情况。

王在银　6月12日，省人口计生委主任王在银一行到安县部分乡镇人口计生服务站查看受灾情况。王在银一行在花荄、安昌镇计生服务站实地查看后，对县人口计生局在抗震救灾工作中行动迅速、组织有序给予充分肯定。

雅安市　6月14日，由雅安市交通局战备办公室出动人员100人、历时5天架设的安昌镇南河大桥钢架桥投入使用。

邵小龙　6月15日，省物价局局长邵小龙到安县检查市场物价控制情况，看望慰问县物价系统干部职工。邵小龙实地查看全县的受灾情况和听取市场物价控制的情况汇报后，对安县的物价工作给予充分肯定。

王　华　6月16日，省农水局副局长王华到安县检查农村饮水和水库损坏情况。王华对全县积极行动、有效解决群众生活用水和深入开展水库排危工作所取得的成绩表示肯定。

帅　克　6月18日，省财政厅副厅长帅克到安县调研灾后重建工作。地震中，全县财政系统经济损失达6140.73万元，在恢复重建工作中，全县城镇预计建设居民住房548.12万平方米，需投入资金约

104.14亿元。帅克要求，安县财政系统要进一步克服困难，下大力气做好基础调查工作，为下一步制定政策做好前期准备。

内江市电业局　6月26日，内江市电业局副局长倪力率援助队伍15人到安县灾区群众安置点、救助站了解灾区群众用电情况，并进行安全用电检查。共检测电表300户，协助改装线路20户。

卢夆岗　7月6日，中共四川省委党史研究室主任卢夆岗到安县调研。县委党史研究室主任张清儒汇报史志办受灾和抗震救灾情况以及党史专题《八级大地震·四川安县——安县“5·12”抗震救灾纪实》一书编撰进展情况。卢夆岗对县委、县政府领导全县人民开展的抗震救灾工作给予高度评价，并对党史工作给予充分肯定。

省政府抗震救灾工作组　7月6日，省委、省政府抗震救灾工作组到安县，传达省委书记、省人大常委会主任刘奇葆和省人大常委会副主任韩忠信关于受灾群众安置和灾后重建工作的讲话精神。省委、省政府工作组对安县的工作给予充分肯定。

绵阳市水务局督察组　7月6日，绵阳市水务局督察组一行到安县督察农村供水保障系统运行情况。督察组实地检查桑枣镇香溪村供水保障系统建设情况后，对安县积极行动、克服困难、有效解决群众饮水问题的做法表示肯定，并要求要继续在辽宁省水利厅的大力支持下，彻底排查并及时解决全县各地群众吃水难的问题，为全县灾后重建贡献力量。

张亚平　7月9日，省精神文明办主任张亚平一行到安县查看灾情和检查精神文明建设工作，对精神文明建设工作取得的成效表示肯定。

李家强　9月4日，省劳动和社会保障厅副厅长李家强一行深入安县，督导检查就业和社会保障特殊市政策贯彻落实情况。

（二）河南省救援

刘玉华　5月26日，河南省援建安县灾区工作组副组长、市编办副主任刘玉华一行到安县，对搞好河南省对口援助协调服务工作进行指导。

河南省交通厅救援队　5月27日，河南省交通厅赴川抢通保通救援队到安县。在安县救援期间，共投入人员120人、机械25台，修整道路7公里、架设便桥2座、平整临时居民安置点土地60亩。

河南省交通厅桥梁专家　5月30日，河南省交通厅5名桥梁专家对成青路河清至安昌段受损桥梁进行全面调查，并对干河子大桥、秀水河桥、代家沟桥、黄金堰桥、安昌二桥、余家坝大桥受损情况进行汇总，并提出下一步工作意见。

包长修　6月9日，河南省商丘市建委主任包长修等一行看望慰问沸水镇三合村10组受灾群众朱凤英、刘成招等。

（三）辽宁省救援

徐铁南　5月23日，辽宁省民政厅厅长徐铁南一行到安县了解抗震救灾工作进展和急需物资的筹备情况。

谭树茂　5月24日，由辽宁省大连市水务局副局长谭树茂带队的16人供水抢险队抵达安县，对兴仁、宝林、沸水、迎新、雎水等乡镇集中供水站进行供水设备更换和恒压控制调试，解决41800人的饮水困难。

王俊莲　5月27日，中共辽宁省委常委、省总工会主席王俊莲，副省长滕卫平等一行到安县调查灾情，研究对口援助有关事宜并向安县捐资助援。

白月先　5月30日，辽宁省公安厅副厅长白月先一行到安县公安局指导对口援建工作，并代表辽宁省公安厅送来车辆、电脑、信息通信等警务装备。

许卫国　6月9日，辽宁省委常委、副省长许卫国一行到安县，就对口支援安县灾后重建工作进行专项部署和研究。6月10日，许卫国一行深入安县各乡镇查看灾情，商讨研究灾后援建方案。6月14日，许卫国继续在安县查看灾情，重点调查文星阁小学、花荄镇中学和中医院、县医院受灾情况。

李树森　6月11日，辽宁省教育厅副厅长李树森一行到安县教育系统检查指导对口支援和灾后重建工作。

韩树君　6 月 11 日，辽宁省水利厅副厅长韩树君一行到安县水务局了解水利方面灾情和抗震情况。

郭兴文　6 月 25 日，辽宁省文化厅厅长郭兴文带领省文化援建工作组到安县查看文化系统受灾情况，专题研究对口援建工作。在实地查看县文化大楼综合排练厅、书画摄影展厅、图书馆和文化活动中心以及安昌、桑枣等基层文化站的灾情后，该省文化厅计财处处长王维乐表示将竭尽全力帮助安县恢复文化基础设施。

张文岳　6 月 27 日，辽宁省委书记、省人大常委会主任张文岳带队到安县视察灾情，看望慰问受灾群众和辽宁援建人员，检查指导对口援建工作。辽宁省委常委、副省长许卫国，辽宁省委常委、省委秘书长周忠轩及辽宁省相关部门负责人，四川省委常委、副省长魏宏，市委副书记、代市长曾万明等陪同前往。在县委书记、县人大常委会主任王黎，县委副书记、县长赵迎春的带领下，张文岳先后到花荄、安昌、晓坝、桑枣等乡镇实地走访，查看灾情，并表示辽宁将倾全省之力帮助安县恢复重建，灾区需要什么援助，辽宁就提供什么援助，同时提出对口支援安县的八个方面工作。

（四）　湖北省救援

湖北省交通厅突击队　5 月 24 日，湖北省交通厅副厅长张学锋、湖北省公路局局长马立军带领 4 个施工突击队，出动各种设备 36 台（套）和 130 名抢险队员到晓茶路，清理晓坝至马颈项塌方路段。6 月初，参加肖家桥堰塞湖除险。

孝感市支援灾区卫生监督队　6 月 16 日，湖北省孝感市支援灾区卫生监督队在迎新乡临时抗震棚召开灾后卫生防疫知识培训会，对灾后防疫工作注意事项、灾后出现相关疾病的特征以及如何预防等知识作详细讲解。

（五）　吉林省救援

5 月 20 日，吉林省邮电工程局派技术人员 6 人到安县检测和修复电信光缆。

（六）　云南省救援

5 月 29 日，云南省妇联开展“把爱留给孩子——云南、安县妇女在行动”活动。县妇联将茶坪、高川乡等 10 个乡镇 500 名二至五年级小学生送到云南昆明市代管学习。

（七）　北京市救援

北京市建委　5 月 21 日，北京市建委和北京市建工集团全国首批援建专家到安县。临行前，北京市委书记刘淇、市长郭金龙前往火车站为援建者壮行。5 月 22 日下午在花荄镇白茅寺开工，搭建活动板房，经过 12 个昼夜连续施工，于 6 月 4 日建成活动板房，命名为“京安小区”。

北京市人民政府支援安县建造板房的援建者

北京大学　6 月 10 日，北京大学教授何志毅、助手冠全军在北京举办新闻发布会，专门为黄土镇方碑村、才育村农民灾后重建组织资金，黄土镇党委副书记钟思友出席会议。2008 年 6 月 10 日至 2009 年 5 月 12 日，共计组织资金 800 万元。2009 年底，方碑村、才育村近 600 户农民建起永久性住房。

六、志愿者及其他社会力量救援

地震发生后，全国部分省、直辖市、自治区的志愿者到安县开展抢险救援工作。志愿者们战斗在晓坝、桑枣、雎水、沸水、永安、安昌、黄土等乡镇抗灾一线，不顾余震和房屋垮塌的危险，抢救被埋在废墟中的伤员，协助转运伤员，装卸、搬运各种救灾物资，搭建帐篷，分发水、食品、棉被、衣物等物资，维护现场秩序，帮助灾区做好消毒防疫工作，安抚受灾群众情绪，开展心理辅导，帮助受灾群众重树生活的信心。截至2008年7月底，全县共招募抢险志愿者、医护志愿者、运输志愿者、助耕志愿者、防疫志愿者、货物搬运志愿者、心理疏导志愿者、排危志愿者等各类志愿者1.6万名，年龄最小的5岁，年龄最大的76岁。

河南省许昌市胖东来贸易公司　5月14日11时，由河南省许昌市胖东来贸易公司董事长于东来带队的60名员工到安县，捐助50万元的物资。到秀水镇疏通饮用水管道，从废墟中抢救幸存者，在受灾群众集居区帮助打扫卫生，为受灾群众进行心理疏导。5月15日，于东来一行到晓坝镇救援，连续奋战三天三夜。从倒塌的房屋中共救出15位幸存者、搭建帐篷300多顶，帮助疏散、转移从晓坝镇、茶坪乡等撤退出来的群众5000人。

北京力源救援队　5月17日，北京力源救援队到桑枣镇开展排危除险、帮助受灾群众搭建帐篷、安装临时过渡房等救援工作，搭建帐篷120顶，安装临时过渡房300平方米。

四川兴力达集团　5月18日，四川兴力达集团到沸水、晓坝救助站开展搬运物资、帮助群众平整场地、搭建帐篷、安装临时过渡板房等救援工作。搬运物资80吨，帮助群众平整场地120平方米，搭建帐篷110顶，安装临时过渡板房60间。

河北唐山宋志永爱心志愿者小分队　地震发生后，宋志永和其他农民兄弟13人当即决定组成“宋志永爱心志愿者小分队”，支援灾区抗震救灾。5月18日，宋志永爱心志愿者小分队到安县参与抗震救灾工作。发扬不怕苦、不怕累的精神，夜以继日挖掘、抢救、运送伤员及遇难人员，扒出60位（含北川）遇难者的遗体，抢救幸存者15人（含北川）。宋志永团队三个月内两赴灾区抢险救灾，在宋志永团队精神的带动鼓舞下，唐山各地群众迅速行动，一个又一个宋志永式的志愿者小分队涌现出来，共有477名志愿者自发支援灾区抗震救灾。

云南保元堂药业有限责任公司　5月19日，云南保元堂药业有限责任公司到晓坝救助站开展搬运物资、帮助群众平整场地、搭建帐篷、安装临时过渡板房等救援工作。搬运物资100吨，帮助群众平整场地200平方米，搭建帐篷180顶，安装临时过渡板房230平方米。

中国人民大学重庆校友会代表团　5月19日，中国人民大学重庆校友会代表团到晓坝救助站开展协助医护人员抢救受伤受灾群众、安抚伤员情绪、搬运物资等救援工作。搬运物资80吨，协助医护人员抢救受伤受灾群众120人，安抚伤员360人次。

夏贤斌　四川省宜宾市翠屏区南城街道城管办干部夏贤斌，是一名在绵阳军分区服过役的退伍老兵。5月19日，夏贤斌利用休假，单人驾驶私家车载上一车药品到桑枣镇。夏贤斌先后参加转移伤员和运送粮食、药品、衣物、帐篷等救灾物资，向急需药品的受灾群众发放自带的药品；从废墟和危房中抢挖遇难遗体一具，搬运遗体4具，抢挖贵重物品和粮食、衣物等，步行5小时山路为受灾群众运送安置板材，爬上房顶排除危房；并拿起镰刀、卷起裤腿帮助受灾村民收菜籽、栽秧子。5月25日离开安县。

重庆渝世弟物业有限公司　5月20日，重庆渝世弟物业有限公司到永安镇救助站开展搬运物资、帮助群众平整场地、搭建帐篷、安装临时过渡板房等救援工作。搬运物资6吨，帮助群众平整场地130平方米，搭建帐篷170顶，安装临时过渡板房70间。

重庆塑胶美通有限公司　5月20日，重庆塑胶美通有限公司到黄土镇常乐救助站开展搬运物资、帮助群众平整场地、搭建帐篷、安装临时过渡板房等救援工作。搬运物资150吨，帮助群众平整场地180平方米，搭建帐篷80顶，安装临时过渡板房60间。

上海供水公司　5月20日，上海供水公司专家及技术人员到塔水、秀水、桑枣等镇参加自来水抢修工作，抢修自来水管道1250米。

成都城投集团　5月23日，成都城投集团组织专业技术人员20人、出动工程机械5台到安县抢险救灾，排除道路障碍10.5公里。

华西集团　5月24日，华西集团组织专业技术人员50人、出动工程机械6台到安县抢险救灾，安装活动板房70间。

中铁二局　5月25日，中铁二局组织专业技术人员30人、出动工程机械4台到安县抢险救灾，排除道路障碍16.5公里。

王大帅　5月25日，辽宁省兴城市对外贸易局25岁工作人员王大帅在家人和单位领导的支持下，带上干粮，背上行囊，前往四川参加抢险救灾。到达四川后，克服语言障碍、交通不便、环境恶劣的困难，冒着生命危险先后去过都江堰等灾区，每到一处，都立即参与救灾物资搬运等工作。当得知安县是辽宁省对口支援县后，便全身心地投入到安县的救灾工作。王大帅与志愿者们一起，到秀水、桑枣、永安等地装卸搬运帐篷、药品、粮食、饮用水等共875吨，搬运材料搭帐篷350顶。到清泉镇考察校址1次，到千柏唐山援建小学进行心理疏导工作，到京安小区做护理工作，疏散护送灾区儿童500人去云南上学，给灾区群众送饮用水13次，并无私地将自己潜心研究几年的发明专利——萝卜腌渍料献给安县政府。6月3日，王大帅在一线连夜写好《入党申请书》，递交给安县团委党支部，请党组织在实践中考验自己，他这样写着："几天来，亲历这场灾难，我所见到的每个人、每件事都让我振奋，让我敬仰，让我感动，让我对党和人民更加热爱!"6月11日，中央电视台《焦点访谈》记者专门采访王大帅，表扬他在安县的志愿服务工作。6月16日，共青团安县委员会党支部写出《对辽宁兴城"5·12"志愿者王大帅的综合鉴定材料》，6月19日，召开支委会讨论研究，同意将其列为入党积极分子，并指定培养联系人。王大帅在四川灾区表现突出，被四川省委、省政府授予"四川省抗震救灾模范"称号。

四川路桥公司　5月31日，四川路桥公司组织专业技术人员60人、出动工程机械8台到安县抢险救灾，维修加固桥梁3座。

盐亭县富驿镇个体工商户协会　5月16日，盐亭县富驿镇个体工商户协会组织30人到安县参加抢险救援、搭建帐篷、搬运物资。

七、国外力量救援

西非塞拉利昂玛利亚　中非塞拉力昂的21岁黑人姑娘玛利亚，这位曾经参加过中央电视台星光大道节目的非洲演员，听到地震消息后，当即中断回国看母亲的行程，搭乘飞机到成都后，又直奔和外界失去联系的重灾区茶坪乡。5月15日凌晨4时，玛利亚一行28人组成的志愿者医疗救护队，跋山涉水步行20公里到达茶坪乡，为当地受灾群众带去药品。与玛利亚同行的还有7位外国朋友，他们都是看到消息后自发赶到的。玛利亚告诉记者，2004年来过中国，中国也是她的家，她要把自己对中国的爱传递给灾区的受灾群众。

美国亚洲医疗交流服务中心　5月23日，美国亚洲医疗交流服务中心一行13人，在董事长卫笑心的带领下，到黄土镇设立临时医疗点，救治受灾群众1500人。

新加坡歌手何耀珊、黎晓灵　6月6日，新加坡歌手何耀珊与拥抱国际音乐基金会创办人黎晓灵携价值300万元的善款与物资，随四川省扶贫基金会一行到安县探望慰问灾区儿童。因端午节快要来临，她们给学生们送去学习用具和小礼物，何耀珊还为灾区学生和受灾群众送去香粽，希望学生们能过上一个快乐的端午。为改善教室的通风设备，她还捐赠一批风扇。在与桑枣救助点受灾学生和群众临别时，何耀珊说："同学们，你们要好好学习，姐姐回去在新加坡、美国给你们筹款修建新学校。"何耀珊爱心基金会表示，回新加坡后将向各界呼吁民众支持四川灾区教育事业，帮助受灾学生重返校园。黎晓灵此行收集很多当地小朋友所绘的图画，准备带回去进行慈善拍卖，继续为地震受灾群众筹款。

联合国粮农组织地震灾害评估考察团　6月13日，联合国粮农组织地震灾害评估考察团Rajenvlra Aryal、胡松一行到安县进行实地考察，了解安县震后农业生产情况，就地震对全县农业的影响进行评估，对灾区重建需要的国际援助听取农业部门的意见和建议。

意大利亚洲国际团结协会　6月21日，意大利亚洲国际团结协会到安县，与县教育体育局签订《抗震救灾重建校园捐助办学协议》。

联合国儿童基金会香港委员会　7月7日，由联合国儿童基金会香港委员会、联合国儿童基金会驻华代表处、商务部、省商务厅一行组成的考察团到安县看望慰问灾区儿童。

第三章　抢救生命财产

第一节　抢救生命

一、自救互救

受灾群众紧急转移

全县自救互救概况　地震发生后，全县党政机关、企事业单位、乡镇、村组干部、城乡居民、学校师生等参加自救互救人数共30万人，出动车辆1万台次，在救援部队没有到达前，全县干部群众从废墟浅层自救互救出幸存者800人，其中学生350名。从废墟浅层搜救出被埋群众300人。其中，安昌镇政府组织干部在竹林寺、原蔬菜社等居民区垮塌的废墟中搜救出被埋群众20人；茶坪乡政府组织干部群众在老街废墟中搜救出被埋群众40人；高川乡政府组织干部群众在废墟中搜救出被埋群众30人；晓坝镇政府组织干部群众在废墟中搜救出被埋群众20人；其他乡镇政府组织干部群众在废墟中搜救出被埋群众100人。全县农村干部群众在救援部队没有到达前，从废墟浅层搜救出被埋群众400余人。其中，茶坪乡村组干部群众在废墟中搜救出被埋群众50人；高川乡村组干部群众在废墟中搜救出被埋群众40人；晓坝镇村组干部群众在废墟中搜救出被埋群众30人；安昌镇村组干部群众在废墟中搜救出被埋群众20人；茶坪乡政府组织村组干部群众在废墟中搜救出被埋群众30人；高川乡政府组织村组干部群众在废墟中搜救出被埋群众40人；黄土镇村组干部群众在废墟中搜救出被埋群众40人；其他乡镇村组干部群众在废墟中共搜救出被埋群众160人。

二、县看守所搜救

抢救人犯　5月12日大地震，使位于安昌镇东风路为民巷的县看守所办公区、审讯区顷刻间成为一片瓦砾，监所围墙大面积垮塌。72名关押人员被困在内监区，其中重刑犯9名。带班指导员谢军、值班民警殷勇等紧急启动预案，由值班民警殷勇管护监舍钥匙，工勤人员唐永斌控制监区内外大门，谢军、饶德富等民警进入内监区抢救处置。14 时 31 分，谢军、饶德富进入内监区。环绕内监区 10 米高的监墙大部分垮塌，最矮处仅残存约 1.5 米高，巡视通道严重倾斜，监舍墙体大面积开裂。一部分人犯聚集在内监区小花园空地，有的精神受到刺激在监区里乱窜。关押在监舍里的在押人员惊慌失措，大声叫喊、猛力踹门，有 3 个监舍送饭窗口已被踹开。面对危急状况，指导员谢军一面安排民警控制、安抚人犯，一面不顾危险，冲上已严重倾斜的巡视通道，向监室大呼“不要怕，干事不会丢下你们不管”，“放风室很安全，大家头顶被盖待在放风室等待救援”。监舍关押人员的情绪得到稳定。14 时 35 分，因大地震枪柜变形无法打开，武警中队便砸开枪柜取出武器，沿监墙四周布置警戒，设立封锁线。14 时 50 分，县公安局副局长张良聪赶到看守所，立即协请县武装部派民兵增援，在看守所围墙四周加强警戒。随后副局长黄海军、政委宋进勇也相继赶到看守所。他们实地查看灾情后，判定县看守所已不具备关押条件，必须立即转移。由于通信中断，副局长张良聪一面联系转运在押人员车辆，一面派谢军驾车到市公安局监管支队汇报情况。16 时，谢军到达市监管支队。市公安局分管监管的副局长张伟听取汇报后当即指示，迅速将在押人员转移至绵阳市看守所。县公安局分管副局长黄海军全程指挥，调用看守、武警、刑警共 56 人，六辆警车护道，4 辆大客车运载人犯，22 时左右顺利将 72 名在押人员安全转移至绵阳市看守所关押，无一人伤残。

三、矿山搜救

煤矿搜救　地震发生后，县发改局组织带领干部职工分赴睢水煤矿、高川煤矿、高川大竹坪煤矿、高川联营煤矿、永安煤矿等 10 家煤矿企业，组织煤矿职工抢险救人，转移被困职工 300 人，搭建帐篷 200 顶。

抢建用电设施

搜救彭国华　5 月 12 日下午，睢水镇道喜村 36 岁的文友会正走在去割猪草的路上，突然地震发生。她赶紧跑回家中，她家的石头房子全部坍塌。从矿上跑回来的矿工告诉她，丈夫彭国华被埋在矿井里，生存希望渺茫。煤矿出动大铲车实施营救，到晚上 9 时，铲车燃油耗尽，停止工作。第二天，雨下得很大，无法开展搜救。第三天，彭国华的父亲翻越垮塌的山岩，从深山外面背回半桶柴油，开动铲车铲土，村子里几个亲戚也来帮忙。第四天、第五天过去，还是没有结果，听不到矿下有回应的声音，但他仍然没有放弃。直到第七天 19 日 16 点半，彭国华终于被救。村民们把彭国华背到村子里，闻讯赶来的消防官兵赶紧展开救援。10 个消防官兵翻山越岭，轮换背着彭国华走 8 个小时的山路，送到睢水镇。5 月 20 日 4 时 58 分，彭国华被送到驻扎在安县的第二军医大学长征医院救助点。第二军医大学驻安县抗震救灾医疗救助中心主任、上海长征医院副院长吕一刚说，彭国华被送到医疗队时已经极度虚弱。医生们为他清洗身体后，马上补液。然后，组织驻安县的各医疗队的专家进行会诊。彭国华身体主要器官的基本功能完好，住院救治康复。

第二节　抢救保护财产

一、抢救财产

抢救处置爆炸物品　地震发生后，县内60家民用爆炸物品使用单位均遭受重大损失，19处储存库室垮塌，16处严重受损。多名守护人员死亡、受伤，20吨炸药、10万发雷管无人守护。县公安局组织相关人员翻山越岭进入高川、睢水、桑枣等重灾区。5月13日，县公安局与民爆专营公司将炸药4吨、雷管12万发，由原棉花山炸药库转移至安昌镇南丰村新建炸药库。5月30日，将高川干沟钙矿、三道河矿山、永安电冶厂等地的雷管7684枚、炸药33公斤回收至县民爆公司保存。6月1日，又从睢水棕树坪矿山回收雷管4577枚，从邓家坪矿山回收雷管3465枚。6月2日，炸药销毁专业人员进入重灾区高川乡，对无法回收的炸药采取爆炸、水溶、燃烧等办法进行集中销毁，共销毁已损毁和过期炸药11997公斤、雷管14281枚。抗震救灾期间，从废墟中抢挖炸药10吨、雷管9万枚，集中到安全地点统一管理。

抢救现金和贵重物品　5月14日，秀水镇信用社（火光村）垮塌，现金被埋，县公安局立即组织县武警、县消防中队配合十四集团军37师官兵赶往现场，从废墟中挖出3大箱现金，都一分钱不少地交给镇政府。截至7月1日，县公安、武警、消防中队配合解放军、武警、消防官兵帮助中国银行、农业银行、商业银行、保险公司、电信、珠宝店等单位抢救出现金和贵重物品，共计1000万元。

二、保护国家财产

地震发生后，解放军、武警、消防官兵全力保护国防科工委驻县内4个研究所，防止国家财产遭受重大损失。5月23日，县内普降大雨，一些乡镇遭受洪灾，特别是驻永安镇国防科研所遭到洪水威胁。5月24日，中国人民解放军14军防化团100人、县武装部带领民兵100人到永安镇加固河堤，保护国家财产不遭受损失和科研人员的生命安全。

部队官兵进村入户搜救

第四章 临时安置

第一节 受灾群众安置

一、临时安置概况

县指挥部实行分类安置受灾群众。将高川、茶坪两个重灾乡和睢水、桑枣、永安、安昌、沸水、晓坝等乡镇14个山区村受灾群众全部转移到异地集中安置，其余受灾相对较轻的乡镇实行分散安置，共有22万人自行零散安置，有28万人集中安置在192个临时救助站内，其中500人以上的集中安置救助站42个，集中安置受灾群众5.4万人。

震后初期，生活物资紧缺，重点保证5个集中安置点物资供应，并配置发电机、饮水机等生活设施，开通广播、电视，搞好集中安置点的防暑降温、卫生防疫，努力改善各安置点条件，保证受灾群众的基本生活。截至8月底，全县完成28558套活动板房建设，其中21754套安置受灾群众15078户、60312人，发动群众自建简易过渡住房安置122214户。促进受灾群众就业，提供公益性岗位安置970人，企业吸纳就业4500人，自谋职业和自主创业2824人，解决零就业家庭人员就业1536人，异地就业安置8510人。

二、临时集中安置

（一）县设立救助站

京安小区安置点　6月4日，北京建工集团工程技术人员连续奋战12个昼夜，建成花荄镇京安小区，茶坪乡1000名受灾群众结束帐篷生活，迁入活动板房居住。京安小区共建307套住房，小区呈梯形，共分10排，每排之间间隔近5米。小区每10户共用一个厨房、1个淋浴间、两个公共卫生间，卫生间特别设立残疾人专用蹲位。小区西侧设有面积达240平方米的商店，另设一个卫生所，满足住户日常生活需求。还设有一个警务室和一个新村办公室，为小区群众服务。厨房位于每排住宅的正中间，每间厨房内配备有两根水管和10个天然气灶眼。距离厨房最远的一户人家也只有17米，即便遇到下雨或是寒冷天气，住户也能很快把饭菜端回家，吃到热饭热菜。

晓坝镇救助站　7月初，在晓坝镇设立救助站，搭建临时过渡活动板房500套，主要接收安置茶坪乡、晓坝镇集体转移出来的群众4500人。

睢水镇救助站　7月初，在睢水镇设立救助站，搭建临时过渡板房300套，主要接收安置高川乡集体转移出来的群众，以及睢水社区、红石村受灾群众近5000人。

沸水镇救助站　5月28日，沸水镇救助站由河南省援建。该站建有高川受灾群众安置点活动板房869套和沸水社区安置点，卫生院419套。6月13日全部交付使用，入住受灾群众近4000人。该站还建有援建板房学校2500平方米，可容纳1400名学生，6月13日板房学校复课。

永安镇救助站　5月下旬，永安镇党委、政府将大安、永明、平桥等山区村组1000名群众转移安置在永安救助站。5月底，北川县曲山、漩坪等乡镇1000名受灾群众从绵阳九洲体育馆和南河体育中心临时安置点撤回，被安置在永安镇救助站。7月中旬，过渡板房建成后，受灾群众3000人全部入住板房。

桑枣镇救助站　6月中旬，县指挥部按照科学规划、因地制宜的原则，在桑枣镇规划搭建2926套活动板房，设立五个集中安置点，由河南省洛阳市、濮阳市、济源市3个援建单位施工建设。6月25日，入住受灾群众4600人，主要接收茶坪、桑枣等乡镇的受灾群众。

黄土镇安置点　5月18日，黄土镇安置点开始兴建，该安置点共建有近400顶帐篷、6000平方米。主要安置北川县漩坪、禹里等乡镇转移出来的受灾群众，最多时安置2800人。部分群众外出打工等离开安置点，到8月上旬，建成过渡板房时还有1200名受灾群众在此居住。

（二） 乡镇安置点

黄土镇　6月，黄土镇抗震救灾指挥部协同上级部门在社区、中小学校、医院、派出所等完成土地平整8处，建活动板房7处，截至7月25日，共建板房901间、1.89万平方米。其中在石鸭村设置板房安置点，建板房329间、7200平方米；一中校共153间、3570平方米；二中校共90间、1658平方米；小学（中心校和7所村小）共287间、5660平方米；仁济医院共20间、300平方米；中心卫生院共25间、306平方米；派出所共7间、148平方米；共安置受灾群众2100人。黄土镇共发放帐篷8372顶，购置彩条布39.6万平方米分发各村，搭建临时过渡房，截至2008年5月10日，搭建规范临时过渡房5809间。通过帐篷、过渡房、板房等临时安置，黄土镇共安置受灾群众45760人。

秀水镇　5月底，秀水镇安装板房1967套，由河南省援建，主要安置城镇居民和城镇周边部分农村受灾群众5000人。

河清镇　7月中旬，河清镇板房建设基本完工，场镇2000名居民搬进安全的板房生活，1500名中小学生在板房正常上课。

其他乡镇　7月底前，塔水、界牌、安昌、乐兴、兴仁、宝林、清泉等16个乡镇分别建立集中安置点，主要解决城镇无房居住的居民，共计安装活动板房1.2万套，入住受灾群众3万人。

三、临时分散安置

地震发生后，对受灾相对较轻的不便于集中的农村受灾群众实行分散安置，全县共有22万人自行零散安置。县、乡镇、村干部组织受灾群众及时搭建临时性过渡房，做到夏天能防暑降温，冬天能保暖御寒，每户受灾群众补助搭建费2000元。7月底前，搭建临时性过渡房15.65万套，全县受灾群众临时居住问题得到基本解决。

第二节　学生安置

一、分散安置

5月13日起，全县中小学校全部停课。县教体局对花荄、黄土、界牌、塔水、秀水、河清、兴仁、清泉、宝林、迎新、兴仁等乡镇的4万名学生实行分散安置。大部分学生在家里自学。全县开辟绿色通道，简化手续程序，根据学生及家长自愿将学生暂时转到外地的亲友或父母工作地借读。转出到上海、浙江、江苏、广东等地借读学生共607人。

二、集中安置

好医生厂房学校　地震后，安县中学为做好高三学生学习、迎接高考，在好医生药业公司的帮助下，2035名学生在该公司厂房复课。

桑枣镇帐篷学校　桑枣镇飞龙村临时帐篷学校，主要接收茶坪乡集体转移出来的学生和部分桑枣镇学生。学校分小学部和初中部，共8个班，其中小学部学生144人，初中部学生90人。

晓坝镇帐篷学校　晓坝镇帐篷学校，主要接收茶坪乡集体转移出来的学生和部分晓坝镇学生，共4

个班，人数最多时达 233 人。

沸水镇帐篷学校　沸水镇帐篷学校，主要接收高川乡集体转移出来的学生和部分沸水镇当地学生，分小学部和初中部，人数最多时达 190 人。6 月 13 日复课。

雎水镇帐篷学校　雎水镇帐篷学校，主要接收高川乡集体转移出来的学生和部分雎水镇当地学生，分小学部和初中部，人数最多时达 140 人。6 月 13 日复课。

八一帐篷学校　八一帐篷学校建在永安镇，6 月 1 日前夕建成，是安县第一所帐篷学校。学生主要来自高川、茶坪、晓坝、永安等重灾区，也有安县中学、职业中专、西苑中学、安昌小学、桑枣镇中等学校滞留学生。中途接受部分北川受灾群众子女和救助站附近学生。按小学部、初中部、高中部共设 14 个教学班，近 1000 名学生，生活上分区集中布局，食宿由救助站统一提供。八一帐篷学校以"生命安全第一，重塑美好心灵家园"为教育指导思想，把文化教育、德育教育和心理疏导有机结合，灵活安排作息时间和教学内容，教学内容除文化课外，还包括艺体、心理辅导、卫生健康、防震防疫教育、班队课等。社会各界为学生捐赠大量学习生活用品。

在云南省安置　5 月 27 日，云南省妇女联合会、云南省教育厅与安县人民政府签订协议书，帮助安县的孩子解决读书和生活等困难。云南省政府接收安县 500 名因灾失学的小学生到云南学习和生活。本着孩子自愿、家长同意的原则，县妇联落实茶坪、高川、晓坝等重灾乡镇 500 名小学二至五年级在校生，到昆明市马街、观音山小学、关上、云溪等九所小学读书，并负责接送学生。时间为 2008 年 5 月至 2009 年 1 月。云南省免费提供这 500 名小学生在昆明学习期间的生活、学习和往返安县的交通费用，并为他们购买平安保险，进行统一体检。为全面帮助孩子，云南省组织一支心理危机干预组，为孩子们提供心理咨询和帮助。还动员社会力量，开展灾区学生异地结对帮扶活动，并给予一次性一定数额的资金补助。为让这 500 名学生能吃好住好，云南省从学生的衣、食、住、行等方面都做了充分准备，许多学校还专门请大餐厅的主厨对学校厨师进行川菜烹饪培训。为让 500 名学生在云南过好节假日，他们还在社会上发起"争当爱心家庭、爱心爸爸、爱心妈妈"的号召，有 1000 个家庭争先报名，周末或节假日把孩子接回家，让孩子感受家庭的温情。

在唐山市安置　5 月 19 日，唐山市有关部门向全社会发出倡议，在全市迅速展开"唐山妈妈为四川灾区儿童营造爱心港湾"大行动，招募"爱心家庭"和"爱心妈妈"。倡议发出后，得到社会各界的响应，报名者在有关部门专设的办公室前排起长队。截至 5 月底，唐山市市民报名参加大行动的"爱心家庭"达到 3000 个，"爱心妈妈"近 1500 名。"爱心妈妈"们纷纷通过为孩子购买衣物和学习用品，书写一封封感情真挚的书信表达对安县灾区儿童的关切之情。在接受妇联和民政部门培训后，唐山市妇联从报名的 3000 个家庭中精心挑选出 9 个条件相对优越的家庭，为孩子安下新家及早做好充分准备。6 月 2 日，河北省委常委、唐山市委书记赵勇赴安县慰问，从晓坝镇和茶坪乡带走 9 名孩子到唐山读书。

三、复　课

8 月 21 日，经县抗震救灾指挥部统一安排，县教体局牵头，援建单位志愿者和全县教职工共同努力，分乡镇选址、受灾群众集中安置点设教学点等措施，全县中小学全部开校复课。86 个复课校点（其中板房复课校点 75 个、帐篷复课点 10 个）的 46681 名中小学生（其中高中 5716 名、初中 15953 名、小学 25012 名）如期返校学习。

安县中学千人大课堂

第五章　抢修基础设施

第一节　交通设施

一、抢险组织机构

5 月 12 日 19 时 30 分，县交通局全体干部职工在办公楼后院内召开抗震救灾抢险紧急会，成立县交通局抢险指挥部，指挥部下设 5 个工作组（办），即抗震救灾办公室、工程抢险组、运力协调组、包村驻镇工作组及宣传报道组、综合协调组及后勤保障组。

二、抢修公路

5 月 13 日，集中全部工程技术力量，分三条线路抢通生命线。墩秀路阻断 18 公里，晓茶路阻断 22 公里。茶坪、高川乡是极重灾区，被困群众上万名，情况十万火急。局党委决定，动用一切可以动用的力量，最大限度协调和组织装载机、挖掘机等抢险设备，及时抢通这两条生命线。

抢修老虎嘴

6 月 16 日，县顺达公路养护公司一方面继续抓紧对墩秀路、晓茶路的排险抢通保畅等工作，另一方面派出工程技术人员、机具操作手，抽调工程机械 230 型挖掘机和装载机各一台，支援灾区重建。清理泥石流塌方 800 立方米，整理路面 8000 平方米，抢通桑枣镇大竹村至铜钱村大观路 2 公里。

截至 2009 年 5 月底，组织挖掘机、装载机、吊车等施工机械设备作业 1895 台次，派出工程技术人员 1.5 万人次，清理道路塌方 162 万立方米，抢通保通阻断道路 695.2 公里。其中，省道损毁 42.2 公里，全力保通；县乡道损毁 289 公里，抢通、保通 280 公里；村道损毁 495 公里，抢通、保通 410.7 公里。桥梁全部安全通行。省道桥梁损毁 23 座，全部设置危桥标志及限重限速标志，架设钢架桥 1 座，成青路干河子大桥修建便道一处，为整个抗震救灾提供安全的交通条件。

第二节　通信设施

一、开通应急电话

5 月 12 日 15 时 30 分，县电信局为县委、县政府开通 3 部应急指挥电话，花荄电信营业厅特意为群众开通“免费打电话报平安”业务。20 时，在花荄、安昌电信公司院内同时开通带宽 100Mb/S 的互联网业务，免费提供给党政军、新闻界使用。当晚，县电信分公司派专人给乡镇送无线村通功能的应急指挥电话 34 部，为县级部门、乡镇配备 126 部超级无绳应急办公指挥电话，配发无线村通电话到 18 个乡镇。13 日，为群众开通 8 部报平安免费电话。

二、抢修设施

地震造成电信局机房、线路、设施受损严重，公司员工奋力开展通信恢复与生产自救工作。公司维护人员和支援人员累计投入 2800 人次，全面抢修通信设施。截至 2008 年 7 月 31 日，通过原址原设备、原址改 AG 设备、另址改建 AG 设备等手段，共恢复机房 91 处，恢复小灵通基站 208 个。截至 8 月 10 日，共恢复机房 96 处，小灵通基站 243 处，新装 S200 传输设备 8 个点，新放主干光缆 22 皮长公里、配线光缆及零星抢险光缆 64 皮长公里，完成 4 个光交接箱的安装，通过自备油机发电 145 处，回收电缆 14 皮长公里。累计发电 3530 小时，保证通信的恢复。全面恢复金融系统及所有大客户电路。地震发生时，县电信分公司总经理汤旭正在安昌机房检查工作，在他的指挥下，县电信网络恢复工作迅速展开，战备通信应急预案紧急启动。机关技术人员在当天 14 时 35 分进入花荄、安昌机房检查设备，打开空气开关跳闸，重新启动系统，设备运行立即恢复正常。15 时左右，中继通信光缆渐次恢复正常，并抢通修复花荄、安昌小灵通基站 19 个，450M 村通设备基站 3 处，恢复局部地区小灵通和无线村村通信号。截至 5 月 25 日，县电信分公司被毁的通信全部恢复。

长线局安县分局局长秦黎明带领黄刚、田明、王正平、吴开富 4 位员工，冒着余震和被飞石砸伤的危险，徒步 20 公里，及时架通安昌至擂鼓的通信光缆，使该镇在中断通信 10 天后，恢复与外界的通信。6 月 4 日 21 时，县电信分公司恢复被地震损毁的电视电话会议系统，经过 4 个多小时的紧急抢修，6 月 5 日 1 时 20 分全部恢复。

9 月 23 日—24 日，安县连续降雨，爆发洪灾，山体塌方，发生泥石流，造成通信光缆线再次被毁，通信全部中断。县电信分公司全体员工冒险奋战，克服各种困难，使被损毁的通信设施在 24 小时内得到恢复，全县通信畅通。

第三节　应急供电和抢修电力设施

一、应急供电

地震发生后，县电力联营公司成立电力抗震救灾应急指挥中心，制定电力抢险恢复供电实施方案，启动应急预案，组织动员 370 名应急抢险人员，投入到电力抢险工作中。5 月 12 日 20 时，恢复县抗震救灾指挥部和医疗救护中心的供电；72 小时对供区内的重点医院、移动通信、加油站等重要单位和部门恢复供电；对道路不通、电力设施损毁严重、不具备恢复供电条件的地方，公司立即租借和调用小型移动发电机 13 台，组织应急灯和相关供电设备，并派专人进行安装、发电，基本保证全县抗震救灾用电需要。

二、抢修电力设施

抢修输电线路

地震使安县220千伏变电站1号主变压器完全移位并喷油，中性点设备受损；2号主变压器漏油，中性点设备受损；220千伏、110千伏大部分设备受损；35千伏配电装置室完全倒塌；主控通信室、检修室损坏严重，随时可能倒塌；变电站围墙倒塌，堡坎损毁。安县变电站是绵阳地区损毁最为严重的变电站。

按照国家电网公司的总体安排部署，重庆公司共承担绵阳220千伏安县变电站、110千伏花荄、晓坝、永安、睢水等五个变电站的抢修恢复重建工作。重庆公司迅速组织重庆电建总公司、重庆渝能建设公司以及设计、监理等单位500名精干人员组成的抢修队伍，投入到抗震救灾战斗之中。重庆渝能建设集团对电压互感器、电流互感器、耦合电容器、避雷器等户外设备安装97组、388块防震垫，提高220千伏安县变电站抗震能力。经中国水利水电研究院工程抗震研究中心论证，该防震垫能抵御地震烈度大于八度的强震，使用寿命在60年以上。截至5月27日，全县供区内269个村全部恢复供电。专线用户除少数宝成路因地震造成设备或线路损害不能恢复外，其余专线用户全部恢复供电。7月10日11时，经过重庆电力公司500名员工近两个月的艰苦奋战，绵阳220千伏安县变电站恢复重建提前竣工并投入运行。截至2009年5月底，全县更换变压器202台，新修临时配电房170座，新架高压线路34公里、低压线路225公里，更换损毁的电能表46663只，更换电杆3785根，全县供区内全部恢复正常供电。

第四节　供水设施

一、应急供水

地震使全县饮水工程遭到严重破坏，供水管网遭到大量破损，水质被污染，47万受灾群众没有饮用水。县水务局立即组织技术人员在全县各受灾群众救助站设置应急供水点89处，安装净水设备70套，建立公共取水点40处，对水源遭到破坏的乡镇村采取以车送水的方式，及时解决受灾群众临时应急用水。

二、抢修供水设施

为确保群众饮水需求，县水务局及时组织100名技术人员，不辞劳苦，连续作战，迅速修复集中供水站18处，铺设临时管道80公里，修复各种设备215台（套）。2008年5月至2009年5月，县水务局把工作重心放在居民长期使用生活用水的问题上，全县抢修自来水厂12座，架设供水管网设施260公里，全县98.5%以上的群众长期生活用水问题得到解决。

第五节 广播电视设施

一、广播应急播出

5 月 13 日凌晨，县广播电视局副局长龙丹带领工程技术抢险突击队分赴安昌、桑枣、秀水、塔水等各片区广播电视站，组织系统内近 100 名干部职工实施紧急抢险。工程技术抢险队员迅速找来伸缩梯，冒着生命危险，从安昌镇原广电局综合楼 4 楼的窗户钻入，再到机房，在危房里紧急抢运未砸坏的部分广播电视编播设备，立即对设备进行测试检修，连夜安装广播电台播出设施。通过 28 个小时的连续奋战，15 日恢复县人民广播电台的临时应急播出，及时把党和政府的声音传到全县灾区群众中。5 月 17 日，县广电局安排人员，分赴睢水、沸水、晓坝、永安救助点和秀水、塔水等地安装高音喇叭 7 套。县广播电视局向国家广电总局和省市广电局争取到赈灾收音机 1000 台，及时分发给全县乡镇和部门。

应急供水

二、电视应急播出

地震使全县大部分有线电视前端设备损坏，县广电局一边组织工程技术人员抢修设备，一边向市广电局领导汇报，请求紧急援助。5 月 16 日，市广电网络公司给安县提供中央台一套、四川台一套、绵阳台一套等电视信号，分别在秀水、桑枣、安昌、花荄、塔水等地安装室外光接收机、光发射机，抢修网络放大器、分支分配器等设施。5 月 19 日晚，县广播电视台自办节目恢复播出。7 月 12 日，集中组织力量，多方筹集设备器材，做好板房有线电视安装入户工作。截至 12 月底，安装有线电视集中收看点 61 个，活动板房受灾群众累计安装有线电视 9010 户。

三、抢修广电设施

11 月，县广播电视局与县联通、移动、电信等部门配合，开始启动受灾最严重的高川、茶坪两乡的光纤主干网建设。12 月底，县广播电视局恢复有线电视光纤主干线 495 公里、电缆 5000 公里，更换放大器、用电器、分支分配器等 4000 个，熔通光接点 100 个，新栽电杆 1000 根，258 个已通有线电视行政村得到应急恢复的达 240 个，恢复有线电视用户近 5 万户，恢复广电宽带网用户 200 户。

2009 年 1 月 10 日，县广播电视局又与县联通、移动、电信等部门共同架设通往高川、茶坪两个极重灾乡共 44 公里的光纤主干线，全县 20 个乡镇的光纤主干线全面开通。2009 年 2 月初，县广播电视局组织人员架设花荄至兴仁、塔水、秀水、河清等乡镇 24 芯光缆，全县主干光缆得到完善和升级。

第六节　特种设备

一、排　查

5月13日，县质量技术监督局党组立即召开会议，成立特种设备安全排查组，由局长朱宪国带队，到县内各重点企业，调查企业特种设备受损情况。对110家使用特种设备的企业进行巡查、排查，全县在用锅炉128台，电梯13部，压力容器158台，起重机械99台，大型游乐设施6台，厂内机动车辆5台，66.45千米压力管道受地震影响存在不同程度的损坏，全部停止使用，均需要经过维修检验合格后方可再次投入使用。12台（件）特种设备因地震损毁严重，无法修复。特种设备附属设施锅炉房、生产厂房等受灾严重，95%的受调查企业安放特种设备的厂房均不同程度受损，20%左右的企业厂房屋顶或墙体彻底坍塌。安县诚信肉类联合加工厂及秀水食品厂的液氨制冷设备因地震损毁，相继出现液氨泄漏现象，存在较大安全隐患。

二、抢　修

启动特种设备安全事故应急预案，紧急联系液氨储运企业，对两家使用液氨的肉联厂有泄漏苗头的液氨设备组织安全转移，排除安全隐患。为企业联系检测锅炉等特种设备160台（件），提供应急检测咨询、服务280次。联系绵阳市特种设备监督检验所对66.45千米天然气压力管道进行应急检验，及时抢修，防止露天使用石油液化气钢瓶在太阳下暴晒引起不安全事故。印制温馨提示宣传单600份，并利用电视、电台进行宣传。抗震救灾及灾后重建期间，全县未发生特种设备安全事故。

抢修的应急供水设施

第六章　新闻宣传与文艺慰问演出

第一节　新闻宣传

一、电视台

中央电视台　5 月 14 日，中央电视台第一次报道有关安县受灾的新闻《记者拍下四川安县地震瞬间》。5 月 20 日，中央电视台《焦点访谈》节目组到安县，采访报道地震灾害情况及部队官兵开展救援的先进事迹。5 月 21 日，中央电视台《新闻调查》栏目著名主持人柴静到安县，采访抗震救灾情况，并与县电视台记者一道深入灾区进行采访。截至 12 月 13 日，中央电视台先后报道《安县两万受灾群众受困》《安县受灾严重、营救工作困难进行》《“孤岛”茶坪乡新开生命通道》等节目，共报道安县干部群众、解放军、武警、消防、民兵、公安干警、医疗、卫生防疫、志愿者等各界人士在安县抢险救灾的新闻 39 件。

四川电视台　5 月 18 日，四川电视台第一次报道有关安县的新闻《使命在召唤》。截至 2009 年 3 月 20 日，四川电视台先后报道《勇敢抗灾　积极自救》《活跃灾区的救援队》《军营特色的帐篷学校》等反映安县各条战线抗震救灾新闻 48 件。

播放电影

辽宁电视台　8 月 5 日，辽宁电视台第一次报道有关安县的新闻《安县举行大型文艺演出“不屈的脊梁”》。截至 2009 年 4 月 22 日，辽宁电视台先后报道《辽宁支援安县教育抓软件夯实基础》《华晨汽车及发动机零部件工业园项目将落户四川安县》等反映安县抗震救灾新闻 15 件。

绵阳电视台　5 月 13 日起，绵阳电视台连续报道有关安县的新闻。

安县电视台　5 月 19 日恢复自办节目，6 月 23 日恢复正常节目播出。在《安县新闻》节目中，除动态性报道外，还推出 17 期系列报道《挺直的脊梁》、5 期系列报道《关注赴辽民工》、11 期系列报道《被爱簇拥的孩子们》、10 期系列报道《我的零八故事》、10 期系列报道《永远的记忆》。开辟专栏《农房重建》，播出相关新闻 287 条；专栏《辽安同心、共建家园》播出 236 条；专栏《天寒不受冻，安全过冬天》播出 43 条。截至 2009 年 5 月 12 日，县广播电视台播发新闻 2864 条，播出专题片《记录》

《废墟上挺起不屈的脊梁》《站在新起点》以及《总理来了》《铿锵誓言：举全省之力支援安县》《为了温暖的家》等节目。

二、广播电台

中央人民广播电台　5月15日，中央人民广播电台第一次报道有关安县的新闻《安县两万受灾群众受困》。截至2009年4月13日，中央人民广播电台又先后报道《安县受灾严重营救工作困难进行》《"孤岛"茶坪乡新开生命通道》等，共计报道安县干部群众、解放军、武警、消防、民兵、公安干警、医疗、卫生防疫、志愿者等各界人士在安县抢险救灾的新闻50篇。

四川人民广播电台　5月15日，四川人民广播电台第一次报道有关安县的新闻《安县两万受灾群众受困》。截至2009年5月12日，四川电视台先后报道《安县受灾严重、营救工作困难进行》《"孤岛"茶坪乡新开生命通道》《勇敢抗灾积极自救》《活跃灾区的救援队》《军营特色的帐篷学校》等反映安县各条战线抗震救灾新闻近100篇。

绵阳人民广播电台　5月13日起，连续报道有关安县的新闻。

安县人民广播电台　5月14日起，县广播电台在县行政大楼前搭设临时工棚，利用广播播出节目。15日恢复临时应急播出。动态报道安县新闻，重点宣传抢险救灾中的典型人物、典型事例。

三、报纸、杂志

《人民日报》　5月14日，《人民日报》第一次报道有关安县的新闻《部队官兵开赴安县灾区》。截至2008年10月5日，先后报道《抢救茶坪》《把爱留给孩子》《新家园　新希望》等反映安县干部群众、解放军、武警、消防、民兵、公安干警、医疗、卫生防疫、志愿者等各界人士在安县抢险救灾的新闻20篇。

《四川日报》　5月17日，《四川日报》第一次报道安县抗震救灾新闻《15000人被困、安县抢险艰难推进》。四川日报先后报道《安县茶坪高川救出9000余人》《生命线上的18封"鸡毛信"》等反映安县干部群众、解放军、武警、消防、民兵、公安干警、医疗、卫生防疫、志愿者等各界人士在安县抢险救灾的新闻76篇。四川农村日报刊载反映安县的新闻13篇。

其他报纸　抗震救灾期间，《光明日报》《中国文化报》《经济日报》《辽宁日报》《河南日报》《绵阳日报》《绵阳晚报》等报刊先后报道安县抗震救灾新闻。

四、网　络

中国新闻网　5月14日，《茶坪、高川告急——安县灾情严重》的信息在中国新闻网上登出后，安县抢险救灾的情况迅速传播。截至2009年5月12日，中国新闻网先后报道安县干部群众、解放军、武警、消防、民兵、公安干警、医疗、卫生防疫、志愿者等各界人士在安县抢险救灾的信息4500条。

人民网　人民网多角度地报道安县重灾区的干部群众、解放军、武警、消防、民兵、公安干警、医疗、卫生防疫、志愿者等各界人士在安县抢险救灾的典型事例。截至2008年8月底，人民网发布反映安县抗震救灾的信息2500条。

新华网　新华网多角度地报道安县重灾区的干部群众、解放军、武警、消防、民兵、公安干警、医疗、卫生防疫、志愿者等各界人士在安县抢险救灾的典型事例。截至2008年9月底，新华网发布反映安县抗震救灾的信息3200条。

其他网络　截至2009年5月12日，新浪网、腾讯网、搜狐网、四川新闻网、绵阳政务网等网络媒体采用信息2450条，多角度地报道安县抢险救灾的典型人物、典型事例。

第二节 文艺慰问演出

中宣部、国家广电总局“心连心”艺术团 6月21日，中宣部和国家广电总局组织的抗震救灾“心连心”艺术团在安县灾区慰问演出，上万名受灾群众以及灾区援建单位职工和部队官兵观看文艺表演。

总政“心连心”艺术团 6月23日，总政“心连心”艺术团到永安镇，用精彩的文艺节目对奋战在抗震救灾一线的第二炮兵部队官兵表示慰问。

成都军区某文工团 6月25日，成都军区某文工团到安县演出，慰问受灾群众和部队官兵。

二炮文工团 6月26日，在黄土镇受灾群众安置点，二炮文工团的演员们在野战文化宣传车搭起的简易舞台上演出长达五个小时，为受灾群众和救灾官兵送上精彩的文艺大餐。

山西省昔阳县怀亮农民艺术团 7月17日上午，昔阳县怀亮农民艺术团到京安小区演出。这个表演团队共有5名成员。团长田怀亮是一个农民企业家，有一副好嗓子和一身好武功，身为农民，了解农民失去土地和家园的心理感受，专门为灾区成立爱心表演艺术团，到灾区安抚群众受伤的心灵。队员程三虎是国家一级演员，擅长魔术和变脸绝活；歌手邢光燕、李彦飞是山西师范大学音乐系大三的学生；志愿者朗术平既是驾驶员，又兼音响师。演出现场，小区里1000名受灾群众观看他们表演川剧绝活变脸、变幻莫测的魔术、地道的少林武术等节目。

慰问演出

第七章　次生灾害防治

第一节　河道、水库隐患防治

一、排除河道隐患

概况　地震造成大量山体崩塌、滑坡、泥石流等堆积物，堵塞河道，水位急剧上升，使茶坪乡、高川乡、睢水镇境内形成27座大小堰塞湖。其中茶坪河肖家桥、睢水河罐滩、老鹰岩3处高危堰塞湖库容最大，严重威胁着下游2个国防科研院所、30家企业、17.3万人的生命财产安全。县抗震救灾指挥部责成县水务局与援安部队和施工单位一道，不惜一切代价，科学除险，确保下游人民生命和财产安全。县水务局按照周密制订的预案，组织工程技术人员300人配合解放军、武警、消防官兵组成排险突击队，对全县27座堰塞湖进行排险。实行多点作业、各个击破、全面推进的办法，缩短工期，消除隐患。对小型堰塞湖采取开挖泄洪槽，让洪水自行流走；对个别顽固的采用爆破的办法及时爆破，排除洪水；挖掘晓茶路马颈项肖家桥堰塞湖坝顶路基500米，爆破1500立方米；晓坝千佛桥围堰60米，挖填土石方2.5万立方米；以团结电站为中心，向高川方向推进600米，团结电站向老虎嘴推进50米，土石方4500立方米，爆破石1200立方米。经过近10天的紧张战斗，全县27座堰塞湖的险情全部排除。投入资金410万元，抢修安昌河、茶坪河、干河子等几大主要河流堤防险段16处，确保各集中安置点群众汛期安全。

河道排险

肖家桥堰塞湖排险　茶坪河肖家桥堰塞湖，坝长272米，坝宽198米，坝高61.5米，坝前水深达53.55米，上游水位和下游落差达30米，滑坡体200万立方米，蓄水量超过1000万立方米，仅次于北川唐家山堰塞湖。一旦溃坝，严重威胁下游2个国防科研院所、30家企业及茶坪、晓坝、桑枣、安昌、黄土等乡镇17.3万人的生命财产安全，后果不堪设想，必须及时排除。茶坪河肖家桥堰塞湖的巨大险情引起省市县领导和专家的高度重视。

排险预案。6月4日，安县公安局与辽宁特警队、自贡交警队共同制定《关于肖家桥堰塞湖泄洪的总体预案》，启动1/5溃坝应急预案，需要疏散群众27095人；启动1/3溃坝应急预案，需要疏散群众45978人；水流量达到1000立方米/秒以上，安昌镇南河桥、安州二桥、便桥暂停通行。三地警方周密部署，精心组织，迅速部署警力，提前将民警定岗定位，确保疏散道路畅通、确保撤离区无人、确保不发生严重事件，保障临时聚集区绝对安全。县抗震救灾指挥部决定于6月6日13时对肖家桥堰塞湖进行泄洪。

开挖泄洪槽。县水务局党委书记、局长唐鸿带领由党员、工程技术人员组成的堰塞湖抢险排险突击队，冒着余震和山体崩塌的危险，穿梭于悬崖峭壁和堰塞湖坝之上，摸清各高危堰塞湖的库容、集雨面积、坝体结构、水位上涨速度，并派出工程技术人员在堰塞湖设立24个观测点，对水位、坝体渗漏、变形等情况进行全天候监测。与各级专家认真研究除险方案，制定人工降坝预案。5月24日，省水利电力工程局、武汉长江路桥公司等抢险救援部队，用直升飞机吊运19台大型工程机械，连续14个昼夜奋战，完成长350米、宽40米导流明渠，降低坝高18米，筑钢筋护脚长120米、高6米，完成土石方19.8万立方米，为导流明渠泄水创造条件。

除险。县委、县政府领导高度重视肖家桥堰塞湖除险工作。县委书记、县人大常委会主任王黎8次登上堰塞湖，县委副书记、县长赵迎春6次到茶坪肖家桥堰塞湖查看灾情，指导排险工作，并做出重要指示。县委副书记张道斌、县人大常委会副主任朱安保亲自负责抢险工程物资、后勤协调保障。除险期间，县委常委、县总工会主席朱元光和副县长詹勇为每日都到现场组织排险工程施工，落实人员撤离方案。中国人民解放军某部官兵、县公安干警、辽宁特警、自贡交警接到疏散命令后，迅速集结2300人分赴执勤点，与茶坪河下游的党委、政府工作人员一道，将沿途低洼区域4.5万名群众转移到安全地带。由于天下大雨，一些群众担心个人财产丢失，不愿转移，解放军、公安民警就冒雨挨家挨户做群众工作，把群众劝离危险地带。整个排险工程采取泄流槽导流的方式进行，采用倒排工期，24小时不间断进行。县委、县政府和排险专家组充分论证并经过周密部署之后，决定于6月6日采用试验性分流的方式逐步排除险情。6月6日上午10时，县委书记、县人大常委会主任王黎亲临茶坪乡肖家桥堰塞湖大坝，指挥分流排险。在前往堰塞湖的过程中，每经过一处临时居民点，王黎都要下车了解人员疏散准备情况。他一再强调：要让每一位群众知道疏散的必要性，不要慌乱；要选好紧急疏散路线，选好开阔的地势，搭建好临时帐篷；要准备充足生活用的食物、水和药品，准备好应急人员组织群众疏散，速度要快；同时做好防疫工作。10时40分，王黎再次徒步登上肖家桥堰塞湖陡峭的大坝，在40米宽的泄流槽底部的右侧，一条三四米宽的分流沟在几台大型挖掘机的工作下，不断向堰塞湖口靠近。王黎向有关施工人员和专家询问施工进度后，他强调，地震已经让全县人民遭受重大经济损失，为了群众的生命财产安全，要随时做好水流监测，防止“管涌”，一定要在可控范围内分流，必须尽快将水位降下来。13时10分，肖家桥堰塞湖大坝下游不远处由钢筋巨石做成的减力带就绪，堰塞湖的水已经开始向分流沟渗水。13时15分，随着挖掘机将最后一铲土石铲起，肖家桥堰塞湖开始正式分流排险。只见湖水沿着三四米宽的分流沟一路裹挟着泥沙汇成一条黄色巨龙向下游奔流。工作人员汇报，水流量此时为10立方米/秒，一切正常。14时20分，王黎在大坝下游查看分流情况时发现，河道的水量开始急速增长，水流湍急处卷起近1米高的浪花，于是迅速返回大坝。在大坝顶，工作

肖家桥堰塞湖排险

人员汇报，水流量已达到近100立方米/秒，分流沟受水流的冲击正在不断扩宽。王黎立即召集技术人员，要求尽快控制水流量，稳住出水口。由于水流的巨大冲击力和分流沟的不断扩张，几吨、几十吨的巨石一入水便杳无踪影。15时，技术人员汇报，水流量虽已无法控制，但按照当时情况，下游危险不大。15时05分，坝体的砂石继续被水流一点点吞噬，分流沟已经超过15米宽，水流量在进一步增大，形势越发严峻。此时，王黎果断下令：立即启动溃坝1/5应急预案，疏散27095人。几分钟之后接到消息，按照预案，群众有序撤离。15时10分，王黎下达大型设备的疏散命令，同时给在下游的工作人员打去电话，要求首先解决好晓坝镇的群众疏散。转移设备时，长江路桥公司有7台打不着火的机械垮塌到堰塞湖坝下，其中3台被沙石掩埋。15时25分，王黎向在现场参与指挥的县委常委、县总工会主席朱元光和县水务局局长唐鸿等安排好有关事宜后，立即赶往晓坝镇千佛山大桥指挥群众疏散。15时50分，接到大坝工作人员汇报，水流量达到600立方米/秒，还在进一步增大。王黎再次下令：立即启动1/3溃坝应急预案，疏散群众45978人，同时向市委、市政府报告堰塞湖的最新动态。16时10分，水流量达到1000立方米/秒，看着汹涌、咆哮的河水，王黎神色更加凝重，下令组织人员准备抢险。16时30分，王黎再次下令：安昌镇南河桥、安州二桥、便桥暂停通行。16时45分，县交通局汇报，前方公路未出现问题，形势基本稳定。17时，王黎赶往晓坝镇长青桥指挥组织群众疏散及有关抢险事宜，那里地势低、桥洞低、河道窄。王黎立即与有关专家站在雨中分析可能出现的险情，由于没有笔，就用瓦片在地上画图。通过分析，确定形势基本稳定，涉险地段人员安全撤离，启动1/2溃坝应急方案还不到时机。17时35分，河道水位开始有所下降。17时40分，接到大坝工作人员的汇报，堰塞湖水位已下降9米，水流量稳定，没有增大的迹象。6月7日凌晨2时，一直在晓坝镇、桑枣镇沿河巡回查看的王黎、赵迎春等县委、县政府领导以及相关部门的负责人接到工作人员的报告，肖家桥堰塞湖分流排险形势稳定，没有出现新的险情。如果没有大暴雨和其他意外，处于高危状态的肖家桥堰塞湖险情有望排除。7日18时，按照预定的泄洪排险方案，肖家桥堰塞湖险情彻底排除，无人员伤亡。

二、治理水库隐患

伍家碑水库排险

调查　县水务局对水库、堤防、渠道、农村饮水工程、水土保持工程、渔业生产、地方电力、管理设施等损毁情况进行拉网式排查和核实，在地震后18个小时内全面摸清全县各类水利工程震损情况并迅速上报。

治理　组织技术人员24小时内完成全县水利工程除险、避险方案，并根据各类水利工程震损状况及群众生产、生活联系的紧密程度，把水库、堤防安全作为重中之重，及时出台《病险水库、山平塘临时应急工程措施》《加强震后病险水库安全工作的紧急通知》等文件。派出专人24小时监测13座高危水库和15座次高危水库险情，立即组织清理渠道，逐步放水减压，采用填缝补漏、薄膜覆盖等有效措施减轻大坝压力，保证安全水位，满足“双抢”用水。为确保库区及下游群众的生命财产安全，6月初，所有水库均已放至最低水位。全县水利损毁工程13座高危水库和15座次高危水库险情得到安全有效控制，完成水利隐患治理。

第二节　地质灾害隐患防治

一、排查及动员

全县共发现地质灾害隐患点353处，其中大型28处、中型55处、小型270处，威胁到主要公路、河道、场镇、厂矿、学校以及农村安置点和聚居点，受危害人数达2万人。县国土资源局紧急启动《安县地质灾害防灾预案》和《安县突发地质灾害应急预案》，深入灾情最严重的乡镇、村社和矿山企业，全面排查次生地质灾害导致的人员伤亡和财产损失，指导帮助受灾村社和矿山企业开展灾情险情排查，动员全县人民投入次生地质灾害防治工作。组织专业技术人员开展地质灾害知识专题讲座，在县电视台连续播放地质灾害防治专题片，编印《次生地质灾害应急处置实施方案》，印发《地质灾害防治条例》和《地质灾害防治宣传单》2000份，散发国土资源部印送的《地质灾害预防指南》10000份。

二、隐患点防治

县国土资源局配合省水文地质大队专家进行地质灾害评估，针对不同的地质灾害隐患点特征，采取疏散人员、设立观测桩、加强巡查和村级预警制度等相应防范措施，在20多处塌方、滑坡、泥石流等重大地质灾害危险区紧急设置安全警示牌。对全部隐患点立项治理。

第三节　高危建筑排险

应急排险

一、排　查

5月26日，县公安局治安管理大队及时组织人员，对全县在地震中造成的重点公共场所危险建筑物进行排查。先后在沸水、迎新、桑枣、晓坝、永安、秀水、塔水、花荄等乡镇进行排查，截至30日，排查出高危建筑21处。

二、拆　除

6月2日至10日，县公安局治安大队组织技术人员20人，对桑枣电杆厂、永安电冶厂、沸水、迎新、秀水、花荄等地的9处高危水塔、烟囱进行定点爆破排危。对黄土、安昌、桑枣、塔水等乡镇的公共场所高层建筑进行拆除，震后未发生高危建筑倒塌意外事故。

第八章　维护稳定

第一节　维护治安秩序

一、维护临时安置点治安秩序

在警力严重不足的情况下，县公安局通过科学布警，警力随着安置点前移，创新推行帐篷警务等形式。开展夜间巡逻，守护受灾群众财物，协助搬运救灾物资，加强防火、防盗宣传教育，主动从稳定人心、恢复秩序、安全防范、人文关怀四个方面开展维稳工作，迅速与受灾群众拉近距离，确保全县48个临时安置点社会治安稳定。

二、维护城乡治安秩序

加强全县各村、社区警务室的工作，推行警民联防，组织村、社区干部、民兵开展夜间巡逻。各基层派出所开展城乡接合部夜间巡查，全县形成农村、城镇社区、机关、企事业单位、受灾群众救助站等纵横结合的联防机制，维护全县社会治安秩序。同时加强治安案件查处力度，截至2008年10月底，全县查处治安案件58起。

第二节　稳定市场

一、宣传发动

地震发生后，县物价局局长巩政召集局务会成员，紧急布置抗震救灾工作。县物价局价格执法人员冒着余震危险到新县城所在地花荄镇开展市场价格巡查，现场纠正大南街一商家高价出售矿泉水行为，确保市场供应稳定。启动紧急预案，动用临时价格干预措施发动所有受灾群众监督价格，对乱涨价的行为，人人可以谴责，人人可以举报；物价、工商部门清仓查库，不准囤积相关物品；组织动员群众将能够抢救出来的所有商品都投放市场，满足受灾群众的需要。5月14日，县物价局制定《关于做好抗震救灾，加强市场价格监管的紧急通知》，并派车发送到乡镇，利用县广播电台大力宣传加强市场价格监管的紧急通知，全县城乡张贴通告，做到家喻户晓。号召所有老百姓抢收粮食，及时把蔬菜、猪肉等副食品投入市场，平抑市价。

二、执法监管

县纪检（监察）、工商、公安、质监等部门协同配合，检查和巡察市场价格情况，开展联合执法，稳定物价。截至8月31日，共受理“12358”举报11件，全部办理结案；派出市场价格检查组20个、出动检查人员49人次，共检查商店904个，查处罚款3000元。

第三节 处置突发事件

一、处置哄抢物资事件

5 月 15 日，秀水、永安等镇志愿者自行发放物资时，一部分受灾群众争抢救灾物资。事件发生后，县公安局紧急调集警力 50 人赶赴现场，开展调查，采取宣传、巡逻、劝解的办法控制事态。整个抗震救灾期间，没有严重哄抢国家调拨物资和车队、仓储物资事件发生。

二、处置围堵公路事件

2008 年 6 月 14 日 13 时 30 分，设在安洲驾校的北川县受灾群众安置点 100 名受灾群众聚集于安北公路，堵断公路交通，致使近百台车辆被堵。

经调查，该点共安置北川县漩坪乡等地受灾群众 1000 人，由绵阳市中级人民法院负责后勤保障工作。6 月 14 日中午，工作组要求每名在安置点吃饭的受灾群众签名，引起误解。受灾群众普遍认为签字后，在安置点集中吃饭的费用将从他们每日 10 元的受灾群众救助款中扣除，从而引发集体围堵公路讨说法的行为。事发后，县公安局及时调动警力疏导交通，并配合北川县政府和市民政局对群众进行宣传解释，说服教育。15 时 30 分，安北路恢复正常交通秩序。

三、处置板房纷争事件

2008 年 7 月 17 日 10 时，桑枣镇柳坝村、骑牛村约 1000 名村民因对桑枣镇政府出台的板房分配方案不满，便在成青路桑枣镇政府门口组成人墙拦堵公路。经过调查，纷争事由是：河南第三建筑公司为支援当地，在桑枣下场口修建 206 套板房，7 月初工程完工后将板房交给镇政府统一分配安置。7 月 15 日，镇政府召集两个村的村干部研究板房分配问题，研究后决定板房由柳坝村村民居住。16 日，得到搬房通知的柳坝村村民准备搬家，而骑牛村村民得知此分配方案后极为不满，认为当初建房时是他们出的力，选址也是为他们村选的，现在却是柳坝村要进驻，坚决不同意。16 日上午 9 时许，双方村民四百余人涌向镇政府，要求政府同意自己村先住板房。镇党委书记、镇长与双方进行长达一天的协商，但双方均不让步，问题没有得到解决。晚上，两个村的村民就住在政府大楼里。7 月 17 日，双方又有村民陆续来到政府，要求解决住房问题。但对于镇领导所提出的各种方案，双方皆不接受。10 时，柳坝村村民租用一辆货车，三十多个村民代表上车，准备到绵阳市政府上访，另一部分村民则组成人墙将公路堵住，不让车辆通行。

在桑枣派出所先期到达现场进行处置后，县政法委书记钟思亮、副书记李永根、县公安局副局长王略锋率国保大队民警赶到现场，对堵路群众进行劝解。经过耐心细致的工作，二十分钟后，村民撤离道路，交通恢复。17 日中午，县政法委书记、镇党委书记、镇长与双方村民代表商量后决定，206 套板房中 100 套分给骑牛村，106 套分给柳坝村，另从枣园社区调 80 套交柳坝村，这样才化解矛盾平息事态。

截至 2009 年 5 月，全县境内共发生群体性突发事件 22 起，均得到疏导、化解。

第四节　打击刑事犯罪

一、抓获故意杀人犯

5月27日下午5时许，茶坪乡金溪村5组村民马某与本村4组一村民发生口角纠纷后，马某用随身所带剥羊皮的尖刀刺伤对方，致对方经抢救无效死亡的事实。县公安局刑侦民警迅速将马某抓获。

二、破获抢劫案

2008年6月17日晚，几名男子蒙面闯入黄土镇菩堤村6组一村民家，将夫妇二人殴打、捆绑后，抢走现金6000余元。县委、县政府主要领导和辽宁援建指挥部负责人指示尽快破案，绵阳市公安局挂牌督办。2008年8月21日，专案组干警们经过70天的侦查，成功侦破此案，并在江苏省江阴市、绵阳市涪城区等地抓获涉嫌黄土“6·17”抢劫案犯罪嫌疑人李某（男，53岁，涪城区人）、刘某（男，21岁，乐兴镇新光村9组人）、李某（男，24岁，涪城区人）、余某（男，16岁，黄土镇盐井村11组人）、刘某（女，37岁，黄土镇盐井村11组人）5人。

三、打黑除恶

2008年7月，县公安局打黑除恶专案队在日常工作中掌握到一涉恶线索，公安民警经过三个月的侦查，打掉以龚某（男，23岁，永安镇跃进村2组人）为首的恶势力团伙，抓获龚某、左某（男，19岁，永安镇跃进村6组人）、赵某（男，19岁，永安镇楠木村5组人）等8名犯罪嫌疑人，提请批准逮捕涉案成员8人，破获刑事案件11件。该团伙以捞取社会地位、方便以后赚大钱为目的，采取寻衅滋事、伤害、非法拘禁等手段，先后在秀水、安昌、花荄等地无故殴打致伤多人。

四、打击盗窃犯罪

2008年7月29日，县公安局接到茶坪乡政府报案，地震发生后当地趁灾犯罪严重，群众反响较大。县公安局政委宋进勇、副局长黄海军立即与茶坪乡政府召开联席会议，抽调刑警大队、桑枣派出所、辽宁援助刑侦干警8人组成专案组，负责案件的侦查工作。7月30日，专案组奔赴茶坪乡，深入到茶坪乡街道社区、德胜村、千佛村等重灾村组走访干部群众上百人，受理刑事、治安案件18件，排出重点嫌疑人员20人，抓获盗窃犯罪嫌疑人陈某（男，汉族，36岁，住花荄镇京安小区6组）、张某（男，汉族，51岁，住绵阳市涪城区石洞镇天池村）等人，破获刑事案件12件，查处治安案件3件，批评教育3人。追缴被盗电脑、电视机、茅台酒、丰谷酒王等价值1万元的物品。同时还设置治安卡点2处，开展集中清查行动，盘查可疑人员，在受灾群众安置点进行法制宣传。

针对板房安置点人员结构复杂，居民财物被盗突出的问题，县公安局开展打击针对板房进行盗窃违法犯罪的专项行动。先后打掉盗窃帐篷和简易房内财物的犯罪团伙6个，抓获犯罪嫌疑人19人，破获案件56件。2008年9月1日，县公安局通过技侦手段，抓获涉嫌盗窃的犯罪嫌疑人许某、杨某、刘某3人。3名犯罪嫌疑人在2008年8月作案10起，盗窃居民帐篷内的现金和手机等物品，价值1万元。针对盗窃摩托车突出的犯罪，县公安局采取巡逻守候、特情布控、寻线追踪、以车找人等侦查手段开展侦破工作，先后打掉盗窃、销售摩托车犯罪团伙6个、24人，破获案件48件。截至2009年5月12日，全县发生盗窃669件，破获465件。

第五节 守护重点目标

一、执行警卫任务

地震发生后，县公安局和辽宁公安等外援警力，在上级公安机关的统一指挥下，通过周密安排部署，顺利完成各项警卫任务51次，其中执行一级警卫任务23次。

二、守护重点目标

抗震救灾期间，县公安局周密制定重点警卫守护方案，落实执勤民警责任，精心组织实施，对警卫对象、救灾款物和汽油、供电、金融等重要部门执行警卫、守护任务。县抗震救灾指挥部在花荄永安金属厂设立救灾物资储备仓库，县公安局和辽宁民警坚持昼夜守护。县抗震救灾指挥部还派100人分别对南河大桥、炸药库、白水湖水库等重点目标进行24小时昼夜守护，确保全县重点目标的安全。

辽宁公安完成值勤任务

第九章　救援保障

第一节　监测、评估

一、监　测

地震发生后，安排人员到永安、晓坝、睢水、花荄、桑枣等救助站和全县高危水库、堰塞湖、重要桥梁、重点路段等开展险情监测工作，做到随时监测，发现情况立即报告。5 月 13 日，永安救助站已经接收当地很多受灾群众，突然又有北川县受灾群众大批涌来，救灾物资十分匮乏，吃饭、住宿、交通等有很大困难，处理不好就会引起恐慌。监测人员立即清点人数，并将此情况报告后勤保障组，保障组立即组织所需物资及时抢运到位，使受灾群众得到有效救援保障。抗震救灾期间，各救援队采取一边组织实施救援，一边派人监测，发现异常情况立即组织撤退，防止意外事故发生。

二、评　估

组织专家和县级有关部门开展救援评估。灾后需要大批食品、药品等救灾物资，外地救援物资没有到达前，县救灾保障组不等不靠，及时做出救援物资保障评估，组织人员到绵阳、三台、成都等地采购大米、菜油、矿泉水等生活物资，解决受灾群众临时生活需要。灾后出现小雨，受灾群众没有地方住宿，县上立即评估出全县需要帐篷 20 万顶，活动板房近 8 万套。并对全县开展救援保障所需油料、车辆进行评估，汽油限于救灾使用，组织救援保障使用的各种车辆 180 台，随时听从指挥调动。

第二节　资金物资和运输保障

一、资　金

地震发生后，县财政立即拨出抗震救灾资金 1200 万元用于救灾。2008 年 8 月，县财政局分三批下拨 49 万名受灾困难群众临时生活救助金共 3.47 亿元。截至 2008 年 9 月底，县本级财政投入抗震救灾资金 3080 万元。全县下拨 1623 名遇难人员抚慰金 811.5 万元，并全部发放到遇难人员家属手中。2008 年，全县享受后续生活困难补助人数共计 32.02 万人，发放后续生活困难补助资金共计 1.96 亿元。预拨农村受灾群众自建过渡安置房补助金每户 2000 元，全县共计支付受灾群众过渡安置房补助金 2.3 亿元，预拨农房重建补助金 2.73 亿元。

二、物　资

5 月 12 日 20 时，县委、县政府安排有关部门到绵阳、三台、成都等地采购食品、矿泉水、药品等

运输车队

价值130万元的救灾物资。5月13日下午，县抗震救灾指挥部将采购的物资发放到安昌、永安、晓坝、睢水、桑枣等主要乡镇救灾点，稳定人心。5月14日以后，全县陆续发放救济粮，每人每天保证一斤成品粮，使受灾群众的生活得到保障。并陆续发放衣物、棉被、蚊帐等物资，全县48.7万名受灾群众物资得到充分保障。

抗震救灾期间，县抗震救灾指挥部为到安县救援的解放军、武警、消防部队官兵、公安干警、民兵、医疗、防疫、志愿者等提供生活物资保障。

三、运　输

公路运输　县交通局加强系统内各部门的协调，组织货车1300辆，出动1668趟次，运送抗震救灾物资13971吨；客车370辆，出动635趟次，小车303辆，出动1578趟次，共运送被困群众、救援人员、志愿者等3.6万人次。

空中运输　5月15日至18日，成都军区先后派出直升机10架次，飞往茶坪、高川乡空投食品、矿泉水、药品等救灾物资数十吨，转运危重伤员85人，运送救援人员200人。

第三节　政策保障

一、财税减免政策

根据《国务院关于支持汶川地震灾后恢复重建政策措施的意见》（国发〔2008〕21号）等有关文件规定，自2008年5月12日起，受灾地区企业通过公益性社会团体、县级以上人民政府及其部门取得的抗震救灾和灾后恢复重建款项及物资，以及税收法律、法规和本通知规定的减免税金及附加收入，免征企业所得税。自2008年7月1日起，对受灾严重地区的所有行业（国家限制发展的特定行业除外）实行增值税扩大抵扣范围政策，允许企业新购进机器设备所含的增值税进项税额予以抵扣，具体实施办法由财政部、国家税务总局另行规定。对受灾严重地区损失严重的企业，免征2008年度企业所得税。自2008年7月1日起，对受灾地区企业、单位或支援受灾地区重建的企业、单位进口国内不能满足供应并直接用于灾后重建的大宗物资、设备等，在三年内给予进口税收优惠。

二、捐赠物资税收减免政策

自2008年5月12日起，对单位和个体经营者将自产、委托加工或购买的货物通过公益性社会团体、县级以上人民政府及其部门捐赠给受灾地区的，免征增值税、城市维护建设税及教育费附加。自2008年5月12日起，对企业、个人通过公益性社会团体、县级以上人民政府及其部门向受灾地区的捐赠，允许在当年企业所得税前和当年个人所得税前全额扣除。财产所有人将财产（物品）直接捐赠或通过公益性社会团体、县级以上人民政府及其部门捐赠给受灾地区或受灾居民所书立的产权转移书据，免征应缴纳的印花税。对专项用于抗震救灾和灾后恢复重建、能够提供由县级以上（含县级）人民政府或其授权单位出具的抗震救灾证明的新购特种车辆，免征车辆购置税。符合免税条件但已经征税的特种车辆，退还已征税款。新购特种车辆是指2008年5月12日以后购买的警车、消防车、救护车、工程救险车，且车辆的所有者是受灾地区单位或个人。因地震原因，2008年全县地税收入减少8700万元。

建材供应

三、特殊金融政策

县委、县政府采取“政府补助一点，群众自筹一点，信用社贷款一点，亲友帮助一点”的办法强化资金保障，鼓励城乡居民建设永久性住房。对重建住房有困难的受灾群众每户可向银行申请贷款2万元用于住房建设。截至2009年5月12日，全县发放农房重建贷款近2.3亿元，全县90%的城乡居民开始建设永久性住房。

四、保险理赔

县财产保险公司及时对全县房屋参保户调查理赔，倒塌户每股赔付保险金400元，严重受损的赔付200元。截至2009年5月12日，全县办理倒塌户1265户，赔付保险金51.25万元。

赠送电视机

第三篇

Wenchuan Teda Dizhen Anxian Kangzhenjiuzai Zhi

医疗防疫

地震发生后，为做到大灾之后无大疫，县委、县政府和安县“5·12”抗震救灾指挥部强化医疗防疫工作。从决策部署，医疗救治，防疫，卫生执法监督，医疗物资保障，医疗卫生救援、救治、伤员康复和返乡治疗，心理危机干预、血吸虫病防控治疗、传染病与突发公共卫生事件监测，相关传染病的监测处置，做到了科学、准确、及时，万无一失。

在医疗防疫工作中，县抗震救灾疾病防控分指挥部，统筹省内外医疗卫生力量，广泛发动群众，实行专业队伍与群众相结合，分片包干、不留死角，实现卫生防疫工作全覆盖，每个村落实一名专职人员负责防疫信息收集，实行日报制，“零”报告制度。

医疗救治、防疫治病工作中，对受灾群众集中安置点每100名受灾群众配置1名临床医务人员。安排有经验的医生对受灾群众巡诊，对不同类型疾病进行分诊，发现传染病和其他突发公共卫生事件及时上报。灾区伤病做到见伤就治、见病就医、有疫就防。保证抢险救灾、灾后重建各项工作健康、有序推进。灾区没有发生疫情，实现大灾之年无大疫。灾区卫生防疫工作受到卫生部部长陈竺的高度赞扬和肯定，并在全省灾区推广。

第一章　组织部署

第一节　县委、县政府决策部署

一、决策部署医疗救治

2008年5月12日14时28分，特大地震发生后，中共安县县委、安县人民政府立即成立安县“5·12”抗震救灾临时指挥部。5月12日18时20分，中共安县县委书记、县人大常委会主任王黎，县委副书记、县人民政府县长赵迎春到秀水镇民兴初级中学操场慰问受灾群众，察看紧急救治站医疗救助情况，调配医疗急需物资，安排开展紧急救援、医疗救助，强调注意事项。

安县“5·12”抗震救灾指挥部下设医疗救治组（下分：医疗救护组、卫生防疫组）。职责是：组织救灾急需的药品、医疗器械生产、储备和调度，负责受灾群众医疗救护，防病等工作；负责灾区水源、食品卫生监督和卫生防疫，防止重大疫情、病情传播及蔓延。是日晚，王黎在抗震救灾指挥部召开紧急会议，要求卫生部门全力做好救治伤员工作，在县人民医院设立临时救治点，在各受灾严重乡镇紧急设立医疗救治站，负责救治伤员。赵迎春在抗震救灾工作会上安排布置全县抗震救灾工作时要求：紧急组织药品全力抢救受伤人员。

二、决策部署卫生防疫

随着全国各地抗震救灾疾病防控队伍在安县不断增加，为加强卫生防疫工作，有效防止震后传染病的发生和流行，确保大灾之后无大疫，2008年5月18日，县抗震救灾指挥部成立安县抗震救灾疾病防控分指挥部。

县抗震救灾疾病防控分指挥部5月18日—5月22日，连续4个晚上召开联席会议，讨论分析灾后疾病防控工作，对全县防控工作做初步评估。5月25日，县抗震救灾指挥部下发《关于切断灾区污染源确保人民生命健康的紧急通知》，明确切断灾区污染源工作由各乡镇党委、政府负总责，卫生部门牵头。灾区污染源的消杀工作技术指导和疫情监测、分析、预警工作由县卫生部门负责；遇难者遗体的处理由民政部门牵头，公安、卫生等部门配合；灭蝇、灭蚊、灭蟑工作由县爱国卫生部门牵头，农业、林业、畜牧等部门配合；鼠传疾病防控工作由卫生部门牵头，农业、林业、畜牧、公安、安监等部门配合；无主犬的捕杀、家犬的管理由公安部门牵头，畜牧部门做好犬只的免疫接种，卫生部门做好犬伤人后暴露伤口的处理和人用狂犬病疫苗的接种；水污染、放射性污染等污染源的排查和灾区医疗垃圾的集中安全处置由环保部门牵头，发展改革和经济商务、规划和建设、水利、卫生等部门配合；受灾群众安置点建设中的卫生防控设施，废墟垃圾的处理由规划和建设部门牵头，民政、卫生等部门配合。5 月 27 日，县抗震救灾指挥部制定并下发《安县工业污染源防控和医疗生活建筑垃圾集中安全处置工作方案》。确定工作机构，明确工作职责，提出相关技术措施要求。县抗震救灾指挥部还制定下发《关于进一步加强受灾群众聚居区及周边环境卫生综合治理的紧急通知》，要求乡镇党委、政府和各部门高度重视灾后卫生防病工作，采取切实措施开展健康知识宣传，整治环境卫生，减少疾病发生。5 月 28 日，县抗震救灾指挥部制定下发《关于确保灾区饮用水安全的通知》，要求卫生局负责灾区饮用水卫生监测监督工作及灾区杀虫剂的使用管理。5 月 29 日，县抗震救灾指挥部印发《绵阳市“5·12”地震灾区预防接种实施方案》。5 月 30 日，县抗震救灾指挥部转发省抗震救灾指挥部《四川省地震灾区重大传染病疫情应急处置预案》，要求各乡镇、县级各部门做好人员技术、物资、药品储备，确保及时、科学、有序、高效开展传染病疫情和突发公共卫生事件应急处置工作。6 月 2 日，县抗震救灾指挥部转发省抗震救灾指挥部《灾区废物处理卫生防疫技术指导意见》。是日，县抗震救灾指挥部制定下发《关于做好受灾群众集中安置点和受灾群众防病工作的紧急通知》，要求各地各部门高度重视受灾群众集中安置点和受灾群众防病工作，认真落实各项防疫措施，并附印中药大锅预防药处方。6 月 3 日，县抗震救灾指挥部转发省抗震救灾指挥部《强化地震灾区传染病防控重点的工作方案》。6 月 10 日，县人民政府发出《进一步做好地震灾后爱国卫生运动有关工作的紧急通知》。要求加强领导、明确责任、突出重点、广泛深入开展灾后爱国卫生活动。6 月 17 日，县抗震救灾指挥部制定下发《关于加强花荄镇京安小区卫生防病综合示范安置点建设工作的紧急通知》，指挥部决定在花荄镇京安小区建设卫生防病综合示范安置点，成立建设工作领导小组，同时建立卫生防病综合示范安置点建设技术指导组和卫生工作组，并明确各部门的职责。9 月 28 日，县抗震救灾指挥部转发市灾区重建工作委员会《关于做好受灾群众集中安置点卫生防疫工作的通知》。

第二节　卫生系统组织实施

一、部署医疗救治

2008 年 5 月 12 日 15 时 31 分，县卫生局“5·12”地震灾害救治防病工作领导小组成立，同时要求医疗救治组在县人民医院东区花荄、西区安昌镇、县中医院、县妇幼保健院、县第二人民医院及各乡镇卫生院的安全地带设立紧急救治工作点。全县所有医疗卫生专业技术人员、医疗急救设备、急救药品及救护车辆，由领导小组办公室统一调配，负责全县地震灾害伤病员的紧急救治工作，所有“120”急救车辆保持一线工作状态，随时待命。5 月 22 日，县卫生局下发《关于进一步加强灾后医疗卫生及防疫工作的通知》。要求县、乡镇医疗机构要克服困难，认真开展基本医疗服务，确保受灾群众病有所医，严格掌握收治、入院和转院指征，不得以任何理由推诿、拒诊病员，要认真执行各项医疗卫生法律、法规和医疗护理常规，要认真落实各项卫生防疫措施，切实做好灾后卫生防疫工作。同时要求后勤保障组负责救治防病物资供应与管理，负责医护人员食品与饮用水供给。

县卫生局于 6 月 9 日下发《关于进一步强化灾后医疗救治，恢复正常医疗工作的通知》，要求各级

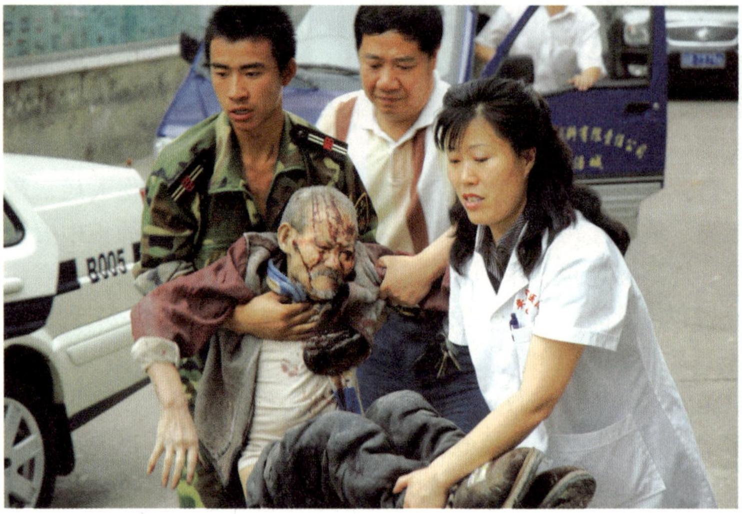

县医院医务人员正在抢救伤员

各类医疗机构尽快由地震期间的应急医疗救治状态转入正常的医疗工作状态，恢复正常的医疗秩序，紧紧把握医疗安全主线，坚持医疗质量是根本的原则，严格执行各项医疗操作规程和医疗制度，因病施治，合理检查，科学用药。6月21日，为做好地震伤员的康复工作，县卫生局成立安县地震伤员康复工作领导小组，设康复专家组、康复治疗工作协调组。县人民医院、县中医院为县收治地震伤员康复治疗机构，要求上述医院抓紧医院病房建设与专业人员培训工作，在现有条件下认真做好地震伤员的康复治疗工作。康复专家组负责对地震伤员康复工作的专家督导、治疗与指导。康复治疗协调组负责部门之间联系、经费安排、人员培训、制定方案等。7月13日，县卫生局下发《关于进一步加强地震伤员康复工作的紧急通知》对地震伤员康复工作提出具体安排和要求。县卫生局转发市政府办公室《关于印发地震伤员康复工作实施方案的通知》。是日，县卫生局制定下发《增加地震康复治疗定点医疗机构的紧急通知》。

县卫生局于2009年1月8日建立灾后心理卫生服务工作领导小组。3月4日，县卫生局制定下发《关于开展地震灾后心理卫生重建工作的实施意见》，要求大力加强心理卫生知识和健康教育，开展心理卫生服务人才培养，建立心理卫生服务专业卫生人才网络，加强对重点人群的心理干预，并成立领导机构和专家小组。领导小组下设安县灾后心理卫生重建工作办公室，办公室负责全县灾后心理卫生重建工作的日常管理工作。3月12日，县卫生局印发《丹东、自贡心理卫生援安阶段工作实施方案》。方案分阶段实施，第一阶段为调研、取材阶段；第二阶段为宣传普及阶段；第三阶段为培养骨干、重点干预阶段。以县人民医院为龙头，各乡镇卫生院为中心，每个医疗点至少配备一名心理卫生服务人员，加强对重点灾区人员的走访了解，特别是易感人群的心理辅导工作，并成立领导小组。4月22日，县卫生局制定下发《关于进一步加强地震伤员康复治疗和心理卫生服务工作的通知》，确定安县人民医院、安县中医院为地震伤员后续康复工作的住院定点医疗机构，各医疗机构为门诊治疗定点机构，安县人民医院为安县心理卫生服务中心，其余各医疗机构要设立心理卫生服务专科门诊。要求各医疗卫生单位要加强和充实技术力量，完善设施设备，为地震伤员的后续康复治疗和心理卫生服务提供良好条件和优质服务。医疗卫生单位要建立地震伤员康复和心理卫生服务转诊机制，若技术能力和设备条件不能满足医疗康复和心理治疗，应提出申请，逐级上转。

二、部署卫生防疫

2008年5月12日15时31分，县卫生局“5·12”地震灾害救治防病工作领导小组卫生防疫组成立22支疫情防控工作小分队，负责全县灾后疫情防控工作。

县卫生局于5月21日制定并印发《安县卫生局“5·12”地震灾害后突发公共卫生事件应急处理预案》。《预案》分为：总则，组织机构与职责，监测、预警、分级，应急反应，总结分析，保障机制，宣传、培训与演习等七部分。从而建立长效机制，强化领导，落实职责，明确目标，规范程序。5月22日，县卫生局下发《关于进一步加强灾后医疗卫生及防疫工作的通知》，要求县、乡镇医疗机构要认真落实各项卫生防疫措施，切实做好灾后卫生防疫工作。5月22日下午，县卫生局组织召开疫情监测信息应急手机报告工作培训会，对手机直报疫情工作提出要求。5月26日，县卫生局召开全县医疗卫生单位负责人会议，对全系统抗震救灾工作提出要求。

县卫生局于6月9日下发《关于进一步强化灾后医疗救治，恢复正常医疗工作的通知》。《通知》要求：加强疫情监测和报告，加强对传染病的防控。

县卫生局于7月7日成立抗震救灾疾病防控工作委员会和工作协调组，明确工作机制和职责。工作职责是：负责各临时医疗点和帐篷医院的医疗救治工作，确保受灾群众得到及时治疗；负责各临时居民安置点、居民聚居点以及各公共场所的卫生防疫工作；负责了解收集各医疗单位受损情况和人员伤亡情况，及时上报相关数据；负责参与全县的抗震救灾工作，协调卫生系统的工作、生活需要以及各外援队伍的物资，保证医疗卫生服务工作的正常开展；负责向社会各方面争取支持；负责定期报告工作开展情况，存在的问题和建议。7月10日，县卫生局制定下发《安县地震灾区常规免疫预防接种工作技术指南》。

县卫生局于8月28日制定下发《安县卫生系统灾后恢复重建资金管理制度》。8月29日，县卫生局成立高川、茶坪灾后恢复重建工作委员会和工作组，明确工作职责：负责高川乡、茶坪乡医疗卫生恢复重建工作的衔接和协调；负责协调高川乡、茶坪乡过渡时期临时医疗机构建设的落实；负责协助高川乡、茶坪乡医疗卫生机构评估核实灾情；负责协调工作并参与高川乡、茶坪乡医疗卫生机构灾后重建规划的编制、实施；负责争取社会各方面力量对高川乡、茶坪乡医疗卫生机构建设予以支持并做好协调和服务工作；负责定期报告高川乡、茶坪乡医疗卫生工作开展情况、存在问题和建议；建立工作网络和联运机制，茶坪乡、高川乡卫生院要成立相应的工作组，形成县、乡镇、外援单位、受援单位四方联动的工作机制；建立每日工作动态通报制度。

县卫生局于9月25日就加强灾后孕产妇、儿童系统管理工作发出通知，要求认真研究地震灾害给两个系统管理带来的影响，结合灾后群众安置居住场所变迁，制定切实可靠的两个系统管理措施和工作流程，并认真组织实施，确保孕产妇、儿童保健管理卫生全覆盖。

县卫生局于11月10日制定印发《茶坪乡、晓坝镇医疗卫生防疫及医疗机构灾后重建工作实施方案》。

县卫生局针对辽宁、自贡援安医务人员大部撤回原单位工作的实际情况，于12月30日对进一步加强灾后医疗卫生防疫工作提出要求。按照属地管理原则，各乡镇卫生院安排好工作人员切实负责好本辖区内的医疗卫生防疫工作。做到不留任何死角，必须落实医疗防疫人员，做好板房安置点的医疗卫生防疫工作，做好越冬药品、物资的储备工作。

县卫生局针对地震后，不少卫生院搬入板房开展救治工作，设施条件极差，发生医院感染的危险因素增加等情况，于2009年2月10日下发通知，开展对全县各级各类医疗卫生单位、计划生育指导站、村卫生站（室）、个体诊所消毒灭菌效果监测。2月13日，县卫生局下发《关于在全县开展流脑疫苗群体免费预防接种工作的通知》，决定对全县2、4、5、7至15周岁，共计12个年龄组的儿童免费接种一剂流脑A+C疫苗。2月27日，县卫生局下发《关于成立安县灾后妇幼卫生重建支援项目办公室和技术专家组的通知》。安县正在实施的“中国/联合国人口基金生殖健康/计划生育第六周期”项目工作，决定成立安县灾后妇幼卫生重建支援项目办公室和安县灾后妇幼卫生重建支援项目技术专家组。5月11日，县卫生局制定印发《突发公共卫生事件灾害事故医疗救援预案的通知》。

三、部署卫生执法监督

2008年6月30日，县卫生局下发《震后安县食品卫生监督工作方案》《震后安县生活饮用水卫生监督工作方案》。对接受援助的食品、集中供餐、公共厨房、复课学校食堂、恢复营业的餐饮业、食品加工点提出卫生要求。对市政集中式供水单位、农村小型集中式供水单位、分布式供水点提出卫生要求，同时也提出卫生监督工作的要求。11月7日，县卫生局下发《关于进一步加强农村群体聚餐卫生监督管理的通知》。要求加大食品卫生宣传力度，组织农村厨师健康检查，加强乡镇食品安全责任协管员培训，落实各项监督检查措施和责任，严把病从口入关，有效防止食物中毒和食源性疾病发生，确保农村群众饮食安全。

县卫生局于2009年4月8日下发《关于进一步加强建筑工地食品安全卫生监管工作的通知》。对全县灾后重建建筑工地食品卫生安全工作提出严格要求。

第三节　政策措施

一、医疗救治政策

地震灾害发生后，安县卫生系统紧急行动，迅速开展医疗救治工作，把抢救伤员作为第一要务，不分地域、不分职业，全部实行免费救治。

县抗震救灾疾病防控分指挥部于2008年5月22日印发《安县地震后受灾群众集中安置点卫生防疫工作方案》。要求每个安置点的医疗救治服务站中至少设置发热病人服务点、腹泻病人服务站各1个，每100名受灾群众中配置1名临床医疗人员，同时要求配备1名有经验的医生或护士对受灾群众进行巡诊，对不同类疾病进行分诊，发现传染病和其他突发公共卫生事件要及时向疾病预防控制服务站报告。

县卫生局于6月9日发文要求各级医疗机构在开展诊疗活动时要因伤（病）施治、合理检查、科学用药。6月17日，县卫生局、县财政局转发省卫生厅、省财政厅《关于"5·12"地震伤员紧急医疗救治阶段医疗救治费用财政结算工作的通知》。对医疗救治费用结算原则、结算资金、结算范围、结算方法和程序等作规定。

县卫生局根据上级规定，于7月1日决定全县医疗机构恢复按规定进行收费，但对困难群众继续实行免费治疗，其医疗救治费用采取国家补助一部分后，再由社保和新农合基金规定予以补偿。7月13日，县卫生局转发《市卫生局关于进一步加强地震伤病员医疗救治工作的通知》。是日，县卫生局《关于进一步加强地震伤员康复工作的紧急通知》中确定，县中医院负责收治由市康复分中心转至安县需要继续住院康复治疗的地震伤员，其他定点医院负责收治由市康复分中心转到安县需要门诊康复治疗的地震伤员。县卫生局在8月1日下发的《关于增加地震伤员康复治疗定点医疗机构的紧急通知》中确定，县人民医院、县中医院负责收治由市康复分中心转至安县需要继续住院康复治疗的地震伤员。其他定点医院负责收治由市康复分中心转到安县需要门诊康复治疗的地震伤员，其余需要康复治疗的地震伤员按照属地化原则到县、镇、乡定点医疗康复机构进行康复治疗。

县抗震救灾指挥部、县抗震救灾疾病防控分指挥部于9月16日发出通知，规定：一是凡因地震造成的伤病员，凭外地及上级医院出院证明，当地医疗机构的病情证明到县卫生局医政股办理挂账单，到医疗机构进行后续治疗和康复治疗。二是凡无外地及上级医疗机构的出院证明的地震伤员，必须由当地村委、乡镇政府出具书面证明，县抗震救灾指挥部加盖印章后，在医疗机构出具病情证明，再到县卫生局出具挂账治疗单，到医疗机构进行后续治疗或康复治疗。三是安县人民医院和安县中医院为地震伤员后续治疗、康复治疗定点住院治疗医疗机构，其他县级医疗机构和乡镇卫生院为地震伤员后续治疗、康复治疗的定点门诊医疗机构。四是地震伤员后续治疗和康复治疗按有关规定截至2008年12月31日。

二、卫生防疫政策

2008年5月21日，县抗震救灾疾病防控分指挥部转发《省指挥部关于严格落实地震灾区疾病防控工作措施的紧急通知》，要求广泛发动群众，实行专业队伍与群众相结合，建立乡村卫生防疫队，分片包干，包乡包村，实现卫生防疫工作全覆盖，不留死角，不留空白，每个村要落实一名专职人员负责信息收集，发放卫生药械和宣传资料，指导受灾群众做好卫生自我保护工作。规定各乡镇、各部门要落实专人负责收集上报灾后卫生防疫工作信息，实行日报制"零"报告制度，每天15时前向县抗震救灾疾病防控分指挥部报告当天工作进展情况。5月22日，县抗震救灾疾病防控分指挥部制定印发《安县地震后受灾群众集中安置点卫生防疫工作方案》。《方案》中对安置点的设置提出要求：在相对较轻的受灾乡镇分散设置受灾群众安置点，并尽量远离主城区。能方便提供清洁卫生的饮用水，居住地到供水点的距离原则上应小于150米，供水点和厕所之间的距离不小于100米，非瓶装水为饮水时一律要进行严格的水质处理，药物消毒、煮沸。保证居住场所通风良好，尽量使用自然通风，自然通风不能达到卫生要求或人群密度确实较大的，要按规定进行机械通风。搭帐篷的地址应选远离蚊蝇孳生和垃圾堆放等污染源场所，尽可能设在交通方便、距离公路2米以上的地方，严禁搭在围墙、撕裂的建筑物旁，搭建帐篷的场所地势应较高较平坦，并易于排水，帐篷区四周应设有排水沟，每个帐篷间距不小于1米，帐篷内要提供必要的手提灯，帐篷间也应有适当的照明设施。应开展灭火教育、配备灭火器材。安置点的容量按人均不低于3.5平方米进行规划。规定安置点内设置疾病控制服务站，1000名受灾群众以下配2名卫生防疫人员和2名卫生监督人员；1000—5000名受灾群众配3名卫生防疫人员和3名卫生监督人员；5000名受灾群众以上配5名卫生防疫人员和5名卫生监督人员。重点加强发热、腹泻、感冒等症状监测，负责指导消毒工作和传染病登记、报告，协调传染病病人转诊、隔离，饮用水、食品及环境卫生监督检查。5月23日，县抗震救灾疾病防控分指挥部在《关于进一步加强灾后卫生防疫工作的通知》中规定，各乡镇、村要按抗震救灾疾病防控分指挥部的格局成立相应的指挥部或领导小组，每个村要确定一名乡村医生负责各组的消杀灭工作指导、督促、信息统计和上报，每个组要确定2—3名消杀灭工作人员，在每个受灾群众安置点及居民聚集区确定一名卫生人员从事卫生防疫工作。按照属地管理原则，各单位、村、组、受灾群众安置点、居民聚集区的疫情信息统一报当地乡镇卫生院，再转报县疾病预防控制中心。

县抗震救灾疾病防控分指挥部部署全县于6月3日—10日，以受灾群众集中安置点、居民聚集区和中小学幼儿园为主，集中对18月龄至12周岁的儿童免费接种一剂甲肝减毒活疫苗，同时对8月龄至6周岁儿童免费接种一剂乙脑减毒活疫苗。6月9日，县卫生局在《关于进一步强化灾后医疗救治，恢复正常医疗工作的通知》中规定，各级医疗机构在开展诊疗活动时，要加强对传染病的防控，对发热、腹泻以及其他疑似传染病患者要做到早检查、早报告、早隔离和早治疗，防止出现灾后传染病流行。

县卫生局针对特大地震导致全县肺结核发现工作难以正常开展，震前登记的肺结核病人不能及时复查，部分可能中断治疗并失去管理，其居住地点也难以确定的特殊情况，于7月10日发出紧急通知，要求尽快恢复结核病人归口管理常态工作。一是各乡镇预防保健站要组织人员，通过村医或其他途径按县疾控中心所提供的病人名单和病人原住址认真查找病人，填写附表、不得空项。二是死亡病人要经村医及有关医疗机构的证实，并在表中注明。三是迁至外地病人要尽可能了解其迁入地址及联系电话，以便报告迁入地结防机构对其检查或继续治疗，负责外地迁入暂住人员防疫工作的单位要注意发现肺结核病人，并按规定进行转诊。四是对正在规律服药的病人，村医或社区防保医生要负责对其督导用药，按要求进行复查。五是对于追踪找到的病人如震后未复查的，尽快持近期胸片或报告单到安县疾病预防控制中心结核病防治所复查。六是由于地震造成县疾控中心放射科无法正常开展工作期间，有条件的医院应对疑似肺结核病人进行免费X片检查，无条件的应介绍到就近医疗单位检查。七是县疾控中心应立即恢复痰检工作，全县各痰检点，应积极恢复工作，对疑似病人及治疗病人进行免费痰涂片检查。7月29日，县抗震救灾疾病防控分指挥部决定对境内从事食品、饮用水经营的人员及直接接触食品、饮用水的人员，进行预防性健康体检。

县卫生局于8月1日对聘用的乡镇卫生院和社区卫生服务中心45名专职卫生监督协管员开展培训。明确协管员的聘用程序、工作职责、考核办法及工作经费。

县卫生局为加强灾后妇女儿童系统管理工作于9月25日提出要求，各医疗卫生单位要按属地管理原则，确保妇幼公共卫生服务人员布控无盲区，确保孕产妇、儿童保健管理全覆盖。进一步建立健全以县医疗保健机构为龙头，乡镇卫生院为骨干，村卫生站为基础的三级妇幼卫生网络。

三、物资保障政策

县抗震救灾疾病防控分指挥部于2008年5月21日转发省指挥部在《关于严格落实地震灾区疾病防

控工作措施的紧急通知》，要求加强卫生防疫药品、器械保障和管理，加强卫生防疫药品、器械的需求统计和接收工作，需求计划按统一渠道逐级上报；落实专人负责接收，做好记录，加强管理，确保去向明确，有效使用，加快进度，提高效率，科学合理配置卫生防疫药械并及时分送到乡镇、村。

县抗震救灾疾病防控分指挥部于5月24日在《关于切实做好救灾药品管理和发放工作的紧急通知》中规定：一是要加强领导，落实责任。各医疗卫生单位负责人对药品等救灾物资的管理和发放工作负总责，乡镇卫生院、村卫生站要层层落实责任。二是各医疗卫生单位要立即建立健全救灾药品等救灾物资发放体系和管理制度，落实卫生院、卫生站干部责任制，负责组织送药队伍，送药进村、入户、到人，保证受灾群众有药医。三是要切实掌握受灾群众的就医状况，一旦缺药，应千方百计组织调运、及时发放，如因缺医、缺药出现非正常情况，要追究领导责任。四是救灾物资的运送、接收、分配、发放要做到“三个一定”（即：一定要有账，物资来源、数量、分配方向要登记造册，做到有账可查；及时分配、不能积压；全程跟踪，防止物资去向不明，保证全部用于受灾群众）。五是救灾部队战斗在第一线，工作、生活条件非常艰苦，各医疗卫生单位要保障所在乡镇驻地部队药品供给，切实做好拥军工作。是日，县卫生局制定《安县卫生系统抗震救灾资金管理办法》。共两章九条。第一章为抗震救灾资金使用范围。第二章为抗震救灾资金管理。第一条：解决患者抢救、转移、治病和系统内职工的吃、住等需要。各医疗卫生单位要切实保证财政抗震救灾资金真正用于患者抢救、转移、治疗和系统内职工的吃、住需要等最紧迫、最需要的地方。要精心安排，统筹使用各类抗震救灾资金，要切实加强抗震救灾资金管理，严格使用范围和对象。第二条：因灾损毁房屋的修缮及灾后重建、添置设施、设备等支出。第三条：经县政府统一批准的抗震救灾支出。第四条：上级补助的抗震救灾资金如有指定使用范围和用途应按指定使用范围和用途使用。第五条：各抗震救灾资金使用单位必须严格遵守国家有关法律、法规和财务规章制度，坚持专款专用、重点使用的原则，确保财政抗震救灾资金用于灾区受灾群众。第六条：抗震救灾资金不得平均分配，不得截留、挪用，不得有偿使用，不得直接或间接用救灾资金设置和投放周转金，不得用于社会救济，不得擅自扩大使用范围。第七条：提高财政抗震救灾资金管理使用效益和公开透明度。第八条：安排到各医疗卫生单位应急抢险阶段的抗震救灾应急资金，要按指定用途安排使用，如有结余，应缴入专户，纳入灾后重建资金统一安排和管理。第九条：各医疗卫生单位接受的抗震救灾捐款，一律缴入捐款专户，属于定向捐款的按捐赠人意图使用，不属于定向捐赠的统筹安排，严禁擅自分配使用。5月26日，县抗震救灾疾病防控分指挥部规定，各医疗卫生单位和来援单位建立救灾医用物资领取、使用的登记台账。内容包括接收的日期、品名、规格、型号、数量或重量、使用日期、使用部门、领取人等，所记录数据应详细准确，以备日后查验。5月29日，县卫生局转发省财政厅、省监察厅、省审计厅、省民政厅《关于加强抗震救灾物资紧急采购监督管理的通知》。5月31日，县抗震救灾指挥部下发《关于遏止浪费救灾物资和损害灾区环境现象的紧急通知》。要求，切实加强环境保护；尽快在规模较大的安置点安装流动水处理装置和公共食堂；在公用供水设施和煤气供应正常的城镇，大力提倡尽量不使用瓶装水和方便食品，恢复正常生活状态。要安排专人清扫处理已产生的生活垃圾，能回收的物资要组织足够的力量及时回收，防止灾区环境受到重度污染。

县抗震救灾疾病防控分指挥部于6月6日下发《做好消毒用品使用计划和贮存管理的通知》。要求，一是加强消毒用品的安全管理，分类存放和运输，确保贮运安全。二是对直接接受的捐赠消毒用品，应依据卫生部《消毒管理办法》的相关规定进行验收。三是对需要的消毒用品缺口，各乡镇指挥部应统筹提出计划，由县抗震救灾疾病防控分指挥部进行协调。四是对国家统一调拨的单一成分（非复配）无卫生许可批件的含氯消毒剂，已由绵阳市疾控中心进行检验。五是对捐赠的已接受入库的无证产品或有许可批件但检测为不合格的产品，应立即通知捐赠方召回；对购买的无证或经检验不合格的消毒产品，移送相关行政执法机构依法查处。

县卫生局于7月10日转发市卫生局《关于进一步加强抗震救灾医用物资管理的通知》。

第二章　医疗卫生救援

第一节　国家医疗卫生救援

一、卫生部领导指挥救援

国家抗震救灾总指挥部卫生防疫组组长、卫生部党组书记、副部长高强于2008年5月27日到桑枣镇受灾群众安置点视察灾情，慰问奋战在一线的防疫人员，提出要坚持“预防为主，突出重点，协调配合，整体推进”的方针，要求不能有大的疫情发生。四川省卫生厅厅长沈骥，市卫生局局长雷白灵，县委书记、县人大常委会主任王黎等陪同视察。5月31日，卫生部部长陈竺到黄土镇受灾群众安置点视察安县灾后卫生防疫和医疗保障工作，到中医院看望慰问卫生防疫队队员。6月20日，卫生部部长陈竺到京安小区视察卫生防病综合示范安置点建设工作，并到县人民医院、桑枣中心卫生院视察。四川省副省长陈文华、绵阳市市长曾万明陪同。12月26日，卫生部部长陈竺到安县视察抗震救灾和卫生防疫工作。

二、卫生部司领导指挥救援

国家疾病预防控制中心抗震救灾工作队5组、6组共计20人于2008年5月20日到达安县，指导开展灾后卫生防疫工作。5月25日，卫生部疾控局副局长郝阳到安县视察灾后医疗救治和卫生防疫工作。5月29日，国家CDC（疾病预防控制中心的简称）主任王宇检查卫生防疫工作。

中科院院士赵铠、卫生部疾控局免疫规划处处长崔刚及省市疾控中心计免专家一行于6月2日到安县督导群体性预防接种工作。6月3日，国家CDC结核中心副主任陈明亭、河北省CDC主任朱会宾等到部分乡镇和安置点检查指导甲肝、乙脑疫苗接种工作。6月6日，卫生部卫生监督局副局长王雪凝到花荄供水点、桑枣和黄土安置点检查生活饮用水和食品卫生安全。国家中管局副局长李大宁到安县中医院慰问医务工作者，要求各级医疗机构要充分发挥中医药优势，运用中医药实用技术防病治病。省中管局局长杨殿兴等陪同。卫生部监督中心处长张志强到花荄镇雍峙村和桑枣镇集中安置点检查卫生防疫工作。6月17日，卫生部应急办主任陈贤义、四川省卫生厅副厅长赵晓光一行到安县卫生局、县CDC、京安小区等安置点查看地震灾情，看望慰问奋战在抗震救灾一线的医疗卫生工作者和外援专家，检查指导灾后卫生防疫工作。是日，国家CDC流行病学首席专家曾光教授在县CDC视察。6月18日，卫生部疾控局副处长杨峰，省抗震救灾指挥部驻绵督导组组长、省中管局副局长罗良娟到安县指导工作。6月22日，卫生部疾控局血防处处长王丽英在安县调研血吸虫病防治与监测工作。对设在安昌镇安洲驾校的北川县漩坪乡受灾群众安置点和睢水镇较场村进行现场考察。7月2日，卫生部驻川前线协调组成员、卫生部监督局副局长苏志一行到安县检查指导对口支援医疗卫生工作。7月18日，卫生部疾控局副局长白呼群、四川省副省长陈文华、省卫生厅厅长沈骥率参加全省抗震救灾医疗卫生工作暨先进表彰会的120余名与会人员深入京安小区指导受灾群众集中安置点卫生防病工作。

第二节　军队和武警部队医疗卫生救援

一、军队医疗卫生救援

2008年5月14日，第二军医大学医疗防疫队197人到达安县，组成乡村巡回医疗防疫队20支，开展医疗救治和灾后卫生防疫工作，领队张雁灵。是日，第四军医大学医疗队200人到达安县，组成医疗队3支、防疫队2支，对永安镇、晓坝镇派出医疗队，医疗队配置有手术车2台、X光车2台、检验车1台、超声车1台，并与第二军医大学医疗队在安县中学操场组建抗震救灾野战医院。5月15日，联勤38分部野战医院医疗队30人到达安县，在桑枣镇开展医疗救治工作，张青任队长。是日，解放军363医院抗震救灾医疗队5人到达安县，在安昌镇开展医疗救治工作，郭小光任队长。5月16日，攀枝花军分区医疗队32人到达安县，在桑枣镇开展医疗救治工作，张学良任队长。是日，北京军区疾控中心抗震救灾防疫队13人到达安县，在花荄镇开展灾后防疫工作，李森林任队长，成员有主任医师1人，副主任医师2人，医师5人。5月18日，第四军医大学防疫队19人到达安县，先期在秀水镇、睢水镇开展卫生防疫工作，后在兴仁乡开展卫生防疫工作，任东青任队长，成员有主任医师2人，副主任医师8人，主治医师9人。5月19日，广东边防部队医院医疗队220人到达安县，在界牌镇、永河镇开展医疗救治工作，医疗队中有医务人员108人。5月20日，陕西二炮医院医疗队10人到达安县，在晓坝镇开展医疗救治工作，王东平任队长。5月22日，第二炮兵总医院医疗队85人到达安县，在永安镇参加医疗救治工作，医疗队配备有手术车2台、X光车1台、救护车2台，李志韧任队长。5月23日，总装备部驻绵阳基地医院医疗队11人到达安县，在永安镇开展医疗救治工作，付伟任队长。6月20日后陆续离开安县。

二炮设在高川乡的帐篷医院

二、武警部队医疗卫生救援

武警海南省总队抗震救灾医疗防疫队13人于2008年5月28日到达安县，自带价值10万余元的消毒药品和器械，在塔水镇、乐兴镇开展灾后卫生防疫工作。6月20日撤离安县。

第三节　省、直辖市医疗卫生救援

一、四川省

四川省卫生厅医疗队　2008年5月12日23时，四川省卫生厅派华西医院、省人民医院、省肿瘤医院、省骨科医院、成都阳光妇科医院、绵阳市三医院等14家医院130名医务人员到达安县，在安昌镇西苑初级中学操场，建起省政府抗震救灾医疗急救站，抢救大量来自安县、北川县的地震伤员。

绵阳市三台县医疗救护队 5月12日晚，三台县医疗救护队33人到达安县，其中医生18人、护士13人、司机2人，在安昌镇西苑初级中学医疗救治点和秀水镇开展医疗救治工作，张恒芪、张旭东任队长，5月24日撤离。

成都友谊医院医疗队 5月13日，成都友谊医院抗震救灾医疗队10人到达安县，在安昌镇开展医疗救治工作，杨晓玉任队长。

自贡市医疗队 5月13日，自贡市医疗队12人到达安县，在晓坝镇，睢水镇开展医疗救治工作，带救护车6辆，7月15日撤离。7月15日，自贡市第二批对口支援安县医疗防疫队28人到达安县，开展卫生防疫工作，工作至10月15日。10月15日，自贡市第三批对口支援安县医疗防疫队22人到达安县。10月15日，自贡市第四批对口支援安县医疗防疫队22人到达安县。10月18日，2名心理卫生医务人员到达安县。

四川省疾控中心防疫队 5月14日，省疾控中心防疫队62人到达安县，派往永安镇9人、界牌镇9人、黄土镇9人、花荄镇9人、安昌镇9人开展灾后卫生防疫工作，省疾控中心党委书记宁宗礼任队长，吴建林、邓佳云、刘伦光任副队长。

成都抗震救灾医疗队 5月14日，成都抗震救灾医疗队34人到达安县，在安昌镇开展医疗救治工作，张成华任队长。

四川省卫生执法监督总队卫生监督队 5月16日，省卫生执法监督总队抗震救灾卫生监督队3人到达安县，指导安县开展灾后卫生监督工作，杨克毅任队长。

绵阳市富临医院医疗队 5月16日，绵阳市富临医院医疗队12人到达安县，在秀水镇开展医疗救治工作。

资阳市抗震救灾卫生监督队 5月16日，资阳市抗震救灾卫生监督队35人到达安县，其中安岳县14人、乐至县8人、简阳市13人，霍晋驿任队长。在花荄镇、黄土镇、清泉镇、宝林镇、界牌镇、兴仁乡开展卫生监督工作。

凉山州防疫和卫生监督队 5月18日，凉山州防疫和卫生监督一队8人、二队5人到达安县。队长南磊率一队在宝林镇开展灾后防疫和卫生监督工作至6月9日，6月10日由雷扬率5位同志替换，继续在安县开展灾后防疫工作，6月30日撤离。队长何宁率二队在清泉镇开展灾后防疫工作至6月19日，6月20日，由盛鸿波率5位同志替换，开展灾后卫生防疫工作，6月30日撤离。

绵阳市疾控中心防疫队 5月18日，绵阳市疾控中心3人到安县指导灾后防疫工作。

西昌市疾控中心防疫队 5月19日，西昌市疾控中心防疫队5人到达安县，在清泉镇开展灾后卫生防疫工作，马驰任队长，7月2日撤离。

绵阳市游仙区疾病预防控制中心防疫队 5月20日，游仙区疾病预防控制中心防疫队3人到达安县，在花荄镇开展灾后防疫工作，谢刚任队长，人员均为主管主治医技师。

5月25日，绵阳市卫生执法监督所2人到安县，在花荄镇开展卫生执法监督工作，田敏任队长。

成都市红十字会在桑枣救助

二、北京市

北京市玛丽医院医疗队　5月13日，北京市玛丽医院医疗队10人到达安县，在安昌镇开展医疗救治工作，高标星任队长。

北京市汝华医疗队　5月20日，北京市汝华医疗队15人到达安县，在秀水中心卫生院参与医疗救治工作，任海峰任队长，5月23日撤离。

三、上海市

上海市复旦医院医疗队　5月13日，上海市复旦医院医疗队62人到达安县，在安昌镇开展医疗救治工作，许迅任队长。

上海华山医院医疗救护队　5月15日，上海华山医院医疗救护队21人到达安县，在安昌镇、睢水镇、睢水镇（高川乡受灾群众）安置点实施医疗救治，吴浩任队长。医疗队中主任医师1人、副主任医师5人、主治医师8人、医护师3人、医护士4人。

上海市抗震救灾防疫队　5月16日，上海市抗震救灾防疫队12人到达安县，在全县开展消毒灭菌工作后，定点在桑枣镇开展灾后防疫工作。

上海市医疗队在安县救援

上海医疗队新华医院联合队　5月17日，上海医疗队新华医院联合队18人到达安县，在晓坝镇开展医疗救治工作，吴皓任队长。

四、广东省

广东省卫生厅救护车队　5月14日16时，广东省卫生厅抗震救灾救护车队113人到达安县参与抗震救灾工作，伍新民、雷树米任队长。救护队配有救护车70辆。5月14日，广东省东莞医疗急救队13人到达安县，带救护车6辆，在花荄镇参加医疗救治工作，钟向阳任队长。

五、云南省

云南省抗震救灾医疗队　5月15日，云南省抗震救灾医疗队119人到达安县，在安昌镇、花荄镇、黄土镇参加医疗救治，侯建红任队长。云南省抗震救灾医疗队由云南省一医院27人、省二医院21人、昆明医学院附属一医院27人、昆明医学院附属二医院22人、救护车队22人组成。其中省一医院主任医师4人、副主任医师6人、主治医师3人、医护师4人，省二医院副主任医师9人、主治医师1人、医护师3人，昆医附二院主任医师4人、副主任医师2人、主治医师4人、医护师5人。带救护车20辆。

六、河南省

郑州市国龙医疗队　5月15日，郑州市国龙医疗队20人到达安县，在秀水镇开展医疗救治工作，李建国任队长。

河南省抗震救灾疾控防疫队　5月21日，河南省抗震救灾疾控防疫队228人到达安县，分为7个小组，分别负责河清镇、安昌镇、黄土镇、秀水镇、睢水镇、永河镇、迎新乡的127个行政村的灾后卫生防疫工作，河南省卫生厅党组成员、副厅长黄玮任队长，6月24日撤离。

七、湖南省

湖南省医疗队隆回医疗分队 5月17日，湖南省医疗队隆回医疗分队28人到达安县，在沸水镇开展医疗救治工作，其中医护人员9人。

八、重庆市

重庆市江北区卫生局医疗防疫队 5月17日，重庆市江北区卫生局医疗防疫队13人到达安县，在秀水中心卫生院救治点参与医疗救治和卫生防疫工作，何跃东任队长，5月21日撤离。

九、海南省

海南省医疗卫生防疫队 5月17日，海南省医疗卫生防疫队8人到达安县，在塔水镇、乐兴镇开展医疗救治和卫生防疫工作，崔海宁任队长。

海南省疾控中心防疫队 5月19日，海南省疾控中心防疫队19人到达安县，在塔水镇、乐兴镇开展卫生防疫工作，王继琛任队长，6月25日撤离。

海南省医疗队 5月27日，海南省医疗队13人到达安县，在塔水镇参加医疗救治工作，王继任队长，医疗队中有主任医师1人、副主任医师1人、主治医师5人、医护士4人。

海南省卫生防疫队 5月31日，海南省卫生防疫队6人到达安县，在塔水镇、乐兴镇开展卫生防疫工作，李善文任队长。

十、河北省

河北省抗震救灾卫生防疫队 5月17日起，河北省抗震救灾卫生防疫队142人陆续到达安县，随即成立河北省抗震救灾卫生防疫现场指挥部。河北省疾控中心主任朱会宾任总指挥，河北省疾控中心副主任陈素良任副总指挥。分八个分队：第一分队26人，由河北省疾控中心组建，主任医师8人、副主任医师5人、主治医师1人、高级工12人；第二分队16人，由石家庄市组建，副主任医师5人、主治医师7人、高级技术工人24人；第三分队16人，由唐山市组建，主任医师3人、副主任医师2人、主治医师7人、高级工4人；第四分队17人，由邯郸市组建，主任医师2人、副主任医师2人、主治医师7人、高级工4人；第五分队17人，由廊坊市组建，副主任医师1人、主任医师9人、高级技术工人27人；第六分队18人，由沧州市组建，副主任医师7人、主治医师5人、高级工6人；第七分队16人，由邢台市组建，主任医师1人、主治医师10人、医师1人、高级工4人；第八分队16人，由衡水市组建，主治医师12人、高级工4人。人员中包括流行病学、消毒学、病媒生物学、卫生检验、健康教育和心理干预等领域的专家和学者，配有消毒杀虫药品18520公斤、机动喷雾器13台、喷雾器12台、发电机4台、食物中毒快速检验箱2个、水质快速检测箱1个、余氯比色计和检测仪11个、其他仪器14台（件）、车辆29台、电脑22台、多媒体1台。先后在花荄镇、桑枣镇、秀水镇、永安镇、晓坝镇、沸水镇、睢水镇和各受灾群众安置点开展心理干预、卫生防疫工作。6月22日，第一批撤离，6月29日，全部撤离安县。

十一、山东省

山东省抗震救灾防疫队 5月21日，山东省抗震救灾防疫队51人到达安县，单宝德任队长，防疫队下设5个分队。第一分队由山东省疾控中心10人组成，主任医师3人、副主任医师3人、主管医师2人、医师2人，单宝德任分队长；第二分队由东营市10人组成，主管医师5人、医师5人，郭乃利任分队长；第三分队由滨州市10人组成，主任医师1人、副主任医师4人、主管医师3人、医师2人，杨洪祥任分队长；第四分队由泰安市10人组成，主任医师1人、副主任医师3人、主管医师4人、医师2人，杨会利任分队长；第五分队由威海市11人组成，副主任医师3人、主管医师3人、医师4人，孙辉任分队长。一、二、三分队在花荄镇开展卫生防疫工作，四、五分队在界牌镇开展卫生防疫工作。

十二、湖北省

湖北省武汉市友好医院医疗队　5月22日，湖北省武汉市友好医院医疗队13人到达安县。湖北省抗震救灾卫生监督队由湖北省卫生监督局和武汉市、黄石市、十堰市、荆州市、宜昌市、荆门市、黄冈市、孝感市、仙桃市、恩施市的卫生监督员组成，司远仁任队长。湖北省抗震救灾卫生监督队下设6个分队，每个分队负责一个乡镇，分队下每2人一组，负责2个行政村的卫生监督工作。武汉市分队负责河清镇的卫生监督工作。省卫生监督局、十堰市、荆门市分队负责睢水镇的卫生监督工作。黄冈市分队负责永河镇的卫生监督工作。孝感市、荆州市分队负责安昌镇的卫生监督工作。黄石市、宜昌市、恩施市分队负责秀水镇的卫生监督工作。仙桃市分队负责迎新乡的卫生监督工作，湖北省抗震救灾卫生监督队带卫生监督车20辆。6月25日撤离安县。

十三、辽宁省

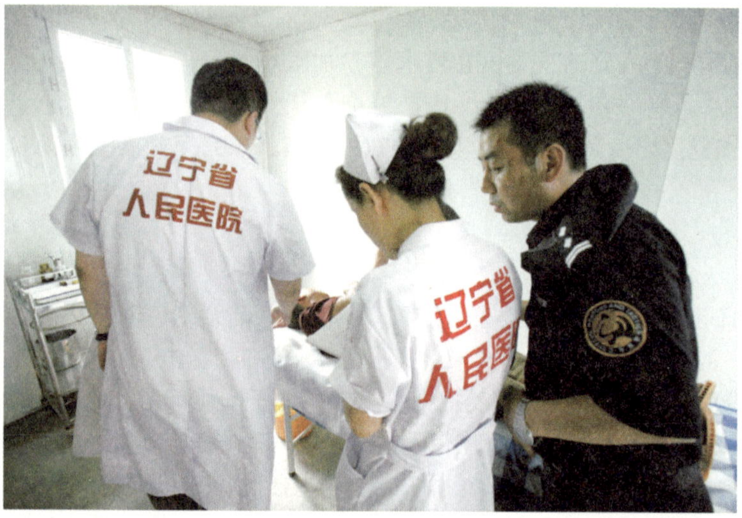

辽宁省人民医院医疗队

辽宁省第一批对口支援医疗卫生防疫队　6月25日，辽宁省第一批对口支援医疗卫生防疫队256人到达安县，工作至7月27日。

辽宁省第二批对口支援医疗卫生防疫队　7月28日，辽宁省第二批对口支援医疗卫生防疫队59人到达安县，工作至8月29日。

辽宁省第三批对口支援医疗卫生防疫队　8月30日，辽宁省第三批对口支援医疗卫生防疫队52人到达安县，工作至9月28日。

辽宁省第四批对口支援医疗卫生防疫队　10月6日，辽宁省第四批对口支援医疗卫生防疫队52人到达安县，工作至11月6日。

辽宁省第五批对口支援医疗卫生防疫队　11月6日，辽宁省第五批对口支援医疗卫生防疫队30人到达安县，工作至12月6日。

辽宁省第六批对口支援医疗卫生防疫队　12月6日，辽宁省第六批对口支援医疗卫生防疫队25人到达安县，工作至2009年1月6日。

第四节　台湾医疗卫生救援

台湾法鼓山台北荣民总医院医疗队　2008年5月16日，台湾法鼓山台北荣民总医院医疗队7人到达安县，在秀水中心卫生院参加医疗救治，陈维熊任队长，5月23日撤离。5月25日，台湾法鼓山慈善基金会医疗关怀团15人到达安县，在秀水中心卫生院参加医疗救治，钟金维任队长。

台湾法鼓山慈善基础会　5月31日，台湾法鼓山慈善基础会22人到达安县，在秀水中心卫生院参加医疗救治，团长果品法师。医疗队中医师3人、护师5人、药师1人。

第五节　国际医疗救援

国际专业服务机构MS　2008年5月13日，国际专业服务机构MS 119人到达安县，其中病理科教授1人、急诊科医师1人、放射科医师1人、骨科医师3人、外科医师4人、护士1人，梁松英任队长，在县人民医院、晓坝镇参与医疗救治工作。

新加坡心连心医疗队　5月22日，新加坡心连心医疗队9人到达安县，在晓坝镇开展医疗救治工作，医疗队中有医务人员6人。

第六节　县内医疗卫生救援

一、县直属医疗卫生单位医疗救援

医疗救援　地震发生后，县卫生局迅速启动《突发公共卫生事件应急处置预案》，组织医务人员1160人、卫生工作人员57人，实施医疗救治工作。其中县人民医院301名医护人员分别在医院东区、医院西区紧急抢救转移在院病人，抢运药品、器械，设置医疗救治点救治地震伤员。县中医院108名医护人员紧急抢救转移在院病人，抢运药品、器械，设置医疗救治点救治地震伤员。县妇幼保健院59名医护人员紧急抢救转移在院病人，抢运药品、器械，设置医疗救治点救治地震伤员。县第二人民医院104名医护人员紧急抢救转移在院病人，抢运药品、器械，设置医疗救治点救治地震伤员。县疾病预防控制中心立即组织30名临床医务人员抢救转移疾控中心住院病人，协助县人民医院、县妇幼保健院医务人员搬运、抢救地震伤员，组织实施环境消毒。从5月13日起，县人民医院派6人组成抗震救灾医疗队，到永安镇开展医疗救治工作，其中医生3人、护士2人。5月18日，随着受灾群众安置点的逐步建立，县人民医院派出4人到安昌镇、花荄镇受灾群众安置点开展医疗救治服务工作，县第二人民医院派出1人到秀水镇受灾群众安置点开展医疗救治服务工作。在救援期间，全县县直属医疗卫生单位救治伤员28万人次。

卫生防疫救援　5月13日，县疾病预防控制中心成立“5·12”地震灾害救治防病工作领导小组。将80名专业人员分成20个防疫工作组下派到全县20个乡镇，开展灾后卫生防疫工作。县疾控中心将消毒药品送至乡镇。5月18日，随着受灾群众安置点的逐步建立，县疾控中心在驻乡镇防疫工作组的基础上，安排10人，进驻受灾群众安置点开展卫生防疫工作。5月24日，县疾控中心根据县抗震救灾疾病防控分指挥部和县卫生局有关整合医疗、防疫卫生监督力量的部署，调整进驻各乡镇的防疫人员。安昌镇、黄土镇集中消毒点各1名，另成立流行病学调查组、信息组、应急接种组。5月25日，县抗震救灾疾病防控分指挥部将援助安县防疫、卫生监督队伍与本县卫生防疫、卫生监督力量整合，统一安排调配，每个村配备2名，每个受灾群众安置点配备1名，每个集中供水单位配备1名卫生防疫、卫生监督人员。5月25日至7月9日，县级疾控单位派出抗震救灾卫生防疫人员4462人/日。县级卫生执法单位派出抗震救灾卫生监督人员517人/日。9月3日，县卫生局决定县级医疗机构对口支援高川乡、茶坪乡灾后恢复重建工作，其中县人民医院派驻内科医生、外科医生各1名，县中医院派驻外科医生、护理各1名，县第二人民医院派驻内科医生1名。县保健院派驻护理1名，县疾控中心派驻防疫医生2名，实行一月一轮换，由对口支持单位派驻人员进行工作交接。

卫生执法监督　5月13日起，县卫生执法监督所11名卫生监督员分2组在全县开展灾后卫生监督检查。

表22 安县疾控中心下派防疫工作组安排表

序号	乡 镇	5月13日—5月23日		5月24日—12月31日	
		组长	人数（人）	组长	人数（人）
1	永安镇	聂高琼	5	聂高琼	2
2	安昌镇	涂传树	10	涂传树	4
3	桑枣镇	陈世华	4	陈世华	4
4	晓坝镇	许 强	5	许 强	4
5	秀水镇	张 科	6	张 科	4
6	睢水镇	衡 卫	5	衡 卫	6
7	塔水镇	曾晓琦	5	曾晓琦	3
8	乐兴镇	姚 平	4	姚 平	2
9	花荄镇	崔元富	7	崔元富	4
10	黄土镇	罗仁祥	4	罗仁祥	2
11	界牌镇	刘永贵	4	刘永贵	2
12	沸水镇	向 波	3	向 波	1
13	河清镇	周晓梅	4	周晓梅	4
14	永河镇	李 伟	3	李 伟	2
15	清泉镇	黄光明	3	黄光明	1
16	宝林镇	赖 强	2	赖 强	1
17	迎新乡	邱 伟	3	邱 伟	1
18	兴仁乡	崔顺云	2	崔顺云	1

二、乡镇医疗卫生单位救援

2008年5月12日，全县20个乡镇的534名医务人员全部投入到抢救转移病人，抢运药品、器材，就近建立医疗救治点抢救地震伤员。5月13日，在开展医疗救治工作的同时，乡镇卫生院80名防保人员与县疾控中心派驻防疫人员一起，开展灾后卫生防疫工作。5月18日，随着受灾群众安置点的逐步建立，乡镇卫生院派出25人到安置点驻点开展医疗救治服务工作。5月25日，县抗震救灾疾病防控分指挥部将援助安县防疫、卫生监督队伍与县内卫生防疫、卫生监督力量整合，统一安排调配。乡镇防疫人员也统一编入其中，下乡进村入户驻点（安置点），开展灾后防疫工作。

三、县农村卫生站救援

地震发生后，全县275个村卫生站363名乡村医生立即在当地开展地震伤员的救治和伤员转运及护送。从2008年5月13日起，全县乡村医生在继续搞好医疗救治服务工作的同时，参与本村范围内的健康知识宣传，环境消、杀、灭等卫生防疫和卫生检查工作。5月25日，县抗震救灾疾病防控分指挥部将乡村医生纳入全县卫生防疫和卫生监督力量统一安排，共同做好灾后卫生防疫工作。

安县抗震救灾卫生防疫人员包村（安置点、供水点）统计表

表23　　2008年5月25日

乡　镇	村、安置点、供水点（个）	卫生防疫人员所在单位	人数
合　计			
花荄镇	27	山东省 CDC	34
		资阳市卫生监督队	3
		安县 CDC	4
		安县卫生监督所	2
界牌镇	10	山东省 CDC	17
		资阳市卫生监督队	1
		安县 CDC	1
塔水镇	29	海南省 CDC	10
		资阳市卫生监督队	22
		安县 CDC	3
		安县卫生监督所	1
乐兴镇	13	海南省 CDC	9
		河南省卫生监督局	9
		安县 CDC	2
清泉镇	10	西昌市 CDC	
		资阳市卫生监督队	5
		安县 CDC	5
宝林镇	12	凉山州 CDC	8
		河北省 CDC	8
		湖北省卫生监督局	7
		安县 CDC	1
安昌镇	25	河南省 CDC	31
		湖北省卫生监督局	14
		安县 CDC	3
黄土镇	27	河南省 CDC	35
		资阳市卫生监督队	1
		安县 CDC	2
秀水镇	39	河南省 CDC	43
		湖北省卫生监督局	28
		安县 CDC	2
		资阳市卫生监督队	1

续表

乡 镇	村、安置点、供水点（个）	卫生防疫人员所在单位	人数
雎水镇	13	河南省 CDC	16
		湖北省卫生监督局	3
		湖南省卫生监督局	1
		安县 CDC	6
迎新乡	9	河南省 CDC	9
		湖北省卫生监督局	7
		湖南省卫生监督局	1
		安县 CDC	1
河清镇	10	河南省 CDC	15
		湖南省卫生监督局	1
		安县 CDC	4
永河镇	13	河南省 CDC	19
		湖北省卫生监督局	4
		湖南省卫生监督局	1
		安县 CDC	2
高川乡	9	河南省 CDC	12
		湖北省卫生监督局	4
		湖南省卫生监督局	1
沸水镇	12	河南省 CDC	12
		安县 CDC	2
		河南省卫生监督局	9
晓坝镇	10	河南省 CDC	9
		安县 CDC	4
		河南省卫生监督局	4
茶坪乡	12	河北省 CDC	17
		河南省卫生监督局	1
桑枣镇	19	河南省 CDC	21
		河南省卫生监督局	10
		安县 CDC	3
永安镇	19	四川省 CDC	7
		河南省卫生监督局	16
		安县 CDC	2

第三章　医疗救治

第一节　现场紧急救治

一、伤员院前现场急救

县卫生局紧急指挥　地震发生时，安县卫生局正在局五楼会议室召开全县血防工作会议。刹那间，大楼开始剧烈颤抖，天花板掉落。参会领导沉着应对，指挥参会人员撤离到安全地带。14时31分，安县卫生局在办公楼前召开各医疗单位负责人紧急会议，要求各医院院长立即赶回各自单位，全力抢救和转移伤病员。医疗单位负责人立即回到各自的医疗单位，在全县展开医疗救治工作。县卫生局成立五个工作小组并迅速奔赴各乡镇参加抗震救治工作。

"120"先期调度　地震发生20多分钟后，县内及北川县的地震伤员陆续被运送到各医疗卫生单位救治。2008年5月13日凌晨3时，医院伤员过多，市"120"指挥中心通过市抗震救灾指挥部紧急调集30多辆平板车将北川伤员运送至安县西苑初级中学临时医疗救治点进行医疗救治。5月23日，县人民医院恢复"120"工作制度，县电信部门恢复接通院内所有座机电话。5月24日，县电信部门又赠送安县人民医院两部小灵通，与原固定电话捆绑，应急使用。6月10日，县卫生局根据《突发公共卫生事件应急处理条例》（国务院令第〔2008〕376号）和卫生部、信息产业部及省卫生厅、省通信管理局、市紧急救援指挥中心的有关规定要求，为进一步理顺安县医疗救治急诊急救管理体制，提高急诊急救指挥水平，经研究，对安县紧急救援中心（安县"120"指挥分中心）进行调整。县紧急救援指挥分中心受市中心指导，在县卫生局统一领导下，由县卫生局医政股直接管理展开工作。工作职责：负责全县境内突发公共卫生事件应急处置医疗救治工作的急救车辆调度；承担"120"平台急救指挥建设，做好指挥调度，组织协调，院前急救网络的准入等各项工作；负责接收和分理全县"120"信息情报，确保区域内具备救援能力的医疗机构资源共享，确保急救对象就医，就急处置及时、规范；承担卫生行政部门交办的其他任务。工作人员8人（抽调县人民医院4人、县第二人民医院1人、县中医院2人、县妇幼保健院1人）。

现场救治　5月12日是一年一度的护士节，安县人民医院部分职工提前到医院的球场准备参加院内庆祝活动，突如其来的地震使水、电、气、通讯全部中断。面对灾难，值班的医护人员临危不惧，迅速组织人员把住院部一至七楼每一个住院病员以及门诊病人转移到安全地方。在安昌镇参加活动的花荄东区的医务人员立即赶回花荄医院投入到抗震救灾的医疗救治中。全院职工无论是值班的还是休息的；无论是住于院内的还是院外的，无论是领导还是普通职工，都自发奔向各自岗位，救治病员。4台简易手术台和相关配套器械人员全部迅速运行启动，各自迅速履行自己的职责，不分彼此、不分角色充当起临时交警、电工、搬运、记录员、抬伤员，疏通绿色通道，开展救治工作。住院部的医护人员王培菊、杨红却完全置个人安危于不顾，冲向84岁的住院病人罗新名，并不停地安慰老人："不要慌张，不要害怕，还有我们在！"将其抬出住院部；新生儿重症监护室医护人员的第一反应不是自己逃生，而是护住暖箱中的危重新生儿，并迅速把10多名新生儿转移到安全地带。在全院医护人员小心翼翼护送下，90

多名患者全部转移到安全地带。

是日15时50分，大量的伤员涌入安县各医院，空地上、草丛边、花台边，到处是血流满面、残肢断臂、痛苦不堪的伤员。奔赴各医院在抗震救灾第一线的卫生局班子成员迅速与医院领导做出决定，在第一时间成立医疗救治组、危重病人手术组、医用物质供应组和安全保障组，按照一视同仁、先重后轻的原则，划定轻伤清创区、危重病人手术区，对特重病人作适时和科学的会诊、转诊。在安昌西苑初级中学体育场伤病员特别多的时候，按照先重后轻的原则，划定轻伤清创区、危重病人手术区，对特重病人处理后进行转院。

是日16时，安县中医院院长张加宇在安昌公园紧急召开会议，对院班子成员进行分工，要求全院职工坚守工作岗位，要求总务科做好后勤保障工作，护理部负责各病区病员的妥善安置，做好资料留存及医疗文书管理。5月13日16时30分，安县中医院妇产科临时医疗救治点，成功分娩出一名新生儿。

县第二人民医院所有房屋均受到严重损坏，全院医护人员在院长杨进富的带领下，冒着生命危险将住院的60多名病人转移到医院的空坝内。在余震不断的情况下，医护人员将抢救出来的药品和医疗器械搬出，为病员进行施救。医院将百余名重危病人转到县内、县外有条件的医院进行救治。是日晚，将其他伤员转移到秀水菊苑家具市场的大篷内。5月13日下午，在秀水镇地税所内空坝搭建规模较大的帐篷医院，安置高压灭菌锅、X光机等紧缺医疗仪器。

县妇幼保健院全体医务工作者在院长王平的带领下，全力救治伤员。

地震时秀水镇中心卫生院院长夏万俊正在县卫生局开会，他迅速赶回医院，召开简短的医院部分医务工作者会议，成立抗震救灾领导小组，并立即启动抗震救灾预案，组织医务工作者开展医疗救治。

高川乡卫生院的4名医护人员在地震后坚持抢救伤病员，从5月12日—19日，他们忘记饥饿和疲劳，尽最大努力救治900多名伤病员。

5月13日中午，西苑初级中学救治点下起大雨，医务人员、公安干警和在校师生搬来120张课桌，拼成20张手术台，以篮球架作为支撑、用彩条布搭建成帐篷，到处收集药品和器械，用拆下来的门板做夹板，将身上的衣服剪成绷带，积极开展救治工作。5月12日—15日，全县共为4880名伤员进行手术等治疗。5月19日，一名即将分娩的产妇被紧急送到安县中学医疗救助点，第二军医大学附属医院的专家立即会诊，决定立即实施手术，短短几分钟，医务人员、手术器械、药品全部到位，经过医务人员的紧急工作，一名女婴在“战地医院”出生，母女平安，这是安县在临时医疗救助点实施的第一例剖宫产手术。

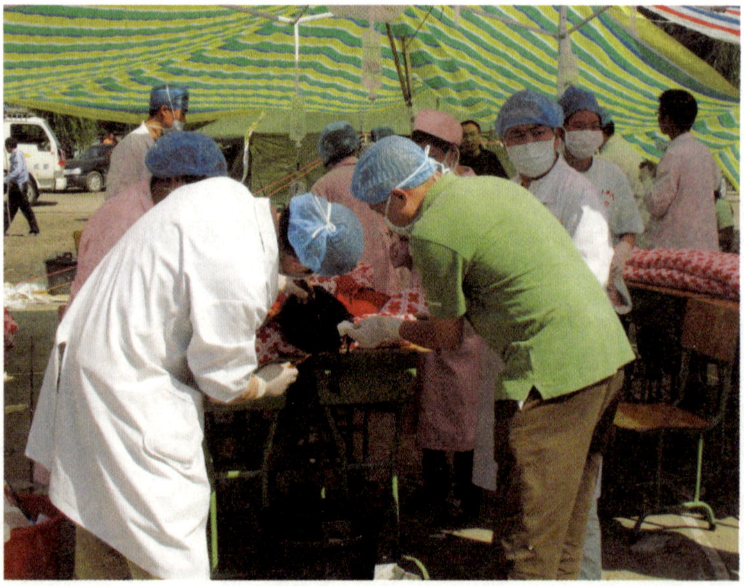

安县西苑中学帐篷医院

7月2日，辽宁省人民医院援川工作队外科主治医师张哲在炎热的板房中为一名74岁的患者进行右胫骨下段粉碎性骨折切开复位钢板内固定治疗，经过2个多小时，手术圆满完成。

二、临时救治点设置及分布

2008年5月12日14时50分，全县各医疗机构迅速行动，将所有住院病人及时转移到安全地带。在没有帐篷的情况下，各医疗单位自筹资金购回塑料篷布搭建简易帐篷。为让地震中受伤群众得到及时救治，各医疗单位分别建立抗震救灾临时医疗急救站。北川县受伤群众多，因当地医院全部坍塌，医护人员伤亡较多，地震发生约1小时左右，北川伤员陆续送到安县救治。面对有限的场地和不断增多的伤员，县人大常委会副主任、县人民医院院长邹兴贵果断指挥，将医护人员分组，在西苑初级中学体育场（安县妇幼保健院参加）、县人民医院东区设医疗救治点。县中医院在安昌镇公园设立急救站。为确保茶坪、高川乡等重灾乡镇受灾群众得到及时救治，县委、县政府决定在晓坝镇和睢水镇建立2个抗震救灾医疗急救站。临时医疗急救站，按照先重后轻的原则，划定轻伤清创区、危重病人手术区，对特重病人处理后进行转院，在伤病员多的时候按照先重后轻的原则，采取救治。5月12日23时，四川省卫生厅组建的由四川大学华西医院和四川省人民医院等医院组成的医疗队，连夜赶往北川县实施抗震救援，因地震山体滑坡通往北川的公路中断，省救援队决定，将西苑初级中学临时急救站扩建为四川省人民政府临时医疗急救站，对来自安县、北川县的伤病员实施救治。地震发生仅7个多小时就建立起临时救治站。截至5月15日，全县共出动医务人员1160人、卫生工作人员57人、车辆37台次，设立医疗急救站26个，收治伤病员5700人，手术130台次，共计转送伤病员4200人。5月18日，全县共建立受灾群众救助点7个，安置12400人。受灾群众及入住人员：睢水镇2个、3100人，晓坝镇1个、3000人，桑枣镇1个、2200人，界牌镇1个、2000人，沸水镇2个、2100人。以上7个受灾群众救助点入住共计1.24万人，受灾群众救助点的医疗救治工作由援助安县医疗单位和当地卫生院分片负责，其余乡镇均为分居散住，医疗救治工作由乡镇卫生院和村卫生站承担，同时将山东省医疗队11人调往沸水镇进行医疗支援，上海市医疗队9人调往晓坝镇受灾群众救助点进行医疗救治支援。

三、接送伤员

地震发生一小时后，从北川县营救下来的伤员陆续集中到安昌镇。他们大多数生命垂危，必须尽快进行抢救。医护人员冒着生命危险，在余震中从医院里抢运出一大批设备和药品。县人民医院、县妇幼保健院、县中医院等驻安县各医疗急救站已无法承担大量的北川县伤病员，一批批重伤员从北川县城接运过来后，通过各医疗点的紧急处理后，及时转送至绵阳市及外地医院。

安县卫生局干部何建修于5月12日23时58分主动请缨，临危受命，为第一支进入北川县重灾区的省医疗急救队带路，挺进北川县，进行应急抢救和转运伤员。18辆救护车组成的车队在余震中艰难前行。5月13日3时30分，从北川县转移的第一批重伤员被运送到安县西苑初级中学救治点。

县卫生局于5月13日安排县内和当时来援医疗机构提前进入睢水镇月儿门、沸水镇胜利村、晓坝镇长青桥，建立医疗救助前哨站，同时在秀水、沸水、永安等乡镇设立医疗救治点，按照“靠前救治、重心下移、接力救援”的原则，及时救治被困群众。

组织云南省、广东省、三台县和安县共11家医疗单位的医务人员260名到睢水、晓坝两个镇展开危重伤员救治。

县人民医院领导带领部分医护人员于5月13日上午赴重灾区高川乡进行抗震救灾医疗抢救。在高川乡党委、政府的统一安排下，派出二辆大客车分段接送、运转，将伤病员转送到绵阳市中心医院、中医院、520医院。

医务人员与驻军正在转移沸水镇受灾群众

广东省急救队5月16日8时—22时共急救、转移高川乡伤病员97人，出动救护车16辆80余台次。从沸水镇至花荄镇近50公里的路程，多数车辆往返转运病人10次以上。截至5月22日，全县共出动救护车辆700余辆次，行程1.3万公里。5月18日，组织全国各地医务人员24人同第二军医大援助安县医疗队队员9人共同组成赴地震重灾区茶坪医疗、防疫突击队。突击队队员徒步10小时，跋涉海拔2850米高山，到达重灾区茶坪乡，参与和指导医疗急救和卫生防疫工作。

云南抗震救灾医疗队在做好驻扎医院日常医疗急救、运转工作的同时，将医疗救援前移，进村入社送医、送药，开展防疫。

截至5月21日16时，全县共接诊、处置、巡诊4600余人次，救治人员1113人次，外科治疗71人次，健康教育宣传120人次，慰问部队2156人次，出动车辆515台次。

第二节　县内救治

一、伤员本地治疗情况

地震后5月17日10时，全县各医疗单位和各医疗急救站共接受伤员10818人，住院949人，转送伤病员4883人，手术106人，全国各地共有24支医疗队、918人在安县开展医疗救助。

截至5月21日，全县医疗机构共诊治病人73801人。其中：县人民医院7775人、县中医院2196人、县妇幼保健院906人、县第二人民医院4612人、秀水中心卫生院8863人、清泉中心卫生院2213人、界牌中心卫生院2640人、黄土中心卫生院1230人、永安镇卫生院1240人、桑枣中心卫生院5845、河清中心卫生院2193人、塔水中心卫生院2639人、永河镇卫生院2159人、沸水镇卫生院2536人、乐兴镇卫生院552人、花荄镇卫生院2806人、茶坪乡卫生院1230人、晓坝镇卫生院2160人、安昌镇卫生院1436人、雎水镇卫生院1680人、迎新乡卫生院1218人、兴仁乡卫生院1261人、高川乡卫生院980人、宝林镇卫生院1210人、安县仁济医院247人、柏杨村卫生站537人、花荄镇第二卫生院1079人、外援医疗卫生单位10367人。

截至5月24日16时，全县设置受灾群众安置点197个（市级3个、县级8个、乡镇及其他类型186个）。通过积极采取有效医疗救治措施，共医疗救治9.4万人（含北川县伤员）。

截至地震后6月2日17时，全县累计收治病人46081人（其中因地震直接受伤25967人），住院病人1476人（其中因地震直接受伤住院916人）；累计转院81人（因地震转院75人），出院868人（其中因地震直接受伤539人），因地震住院死亡累计331人；援助安县医疗队累计处置病人14225人。

截至6月14日17时，全县累计收治病人109958人（其中因地震直接受伤25967人），住院病人2525人；出院1649人（其中因地震直接受伤498人），因地震住院死亡累计331人；援助安县医疗队累计处置病人14265人。

截至7月4日17时，全县累计诊治一般治疗115052人次，收治病人209491人，住院病人3971人；出院3137人；累计转回省外救治伤员36人。

截至7月17日17时，全县累计诊治一般治疗121299人次，收治病人229044人，住院病人4362人；出院3506人；累计转回省外救治伤员92人。

二、利用中医药救治伤员

地震发生后，在短短的十多分钟内，县中医院启动应急预案，成立现场急救领导小组，医疗、护理、后勤保障各施其责。将急救点设置在安昌公园内，搭建起简易手术室，开展手术治疗。在治疗过程中，针对骨伤患者多的现状，采用小夹板固定、针灸、理疗、火罐等中医实用技术。在防病过程中，利用医院自有的煎药机、伙食团以及社区活动中心、当地餐馆的炊具煎熬大锅药，并积极组织人员将袋装中药以及藿香正气液、板蓝根冲剂、一清颗粒等近 10 种中成药送到各个受灾群众集中安置点、各乡镇、各部门。

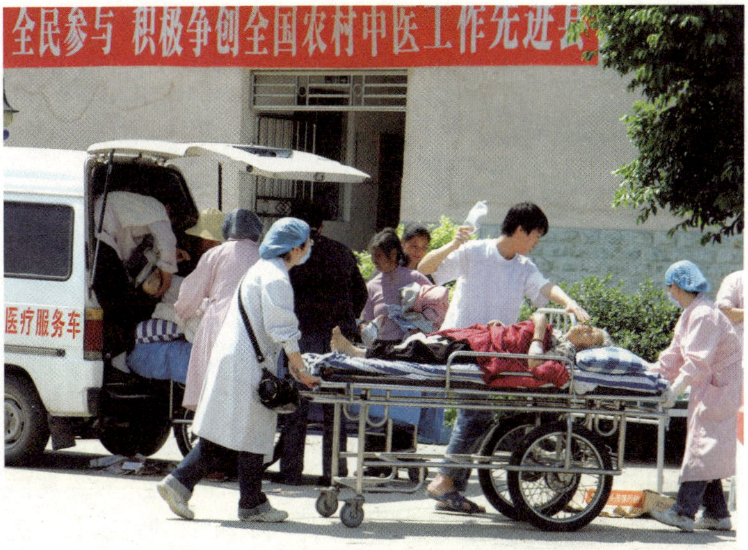

救治伤员

各乡镇卫生院认真贯彻执行上级主管部门的要求，将为老百姓提供中医药服务列为医院正常开展医疗服务的范围内，积极组织中成药、中草药等中药，参与到医疗救治工作中去，并运用中药大锅药的特点，在受灾群众安置点和群众聚集点发放中药汤剂，预防性给予防暑降温、预防呼吸道、肠道传染病用药，每个受灾群众点配备 1 名以上中医药人员，切实为受灾群众提供中医药服务。

全县所有的医疗机构，包括受灾群众安置点，都不同程度地开展中医医疗服务，各医疗救治点运用中医药方法治疗 341401 人次，收治住院病员（含观察病员）8100 人次，采用小夹板固定术 1432 人；派出医疗救治突击队到茶坪乡灾区进行医疗救治；发放预防肠道和呼吸道传染病大锅药 14 万份到各乡镇医院或受灾群众点，煎制大锅药 2 万份，送到受灾群众点发放；发放卫生宣传画报 1 万份，中医药治疗手册 3000 份；参与救治指导和受灾群众点巡回医疗 70 批，560 人次。

第三节　转送外地治疗与康复返乡

一、及时转送

5 月 20 日，县卫生局制定《紧急转运“5・12”地震伤员实施方案》，统一安排，统一调动，明确县人民医院、县中医院、县第二人民医院、县保健院承担全市转运地震伤员具体任务。5 月 30 日 17 时，全县共收治因地震直接受伤 25965 人，其中住院 166 人，累计因地震转院 62 人。截至 2008 年 12 月底，全县地震伤员共转到县外进行医疗救治人员 870 人，其中通过铁路跨省转运伤员 67 人、航空跨省转运伤员 175 人。

二、康复返乡

工作部署　县外各地医院紧急救治的安县地震伤员于 6 月 20 日陆续出院返乡。为做好地震伤员返乡的接收安置工作，县“5・12”抗震救灾指挥部决定，成立地震伤员返乡接收安置工作小组。县中医院负责收治由市康复分中心转至安县需要继续住院康复治疗的地震伤员，其他定点医院负责收治由市康复分中心转至安县需要门诊康复治疗的地震伤员，县内各医疗卫生单位按照属地原则，负责填写《地震伤员医疗康复信息日报表》，采取日报制。每日上午 9 点报县卫生局医政股。同时，成立安县地震伤员康复工作协调组和专家组负责组织协调地震伤员康复医疗工作。

接收安置　截至 2008 年 12 月底，外地治疗返乡的 870 人地震伤员中，需继续康复治疗 316 人，其中县人民医院 160 人、县中医院 93 人、县第二人民医院 8 人、秀水镇中心卫生院 12 人、塔水镇中心卫生院 7 人、迎新乡卫生院 8 人、晓坝镇卫生院 1 人、清泉镇卫生院 1 人、黄土镇卫生院 3 人、永河镇卫生院 6 人、河清镇卫生院 1 人、永安镇卫生院 3 人、沸水镇卫生院 2 人、桑枣镇卫生院 8 人、睢水镇卫生院 3 人。

截至 2008 年 12 月底，外地治疗返乡的 870 人地震伤员中，地震致残 321 人。

第四节　心理治疗

一、心理危机干预

地震前，安县无心理危机干预专门机构。震后，全国各地心理干预专家、学者组成多支服务队到达安县开展心理危机干预工作。

河北省唐山市心理咨询专家服务队 22 人于 5 月 20 日到达安县，在花荄镇、桑枣镇、秀水镇、永安镇、晓坝镇、沸水镇、睢水镇和受灾群众安置点开展灾害心理干预工作。山东省卫生防疫队 59 名队员于 5 月 21 日到达安县，采取发放宣传材料、悬挂横幅、开设健康教育讲座、进行个案干预措施，对受灾群众进行深入的健康教育和心理危机干预。广东省劳教局救灾心理辅导队 21 人于 5 月 24 日到达安县，在安昌、秀水、花荄、黄土、桑枣等镇开展灾后心理辅导工作，冯秀娉任辅导队队长。

各地心理干预专家、学者到安县后，在部分医院开展心理咨询、心理危机干预、沟通、个案干预、群体干预、健康教育和灾害心理干预工作及培训。县人民医院、县中医院、塔水、花荄、秀水、桑枣等中心卫生院专门开设心理危机干预室，对病员开展心理干预治疗工作。

二、心理危机干预持续推进

心理干预进安置点　河北省唐山市心理专家服务队到达安县后，服务队 22 名专家深入秀水、睢水、晓坝、花荄、桑枣、永安、沸水等乡镇和受灾群众集中安置点，耐心、细致地与失去父母、妻子、儿女的人们进行心理咨询、沟通，在辅以药物治疗的同时，鼓励他们振作精神，着眼长远，尽快走出阴影。通过健康教育和灾害心理干预工作，共开展个案干预 166 人次、群体干预 138 场次、干预人数 6815 次、医疗救治 32 人次。山东省卫生防疫队采取发放宣传材料、悬挂横幅、开设健康教育讲座、进行个案干预措施，对受灾群众进行健康教育和心理危机干预，发放震后卫生防病宣传单 8060 份，举办健康教育宣传活动 5 场次、群体心理干预 6 次，共计 451 人次，个体心理干预 150 人次，发放身心健康调查问卷表 240 份。广东省劳教局救灾心理辅导队 21 人在安昌、秀水、花荄、黄土、桑枣等地开展灾后心理辅导工作 305 人次。

心理干预进病房　各援建队伍心里专家进病房进行训练干预个案 450 人次。

心理干预进学校　各援建队伍和心理专家到全县各学校开展群体心理干预辅导，受心理辅导学生 25936 人次。

心理干预进机关　各援建队伍和心理专家到全县各机关、企事业单位开展群体心理干预辅导，受心理辅导人员 2356 人次。

三、心理援助康复与成效

心理障碍状况　地震使人们受到很大恐吓，个别群众直面亲人生离死别，痛苦万分，受灾群众集中安置居住生活规律被打乱，部分受灾群众精神失常、睡眠质量差、生活态度消极。全县地震受灾群众中有 15 万人患有不同程度的心理障碍疾病，在较长时间内都被地震恐惧的阴影笼罩着，不能进入正常状态。

心理援助成效　开展心理咨询 51003 人次，接受心理治疗 500 人，90% 的群众接受治疗后睡眠质量提高，情绪好转，意识和精神疾障得到改善，生活恢复到正常状态。

第四章　卫生防疫

第一节　传染病和突发公共卫生事件防控

一、组织领导

县委、县政府高度重视灾后卫生防疫工作，5 月 18 日，成立县抗震救灾疾病防控分指挥部，市指挥部驻安县工作组组长、市人大常委会副主任任石林，县委书记王黎，县长赵迎春任指挥长。下设卫生防疫组、技术协调组、规划建设组、宣传动员组、后勤保障组、督导检查组共 6 个工作组。各乡镇、县级各部门均成立相应的指挥机构，实行“一把手”负责制，全面启动灾后疾病防控预案，周密部署各项灾后防病措施，层层落实责任，做到思想、组织、技术、物资到位。国家疾控、河北、河南、山东等援助安县防疫队发扬连续作战、不畏艰险的精神，深入灾区指导开展卫生防疫工作。

二、工作措施

统筹安排，协同作战　为促进卫生防控工作有序开展，通过建立健全责任制，进一步明确工作任务，对卫生防疫队划定责任片区，开展卫生防疫、健康教育、心理咨询服务与心理危机干预等工作。指挥部坚持每天召开联席会议，通报工作进展情况，对全县防疫工作提出建议和意见，并对次日工作进行安排。截至 5 月 28 日，共有 18 个外援卫生防疫、卫生执法监督单位 725 名专家进驻安县，参与并指导卫生防疫工作。截至 7 月 31 日，来自卫生部、军队、各省、省内的医疗防疫队 41 支、专家 1700 人。

细化措施，把握关键　开展食品、生活饮用水卫生监测与卫生指导，加强环境卫生监测，加强群众健康知识宣传教育等疾病预防控制工作。提高卫生防疫工作认识，把防控工作作为当前抗震救灾重点工作，全力支持配合专家工作组开展卫生防疫工作。将 17 支疾病预防控制防疫队和 3 支卫生监督队以省为单位，实行分乡镇划片包干，责任到人头。加强受灾群众安置点的厕所消毒及垃圾清运处理工作，保持环境卫生，提高安置点环境卫生水平。加强饮用水卫生管理，严防病从口入，加强农贸市场的管理。对消毒药品实施统一管理，统一操作规范，严格管理措施，消除安全隐患。

突出重点，注重“五结合”　“点面结合”，抓好受灾群众集中安置点卫生防疫工作的同时，注重搞好整个灾区的卫生防疫工作；“长短结合”，既要着眼当前应急救灾防控工作，更要培训一支本地的、能永远留住的防疫队伍；“防治结合”，坚持预防为主的卫生工作方针，重视疫情发生之前的预防工作；结合疾病治疗，及时配备受灾群众安置点医疗隔离帐篷的检查、治疗设备；“宣干结合”，做到县、乡、村、组、户“五级”联动，通过集中培训、重点宣传、入户讲解、宣传资料等各种措施，提高群众的卫生意识和正确防病行为率，实现农村全覆盖；开展心理健康咨询服务，树立老百姓灾后重建的信心和决心，提高群众的心理健康水平；“平战结合”，加强疫情的监测预警工作，全面落实疫情日报制和“零”报告制度，加强专业队伍培训，增强专业操作技能，防疫工作由应急转入常规状态。

狠抓落实，突出“五个字”　在抓卫生防疫工作中，突出“严、细、深、实、快”五个字。即防疫措施严格、细致、深入、落实和快捷。按照“乡不漏村，村不漏户，户不漏帐篷，帐篷不漏人”的地毯

部队官兵开展卫生防疫

式措施开展防控。一是“严”字，严格制定方案，严格实施方案，严格监督检查，不漏掉一个死角，不留下一个盲点。二是“细”字，在食品卫生及生活饮用水卫生、环境消毒、安置点规范化建设、人畜尸体处理、健康宣传教育及心理危机干预等方面制定详细的工作方案。三是“深”字，工作队深入到乡镇、村、组、户，把消毒药品及健康知识带到受灾群众家里，面对面进行宣传讲解，以增强群众卫生观念和提高正确防病意识；对高川、茶坪两乡镇，尽快组织防控突击队伍进入开展消、杀、灭工作及人畜尸体处理。四是“实”字，在行动上、方法上、评估上、效果上做实，防止重大传染病疫情及突发公共卫生事件发生。五是“快”字，抓住灾后卫生防疫的关键，迅速细化工作措施、落实防疫人员，认真筹备防疫物资，确保卫生防疫工作收到明显成效。

三、传染病和突发公共卫生事件风险评估

（一）专家团队评估

专家组初评　县抗震救灾疾病防控分指挥部于5月18日、20日、21日、22日组织专家在安县卫生局办公楼前临时办公棚召开四次联席会议，讨论分析灾后疾病防控工作情况，对全县防控工作作分析评估部署。提出意见：由县抗震救灾指挥部成立卫生防疫工作领导小组，制定具体工作方案，明确政府职责，加强技术部门工作协调，做到物资、人员、技术统一协调，统一分配，统一利用；支持队伍和县内卫生机构要建立联席会议制度，对工作经验以及存在问题进行沟通交流；准确统计灾情信息，包括灾情、受灾群众、传染病以及工作情况等信息。在全县建立起疫情信息日报和“零”报告制度，收集、统计、分析疫情；组织所有卫生防疫技术力量分片负责开展工作，统一技术方案，统一操作规范；卫生防疫工作要做到及时、科学，重在落实。明确政府职责，实行“一把手”负责制；分解任务、落实专人、层层包干；大力开展群众聚集区、受灾群众救治区、医院、学校、农贸市场、街道等重点环节的环境消毒工作。受灾群众安置点人员不宜过多，厕所必须规范修建，并加强粪便、垃圾的无害化处理；对因多种原因没有得到及时处理的人畜尸体进行无害化处理；加强食品卫生、生活饮用水卫生及环境卫生的监督监测与卫生指导工作，及时为群众提供安全可靠的食品及生活饮用水；大力开展爱国卫生运动，倡导农民积极开展除“四害”活动，加强精神文明建设；大力开展群众健康知识宣传教育，增强群众卫生观念和简单的防病知识，提高全民的卫生意识；全力做好地方病防控工作，明确血防工作要以畜查治病、急血疫情监测、控制工作为主。

国家疾控和河北省援助安县卫生防疫队评估　5月26日，由国家疾控和河北省援助安县卫生防疫队，对灾后安县地震灾害疾病防控工作情况进行评估，做出《地震灾区（安县）传染病风险评估报告》。与水、环境卫生、个人卫生有关传染病和食源性疾病：转移人口无法获得充分安全的水源和环境卫生体系，存在与水源、环境卫生和个人卫生有关疾病以及食源性疾病暴发的高风险。加强霍乱的预防和治疗。伤寒沙门菌导致伤寒、甲型肝炎、戊型肝炎等已出现，并有发生大流行的可能。虫媒传染病：人口转移会导致过度接触病媒生物，因而引发虫媒传染病。将易感染的人群转移至高危地区，也会加大疾病传播的风险。由于此次地震造成的破坏非常巨大，降雨，会形成适合病媒孳生的水塘。

日本脑炎：通过库蚊传播，这种蚊虫在被水淹没的地区和稻田里繁殖特别快，感染主要发生在儿童身上。鼠疫：因地震而被转移的人群接触到鼠类和携带鼠疫耶氏菌跳蚤风险可能更高，控制害虫和环境污染的办法均是有效措施。疟疾：地震灾区疟疾传播的风险并不大，但也应加以重视。与人群拥挤的传染病：人口转移会导致安置点人群过于拥挤，从而增大某些传染病的传播风险，麻疹、白喉、百日咳、急性呼吸道感染、脑膜炎球菌病和结核病可通过飞沫发生人—人传播；生活条件过于拥挤时会加大这种风险，因为此时人与人之间接触过密，而且避难场所内部通风条件较差。人口密度过高还会增加水源性和虫媒传染病传播的机会。疫苗可预防疾病和常规免疫接种率：破伤风与易感染患者的伤口未得到妥善处理有关。土壤中存在的破伤风杆菌孢子会感染细微的伤口、撕裂和灼伤。潜伏期一般是3—21天，病例死亡率在70%—100%。其他风险：面临遗体处理、禽流感（A/H5N1）、营养不良等风险。

安县疾病防控分指挥部阶段评估　5月29日，安县抗震救灾疾病防控分指挥部对5月12日—28日的疾病防控工作作出阶段评估：一是反应迅速，抗震救灾组织保障有力，二是整合资源，医疗防控工作全覆盖，三是突出重点，取得抗震救灾防疫工作阶段性胜利。截至5月28日，全县累计消毒面积4987万平方米，消毒处理人畜尸体2168具，厕所消毒391205个，消杀蚊蝇孳生环境296912处，检查供水单位635个，饮水消毒52196吨，发放健康宣传资料1131万份，开展心理干预10205人。累计出动卫生监督人员176人，现场监督营业餐饮单位111户，监督集中式供水单位22户，监督分布式供水点307个，饮水消毒快速检测201个样品，检查92个医疗机构（含临时医疗救治点）的传染病登记报告及控制院内感染情况。

开展卫生防疫宣传

国家疾控中心专家阶段评估　6月7日，国家疾控中心安县抗震救灾防疫工作队形成《安县地震灾后传染病疫情报告与分析》。建议：县卫生局尽快组织对未开展手机直报的6个单位进行调查核实，并督促其尽快开展症状监测和法定传染病疫情的报告工作。增加应急监测手机数量，覆盖全县大于1000人的所有安置点；对小于1000人的安置点，由所属乡镇卫生院派防疫专员进驻安置点的医疗点，每日进行症状监测和法定传染病的报告。开展症状监测的随访追踪工作。安县疾控中心每日将各单位上报的症状监测病人数通报给所属乡镇卫生院，由县疾控中心、各乡镇卫生院或驻乡防疫队到报告医疗机构查阅病人门诊日志和住院病历，调查、核实是否有同类症状病人时间和空间的聚集性发病。对水痘患者隔离治疗，密切追踪全县水痘疫情变化，尤其是受灾群众安置点的儿童水痘发病情况，及时发现暴发苗头。对安县传染病疫情与往年同期进行比较分析，以明确水痘、感染性腹泻和菌痢病人是否真正增多。中国疾控中心安县抗震救灾防疫工作队制定症状监测和传染病应急手机监测系统评估方案，对全县31个监测单位和97个受灾群众安置点传染病应急监测工作进行评估。截至6月7日，高川乡、茶坪乡居民全部迁出，高川卫生院迁至睢水高川安置点，茶坪乡卫生院迁至晓坝镇安置点，并承担该安置点的网络直报工作。

地震前后安县传染病疫情报告情况

表24　　2008年6月7日

机构名称	震前网络直报	震后手机直报	手机直报始日	覆盖安置点（个）	覆盖（人）	恢复网络直报
安县人民医院（东区）	是	是	5. 23	–	–	是
安县中医院	是	是	5. 23	–	–	是
界牌镇中心卫生院	是	是	5. 23	–	–	是
永安镇中心卫生院	是	是	5. 23	2	850	是
永河镇卫生院	是	是	5. 23	1	280	是
安县血浆站	是	否	–	–	–	否
安县人民医院（西区）	是	是	5. 23	–	–	否
安县妇幼保健院	是	是	5. 23	–	–	否
安县二人民医院	是	是	5. 23	–	–	否
安县疾控中心	是	是	5. 23	–	–	否
安昌镇卫生院	是	是	5. 23	9	10850	否
花荄镇卫生院	是	是	5. 23	8	2480	否
秀水镇中心卫生院	是	是	5. 23	6	1660	否
塔水镇中心卫生院	是	是	5. 23	4	1100	否
河清镇中心卫生院	是	是	5. 23	1	2800	否
清泉镇中心卫生院	是	是	5. 23	2	700	否
黄土镇中心卫生院	是	是	5. 23	3	5291	否
桑枣镇中心卫生院	是	是	5. 23	8	10000	否
乐兴镇卫生院	是	是	5. 23	1	600	否
沸水镇卫生院	是	是	5. 23	3	3100	否
晓坝镇卫生院	是	是	5. 23	2	8940	否
宝林镇卫生院	是	是	5. 23	1	800	否
睢水镇卫生院	是	是	5. 23	2	3060	否
迎新乡卫生院	是	是	5. 23	1	350	否
兴仁乡卫生院	是	是	5. 23	1	150	否
高川乡卫生院	是	是	5. 23	1	2150	否
茶坪乡卫生院	是	是	5. 23	1	4560	否
柏杨卫生院（花荄）	是	是	5. 23	–	–	否
黄土镇仁济医院（黄土）	是	是	5. 23	–	–	否
黄土红岩安置点	–	是	6. 5	1	3009	否
安昌安洲驾校安置点	–	是	6. 5	1	1100	否
永安跃进安置点	–	是	6. 5	1	1650	否

地震疾病症状监测一览表

表25　　2008年5月23日—6月7日

日期	发热伴呼吸道		发热伴出疹		腹泻水样便		腹泻血便		其他发热性疾病		零报告点数
	≤5岁（%）	总数	≤5岁（%）	总数	≤5岁（%）	总数	≤5岁（%）	总数	≤5岁（%）	总数	
5—23	15（44）	34	2（9）	23	10（20）	51	—	—	1（25）	4	—
5—24	14（74）	19	1（4）	23	5（13）	40	—	—	—	1	—
5—25	10（42）	24	9（50）	18	7（17）	41	1（100）	1	1（11）	9	—
5—26	17（71）	24	2（10）	21	6（13）	47	—	—	1（100）	1	—
5—27	15（60）	25	2（20）	10	13（21）	61	—	—	—	—	—
5—28	16（64）	25	2（25）	8	3（14）	22	4（100）	4	—	2	—
5—29	17（59）	29	—	5	6（18）	34	—	—	—	—	—
5—30	9（60）	15	2（14）	14	9（30）	30	—	—	1（50）	2	—
5—31	5（50）	10	2（67）	3	8（17）	47	—	—	—	—	—
6—1	6（67）	9	—	3	8（14）	56	—	—	—	—	—
6—2	15（79）	19	—	—	6（10）	61	—	—	—	1	—
6—3	7（54）	13	—	2	7（19）	36	—	—	1（25）	4	—
6—4	6（60）	10	—	—	6（15）	40	—	—	—	2	6
6—5	15（60）	25	2（100）	2	5（12）	41	—	—	—	1	7
6—6	15（47）	32	—	—	3（11）	27	—	—	—	2	10
6—7	6（50）	12	—	—	8（21）	38	—	—	—	—	12
合计	188（58）	325	17（13）	132	110（16）	672	5（100）	5	5（17）	29	—

注：急性黄疸、脑炎或脑膜炎、食物中毒均为零。

卫生部疾控局领导对安县血吸虫病防控考察评估 6月22日，卫生部疾控局血防处王丽英处长在安县调研血吸虫病防治与监测工作。提出评估意见：在原设置的3个监测点的基础上再增加1个监测点，并对监测点进行调整。4个监测点分别是安昌镇东升村、桑枣镇松林村、界牌镇石安村和清泉镇白果村。建议由志愿者或疾控人员进行安县地震灾后血吸虫病感染风险因素的快速评估工作，评估之前，对参与评估的人员开展培训，统一标准。本次安县血吸虫病感染风险因素监测工作作为一个防控项目，由国家疾控中心、四川省疾控中心和县疾控中心联合开展工作，县卫生局和县疾控中心相关领导能及时向县指挥部汇报监测，粪便或血液标本的收集由乡镇政府和卫生院负责。为获得来自非流行区人员感染血吸虫状况的信息，将对安昌镇安洲驾校北川县受灾群众安置点居民约500人采血，使用江苏生产的快速检测诊断试纸条进行快速检测；对血检阳性者再进行粪孵检查。由于粪检条件适宜，粪检地点确定在安昌镇原疾控中心，4个监测点计划查粪400人，查牛200头。钉螺调查由县疾控中心专业人员带路，寻找钉螺分布区域。县上为血吸虫病监测工作队解决5顶帐篷。

疾病预防控制专家对血吸虫病防控风险评估 7月26日，中国疾病预防控制中心寄生虫病预防控制所、四川省疾病预防控制中心寄生虫病所专家做出评估。具备血吸虫病流行的高风险条件，在此后一段时间的灾后重建工作中，如不加大防治力度，极易出现血吸虫病暴发流行。建议：血吸虫病防治是一项长期而又艰巨的工作，需要坚持不懈的努力，一旦放松后患无穷。针对安县血吸虫病流行现状及存在的风险，评估组对安县灾后重建的血吸虫病防治工作，提出如下建议：各级政府应进一步加强对血吸虫病防治工作的领导，继续把血防工作纳入救灾防病的重要内容，确保大灾之后无血吸虫病暴发的大疫。应尽快恢复和加强血吸虫病常规性防治工作，提高各级对血吸虫病防控的应对能力。加强对各类流动人员的管理和监测。特别是注重外来的各类救援施工人员、外出返回人员等流动人员的监测工作，尤其是来自血吸虫病疫区省市或从疫区返回的人员，对这类人员开展跟踪调查，必要时进行检测查病，搜索这类人员中可能存在的潜在传染源。加强健康教育和对可疑血吸虫病病人的监测。加强对各级医疗机构对血吸虫病的诊断能力，对一些不明原因发热病人要高度警惕，注重对疑似血吸虫病的检测，尽可能及早发现血吸虫病病人，并尽早采取相应的措施，以免造成疫情的扩散和蔓延。加强对外来家畜的监测，对从疫区流入的各类家畜进行监测查病。加强感染性钉螺的监测。针对目前的高密度钉螺，应定期开展螺情调查，尤其是与居民生活密切接触的地区，定期开展感染性钉螺的检测。针对钉螺密度较高、居民生活区和安置点周围等重点有螺环境，采用适当的方法开展应急灭螺。各地应结合灾后重建工程，开展对原有钉螺环境进行彻底改造，以消除其危害。加强健康教育，对疫区和受灾群众安置点开展形式多样的血防健康教育工作，提高流行区群众的自我保护意识。加强粪便无害化处理和安全用水工作。各地应逐步加大人畜粪便无害化处理力度，减少各类传染源对环境的污染。加强对流行区安全用水工作的指导，避免或减少居民接触疫水的机会。尽快抢救地震中受损的各级血防基础资料，对无法抢救出的资料应尽快开展恢复、完善和重建工作。

（二）疾控、监督体系评估

疾病预防控制体系（机构与能力）评估 8月13日，开展全县疾病预防控制体系评估。9月初召开落实评估工作会议，并就调查表格填报和调查方法进行培训。评估工作分为现场调查、资料汇总、评估报告三个阶段。在体制方面主要是安县疾病预防控制体系、县疾控中心现状、乡镇疾病预防能力、疾病预防控制能力建设和工作现状。评估内容主要有计划免疫、结核病防治、血吸虫病防治、实验室检验检测能力、饮用水监测、消毒、消杀工作、疫病防治、临时受灾群众安置点卫生防疫等。

卫生监督体系（机构和能力）评估 8月13日，由省卫生监督所组织开展安县公共卫生状况和卫生监督体系评估。涉及卫生监督对象共1107家，其中受灾群众安置点34个，集中式供水单位22个，复课中小学校47所，建筑工地28个，恢复营业的餐饮单位492个，乡村卫生院274个，公共场所、工业企业、放射工作单位等210家，幼儿园34所。全县34个受灾群众安置点，分布在花荄镇、永安镇、桑枣镇、睢水镇、秀水镇等13个乡镇。板房和帐篷总数16344间（顶），除永安镇绵阳市科技局安置点、绵阳市检察院安置点、绵阳市委党校安置点700顶帐篷外，其余均为板房。全县各安置点共安置受灾群众

50071 人。全县共有集中式供水单位 22 个，分布在各乡镇（高川乡政府自来水厂、茶坪乡川心供水站尚未正常营运）。供水范围覆盖 61 个村、166731 人，同时为 28 个受灾群众安置点提供生活饮用水。全县 47 所学校已经复课，实行集体供餐、集中供应、校内设有医务室或卫生指导站。

四、传染病与突发公共事件防控技术方案

地震后，安县抗震救灾指挥部、安县人民政府、安县抗震救灾疾病防控分指挥部先后制定下发或转发传染病与突发公共卫生事件防控的相关预案和防控技术方案共 12 个。

安县抗震救灾指挥部于 5 月 18 日制定《“5・12”地震灾害救治防病近期工作方案》。主要内容为：每个工作小组由 10—12 名人员组成，分别有 3—5 名公共卫生或疾病控制的专业人员，2—3 名临床专业人员，1—2 名社区或乡镇干部，4 名左右其他工作人员。各乡镇每个村（社区）均成立至少 1 个工作小组。一是宣传动员。在当地政府的领导下，采用多种形式和方法，广泛宣传浅显易懂的卫生防病知识，组织和动员群众共同参与医疗救治和卫生防病工作。二是饮用水卫生。指导和协助灾区群众寻找或选择基本符合卫生要求的临时性生活饮用水水源，选择临时性水源的总体原则是清洁卫生、感观性状良好，远离人畜尸体掩埋地或距污染源 100 米以上。三是环境卫生。指导灾区群众在搭建的临时居住区修建简易厕所、收集处理垃圾和粪便、消毒深埋人畜尸体等。四是食品卫生。灾害袭击的非常时期，在不引起急性中毒和食源性疾病的基础上，应保证灾区群众吃到基本安全的食物。五是消毒、杀虫、灭鼠、灭蝇。对灾区人群比较密集的地区实施消毒、杀虫、灭鼠、灭蝇等，消除传染病传播媒介。

安县抗震救灾疾病防控分指挥部于 2008 年 5 月 22 日印发《安县地震后受灾群众集中安置点卫生防疫工作方案》主要内容为：在相对较轻的受灾乡镇分散设置受灾群众安置点，并尽量远离主城区。能方便提供清洁卫生的饮用水，居住地到供水点的距离原则上应小于 150 米，供水点和厕所之间的距离不小于 100 米，饮用非瓶装水时要进行药物消毒或煮沸。保证居住场所通风良好。尽量使用自然通风，自然通风不能达到卫生要求或人群密度确实较大的，要按规定进行机械通风。搭帐篷的地址应远离蚊蝇孳生和垃圾堆放等污染源场所，尽可能设在交通方便、距离公路 2 米以上的地方，严禁搭建在围墙、撕裂的建筑物旁；搭建帐篷的场所地势应较高且平坦，并易于排水，帐篷区四周应设排水沟；每个帐篷间距不小于 1 米，帐篷内要配备手提灯，帐篷外应有适当的照明设施，同时应配备灭火器材，开展灭火知识教育。安置点的容量按人均不低于 3.5 平方米进行规划。一是医疗救治服务站。每个安置点至少设置发热病人服务点、腹泻病人服务点各 1 个，每 100 名受灾群众配置 1 名临床医疗人员。二是疾病控制服务站。1000 名受灾群众以下安置点配备 2 名卫生防疫人员和 2 名卫生监督人员，1000—5000 名受灾群众配置 3 名卫生防疫人员和 3 名卫生监督人员，5000 名受灾群众以上配置 5 名卫生防疫人员和 5 名卫生监督人员。三是环境卫生服务站。按每 500 人配置清洁工 1 人，20 个蹲位的厕所 1 个，垃圾箱（桶/筐/袋）1 个。四是安全保障服务站。每 1000 名受灾群众配备 2 名公安民警，具体负责受灾群众人身安全，维持安置点良好秩序，保证卫生防疫工作的顺利开展。

安县抗震救灾疾病防控分指挥部于 5 月 22 日转发《四川省人民政府办公厅关于加强灾后鼠传疾病防控工作的紧急通知》。

安县抗震救灾疾病防控分指挥部于 5 月 24 日转发省抗震救灾指挥部制定的《震灾地区临时安置点卫生防病技术方案》。

安县抗震救灾疾病防控分指挥部于 5 月 28 日转发安县“5・12”抗震救灾指挥部《安县工业污染源防控和医疗生活建筑垃圾集中安全处置工作方案》。方案主要内容为：一是按省环保局的统一安排布置并结合安县受灾实际情况，安排于 2008 年 5 月 26 日—31 日对全县 14 个乡镇集中饮用水进行全面监测，对其余的 4 个乡镇饮用水源地水源作重点项目监测，以确保饮用水安全。二是对全面生产、使用、贮存危化品的企业进行全面排查，督促企业尽快销售、转移或安全贮存现存危化品，完善应急处理设施，避免环境污染事故发生。三是对全县 10 家使用放射源的工业企业加强监管，目前已有 4 家企业 10 枚放射源被省环保局收贮。对剩余的 39 枚放射源加强监管，若发现隐患及时收贮。四是对

建筑垃圾实施各乡镇集中堆放。过渡安置点的生活垃圾收集转运至垃圾集中处理点，因地制宜采取一定的防渗措施，消毒处理后覆土，对渗液集中处理，或采取焚烧热处理，防止二次污染发生。五是医疗垃圾集中处置，严禁随意丢弃、填埋、露天存放和与生活垃圾混放，在固定位置设置密封式收集箱，并设置识别标志。而后进行毁形、消毒、焚烧、深埋、标志处理。同时争取省市部门为安县配置焚烧炉，统一收集处置。

安县“5·12”抗震救灾指挥部于6月3日转发省指挥部《强化地震灾区传染病防控重点的工作方案》。

安县抗震救灾疾病防控分指挥部于6月8日印发《安县“5·12”地震灾害后卫生防疫工作快速评估方案》。

安县抗震救灾疾病防控分指挥部于6月9日制发《安县抗震救灾卫生防疫工作方案（试行）》。主要内容为：一是整合资源，统一协调。县指挥部整合安县卫生防疫资源，包括当地及援助安县卫生防疫资源和卫生监督资源，实行统一领导。二是积极对医务人员开展防疫知识的培训，提高处置传染病和突发灾害的能力。三是建立指挥部统一领导指挥，部门各负其责，全社会共同参与的地震灾后卫生防疫工作机制。四是推行分片包干责任制，实现卫生防疫和卫生监督全覆盖。县指挥部、政府有关部门、援助安县卫生防疫队和卫生监督队应及时收集疫情信息、食品和饮用水监测信息和卫生监督信息，确保信息畅通。建立信息沟通机制，应急状态下每天都要召开信息沟通会或联席会议，通报工作进展，提出存在问题，拿出解决方案，供指挥部决策参考。指挥部每天要汇总调查和收集的数据资料，按时向上级报告，次日向调查和收集部门反馈。

安县人民政府办公室于6月16日印发《安县2008年爱国卫生月活动实施方案》。主要内容为：重点做好以下几个方面的工作：全县机关、学校、企事业单位、窗口单位6月25日前要安排专门的时间对室内环境卫生进行一次全面整治。建设局、城监大队应指导做好在建工地、待建工地全面清除积水、清除垃圾，开展文明施工检查；市政管理部门对下水道、排污系统检查疏浚一次；卫生、工商部门对全县农贸市场、食品卫生行业和受灾群众聚集区、学校等进行全面监督执法检查；结合治理“三乱”，县建设局对小区物业管理工作进行考评；城管、建设、工商、公安部门要对占道经营、流动摊点进行一次专项整治；各乡镇按计划对蚊虫孳生地和受灾群众聚集区进行灭蚊投药，对城区和城乡接合部补投鼠药。

安县抗震救灾疾病防控分指挥部于6月22日制发《安县卫生系统接受辽宁省医疗卫生对口支援的工作方案》。主要内容是：继续做好地震灾区伤员的医疗救治工作，为灾区医疗救治工作的正常开展创造良好的工作环境，尽快恢复医疗卫生服务体系，提高服务能力。实现乡镇、村组和受灾群众安置点的医疗卫生防疫工作全覆盖。加强传染病监测，恢复传染病和突发公共卫生事件网络直报系统。重建和恢复安县疾病预防控制中心传染病疫情网络直报系统。重点做好传染病疫情和突发公共卫生事件监测与报告，加强对聚集性病例的流行病学调查与处理，尽快恢复常规预防接种服务。加强食品和饮用水卫生监督，落实食品和饮用水安全监管责任。加强健康教育，普及卫生防病知识，增强群众卫生防病意识。积极开展心理援助工作，对不同人群实施科学、分类干预，及时治疗精神疾病患者和高危人员。

安县抗震救灾疾病防控分指挥部于9月7日印发《受灾群众安置点医疗卫生防病工作方案》。主要内容是：开展健康监测。受灾群众到达安置点后，应按要求进行统一登记和健康询诊，若无重点传染病等健康问题，即可进住安置房。若在健康体检中发现异常健康状况，如有外伤、发热、腹泻等，必须由现场医疗点医生登记在册，并进行规范诊治和医学观察，必要时转院治疗。受灾群众入住安置点后，管委会应加强对入住人员的健康状况监测，若发现有异常健康状况，特别是有传染病症状的人，医疗卫生人员必须及时上报县疾病预防控制中心。医疗点安排专人负责收集和分析健康状况的监测资料，评估健康水平，从而预测安置点的疾病发生发展趋势，以便及时有效地采取防控对策。开展疫情监测。安置点的群众出现如腹泻、发热、咳嗽等症状，重点对霍乱、病毒性肝炎、痢疾、伤寒、流行性出血热、乙脑、疟疾、急性出血性结膜炎、皮肤感染、感染性腹泻等疾病及食物中毒进行监测。开展饮水、食品卫生监测。安置点的食品、饮用水卫生安全保障工作仍然是卫生防疫工作的重中之重。为确保大灾后无大疫，必须搞好食品和饮用水卫生监测。增加对安置点自来水末梢水监测，确保饮用水卫生安全；安置点群众严禁饮用生水；对安置点集中供应的食品和公共餐具实行不定期抽检；加强安置点饮用水、食品卫生监督监测与消毒技术指导。

安县抗震救灾疾病防控分指挥部于10月27日印发《安县地震灾后卫生防疫工作评估方案》，主要内容是：能力建设。县、乡、村三级卫生防疫组织体系恢复与工作运行情况，外援与当地卫生防疫资源整合情况，运行机制建立情况，疾病控制能力和突发公共卫生事件应急处置能力恢复和提升情况，卫生监督能力恢复情况。公共卫生服务体系恢复重建。县、乡公共卫生信息报告系统、公共卫生实验室、免疫规划、结核病防治、艾滋病防治等工作的恢复和重建情况。针对防大疫的措施落实情况。按照科学、有序和有力的原则，全县落实灾后卫生防疫措施情况。单独对重灾区（高川乡、茶坪乡）进行卫生工作评估。由所在小组负责单独开展评估工作，并形成书面材料。

五、传染病与突发公共卫生事件监测

法定传染病监测与报告　一是地震前全县网络直报系统。5月12日之前，全县共有29个医疗单位开展传染病疫情的网络直报。二是地震后全县网络直报系统。5月12日—17日，全县的法定传染病疫情信息只能依赖县疾控中心分片负责人和各乡镇卫生院防保人员进行人工收集、汇总、报告，由县疾控中心电话向上级报告疫情信息。由于地震后各项工作繁重，收集的传染病疫情信息报告情况不能十分完整，也只能做到一般疫情信息情况的收集，虽然不能完成网络直报但还是能够掌握全县的疫情动态情况，为全县的震后防控工作起到一定的指导作用。5月17日17时，安县疾控中心传染病监测网络直报系统恢复，各乡镇卫生院及县级医疗单位仍未恢复网络直报系统，仍是人工收集情况汇总报告工作。5月17日17时后，全县29个网络直报单位（除高川、茶坪、血浆站外）有26个单位开始电话或人工收集汇总向县疾控中心报告传染病监测疫情。全县收集疫情监测报告覆盖率为89.66%。5月18日后，随着首批援助安县防控人员的到达，之后外援队伍不断增加，在安县抗震救灾疾病防控分指挥部的统筹安排下，将所有援助安县单位分片与安县疾控人员进行整合，统筹安排，实行分乡镇包干负责，环境的消毒、卫生健康教育，饮用水监测，传染病疫情监测信息的收集、报告。截至5月22日，通过各片、各乡镇卫生院、各医疗单位报告的疫情信息，县疾控中心派流调组专人处理全县传染病监测和突发公共卫生事件98起，全县疫情情况基本稳定，未发生较大的传染病暴发和突发公共卫生事件。5月23日—6月7日，在各外援单位对卫生防控工作的支持下，全县加大灾后卫生防疫工作的力度，通过传染病监测报告，疫情趋于稳定。7月15日，随着抗震救灾工作的全面开展，受损对象、器械监测系统的不断恢复，全县法定传染病疫情监测，直报单位恢复27个（高川、茶坪未恢复），计算机网络直报恢复覆盖率为93.10%。之后全县卫生防疫工作基本恢复常态。

防病大锅药

表26

法定传染病报告一览表

2008年5月12日－6月7日

病种	5月																6月						
	12	13－17	18	19	20	21	22	23	24	25	26	27	28	29	30	31	6	6	6	6	6	6	6
水痘	0	0	1	0	4	10	0	9	5	7	3	6	1	3	5	1	2	3	1	7	5	0	8
其他感染性腹泻病	0	0	0	0	0	0	0	3	1	1	7	14	6	2	7	6	3	2	3	1	6	0	1
细菌性痢疾	1	0	0	0	0	0	10	1	2	2	2	0	2	1	0	0	1	0	2	2	1	1	5
结核病	1	0	0	0	0	2	0	2	0	0	1	0	0	0	0	1	0	2	0	0	0	1	0
流行性腮腺炎	0	0	0	0	0	1	1	2	0	0	0	0	0	2	0	0	0	0	0	0	0	0	0
急性出血性结膜炎	0	0	0	0	0	0	0	1	0	0	0	0	1	0	0	2	0	0	0	0	0	0	2
乙肝	0	0	0	0	0	2	0	0	0	0	0	0	0	0	0	0	0	0	0	0	0	1	0
风疹	0	0	0	0	0	0	0	0	0	0	0	0	0	0	0	2	1	0	0	0	0	0	0
猩红热	0	0	0	0	0	0	0	0	0	1	0	0	0	0	0	0	0	0	1	0	0	0	0
甲肝	0	0	0	0	0	0	0	0	0	0	0	0	0	0	0	0	1	0	0	0	0	0	0
肝炎未分型	0	0	0	1	0	0	0	0	0	0	0	0	0	0	0	0	0	0	0	0	0	0	0
麻疹	0	0	0	0	0	0	0	0	1	0	0	0	0	0	0	0	0	0	0	0	0	0	0
手足口病	0	0	0	0	0	0	0	0	0	0	0	0	0	0	1	0	0	0	0	0	0	0	0

症状监测与应急手机报告　5 月 22 日，安县接受 32 台疫情报告手机，逐步开展传染病疫情监测信息应急手机报告工作。是日，中国疾控中心专家对安县疫情报告人员进行应急手机报告培训，并开展手机直报工作。5 月 23 日，除安县血浆站外，全县其余 28 个网络直报单位和 3 个北川县受灾群众安置点开始进行症状监测手机疫情报告。5 月 26 日起，全县开始执行症状监测和传染病疫情的零报告，当日有 6 个单位未报告症状监测和法定传染病疫情信息，即乐兴镇、兴仁乡、高川乡卫生院及黄土镇红岩村、安昌安洲驾校和永安镇跃进村的安置点。

6 月 7 日前，全县受灾群众安置点共 97 个，分别由县疾控中心和各乡镇卫生院防保人员以及外援单位分辖区负责传染病疫情和症状监测手机报告。有 5 个安置点（永安镇跃进村 3 个、安洲驾校 1 个、黄土镇红岩村 1 个）安置北川县受灾群众，6 月 7 日之前，由市疾控中心负责医疗卫生防疫和疫情信息的监测报告，6 月 7 日后，由安县疾控中心接管 5 个北川县受灾群众安置点的医疗卫生防疫和疫情信息报告工作。传染病疫情监测报告和症状监测报告实现全县所有安置点全覆盖。

直报网络恢复　5 月 17 日，安县疾控中心直报网络恢复。5 月 18 日，全县 29 个网络直报单位开始电话和人工向县疾控中心报告传染病疫情，再由县疾控中心统计进行网络直报。5 月 26 日，全县 28 个网络报告单位，有 5 个单位恢复传染病疫情直报网络系统。6 月 7 日，县疾控中心、县人民医院、县中医院、永安镇卫生院、界牌中心卫生院、永河镇卫生院 6 个单位恢复直报网络。7 月 20 日，全县直报网络除高川乡、茶坪乡外，27 个直报单位全部恢复。12 月，对全县 27 个直报单位全部恢复后，县疾控中心对 2008 年传染病发病趋势进行预测。根据国家疾病监测信息报告系统疫情数据统计，全县共报告乙丙类法定传染病 1836 例，报告发病率 385.66/十万，与 2007 年同期相比发病率下降 8.33%。无甲类传染病发病报告，死亡 1 例，报告死亡率 0.21/十万。全年无鼠疫、霍乱、传染性非典型肺炎、人感染高致病性禽流感、脊髓灰质炎、登革热、炭疽、流行性出血热、流脑、百日咳、白喉、新生儿破伤风、布鲁氏菌病、黑热病、斑疹伤寒、包虫病、丝虫病报告病例。与近三年同期平均发病情况比较结果为：与近三年同期平均报告例数比较，甲、乙、丙类传染病病例报告总数下降 6.33%。

传染病疫情分析报表

表 27　　　　2008 年 12 月 31 日

疾病病种	当年发病数（人）	当年发病率（1/10 万）	上年发病数（人）	上年发病率（1/10 万）	发病率增减（%）
HIV	5	1.05	1	0.21	403.26
肝炎	517	108.60	715	149.20	-27.22
麻疹	5	1.05	9	1.88	-44.08
狂犬病	1	0.21	—	—	—
细菌性痢疾	187	39.28	312	65.11	-39.67
肺结核	521	109.44	522	108.93	0.47
伤寒、副伤寒	2	0.42	—	—	—
猩红热	9	1.89	5	1.04	81.19
淋病	17	3.57	39	8.14	-56.12
梅毒	37	7.77	20	4.17	86.22
钩体病	1	0.21	—	—	—
血吸虫病	3	0.63	11	2.30	-72.55
疟疾	1	0.21	—	—	—
流行性腮腺炎	94	19.74	57	11.89	66.00

续表

疾病病种	当年发病数（人）	当年发病率（1/10 万）	上年发病数（人）	上年发病率（1/10 万）	发病率增减（%）
风疹	26	5. 46	19	3. 96	37. 74
急性出血性结膜炎	19	3. 99	43	8. 97	-55. 52
麻风病	1	0. 21	1	0. 21	0. 67
其他感染性腹泻病	379	79. 61	255	53. 21	49. 61
手足口病	16	3. 36	—	—	—
非淋菌性尿道炎	24	5. 04	9	1. 88	168. 43
尖锐湿疣	38	7. 98	48	10. 02	-20. 31
生殖器疱疹	8	1. 68	7	1. 46	15. 04
水痘	343	72. 05	365	76. 17	-5. 41
结核性胸膜炎	23	4. 83	20	4. 17	15. 76
合　计	1836	385. 66	2016	420. 69	-8. 33

传染病发病情况与前三年同期对比表

表 28　　2008 年 12 月 31 日

疾病病种	2008 年发病数（HIV 未统计）	2005—2007 年 3 年平均发病数	与前 3 年同期比较（%）
合计	1836	1960	-6. 33
HIV	5	0. 67	646. 27
肝炎	517	686	-24. 64
甲肝	47	76. 67	-38. 70
乙肝	417	574	-27. 35
丙肝	27	23	17. 39
戊肝	1	1. 67	-40. 12
肝炎（未分型）	25	10. 67	134. 30
麻疹	5	4. 67	7. 07
狂犬病	1	—	—
细菌性痢疾	187	277	-32. 49
肺结核	521	441	18. 14
伤寒、副伤寒	2	—	—
猩红热	9	6. 33	42. 18
淋病	17	41. 33	-58. 87
梅毒	37	26	42. 31
钩体病	1	0. 67	49. 25
血吸虫病	3	20. 33	-85. 24
疟疾	1	0. 33	203. 03
流行性腮腺炎	94	114. 67	-18. 03

续表

疾病病种	2008 年发病数（HIV 未统计）	2005—2007 年 3 年平均发病数	与前 3 年同期比较（%）
风疹	26	17.33	50.03
急性出血性结膜炎	19	21	-9.52
麻风病	1	0.33	203.03
其他感染性腹泻病	379	285.33	32.83
手足口病	16	—	—

相关传染病的处置　地震后，安县疾控中心对全县报告的病例进行现场流行病学的调查，对相关的传染病疫情均作现场处置。5 月 12 日—18 日，在无外援防控队伍到来期间，共接到突发事件和疫情报告电话 110 余起，全部进行现场调查处置。

县抗震救灾指挥部于 5 月 15 日 9 时接到秀水镇方林村 9 组受灾群众电话报告，一女孩患手足口病。县疾控中心及时派专业人员进行现场流调。经流行病学调查，该女孩为季节性皮疹。5 月 16 日，秀水镇方林村 8 组受灾群众电话报绵阳市人民政府抗震救灾指挥部防疫组，反映发生“疑似Ⅱ号病”疫情。市政府要求安县卫生局、县疾控中心及时安排人员现场流调处置，县疾控中心接卫生局通知后，及时安排中心副主任陈朝礼等负责调查，是日上午 10 时，调查人员到达现场，经现场流行病调查认定为菌痢，安排及时送当地受灾群众救治点进行隔离治疗。5 月 18 日，桑枣镇花庙村乡村医生报一腹泻病人，腹泻米粕样大便，报告疑似Ⅱ号病，县卫生局要求及时派专人到现场进行流调处理，由中心副主任陈朝礼到桑枣镇花庙村 6 组对病人进行现场流调，结果为感染性腹泻，安排当地乡村医生对病人严密观察，制定出治疗方案，抗感染对症治疗。3 天后，电话访询病情好转，待继续治疗。

县疾控中心于 6 月 18 日接到河清镇白马村 15 组发生 4 例腹泻病人的情况报告，立即安排流调组调查。调查结果为：4 例病人于 6 月 17 日晚在家中共同进餐，共同食用从小卖部买回的食品豆筋。根据临床症状和流调分析，初步判断为食物中毒。

六、实验室监测

（一）应急实验室

安县疾控中心于 6 月 7 日收到国家疾控中心制定的《安县地震灾后公共卫生过渡实验室建设方案》。安县疾控中心、四川省疾控中心、第四军医大学西京医院和北京军区疾控中心等 4 家帐篷实验室开展饮用水或病原微生物检测。安县疾控中心主要负责检测饮用水、食品；四川省疾控中心主要负责检测负责水质微生物检测和细菌性腹泻病的实验诊断；灭菌和医用垃圾由四川省疾控中心统一处理。检测腹泻病人粪便中沙门菌、霍乱弧菌和痢疾杆菌；第四军医大学负责临床常规检测、微生物检验和饮用水检测。同时开展临床血常规和血液生化指标检验，以及肠道病原菌的培养和初步鉴定。对 5 个乡镇、部分重点村的 160 个水质样品进行水源卫生学检测。北京军区疾控中心负责饮用水理化指标的测定，包括铁离子、锰离子、温度、PH 值、As、Hg、铬、硬度、氟化物、余氯、硫酸盐、氯化物和氨氮等。饮用水细菌学指标总大肠菌群、大肠埃希氏菌两项可用“滤膜法”测定。测定的项目包括农残、氰化物、甲醛、注水肉、尿素、安妥、亚硝酸盐、氯化物、黄曲霉毒素 B1、酸价、过氯化值和敌鼠等，可进行食物中毒的快速检测分析。

（二）过渡实验室建设

充分培养、利用现有人员，加强培训和学习，掌握相关传染病、卫生学指标的检测方法。安县疾控中心应派检测人员到各实验室参与相关检测工作，并接受相关技术培训。过渡实验室建设完成后，指派安县疾控中心的部分检测人员到四川省疾控中心和对口支援的辽宁省疾控中心进修学习。规划 10 间过渡板房，每间 20 平方米。要求简便、实用，满足传染病防控、饮用水卫生、食品卫生学及食物中毒检测等基本工作的需要，完成从震后应急到常规检测的过渡。利用县疾控中心现有未损坏设备，补充必要的设备，增添相应试剂耗材。

以快速定性检测分析为主，同时开展符合国标的相关操作手册的检测工作。检测范围及内容：开展感官性状和一般化学指标、毒理学指标、细菌学指标的检测，检测项目共计20项，包括菌落总数、总大肠菌群、余氯、色度、浑浊度、PH、总硬度、铁、锰、氟化物、砷、汞、铬、铅和硝酸盐氮等。检测项目包括菌落总数、大肠菌群、霍乱弧菌、痢疾杆菌、沙门菌、致泻性大肠杆菌、副溶血弧菌等；食品菊酯类、有机磷类农药残留、鼠药溴敌隆等、亚硝酸盐、甲醛、氰化物、汞、游离矿酸、酸价、生豆浆、非食用色素、瘦肉精、砷等的快速检测。

七、预防接种

（一） 群体性预防接种

安县抗震救灾疾病防控分指挥部于5月29日—6月1日印发《绵阳市“5·12”地震灾区预防接种实施方案》《关于做好灾后预防接种工作的紧急通知》《关于认真做好灾后儿童免费预防接种宣传动员工作的通知》《安县灾后儿童免费预防接种活动宣传方案》《安县地震灾区群体性预防接种甲肝、乙脑疫苗操作要点》。

6月1日，副县长刘胜军在县电视台作“灾后儿童免费预防接种电视动员讲话”。6月3日全县开始接种工作。6月18日，县抗震救灾疾病防控分指挥部下发《灾区预防接种查漏补种工作的通知》。7月10日，安县卫生局印发《安县地震灾区常规免疫预防接种工作技术指南》。同时，启动安县流感疫苗群体接种工作，在安县中学为部分同学接种流感疫苗。截至6月13日18时，全县甲肝疫苗应种儿童32656人，实种31634人，接种率达96.87%；乙脑疫苗应种儿童15795人，实种15225人，接种率达96.61%，全县没有接种异常反应报告。12月6日，全县流感疫苗查漏补种。共对55所幼儿园、54所小学、24所中学、27个安置点的3—15岁目标儿童接种，累计接种60695人次；60岁及以上老年人累计接种69099人次；全县医护人员累计接种2038人次；共计完成流感群体免费接种目标人群131832人次，报告接种率98.26%。

（二） 免疫规划

5月12日—17日，计免工作处于停止状态；人员流动很大、儿童居住分散；冷链设备、房屋被损坏，链程中断。截至11月19日，县级：原有疫苗运输车1辆，损毁1辆；原有低温冰箱9台，损毁6台，恢复3台；原有普通冰箱5台，损毁5台，恢复5台；原有冷藏箱8个，损毁8个，恢复大冷藏箱6个、小冷藏箱35个；原有冷藏包6个，损毁4个，恢复20个。乡村：原有普通冰箱47个，损毁47个，恢复50个；原无冷藏箱，恢复37个；原有冷藏包109个，损毁78个，恢复104个；损毁冰排312个，恢复710个。

（三） 常规接种

2008年6月3日，19个定点接种门诊恢复常规免疫接种工作。2008年7月10日，全县原有的21个定点接种门诊恢复常规免疫接种工作。

第二节　食品、药品和饮用水卫生安全管理

一、食品卫生监测、监督管理

县内力量开展食品卫生监测、监督管理　地震发生当天，县卫生执法监督所在安县人民医院花荄救治点维持医疗秩序，协助医务人员对病人进行救治。5月14日—18日，对捐赠的药品食品进行监督检查、搬运清理，发放给病人及医务人员，并对临时救治点的医疗救治情况进行监督检查，防止交叉感染。对集中供水单位进行重点检查，提出卫生监督意见，确保水质安全。随即监督所小组进村入户了解

受灾情况，宣传食品、饮用水、防病卫生知识。外援卫生监督单位到达后整合力量，分组到安县辖区对食品、饮用水进行卫生执法监督检查。5 月 16 日，安昌卫生监督小组开始对各受灾群众安置点的集中就餐情况和捐助食品的安全情况进行拉网式检查监督。5 月 17 日，开始对受灾群众安置点的周围出现的食品摊贩进行集中清理，并指导各点进行严格的环境消毒和杀虫工作。

外援力量开展食品卫生监测、监督管理　5 月 18 日，资阳市、河南省、湖北省支援安县的卫生监督队伍陆续到达，安排到除高川乡、茶坪乡外的 18 个乡镇，负责各乡镇的食品卫生、生活饮用水、传染病的防治、环境卫生等方面的卫生监督，四川省卫生执法监督总队重点负责巡回监督检查。加强对水质的监督管理。加大对集中式供水单位监督频率，紧急报告指挥部增拨生活饮用水消毒专用药品，受灾群众集中安置点、农村的水井增设井台、井盖和警示语，防止地表污水渗透污染。加强对受灾群众集中安置点除“四害”和环境卫生消毒。发动受灾群众开展防病自救，各安置点要每天定人、定时开展除“四害”工作，共同维护集中居住点清洁卫生。加强对各临时医疗点、乡镇卫生院一次性医疗垃圾的无害化处理。要求乡镇卫生院迅速启动传染病及疫情报告管理，重新配发各类登记本，恢复传染病报告制度；对医疗垃圾进行焚烧处理或集中存放，统一回收。加强对受灾群众集中安置点食品卫生的监督管理。检查中发现，集中安置点的食品露天堆放，与有毒有害物品或其他物品混放，食品发放不及时，有的食品已在食品存放过程中腐败变质，安置点食堂普遍缺乏冷藏设施，存在食用隔夜剩饭、剩菜的情况。卫生监督员及时提出整改措施，并对食物存放和食物加工提出具体的实施方案。加强对受灾群众集中安置点粪便、垃圾的管理。针对个别厕所是危房，部分是旱厕，或断水无法冲洗、垃圾无统一存放地点等情况，要求加强集中安置点的粪便与垃圾管理，迅速搭建简易卫生厕所，对各安置点垃圾定点存放，及时清运，增设受灾群众洗手设施。截至 5 月 26 日，共派出卫生监督员 2472 人次，出动车辆 447 台次，发放各种宣传资料 12 万份。

辽宁完成安县监督工作现状于 8 月 25 日进行评估。辽宁省卫生监督队和安县卫生执法监督所共出动监督员 2522 人次，出动监督车辆 925 台次，行驶 16 万余公里，共监督检查安置点 1480 户次、集中式供水单位 489 户次、分散式供水点 3750 户次、医疗机构 734 户次、复课学校 965 户次、餐饮单位 4134 户次、建筑工地 190 户次，下发卫生监督意见书 1932 份，提出整改意见 4350 条。采集检测水样 520 份。张贴“八个卫生要求”3450 份，发放卫生健康知识宣传单 10 余万张，举办各类培训班 78 次，培训相关人员 4800 人。全县没有发生一起因食源性疾病和环境污染引发的突发公共卫生事件。10 月 7 日—31 日，辽宁省第四批对口支援安县的大连市卫生监督队，完成对全县所有乡镇的 413 家食品经营单位监督检查工作。

二、饮用水卫生监督监测

（一）震后饮用水卫生监测（5 月 12 日—18 日）

县疾控中心于 5 月 12 日下午向各乡镇发放库存消毒药（氯漂粉）4 吨，用于环境消毒和饮用水消毒，并派出专业人员到集中供水单位和受灾群众安置点指导饮用水消毒。5 月 13 日 16 时，安县卫生局、安县疾控中心派专业技术人员到花荄新盛供水公司进行现场检测考察。从 5 月 14 日开始，安县疾控中心和市疾控中心，分别对安县灾区境内，花荄新盛供水公司、安昌镇龙泉供水公司、桑枣镇温泉公司自来水厂、秀水自来水厂的出厂水进行采样，并立即送四川省疾控中心实验室进行检验。5 月 16 日，接到四川省疾控中心电话通知：花荄新盛供水公司所送样品全部指标合格，其余 3 份水除微生物及感观指标超标外，理化、毒理学指标符合饮用水标准。

（二）外援整合后水质卫生监督监测

生活饮用水总体监督监测　集中供水和分散式供水监管工作从 5 月 14 日开始由湖北等省赴安县抗震救灾卫生监督队承担，水样检测由北京军区疾控中心和安县疾控中心承担。5 月 25 日，河南省卫生监督救援大队全体队员，分六个组继续对安县六个责任乡镇的救灾工作开展救援监督检查。共检查 18 个受灾群众安置点，进行食品卫生、饮用水卫生和传染病防治情况的监督指导。在这些安置点中共监督检查集中配送饮食点及周边餐饮单位 16 家、自炊饮食点 183 家、饮用水供水点 23 个、医疗救助 13 个，开展饮用水水质快速监测 19 份，合格 17 份，合格率为 89.47%。5 月 28 日，安县抗震救灾疾病防控分指挥部下发《关于确保灾区饮用水安全的通知》。主要内容是：地震灾区饮用水水源保护工作的重点是防止水源被有毒化学物质和各种病原体污染。加强灾区饮用水水源安全防范措施：加强地震废墟清理过程中的水质保护工作，及时做好遇难人员、动物尸体处理、监察工作，尸体处理地点要远离水体、避开低洼地，对高度腐烂的尸体要协调卫生部门进行消毒除臭处理。加强灾区杀虫剂使用管理。禁止使用敌敌畏以及国家明令禁用的滴滴涕、六六六等农药进行杀虫，推荐使用拟除虫菊酯类杀虫剂。防止对周围环境和水源造成污染。截至 5 月 28 日 17 时，共检查供水单位 1103 家、饮水消毒 91994 吨。5 月 29 日，开展饮用水水质快速监测 24 份，合格 18 份，合格率为 75%，经过消毒水样余氯均合格。5 月 30 日，对市政供水点 18 个、其他供水点 340 个进行卫生监督，并快速检测水质 229 份，通过指挥部协调到各集中供水水厂的饮用水消毒药品下发后，卫生监督员在现场监督检查过程中，指导水厂正确使用消毒药品，如投放和检测，确保饮用水含氯量维持均匀的水平。

地下水源监测从 6 月 1 日起全面展开，对政府设置的受灾群众集中安置点、恢复供水的水厂、复课学校、恢复营业的餐饮单位的生活饮用水供水 187 户次。分散式供水点 301 个，饮水消毒检测快速 173 个样品，合格率为 93.55%。饮用水做到日检日测。6 月 9 日—8 月 22 日，湖北省抗震救灾卫生监督工作队四川资阳市执法应急队、安县疾控中心、安县卫生执法监督所对全县乡镇、机关、单位、受灾群众安置点、农户自建、集中供水单位和农户饮水源做到日抽日测。全县未发生饮水和食品安全事故。8 月 22 日起，集中供水和分散式供水监管工作由辽宁省卫生监督队和安县卫生执法监督所承担，水样检测由安县疾控中心负责。

安县疾控中心 2009 年 2 月 27 日—3 月 16 日对全县各乡镇供水单位的生活饮用水进行卫生监测，共采样 50 份，从检测结果看：作感观性状和一般化学指标检测的共有 17 份，合格 16 份，合格率 94.1%（高川乡政府供水站样品中可见泥沙）；作微生物指标检测的共有 50 份，总大肠菌群超标 10 份，合格率为 80%；菌落总数超标 1 份，合格率 98%；耐热大肠菌群超标 2 份，合格率 88.2%。水质超标的乡镇主要是高川乡、雎水镇、乐兴镇、沸水镇、秀水镇五个乡镇，水质情况令人担忧，尚需进一步加强。3 月 30 日，安县卫生局做出工作安排。5 月，全县共有 18 个生活饮用水集中式供水单位，其中水务局辖 9 个、建设局辖 3 个、私营 4 个、桑枣温泉公司 1 个、沸水供销社 1 个。多为地下水，日供水量 12590 吨，供水人口 15.67 万人，覆盖全县总人口的 38.93%。全县生活饮用水合格率较低，仅为 71.9%。

进驻各水厂防疫监督人员名单

表 29　　　　2008 年 5 月 31 日

水厂名称	地址	覆盖人数	防疫监督人员	进驻人员单位	进驻日期
永河镇回龙山供水站	永河镇皇塔村 6 组	1800	李伟	安县 CDC	5.16
雎水自来水厂	雎水镇灌滩三组	6000	李海燕	河南省 CDC	5.22
安县龙泉供水有限公司	安昌镇东风路北段	30000	侯激流	河南省 CDC	5.20
清泉（一、二厂）	清泉镇金泉村 4 组	2600	黄光明	安县 CDC	5.14
黄土石鸭供水站	黄土镇石鸭村	1323	胡伟	河南省 CDC	5.20
塔水自来水厂	塔水镇狗屎巷	4000	陈硕	安县 CDC	5.17
兴仁乡水厂	兴仁乡五郎村 5 组	1000	崔顺荣 任东青	安县 CDC 四军医大	5.22
129 部队供水站	永安镇八一帐篷学校	380	黄桂英	安县 CDC	5.15
永安镇水厂	永安镇街道	2800	黄桂英	安县 CDC	5.15
沸水新华水厂	沸水镇沸泉村 8 组	5000	王利生	邯郸市 CDC	5.31
安洲净化水厂	安洲驾校	1300	安云胜	安县 CDC	

集中式供水单位监测　截至5月18日，全县共有集中式供水单位22家，分布在各乡镇。供水范围覆盖61个村、166731人，同时为28个受灾群众安置点提供生活饮用水。7月20日，安县抗震救灾疾病防控分指挥部向安县水务局发出《安县抗震救灾疾病防控分指挥部关于加强震后集中式供水卫生管理工作建议的函》，对加强震后集中式供水卫生管理工作提出建议，以有效防止介水传染病的发生流行。全县恢复供水的20家集中式供水单位均取得卫生许可证，从业人员均取得健康证，20家供水单位均对水源采取保护措施。供水设施基本上全面恢复，集中式供水单位电力供应恢复正常，管网基本得到修复。加强对供水单位卫生管理制度的落实，对从业人员开展卫生知识的指导和培训，消除生活饮用水卫生安全隐患。走村入户对受灾群众进行宣传，倡导喝开水不喝生水，张贴卫生知识宣传画和标语，指导受灾群众对水源进行投药消毒，实现全面覆盖。

全县集中式供水单位基本情况

表30　　2008年8月22日

序	乡镇	供水单位名称	覆盖村数	覆盖人数	覆盖安置点数
1	秀水镇	秀水自来水厂一、二厂	8	15232	3
2	迎新乡	迎新月丰供水站	2	600	1
3	河清镇	河清镇清远自来水厂	1	2505	0
4	花荄镇	新盛供水有限公司	3	27000	3
5	界牌镇	界牌镇石安供水站	5	11000	0
6	兴仁乡	兴仁乡五郎供水站	1	1300	1
7	茶坪乡	茶坪乡川心供水站	0	0	0
8	晓坝镇	晓坝供水站	2	4120	3
9	高川乡	高川乡政府自来水厂	0	0	0
10	雎水镇	雎水红石供水站	5	9663	4
11	安昌镇	龙泉公司安昌自来水厂	6	30000	2
12	黄土镇	黄土镇石鸭供水站	4	13500	0
13	沸水镇	沸水新华供水站、供销社水厂	3	5774	3
14	桑枣镇	温泉公司自来水厂	3	6237	1
15	清泉镇	清泉镇双石供水站	4	4500	0
16	塔水镇	塔水自来水厂	3	12000	2
17	宝林镇	宝林镇赤林供水站	1	6100	0
18	永安镇	永安跃进供水站	4	8500	5
19	乐兴镇	乐兴镇民生供水站	1	4000	0
20	永河镇	永河镇回龙山供水站	5	4700	0
合　计			61	166731	28

集中式供水单位卫生监督情况统计表

表 31　　2008 年 6 月 25 日—8 月 20 日（共 17 次监测）

序	供水单位名称	乡镇	消毒方式	大肠菌群超标次数	
				出厂水	末梢水
1	秀水自来水厂一厂	秀水镇	人工加氯	0	1
2	秀水自来水厂二厂	秀水镇	人工加氯	0	1
3	迎新月丰供水站	迎新乡	自动加氯	0	4
4	河清镇清远自来水厂	河清镇	自动加氯	0	0
5	新盛供水有限公司	花荄镇	自动加氯	0	4
6	界牌镇石安供水站	界牌镇	自动加氯	0	1
7	兴仁乡五郎供水站	兴仁乡	人工加氯	0	1
8	茶坪乡川心供水站	茶坪乡	未恢复供水	0	0
9	晓坝供水站	晓坝镇	自动加氯	0	1
10	高川乡政府自来水厂	高川乡	未恢复供水	0	0
11	睢水红石供水站	睢水镇	自动加氯	1	5
12	龙泉公司安昌自来水厂	安昌镇	自动加氯	1	1
13	黄土镇石鸭供水站	黄土镇	人工加氯	0	1
14	沸水新华供水站	沸水镇	自动加氯	1	1
15	沸水供销社自来水厂	沸水镇	人工加氯	0	1
16	温泉公司自来水厂	桑枣镇	自动加氯	0	0
17	清泉镇双石供水站	清泉镇	自动加氯	0	0
18	塔水自来水厂	塔水镇	自动加氯	0	0
19	宝林镇赤林供水站	宝林镇	自动加氯	1	1
20	永安跃进供水站	永安镇	自动加氯	0	0
21	乐兴镇民生供水站	乐兴镇	自动加氯	0	1
22	永河镇回龙山供水站	永河镇	自动加氯	0	0

学校供水监测　地震前，安县共有中小学校 56 所，其中 44 所有学生食堂，地震造成 39 所学校食堂受损。截至 5 月底，47 所学校已经复课，均为板房学校，共有中小学生 41392 人。集中供餐方式的有 20 所学校食堂为新建板房食堂，24 个学校食堂为原学校食堂，用餐学生共 28717 人，学校食堂共有食品从业人员 421 人。生活饮用水供应方面，其中 5 所学校为自备水，其他学校均为市政自来水。有 38 所学校有校内食杂店，有 27 所学校有校内医务室或卫生指导站。

复课学校基本情况表

表 32　　2008 年 5 月 31 日

序	学校名称	在校（人）	就餐（人）	就餐情况	从业（人）	供水情况	食杂店	医务室
	合　计	40893	28417	—	417	—	—	—
1	秀水镇初级中学	1126	1100	原校就餐	14	自备水	有	有
3	秀水镇民兴初级中学	938	850	原校就餐	11	自来水	有	有
4	秀水镇第三小学	340	—	无	—	自备水	有	无

续表

序	学校名称	在校（人）	就餐（人）	就餐情况	从业（人）	供水情况	食杂店	医务室
5	秀水镇第二小学	450	—	无	—	自来水	无	无
6	安县职业中专校	2064	1690	板房食堂	14	自来水	有	有
7	迎新乡小学	475	270	板房食堂	4	自来水	无	无
8	迎新乡初级中学	244	244	原校就餐	3	自来水	有	有
9	河清镇小学	638	380	原校送餐	6	自来水	有	有
10	河清镇初级中学	327	310	原校送餐	5	自来水	有	无
11	安县中学	5400	4000	原校就餐	57	自来水	有	有
12	花荄镇柏林联合小学	399	240	板房食堂	3	自备水	无	有
13	文星阁小学	534	350	原校就餐	6	自来水	有	有
14	花荄镇初级中学	2300	1500	原校送餐	21	自来水	有	有
15	界牌镇初级中学	578	570	原校送餐	7	自来水	有	无
16	界牌镇小学	912	400	板房食堂	8	自来水	有	无
17	兴仁乡初级中学	350	150	原校就餐	7	自来水	有	无
18	兴仁乡小学	502	335	原校就餐	9	自来水	有	无
19	晓坝镇小学	525	215	板房食堂	0	自来水	无	无
20	雎水镇小学	983	560	原校就餐	6	自来水	有	无
21	雎水镇初级中学	450	390	原校就餐	7	自来水	有	无
22	安昌镇小学	1810	650	原校送餐	19	自来水	有	无
23	安昌镇小学	245	245	板房食堂	4	自来水	无	有
24	安洲小学	488	200	板房食堂	3	自来水	有	有
25	西苑初级中学	2280	2100	原校就餐	28	自来水	有	有
26	黄土镇第二中学	295	251	板房食堂	5	自来水	有	有
27	黄土镇中心小学	1112	560	板房食堂	8	自来水	有	有
28	黄土镇马村小学	420	230	板房食堂	4	自来水	有	无
29	黄土镇第一中学	853	847	板房食堂	9	自来水	有	有
30	沸水镇小学	679	500	板房食堂	5	自来水	有	有
31	沸水镇初级中学	340	327	板房食堂	5	自来水	有	有
32	桑枣镇初级中学	2239	1989	原校就餐	39	自备水	有	有
33	桑枣镇初级中学	542	510	板房食堂	7	自来水	有	无
34	桑枣镇第一小学	620	—	无	—	自来水	有	无
35	桑枣镇第二小学	540	330	板房食堂	8	自来水	无	无
36	清泉镇初级中学	405	320	原校送餐	7	自来水	有	无
37	清泉镇小学	640	450	原校就餐	6	自来水	有	无
38	塔水镇第一小学	1425	600	原校就餐	12	自来水	有	有
39	塔水镇第二小学	757	680	板房食堂	4	自来水	有	有

续表

序	学校名称	在校（人）	就餐（人）	就餐情况	从业（人）	供水情况	食杂店	医务室
40	塔水镇初级中学	1131	1117	原校就餐	18	自备水	有	有
41	宝林镇小学	631	430	原校就餐	4	自来水	有	有
42	宝林镇初级中学	225	206	原校就餐	4	自来水	无	无
43	永安镇小学	1162	651	原校就餐	8	自来水	有	有
44	乐兴镇初级中学	460	360	板房食堂	5	自来水	有	有
45	乐兴镇中心小学	996	380	板房食堂	7	自来水	有	有
46	永河镇初级中学	355	350	原校就餐	6	自来水	无	有
47	永河镇中心小学	708	580	板房食堂	4	自来水	有	有

受灾群众安置点供水监测　全县有34个受灾群众安置点，餐饮、供水、淋浴间、厕所、医疗防疫点设施齐全，各项卫生质量基本合格。

截至8月22日，全县有河清镇清新家园、花荄镇京安小区、黄土镇驿安小区、桑枣镇济水宛安置点、洛祥小区、洛安小区6个安置点为自备水源，有的采用人工加药方式，但多数经过水净化设备处理，饮用水质量基本合格。其他28个安置点均为市政供水，绝大多数有自动加氯装置消毒，饮用水质量基本合格。针对市政供水有时出现大肠菌群超标现象，要求安置点设置沸水供应点，并要求群众饮用开水。通过对灾后饮用水监督和监测，不断完善管理制度和技术规范，在各方面的努力下饮用水卫生隐患得到有效控制。通过监督检查和现场调查分析发现，集中式供水水样检测指标异常，可能由如下原因所致：一是水源受到污染。如水源地及输水管道周围存在生活垃圾、牲畜饲养场所、旱厕等。二是采样不规范。如采样过程未做到无菌化。三是消毒不规范。如消毒药配置后放置时间过长、配置浓度不够等。四是自动加药装置工作不正常。如自动加药设备故障、加药管道堵塞等。五是铬、锰、铁等指标超标。主要是工业废水环境污染和当地特殊的地质条件所致。

针对有关问题，辽宁省卫生监督队及时编制《对集中式供水部分检测指标超标情况卫生监督技术指导方案》，要求对集中式供水装置进行检测和监管，应强调如下技术环节：严格按GB/T5750《生活饮用水标准检验方法和水质采样方法》，强调水样无菌采集；督促加药人员规范加药，要求每次消毒药品配置浓度应符合规定，消毒药品配置后不宜放置时间过长；督促定期维护消毒药自动加药装置，确保设备正常运行和加药管道畅通；对存在水源铬等重金属污染、锰和铁等化学指标超标问题，督促当地政府有关部门尽快消除污染环节，或寻找新水源并配置专用设备消除超标指标；向县抗震救灾疾病防控分指挥部报告卫生监督工作中出现的问题并提出建议。

受灾群众安置点卫生设施情况

表33　　2008年8月1日

序	安置点名称	乡镇	就餐方式	供水方式	消毒方式	厕所数	防疫点
1	锦龙社区	秀水镇	厨房分灶	市政供水	自动加氯	1	有
2	许昌新村	秀水镇	厨房分灶	市政供水	自动加氯	1	有
3	正源安置点	秀水镇	厨房分灶	市政供水	自动加氯	2	有
4	迎新初级中学	迎新乡	厨房分灶	市政供水	自动加氯	1	有
5	清新家园	河清镇	厨房分灶	自备水	人工投药	1	有
6	益昌社区	花荄镇	厨房分灶	市政供水	自动加氯	3	有

续表

序	安置点名称	乡镇	就餐方式	供水方式	消毒方式	厕所数	防疫点
7	白鹤林村	花荄镇	厨房分灶	市政供水	自动加氯	2	有
8	文星社区	花荄镇	厨房分灶	市政供水	自动加氯	2	有
9	京安小区	花荄镇	厨房分灶	自备水	人工投药	2	有
10	豫兴小区	兴仁乡	厨房分灶	市政供水	自动加氯	2	有
11	晓坝郑安小区	晓坝镇	厨房分灶	市政供水	自动加氯	3	有
12	晓坝中心村安置点	晓坝镇	厨房分灶	市政供水	自动加氯	1	有
13	黄羊坪安置点	晓坝镇	厨房分灶	市政供水	自动加氯	1	有
14	车站居民安置点	睢水镇	厨房分灶	市政供水	自动加氯	2	有
15	宝元村安置点	睢水镇	厨房分灶	市政供水	自动加氯	1	有
16	宝元村安置点	睢水镇	厨房分灶	市政供水	自动加氯	1	有
17	教场村安置点	睢水镇	厨房分灶	市政供水	自动加氯	1	有
18	宛昌小区	安昌镇	厨房分灶	市政供水	自动加氯	2	有
19	豫昌小区	安昌镇	厨房分灶	市政供水	自动加氯	2	有
20	驿安小区	黄土镇	厨房分灶	自备水	人工投药	2	有
21	白驹泉小区	沸水镇	厨房分灶	市政供水	自动加氯	1	无
22	洛泰小区	沸水镇	厨房分灶	市政供水	自动加氯	1	有
23	洛康小区	沸水镇	厨房分灶	市政供水	自动加氯	1	有
24	济水宛安置点	桑枣镇	厨房分灶	自备水	自动加氯	1	有
25	洛祥小区	桑枣镇	厨房分灶	自备水	自动加氯	2	有
26	洛安小区	桑枣镇	厨房分灶	自备水	自动加氯	1	有
27	新综合市场安置点	桑枣镇	厨房分灶	市政供水	自动加氯	1	有
28	周口小区	塔水镇	厨房分灶	市政供水	自动加氯	1	有
29	三门峡小区	塔水镇	厨房分灶	市政供水	自动加氯	1	有
30	绵阳科技局安置点	永安镇	厨房分灶	市政供水	自动加氯	1	有
31	绵阳检察院安置点	永安镇	厨房分灶	市政供水	自动加氯	1	有
32	绵阳市委党校安置点	永安镇	厨房分灶	市政供水	自动加氯	2	有
33	新区	永安镇	厨房分灶	市政供水	自动加氯	2	有
34	信安小区	永安镇	厨房分灶	市政供水	自动加氯	2	有

临时安置点餐饮基本情况统计表

表 34　　2008 年 6 月 13 日—7 月 3 日

乡镇	安置点聚集地	安置人数	6 月 13 日						6 月 30 日						7 月 3 日					
			餐			饮用水			餐			饮用水			餐			饮用水		
			供餐	送餐	自餐	集中	散水	其他	供餐	送餐	自餐	集中	散水	其他	供餐	送餐	自餐	集中	散水	其他
安昌镇	丝绸厂	284			√	√					√	√								
	林业局	212			√	√					√	√								
	北山公园	492			√	√					√	√								
	东风广场	486			√	√					√	√					√	√		
	面粉厂（茶坪）	486			√	√					√	√					√	√		
	镇政府	435	√		√	√			√		√	√								
	滨河路南段	1265			√	√					√	√					√	√		
	沙汀路	1209			√	√	√				√	√	√							
	人民公园	1206			√	√					√	√					√	√		
	印刷厂	100			√	√					√	√								
	农行后花园	100			√	√					√	√								
	安昌小学	180			√	√					√	√					√	√		
	北门车站	140			√	√					√	√								
	老年活动中心	452			√	√					√	√					√	√		
	糖果厂	353			√	√					√	√								
	纸厂	150			√	√					√	√								
	职中实习点	452			√	√					√	√								
	职业中专	2600			√	√					√	√								
	鼓楼村	1080			√	√					√	√					√	√		
	县人民医院	300			√	√					√	√								
	滨河路北段	320			√	√					√	√								
	邮政局旁	110			√	√					√	√								
	职专西校区	380			√	√					√	√								
	西苑初级中学	2685			√	√					√	√								
	客运总站	300			√	√					√	√								
	原安县县委办公地	140			√	√					√	√								
	安洲驾校	1300	√			√			√			√			√			√		
河清镇	河清镇小学	330			√	√			√			√			√			√		
	镇初级中学	120			√	√					√	√								
	河清粮站	240			√	√					√	√								

续表

乡镇	安置点聚集地	安置人数	6月13日						6月30日						7月3日					
			餐			饮用水			餐			饮用水			餐			饮用水		
			供餐	送餐	自餐	集中	散水	其他	供餐	送餐	自餐	集中	散水	其他	供餐	送餐	自餐	集中	散水	其他
永安镇	129厂（北川）	370	√			√			√			√			√			√		
	跃进村	1650	√	√	√	√	√		√	√	√	√	√							
	永安镇小学	300									√	√								
	永安车站	450									√	√								
	永安五七厂	200									√	√								
	大安村安置点	250									√	√								
	市检察院安置点	1650													√	√	√	√	√	
	市科技局安置点	300															√	√		
	市委党校安置点	450															√	√		
桑枣镇	地管处	584			√	√					√	√					√	√		
	广场	609			√	√					√	√					√	√		
	车站	320			√		√				√		√				√		√	
	新市场	894			√		√				√		√				√		√	
	旧市场	190			√		√				√		√				√		√	
	农场（茶坪）	2350	√			√			√			√			√			√		
	云丰村（晓坝）	2889	√			√			√			√			√			√		
晓坝镇	各山区村	7920			√						√									
	黄羊村	1020			√		√				√		√				√		√	
	中心村（含茶坪）	4560													√			√		
黄土镇	救助站	2832		√		√				√		√			√			√		
	镇第一中学	400		√		√				√		√								
花荄镇	胜果市场	500															√	√	√	
	五路口	340															√	√	√	
	文化广场	350			√	√					√	√					√	√		
	好医生药业	2193		√		√				√		√				√		√		
	综合市场	310			√	√					√	√					√	√		
	行政大楼	306			√	√					√	√					√	√		
	菜市场	310			√	√														
	县人民医院	230				√						√						√		
	建材厂（茶坪）	475			√	√														
	广厦小区	300			√	√					√	√					√	√		
	长兴小区	350	√		√	√			√		√	√			√		√	√		
	京安小区	1126			√	√					√	√					√	√		

续表

乡镇	安置点聚集地	安置人数	6月13日						6月30日						7月3日					
			餐			饮用水			餐			饮用水			餐			饮用水		
			供餐	送餐	自餐	集中	散水	其他	供餐	送餐	自餐	集中	散水	其他	供餐	送餐	自餐	集中	散水	其他
兴仁乡	乡初级中学	150			√	√					√	√								
塔水镇	镇第一小学	210			√	√														
	德富新街	510			√	√					√	√					√	√		
	农贸市场	191			√	√														
	粮站	189			√	√					√	√					√	√		
	镇初级中学	150			√	√					√	√					√	√		
	中心市场	210			√		√				√	√					√	√		
	河边市场	230			√		√				√	√	√				√	√	√	
	老年协会	206			√	√					√	√	√				√	√	√	
乐兴镇	场镇	1319			√	√					√	√	√				√	√	√	
永河镇	街道	280			√	√					√	√								
雎水镇	社区	250			√	√					√	√								
	车站	1650			√		√				√	√					√	√		
	红石村6组	2610		√							√		√							
	灌滩（河边）	220			√	√				√				√		√				
	教场小学	160			√		√				√	√					√	√		
	高川安置点	2570		√							√		√							
	红石村3组	500		√						√				√						
沸水镇	饮片厂	745	√			√				√				√				√		
	镇小学（高川）	1774	√			√			√			√			√			√		
秀水镇	民兴初级中学	160	√				√													
	顺江街	175			√	√	√													
	南苑市场	525			√	√														
	社区办公室	150			√	√														
	复兴街	140			√	√														
	滨河小区	284			√	√														
	糠市街	150			√	√														
	影剧院	100			√	√														
	三西厂宿舍	110			√	√														
	全益公司	100			√	√														

三、地震后药品监督与管理

（一）组织协调医用物资

地震后，县食品药品监督管理局立即启动药品应急预案，成立安县抗震救灾指挥部药械组。5 月 12 日下午，派员到绵阳天诚药业有限公司、四川诚隆药业连锁经营有限公司、科伦药业有限公司、成都本草堂药业连锁有限责任公司等医药企业组织应急药品，于 5 月 13 日 1 时将八车药品送到县人民医院，缓解医院急救伤员的药品需求。协调绵阳天诚药业有限公司安县分公司（安昌镇）、安县天诚药业有限公司、诚懋分公司、第一批发部等企业积极参与抗震救灾工作，及时组织和配送急需医用物资，确保医用物资及时配送到医院和乡镇卫生院，确保当地医疗机构救治受伤受灾群众的用药需求，让受伤群众得到及时抢救和治疗。5 月 23 日，安县抗震救灾指挥部药械组制定《救灾物资管理规定》，进一步加强医用物资的接收、管理、发放、调配的监督管理。6 月 18 日，接收辽宁省援助 32 个品种共 1856 件医用物资，及时发放到各医疗机构。截至 6 月 30 日，县食品药品监督管理局在灾后共组织、接受、发放药品和医疗器械 3.88 万件。

抗震救灾期间，县食品药品监管局向乡镇卫生院、村卫生站及药品供应网点发放价值 8200 余万元的药品。承担“两网”药品配送任务的绵阳药业、科伦医贸、佳能达等公司不顾余震、滑坡的危险，翻山越岭将价值 800 余万元的救灾药品及时送到灾区。截至 2008 年 9 月底，全县通过“两网”向灾区调运 3.96 万件、价值 9000 余万元的药品和医疗器械。

（二）恢复和重建药品网点

县食品药品监管局在震后及时建立县、乡镇灾后药品配送保障制度，并积极组织协调。5 月 15 日，“供应网”逐渐恢复正常运转，全县 2 家生产企业、3 家配送企业、4 家惠民药房、近 50% 的村卫生室和药房恢复营业，26 家县、乡镇级医疗机构和 7 个救助点以及部分的村卫生室设立 90 个帐篷药房，各配送网点共配送 60 余万元的药品。10 台流动售药车共出动 130 余台次，到受灾较重的秀水、安昌等 8 个乡镇，向受灾群众免费赠送药品价值 4 万余元。到上级争取调拨药品 200 多万元，多方组织药品 100 多万元，接受各届捐赠药品 800 多万元。地震发生后，为迅速恢复药品“监督网”并发挥其作用，县药监局安排 62 名协管员担负起对全县药品组织、管理的重任，并派专人深入灾区，指导工作。保证大灾之后农村药品市场有人管、管得住；针对救灾药品监管难度大的特点，制定配送保障制度，坚持每天清点药品数量、价格，做到科学有序发放药品；加强社会各界捐赠药器质量验收把关和登记，使进入灾区的所有捐赠药品、医疗器械质量可控，流向可追溯；强化对食品药品安全的专项检查和日常检查。开展对药品生产、使用、经营环节的专项监督检查；建立药械不良反应快速报告制度；加大药品违法案件查处力度。

县食品药品监督管理局于 5 月 13 日—31 日派出灾后重建工作组深入到各药品供应网点，敦促具备条件的网点尽快恢复经营。全县 2 家生产企业、3 家配送企业、4 家惠民药房、26 家县、乡镇医疗机构药房、近 50% 的村卫生室和 90% 药店迅速恢复营业，7 家药品连锁企业出动 10 台流动售药车，免费为受灾群众赠送药品。5 月 31 日，县食品药品监督管理局召开药品配送企业会议，要求在灾后工作中，要充分发挥农村药品“两网”的作用。加强灾后药品和医疗器械的质量管理，为乡镇卫生院积极组织急需的医疗用品，让受伤受灾群众得到及时医治。截至 5 月 31 日，26 家县、乡镇医疗机构和 7 个医疗救助点以及 50% 以上的村卫生室都建立起帐篷药房，共设立 54 个帐篷药店，特许开设 23 家便民药柜，出动流动售药车 130 余台次。

6 月 3 日，《中国医药报》在头版以《震不垮的农村药品“两网”》为题报道安县食品药品监督管理局在抗震救灾工作中遭受重创的农村药品“两网”得到恢复和重建，并发挥其作用的情况。6 月 4 日，安县食品药品监督管理局在花荄镇京安小区安置点建立活动板房药房投入使用。

（三）加强灾后医用物资质量监管

安县食品药品监督管理局于 5 月 13 日—6 月 2 日出动检查人员 27 人次、车辆 9 台次，对全县药品生产、经营企业和医疗机构药品疫苗、医疗情况进行检查。6 月 12 日，省、市食品药品监督管理局领导到安县检查抗震救灾药械和食品安全情况。是日，唐山市食品药品监督管理局根据河北省食品药品监督管理局的统一部署，积极组织药品企业向灾区捐款捐药，唐山集川药业积极响应，及时组成抗震抢险队，由总经理带队三次到安县为灾区人民送利康液、消毒液等灾区急需药品。为确保向灾区捐赠药品的质量安全，唐山市食品药品监督管理局加大对药品检查力度，严格把关，坚决做到保证质量、保证品种、保证规格。同时派出专业人员深入企业，进行现场检查和再抽验，对捐赠药品实行全过程监管。6 月 14 日，国家食品药品监督管理局市场司处长刘小平和省局市场处处长谢伟到安县食品药品监督管理检查抗震救灾药品和医疗器械组织及发放情况。

第三节　环境卫生处理

一、罹难者遗体的处理与消毒

各级抗震救灾指挥部先后印发有关罹难者遗体的处理与消毒、无害化处理的文件，出台政策和措施。制定灾害后罹难者遗体的处理与消毒的应急预案，卫生防疫主管部门制定罹难者遗体的处理与消毒具体的技术要求。

板房安置点

5 月 18 日 15 时，据一志愿者反映："团结电站堰塞湖中有大量遗体漂浮在湖面上。"安县抗震救灾疾控分指挥部接到通知后，立即派人核查。19 日 7 点 30 分，县疾控中心副主任陈朝礼带队，与当地政府取得联系，经过 3 小时的艰难行进到达团结电站，对湖面进行观察核实未发现遗体漂浮。在返回途中对沿河两岸进行查看，在团结电站桥下河里发现 2 具男性遗体。是日 7 时 50 分，打捞一具遗体，消毒深埋。20 日上午，睢水镇政府派人打捞另一具遗体，消毒深埋。县医疗卫生防疫突击队于 5 月 18 日抵达茶坪乡，将该乡场镇 58 具遗体进行集中焚化处理，全乡各村均对散居受灾死者进行深埋。5 月 22 日，县抗震救灾疾控分指挥部下发《加强灾后死亡动物尸体无害化处理的紧急通知》。5 月 30 日，消毒处理遗体 13 具。6 月 3 日，消毒处理遗体 13 具。6 月 17 日，在二炮工程队掘进高川乡道路过程中发现的 78 具遗体，由县疾病预防控制中心、北京军区卫生防疫队、河北省疾控中心防疫队、河南省疾控中心防疫队、四军医大防疫队、二炮防化部队、县疾病预防控制中心的防疫人员组成卫生应急突击队到现场进行消毒处理，然后由县民政局装入尸袋用殡仪车运至殡仪馆火化，公安部门留取 DNA 样。黄洞子沟、老鹰岩等地 118 名遇难人员被坍塌山体深度掩埋，无法挖掘。7 月 2 日，消毒处理罹难者遗体 48 具。

二、安置点卫生管理

（一）安置点基本情况

据统计，5 月 12—25 日，全县设 500 人以上的安置点 24 个，安置 48312 人，医疗防疫点 17 个；500 人以下的安置点 2 个，安置 870 人，没有医疗防疫点。所有集中安置点均设有厕所、垃圾集中收集点，做到垃圾每天及时清运 1—2 次；厕所粪便则保证旱厕基本满时清运一次。5 月 28 日，制定《安县地震病媒生物监测方案（试行）》。立即运用目测法开展每周一次的蚊、蝇密度监测及鼠迹法的鼠密度监测，进行128人次的调查问卷。继续开展环境消毒和除四害工作，环境消毒累计4.38亿平方米，蚊蝇孳生地230.84万处次，清除蚊蝇孳生地的同时进行灭鼠工作。在进行环境消毒和除四害工作的同时开展霍乱的监测工作。制定安县霍乱防治的监测方案，开展河水、自来水、公厕粪水、医院污水、甲鱼、重点人群的霍乱弧菌检测和群众安置点供餐工作人员的肠道致病菌、霍乱弧菌的监测，均未检出病例。

安置点简易食堂

6月底，全县有安置点87个，安置人数67303人；设置284个厕所、垃圾收集点991个。7月底，有安置点45个，安置人数41369人；设置127个厕所、垃圾收集点676个。8月底，有安置点26个，安置人数42425人；设置118个厕所、垃圾收集点499个。9月底，有安置点26个，安置人数47485人；设置115个厕所、垃圾收集点272个。10月底，有安置点26个，安置人数45750人；设置115个厕所、垃圾收集点272个。11月底，有安置点27个，安置人数38536人；设置115个厕所、垃圾收集点280个。12月底，有安置点27个，安置人数37513人；设置115个厕所、垃圾收集点280个。

（二）医疗卫生服务制度

县抗震救灾分指挥部、县抗震救灾疾控分指挥部于2008年5月19—22日分别下发《关于加强灾后垃圾处理的紧急通知》（〔2008〕49号）、《关于印发〈安县地震后受灾群众集中安置点卫生防疫工作方案〉的通知》（〔2008〕5号）、《关于转发〈震后地区临时安置点防病技术方案〉的紧急通知》（〔2008〕9号）、《关于报送地震受灾群众安置基本情况的统计报表的紧急通知》（〔2008〕14号）、《关于转发〈安县卫生污染源防治和医疗生活建筑垃圾集体安全处置工作方案〉的通知（〔2008〕17号）、《关于援助安县医疗、疾控、卫生执法单位分片联系乡镇的通知》（〔2008〕12号）、《关于做好灾后卫生防疫工作阶段总结的通知》（〔2008〕19号）、《关于进一步加强灾后医疗卫生防疫工作的通知》（〔2008〕20号），逐步恢复医疗卫生服务制度。

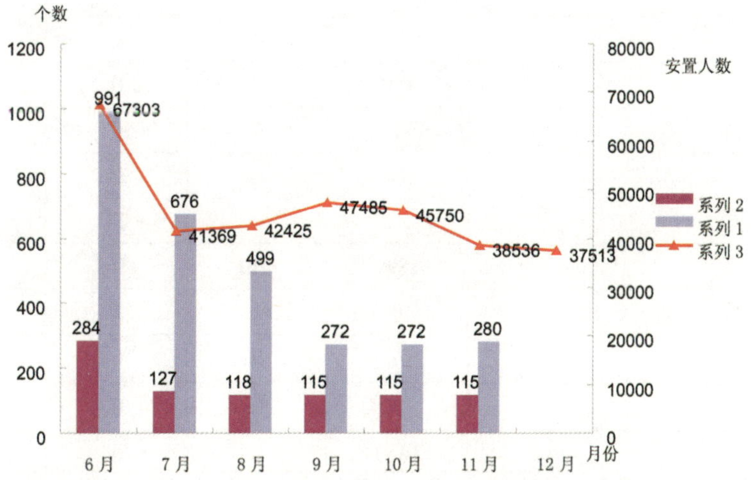

安县受灾群众安置点情况统计图

表 35　　安县受灾群众安置点厕所及垃圾收集点设置情况统计表

乡　镇	类别	6 月	7 月	8 月	9 月	10 月
合　计	厕所总数	284	127	118	115	115
	垃圾收集点	991	676	499	272	272
	安置人数	67303	41369	42425	47485	45750
	安置点个数	87	45	26	26	26
永安镇	厕所总数	6	8	6	7	7
	垃圾收集点	23	246	153	4	4
	安置人数	2020	5222	4854	5254	5254
	安置点个数	2	5	3	3	3
桑枣镇	厕所总数	10	13	6	5	5
	垃圾收集点	9	54	32	34	34
	安置人数	7836	7560	4700	4400	4372
	安置点个数	7	8	3	3	3
安昌镇	厕所总数	43	14	19	11	11
	垃圾收集点	730	14	54	24	24
	安置人数	17217	5700	4600	9130	9436
	安置点个数	27	4	2	2	2
晓坝镇	厕所总数	30	30	2	2	2
	垃圾收集点	34	55	2	15	15
	安置人数	13500	3870	3000	3050	2000
	安置点个数	3	2	1	1	1
黄土镇	厕所总数	3	6	2	2	2
	垃圾收集点	81	150	61	11	11
	安置人数	3232	2222	1374	1074	1074
	安置点个数	2	2	1	1	1
兴仁乡	厕所总数	2	0	0	0	0
	垃圾收集点	4	0	0	0	0
	安置人数	150	0	0	0	0
	安置点个数	1	0	0	0	0
塔水镇	厕所总数	108	12	24	24	24
	垃圾收集点	35	34	24	24	24
	安置人数	1896	1161	1163	1161	1161
	安置点个数	8	1	1	1	1
乐兴镇	厕所总数	6	0	0	0	0
	垃圾收集点	3	0	0	0	0
	安置人数	1319	0	0	0	0
	安置点个数	1	0	0	0	0

续表

乡　镇	类别	6月	7月	8月	9月	10月
永河镇	厕所总数	3	0	0	0	0
	垃圾收集点	3	0	0	0	0
	安置人数	280	0	0	0	0
	安置点个数	1	0	0	0	0
雎水镇	厕所总数	38	5	14	14	14
	垃圾收集点	42	12	14	5	5
	安置人数	7960	5200	3420	3420	3420
	安置点个数	7	3	3	3	3
沸水镇	厕所总数	4	10	11	11	11
	垃圾收集点	7	38	44	44	44
	安置人数	2519	4937	4800	4090	3080
	安置点个数	2	3	3	3	3
秀水镇	厕所总数	13	12	9	16	16
	垃圾收集点	9	12	17	19	19
	安置人数	1894	2069	2092	5620	5625
	安置点个数	10	10	3	2	3
迎新乡	厕所总数	0	0	2	2	2
	垃圾收集点	0	0	53	53	53
	安置人数	0	0	3660	98	128
	安置点个数	0	0	1	1	1
河清镇	厕所总数	4	8	8	8	8
	垃圾收集点	6	15	20	18	18
	安置人数	690	1596	1883	700	580
	安置点个数	3	1	1	1	1

（三）环境消毒，垃圾、粪便处理

环境消毒　2008年5月25—27日，全县28个环境消毒小分队覆盖到所有乡镇。消毒剂到位223吨，使用222吨，消毒面积6151万平方米；杀虫剂到位3吨，使用2.5吨，杀虫累计356741处、4041万平方米。5月27日，县指挥部印发《关于加强受灾群众聚居区及周边环境卫生综合治理的紧急通知》。截至5月30日17时，累计出动疾控防疫人员7385人次、车辆790台次，累计消毒面积10111万平方米，消杀蚊蝇孳生环境73.23万处次。

截至6月3日17时，累计出动疾控防疫人员10216人次、车辆1012台次，累计消毒面积15678万平方米，消杀蚊蝇孳生环境90.95万处次。截至6月6日17时，累计出动疾控防疫人员13018人次、车辆1204台次，累计消毒面积24258万平方米，消杀蚊蝇孳生环境104.21万处次。截至6月5日，出动卫生防疫人员累计4608人次，车辆352辆次，工作地点乡村968个，当天消毒面积13547万平方米。截至6月12日，出动卫生防疫人员累计24491人次、车辆2146辆次，工作地点乡村6043个，当天消毒面积45659.5万平方米。截至6月13日17时，累计出动疾控防疫人员18971人次、车辆1681台次，累计消毒面积2.95万万平方米，厕所消毒137.42万个次，消杀蚊蝇孳生环境139.46万处次。截至6月15

日17时，累计出动疾控防疫人员20730人次、车辆1786台次，累计消毒面积30701.78万平方米，厕所消毒145.43万个次，消杀蚊蝇孳生环境149.25万处次。

截至7月2日17时，累计出动疾控防疫人员33814人次、车辆2340台次，累计消毒面积37864.23万平方米。截至7月5日17时，累计出动疾控防疫人员36818人次、车辆2399台，累计消毒面积38646.21万平方米。截至7月7日17时，累计出动疾控防疫人员37028人次、车辆2405台，累计消毒面积38693.8万平方米。截至7月9日17时，累计出动疾控防疫人员41220人次、车辆2486台，累计消毒面积40258.55万平方米。7月10日，全县有22个板房安置点。45所学校当中，寄宿制学校32所，其中板房寄宿制学校27所；42个学校食堂中20个为板房学生食堂。22个安置点全部落实医疗室，医疗人员按属地管理原则均由当地乡镇卫生院负责，全部落实卫生防疫室，但大部分安置点没有专职消杀和保洁人员。截至7月10日17时，累计出动疾控防疫人员41281人次、车辆2507台，累计消毒面积40288.64万平方米。截至7月17日17时，累计出动疾控防疫人员41796人次、车辆2718台，累计消毒面积41289.26万平方米，厕所消毒224.69万个次，消杀蚊蝇孳生环境2930.96处次。

垃圾处理　安县抗震救灾疾病防控分指挥部于5月19日下发《加强灾区垃圾处理的紧急通知》。要求各级各部门要高度重视灾区生活垃圾的处理工作，对于灾区的生活垃圾要严格进行灭蝇、灭蚊、灭菌处理，严防疫病发生。花荄镇、安昌镇和各乡镇受灾群众集中安置点的生活垃圾，要在进行卫生防疫处理后，统一运至垃圾填埋场进行无害化处理；粪便实施灭菌消杀后进行填埋处理。对灾区各农户的生活垃圾、粪便要全面进行卫生防疫处理。发生传染病疫情后，特别是肠道、皮肤传染病，要对疫源地垃圾进行彻底消毒、焚烧后进行深埋；粪便进行消毒，并深埋。各乡镇党委、政府要引起高度重视，安排专人负责，切实落实各项工作措施；县规划和建设部门负责垃圾清运，县卫生部门负责指导消毒等。5月27日，县指挥部印发《安县工业污染源防控和医疗生活建筑垃圾集中安全处置工作方案的通知》。5月28日，县指挥部《转发〈安县卫生污染源防治和医疗生活建筑垃圾集体安全处置工作方案〉的通知》。6月1日，县指挥部印发《关于做好震后建筑垃圾处置工作的通知》。

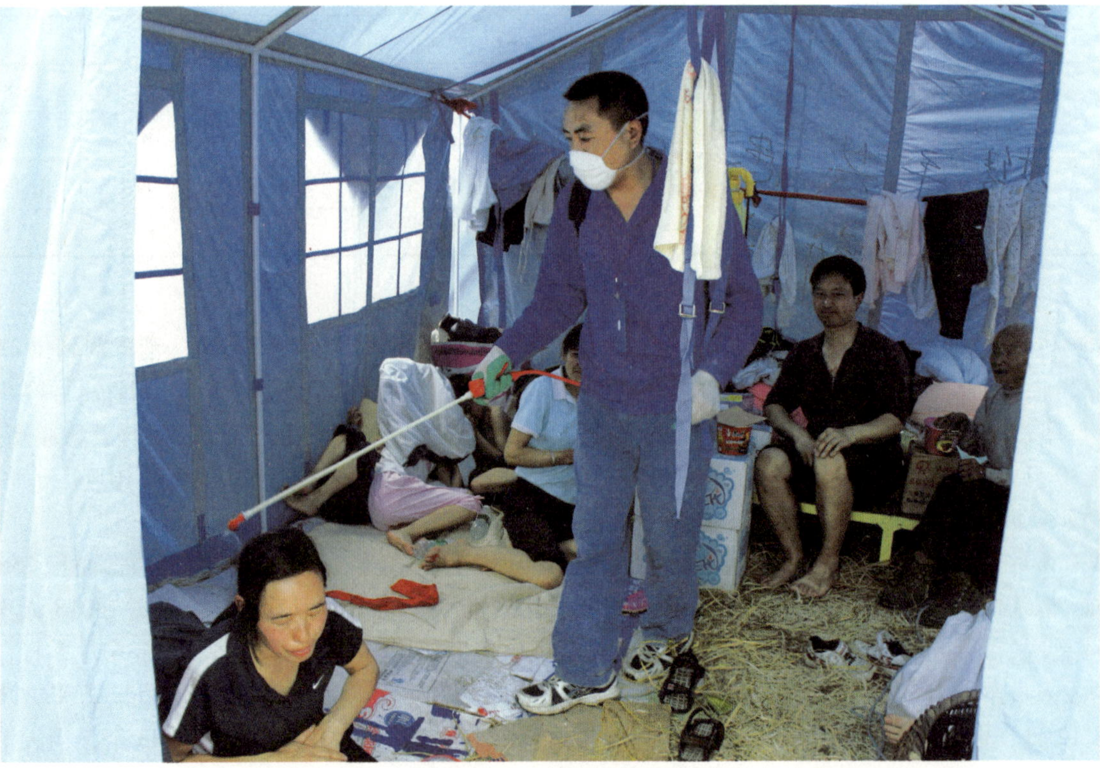

晓坝救助站正在防疫消毒

受灾群众安置点卫生服务站卫生防疫、监督情况表

表 36　　　　2008 年 5 月 12 日—6 月 15 日

乡镇	安置点	出动人（次）		防暑药（万人次）	中药（万人次）	环境消毒（万平方米）	处理厕所（个次）	消除蚊蝇孳生地（处）	检查供水单位（个）	监测饮水点（处）	饮水消毒（立方米）	监督食品经营单位（个）	发放宣传单（份）
		防疫	监督										
永安镇	大安村安置点	5	—	—	—	—	6	60	—	—	—	—	—
	跃进村安置点 1	6	—	—	0.6	30	60	168	—	—	—	12	6000
	跃进村安置点 2	6	—	—	0.9	42	4	24	—	—	—	6	1400
	129 安置点	6	—	—	0.1	24	60	93	—	—	—	6	800
晓坝镇	晓坝安置点	—	—	—	—	—	3	—	—	—	—	—	—
	黄羊村	—	—	—	—	68.2	27	—	—	—	356 万	—	8300
沸水镇	沸水镇安置点	—	—	0.02	—	19	240	—	—	24	100 万	—	1500
桑枣镇	农场	—	—	—	—	0.6	1	3	—	—	—	—	—
	旧市场	—	—	—	—	302	144	260	144	126	105.2 万	—	4000
	新市场	—	—	—	—	0.27	46	92	—	23	10	—	—
	派出所	—	—	—	—	0.51	138	138	—	23	7	—	—
	汽车站	—	—	—	—	0.13	46	—	—	23	3	—	—
塔水镇	德富新街	17	—	—	—	0.35	6	4	1	2	180	—	—
	农贸市场	17	—	—	—	0.25	2	3	—	2	170	—	—
	粮站	17	—	—	—	0.16	2	2	—	2	140	—	—
	镇初级中学	17	—	—	—	0.26	2	2	—	2	180	—	—
	中心市场	17	—	—	—	0.28	6	4	—	2	170	—	—
	河边市场	17	—	—	—	0.2	2	3	—	2	130	—	—
	老年协会	17	—	—	—	0.17	2	2	—	1	50	—	—
黄土镇	镇救助站	6	—	—	—	0.02	6	60	15	120	300	—	—
睢水镇	荣华社区	6	4	—	—	2.1	110	133	2	—	100	23	1000
	罐滩村安置点	6	4	—	—	1.9	103	59	—	—	—	—	—
	教场村小学	6	4	—	—	0.5	51	13	—	—	—	—	—
高川乡	乡安置点	6	4	—	—	2.3	133	165	—	—	100	15	500
河清镇	镇小学	4	—	—	—	2.76	23	23	—	—	—	—	5000
	镇初级中学	4	—	—	—	1.84	23	23	—	—	—	—	2000

受灾群众安置点垃圾收集情况统计表

表 37　　2008 年 6 月 19 日

乡镇	安置点聚集地	人数	垃圾收集点（处）	垃圾桶房（个）	垃圾堆放（堆）	卫生管理员	日消毒
安昌镇	北山公园	492	—	—	—	有	是
	东风广场	486	—	—	—	有	是
	面粉厂（茶坪）	486	—	—	—	有	是
	镇政府	435	2	2	—	有	是
	滨河路	1265	—	—	—	有	是
	沙汀路	1209	—	—	—	有	是
	人民公园	1206	3	4	1	有	是
	职业中专	2586	7	7	—	有	是
	西苑初级中学	2685	7	7	—	有	是
永安镇	129 厂区（北川）	370	3	19	2	有	是
	大安村	480	1	—	1	有	是
	跃进村	1650	2	—	1	有	是
桑枣镇	地管处	489	2	—	2	有	是
	广　场	516	1	—	1	有	是
	车　站	1285	1	1	—	有	是
	新市场	1290	1	—	1	有	是
	旧市场	1260	1	—	1	有	是
	农场（茶坪）	2350	2	—	—	有	是
晓坝镇	黄羊村	1020	17	11	6	有	是
黄土镇	救助站	2832	2	80	—	有	是
花荄镇	圣果市场	500	1	1	—	有	是
	五路口	340	1	7	—	有	是
	文化广场	1000	3	3	—	有	是
	好医生药业	2193	1	—	1	有	是
	综合市场	600	1	—	—	有	是
	行政大楼	306	1	2	—	有	是
	菜市场	310	—	—	—	有	是
	县人民医院	230	2	1	1	有	是
	彩瓦厂（茶坪）	540	1	—	—	有	是
兴仁乡	兴仁乡初级中学	150	1	3	—	有	是
塔水镇	镇第一小学	210	1	—	1	有	是
	德富新街	510	1	—	—	有	是
	农贸市场	191	1	—	—	有	是
	粮站	189	1	—	—	有	是

续表

乡镇	安置点聚集地	人数	垃圾收集点（处）	垃圾桶房（个）	垃圾堆放（堆）	卫生管理员	日消毒
乐兴镇	场镇	1319	28	—	28	有	是
永河镇	街道	280	3	—	3	有	是
睢水镇	社区	450	2	2	1	有	是
	车站	2150	1	1	—	有	是
	红石村6组	2610	15	15	—	有	是
沸水镇	天雄饮片厂（高川）	390	1	3	—	有	是
	沸水小学（高川）	1710	1	4	—	有	是
秀水镇	民兴初级中学	160	1	—	1	有	是
	顺江街	175	2	—	2	有	是
	南苑市场	525	1	—	1	有	是

安置点厕所粪便处理　5月30日，厕所消毒73.23万个次。6月3日，厕所消毒90.6万个次。6月6日，厕所消毒105.14万个次。6月8日，厕所消毒115.54万个次。6月11日，厕所消毒129.72万个次。6月12日，处理粪坑74.4万个次。6月13日，厕所消毒137.42万个次。6月15日，厕所消毒145.43万个次。来自国家CDC以及北京军区、河北省、河南省、海南省、第四军医大学、湖北省、四川省等地的援助安县预防控制队伍11支、防疫人员464人，援助安县卫生执法监督队伍4支、监督人员165人参加厕所消毒。截至7月2日17时，累计出动疾控防疫人员3.38万人次、车辆2340台次，厕所消毒206.06万个次，截至7月5日17时，累计出动疾控防疫人员36818人次、车辆2399台，厕所消毒213.98万个次。截至7月7日17时，累计出动疾控防疫人员37028人次、车辆2405台，厕所消毒214.89万个次。截至7月9日17时，累计出动疾控防疫人员41220人次、车辆2486台，厕所消毒224.61万个次。截至7月10日17时，累计出动疾控防疫人员41281人次、车辆2507台，厕所消毒224.62万个次。截至7月11日17时，累计出动疾控防疫人员41796人次、车辆2718台，厕所消毒224.69万个次。环境消毒工作基本恢复到卫生防疫常态。

受灾群众安置点厕所设置情况统计表

表38　　单位：个　2008年6月19日

乡镇	安置点聚集地	人数	厕所数		粪池式		贮存池式		管理人员	日消毒
			厕所	蹲位	厕所	蹲位	厕所	蹲位		
安昌镇	北山公园	492	2	4	2	4	—	—	有	是
	东风广场	486	1	10	1	10	—	—	有	是
	面粉厂（茶坪）	486	1	8	—	—	1	8	有	是
	镇政府	435	1	6	1	6	—	—	有	是
	滨河路	1265	3	32	—	—	3	32	有	是
	沙汀路	1209	5	21	2	12	2	9	有	是
	人民公园	1206	6	40	6	40	—	—	有	是
	职业中专	2586	2	24	1	12	1	12	有	是
	西苑初级中学	2685	2	36	2	36	—	—	有	是

续表

乡镇	安置点聚集地	人数	厕所数		粪池式		贮存池式		管理人员	日消毒
			厕所	蹲位	厕所	蹲位	厕所	蹲位		
永安镇	129厂（北川）	370	1	—	1	14	—	—	有	是
	大安村	480	4	13	1	10	3	3	有	是
	跃进村	1650	1	—	—	—	1	48	有	是
桑枣镇	地管处	489	2	—	2	—	—	—	有	是
	广　场	516	1	1	—	—	1	10	有	是
	车　站	1285	1	—	1	—	—	—	有	是
	新市场	1290	1	—	1	4	—	—	有	是
	旧市场	1260	1	—	—	—	1	12	有	是
	农场（茶坪）	2350	2	1	—	—	2	64	有	是
晓坝镇	黄羊村	1020	9	16	—	—	9	16	有	是
黄土镇	救助站	2832	2	—	—	—	2	32	有	是
花荄镇	圣果市场	500	1	—	—	—	—	2	有	是
	五路口	340	2	2	1	2	1	1	有	是
	文化广场	1000	1	10	—	—	—	—	有	是
	好医生药业	2193	4	24	—	—	4	24	有	是
	综合市场	600	1	5	—	—	1	10	有	是
	行政大楼	306	1	2	1	4	—	—	有	是
	菜市场	310	1	2	1	4	—	—	有	是
	县人民医院	230	3	2	2	2	1	7	有	是
	彩瓦厂（茶坪）	540	1	—	—	—	1	10	有	是
兴仁乡	乡初级中学	150	1	1	1	10	—	—	有	是
塔水镇	镇第一小学	210	1	—	1	30	—	—	有	是
	德富新街	510	3	—	—	—	3	7	有	是
	农贸市场	191	1	—	1	30	—	—	有	是
	粮站	189	1	—	1	10	—	—	有	是
乐兴镇	场镇	1319	97	11	4	4	93	180	有	是
永河镇	街道	280	6	3	4	12	2	6	有	是
睢水镇	社区	450	3	3	—	—	3	3	有	是
	车站	2150	2	2	—	—	2	2	有	是
	红石6组	2610	5	50	—	—	5	50	有	是
沸水镇	天雄饮片厂（高川）	390	2	—	—	—	2	10	有	是
	镇小学（高川）	1710	2	—	—	—	2	20	有	是
秀水镇	民兴初级中学	160	1	1	1	40	—	—	有	是
	顺江街	175	3	1	—	—	3	15	有	是
	南苑市场	525	1	1	13	—	—	—	有	是

震后消杀工作情况统计表

表 39　　2008 年 5 月—10 月

项　目	消杀面积	粪坑处理数量	蚊蝇孳生地	处理垃圾处置点	饮水消毒	发放宣教资料	心理干预人数
单位	万平方米	万个次	万处	万处	立方米	万份	万人
5 月	10702	80. 24	81. 38	—	17. 81	78. 1	1. 77
6 月	26835. 65	122. 53	126. 92	—	43. 92	54. 09	1. 95
7 月	3178. 35	31. 86	17. 06	9. 66	7. 02	10. 88	1. 23
8 月	965. 8	6. 78	—	1. 47	—	3. 51	0. 26
9 月	568. 42	1. 15	—	0. 75	—	1. 55	0. 16
10 月	217. 3	0. 13	—	0. 06	—	0. 47	0. 01

第四节　动物卫生防疫

一、动物尸体无害化处理与消毒

县抗震救灾疾病防控分指挥部于 5 月 22 日下发《加强灾后死亡动物尸体无害化处理的紧急通知》。通知要求：明确职责。县畜牧兽医局负责灾区死亡动物无害化处理和圈舍及环境消毒的技术指导；负责动物及产品的检疫，从源头控制死亡动物进入流通销售环节；负责提供无害化处理所需消毒药品；加强屠宰加工场（点）监管和检疫，严禁屠宰、加工死亡动物。县环保局负责对灾区无害化处理现场的环境监控。县工商局负责市场监管，严禁死亡动物及产品上市销售。县卫生局负责参与死亡动物无害化处理人员的健康防护和疫病监控。县财政局负责解决死亡动物无害化处理相关工作经费。县交通局负责加强运输监管，严禁运输死亡动物。县水务局负责江河水面监管，发现漂浮死亡动物及时组织打捞，进行无害化处理。县公安局负责无害化处理现场的治安管理。技术措施。清理、收集所有死亡动物尸体，就地掩埋。掩埋坑大小以掩埋坑内尸体距地面 1. 5—2 米深为度，坑的底部和掩埋前均匀撒布生石灰，掩埋现场彻底清理消毒。灾区畜禽圈舍和环境彻底消毒。严禁收购、转动、加工、销售和食用死亡动物。工作要求。各乡镇抗震救灾指挥部及各乡镇人民政府要加强死亡动物尸体无害化处理工作的组织领导，实行辖区政府负责制，紧急行动，组织力量，加强宣传，落实责任，及时对死亡动物尸体进行无害化处理，彻底消毒，防止人畜重大疫情发生。5 月 30 日，消毒处理动物尸体 2994 头（只）。6 月 3 日，消毒处理动物尸体 3000 具。7 月 2 日—17 日，消毒处理动物尸体 3715 具。畜牧部门落实全县灾后家畜圈舍大面积环境消毒工作，组织防疫人员对全县动物圈舍、环境进行多次消毒，其消毒面积达 2020. 7 万平方米，有效防止家畜病源扩散和疫情的发生。同时，组织力量加强反复排查，处理游尸、漂尸。截至 12 月，全县无害化处理死亡动物尸体 183. 11 万头（只）。

二、家畜人畜共患病的监测与报告

地震灾害发生后，全县紧急行动，采取措施，边清理收集死亡动物，进行无害化处理，边开展对圈舍、环境进行彻底全面消毒，立即开展紧急免疫和防疫工作，确保安县无重大动物疫情发生。

县委、县政府及时安排部署灾后紧急免疫和夏防工作，主要领导和分管领导多次深入基层调查、走访，听取县畜牧兽医部门的情况汇报。县督查组组织人员深入乡镇，督查开展消毒灭源、紧急免疫和夏防工作。解决动物防疫工作中的相关问题和工作经费。

县畜牧兽医局先后多次召开局党组、干部职工紧急会议，召开乡镇畜牧兽医站长紧急会议，安排部署灾后动物紧急免疫和夏防等工作，县畜牧兽医局组织全局干部职工、乡镇兽医站长进行业务培训。下发文件对消毒灭源、紧急免疫、夏防工作作出具体要求，促进动物防疫工作的开展。县畜牧兽医局成立灾后动物防疫督查小组，局长胥晓勇任组长，副职领导每人负责6个乡镇，局机关每人联系指导1—2个乡镇。领导和干部职工昼夜值班，深入乡镇、农村宣传指导、督查，保证免疫、消毒质量。组织计划调运动物防疫所需疫苗、消毒药物，并满足供应。严把检疫关，做到检疫“四到位”，保证畜产品安全，让受灾群众吃上“放心肉”，喝上“放心奶”。组织力量打击收购、贩运病畜和野割乱骟，基本维护防疫正常秩序。动员畜牧兽医系统积极参加灾后动物紧急免疫、夏防以及动物督查工作。

县动物重大疫病防疫指挥部和县“5·12”抗震救灾指挥部先后安排灾后动物防疫工作，指挥部各成员单位认真履行职责，积极开展工作。乡镇派出所抽调20人配合当地政府灭流浪犬、敞养犬、无主犬；县广电局对动物免疫、犬只管理进行10天电视广播滚动播放。农业部和市畜牧兽医局领导多次深入安县指导、督促灾后死亡动物无害化处理、消毒、紧急免疫和夏防工作，对安县防疫工作给予充分的肯定。乡镇党委、政府先后召开村级以上干部会议，安排部署灾后紧急免疫、消毒及夏防工作，大力支持畜牧兽医防疫人员的工作，保证灾后动物紧急免疫、消毒、夏防等工作的顺利开展。

三、家畜人畜共患病动物群体免疫及圈舍消毒

5月28日—6月28日，按照中央、省、市安排开展灾后紧急免疫。狂犬病、猪乙型脑炎、猪Ⅱ型链球菌免疫：免疫犬只注射狂犬疫苗3.3万头，免疫密度为94.5%，灭犬2640只；免疫猪乙型脑炎20.75万头，免疫密度为100%；免疫猪Ⅱ型链球菌病20.75万头，免疫密度为100%；禽流感免疫：全县免疫完成370.88万只，免疫密度为100%。普查动物450.72万头（只），普查率100%，普查中未发现重大动物疫情。对全县圈舍、环境进行彻底消毒，消毒面积575万平方米，消毒面100%；在完成灾后动物紧急免疫、消毒后，又立即开展狂犬病、猪乙型脑炎、猪Ⅱ型链球菌、禽流感的查漏补免和猪蓝耳病疫苗注射。补注禽流感123.68万只，注射猪蓝耳病疫苗20.75万头，密度为100%。

第五节　爱国卫生运动与健康教育

一、灾后卫生防疫健康教育

河北省防疫队于2008年5月25日深入受灾群众安置点、乡村，通过广播、分发宣传单、面对面等多种形式进行防疫知识宣传，卫生宣传43155人次，心理干预6985人次。5月31日，石家庄市卫生防疫队在晓坝镇临时帐篷内举办消杀技术强化培训班，参加培训人员有中心村、关心村村委会主任、组长和消杀人员共计48人。6月10日，采取三条措施进一步深化爱国卫生运动。一是加强健康教育，加大卫生防病工作宣传力度。卫生防疫人员深入灾区一线，走村串户，覆盖灾区每一个乡镇、村、组及受灾群众安置点、临时居住地，利用广播、电视、宣传车、散发宣传资料、面对面传播宣传知识等多种手段开展对灾区群众的健康教育活动。引导灾区广大群众维护临时居住地周边环境卫生秩序，养成良好的个人卫生习惯。二是加大环境卫生整治与监督力度。实行县、乡镇、村、组四级联动，加大清扫保洁力度，不留死角，及时清运垃圾，对各乡镇、临时居住地、居住安置点反复进行全覆盖消毒杀虫。三是开展规范的消杀灭活动。组织卫生防疫和专业消杀队伍对灾区受灾群众居住地、安置点、公共场所、生活垃圾、厕所及周边环境实施科学规范的消毒、灭鼠、灭蝇和其他卫生处理，做到哪里有污染，环境卫生消、杀、灭工作就跟到哪里，不留死角。9月11—20日，对3个板房受灾群众安置点的孕妇、0—10岁儿童监护人进行项目需求评估。此次评估共问卷调查孕妇及0—10岁儿童监护人60人，三个板房安置点共3个小组座谈，每组6—8人，对象为0—10岁儿童监护人。从调查结果看，对以上15条核心信息，被调查对象知晓率高的前三条是：避免儿童接近危险水域，预防溺水，知晓率为92%；饭菜要做熟；生

吃蔬菜水果要洗净，知晓率为75%；讲究饮水卫生，注意饮水安全，知晓率为70%。知晓率低的前四条是：妥善保存农药和药品等有毒物品，防止儿童接触，知晓率为42%；发现病死禽畜要报告，不加工、不食用病死禽畜，知晓率为45%；应该重视和维护心理健康，遇到心理问题时应主动寻求帮助，知晓率为53%；使用卫生厕所，管理好人畜粪便，知晓率为55%。10月7日，县健康教育所制定下发《安县地震灾后健康教育工作方案》。11月18日，县健康教育所召开灾后健康教育启动培训会，20个乡镇分管领导、20个安置点负责人、乡镇卫生院院长、防保人员共64人参加，培训会后，各乡镇相继进行健康教育培训，共进行21个项目点的讲课，培训人员3680人，发放文件资料2840份，张贴宣传画160张。12月2日—5日，分别在3个项目安置点内，各随机选择20名居民，以“中国公民健康素养监测”问卷中相关内容为主，以核心信息快速访谈问卷，快速评估方法针对四条核心信息进行终末评估，以解灾区居民对健康素养相关知识与技能掌握情况。此次终末评估共发出问卷60份，收回问卷60份，问卷有效率达100%。核心信息知晓率上升到97%。

二、灾区爱国卫生活动

县爱国卫生活动委员会于5月14日下发《关于开展灾后以灭鼠灭蝇为重点，除四害活动的通知》。5月25日，县“5·12”抗震救灾指挥部下发《关于做好灾后灭鼠防控鼠传疾病工作的紧急通知》。主要内容：一是高度重视鼠传疾病防控工作。二是突出重点抓好鼠传疾病防控工作。三是切实加强鼠传疾病防控组织领导。四是落实物质保障。

安县人民政府办公室于6月16日印发《安县2008年爱国卫生月活动实施方案》。主要内容是：从6月16日开始，用一个月的时间，开展以除害防病为中心的爱国卫生月活动，活动的主题是“切断传染源、整治环境，除害防病”。要求动员全县军民，大力整治室内外环境卫生，清除积水，清除垃圾，疏通水沟和下水道，投放灭蚊、灭鼠药物；加强仪器卫生监督检查，严防病从口入；搞好平板房建筑工地卫生，开展工地文明施工管理；把治理“三乱”同小区物业管理相结合，掀起新的爱国卫生运动热潮，以实际行动为重建美好家园做出贡献。

截至7月20日，全县累计举办卫生防疫人员技术培训讲座2137期，参训人员达4.26万人次，接受宣讲教育群众135万余人次。悬挂爱国卫生宣传标语近200幅，出动宣传员1200人次、宣传车辆300台次，发放各类宣传资料120万份，宣传手册120万册，地震防病知识光碟123张，张贴宣传画30万张，发放宣传折页14万份，受益群众达350万人次。

卫生防疫技术培训会

第五章　医疗卫生服务恢复

第一节　恢复医疗服务秩序和能力

一、震前医疗卫生机构情况

县级医疗机构情况　安县人民医院：属国家二级甲等综合医院，分西区（安昌镇）、东区（花荄镇），医院业务用房2.57万平方米，人员编制302人，编制病床298张，有大中型医疗仪器设备284台（件），服务人口51.02万人。安县中医院：属国家二级甲等专科医院，原有业务用房11500平方米，编制床位数100张，人员编制117人，有大中型医疗仪器设备118台（件）。安县第二人民医院：属国家二级乙等综合医院，有业务用房10021平方米，人员编制数104人，编制床位数64张，医院有大中型医疗仪器设备52台（件）。

乡镇、村医疗机构　全县共20乡镇卫生院，原有业务用房4.37万平方米，床位487张，人员编制662人，有大中型医疗仪器设备389台件；275个村有村医疗机构303个，卫生人员425人。

卫生行政部门情况　震前卫生部门局机关一个，房屋5800平方米，电脑29台、传真机3台、打印机7台，在编人员13人。

安县震前乡镇卫生院基本情况统计表

表40　　单位：个、人　2008年5月11日

乡镇名称	人口总数	行政村数	医疗机构数	医疗人员数
永安镇	21957	15	16	47
安昌镇	46676	20	21	67
桑枣镇	33673	19	20	56
晓坝镇	9509	7	8	18
黄土镇	45788	24	26	45
花荄镇	52158	22	24	64
界牌镇	21644	8	9	36
兴仁乡	11635	6	7	15
乐兴镇	20484	11	12	27
清泉镇	16655	8	9	26
宝林镇	15234	10	11	24
塔水镇	48574	26	27	94
永河镇	18461	12	13	33

续表

乡镇名称	人口总数	行政村数	医疗机构数	医疗人员数
河清镇	20253	8	9	36
迎新乡	13992	7	14	32
睢水镇	19799	10	11	30
沸水镇	14221	10	11	39
秀水镇	46215	35	36	107
茶坪乡	9003	10	11	20
高川乡	6272	7	8	11
合　计	510203	275	303	827

二、医疗卫生机构受损情况

医疗机构受损情况　全县有2名医务工作者遇难，1人受重伤，轻伤者数百人；医疗卫生单位90%的业务用房、生活用房成危房，多数医疗卫生人员无家可归。全县374个医疗卫生机构受灾（包括村卫生站），直接损失达4.26亿元。其中：损毁房屋5926间、医疗器械（设备）2159台（套）、药品损失6087万元、其他损失3668万元。

卫生行政机构受损　县卫生局机关楼及设备、设施遭到不同程度的破坏，无法开展正常工作。受损房屋5800平方米、电脑29台、传真机3台、打印机7台，折合经济损失145万元。

三、医疗卫生服务恢复重建的整体部署

（一）县委、县政府的整体部署

6月21日，县委、县政府成立灾后恢复重建对口受援工作领导小组，设立12个工作组。医疗卫生组组长由副县长刘胜军担任，县卫生局、县畜牧兽医局、县规划和建设局、县发展改革和经济商务局为成员单位，负责医疗卫生设备设施、器械及人员救治等工作。

（二）县卫生局工作安排

总体目标和工作重点　坚持灾后重建工作高起点规划、高标准建设、高水平管理、紧密结合基础设施建设和城镇发展规划，用3年时间确保完成各医疗卫生单位的业务用房基础设施等重建工作。按照科学性、可行性、长远性要求，抓紧编制灾后重建总体规划，在规划时把握“四个原则”（即：坚持以人为本，民生优先；坚持尊重自然，科学规划；坚持统筹兼顾，因地制宜；坚持远近结合，分步实施）。在抓紧编制全县灾后重建总体规划的同时，根据卫生单位实际情况，积极优先编制重灾乡镇规划。

恢复重建措施　坚持“预防为主，突出重点，巩固配合，整体推进”的方针建立乡镇、村、组三级联防体系，实现卫生防疫工作的全覆盖，严格落实属地管理，重点加强饮用水、食品和受灾群众安置点的卫生监督，加强易感人群的保护，大力开展爱国卫生运动，充分发挥援助安县医疗防疫队伍的重要作用，加强卫生防疫队伍建设，确保人员、资金尽快落实到位，在做好卫生防疫工作的同时，加快卫生事业恢复重建工作，因灾受损的医疗单位要迅速制定房屋拆除，加固整治方案并立即组织人员实施，组织好人员、检修好设备、采购好药品，尽快恢复正常的医疗卫生秩序，尽快编制好医疗卫生防疫机构阵地重建规划、科学合理布局网点，确保重建工作有序推进；积极争取国家、省、市项目支持，争取社会力量援建，尽快恢复、健全医疗卫生体系。各医疗卫生单位迅速组织力量，对本单位的损失逐一进行核实，排查安全隐患，准确及时报送有关资料，尽快启动灾后重建，保证医疗服务、卫生防疫工作的正常开展。

加强组织领导　各医疗卫生单位树立全局意识，增强使命感和责任感，在继续做好地震伤员救治工

作的同时，把恢复生产和灾后重建摆在突出的位置，建立健全强有力的恢复重建领导体制，统一指挥，明确任务，落实责任，各单位要结合实际，制定和完善恢复重建的具体方案。

强化监督检查　加强财政资金使用的监督管理，充分发挥资金使用效率。局机关成立重建资金监督领导小组，对各单位的资金使用情况进行监督检查，及时公布检查结果，及时处理违法违纪问题，进一步强化恢复重建过程中的安全监管监察，提高资金的使用效率，建立每日工作动态通报制度，各单位必须落实专人承担信息报送工作。

四、医疗卫生服务恢复

（一）临时医疗点的设置

地震发生后，县人民医院、妇幼保健院迅速在西苑初级中学体育场建立一个临时医疗救治点，县人民医院在东区设医疗救治点，县中医院在安昌镇公园设立急救站。为确保茶坪、高川乡等重灾乡镇受灾群众得到及时救治，在晓坝镇和睢水镇建立2个抗震救灾医疗急救站，全县20个乡镇卫生院均设置临时救治点。全县卫生系统共建立26个临时医疗急救站。

（二）临时医疗卫生机构（板房医院）

各乡镇卫生院和县级卫生医疗单位于5月26—28日制定临时用房计划，并与县规划建设局、河南省援建单位进行衔接，计划医疗业务用板房1600套、2.98万平方米。

帐篷医疗站

据统计，7月1日，县医疗业务用房板房完成9个单位共480套，占计划的30%，建筑面积为9000平方米。是日，辽宁省医疗队到县人民医院对口支援。7月9日，县人民医院恢复各项医疗业务工作，所有住院病人从帐篷病房搬迁至住院大楼，并于当天14时30分左右在7楼手术室开展第一例手术。截至7月28日，基本恢复医疗服务秩序，通过搭建活动板房、维修加固房屋、租用业务用房等方式建成临时医疗机构25个。其中：搭建临时板房1400套、2.74万平方米，加固业务用房6590平方米，县卫生系统灾后重建项目共25个（其中234个村为1个项目）。县人民医院、县中医院和晓坝镇卫生院开工。21个项目完成初设方案并通过评审，进入施工图设计阶段，异地重建的医疗卫生机构20个全部完成土地征用，6个进入招标程序。

8月7日，全县25个医疗卫生单位灾后重建共需建设业务活动板房1381套2.76万平方米。建设完成10个单位，共824套，其中正式入住的7个单位534套，3个单位板房建好，并如期入住。9月，全县医疗卫生工作恢复常态。

（三）医疗卫生服务恢复情况

截至2008年9月底，全县第三季度共诊治门诊病人30.12万人次，比第一季度增长43.66%，收治住院病人12172人，比第一季度增长23.95%，全县第三季度医药费收入2405.9万元，比第一季度1818.8万元增长32.28%。医药费用支出3349.63万元，比第一季度2069.3万元增长61.87%。县农合中心全面恢复报账业务。共为52681名参合农民补偿医疗费用共1656.4万元。设立21个震后伤员康复治疗定点医院，解决伤员后续治疗问题，并通过新农合、社保、民政救助等途径解决其看病就医费用。组建灾后安县120应急分中心，从各县直医疗卫生单位抽调10人。

第二节　恢复防疫服务秩序和能力

一、震前卫生防疫机构情况

县卫生执法监督所　执法监督所借用县卫生局办公房，有大中型设备3台（件），人员编制8人。

县疾病预防控制中心　原业务用房6892平方米，床位编制64张，人员编制100人，大中型医疗仪器设备68台（件）。

县妇幼保健院　原业务用房2600平方米，床位27张，人员编制59人，大中型医疗仪器设备48台（件）。

乡镇防保机构　全县20个乡镇卫生院均设有防保站，每站2—3名防保人员。

二、恢复灾区卫生防疫服务整体部署

（一）县委、县政府整体部署

县抗震救灾疾病防控分指挥部与辽宁卫生系统对口支援安县指挥部7月3日17时召开工作协调会。辽宁省卫生厅厅长姜潮、医政处处长宋文舸、卫生监督处处长谭枫、安县卫生局局长李建强参加会议，就对口支援工作双方商定：一是建立工作沟通，协调机制。为及时了解情况、发现问题、共同协商解决问题，每周定期召开一次由双方指挥部有关负责同志参加的工作联席会，及时沟通信息，通报工作进展情况，协商解决遇到的问题，遇有突发和紧急情况，随时召开会议。二是由医疗卫生队提供师资，卫生局制定方案，立即召开全方位培训工作，力争为安县留下一支适应当地需要的、带不走的医疗卫生队伍。培训分四个层次进行：对县级卫生医疗机构的技术骨干、专业人员进行培训，条件成熟时可安排到辽宁免费进修、学习；对乡镇、社区等基层卫生技术人员进行培训，既可安排对口支援单位直接通过讲座、查房、研讨等形式进行，也可先培训师资力量，再组织全员培训；为广泛开展健康教育、健康促进和爱国卫生活动，积极动员社会力量参与，对志愿者，有关非卫生专业人员进行必要的培训；通过发放宣传册，张贴标语等形式，并充分利用电台、报纸等媒介，广泛宣传健康教育知识，普及卫生常识，提高广大群众的防病意识，逐步形成良好的卫生习惯。

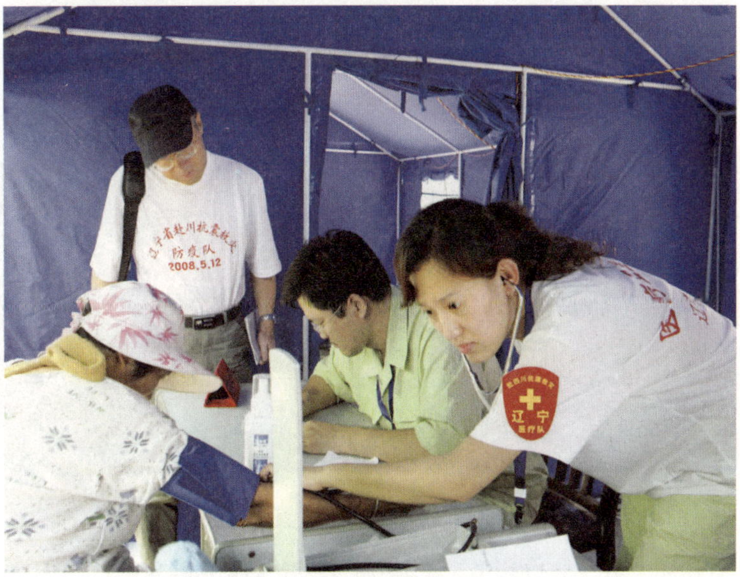

沸水镇帐篷医院

（二）卫生部、省卫生厅领导对安县恢复工作的安排部署

卫生部医政司孟莉、疾控司刘晓亮、省卫生厅计财处副处长廖志华、省卫生厅执法监督处苏晓来一行于8月7日在安县调研地震灾区医疗卫生服务秩序恢复情况。调研组一行深入县人民医院、县第二人民医院、秀水中心卫生院、晓坝镇卫生院、桑枣中心卫生院等地调查了解安县地震灾区医疗卫生服务体系恢复情况。按照“近期恢复服务功能，远期恢复灾后重建”的原则，房屋完全毁损的单位通过搭建帐篷、活动板房或租用社会房屋方式建立临时医疗用

房，开展医疗服务。同时增加巡回医疗服务进农村，建立活动医疗点，最大限度满足灾区群众健康需求，保证灾区医疗秩序的快速发展。调研组一行在县卫生局会议室与部分医疗单位负责人进行座谈，全面了解安县医疗卫生服务体制恢复开展情况，存在的问题。调研组认为：安县医疗卫生服务体系恢复工作领导重视，措施具体，规划明确，行动快，效果好。调研组要求：今后一段时期，灾区医疗卫生防疫工作要把保护人民群众生命安全和身体健康放在第一位，要把防治传染病流行、蔓延作为卫生防疫工作中的中心任务，确保实现大灾之后无大疫，要把恢复灾后医药卫生服务体系和能力建设置于优先位置安排，保障群众的基本医药卫生服务需求。

四、卫生防疫服务恢复

（一） 结核病防控

结核门诊工作于5月28日恢复，共就诊24人，发现病人19人，根据患病情况给予不同的方案进行治疗，同时要求各乡镇防保站进行督导。5—6月，网报肺结核病人共34人，其中就诊16人、未就诊18人，要求乡镇防保站对未就诊病人逐一进行追踪。痰检工作初步恢复，扩大国家免疫规划正在进行省市培训。实验室水质常规化检测恢复，其他实验室监测正在恢复。6月15日，对全县119名在治肺结核病人进行初步调查，其中正在治疗74人、外出19人、中断治疗23人、死亡3人。对北川县居民在安县辖区内居住的在治肺结核病人要求各乡镇防保站进行摸底调查。

（二） 艾滋病防控

艾滋病追踪调查工作于7月16日全面展开。对新发现的感染者建立个人档案，正在进行安县艾滋病感染率的调查，初筛实验室已基本恢复，一例艾滋病病人由于地震房屋受损，暂时下落不明，因而抗病毒治疗中断。截至7月底，全县已普遍建立医疗卫生服务体系，全县20个乡镇均能够开展基本医疗服务和卫生防疫工作，8月底前全面完成临时医疗机构建设，完成对原有医疗机构用房安全鉴定工作。9月底前，完成村卫生室的建设和恢复，开展受损医疗卫生机构加固和维修工作，全面恢复正常医疗卫生服务和卫生防疫工作。12月底前，基本完成各级受损医疗卫生机构的维修和恢复使用工作，进一步完善各级临时医疗卫生机构功能，配备规范的临时业务用房，能够全面开展正常的医疗服务和卫生防疫工作，确保不发生重大传染病疫情。

（三） 卫生防疫恢复总体情况

恢复卫生防疫设施

全县卫生防疫与卫生监督体系快速恢复，12月主要开展以下工作：快速恢复疾病控制体系，恢复县疾控中心传染病监测，重点疾病防控与多发病干预等工作，开展国家扩大免疫培训，将预防接种由原来的“5苗防7病”调整为“14苗防15病”，做好艾滋病、肺结核病、血吸虫病防控工作以及冬季流感疫苗接种工作（共完成19894人次接种任务）。快速恢复执法监督体系，每个乡镇卫生院落实2—3名协助卫生执法监督人员，并进行考试和培训，开展食品卫生和学校卫生监督和检查。

第六章　救援后勤保障

第一节　医疗后勤保障

一、组织协调机构

县抗震救灾指挥部成立供给保障社会捐赠组　2008年6月10日，县“5·12”地震抗震救灾指挥部下设10个工作组。其中，供给保障、社会捐赠组由梁建、安瑛牵头。供给保障、社会捐赠组下分设：物资供应分配组、水电气油组、运输保障组、社会捐赠组共4个组。

县卫生系统后勤保障组　2008年5月12日，县卫生系统成立“5·12”地震灾害救治防病工作领导小组，在领导小组下设后勤保障组。负责救治防病物质供应与管理，负责医护人员食品与饮用水供给。全县所有医疗卫生专业技术人员、医疗急救设备、急救药品及救护车辆，由领导小组办公室统一调配。卫生系统所有工作人员在地震灾害救治防病工作期间，均要以高度负责的态度积极投入到抗震救灾工作中，确保政令、通讯畅通，不得推诿拖延，同时确保自身安全。各医疗卫生单位均要紧急成立应对地震灾害救治防病领导小组及相应工作组，落实责任，全力做好救治防病工作。后勤保障组组长由黄丁丁担任。

二、管理办法

县卫生局于5月24日对各医疗卫生单位救灾药品管理做出明确的通知。加强领导、落实责任。各医疗卫生单位负责人对药品等救灾物资的管理和发放工作负总责，乡镇卫生院、村卫生站要层层落实责任。各医疗卫生单位建立健全救灾药品等救灾物资发放体系和管理制度，落实卫生院、卫生站干部责任制，负责组织送药队伍，送药进村、入户、到人，保证受灾群众有药医；切实掌握受灾群众的就医状况，一旦缺药，应千方百计组织调运、及时发放，因缺医、缺药出现非正常情况要追究领导责任。救灾物资的运送、接收、分配、发放要做到“三个一定”：一定要有账，物质来源、数量、分配方向要有登记造册，做到有账可查；一定及时分配，不能积压，造成损失；一定全程跟踪，防止物质去向不明，保证全部用于受灾群众。救灾部队战斗在第一线，工作、生活非常艰苦，各医疗卫生单位要保障所在乡镇驻地部队药品供给，切实做好拥军工作。

为加强抗震救灾物资的接收分发管理，从5月26日起，按照中央、省、市的要求，进一步健全和切实加强抗震救灾物资管理工作，建立健全规章制度，对救灾医用物资领取、使用登记台账，规范各环节管理，纪检、民政部门对全县抗震救灾物资接收、发放、使用情况进行全程监督，深入乡镇、村、组跟踪检查，确保各类抗震救灾物资及时全部发放到受灾群众手中。

县抗震救灾疾防分指挥部于6月6日对各乡镇党委、政府，各派出党工委、县级各有关部门做好消毒用品的调运计划和贮存管理工作有关事项通知：加强消毒用品的安全管理、分类存放和运输，确保贮运安全。对直接接受的捐赠消毒用品，依据卫生部《消毒管理办法》的相关规定进行验收。对需要的消毒用品缺口，各乡镇指挥部应统筹提出计划，由县抗震救灾疾病防控分指挥部进行协调。对国家统一调拨的单一成分（非复配）无卫生许可批件的含氯消毒剂，绵阳市疾控中心进行检验。对合格的产品要在专业技术人员指导和确保安全的情况下，严格按照相关技术规范，用于灾区污染环境，洪水淹没地、垃圾、污水、粪便（坑）、动物尸体无害化处理；对检验不合格的含氯消毒剂和其他无卫生许可批件的其他消毒剂，均应立即停止使用，就地封存，并及时将产品名称、数量、生产企业、供货单位、存放地点等信息报送指挥部等候处理。对捐赠的已接受入库的无证产品和有许可证但检测为不合格的产品，应立即通知捐赠方召回；对购买的无证或经检验不合格的消毒产品，移送相关行政执法机构依法查处。

三、医用物资的接收和调配

（一）医用物资接收

接收药品

接收药品、医用材料　5 月 15 日，盐酸环内沙星片 1000 盒、医用纱布 50 件、酒精 5 件、碘附 5 件、新洁尔灭 5 件、84 消毒液 2 件，盐酸环丙沙星片等 6 种药品价值 11 万元。5 月 16 日，小儿优卡丹 286 件，注射用阿奇霉素、磷酸二氢钠等 20 种药品。5 月 17 日，头孢噻肟钠 0.5 件、安乃近片 1 瓶、去痛片 2 瓶、氧氟沙星片 540 盒、PNCV 钾片 80 盒、诺氟沙星胶囊 3 包、黄连素 5 瓶、维生素 C 片 10 瓶、注射用阿奇霉素磷酸三氢钠 0.25g 7 瓶、0.5g 5 瓶、阿奇霉素干混悬剂 1 盒、止血贴 200 盒、一次性棉签 5 袋。5 月 19 日，葡萄糖注射液 250 毫升 645 件、葡萄糖氯化钠注射液 250 毫升 600 件、加替沙星氯化钠注射液 100 毫升 160 件、氟罗沙星葡萄糖注射液 100 毫升 262 件、青霉素钠 80 万 300 件、400 万 60 件。5 月 20 日，0.9% 生理盐水 100 件、氯化钠注射液与葡萄糖注射液 100 毫升 49 件及 250 毫升 87 件、葡萄糖氯化钠注射液 250 毫升 64 件、阿莫西林颗粒 2 件、盐酸左氧氟沙星注射液 10 件、青霉素纳 80 万 50 件、消毒粉 30 件、机动喷雾器 10 台。5 月 21 日，牛奶 2100 件、药品 19 种。5 月 22 日，0.9% 生理盐水 500 瓶、阿莫西林颗粒 5 个、纱布绷带 1 件。5 月 24 日，一次性使用床单 3 件、口罩 10 件，输液贴 1 件，口罩 2 件、输液贴 1 件、一次性口罩帽子 19 件、一次性输液器 7 件、一次性注射器 35 件、纱布绷带 2 件、消毒灵 2 件、丹参 1 件、创可贴 1 件、头孢拉啶 9 件、头孢曲松钠 35 件、头孢哌酮舒巴坦 27 件、头孢噻肟纳 9 件、头孢他啶 26 件、头孢克肟胶囊 17 件、阿莫西林颗粒 13 件、PNCV 钾片 11 件、复方法莫替丁咀嚼片 44 件、肛泰软膏 95 件、甜梦口服液 28 件、小儿清热口服液 7 件，头孢曲松钠等药品 182 件、复方法莫替丁药品和大米防寒等物资 301 件。5 月 25 日，甲磺酸加替沙星注射液 15 件、头孢克肟胶囊 1 件、琥工红霉素 1 件、云南白药 10 件、盐酸曲马多缓释片 1 件、皮肤抗菌剂药品 20 件。5 月 28 日，医用物资 60 件、医用纱布 10 件、一次性引流管 1 件、夹板 8 件、担架车 10 辆、缝合器械 1 包、外科手术器械包 1 包、喉镜 1 台、轮椅 20 辆、病床 30 张、床垫 20 个、医用防护服 40 件，阿昔洛书片 0.1 克 1 盒、阿奇霉素分散片 0.25 克 9 盒、藿香正气液 15 件、诺氟沙星胶囊 6 件、板蓝根颗粒 7 件、云南白药 2 件、雪山金罗汉止痛涂膜剂、阿昔洛书片 1 件、阿奇霉素分散片 9 件、藿香正气液等药品 30 件。5 月 29 日，尔阴洗液 300 箱。5 月 30 日，洁尔阴 300 件。6 月 4 日，藿香正气水 9 件。6 月 5 日，十滴水 1 包、霍香正气水 3 件、诺氟沙星胶囊 10 件、保济丸 14 件、清凉油 1 件。6 月 13 日，风油精 5 件、复方桔梗麻黄碱糖浆 5 件、寒喘颗粒 5 件、曲咪新乳膏 5 件、骨通贴膏 5 件、三七伤药片 5 件、牛黄解毒片5件、跳骨片5件、复方丹参片5件、咳特灵胶囊2件、复方氨酸苯拉明片1件、头孢拉啶5件、复方桔梗麻黄碱糖浆等药品50件。6月18日，1.0克盐酸丙帕他莫4件、口罩20件、消毒片剂10件。9月10日，10厘米眼用手术剪医疗器械等604把（件）。

接收医疗器具　5月22日，迈瑞手提B超1台。7月3日，监护仪15台、输液泵1台、指二脉搏血氧饱和度仪4台、移动三氧消毒机2台、高频移动式X射线摄像机3台、高频电刀1台、X射线诊断设+成像仪1台。8月13日，黑白系列全数字化超声诊断仪207台。9月3日，B型超声分析仪CX9000型仪器等10台。

接收电视机　11月25日，创维EVD29980AC电视25台（2008年9月，兴仁石庙村卫生站、花荄镇龙兴村卫生站、塔水镇油房村卫生站、塔水镇联盟村卫生站、塔水镇蚕丝村卫生站和20个乡镇卫生院各1台）。

接收车辆　截至2008年12月29日，县卫生系统共接受社会各界定向捐赠车辆24台。

（二）医用物资调配

绵阳市红十字会分配的4辆捐赠车分别安排给县中医院、县疾控中心、塔水中心卫生院、花荄镇卫生院；联合国儿童基金会捐赠给安县妇幼保健院1辆；台湾法鼓山慈善集团定向捐赠秀水中心卫生院救护车1辆；辽宁省捐赠的18辆车及接收的各类物资，按照县指挥部和分指挥部及县卫生局的要求及时分发各医疗单位，对地震后医疗救治起到重要的保障作用。

第二节　防疫后勤保障

一、组织领导

防疫后勤保障工作，在县“5·12”地震抗震救灾指挥部供给保障、社会捐赠组和分指挥部及卫生局后勤保障组的领导和协调下开展防疫后勤保障工作。主要侧重于卫生防疫疾病控制、环境保护、消毒、饮用水监测、传染病监测管理等。

二、消毒药品的储存保管及分发

地震发生后，各级协调调度和社会捐赠的各类消毒药品统一由安县疾控中心储存保管并分发至各乡镇。

安县接收消毒药品情况表

表41　　　　2008年5月16日—12月31日

品　名	规　格	接　收	发　出	结　存
杀虫剂	420毫升×24瓶	38件	38件	0
优氯净	25千克/袋	868袋	868袋	0
环卫乐	500毫升×16瓶	189件	189件	0
漂白粉	10%	17.5吨	16.2吨	1.3吨
消毒药	—	20吨	20吨	0
溴氢菊酯	500毫升	649件	631件	18件
消毒液	500毫升×20瓶	41件	41件	0
84消毒液	500毫升×24瓶	142吨	142吨	0
消毒剂	500毫升×24瓶	54件	54件	0

续表

品　名	规　格	接　收	发　出	结　存
敌敌畏	24 瓶/件	106 件	106 件	0
二氢乙酸钠	≥60%25 千克/袋	5 吨	5 吨	0
漂粉精	100 毫升×100 瓶	1273 件	1241 件	32 件
亮靓菊酯	—	25 件	25 件	0
漂白精	25 千克/袋	200 袋	181 袋	19 袋
氯漂粉	50%25 千克/袋	173 袋	173 袋	0
苯甲胺	—	136 桶	136 桶	0
氢化氯	—	20 桶	20 桶	0
朗索消毒片	1000 片×20 瓶	459 件	429 件	30 件
消毒粉	25 千克/袋	97 袋	97 袋	0
戊二醛	—	83 桶	83 桶	0
止氧消毒液	—	20 件	20 件	0
来苏尔	500 毫升×20 瓶	2 件	2 件	0
安多福	—	38 件	38 件	0
消毒片	100 毫升×100 瓶	136 件	136 件	0
次氢酸钠	25 千克/桶	138 桶	138 桶	0
重庆强力消毒剂	—	2 件	2 件	0
漂渍液	500 毫升×20 瓶	389 件	389 件	0
健之素	—	33 件	33 件	0
大卫消毒液	—	19 件	19 件	0
高纯二氧氯	—	17 件	17 件	0
洁象消毒片	—	6 件	6 件	0
漂精片	100 片×120 瓶	17 件	17 件	0
消洗净	—	6 件	6 件	0
顺式氰氢	—	10 件	10 件	0
东康消毒剂	—	80 件	80 件	0

第三节　安全保障

一、医疗卫生救援安全管理

组织领导　医疗卫生救援安全管理工作，在县“5·12”抗震救灾指挥“医疗教育组”和分指挥部“医疗卫生防疫组”及卫生局“医疗救治组”的领导和协调下开展医疗安全管理工作。

分指挥部医疗卫生防疫组　负责伤病员的救治，辖区居民的饮用水、食品卫生的监督监测，医疗救治点、居民聚居场所的环境消毒工作。开展健康教育和心理干预，指导尸体的消毒、掩埋处理。对外援的医疗救助、卫生防疫队伍的工作进行统一安排和协调。负责以血吸虫病为主的地方病的防治和疫情监测、报告工作。县卫生局负责医疗救治、疾病防控。

医疗救治组　在县人民医院、县中医院、县妇幼保健院、县第二人民医院及各乡镇卫生院的安全地带设立紧急救治工作点，负责全县地震灾害伤病员的紧急救治工作。

二、制定并完善安全管理办法

县抗震救灾疾病防控分指挥部于5月21日制定下发《关于进一步做好医疗救治卫生防疫药械管理的通知》，确定建立县、乡镇逐级配送保障制度，县、乡镇成立医用物资接收发放办公室，要求做好接收登记、分发、使用、管理，强化责任、严明纪律、加强监管。

县抗震救灾疾病防控分指挥部于5月22日制定下发《安县地震后受灾群众集中安置点医疗、卫生防疫工作方案》，方案明确组织领导，对安置点、医疗救治服务站、疾病控制服务站、环境卫生服务站、安全保障服务站的工作提出具体要求。

县抗震救灾疾病防控分指挥部于5月30日转发省卫生厅《关于进一步加强消杀灭药品安全管理的通知》。县抗震救灾疾病防控分指挥部下发《关于做好灾后预防接种工作的紧急通知》，决定6月上旬对全县8月龄至12周岁儿童、少年开展乙型脑炎、甲型肝炎疫苗接种，成立领导小组、巡回督导组和异常反应处置组，制定预防接种实施方案。

县抗震救灾疾病防控分指挥部于7月11日下发《关于进一步做好安置点卫生防病规范化建设的通知》。对黄土、桑枣、晓坝、沸水、河清等镇的灾区集中安置点的卫生防病工作提出“两个组织、两个工作站、五项工作、六个上墙、七个到位”的工作要求，实行责任制，并于7月15日前全部完成规范化建设任务。

三、工作措施

（一）医疗救治

地震后，县人民医院、县中医院、县妇幼保健院、县第二人民医院及各乡镇卫生院在安全地带设立紧急救治工作点，负责全县地震灾害伤病员的紧急救治工作。5月12日，在无外援救治队伍的情况下，针对山区受灾严重乡镇，将医疗救治工作前移。5月13日，为确保伤员得到及时救治，县卫生局安排县内和当时来援医疗机构提前进入睢水镇月儿门、沸水镇胜利村、晓坝镇长青桥，建立医疗救助前哨站，同时在秀水、沸水、永安等镇设立医疗救治点，按照“靠前救治、重心下移、接力救援”的原则，及时救治被困群众。5月16日凌晨，云南省抗震救灾医疗队到达安县后，根据指挥部安排，医疗队在做好驻扎医院日常医疗急救、运转工作的同时，将关口前移，进村入社送医、送药、送防疫。5月16日8时—22时，广东省急救队伍共急救、转移高川乡伤病员97人，共出动救护车16辆80余台次。从沸水镇胜利村至花荄镇初级中学近50公里的路程中，多数车辆往返转运病人10次以上。5月18日，县卫生局组织全县卫生系统医务人员24人同第二军深入重灾区医大援助安县医疗队队员9人共同组成赴地震重灾区茶坪医疗、防疫突击队，徒步10小时，跋涉海拔2850米高山，到达重灾区茶坪乡，参与和指导医疗急救和卫生防疫工作。积极协调配合救援队伍开展救治工作，充分利用现有和外援救治队伍的救护条件及时转送危重伤病员。截至5月21日16时，共接诊、处置、巡诊4600余人次，救治人员1113人次，外科治疗71人次，健康教育宣传120人次，慰问部队2156人次，出动车辆515台次。

（二）卫生防疫

卫生防疫工作，5月12—18日主要是依靠本县的防保力量开展工作。5月13日，县疾控中心派专人将库存消毒药品送发到各乡镇卫生院，组织并指导各临时医疗救治点的消毒，及时开展集中式供水生活饮用水监测，积极技术处理突发公共卫生事件，将现有的防保人员分派到各乡镇临时安置点开展卫生防疫工作，取得阶段胜利，未出现大的突发公共卫生事件。5月18日—22日，县抗震救灾疾病防控分指挥部连续四个晚上召开联席会议，讨论分析当前灾后安县地震灾害疾病防控工作情况，对全县防控工作进行初步评估，为使全县防控工作科学统筹、合理安排，确保疾病防控有序开展。通过几次联席会议，经各级领导专家讨论评估，提出地震后防控工作的建议和措施。整合援助安县卫生防疫队伍资源，建立通讯录，分片包干，坚持工作组联席会议制度，及时通报工作信息，互换工作经验；做到统一口径、统一标准；提高卫生防疫工作认识。成立卫生防疫工作领导小组、制定实施方案、落实责任和措施，绝大部分乡镇的党政主要领导认识到位，措施有力；尽快恢复县疾控中心检验室，及早开展检测化验工作，保持冷链系统正常运转，开展好计划免疫工作；及时对人畜尸体进行无害化处理；加强食品卫生、生活饮用水卫生及环境卫生的监督监测与卫生指导工作，及时为群众提供安全可靠的食品及生活饮用水；加强消毒药品的管理，实施统一管理，统一操作规范，严格管理措施，消除安全隐患。5 月 20 日，副县长刘胜军要求，按照专家组提出的意见和建议，切实做好协调工作，认真落实各项方案；请各位专家在安实施援助期间，对安县防控工作人员给予大力培训。截至 5 月 22 日，援助安县疾病预防控制和卫生执法监督队及安县 CDC、卫生执法监督所，共 17 支队伍、504 人。

（三） 卫生执法监督

卫生执法监督在 5 月 12—18 日主要是依靠本县的卫生执法力量开展工作。将执法大队的人员分为两组，一组负责安昌、秀水片区，一组负责花荄、塔水片区。在全县开展生活饮用水、餐饮食品、学校卫生及供餐等卫生执法监督检查。5 月 18—24 日，河北、河南、海南、湖北等省卫生防疫援助队伍紧急支援安县抗震救灾工作，共有卫生监督员 300 余名，负责乡镇、村、户应急卫生监督和卫生宣传工作。

辽宁省派出对口支援安县第一批卫生监督队于 6 月 25 日—7 月 27 日在安县开展工作，有监督员 70 余名，负责协助和指导安县做好受灾群众安置点、集中式供水单位、医疗卫生机构、复课学校、建筑工地、恢复经营的餐饮单位的食品卫生、生活饮用水卫生、传染病防治监督管理工作。

辽宁省派出对口支援安县第二批卫生监督队于 7 月 27 日到安县，继续开展卫生防疫、卫生监督工作，8 月 28 日结束。

截至 2009 年 5 月 12 日，辽宁省派出数百人对口支援安县的卫生执法监督工作，对于安县灾后救援安全起到积极的保障作用。由于前期基础工作做得扎实，全县安全管理措施到位，实现“救治无事故”“大灾之后无大疫”的目标。

生产车间消毒

第四篇 赈 灾

地震发生后，安县迅速得到海内外的爱心帮助。在各级政府与各种组织大力支持下，安县的抢险救灾和灾后重建工作得以顺利开展。

党中央、国务院、中央军委、省、直辖市、自治区、民主党派、人民团体、社会组织和全国各地的志愿者纷纷捐款捐物支援安县。截至2008年12月31日，县财政抗震救灾捐款专户接受捐赠款14907.25万元（含港币50万港元、美金70970美元已折算人民币），其中接受定向捐赠款11990.15万元、非定向捐赠款2917.10万元。截至2009年5月12日，捐赠资金总额2.3亿余元，捐赠物资折合人民币4.16亿元；香港同胞、台湾同胞、海外侨胞及国际社会也伸出援助之手捐款捐物援助安县，捐赠资金4825.6万元，捐赠物资折合人民币2673.59万元，为安县赈灾工作提供一定的资金和物资保障。

第一章　组织发动与管理

第一节　组织管理机构

一、机构人员

县委、县政府于2008年5月18日成立“5·12”地震灾害受灾群众生活救助工作领导小组。县委书记王黎和县长赵迎春任组长，县委常委、副县长梁建和副县长刘胜军任副组长，成员有县委办主任王刚、县府办主任陈鼎、县财政局局长邓德元、县民政局局长姜南、县粮食局局长张志敏、县审计局局长唐坚、县监察局局长胡志辉。领导小组下设办公室，办公室主任由姜南兼任。

为进一步规范救灾捐赠款物的接受、分配、管理工作，县抗震救灾指挥部于6月10日将原安县救助工作领导小组更名为安县供给保障社会捐赠领导小组，并对人员进行调整，印发《关于调整供给保障社会捐赠领导小组的通知》。县供给保障社会捐赠领导小组，由县委常委、副县长、县抗震救灾指挥部副指挥长梁建任组长，成员有县委办主任王刚、县府办主任陈鼎、县财政局局长邓德元、县民政局局长姜南、县粮食局局长张志敏、县审计局局长唐坚、县监察局局长胡志辉。领导小组下设办公室，办公室主任由姜南兼任。

二、工作职责

县供给保障社会捐赠领导小组，负责救灾捐赠款物接收分配和救灾物资供给保障的全面工作。救灾捐赠款物接收分配和救灾物资供给保障工作，在县供给保障社会捐赠领导小组的领导下，由民政部门依法进行全面管理。县民政局长姜南为总负责人，县政府办副主任向光社为具体负责人。县供给保障社会捐赠领导小组下设综合协调组、捐赠资金接收组、捐赠物资分发组、物资计划分配审批组、物资供应采购组、物资运输保障组、水电气油供给组共7个工作组，分组负责。各组在牵头领导、具体负责人的统一协调下，依照各自职责，负责本组的具体工作。

三、各工作组人员及工作职责

综合协调组　县政府办副主任向光社任组长，县民政局彭才贵任副组长。负责协调捐赠款物接收、分配和运输工作；协调捐赠款物接收分配和救灾物资供给保障的综合性事务工作；捐赠款物接收、分配数据的统计综合及宣传工作；上传下达市抗震救灾指挥部和领导安排的有关工作。

捐赠资金接收组 县财政局副局长于功春任组长，县民政局彭才贵任副组长。负责向社会公布接收捐赠单位地址、联系人员、电话、开户银行和账号等捐赠信息；接收社会救灾捐赠资金，为捐赠者出具符合国家财务和税务管理规定的接收捐赠凭证；将救灾捐赠资金及时存入指定银行的账内，建立捐赠台账，严格明细登记，妥善保管原始凭证；定时上报每日接收捐赠资金情况。

捐赠物资分发组 县民政局曾明义任组长，县公积金管理处杨劲松任副组长。负责各类捐赠物资的分发工作；及时将接收物资清单送计划分配审批组分配；管理当日接收分发凭证，并按日将接收分发凭证交综合协调小组登记入账。

物资计划分配审批组 县民政局李英明任组长。负责收集、审核各地物资需求计划；根据各乡镇、各部门需求，编制分配计划和采购计划；提出物资分配建议；对永安金属厂仓储站物资管理和库存物资分配；绵阳火车站物资管理、调运工作由县招商局局长何荣斌、县民政局副局长蒋波负责；粮食、药品、大型机械、活动板房等物资分别由县粮食局、县卫生局、县药监局、县交通局、县建设局等职能部门局长负责。同时派专人做好捐赠物资入出库登记、台账管理工作，并及时将相关情况统计上报综合协调组。

物资供应采购组 县发展改革商务局副局长卢敏任组长，县采购办主任张刚任副组长。负责按采购计划，采购急需物资；建立采购资金的管理台账；采购物资调动和分配；组织市场供应。

物资运输保障组 县交通局副局长刘永明任组长。负责组织调度运输车辆；组织装卸队伍，装卸并运送救灾物资到指定地点。

水电气油供给组 县发展改革商务局副局长胡珍兰任组长。负责水、电、气、油供应；完成领导交办的其他工作。

第二节 救助政策

一、受灾群众临时生活救助政策

救助对象 根据党中央、国务院和省委、省政府有关文件精神和民政部《关于对汶川地震灾区困难群众实施临时生活救助有关问题的通知》（民发〔2008〕66）号，以及绵阳市民政局《关于做好受灾群众生活救助和遇难人员善后处理工作的紧急通知》（绵市民电〔2008〕11 号）的精神，结合安县的实际，5 月 20 日，县政府印发《关于做好“5·12”地震灾害受灾群众临时生活救助工作的紧急通知》（安府发〔2008〕37 号），受灾群众临时生活救助对象确定为因“5·12”地震灾害造成无房可住、无生活资料和无收入来源的困难群众。

困难群众生活救助

补助金和救济粮发放标准 为认真贯彻落实党中央、国务院救助政策，妥善解决安县地震灾区困难群众的基本生活保障问题，根据民政部《关于对汶川地震灾区困难群众实施临时生活救助有关问题的通知》(民发〔2008〕65号),以及绵阳市民政局《关于做好受灾群众生活救助和遇难人员善后处理工作的紧急通知》(绵市民电〔2008〕13、15、16、17号)文件精神,县委、县政府结合安县的实际,确定受灾群众临时生活救助标准为每人每天10元补助金和1斤成品粮,补助期限为3个月(6、7、8月)。因灾造成的“三孤”(孤儿、孤老、孤残)人员,补助标准为每人每月600元;受灾的原“三孤”人员补足到每人每月600元,补助期限为3个月(6、7、8月)。

受灾群众生活救助核查登记 5月20日—21日15时,乡镇干部职工到村组,与村组干部一道逐户核查受灾群众人数,完成需临时生活救助对象的调查摸底工作,县民政局登记造册并建立起台账。

临时救助的审批程序 按照公开、公平、公正原则,县委、县政府要求对临时救助受灾群众采取以户申请、村(社区)委会评议、乡镇审定、“两榜公示”的程序予以确定。即:由受灾户主本人申请,填写《“5·12”地震灾害受灾群众临时生活救助申请书》;村(居)民小组负责初步调查核实家庭困难情况,村(居)民委员会民主评议一榜公示三天;乡镇政府审定二榜公示三天,群众无异议的纳入救助范围。对纳入救助的受灾群众,各乡镇分户填发《“5·12”地震灾害受灾群众临时生活救助审批表》,村(居)民小组、村(社区)委会、乡镇政府主要负责人分别签字并加盖公章。报送县民政局和县财政局备案,由县民政局和县财政局拨付临时生活救助资金。

发放办法 受灾群众生活救助凭“‘5·12’地震灾害受灾群众救助卡”发放,全县各乡镇、救助站受灾群众凭救助卡领取补助金和救济粮,并实行张榜公布,补助金由民政部门直接发放给救助对象,实行按月发放;救济粮的出库、调运、加工和发放,由县粮食局会同县民政局共同办理。

受灾群众临时生活救助工作实行分级负责制,村对乡镇负责,乡镇和县级各职能部门“一把手”对县政府负总责。

建立补助金和救济粮资料数据库 数据库由县民政局建立。数据库内容为临时救助人员、“三孤”人员和救灾款物发放情况。由村(社区)对受灾困难群众进行调查、核实并登记造册,报乡镇审定,录入计算机,建立台账。登记造册时,需登记姓名、性别、住址、户口所在地、身份证号、职业、人员类别。各乡镇建立地震灾区困难群众临时救助工作统计数据库。数据统计以户为单位,统计到人。

建立受灾群众救助卡 以户为单位建立受灾群众救助卡,由村(社区)统一填写、统一编号。救助卡内容包括户主、家庭成员、成员与户主关系、住址、年龄、身份证号、职业、享受临时救助人数。受灾群众救助卡内容每发放一次临时生活救助,填写一次,户主签名。经办人签字后汇总上报。

二、困难群众后续生活救助政策

救助对象和期限 县政府于10月13日印发《关于做好“5·12”地震灾害困难群众后续生活救助工作的通知》(安府发〔2008〕65号),确定享受困难群众后续生活救助政策的对象为:“三孤”(孤儿、孤老、孤残)人员,生活困难的遇难(含失踪)及重伤残者家庭人员,异地安置的受灾人员(含集中安置人员、符合条件的寄宿制学生),因灾住房倒塌或严重损坏且生活困难的受灾群众。救助时间为2008年9月至11月,共3个月。

救助标准 县委、县政府根据党中央、国务院和省委、省政府有关文件精神,对后续生活救助实行现金补助,不再发放口粮,实施分类救助。具体救助标准:因灾造成的“三孤”人员每人每月补助400元,受灾的原“三孤”人员每人每月补足到400元;生活困难的遇难(含失踪)及重伤残者家庭人员每人每月补助300元;异地安置的受灾人员(含集中安置人员、符合条件的寄宿制学生)和因灾住房倒塌或严重损坏且生活困难的受灾群众每人每月补助200元。

审批程序和发放 由符合后续生活救助条件的对象向所在居委会或村委会提出申请;经群众评议,居委会或村委会公示无异议,报乡镇人民政府审核;经乡镇人民政府审核后,报县民政部门审批;经县民政部门审批后,乡镇人民政府再次在居委会或村委会进行公示,确认无异议的救助对象予以发放。有条件的乡镇通过“一折通”转账发放,不具备直发条件的,在保证资金安全的前提下,确保救助对象按时足额领取。

第二章　捐　赠

第一节　中央、国家机关和部队捐赠

一、中央机关捐赠

捐物　2008 年 6 月 3 日，中宣部捐赠图书 2 万册。

二、国家机关捐赠

捐物　5 月 23 日，民政部捐赠帐篷 20323 顶、粘布 74 块、移动厕所 11 个。2008 年 6 月 11 日，农业部捐赠汽车 1 辆、计算机 2 台、三轮摩托 20 台。

捐款　9 月 7 日，中国银行业监督管委会定向宝林镇调元小学捐款 22.5 万元；11 月 14 日，捐款 60 万元；12 月 3 日，捐款 22.5 万元；12 月 8 日，捐款 8.8 万元；2009 年 3 月 27 日，捐款 45 万元；2009 年 4 月 23 日，捐款 22 万元。

三、部队捐赠

部队运送救援物资

捐款　5 月 26 日，中国人民解放军 63820 部队后勤部财务处非定向捐款 50 万元，宜宾翠屏县武装部非定向捐款 4000 元。5 月 27 日，中国人民武装警察部队福建省消防总队后勤部非定向捐款 10 万元。5 月 29 日，中国人民解放军总装备部后勤部财务结算中心非定向捐款 1000 万元。6 月 14 日，国防研究所五所定向晓坝镇小学捐款 1 万元。6 月 16 日，福建消防队赴四川省抗震救灾参战官兵定向塔水镇小学捐款 8.79 万元，自贡市富顺县人武部定向永安镇小学捐款 5000 元，成都军区 14 集团军防化队定向永安镇小学捐款 2000 元。6 月 16 日，自贡军分区定向永安镇小学捐款 3000 元，国防研究所驻安县五所党委定向晓坝镇小学捐款 1 万元，第二军医大学定向安县中学复课捐款 16.66 万元，自贡市军分区非定向捐款 3000 元。6 月 17 日，中国人民解放军 77126、77156 部队定向秀水镇第三小学捐款 3354 元。7 月 17 日，济南军区 71998 部队定向县财政局救灾专户捐赠 1 万元。10 月 30 日，天津市消防总队定向桑枣镇小学捐款 4 万元。

捐物 5月，天津消防总队捐赠帐篷2顶。中国人民解放军14军捐赠帐篷24顶。成都军供站捐赠方便面510件、矿泉水200件。

第二节 省、自治区捐赠

一、各省捐赠

（一）四川省

捐款 5月23日，省交通厅非定向捐款10万元，省委党校定向县财政局救灾专户捐款5万元，省农业厅植物保护站定向县农业局捐款2万元。5月28日，省新闻出版社定向安县文化旅游局捐款5万元，省科学厅机关定向安县科技局捐款30万元。5月30日，省建设厅定向安县建设局捐款30万元，省新华书店捐款5000元，省少年儿童出版社定向县教育体局捐款1万元，省农业厅定向县农业局捐款27万元，省土肥站定向县农业局土肥站捐款1.5万元。6月6日，省农业厅定向县农业局捐款1.5万元，省公安厅定向县公安局捐款5万元，省公安厅国保局定向县公安局捐款3000元。6月10日，省委宣传部定向县委宣传部捐款20万元，省社会治安综合治理委员会转交辽宁省政法委定向县政法委捐款200万元。6月17日，省公安厅交通警察总队定向县交警队捐款26万元，省环境保护局机关定向县环保局捐款72万元。6月18日，省劳动和社会保障厅机关服务中心定向县劳动和社会保障局捐款10万元。6月19日，省农业厅定向县农业局捐款7万元。6月23日，省档案馆定向县档案馆捐款2.2万元。6月24日，省人口和计划生育委员会定向县计生局抗震救灾工作车购置捐款30万元。6月27日，省旅游局定向安县地质公园管理处捐款7万元。7月11日，省科学技术厅定向县科技局捐款8.33万元。7月18日，省计生委定向县计生局捐款10万元。7月21日，省精神文明办及精神文明报社定向县精神文明办灾区未成年人思想道德建设工作捐款5万元。7月25日，省民族工作委员会定向县统战部民族宗教局捐款10万元。12月12日，省防协办定向县防协办捐款4万元。

捐物 5月，省台办捐赠帐篷70顶，省商务厅捐赠奶粉1963件，省民政厅捐赠帐篷3100顶、饼干750件、矿泉水1065件、火腿肠500件、运动服258袋、菜油800件，省公安厅捐赠帐篷60顶。6月，省公安厅经侦总队捐赠帐篷1顶、药品1箱，省公安厅捐赠夏季执勤服440件、警用摩托8辆、捷达轿车1辆、液晶电脑3台、激光打印机3台，省民政厅捐赠运动服258袋、菜油800件，省科技厅捐赠红景天饮料20件、食用油150件、矿泉水100件，省体育局捐赠帐篷20顶，省教育厅捐赠钢琴3架。7月，省教育厅捐赠收音机39部、校服370套、课桌椅6500套，省农业检测中心捐赠紫外可见分光度计1台、防疫药品1箱、电风扇2台。8月，省卫生厅捐赠葡萄糖注射液250毫升645件、葡萄糖氯化钠注射液250毫升664件、加替沙星氯化钠注射液100毫升160件、氟罗沙星葡萄糖注射液100毫升262件、青霉素钠360件、0.9%生理盐水100件、氯化钠注射液100毫升49件、葡萄糖注射液250毫升87件、阿莫西林颗粒2件、10厘米眼用手术剪医疗器械等604把（件），省教育厅捐赠帐篷37顶。

（二）辽宁省

捐款 5月23日，辽宁省委、省政府非定向捐款1000万元。5月29日，建平县民政局定向县民政局捐款30万元，建平县民政局定向沸水镇敬老院捐款70万元。5月30日，省公安厅定向县公安局民警慰问金捐款100万元，省公安厅定向安县公安局工作经费捐款100万元。6月5日，省新闻出版局非定向捐款27.5万元，省农经委非定向捐款20万元。6月6日，省公安厅定向县公安局购置设备捐款132.79万元。6月12日，抚顺特警赴川工作队定向花荄镇派出所捐款1.08万元。7月24日，省司法厅定向县司法局捐款90万元。8月20日，省委、省政府定向县财政局救灾专户捐款2000万元，省农村能源办定向县能源办捐款3万元。8月31日，省机要局全体职工定向县机要局捐款8万元。10月13日，省计生委定向县计生委捐款10万元。12月5日，省住房和城乡建设厅定向县规划建设局捐款73.34万元。

辽宁省公安厅捐赠

2009年3月19日，海城市乐兴形象健康非定向捐款1.79万元。4月1日，辽宁援助县检察院捐款（四川省检察院转交）30万元。4月3日，省定向清泉镇小学捐款50万元。

捐物 5月，锦州凌海市民政局捐赠小腌菜1348件，辽宁晚报社捐赠学生用品30件，省公安厅捐赠帐篷30顶、菜油20箱、棉被600床、棉大衣500件、大米0.5万公斤、复印机1台、松下传真机10台、摄像机2台、数码照相机2台、信息通信设备1套、翱龙吉普车20辆、神舟液晶一体电脑50台、警用摩托车10辆、钢结构活动板房4000平方米。6月，省政府捐赠彩条布1038件、电筒2000支、推土机2台，营口市民政局捐赠药品5箱，辽宁省捐赠金杯商务汽车23辆、推土机20台、挖掘机10台、彩条布280万平方米、棉被3万床、篷布5万平方米、木工板4万张、学生夏装3000套、学生运动服1.2万套、摄像机1台，大连捐赠西药66件、衣物1140箱、矿泉水6051件、罐头3785件、大米60吨，省民政厅捐赠大米882吨、帐篷1000顶、粽子200箱、棉被2万床、酸奶4.45万箱，省教育厅捐赠钢笔1200支、笔袋1200个、中性笔芯1.2万支、铁杆活动铅笔2424支、办公型套尺1200块、圆珠笔1202支、橡皮1200块。12月31日，辽宁省捐赠县卫生系统金杯乘用车20辆、装载机8台，大连市沙河口区顺街小学捐赠学习用品1件，辽宁省捐赠层板3598张、篷布780捆。

（三） 浙江省

捐款 5月23日，金华市财政国库支付局非定向捐款50万元。5月27日，晋江市民政局定向桑枣镇初级中学捐款44.29万元。

（四） 河南省

捐款 5月28日，许昌县财政局河街财政所定向秀水镇人民政府捐款27.48万元。6月2日，省直机关第一幼儿园定向城关安昌幼儿园捐款3万元。

捐物 5月，永城市捐赠面条50吨、面粉139吨。郑州市民政局捐赠大米50吨、方便面1800箱、奶粉100箱、药品8箱、矿泉水46吨。

（五） 广东省

捐款 6月14日，广东省救灾医疗急救队定向文星阁小学捐款1.06万元。

捐物 5月，广州市花都区捐赠帐篷600顶，深圳市福田区捐赠帐篷15顶。

（六） 贵州省

捐款 6月2日，贵阳市云岩县民政局定向安县中学捐款50万元。

捐物 6月，都匀公路局捐赠药品15件。

（七） 江苏省

捐款 6月5日，如皋市定向晓坝镇小学捐款30万元。

捐物 6月，江苏省民政厅捐赠防水布53件。

（八） 山东省

捐款 6月10日，山东省援安防疫队定向花荄镇小学捐款2000元，东营市卫生局定向花荄镇小学捐款2000元，滨州疾控中心定向花荄镇小学捐款2000元，威海疾控中心定向花荄镇小学捐款2000元，泰安市疾控中心定向花荄镇小学捐款2000元。11月3日，项城市财政局非定向捐款1万元。

（九） 黑龙江省

捐物　6 月，绥化市捐赠滤水器 180 支。

二、自治区

（一） 内蒙古自治区

捐款　6 月 16 日，海勃湾区人民法院定向安县法院捐款 5000 元。9 月 27 日，内蒙古自治区敖汉中心定向安昌镇小学捐款 3629.6 元。

（二） 新疆维吾尔自治区

捐款　6 月 25 日，喀什市人口计生委定向县计生局捐款 1.04 万元。

（三） 宁夏回族自治区

捐物　5 月，宁夏回族自治区交通厅捐赠自卸车 1 辆。

第三节　民主党派、人民团体与社会组织捐赠

一、民主党派

民盟中央　6 月，民盟中央捐赠学生用记录本 746 件。

二、人民团体

（一） 红十字会

捐款　6 月 18 日，成都红十字会定向县卫生局捐款 7000 元。6 月 24 日，四川省林业厅机关工会定向县林业局捐款 10 万元。7 月 25 日，辽宁省红十字救助基金会定向安县建设学校捐款 142.75 万元。7 月 30 日，江苏省镇江市红十字会定向桑枣镇初级中学捐款 5 万元，广东省红十字会定向捐款 2 万元。8 月 18 日，双流红十字会定向永安镇小学捐款 3.87 万元。9 月 11 日，广东省红十字会定向县农机局捐款 2 万元，北京红十字会定向桑枣镇初级中学重建捐款 1 万元。

捐物　5 月 16 日，中国红十字会（驼峰赈灾）捐赠小儿优卡丹 286 件，四川省红十字会捐赠注射用阿奇霉素、磷酸二氢钠等 20 种药品。5 月，国家红十字会捐赠行军床 1000 件，沈阳红十字会捐赠衣物 94 件、口罩 86 件、寝具 20 件、棉被 28 件、鞋子 155 件、书 80 件、书包 9 件、胶囊药 87 件、方便面 885 件、牛肉干 382 件、饼干 321 件、雨衣 24 件、醋酱油 1064 件、蜡烛 74 件、注射液 214 件，四川红十字会捐赠物资 1 车、牛奶 32 件、火腿肠 41 件、八宝粥 6 件、饼干 69 件、方便面 160 件、豆奶粉 2 件、矿泉水 240 件、衣物 7 件，成都市锦江红十字会捐赠速冻食品 260 箱，辽宁省辽阳市红十字会捐赠羊毛衫 3060 件、成人衣 1000 套、上衣 460 件、儿童玩具 5000 个、儿童药 2 件，郑州市红十字会捐赠衣物 245 箱、食品一批，香港特别行政区红十字会捐赠棉被 4000 床。6 月

共青团绵阳市委书记廖雪梅（后排左二）在安县赈灾

12日，县红十字会接收全国41个单位定向县银河建化集团捐款199万元。6月，重庆市红十字会捐赠大米6000公斤、面条2000公斤，四川省红十字会捐赠方便面5件、帐篷10顶、生活用品148件、奶粉2件、取暖炉314个、玩具5箱、本子2000个、中性笔2000支、牛奶2100件、碘附等19种药品，中国红十字总会捐赠轮椅550辆、蚊帐19750顶、维他奶26000件、衣物242箱、包裹20件，成都市锦江区红十字会捐赠糖195件、毛绒玩具186个，辽宁省红十字会捐赠方便面22件、电视机20台、鱼产品343件、卫生巾17件、防护服5549箱、水946件、棉被253件、杂物1434件、挖掘机10台、装载机10台、杂物71件、手机74部、胶瓦22件、衣服100箱、奶粉260件，绵阳市红十字会捐赠衣服3500件、帐篷627顶、喊话器70个，成都市红十字会捐赠矿泉水51件、牛奶66件、火腿肠5件、饼干、蛋糕70件、卫生纸3大提、子弟薯片1件、奶粉2件，安县红十字会捐赠旧牛仔裤3件、旧校服8包、旧衣服1件、图书1件，辽宁省铁岭市团市委捐赠棉被804床、棉褥804床、羊毛手套1498双，郑州市红十字会捐赠药品3752箱。7月，中国红十字会捐赠甲磺酸加替沙星注射液15件、丙泊酸注射液5件、头孢克肟胶囊1件、琥工红霉素1件、云南白药10件、盐酸曲马多缓释片1件，四川省红十字会捐赠十滴水1包、藿香正气水3件、诺氟沙星胶囊10件、保济丸14件、清凉油1件。8月，辽宁省鞍山市红十字会捐赠1.0克盐酸丙帕他莫4件、口罩20件、电视机20台、消毒片剂10件、奶粉346件、饼干类食品22件、卫生巾17件、纸尿裤1件、衣物17件。

捐款　2009年3月10日，大连市红十字会定向桑枣镇第二小学捐款231万元。5月4日，长宁县红十字会非定向捐款10万元。

（二）工会

捐款　5月29日，蔷薇骑士团游戏工会非定向捐款1100元。6月18日，湖南省个体工商联定向秀水镇第一小学捐款1000元。7月13日，辽宁省本溪钢铁（集团）有限责任公司工会定向安县华益达捐款50万元。

（三）共青团

捐款　5月，团中央捐赠物资价值100万元。6月12日，大连市团市委特殊团费非定向捐款400万元。6月23日，唐山市团市委定向桑枣镇干柏村小学捐款4万元。7月10日，鞍山市团市委定向兴仁乡初级中学捐款100万元，丹东市团市委定向兴仁乡初级中学捐款41.47万元，大连市少先队定向茶坪乡小学建设捐款129.89万元。7月13日，辽阳市团市委定向宝林镇调元小学建设捐款76.67万元。

捐物　共青团四川省委、省青联捐赠矿泉水34件、方便面8件、火腿肠3件、清洗灵1件、蜡烛17件、创可贴10盒、雨伞50把、口罩1件、蚊香270件、消毒剂5件等物资，河北省唐山市团市委捐赠板房材料等物资，青海省团省委捐赠药品等物资，共青团重庆市委（重庆经济广播电台）捐赠矿泉水220件、奶粉20件、大米220袋、帐篷44顶、学生用品3件、床1架、生活用品5件、卫生巾15箱、衣服5箱、塑料手套2箱，共青团焦作市委捐赠书包38件。

（四）妇联

捐物　5月，四川省妇联捐赠鞋子270箱、书包467个。

三、社会组织

（一）中华慈善总会

捐物　6月，中华慈善总会捐赠图书5000册。

捐款　12月17日，中华慈善总会定向安昌镇联办小学捐款30万元。

（二）中国初级卫生保健基金会

捐款　5月28日，中国初级卫生保健基金会非定向捐款2万元。

（三）中国少年儿童基金会

捐款　6月7日，中国少年儿童基金会定向秀水镇第一小学汉昌分校捐款4.76万元；7月11日，定向秀水镇第一小学汉昌分校捐款2.8万元；8月31日，定向县教体育局捐款6.13万元（购买电风扇）。

捐物　6月，捐赠图书59件。

（四）　中华慈善协会宝马基金会

捐款　6月17日，中华慈善协会宝马基金会定向县教体局安县优秀教师捐款9万元。

（五）　中国国际友好联络会

捐款　7月23日，中国国际友好联络会定向秀水镇新民村小学捐款50万元。

（六）　中国电影家协会

捐款　7月24日，中国电影家协会定向桑枣镇初级中学捐款2008元。

（七）　各省、直辖市、自治区社会组织

1. 四川省

捐款　5月29日，省中小企业信用与担保协会非定向捐款10万元。6月16日，省职业技术学院定向安县中学高考捐款1万元，四川大学山缘和温州风子登山队定向永安镇小学捐款2500元。6月18日，省佛教协会非定向捐款8万元。6月28日，拉法基瑞安（四川）投资有限公司非定向捐款50万元。7月1日，省卫生执法总队定向县食品检验所捐款1万元。7月2日，省内部审计师协会定向县审计局职工生活补助捐款3500元。7月6日，四川省归国华侨联合会非定向捐款113万元。7月9日，省农业广播电视学校定向县农业广播电视学校捐款2.22万元。7月31日，省慈善总会转泸州老窖定向花荄镇小学捐款2680万元，省青少年发展基金会定向花荄镇小学捐款22.6万元。8月4日，省国豪种业有限公司定向永河镇梓潼村捐款10.81万元，省国豪种业有限公司定向塔水镇双堰村捐款4万元、塔水镇油坊村捐款3万元、乐兴镇黄桷村捐款3万元。8月15日，成都铁路运输法院执行局定向县法院捐款1000元。8月18日，四川扶贫基金会定向秀水镇红光村小学捐款（两笔）92万元。9月1日，省恒升钢结构工程有限公司定向西苑中学捐款2万元。9月11日，省科伦实业集团有限公司定向县人民医院捐款3万元、安县中医院2万元。

2009年2月13日，省慈善总会定向宝林镇九年制学校捐款240万元，省慈善总会定向清泉镇初级中学捐款160万元，省慈善总会定向界牌镇小学捐款216万元。4月28日，省少年儿童出版社定向县新华书店捐款1万元，四川师范大学实验外国语学校定向迎新乡初级中学捐款20万元。

捐物　5月，省国栋建设股份有限公司捐赠人造木板1006张，省天主教两会捐赠食品2车、帐篷100顶、矿泉水50件、食品50件、衣物30箱、药品10件，广汉市基督教会捐赠童装20箱。省今伟科技有限公司捐赠沐浴露6000瓶、茶树奶茶2000袋，亚达集团捐赠帐篷1000顶。中国航空国际旅行社驻成都办事处捐赠纯净水87件、牛奶72件、饼干类食品18件、方便面30件。6月，省万达建设集团公司捐赠轿车1辆，省基督教会捐赠大米12吨、菜油75箱，广汉市基督教会捐赠食用油63箱，ITA集团捐赠衣物1车、生活用品90件，省伊斯兰教协会捐赠食品2车，奥瑞金种业有限公司捐赠玉米种子3万公斤，省T06547捐赠荣伦砂锅2500个，省慈善总会捐赠菜油1320件，省天主教两会捐赠食品2车，省蚕业管理站捐赠机动喷雾器15台、手动喷雾器50台、蚕种3000张、小蚕围帐2个、升温补湿计2台、消毒王4件、化茧台10套、纸板方格袋1500片、蚕网200张。7月，省盛通药业股份有限公司捐赠头孢噻肟钠0.5件、安乃近片1瓶、去痛片2瓶、氧氟沙星片540盒、PNCV钾片80盒、诺氟沙星胶囊3包、黄连素5瓶、维生素C片10瓶、注射用阿奇霉素磷酸三氢钠0.25克7瓶、0.5g 5瓶、阿奇霉素干混悬剂1盒、止血贴200盒、一次性棉签5袋。8月，科伦医药贸易有限公司捐赠盐酸左氧氟沙星注射液10件、青霉素纳80万单位50件、消毒粉30件、机动喷雾器10台，省珍珠制药有限公司捐赠阿昔洛书片1件、阿奇霉素分散片9件价值4万多元，省基督教两会捐赠药品1车，西南民族大学研究生会捐赠纯净水81件、棉被53床、饼干类食品21件，省青年旅行社捐赠纯净水39件。

2. 辽宁省

捐款　5月28日，沈阳师范大学定向兴仁乡初级中学捐款100万元。6月4日，铁岭市私立求实中学定向西苑中学捐款3.22万元，铁岭市第四中学定向西苑中学捐款3.11万元。6月8日，大连市青基会、大连市新商报社等联合定向桑枣镇初级中学捐款400万元。6月16日，大连市枫叶国际学校定向学校捐款53.82万元。6月18日，联通辽宁省公司定向桑枣初级中学捐款5000元。6月26日，鞍山市通达慧聪幼儿园定向安昌幼儿园捐款1.15万元。7月2日，大连晚报集团非定向捐款100万元，辽宁省大世界商业联合机构非定向捐款72.76万元。7月6日，大连市佳能办公设备有限公司非定向捐款55.04万元，大连市银洲集团非定向捐款50万元。7月8日，大连市正源房地产开发有限公司非定向捐款50万元，大连市关自在文化交流有限公司非定向捐款9.84万元。7月9日，沈阳市格林大饭店定向永河镇小学捐款3.89万元。7月10日，大连市北方国际展览有限公司定向桑枣镇石佛村小学建设捐款50万元，沈阳市高坎中学定向花荄镇初级中学捐款2.3万元。7月22日，辽宁省慈善总会非定向捐款2000万元，辽宁省慈善总会定向桑枣镇香溪村供水工程捐款37万元，辽宁省慈善总会定向县采购办购买受灾群众急需物资捐款722万元。9月27日，辽宁省慈善总会定向县民政局购买过冬棉衣捐款2240万元。10月31日，辽宁省慈善总会定向界牌镇兴隆小学捐款261.14万元，辽宁省慈善总会定向桑枣镇柑柏村本山爱心小学捐款122.61万元，辽宁省慈善总会定向清泉镇初级中学捐款503.55万元，辽宁省慈善总会定向界牌镇农集小学捐款40.67万元，辽宁省慈善总会定向县环保局环保项目捐款35万元，辽宁省慈善总会定向革命残疾军人和孤儿救助捐款1.3万元。12月3日，辽宁省印刷企业定向捐款27.5万元，辽宁省慈善总会定向县职工文化活动中心捐款903.95万元。12月5日，辽宁省慈善总会非定向捐款1000万元。12月19日，辽宁省沈阳市教育基金会定向界牌镇兴隆小学捐款111.09万元。

2009年1月21日，大连市慈善基金会定向秀水镇第一小学捐款25.86万元。1月22日，辽宁省慈善总会定向团县委和学校捐款1187.46万元，辽宁省慈善总会定向团县委和学校捐款373.74万元。4月8日，营口小学定向秀水镇第一小学捐款1980元。

捐物　5月，辽宁省营口市盼盼太阳能有限公司捐赠太阳能热水器300台，辽宁省华商晨报社捐赠文具465件。大连一广毛巾有限公司捐赠浴巾200箱、大浴巾4箱、面巾159箱、毛巾被4箱、运动衫558件、运动巾3900条、口罩9件，大连市山河投资公司捐赠帐篷1400顶。6月，大连市慈善总会捐赠帐篷1300顶、海参胶囊54箱，辽宁省捐赠月饼9900盒，辽宁省华商晨报社捐赠过冬围巾23袋，沈阳华神金杯汽车公司捐赠大米15500斤、方便面20箱、服装1箱，铁岭市慈善总会捐赠铅笔39件，华晨汽车站联盟捐赠凉席20床、电扇10台、大米31箱、炊具33件、水12件、食用油9件、被子1件、蚊帐17顶、方便面4件、面粉2袋、花露水1件、文具1件、日用品1箱，辽宁慈善总会捐赠建筑软件1件、帐篷1300顶，辽宁华晨金杯汽车站捐赠大米172袋、矿泉水172件、菜油172桶、花露水860瓶、方便面172件、蚊香430盒、汗衫860件，辽宁省心连心救援队捐赠救灾物资115箱，大连市山河投资公司捐赠帐篷1400顶，辽中县基督教两会捐赠生活用品1车。7月，大连市慈善总会捐赠消毒喷雾器1台、军用帐篷2顶、净水器50台、矿泉水4190件、罐头5842件、粉丝292件、毛毯16包、篷布8件、衣物570件、睡袋25个、消毒液89件、棉被278件、收音机490台、建筑软件1件（价值60万元）、防护服721件、多功能祛痰机1台，大连市通世泰建材有限公司捐赠建材价值35万元。

3. 广东省

捐款　5月20日，深圳市唯科通信科技有限公司非定向捐款50万元，佛山市华创化工有限公司非定向捐款15万元。5月22日，深圳市德润电子股份有限公司定向安县虹润电子厂捐款50万元。5月23日，深圳市宝安得胜电子器件有限公司定向虹润电子厂捐款20万元。5月24日，东莞市医疗救护队非定向捐款6600元。5月27日，金发科技股份公司非定向捐款100万元。6月4日，深圳市人口基金会定向县计生局捐款5万元。6月7日，深圳市富士康集团定向迎新乡小学捐款2.04万元。6月15日，广发基金定向茶坪乡敬老院捐款5.4万元，广发基金定向秀水镇敬老院捐款8.36万元。6月28日，深圳市大成天下信息技术有限公司定向桑枣镇中学捐款1万元。7月9日，深圳市泰豪酒店有限公司定向睢水镇捐款11万元。7月21日，深圳市茂业集团股份有限公司定向桑枣镇第一小学捐款5万元。8月4日，广州市康落实业有限公司全体员工非定向捐款1.5万元。8月15日，广东省狮子会定向花荄镇小学捐款5万元。8月22日，广东省星艺公司定向界牌镇农集小学捐款15万元。9月12日，深圳市茂业集团定向桑枣镇花庙村小学捐款44.99万元。11月12日，广东省星艺公司定向界牌镇小学捐款15万元。

2009年4月26日，深圳市锦江洪投资有限公司非定向捐款3.53万元。4月28日，深圳市茂业商厦有限公司定向桑枣镇花庙村小学捐款1.32万元。

捐物　5月，深圳市伟达公司捐赠学生用品1车，广州市华晨金杯华南片区捐赠大米5250公斤、菜油30件、方便面172件、花露水100瓶、洗发水24瓶、T沐浴露24瓶、笔袋50个、笔50组、蚊香48盒、蚊帐20个、牙膏144只、厨具10套、凉被10床、牙刷144只、衣服377件、铅笔1箱。6月，广州市怡文科技有限公司捐赠纯净水生成器5台，广东阜有家具公司捐赠帐篷30顶、遮阳伞62把、折叠课桌60张，广东狮子总会捐赠移动厕所4个。

4. 浙江省

捐款　5月23日，宁波慈溪市五星休闲健身有限公司非定向捐款8278.6元。6月20日，花样年华集团定向塔水敬老院捐款6.46万元、定向河清敬老院捐款8万元。6月24日，杭州万泰认证有限公司定向安昌小学捐款14.58万元。10月16日，浙江吉奥汽车有限公司定向桑枣镇初级中学捐款17万元。10月16日，杭州贝尔美语培训学校定向黄土小学捐款2万元。

捐物　5月，浙江省三门亚达科技集团捐赠帐篷403件，浙江省慈善总会捐赠篷布58件、篷杆209件，英特尔乳品公司捐赠奶粉80件，浙江省残疾人器械中心捐赠帐篷75顶。6月，正德实业捐赠矿泉水40766件、帐篷1顶、棉被5床、毛毯6床、复合彩条布2袋，浙江省金汇休闲制品有限公司捐赠帐篷1500顶，浙江亚达集团捐赠行军床77张，乐清市四川商会捐赠服装31箱，浙江深度光电有限公司捐赠节能灯600套，浪莎公司捐赠被子601床、枕芯600对。

5. 河南省

捐款　5月17日，许昌市百事恒兴商贸有限公司非定向捐款5000元。5月25日，郑州市二七广场维纳斯摄影化妆学校全体学生非定向捐款2457元。6月28日，省防疫队非定向捐款1000元。7月1日，河南省华宸公司定向界牌镇小学捐款2.8万元，河南省慈善总会定向县卫生局捐款4.5万元。

捐物　5月，河南省郑州市捐赠物资1车，河南省禹州麦坉塑料厂捐赠各种塑料盆桶2000个。郑州捐赠方便面2989件。6月，洛阳市中房地产公司捐赠电风扇400台，郑州慈善总会捐赠纯茶饮料500箱、口炎清药品20箱、土豆粉14箱，郑州市金水区捐赠各学校图书、文具、玩具一批。

6. 河北省

捐款　10月16日，邯郸市第十二中学定向桑枣镇初级中学捐款5000元。

捐物　5月，河北嘉盛公司捐赠大米145箱、食油60件、蚊香23箱、电扇13箱、卫生纸25箱、衣服4箱、文具1箱、蚊帐5箱、儿童裙1箱、凉席2箱、书包1箱、卫生巾20箱。

7. 江苏省

捐款　5月23日，江苏省扬州市医药检验检疫局定向黄土镇捐款5万元。6月28日，江苏省启动市南苑中学全体师生定向清泉镇捐款11.81万元。10月13日，苏州省江南快速电梯有限公司定向花荄镇初级中学捐款5.2万元。10月17日，苏州省江南快速电梯有限公司定向高川乡初级中学捐款3.25万元。12月9日，联迪恒新（南京市）信息系统有限公司定向河清镇小学困难学生捐款45万元。

捐物　6月，无锡市瑞年集团捐赠瑞年氨基酸口服液1000件、左氧氟沙星片26件。

8. 云南省

捐款　5月20日，云南省恒基工程监理咨询有限公司非定向捐款1万元。

2009年3月3日，云南省汽车摩托车市场行业协会定向界牌镇小学捐款10.8万元，昆明汽车摩托车配件行业商会定向界牌小学捐款19.2万元。

捐物　2009年5月，云南省云天化肥公司捐赠复合肥240吨。

9. 海南省

捐款　12月3日，海南省131助学会定向沸水镇小学捐款1.7万元。

10. 黑龙江省

捐款　6月17日，黑龙江省顺风速运有限公司定向县地震孤儿捐款7.8万元。

11. 青海省

捐款 6月4日，青海医疗队定向桑枣镇第一小学捐款200元。

12. 湖北省

捐款 6月7日，宜昌市军需慈善协会定向乐兴镇政府捐款15万元。6月13日，晋江经济报社定向桑枣镇初级中学捐款20.1万元。7月21日，孝感市卫生监察大队定向迎新乡捐款1000元。

捐物 5月，湖北省基督教会捐赠生活用品1600套，长江商学院捐赠帐篷200顶。

13. 福建省

捐款 5月22日，福建省汕头市乐凯胶片有限公司非定向捐款50万元。12月22日，福建省烟草公司定向县纪委捐款9万元。

捐物 5月，福建省达利集团公司捐赠矿泉水1600件、蛋黄派食品1400件、蒙牛纯牛奶500件、八宝粥200件，厦门庚泉贸易公司捐赠帐篷10顶、行军床20张，三一重工捐赠挖掘机2台，福建省基督教协会捐赠帐篷100顶、生活用品一批。

14. 贵州省

捐款 6月6日，贵州省习水庆华煤矿非定向捐款1.2万元。

15. 山西省

捐款 5月18日，汾阳市府小学定向花荄镇小学捐款2.8万元。9月11日，山西省琼海华南煤炭有限公司定向秀水镇新民小学捐款10万元。

16. 陕西省

捐款 7月23日，陕西省个体劳动者协会定向塔水镇小学捐款70万元。

捐物 6月，陕西省富万钾公司捐赠钾肥80件，陕西临潼明圣宫捐赠帐篷400顶。

17. 湖南省

捐物 5月，湖南省兴龙医疗设备公司捐赠迈瑞手提B超机1台。

18. 安徽省

捐物 6月，黄山市基督教会捐赠食品50件、衣服50箱。

19. 甘肃省

捐款 6月18日，甘肃省榆林市医院定向黄土镇小学捐款5294.2元。

20. 北京市

捐款 5月21日，北京市佛恩斯国际投资有限公司非定向捐款10万元。6月16日，安信证券定向桑枣镇初级中学捐款70万元。6月17日，太平洋人寿保险有限公司定向花荄镇联丰村捐款123.6万元。6月24日，北京市天融信网络公司定向桑枣镇初级中学捐款14.15万元，北京市天融信网络公司定向桑枣镇初级中学捐款14.15万元。6月28日，北京市知道剑宇信息技术有限公司定向桑枣镇初级中学捐款5万元。6月28日，安全焦点组织和网友定向桑枣镇初级中学捐款9980元。7月15日，北京市博络公司非定向捐款2774.1元。8月2日，中国百胜集团、完美公司、大港油田、王老吉集团等单位资助安县93名大学生共计36.3万元。8月8日，北京市五洲投资有限公司定向永安镇小学捐款2万元。8月18日，北京市慕尼黑保险公司定向秀水镇小学捐款1.85万元。9月2日，北京市高教世达教育文化发展有限公司定向县教体局给学校购买卫生用车捐款10万元。10月15日，北京市慕尼黑保险公司定向秀水镇小学捐款4.96万元。

2009年4月24日，航天信息股份有限公司定向秀水镇第三小学捐赠180万元。4月26日，李宁公司非定向捐款100万元，北京博络公司非定向捐款2774.10元。4月28日，新华出版社定向县新华书店捐款1000元。

捐物 5月，北京市泰达荷银公司捐赠书包1200个、毛绒玩具1200个，正心堂北京文化传播中心捐赠帐篷8顶、大米1125公斤、菜油125公斤，民航资网捐赠一次性使用床单3件、口罩10件、输液贴1件。

21. 上海市

捐款 5月20日，上海臣容电子有限公司非定向捐款3020元。6月2日，上海市外国语小学学生非定向捐款6771.32元。6月14日，上海市旭汇金刚石有限公司定向晓坝小学捐款3020元。6月15日，上海市慈善协会定向县民政福利中心捐款720万元。6月21日，利拉伐上海乳业机械公司定向县永丰乳业公司捐款288万元。7月14日，中国集网卡（上海）定向桑枣镇第一小学捐款13.81万元。7月24日，上海市捷隆贸易有限公司定向桑枣镇初级中学捐款10万元，上海呼码中学定向桑枣镇初级中学捐款1万元。11月19日，上海市慈善基金定向桑枣镇第一小学购置设备捐款25.70万元。12月3日，上海市慈善总会（四川省慈善总会转）定向界牌镇初级中学捐款250万元。12月5日，上海市慈善基金大学定向界牌镇初级中学捐款200万元。12月9日，艾默生公司定向清泉镇小学捐款120万元。

捐物 5月，上海市文星报业捐赠帐篷33顶，上海市爱心快车道捐赠药品10件、卫生用品25件、口罩7件、食品17件、饼干30件、睡袋4包、帐篷3顶、棉被5件、香皂2件、书包1箱、蚊帐1件，上海市慈善基金浦东分会捐赠藿香正气液45件、诺氟沙星胶囊6件、板蓝根颗粒7件、云南白药2件，上海点夺电子科技有限公司捐赠帐篷4顶。6月，文汇新民报业集团、上海航空等上海市15家单位团委捐赠帐篷、奶粉等物资价值300万元。

22. 天津市

捐物 6月，天津市硫酸实业公司捐赠驱蚊虫蒙露279件。

23. 重庆市

捐款 5月17日，重庆市久久公司非定向捐款两笔1.5万元。6月2日，重庆市万州工业园区华哥生物化学有限公司员工定向睢水镇捐款2200元，重庆市万州工业园区昌庆塑料包装有限公司员工定向睢水镇捐款3000元，重庆市万州工业园区机关职工定向睢水镇捐款4500元，重庆市万州工业园区兰花太阳能有限公司员工定向睢水镇捐款4200元。6月7日，重庆市慈善总会定向迎新乡小学捐款2.06万元。6月12日，重庆市殡葬协会定向县殡仪馆捐款10万元。6月16日，重庆人民大学校友会定向扶持1名大学生捐款3万元。

企业捐赠

捐物 5月，重庆市富邦航运有限公司捐赠方便面1498件、矿泉水3500件、棉被252床，重庆市朗萨家私有限公司捐赠棉被600套，重庆市小林寝饰有限公司捐赠棉被500套，重庆市唐宋红服饰有限公司捐赠服装1000件。6月，重庆市衣之纯服饰有限公司捐赠服装186件，重庆市名瑞服饰有限公司捐赠服装100件，重庆市林茂贸易公司捐赠服装100件，重庆市罗蒙服饰有限公司捐赠服装138件，重庆市贝福特服饰有限公司捐赠服装186件，重庆市旭凯服饰有限公司捐赠服装44件，重庆市旅游公司捐赠书包215个、文具85套、毛巾85包、羽毛球拍20副、文具盒14件、篮球10个、乒乓球10盒、水彩笔239盒、圆珠笔160包、胶棒3包、橡皮6包、中性笔52盒、卷笔刀135个、铅笔269把、套尺323套、玩具30盒、圆规20个、跳绳77根、小字本500个、象棋7副、字典80本、铅笔芯2桶、自动铅笔10盒、排球2个、作业本1400本，重庆市富邦航运有限公司捐赠方便面1498件、矿泉水3500件、棉被252床，重庆市解西堂捐赠帐篷、食品、药品120件。7月，重庆市诺诗曼服饰有限公司捐赠被套59床、线毯194床、枕芯58个、靠垫50个，重庆市爱玛诗曼服饰有限公司捐赠服装200件，重庆市嘉木贸易有限公司捐赠大米250公斤、矿泉水20箱、挂面5箱，重庆市泰诗达商贸有限公司捐赠凉被50床、纯净水200箱，重庆市龙福食品有限公司捐赠饼干150件，重庆市富邦航运有限公司捐赠大米15吨、面粉5吨、奶粉20箱、手套1000双、口罩1000个、矿泉水2980件、卫生用品30箱、纸巾70箱。

24. 广西壮族自治区

捐款　6月28日，梧州市第二中学定向桑枣镇初级中学捐款1万元，梧州市第四中学定向桑枣镇初级中学捐款1万元。

25. 西藏自治区

捐物　6月，西藏集团捐赠雪山金罗汉止痛涂膜剂10件。

第四节　香港、台湾捐赠

一、香港特别行政区

捐款　5月22日，香港现成电脑纸有限公司非定向捐赠港币44.61万元。

捐物　6月，香港明一集团捐赠学生用品1车、军用帐篷2顶。香港特别行政区大地慈善基金会捐赠床单3000套。香港佛教观音院捐赠电风扇1500台。

二、台湾

捐款　5月20日，台湾法鼓山基金会慰问秀水镇汉昌小学遇难教师家属捐款2000元、慰问雎水卧佛寺捐款2000元、慰问飞鸣禅院捐款2000元，台北法鼓山慈善会定向秀水镇修建自来水塔和采购饮用水捐款10万美元。5月23日，台湾道协、中国道协定向捐款5600元。6月16日，台湾法鼓山基金会签订援建秀水镇第一小学、秀水镇中心卫生院协议捐款3100万元。6月28日，佛山市顺德区台商投资企业协会定向桑枣镇第一小学、茶坪乡万福村小学捐款103万元。9月25日，台湾法鼓山基金会定向捐赠助学金22.2万元。台湾LI0NS CLVBS INTERNATI0NAL定向安昌镇双龙村小学捐款1.5万美元。12月29日，台湾LIU HSZANG FA定向安昌小学捐款69982美元。

2009年2月28日，台湾狮子会定向安昌镇双龙小学捐款7万美元。3月5日，台湾LI0NS CLUBS非定向捐款62057美元，县团委牵头台胞南亚环氧树脂昆山有限公司签订援建界牌镇、清泉镇、宝林镇三所小学协议捐款770万元。5月3日，台湾众召会基督教非定向捐款10万元。5月6日，台湾比丘尼协会非定向捐款15万元。

捐物　5月，台湾法鼓山基金会捐赠食品、餐具1批，台资企业重庆金鑫集团捐赠矿泉水1000件。6月，台资企业重庆顶新食品有限公司捐赠果汁1万件，法鼓山基金会捐赠帐篷、食品、药品5大车。法鼓山基金会捐赠帐篷、睡袋、帐篷、油布、矿泉水等用品一批，台湾法鼓山慈善基金会捐赠救护车1辆、帐篷200顶、油布87件。台湾长城浪板股份捐赠医疗用品一批。

第五节　国际社会捐赠

一、国际组织

（一）联合国儿童基金会

捐物　5月，联合国儿童基金会捐赠乘用车1辆，联合国粮食计划署捐赠方便面1.2万件，狮子国际会捐赠帐篷100顶。

（二） 国际劳工组织北京局

捐款　6月14日，国际劳工组织北京局定向县就业局捐款7500元。

二、其他国家

（一） 荷兰

捐物　5月，荷兰红十字会捐赠帐篷1620顶。

（二） 德国

捐款　8月1日，德国学习旅行社定向安昌幼儿园捐款1万欧元。

捐物　5月，德国民爱、进得公益慈善组织捐赠帐篷1019顶、捐赠大米100吨、菜油10吨，德国红十字会捐赠帐篷1068件，德国明爱公司捐赠帐篷307件。6月，德国称耳公司捐赠艾美乐农药28件、好立克农药70件、毒死农药50件、杀虫双750件、阿维菌50件、三环唑80件、扑虱灵53件、大丰收150件。

（三） 美国

捐款　12月3日，美国国际文化交流总公司定向沸水镇小学捐款2000元。12月6日，美国BROADLOGSC TECHNOLOGIES定向乐兴镇初级中学捐款13929美元。12月8日，美国角声基金会定向桑枣镇初级中学捐款240万元。

捐物　6月，美国儿童捐赠学习包400箱。

国际友人看望灾区群众

（四） 加拿大

捐款　6月10日，加拿大全球波导学校定向西苑中学捐款5000元。

（五） 瑞典

捐款　8月5日，瑞典UNIBRANDSA定向黄土镇初级中学捐款10万瑞士克朗。

捐物　6月，瑞典徕亚机械公司捐赠排气扇2个。

（六） 韩国

捐物　韩国基督教长老会捐赠生活用品（价值7万元）。

第六节　省内捐赠

一、成都市

捐款　5月15日，成都冰洋酒业（青岛啤酒）部分员工非定向捐款1760元。5月20日，成都安图科地信息技术有限公司非定向捐款500元，四川空间信息产业发展有限公司非定向捐款500元。5月23日，成都森宇实业有限公司非定向捐款20万元。5月25日，成都市金牛区茶店街道非定向捐款1万元，成都港基房地产公司非定向捐款8万元。5月27日，成都市崇州市旺达饲料公司定向花荄镇前进村4组刘成荣捐款5000元。6月6日，成都市嘉瑞钢构定向县公安局捐款1.07万元。6月14日，成都市计算机实验学校定向晓坝镇小学捐款1000元。6月23日，成都大区比亚迪汽车售后服务部非定向捐款1.38万元，成都市浣花小学定向桑枣镇第二小学捐款1.36万元。6月24日，成都市双流县慈善总会非定向捐款50万元。7月10日，成都佳庆、四川五洲环境、鑫硕建设等公司定向睢水镇小学捐款2.68万元。9月27日，成都森宇实业有限公司定向县纪委捐款20万元，成都市龙泉驿区向黄土镇捐款5万元。

捐物　5月27日，金堂金泰房产公司捐赠饼干、面包100件、矿泉水9000件、白糖3000公斤、食盐5000公斤、棉被120床、药品1卡车、蜡烛55件、蚊香100件、手套2万副、花胶布50件，金堂县绿岛会议中心捐赠柜子70个、床120套、蚊帐80张、凳子80把、棕垫280床。5月，成都恩威集团捐赠洁尔阴洗液300箱，成都市万德福食品有限公司捐赠老公饼、老婆饼1500件，成都市捐赠矿泉水7件、饼干6件、牛奶10袋、火腿肠45根、奶粉6袋、面包6提、毛巾750条、生活用品5车，成都市捐赠篷布32件，成都花花同学会捐赠矿泉水70件、饼干12件、蔬菜9件、口罩2000只、药品一批。6月，成都花花同学会再次捐赠药品3件、火腿肠30件、面包12件，双流县公安局捐赠蔬菜1车，成都康弘制药公司捐赠大米5吨，成都华美培训中心捐赠棉被400床，四川科技图文公司捐赠手电筒100支、雨伞100把，成都恒通木业有限公司捐赠木工板3626张，成都信特药业有限公司捐赠加替沙星氯化钠注射液1批，成都航空金穗有限公司捐赠矿泉水25件、饼干11件、火腿肠3箱、棉被175床、帐篷9顶、消毒液10瓶，成都天一学院捐赠矿泉水78件、午餐肉5件、火腿肠4件、方便面11件、衣服128件，成都天荣北软信息技术公司捐赠药品15件，新都平安建筑公司捐赠乒乓球桌10张、羽毛球30盒、乒乓球16盒、跳棋70副、军旗70副、五子棋70副、象棋70副、橡皮筋300根、跳绳70根、羽毛球拍12副、乒乓球拍14副、臂力器70个、拉力器80个、足球20个、画板20个，成都万达广场商业管理学院捐赠学生用品400套，成都备灾中心捐赠棉垫10捆、鞋1箱、复方法莫替丁咀嚼片44件、肛泰软膏95件、甜梦口服液28件、小儿清热口服液7件、牛牌金香玉大米99袋。成都庞华捐赠纯净水80件、饼干类食品80件，成都市捐赠大米5000斤、航空毯65件，成都正大公司捐赠鸡蛋3857公斤，成都备灾救灾中心捐赠药品、大米等物资301件。

二、绵阳市

（一）市级机关

捐款　5月22日，市检察院非定向捐款10万元。5月23日，市司法局定向县司法局捐款9万元，市交通局定向县交通局捐款50万元，市统计局非定向捐款8万元。5月28日，市体育局非定向捐款10万元。5月30日，市公安局装备财务处定向县公安局捐款10万元。6月3日，市畜牧局定向县畜牧局捐款4万元。6月4日，市人口和计划生育委员会定向县人口和计划生育局捐款3.5万元。6月5日，市农业局定向县农业局灭鼠捐款20万元，市统计局定向县统计局捐款7万元。6月6日，市农业局定向县农业局灭鼠捐款20万元。6月10日，市法院定向县法院捐款10万元。6月16日，市中级人民法院定向县法院捐款5万元，市审计局定向县审计局捐款3万元。6月18日，市统计局定向县统计局捐款5万元，市人事局定向县人事局捐款8万元。6月25日，市计生局定向县人口和计划生育局捐款3万元，市人事局定向县人事局捐款7500元（“三支一扶”大学生震灾救助金）。6月26日，市农机局定向县农机局捐款3000元。6月28日，市农业局定向县农业局捐款4万元（灭鼠工作经费）。7月10日，市政法委定向县农业局购车捐款20万元。7月11日，市防震减灾局定向安县地震办捐款5万元。7月14日，市残联定向县残联捐款20万元，市民宗局定向县统战部捐款4万元。7月21日，市商务局定向县发改局救灾保供和恢复流通捐款50万元。8月5日，市科学技术协会定向县科学技术局捐款13万元。9月18日，市委定向县机要局密码工作捐款1万元。9月24日，市检察院定向县检察院捐款10万元。9月25日，市司法局定向县司法局捐款1万元，市新华劳教所定向县司法局捐款1万元。9月27日，市科学技术局定向县科学技术局捐款2万元。12月30日，市委定向县党史研究室捐款1.2万元。2009年3月6日，市委宣传部定向县委宣传部捐款100万元。

捐物　5月，市民政局捐赠帐篷89顶、轮椅80辆、冰柜20台、多层板4420张，团市委捐赠食盐20件、书包1件、婴儿用品1件、生活用品2件、奶粉1件，市投资促进局捐赠衣服56箱，市抗震指挥部调拨挖掘机和装载机共4台、发电机3台。6月，市教育局捐赠方便面500件、矿泉水1000件、饼干10件、火腿肠300箱、棉絮1000床、床单760床、枕套100个、枕芯100个、书包1320个、文具盒1320个、直尺1320个、自动铅笔1320个、削笔刀1320个、软抄本5102个、铅笔3961个、铅笔芯2500盒、手机10部，市体育局捐赠毛毯25床、文化衫10包、书包3套、文具2套并送慰问信1000封，市教育局捐赠收音机（含电池）3500套。7月，市总工会捐赠凉被170床、被子390床、毛巾被200床、帐篷8顶、牛仔裤100条、毛毯3床、运动衫350件。市教育局捐赠《现代汉语词典》1000册、《新华词典》2000册、《同学们咱们聊一聊》350册、《地震灾害心理辅导》45000册，市农业局捐赠遮阳网1捆、大米3件、牛奶15件，市教育局捐赠书800本、图书660本、光碟50张、福娃玩具20盒、投影仪4台。8月，市教育局捐赠水杯100个、图书2000册、眼药水20箱。市抗震救灾指挥部医疗救治分指挥部捐赠口罩2件、输液贴1件、一次性口罩帽子19件、一次性输液器7件、一次性注射器35件、纱布绷带2件、消毒灵2件、丹参1件、创可贴1件、头孢拉啶9件、头孢曲松钠35件、头孢哌酮舒巴坦27件、头孢噻肟纳9件、头孢他啶26件、头孢克肟胶囊17件、阿莫西林颗粒13件、PNCV钾片11件。9月，市抗震救灾指挥部捐赠头孢曲松钠等20种药品182件，市抗震救灾指挥医疗救治指挥部捐赠医用纱布10件、一次性引流管1件、夹板8件、担架车10辆、缝合器械1包、外科手术器械包1包、喉镜1台、轮椅20辆、病床30张、床垫20个、医用防护服40件，绵阳抗震救灾指挥部捐赠医用物资60件。10月，市抗震救灾指挥医疗救治分药械组捐赠监护仪15台、输液泵1台、指二脉搏血氧饱和度仪4台、移动三氧消毒机2台、高频移动式X射线摄像机3台、高频电刀1台、X射线诊断设+成像仪1台，市抗震救灾指挥部捐赠黑白系列全数字化超声诊断仪207台、B型超声分析仪10台。11月，市卫生局捐赠防寒服266件、创维EVD29980AC电视25台，市红十字会捐赠乘用车4辆。

（二） 市内企事业单位

捐款　5月25日，绵阳神龙饲料有限公司非定向捐款2万元。6月3日，绵阳市万莘宏达建筑有限公司全体员工非定向捐款5万元，绵阳天府怡和有限公司定向安昌镇沙金村捐款20万元。6月21日，绵阳圣鼎集团定向资助大学生刘伟捐款3000元，绵阳华利达房地产开发有限公司非定向捐款5万元，市红十字会定向县卫生局捐款1.5万元。8月4日，市就业中心定向县就业局捐款20万元。9月3日，绵阳市迎宾路陶瓷商会定向乐兴镇小学捐款5200元。9月6日，金鸿饲料公司定向安昌幼儿园捐款3000元。9月11日，九州电器集团有限公司定向县政务服务中心、惠民帮扶中心捐款共20万元，绵阳华利达房地产开发有限公司定向县人大常委会捐款5万元。10月8日，绵阳川银房地产开发有限公司定向安昌幼儿园捐款5000元。12月2日，市少年宫定向安昌幼儿园捐款2.42万元。12月16日，市教育基金会定向界牌镇学校捐款120万元。

捐物　5月，绵阳长虹捐赠物资价值30万元，绵阳兴力达捐赠手机100部、口罩2000只、手套2000双，绵阳福祥粮油公司捐赠大米3吨，长虹有限公司捐赠矿泉水696件、方便面600件、棉被20件、棉絮20件、手套480双，地亚汽车绵阳售后服务站捐赠大米1000袋、矿泉水15件、八宝粥2件，绵阳美乐化妆品公司捐赠化妆洗液58件、洗头液60件，绵阳尚高公司捐赠大米1500公斤、衣服4箱，绵阳宏杰房产、塘汛镇三河村捐赠方便面3件、矿泉水1件、大米380公斤、面条3箱、蔬菜10袋、篷布6袋、尼龙绳8捆，市红十字会给县卫生局分配捐赠车辆4辆，树人集团捐赠大米1000公斤，绵阳药业集团公司捐赠复方桔梗麻黄碱糖浆等药品50件，绵阳涪源公司捐赠纯净水15件、饼干6件、方便面22件，今朝装饰公司捐赠纯净水81件、饼干类食品50件。

（三） 市内县

捐款　6月9日，三台县检察院定向安县检察院捐款1万元。10月8日，平武县涪源房产开发有限公司定向安县规划建设局捐款100万元。

捐物　5月，三台县农业局捐赠方便面13件、大米990公斤。

三、南充市

捐款 5月15日，华蓥市溪口水泥有限公司非定向捐款5万元。9月25日，南充市审计局定向安县审计局捐款2万元。

捐物 5月，南充市高坪区民政局捐赠面粉3吨、大米27吨，南充市公安局捐赠蔬菜1车，万州蜀姜米花公司捐赠饼干类食品10件。

四、达州市

捐款 5月18日，大竹县人民政府非定向捐款50万元。

五、内江市

捐款 5月20日，威远县财政国库支付中心非定向捐款30万元。5月27日，隆昌县慈善总会非定向捐款50万元。5月30日，内江市民政局定向茶坪乡捐款30万元。6月5日，威远县慈善总会非定向捐款30万元。10月11日，威远县民政局定向茶坪希望小学捐款3.2万元。

捐物 5月，内江市威远县新杨镇上游村捐赠矿泉水100件、方便面30件、黄瓜1500公斤，威远县捐赠矿泉水360件、方便面50件、榨菜140件、棉被9床、八宝粥30件、电风扇143台、衣服300件。

六、资阳市

捐款 5月23日，资中县财政国库支付中心非定向捐款40万元。9月27日，资阳市新华书店非定向捐款4000元。

七、德阳市

捐物 5月，德阳市捐赠衣物180件。广汉市新华镇捐赠纯净水8件、饼干1件、方便面（饭）5件。德阳市八角镇捐赠纯净水4件、饼干类食品1件、方便面1件。

八、泸州市

捐物 5月，泸州市教委捐赠矿泉水1880件、方便面2540件，泸州市叙永县庆兵白酒经营部捐赠矿泉水9件、方便面76件、面条28袋、衣物860件，泸州警校捐赠蔬菜水果1车。

九、峨眉山市

捐物 5月，峨琳服装厂捐赠学生服270套。

十、自贡市

捐物 5月27日，自贡市农科所捐赠黄豆250公斤。

十一、广安市

捐款 5月30日，安岳县农村能源办公室定向县农村能源办公室捐款3000元。6月7日，广安市信访局定向县公安局捐款7万元。8月4日，广安市慈善会非定向捐款65万元。10月10日，广安市慈善协会定向安州小学捐款50万元。

捐物 5月，邻水县电视台捐赠纯净水15件、方便面（饭）7件。

十二、凉山州

捐款 6月8日，凉山州德昌非定向捐款1200元。

十三、宜宾市

捐款　6月18日，宜宾市交通局定向县交通局捐款3万元。6月26日，建水县会计核算中心教科文组定向乐兴镇中学捐款104.56万元。

捐物　5月，宜宾市五粮液酒厂捐赠酒120件，林宏商贸公司捐赠彩条布496件，宜宾市民政局捐赠0.9%生理盐水500瓶、阿莫西林颗粒5件、纱布绷带1件。

十四、雅安市

捐款　6月28日，雅安市石棉县办事处非定向捐款2666元。

十五、阿坝州

捐物　6月，阿坝州捐赠毛巾被500包、方便米饭247件。

十六、甘孜州

捐款　7月14日，甘孜州粮食局定向县粮食局捐款3000元。四川康定匿名志愿者非定向捐款300元。

十八、遂宁市

捐款　8月15日，遂宁市射洪县法院执行局定向安县法院执行局捐款2000元，遂宁市法院执行局定向县法院捐款1000元。

捐物　5月，射洪县教育系统捐赠矿泉水102件、彩条布300米，船山区教育局捐赠雨衣200件、棉絮100床、方便面100件、饼干50件、奶茶50件、帐篷30顶，遂宁市教育局直属学校捐赠帐篷3顶、矿泉水20件、方便面20件、校服25件，遂宁市农业局捐赠大米1000公斤，龙安种业公司捐赠大米2000公斤、菜油350公斤，射洪县民政局捐赠皮肤抗菌剂药品20件。

安县救援物资发放点

第七节　县内单位捐赠

一、县级机关

捐款　11月13日，县红十字会定向秀水镇第一小学捐款2万元。

捐物　5月，县级机关捐赠物资铅笔45件、书包1235个、饭盒1641个、被套310床（县总工会接收），图书16箱、学生礼仪用服1箱（县红十字会接收），方便面20件、棉被4250床、图书240件、豆奶饮料100件（县抗震救灾指挥部办公室接收），藿香正气水9件（县药监局接收），风油精5件、复方桔梗麻黄碱糖浆5件、寒喘颗粒5件、曲咪新乳膏5件、骨通贴膏5件、三七伤药片5件、牛黄解毒片5

件、跳骨片 5 件、复方丹参片 5 件、咳特灵胶囊 2 件、拉明片 1 件、头孢拉啶 5 件（由县抗震救灾指挥部采购），均转交县民政局用于抗震救灾。

二、乡镇

捐款 6 月 10 日，花荄镇政府定向花荄镇小学捐款 600 元。6 月 14 日，晓坝镇抗震救灾指挥部定向晓坝镇小学捐款 2000 元。6 月 29 日、9 月 3 日、12 月 5 日，界牌镇政府 3 次定向捐款 3.12 万元。8 月 22 日，永河镇政府定向捐款 8300 元。11 月 19 日，沸水镇政府定向捐赠款 2.25 万元。

三、村（社区）

捐款 5 月 31 日，花荄镇净业念佛堂非定向捐款 3 万元，晓坝镇关心村委会非定向捐款 200 元，安昌镇居民非定向捐款 412.8 元。

四、企（事）业单位

捐款 5 月 23 日，安县永宏纸箱包装厂非定向捐款 2600 元。6 月 10 日，安县新盛自来水公司定向花荄镇小学捐款 600 元，花荄镇卫生院定向花荄镇小学捐款 200 元。7 月 11 日，县新华书店定向县教体局捐款 3 万元。10 月 14 日、16 日，安县新华书店定分别向安昌镇小学、高川乡初级中学捐款 2000 元、1000 元。10 月 14 日，安昌镇小学师生非定向捐款 4326.6 元。10 月 17 日，安县纸业公司定向睢水镇捐款 5 万元。12 月 3 日，中国银行安县支行定向沸水镇小学捐款 1 万元。12 月 8 日，花荄吉利电力自行车厂非定向捐款 1000 元。

2009 年 1 月 19 日，安昌幼儿园接收 1700 元。1 月 22 日，界牌镇小学接收 10 万元。3 月 24 日，汪氏蜜蜂园定向乐兴镇初级中学捐款 1526.6 元。3 月 26 日，桑枣镇第一小学接收 20 万元。4 月 7 日，迎新乡初级中学接收 20 万元。4 月 8 日，清泉镇小学接收 90 万元。4 月 10 日，迎新乡小学接收 28.5 万元。沸水镇小学接收 9 万元。4 月 22 日，桑枣镇第一小学接收 1000 元（接收捐款均上缴县财政专户）。

捐物 5 月，安县好医生制药厂捐赠石榴汁 20 件、其他药品 4 箱。县总工会捐赠凉被 7 床、旅行包 1 个、裤子 600 条、毛毯 3 床、运动衫 145 件、大米 41 袋、矿泉水 100 件。兴仁乡小学捐赠蔬菜 5 袋、大米 50 公斤、猪肉 25 公斤。安县中学捐赠电筒 3 支、电池 48 对、手套 40 双。

第八节 特殊党费捐赠

一、县级机关党委、党组、支部

7 月，县级机关党员捐赠特殊党费 21.33 万元。其中县直机关工委 1.51 万元、教体局党委 2.36 万元、公安局党委 1.66 万元、建设局党委 1.8 万元、交通局党委 1.54 万元、水务局党委 4800 元、卫生局党委 1.15 万元、经贸局党委 1.38 万元、粮食局党总支 800 元、工业园区党工委 1300 元、地管处党工委 2400 元、农业局党委 3900 元、林业局党委 6350 元、招商局党支部 600 元、人大党总支 3900 元、档案局党支部 600 元、纪委党支部 2050 元、农委办党支部 450 元、宣传部党支部 1500 元、安州通讯社党支部 400 元、气象局党支部 5060 元、国税局党委 5060 元、组织部党支部 3750 元、老干局党支部 400 元、总工会党支部 662 元、团委党支部 100 元、计划生育局党支部 1130 元、药监局党支部 650 元、史志办党支部 650 元、县委办党总支 7948 元、统计局党支部 1700 元、党校党支部 800 元、农机局党总支 1900 元、劳动保障局党组 2750 元、政法委党支部 1200 元、国土资源局党总支 3200 元、科技局党支部 850 元、环保局党支部 1650 元、民政局党总支 1700 元、人事局党支部 1350 元、技术监督局党支部 1100 元、信访局党支部 600 元、检察院党总支 3050 元、广播局党支部 1730 元、财政局党总支 3300 元、住房公积金管理处党支部650元、县政府办党总支1.18万元、地税局党委3700元、畜牧局党支部950元、文化旅游局党总支2400元、统战部党支部1477元、法院党总支6650元、审计局党支部2663元、工商局党总支5700元、政协党总支2750元、司法党支部局1600元、邮政局党支部1000元、妇联党支部350元、安监局党支部600元。

二、乡镇党委

7月，各乡镇党员捐赠特殊党费40.35万元。其中花荄镇5.66万元、黄土镇2.92万元、界牌镇2.27万元、永安镇2.08万元、塔水镇1.65万元、兴仁乡2410元、乐兴镇1.57万元、晓坝镇1.72万元、沸水镇9216元、迎新乡1.07万元、宝林镇1.75万元、清泉镇1.36万元、秀水镇3.47万元、睢水镇2.28万元、河清镇6540元、永河镇2.37万元、茶坪乡1.74万元、高川乡3520元。

三、企（事）业单位党委、支部

7月，安县企事业单位党员捐赠特殊党费6.22万元。其中银河公司党委5.01万元、安县纸业公司党委6015元、供销社党委2951.2元、工商联党支部450元、残联党支部700元、609电台党支部300元、盐业公司党支部200元、电信公司党总支1450元、县委招待所党支部400元。

第九节　接收个人捐赠

一、接收捐赠资金

地震后，全国各地个人共捐款18008.15万元，支援安县抗震救灾。

全县接收个人捐款统计表

表42　　2008年5月12日—2009年5月12日

捐赠时间	捐赠人	捐赠金额（元）	捐赠时间	捐赠人	捐赠金额（元）
2008年5月15日	绵阳市英才小学学生奉佐琳	1000	2008年5月15日	安县唐依兵	100
2008年5月15日	安县奉麒麟	500	2008年5月15日	安县贺军	100
2008年5月15日	安县雷孝勇	100	2008年5月16日	花荄镇益昌路王书全	200
2008年5月16日	安县何明丰、李昌荣、彭晓波	1300	2008年5月16日	刘一手花荄店钟晓东	500
2008年5月16日	花荄镇柏杨村赖晓伟	10	2008年5月17日	花荄镇徐铭	2000
2008年5月18日	文静	56.83	2008年5月18日	张国兴	4000
2008年5月18日	四川大学学生	4778.2	2008年5月19日	安县黄明诗	1000
2008年5月19日	安县洪博	500	2008年5月19日	安县陈谦	300
2008年5月19日	安县黄明诗	1000	2008年5月19日	安县个人（通过捐赠箱接收）	3216
2008年5月20日	安县朱某	1000	2008年5月20日	广州市天河区柯木高唐工业区袁志敏	100万
2008年5月20日	安县眭斌	8350	2008年5月20日	安县侯明存	5000
2008年5月20日	安县陈让德	20万	2008年5月22日	安县杨蓉	500
2008年5月22日	安昌镇市民李青友	1000	2008年5月22日	香港特别行政区李家杰	3万
2008年5月23日	成都市张旭东	1000	2008年5月23日	孙海杰	1万

续表

捐赠时间	捐赠人	捐赠金额（元）	捐赠时间	捐赠人	捐赠金额（元）
2008 年 5 月 23 日	袁添	20 万	2008 年 5 月 23 日	河南省许昌市郑国杰	5000
2008 年 5 月 23 日	四川省委办公厅干部张华林	7120	2008 年 5 月 23 日	黄土镇人民村刘地财	5000
2008 年 5 月 23 日	安昌镇竹林社区朱贤英	1 万	2008 年 5 月 23 日	安县个人（通过捐赠箱接收）	1720
2008 年 5 月 24 日	广东省东莞市一名个人	2000	2008 年 5 月 24 日	东莞市医疗救护队非定向捐款	6600
2008 年 5 月 24 日	富豪门窗厂吴开富	1 万	2008 年 5 月 24 日	安县各单位职工	1.17 万
2008 年 5 月 24 日	王军	500	2008 年 5 月 24 日	花荄镇初级中学生姚霞	50
2008 年 5 月 25 日	辽宁省孟强	1400	2008 年 5 月 25 日	安县若干个人	3150.6
2008 年 5 月 25 日	青海省青年医疗志愿队	3300	2008 年 5 月 25 日	安县机关干部职工	22.88 万
2008 年 5 月 26 日	县级各单位干部职工	2.14 万	2008 年 5 月 27 日	县级各单位职工	4.56 万
2008 年 5 月 28 日	安县杨林寿	200 元	2008 年 5 月 28 日	安各单位职工	1.87 万
2008 年 5 月 28 日	安昌镇 1 名个人	412.8	2008 年 5 月 29 日	广东省爱心人士	3.23 万
2008 年 5 月 29 日	广东省众善信弟子	5000	2008 年 5 月	北京大学郝丽英	35 万
2008 年 5 月 30 日	沸水镇邢苇苇	1000	2008 年 5 月 31 日	安县机关职工	3400
2008 年 5 月 31 日	江苏省高玉莲	1.93 万	2008 年 5 月 31 日	孙悦	5 万
2008 年 5 月 31 日	江阴市周庄张世林	3.02 万	2008 年 6 月 1 日	四川康富房屋拆迁发展有限公司肖琼珍	2000
2008 年 6 月 2 日	花荄镇文星小区陈波	1000	2008 年 6 月 3 日	绵阳树苹餐具经营部唐维树	500
2008 年 6 月 4 日	花荄镇何建	200	2008 年 6 月 4 日	河南省洛阳卫生防疫队白世选等 6 人	1200
2008 年 6 月 5 日	西南科技大学职工	2 万	2008 年 6 月 9 日	河南省周口市郸城检察院张伟	1000
2008 年 6 月 10 日	花荄镇吴开汉	1000	2008 年 6 月 10 日	李敬	2000
2008 年 6 月 10 日	成都市一匿名个人	1000	2008 年 6 月 10 日	上海个人	1000
2008 年 6 月 10 日	上海外国语小学学生	6771.32	2008 年 6 月 12 日	成都民营企业蒋东	1000
2008 年 6 月 16 日	河南省卫生监督所赴川救援队队员	2000	2008 年 6 月 16 日	成都市陈军	100
2008 年 6 月 16 日	海南陵水县魏永刚	1000	2008 年 6 月 17 日	广东省邱为民	5 万
2008 年 6 月 18 日	安县个人	400	2008 年 6 月 18 日	安县刘明江	1000
2008 年 6 月 18 日	洛阳市卫生防疫队白世选等 6 人	1200	2008 年 6 月 18 日	成都市商业银行员工	500
2008 年 6 月 18 日	安县刘焕兵	1000	2008 年 6 月 18 日	广东省梅州金利来黎次谭	100
2008 年 6 月 18 日	南京金基公司职工	500	2008 年 6 月 18 日	上海市山阴路葛德铃	1000
2008 年 6 月 18 日	宝钢路田心大厦廖小平	950	2008 年 6 月 18 日	深圳市南山区学府许定喜	2000
2008 年 6 月 18 日	曾崇福	200	2008 年 6 月 20 日	安县盛瑞华	200
2008 年 6 月 23 日	川师大附小个人	200	2008 年 6 月 23 日	安县刘明江	1000
2008 年 6 月 23 日	安县刘焕兵	1000	2008 年 6 月 23 日	安县李敬	2000
2008 年 6 月 23 日	安县安昌小学肖天瑞	5000	2008 年 6 月 23 日	安县花荄镇张洪建	1 万
2008 年 6 月 23 日	“5·12”志愿者青年联盟	5000	2008 年 6 月 23 日	匿名爱心车友	4.15 万

续表

捐赠时间	捐赠人	捐赠金额（元）	捐赠时间	捐赠人	捐赠金额（元）
2008 年 6 月 23 日	河北省唐山市长明基金会吴长明	5000	2008 年 6 月 23 日	宜宾市翠屏区崔小军	500
2008 年 6 月 23 日	宜宾市宜宾碧水苑公司廖晓娟	1000	2008 年 6 月 23 日	香港特别行政区高毅强	2 万
2008 年 6 月 24 日	江苏省扬州市朱鹿	2.55 万	2008 年 6 月 24 日	江苏省镇江市曹祥发	200
2008 年 6 月 26 日	成都龙康机电公司蒋天祝	1000	2008 年 6 月 26 日	广汉市基督教会余老师、李老师	7500
2008 年 7 月 2 日	安县陈天超	55	2008 年 7 月 4 日	辽宁省辽中县吴传宇	3000
2008 年 7 月 4 日	辽宁省朝阳市喀左县邮政局职工	512	2008 年 7 月 4 日	山西省灵石县城关镇上村小区康全喜	828
2008 年 7 月 4 日	广西壮族自治区玉林市叶茂	1800	2008 年 7 月 4 日	广西师院文学院彭老师	500
2008 年 7 月 9 日	邓德芝	1.51 万	2008 年 7 月 14 日	甘孜州康定匿名个人	300
2008 年 7 月 14 日	泸州市江阳区桃园路翟怡鑫	500	2008 年 7 月 9 日	雅安市荥经县王必富	1000
2008 年 7 月 10 日	安县彭洪玉	1000	2008 年 7 月 11 日	在美华人	988 美元
2008 年 7 月 21 日	昆明市陈远能	1000	2008 年 7 月 21 日	县国土资源局彭诗章	600
2008 年 7 月 21 日	牟登富	100	2008 年 7 月 24 日	广东省深圳市金程	5060
2008 年 7 月 24 日	广东省广州市康落实业有限公司职工	1.5 万	2008 年 7 月 25 日	浙江省宁波市雄发墙体材料有限公司陈祖发	3 万
2008 年 7 月 25 日	重庆市杨明亮	5 万	2008 年 8 月 4 日	湖南省长沙市宋珞宏	2000
2008 年 8 月 4 日	安县秀水镇高山村黄学梅	8000	2008 年 8 月 6 日	上海市学生孔繁礼等人	31
2008 年 8 月 20 日	广东省黄胜清	300	2008 年 8 月 22 日	辽宁省刘觉远	5000
2008 年 8 月 22 日	广东省广州市康落实业有限公司职工	1.5 万	2008 年 8 月 22 日	安县永河镇金花村三组龚大军	5000
2008 年 8 月 31 日	上海市周锋	1 万	2008 年 8 月 31 日	上海市一名个人	8330
2008 年 8 月 31 日	安县秀水镇庄华明	1000	2008 年 9 月 3 日	安县桑枣镇黄成	500
2008 年 9 月 8 日	辽宁省张建华	1 万	2008 年 9 月 16 日	广东省深圳市南山区刘永光	4210.12
2008 年 9 月 23 日	新疆维吾尔自治区一农民工	10 万	2008 年 9 月 25 日	辽宁省于洪	10 万
2008 年 10 月 14 日	安县花荄镇朱义明	5000	2008 年 10 月 14 日	上海市郑智化	8000
2008 年 12 月 8 日	孙悦	5 万	2008 年 12 月 29 日	北京大学郝丽英	40 万
2009 年 1 月 13 日	肖绪国	3.39 万	2009 年 2 月 23 日	北京大学郝丽英	40 万
2009 年 3 月 23 日	凌海佑卫满族学校个人	423	2009 年 2 月 24 日	张剑	8400
2009 年 4 月 14 日	兴城市大寨中心张颖	500	2009 年 4 月 14 日	广东省深圳茂业集团员工	18.91 万
2009 年 4 月 18 日	唐山市宋志勇非定向捐款	5000	2009 年 4 月 18 日	黄魁林	2 万
2009 年 4 月 18 日	华商晨报社邢世伟	2569.3	2009 年 5 月 12 日	台湾狮子协会刘祥发	153 万
合　计	18008.15 万元				

二、接收捐赠物资

地震后，全县接收全国各地个人捐赠棉被衣物 45000 件、帐篷 800 顶、食品 50 吨、其他物品 10 车。

全县接收个人捐赠物资计表

表 43　　　　2008 年 5 月 12 日—2009 年 5 月 12 日

捐赠时间	捐赠人	捐赠物资
2008 年 5 月 15 日	新加坡爱心人士宋波	盐酸环内沙星片 1000 盒、医用纱布 50 件、酒精 5 件、碘附 5 件、新洁尔灭 5 件、84 消毒液 2 件，新加坡爱心人士捐赠盐酸环丙沙星片等 6 种药品
2008 年 5 月 20 日	安县花荄镇柏杨村蒋聪贵	黄瓜 150 公斤、蔬菜 1 筐
2008 年 5 月 26 日	安县界牌竹林村杨柏勇	萝卜 350 公斤
2008 年 5 月 28 日	秀水镇张强	粉条 324 公斤
2008 年 5 月	绵阳市市民族宗教局白元林	牛羊肉 450 公斤
2008 年 5 月	辽宁省张艳君姊妹	蒙古包 6 个
2008 年 5 月	辽宁省爱心人士	帐篷 9 顶、包裹 102 件
2008 年 5 月	湖北基督教会刘凤阙牧师	生活用品 1600 套
2008 年 5 月	上海市基督教会张长老	生活用品、药品一批
2008 年 5 月	北京市张某	保温桶 18 个、蚊香 137 箱、蚊帐 1470 床、牙膏 45 支、花露水 25 箱、卫生巾 100 箱、旅行套装 19 件、风油精 100 瓶、杀虫剂 1 件、药皂 2 箱、卫生纸 11 包
2008 年 5 月	河南省南阳市个人	帐篷 55 顶、棉被 210 床、睡袋 100 床、衣物 11 箱、雨衣 300 件
2008 年 5 月	河南省李浩	物资 1 车
2008 年 5 月	河南省个人	家庭用品 575 件
2008 年 5 月	河南省匿名爱心人士	棉被 500 床、包裹 15 件
2008 年 5 月	成都川音学院柴剑	矿泉水 5 件
2008 年 5 月	成都市一市民	棉被 7 床、毛毯 2 床、床单 2 床
2008 年 5 月	成都市中山公司个人	洁具 260 件、衣服 160 箱
2008 年 5 月	宜宾县古罗镇凉风广村个人	方便面、饼干 49 件、矿泉水 348 件、卫生纸 2 件
2008 年 5 月	四川省李洁	酒精蜡烛 160 件
2008 年 5 月	泸州市泸县青年志愿者	矿泉水和饮料 2400 件、方便面及等食品 1000 件、衣物 20000 件、药品 5 件、蔬菜 10 吨
2008 年 5 月	香港特别行政区基督教会包德宁、穆言灵牧师	帐篷、生活用品 1 车
2008 年 5 月	香港恩福堂何除牧师	矿泉水、食品、风扇 1 车
2008 年 5 月	台商吴莅兴	矿泉水及食品 200 件、物资 1 车
2008 年 5 月	台湾法鼓山基金会个人	食品、药品、帐篷 1 车
2008 年 5 月	雅昌、刘丹	帐篷 92 顶、毛毯 200 床、蚊帐 200 顶
2008 年 5 月	安县邓子福	大米 500 公斤、菜油 100 公斤
2008 年 6 月	乐山市个人	矿泉水 1198 件、沙琪玛 375 件、蛋糕 25 公斤、饼干 2 件、面条 15 件、黄瓜 7500 公斤、毛衣 2046 件

续表

捐赠时间	捐赠人	捐赠物资
2008年6月	香港周志宏	衣服1箱
2008年6月	省台办代表台胞钟远超	帐篷70顶
2008年6月	台商林秋俊、段国平	食品、生活用品一批
2008年6月	台胞江振等5人	食品、棉被、生活用品一批
2008年6月	成都市华美教育培训中心蔡凌云牧师	棉被400床、被套100床
2008年6月	韩国基督教权牧师捐赠	衣服一批
2008年7月	重庆市西解堂王雪牧师	帐篷、食品、药品一批
2009年5月	广东省深圳市福田区王诗宇、王步明	帐篷5顶

安县接收捐赠资金和物资汇总表

表44　　2008年5月12日—2009年5月12日

捐赠单位	捐赠资金（万元）	捐赠物资折价（万元）
中央、国家机关、部队	1094.59	4129.12
省、直辖市、自治区	1495.67	17650.36
民主党派、人民团体与社会组织	19024.07	19415.44
港、台胞、海外侨胞及国际社会	4825.60	2673.59
志愿者	373.23	55.34
省内市（州）	528.93	53.1
市内	729.82	308.77
县内	192.25	54.28
合　计	28264.16	44339.64

注：本章未写明年份的时间为2008年

第三章 救灾资金和物资使用

第一节 机 构

一、机构人员

2008 年 5 月 18 日，县抗震救灾指挥部成立安县救灾资金物资协调领导小组，由县委副书记、县长、县抗震救灾指挥部指挥长赵迎春任组长，县委常委、副县长、县抗震救灾指挥部副指挥长梁建任副组长，成员有县府办、县监察局、县财政局、县民政局、县审计局、县统计局、县交通局、县采购办等单位负责人。

二、职 责

县救灾资金物资协调领导小组职责：负责救灾资金、物资管理。

第二节 资金使用

一、救灾资金管理办法

《安县抗震救灾资金和物资管理办法》（安府发〔2008〕36 号）和 2008 年 5 月 23 日安县“5·12”抗震救灾指挥部关于《安县抗震救灾资金审批程序》规定：所有的捐助资金必须由县财政局、县慈善总会、县红十字会设立的接收抗震救灾捐助的银行账号专户存储，跨区域政府捐款及当地企事业单位、社会团体的捐款，直接汇入财政局设立的专户，个人捐款直接汇入民政局、慈善协会、红十字会开设的专户。本县其他部门和单位原则上不得接收捐款，因特殊原因接收的，要于接收次日缴入县财政局开设的专户，不得自行处理。所有救灾资金严格实行“收支两条线”管理。县财政局在“社保资金专户”中设立“救灾专户”。各渠道筹集的救灾资金，要全部纳入专户管理，县民政局收到的救灾资金，汇缴财政部门开设的“社保资金专户”，不得“坐收坐支”。县民政局设立“救灾资金发放专户”，根据救灾需要，向财政部门申请资金，财政部门根据申请及时将资金拨付到“救灾资金发放专户”。救灾资金使用原则及范围：解决灾区群众的吃、穿、住和抢救、转移、安置、治病等需要。支付地震灾区因灾死亡人员抚慰金，因灾损毁房屋的修缮补助，灾后恢复重建阶段灾区群众的生活困难补助。用于应急抢险。

二、救灾资金拨付

救灾资金物资协调领导小组，组织县府办、县监察局、县财政局、县民政局、县审计局、县统计局等单位不定期举行协调会。对受灾群众临时生活救助、困难群众生活救助、困难群众后续生活救助、

"三孤"人员生活补助、遇难人员家属抚慰金、房屋重建补助金等，严格按照中央、省市政策标准执行，下拨各乡镇。公益性基础设施建设，原则上根据各阶段接受捐赠资金的多少、各地受灾程度，分轻重缓急，初步提出救灾资金协调分配方案，报请县抗震救灾指挥部领导集体审定。县抗震救灾指挥部根据初步分配方案，集中讨论确定各乡镇、各部门、各救助站等的救灾资金、物资的分配数量，并以文件的形式下发各相关单位。

表45 **县财政局拨付抗震救灾资金统计表**

拨款去向	金额（元）	拨付时间
县采购办	98.05万	2008年5月20日
	722万	2008年8月5日
	69.74万	2008年12月31日
县司法局	9万	2008年5月22日
	90万	2008年8月5日
	2万	2008年9月26日
县检察院	10万	2008年5月27日
	10万	2008年10月6日
县交通局	50万	2008年5月28日
	10万	2008年7月3日
	3万	2008年8月5日
县农业局	2万元	2008年6月4日
	21.5万	2008年6月11日
	5万	2008年6月26日
	20万	2008年7月15日
	4万	2008年7月18日
	2万	2008年7月21日
	2.22万	2008年7月24日
县公安局	210万	2008年6月4日
	1000	2008年6月7日
	140.24万	2008年6月27日
县畜牧局	4万	2008年6月5日
县规划和建设局	30万	2008年6月5日
	10万	2008年9月6日
县文化旅游局	5万	2008年6月11日
县审计局	3万	2008年6月19日
	2.35万	2008年10月29日
县政法委	20万	2008年6月20日
县委宣传部	20万	2008年6月20日
县信访局	7万	2008年6月20日

续表

拨款去向	金额（元）	拨付时间
县卫生局	1.5 万	2008 年 6 月 21 日
	6.06 万	2008 年 12 月 26 日
县人民法院	15.5 万	2008 年 6 月 24 日
	0.4 万	2008 年 8 月 28 日
县人事局	8 万	2008 年 6 月 24 日
	7500	2008 年 7 月 3 日
县劳动和社会保障局	10 万	2008 年 6 月 24 日
县农村能源办	3000	2008 年 6 月 25 日
	3 万	2008 年 8 月 28 日
县档案局	2.2 万	2008 年 6 月 25 日
县计生局	11.5 万	2008 年 7 月 1 日
	30 万	2008 年 7 月 15 日
	10.04 万	2008 年 8 月 11 日
	10 万	2008 年 11 月 17 日
县林业局	10 万	2008 年 7 月 3 日
县环保局	72 万	2008 年 7 月 4 日
	35 万	2008 年 12 月 26 日
地质公园管理处	7 万	2008 年　7 月 8 日
县统计局	7 万	2008 年 7 月 9 日
	5 万	2008 年 7 月 10 日
县交警队	26 万	2008 年 7 月 12 日
县地震办	5 万	2008 年 7 月 24 日
县残联	20 万	2008 年 7 月 30 日
县统战部	14 万	2008 年 7 月 30 日
县水务局	37 万	2008 年 8 月 5 日
	50 万	2008 年 10 月 21 日
	252.5 万	2008 年 10 月 24 日
县职工文化活动中心	50 万	2008 年 8 月 6 日
县发改局	50 万	2008 年 8 月 12 日
县教体局	3 万	2008 年 8 月 15 日
	10 万	2008 年 9 月 9 日
	1 万	2008 年 10 月 31 日
县科技局	30 万	2008 年 8 月 21 日
	54.33 万	2008 年 9 月 22 日
	15 万	2008 年 10 月 23 日

续表

拨款去向	金额（元）	拨付时间
县文明办	5 万	2008 年 8 月 26 日
县国资办	10 万	2008 年 8 月 27 日
县妇幼保健院	2 万	2008 年 9 月 22 日
县机要局	8 万	2008 年 9 月 27 日
县检察院	1.1 万	2008 年 10 月 6 日
县民政局	52.4 万	2008 年 10 月 7 日
	2240 万	2008 年 12 月 8 日
县农机局	100 万	2008 年 10 月 24 日
县委党校	5 万	2008 年 11 月 26 日
县就业局	20 万	2008 年 11 月 26 日
县食品检验所	1 万	2008 年 12 月 10 日
县防邪办	4 万	2008 年 12 月 12 日
县药监局	12.89 万	2008 年 12 月 17 日
县财政局	1 万	2008 年 12 月 22 日
雎水镇政府	5.44 万	2008 年 7 月 4 日
	5 万	2008 年 11 月 12 日
茶坪乡政府	30 万	2008 年 7 月 9 日
	2 万	2008 年 11 月 13 日
河清镇政府	10 万	2008 年 7 月 21 日
清泉镇政府	11.81 万	2008 年 7 月 24 日
塔水镇政府	7 万	2008 年 8 月 5 日
永河镇政府	10.81 万	2008 年 8 月 22 日
雎水镇政府	12.51 万	2008 年 11 月 12 日
界牌镇政府	3.11 万	2008 年 12 月 9 日
	23.51 万	2008 年 12 月 10 日
花荄柏杨村	100 万	2008 年 12 月 15 日
永河镇政府	8300	2008 年 12 月 17 日
乐兴黄桷村	3 万	2008 年 12 月 17 日
秀水镇政府	69.1 万	2008 年 12 月 31 日
全县乡镇	490 万	2008 年 8 月 20 日
花荄镇小学	1000	2008 年 6 月 10 日
	5 万	2008 年 8 月 21 日
	25.56 万	2008 年 9 月 28 日
	50 万	2008 年 12 月 26 日

续表

拨款去向	金额（元）	拨付时间
秀水镇第一小学	4.77 万	2008 年 6 月 10 日
	2.8 万	2008 年 7 月 17 日
	1.85 万	2008 年 9 月 11 日
	54.96 万	2008 年 10 月 21 日
	2.2 万	2009 年 1 月 5 日
文星阁小学	1.06 万	2008 年 6 月 15 日
桑枣镇第一小学	0.87	2008 年 6 月 16 日
	4.67	2008 年 6 月 24 日
	116.81 万	2008 年 7 月 23 日
	49.99 万	2008 年 10 月 21 日
	4 万	2008 年 11 月 12 日
	25.7 万	2008 年 12 月 17 日
沸水镇小学	3 万	2008 年 6 月 16 日
界牌镇小学	2.8 万	2008 年 7 月 7 日
	15 万	2008 年 9 月 9 日
	15 万	2008 年 12 月 10 日
	30 万	2009 年 3 月 2 日
睢水镇小学	2.78 万	2008 年 7 月 10 日
花荄镇中学	5.3 万	2008 年 7 月 16 日
	5.2 万	2008 年 11 月 15 日
秀水中学	5000	2008 年 7 月 24 日
桑枣镇初级中学	37.74	2008 年 7 月 28 日
	5 万	2008 年 7 月 30 日
	1 万	2008 年 9 月 11 日
秀水镇第三小学	3354	2008 年 7 月 30 日
晓坝镇小学	1000	2008 年 8 月 6 日
	1.52 万	2008 年 8 月 26 日
永安镇小学	1.5 万	2008 年 8 月 7 日
	5.99	2008 年 8 月 18 日
黄土镇小学	7.52 万	2008 年 8 月 7 日
塔水镇第一小学	8.89 万	2008 年 8 月 12 日
秀水镇红光小学	93.8 万	2008 年 8 月 18 日
安昌幼儿园	4.65	2008 年 8 月 18 日
	6289.6	2008 年 11 月 5 日
	1 万欧元（折7.8 万元）	2008 年 11 月 5 日

续表

拨款去向	金额（元）	拨付时间
安昌镇小学	16.67 万	2008 年 8 月 19 日
	1 万	92008 年月 27 日
迎新乡小学	4.1 万	2008 年 8 月 22 日
秀水镇民兴初级中学	2 万	2008 年 8 月 25 日
永河镇小学	3.89 万	2008 年 8 月 28 日
乐兴镇小学	1.02 万	2008 年 9 月 1 日
安县业余体校	10 万	2008 年 9 月 9 日
兴仁乡小学	1 万	2008 年 9 月 9 日
安县西苑中学	9.86 万	2008 年 9 月 11 日
秀水镇牌坊村小学	35 万	2008 年 9 月 16 日
宝林镇调元村小学	22.5 万	2008 年 9 月 17 日
	60 万	2008 年 11 月 25 日
晓坝镇小学	1 万	2008 年 9 月 26 日
安昌镇双龙村小学	1.5 万美元 （折 9.45 万元）	2008 年 9 月 27 日
黄土镇第二中学	10 万	2008 年 10 月 7 日
安县中学	17.66 万	2008 年 10 月 8 日
高川乡中学	3.25 万元	2008 年 10 月 24 日
桑枣镇第二小学	5.51 万	2008 年 12 月 1 日
	2000	2008 年 12 月 3 日
	231 万	2009 年 3 月 10 日
	122.61 万	2009 年 3 月 19 日
界牌镇农集小学	37.22 万	2008 年 12 月 17 日
宝林镇小学	82.5 万	2008 年 12 月 17 日
桑枣镇高峰村小学	30 万	2008 年 12 月 17 日
秀水镇第一小学新民分校	25.86 万	2008 年 12 月 17 日
宝林镇九年制学校	24 万	2008 年 12 月 17 日
虹润电子公司	50 万	2008 年 5 月 30 日
	66.13 万	2008 年 10 月 22 日
秀水镇光华小学	80 万	2009 年 1 月 6 日、 3 月 5 日
安昌镇双龙小学	47.83 万	2009 年 1 月 19 日
	47.77 万	2009 年 3 月 5 日
界牌镇农集小学	50.67 万	2009 年 2 月 17 日
安昌镇联办小学	35 万	2009 年 2 月 19 日
乐兴镇文明小学	1.79 万	2009 年 3 月 19 日

续表

拨款去向	金额（元）	拨付时间
乐兴镇初级中学	423 元	2009 年 3 月 23 日
	1526.6	2009 年 3 月 24 日
	20 万	2009 年 3 月 26 日
	1500	2009 年 4 月 22 日
宝林镇金融希望小学	45 万	2009 年 3 月 26 日
迎新乡初级中学	20 万	2009 年 4 月 7 日
清泉镇小学	50 万	2009 年 4 月 8 日
迎新乡小学	28.5 万	2009 年 4 月 10 日
桑枣镇花庙村小学	20.23 万	2009 年 4 月 14 日、4 月 28 日
县总工会	5.64 万	2009 年 1 月 14 日
县教体局	3 万	2009 年 1 月 14 日
县史志办	1.2 万	2009 年 1 月 24 日
团县委	251.78 万	2009 年 3 月 3 日
县委宣传部	100 万	2009 年 3 月 5 日
县检察院	30 万	2009 年 4 月 1 日
华意达公司	50 万	2009 年 2 月 3 日
合 计	7913.17 万元	

表 46 县红十字会拨付抗震救灾资金统计表

拨款去向	金额（元）	拨付时间	拨款去向	金额（元）	拨付时间
县卫生局	1.5 万	2008 年 6 月 21 日	桑枣镇初级中学	1 万	2008 年 9 月 11 日
桑枣镇初级中学	5 万	2008 年 7 月 30 日	县政务服务中心	10 万	2008 年 9 月 11 日
县人民医院	3 万	2008 年 9 月 11 日	县惠民帮扶中心	10 万	2008 年 9 月 11 日
县中医院	2 万	2008 年 9 月 11 日	县纪委	13.4 万	2008 年 9 月 23 日
县人大	5 万	2008 年 9 月 11 日	河清小学	5 万	2008 年 12 月 8 日
秀水新民村小学	10 万	2008 年 9 月 11 日	秀水镇小学	45 万	2008 年 12 月 9 日
县农机局	2 万	2008 年 9 月 11 日	合 计	84.4 万	

表 47 县慈善总会拨付抗震救灾资金统计表

拨款去向	金额（元）	拨付时间	拨款去向	金额（元）	拨付时间
三孤人员	6605.5	2008 年	安县中学	50 万	2008 年
班车遇难家属	60.6 万	2008 年	沸水镇敬老院	70 万	2008 年
洪灾遇难人员家属	18.6 万	2008 年	县殡仪馆	10 万	2008 年
资助学生	3000	2008 年	银河建化集团公司	199 万	2008 年
地震孤儿	7.8 万	2008 年	茶坪乡敬老院	116.06 万	2008 年

续表

拨款去向	金额（元）	拨付时间	拨款去向	金额（元）	拨付时间
花荄镇小学	4.8 万	2008 年	秀水镇敬老院	8.36 万	2008 年
安昌镇沙金村	20 万	2008 年	县民政福利中心	800 万	2008 年
安昌镇小学	5000	2008 年	晓坝镇小学	30 万	2008 年
花荄镇前进村	5000	2008 年	县教体局	9 万	2008 年
秀水镇高山村	8000	2008 年	花荄镇联丰村	123.6 万	2008 年
秀水镇人民政府	27.43 万	2008 年	河清镇敬老院	6.46 万	2008 年
乐兴镇人民政府	15 万	2008 年	永丰乳业有限公司	288 万	2008 年
桑枣镇初级中学	71.38 万	2008 年	高川小学	133.07 万	2008 年
县民政局	30 万	2008 年	安县安州公墓	500 万	2008 年
合　计	2343.55 万元				

第三节　物资使用

一、救灾物资管理办法

社会捐助的救灾物资，统一由县民政局负责接收。县民政局接收的救灾物资，按规定严格管理，接收时按种类、数量及时登记造册，并办理签收手续。协调小组负责召集县府办、县监察局、县财政局、县民政局、县审计局、县统计局、县交通局、县采购办等单位集中讨论，初步提出救灾资金和物资分配方案，报请县抗震救灾指挥部审批。

二、救灾物资协调

县救灾资金物资协调领导小组根据各乡镇、救助站的申请报告，不定期举行协调会，协调救灾物资使用事项。除受灾群众救灾口粮按国家政策标准外，其余物资原则上根据各阶段接受捐赠的多少、各乡镇和救助站物资需求报告，区分重灾区和一般灾区，不搞平均分配救助物资，并将救灾物资的品种、数量集中分发到各乡镇、各救助站。

三、救灾物资使用

概况　县委、县政府高度重视抗震救灾物资分发工作，成立县抗震救灾指挥部物资保障组，由县民政局牵头，相关部门参与，专门负责抗震救灾物资接收分发工作，确保全县抗震救灾物资安全、及时发放到受灾群众手中。截至 2009 年 5 月 12 日，全县发放方便食品 57.47 万件、帐篷 11.9 万顶、篷布 13749 捆、塑料彩条布 10123 圈、棉被（含毛毯）20.84 万床、衣物 12.51 万箱、大型施工机械 239 台、粮食 16030 吨、食用油 205 吨、饮用水 3386 吨、其他物品 123.64 万件。

大型机械设备　5 月，县投资公司领取推土机 10 台、装载机 20 台。6 月，县建设规划局领用水准仪及脚架 1 台、水准标尺 2 根、全站仪及脚架 1 套、棱镜 1 台、手握测距仪 1 台、混凝土钢筋位置定位仪 1 台、日立 zx200 -3 挖掘机 1 台、切割机（刀片 2 片）1 台、100 千瓦发电机 1 台、2.5 千瓦发电机 1 台、新奥公司石油液化气瓶 400 个、新奥公司液化气灶具 400 套、双嶷山牌农用运输三轮车 12 辆、移动公厕车 15 台、二氧化氯发生器 1 台、程力威牌洒水车（J17737）1 台、现代 150 -7 挖掘机 2 台、斗山 150 -7 挖掘机 1 台、东方红 TS100 推土机 2 台、LFW -420 生活焚烧炉 1 台、DYE -2000 型电液式压力实验机

1台、电脑2台、专用软件2套。县交通局从省交通厅公路局领取湖南省交通厅、广东省公路局、江苏省交通厅、宁夏回族自治区交通厅捐赠的挖掘机、装载机、自卸车、空压机、发电机等共10台，由市指挥部调拨的挖掘机、装载机4台，由市交通局组织三一重工捐赠的挖掘机2台，由县指挥部调拨的发电机3台。

部分救灾物资分配一览表

表48　　　　2009年5月12日

单位	食品（件）	帐篷（顶）	棉被（床）	篷布（件）	发电机（台）	车辆（辆）	其他（件）
安昌镇	33828	5970	5354	1553	7	1	90681
宝林镇	17586	4893	7000	760	3	1	16026
沸水镇	16937	5243	6586	2526	3	1	48876
河清镇	23153	4207	3991	634	14		22655
花荄镇	20980	5900	4005	1291	7	1	32408
黄土镇	24463	9121	9385	1183	9	1	72438
睢水镇	21097	5078	6463	763	4	1	36226
乐兴镇	19497	5945	5424	1009	4	1	15480
清泉镇	11544	1197	6430	1329	3	1	18135
桑枣镇	17500	7024	17405	925	7	1	71550
塔水镇	30135	14568	9410	1391	7	1	57214
秀水镇	49225	23770	15425	1887	11	1	121737
迎新乡	85485	5555	4226	2071	3	1	20238
永安镇	18672	3217	10455	1753	5	1	349064
界牌镇	8344	2480	2144	239	—	1	22378
永河镇	12394	7456	4360	1402	3	1	15929
茶坪乡	16973	1977	2882	461	1	1	11931
晓坝镇	25077	3772	5259	1312	5	1	36922
兴仁乡	13245	3342	3400	700	—	1	22111
高川乡	5223	2031	3430	424	1	1	15883
茶坪救助站	593	20	42	35	—	—	3376
沸水救助站	10918	263	3184	224	—	—	46181
晓坝救助站	6317	1731	3004	102	—	—	8915
桑枣救助站	10632	285	3992	92	—	—	109181
桑枣云丰救助站	7098	33	3090	8	—	—	2826
睢水镇救助站	9346	571	3465	194	—	—	20501
界牌救助站	150	—	—	—	—	—	134
花荄雍峙救助站	4096	12	1519	6	—	—	6001
永安救助站	1058	100	777	60	—	—	1560
秀水救助站	939	3	—	—	—	—	671
人寿分公司	—	—	—	—	1	—	—

续表

单位	食品（件）	帐篷（顶）	棉被（床）	篷布（件）	发电机（台）	车辆（辆）	其他（件）
规划建设局	—	—	—	—	4	—	—
安县中学	—	—	—	—	2	—	—
劳动保障局	—	—	—	—	1	—	—
广电局	—	—	—	—	2	—	—
公安局	—	—	—	—	2	20	—
水务局	—	—	—	—	1	—	—
吉星消防药剂公司	—	—	—	—	1	—	—
县抗震救灾指挥部	—	—	—	—	1	—	—
花荄加油站	—	—	—	—	1	—	—
堰塞湖抢险队	—	—	—	—	3	—	—
卫生系统	—	—	—	—	—	22	—
县政府办公室	—	—	—	—	—	2	—
对口援建办	—	—	—	—	—	1	—
县委办公室	—	—	—	—	—	1	—
场镇迁建办	—	—	—	—	—	1	—
总工会	—	—	—	—	—	1	—
文化旅游局	—	—	—	—	—	1	—
环保局	—	—	—	—	—	1	—

分发救灾物资

第四章 救灾资金和物资监管

第一节 监管机构

一、资金物资审计小组

5月20日，成立县救灾资金物资审计小组。县委常委、纪委书记姜曦任组长，县纪委副书记、县监察局局长胡志辉和县审计局局长唐坚任副组长，县民政局、县财政局等部门负责人任成员。

二、物资监督组

5月24日，成立县物资监督组。县纪委副书记、监察局局长胡志辉任组长，县政府办副主任向光社任副组长，县监察局、县民政局、县审计局、县财政局、县公安局、县食品药品监督管理局、县卫生局、县教体局等单位负责人任成员。

讨论督查方案

三、综合督查组

县“5·12”抗震救灾指挥部于6月3日成立县抗震救灾综合督查组。县委常委、县纪委书记姜曦任组长，县纪委副书记、监察局局长胡志辉任副组长，县监察局、县检察院、县目标督查办、县民政局、县审计局、县农发办、县公安局、县卫生局、县教体局、县人事局等部门负责人任成员。

第二节 监 管

一、监管规定

从2008年5月18日起，县委、县政府先后制定《安县抗震救灾资金和物资管理办法》《关于加强对抗震救灾资金物资监管的通知》《关于加强对抗震救灾资金审计工作的通知》《抗震救灾捐赠资金物资使用管理办法》《关于加强救灾捐赠资金物资使用管理的规定》《关于公布公示救灾资金物资接收到分配情况的通知》《关于救灾资金物资接收、分发管理实施细则》《关于加强抗震救灾和灾后重建期间财政资金管理的规定》《安县抗震救灾资金物资审批程序》《关于规范乡镇、村、组抗震救灾资金物资监管工作的通知》《抗震救灾资物资金管理使用违法违纪行为处分规定》等文件30个，指导全县抗震救灾资金和物资监管工作。

二、监督检查

县抗震救灾综合督查组成立后，全县20个乡镇、275个村、27个社区成立相应的监管机构，由纪检干部、人大代表、政协委员、党员代表、村民代表等组成救灾资金物资监管检查员，开展救灾资金物资接收、管理、拨付、公示、入户分发等情况的监督。

检查农业项目

三、资金审计

县抗震救灾指挥部于5月20日印发《安县抗震救灾资金物资接收、发放管理实施细则》。县审计局依法对全县救灾资金物资的管理使用情况进行审计，发现问题及时纠正。对不符合救助条件的对象坚决剔除；对不严格按标准发放的资金，进行及时纠正。并专门指导各乡镇各部门建立救灾资金、物资台账。县审计局认真履行审计条例，对全县20个乡镇、5个救助站的救灾资金、物资进行严格审计，做到账款账物相符，管理有序。审计人员深入到18个乡镇和5个救助站，一边审计、检查监督救灾资金、物资的使用，一边现场指导基层业务，做到手续齐备，账款相符，建立资金、物资的管理制度和管理机制。审计人员下到村组农户，核对救灾资金的发放情况，督促各乡镇及救助站规范管理，及时建账。通过省审计厅第一阶段的审计，救灾资金、物资使用合理合规合法。5月24日，国家审计署审计长刘家义前来视察灾情时，对前期工作给予充分肯定。

四、资金物资监管措施

县纪委（监察局）紧紧围绕大额资金拨付、大宗物资采购和重点项目建设等重点内容，综合运用多项监管措施，坚持“四个结合”，切实加强对抗震救灾物资和灾后重建项目的监督检查。定期召开例会与开展专项检查相结合，及时发现和纠正存在的问题。每月县纪委（监察局）组织召开抗震救灾综合督查组工作例会，相关成员单位通报监管情况，加强信息交流，并多次组织开展抗震救灾资金物资管理使用专项检查。截至2009年5月12日，组织灾后重建资金和项目建设专项检查6次、暗访2次，配合中央、省、市检查组专项检查10次，发出监察建议书3份，限期整改通知书15份，并实行“回头看”的方法巩固监督检查成果。就检查情况向县委、县政府做出专题汇报。

信息公开与社会监督相结合，充分保障群众的监督权。县纪委（监察局）坚持把公开透明原则贯穿灾后重建项目监督检查始终，在全县各乡镇、村（社区）、受灾群众安置点建立相对固定的公示墙、公示栏，及时、准确地将灾后重建款物管理使用情况面向当地群众进行公示。并牵头在县城制作固定的公示栏，对全县108个灾后重建重大项目和88个辽宁援建项目实施情况向社会进行公开公示。纪委监察局与县信息办在安县政务网开设“安县国家投资工程建设项目九公开”专栏，对全县国家投资工程特别是扩大内需和灾后重建的建设项目从编制规划至竣工验收涉及的主要工作环节在专栏上实施“九公开”，并实行动态适时更新，主动接受群众监督。

县纪委（监察局）面向社会聘请5位建筑类专业人士作为灾后重建社会监督员，通过他们从专业的角度对扩大内需和灾后重建项目建设等情况实施监督。截至2009年5月12日，社会监督员累计检查开工项目108个，督促施工单位整改工程管理中的问题23个，及时转递群众的检举、控告和申诉件11件。

业务培训与跟踪监督相结合，推进灾后重建项目规范管理。截至2009年5月12日，县扩建监督领导小组牵头对灾后重建资金账务管理、招投标业务和工程管理相关人员开展培训6次，为规范安县灾后重建项目资金管理打下坚实基础。

县扩建监督领导小组根据全县灾后重建总体安排和进展，明确监督重点，建立灾后重建重大资金、重大项目跟踪监督档案，从资金的拨付、项目建设立项到竣工的每一个阶段情况进行登记记录，突出事前、事中、事后三个关键环节，随时了解运行情况，实行灾后重建监督工作档案管理。

研究审计工作

整合力量和严肃法纪相结合，净化灾后重建市场资源竞争环境。结合规范行业协会和市场中介组织服务工作，督促相关部门加强对招标代理机构和投标企业的管理，严格实行准入、清出制度，规范其行为。截至2009年5月12日，全县依法取消3家违规企业的中标资格；查处开标现场提供“假证”的企业5家。并通过认真受理关于灾后重建项目招投标过程中的各种投诉和举报，从中挖掘案件线索。县纪委与县检察院联合成立扩大内需和灾后重建重大项目监督检查领导小组，制定《扩大内需和灾后重建重大项目监督检查实施办法》，积极预防灾后重建过程中的职务犯罪。

五、责任追究

县纪委（监察局）把抗震救灾资金物资问题反映作为信访接待工作重点，在乡镇、村（社区）、受灾群众安置点层层设立信访举报投诉点27个，并公开举报电话，全天候接受群众咨询和举报。截至2009年5月12日，全县共接到群众反映抗震救灾和灾后重建方面问题的信访举报共548件，全部进行认真调查核实和处理。

县扩建监督领导小组通过监督检查、信访举报，积极收集线索，对群众不了解灾后重建有关政策规定的，及时做好解释疏导工作，化解群众怨气；对反映党员干部工作作风漂浮、失职的，从严从快进行查处。截至2009年5月12日，共对11名村干部在灾后重建工作中的违纪违规行为做出纪律处分，其中，对4起典型案件在全县范围内进行通报。组织全县234个村的干部旁听秀水镇“新春村村两委干部受贿案”公开审理，接受警示教育，进一步增强全县党员干部廉洁自律意识，促进扩大内需和灾后重建项目顺利推进。

第五章　灾区群众生活

第一节　生活救助

一、临时生活救助

根据党中央、国务院、省委、省政府有关文件精神和民政部《关于对汶川地震灾区困难群众实施临时生活救助有关问题的通知》（民发〔2008〕66号）以及绵阳市民政局《关于做好受灾群众生活救助和遇难人员善后处理工作的紧急通知》（绵市民电〔2008〕11号）的精神，县委、县政府结合实际，对因灾无房可住、无生产资料和无收入来源的困难群众，前3个月按每人每天10元补助金的标准，实施临时生活救助。截至2008年12月底，全县享受临时生活救助人数共计49.26万人，发放临时生活补助金共计4.55亿元。

二、困难群众后续生活补助

按照民政部《关于对汶川地震灾区困难群众实施临时生活救助有关问题的通知》（民发〔2008〕66号）以及绵阳市民政局《关于做好受灾群众生活救助和遇难人员善后处理工作的紧急通知》（绵市民电〔2008〕11号）的精神，县委、县政府结合全县的实际，对临时生活救助三个月期满后，仍然有部分群众生活困难，按照政策及时发放后续生活补助。2008年，全县享受后续生活补助人数共计32.02万人，发放后续生活补助资金共计1.96亿元。

第二节　受灾群众安置

一、概况

县抗震救灾指挥部实行分类安置受灾群众。对高川、茶坪两个重灾乡和睢水、桑枣、永安、安昌、沸水、晓坝等乡镇14个山区村受灾群众全部外撤相对集中安置，其余受灾相对较轻的乡镇分散安置。其中500人以上的集中安置救助站42个，安置受灾群众5.4万人。

在集中安置点配置发电机、饮水机等生活设施，开通广播、电视，搞好集中安置点的防暑降温、卫生防疫，努力改善各安置点条件，保证受灾群众的基本生活。促进受灾群众就业，提供公益性岗位安置970人，企业吸纳就业4500人，自谋职业和自主创业2824人，解决零就业家庭1536人，异地就业安置8510人。截至8月底，全县建设活动板房28558套。

二、集中安置

（一） 设立重点救助站

京安小区　6月4日，北京建工集团工程技术人员连续奋战12个昼夜，建成花荄镇京安小区，茶坪乡1000余名受灾群众结束帐篷生活，迁入活动板房居住。

京安小区由北京建工集团投资新建。共建307套住房，小区呈梯形，共分10排，每排之间间隔近5米。小区每10户共用一个厨房、1个淋浴间，两个公共卫生间。卫生间特别设立残疾人专用蹲位。小区西侧还设有面积达240平方米的商店，另设一个卫生所，满足住户日常生活需求。还设有一个警务室和一个新村办公室，为小区群众服务。

厨房位于每排住宅的正中间，每间厨房内配备有两根水管和10个灶眼。距离厨房最远的一户人家也只有17米，这样，即便遇到下雨或是寒冷天气，住户也能很快把饭菜端回家，吃到热饭热菜。

晓坝救助站　7月，在晓坝镇设立救助站，搭建临时过渡活动板房500余套，主要接收安置茶坪乡、晓坝集体转移出来的群众4500余人。

睢水救助站　7月，在睢水镇设立救助站，搭建临时过渡板房300余套，主要接收安置高川乡集体转移出来的群众，以及睢水社区、红石村受灾群众近5000人。

永安救助站　5月20日，永安镇党委、政府将大安、永明、平桥等山区村组1000余名群众转移安置在永安救助站。5月底，北川县曲山、漩坪等乡镇1000多受灾群众从绵阳九洲体育馆和南河体育中心临时安置点撤回，被安置在永安镇救助站。7月10日，过渡板房建成后，受灾群众全部入住板房，共计近3000人。

桑枣救助站　6月20日，县指挥部按照科学规划、因地制宜的原则，在桑枣镇规划搭建2926套活动板房，设立板房学校、板房医院。河南省洛阳市、濮阳市、济源市3个援建单位施工建设。6月25日，入住受灾群众4600余人，主要接收茶坪乡、桑枣镇受灾群众。

（二） 乡镇集中安置点

沸水镇　地震发生后，河南省在沸水镇援建高川乡受灾群众安置点，共计兴建活动板房869套，主要接收高川、茶坪受灾群众3000余人入住。沸水社区安置点共计兴建活动板房419套，主要接收沸水社区和部分农村受灾群众1000余人。7月26日，全部交付使用。援建教学用活动板房2500平方米，可容纳学生1400名。6月13日，学校板房投入使用，学生正式复课。

黄土镇　黄土镇安置点是北川县受灾群众主要安置点之一。5月18日开始兴建，近400顶帐篷共6000平方米，主要安置北川县漩坪、禹里等乡镇转移出来的受灾群众，最多时安置2800余人。

秀水镇　5月底，秀水镇安装板房1967套，由河南省援建，主要安置城镇居民和城镇周边部分农村受灾群众5200余人。

其他乡镇　截至7月底，河清、塔水、界牌、安昌等10个乡镇分别建立集中安置点，主要解决城镇无房居住的居民，共计安装活动板房1.2万套，入住受灾群众3万人。

晓坝镇黄羊村受灾群众安置点

三、分散安置

地震发生后，县委、县政府对受灾相对较轻的不便于集中的农村受灾群众实行分散安置，全县共有22万余人自行零散安置。县、乡镇、村干部组织受灾群众及时搭建临时性过渡房，做到夏天能防暑降温，冬天能保暖御寒，每户受灾群众补助搭建费2000元。截至2008年7月底，全县搭建临时性过渡房15.65万套，及时解决全县受灾群众临时居住问题。

第三节　危房鉴定

一、成立房屋鉴定评估小组

为尽快掌握全县房屋损坏程度，将省内外房屋鉴定专家组成7个房屋鉴定评估小组，于5月16日在全县城乡展开房屋鉴定评估工作。

到达安县的省内外房屋鉴定专家有：中国建筑科学研究院、广州市房屋鉴定事务所、四川晟源建设工程咨询有限公司、唐山市规划建筑设计研究院、西南石油大学、泸州市质监站、中国建筑科学研究院结构所、绵阳市建设局建筑学会勘察设计协会、清华大学土木工程系、四川安固公司、四川三信建设咨询有限公司、眉山同济建设咨询公司、绵阳建工集团、绵阳设计院、厦门市建设与管理局、四川兴旺建设监理有限公司、成都万安建设项目管理有限公司共17个单位、53位专家。

二、房屋鉴定评估结果

5月25日，县委、县政府组织房屋鉴定评估小组，深入全县20个乡镇，对县内镇乡规划区内所有房屋进行评估鉴定。完成对全县医院、供水、供电、学校、银行、行政办公楼等工程项目开展应急检查评估，相继对居住小区、工厂以及城镇和农村居民住房等开展全面检查评估。检查组共检查全县1459个项目，复查123个项目，总面积262.08万平方米，其中可使用面积115.86万平方米，占44.21%，加固后使用面积69.91万平方米，占26.68%，停止使用危房面积59.58万平方米，占22.73%，需要拆除面积16.73万平方米，占6.38%。

三、重点复查

6月3日—6月7日，按照省建设厅《关于继续做好地震灾区建筑物安全性评估工作的紧急通知》要求，县委、县政府组织专家对学校校舍进行复查。全县中小学共复查面积36.28万平方米，其中可使用面积3.15万平方米，占8.69%，加固使用面积6.33万平方米，占17.45%，停止使用面积23.1万平方米，占63.66%，拆除面积3.7万平方米，占10.2%。政府机关检查总面积51.42万平方米，其中可使用面积21.09万平方米，占41.02%，加固使用面积15.94万平方米，占30.99%，停止使用面积9.46万平方米，占18.4%，拆除面积4.93万平方米，占9.59%。

第四节　市场供应

一、救灾应急市场

县城花荄镇，人口多，辐射面宽，地震发生后，各大交易市场遭受严重破坏，各交易市场被迫关闭。花荄镇五路口路面开阔，人口比较集中，商贩们自发地在这里销售蔬菜、水果、鲜肉等商品，一定程度上满足灾区群众的生活需要。五路口地处花荄镇主要交通要道，商贩们在五路口街道进行商品交易，市场秩序混乱，严重堵塞交通，影响抗震救灾工作。

5月24日，县工商局确定文苑路西段为抗震救灾应急市场。及时搭建抗震避雨篷，组建摊位268个，主要经营水果、蔬菜、调味品、鲜肉等群众生活必需品。工商执法人员耐心劝说各经营者从五路口搬迁至应急市场经营。花荄工商所全体职工，对花荄镇五路口以街为市的商贩进行整顿和规范，疏通文苑路、恒源大道、罗胜路，保证抗震救灾道路畅通。

二、市场物价监管

县物价局于5月14日发出《关于做好抗震救灾加强市场价格监管的紧急通知》，5月23日，县物价局、县工商行政管理局联合发出《严厉打击囤积居奇、哄抬价格、趁机乱涨价等价格违法行为的紧急通告》，通过县广播电视台反复播放，并印刷500份宣传资料在全县范围内张贴。5月27日，县物价局发出《关于抗震救灾期间对部分商品价格实行临时价格干预措施的紧急通知》，通过救灾车传送，公安、广播电视宣传车反复播放，并在各乡镇张贴，各工商所同步发送，营造打击囤积居奇、哄抬物价的声势，发动广大受灾群众举报违法经营活动，共同监督市场物价。在抗震救灾期间，县物价局、县工商局加强全县农贸市场的监督管理，各种生活物资价格平稳。

三、查处违法案件

5月20日，县物价局、县工商局加强执法力度，出动价格执法人员216人次，查处违法案件26起。责令当场退还消费者违法所得1.26万元，依法没收非法所得3000元，处罚款8000元。在抗震救灾期间，县物价局、县工商局加强全县市场的监督管理，全县食品、副食品、饮用水等各种生活物资价格平稳。

第五节　文化生活

一、文娱活动

电影放映　5月14日，县文化旅游局组织电影放映队，赴受灾群众临时安置点放映电影，截至2009年5月12日，全县共放映电影1200余场次，观众达60万人次。

慰问演出　成都军区战旗文工团、二炮文工团、中宣部心连心艺术团先后赴安县灾区慰问救灾部队、志愿者和受灾群众。慰问演出极大地鼓舞灾区人民抗震救灾的信心和决心。2009年1月28日，由文化部副部长王文章率队的文化部春节慰问演出团到安县演出。著名歌唱家李谷一、国家儿童艺术剧院众多著名演员演出精彩的文艺节目，观众近万人。

群众文艺演出　5月26日，县委宣传部、县文化旅游局、县文化馆组织文艺小分队到睢水、沸水、永安、黄土等地以及受灾居民安置点和救援部队驻地进行慰问演出，共演出12场次。6月14日，县文化旅游局组织参加绵阳市保护文化遗产、重建文化家园——纪念第三个中国文化遗产日活动，安县歌手参加绵阳非物质文化遗产展演活动演出，中央电视台进行连线报道。6月15日，市委宣传部、县委宣传部组织市艺术剧院及安县演员在安昌镇慰问演出，辽宁省总工会电影放映队的援建人员参加演出，中央电视台进行连线直播。9月27日，由县委宣传部主办、县文化馆协办组织全县歌手大赛，全县120余名青年歌手登台演唱。为丰富受灾居民安置点群众的文化生活，县文化馆组织力量先后到安置点举办多场文艺表演以及读书活动。在县文化广场举行为期三天的庆祝中华人民共和国成立60周年国庆文艺展演活动。安县文艺工作者分别以“歌舞专场”“山歌专场”“小品专场”的形式，多次与解放军救援部队举行军地联欢。

二、书画摄影图片展览

地震发生后，县文化旅游局组织本县书法家书写标语4000幅，张贴于街道和道路边。组织本县书画家创作一大批反映各行各业抗震救灾事迹、先进人物的书画作品，文化馆展出何超反映各行各业抗震救灾的钢笔速写60幅。多次举办摄影展、影展，集中反映发生大地震以来，全县各行各业和参加救援的解放军、武警官兵、民兵、公安、消防、特警、志愿者等抗震救灾先进人物的先进事迹，全面展现安县人民抗震救灾的精神风貌。

县文化馆制作抗震救灾专题“永恒的记忆——‘5·12’大地震安县纪实”图片展。展出内容共分五个部分，图片200张。县文化馆还制作《“5·12”安县大地震·永恒的记忆》画册。

三、群众文艺创作

文学创作　9月，县作家协会编印《安州文学·中篇小说专号》《安州文学·“5·12”周年文学征文专辑》《安州文学·中华人民共和国成立60周年征文专辑》等书，收录百余名市、县作家的作品，共70万字。地震后，全县业余文学创作十分活跃，以田涌泉、王培芳、帅士象、安昌河、肖棱、黑子等为代表的作家群体，先后创作出一大批反映地震灾难，凸显抗震救灾精神的文学作品，如《北川之伤，安县之痛》《生命之轻，文化之重》《诗歌，你和我的命运》等在各级文学刊物上发表。本地作家田涌泉、帅士象、尹全鸿等人创作的抗震救灾、感恩辽宁为题材的散文，先后有6篇在人民网、新华网“我和我的祖国”“在共和国旗帜下”征文专栏中发表。

戏剧小品　12月，唐虎编导反映抗震救灾的小品《大年三十》参加省12届戏剧小品大赛，获得比赛最高奖项优秀编导奖、优秀演员奖等多项大奖，成为本次大赛的获奖大县。沈兴国创作的小品《责任》参加市首届“审计之光文艺演出”获得一等奖，创作编导的小品《使命》参加绵阳军分区组织的驻绵部队文艺会演获二等奖。

抗震救灾部队与花荄小学师生共庆“六一”

第六章　灾区重要民政事务

第一节　抚慰活动

一、抚慰群众

地震后，当天下午，县级四大班子领导、县级各部门领导、各乡镇领导分别带领干部职工赶到县人民医院、县中医院、各乡镇卫生院和全县大部分村组、社区看望慰问受伤群众51450人次，及时稳定全县人心。

二、发放抚慰金

根据党中央、国务院、省委、省政府有关文件精神和民政部《关于对汶川地震灾区困难群众实施临时生活救助有关问题的通知》（民发〔2008〕66号），以及绵阳市民政局《关于做好受灾群众生活救助和遇难人员善后处理工作的紧急通知》（绵市民电〔2008〕11号）的精神，及时给每位遇难人员家属发放抚慰金5000元。截至2009年5月12日，全县共发放遇难人员家属抚慰金777.5万元。

三、联系帮扶特殊困难户

6月，对全县“三孤”人员和特殊困难户，实行镇、村、组干部“三对一”联系帮扶制度，全县帮扶特殊困难户2500余户，优先解决特殊困难群众和“三孤”人员过冬住所2500余户，发放御寒物资4100余件，发放和贮备过冬口粮300余吨，确保特困群众和“三孤”人员安全过冬。

四、落实城乡低保

将城乡生活困难仍需救助的受灾群众及时纳入城乡最低生活保障范围。截至2009年5月12日，全县纳入城市低保对象的有6368户、8674人，农村低保对象1.51万户、1.85万人。因地震新增城市低保对象2129人、农村低保对象1.16万人。切实保障城乡困难群众的基本生活，保障后续生活救助政策向现行社会救助制度的平稳过渡。

五、农村五保户

后续救助政策到期后，将生活困难仍需救助且符合五保供养条件的受灾群众，及时纳入农村五保供养对象，保障其基本生活，实现应保尽保。截至2009年5月12日，全县共有农村五保对象1890户、1916人，每人每月直发五保现金150元，其中：因地震新增农村五保户509户、517人均纳入农村五保供养对象。

六、解决特困户建房资金

对建房有困难的特困户，县委、县政府组织干部进村入户慰问，及时从财政挤出部分资金解决特困户建房问题。县民政局积极向上争取无息贷款近2000万元，重点解决特困户建房。每个村解决8—10户，每户解决建房资金1万元—2万元，实行专款专用。截至2009年5月12日，全县2500余户特困户全部建起永久性住房，占特困户总数的90%。

第二节 地震伤残人员康复

一、残疾人应急康复站

地震造成全县88623人受伤，灾后残疾人康复器材需求量较大。6月13日，全县地震伤员在外就医人员陆续返乡，县残联将县内仅有的一套康复器材运到桑枣镇洛祥小区，建立“安县抗震救灾残疾人应急康复站”。截至2009年5月12日，该站为178人提供康复服务，有78人的训练效果特别显著，完全康复，57人有效，32人有明显效果。茶坪乡金溪村1组李海英，35岁，大地震中，左下肢和颈部受伤，在重庆大坪医院医治20天后，6月5日回到救助站。从6月13日应急康复站建立，她每天坐着轮椅到康复站参加训练，训练1个月后，甩掉轮椅，改用拐杖，又经再次训练1个月，丢掉拐杖，生活自理，并能参加一些轻度体力劳动。

二、残疾人康复应急方案

县残联对全县各康复站的工作进行全面指导，对重度残疾人进行集中康复训练。全县88623名伤员经过治疗出院后，有3500余人需要得到康复服务。县残联立即启动残疾人康复应急方案，采取集中与分散相结合的方式，以肢体康复训练和心理康复训练为主，预防肢体残疾和精神残疾的发生。将全县8860余名残疾人纳入城镇居民基本医疗保险和新型农村合作医疗范围，将贫困残疾人作为城乡医疗救助的重点对象，对家庭贫困的残疾人进行医疗救助，保证每个残疾人的基本医疗需求。全县及时恢复社区康复站16个，开展以家庭为主的社区康复服务。

卫生系统选派政治素质高、医疗技术精、热心残疾人事业的医务人员，参加省残联举办的残疾人康复技术培训班，提高为残疾人康复服务的技术水平。县残联开展假肢装配活动，对因地震截肢的残疾人进行免费假肢装配服务，使他们的残肢功能得到补偿。加大残疾人用品用具的供应工作，为有需求的残疾人提供轮椅、拐杖等急需的用品用具150余件。县残联还对在地震中产生心理阴影的320余名受灾群众及时进行心理辅导，做到及早预防精神残疾的发生。

三、因灾致残学生及家庭帮扶救助

（一）帮扶救助工作小组

6月8日，县政府召开相应的专题会议，组织学习传达省市有关文件和会议精神，研究部署地震因灾致残学生及家庭帮扶救助工作，成立安县“5·12”汶川地震因灾致残学生及家庭帮扶救助工作小组，制定具体实施办法。县教育、民政、残联、卫生、人口计生、劳动保障等部门积极配合，对“5·12”汶川地震因灾致残的6名学生及家庭实施全面帮扶救助。

（二）发放特别扶助金

县残联组织全县地震受伤学生参加致残鉴定，并尊重部分学生家长申请，对部分学生进行再次鉴定。鉴定后对符合条件的4名因灾致残学生给予特别扶助金，其中三级3人，每人每月补助400元；四级1人，每月补助300元，足额发放到学生家长手中。独生子女伤残家庭父母每人每月补助80元。

（三）“三免一补”政策

2009年3月18日，4名因灾致残学生均在其家长满意的校（园）就读。对其中2名义务教育阶段因灾致残学生，实行“三免一补”政策，即给予免除学杂费、教科书费、寄宿生住宿费，补助寄宿生生活费。对另2名幼儿园学生实施减免保育费、补助生活费的优惠。幼儿李瑶享受保育费减免和生活费补助600元。4名因灾致残学生，在校（园）内优先享受社会捐助帮扶资金。学校（园）在生活、学习等方面给予悉心照顾和帮扶。

（四） 心理疏导

地震发生后，县教育体育局、卫生局、县团委和县妇联积极配合，联系省内外心理卫生服务组织，培训心理辅导教师，通过医院心理康复治疗、开设心理辅导课、建立心理服务流动站等形式，对全县中小学学生、幼儿、伤残学生开展全方位、多层次的心理疏导、干预、治疗，解开心结，使其尽快走出地震灾难的阴霾和伤痛，快乐地生活和学习。

志愿者开展心理辅导

（五） 后续服务

县妇联、残联对因灾致伤致残学生，集中安排在县中医院进行免费康复治疗，为3名学生免费安装假肢。2009年3月6日，4名因灾致残学生出院回到校园，边学习边进行功能康复锻炼。

第三节 “三孤”人员安置

一、孤寡老人安置

地震发生后，全县新增4名孤寡老人。根据党中央、国务院、省委、省政府和民政部有关政策，县民政局将4名孤寡老人就近安置到所属的乡镇敬老院。截至2009年5月12日，全县共安置孤寡老人1914人。

二、孤儿安置

地震发生后，为做好孤儿的安置工作，县民政局根据党中央、国务院、省委、省政府和民政部有关政策，采取亲属代养和他人收养的方式安置孤儿。截至2009年5月12日，全县共有孤儿27名，其中由他人收养1名，由亲属代养26名，全县孤儿均得到妥善安置。

三、孤残人员就业安置

根据民政部和省民政厅、市民政局有关文件精神，县委、县政府高度重视孤残人员的安置工作，多次召开会议研究落实。县民政局、县残联、县工商局、县就业局、就业服务中心多次到企业协调用人单位安排落实孤残人员就业问题。截至2009年5月12日，全县安置孤残人员就业252人，协助123户残疾人小额贷款31.50万元。

第四节 劳动就业

一、就业再就业

2008 年度，全县城镇新增就业 3300 人，下岗失业人员和失地无业农民再就业 1650 人，就业困难对象再就业 405 人，农村劳动力转移就业培训 4650 人，组织化转移劳动力 76120 人，劳务收入 9.1 亿元。

2009 年度，开发公益性就业岗位安置因灾失业人员 3087 人，企业吸纳因灾失业人员 1341 人。

二、就业服务

截至 2009 年 5 月 12 日，全县举办现场招聘会 21 次，职业咨询 1.2 万余人次，提供就业岗位 8000 个，达成就业意向 15000 人。为 4167 名城乡劳动者免费提供技能培训，85% 的人员实现就业。创业培训结业学员 515 人，创业成功 405 人，带动 1725 人实现就业。省内农民工用工企业在岗培训 10235 人，农村劳动力转移就业培训 4650 人，劳务扶贫工程培训 312 人，阳光工程培训 3089 人，品牌工程培训 500 人，获证人数 6042 人，培育新型骨干农民 252 人，带动农户科技推广 4028 户，农民实用技术培训 10.1 万人次，为 3.2 万名因灾城乡失业人员办理《地震灾区就业援助优惠证》，为全县创业者减免税费 350 万元，落实小额担保贴息贷款专项资金 100 万元，发放贷款 347 万元，带动就业 398 人。发展各类企业 1500 多家。培育个体工商户 1.9 万余户，带动就业 8 万余人。

三、落实特殊政策

截至 2009 年 5 月 12 日，全县开发公益性岗位 1544 个，发放岗位补贴 268 万元；为 2234 名灵活就业人员发放各项补贴 450 余万元；为招用 6129 名受灾群众的 116 家企业发放岗位和社保补贴 730 万元。实行失业保险减半征收，涉及职工 6630 人，减少征收 173.47 万元；为 31 家企业拨付岗位补贴 194.86 万元，涉及人数 1060 人；办理企业缓缴社保费 2094 万元，降低医疗、生育费率后减征基金 25 万元。

四、构建和谐劳动关系，维护社会稳定

地震发生后，县劳动和社会保障局主动监察用人单位 102 户。截至 2009 年 5 月 12 日，责令补签劳动合同 565 份，受理群众投诉举报 194 件，追回被拖欠工资 309 万元，依法有效规范企业用工行为。受理劳动争议仲裁案件 66 件，结案 60 件。共受理群众来访 2567 人次，其中集体上访 3 批 167 人次。

第五节 社会保险

一、养老保险

2008 年，全县参加养老保险人员 19212 人，征集养老保险费 1.53 亿元，企业离退休人员 7021 人，支付养老金 5411 万元，支付率 100%；事业单位离退休人员 161 人，支付离退休金 349 万元，支付率 100%；办理原城镇集体企业职工和返城知青超龄人员参加社会养老保险 765 人；办理失地农民参加养老保险 2000 人，征收 109 万元，支付 56.4 万元；因地震灾害破产、关闭企业 5 户，申请核销基本养老保险费 1285 万元；2009 年 4 月 23 日，解决原城镇集体企业职工和返城知青参加养老保险 1758 人，办理征地农转非人员参保 2981 人，村（社区）干部参加养老保险 333 人，被清退的机关事业单位临时人员参保 1317 人。截至 2009 年 5 月 12 日，全县养老保险参保 2.1 万人，征集基金 1.16 亿元。

二、城镇职工医疗保险

2008 年，城镇职工医疗保险参保缴费职工达到 17125 人，征集医保基金 2166.10 万元（含一次性清缴 487 万元），支付医疗保险费 1625 万元，支付率 100%。7 月 7 日，县城镇居民医疗保险工作正式启动，年末参保职工 33787 人，40 户恢复生产的企业申报缓缴养老保险、医疗保险费 1025.93 万元。截至 2009 年 5 月 12 日，将关闭破产国有企业职工纳入城镇职工医疗保险范畴，城镇居民医保参保人数达 4.35 万人，城镇职工医保覆盖 1.66 万人，征集基金 2356 万元。

三、工伤保险

2008 年，工伤保险参保企业职工 9436 人，征集工伤保险基金 878.5 万元，占市上下达全年目标任务 136 万元的 103.3%；支付工伤保险费 1300.2 万元，支付率 100%。截至 2009 年 5 月 12 日，全县工伤保险参保 1.45 万人。

四、生育保险

2008 年，生育保险参保企业职工 5035 人，征集生育保险基金 28.60 万元，支付生育保险金 25.60 万元，支付率 100%。截至 2009 年 5 月 12 日，全县生育保险参保 5953 人。

五、失业保险

发挥失业保险作用，深入企业宣传地震灾区失业救助各项政策。2008 年度，对 48 家失业保险参保企业降低失业保险费率，减少失业保险费 74 万元。对 48 家参保企业缓缴失业保险费，缓缴金额达 74 万元，减轻企业负担。为确保因灾停产和恢复生产期间企业职工的基本生活，对 20 家参保企业，4593 名参保职工进行失业预登记，共发放失业保险金 817.60 万元，并对 2581 人次失业职工按时发放失业保险金和医疗补助金共 93.26 万元。2008 年失业 4305 人，共支付公益性岗位补贴、企业吸纳因灾失业人员岗位补贴、社保补贴、职业培训补贴、失业预登记人员失业保险金、因灾失业人员外出务工单程车费等就业资金和失业保险金共计 1273 万元；地震灾害因工死亡 123 人，支付待遇 1133.15 万元，因灾非因工死亡参加养老保险人员 34 人，支付丧葬费、抚恤金 52.38 万元；48 家恢复生产的企业申报降低失业保险费率，少缴失业保险费 74 万元。截至 2009 年 5 月 12 日，全县失业保险参保 9800 人。

第六节 遗体处理

一、组织机构

为使汶川地震遇难人员遗体及时得到妥善处理，县抗震救灾指挥部成立地震遇难者遗体处理领导小组，县委副书记、县长赵迎春任组长，县委常委、常务副县长梁建任副组长，成员有县人事局、县民政局、县公安局、县档案局、县教体局、县疾控中心等单位负责人。

二、处理法规

5 月 13 日，绵阳市民政局发出《关于灾区死亡人员遗体临机处理的意见》，要求对本次地震灾害死亡人员遗体均要按照“属地管理”的原则，不分火葬区与土葬改革区，凡是死亡时间较长，不宜运输的遗体，均由公安部门拍照、取样、登记确认后，彻底消毒深埋。要求全市各级殡仪馆要充分协调动用所有力量，全力进行死亡人员遗体的火化工作，确保所有火化炉 24 小时满负荷正常运转，力争发挥最大的使用效能。要切实做好死亡人员遗体登记和上报工作。由于生产运输保障困难，如果遗体装尸袋不能及时到位，可用布袋等代替，确保死亡人员遗体能及时得到妥善处理。

5 月 15 日，《民政部、公安部、卫生部关于“5・12”地震遇难人员遗体处理意见的报告》（民电〔2008〕77 号），对遗体处理方式、遗体辨认程序提出明确要求。根据遇难者有效身份证件或经亲属辨认，能够确认死者身份的，由民政部门安排火化；不具备火化条件的，土葬处理。既无有效身份证件也无亲属辨认，无法确定遇难者身份的，公安、卫生部门根据灾区实际情况，要尽力对遗体进行编号、记录、拍照、提取可供 DNA 检验的检材，并由公安部门统一保管和检验，建立地震遇难人员身份识别 DNA 数据库，遗体及时火化或土葬。遇难者经确认是外国人的，遗体由中国殡葬协会进行防腐处理，遇难者身份确认、通知、遗体运输等问题则按有关规定处理。是日，省民政厅下发《关于处理“5・12”遇难人员遗体的有关要求》，对遗体的处理要完善手续，不留后遗症。

三、遗体身份识别

地震后，处理遗体善后的工作人员组织其亲属对遇难者辨识身份，对遇难学生遗体的识别，除家长识别，还辅有班主任老师对遇难学生遗体进行识别。在识别工作中，大多数遗体观察面容便能轻易识别，对于一些容貌损毁的遗体，则只能根据服饰特点、颜色或其他特征识别，识别一个立即登记入册。全县经公安部门法医检验的遗体 166 具。

四、火化处理程序

殡仪馆认真搞好遇难者遗体的消毒、接运转运、验号登记、保存火化等工作；火化前对遗体姓名、性别登记上册，进炉前做遗体面部整容；对无编号、无名字的遗体，经公安机关 DNA 取样、拍照后火化。实行单具尸体入炉火化，火化后的骨灰用红布袋包装，贴上标签，上附姓名或照片，再送市殡仪馆存放。

对上下车及进出遗体、尸检编号的登记、火化的登记，骨灰保存和骨灰发放等各环节工作及程序做到明确分工，不管家属在不在场，各个环节都严格按规范的程序认真查验、登记、核实，不简化程序，以确保每一具遗体与骨灰的准确无误。

五、火化数量

全县地震遇难者遗体主要运往县殡仪馆火化。截至 6 月 11 日，全县共计火化遇难者遗体 326 具。

第七节　行政区划调整

一、报批

申报　2008 年 6 月—7 月，有关专家反复勘察、研究论证，北川羌族自治县（简称北川县）新县城选址适宜在安昌镇东南方向与黄土镇接壤的两公里处。7 月 16 日，市政府第 46 次常务会议审议，并征得市委、市人大常委会、市政协同意，拟对安县、北川县的行政区划作调整。12 月 16 日，市人民政府向省政府正式上报《关于将安县安昌、永安两镇和黄土镇 6 个村划归北川羌族自治县管辖的请示》（绵府〔2008〕269 号）。随后，省政府上报民政部。

批复　2009 年 2 月 1 日，民政部发出《关于调整北川羌族自治县行政区划的批复》（民函〔2009〕41 号）。主要内容是：将安昌镇、永安镇和黄土镇的常乐、红岩、顺义、红旗、温泉、东鱼等 6 个村划归北川羌族自治县管辖。

二、调整

安昌镇　位于安县北部，浅丘平坝区，辖区面积100平方公里，总人口4.67万人，其中非农业人口1.88万人，辖20个行政村、197个村民小组、3个社区居委会。2007年，全镇国内生产总值3.43亿元，第二产业、第三产业增加值2.41亿元，占国内生产总值的70.1%，财政收入915万元，农民人均纯收入4032元。

永安镇　位于安县东北部，浅丘平坝区，辖区面积95平方公里，总人口2.2万人，其中非农业人口1228人，辖15个行政村、123个村民小组、1个社区居委会。2007年，全镇国内生产总值1.9亿元，第二产业、第三产业增加值1.31亿元，占国内生产总值的68.8%，财政收入652万元，农民人均纯收入3854元。

黄土镇6个村　黄土镇常乐、红岩、顺义、红旗、温泉、东鱼6个村分布在黄土镇西侧，总面积20平方公里，人口1.02万人。

调整后安县人口及辖区面积　将安昌、永安两镇和黄土镇的6个村、7.89万人、215平方公里划归北川羌族自治县管辖，安县总人口43.5万人，其中非农业人口6.74万人，辖15个镇、3个乡、234个行政村、25个社区居委会，总面积1189平方公里。

三、移交方案

机构编制　安昌、永安两镇党政机关、事业单位及工作人员成建制整体移交，黄土镇移交派出协助北川工作的4名行政人员及编制，安昌幼儿园只移交安昌镇教学点编制和人员，黄土镇小学校只移交常乐、红旗、顺义三所村小编制和人员；党政机关和事业单位的离退休人员、离岗待退人员原则上随机构整体移交；在职、在岗和内退的企业军转干部，随工作单位的划转进行移交；下岗、失业和已退休的企业军转干部随社保关系的变更进行移交；安昌镇、永安镇及黄土镇6个村的特岗教师和在村任职的大学生整体移交。

学校、医院　整体移交位于安昌、永安两镇的中、小学校，安县在机构编制冻结前已经对学校资产进行处置的，由安县负责处理好债权债务及有关人员的安置。安县于2009年2月前从其他教育单位安置到安昌、永安两镇学校的55名退休教师由北川县做好接收工作。2010年6月底前将位于安昌镇的县人民医院、中医院、妇幼保健院整体迁至花荄镇，由安县负责管理。搬迁前，原来所承担的社会责任和执行的政策不变。

社保人员　企业在职人员社保关系随企业一并移交，企业已经退休人员实行属地管理；安昌、永安两镇183名原城镇集体企业超龄人员由安县暂时按原办法负责管理；原为事业单位后改制为企业的退休人员，随社保关系的变更进行移交；安县原养路段退休职工仍由安县负责管理；由市上统筹的社保资金由市劳动社保局根据具体情况平衡安排，两县不再移交，由县上统筹的社保资金，应按照资金随人走的原则进行移交。

财政　安县、北川两县财政体制调整应坚持统筹考虑、保障既得利益、财权与事权相统一、属地征管的原则，按区划调整后的现状，核定财政收支基数；按照"谁举债谁偿还"的原则，对行政区划调整范围内的政府性债权和债务进行清核；由市财政局牵头，尽快研究移交的具体方案。

国有资产　对国有企业实行属地管理划转的原则，全部划转，不留"飞地"，按照"资产随机构走，债权债务随资产走"的原则，对属于安昌、永安两镇的党政机关和事业单位国有资产全部移交北川县对属于安县的党政机关和事业单位国有资产，如机构移交北川县的，资产和债权债务全部划转；如机构未移交北川县的，资产和债权债务原则上由安县处置；对属于安昌、永安两镇的企业国有资产全部移交北川县，对属于安县县级企业国有资产，单位移交给北川县的，资产全部划转，债权债务也相应划转；由市国资委牵头，认真调查核实国有资产情况，尽快形成可供操作的交接方案。

人大代表事项　2009年4月13日，市人大常委会在北川县召开座谈会，就市县两级人大常委会做好北川县和安县行政区划调整交接中的人大工作进行认真研究。4 月 24 日，市人大常委会办公室印发《座谈纪要》，要求北川县、安县人大常委会遵照执行。“划入北川县管辖的安昌镇、永安镇和黄土镇的 6 个村，划入之前共选举产生安县人大代表 33 名，其中 13 名代表仍在安县工作，其余 20 名代表因行政区划调整到北川县工作。根据代表法的规定，在安县工作的代表资格仍然有效；随行政区划调整到北川县的安县选举的 20 名代表，其安县人大代表资格终止，由安县人大常委会予以公告”。“划入北川羌族自治县的安昌镇、永安镇和黄土镇的 6 个村，在未选举产生北川羌族自治县人大代表之前，两镇 6 村的 20 名原安县人大代表可列席北川羌族自治县人代会”。

其他事项　有关统计数据的移交，由市统计局负责在 5 月 10 日前完成；垂直管理机构的移交工作，市、县两级相关部门要主动衔接，尽快形成方案，由市对口部门负责交接；对安昌、永安两镇已纳入国家、省、市灾后重建和扩大内需规划的项目，要继续在原地实施，不得随意调整。

四、组织实施

市领导小组　2009 年 3 月 31 日，市委、市政府发出《关于成立安县和北川羌族自治县行政区划调整协调领导小组的通知》（绵委〔2009〕27 号）。协调领导小组组长由市委书记吴靖平，市委副书记、市政府代市长曾万明担任，副组长由市委常委、副市长左代富，市人大常委会副主任李有全，市政府副市长黄正良，市政协副主席郑和平担任，市级相关部门和北川县、安县负责人为成员。领导小组下设办公室及边界勘定组、机构编制组织人事组、财政税收组、国有资产组等专门工作组，具体负责区划调整中的各项交接工作。

安县交接工作小组　县民政局局长向云刚任北安边界勘定组组长，县委组织部副部长、县人事局局长陈小平任机构编制人事组组长，县财政局局长邓德元任财政税收组组长，县政府办副主任、县政府财金办主任向光社任国有资产组组长。

工作会议　2009 年 4 月 3 日，市委、市政府召开北川县和安县行政区划调整交接工作会议，安排部署北川县和安县行政区划调整交接工作。市委副书记、代市长曾万明安排部署北川县、安县行政区划调整交接工作，县长赵迎春在会上发言。

人事编制、社保移交　2009 年 5 月 31 日，安县、北川县两县人事编制、社保分别在市人事局、市编办、市劳动和社会保障局的监督下，顺利完成移交。

勘界　安县、北川县边界勘定工作由市民政局牵头负责。市民政局局长张学民任边界勘定组组长，成员由市民政局、市国土资源局、市水务局、市林业局、市公安局和川西北地质大队负责人组成。边界勘定组下设办公室，由市级相关部门各抽调一名专业技术人员组成，办公室主任由市民政局副局长赵健兼任，具体负责勘界的日常工作。北川县、安县成立相应的领导和办事机构，具体组织实施边界勘定工作。2009 年 4 月 21 日，市行政区划调整协调领导小组办公室印发《绵阳市北川羌族自治县和安县县级行政区域界线勘定工作实施细则》，各项准备工作抓紧进行。4 月下旬至 5 月底，对北安边界进行实地踏勘和测绘。市民政局工作人员和川西北地质大队、市国土资源局的专业技术人员深入基层，指导两县开展边界踏勘和测绘工作，调解处理边界纠纷，确保边界社会稳定。安昌、永安两镇为整建制镇调整，其乡镇界原已勘定，涉及县界无争议的直接变更为县界，有争议部分现场实地标定，签订相关文书。涉及黄土镇 6 个村部分县界进行实地踏勘标定。此次勘界，北川县、安县两县共勘定县级界线 54 公里，埋设界桩 5 个（由市勘界办负责实际测绘界桩坐标），整个工作进展顺利。6 月，两县完成外业测绘后，进行内业整理，绘制边界线地形图及矢量数据，编写边界说明和勘界协议书，由两县人民政府逐级联合上报省人民政府审批。市勘界办负责完善上报勘界审批资料和立卷归档。

第五篇

Wenchuan Teda Dizhen Anxian Kangzhenjiuzai Zhi

灾后重建

安县的灾后重建牵动着党中央、国务院、全国人民的心。2008 年 11 月 16 日，中共中央政治局常委、国务院总理温家宝视察晓坝镇黄羊村、茶坪乡时，指示“加快灾后重建工作，是当前扩大内需，促进经济发展的重要措施，也是地震灾区的首要任务”。县委、县政府牢牢把握国家灾后恢复重建政策支持、辽宁对口援建、国家应对金融危机拉动内需三大机遇，以投资为主轴，以项目为载体，用“四个加快”来推进重建工作。始终坚持民生为基点，尽快恢复受灾群众的基本生活、生产条件，实现经济社会发展达到或超过灾前水平，群众基本生产生活条件达到或超过灾前水平的目标，全面展开城乡住房、工业、农业、交通、科教、医疗卫生、信息产业、电力、市场服务体系、文化和旅游、防震减灾、精神家园等重建工作。全县共规划编制 755 个灾后重建项目，总投资 316 亿元。到 2011 年 9 月底，开工 754 个，开工率 99.87%；完工 680 个，完工率 90.06%；累计完成投资 294.8 亿元，投资完成率 93.29%。城乡住房重建全面竣工，基础设施根本性改善，产业重建再生性跨越，民生事业超 20 年跨越，城乡面貌焕然一新。

第一章　组织领导

第一节　县委、县政府决策部署

一、灾后重建总体决策

按照中共中央政治局常委、国务院总理温家宝 2008 年 11 月 16 日视察晓坝镇黄羊村、茶坪乡时指示“加快灾后重建工作，是当前扩大内需、促进经济发展的重要措施，也是地震灾区的首要任务”的精神、全省“两个加快”的总体取向、市委“三年重建任务两年基本完成”以及辽宁省委、省政府“两年基本完成三年援建任务”的要求，县委、县政府确立“一年重点安民，两年全面恢复，三年建设新安县”的灾后恢复重建总体目标。

2009 年，重建工作总体思路和要求是：“坚持科学重建，突出六大重点，抢抓三大机遇，推进三个升级。”六大重点为农房、城镇、基础设施、产业、社会事业、生态环境重建；三大机遇为国家灾后恢复重建政策支持、辽宁对口援建、国家应对金融危机拉动内需机遇；三个升级为推进以工业、农业、旅游业为主的产业升级，推进发展投资环境升级，推进发展竞争力升级。

二、灾后重建工作部署

2008 年 8 月 8 日，启动《灾后恢复重建总体规划》《灾后基础设施建设规划》《灾后生产力布局和产业调整规划》等“1 +9”共 10 个恢复重建规划，对全县的重建进行统一部署。2009 年 3 月，由县人民政府批准实施。

2008 年 11 月，县委成立“深入学习实践科学发展观活动领导小组”，县委书记王黎任组长，领导小组下设办公室，从有关部门抽调 30 余人负责日常工作。以“深入学习实践科学发展观活动”作为贯穿灾后恢复重建和加快发展主线，全面加强党的执政能力和先进性建设，为灾后恢复重建提供坚强保障。2009 年 3 月 17 日后，县委专题研究，根据实际，明确“科学重建新安县，奋力推进新跨越”的学习实践主题，根据县级领导班子、科级党员领导干部、普通党员干部等各种类型群体，分层次提出解决的问题和目标。

突出重点，分步实施。将深入开展城乡环境综合治理作为灾后重建工作的重点，改善人居环境，优化发展环境，展示重建质量和水平。按照省市的统一要求，以“清洁化、秩序化、优美化、制度化”为标准，大力实施震灾痕迹治理、农房风貌塑造、基础设施恢复提升、城镇美化亮化、村庄庭院清洁美化、生态绿化、交通干线治理、城乡居民素质提升“八大”工程，重点对县城城区、城镇、村庄院落和主要公路沿线城乡环境卫生和容貌秩序进行整治，全面提升城乡环境基础设施水平和城乡建设管理水平，进一步提高居民卫生文明素质和道德修养，着力提升发展环境质量，创造清洁、整齐、文明、优美的环境，加快建设灾后美好新家园。

全力做好对口受援工作，扎实推进灾后重建。建立健全“一对一”对口受援工作对接机制，援建工作“一把手”亲自抓，实行“一口把关”。成立对口受援办公室，具体负责援建联络事宜。按照辽宁省委书记张文岳的批示精神，援建工作坚持项目“启动一批、研究一批、准备一批”和“签约一批、落实一批、见效一批”的原则，计划2009年投入15亿元援建资金，重点加快文化、医疗卫生和其他社会事业建设。请辽宁省将投入在2000万元以上的项目改为“交钥匙”工程，实行“交支票”和“交钥匙”相结合的方式，推进项目建设进度。

第二节 灾后重建工作机构

一、安县“5·12”灾后重建工作委员会

机构成立 2008年12月22日，县委、县政府成立灾后重建工作委员会，进一步加强对灾后重建工作的领导，加快灾后重建步伐。王黎、赵迎春任主任，朱安保、张忠贵、张道斌、姜曦、梁建、安瑛、钟思亮、高量、郭向前任副主任，赵奎、詹勇为、刘胜军、杨代根、冯安、何建非、严洪兵为成员。委员会下设办公室、5个工作组和3个督导组。

灾后重建委简易办公场地

办公室。梁建任主任，向光社、何超任副主任。主要职责：负责灾后重建委员会日常工作和各工作组综合协调；灾后重建重大问题调研和政策制定；灾后重建重要文件、领导讲话的起草和简报、会议纪要的编发以及综合信息收集、整理、汇总和上报工作。

规划实施组（对口受援办公室）。郭向前任组长，詹勇为、冯安、何建非、吴淼、董正红任副组长，牵头部门为县发展改革与经济商务局。主要职责：灾后恢复重建总体规划和专项规划的编制和组织实施；组织灾后恢复重建项目的编制、上报审批和督促落实工作；对口援建单位的日常联系、协调和服务工作；项目推进和援建工作有关信息和数据的收集、整理、统计、上报工作。

城镇与农村住房重建和金融支持组。杨代根任组长，何建非、王定友、王勇军、谢崇义、李旭府任

副组长，牵头部门为县规划和建设局、县国土资源局、县人民银行。主要职责：组织制定城镇和农村住房重建政策、措施和实施办法，并做好政策宣传；制定城镇和农村住房重建工作综合推进方案，并组织实施；城镇和农村住房重建有关数据、信息及工作进展情况的收集、整理、汇总、上报工作；城镇和农房重建督促检查、技术指导、质量和安全监管工作；灾后重建用地保障、土地复垦以及灭失土地返乡农民安置帮扶工作；制定和督促落实金融支持灾后重建有关政策，积极向上争取信贷支持。

工业重建组。赵奎任组长，吴森、董键、周全国任副组长，牵头部门为发展改革和经济商务局。花荄工业集中发展区由周全国负责。主要职责：制定全县工业企业灾后恢复重建政策、措施和实施办法并组织实施；组织工业企业灾后恢复重建、企业技改和新项目建设；灾后恢复重建所需建筑材料生产供应的组织协调工作；工业重建有关数据、信息及工作进展情况的收集、整理和汇总上报工作。

救济救助、物资保障和卫生防疫组。姜曦任组长，安瑛、刘胜军、张加林、向云刚、李建强、彭明礼任副组长，牵头部门为县民政局、县卫生局、县劳动保障局。主要职责：灾后恢复重建物资捐赠组织、储备管理、发放监管工作；灾后重建应急物资的组织、采购工作；督促各乡镇落实灾区困难群众和“三孤”人员的救济救助政策；指导受灾群众集中安置点完善管理制度、推进社区化服务和群众自治工作，帮助集中安置点完善生活、医疗卫生、文化娱乐、消防、安全等配套设施；组织制定灾区卫生防疫方案、措施和实施办法，并组织实施；加强对地震灾区重点区域和重点人群的食品卫生监督；灾区卫生防疫信息收集、整理、汇总、上报工作；灾后恢复重建就业指导和社会保障工作。

维护稳定组。钟思亮任组长，严洪兵、李永根、宋进勇、谢流贵任副组长，牵头部门为县委政法委、县公安局、县信访和群众工作局。主要职责：制定灾后恢复重建社会稳定方案、措施和实施办法；灾后恢复重建信访维稳工作；加强对灾后恢复重建不稳定因素的预警预报、定期排查和矛盾纠纷化解工作。

督导组。朱安保任第一督导组组长，负责花荄镇、黄土镇、界牌镇、安昌镇、永安镇、兴仁乡及花荄工业集中发展区灾后重建工作督导；张忠贵任第二督导组组长，负责桑枣镇、晓坝镇、茶坪乡、秀水镇、睢水镇、沸水镇灾后重建工作督导；高量任第三督导组组长，负责河清镇、永河镇、塔水镇、宝林镇、清泉镇、乐兴镇、高川乡、迎新乡灾后重建工作督导。主要职责：对灾后重建政策执行、重大工作推进和领导批示落实情况，进行不定期督导。

有关事项。原安县抗震救灾指挥部工作职责由新组建的安县“5·12”地震灾后恢复重建工作委员会各组承担；各乡镇抗震救灾指挥部更名为乡镇“5·12”地震灾后恢复重建委员会，内设机构由各乡镇自定；各工作组明确专门机构和人员，具体负责灾后重建相关工作；为了加强与各组的工作衔接，及时汇总、报送灾后重建工作信息，总结工作经验，在县政府办公室增设灾后重建科，作为县重建委的日常办事机构和县政府办公室的内设机构，编制暂定3人。继续实行县级领导联系乡镇制度（按原分工不变）。

重建项目奠基

机构调整　2009年6月4日，县委、县政府决定，调整灾后重建委员会领导和相关工作机构职责。安县“5·12”地震灾后恢复重建委员会由王黎、赵迎春任主任，张道斌、梁建任常务副主任，姜曦、贾友忠、谭莉、安瑛、钟思亮、高量、郭向前、陈本志、潘昌友、杨通远、赵奎、詹勇为、刘胜军、杨代根、冯安、严洪兵、何建非、王刚、马贵显、杨建新为成员。委员会下设办公室、9个工作组、对口受援办公室和3个督导组。

制定工业园发展规划

县重建委办公室由梁建兼任主任。主要职责：灾后重建委日常工作和各工作组综合协调；灾后重建重大问题调研和政策制定；灾后重建综合信息收集、整理、汇总和上报工作。

规划实施和项目推进组由赵奎任组长，牵头部门为县发展改革和经济商务局。主要职责：灾后恢复重建总体规划和专项规划的编制和组织实施；组织灾后恢复重建项目的编制、上报审批和督促落实工作；项目推进工作有关信息和数据的收集、整理、统计、上报工作。

城镇与城乡住房重建工作组由杨代根任组长，牵头部门为县规划和建设局。主要职责：组织制定城乡住房重建政策、措施和实施办法，并做好政策宣传；制定城乡住房重建工作综合推进方案，并组织实施；农民永久性住房和城镇居民住房重建有关数据、信息及工作进展情况的收集、整理、汇总、上报工作；城镇和城乡住房重建督促检查、技术指导、质量和安全监管工作；灾后农房重建风貌塑造和城乡环境综合治理工作。灾后重建用地保障、地质灾害治理、土地复垦以及灭失土地返乡农民安置帮扶工作由县国土资源局负责。

社会事业重建组由安瑛任组长，詹勇为、王刚任副组长，牵头部门为县教体局、县卫生局、县文化旅游局、县广播电视局。主要职责：制定全县社会事业灾后恢复重建政策、措施和实施办法并组织实施；组织社会事业灾后恢复重建和新项目建设；组织制定灾区卫生防疫方案、措施和实施办法，并组织实施；加强对地震灾区重点区域和重点人群的食品卫生监督；帮助受灾集中安置点完善医疗卫生、文化娱乐设施等工作；社会事业重建和卫生防疫有关数据、信息及工作进展情况的收集、整理和汇总上报工作。

工业重建组由陈本志、赵奎任组长，牵头部门为县发展改革和经济商务局。其中花荄工业集中发展区由陈本志负责。主要职责：制定全县工业企业灾后恢复重建政策、措施和实施办法并组织实施；组织工业企业灾后恢复重建、企业技改和新项目建设；灾后恢复重建所需建筑材料生产供应的组织协调工作；工业重建有关数据、信息及工作进展情况的收集、整理和汇总上报工作。

农业重建组由刘胜军任组长，牵头部门为县农委办、县农业局、县林业局、县水务局、县计生局、县畜牧局。主要职责：制定全县农业、林业、水务等灾后恢复重建政策、措施和实施办法并组织实施；组织农业、林业、水务等基础设施和有关项目灾后恢复重建；有关农业、林业、水务等重建数据、信息及工作进展情况的收集、整理和汇总上报工作。

商贸旅游业重建和金融支持组由梁建任组长，安瑛、赵奎、杨建新任副组长，牵头部门为县发展改革与经济商务局、国家地质公园管理处、县人民银行。主要职责：制定全县商贸和旅游业灾后恢复重建政策、措施和实施办法并组织实施；组织商贸企业、旅游企业、景区灾后恢复重建和新项目建设；制定和督促落实金融支持灾后重建有关政策，积极向上争取信贷支持。

社会福利和物资保障组由詹勇为任组长，牵头部门为县民政局。主要职责：制定社会福利事业灾后恢复重建政策、措施和实施办法并组织实施；组织社会福利事业灾后重建和新项目建设；督促各地落实灾区困难群众和“三孤”人员的救济救助政策；指导受灾群众集中安置点完善管理制度、推进社区化服务和群众自治工作，帮助集中安置点完善生活等配套设施；灾后恢复重建物资捐赠组织、储备管理、发放监管工作。

精神家园建设协调小组由贾友忠、谭莉任组长，牵头部门为县委组织部、县委宣传部。主要职责：研究、制定精神家园建设政策、措施和实施办法并组织实施；抓好受灾群众集中安置点和村级组织活动场所、干部队伍、精神文化建设；研究和解决基层干部困难和问题。

维护稳定组由钟思亮任组长，杨代根任副组长，牵头部门为县政法委、县公安局、县信访和群众工作局。主要职责：制定灾后恢复重建社会维稳方案、措施和实施办法；灾后恢复重建信访维稳工作；加强对灾后恢复重建不稳定因素的预警预报、定期排查和矛盾纠纷化解工作。

对口受援办公室由梁建兼任主任。主要职责：对口援建单位的日常联系、协调和服务工作；援建工作有关信息和数据的收集、整理、统计、上报工作。

设立三个督导组。潘昌友任第一督导组组长，负责花荄镇、黄土镇、界牌镇、乐兴镇、兴仁乡及花荄工业集中发展区灾后重建工作督导；杨通远任第二督导组组长，负责河清镇、永河镇、塔水镇、宝林镇、清泉镇、高川乡、迎新乡灾后重建工作督导；马贵显任第三督导组组长，负责桑枣镇、晓坝镇、茶坪乡、秀水镇、睢水镇、沸水镇灾后重建工作督导。主要职责：负责对灾后重建政策执行、重大工作推进和领导批示落实情况进行不定期督导。

2011 年 2 月 25 日，因工作变动，对灾后重建委员会及其相关工作机构人员进行调整。赵迎春、胡德兵任主任，梁建、杨代根任常务副主任，姜曦、谭莉、安瑛、钟思亮、朱元光、党海燕、陈本志、潘昌友、杨通远、赵奎、刘胜军、王刚、杨国斌、马贵显、杨建新为成员。

县重建委办室由杨代根兼任主任，何超、董正红、黄容琴、李贺任副主任；规划实施和项目推进组由赵奎任组长，牵头部门为县发改局；城乡住房重建工作组由刘胜军任组长，牵头部门为县城乡规划建设和住房保障局；社会事业重建组由安瑛任组长，杨国斌任副组长，牵头部门为县教体局、县卫生局、县文化旅游局、县广播电影电视局；工业重建组由赵奎任组长，牵头部门为县发改局；农业重建组由王刚任组长，牵头部门为县农委办、县农业局、县林业局、县水务局、县计生局、县畜牧局；商贸旅游业重建和金融支持组由杨代根任组长，安瑛、赵奎、杨建新任副组长，牵头部门为县发改局、县商务局、国家地质公园管理处、县人民银行；社会福利和物资保障组由杨国斌任组长，牵头部门为县民政局；精神家园建设协调小组由谭莉、党海燕任组长，牵头部门为县委组织部、县委宣传部；维护稳定组由钟思亮、杨代根任组长，牵头部门为县政法委、县公安局、县信访和群众工作局；对口受援办公室由杨代根兼任主任、黄定拥任副主任；潘昌友、杨通远、马贵显分别任一、二、三督导组组长。

二、安县对口受援工作领导小组

2008 年 5 月 23 日，成立灾后恢复重建对口受援工作领导小组。王黎、赵迎春任组长，张道斌、梁建任副组长，县委办、县人大办、县府办、县政协办及县发改、民政、财政、规划建设、国土资源、交通、卫生、教育、水利、农业、文化旅游等部门领导为成员。领导小组下设办公室，由梁建兼任办公室主任。6 月中旬成立与辽宁省对口援建相对应的 12 个工作组。

第二章　重建政策

第一节　灾后重建政策

一、灾后重建政策法规文件

2008年8月，抗震救灾应急救援和受灾群众过渡安置工作告一段落后，按照科学重建、务实重建、和谐重建、艰苦重建的要求，充分尊重群众意愿，整合各种资源，重点解决“农房重建规划、困难农户建房、宅基地灭失农户重建”问题，县委、县政府出台《关于“5·12”地震灾后农房重建工作实施意见》《灾后农房重建工作指导意见汇编》《关于“5·12”因灾失地群众返乡安置帮扶工作的实施意见》《关于妥善解决“7·17”洪涝泥石流灾害毁损农房再重建的意见》等文件指导农房重建，实行农房重建进度日报制和专项督查制度；制发《集镇居民住房灾后重建工作指导意见汇编》，针对重建工作中反映的特殊问题，灾后住房建设工作领导小组集镇重建办公室下发《关于城镇住房灾后重建工作有关问题答复意见的通知》和《关于城镇住房灾后重建工作有关问题的通知》等政策性文件指导灾后城镇住房重建。

二、营业税起征点调整

根据财政部、国家税务总局《关于认真落实抗震救灾及灾后重建税收政策问题的通知》（财税〔2008〕62号）和绵阳市地方税务局《四川省地方税务局关于调整营业税起征点的通知》（绵地税发〔2008〕47号）精神，县地方税务局出台新的税收政策，从2008年7月1日起按期纳税的企业营业税起征点由现行的营业额1500元调整为3500元。

三、政策措施保障

建设资金保障　努力向上级部门争取财政资金，确保国家、省、市三年下拨灾后重建资金及时到位。县级各部门以恢复重建为载体，加大项目的收集、整理、包装和推介力度，加强与上级部门联系，积极向国家相关部委争取基础设施、社会事业建设项目和灾后重建资金支持。争取银行借贷资金支持。县财政投资公司、国有企业和大型股份制企业抓住灾后重建机遇收集项目，积极争取银行的贷款支持，恢复生产，扩大产能，调整结构，新上项目。积极争取援助资金。加大宣传力度，积极组织，广泛发动，充分调动社会各界关心、支持和参与灾后恢复重建工作，募集社会捐赠资金。鼓励社会投入，争取县内企业自身投入、接受县外企业产业转移资金。中央基金下达的包干总量68.46亿元。截至2010年12月31日，省财政厅下达68.46亿元，占包干总数的100%；县财政下达68.46亿元，占省财政厅下达的100%。为加强地震灾后重建资金的管理，县人民政府办公室制定《关于印发地震灾后恢复重建资金管理暂行办法的通知》，对灾后重建资金管理做出明确规定。严格坚持灾后重建资金县级报账制，资金通过部门、乡镇开设的灾后恢复重建资金专户封闭运行，专款专用、专账核算。实行工程款通过中标单位基本账户专账支付制度，财政各归口业务股室根据工程进度审核拨付资金，严把资金支付安全关。制定《关于加强地震灾后恢复重建基本建设项目竣工财务决算批复工作的通知》，按灾后重建项目竣工财务决算审核批复和结余资金的使用做出明确规定。要求项目单位加快办理竣工项目财务决算，及时退还结余资金，由县政府统一安排用于规划内其他项目的建设。县纪委、监察、审计、财政等部门加强对灾后重建资金使用的跟踪监督、检查，开展救灾资金使用专项审计，发现问题，及时处理。

人力资源保障　构建符合县情的人力资源引进、开发新优势。推进人力资源开发引进工作，运用灵活的机制，更优惠的政策广纳人才，扩充人才队伍，继续实施人才工程，通过公开考录、招聘、引进的途径，力争每年回县就业的专科以上毕业生以100名左右的数字递增，争取在2009年前实现招聘研究生零的突破；其中外向型、复合型高级人才应占10%—20%，愿来工作的本科以上毕业生（含特殊专业的专科生）可先入户、后落实单位。有一技之长，能带来经济效益的人才可放开引进，实行特事特办。结合实际情况，出台优惠政策，建立健全新的用人机制，加强舆论宣传，营造良好的社会氛围，大力提高各类人才的政治和社会地位，切实做到以事业凝聚人，以创新吸引人，以爱心团结人，以机制稳定人，扼制住人才外流的趋势。制定优惠措施，倾斜性政策，促使行政事业单位人才走出去领办、创办民营企业和科技企业。切实为县域经济服务，大力推进企业事业单位人事制度改革，建立起符合市场经济体制的用人机制。配合工业企业和农村调整产业结构，加速人才向第三产业和农村流动。实现人才的贡献和分配挂钩。给一流人才一流待遇，同时创造条件，让他们最大限度成就事业，使高层次人才的收入符合其创造的价值和贡献，使工资分配和人才贡献相联系，加大对科技人才的奖励力度，允许其以技术入股，参与分红。对做出贡献的科技人才给予重奖。加大对人才引进和开发资金的投入。加大对人才引进开发工作的资金投入，在财政可能的情况下，建立人才专项基金，用于人才的引进、开发、培养、奖励，以稳定和吸收人才。鼓励企业大力提高对人才的待遇，乃至高薪聘用人才。围绕农业产业结构调整和农村经济发展做好农村人力资源开发工作。人事工作把农村作为工作重点，面向农业、农村和农民搞好人才资源开发，扩大为农服务领域。采取激励措施，引导和稳定现有农业科技人才投入为经济服务主战场。在职称评定上给予倾斜，工资福利上给予优惠，并抓好政策兑现；根据需要及时按比例加强对涉农专业技术人员的补充和交流。大中专毕业生就业实现市场配置。转变观念，加大宣传力度。加强对毕业生就业的宣传教育，使他们不断提高思想素质，自觉适应就业市场配置的需要，增强责任感和使命感，引导他们正确对待第一次就业。用人单位树立起“尊重知识，尊重人才”的思想，择优选才，并切实解决好所接收毕业生工作、学习、生活方面的实际问题，为他们创造一个宽松的环境。加大人事代理力度，为毕业生就业疏通渠道，解除毕业生后顾之忧，制定非国有单位接收毕业生缴纳社会养老等基本社会保险办法，积极拓展人事代理范围，突破三资、民营企业的范围，创新代理业务，向国有企事业单位延伸。提高工作效率，实现“一条龙”服务，“一支笔”办理。建立毕业生就业的社会保障系统。设立毕业生社会待业保险基金，为就业市场的良好运行和毕业生的再度选择工作提供保证。

体制机制保障　加强领导明确责任。建立县、乡镇、村三级联动的灾后恢复重建机制。县上成立由县委副书记、县长任组长，县政府副县长任副组长，县级相关部门为成员单位的灾后恢复重建领导小组，领导小组日常办公室设在县发展改革和经济商务局，由县发展改革和经济商务局局长任主任，县国土资源局、县规划和建设局主要领导为副主任，从县级相关部门抽调人员，具体负责灾后重建组织协调和日常事务。灾区各级政府成立相应的机构，把灾后重建作为经济社会建设的重点工作，明确职责，落实责任，确保灾后重建工作有力、有序和有效开展。强化监督逗硬奖惩。县委、县政府将灾后重建工作纳入年度目标考核内容，县目标督查办及时跟踪工作进度，定期和不定期进行督促检查，严格考核，逗硬奖惩。县委、县政府每年开展灾后重建表彰大会，对开展灾后重建工作成效显著的单位和个人予以表彰奖励，对未完成灾后重建各项目标任务的单位负责人追究其相关责任。对行动迟缓、工作不落实、政策不到位的部门主要负责人和直接责任人进行通报批评，确保任务完成。

第二节 移民安置

一、移民安置背景

安县共接受安置三峡电站、宝珠寺电站、瀑布沟电站、蟒塘溪电站、以礼河电站、狮子滩电站等大中型水电移民768户2775人，安置市县水库白水湖、上游水库等移民545户、2240人，合计1313户、5015人。分布在17个乡镇（茶坪无移民），涉及汉、藏、彝、满、侗、羌等民族。矛盾多，问题复杂，安置任务艰巨。2009年，县委、县政府在省、市移民办的关心和指导下，以人为本，坚持“发展安置地经济、改善移民生活、维护社会稳定、促进县域经济发展”的指导思想，认真贯彻落实国家政策，按照移民工作“稳定、和谐、发展、共融”的要求，从大局出发，围绕解决移民安置遗留问题和地震后恢复重建及促进移民安置地经济快速发展，切实做好移民稳定工作，较好地完成安置工作任务。

二、移民安置遗留问题

瀑布沟电站移民卷帘门更换安装工程收尾和验收 “瀑电”移民卷帘门更换安装工程2008年4月启动，受地震影响，工期推迟到2009年3月完工。县移民办在2010年8月组织县财政、建设、纪委（监察）、审计等部门对秀水、清泉、宝林、永河等四个“瀑电”移民乡镇移民卷帘门更换安装工程进行检查验收。

检查移民小区建设

清泉、秀水两镇移民住房受损加固维修 从2009年初开始，县移民办联系协调福建省援建企业对清泉镇13户因地震严重受损移民住房进行加固维修，9月底完工。秀水镇秀安村26户“瀑电”移民住房因地震不同程度受损，县移民办会同秀水镇党委政府严格按照汶川地震补助政策对移民户实施补贴。

四个“瀑电”移民安置镇移民住房验收和发证 “瀑电”移民自2006年8月份搬迁入住以来，永河镇在移民入住时将相关证书发到移民户手中，秀水、清泉、宝林3个镇移民一直以政府为其代建住房有质量问题为由拒绝领取“房产证”“土地使用证”“农村土地经营权证”。地震后，相对周边群众住房损失来看，“瀑电”移民住房受损较轻。县移民办会同各安置镇党委政府加强灾后各项政策的宣传，移民群众逐步淡化政府代建住房有质量问题的看法，主动向政府部门申领“三证”。县移民办督促秀水、清泉、宝林三镇将“三证”在2008年11月30日前逐户发到移民手中。

移民住房屋顶维护工程检查验收 四个“瀑电”移民安置镇移民住房屋顶维护工程2007年7月启动，因地震影响，推迟到2008年底基本完工。县移民办督促施工企业和乡镇完善该工程相关手续，2009年11月20日，牵头组织县财政、纪委（监察）、建设、审计等部门和乡镇对该工程实施检查验收。

黄土镇农贸市场的改建工程实施和验收 黄土镇三峡移民存在年老、体弱、耕地少的问题，为解决其就业和基本生活来源问题，县移民办经考察论证，争取资金对黄土镇农贸市场进行改造。工程2010年

4月竣工。县移民办牵头组织对该工程进行验收，并协调镇政府为该镇67户三峡移民每户安排一个摊位经商。

解决四个“瀑电”移民安置镇建房基础超深问题 在安置“瀑电”移民过程中，四个“瀑电”移民乡镇因建筑基础严重超过设计深度而超支1150.5万元。将情况上报省、市有关部门，2011年5月，成都勘测设计院下达设计变更认定报告，解决资金缺口。

三、移民后期扶持

组织17个移民接待安置乡镇对宝珠寺、瀑布沟、三峡电站、蟒塘溪、狮子滩、以礼河等大型水利水电工程迁入的768户、2775名移民的后期扶持情况进行核实登记，坚持每月核实登记上报一次，确保核实登记的准确率。

抓融入促进，做好移民帮扶教育工作。使移民尽快适应生产、生活，进一步增加其经济收入，逐步实现“搬得出、安得下、富得起”的目标，细化帮扶措施，加大农田基础设施扶持力度，修建生产生活用水设施2处，解决近200人的引水困难问题；访贫问苦，深入各安置点移民群众贫困户家中了解情况，帮助移民群众解决生产生活中的困难和问题；强力推行县级部门帮扶联系移民户制度，进一步提高移民生产生活水平。

抓移民培训，积极推进生产基地建设。开展移民培训，完善培训体系；进一步扶持生产发展典型，通过典型引路，辐射带动移民增收致富。

抓基础建设，改善移民基础设施条件。对移民集中安置区土泥路进行硬化；为成建制的移民村、组安装体育、健身、娱乐器具和设施，丰富移民群众的业余文化生活。

检查移民住房加固项目

第三章　重建总体规划

第一节　总体思路

一、规划编制背景

经中国地震台网测定，地震微观震中为：北纬31°，东经103°，发震断裂为龙门山主干断裂带的一次浅源地震；宏观震中在北川县城。根据国务院汶川8级地震综合评估以及汶川8.0级地震灾区分布，安县属极重灾区。

综合地震灾害、次生山地灾害的危险性、生态系统脆弱性、生态系统重要性、环境承载力、可利用土地资源、可利用水资源、经济发展水平、交通优势度、人口聚集度等10大要素指标评价结果，人居环境适宜性分为5个等级。即：不适宜区、较不适宜区、中等适宜区、较适宜区，适宜区。

人居环境适宜性分区统计表

表49　　　　单位：平方公里，万人

<table>
<tr><th>人居环境分区</th><th colspan="2">数　量</th><th>涉及乡镇</th></tr>
<tr><td rowspan="2">不适宜区</td><td>面积</td><td>221</td><td rowspan="2">晓坝镇、茶坪乡</td></tr>
<tr><td>人口</td><td>1.56</td></tr>
<tr><td rowspan="2">较不适宜区</td><td>面积</td><td>249</td><td rowspan="2">高川乡、睢水镇（山区）</td></tr>
<tr><td>人口</td><td>2.05</td></tr>
<tr><td rowspan="2">适宜区</td><td>面积</td><td>934</td><td rowspan="2">兴仁乡、迎新乡、花荄镇、安昌镇、河清镇、秀水镇、塔水镇、桑枣镇、黄土镇、永河镇、界牌镇、宝林镇、清泉镇、沸水镇、乐兴镇、永安镇</td></tr>
<tr><td>人口</td><td>47.39</td></tr>
</table>

二、规划主要内容

总体目标　坚持灾后重建工作高起点规划、高标准建设、高水平管理，紧密结合基础设施建设、产业升级、城镇化发展和社会主义新农村建设，用3年时间（2008—2010年）确保完成受灾群众住房、基础设施等重建工作，使经济和社会事业得到全面恢复提高，达到“一年基本恢复，两年大有提高，三年建设新安县”的目标。

总体思路　坚持自力更生与辽宁省对口援建相结合，发扬艰苦奋斗、自强不息、拼搏奉献精神，认真贯彻执行落实党和国家有关地震灾后恢复重建的各项政策，突出“加快恢复和重建，三年建设新安县”的主基调，把好“四关”，即：受灾群众安置关、防疫关、社会面稳控关、次生灾害防治关。走好“三步”，即：第一步安置，在2008年8月底前，全面完成受灾群众过渡性安置；第二步恢复，利用两年时间，完成重点基础设施和城乡居民住房的恢复和重建；第三步超越，在三年时间内，使安县的经济和社会事业发展水平超过震前水平。通过科学规划和项目争取，使基础设施建设的重点如交通、通讯、电力、环保等体系更加完善，并为发展预留一定空间。通过恢复和重建，加速工业、农业和服务业的升级，推进工业化、农业现代化、城镇化的加快发展。

灾后重建与发展布局 根据资源环境承载能力、经济发展基础、节能减排目标、科学技术进步和社会发展要求等因素，立足现实、着眼长远、科学规划、合理布局经济社会发展要素，对建设经济快速发展、社会文明和谐、生态良性循环、人民幸福安康的具有活力和竞争力有着重要的意义。平坝和丘陵区、生态系统比较稳定、地质条件较好、次生灾害少，具有较好经济社会发展条件和基础的地区，在尽快就地恢复重建的基础上，适度加快推进工业化和城镇化，为人口集聚创造良好条件。深丘向山区过渡区和高山地区，生态较为脆弱、环境容量和承载力较差的地区，总体上降低开发强度，较严控制人口、城镇和村规模，依据环境容量和资源承载力，重点发展具有特色的绿色和有机农业。高山深谷地区，坡度在25°以上，自然灾害、次生灾害威胁较大但具有重要生态价值的地区，强化生态屏障功能，以恢复生态植被为主，除发展多年生干果、生态旅游、点状矿产资源开发外，原则上禁止其他开发建设活动。适宜区、较适宜区主要集中在平坝浅丘区和山前丘陵地段，是经济社会发展需要重点开发的地区。适宜性差区集中在高山深谷区，是对环境进行保护、禁止开发的地区。

三、规划编制过程

地震发生后，一手抓抗震救灾，一手抓灾后恢复重建规划编制。编制完成一个《总体实施规划》和10个专项规划。《总体实施规划》共收集整理恢复重建项目734个（含打捆项目），总投资达645.4亿元，申请国家、省补助资金416.6亿元。后经国家、省审定，安县纳入国家《汶川地震灾后恢复总体规划》和10个专项规划的项目共173个（含城乡住房建设，全部为打捆项目），估算总投资243.89亿元（备注：国家10个专项规划中，防灾减灾、城镇体系、土地利用3个专项规划有项目但无具体投资规划）。纳入《四川省汶川地震灾后恢复重建年度计划（修订本）》项目为728个（不含城乡住房），估算总投资155.12亿元。按照县委、县政府的安排和部署，在市发改委的指导下，对省发改委印发的《四川省汶川地震灾后恢复重建年度计划（修订本）》中涉及安县的灾后重建项目进行核实、细化，形成《安县“5·12”地震灾后恢复重建年度计划（修订本）》。纳入《年度计划》的灾后恢复重建项目为643个（含打捆项目，不含城乡住房），估算总投资172.69亿元。城乡住房估算总投资14.17亿元，其中：农村住房重建总投资70.2亿元；城镇住房总投资71.51亿元。由于灾后重建项目工作的特殊性，年度计划中的项目需在中期评估时做进一步调整、完善和充实。县规划和建设局按照党中央、国务院关于尽快开展灾后恢复重建工作的重大战略部署、国务院颁布的《汶川地震灾后恢复重建条例》和《四川地震灾后重建总体规划纲要》以及国家相关法律法规，结合城乡规划基础工作和灾后重建实际情况，为保障灾后重建工作有序有效开展，尽快恢复灾区群众正常的生产生活秩序，促进全县经济社会在尽快恢复到灾前水平的基础上，实现科学健康、持续快速的发展，制定总体规划。委托辽宁规划设计院对各乡镇的总规划、控项及部分专项规划进行编制：县城总体规划修编（县城总体规划用地范围30平方公里，包括花荄县城现状用地范围以及花荄镇的白鹤林村、罗林村、西岩村、先林村、柏杨村、龙兴村、前进村、界牌镇的永丰村）2009年经四川省建设厅批准；全县17个乡镇进行《总体规划》编制，其中晓坝镇为原地异址重建乡镇，2008年取得四川省人民政府迁址批准，总体规划和修建性详细规划在2008年获得市人民政府批准；其余乡镇总体规划2008年底经专家评审通过，2009年3月获得县人民政府批准；县城及全县所有乡镇都进行控制性详细规划编制。《花荄镇中心城区控制性详细规划》编制成果通过专家评审；为提升县城整体风貌，县委、县政府同意，委托四川省城乡规划设计院对花荄老城区进行《旧城改造规划》《滨河两岸修建性详细规划》《县城九曲花荄设计》和《五路口地区城市设计》。晓坝和茶坪编制《修建性详细规划》；进行部分专项规划如产业发展规划、风景名胜区规划、消防规划、安昌河及九曲花荄景观概念规划的编制。委托辽宁省城乡建设规划设计院进行《白水湖—罗浮山省级风景名胜区规划及分区规划》规划编制。完成175处各乡镇政权组织建设灾后重建项目的地形图测绘，以及文化和职工活动中心等行政事业单位灾后重建建设规划编制；完成廉租房花荄民生家园和康居小区、银都宝座等建设项目的建设规划编制。对县城计划新建的各个项目和各乡镇学校等公益设施建设的61个方案进行评审；完成建设工程项目规划技术指标和设计方案审查118处；复核工程施工图设计文件指标78处；办理施工图审查备案235份。办理“建设用地规划许可证”450件，《建设项目选址意见书》111件，“建设工程规划许可证”540件。

第二节　生态环境与防灾减灾设施布局

一、地质灾害治理

对于县内山区乡镇危害性大但危险性较小或不是很明确的地质灾害隐患点，采取监测预警预报为主的防范措施，通过监测在准确地掌握隐患点的变形破坏过程和特点，科学地分析判断隐患点在不同时期的稳定性状况和可能的破坏方式及危害区域，使地质灾害防治工作有的放矢，抓准防治时机，合理地采取治理或避让，经济有效地减灾防灾。

二、灾害监测预测能力建设

尽快恢复地震办及观测网络，全县强震观测台网，县地震监测中心和防震减灾指挥中心；新建较为稳定的地震宏观观测网络、高标准的通信网络系统和强震应急相应联动工程。实施气象灾害综合监测、预测预报、监测预警信息传输、公共服务和人工影响天气防灾减灾、泥石流滑坡灾害气象预警工程。恢复重建县林业局和林业有害生物监测防治体系、林资源信息管理与监测系统和数据库。

三、林业生态环境修复

恢复与重建林区道路（含防火通道）200公里、瞭望台12座、供电线路29.8公里、供水系统6.4公里，购置防火设备880台（套）、交通工具车7辆；恢复林区种苗生产基地与设施，人工造林19945亩、封山育林64641亩；开展森林资源二类调查、次生山地灾害与水土流失的治理、地震对大熊猫等珍稀野生动物行为、生存方式、迁移的影响研究。

四、恢复重建工程地震设防

恢复重建的一般建设工程抗震设防按照《四川汶川8.0级地震灾后重建地震评价规划用图》的地震动峰值区划结果、GB18306—2001《中国地震动参数区划图》有关规定执行。同时，恢复重建的重大建设工程按照《地震安全性评价管理条例》的有关规定确定抗震设防要求。恢复重建的所有建设工程按照《建筑物抗震设计规范》及各行业有关规范。县境具体设防烈度标准：晓坝镇、茶坪乡、高川乡为9度设防；宝林镇、沸水镇、河清镇、花荄镇、黄土镇、乐兴镇、桑枣镇、睢水镇、塔水镇、兴仁乡、秀水镇、迎新乡、永河镇为8度设防；界牌镇、清泉镇为7度设防。

第三节　城镇体系布局

一、场镇恢复重建的总体要求

根据实际受灾情况与灾后恢复重建的相关要求，对场镇现址的地质安全性进行评价，对地质不安全的城镇，必须搬迁。对现址地质评价为安全的场镇，原地原址重建。受建设用地条件、居民迁移安置意愿、产业发展基础与潜力、资源环境承载力等因素影响，场镇的恢复重建规模有所不同，依据重建规模与原规模的差异将其分为压缩规模、保持规模、扩大规模等三种类型。场镇的恢复重建规划分为原址重建、原地异址重建与异地重建等三种基本类型。考虑到重建后的场镇规模与原规模的差异，又分为压缩规模、保持规模、扩大规模等三种类型。场镇的恢复重建细分为九种类型，分别为原地原址重建：缩小规模、维持原有规模、优化提升；原地异址重建：缩小规模、维持原有规模、优化提升；异地迁建：缩小规模、维持原有规模、优化提升。

二、场镇分类及建设指引

原地原址重建——维持原有规模　城镇在原地原址进行重建，原址地质安全性基本无问题，但受灾后城镇体系发展要求、经济发展水平等因素制约，短期内不需大规模扩张，只基本维持原有规模。河清镇、界牌镇、永河镇、清泉镇、宝林镇、乐兴镇、兴仁乡、迎新乡、塔水镇、秀水镇属此类型。

原地原址重建——优化提升　城镇在原地原址进行重建，原址地质安全性基本无问题，且该城镇经济发展的基础与潜力较好，通过产业扶持发展后可承接较多异地安置的人口。花荄镇、黄土镇、桑枣镇、睢水镇、沸水镇、高川乡、茶坪乡属此类型。其中，黄土镇与花荄镇发展潜力较大，地质安全性好，可承接较多安置人口。桑枣镇、睢水镇、沸水镇、高川乡、茶坪乡均需安置本乡镇需出村安置的人口，必须通过产业扶持等手段对其进行优化提升，以解决安置人口的就业问题。

原地异址重建——优化提升　城镇全部或部分不适在进行原址建设，但可在本行政区内解决人口安置问题，该城镇的人口规模将适度增加或城镇的等级获得提升。晓坝镇镇场的原址受地质灾害影响，不适合直接恢复重建，全部搬迁至本镇区内茶坪河西岸，晓坝镇关心、中心村处进行重建。

县域城镇依据上述分类进行恢复重建指引，各类城镇及其建设指引分别为：

河清镇、界牌镇、永河镇、清泉镇、宝林镇、乐兴镇、兴仁乡、迎新乡、塔水镇、秀水镇为原地原址重建——维持原有规模。严格控制原有规模，重在重建；适度提升城镇建设标准，有效控制人均建设用地水平；合理布局公共服务设施，提高建设标准。

花荄镇、桑枣镇、睢水镇、沸水镇、黄土镇、高川乡、茶坪乡为优化提升，积极扶持引导产业发展，吸纳异地安置人口，提升城镇建设水平。重建中应有效控制人均建设用地标准，集约式发展。根据城镇体系布局的优化调整，加强以公路为主的对外交通联系。房屋抗震等级相应提高，公共服务设施水平可适度提高，更好地服务于周边乡镇。

晓坝镇为原地异址重建并优化提升。根据地质安全评价，将场镇搬迁至地质安全区域，房屋抗震等级相应提高，公共服务设施配置水平适度提高。

表 50　　安县各乡镇场镇恢复期人口规模表

规　模	乡　镇	场镇现状人口（万人）	场镇规划人口（万人）
维持原有规模	河清镇	0.35	0.36
	界牌镇	0.4	0.41
	永河镇	0.16	0.16
	清泉镇	0.2	0.21
	宝林镇	0.13	0.14
	乐兴镇	0.11	0.12
	兴仁乡	0.13	0.14
	塔水镇	0.78	0.79
	秀水镇	1.6	1.61
	迎新乡	0.2	0.21

续表

规　模	乡　镇	场镇现状人口（万人）	场镇规划人口（万人）
优化提升	花荄镇	3.7	4.01
	桑枣镇	0.6	0.81
	睢水镇	0.34	0.51
	沸水镇	0.12	0.21
	黄土镇	0.25	0.28
	高川乡	0.08	0.20
	茶坪乡	0.15	0.42
优化提升	晓坝镇	0.15	0.35

注：各场镇2010年城镇建设每户用地面积控制在90—110平方米/户

第四节　城乡住房建设布局

一、农村住房重建

统一规划，分步实施　在全面准确掌握农房受损情况基础上，科学制定重建规划和实施方案，做到规划先行，方案具体，充分体现科学性、实用性和操作性，并尽快启动分步实施。政府组织，农民自建。各级政府主要做好农房重建的科学选址、规划设计、建设管理、资金补助、政策扶持、社会动员等方面的工作。调动受灾农民的主动性和积极性，充分发挥其自力更生、自主建房的主体作用。因地制宜，统筹兼顾。农房重建应当结合倒塌和严重毁损情况，因地因户制宜。适宜集中的集中建设，不宜集中的原址重建。保护农村生态环境，传承农房地方文化特色。技术指导，强化质量。农房重建应按照国家和地方建筑技术和抗震设防标准进行建设，政府有关部门切实加强技术指导和服务，做到“安全、经济、适用”，降低建设成本。目标明确，分步实施。总体目标任务是：用一年半时间，全面完成全县农村倒塌和严重受损的农户灾后住房恢复重建任务，保证受灾群众在2009年12月底前住进新房。阶段目标任务：2008年12月底前，完成农村倒塌和严重受损的农户灾后住房恢复重建任务的60%；2009年底，全面完成农村倒塌和严重受损农户灾后住房恢复重建任务。

分类分档补助建房资金　对因地震灾害造成房屋倒塌和严重损毁无房居住、无法居住的农户重建住房给予补助。对因灾造成的“三孤”人员（孤儿、孤老、孤残）和无房的散居五保对象不单独重建住房，通过纳入福利院、敬老院重建规划统筹解决。以村民小组为单位，成立农房重建评估小组。评估小组由村民代表会议推荐产生，由村组干部、党员、群众代表、辖区各级人大代表或党代表、本村技术工匠等5—7人组成，并民主推荐产生一名召集人。评估的范围仅限地震受灾农村居民居住用房。根据《四川省“5·12”汶川地震灾后农房重建工作方案》的有关规定：全省平均标准为每户2万元，受灾农户的经济状况和家庭人数实行分类分档补助，对不同人口家庭适当予以区别，对建卡绝对贫困户和低保户两类困难农户给予适当照顾。具体补助标准为两类三档。

辽宁广场设计方案图

农村分类分档补助建房资金表

表 51　　单位：元

农户类别	1—3 人家庭	4—5 人家庭	6 人及以上家庭
一般农户	16000	19000	22000
困难农户	20000	23000	26000

对农户家庭人数的认定，一律以 2008 年 5 月 11 日户口簿记载的家庭人数为准；对建卡绝对贫困户和低保户两类困难农户的认定，一律以 2008 年 5 月 11 日民政部门建卡为准。贷款建房优惠政策。金融部门按政策规定对灾后农房重建给予优惠贷款支持。发放补助金按照建房进度，分三步实施：由受助对象与乡镇人民政府签订重建协议后发放基本补助金的 40%；重建住房基础完工后再发放基本补助金的 50%；重建住房竣工验收后发放基本补助金的 10%。发放补助金采取"一折通"形式或根据实际情况需要发放现金。

统筹规划宅基地　在充分尊重农民意愿的情况下，农房重建采取如下方式选址：凡可利用原宅基地重建的，原则上实行就地重建；原宅基地在震中灭失，原宅基地处在地质灾害地段，原宅基地受洪涝影响住户安全的，结合新农村建设需要以村、组为单位集中建房；永安路、成青路段、谭秀太路公路两边 50 米内以及旅游公路沿途需要规划控制建房距离的，城市规划区内需要重建农房的，可迁址重建。

二、城镇住房重建

充分发挥城乡规划和工程设计的调控作用，加大城镇危旧房屋改造力度，改善城乡居民住房条件，加强监督检查，确保工程质量和安全，把实施建设与旧城改造、加快小城镇建设和全面建设小康社会结合起来。坚持属地管理，分级负责，坚持全面发动，立足当前，着眼长远，突出重点，科学规划，合理布局，经济适用，保质安全，坚持城乡兼顾，改造与新建并重，坚持政府补助与群众自筹相结合，以群众自筹为主。坚持节约土地，统一规划的原则，鼓励在原地上集中建居民点；坚持加固与重建并重，加快城镇危旧住房改造。坚持国家、个人、开发商共同多渠道开辟安置房源。对垮塌的房屋和震后受损定性为"拆除""停止使用"的危险房屋以及"加固后使用"但加固成本过高的危险房屋，应从以人为本原则和经济价值考虑，实施推倒重建。在一定规模的城镇建设"廉租住房"居民点，以解决因房屋垮塌的无房户、住房特困户的住房问题。对可以"加固后使用"和"轻度损伤"的住房，由产权人或使用人进行修复，资金实行个人出资为主，政府适当给予补助。

在符合城镇规划的前提下，政府组织建设经济适用房或在普通商住小区配建经济适用房，出售给低收入住房困难家庭。在符合城镇规划的前提下，由开发商建设限价房，出售给具有购买能力的中低收入家庭居住。也可鼓励城镇居民集资建住房，政府在土地政策，税收政策，信贷政策，行政规费收取等方面给予优惠。城镇恢复重建住房面积为 548.15 万平方米，其中在原地重建 435.82 万平方米和修复加固 112.33 万平方米。2008 年底，对可修复加固的 112.33 万平方米住房全面实施修复，约需资金 16.85 亿元。实施先期建造"廉租住房"居民点，鼓励群众自建，以解决最迫切的无房居民。

表 52　　安县城镇住房灾后重建项目规划表

项目名称	原地重建面积（万平方米）	修复加固面积（万平方米）	户数（万户）	安置人口（万人）	总投资（万元）
合　计	435.82	112.33	4.44	9.26	1040135
花荄镇	120.59	56.26	1.15	1.97	325570
安昌镇	73.4	20.76	1	2.2	177940
桑枣镇	24.11	1.34	0.26	0.58	50230
黄土镇	26.39	0.53	0.22	0.5	53575

续表

项目名称	原地重建面积（万平方米）	修复加固面积（万平方米）	户数（万户）	安置人口（万人）	总投资（万元）
塔水镇	33.93	9.81	0.37	0.8	82575
秀水镇	71.3	2.27	0.55	1.1	146005
河请镇	23.35	1.96	0.2	0.4	49640
永安镇	15.03	—	0.09	0.3	30060
界牌镇	2.8	6.61	0.11	0.2	15515
永河镇	0.2	6.97	0.04	0.1	10855
睢水镇	12.7	0.54	0.15	0.34	26210
清泉镇	6.76	0.18	0.07	0.19	13790
宝林镇	4.79	2.7	0.06	0.2	13630
沸水镇	4.22	0.38	0.03	0.06	9010
晓坝镇	2.25	—	0.02	0.05	4500
乐兴镇	2.46	0.26	0.02	0.05	5310
茶坪乡	7.2	—	0.05	0.1	14400
兴仁乡	0.8	1	0.02	0.04	3100
高川乡	2.06	—	0.01	0.04	4120
迎新乡	1.48	0.76	0.02	0.04	4100

第五节　产业发展布局

一、工业产业布局

总体目标　2010年，全县工业恢复重建工作全面完成，生产力布局和产业调整格局基本形成；再经过5年的发展提高，到2015年底，全部淘汰高耗能、高污染、工艺落后的传统产业。形成以精细化工、新型建材、特色食品、电子和汽车零部件加工为主导的新兴工业。基本实现现代新型工业、环保绿色工业化的要求，全面完成生产力布局和产业调整目标。全县规模以上工业企业工业总产值达到300亿元，年均增长30%以上。工业增加值达到100亿元以上，年均增长35%以上。规模以上工业企业达到200户，培育出销售收入超过80亿元企业1户、销售收入超过40亿元企业2户、销售收入超过10亿元企业3户，销售收入过亿元企业10户，工业对财政的贡献率达到70%。

恢复重建期目标　2008—2010年为工业恢复重建期，也是生产力布局和产业调整实施的重要阶段，力争用三年的时间全面完成工业恢复重建工作，实现落后、传统产业逐步向现代、新兴产业转移，山区及重灾区企业向中小企业工业园区转移，按照国家产业政策和有关文件规定逐步淘汰相对应的工业企业，使工业生产力布局和产业调整格局基本形成。

2008年下半年，重点进行工业企业灾后恢复和工业生产力布局和产业调整规划工作，申报建立县中小企业（集中）园区工作。先重点抢修花荄、界牌、黄土等乡镇受灾较轻企业的水、电、气及基础设施。好医生制药公司、科伦发豪包装公司等抗震救灾重点企业以及花荄、界牌、黄土等乡镇受灾较轻的企业陆续恢复生产，再3个月后基本恢复生产能力。黄土、塔水等乡镇一般受损企业在确保抢通水、电、气及基础设施的前提下，3个月后应陆续恢复生产，5个月后基本恢复生产能力。秀水、桑枣、河清、睢水等乡镇受灾较重企业5个月后陆续恢复生产，年底基本恢复生产能力。

2009年，恢复生产的工业企业重点进行提能增产工作，年底全县工业企业产能恢复到95%。加快建设一批规划内重点工业项目，加快建设县中小企业（集中）园区。睢水、高川等乡镇一些受灾特别严重企业重建后陆续恢复生产。

2010年，实现山区及重灾区企业迁入中小企业工业园区并投入生产，全县工业企业全部恢复到灾前水平，工业恢复重建工作全面完成。不符合国家产业政策的工业企业被淘汰，一批规划内重点工业项目建成投产，工业生产力布局和产业调整格局基本形成。

二、农业发展布局

总体目标　力争用3年时间计划总投资18.99亿元，实现全县农业全面恢复与重建。2008年底基本恢复农业生产、农业局系统办公条件和农业技术服务体系；2009年恢复农业基础设施、农业生产资料。2010—2011年调整农业结构与布局，建设农产品基地，推进农业产业化、农业专业合作组织发展，使农业产业化水平得到提升，农业区域特色逐步形成，农业生态环境得到改善。

阶段目标任务　2008年，恢复重建县农业局办公设施及全县农业技术服务体系、农业生产急需的农业生产资料及农业基础设施，恢复重建全县农技推广体系、农业有害生物预警体系、良种繁育体系，恢复重建稻麦原种场及沼气项目，使灾后全县农业技术服务、农业基础设施基本满足农业生产、农业经营管理的需要。2009年，完善全县农业技术服务体系、农业基础设施、恢复重建设施农业、沼气项目和农产品批发市场。使灾后的农业生产、农业技术服务、农业基础设施、农业经营管理等恢复到灾前水平。开展高产粮油作物示范基地、优质蔬菜示范基地、魔芋示范基地、优质水果示范基地、优质蚕桑示范基地、水稻超级稻核心示范片建设；推进农业专业合作组织建设等。基本实现农业生产的区域化、专业化、规模化经营，使全县农业生产结构趋于合理，区域农业特色更加明显。2010年，恢复重建高标准基本农田，恢复重建设施农业、沼气项目，恢复重建农产品批发市场；培育龙头企业，推进绵安产业带发展，加强农业产业化建设，全面提高农业产业化水平。加强农业设施化建设，提高农业抗御自然灾害的能力。

项目建设内容　农业技术服务体系恢复重建包括：县农技中心办公业务用房、仪器设备、生产设施，18个乡镇农技服务站用房及设备，农业有害生物预警监测区域站，良种繁育，稻麦原种场建设。农业设施恢复重建包括：花卉大棚、食用菌大棚的恢复重建，农田整治，排灌毛渠、田埂、山坪塘堰、护坡堡坎的修复。农产品批发市场恢复重建包括：房屋建设及仪器设备购置。农民专业合作组织恢复重建包括：16个登记的农村专业合作组织办公用房建设及仪器设备购置。

三、市场服务体系布局

总体思路　第三产业布局和重建充分利用绵阳科技城加速发展的区位优势，实现“旅游、休闲、宜居”的商贸流通新格局。

县城商业发展重点　大力推行新型商业流通方式，提高县域商业流通现代化水平。加快发展连锁经营，积极建立商贸物流配送体系，合力推进电子商务；增强传统百货业竞争力，适度发展购物中心；加速商业中心建设，基本形成百货店、购物中心、大中型超市、农贸市场、便利店、专业店、专卖店、仓储会员店、家居建材店等不同功能、不同形式互为补充的商业业态结构，形成层次分明的县城商业中心和乡镇商业网络格局；着力构建社区和乡镇现代商贸流通网络，更好地满足本地居民生活和企业生产消费需求。营造核心商业、提升乡镇品位；依托产业基础、完善市场体系；拓展旅游商贸、打造休闲之都；凸现乡镇优势、相互协调发展。

具体目标　县城商业。新县城花荄镇经过几年的商贸业发展，初步形成广厦步行街至五路口的商贸业聚集区。震后恢复重建应集购物、休闲、旅游、商务、办公于一体，路网布局合理、业态结构协调、购物环境优美的县级商业中心。按照商业发展“人气、商气聚集”规律，加强核心商业区内路网改造，优化路网布局，尤其是道路的连接、停车场的设置、车流与人流的分流，是打造县级商业中心的必要条件。在核心商业区内，通过“大型商业网点”“商务办公酒店”“文化娱乐休闲”“金融贸易服务”“特色店铺”等区块的分片建设，共同营造县级商业中心氛围，鼓励设置购物中心、百货店、专业店、专卖店、综合超市、文化娱乐网点；适度设置超市、便利店、餐饮网点、生活服务网点。在核心商业区的外缘区域，布局特色餐饮、服务店，重点打造先林大桥至白鹤林村特色餐饮、休闲娱乐带，实现商贸服务业可持续发展。新建一处1万平方米以上现代大型星级宾馆饭店，进一步完善新县城功能和基础设施建设。新建一处面积3000平方米以上的综合批、零市场，提高商业中心的商品辐射能力。

乡镇商业。乡镇商业应主要配置居民生活和生产所需的商业服务行业，服务对象为本镇和周边居民。灾后重建，鼓励设置超市、便利店、餐饮和生活服务网点；适度设置中小型百货店、专卖店、专业店、文化娱乐设施。居住区商业，以1—2家超市（总面积1000—2000平方米）和1—2家农贸市场（总面积3000—5000平方米）为骨干，同时设置餐饮、美发、洗熨、修理、回收、代办等各类小型生活服务及金融、邮政等配套网点，使之基本满足周边居民日常生活的多方面需要，服务半径800—1000米，居民步行10分钟以内可到达；各乡镇结合自己工、农业发展的特点，设置有特色的专业市场；农村商业以便利商店设置为主。在城乡一体化统筹发展战略指导下，建设和发展集镇商业是真正提升城乡居民生活品质，实现“镇镇有超市，村村有便利店”目标的重要途径，应进一步推进和巩固商务部“万村千乡市场工程”的建设和发展成果，以此带动乡村农家店发展，方便广大农村消费者。鼓励设置超市、便利店、餐饮网点、生活服务网点；适度设置综合超市、专业店、专卖店、文化娱乐网点、农贸市场，在居民区内部，鼓励设置便利店、生活服务设施。

四、旅游业发展布局

总体目标 在海绵生物礁国家地质公园、千佛山国家森林公园的基础上，打造国家级旅游度假区，其阶段目标为：2008—2010年，通过旅游业的恢复重建，增加就业机会，尽快安民、富民。恢复旅游接待能力和旅游市场。

旅游产业的空间布局概括为“四区两带两环”。四区：罗浮山温泉度假、千佛山、寻龙山、白水湖旅游区。两带：花荄镇—桑枣镇—晓坝镇—茶坪乡村旅游产业带；永安镇—睢水镇龙门山沿山乡村旅游观光带两环：一条区域旅游环线：绵阳（成都）—县城—罗浮山旅游区—白水湖旅游区—德阳—绵阳（成都）；一条县域内部环线：县城—寻龙山旅游区—白水湖旅游区—塔水镇—县城。

旅游景区恢复重建项目 龙门山沿山乡村旅游安民项目。选点安置受灾群众，结合新农村建设和旅游发展的需要，建设具有地方特色的社会主义安置新村，沿龙门山旅游带建成受灾群众安居精品新社区，按照不同村落特点，打造“震后十大安居精品乡村旅游示范点”，逐步解除游客的安全顾虑，带动整条带的发展。花荄镇—桑枣镇—晓坝镇—茶坪乡乡村旅游产业带，桑枣镇—晓坝镇—茶坪乡村旅游体验经济带，侧重乡村旅游、农产品旅游购物、民俗文化体验等，以林木、药材、土特产、手工艺品等为资源特色，做好各大景区旅游产品补充服务。打造白马堰—睢水镇龙门山沿山乡村旅游观光带。以桑枣镇为龙头，以点带线，以线致面，带动辐射沿山乡村的发展，从而整体带动整个沿山地区特色农家乐的发展。建设集果园观光、休闲、科研、种植、加工、销售于一体，名副其实的“全国农业旅游示范点”和国家级生态农业观光AAAAA级旅游景点，创建“天然、健康、靓丽、人情味”特色的沿山丘陵农家文化旅游景点。

罗浮山温泉度假区恢复重建项目。温泉公司对1、2号温泉井、办公楼、区内管网设施进行维修，预计投入9000万元；绵州温泉酒店对主楼、水疗中心、别墅区、员工楼、管线等进行改建或新建预计投入2.1亿元；启明星温泉酒店以及度假区内主要旅游接待设施和景点的维修建设预计投入3亿元。逐步恢复度假区内的旅游接待功能，重塑度假区的旅游形象。对度假区内的环形公路进行整治维修，并对度假区内的音乐喷泉、路灯、水景广场等设施进行维修，新建特色建筑。打造罗浮山温泉小镇。在灾后的重新规划建设中，深度挖掘罗浮山民俗和宗教文化，在建筑风貌上加以控制，完善内部特色餐饮、购物和住宿服务等旅游要素，打造独具特色的罗浮温泉风情小镇。建设罗浮温泉古街。古街的建筑风貌上，选择羌族文化的建筑元素，从羌族的图腾文化元素、羌族建筑色彩元素、羌族建筑高度等方面构建古街的羌氏建筑风格。古街的业态可以选择商业步行街的方式，临街的街铺可以采用商业地产常用的开发和盈利模式盘活地产，或租或卖。古街售卖的商品的特色和类型，可以囊括旅游地质奇石商品、土特产、温泉保健和保养产品等几大方面，是旅游商品集中展示和售卖的重要场所。

生物礁国家地质公园

千佛山大熊猫栖息地生态环境恢复与重建项目。千佛山景区老街、千佛山国际大酒店、金溪湖、景区内部旅游公路、标志标牌等在震后一个月开始整治；对地震引起的山体灾害进行治理、对被破坏山体进行景观生态恢复，逐步恢复千佛山的生态环境。选择地段保护汶川大地震留下的地震遗迹以及山体崩塌出现的地质剖面，开展地震遗迹游和地质科考游；在千佛山牌坊侧新建“5·12”大地震纪念碑广场；发展高端山地生态旅游产品。

国家地质公园恢复重建项目。地震后，对寻龙山景区内的溶洞损毁不大，6月开始做安全维护，改造受损严重的龙隐镇、整治石林、维修客房等。在地质公园主碑广场公路对面新建游客接待服务中心，含游客接待咨询服务、旅游购物、地质公园科普展示等三大功能。在地质公园主碑处建设国家地质公园博物馆，着眼未来申报世界地质公园的需要，高标准的建设，利用场地条件，采用半开放式的建设模式，主要建设内容由室内和室外两部分构成。

五、金融业布局

规划目标　前三年目标以重建恢复为主，逐步消除地震灾害对银行业的影响，尽快恢复金融机构软硬件基础设施，确保银行、保险等各项业务的顺利开展，为灾区提供安全、高效、便捷的金融服务，为金融体系的重构及经济社会发展提高奠定坚实的基础。

银行业金融机构目标　健全政策性银行、国有商业银行、股份制银行、邮政储蓄银行、农村信用社、新型农村金融机构等多层次、广覆盖、可持续的银行体系。按“市场需求、便利性、安全性、赢利性”，合理配置功能完善的金融服务网点。其中每个乡镇不低于1—2个网点。国有银行和县商业银行资本充足率达到8%以上，农村信用社资本充足率达到2%以上；银行业金融机构不良贷款率下降至3%—5%以内；各项存款3年恢复重建期达到57.4亿元，5年发展期提高扩张到86.5亿元；各项贷款3年恢复重建期达到28.7亿元，5年发展提高期到50.5亿元。

保险业金融机构目标　健全政策性保险、商业保险等多层次、广覆盖、可持续的保险体系。按“市场需求、便利性、安全性、赢利性”，合理配置功能完善的保险服务网点。3年内保险业机构数量达到18家，5年内达到20家。全县保险机构保费收入3年恢复重建期达到1.1亿元，5年发展提高期扩张到1.8亿元。

金融重点建设项目　灾后，金融机构重建基建投入总额为2.87亿元，其中新建办公房36130平方米，需投资1.02亿元；新建宿舍44357平方米，需投资1.12亿元；加固办公房20637平方米，需投资0.17亿元；加固宿舍9017平方米，需投资0.04亿元；征用土地66亩，需投资0.52亿元。各银行、信用社和保险公司按照利润最大化与方便灾区群众的两个原则，根据业务发展需要增减营业网点。

第六节　基础设施布局

一、总体目标

近三年以恢复重建为主，集中力量、全力以赴抢通受损基础设施，全面消除安全隐患，全面恢复和重建原有的交通、能源、通信、水利等基础设施和设备，并适度提高建设标准和质量，基本形成较方便快捷的交通体系、满足未来20年经济社会发展需求的电网体系、基本满足生产生活需要的水利设施体系和较先进和完善的通信体系，形成对全县经济社会发展具有较强支撑力的重要基础，以促使全县经济社会发展条件较大的改善。确保人民群众生产生活需要。后五年（2011—2015年）以发展提高为主，结合经济社会长远发展和把建成交通便利、信息快捷、适宜投资、居住、旅游的绵阳新型卫星城，全面提升基础设施体系水平，形成对内对外方便快捷的交通体系、满足50年经济社会发展需求的电网体系、完善的水利设施体系和先进的通信体系，以促使经济社会发展条件质的改善。

二、分项目标和主要项目内容

（一）交通体系重建

加快恢复重建毁损道路、桥梁、隧道、房屋、码头和客运站，力争使全县综合交通建设水平超过灾前，基本形成较方便快捷的交通体系。

2008—2010年为恢复重建阶段，重（改）建省、县、乡道路283.3公里（其中一级公路24.1公里，二级公路67.6公里，三级公路124.1公里，四级公路67.5公里）；新（改）建桥梁1209延米；新（改）建村道259.5公里；新（改）建道班站点办公用房10处，重置部分养护机械；维修加固办公用房13170平方米，重建（修复）汽车客运站16个；重建（维修）水运码头4座，重建修复航道3道，其他水运设施732平方米。规划总投资14.25亿元。

2010—2015年为发展提高阶段，重（改）建县、乡道路151.3公里，其中二级公路11.8公里，四级公路139.4公里，新（改）建桥梁295延米；重（改）建村道350公里；新（改）建道班站点办公用房10处，重置部分养护机械；新建水运码头3座。计划总投资8.32亿元。

交通体系恢复重建内容统计表

表53　　单位：亿元

项　目	主要建设内容	总投资	中央投资	援建资金	自　筹
合　计	—	22.57	2.89	9.15	10.53
省县乡道	重（改）建434.6公里，新（改）建桥梁1504延米，	15.73	1.67	9.15	4.91
村道	新（改）建609.5公里	5.25	1.22	—	4.03
养护设施	新（改）建道班站点20座、重置部分养护机械	0.6	—	—	0.6
水运	重建、维修水运码头7座、航道3道其他水运设施732平方米	0.27	—	—	0.27
客运	加固业务用房13170平方米、重建（修复）客运站16个	0.72	—	—	0.72

（二）能源体系重建

灾后重建急需能源的强力支撑，电力、煤炭、天然气、成品油等能源生产、传输和经营的设备、设施的重建，是灾后重建的重要前提，因而急需加快恢复重建。

电网体系重建　电网依据地质灾害评估情况，恢复重建输变电工程设施设备和附属设施，优化新建电网结构，恢复重建水电站设施设备。国家电网全面恢复县电力设施，优化建设坚强电网，对不适合进行原地抢修恢复运行的电力设施及其附属设施，进行评估重建，同时根据灾后重建规划的电力需求，新建部分电力设施。220千伏花荄变电站、110千伏辕门坝变电站、110千伏晓坝变电站列入先期启动项目。2008—2010年恢复重建睢水—水田坝—高川35千伏线路28公里；改造10千伏线路200公里，配变增容44.5兆伏安/100台；扩建晓坝110千伏变电站，新增变压器1×40兆伏安；新建黄土、秀水输变电工程，新建主变容量为2×40兆伏安的110千伏变电站两座、110千伏线路62公里；新建乐兴、清泉、宝林输变电工程，新建主变容量为1×6.3兆伏安的35千伏变电站三座、35千伏线路41公里。2011—2015年改造乡镇10千伏线路150公里，配变增容44.5兆伏安/50台；新建界牌220千伏输变电工程，新建主变电容量2×180兆伏安变电站一座，新建220千伏线路16公里；新建城关、塔水、花荄西、水田坝输变电工程，新建主变容量为2×40兆伏安的110千伏变电站4座，新建110千伏线路126公里。地方电网（高川、茶坪自供区），解决困扰这两个乡镇群众多年的生产生活用电不能与国网同价的问题。恢复地方电网容量8700千伏的变电设备，10千伏线路139公里、低压线路440公里。电供区恢复需要投入1.16亿元。小水电站，在地质条件允许的情况下，按程序开展恢复重建工作，完成县内各水电受损设施设备的恢复重建。灾后重建按照先生活、生产，再恢复发展的原则，计划用三年时间，恢复到灾前水平。2008年初步完成16座电站（装机9035千瓦）恢复；2009年内继续完善16座电站恢复，再恢复23座电站（装机21480千瓦）；2010年恢复2座电站（装机5160千瓦），全面完成恢复工作。恢复重建41座电站需要投入2.64亿元。

煤矿设施　恢复业务用房地2.87万平方米，井下巷道3千米，设备设施514台（套），井下巷道，新购设备、设施等需投入0.6亿元，申请中央投资0.4亿元。

天然气设施　恢复12座加压站，600公里管网，总投资1.62亿元，申请中央投资1.62亿元。

加油站设施　恢复重建39座加油站，迁建5座、重建5座，维修29座站房、罩棚，维修设备、设施，总投入0.13亿元，申请中央投资0.1亿元。

能源体系恢复重建内容统计表

表54　　单位：亿元

项目	建设内容	总投资	中央投资	自筹
合计	—	11.35	5.29	6.06
国电	含220千伏、110千伏、35千伏、10千伏输变电工程和配套工程	5.21	1.77	3.44
地电	恢复87座变压器、10千伏线路、低压线路	1.15	0.4	0.75
小水电	恢复重建小水电站41座	2.64	1	1.64
煤矿企业	重建地面生产、生活设施，购置设备	0.6	0.4	0.2
天然气	恢复12座加压站、600公里管网	1.62	1.62	—
加油站	迁建5座、重建5座，恢复29座	0.13	0.1	0.03

（三）水利体系重建

加固病险水库，消除堰塞湖和河道淤堵安全隐患，因地制宜地恢复和重建输水设施设备，恢复乡村供水体系，提高全县水利基础设施水平，满足人们日常生产生活的需要。对出现重大安全隐患的水利工程在主汛期前做好应急修复，确保防洪安全；解决当前灾区群众饮水困难问题的应急工程应尽快组织实施；可以基本恢复生产的水利设施先开展应急修复，为尽快恢复生产提供基本条件。

水库工程　2008年恢复重建首先启动溃坝险情水库修复，规划建设中型水库白水湖水库1座；小（一）型水库有丰收、五一水库2座；小（二）型水库有双石桥、大松树、蒋家祠水库共3座；确保2008年度安全度汛。2010年前，实施7座高危水库除险加固，其中有小（一）型水库伍家碑、立志水库2座；小（二）型水库余家沟、吊足楼、高丰、朱家桥、红星水库5座。次高危水库除险加固12座，其中有小（一）型水库黄水沟、曹家2座；小（二）型水库芋河沟、瓦窑坎、江池、七一、青石桥、团兴、烂田坝、飞来石、团结、大同水库共10座。

堤防工程　2008年底完成20处应急修复项目。2009年底力争完成先期启动项目，分别是安昌河堤、联丰河堤、龙兴河堤、新县城河堤的恢复重建整治项目，完成干河子广宏河堤新建。

乡村供水设施　人饮项目首先启动过渡集中安置点生活饮用水项目（居住帐篷房13处、活动板房39处）；同时启动地震水利灾后重建规划集中供水项目共42处、分散供水项目解决38784处，解决28.53万人的生活用水。2010年前实施集中供水58处，解决供水人口8.7万人。分散供水项目32033处，解决供水人口10.11万人。通过中期三年的努力，基本恢复到地震前的供水保障体系。

灌溉排涝设施　灌区工程建设项目首先启动关系群众生产生活的农业生产用水，规划建设二大渠取水枢纽改建，引水渠道新建；一大渠节水灌溉工程项目实施。2010年完成安昌河、干河子震损堤防恢复重建项目，干河子正觉、新征新建堤防工程项目，防灾减灾信息工程项目。2010年前完成铁旗堰灌区、新勘堰灌区取水枢纽工程重建修复，渠系工程整治任务；小型渠系灌区的损毁整治，通过这些项目的实施，基本恢复达到地震前灌区农业生产农田灌溉规模。

水土保持设施　2010年前完成各项水保治理措施面积为1936.72平方公里（其中石坎坡改梯9.99平方公里、土坎坡改梯24.73平方公里、水保林1897平方公里、经果林5平方公里）；新建蓄水池42口、沉沙凼84口、排灌渠7.8平方公里、谷坊2座、道路2.28公里。

水利体系恢复重建内容统计表

表55　　　　单位：亿元

项　目	主要建设内容	总投资
合计	—	47.99
水库	加固和重建病险水库	2.68
堰塞湖治理	除险、清淤	37.26
堤防工程	堤防工程加固及新建堤防	1.75
乡村供水	修复及整治乡村供水设施70917处	2.19
灌溉工程	修复及整治灌排渠道402.6公里	3.44
水土保持	坡改梯、水保林、经果林、新建蓄水池等	0.16
生产生活设施及防灾减灾信息化	业务、生活用房恢复重建39264平方米	0.51

（四）农业机械化体系重建

灾后前三年主要对房屋、办公设施设备、机耕道、提灌站、农机具、农机库棚等所有毁损项目进行恢复重建，后五年着眼发展提高，主要是提高全县农机拥有量、机耕道和提灌站覆盖范围。

2008—2010年恢复重建：重置设备设施785台（套）；重建机耕道642公里，修复机耕道72公里；重建提灌站766座、9852千瓦，恢复提灌站261座、4334千瓦；重置农机具1946台（套），恢复农机具508台（套）；修复县农机服务体系办公业务用房846平方米，新建农机服务体系办公业务用房7200平方米；重建农机库棚5610平方米，修复农机库棚821平方米。

2011—2015年发展提高：新建机耕道237公里；新建提灌站108座、5501千瓦；重置农机具2175台（套）。

农机系统恢复重建内容统计表

表56　　　　单位：亿元

项　目	主要建设内容	总投资	中央投资	自筹
合　计	—	4.61	3.22	1.39
提灌站	恢复261座、4334千瓦，重建874座、15353千瓦	1.1	1.1	—

续表

项　目	主要建设内容	总投资	中央投资	自筹
机耕道	修复72公里、重建642公里、新建237公里	2.48	1.41	1.07
设备设施	重置785台（套）	0.03	0.03	—
农机具	恢复508台（套）、重置4121台（套）	0.8	0.5	0.3
业务用房	修复846平方米、重建7200平方米	0.16	0.16	—
农机库棚	恢复950平方米、重建5610平方米	0.04	0.02	0.02

（五）通讯体系重建

修复重建各类站房、基站、线路及配套设施设备，恢复网络通讯能力。恢复重建营业用房19047平方米、通信基站158座、通讯线路1120公里，恢复维修管道及附属设施设备。

电信　恢复营业用房1.1万平方米，改建交换设备3万线，重建光缆线路28皮长公里，电缆（含杆路）38皮长公里。2008年通过原设备恢复新建室外型AG抢通等手段完成50个点基本通信，2010年底前完成秀水、桑枣的机房建设。2008年底前完成传输网本地华为622环、中兴本地622环、新建2.5个G环的环路保护工作。2010年底前完成2.5G向10G的升级，提高传输业务能力。2008年底前在场镇及居民点新建或恢复80个基站，结合居民点安置、室外安装及机房搬迁工作，新增10个CSC单元。完成居民安置点以及居民聚居区的信号覆盖工作。2010年底前完成所有安置点和全网的恢复。村村通网络2008年底前完成光缆恢复，设备恢复到震前水平。2010年完成高川、茶坪的新建补点。宽带接入网根据AG布点情况对乡镇汇聚交换机设备全面升级换代；2008年完成数据业务恢复1000线。2008年完成全县除高川、茶坪以外的18个乡镇的营业恢复，完成河清、塔水、秀水等乡镇的临时营业用房的建设。2010年底前完成全县所有通信恢复。

移动　在核心网络部分，新建1个MSCSERVER、1个MGW容量为30万用户，7500ERL，新建1个BSC，载频容量为600载频，扩容1个BSC，以提升通信网络服务能力。在2010年前新建汇聚环路环节点5个，升级1个接入环路，并根据通信设施损毁情况，恢复架空杆路101.51公里。按照无线覆盖需要进行传输光缆的新建。在无线部分恢复基站40座，新建基站18处，扩容载频273块。在数据网汇聚层部分新增加2个城域网节点，将IP城域网单独成网，与目前的传输进行脱离，逐步实现EPON直到IP over DMDW（波分）等技术；接入层部分，在城区建设WIMAX等新型无线接入方式，实现多种方式接入，提高灾害时期互联网的高可用性；在城区大规模建设EPON接入网络所需的纤芯管道资源，逐步脱离传输网络的制约，减轻传输网络压力，有利于灾后迅速恢复；新建互联网专线35条。

联通　以绵阳市分公司统一规划。

通讯体系恢复重建内容统计表

表57　　　　单位：亿元

项目	主要建设内容	总投资	中央投资	自筹
合计	—	1.94	0.6	1.34
电信	新建业务用房13000平方米，交换设备3万线，宽带数据网；宽带接入0.5万线，光缆线路28皮长公里；电缆（含杆路）38皮长公里；管道10管程公里，投资200万元，传输设备公用电源（含电池）综合布线车辆	1.04	0.4	0.64
移动	新建1个MSCSERVER、1个MGW，1个BSC，1个BSC；汇聚环路，汇聚环节点5个，升级1个接入环路；架空杆路101.51公里；恢复基站40座，新建基站18处，扩容载频273块；新建互联网专线35条	0.9	0.2	0.7

第七节 公共服务设施布局

一、总体目标

根据城乡布局、人口规模和产业分布，统筹规划灾区教育体育、卫生、文化、广播电视、社会福利、劳动保障、政权建设等城乡公共服务设施的恢复重建，到2010年，全面完成公共服务设施建设，确保灾区人民群众享受到基本公共服务。

二、重点区域和实施方案

重点区域　高川乡、茶坪乡、晓坝镇位于龙门山脉轴心地带或附近，震后次生灾害加剧和更趋频繁，资源环境遭受破坏最为严重、承载力下降最明显，重建应强化其生态屏障的主体功能，主要是修复基本的交通、电力、通信、水利等基础设施，满足正常的生产生活需求，进一步降低开发活动强度，保护生态，保持民族文化特色，修复受损的历史自然文化遗产。花荄镇、界牌镇的资源环境条件相对较好，具备一定经济基础，是平坝地区距成德绵等区域经济中心城市较近，受其辐射带动影响较强，具有较大的发展潜力，在尽快恢复重建的同时，可适度加大开发强度，承接产业转移和接纳外迁人口，尤其加大对新建中小企业工业园区、重点城镇基础设施和公共服务设施的投入力度。县城城区作为人口迁入、生产力布局调整的承接区，是恢复重建的重点依托、后方基地外迁人口的主要吸纳区，应适度提高开发强度、扩大开发范围，进一步优化产业结构、扩大产业规模、增强产业支撑，强化基础设施网络和公共服务体系建设，提高人口吸纳能力。

教育设施　以中小学为重点，恢复重建教育设施53处，总投资7.31亿元，其中义务教育学校（包括小学、初中）45所、高中2所、职业教育学校1所、幼教1所。提高校舍的建筑标准和设防标准，建立起布局合理、校舍安全、设施完善、师资雄厚的中小学体系，2010年底前，全面完成重灾学校教学楼、学生宿舍、食堂的恢复重建（迁建），90%左右的受灾学校的学生能回到永久性校舍正常学习、生活，义务教育入学率达到100%，实现义务教育“两免一补”，使灾区义务教育普及率和教育质量超过灾前水平。2010年后，进一步进行资源整合，加强重灾学校教学功能用房的完善和提高工作，加强师资培训的软硬件的建设，稳定规模，优化结构，提升质量。

体育设施　2008—2010年，以满足灾区人民群众健身和增强避灾功能为重要内容，完成4.28万平方米县级体育设施的维修、改建和重建、新建工作。重建县体育场、体育馆、全民健身活动中心，建设乡镇和社区建设篮球场等体育场所，配置便民健身设施，完成各场馆相应的设备、设施及器材、器械的维修、补充及更换工作。

安县图书馆

医疗卫生设施　以乡镇卫生院、县级医疗机构为重点，重建县、乡镇、村三级农村医疗卫生服务网络。重建1所县级医院、1所中医医院、18所乡镇卫生院以及其他卫生设施，重建1个县疾病预防控制中心。重建妇幼保健工作体系，扩建卫生执法监督机构、新型农村合作医疗服务中心。新建120紧急救援指挥机构。重建、巩固和完善农村卫生网络的网底，建设27个社区卫生服务站和234个村卫生室，提高乡、村卫生机构常见病、多发病的诊疗水平。到2010年底前，在全县灾区基本恢复医疗卫生保健服务体系、急诊急救体系，疾病预防控制体系、突发公共卫生事件应急处理体系、卫生监督执法体系和合作医疗制度运行体系，使其具备今后更好地开展预防保健、基本医疗服务和公共卫生服务条件、服务功能、服务能力。以提升档次、标准建设、设施配套、功能齐全为目标，重建县计生服务站，建设10个中心乡镇计生服务站、7个普通乡镇计生服务站，227个村（居）计生服务室，到2013年，使计划生育技术服务网络覆盖率达到70%。

文化文物设施　以基本文化服务为重点，新建剧场、非物质文化遗产博物馆等公共文化设施0.6万平方米，恢复重建县文化馆和图书馆、乡镇综合文化站、村文化室、18个乡镇电影院等公共文化设施7.54万平方米；修复地面文物13处和馆藏文物40件；重建新建新闻出版（含农家书屋、新华书店、安州通讯社等）设施。繁荣文化事业，提升城市的文化价值和创意、创新能力，发展面向基层的公益性文化事业，丰富和活跃市民文化生活，增强社会活力。

广播电视设施　以县级广播电视台设施为重点，重建1个县级广播电视台用房及台内设备、1个县级有线电视前端及干线网、18个乡镇广播电视站用房及设备，1个无线广播电视发射台站，恢复重建有线电视传输分配网。到2010年底前，全面恢复全县广播电视基础设施，采编、制作、传输、播出工作达到同期同段国内平均或领先水平，实现广播电视数字化，促进有线广播电视网络双向化，提高广播电视公共服务、应急服务及抗灾水平。

社会福利设施　建立起规范高效、覆盖城乡的新型社会救助体系，完善社会福利体系，提升“老、幼、孤、残”的福利服务和保障水平，以灾区孤儿、孤老、孤残人群为重点，新建社会福利中心、老年活动中心、3个中心敬老院、社会救助站等，重建军干所、皮肤病院，新建扩建15个乡镇敬老院等。到2010年底前，社会福利的服务能力超过灾前水平。重建1个残疾人康复中心，加快信息网络和无障碍设施建设，建立社区残疾人活动、康复场所，妥善安置因灾致残的人民群众，全面实现“十一五”规划的残疾人享受康复服务和残疾人生活基本实现小康的要求。

社区服务设施　建设以基础社区、功能社区和街道社区构成的三级居民生活单元。健全社区卫生服务体系，每个街道社区设立一个社区卫生服务中心，每个基础社区建立一个社区卫生服务站。开展面向特殊群体和弱势群体的社会救助、社会福利、优抚保障、再就业服务和社会保障服务，重点发展居家养老服务。基本形成以社区为依托、以学前教育机构为中心、向家庭辐射的多样化启蒙教育和指导服务网络。

劳动保障设施　按照以人为本、突出重点的原则，优先恢复重建与民生直接相关的公共就业和社会保险服务设施，到2010年底前，基本恢复县人力资源市场和社保服务大厅1个，实现18个乡镇、38个社区劳动保障服务机构规范化建设合格率达到90%。

政权基础设施　2008年，对党政机关需加固使用的房屋进行加固处理，确保安全、正常办公；2010年，县委、县人大、县政府、县政协四大班子办公用房和县委组、纪、宣、统、群团及县政府入驻办公楼的单位全面恢复机关办公设施建设，各级、各类政权正常、有序运转，实现人民安居、社会安定、经济发展。在行政大楼外独立修建办公用房的单位。如：县财政局、交通局、建设局、教育体育局、卫生局、国土资源局、农业局、林业局、水务局、畜牧局、计生局等单位的办公房采用加固使用的方式，全面恢复使用。公安系统按照监管场所、机关办公用房、指挥和通讯用房、派出所等涉及安全、基础和全局性的用房优先，对无业务用房的，按照先临时设施、先设备装备、后永久设施的原则实施。2009年底，完成全县公安系统基础设施恢复重建工作，全面恢复公安各级职能。检察院系统2008年8月至2009年6月完成加固维修1个院检察院办案用房和专业技术用房；到2010年底办公、办案所需设备按要求全部配置到位。法院系统2008年8月至2010年维修1个县法院和8个乡镇法庭，重建3个乡镇法庭，2010年底，完成全县法院基础设施恢复重建工作。2009年6月，司法系统维修加固15个乡镇司法所全部维修改建；建设县司法局办公楼，县域内乡镇司法所纳入乡镇机关办公楼建设计划中一并重建。2010年底，司法局和15个乡镇司法所全部建设完成并投入使用。2008年消防系统对需修缮维护的部队营房进行加固处理，2009年投入执勤备战。

第四章　住房重建

第一节　资金补助与组织实施

一、住房重建资金补助标准

重建永久性住房补助　按照“公布等级标准、受灾群众申请、群众评议、村组公示、乡镇审核、县级民政部门审批”的程序办理，补助资金全部纳入“一折通”发放，确保补助对象按标准领取补助资金。

根据受灾家庭收入状况和家庭人数予以资金补助，重点照顾最低收入家庭，对高收入家庭适当予以资金补助。其中：最低收入家庭是指基本没有收入来源的低保困难家庭，具体指全额领取城镇低保补助的低保困难家庭。低收入家庭是指除最低收入家庭外的城镇低保家庭和家庭收入水平符合廉租住房保障条件的城镇低收入家庭。高收入家庭是指家庭人均收入超过当地城镇人均可支配收入3倍及3倍以上的家庭。一般收入的家庭是指家庭收入在低收入家庭和高收入家庭之间的其他家庭。高收入家庭可根据其收入水平和家庭人数适当补助0.5万元—1万元。对因灾造成的“三孤”（孤儿、孤老、孤残）人员无房居住者，不单独重建住房和资金补助，通过纳入福利院、敬老院统筹解决，政府按人均3.5万元的标准补助福利院、敬老院。对城镇低保家庭中的“三无”家庭，既无劳动能力、无生活来源、无法定赡养人的家庭，不给予资金补助，由乡镇政府提供40平方米左右住房居住。受灾家庭户籍以2008年5月11日户口为准。家庭收入根据灾后实际情况由县民政局会同有关部门和乡镇政府核定。

农房维修加固补助　农房损坏程度划分为“轻微损坏”“中等破坏”“严重破坏”3个档次，发放程序与重建永久性住房补助资金发放程序一致。

农房重建专项贷款　给予需要贷款农户每户3万元以内的担保贷款。

二、住房重建资金补助组织实施情况

补助申报　符合资金补助对象的城镇毁损住房所有权人在规定时间内向房屋所在地的居民委员会申请登记，填写《城镇住房毁损资金补贴申请审批表》，并提交以下申报材料原件及复印件：户籍证明、家庭成员身份证明。损毁住房的“土地使用证”“房屋所有权证”（未办理产权证入住的损毁住房产权人，持经房管部门备案登记的有效合同）。房屋安全管理部门出具的住房破坏等级证明。家庭收入情况证明材料。

资格审查　社区居委会接受申请后，应通过入户调查、邻里访问、查阅相关资料及信函索证等方式进行调查核实，对符合条件的申请家庭在户籍地或居住地社区予以公示，有工作单位的还应在工作单位公示，公示内容包括申请者姓名、家庭人口、家庭住房毁损情况、家庭收入和补助标准情况。初审无异议的报所在乡镇人民政府复审。乡镇人民政府应及时对社区居委会的初审意见进行复审，并对符合条件的在辖区进行公示。对不符合条件的，应及时通知申请人。复审意见报县住房领导小组办公室审核。县住房领导小组办公室对乡镇人民政府复审意见进行审核，将审核通过的申请资金补助的城镇住房损毁居民花名册抄送县规划和建设局、县财政局备案。

资金发放　住房毁损补助资金按照“按户计算，直补到户”的原则，将资金直接补助给损毁住房的所有权人。受损住房除险加固补助资金按照“按户计算、按栋结算”原则，将资金拨付给负责修复加固的组织单位，原则上不发放给受损住房的所有权人。受损住房为独幢独户等特殊情况的，除险加固补助资金也可以直接发放给受损住房的所有权人。凡按规定应支付给居民个人的住房补助资金，由县财政部门将补助资金直接存入受灾居民银行账户，不得发放现金。2009年3月7日至8日，县财政局、审计局、民政局、监察局等部门共抽调36名工作人员，由各乡镇分管领导带队，对全县18个乡镇抗震救灾资金使用情况进行交叉检查，并将各项资金发放使用检查情况进行通报。截至2009年2月底，各项资金拨付使用情况如下：永久性农房补助资金，县级财政安排171627.82万元，乡镇财政共收到补助资金154116.8万元，差额17511.02万元，主要原因是部分乡镇未及时上账与银行对账，各乡镇共计发放73713.33万元，余额80403.47万元。自建过渡安置房补助资金，县级财政安排23063.4万元，乡镇财政共收到补助资金20500.8万元，差额2562.6万元，主要原因是部分乡镇未及时上账与银行对账，各乡镇共计发放20602.86万元，部分乡镇借用其他账户垫支共计102.06万元，出现负数。农房维修加固补助资金，县级财政安排10564万元，乡镇财政共收到补助资金9145万元，差额1419万元，主要原因是部分乡镇未及时上账与银行对账，各乡镇共计发放5775.3万元，余额3369.7万元。农房维修加固资金未及时发放，主要原因是余震不断，造成房屋二次毁损，无法居住，有的要求重建，有的还未动工，还有部分乡镇没有发放。排危及清理废墟补助资金，县级财政安排2285万元，乡镇财政收到补助资金2135万元，差额150万元，各乡镇共计发放2056.88万元，结余资金78.12万元。过渡安置点运转经费，截至2009年2月底，县级财政安排533万元，乡镇财政收到补助资金394.61万元，差额138.39万元，各乡镇共计发放283.29万元，结余资金111.32万元。异地重建补助资金，县级财政安排3630万元，乡镇财政收到补助资金3630万元，各乡镇共计发放3022.18万元，结余资金607.83万元。

全县城镇居民永久性住房需重建13588户、需加固维修33349户。截至2009年11月17日，共发放重建补助资金23847.95元（9003户），加固维修补助资金16184.6万元（28063户）。

第二节　农村住房重建

一、重建计划

目标任务　用一年半时间，全面完成全县农村倒塌和严重受损的农户灾后住房恢复重建任务，保证受灾群众在2009年12月底前住进新房。2008年12月底前各乡镇必须完成农村倒塌和严重受损的农户灾后住房恢复重建任务的60%。2009年底各乡镇全面完成农村倒塌和严重受损农户灾后住房恢复重建任务。

工作程序　确定政府补助的对象、标准和办法，发放补助金按照建房进度，分三步实施：由受助对象与乡镇人民政府签订重建协议后发放基本补助金的40%；重建住房基础完工后再发放基本补助金的50%；重建住房竣工验收后发放基本补助金的10%。发放补助金采取“一折通”形式或根据实际情况需要发放现金。登记建卡，从县政府办、督查办、农委办、民政、国土、建设等部门抽调人员，组成工作组，指导和监督各乡镇人民政府开展农房灾损登记建卡工作。各乡镇人民政府组织对农房因灾倒损情况进行核准查实，分门别类，登记造册，逐户建档立卡。按照受灾群众申请、群众评议、村组公示、乡镇审核、民政审批的程序，确定重建对象。制定规划，各乡镇根据调查核实的农房倒损情况，与新农村建设相结合，抓紧制定完整的受灾农户住房重建规划和实施方案。原则上城镇规划区、工业集中发展规划区内的农房重建纳入城镇规划，可采用在规划点集中建房的方式安置，规划点由县国土资源局和县规划建设局确定；乡镇场镇周边的农房重建纳入场镇规划。对旅游沿线外观风格、屋顶用瓦颜色必须符合规划要求。

二、重建

2008 年 7 月 6 日，编制完成《安县灾后恢复重建总体规划》和《安县灾后农房建设规划》。为加快建房速度，确定“加快推进试点、突出公路沿线、试点带动全面”的农房重建方针，采取科学规划、统分结合、自愿选址、适当集中的建房模式，设计 15 套民居设计图免费供群众选择，保证农房美观实用和风格统一。通过采取建材特供、临时价格干预、协调信贷等措施，保障建材需求，有效破解农房重建资金难题，加快全县农房建设。根据山、丘、坝等不同自然条件，全县设计出 77 个村庄规划方案，并采取因地制宜，分类指导的办法，把单个村、乡的产业培育、村庄建设、基础设施、社会事业等纳入通盘考虑。重点强化公路沿线乡村的小集中规划，突出川西北民居特色，使规划布局做到既科学合理，又符合当地实际需要；既体现农村田园风光，又彰显当地的民风民俗。

在灾后农村永久性住房重建工作中，坚持政府主导、群众主体、援建支持的“三合一”工作机制。落实县级领导包乡镇，部门包村，乡镇包户责任制。按照科学重建、务实重建、和谐重建、艰苦重建的要求，统筹兼顾，着重解决农房重建规划、困难农户建房、宅基地灭失农户重建三个重点问题。在工作中，坚持规划先行，抓好试点示范，加强建房质量监管，以国家补助资金为建房投资额帮助困难农户建房，对宅基地灭失农户实行宅基地补偿政策，整合各种资源，充分调动各方面积极性，确保农村永久性住房重建工作有序推进。在充分尊重农民意愿的情况下，农房重建采取如下方式选址：凡可利用原宅基地重建的，原则上实行就地重建。原宅基地在震中灭失、原宅基地位于地质灾害地段、原宅基地受洪涝影响住户安全的采取异地重建。

截至 2009 年 4 月 23 日，受灾农房恢复重建累计开工 92687 户，完成总数的 98.6%，发放补助资金 142019.52 万元，完工 75907 户，有 7 万余户农民搬进新居。12 月底，12568 户维修加固农房全面完成。2010 年 5 月底，全县 99329 户农房全部完成重建。

三、重建模式

（一）黄土镇方碑村的“一帮一”筹款模式

在方碑村“一帮一”灾后农房重建奠基仪式上，北京大学何志毅教授（左二）与镇、村领导签订协议

2008 年 6 月，北京大学贫困地区发展研究院副院长、上海交通大学安泰经济与管理学院副院长、中国企业社会责任同盟秘书长何志毅教授考察方碑村，为其设计“一帮一”的灾后重建计划，这个村庄迅速成为灾后重建的一个民间实验样本。在解决灾后重建资金问题上，方碑村除采取村民自筹、政府补贴、金融系统借贷三种筹资方式外，在何志毅教授的帮助下，全村 218 户建房困难户与多个地区的 218 户城市家庭组成“一帮一”借助对子，为其提供 1 万元至 2 万元不等的无息借款，帮助村民重建新家。

（二）乐兴镇“四统一、三投入”模式

乐兴镇需重建永久性住房的困难户共有 696 户，占全镇需重建永久性住房农户总数的 18%，分布在全镇的 106 个村民小组。困难农户重建永久性住房存在资金和物资上的困难：自有资金和可利用建材物资少；缺乏劳动能力，一般家庭成员 1—2 人；缺乏社会信誉度，亲朋无钱借助，金融部门不愿贷款；负

有法定扶助义务的子女没有帮扶能力。乐兴镇党委、政府在深入村、组走访座谈和充分调查研究的基础上，破解帮助困难群众重建永久性住房的难题。主要做法：坚持群众自愿、统一调节建房用地、统一组织建筑材料、统一规划、统一建设的“五坚持”原则，用国家补助资金作为其建房资金，以村民小组为单位，采取“四统一、三投入”的模式进行建设。

“四统一”　镇村统一规划。根据困难户的耕作习惯，在交通便利，水电设施相对齐备的地方规划建设地点，宜大则大，宜小则小。各点控制在3—10户以内，每户2—3间，面积30平方米，统一建设卫生间。统一调整建房用地。村组使用集体未利用地，调整组集体机动地，调换有关农户承包耕地三种途径提供建房用地。统一组织建筑材料。镇村组织建材经纪人到指定厂家采购建筑材料，按成本价提供给困难农户。统一集中建设。村组干部、困难户代表组成建房管理小组，公开招标选择施工单位，按设计要求统一建设。

“三投入”　政府投入基础设施。卫生、用水设施由政府投入沼气、红层找水项目；墙面装饰、用电、灶具由政府给予适当补助。党员、干部投工投劳。由镇党委、各村党支部组织机关干部、党员到各村开展义务劳动，帮助建房。投入技术服务和建设单位让利。政府投入援建机械平整场地，建设单位主动让利建设，镇质量监督小组统一监督建筑质量。全镇696户困难群众永久性住房于2010年底前全部建成。

（三） 花荄镇前进村13组集中建房模式

花荄镇前进村十三组集中安置点

花荄镇前进村13组农房共有46户分散于安北公路两侧。为结合新农村建设，县规划和建设局对这46户农户的住房进行集中规划，选取前进村13组公路一侧、距公路50米的一片宽敞地带，按新农村田园风格进行集中建设生活小区。在建设过程中，采取统规自建方式，设计图由县规划和建设局无偿提供，配套基础设施由县、镇两级政府负责承建。建成后的46户小区农房，成为全县新农村建设的示范点。

（四） 永河镇统一规划自主筹建模式

永河镇党委、政府组织镇、村、组干部一起对受灾农房进行现场勘察拍照，确认受损程度，由受损农户提出建房申请，镇人民政府按规定的建房条件和十项程序进行审批，建房质量、建筑风格、占地面积按统一规定要求自主筹建。全镇农房原址重建共计4567户，建筑都是“二四”墙、上下圈梁加构造柱，都具有高级别的抗震系数和川西民居风格。

（五） 永河镇金星村交钥匙工程模式

永河镇金星村农房在地震中毁损率为98%。灾后，金星村村民小组召开村民会议讨论，村民代表大会决定，为加快新农村建设步伐，公平共享公共服务资源，全村农房采取集中修建方式进行灾后恢复重建。报请永河镇党委、政府批准，后经县人民政府决定，金星村作为全县灾后重建新农村建设试点村之一。金星村在2008年1月，把本村4.6公里的重要交通道路修建成水泥路，村民代表大会决定，以村民委员会驻地为中心，沿水泥公路两侧修建，后请县城乡规划和建设局技术人员现场勘验、指导，确定重建位置。经金星村各村民小组会议讨论，全村村民代表大会会议决定，全村统一修建，村民委托村民小组，村民小组委托村民委员会统一招租房屋承建商，代村民签订房建合同。后经村民委员会按照程序，2008年8月16日公开招投标，实行包工包料，交钥匙工程。房屋建筑按绵阳博源建筑设计有限公司设计的图纸和施工，2010 年 10 月建成。金星村共有 379 户村民，其中灾后农房维修加固 44 户，重新建房 335 户。335 户建房户中，集中修建 252 户，占建房中的 75.2%，散建户 77 户。

（六）宅基地灭失农民异地安置点建设模式

地震后，部分山区村组，如高川乡泉水村、睢水镇道喜村、桑枣镇三清和柳坝两村因山体滑坡和泥石流造成村民宅基地完全灭失，被迫采取异地安置方式进行灾后住房重建。

高川乡泉水村　该村辖 11 个村民小组、393 户、1239 人，全村总面积 78866 亩，耕地 2869 亩，是一个以林业、矿产资源为主的资源型村。辖区内地质环境复杂，有古滑坡体一处。其中 1、7、8、9、11 组村民房屋因地质滑坡宅基地全部灭失，无法再在原地居住；其余几个队宅基地部分灭失。辖区内罗家大坪地质滑坡达 7.58 平方公里，堆集物 7 亿多立方米；8、9 组古滑坡体垮塌，造成大部分村民遇难。直接经济损失 4.2 亿元。地震导致次生灾害频发，2008 年的“7·17”、2009 年“8·12”特大山洪泥石流，使泉水村再次受灾，损失惨重。2008 年 10 月，高川乡召开党委会议专题研究泉水村集中安置点建设问题。泉水村两委也积极做好思想动员工作，先后三次召开集中安置点建设会议听取村民意见，结合当地的实际情况，多方选址论证，大家一致同意，动员宅基地灭失的受灾群众分别到四个地方进行集中安置 159 户、658 人。2008 年 11 月，初步完成泉水村灾后重建的规划设计。将辖区二郎村内一个单位的一块空地作为宅基地，在该地建设两个安置小区，安置 90 户、420 人；在乡镇政府所在地滨河路安置 21 户、66 人；在中小学校园旁安置 48 户、172 人。其余采取分散安置。宅基地选址确定后，村上积极进行组织，采取国家农房建设补贴款加实际建设成本补差的方式，按照设计要求，统一公开招标。通过招标，确定工程的勘察、设计、监理和施工单位。重建工程项目由核工业西南勘察设计研究院有限公司设计，施工单位为绵阳市富阳建筑工程有限公司，监理单位为四川省兴旺建设工程项目管理有限公司。为快速推进工程进展，辽宁援建方免费组织机械帮助受灾群众平整宅基地，政府统一砌堡坎、修建挡土墙。县政府、高川乡政府积极做好协调工作，确保物资特供，特别是对水泥、火砖等建房材料，采取优先派送。2009 年 5 月，泉水村 4 处集中安置点全部工程竣工，基础设施修建完善，监理单位、质监部门等对工程进行严格的验收。2009 年 11 月 24 日，45 户村民住进泉水村 7 组集中安置点。

桑枣镇三清村、柳坝村　村民宅基地在地震中普遍灭失，且原宅基地都存在地质灾害隐患，桑枣镇人民政府决定选取无地质灾害、地势平坦、交通方便的上清村，统一规划小区，异址重建三清村、柳坝村 288 户农房。建设过程中，采取统规统建，基础设施由政府配套建设。从 2008 年 12 月开始至 2009 年 12 月经过一年的建设，三清、柳坝村 288 户农民全部搬入新居。

睢水镇道喜村　305 户农房在地震中宅基地灭失，且原农户宅基地都存在地质灾害，当地政府决定选取无地质灾害、地势平坦、交通方便的教场村 5 组作为异地安置点，采取统规统建，基础设施由政府配套建设。2008 年 11 月动工，2009 年 10 月，道喜村 305 户村民全部搬入新居。

乐兴镇青龙村农民新居

第三节　城镇住房重建

一、实施计划

分步开展　2008—2010年底为恢复重建期。坚持节约土地，统一规划的原则，鼓励在原地上集中建居民点。坚持加固与重建并重，加快城镇危旧住房改造。坚持国家、个人、开发商共同多渠道开辟安置房源。对垮塌的房屋和震后受损定性为“拆除”“停止使用”的危险房屋以及“加固后使用”，但加固成本过高的危险房屋，应从以人为本原则和经济价值考虑，实施重建。县政府组织建设，乡镇政府具体实施。在一定规模的城镇建设“廉租住房”居民点，以解决因房屋垮塌的无房户，住房特困户的住房问题。对可以“加固后使用”和“轻度损伤”的住房，由产权人或使用人进行修复，资金实行个人出资为主，政府适当给予补助。在符合城镇规划的前提下，政府组织建设经济适用房或在普通商住小区配建经济适用房，出售给低收入住房困难家庭。在符合城镇规划的前提下，由开发商建设限价房，出售给具有购买能力的中低收入家庭居住。也可鼓励城镇居民集资建住房，政府在土地政策，税收政策，信贷政策，行政规费收取等方面给予优惠。全县城镇计划恢复建设住房548.15万平方米（其中在原地重建435.82万平方米、修复加固112.33万平方米）。可安置受灾群众4.44万户，需投入资金约104.14亿元人民币。2008年，对可修复加固的112.33万平方米住房全面实施修复，约需资金16.85亿元；由县政府组织，相关乡镇政府负责实施先期建造“廉租住房”居民点，鼓励群众自建，以解决最迫切的无房居民，约需资金36.29亿元。

资金筹集　在恢复重建城镇居民住房项目资金筹措上，采取个人自筹，国家补助，金融扶持等方式，县人民政府通过政府投入、对口支援、社会募集、市场运作等多渠道筹集资金。对缴纳公积金的职工可预支付，用于改善个人住房；涉及商品住宅小区公共部位，公共设施的修复可使用归集入账的维修资金。

二、重建

2008年10月初，启动灾后城镇永久性住房建设，为确保全县城镇居民住房重建工作有序、有效开展，成立以县长赵迎春为组长的住房建设工作领导小组，下设集镇重建办公室，副县长杨代根、严洪斌兼任主任，下设办公室，规划和建设局、国土资源局各抽1名工作人员。各乡镇也成立相应机构，落实工作人员、办公地点、设施设备。县上先后制发《地震城镇受损房屋建筑安全鉴定及修复加固拆除实施办法》《关于城镇住房灾后重建规划建设工作的意见》《关于地震灾后城镇住房重建工作的实施意见》《地震灾后城镇居民住房重建补助资金管理办法》等文件。针对工作中反映出来的问题，县住房建设工作领导小组先后就户籍、产权、鉴定相关问题发出多份答复通知，确保政府的各类政策、措施入镇、入户、到人，做到家喻户晓。2008年10月30日，召开地震灾后城镇住房恢复重建工作会议，副县长杨代根对城镇住房重建作重要讲话。县规划和建设局从2008年10月21日开始，将18个乡镇的受损房屋安全鉴定工作委托给辽宁省建设科学院实施。截至2009年7月，经过两轮鉴定，共完成34330户、493.61万平方米房屋的鉴定，18个乡镇全部建立城镇居民住房受损登记台账。按照“规划先行，试点带动”的重建方针，通过组织震后应急检查、安全鉴定、摸底调查、建立到户台账等，夯实灾后重建基础。坚持统筹兼顾、自力更生、科学重建，广泛宣传政府政策，积极动员受灾住房产权人，以产权人为主体，鼓励产权人自力更生，不等不靠，加固修复与重建相结合，以加固为主。形成城镇居民住房重建政府主导，产权人为主体的良好重建机制；把质量安全贯穿城镇居民住房重建的始终，对建设质量、安全、进度等进行经常性检查。建立和完善质量监管体系，落实质量监管责任追究制和工作目标，把灾后城镇居民住房建设质量监管延伸到每一个重建户和每一道施工环节。为各乡镇、社区培训质量监督员，将辽宁省前来支援的技术员派给各乡镇各1名开展重建技术指导，县上进行重建质量巡查。

为保障低收入家庭住房需求，加大保障性住房建设力度，先后在花荄镇、塔水镇、秀水镇、桑枣镇、黄土镇和河清镇新建廉租住房，建筑面积达46164.25平方米，1022套（其中花荄镇412套、塔水镇122套、秀水镇200套、桑枣镇72套、黄土镇144套、河清镇72套）。规划总投资9564万元（其中辽宁援建资金7790万元、其他资金1774万元）。县人民政府出台政策，将全县因灾受损国有直管公产房解决给原租住公产房的城镇居民，且土地可以划拨或出让方式供地，解决这部分居民的住房问题。

截至2010年8月18日，全县城镇住房加固维修33349户，全面完成加固任务。截至2010年12月28日，全县城镇住房重建13588户，全面完成重建任务。

安县城镇住房维修加固统计表

表58　　单位：套、万平方米　2010年8月18日

项目	需加固		加固情况			
			累计加固		累计竣工验收	
	套数	面积	套数	面积	套数	面积
数量	33349	356.83	33349	356.83	33349	356.83

安县城镇住房恢复重建统计表

表59　　单位：套、万平方米　2010年12月28日

项目	需重建		重建情况							
			累计建设				累计竣工验收			
	套数	面积	套数	廉租房	面积	廉租房	套数	廉租房	面积	廉租房
数量	13588	356.83	13588	244	356.83	1.06	13588	244	356.83	1.06

三、城镇住房重建工作措施

加强领导，落实责任

成立以县长为组长的住房重建领导小组，组建集镇住房建设办公室。从相关部门抽调人员，落实办公地点、设备保障开展工作。督促各乡镇也成立相应机构，并落实相关工作人员、办公地点、设备保障。从而形成县政府、县级牵头部门、乡镇三级联动机制。制发《集镇居民住房灾后重建工作指导意见汇编》，针对重建工作中反映的特殊问题下发《关于城镇住房灾后重建工作

城镇新居

有关问题答复意见的通知》《关于城镇住房灾后重建工作有关问题的通知》等政策性文件指导灾后城镇住房重建，并加大政策的宣传力度，确保各类政策、措施宣传入乡镇、入户、到人，真正做到家喻户晓。加强县、乡镇、社区层层宣传和组织引导，让受灾居民了解灾后重建补助政策，不等不靠，自力更生，根据产权关系不同情况，独立或联合开展各自住房维修加固和重建。

及时启动安全鉴定、排危　2008年6月，组织各乡镇对在地震中形成的有重大安全隐患的危房进行拆除排危，避免出现新的次生灾害。2008年10月，县政府制发《“5·12”地震城镇受损房屋建筑安全鉴定及修复加固拆除实施办法》，启动全县的安全鉴定、修复加固、危房拆除。经县人民政府请求，辽宁省确定，由辽宁省建筑科学研究院派来专家60余人，在全县范围内开展城镇住房安全鉴定和震损评估工作，2008年12月20日全部完成。

注重规划，完善台账　委托辽宁省规划设计院编制18个乡镇的城镇总体规划，并按法定程序完成规划审批，以此作为指导灾后城镇居民住房重建的依据，制发《关于城镇住房灾后重建规划建设工作的意见》，使全县灾后城镇居民住房重建科学、有序、高效。全县完成《城镇居民住房毁损情况》《城镇受损住房需加固情况》《城镇非私有住房毁损情况》《城镇非住宅房屋毁损情况》《安全鉴定》等五类台账，台账建立到户，为重建提供依据，奠定基础。

河清镇新场镇

发放补助，加强保障性住房建设　推进城镇居民住房毁损和加固维修补助资金发放工作，激励其积极开展灾后重建。各乡镇抓紧对城镇居民申请毁损住房补助资金和维修加固补助资金发放工作进行完善，确保应领补助户不重、不漏。为保证低收入家庭住房需求，加大保障性住房建设力度，先后在花荄镇、塔水镇、秀水镇、黄土镇、河清镇、桑枣镇共建廉租住房1022套，合计46164.25平方米，解决城镇居民无房户和住房困难户的安居问题。首批“安康民居”项目84套廉租住房2010年春节前投入使用。

简化程序，下放权限　简化审批程序，将维修加固的补助资金审批权下放到乡镇，进一步加快资金发放进度。对毁损住房国家补助资金的审批，县上成立由城乡办、建设、公安、民政组成的联审组，到每一个乡镇，现场联合审批，加快资金发放进度，促进永久性住房建设。每周将各乡镇毁损住房重建、维修加固以及政策性资金兑现情况用手机短信对全县进行通报，对各乡镇进行排名，以加快重建进度。

加强建设质量和安全管理　把质量安全贯穿城镇居民住房重建的始终。对建设质量、安全、进度等进行经常性检查。建立和完善质量监管体系，落实质量监管责任追究制和工作目标，把灾后城镇居民住房建设质量监管延伸到每一个重建户和每一道施工环节。县规划和建设局成立城乡住房建设技术指导服务组，下发《关于加强县城个人建房工程质量安全管理的实施意见》，为各镇、各社区培训质量监督员，将辽宁省援建技术员配备给各乡镇，开展重建技术指导工作，并进行重建质量巡查。

第五章 工业重建

第一节 县属工业

一、工业灾后恢复重建项目进展情况

地震后，王黎、赵迎春先后到银河集团新工业企业现场办公，鼓励企业重拾信心，加快重建，恢复生产；县委、县人大、县政府、县政协领导分赴企业一线，帮助企业恢复生产。

灾后及时成立恢复生产协调小组。电力、水务、交通、通讯、城建、环保、消防、质检等部门紧急行动，对全县基础设施、能源供应等进行检修维护。受灾企业自强不息，加紧生产车间排危、厂房维修、设备检修和水、电、气等基础设施的修复。在财政、税费、金融等各方面细化政策措施，积极为企业提供要素保障和各项支持。2010 年底，382 家中小企业有 361 家恢复生产，69 家规模企业有 65 家恢复生产，全县规模企业完成工业总产值 37.09 亿元，实现销售收入 33.99 亿元，完成技术改造投资 4.17 亿元。26 个重点项目扎实推进，项目总投资达 23.2 亿元，产业升级在重建中进一步加快。

灾后发展，落实企业技改扩能项目 15 个，协调金融部门为重点企业贷款 3.5 亿元，保证重点企业和重点项目的资金需求。新建和改造 12 座变电所，新增供电能力 20 万千伏安，解决企业供电不足的问题。鼓励企业加大科技投入，引进先进技术、工艺和设备，淘汰落后产能，实现产业升级。

2010 年，银河公司 15 万吨铬渣资源化处理及 12 万吨硫酸工程、绵阳启明星磷化工公司利用黄磷尾气生产 23 万吨磷酸盐系列产品、纸业公司 5 万吨竹浆纸平衡技改项目建设加快；女娲建材公司 2500t/d 新型干法水泥生产线、中联水泥公司 4500t/d 新型干法水泥生产线及余热发电项目相继快速启动，传统优势工业企业集体“转身”。

园区经济建设全面展开。辽宁省华晨动力集团投资 15 亿元、规划用地近千亩的华晨汽车工业园项目建设全面启动；投资 60 亿元、建立位于永安公路一侧的 30 平方公里的国家级中小企业工业园，园区主要对口承接沿海省市、对口援建的辽宁省、绵阳长虹、九州等企业产业转移项目，重点发展电子和汽车零部件加工、特种纸业、生物制药、轻工、纺织等产业；园区初步形成以精细化工、特色食品、电子和汽车零部件加工为先导，以新型建材、特种纸业、生物制药为支柱，电子、制药、机械、印刷、包装、食品等六大产业，年产值接近 20 亿元。以银河建化集团、启明星磷化工为支撑，围绕干河子沿河两岸集中打造出 20 平方公里的睢水干河子工业经济圈，对口承接化工、造纸、建材等产业转移项目；依托银河建化、浮山水泥等水泥企业，引进世界 500 强拉法基集团水泥龙头企业，在桑枣、睢水片区集中发展规模型、节能型、新型特种水泥等建材工业经济圈。

地震后，投资 20 亿元，加快实施银河集团、纸业、启明星磷化工、中联水泥、川银化工、好医生制药等 6 个龙头企业的 8 个重点技改项目。积极协调金融部门为企业贷款 3.5 亿元，重点支持工业园区内企业技改扩容，增强企业“造血”功能和区域竞争力。利用援建政策，在辽宁援建资金中安排出 1.6 亿元用于新规划的四川工业园区暨辽宁·产业合作园区的“三纵五横”道路建设和 5 万平方米的标准厂房建设，优化投资环境，承接产业转移，推动工业化进程。

工业企业重建

通过灾后恢复重建，工业较快发展。截至2011年9月底，累计完成工业投资总额达到43.64亿元，全县共有规模以上工业企业74家，与2007年相比，新增20家。74家规模企业实现产值38亿元，比2007年同期增长1倍，年均增长速度25.99%，实现利润1亿元，比2007年同期增长212.5%，年均增长速度46.2%。汽车、LED、动力锂电池、锂电正极材料、太阳能、风能等新兴产业陆续在安县落户发展。工业灾后恢复重建项目开工115个、占应开工的100%，竣工项目99个、占总数的86.07%，在建项目16个；计划投资50.99亿元，完成43.64亿元，占计划总投资的85.6%。在包干中央恢复重建产业资金4.23亿元的总额中，安排支持工业重建资金2.5亿元。

二、推进工业灾后恢复重建的主要举措

加强组织领导　健全工作推进机制，县委、县政府，各乡镇、县级各部门成立相应工作机构，形成“一个重建项目、一名县级领导、一套工作班子”的推进格局。坚持灾后重建定期研究制度，责任领导每周研究一次重建工作，县委、县政府主要领导每月召开一次重建工作汇报会，及时研究解决灾后重建中的困难和问题。建立灾后恢复重建督查督办机制，组建专项督查组，加大工作督查、效能监察力度，定期编发《灾后恢复重建重大项目落实动态》，强力推动工作落实，确保灾后恢复重建工作有力有序有效推进。

严格执行规划　在认真研究国家投资政策和灾后恢复重建规划的基础上，结合灾后重建规划和工业发展的实际，编制工业“1+5”产业发展规划，重点突出汽车、化工、食品医药、材料、电子信息、冶金机械等六大产业，明确重点和主攻方向。各级落实重建任务、时序和责任主体。实施的所有重大重建项目都编制实施方案，报经县委、县政府审定后严格执行。严禁擅自改变规划，对违反重建规划的，责令限期整改，视其情节从严追究责任单位主要领导及有关人员的责任，确保规划执行不走样。

狠抓项目推进　深入研究国家产业政策和灾后重建规划，在项目前期谋划上下功夫，定位准确，分析透彻，扎实储备一批质量优、标准高的优势项目。积极组织工业集中发展区申报省级工业园区、筹建化工产业园区，将灾后重建与产业园区建设相结合，努力实现工业项目向园区集聚。建立健全项目工作推进机制，详细制定重大项目时间进度表和推进流程，倒排工期，采取各种有效措施跟踪督办落实。

优化项目环境　全面落实灾后重建各项优惠政策，以优惠吸引投资，以诚信取信投资者，做到有诺必行。认真执行省市灾后重建项目审批权限下放相关政策，按照“程序不减、时间缩短”的原则，合理精简项目审批程序。大力推行项目建设并联审批制度，建立灾后重建项目绿色通道，实行“一站式”服务，缩短办结时限。着力抓好工程组织、建材供给和资金调度等重点环节，为重点项目建设创造良好的外部条件，围绕项目建设搞好水、电、路、通讯等基础设施保障，做到适度超前、经济实效。

强化监督管理　严格质量监管，认真执行工程建设专家评审、施工许可、施工监理、竣工验收备案等规章制度，把每一个重建项目和重点工程都建成经得起社会评价、历史检验和上级检查验收的精品工程。严格资金监管，定期公示，畅通举报渠道，确保重建资金专款专用。严格实行项目法人制、招标投标制和工程监理制，从严审计监督，切实加强对恢复重建项目尤其是重大工程项目的全程跟踪审计。

健全奖惩机制　建立健全考核激励机制，将灾后恢复重建工作作为领导干部年度考核的重要内容，并纳入县委、县政府年度综合目标管理。制定恢复重建考核奖惩办法，将考核结果与干部职务升降、评优晋

级挂钩。对工作落实好、完成任务好的先进单位和做出突出贡献的先进个人予以重奖重用；对恢复重建工作推进不力、履职不到位、工作任务完成差的责任单位，扣减综合目标得分，并在全县通报批评。

第二节　主要产业

一、传统产业升级

建材产业　淘汰和关停机立窑水泥熟料生产线8条，新上两条新型干法水泥熟料生产线，新建3家商品混凝土生产企业，25家砖厂改黏土为页岩。

银河建化集团有限公司投资2.3亿元建设的日产2500吨熟料新型干法水泥生产线，2009年1月开工建设。购置回转窑（φ4×60米）、生料磨机（φ4.6×10米）、水泥磨机（带辊压机）（φ4.2×13米）等设备260台（套），形成年产100万吨水泥生产规模，同时具备年开采150万—200万吨石灰石矿的资格与能力，项目总建筑面积6万平方米。2010年2月建成竣工投产。该项目采用先进干法回转窑生产技术，装备先进、工艺成熟，投产生产能力即达到设计指标。

中联水泥有限公司为浮山水泥有限公司与中国联合水泥有限公司共同投资7.2亿元新建日产4500吨，年产150万吨水泥孰料生产企业。项目在地震后原浮山水泥有限公司一分厂旧址重建，2009年7月9日开工，2010年7月26日正式点火，产品性能和产量大幅提高，在同行业中处于领先地位。

造纸行业　淘汰关闭14家排放未达标的小型再生纸生产企业，支持纸业有限公司进行5万吨浆纸平衡项目改造，三废的排放实现循环再利用，有力的推进节能减排工作。

化工行业　结合灾后恢复重建，大多数的企业都进行技术改造。川银化工有限公司在对原有磷酸一铵、二铵生产线进行恢复重建时，投资9000万元，进行年产五万吨磷酸氢钙及12万吨硫精砂制酸、余热发电的配套项目建设。2008年7月，项目开工。年产5万吨磷酸氢钙项目新建厂房2000平方米，新增设备46台（套），老厂房加固3000平方米，更换设备38台（套），建库房800平方米、地平硬化2000平方米，新增安全设施16台（套）、环保设备及水处理18台（套）、消防设备15台（套）等，实现生产废水不外排，全部循环使用。配套硫酸项目新建厂房2200平方米、库房800平方米、新增设备48台（套）、安全设备18台（套）、环保及水处理设施16台（套）、消防设备17台（套）。整个项目2010年4月竣工。重建后年产工业级磷酸一铵二铵1.5万吨、磷酸氢钙5万吨、硫酸12万吨、利用余热尾气年发电1700万千瓦时。新增产值1.8亿元、利税1000万元，解决就业200人。银河建化集团采用国内最先进技术，建设15万吨铬渣资源化处理配套12万吨硫酸工程，整个项目实现全自动在线监测和调度，节约人工成本，提高生产的安全性。

二、发展新兴产业

加强招商引资工作，主动承接东部地区和对口援建地区的产业升级转移，并在招商引资过程中注重选择具有较高成长性的新兴产业。通过两年的灾后重建引入华晨汽车、安鑫武秀、顺华玻璃、华元力兴、华锐玻璃、瑞洋科技、沈阳科翔、恒远机械、国恒机械、天川国际、福隆实业等十余家生产企业，投资20亿元打造汽车及零部件产业园区。泰亮科技、英志新能源和天明新能源、四海科技等一批新能源、新材料企业相继投产。新兴产业占全县工业的比重大幅度跃升，产业结构得到优化升级。

三、促进工业发展的措施

加强基础设施建设　各级部门利用灾后重建和扩大内需的有利政策，抓紧征地拆迁，落实责任，加快进度，统筹安排水、电、气、通讯等网络建设，考虑必要的生活设施和接待条件，抓紧道路、供电、供气、供水等设施建设，形成企业入驻条件。

提高服务效能　结合机构改革，扩充工业园区的人员编制，调整充实县工信局工作人员，提高园区招商引资和项目落地的组织协调能力及工作效率。严格实行“一站式”服务和限时办结制，提高办事效率，对拖延时间、设置梗阻的单位和个人严肃处理。积极协调金融部门支持中小企业融资，扶持中小企业发展壮大。强化公务员的公仆意识，主动为企业提供优质服务，尊重企业，主动关心企业家，让企业家潜心抓好企业管理、改革、创新和发展，抓好产品研发和市场拓展。

强化激励措施　提高招商引资在目标考核中的权重；制定增强社会引资合力、调动企业引资积极性的政策，实现由政府为主招商到龙头企业主导招商的转变；加大园区招商宣传推介力度，强化园区招商功能；主攻专业招商和重点招商，确保目标达成。

第三节　工业园区

一、工业园区概况

申报省级机构　抓住省委、省政府支持极重灾县产业恢复重建、新增省级开发区的政策机遇，及时编制完成园区 8 平方公里的总体规划和控制性详细规划、土地集约利用评价、区域环评等一系列规划，2010 年 7 月 28 日，省政府正式批准成立省级开发区。截至 2011 年 9 月底，园区共完成工业总产值 81.76 亿元，工业增加值 20.8 亿元；新增规模企业 14 户，达到 28 户；国地两税入库 1.28 亿元。

发展目标　以建设一流省级开发区为目标，根据绵阳市“一核四带”的产业布局和把绵安北产业带打造成汽车产业城的要求，对规划进行完善，华晨汽车以下至界牌 77123 部队区域，全部布局汽车及零部件产业，突出主业，确定汽车及零配件、医药制造、电子技术三大主导产业。

用地指标及征地拆迁　2008 年以来，县委、县政府抓住灾后重建机遇和实施城乡土地增减挂钩，解决园区开发的土地指标问题。实施县级部门包村组、包农户的大拆迁机制，对被征地农户实行“统建安置、货币安置”，切实落实征地拆迁安置政策，进行和谐拆迁，截至 2011 年 9 月，为园区提供 4000 多亩的开发建设空间。

基础设施　建成道路 20 公里，完善水、电、气等要素配套。110 千伏变电站完成前期手续，进场建设；8200 米给水管网全面完工，投入使用；5200 米工业用气主要管网完成立项和资金筹措。花兴路向西延伸段项目，开工建设。直通高新区的快速物流通道及配套排污排洪沟等正进行水稳层铺设和路缘石安装。园区技术创新中心正式启用，管委会 2010 年 12 月 24 日入驻新址办公。投资 6100 万元，占地 80 亩，有 2.5 万平方米标准厂房和 1.2 万平方米配套综合楼的“中小企业创业园”投入使用。汽车配件产业园一期标准厂房完成 16 幢共 5 万平方米钢结构安装。水、电、气主管网到华晨功能小区的要素配套完成建设，满足华晨项目生产所需。

二、园区建设措施

建立规章制度　制定《县级领导联系规模企业和重点招商引资项目制度》《园区入驻项目管理办法》等一系列重要基础制度和管理规范，出台《关于强化招商引资加快工业园区发展的意见》等 13 个重要文件，夯实园区长远发展制度基础。

创造项目进场条件　成立工业项目推进办公室，安排 8 名工人负责工业项目用地的场地平整、围墙建设、拆烂清障、矛盾纠纷化解等工作，清运建渣和余土 50 万余立方米，平整场地 3200 余亩。成立华晨汽车花荄工厂项目现场服务组，制定项目推进中问题协调解决工作计划，坚持每周召开华晨项目推进工作例会，制定援建支持资金拨付办法，严格支持政策与项目进度挂钩，积极推动项目的建设速度。华晨项目整车总装车间投入使用，2011 年 5 月 12 日前下线第一辆整车，调试检测车间、油箱油管厂、空调器厂、电器厂、车桥座椅厂、货厢厂等厂房建设完毕，焊装车间、车架厂、冲压车间、试车场、涂装车间开工建设；总装车间、检测车间和公用动力设备正在安装，其他设备陆续进场。加大协调服务力度，积极争取好医生总部在安县注册，支持好医生药业成功争创中国驰名商标，加快好医生药业的发展。蓝奥机械、能士光宝等新进项目顺利推进。

提高入园项目质量　提高招商门槛。完成园区规划沙盘、宣传视频及光碟、安县工业产品展厅、安县工业产品画册（2011 卷）、招商引资画册（2011 版）、汽车配件产业园招商手册等整套招商宣传载体制作。制定《入园项目管理办法》，明确入园项目必须符合国家产业政策和园区产业发展规划，着力招大引强。原则上投资强度达到每亩 100 万元以上，年创税收达到每亩 8 万元以上。占地在 50 亩以下、规模较小的项目一律实行租用标准厂房的方式入园。必须在投资协议签订后 2 个月内开工建设，建设期限原则上不超过 2 年。对超过时间未开工建设的项目，依法对占用土地进行清理，避免土地闲置。定向招商。紧紧抓住辽宁援建机遇，成功引进沈阳科翔等一批项目落户园区。主动同成都龙泉驿和双流县沟通联系，抓住成都经开区汽车产业链向外围延伸的机遇和建设成都“一小时经济圈”的优势，搭建引入汽车零部件和电子信息产业配套的桥梁。以商招商。依托华瑞汽车项目，引进澳大利亚富桌集团落户华晨汽车工业园。围绕汽车及零部件产业，引进柴油发动机、散热器等一批配套产业。“区中园”招商。搭建“区中园”企业周转平台、降低入园企业成本、提供良好的软硬服务，成功引进德虹电器、川银动力等 7 户企业入驻，其中 3 家正式投产。

优化园区发展环境　加强工作力量。面向全县，打破身份、行业限制，公开选聘 24 名干部充实到园区工作，园区共有 40 多名干部为企业提供全面、优质、高效、便捷的服务。优化发展环境。2011 年，县委书记赵迎春、县长胡德兵坚持每月主持召开一次的园区工作会，对园区提出的问题“照单全收”，并要求相关部门和乡镇限时解决，为园区工作提供宽松环境、积极支持和有力保障。全面规范建设工程管理秩序，重点打击“四强”行为，成立园区派出所，为企业建设发展保驾护航。提高服务效率。按照 110 服务理念，建立安县企业呼叫服务中心，对企业实行“VIP”服务，第一时间解决企业诉求。狠抓服务的规范性、时效性、针对性，建立投资项目的“点对点”联系机制，安排 19 名同志与入园项目实行“一对一”全程服务，现场、就地、及时解决推进中的问题，实行从签约、进场、落地、生产“一条龙”、“保姆式”服务。新建电子政务网站，开通手机短信平台，编发《园区工作简报》27 期、项目推进专报 18 期、华晨项目推进专报 8 期，让企业家全方面了解园区投资环境、招商引资相关政策和工作开展情况，畅通交流沟通渠道。定期召开“银政企”专题座谈会，有效搭建银企互动平台。拓展投融资平台。组建安县富腾实业有限公司，多次召开全县银政企融资会，促进银政企合作，加大投融资平台建设力度；依托绵阳市兴安融资担保有限公司，多渠道帮助企业解决资金难题。

打造园区精英团队　明确工作职责。及时对工作人员进行定岗定责管理，明确每个人的工作岗位、工作职责和工作要求，建立健全岗位目标责任制，确保每个干部有事可做、有事要做、有事必做。严肃工作纪律。深入开展机关行政效能建设，推行首问负责制、限时办结制、责任追究制，干部坚持记录《工作日志》，制作工作吊牌、工作座牌，发扬艰苦创业和勇争一流精神。实行绩效考核。实行全员聘用制、绩效考核制和末位淘汰制、充分激发园区活力。印发《工业园区职工试用期考核办法》，园区入驻企业考核分值占 40%。实行加系数的绩效考核办法。加强学习培训。举办园区规划培训会和项目建设流程培训会，工业园区建设和招商引资实战讲座，编印《经济开发区学习资料选编》《产业结构调整指导目录》等资料，提供给园区每个干部职工学习。

灾后重建的安县工业园

第六章　农业重建

第一节　水利设施

一、防洪减灾设施

（一）农村饮水工程

安县农村饮水安全灾后重建项目建设任务包括建集中供水站44处，分散供水工程53083处，解决36.66万人安全饮水问题。

（二）水利设施建设

完成28座病险水库除险加固工程。恢复和新增蓄水能力3051.14万立方米，恢复和新增灌面80786亩。完成了一大渠、二大渠、新勘堰和铁旗堰4处中型灌区取水枢纽重建，整治干渠60公里、整治支渠13.85公里、整治斗渠272.3公里、修复渠系建筑物4498处。完成小型灌区水利重建工程精修山平塘2573口、整治起淤2755口，新建扩建骨干山平塘10口，新建蓄水池19口，新建沉（机）井79口，修复石河堰13处，小型渠道衬砌整治169.29公里、修复渠系建筑物842处。完成微型水利重建工程，修复震损蓄水池624口、震损水窖90口，精修山平塘196口，恢复水方85.35万立方米，恢复浇灌面积2.24万亩。

（三）水保综合治理工程

治理水土流失21.54公平方公里，其中坡改梯治理2914.5亩，种植经果林4608.5亩，水保林24795亩，总投资4248万元。

（四）渔业基础设施恢复重建

安县南方大口鲶良种场灾后重建；安县水产技术推广站及水生动物防疫检疫站灾后重建；安县水产养殖设施灾后重建，修复和重建池塘1512.3亩，恢复轻微震损塘堰9812亩。总投资6500万元（其中：国家补助800万元、其余自筹）。

（五）堤防重建及河道疏浚工程

全县堤防建设28处，工程由县水务局负责实施，涉及高川、茶坪、界牌、黄土、花荄、睢水、秀水、迎新、河清、永河、塔水、宝林、桑枣等乡镇，规划总长度为52.58公里，总投资2.21亿元。项目资金来源中央资金18517万元（含新县城提防、黄土二期、桑枣二期提防），实际修建长度50公里。安昌河流域新建防洪标准达到20年一遇，茶坪河、干河子等流域新建防洪提防洪标准达10年一遇。

安县灾后重建河道疏浚项目6处，主要涉及高川、茶坪、晓坝等沿山乡镇，下达中央资金600万元，实际清理整治河道3.71公里，最终完成投资370.79万元。

（六）堰塞湖后期治理工程

地震后，在安县县境内形成堰塞湖27处，经应急排险和洪水自然冲蚀，销号12处，工程处置15处。采取开挖降坝、削坡减载、河道疏浚等措施治理后达到坝高为零、库容为零的治理目标。并抢在2010年汛前完成治理任务。

肖家桥堰塞湖坝体

治理肖家桥堰塞湖　肖家桥堰塞湖位于晓坝场镇至茶坪乡7公里的茶坪河上，是全省仅次于唐家山堰塞湖的第二大高危堰塞湖。直接威胁下游的晓坝、桑枣、安昌等6个乡镇12.78万人的生命财产安全。国家、省、市各级水利专家迅速到现场会诊，县委、县政府实行排险措施与避险措施两条腿走路，加强监测，科学预警。市县领导靠前指挥，县水务部门加强监测监控，科学预报。2008年5月25日至6月6日，川工局工程队先后出动大型机械160台次，连续不间断施工，共开挖土方19.8万立方米，扎钢筋笼600立方米形成上口宽120米、下口宽40米、深30米的导流明渠。积极落实避险措施，编制疏散撤离预案，广泛宣传，落实责任，县级相关部门和乡镇协调配合，整体联动，为确保疏散撤离安全有序打下坚实的基础。2008年6月6日13时15分，肖家桥堰塞湖实施有控制泄水导流。下泄流量由小到大，逐渐排泄，堰口最大洪峰流量达1200立方米/秒，并先后启动1/5、1/3溃坝疏散撤离预案，19时45分水流平稳，21时解除警报。泄水历时8小时，坝前水位下降15.37米，下泄水量700万立方米，泄流成功。在肖家桥堰塞湖泄流过程中，临时有序疏散下游群众4.8万人，无任何人员伤亡和财产损失。2008年11月16日，温家宝总理亲临堰塞湖遗址现场视察，对所取得的成绩给予高度的评价，并就后期治理做出进一步指示。

为防止堰塞湖次生灾害的发生，确保下游地区人民生命财产安全，2009年11月初，对肖家桥堰塞湖进行后期治理。按国家发改部门批复投资500万元，主要采取扩口降坝、削坡减载、开挖导流渠、固坡、下游河道疏浚等工程措施，形成长1120米，底宽30米、边坡1:1.5、高15米的泄流槽，库容降为零，达到10年一遇的行洪能力。2010年1月底完工，2月2日通过省、市验收。

处置后的肖家桥堰塞湖导流渠

治理老鹰岩堰塞湖　老鹰岩堰塞湖位于高川乡泉水村，堰塞湖坝顶长240米、坝宽130米、坝高105—140米，堰体体积470万立方米，最大蓄水容量250万立方米。从2008年6月至2009年8月，经过3次扩口降坝应急处理，形成长150米、底宽7米的泄流槽，水位下降15米，库容降至210万立方米。为进一步降低堰塞湖溃坝风险，保障下游群众及重要工矿企业的安全，根据中国水电顾问集团成都勘测设计研究院设计方案，四川得友建设有限责任公司从2010年2月开始施工，2010年6月25日全面完成合同工程量。共开挖土石方51.8万立方米，用网箱大块石护坡0.21万立方米，形成长270米、底宽30米、边坡1:1.5的泄流明渠，水位总下降40米，库容降至8万立方米，达到10年一遇的行洪能力。

老鹰岩堰塞湖泄洪槽

（七） 山洪预警

水资源监测设施 安县水资源监测设施恢复重建项目，打捆项目内容是新建34个监测点，建立信息平台、通讯系统，移动监测设备及监测点设备。包括9个自动雨量遥测站、2个人工雨量站、4个自动水位站、7个河道视频监控点，对接水文水资源勘测局的2个雨量站、1个水位站和1个水文站的水雨情信息采集与传输系统、信息汇集平台等。总投资450万元。由四川九洲应用电子有限责任公司设计、成都久信网络咨询监理有限公司监理、四川九洲电器集团有限责任公司建设。项目2010年2月开工，6月底竣工。完成室内会商室、县监测指挥中心及机房的装修；监测中心硬件系统平台的搭建；数据采集系统、传输系统、存储系统、分析系统和预警发布系统平台的搭建；山洪预警发布系统及水资源调度系统上位机管理系统的组建等。室外部分完成所有点位的基础施工，建成9个自动雨量站、2个人工雨量站、4个视频监控点。雨量及水位数据通过中国电信CDMA无线传输的方式自动向监测中心传输，在无线信号覆盖不到或灾害频发的地方采用卫星通信的方式传输，经过运行测试，实现在线适时监测。

山洪预警工程 安县山洪预警系统工程，位于全县各重点山区乡镇及沿河乡镇。工程经县水务局实地调查勘测、申报，安发改经贸〔2009〕324号文批复，绵阳市水务局批准山洪防治及防汛预警系统工程概算资金627万元，随后安县8个沿山乡镇山洪防治及防汛预警系统工程公开招投标，四川九洲电器集团有限责任公司中标，成都久信网络咨询监理有限公司承担工程监理。工程于2009年12月28日进场施工，至2010年5月30日竣工。工程审计决算支出为：设备工程支出464.74万元、待摊费用54.49万元，共计决算支出519.24万元。工程结余107.76万元。资金来源为国家灾后重建资金。

表60 安县自动（人工）雨量监测、应急预警指挥平台系列表

序号	站名	站类	所属小流域名称	地点	经纬度	
					经度	纬度
1	茶坪乡雨量站	自动	茶坪河	茶坪乡政府	104°16.782′	31°41.305′
2	宝藏村自动雨量站	自动	茶坪河	宝藏村委会	104°17.220′	31°38.479′
3	千佛村自动雨量站	自动	茶坪河	千佛村委会	104°18.291′	31°39.193′
4	晓坝镇自动雨量站	自动	茶坪河	晓坝镇政府	104°19.239′	31°35.863′
5	花荄镇自动雨量站	自动	安昌河	花荄镇政府	104°33.726′	31°32.554′

续表

序号	站名	站类	所属小流域名称	地点	经纬度	
					经度	纬度
6	高川乡自动雨量站	自动	睢水河	高川乡政府	104°11.113′	31°36.227′
7	秀水镇自动雨量站	自动	安昌河	秀水镇政府	104°20.346′	31°30.388′
8	兴仁乡自动雨量站	自动	安昌河	兴仁乡政府	104°28.271′	31°30.556′
9	黄土大桥水位站	自动	安昌河	黄土镇黄土大桥	104°28.59′	31°35.423′
10	五福村水位站	自动	茶坪河	晓坝镇五福村	104°17.90′	31°38.449′
11	道喜村光明电站水位站	自动	睢水河	睢水镇道喜村光明电站	104°13.02′	31°33.329′
12	上清堰水位站	自动	安昌河	桑枣镇上清村上清堰	104°19.35′	31°36.004′
13	塔水镇人工雨量站	人工	干河子，秀水河	镇政府	104°25′	31°27′
14	清泉镇人工雨量站	人工	干河子	镇政府	104°28′	31°268′

群测群防体系建设　全县18个乡镇、村组，凡经勘测确定的地质灾害点，均建有监测站点，“经费、组织、措施”全部落实到位。做好专人检测预警，确保灾情发现及时，受威胁的人民群众疏散撤离及时，上报灾情及时。2010年“8·12”“8·19”两次特大暴雨导致全县15镇3乡全部受灾，高川、茶坪、睢水、沸水、晓坝、桑枣灾情十分严重，出现地质滑坡险情，威胁20余万人生命安全，因监测预警及时，疏散撤离和上报灾情及时，处置措施果断，未造成人员伤亡。

二、农田水利设施

大松树震损水库枢纽病害除险加固工程项目　绵阳市水务局《关于大松树震损水库枢纽病害除险加固工程初步设计的批复》和县发展改革和经济商务局《关于同意大松树震损水库枢纽病害除险加固工程的立项批复》，批准大松树震损水库枢纽病害除险加固工程项目立项。建设单位为县水务局，总投资270万元，由铁岭市水利勘测设计院设计、四川省乐山昭益水利工程监理有限责任公司监理、四川州桥水电工程有限公司施工。土建工程于2009年6月15日开工，2010年12月30日完工。

水利灾后重建工程

附属工程2010年2月开工，3月完工。工程主要对该水库的大坝上部裂缝进行翻筑，培厚加固大坝，放缓坝坡，坝顶宽度由7米调整为5米，坝顶加高1.17米至605.52米高程。增设C20钢筋混凝土预制块防浪护坡，厚0.1米、垫层厚0.1米；新建排水棱体和坝肩排水沟；新建永久溢洪道，进口净宽7.5米；改造放水设施，完善水库管理、观测设施等。

三、水土保持和水资源监测设施

水土保持设施　2008—2010年，水土保持恢复重建，共建设坡改梯238.69万平方公里、水保林

1507万平方米、经果林407.97万平方米。坡面水系工程1809处、沟道治理92处、辅助措施503处、监测网点1处。工程总投资4247.81万元，群众投劳82.41万个。通过灾后重建水土保持措施，恢复林草面积594.27万平方米。

水资源监测设施　县水资源监测设施恢复重建项目，打捆项目内容是新建34个监测点，建立信息平台、通讯系统，移动监测设备及监测点设备。包括9个自动雨量遥测站、2个人工雨量站、4个自动水位站、7个河道视频监控点，对接水文水资源勘测局的2个雨量站、1个水位站和1个水文站的水雨情信息采集与传输系统、信息汇集平台等。总投资450万元。由四川九洲应用电子有限责任公司设计、成都久信网络咨询监理有限公司监理、四川九洲电器集团有限责任公司建设。项目2010年2月开工，6月底竣工。完成室内会商室、县监测指挥中心及机房的装修；监测中心硬件系统平台的搭建；数据采集系统、传输系统、存储系统、分析系统和预警发布系统平台的搭建；山洪预警发布系统及水资源调度系统上位机管理系统的组建等。室外部分完成所有点位的基础施工，建成9个自动雨量站、2个人工雨量站、4个视频监控点。雨量及水位数据通过中国电信CDMA无线传输的方式自动向监测中心传输，在无线信号覆盖不到或灾害频发的地方采用卫星通信的方式传输，实现在线实时监测。

第二节　种植技术服务体系

一、损毁农田恢复重建项目

农田修复项目　业主为县农业局，乡镇配合实施。规划在花荄、黄土、秀水、塔水、河清、睢水、永河、乐兴、沸水、清泉、宝林、桑枣、迎新等乡镇实施。项目覆盖43个行政村，449个村民小组，涉及农户26031户、77120人。修复损毁农田76810亩，新建和维修排灌渠68666米，渠系配套建筑工程4430处，山坪塘66口，蓄水池830口，机耕道20784米，购置肥料3875吨。项目总投资18090万元，其中灾后重建资金3400万元。

迎新乡，2009年10月经县发改局批准立项，项目总投资212.08万元。迎新乡马铃、铜锣2个村实施。建设内容及规模为：恢复受损农田4620亩，包括耕地表层修复，沟渠开挖，田间作业道、机耕路、排灌沟渠修复、沉井、提灌站、蓄水池、山坪塘、人行桥、机耕桥、涵管、便民池等的施工。项目2010年4月底竣工。

秀水镇，2009年10月完成立项，项目总投资246.20万元。在秀水、九一、龙泉、长春、牌坊、天竺、方林、金山、红光等村实施。建设内容及规模为：修复受损农田13796亩、修复整治田间作业道1620米、林间便道3800米、排灌沟渠8680米、山坪塘9口、蓄水池2口、沉井8口、农田整治200亩、渠系配套建筑物612处。2009年12月完成工程招标，2010年6月完成工程建设、项目验收并交付使用。

永河镇，在金花、观庄、海泉三个村实施。建设内容及规模为：修复受损农田4980亩，修复整治田间作业道（机耕道）650米、排灌沟渠9857米、农田整治（地裂地陷）125亩、渠系配套建筑物分水口19处、农田制口211个、跌水9处、涵管44米、机耕桥37座、人行桥165座、便民池24处。2009年8月完成勘测规划、编制可研报告和项目立项。2009年10月，完成建工程招标。2010年4月完成田间工程建设。2010年6月完成项目验收交付使用。

黄土镇，在盐井、平桥两个村实施。建设内容及规模为：修复受损农田4596亩，修复整治田间作业道9280米（含特色经济作物新品种、新技术展示带796米），排灌沟渠5300米，新建机井4口，农田整治2732亩，渠系配套建筑物488处。项目经勘测、规划、2009年10月完成立项，项目总投资814.40万元。2009年12月完成工程招标，2010年1月至2010年6月完成工程建设，6月底完成项目验收并交付使用。

宝林镇，在乌龙、通裕、涌泉3个村实施。建设内容及规模为：修复受损农田4029亩，修复整治排灌沟渠 3516 米、山平塘 8 口、田间作业道（机耕道）600 米、农田整治（地裂地陷）125 亩、渠系配套建筑物分水口 11 处、农田制口 114 个、涵管 148 处、机耕桥 1 座、人行桥 4 座、便民池 2 处。项目总投资 162.36 万元。该项目 2009 年 11 月完成工程招投标，2010 年 4 月完成工程建设，6 月底竣工验收并交付使用。

睢水镇，在宝元、光明、东林 3 个村实施，以宝元村为中心区域。项目建设内容及规模为：修复受损农田 5127 亩、修复整治田间作业道（机耕道）1040 米、排灌沟渠 6957 米、山平塘 4 口、农田整治（地裂地陷）125 亩、渠系配套建筑物 802 处。项目建设概算总投资 230.05 万元。建设期限 1 年，2009 年 7 月至 2010 年 6 月，竣工验收并交付使用。

桑枣镇，在海水、花庙 2 个村实施。建设内容及规模为：恢复受损农田 3840 亩，包括耕地表层修复，沟渠开挖，田间作业道、机耕道 1244 米、排灌沟渠修复 994 米、山坪塘 8 口，农田整治 110 亩，配套工程 52 处。项目总投资 145.49 万元，2010 年 6 月底竣工验收并交付使用。

沸水镇，在胜利、三合、新华 3 个村实施。建设内容及规模为：修复受损农田 3504 亩、修复整治田间作业道 2000 米、排灌沟渠 3520 米、山坪塘 4 口、蓄水池 51 口、沉井 8 口、农田整治 125 亩、渠系配套建筑物 255 处。2009 年 10 月完成立项，项目总投资 194.23 万元，2009 年 11 月完成工程招标，2009 年 12 月至 2010 年 4 月完成工程建设，6 月底完成项目验收并交付使用。

河清镇，在白马、荣华、金光 3 个村实施。建设内容及规模为：修复受损农田 4980 亩、修复排灌沟渠 6930 米、山坪塘 4 口、农田整治 125 亩、渠系配套建筑物 373 处。2009 年 10 月完成立项，项目总投资 192.09 万元，2009 年 11 月完成工程招标，2009 年 12 月至 2010 年 4 月完成工程建设，6 月底完成项目验收并交付使用。

花荄镇，在先林、六合、竹园、红武、联丰、兴隆、柏杨 7 个村实施。建设内容及规模为：修复受损农田 8094 亩、修复排灌沟渠 1870 米、山坪塘 9 口、沉井 2 口、农田整治 125 亩、渠系配套建筑物 148 处。2009 年 10 月完成立项，项目总投资 183.16 万元，2009 年 11 月完成工程招标，2009 年 12 月至 2010 年 4 月完成工程建设，6 月底完成项目验收并交付使用。

塔水镇，在双埝、浮萍、柑子、龙桥 4 个村实施，建设内容及规模为：修复受损农田 10902 亩、整治排灌沟渠 9190 米、山坪塘 6 口、农田整治 167 亩、渠系配套建筑物 568 处。2009 年 10 月完成立项，项目总投资 230.42 万元，2009 年 12 月完成工程招标，2010 年 1 月至 6 月完成工程建设，6 月底完成项目验收并交付使用。

乐兴镇，在八角、文明、莲花 3 个村实施。建设内容及规模为：修复受损农田 5375 亩、整治排灌沟渠 4335 米、山坪塘 15 口、农田整治 125 亩、渠系配套建筑物 240 处。2009 年 10 月完成立项，项目总投资 246.00 万元，2009 年 12 月完成工程招标，2010 年 1 月至 6 月完成工程建设，6 月底完成项目验收并交付使用。

表土修复工程项目　在黄土、花荄、塔水、乐兴、宝林、永河、秀水、沸水、河清、迎新、睢水、桑枣 12 个乡镇、43 个村实施。总投资 430 万元，修复受损农田面积 76810 亩，购置肥料 3875 吨，其中：生物有机肥 3075 吨、复合肥 800 吨。

表 61　**农田表土修复项目面积及肥料分配表**

乡镇	村数（个）	村名	组数（个）	户数（户）	人口（人）	表土修复（亩）	肥料合计（吨）	生物有机肥	复合肥
黄土	2	盐井、平桥	21	1632	5020	7572	530	400	130
花荄	7	先林、六合、竹园、柏杨、红武、联丰、兴隆	63	3487	10347	8094	350	280	70
塔水	4	双埝、浮萍、柑子、龙桥	49	2614	8039	10902	380	300	80
乐兴	3	八角、文明、莲花	37	1675	5724	5375	260	200	60

续表

乡镇	村数（个）	村名	组数（个）	户数（户）	人口（人）	表土修复（亩）	肥料合计（吨）	生物有机肥	复合肥
宝林	3	乌龙、高林、通裕、涌泉	34	1588	4998	4029	250	200	50
永河	3	金花、观庄、海泉	22	1437	4296	4980	260	200	60
秀水	8	龙泉、长春、牌坊、天竺、方林、金山、红光	84	5388	14826	13789	595	485	110
沸水	3	胜利、三合、新华	35	1505	4522	3504	240	200	40
河清	3	白马、荣华、金光	34	2553	7343	4979	250	200	50
雎水	3	宝元、光明、东林	31	1888	5639	5127	280	230	50
桑枣	2	海水、花庙	22	1284	3542	3840	250	200	50
迎新	2	马灵、铜锣	17	980	2824	4620	230	180	50
合计	43	—	449	26031	77120	76811	3875	3075	800

二、农业有害生物预警与控制区域站项目

土建工程　新建检验检测、应急药品药械、网络信息与预警技术培训等业务及配套用房1500平方米。其中：检验和检测用房600平方米、网络信息及预警技术培训用房550平方米、应急药品和药械用房300平方米、配套用房50平方米。与花荄镇农业技术推广站、油菜良种繁育体系、沼气物业综合服务站土建工程合署建设，建设地点在花荄镇罗林村五组，总投资530万元。2009年12月完成招标，2010年12月底，完成竣工验收并交付使用。

新建观测场工具、配电、休息等业务用房84平方米，与黄土镇农业技术推广站土建工程合署建设，建设地点在黄土镇石鸭村二组，该工程投资29.68万元，2009年9月完成招标，2010年12月底完成竣工验收并交付使用。

田间工程　修建温室80平方米，大棚520平方米，机耕道120米，人行道60米，田埂600米，排灌沟渠429米，沟渠护坡132米。田间工程建设地点为黄土镇，该工程2010年6月完成招标，2010年12月底完成竣工验收并交付使用。

仪器设备　项目共购置有害生物观测、信息处理、检验检测以及应急专用设备545台（套）。

三、油菜良种繁育体系建设项目

土建工程　新建种子检验检测、种子仓库及配套用房1662平方米（其中新建种子仓库1062平方米、检验检测用房300平方米、办公等配套用房300平方米），该工程与花荄镇农业技术推广站、农业有害生物预警与控制区域站、沼气物业综合服务站土建工程合署建设，建设地点在花荄镇罗林村5组，总投资695万元。该工程2009年12月完成招标，2010年12月底完成竣工验收并交付使用。

田间工程　建设油菜良种繁育基地5000亩，修建机耕道1436米，排灌沟渠1318米，农田整治220亩，新建机井1口。该工程2009年12月完成工程招标，2010年6月完成工程建设，6月底完成项目验收并交付使用。

仪器设备　项目共购置种子检验、检测、农机具等仪器设备152台（套）。

四、国营稻麦原种场绿色蛋鸡标准化养殖小区建设项目

国营稻麦原种场绿色蛋鸡标准化养殖示范项目，位于黄土镇菩提村十二组，县农业局成立国营稻麦原种场恢复重建绿色蛋鸡养殖小区项目实施工作组，具体负责项目实施工作。2009 年 6 月 1 日至 2010 年 1 月 31 日，中央财政灾后恢复重建资金投资 300. 39 万元，自筹 295. 8 万元。规划建设 5 万只蛋鸡标准化厂房及附属设施。其中：土建工程投资 185. 03 万元、购置仪器设备 90. 26 万元、其他费用 25. 1 万元。项目建成后可达到年产优质鸡蛋 82500 公斤，产值 1250 万元。集约化养鸡场污染物采用生物方法进行处理，主要方式是修建沼气池，将污染物送入沼气池进行厌氧发酵处理。其工艺流程为：鸡粪、冲洗水—酸化池—沼气发酵—沼气—贮肥池—农业生产用肥。进行工厂无害化处理，由圣康鸡粪处理厂进行无害化处理。经过以上两种方法处理不会对环境造成二次污染。

五、农业技术服务体系设施项目

桑枣镇农业技术推广站　选址桑枣镇兴隆街立志村四组段，征用土地 259. 6 平方米。总投资 65 万元，全部中央投资。2009 年 1 月开工，2010 年 4 月底竣工。办公及配套用房建设为一楼一底，每层 129. 5 平方米，一楼为检验等配套用房，二楼为办公及培训等配套用房，购置办公仪器设备 41 台（套）。

宝林镇农业技术推广站　选址宝林镇南村街 6 号，恢复重建办公及配套用房 247. 17 平方米。四川同轩建筑设计有限公司设计。购置办公仪器设备 46 台（套）。2009 年 8 月开工，11 月底竣工。总投资 65 万元。

乐兴镇农业技术推广站　选址乐兴镇先锋路西段 35 号，土建工程为恢复重建办公及配套用房 253. 2 平方米。四川同轩建筑设计有限公司设计。购置办公仪器设备 40 台（套）。2009 年 1 月开工，2009 年 9 月底竣工。总投资 61. 5 万元。

沸水镇农业技术推广站　选址沸水镇迎宾路 6 号。恢复重建办公及配套用房 256. 2 平方米，购置办公仪器等设备 42 台（套）。四川同轩建筑设计有限公司设计。2009 年 1 月开工，11 月底竣工。总投资 63 万元。

迎新乡农业技术推广站　选址迎新乡月峰村 4 组，恢复重建办公及配套用房 255. 6 平方米。四川同轩建筑设计有限公司设计。购置办公仪器设备 14 台（套）。建设期限为 1 年，即 2009 年 1 月—12 月。资金来源为国家投资 65 万元。

河清镇农业技术推广站　选址河清镇外北街中段，土建工程为恢复重建办公及配套用房 255. 5 平方米。四川同轩建筑设计有限公司设计。购置办公仪器设备 36 台。2009 年开工建设，2010 年 4 月完工，8 月验收并交付使用。总投资 70. 5 万元。

永河镇农业技术推广站　选址永河镇黄塔村 4 组，土建办公及配套用房 818. 52 平方米。四川同轩建筑设计有限公司设计。2009 年 12 月动工，2010 年 6 月竣工，10 月完成验收并交付使用。总投资 65 万元。

晓坝镇农业技术推广站　选址晓坝新场镇，恢复重建办公及配套用房 350 平方米。四川同轩建筑设计有限公司设计。2009 年 12 月开工，2010 年 6 月竣工，12 月验收并交付使用。总投资 65 万元。

兴仁乡农业技术推广站　选址兴仁乡五郎村五组。恢复重建办公及配套用房 254. 45 平方米。四川同轩建筑设计有限公司设计。购置办公仪器设备 19 台（套）。2009 年 12 月开工，2010 年 6 月底竣工。总投资 65 万元。

秀水镇农业技术推广站　选址秀水镇桥楼村 4 组，恢复重建办公及配套用房 250 平方米。购置办公仪器设备 31 台（套）。四川同轩建筑设计有限公司设计。2009 年 10 月完成项目规划、选址、设计和立项，11 月，完成项目土建工程和仪器设备招投标。2010 年 2 月，完成项目土建工程建设和办公仪器设备购置，3 月，完成项目验收、资料整理归档和交付使用。总投资 65 万元。

黄土镇农业技术推广站　选址黄土镇石鸭村二组，恢复重建办公及业务用房334.9平方米，四川同轩建筑设计有限公司设计。该工程与农业有害生物预警与控制区域站土建工程中观测场用房合署建设，2009年9月，完成招标，10月，开工建设。2010年12月，完成竣工验收并交付使用。购置办公仪器设备40台（套）。总投资86.87万元。

塔水镇农业技术推广站　选址塔水镇德福新街，征用土地684平方米，土建工程占地面积130平方米，恢复重建办公及配套用房250平方米。四川同轩建筑设计有限公司设计。购置办公仪器设备32台（套）。2009年9月底完成项目规划、选址、设计和立项，2009年11月底，完成项目土建工程和仪器设备招投标。2010年6月，完成项目土建工程建设和办公仪器设备购置，9月，完成项目验收、资料整理归档和交付使用。总投资65万元。

睢水镇农业技术推广站　选址睢水镇红石村一组，恢复重建办公及配套用房250平方米。四川同轩建筑设计有限公司设计。购置办公仪器设备47台（套）。2009年10月底完成项目规划、选址、设计和立项，12月，完成项目土建工程和仪器设备招投标。2010年2月，完成项目土建工程建设和办公仪器设备购置，12月，完成项目验收、资料整理归档和交付使用。总投资65万元。

花荄镇农业技术推广站　选址花荄镇罗林村5组，项目投资65万元，其中土建工程投资51.3万元。恢复重建办公及配套用房300平方米，四川同轩建筑设计有限公司设计。2009年8月，完成项目立项及相关手续，12月，完成施工图设计和工程招标。2010年8月，完成项目土建工程建设和办公仪器设备购置，12月，完成项目验收、资料整理归档和交付使用。

茶坪乡农业技术推广站　选址茶坪乡川心村6组。恢复重建办公及配套用房300平方米，四川同轩建筑设计有限公司设计。2009年9月底，完成项目规划、选址、设计和立项，2010年2月，完成项目土建工程和仪器设备招投标。2010年7月，完成项目土建工程建设和办公仪器设备购置，11月，完成项目验收、资料整理归档和交付使用。总投资100万元。

界牌镇农业技术推广站　选址界牌镇石安村10组，恢复重建办公及配套用房250平方米。2009年10月，完成项目立项及相关手续。四川同轩建筑设计有限公司设计。2009年12月，完成施工图设计和工程招标。由绵阳市华明实业有限公司承建。2010年3月，完成项目土建工程建设和办公仪器设备购置，2010年3月完成项目验收、资料整理归档和交付使用。总投资65万元。

清泉镇农业技术推广站　选址清泉镇玉泉路，恢复重建办公及配套用房259平方米，四川同轩建筑设计有限公司设计。2009年9月开工建设，2010年4月完工。2010年9月，完成项目验收并交付使用。购置办公仪器设备50台（套）。总投资65万元。

高川乡农业技术推广站　选址高川乡二郎村七组，恢复重建办公及配套用房约380平方米。四川同轩建筑设计有限公司设计。绵阳市浩龙天星建筑工程有限公司施工，绵阳市富达建设监理公司监理。2010年3月开工，2011年6月底竣工。投资总额100万元。

县农业技术推广中心　选址花荄镇白鹤路。恢复重建安县农业技术推广中心及办公用房1539.12平方米。四川同轩建筑设计有限公司设计。四川富兴国荣建设工程有限公司承建，2009年7月开始动工修建。2010年6月底前完成土建工程建设和办公仪器设备购置，9月底完成项目验收和交付使用。投资总额555万元。

县农机监理站、农机推广站、农机校、农机库棚　安县农机服务体系业务办公用房恢复重建规划10754平方米，总投资1304万元。经2009年第一批中央汶川地震灾后恢复重建基金建设计划调整，农机局恢复重建农机监理站、农机推广站、农机化技术学校、农机库棚建设规模为2100平方米，总投资为540万元。该项目2009年8月5日经安县发展改革和经济商务局以安发改经贸〔2009〕567号文件立项，项目名称分别为：安县农机监理站、农机推广站、农机校、农机库棚灾后重建建设项目。项目业主：安县农机局。建设地址：安县花荄镇柏杨村5组，建设性质：重建。建设主要内容及规模：总建设规模2100平方米。总投资540万元。资金来源：中央灾后重建基金和自筹。建设工期：1年。该项目2010年6月底动工，2011年6月底完工，2011年7月验收合格。

县机电提灌站　《汶川地震灾后恢复重建生产力布局和产业调整专项规划》要求，2008年8月，制定《安县农机灾后恢复重建规划》，在全省规划中期调整审定后，安县农机灾后恢复重建规划子项目机电提灌修复重建项目个体为：2009年第一批灾后重建基金3000万元，并以安发改〔2009〕563号文件正式立项实施。首批农机提灌灾后重建基金中安排3000万元，涉及18个乡镇279个站，机电提灌站重建以县农机局为业主，由于全县涉及18个乡镇，点多面广，土建部分分三个标段公开招标。第一标段涉及花荄镇、黄土镇、界牌镇、乐兴镇、晓坝镇、茶坪乡、兴仁乡共计96处，由四川华炜建筑有限责任公司以263.95万元中标；第二标段涉及塔水镇、清泉镇、永河镇、河清镇、宝林镇共计96处，由广安宏大建筑有限责任公司以254.29万元中标；第三标段涉及秀水镇、桑枣镇、迎新乡、睢水镇、沸水镇、高川乡共计87处，由四川人民渠绵阳建设公司以251.26万元中标。设备分成四个标段，通过公开招标方式进行设备采购，中标单位负责设备供应及安装。一、二、三标段由三台县力达泵业有限公司分别以487.92万元、326.3万元、389.25万元中标，四标段由四川剑门泵业有限公司以410.08万元中标，另外二个节水灌溉工程由四川浩杨商贸农机有限公司以25.26万元中标，监理单位由局按四川省人民政府签发的〔2008〕21号文件按收费标准减免50%以上比选产生，由绵阳市禹兴监理公司承担，2010年2月开工，2010年12月全部完工并通过验收合格。

农村机耕道修复重建项目　规划总投资16572万元，其中中央基金5000万元。对全县18个乡镇258.6公里乡村机耕道，全部按照高质量、高标准水泥路或泥级碎石路进行恢复重建。由于乡村机耕道恢复重建主要由农民自筹资金所以项目业主为各项目所在地各乡镇人民政府。按照安府办发〔2009〕299号文件规定恢复农村机耕道路重建项目由农机局按相关规定统一规划、勘测、设计、监督和技术指导，项目的勘测、设计，县农机局负责项目实施过程中进行指导、监督，项目验收和补助资金拨付。安县农机局会同财政制定实施方案，项目相关乡镇人民政府负责项目建设过程中的土地调整、青苗赔偿，并做好安全、信访稳定等相关工作。所涉村委会作为业主单位，道路建设资金由村委会组织村民通过一事一议的方式筹集但不得强行集资，项目招标并成立“质量监督小组”和“财经管理小组”。资金管理实行县级部门报账制，根据工程进展拨付资金，在农机局审核报账。机耕道恢复重建资金农机局采取以奖代补。补助标准：每公里硬化路面补助20万元，山区每公里补助30万元，山区修建泥结石路面每公里补助20万元。项目验收：项目完工后，由乡镇人民政府向县政府提出申请，由县交通局和县农机局牵头会同县纪委（监察局）、县发改局、县财政局、县审计局组成联合验收组进行验收并出具验收报告。资金拨付：根据各村道路灾后重建完成时间和验收报告，由县财政按照政策兑现补助资金，资料审验合格后，按规定报审计部门对项目工程进行审计，通过项目审计后以奖代补资金拨付额度不超过95%。其余资金在工程验收一年后拨付。项目2010年1月动工，2011年8月全部完工并通过验收合格。

乡镇农机服务站灾后恢复重建　规划7200平方米，总投资1540万元，其中：秀水农机服务站重建760平方米，投资164万元；塔水农机服务站重建620平方米，投资132万元；花荄农机服务站重建600平方米，投资140万元；安昌（现桑枣）农机服务站重建720平方米，投资144万元。后经国家调整为安县派驻乡镇农机服务站灾后恢复重建项目规划重建1200平方米，总投资148万元，其中：花荄、秀水、桑枣、塔水四个片区农机服务站每个站重建业务办公用房300平方米，每个站投资37万元。该项目2009年9月16日经县发展改革和经济商务局以安发改经贸〔2009〕688号文件立项，项目名称分别为：桑枣农机服务站办公业务用房建设项目，花镇农机服务站办公业务用房建设项目，秀水农机服务站办公业务用房建设项目，塔水农机服务站办公业务用房建设项目。项目业主：县农业机械管理局。建设地址分别为：桑枣镇枣园上街上段3号，花荄镇罗胜街14号，秀水镇黄土街，塔水镇白庵村2组。建设性质：重建。建设主要内容及规模：每个站建筑面积300平方米。总投资：每个站42万元。资金来源：中央灾后重建基金和自筹。建设工期：10个月。该项目2010年4月底动工，2010年12月底完工，2011年8月验收合格。

第三节　畜牧良种繁育体系

一、畜牧业重建概况

计划建设内容及投资　管理机构与服务体系建设14058万元，良繁体系建设16806万元，畜牧业结构调整及商品生产体系建设131363万元；动物防疫体系建设4786万元，畜产品安全监测体系建设1676万元，草地恢复建设2474万元；畜产品加工及流通体系建设10793万元，饲料工业体系建设10793万元。共计19.27亿元。

重点项目　畜牧兽医行政管理公共服务设施建设项目，包括县畜牧兽医局办公及设施设备、县动物卫生执法机构办公及设备、县动物疾控中心、县畜产品安全检测中心、县畜牧兽医局办公及设施设备、县动物卫生执法机构办公及设备、县动物疾控中心、县畜产品安全检测中心、畜牧兽医技术服务中心、乡镇畜牧兽医站办公及设施设备建设项目。畜牧业生产能力恢复建设项目，包括畜禽良种繁体系建设原种猪场2个、二级扩繁场10个、二杂母猪专业场5个、基层品种改良站20个。

2008年12月12日，省畜牧食品局下达县畜牧业灾后重建项目批复：同意安县纳入《四川省畜牧业纳入汶川地震灾后恢复重建农村建设专项规划的恢复重建任务表》。

表62　**安县畜牧业恢复重建项目表**

项目	畜禽圈舍		畜禽良种					畜牧兽医站		
	重建	投资	种猪场	种羊场	种禽场	种兔场	投资	县级	乡级	投资
单位	万平方米	万元	个	个	个	个	万元	个	个	万元
数量	221.18	88472	4	1	1	1	2816	1	20	1740

2009年4月8日，县畜牧兽医局根据四川省发改委对汶川地震灾后恢复重建任务进行细化，细化内容为项目名称、项目个数、建设规模及主要建设内容、估算总投资和年度投资计划。11月2日，县畜牧兽医局根据四川省发改委文件（川发改投资〔2009〕1225号）精神，对地震灾后恢复重建年度计划进行中期调整，抓紧组织实施。

全县灾后恢复重建畜牧项目年度计划表

表63　单位：万元、个

项目名称	项目	建设规模及主要建设内容	估算总投资	2008—2009年		2010年		2011年	
				投资	完工	投资	完工	投资	完工
合　计	19	—	192750	94994	2	68787	8	28969	9
畜牧兽医管理机构与服务体系	4	在县畜牧医局和20个乡填畜牧兽医站建设。县、乡级办公用房建设38427平方米，县畜牧兽医服务中心建设5700平方米、县专合组织建设13000平方米及设备设施。	14058	5990	2	5950	1	2118	1
畜禽良繁体系	2	在20个乡填建设。种畜禽场27个办公用房54920平方米、引种64700头（只）及设备设施；改良站20个办公用房10306平方米、引种206头及设备设施。	16806	8400	0	5886	1	2520	1

续表

项目名称	项目	建设规模及主要建设内容	估算总投资	2008—2009 年		2010 年		2011 年	
				投资	完工	投资	完工	投资	完工
畜牧业结构调整及商品生产体系	4	在20个乡填建设。县标准化小区及规模养殖场恢复重建及发展178个小区及规模养殖场圈舍改造694060平方米；县农村散养户恢复重建及发展农村散养户改造圈舍200万平方米；畜禽补栏建设200万头（只）。	131364	65682	0	45982	2	19700	2
动物防疫体系	3	在县畜牧兽医局和乡填畜牧兽医站建设。县、乡级动物卫生执法机构建设办公用房3500平方米及设备设施；县级动物疾控中心建设办公用房3025平方米及设备设施。	4786	2393	0	1675	2	718	1
畜产品安全检测中心	1	在县畜牧兽医局建设。畜产品安全检测中心建设办公用房1200平方米及设备设施。	1676	500	0	870	0	306	1
草地恢复	1	在山、丘区乡填建设，治理草山草坡4.5万亩，种牧草8万亩。	2474	1237	0	866	0	371	1
畜产品加工及流通体系	2	在县畜产品加工及流通重点乡镇建设。县畜产品加工企业恢复重建与发展5个企业基建6666平方米及设备设施；县饲料、兽药和畜禽专业交易市场恢复重建与发展饲料、兽药、畜禽专业交易市场3个基建5420平方米及设备设施。	10793	5396	0	3779	1	1618	1
畜禽饲料工业体系	2	在秀水镇、睢水镇、黄土镇、花荄镇、界牌镇和塔水镇建设。县饲料工业园建设1个和企业基础建设16个、20425平方米及设备设施。	10793	5396	0	3779	1	1618	1

全县灾后恢复重建畜牧项目规划中期调整实施计划

表 64　　　　单位：万元

项目名称	重建内容	估算总投资
良种场	重建房屋414平方米，修缮房屋11585平方米，修建道路1公里，购买仪器设备186台（套）。	1255
农业生产设施项目	修复受损农田、修复重建畜禽圈舍、鱼塘、机电提灌站、机耕道、良种繁育体系、农业技术推广体系等。	148796

二、畜牧兽医行政管理公共服务体系设施建设项目

2008年6月12日，组织编制《畜牧业“5·12”特大地震灾后重建规划方案》。《方案》确立的主要重建项目有6个，即：畜牧兽医局办公及设施设备建设项目、县动物卫生执法机构办公及设备建设项目、县动物疾控中心建设项目、县畜产品安全检测中心建设项目、畜牧兽医技术服务中心建设项目、乡镇畜牧兽医站办公及设施设备建设项目。建设单位为县畜牧兽医局，建设地点为县畜牧兽医局机关及全县20个乡镇，建设年限为2008—2017年。建设规模为维修加固局机关现有办公楼1470平方米，县级畜牧兽医行政执法体系建房3600平方米，技术支撑体系建房5000平方米；乡镇畜牧兽医站维修加固业务办公用房8100平方米，重建31830平方米。

安县畜牧兽医局2009年1月19日至3月19日编制《乡镇畜牧兽医服务体系恢复重建项目进行可行性研究报告》，在花荄镇、塔水镇、黄土镇、桑枣镇、秀水镇、晓坝镇、宝林镇、清泉镇、兴仁乡、乐兴镇、界牌镇、永河镇、河清镇、迎新乡、睢水镇、沸水镇、高川乡、茶坪乡等18个乡镇实施畜牧兽医

站畜牧兽医服务体系建设，项目计划申请中央下达汶川地震灾后恢复重建专项资金投资1300万元。主要建设内容为：11个单位新征土地6719平方米；13个单位土建4950平方米；3个单位直接购买现房1550平方米；2个单位由乡镇政府统建200平方米。建设期限为一年，即2009年1月至12月。2009年4月17日，县畜牧兽医局重建18个乡镇畜牧兽医服务体系取得县发展改革和经济商务局立项批复。

2009年4月28日，县规划和建设局颁发建设项目选址意见书。2009年5月10日，县国土资源局对黄土镇等10个乡镇畜牧兽医服务体系恢复重建项目用地提出预审意见，同意灾后重建塔水镇、花荄镇、黄土镇、清泉镇、永河镇、宝林镇、兴仁乡7个兽医站。5月25日，县规划和建设局审核、颁发建设用地规划许可证。2009年6月1日，绵阳恒博岩土工程勘察设计有限公司经现场工程勘察合格，出具黄土畜牧兽医岩土工程勘察报告。9月7日，县水务局出具黄土、界牌等11个乡镇畜牧兽医服体系恢复重建项目水土保持方案报告表批复。

2009年9月27日，县畜牧兽医局向县发展改革和经济商务局提出关于黄土镇等10个乡镇畜牧兽医服务体系恢复重建项目招标核准的申请，要求县发展改革和经济商务局对黄土镇等10个乡镇畜牧兽医服务体系恢复重建项目工程予以核准，采取自行组织比选的方式确定施工单位。建筑面积和投资分别为：黄土镇500.83平方米、71.61万元，晓坝镇363平方米、59.47万元，乐兴镇350平方米、64.74万元，塔水镇500.83平方米、70.89万元，永河镇360平方米、58.91万元，迎新乡358.10平方米、51.25万元，清泉镇350平方米、59.93万元，宝林镇342.5平方米、56.99万元，兴仁乡360.67平方米、62.24万元，秀水镇478.15平方米、70.04万元。9月28日，在网上发出黄土镇等10个乡镇畜牧兽医服务体系恢复重建比选文件，同时绵阳富达建设监理有限责任公司与县畜牧兽医局签订四川省建设工程委托监理合同。11月23日，经评比，黄土镇等10个乡镇畜牧兽医服务体系恢复重建项目四川华贯建筑有限公司中标，11月23日与县畜牧兽医局签订书面合同。

三、畜牧业生产能力恢复建设项目

2008年6月12日，组织编制《畜牧业“5·12”特大地震灾后重建规划方案》。方案确定，主要建设内容为重建畜禽养殖圈舍200万平方米，种畜禽场64个，规模养殖场180个，饲料加工厂房3万平方米，优质饲草生产基地1万亩，畜产品加工厂房4000平方米；畜禽养殖补栏200.9万头（只）；重置仪器和设备设施。10月31日，县畜牧兽医局与县发展改革和经济商务局依据灾后恢复重建规划，建立县畜牧业地震灾后恢复重建项目库，编报灾后恢复重建年度计划，并编制农村畜禽圈舍灾后恢复重建项目表。

2009年4月13日，畜禽良种繁育体系建设各建设场进行简介。4月14日，畜牧兽医局向县人民政府提出关于将农村畜禽圈舍重建和良种繁育体系建设纳入当年重建计划并尽快实施的请示，获县政府的同意批示。4月15日公示：畜禽良种繁育体系建设项目种猪场建设单位为绵阳金泉养殖有限责任公司、绵阳市金星牧业有限责任公司、畜丰养殖有限公司、玉祥商贸有限公司，种羊场建设单位为万春养殖场、种禽场建设单位为绵樱鸭业有限公司，种兔场建设单位为鸿源养殖场。5月21日，项目取得发展改革和经济商务局立项批复。

绵阳金泉养殖有限责任公司种猪场　建设地点清泉镇金泉村，建设内容及规模为建种猪场圈舍6304平方米，引种283头，设备设施482台（套）。总投资735万元，资金概算及来源为中央下达汶川地震灾后畜禽良种繁育体系建设（农村建设）专项资金700万元、业主自筹35万元。2009年12月完工。

绵阳市金星牧业有限责任公司种猪场　建设地点塔水镇幸福村，建设内容及规模为建种猪场圈舍4600平方米，引种144头，设备设施300台（套）。总投资315万元，资金概算及来源为中央下达汶川地震灾后畜禽良种繁育体系建设（农村建设）专项资金300万元、业主自筹15万元。2009年12月完工。

畜丰养殖有限公司种猪场　建设地点花荄镇前进村，建设内容及规模为建种猪场圈舍5100平方米，引种260头，设备设施401台（套）。总投资630万元，资金概算及来源为中央下达汶川地震灾后畜禽良种繁育体系建设（农村建设）专项资金600万元、业主自筹30万元。2009年12月完工。

玉祥商贸有限公司种猪场　建设地点睢水镇金华村，建设内容及规模为建种猪场圈舍4212平方米，引种170头，设备设施372台（套）。总投资412万元，资金概算及来源为中央下达汶川地震灾后畜禽良种繁育体系建设（农村建设）专项资金400万元、业主自筹12万元。2009年12月完工。

万春种羊养殖场　建设地点界牌镇金凤村，建设内容及规模为建种羊场圈舍3535平方米，引种260只，设备设施150台（套）。总投资210万元，资金概算及来源为中央下达汶川地震灾后畜禽良种繁育体系建设（农村建设）专项资金200万元、业主自筹10万元。2009年12月完工。

绵樱鸭业有限公司种鸭场　建设地点界牌镇金凤村，建设内容及规模为建种鸭场圈舍6700平方米，引种50组，设备设施14台（套）；总投资538.4万元；资金概算及来源为中央下达汶川地震灾后畜禽良种繁育体系建设（农村建设）专项资金500万元，业主自筹38.4万元；2009年12月完工。

鸿源种兔养殖场　建设地点界牌镇金凤村，建设内容及规模为建种兔场圈舍2666平方米，引种250只，设备设施83台（套）。总投资189万元，资金概算及来源为中央下达汶川地震灾后畜禽良种繁育体系建设（农村建设）专项资金180万元、业主自筹9万元。2009年12月完工。

表65　**安县灾后畜禽良种繁育体系建设项目建设内容及投资估算表**

序号	建设内容	建筑形式	规模（数量）	单位	投资估算（万元）
一	土建	—	31565.8	平方米	1605.92
1	清泉镇金泉村灾后重建种猪场	砖混结构	6304	平方米	377.12
2	塔水镇幸福村灾后重建种猪场	砖混结构	3048.8	平方米	181.85
3	睢水镇金华村灾后重建种猪场	砖混结构	4212	平方米	251.02
4	花荄镇前进村灾后重建种猪场	砖混结构	5100	平方米	303.16
5	界牌镇金凤村灾后重建种鸭场	砖混结构	6700	平方米	162
6	界牌镇金凤村灾后重建种羊场	砖混结构	3535	平方米	168.66
7	花荄镇先林村灾后重建种兔场	砖混结构	2666	平方米	162.11
二	设备设施	—	1802	台（套）	577.83
1	清泉镇金泉村灾后重建种猪场	—	482	台（套）	181.38
2	塔水镇幸福村灾后重建种猪场	—	300	台（套）	48.15
3	睢水镇金华村灾后重建种猪场	—	372	台（套）	62.98
4	花荄镇前进村灾后重建种猪场	—	401	台（套）	166.84
5	界牌镇金凤村灾后重建种鸭场	—	14	台（套）	88.4
6	界牌镇金凤村灾后重建种羊场	—	150	台（套）	20.94
7	花荄镇先林村灾后重建种兔场	—	83	台（套）	9.14
三	引种	—	1417	头/只/组	722.65
1	清泉镇金泉村灾后重建种猪场	—	283	头	141.5
2	塔水镇幸福村灾后重建种猪场	—	144	头	72
3	睢水镇金华村灾后重建种猪场	—	170	头	85
4	花荄镇前进村灾后重建种猪场	—	260	头	130
5	界牌镇金凤村灾后重建种鸭场	—	50	组	275
6	界牌镇金凤村灾后重建种羊场	—	260	只	10.4
7	花荄镇先林村灾后重建种兔场	—	250	只	8.75

农村畜禽圈舍灾后恢复重建　项目建设地点是18个乡镇规模养殖、养猪专业合作社和实施国际小母牛项目的农村畜禽养殖户。建设性质为维修与新建。项目建设规模及目标为18个乡镇农村畜禽圈舍灾后恢复重建，为全县经济发展提供强劲的产业支撑，切实促进农民增收，推进县域经济水平的大力提升。主要建设内容：农村畜禽圈舍灾后恢复重建105.57万平方米。

灾后良种繁育体系建设　项目建设地点：清泉镇金泉村、塔水镇幸福村、雎水镇金华村、花荄镇前进村、先林村和界牌镇金凤村。建设性质为新建。项目建设规模为5个乡镇新建生猪原种场4个，种禽场1个，种兔场1个和种羊场1个。畜禽杂交改良面积达到85%—90%，提高畜禽产品质量，增强市场竞争力，切实促进农民增收，推进县域经济水平的大力提升。主要建设内容：新建4个生猪原种场20216平方米，引种857头，设备设施1555台（套）；新建种禽场6700平方米，引种50组，设备设施14台（套）；新建种兔场2666平方米，引种250头，设备设施83台（套）；新建种羊场3535平方米，引种260头，设备设施150台（套）。项目总投资3029.4万元，资金来源为中央下达汶川地震灾后圈舍恢复重建（农村建设）专项资金2880万元，业主自筹149.4万元。建设期限为2009年6月至12月。

2009年8月15日，四川农业大学动物科技学院和动物医学专家组对清泉金泉养殖场、花荄畜丰养殖场、雎水玉祥养殖场等7个地震灾后重建种畜（禽）场所选场址进行现场考察调研，根据自然条件和社会环境条件，专家组一致认为场址选择合理。

2010年4月7日，发展改革和经济商务局对《农村畜禽圈舍灾后恢复重建补助项目》批复立项，项目名称为农村畜禽圈舍灾后恢复重建补助项目。建设地点为18个乡镇，建设内容为农村畜禽圈舍灾后恢复重建221.18万平方米，总投资5.54亿元的资金使用，资金来源为其他资金。

2009年5月10日，编制《四川省农村畜禽圈舍灾后恢复建设项目可行性研究报告》。项目的建设地点、规模、期限及建设内容为18个乡镇农村畜禽圈舍灾后恢复重建221.18万平方米，其中，规模养殖农村畜禽圈舍灾后恢复重建1392户，圈舍损毁51.97万平方米，农村畜禽圈舍灾后恢复重建57.08万平方米。养猪专业合作社农村畜禽圈舍灾后恢复重建4600户。圈舍损毁36.04万平方米；农村畜禽圈舍灾后恢复重建40.4万平方米。实施国际小母牛项目农村畜禽圈舍灾后恢复重建734户。圈舍损毁3.08万平方米，农村畜禽圈舍灾后恢复重建3.08万平方米。标准化规模养殖场、小区和示范园区畜禽圈舍灾后新建5万平方米。

6月15日，编制《畜禽良种繁育体系建设项目可行性研究报告》，在清泉镇金泉村、塔水镇幸福村、雎水镇金华村、花荄镇前进村建4个原种猪场，存栏基础母猪804头，年生产纯种猪5568头。在花荄镇先林村，界牌镇金凤村建1个种兔场，存栏基础母兔250只，年生产纯种兔3840只。1个种禽场，存栏祖代樱桃谷鸭50组，年生产樱桃谷鸭种鸭3.86万只。1个种羊场，存栏基础母羊250只，年生产纯种羊68只。建设期限为2009年6至12月。项目总投资3029.4万元，其中建设单位自筹资金149.4万元，申请中央灾后重建资金2880万元。6月20日，编制《畜禽良种繁育体系建设项目实施方案》，项目建设内容为：新建4个生猪原种场20216平方米，引种857头，设备设施1555台（套）；新建种禽场6700平方米，引种50组，设备设施14台（套）；新建种兔场2666平方米，引种250只，设备设施83台（套）；新建种羊场3535平方米，引种260只，设备设施150台（套）。其中金泉养殖有限公司原种猪场土建6304平方米，引种283头，设备设施482台（套）。金星牧业有限公司原种猪场土建4600平方米，引种144头，设备设施300台（套）。玉祥商贸有限公司原种猪场土建4212平方米，引种170头，设备设施372台（套）。畜丰养殖有限公司原种猪场土建5100平方米，引种260头，设备设施401台（套）。绵樱鸭业有限公司祖代鸭场土建6700平方米，设备设施14台（套），引种50组。万春养殖场种羊场土建3535平方米，设备设施150台（套），引种纯种母羊250只，纯种公羊10只；鸿源养殖场种兔场土建2666平方米，生产区1806平方米，隔离区300平方米，设备设施：83台（套）。其中：种兔笼21组，仔兔笼21组，育成兔笼21组，其他20台（套），引种250头。项目建设期7个月，2009年6月进行项目建设申报，2009年7月进行项目建设立项、规划和设计。2009年8月为项目招标阶段；2009年9至12月按项目设计及规模进行建设，并完成整个项目建设；2009年12月底，准备建设档案，总结材料，迎接检查验收。

2009 年 7 月 10 日，编制《四川省农村畜禽圈舍灾后恢复建设项目实施方案》。目标和任务是农村畜禽圈舍灾后恢复与重建 221. 18 万平方米，项目建设内容是规模养殖农村畜禽圈舍灾后恢复重建 1392 户。项目建设期 9 个月，即 2009 年 1 至 9 月。资金来源是中央灾后重建资金（农村建设）4000 万元。项目资金的使用、管理、审计均按照国家有关财务管理办法严格执行。项目建设资金实行专户储存、统一管理、专款专用、单独建账、独立核算，实行报账制。严格监督和检查资金使用的情况。

2009 年 4 月 23 日，畜牧兽医局给各乡镇畜牧兽医站发出《关于开展畜牧产业灾后重建（畜禽圈舍恢复重建）情况调查的通知》。调查全县 18 个乡镇的畜禽养殖户、养殖场和公司、小区。4 月 23 日开始，29 日结束。

2009 年 5 月 30 日，畜牧兽医局发出《关于开展养猪专业合作社圈舍恢复重建情况报送的通知》，全县 18 个乡镇的养猪专业合作社在 2009 年 6 月报送养猪专业合作社统计表。

2009 年 7 月 6 日下午，在畜牧兽医局二楼会议室举行畜禽良种繁育体系建设项目招标设计机构比选活动。深圳南油工程设计有限公司成都分公司为成交单位，7 月 10 日与畜牧兽医局签订书面合同。

2009 年 7 月 10 日，编制《四川省农村畜禽圈舍灾后恢复建设项目设计方案》，主要是实施规模养殖农村畜禽圈舍灾后恢复重建、养殖专业合作社、实施小母牛项目和标准化规模养殖场、小区和示范园区畜禽圈舍灾后新建。8 月 10 日，城乡建设勘测规划队与畜牧兽医局签订畜禽良种繁育体系建设项目规划合同，承担畜禽良种繁育体系建设项目地形图测绘工作。9 月 9 日，县人民政府办公室印发《农村畜禽圈舍灾后恢复重建补助项目实施方案》的通知。9 月 21 日通过比选，确定四川勤德建设工程造价咨询有限公司为项目招标代理机构。9 月 30 日，人民政府财评中心对畜禽良种繁育体系建设项目进行预算评审，并出具报告。

安县灾后良种繁育体系建设体系财政投资项目预算评审总价核对表

表 66　　　　单位：元

核对项目及工程名称	报审金额	审核金额	增减	比率（%）
鸿源养殖场	1621137. 55	1456784. 36	-164353. 19	-10. 14
四川绵樱鸭业有限公司	1760975. 33	1575601. 82	-185373. 51	-10. 53
绵樱畜丰养殖有限公司	3028912. 71	2978555. 7	-50357. 01	-1. 66
金泉养殖有限公司	3671377. 47	3535656. 85	-135720. 62	-3. 7
绵阳金星牧业有限公司	1799677. 35	1784719. 81	-14957. 54	-0. 83
万春养殖场	1749578. 85	1605056. 08	-144522. 77	-8. 26
玉祥商贸公司种猪场	2456982. 71	2453743. 61	-3239. 1	-0. 13
合　计	16088641. 97	15390118. 23	-698523. 74	-4. 34

2009 年 10 月 10 日，畜牧兽医局灾后重建种猪场场地岩土工程由有乙级资质的绵阳恒博岩土工程勘察设计有限公司勘察，并出具土样试验报告和勘探点平面位置图及工程地质剖面图报告。10 月 18 日，四川省兴恒信项目管理咨询有限公司绵阳分公司与畜牧兽医局签订畜禽良种繁育体系建设项目审图合同书。10 月 23 日，县畜牧兽医局与绵阳富达建设监理有限责任公司签订畜禽良种繁育体系建设项目监理合同，负责合同专用条件中议定范围内的监理业务。10 月 25 日，在四川省建设网发布灾后畜禽良种繁育体系建设项目土建施工招标文件，经评标，四川鸿宇实业集团有限公司中 A 标段（四川省金泉养殖有限公司种猪场和四川省金星牧业有限公司种猪场），中标价为 428. 35 万元。河南华盛建设集团有限公司中 B 标段（四川省玉祥商贸有限公司种猪场），中标价为 229. 88 万元。四川绵阳朝阳园林建筑有限公司 C 标段（四川省畜丰养殖有限公司种猪场、四川省鸿源养殖种兔场、四川省万春养殖种羊场和绵阳绵樱鸭业有限公司种禽场），中标价为 649. 25 万元。2009 年 11 月 30 日与畜牧兽医局签订施工承包合同。2010 年 1 月 18 日，畜牧兽医局委托四川勤德建设工程造价咨询有限责任公司对畜禽良种繁育体系设备

设施采购项目组织采购，分A包（清泉养殖有限公司种猪场、金星牧业有限公司种猪场、玉祥商贸有限公司种猪场、畜丰养殖有限公司种猪场）和B包（鸿源养殖场种兔场、万春养殖场种羊场、绵樱鸭业有限公司种禽场）。并在四川省政府采购网上公示。

2010年2月5日，在绵阳市临园商务大厦九楼会议室进行竞标谈判，评审委员会确定成都宁氏牧业设备有限公司为A包成交单位，成交价419万元，成都比斯特科技有限公司为B包成交单位，成交价120.85万元。2月23日签订书面采购合同。

2010年5月6日，畜牧兽医局委托四川勤德建设工程造价咨询有限责任公司对畜禽良种繁育体系引种采购项目组织采购，一包（金泉养殖有限公司、畜丰养殖有限公司、玉祥商贸有限公司、金星牧业有限公司种猪场种猪）、二包（鸿源种兔场种兔）、三包（万春养殖场种羊场）。5月14日下午，在四川勤德建筑工程造价咨询有限公司会议室进行竞争性谈判，评审委员会确定重庆隆生农业发展有限责任公司为一包成交单位，成交价97万元，四川铁骑力士牧业科技有限公司为一包成交单位，成交价98.45万元。2010年6月10日签订书面采购合同。二包和三包流标。

四、畜牧业生产能力恢复建设项目建设进度

2009年4月23日，四川省畜牧兽医局设计《乡镇畜牧产业灾后重建（畜禽圈舍恢复重建）情况调查表》。5月30日，设计《乡镇畜牧产业灾后重建（畜禽圈舍恢复重建）情况（养猪合作社）调查表》和《乡镇畜牧产业灾后重建（畜禽圈舍恢复重建）情况（小母牛）统计表》。各乡镇开展调查，6月20日，四川省畜牧兽医局统计完成18个乡镇规模养殖农村畜禽圈舍灾后恢复重建项目汇总表。9月10日，县财政局和畜牧兽医局联合给各乡镇人民政府发出《关于农村畜离圈舍灾后恢复重建项目资金拨款的通知》。10月27日，县畜牧兽医局《关于农村畜离圈舍灾后恢复重建补助项目实施方案的补充通知》，要求各乡镇人民政府、县级相关部门认真做好畜禽圈舍灾后恢复重建补助项目工作。12月8日，县畜牧兽医局对各乡镇报的情况进行调查。2010年4月1日，县畜牧兽医局对调查结果进行确认，公示无异议后，4月17日，县畜牧兽医局组织有关单位对2009年新建畜禽养殖场（圈舍）进行验收，验收合格后支付资金。

安县乡镇规模养殖农村畜禽圈舍灾后恢复重建项目汇总表

表67　　单位：平方米

乡镇	户数	圈舍损毁	农村畜禽圈舍灾后恢复重建		
			小计	圈舍恢复	新建圈舍
清泉镇	90	16858	22353	20008	2345
茶坪乡	70	2270	2270	2270	—
沸水镇	34	8041	9283	6138	3145
宝林镇	85	24000	26021	20336	5685
河清镇	32	15558	19310	17440	1870
永河镇	88	27996	30610	27920	2690
雎水镇	16	5792	9186	6954	2232
乐兴乡	21	12730	13881	13021	860
兴仁乡	128	41127	36467	36467	—
界牌镇	83	56838	72288	58763	13525
秀水镇	106	29110	29220	22090	7130
塔水镇	121	44826	50448	38903	11545

续表

乡镇	户数	圈舍损毁	农村畜禽圈舍灾后恢复重建		
			小计	圈舍恢复	新建圈舍
黄土镇	186	72712	93057	62482	30575
花荄镇	322	155586	143729	128004	15725
高川乡	6	1970	1950	1170	780
桑枣镇	19	25116	13646	6366	7280
迎新乡	16	6060	5706	4216	1490
晓坝镇	31	3120	4724	2934	1790
合　计	1454	549710	584149	475482	108667

表 68　　**安县新建畜禽养殖场（圈舍）统计表（2009 年度）**

序号	养殖场名称	养殖场地址	建设规模（平方米）
1	正安生态养殖场	花荄镇狮子村 10 组	2500
2	勇发绿色生态养殖示范场	黄土镇菩提村 13 组	600—1500
3	清泉进宝养殖场	清泉镇白果村 8 组	600—1500
4	秀水平林养殖场	秀水镇牌坊村 1 组	600—1500
5	秀水建安养殖场	秀水镇石马村 10 组	600—1500
6	桑枣鑫兴养殖场	桑枣镇石佛村 1 组	600—1500
7	宝林乌龙养殖场	宝林镇乌龙村 3 组	600—1500
8	塔水和丰养殖场	塔水镇联盟村 4 组	600—1500
9	茶坪千佛生态养殖场	茶坪镇千佛村 3 组	600　1500
10	永河显龙养殖场	永河镇观庄村 7 组	600—1500
11	雎水苗埔养殖场	雎水镇青云村 15 组	600—1500
12	雎水兴旺养殖场	雎水镇青云村 9 组	600—1500
13	天成养殖场	花荄镇红武村 11 组	2500
14	万和养殖场园	黄土镇喇叭村 6 组	1500—2500
15	长生养殖场	黄土镇长生村 6 组	1500—2500
16	秀水世军肉牛养殖场	秀水镇顺江村 2 组	600—1500
17	界牌农集肉牛养殖场	界牌镇农集村 11 组	600—1500
18	四川好农农业发展有限公司	花荄镇先林村 8 组	1500—2500
19	界牌富安养殖场	界牌镇五显村 8 组	1500—2500
20	花荄长青养殖场	花荄雍峙村 2 组	600—1500
21	高川新桥村特种养殖场	高川新桥村 2 组	600—1500
22	兴仁皓月养殖场	兴仁石庙村 7 组	600—1500
23	秀水蟠龙养殖场	秀水镇蟠龙村 9 组	600—1500
24	塔水联盟肉兔养殖场	塔水镇联盟村 5 组	600—1500

五、项目督查

2009 年 2 月 24 日，县畜牧兽医局下发《关于对灾后重建和扩大内需项目进行交叉检查的通知》，要求进一步推进灾后重建和扩大内需项目的实施，确保工程优质、高效、按进度完成。2 月 25 日至 26 日，分三组对乡镇畜牧兽医服务体系建设、良繁体系建设和农业血防综合治理项目进行交叉检查。11 月 5 日，县畜牧兽医局下发《关于开展畜禽圈舍灾后恢复重建补助项目督促检查的通知》，要求认真做好全县畜禽圈舍灾后恢复重建补助项目工作。11 月 11—12 日，分三组对各乡镇畜禽圈舍灾后恢复重建补助项目进行督促检查。

2010 年 8 月 19 日，县畜牧兽医局写出关于畜牧业灾后恢复重建规划项目进展情况自查报告，报告畜牧业灾后恢复重建规划项目总体进展情况和下一步确保畜牧业灾后恢复重建规划项目按期完成的工作措施。9 月 10 日，对畜牧业灾后恢复重建规划项目工作进展情况、主要工作措施及工作成效等方面情况进行全面总结。

第四节　生态修复

一、生态修复保障措施

加强组织领导，完善体制机制。落实部门责任，各部门按照职责分工，进一步分解目标、明确任务，加强防灾减灾与生态环境修复工作的沟通协调，注重发挥整体综合优势，建立相关部门共同参与的建设和管理协调、联动机制。加强机构建设，优化人才结构，充实科技和管理人员，动员社会民众参与基层工作，不断壮大防灾减灾和生态环境保护工作队伍。完善建设项目决策机制。城镇建设和重大建设工程与防灾减灾和生态环境保护相结合，立足长远考虑防灾减灾和生态环境因素，做到科学规划、科学论证，确保各类工程的安全运行。

坚持依法管理，严格建设标准。加强法治建设。开展深入调查研究，制定符合实际的防灾减灾与生态环境保护地方性法规规章。明确执法责任和程序，加大执法力度，提高执法效率，为各项工作开展提供法律保障。科学确定标准。工程建设项目按照法律法规要求开展地震小区划、地震安全性评价、地质灾害危险性评估、环境影响评价等工作，确定科学合理的设防标准，提高防御自然灾害的能力，消除对生态环境的影响。有效实施监管。依法加强对抗震设防、灾害防治、生态保护与环境治理的管理和执法监督力度，有序推进防灾减灾和生态环境修复工作，有效提高应对各类自然灾害的能力。

多方筹集资金，加大投入力度。推进机制创新。努力实现政府调控与市场机制有机结合、法规约束与政策激励有机结合，以政府投入带动社会投入，以经济政策调动市场资源，以宣传教育引导公众参与，建立政府主导、市场推进、公众参与的防灾减灾和生态环境保护投入机制。加大政府投入。防灾减灾和生态环境保护投入与国民经济和社会发展相协调，加大政府对地震、地质、气象、水利、环保、林业等公益性基础设施和公共服务设施的投入，并按照各级政府间事权与财权划分原则，把年度经费纳入各级财政预算。完善经济政策。综合运用经济、行政和法律手段，建立健全有利于防灾减灾和生态环境修复的价格、税收、信贷、贸易、土地和政府采购等政策体系，充分发挥市场机制作用，吸引社会资金投入，实现投资主体多元化。支持保险业在防治自然灾害和生态环境保护等方面开展试点，鼓励公民和企业参加保险，发挥保险对灾害损失的经济补偿和转移分担功能。

落实考核机制，确保方案实施。各级各部门明确责任，切实履行职责，加大工作力度，逐项落实实施方案提出的重要任务，加快实施重点建设项目。层层分解防灾减灾和生态环境修复目标，建立完善考核制度和奖惩措施，实行层级负责制，形成纵向到底、横向到边、环环相扣的责任体系。加强对实施方案执行情况、重点建设项目进展情况的督促和检查，一旦发现问题，及时督促解决，将建设任务完成情况与领导干部业绩考核结合起来，确保各项工作落到实处。

二、植被恢复

（一）植被恢复概况

投资情况　《林业灾后生态修复实施方案》确定全县生态修复项目13个，到2010年12月共计完成生态环境修复10.3万亩，完成投资31027万元。其中，中央灾后重建17893万元。使用由国家向国外欧洲银行统借统还贷款2200万元，中日绿化交流基金地震灾害森林植被恢复200万元，其余为自筹资金。

林地区划情况　2009年行政区划调整前，有生态环境面积139876.7公顷，其中林业用地71954.96公顷，非林地67921.74公顷。区划调整后，划给北川林地11969.53公顷，非林地9656.07公顷。有林地59985.43公顷，非林地58265.67公顷，合计实有生态面积118251.1公顷。

2009年行政区划调整前后各类林业面积统计表

表69　　单位：公顷

项目名称		2009年行政区划调整前面积	划给北川面积	行政区划调整后面积
林地	乔木林	63157.49	10414.55	52742.94
	竹林	1824.1	241.46	1582.64
	疏林地	278.91	—	278.91
	灌木林地	3424.3	146.49	3277.81
	未成林地	1606.92	96.9	1510.02
	无立木林地	2.4	—	2.4
	宜林地	1660.9	1070.19	590.71
非林地		67921.74	9656.07	58265.67
合　计		139876.76	21625.66	118251.1

森林植被恢复总体情况　全县灾后重建恢复植被计划任务总面积16.82万亩，其中人工造林4.94万亩、人工点撒播2.2万亩、封山育林9.68万亩。

截至2010年底，实际完成183224.1亩（含欧洲投资项目），其中：完成人工造林42297.6亩、人工点撒播22000.5亩、封山育林118926亩。

安县灾后重建森林植被恢复完情况表

表70　　2010年12月30日　单位：亩

乡镇	合计	人工造林	人工点撒播	封山育林
合　计	183224.1	42297.6	22000.5	118926
桑枣镇	22467	1467	18000	3000
晓坝镇	10287.5	3152	1243.5	5892
茶坪乡	26953.5	7680.5	2757	16516
河清镇	50	50	—	—
高川乡	30619	11619	—	19000
睢水镇	26430	2530	—	23900
沸水镇	5795	195	—	5600

续表

乡镇	合计	人工造林	人工点撒播	封山育林
兴仁乡	230	230	—	—
秀水镇	2187	2187	—	—
花荄镇	3021.3	3021.3	—	—
黄土镇	1890.3	1890.3	—	—
乐兴镇	1100	1100	—	—
塔水镇	1200	1200	—	—
清泉镇	1075	1075	—	—
宝林镇	800	800	—	—
保护处	27687.5	1000	—	26687.5
伐木场	12426.5	2100.5	—	10326
森林公园	9004.5	1000	—	8004.5

（二）2009 年度植被恢复项目

2009 年度，县林业局组织各乡镇人民政府带领群众开展植树造林、林地恢复，实现生态修复和环境治理。做好天然林保护、退耕还林、封山育林、人工造林和小流域综合治理，恢复受损植被。在桑枣镇、晓坝镇、河清镇、睢水镇、茶坪乡、高川乡、花荄镇对林地植被恢复实施人工造林 20509 亩，巩固生态成果。按照突出重点、结合实际、规模发展、集约经营、照顾面上的原则，加快项目林地植被恢复步伐。林地植被恢复安排在桑枣镇、晓坝镇、河清镇、睢水镇、茶坪乡、高川乡、花荄镇 7 个乡镇，26 村，1894 个小组。

2009 年度安县植被恢复建设人工造林表

表 71　　单位：亩、元

乡　镇	面积	人工费		种苗费	物料费	不可预见费		其他费用	合计金额
		中央资金	自筹资金	中央资金	中央资金	中央资金	检查验收费		
桑枣镇	893	558845	642135	136194	44650	19724	14559	40963	1457070
晓坝镇	2652	1620149	1866716	294876	132600	60086	39823	117938	4132189
河清镇	50	27917	39374	8280	2500	1236	1041	2434	82782
睢水镇	1530	978744	109427	126253	76500	34260	27090	68331	2405454
茶坪乡	5880	3724901	4255480	586742	294000	132581	163455	335518	9432678
花荄镇	189	115281	131680	21263	9450	4177	3253	8372	293476
高川乡	9315	5926869	6634678	805386	498150	207527	161895	526187	14760692
合　计	20509	12952706	14664340	1978994	1057850	459590	411116	1099743	32564341

项目投资　按照（川财办〔2009〕13 号）文件的规定，人工造林总投资为 3256.43 万元。其中，种苗费 191.9 万元，人工费 2761.7 万元，复合肥 105.8 万元，调查设计费 57.8 万元，咨询造价费 6.13 万元，质量监理费 21.6 万元，不可预见费 46 万元，检查验收费 41.1 万元，标桩标牌费 12.2 万元，参观培训费 12.2 万元。

资金来源　资金来源为灾后恢复重建生态修复中央基金和农民投工投劳投入两部分。总投资 3256.43 万元。其中中央灾后重建资金投入 1790 万元，占 55%。群众投入 1466.43 万元，占 45%。

（三）2010 年度植被恢复项目

2010 年度，林业局组织有关乡镇通过人工造林、人工点撒播、封山育林等方式，实施林草植被恢复面积 106453 亩（占项目区损毁林地总面积的 45.4%）。其中，人工造林 26853 亩，人工点撒播 22000 亩，封山育林 17600 亩，四旁绿化和睢水、高川、茶坪、沸水封山育林 40000 亩。主要由茶坪、晓坝、桑枣、高川、睢水、沸水、秀水、兴仁、黄土、乐兴、花荄、塔水、清泉、宝林等乡镇实施完成。做好天然林保护、退耕还林、封山育林、人工造林和小流域综合治理，恢复受损植被。实施生态修复工程，逐步恢复森林生态系统的水源涵养、水土保持等生态功能。

2010 年安县林草植被恢复面积统计表

表 72　　　　单位：亩、万元

乡镇	合计	人工造林	点撒播	封山育林	封育	四旁植树	
	面积	面积	面积	面积	面积	总投资	中央资金
桑　枣	6300	2300	1000	3000	—	—	—
晓　坝	2000	1000	1000	—	—	—	—
茶　坪	16600	2500	8000	4000	2100	—	—
高　川	31853	4853	8000	4000	15000	—	—
睢　水	28900	1000	4000	6000	17900	—	—
沸　水	6100	500	—	600	5000	—	—
兴　仁	1000	1000	—	—	—	630	12
秀　水	2500	2500	—	—	—	—	—
花　荄	3000	3000	—	—	—	1500	7
黄　土	2200	2200	—	—	—	686	10
乐　兴	1100	1100	—	—	—	—	—
塔　水	1200	1200	—	—	—	200	11
清　泉	1200	1200	—	—	—	300	22
宝　林	800	800	—	—	—	—	—
伐木场	1700	1700	—	—	—	—	—
合　计	106453	26853	22000	17600	40000	3316	62

项目建设总投资 8734 万元（其中中央资金 2647 万元、自筹及其他资金 6087 万元）。按投资项目类型分：人工造林 3870 万元、人工点撒播 843 万元、封山育林 705 万元、四旁植树 3316 万元。

通过项目建设，恢复森林面积 66453 亩，森林覆盖率提高，森林健康水平和质量进一步提高，区域地震次生灾害得到进一步控制，灾区生态环境效益显著改善。

三、水土流失治理

（一）治理背景

地震前，水土流失面积 59639 公顷，侵蚀模数为 5573 吨/平方公里·年，平均侵蚀总量为 332.37 万吨/年。地震使水土保持设施受损严重，全县严重受损坡改梯 53.3 公顷，水保林 3014.6 公顷，经果林 6 公顷，蓄水池 72 口，沉沙凼 199 口，排灌渠 15.4 公里，塘堰 2 口，谷坊 2 座，直接经济损失 1273.48 万元。震后水土流失面积增加至 69514 公顷，比震前增加流失面积 9875 公顷。

震后生态环境脆弱，山体大面积裸露，次生灾害严重，一遇降雨，山体滑坡、崩塌、泥石流等地质灾害造成新的水土流失量大，对灾区的交通运输、灾后重建造成严重威胁。震后原有水土保持设施的水土保持功能大大降低，其蓄水、保土、防洪、排洪能力降低，影响农业生产和群众生活。严重的水土流失造成泥沙淤积江河湖库，阻塞河道，给灌溉、防洪、排涝等水利水电工程造成很大危害，并严重影响长江上游生态屏障建设。

水土保持灾后重建规划范围为的界牌镇、花荄镇、黄土镇、兴仁乡、桑枣镇、茶坪乡、沸水镇7个乡镇32个村。总体规划目标是：使关系民生的安全隐患及时得到消除，水土流失引发的次生灾害得到有效防范；灾区水土保持实施恢复到震前水平，促进农业生产尽快恢复；灾后重建新增水土流失得到有效防治，增强防灾减灾能力，受损生态系统逐步恢复；为配套灾区移民迁建城镇家园建设，恢复改善灾区农业生产条件，发展灾区农村经济打下基础，加快地区经济可持续发展；人民生活水平不断提高，人居环境明显改善，促进人与自然和谐，重建美好家园，建设生态文明。

（二） 治理原则

方案编制原则：水土资源可持续利用的原则；坚持统筹兼顾，综合防治的原则；预防为主、保护优先的原则；人工措施和自然修复有机结合的原则；流域综合治理向规模化整体推进的原则；突出重点、逐步推进、分步实施的原则；国家扶持、公共参与的原则。

（三） 项目内容

规划设计　项目规划设计工作由水利水电勘测设计室承担，绵阳市水务局审批。

前期工作　2009年6月，县发展改革和经济商务局立项批准建设，核准其招投标方式。2009年7月，县财评投资评审中心通过建设方案财政评审。2009年10至2010年5月，完成招标代理机构比选，施工及苗木采购公开招标，确定2家监理公司、15家施工中标企业和3家苗木供应商。2009年12月，动工。

具体内容　项目规划治理范围为花荄、界牌、兴仁、黄土、沸水等乡镇的23个村，面积21.54平方公里。其中建设坡改梯238.69公顷，水保林1507公顷，经果林407.97公顷；坡面水系工程：蓄水池463口，沉沙凼1153个，排灌渠58.35公里；沟道治理：塘堰14座，谷坊2座，作业道路18.49公里；辅助措施：沼气池387口，节柴灶116口；监测站点1个。总投资4247.81万元。群众投劳82.41万个。后因安县、北川行政区域调整，水利切块基金作部分调整，水土保持灾后重建项目实际落实资金3017.83万元，项目落实治理面积7.88平方公里。其中建设坡改梯194.3公顷，水保林287.06公顷，经果林307.21公顷，蓄水池331口，沉沙凼633个，排灌渠48.71公里，塘堰10座，作业道路18.49公里。

（四） 资金来源

项目资金为中央重建水利基础设施基金。

表73　**安县水土保持灾后重建建设内容及投资情况表**

村　名	坡改梯	水保林	经果林	蓄水池	沉沙凼	沟渠	堰塘	道路	投资
单　位	平方公里	平方公里	平方公里	口	个	公里	座	公里	万元
界牌镇五显村	6.67	20	16	10	20	1.88	1	0.6	102.43
界牌镇金凤村	16.67	5.67	17.33	19	36	3.65	2	1.7	212.95
黄土镇草溪村	10.55	16.86	8.12	45	48	1.85	—	0.65	182.82
花荄镇回龙村	9.78	14.87	14.33	17	68	2.28	—	1.3	144.48
花荄镇狮子村	17.5	21	30.62	32	34	2.14	—	0.65	292.08
花荄镇马安村	7.34	1	6.67	5	18	1.47	1	0.95	81.7
花荄镇雍峙村	—	—	30	14	17	0.4	—	—	63.23
花荄镇斩龙村	23.5	3	—	10	22	3.72	—	0.6	235.06
黄土镇平桥村	—	3.33	10.66	—	—	—	—	—	127.13

续表

村　名	坡改梯	水保林	经果林	蓄水池	沉沙凼	沟渠	堰塘	道路	投资
黄土镇盐井村	7.36	13.33	18.67	12	12	1.93	—	0.2	
黄土镇菩提村	—	40	23.33	10	14	0.95	—	0.2	71.06
黄土镇柴育村	13.97	7.33	3.33	10	25	2.22	1	0.35	136.14
兴仁乡石庙村	—	3.33	31.33	28	40	2.55	—	0.6	114.61
兴仁乡五郎村	—	13.33	4	—	—	—	—	—	10
兴仁乡茶园村	—	20	8.67	6	6	0.6	—	0.1	34.53
兴仁乡长沟村	24.78	26.67	35.15	32	60	8	3	4.08	393.62
兴仁乡金龙村	5.37	—	3.33	6	10	1.74	1	0.25	72.5
兴仁乡上游村	10	6.67	28	20	30	3.08	—	0.8	184.34
沸水镇天佛村	12.68	24	13.33	8	30	1.5	—	1.5	134.9
沸水镇胜利村	16.13	—	1.67	18	60	3.79	—	2.16	197.52
沸水镇三合村	12	46.67	2.67	4	15	1.8	1	1	147.58
沸水镇枫香乔木水晶大同村	—	—	—	25	68	3.16	—	0.8	79.15
合　计	194.3	287.06	307.21	331	633	48.71	10	18.49	3017.83

（五）项目推进和效果

项目实施年限为2008—2010年。2010年12月底完成项目落实资金的92%工程建设任务。项目总任务为综合治理水土流失面积21.54平方公里，基本完成治理面积725.49公顷，完成投资2776.3万元，占落实资金的92%。

治理水土流失成果

四、生态保护设施建设

（一）森林防火设施设备项目

建设内容与规模　花荄镇防火物质及管理用房建设的建筑面积1000平方米，瞭望台重建5座。建设林火视频监测指挥中心1个，林火视频检测站5个；县林业局购置防火车辆、风力灭火机，油锯、手持对讲机等。森林防火生产用房建筑面积合计308平方米。

项目建设投资　项目建设总投资为1007万元，其中工程费909.32万元、工程建设其他费用49.34万元、预备费48.34万元。按工程费用构成分：建筑工程为323.88万元、设备费585.44万元。项目总投资来源为国家灾后重建资金658万元、地方配套和社会自筹349万元。

项目效益　项目实施为有效遏制森林火灾的发生、提高综合防控能力、改善防火基础设施、完善防火信息标准化体系、加大森林防火工作的科技含量打下良好的基础。森林防火设施设备项目建设是实施加快林业发展战略的重要组成部分；是全面提升森林防火的现代化管理水平、促进城市林业建设和森林防火信息化建设实现可持续发展和跨越式发展的积极手段；是加速森林防火宏观决策科学化、监测预警智能化、指挥通信现代化推进经济发展，全面构建和谐、效益的有效保障。通过认真调查研究和论证，认为本项目建设符合国家灾后重建及生态环境保护政策、法规，符合经济、社会可持续发展实际，建设条件适宜，管理机构齐全，总体布局合理，建设规模适度，技术措施可行，资金投入适当，生态、社会效益显著。

（二） 森林病虫害防治检疫药剂器械设备购置项目

近年森林病虫害发生情况　2007 年大面积发生有害生物，形势严峻。经调查统计，发生林业有害生物 10.39 万亩。其中云南松毛虫（大柏毛虫）2.60 万亩，天幕毛虫 2.40 万亩，马尾松毛虫 1.20 万亩，桤木叶甲 1.41 万亩，林鼠 2.28 万亩。高川、茶坪、安昌、永安等 12 个乡镇及千佛山自然保护区和森林公园都有分布，遍及茅香、川主、光辉等 36 个村，严重危害全县的杉木、柏木、马尾松等 20 多个主要树种。2008 年，全县相继发生多起有害生物侵入的情况，给森林资源造成严重威胁。全年有效防治林业有害生物 15.6 万亩，其中林鼠 10.44 万亩，杂交竹蛀干害虫 0.88 万亩，防治以松树叶蜂为首的多种食叶害虫 4.28 万亩。2009 年全县林业有害生物发生面积为 8.03 万亩，占上年发生面积 15.6 万亩的 51.4%。2010 年鼠害发生面积 3 万亩。其中轻度 1.6 万亩，中度 1.1 万亩，重度 0.3 万亩，危害率达 40% 以上，致死率 13% 左右，部分高达 20% 以上。危害树种为银杏、厚朴、杉木、柳杉等，主要分布在高川、茶坪、沸水、晓坝镇境内，其中尤以千佛山自然保护区猫儿沟、千佛山森林公园双电村向阳包、高川乡二郎村贺麻子沟、晓坝镇五福村的泥塘山危害最重。

森林病虫害防治检疫药剂器械设备购置项目　由建强林业调查规划设计队为设计单位，具体负责规划设计，项目在 18 个乡镇实施，购置森林病虫害防治检疫仪器设备、病虫防治药剂、交通及通信工具。投资 276 万元，其中地震灾后重建资金 94 万元。

表 74　　**森林病虫害防治检疫药剂器械设备购置资金分配表**

名　称	品牌或型号	数量	金额（万元）
显微镜	奥林巴斯 CX41	1	2.84
解剖镜	奥林巴斯 SZ61	1	1.45
望远镜	皓月	9	1.08
投影仪	爱普生 EMP—1715 投影机	1	1.3
摄像机	佳能 HF100	1	0.65
照相机	尼康 D90	2	1.34
高压灭菌锅	MJQ350—II 外排蒸汽灭菌锅	2	1.4
恒温恒湿箱	CTHI—250B	1	2.87
数显光照培养箱	250D 数显光照培养箱	5	2.9
冰箱	—	1	0.5
人工气候箱	QHX—250	8	7.76
温湿度自记仪	ZJ—WS2 型温湿度自记仪	3	1.35
土壤温湿度自记仪	QTS—3 型土壤温湿度自记仪	20	11.2
分析天平	赛多利斯电子天平 AUW220H	1	0.84
超净工作台	VS—840—2 单人双面垂直净化工作台	1	0.9

续表

名　称	品牌或型号	数量	金额（万元）
干燥箱	DZF—6050 真空干燥箱	20	8
高速离心机	TGL16M 高速大容量冷冻离心机	1	1.98
养虫箱	—	10	6.8
器皿	—	1	0.98
标本制作设备	—	1	0.8
计算机	华硕 3 台（套）	3	2.2
升降式太阳能诱杀灯	隆皓 Gp—104（盏）	140	23.8
烟雾机	BW—25	20	5.2
背负式机动喷雾器	—	20	14
高射程喷雾器	3WD2000—60 型	2	25.6
雄性不育灭鼠剂	—	20	56
杀虫杀菌烟雾剂	—	302	9.06
白僵菌	—	13	6.5
防治竹象药剂	—	1.6	12.8
森得保	—	3	20.4
交通工具	森防检疫专用汽车	1	23
摩托车	森防检疫和预测预报巡逻	25	17.5
宽带网及电话	—	1	0.3
传真机	—	1	0.3
其　他	专家咨询	20	2.4
合　计	—	—	276

林业鼠害监测样点

项目建设效益　有效防控森林病虫害面积 3 万公顷，林农实现减灾增收。提高森林健康水平和质量，汇碳减排效应增强，维护生态安全，建设生态文明。通过森林病虫害防治体系建设，有效增强全县森林病虫害的预测、预报能力，保护全县森林资源不受外来有害生物的侵袭，保护广大林农的造林积极性，增强林农预防林业外来有害生物的意识。

第五节　农村沼气

一、基本情况

"5·12"大地震中农村沼气损毁严重，灾后重建由安县农村能源办公室负责组织实施。安县农村沼气能源办公室于2009年5月31日申报《安县农村能源办公室关于灾后重建农村户用沼气及物业服务中心站建设项目立项的请示》（安农能〔2009〕10号），根据《安县发展改革和经济商务局关于同意安县农村能源办公室恢复重建农村户用沼气及物业服务中心站建设项目的立项批复》（安发改经贸〔2009〕542号）文件的批复：安县灾后恢复重建农村户用沼气建设项目建设任务为新建农村户用沼气20000户（含一池三改），项目总投资3000万元，资金来源为中央灾后重建基金，补助标准1500元/户。

项目建设地点为花荄镇2751户、界牌镇1000户、黄土镇740户、兴仁乡860户、乐兴镇1350户、桑枣镇862户、晓坝镇68户、沸水镇200户、睢水镇126户、迎新乡550户、秀水镇3600户、塔水镇3284户、清泉镇1250户、河清镇650户、永河镇1500户、茶坪乡9户，共计20000户，涉及17个乡镇。2010年3月，安县农村能源办公室灾后恢复重建农村户用沼气建设项目共收到中央灾后重建资金3000万元。安县灾后恢复重建农村户用沼气建设项目财政资金支出共计3000万元，包括支付灶具及管件397.78万元，支付净化器80万元，支付密封涂料20.56万元，支付安全知识及编号瓷砖40万元，支付项目区农户补助1621.66万元，支付技工工资840万元。

二、项目完工情况

安县灾后恢复重建农村户用沼气建设项目由县农能办负责项目的组织，项目由各乡镇主要领导负总责，明确了县农能办与各个乡镇的责任。县农能办与各乡镇沼气物业管理站施工技术员签订了《安县灾后恢复重建农村户用沼气项目合同》，负责全县20000口户用沼气池建设任务的实施。

县农能办按照《四川省农村能源办公室关于做好2009年农村沼气建设项目沼气灶具及配套产品采购工作的通知》（川农能〔2009〕15号）文件的要求，向中山华帝采购电子双灶及沼气管材管件，向北京合百意公司采购沼气净化器，总额397.78万元；该项目所需密封涂料和安全知识及编号瓷砖由县政府采购，共计60.56万元。资金来源均为中央灾后重建资金。安县农村能源办公室按照程序通过县政府采购办采购，并签订了购销合同，确定了项目成交人。

安县灾后恢复重建农村户用沼气建设项目实施时间为2009年7月，于2010年4月底全面竣工；2010年7月通过了县级验收，该项目共计完成20000户涉及17个乡镇。其中花荄镇2751户、界牌镇1000户、黄土镇740户、兴仁乡860户、乐兴镇1350户、桑枣镇862户、晓坝镇68户、沸水镇200户、睢水镇126户、迎新乡550户、秀水镇3600户、塔水镇3284户、清泉镇1250户、河清镇650户、永河镇1500户、茶坪乡9户。抽查的项目实施地点及农户数均按照项目计划情况实施并完工投入使用。

三、效益情况

该项目的建设实施，从经济、社会和生态三个方面都取得了效益。经济效益：农户修建沼气池后，方便了日常生活用能源，通过对沼液沼渣的综合利用，降低了农业生产成本，改善农业生产条件，提高农产品品质和竞争力，同时带动了农户生猪养猪业发展。经县府组织调查的440户沼气建池户反映：沼气池修建后年可产沼气300—500立方米，可减少生活用能支出500—750元，可省工（相对于原来砍柴，用柴火做饭）节约开支150—200元，年可增收650—950元。社会效益：通过项目建设，使全县农村面貌得到了改善。在血吸虫病流行区域通过沼气建设结合卫生厕所改建，有效控制了血吸虫病的传播。改善了农村人口居住环境。生态效益：按一口沼气池年产气可替代薪柴2.5吨计算，可使约3.5亩林地得到保护，减少水土流失4.5吨。据此推算，20000口沼气池可替代薪柴5万吨，使约7万亩林地得到保护，减少水土流失9万吨。对沼液、沼渣综合利用改善了土壤条件，促进了农业可持续发展和庭院经济的发展。

第六节　土地利用

一、土地利用概况

2007年，土地总面积为13.99公顷，其中：农用地面积12.23公顷、占土地总面积的87.45%，建设用地1.13公顷、占土地总面积的8.07%，未利用土地0.63公顷、占土地总面积的4.47%。全县农用地中，耕地面积4.17公顷，占全县土地总面积的29.82%。全县基本农田面积4.32公顷，人均耕地1.23亩。

地震灾害耕地受损量达到20.61万亩，占灾前耕地总量的30%。其中，灭失耕地面积8.53万亩，灭失耕地中基本农田面积5.36万亩，直接经济损失31.53亿元。其中耕地损毁极重区域损毁9.99万亩，占该区域灾前耕地总量的52.40%；耕地损毁严重区域10.62万亩，占该区域灾前耕地总量的21.39%。林地损毁面积28.02万亩。全县建设用地损毁面积5.54公顷，其中城镇用地损毁600公顷，场镇损毁1429公顷，农村居民点损毁3310公顷，独立工矿用地损毁590公顷。

二、土地利用举措

（一）推进第二次土地调查工作

2007年7月，全县第二次土地调查工作正式启动，4月，各项准备工作完成，12月2日完成农村部分的招标工作。2009年5月，全面完成农村部分野外作业调绘工作，8月，上报数据库成果，10月，完成基本农田调查。2010年4月，完成城镇部分招投标，10月完成调查任务。确切的调查统计数据为灾后合理利用土地提供可靠依据。

（二）保障灾后重建项目用地需求

保障过渡安置房和抢险救灾急需临时用地　过渡安置房及配套设施项目选址应尽可能利用废弃地、空旷地、闲置地，不占或少占耕地和城镇近期建设项目用地。应避让滑坡、崩塌、泥石流等地质灾害隐患以及防火、防震、防雷击、防洪涝等确需占用耕地的，按建设规划部门的规划选址需要先行使用土地。过渡安置房及配套设施项目占用农民集体土地的，由所在地开发园区管委会或乡镇人民政府对被占用土地农民地上青苗附着物给予适当补偿；占用国有建设用地的，由所在地开发园区管委会或乡镇人民政府协商土地权利人妥善处理补偿事宜。占用政府储备国有建设用地的，不支付补偿费用。过渡安置房及配套设施项目占用耕地使用期满不需要转为永久性建设用地的，按临时用地处理。国土资源部门简化审批环节，只作登记，不办理审批手续。过渡安置房拆除后，由所在地开发园区管委会或乡镇人民政府组织复垦复耕；需要转为永久性建设用地的，由国土资源部门在编制灾后重建土地规划时一并纳入，及时依法依规完善用地手续。对于地震灾区交通、电力、通信、供水、供气等抢险救灾设施和应急安置学校、医疗、卫生防疫等急需使用土地的，可按临时用地处理，根据需要先行使用。使用结束后恢复原状，交还原土地使用者，不需补办用地手续。

保障农村住房重建及其农业建设项目用地　农村村民原有住房地震灾害损毁后，符合当地村镇建设规划，只需在依法批准占用的宅基地范围内原址改（重）建的，凭原用地相关手续和村镇规划部门的审查意见用地，国土资源部门不另行办理审批手续，不收取任何费用。农村村民原有住房地震灾害损毁后，其重建规划要按照统筹城乡发展和建设社会主义新农村、加快推进城乡一体化进程要求，推行农村新型社区建设和发展现代农业。适度撤并自然村落，引导农民住房相对集中建设，统一规划用地、统一建房标准，统一建设基础设施。因原宅基地使用权灭失或实施灾后重建规划需要异地重（新）建的，在

符合当地1997—2010年土地利用总体规划的前提下，按村镇规划部门的规划选址意见安排用地，国土资源部门实行备案制，不办理审批手续，不收取相关费用。对暂不符合规划的用地，可按村镇规划部门的规划选址意见先行安排用地，由国土资源部门在编制灾后重建土地规划时一并纳入，并补办农用地转用和土地占用手续。为加速农村居民新村建设，鼓励对农村村民住房实行集中统建，可推行农村村民原有住房地震灾害损毁后，由所在地开发园区管委会或乡镇人民政府按人均35平方米建筑面积申请以划拨方式使用国有存量建设用地异地集中重建、统一安置，被安置农村村民原有宅基地复垦还耕。原有房屋产权和宅基地使用权予以注销，不再进行补偿。规划异地重建的农村居民点项目需要使用本集体经济组织之外集体所有土地的，可进行土地所有权互换调整。对于地震灾区因实施灾后重建规划，需要异地重建的村庄、集镇和乡镇集体企业项目，由县国土资源部门确定新建地块，先行安排重建。地震灾区农业集体经济组织为恢复农业生产而修建非硬化农村道路、兴修农田水利和晒谷场、畜禽养殖等农业建设用地，可不列入土地利用年度计划指标规模控制。占用非耕地的，国土资源部门实行备案制，只登记，不办理审批手续，不收取任何费用。占用耕地的，市、县国土资源部门核准补充耕地方案后，由县人民政府批准用地。对被占用土地农民的拆迁、安置、补偿，由所在地开发园区管委会或乡镇人民政府负责落实。异地重建的农村村民居住用房、乡镇集体企业厂房及村庄、集镇等，凡原有建设用地具备复垦条件的，由市、县国土资源部门将新占用的建设用地与拟复垦的废弃地块（原有建设用地）捆绑，组成周转项目区，纳入建新拆旧规划，享受城乡建设用地增减挂钩的政策。项目区经省国土资源厅审定后，报国土资源确认周转指标。农村建设用地面积减少后，相应增加城镇建设用地面积。

保障城镇灾后重建用地需要　对于纳入灾后重建规划的城镇和配套基础设施项目用地，由市、县人民政府先行安排供地。不涉及农用地转用和土地征收的，由市、县国土资源部门办理用地手续；涉及农用地转用和土地征收的，依法对被征收土地农业集体经济组织进行征收土地拆迁、安置、补偿后先行用地，并按用地审批权限办理用地手续。对采取BOT、TOT等方式建设的经营性基础设施、公益设施用地，可以采取划拨方式供地。原城镇规划区内依法取得国有建设用地使用权的所有建设项目，因地震灾害损毁被鉴定为危房，符合当地城镇建设总体规划和灾后重建规划，只需原址改重建不超用地面积的，经规划、建设和房管等行政主管部门出具原址改重建意见后，土地权利人凭“国有土地使用证”或相关批准文件和建设规划部门的规划设计条件使用土地，国土资源部门不另行办理审批手续，不收取任何费用。其中市民购买房地产开发企业开发的商品住房及城镇职工房改房、“城中村”原农村村民或市民自建房项目需原址改（重）建的，经规划、建设、房管等行政主管部门出具原址改（重）建意见后，由实施改（重）建房屋的企业（单位或个人）按建设规划部门的规划设计条件实施改（重）建设，并对拆迁户登记造册，收回原房屋产权人的“国有土地使用证”交国土资源行政主管部门注销。项目竣工后，由房管部门为救助还房户或新购房人办理“房屋所有权证”。分摊土地面积重新计算。涉及容积率增加的，不再收取因容积率增加须征收的土地补价款，其价款留开发企业用作改（重）建成本。国土资源行政主管部门凭产权人原“国有土地使用证”和新的“房屋所有权证”为其办理土地分割过户登记，只收取土地证书工本费。保留其原用地的土地使用权类型、使用期限和土地用途。新增房屋部分的房屋产权人凭《购房合同》及“房屋所有权证”办理土地分割过户登记，依法交纳相关税费。原城镇规划区内依法取得国有建设用地使用权的非营利性的教育设施、邮政设施、体育设施、公共文化设施、医疗卫生设施、社会福利设施及能源、交通、水利等基础设施项目，党政机关、人民团体、企事业单位办公用房和军事项目、城市基础设施项目、公益性科研机构用地和特殊用地建设项目，因地震灾害损毁土地使用权灭失或避让滑坡、崩塌、泥石流等地质灾害隐患，实施灾后重建规划确需异地重（新）建的，经规划、建设、房管和国土资源行政主管部门出具异地重（新）建意见后，按建设规划部门规划选址意见安排用地并按相关原则补办供地手续。原依法使用的国有土地由政府收回，纳入政府土地储备库管理。急需使用存量国有土地动工建设的，原则以划拨方式供地。确需使用农民集体土地动工建设的，依法对被征收土地农业集体经济组织进行征收土地拆迁、安置、补偿后，可按建设规划部门的规划选址意见先行用地。

非公有制企业重建土地供应　对原址重建的非公有制企业项目用地，土地不再重新出让，可按原方式使用土地。根据灾后恢复重建规划确定的需要整体搬迁的非公有制企业项目用地，政府在收回其原有土地使用权基础上，可采取划拨方式另行安排价值相当的项目用地。异地重建的工业或其他经营性项目用地，同一宗地只有一个用地意向的，可在不低于评估价的情况下采取协议出让方式供地。纳入灾后恢复重建规划的非公有制企业搬迁用地，由政府先行安排供地。不涉及农用地转用和土地征收的，由国土资源管理部门办理用地手续；涉及农用地转用和土地征收的，可边建设边报批，按用地审批权限办理用地手续。对灾后恢复重建投资规模大，促进经济发展作用明显的新建工业或大型商业设施等项目用地，在按照规定程序报批后，可根据实际情况降低地价标准出让。

三、实施效果

完成沸水、晓坝、茶坪、高川 4 个乡镇多处重点地质灾害 200 户的避险搬迁安置，确保人民群众生命财产安全。

过渡板房及临时帐篷用地　2008 年 5 月 13 日，全县受灾群众安置过渡板房及临时帐篷用地工作展开，至 5 月 16 日，共落实土地 1740 亩，支付临时用地补偿费 388.78 万元，安置安县和北川县受灾群众 10 万余人。

农村村民建房用地　共办理农村村民建房用地审查 16171 件，面积 2413 亩，其中耕地 2180 亩；生产性用地 151 件，面积 9789 平方米。开展征地报批工作，用好配套政策。灾后重建中，共批回 13462.98 亩建设用地指标，实施征收土地 9839.6 亩，涉及全县 20 个乡镇 38 个村 51 个村民小组，支付征地款和拆迁费用 8150.68 万元。

推进征地拆迁安置　加强立项前的用地预审工作，共预审各类建设用地 175 宗，面积 222.93 公顷。从 2009 年 5 月下旬开始在全县集中开展重点产业项目、重点援建项目的征地拆迁、进场工作，将任务分解到 47 个县级部门，搬迁农户 2600 户。大力推进保障性住房建设，建成白鹤林安置小区和花荄西圣佳苑安置小区 1100 户、共计 10.3 万平方米的安置房。

编制《灾后重建土地利用实施规划》，规划新增建设用地 1617 公顷，其中城镇 574 公顷，基础设施 417 公顷，农村居民点 505 公顷，独立工矿 121 公顷，保障灾后重建项目用地。

重点项目开通“绿色通道”　按照《灾后重建土地利用总体规划》，对涉及灾后基础设施建设项目、重点产业和民生项目用地实行重点保障。全力保障华晨汽车零部件生产线产业园区、银河科技产业园等扩大内需项目和主要包括学校、医院、政权建设、宗教活动场所等公用基础设施灾后恢复重建、保障性住房建设等共计 755 个涉民安民重点项目用地，供地总规模 9700 余亩；围绕灾后重建，及时协调建材、砖瓦、沙石等相关矿产的保障工作，确保灾后重建工作稳步推进。

新建住宅小区

坚持集约利用　严格执行建设项目用地投资强度、建设容积率控制标准；严厉禁止借扩大内需为名圈占土地，坚决制止假借工业项目用地之名实施商品房开发的行为；清理工业用地 130 宗，处理违规使用土地企业 15 家；坚持工业项目园区化，切实利用好已批、已供土地，把集约利用土地作为一项长期任务，越是需求量大，越是要求集约利用。

坚持市场化配置土地资源　开展存量土地和闲置土地清理，清理存量国有土地 13 宗，面积 80.85 公顷，纳入土地储备库管理；严格实行经营性和工业用地招标拍卖挂牌出让制度，严格执行划拨供地目录。三年出让土地700宗，面积217.13公顷，实现土地总价款34860.41万元。

四、土地开发整理实现占补平衡

执行耕地先补后占制度　根据国土资源部《耕地占补平衡考核办法》的规定，对已立项的土地开发整理项目落实工程施工任务，均按先补后占的形式实施。三年实施土地整理项目14个，面积10250公顷，新增耕地1015公顷。

加强信访上访接待工作　着力抓好矛盾纠纷排查分解工作，专项治理信访突出问题。三年共收到来信来访130件，全部按要求进行调查处理，回复处理率达100%，办结率达100%，有效化解社会矛盾。

确保基本农田不减少　明确基本农田保护工作任务，进一步强化基本农田保护责任，层层签订耕地保护责任书，确保责任落实。通过广播、电视、固定标语、街头宣传活动等途径，广泛宣传基本农田保护政策，逐级落实耕地保护目标，建立健全保护耕地监督检查三级网络，有力地加强耕地特别是基本农田的保护。加大土地执法监察力度，发现违法行为制止率达100%，国土资源重点巡查覆盖率达100%，现场制止和查处各类土地、矿产违法案件108件，结案率达98%，“三无”乡镇达标率达80%以上。全县耕地总量37080公顷，耕地保有量36580公顷，基本农田32890公顷。无占用基本农田现象发生，确保全县基本农田和耕地保有量不减少。

五、土地征收批后实施工作

征地补偿安置工作　政府和国土资源部门落实土地征收各项资金，按规定缴纳有关税费。未按规定缴纳税费、未取得省政府征地批复文件的，不得实施征地。国土资源部门切实履职尽责，依法按政策做好征地安置补偿各项工作，做到征收一个批次就依法妥善补偿安置到位一个批次，不留遗留问题，在规定的时效内实施完征地补偿安置。

保障被征地农民合法权益　坚持法定土地征收实施程序，做好公告、登记工作。按照规定的补偿标准及时兑现补偿费用，落实拆迁安置住房，安排好被征地农民的生产和生活。协助有关部门做好被征地农民的就业培训，解决好就业和社会保障等问题，决不允许以任何理由、任何形式拖欠、截留、挪用征地补偿安置资金。征地补偿不落实的，不得强行使用土地。

督促落实征地补偿安置方案　重点检查批后实施工作程序执行情况，补偿政策、标准、资金到位情况，住房安置和社会保障落实情况，了解被征地农民群众对安置补偿工作的意见以及征地中存在的问题和解决问题的措施，按季度向省国土资源厅上报征地补偿安置落实工作情况。把群众来信来访作为发现征地补偿安置不落实问题的重要渠道，对被征地群众反映的征地补偿安置问题逐件落实承办人调查核实。确实存在补偿安置不到位的，责令实施征地补偿安置部门限期纠正，并将处理结果告知来访当事人，化解矛盾。

六、用地的供应和保障服务

建设用地批后实施监管新机制　认真执行用地批后核查监管制度，加强对新增建设用地的监督管理，防止圈占、闲置、浪费土地。加强建设用地全程跟踪管理，防止低效、粗放用地。

民生工程建设用地供应　对城镇廉租房、经济适用房、棚户区改造，特别是城乡受灾群众安置房等保障性住房，国土资源部门加快供地，落实到具体地块。对农村民生工程、公共设施、公益事业、基础设施和生态环境等建设用地加大保障力度。

推进项目建设　抓住灾后恢复重建和扩大内需的“两个机遇”，研究新政策、新措施，充分利用四川省恢复重建特殊用地政策。对省委、省政府确定的一批灾后恢复重建和扩大内需的铁路、公路、港口、机场等重大基础设施项目以及自主创新和产业结构调整重大产业项目，提前介入，逐一跟踪落实到位，保障用地。做好土地确权、登记和发证等土地产权服务工作。

占补平衡挂账项目 适当调整地震灾区耕地占补平衡“挂账”政策的执行方式，原则上不采取“挂账”方式补充建设占用耕地。把开展补充耕地挂账项目实施作为工作的重中之重，多方筹措资金，全力组织实施，加快建设，确保挂账指标核销。

七、严格落实节约用地制度

控新增，严格项目用地规模 优化用地结构和布局，对各类建设项目必须严格执行建设用地定额指标、工业项目建设用地控制指标及其他控制性指标；对国家没有规定的，必须严格按项目可行性研究报告设计的用地指标供地；对超标准用地的，坚决核减用地面积。

盘存量，加大挖潜利用力度 积极配合有关部门做好建设项目的选址，在符合土地利用总体规划、城市总体规划和产业发展规划的前提下，尽量安排使用存量建设用地、闲置土地和批而未供土地。加大对原有低效用地的增容改造和深度开发。

抓园区，推进工业及生产性项目向工业园区集中 推进园区土地节约集约利用评估工作。经评估符合节约集约用地要求，通过国家审核公告的开发区、列入“1525”工程的产业园区和灾后恢复重建各类园区确需扩区的，可按规定扩区升级。

八、适时监控建设用地动态

信息备案工作 按照土地供应与利用信息备案的有关要求，充分利用全省建设用地跟踪管理网络监管平台、划拨决定书和土地出让合同网上填报服务系统，通过党政网向省国土资源厅实时报送供地面积、用途、方式、容积率、绿地率、建筑密度、投资强度和项目开、竣工时间等土地供应与利用信息。加强土地市场运行和城市地价的动态监测和分析。

动态监督管理 严格监督城市建设用地供地结构情况，特别是城乡受灾群众安置房、经济适用房、廉租房和中低价位、中小套型普通商品住房等民生用地占居住用地供应总量比例情况；法规政策禁止、限制供地和各类建设用地标准落实情况；用地单位依照划拨决定书或土地出让合同确定的面积、用途、容积率、绿地率、建筑密度、投资强度等建设条件和标准使用土地、项目开工、竣工时间以及土地开发利用与闲置等情况。

九、强化用地保障和监管责任

明确监管责任 各级政府和国土资源部门主要负责人是用地保障和监管工作的第一责任人。将征地补偿安置、服务保障用地需求、实现占补平衡、集约节约用地、批后实施监管等情况纳入每年考核国土资源部门主要负责人和国土资源管理工作的重要内容。对未按规定要求落实保障和监管责任或发现虚报、瞒报的，予以通报批评，责令改正，逾期未改正的，暂停受理该用地预审和用地报件。

查处整改 各级国土资源部门加强对扩大内需建设用地的动态巡查和执法监察。对不符合有关法律和政策规定，违反规划计划、未批先用、批而未供、供而未用、闲置浪费土地、征地补偿安置不到位、违规操作等问题的，及时制止，坚决纠正。对涉及违反土地管理规定的有关单位或个人严格按照监察部、人力资源和社会保障部、国土资源部《违反土地管理规定行为处分办法》严肃查处，追究相关责任人的责任。对问题严重的，实行公开曝光，责令限期整改，整改期间，暂停该区域的农用地转用和土地征收的受理。

第七章　交通运输重建

第一节　交通运输重建布局

一、县域交通体系调整

地震导致县域范围内道路桥梁损毁严重，相当数量的公路等级低、质量差。部分县道和乡道是“简易路”和“急造路”，坡陡、路窄、弯急，缺乏防护工程，抗灾能力差，路面超期服役，道路超限运输，机动车与摩托车、非机动车混合交通现象严重，整个路网的运输质量和服务水平有待提高。风景区的公路路况较差，不能适应旅游业的发展。城市车站、停车场需要扩建。综合考虑县、乡道路交通的损毁情况，配合行政区划调整，确定县域道路交通重建目标。重点恢复建设以花荄镇为交通枢纽中心，辐射全县域的交通主干线，加强与游仙、涪城两区的交通联系，构筑完善的城市交通体系。

二、道路交通重建布局

省道　全面恢复南北向河永公路（省道：河清—永安）、东西向界安公路（省道：界牌—安昌）为骨架的“T”字形交通系统，新建花荄—兴仁—塔水—秀水—睢水一级公路。

县道　恢复县级公路的灾前服务水平，严格按照相关标准进行恢复重建，强化其产业服务功能，优化提升公共交通系统建设，提高其公共交通服务水平。完善县域道路交通体系，加强各乡村及与场镇之间的交通联系，在原有基础上适当提高其建设标准，从根本上提升其防灾减灾能力。全面恢复县域内各场镇交通设施，强化以县城、中心镇为主要交通枢纽的服务质量及等级，相应标准按各乡镇人口规模配置。

农村道路

重建项目　灾后交通重建项目39个，总投资18亿元。其中，公路重建项目37个，里程814.12公里（干线项目2个、54.47公路，县乡道项目34个、371.8公里，村道项目打捆1个、387.9公里）；桥梁恢复重建打包项目1个，14座；客运站点加固重建打包项目1个，13处。

新增项目4个：黄土大桥、黄土二桥、界牌过境段物流通道、花荄至金家林快速通道（辽安路二期）。2010年9月11日，项目调整，竹河路、安普路、高清路等3个项目取消，重建项目实为36个。交通重建先期规划实施项目概算总投资14.25亿元（中央投资2.19亿元、援建资金9.15亿元、自筹2.91亿元）。其中，路网10.82亿元、村道2.10亿元、公路养管0.36亿元、客运站点0.72亿元、水运0.25亿元。

后期规划实施项目概算总投资8.32亿元。其中，路网深度和密度建设4.91亿元、村道3.15亿元、公路养管0.24亿元、水运0.02亿元。

第二节　公　路

一、公路重建项目概况

2010年底，全县34个县、乡级公路重建项目完工31个项目，以县城为中心的县域交通枢纽和以辽安路、永安路、成青路构成的“金三角”骨干路网框架通畅，县域半小时车程的乡镇达3/4，彻底打破制约腹地经济发展瓶颈，以交通走廊带动形成产业走廊、带动周边乡镇协调发展奠定坚实的基础。新增花荄至金家林快速通道等4个项目有序开展。

重建后的成青路

2008—2009年完工项目8个：子汉路塔水至清泉罗江段、秀湖路、秀拱路、界青路、晓坝绕线段、睢沸路、清河路、高川村路。2010年内完工23个：辽安路、桑绵路、成青路、秀塔路、花界路、黄乐路、安梓路、秀茶路、安罗路、皂河路、花方路、磨秀路、塔河路、墩秀路、塔永路、永清路、宝略路、永文路、界磨路、河黄路、子汉路汉昌至塔水段、塔九路红武段等道路建设项目22个；村道项目打捆1个。

先期规划总投资17亿元，其中省道成青路投资2.23亿元，由四川省投资建设，农村公路建设及其他设施建设投资14.85亿元，主要由交通部补助、地方政府自筹和辽宁省援建资金解决。交通部补助争取1.3亿元，绵阳市和安县自筹1.3亿元，其余资金由辽宁省援建资金解决。后期规划总投资4.26亿元，主要由四川省交通厅投资和绵阳市、安县财政拨款投资。

先期规划（2008—2010）实施项目资金需求表

表75　　单位：万元

项　目	公路网建设			管养设施	客运站场	办公用房	水运设施	合　计
	省道	县乡道	村道					
金　额	22310	117999	21800	3689	3168	1400	434	170800

注：先期规划实施项目不含省道合计为14.85亿元，其中不含征地拆迁（1.09亿元）的合计投资为13.76亿元

二、公路重点重建项目

辽安路　辽安路是辽宁援建单体最大的工程，为交钥匙工程的重点项目，东起花荄镇红武村与江油市方水乡白玉村交界处，西至秀水镇与墩秀路相接，途经花荄、界牌、兴仁、乐兴、塔水、秀水等6个乡镇，辐射面积近360平方公里，受益人口约25万。全长30公里，总投资4.1亿元。项目采用一级公路标准建设。2009年7月16日开工建设，2010年4月30日竣工通车。

辽安路一期塔水段

辽安路二期4.2公里，2011年1月开工，9月底完工（除景观绿化工程）。

墩秀路睢高段　墩秀路（XB14）秀水至高川段公路改建工程由辽宁省交通勘测设计院承担设计，2008年8月开始进行勘察，2009年2月完成设计，路线全长18.47公里，公路等级为三级，路基宽7.5米，路面宽6.5米，路面结构为水泥路面，全线设置平交口三处，隧道610米/1座，新建中桥347.5米/5座，拆除原路上中桥85米/2座，拆除原桥新建小桥127米/8座，加宽利用改造小桥31.1米/5座，原涵洞利用3道，原涵洞加宽3道，拆除新建涵洞57道。工程概算为2.1亿元。工程分5个标段，分别由重庆第三建设有限责任公司、重庆市黄埔建设（集团）有限公司、深圳市交运工程有限公司、四川三一工程建设（集团）有限公司、重庆黔程建设（集团）有限公司承建，四川省公路工程咨询监理事务所监理，2009年4月下旬，完成招投标，5月25日开工建设，2010年12月30日完工。

小区道路

秀茶路　秀茶路改建工程路线全长25.69公里，项目采用三级公路标准，路

基宽度为7.5—12米，该项目总投资1.17亿元，资金来源为辽宁援建资金9675万元、中央灾后重建资金1470万元、自筹520.83万元。项目工期为18个月。2009年5月25日施工单位进场（D标段因流标重新招标，在7月20日正式进场），2009年6月30日后各标段相继开工，2010年10月30日完工。

成青路安昌至德阳界路面改造　省道S150线（成青路）安昌至德阳界路面改造工程，全长25.39公里。经过河清、汉昌、秀水、桑枣场镇。设计标准为二级沥青混凝土路面，行车速度40公里/小时，路基宽度在K0+000~K0+305段为12米，K0+305~K21+500段15米，K21+500~K24+452段15.1米。设计荷载类型BZZ—100。工程投资1.13亿元，2009年2月完成招投标，2009年3月16日开工，2010年9月18日完工。

第三节　汽车客运站

一、县级客运站

花荄汽车客运中心站　花荄客运站是客运交通枢纽站之一。项目站地30亩，建筑面积980平方米，于2006年开工，2007年10月竣工。地震后，将花荄客运站列为县二级客运中心站重建项目，总投资750万元。2008年6月开始加固维修和改扩建，2009年2月底完工，投入使用。

花荄汽车客运中心站

二、乡镇客运站

全县客运站除高川、茶坪两个山区站外，其他车站均相对处于枢纽地带，很多客运站震后不能投入使用。交通局立即组织对车站受损情况的调查摸底，对部分枢纽站先期进行应急性的处理，确定旅客候车、乘车的临时区域，保证车站正常运行。在国家灾后重建规划尚未下达前，部分车站业主自己主动开始恢复加固建设。灾后重建规划，全县列为灾后恢复重建项目有12个客运站。具体为：投资150万元原址重建河清客运站，投资120万元原址重建秀水客运站，投资50万元原址重建高川客运站，投资50万元迁址重建兴仁客运站；恢复加固7个乡镇客运站：塔水客运站60万元、永河客运站40万元、桑枣客运站40万元、茶坪客运站40万元、千佛旅游车站50万元、沸水客运站50万元、睢水客运站5万元。重建的4个客运站：秀水客运站，2009年7月开工，2010年2月完工；河清客运站，2009年8月开工，12月底完工。兴仁客运站由于兴仁乡市政和道路基层设施施工影响开工较晚，高川客运站由于高川乡医院板房占用土地，开工较晚，2011年9月两个站建成。修复的7个客运站：永河客运站，2008年7月开工，11月完工。桑枣、茶坪、睢水客运站，2008年12月完工；千佛旅游车站，2009年1月完工；塔水客运站，2009年5月开工，7月完工；沸水客运站，2009年8月开工，12月底完工。

第八章　文化旅游重建

第一节　公共文化服务设施

安县文化、职工活动中心

县文化和职工活动中心　规划在县城中心区域、原文化广场一侧，新建文化馆、图书馆、博物馆、文化广场、文物管理所、新华书店、体育馆、老年活动中心等公共文化设施建设。

县文化和职工活动中心是辽宁对口援建交钥匙工程重点项目，立项总投资13369万元。其中，援建投资9103万元、中央资金3570万元、自筹资金696万元。该项目2009年9月正式开工，项目由辽宁省建筑设计研究院设计，中冶集团华冶公司辽宁分公司承建。

2010年4月26日竣工，7月12日，完成验收工作，交付相关业主使用。

表76　安县文化和职工活动中心项目安排表

序号	子项目名称	项目投资（万元）	资金来源	业主单位
1	县文化馆	1160	辽宁援建	文化旅游局
2	县图书馆	1280	辽宁援建	文化旅游局
3	县博物馆	1320	辽宁援建	文化旅游局
4	县文化宫（电影院，剧院）	3013	辽宁援建	县总工会
5	县文化广场	830	辽宁援建	文化旅游局
6	文化健身广场设施设备	1500	辽宁援建	文化旅游局
7	县体育馆（全民室内健身中心）	3000	中央资金	县教体局
8	县文物管理所	170	中央资金	文化旅游局
9	县老龄委室外活动中心	400	中央资金	县民政局
10	县新华书店	696	业主自筹	新华文轩集团
	合　计	13369		

县文化广场艺术景观项目　2009年7月，根据需要，县文化旅游局提出建设文化广场艺术景观，得到县委、县政府同意，并邀请四川大学教授巫成金进行设计创作。根据辽发改投资函〔2009〕92号文件批复，为文化广场艺术景观建设追加投资430万元。交钥匙工程。主要建设包括辽宁广场纪念碑、李调元雕像、沙汀雕像、抗震浮雕墙4部分，总造价396.59万元。11月19日，在县委常委会议室召开文化广场艺术景观评审会。确定巫成金教授设计方案，并负责文化广场艺术作品的制作安装与景观建筑空间的协调关系进行全程的艺术指导。由中标方中冶集团华冶公司辽宁公司负责实施。

县文化广场李调元雕像

辽宁广场纪念碑。高5.5米，宽3.1米，采用不锈钢、经典黑石材、青铜铸造而成。上面是两颗心，代表辽宁安县心心相连一家亲。正面是县委书记王黎题写的“辽宁广场”四个大字，有辽宁援建安县的感人画面，背面是感恩辽宁援建记，该碑记通过网上公开征文。背面还有安县感谢辽宁无私援建的文字。

李调元雕像。高8米，宽5米，厚3米。采用超硬青石材料制作而成。正面是李调元的全身像，并刻有他赞美安县的诗句《安县道中》、编纂大型丛书《函海》的场景、李调元简介等，左侧是藏书楼和书冢，右侧上面是李调元一家父子“一氏四进士、兄弟三翰林”的画面，右侧下面是李调元游罗浮山时的感言，后面是李调元与川剧、川菜的画面。

沙汀雕像。高5米，宽7.2米，厚2.2米，采用芝麻白花岗石、铸铜制作而成。整个雕塑远看似几本书，正面是沙汀铜像及其简介，书中有他的代表作《淘金记》《困兽记》《还乡记》《在其香居茶馆里》的故事场景；背面是沙汀的铭言和对沙老的评价。沙汀铭言有：找故事容易，找零件难；没有茶馆便没有生活；没有自信，勇气，不可能有艺术；在艺术中，有性格的作品，才算是美的；我热爱创作，这是我的第二生命，任何艰难困苦都无法使我改变；祝愿家乡社会主义文艺事业发展和繁荣。对沙汀的评价：笔写农村相，神传鲁迅翁；鞭挞旧世界，呼喊新英雄。

刻有：流云写《三记》，爱憎满文中；人鬼分界限，《其香》《丁跛公》。诗人永不老，后继有遗风。——萧崇素

每一个有成就的作家都是一本丰富多彩的书。沙汀是一本博大精深的长篇巨制。——邓仪中《沙汀评传》

看君嶙骨，似铁梅，磊落一生奇节。冷眼看穿旧世界，巨椽肃清妖孽。沪海亭间，睢水关头，多少风和雪。其香居里，妙手文章新页。曾记昭觉同监，面壁无言，好友成路陌。“赤匪”幡然成“黑帮”。“报告”声里年月。努力加餐，无过可省，壮志还如铁，惜君先去，为歌悲曲声咽。——马识途词《念奴娇》

县文化广场沙汀雕像

沙汀同志是我钦佩的当代我国大作家，他的长篇小说是现实主义的艺术精品。——巴金

抗震浮雕

抗震浮雕墙。高3.7米，长13.5米，厚1米，采用红雅石制作，前面的深浮雕由五个板块构成。灾难降临、国家力量、孤岛救援、堰塞湖排险、重建家园的巨幅画面。浮雕艺术墙的结束语写道：

“就像大家看到的这样，辽宁援建安县的文化，无论是硬件建设，还是文化内涵的丰富和品位的提升，在安县建县1600余年的历史上，都是史无前例的！我们感谢全国人民，感谢辽宁省委省政府，感谢4300万辽宁人民，感谢两年来战斗在安县灾后重建中的辽宁对口援建指挥部的全体领导和所有辽宁援建者！他们的功勋已载入‘感恩辽宁纪念碑’上，并将永远载入安县史册，铭记在安县人民心中。安县人民将抓住灾后重建和对口支援的机遇，珍惜美好新生活，建好美好新家园。”

精神家园项目　根据安发改〔2011〕341号批复，县民俗博物馆建设内容包括：收集整理民俗、非物质文化等历史文化遗产，创作本土方言文艺作品，建立县民俗文化展演平台及购置必要的设施设备。总投资500万元。该项目的特点是在做好县级公共文化设施、乡镇基层文化阵地建设的前提下，整合县文化灾后重建成果，全面挖掘和提升县文化内涵和水平，切实体现该项目的独立性和整合性。截至2011年9月30日，完成以下工作任务。

品牌文化活动。继续搞好“安县春晚”“山歌会”“睢水春社踩桥”等品牌文化活动，同时每年开展好“5·12”纪念活动。以品牌活动为依托，扶持做好春节、“三八节”、国庆节等节日群众文化庆祝活动，每年大型文化活动不少于十次。同时文化馆将品牌文化活动作为重点工作，连年开展文化培训工作、群众文化活动指导工作。

文艺创作。文艺创作是安县文化工作的一大优势，城市、农村、机关、企业、学校和社区文艺创作活动十分普遍，各类文艺社团，如书法、美术家协会、作家协会、红石滩文学社、舞蹈协会、诗词协会、摄影家协会应运而生。满足各方面群众的文化生活需求。田涌泉出版的长篇纪实《特别这两年》，记载安县三年重建的重要史实，具有较大的史实性与文学性；黎健反映地震题材的长篇散文在中国作家网发表，创作的散文《同是炎黄子孙·彰显人间大爱》在四川省政协主流期刊发表；王培芳编著的《安县文化遗产》及时普查、整理地震后的文化遗产，编辑出版；帅士象反映安县重建的报告文学《安州涅槃》，收入四川文艺出版社阿来主编的大型报告文学集《四川回答世界》；辽宁作家萨仁图娅创作的反映辽宁援建的报告文学《大爱丰碑》，收入四川文艺出版社阿来主编的大型报告文学集《国家行动》；肖棱的诗歌《背你回家》在中国主流诗刊发表，感动大量读者；张清儒撰写的《安县“5·12”抗震救灾碑记》，收入国家《抗震救灾志》；唐虎参与创作执导的大型话剧《咱们的牛校长》，在省内进行巡回演出。由县地方志办公室编写的《八级大地震·四川安县》，2008年9月底在四川最先出版发行。何超任主编、胡声志任副主编编印的《战胜灾难——安县抗震救灾快报集》2010年3月发行。安县诗词学会共出版专刊2期，剑南文学为县作家协会专号出版1期，县摄影家协会摄影作品出版专辑2期，在辽宁旅游节上县展出作品80多幅，出版地震专号《八级大地震》，县美术协会共举办6期书画作品展览，西蜀书画研究会2008年以安县抗震救灾专题展出安县作品一期。

博物馆布展。成立布展工作领导小组，实施“一把手负责制”，按照不同的展厅安排专门的工作人员收集布展素材，联合15个单位共同完成各相关展厅的资料完善工作。县博物馆共分为五个厅：地震与

援建厅、自然旅游厅、历史文化厅、非遗民俗厅及临时展厅。

《安县精神家园丛书》编撰出版。《安县精神家园丛书》是安县精神家园重建标志性项目。截至2011年9月底，共编辑出版第一辑，共6册，包括《大爱丰碑——辽宁支援安县纪实》《感动的岁月——辽宁援建安县通讯报道集锦》《安州壮歌——安县震后诗词联语碑文赋集萃》《我亲亲的家园——唐虎震后作品集》《翰墨情深——感恩辽宁书画作品集萃》《安县剪纸》。以诗词歌赋碑文、报告文学、标语楹联、通讯报道、戏剧小品、书法绘画、剪纸等多种文学艺术形式，记录安县抗震救灾、灾后重建的辉煌历程，表达安县人民感恩祖国、感恩辽宁的真切心声。

《铭记"5·12"百人实录》拍摄制作。《铭记"5·12"百人实录》是为纪念2008年地震，让历史永远铭记这场灾难带来的震惊、痛苦、悲伤，展现震后灾区人民的勇敢、乐观、坚韧，诠释全国各地为支援灾区所表现出的大爱、无私和奉献，而特别制作的一部大型系列口述式纪录片。是安县精神家园重建最重要的内容。县广电局与县文化旅游局合作，历史两年多时间，采访记录地震后赴安县救援、灾后重建的近百名代表性人物，回顾灾难、抗震救灾和灾后重建的难忘经历，以唤起人们对那段特殊历史的记忆。

第二节　文物保护

一、文物保护单位恢复重建

睢水太平桥修复　2009年8月，绵阳市文物管理局钟治、李生等专家在太平桥就文物保护修缮指出：原汁原味恢复重建。2009年7月25日，四川省文物管理局批准太平桥修缮方案。2009年9月8日，安县发展改革和经济商务局批准太平桥文物保护工程的立项。主要内容包括太平桥文物保护规划，本体文物修缮方案设计、施工和太平桥周边环境整治、绿化工程，总投资368万元。通过公开招投标，该工程由成都市宏泰建筑有限责任公司中标修缮，2010年4月22日签订施工合同。云南城成建设监理有限公司负责质量监理，2009年12月31日签订监理合同，2010年4月25日开工，2011年3月竣工。

睢水太平桥重建施工中

花荄文星塔修复　根据《文物保护工程管理办法》《四川汶川地震灾后文物抢救保护工程管理办法》的规定，2009年7月25日，四川省文物管理局批准《安县文星塔抢险工程修缮方案》。2009年8月，安县发展改革和经济商务局签发《关于同意安县文化旅游局文星塔和姊妹桥灾后修复项目的立项批复》。文星塔修复工程由成都市宏泰建筑有限责任公司中标，2010年2月开工。2010年3月2日，绵阳市文物管理局钟治、李生等专家在文星塔施工现场就文物保护修缮指出：原址、原貌恢复重建，特别加强对有雕刻、文字构件的保护；特别加强构件的防雨处理。文星塔恢复重建工程总投资700万元。工程项目包括文物保护规划编制、本体文物修缮方案设计、施工以及文星塔周边环境整治、绿化工程，2011年9月30日完工。

正在修复的秀水天主教堂

秀水天主教堂修复　2009年8月9日，安县文化旅游局与成都方圆建筑及环境艺术研究院签订文物建筑工程设计协议书。2009年9月9日，县发展改革和经济商务局批准秀水天主教堂文物保护工程的立项。包括天主教堂文物保护规划，本体文物修缮方案设计、施工，总投资150万元。2009年9月21日，绵阳市文物管理局批准秀水天主教堂及小洋楼震后修缮（抢救性加固）设计方案。该工程通过公开招投标，由成都市宏泰建筑有限责任公司中标，2009年12月31日签订施工合同；云南城成建设监理有限公司中选质量监理，2010年1月1日开工，7月竣工。

塔水开禧寺修复　2009年7月25日，四川省文物管理局批准塔水开禧寺大殿修缮工程设计方案。2010年5月，安县发展改革和经济商务局批准开禧寺文物保护工程的立项，开禧寺恢复重建项目总投资886万元。主要内容包括完成开禧寺文物保护规划编制和本体文物修缮方案设计、施工（大雄殿、五郎殿、送子殿、千手观音殿等）以及开禧寺周边环境整治、绿化工程。2011年9月底竣工。

晓坝姊妹桥修复　2009年8月，县发展改革和经济商务局批准姊妹桥文物保护工程的立项。7月25日，四川省文物管理局批准姊妹桥维修工程方案。主要内容包括姊妹桥文物保护规划，本体文物修缮方案设计、施工，姊妹桥周边环境整治、绿化工程等，总投资396万元。工程由成都市宏泰建筑有限责任公司中标，2010年10月13日签订施工合同；云南城成建设监理有限公司中选负责质量监理，10月13日正式开工。2011年9月底竣工。

桑枣飞鸣禅院修复　2009年7月25日，四川省文物管理局批准飞鸣禅院大雄宝殿、大师殿修缮工程设计方案。2009年9月8日，县发展改革和经济商务局批准飞鸣禅院文物保护工程的立项。项目包括飞鸣禅院文物保护规划，本体文物修缮方案设计、施工，总投资180万元。通过公开招投标，该工程由重庆园林建筑工程（集团）有限公司中标承建，2010年5月20日签订施工合同；云南城成建设监理有限公司中选质量监理，5月20日，签订监理合同并开工，2011年3月竣工。

二、馆藏文物修复

纳入修复计划的馆藏文物主要是字画96件，由四川省博物院编制方案，预算修复投资30万元。通过对这批96件馆藏书画文物进行系统、全面清理、清洗、修复、装裱、加固等技术处理，减缓文物老化速度，使书画的画面达到整洁、清晰、色彩稳定，增强画心强度，充分展现书画艺术的传统美感，满足展览、收藏、研究的需要。

第三节　非物质文化遗产保护及重建感恩碑刻

非遗项目普查与申报　县文化旅游局组织县文化馆深入全县各乡镇调查、挖掘非物质文化遗产，收集整理资料，寻找传承人。搜集文字资料40余万字，音像资料20余盒。在绵阳市第三批非物质文化遗产保护名录申报工作中，安县成功申报市级非遗名录3项，县级非遗名录11项。安县正式列入保护名录的非遗项目共计39项，其中省级1项，市级20项，县级18项。正在申报国家级非遗保护名录的1项，申报省级非遗保护名录的2项，出版发行45万字的《安县遗产》专著一部。

表 77 **安县非物质文化遗产名录**

编码	项目名称	所在地域	主体民族	濒危情况	级别
Ⅰ—1	李调元传说	宝林镇	汉族	一般	县级
Ⅱ—1	县民谣	茶坪、高川等乡镇	汉羌	濒危	市级
Ⅲ—1	蛾蛾舞	塔水镇	汉羌	濒危	县级
Ⅲ—2	蚌壳舞	乐兴镇	汉羌	濒危	县级
Ⅲ—3	舞龙灯	坝区场镇	汉族	濒危	市级
Ⅲ—4	耍火龙	沸水镇	汉族	濒危	县级
Ⅳ—1	川剧打击乐	安昌镇	汉族	濒危	县级
Ⅳ—2	原始器乐	高川乡、茶坪乡	汉族	濒危	市级
Ⅴ—1	讲评书	安昌镇、秀水镇	汉族	濒危	市级
Ⅴ—2	金钱板	秀水镇	汉族	濒危	市级
Ⅴ—3	唱道筒	桑枣镇	汉族	濒危	市级
Ⅴ—4	莲花落	桑枣镇	汉族	濒危	县级
Ⅴ—5	莲萧	桑枣镇	汉族	濒危	县级
Ⅵ—1	民间棋艺	秀水镇	汉族	一般	市级
Ⅵ—2	皮影戏	秀水镇、黄土镇	汉族	濒危	市级
Ⅶ—1	民间壁画	黄土镇、塔水镇	汉族	濒危	市级
Ⅶ—2	画坛罐	黄土镇、塔水镇	汉族	濒危	市级
Ⅶ—3	剪纸工艺	安昌镇	汉族	濒危	县级
Ⅶ—4	木雕工艺	安昌镇、桑枣镇	汉族	濒危	市级
Ⅶ—5	石雕工艺	安昌、花荄等镇	汉族	一般	县级
Ⅶ—6	根雕	花荄、塔水等镇	汉族	濒危	县级
Ⅶ—7	泥塑	黄土、清泉等镇	汉族	濒危	县级
Ⅷ—1	特色饮食制作技艺	花荄、秀水等乡镇	汉族	一般	市级
Ⅷ—2	纸扎技艺	黄土、河清等乡镇	汉族	濒危	市级
Ⅷ—3	漆艺	塔水镇	汉族	濒危	县级
Ⅷ—4	草纸制作技艺	花荄、永安等乡镇	汉族	濒危	市级
Ⅷ—5	李调元养生饮食制作技艺	宝林镇	汉族	濒危	县级
Ⅷ—6	油茶	花荄镇、塔水镇	汉族	一般	县级
Ⅷ—7	焰火制作	花荄镇、塔水镇	汉族	濒危	县级
Ⅸ—1	杨氏疗蛇伤术	安昌镇	汉族	濒危	市级
Ⅸ—2	民间验方	塔水、永安等乡镇	汉族	濒危	市级
Ⅹ—1	雎水春社踩桥	雎水镇	汉族	濒危	省级
Ⅹ—2	跳端公	桑枣镇	汉族	濒危	市级
Ⅹ—3	道家丧葬习俗	秀水镇	汉族	濒危	市级
Ⅹ—4	婚嫁习俗	沸水、秀水等乡镇	汉族	濒危	市级

续表

编码	项目名称	所在地域	主体民族	濒危情况	级别
X—5	成人礼	安县	汉族	一般	县级
X—6	土建习俗	安县	汉族	濒危	市级
X—7	寿诞	安县	汉族	一般	县级
X—8	民间祭祀	安县	汉族	一般	县级

表78　　安县非物质文化遗产传承人名录

序号	项目名称	级别	传承人	性别	出生年月
01	县民谣（高川山歌）	市级	杨永江	男	1952. 5
02	县民谣（高川山歌）	市级	杨永碧	女	1955. 11
03	川剧打击乐	县级	林文桐	男	1922. 9
04	川剧管弦乐	县级	肖华松	男	1939. 1
05	川剧演唱	县级	郑孟友	男	1945. 7
06	唱道筒	市级	田开永	男	1942. 1
07	金钱板	市级	李诗吉	男	1950. 9
08	民间画艺（灶台画）	市级	张廷宽	男	1958. 7
09	县民间剪纸	县级	高一旭	男	1930. 4
10	石雕	县级	李再国	男	1965. 4
11	木雕工艺	市级	严声亮	男	1966. 12
12	特色饮食制作工艺·谷花糖	市级	何国平	男	1972. 7
13	特色饮食制作工艺·红酥	市级	李俊虎	男	1972. 6
14	特色饮食制作工艺·红酥	市级	严　斌	男	1980. 1
15	特色饮食制作工艺·焦鸭子	市级	焦长松	男	1966. 3
16	特色饮食制作工艺·张包蛋	市级	张　军	男	1972. 4
17	特色饮食制作工艺·张包蛋	市级	张　勇	男	1967. 5
18	纸扎技艺	市级	陈让华	男	1940. 5
19	草纸制作技艺	市级	钟明全	男	1937. 7
20	杨氏疗蛇伤术	市级	杨通海	男	1952. 9
21	民间验方	市级	朱文华	男	1964. 10
22	睢水春社踩桥	市级	高一旭	男	1930. 4
23	睢水春社踩桥	市级	刘佑新	男	1952. 7
24	婚嫁习俗	市级	高一旭	男	1930. 4
25	道家丧葬习俗	市级	李明清	男	1953. 9
26	土建习俗	市级	钟兴勇	男	1964. 2

重建感恩碑刻选介　在所重建的许多项目中，安县人立碑以记其援建者辉煌业绩，意在让子孙后代永远铭记援助安县的恩人，以传承中华民族团结互助的大爱情怀。县文化旅游局将这些碑记收集起来加以整理汇编，使其成为一部很好的大爱文化宣传资料。整理收集近百篇。

安县人民医院重建赋：

公元纪年，二〇〇八年，五月十二日，十四时二十八分，八级强震，猝然袭来，山河移位，满目疮痍，生灵涂炭，天地同悲，史称汶川大地震，四川安县，同罹大难，国家评估，极重灾县。死亡：二千六百四十人；失踪：六百五十五人；受伤：八万八千六百二十三人。受灾人口：五十一万。直接经损：四百三十亿元。人民医院，损失六千万。灾后重建，规划总投资：一亿二千七百叁拾八万元。辽宁省红十字会捐资：九千五百六十九万。编制床位：三百张；新建面积：二万六千平方米。设计单位：辽宁省规划建筑设计院；施工单位：辽宁金帝二建。动土：二〇〇八年九月二十三日；竣工：二〇一〇年四月三十日。赋以记之，是为序。

此时此地，花香满园。人民医院，尽展新颜：医技大楼，雄踞在前；住院大楼，耸入云端；景观长廊，有如彩练；现代气派，布局谨严；设备领先，配套齐全；技术全面，服务周全。医患和谐环境美，创国家三级医院，实现跨越大发展，卫生事业谱新篇。

恩情不可忘，饮水当思源：党政重视，医院重建，民生重点，首批援建。辽宁省红十字会，全力募捐，辽宁人民，无私奉献，捐建医院近亿元。

回首当时，突遭大难，彼时此地，遍地伤员，生离死别，满目凄然。人民医院，第一时间，救死扶伤，堪称典范。省政府西苑中学急救站，安县医院率先设点是中坚。抗震救灾，人人争先，连续奋战，三夜三天，收治伤病员，人数过三万，不分北川县，医药费用全免，白衣天使，博爱无边。

此碑铭言，天地可鉴。西南东北，辽宁安县，一方有难，八方支援。大爱无疆，心手相连。党恩国恩辽宁恩，世世代代永相传。人道博爱和奉献，丰碑永远留人间。是为之赋。

庚寅年五月　安县卫生局　安县人民医院　勒石为记。

法鼓山安县赈灾碑记（法鼓山援建秀水中心卫生院碑记）：

汶川大地震，地覆惊天翻；海峡两岸情，唇齿相依连。

灾情急如火，安县受重灾。台湾法鼓山，跨海急驰援。宝岛募捐，男女老幼慷慨解囊；捐赠物资，深入镇村解民倒悬；医疗救助，十五梯次妙手解难①；勘灾关怀，援建医院一千六百万元。生命教育，帮助受灾群众心理重建；颁奖助学，莘莘学子瀚海扬帆。救援团辛劳奔波，披星月忘我赈灾；援助秀水建家园，浓浓深情心相连。

心安即平安②，播撒心灵环保③理念；同体能大悲，人生价值乐在奉献。升华人格品质，绽放希望笑颜；两岸携手同道，和谐永驻人间！

人类大同，普天有缘。惜别依依，恩情万言。勒石立碑，千秋功典。好愿在人间，善心芳名传！

安县人民政府　二〇一〇年五月十二日立④

【注】①5 月 17 日，台湾财团法人法鼓山社会福利慈善事业基金会负责人之一果品法师带领医护人员组成的救援团赶到秀水，在民兴中学设置关怀医疗站，协助救治伤员。同时在睢水、秀水、安昌等地安置所发放救灾物资并提供 15 梯次医疗服务。灾后重建中，台湾法鼓山慈善基金会捐赠1700 万元重建秀水中心医院，捐赠2300 万元新建秀水第一中心小学。②心安即平安：是法鼓山慈善基金会创始人圣严法师语，他说“只要心安生活就有平安”。③心灵环保：是法鼓山提倡的“二十一世纪的生活主张”之一，即“四感”，感恩、感谢、感化、感动。④2010 年 5 月 12 日，该碑记镌刻于安县秀水中心医院。

第四节　广播影视设施

县广播电视台业务用房项目　2008 年 8 月 4 日，经辽援安办〔2008〕3 号文件批准，在花荄镇“重建广播电视台业务用房及其设备购置”被列入第一批受援项目，辽宁省投资2180 万元，中央资金420 万元，共计2600 万元。2008 年 9 月 23 日正式破土动工。2009 年 9 月 1 日，县广播电视台业务用房工程通过竣工验收。

县广播电视台设备项目　2009年5月25日，县发展改革和经济商务局印发《关于同意县广播电视局重置县广播电视台台内设备等项目立项的批复》，县广播电视台台内设备项目正式立项。总投资2397万元，由中央资金和辽宁援建资金组成。

县广播电视台台内设备项目包括四个部分。台内设备项目第一部分主要包括机房功能建设及周边设备1个子项目。2009年9月25日，浙江汉鼎建设有限公司以293万元中标，2010年3月至4月进行设备的调试，5月完工。

台内设备项目第二部分主要包括收录制播存一体网、摄录设备及演播室集成、电台和应急广播系统3个子项目。收录制播存一体网项目2009年12月24日由北京中科大洋科技发展股份有限公司以309.13万元中标。2010年4月全部完成收录制播存一体网系统的集成。2010年1月19日，摄录设备及演播室系统项目由江门市新会区新广视公司以269.8万元中标，6月完工。电台和应急广播系统子项目，7月7日，由成都创视科技公司以46.07万元中标，8月20日，完成交货和初验。

台内设备项目第三部分主要包括卫星接收系统和仪器仪表、安全播出监播系统两个子项目。卫星接收系统和仪器仪表子项目2010年1月18日和4月15日由成都市金牛区中广康视达电子电器商行共以33.65万元中标，5月27日，对该子项目进行初验。4月14日，安全播出监播系统子项目由四川九洲电子科技股份有限公司以43万元中标，5月31日对该子项目进行初验。

台内设备项目第四部分（即增加部分）主要包括发电机房及部分附属设备和应急广播车。该子项目由成都金牛区中广康视达商行等中标，总金额6万元，2010年8月26日交货完工。2010年10月13日，应急广播车子项目分别由绵阳鑫晟汽车销售服务有限公司中标车辆采购、四川恒业机电成套设备有限责任公司中标车辆改装、四川金恒源电子技术有限责任公司中标车辆专业设备集成，该子项目投资35万元。2010年11月12日，对该项目（应急广播车除外）验收合格。12月21日，绵阳鑫晟汽车销售服务有限公司交付应急广播车。县广播电视台2009年10月7日正式入驻办公。

有线电视光纤传输网络项目和数字电视前端项目　2009年5月25日，县发改委印发安发改经贸〔2009〕274号文件，批准县有线电视前端项目立项，该项目主要是建立有线数字电视平台和地面数字电视平台。辽宁援建资金500万元，项目地址在县广播电视台业务用房内。2009年6月19日，经绵阳市发展和改革委员会核发《关于县广播电视系统灾后重建项目可行性研究报告的批复》（绵市发改社会〔2009〕600号）批准有线电视网络立项，该项目主要是恢复重建有线电视网络杆线路和相关配套设备的采购安装。建设资金为4645万元，其中辽宁援建资金1120万元、国家资金3525万元，项目地址分布在18个乡镇。9月13日，县广播电视局与四川大明科技有限责任公司签订《县数字电视前端系统集成项目合同书》。2009年10月19日，县数字电视前端系统集成项目开工建设，2010年4月10日，县数字电视前端系统集成项目完成安装。2010年5月10日，对数字电视前端系统集成项目前端子系统、EPG系统、数据广播系统、ADTB—T系统进行系统功能测试，测试结果均正常。2010年2月24日，县广播电视局有线电视网络开工建设，12月21日竣工。

安县广播电视无线发射台

无线发射台站设施设备项目　县广播电视无线发射台站建设属于全县广播影视灾后重建项目之一，总投资为1052万元，建设地点为花荄镇马鞍村二组（主发射台）和秀水镇桥楼村五组（次发射站），占地面积10亩。

2009年5月，县发改委以《安发改经贸〔2009〕274》号文批复同意无线发射台站设施设备立项。无线发射台站项目共分机房和道路工程、铁塔建设、机房装修、监测、监控、附属设备采购安装、环境绿化整治等多个标段实施。2009年6月，完成选址工作。8月，完成地勘、代理机构招标比选工作，10月，完成设计、招标文件和工程量清单、财评、招标挂网。11月，完成公开招标，四川全成建设集团有限公司以34.88万元中标土建标段，12月15日开工。2010年5月15日完工，11月无线发射台站土建工程竣工验收。2010年8月，发射机设备完成招投标，成都新光微波工程公司以193.6万元中标。9月，开始安装设备，同月，发射台铁塔完成招投标。2011年1月，发射台监测、监控载体完成招投标，2月，其他附属设施设备先后完成政府采购招标，发射台铁塔基本完成安装。3月，发射机开始调试发射信号，4月，发射台监测、监控载体基本完工，4月30日，无线发射台工程全面竣工。

广播电视村村通设施设备项目 恢复和重建800个自然村损毁的“村村通”工程，项目资金为国家灾后恢复重建资金800万元。村村通设施设备项目主要包括三个部分。第一部分主要包括：投入386万元重建损毁的“村村通”用户分配网，同时恢复“村村通”工程维修中心和分中心，建立健全县“村村通”保障体系，保证“村村通”和“长期通”。第二部分主要包括：投入126万元恢复重建“村村通”所需要的18个乡镇广播站的广播设施、设备。计划恢复重建“村村通”所需要的18个乡镇广播站的广播设施设备。恢复乡镇广播站广播节目制作播出系统，同时将广播节目通过调频调制器调制后与县有线广播电视信号混合，经光发射机再次发射进入光纤传输网，传到本乡镇的各村光节点。第三部分主要包括：投入288万元恢复重建各行政村的村级广播“村村通”，保证村到组的广播覆盖。计划在全县232个行政村建立村到组的农村无线调频广播网。

发射塔

2009年5月，县发展改革和经济商贸局以安发改经贸〔2009〕274号文批复同意县广播电视村村通设施设备立项。2009年8月进行该项目配置方案审批，2009年7月由县政府采购办在绵阳市政府招标采购网和四川省政府招标采购网上公开招标采购，由黑龙江真美公司、四川九洲线缆等6家公司以681.57万元中标。黑龙江真美公司按照供货合同规定，按时保质保量提供231个行政村农村“村村通”广播设施设备，其中主要包括调频广播发射主机231台，高音喇叭4536只等设备。四川壁虹广播电视技术有限公司中标18个乡镇广播站分前端设施设备项目。成都华塑电子技术开发有限公司、四川九洲线缆有限责任公司、成都广祺通讯器材有限公司、绵阳市恒源物资贸易有限公司等企业中标“村村通”有线电视用户分配网设备器材。2010年4月19日，农村广播安装完工。5月30日，18个乡镇广播分前端设备全部安装完毕。8月底，受损的800个自然村用户分配网恢复建设竣工。2010年12月30日，项目通过终验。

乡镇广播电视站设施设备项目 乡镇广播电视站设施设备项目主要是：恢复重建桑枣、秀水2个片区站和黄土、兴仁、界牌、乐兴、晓坝、茶坪、睢水、沸水、河清、迎新、清泉、永河、宝林等13个乡镇广播站的土建工程和配套设施设备建设。桑枣和秀水两个片区站，建筑面积为桑枣250平方米，秀水280平方米，其他13个乡镇广播站每个建筑面积为100平方米，总建筑面积为1830平方米。广播电视站配套设备设施建设主要是分前端机房的防雷、防静电和机房空调、监看电视机等机房基础设施。

2009年1月，桑枣、秀水广播电视站设施设备被确定为中央资金的灾后重建项目工程。两个项目经文件批复原地原址重建，项目名分别为“桑枣广播电视站及网络分中心工程项目”和“秀水广播电视站及网络分中心工程项目”。桑枣广播电视站及网络分中心项目规划投资50万元，两楼，防震按8度设防，采用全现浇、全框架结构。2009年8月，通过比选确定绵阳宇发建设工程有限公司承建，设计单位为绵阳博源建筑设计有限公司，监理单位是绵阳富达建设有限责任公司。工程2009年8月25日开工，2010年1月竣工。秀水广播电视站及网络分中心工程项目规划投资50万元，防震按8度设防，包括广播播音室、音频工作站、网络分中心机房设施设备等。设计单位是绵阳市华恒建筑勘测设计有限公司，监理单位是绵阳富达建设有限责任公司。工程通过比选由绵阳市富阳建筑工程有限公司承建。工程2009年12月6日开工，2010年3月，该项目完成主体工程。2010年5月，秀水广播电视站及网络分中心工程项目全面完工。

黄土镇等13个乡镇广播电视站每个站重建资金10万元。13个站的子项目由县广播电影电视局负责，由各乡镇纳入当地的政权建设或文化设施建设并具体实施，截至2011年9月30日，全部完工。

县乡电影院设施设备项目　按照国家广电总局《关于汶川地震广播电影电视灾后重建指导意见》的有关要求，各乡镇应该建设一座150座（位）以上的电影院。共上报电影院重建19座，其中花荄镇一座，乡镇18座（安昌、永安除外）。国家批准投资3697万元。其中，县级电影院2333万元，乡镇电影院1364万元。县广播电影电视局负责黄土、界牌等14个乡镇的重建，重建资金931万元，资金来源为中央灾后重建资金。2009年6月，县发改局以安发改经贸〔2009〕302号文件正式批复立项。各乡镇电影院建设的业主确定为各乡镇人民政府，要求各业主单位将电影院项目纳入乡镇政权建设一并实施。项目建成后由县广播电影电视局统一管理。2010年5月底，80%的乡镇电影院建设项目开工。2010年12月底，50%的乡镇电影院建设项目竣工。2011年5月，县广电局所负责的14个乡镇电影院建设项目除睢水镇电影院因特殊情况尚未开工外，其余13个乡镇电影院项目相继完工。截至2011年9月，全部竣工。

第五节　新闻出版设施

灾后重建的晓坝镇公共阅报栏

乡镇图书发行网点和公共阅报栏项目　全县计划建设18个乡镇图书发行网点。根据县公共文化灾后重建实施方案，秀水、花荄两处发行网点由县文化旅游局直接负责实施，并与其综合文化站、电影院打捆建设。根据县灾后重建总体规划的相关指导精神，2009年4月，县文化旅游局、县新闻出版局组织召开各乡镇实施项目联系会，决定将乡镇图书发行网点、文化站等文化公益类项目委托当地乡镇政府负责实施。建设完成后的各乡镇图书发行网点，营业用房面积100平方米，设立有公益性阅读区。网点由县新闻出版局统一配送出版物6000册（盘），制定相应的借阅制度，为当地人民群众提供免费借阅服务。

新华书店　县新华书店综合楼重建项目属异地重建。根据安府纪要〔2009〕26号决定，将县新华书店纳入县文化和职工活动中心打捆建设，由辽宁援建方具体实施，建设资金使用新华书店自筹资金。建成后的县新华书店与县文化馆同一建筑，两层建筑面积2000平方米，一层为营业门市，二层为库房和办公区域。

2009年初，辽宁省建筑设计研究院进行项目设计。2009年8月，辽宁援建指挥部通过招投标确定由中冶集团华冶公司辽宁分公司负责施工。2009年9月，项目建设启动。2010年10月，县新华书店投入使用。

安县图书发行网点和公共阅报栏重建项目实施情况统计表

表 79　　　　单位：万元　2011 年 9 月 30 日

项目名称	规模（平方米）	规划投资	到位资金	实际完成投资	未完成投资
合　计	1800	646	646	476.4	169.6
花荄镇图书发行网点	100	34	34	25	9
秀水镇图书发行网点	100	34	34	25	9
塔水镇图书发行网点	100	34	34	25	9
永河镇图书发行网点	100	34	34	25	9
宝林镇图书发行网点	100	34	34	25	9
黄土镇图书发行网点	100	34	34	25	9
高川乡图书发行网点	100	34	34	25	9
桑枣镇图书发行网点	100	34	34	25	9
雎水镇图书发行网点	100	34	34	25	9
界牌镇图书发行网点	100	34	34	25	9
清泉镇图书发行网点	100	34	34	25	9
迎新乡图书发行网点	100	34	34	25	9
河清镇图书发行网点	100	34	34	25	9
兴仁乡图书发行网点	100	34	34	25	9
乐兴镇图书发行网点	100	34	34	25	9
晓坝镇图书发行网点	100	34	34	25	9
沸水镇图书发行网点	100	34	34	25	9
茶坪乡图书发行网点	100	34	34	25	9
县城区域公共阅报栏	安装	34	34	26.4	7.6

注：未完成投资的资金全部用于图书发行网点添置设备和图书

第六节　体育设施

室内全民健身中心重建项目　2009 年 6 月 10 日，县发展改革与经济商务局批复同意建设立项。该工程立项资金 3000 万元，建筑面积 4605 平方米，占地 6 亩。2009 年 6 月，确定在文化广场北侧与县职工文化活动中心合并修建。2009 年 6 月 25 日，县规划和建设局办理《项目选址意见书》。2009 年 7 月 1 日，县水务局对报送的《关于县业余体校新建项目水土保持方案报告表的请求》进行批复。2010 年 1 月，中国工程物理研究院环境评价中心受业余体校委托编制《建设项目环境影响报告表》。

辽宁援建安县灾后重建前线指挥部确定辽宁方圆项目管理公司为项目管理单位。辽宁方圆项目管理公司委托绵阳恒博岩土公司进行地勘。2009 年 6 月，方圆管理公司招标确定辽宁建筑工程设计院为工程设计单位。8 月 23 日，辽宁方圆项目管理公司招标确定中冶公司华冶分公司为建筑单位，辽宁省建筑设计研究院项目咨询有限公司负责现场监理。县室内全民健身中心工程由中央投资 3000 万元，其中工程建设2400万元，配套设施设备、器材600万元，建筑面积4605平方米。县室内全民健身中心为中空环廊式椭圆体建筑，建筑高度15米。中心比赛场地为篮球馆，篮球场地780平方米，安装高级体育运动木地板，540个观众座位，安装有金陵牌电动液压移动式篮板（含24秒全场倒计时），两个40平方米LED全彩显示屏，自动升降旗系统、高保真音响系统；乒乓球室400平方米，安装高级体育专业运动木地板，13张高级乒乓球台、两台乒乓球发球机，多个物品存放柜，安装有空调和音响设备；室内健身房6个，每个150平方米，配置有60万元的室内健身器材，安装运动地板，多个物品存放柜，安装有空调和音响设备；功能用房24个，办公设施设备齐全。2009年10月5日，县室内全民健身中心工程破土动工。2010年7月12日工程全部竣工。

健身中心可进行室内器械健身、瑜伽、健美操、乒乓球、羽毛球、武术、跆拳道、棋牌等项目的健身活动，进行乒乓球、羽毛球、跆拳道、武术、柔道、棋牌等项目的业余训练，举办篮球、羽毛球、乒乓球、棋牌等项目的比赛活动，还可举办演唱会、职工体育活动等，同时满足业余体校日常办公。

绵阳市青少年乒乓球锦标赛在安县体育馆举行

室外健身设施 2008年，在花荄镇西桥村、安昌镇东升村、秀水镇新民村和红光村、界牌镇龙集村、宝林镇桂林村建设6个农民健身工程。在晓坝镇受灾居民集中安置点、河清镇场镇建设全民健身路径。2009年，在花荄镇柏杨村、回龙村、联丰村，安昌镇川主村、双龙村，塔水镇油坊村，界牌镇西明村、石岭村，桑枣镇飞龙村，河清镇白马村，宝林镇印盒村建设11个农民健身工程。在花荄镇前进村、文星社区受灾群众集中安置点、睢水镇荣华社区、秀水镇文化中心、安县中学建设全民健身路径。2010年在高川乡泉水村、花荄镇益昌社区、界牌镇金凤集中安置小区建设全民健身路径。在花荄镇的红武村、界牌镇石安村、桑枣镇立志村、乐兴镇新民村、塔水镇三泉村、河清镇前丰村、沸水镇三合村、茶坪乡川心村、迎新乡月峰村、睢水镇宝元村、清泉镇大埝村、兴仁乡长沟村建设12个农民健身工程。

第七节　旅游设施

一、旅游业发展布局

空间布局 旅游产业的空间布局概括为“三区两带两环”。三区：罗浮山温泉度假旅游区、千佛山旅游区、白水湖旅游区。两带：花荄—安昌镇—桑枣镇—晓坝镇—茶坪乡村旅游产业带，永安镇—睢水镇龙门山沿山乡村旅游观光带。两环：绵阳、成都—县城—罗浮山旅游区　白水湖旅游区—德阳—绵阳、成都，县城—罗浮山旅游区—白水湖旅游区—塔水—县城。

旅游产品和线路调整 旅游产品主要推出地震遗址旅游、会议度假旅游、特色旅游和经典旅游产品，如罗浮山温泉休闲度假游、羌王城羌族文化体验游、白水湖亲水生态休闲游、飞鸣禅院祈福游等旅游产品以及“温泉之都、安县之旅”媒体推广旅游产品。旅游线路，“安县感动之旅”主题旅游线路，选取桑枣、茶坪等地震遗址和地震人文关怀精神典型的旅游点，组织安县感动之旅、祈福之旅线路，搭

晓坝姊妹桥

配准备启动的旅游景区和旅游乡镇，推出安县旅游精品线路，如罗浮山“感怀之旅”等，开展“感恩、感动、感怀”系列主题旅游线路。线路安排：罗浮山—桑枣—白水湖—睢水。地震遗址“中华感动之旅”组合线。线路安排：成都—都江堰、紫坪埔—漩口、映秀—汶川—茂县—北川—江油—安县—绵竹—什邡—彭州—成都。“温泉之都、安县之旅”系列旅游精品线路以生态休闲度假旅游线路等为主的“温泉之都、安县之旅”旅游精品线路。线路安排：白水湖—罗浮山（羌王城）。

旅游景区项目 将龙门山沿山乡村旅游带安民工程项目纳入省乡村旅游安民工程项目中，与受灾群众安置相结合，打造出新乡村旅游精品，为受灾群众提供再就业机会，实现安民富民。将罗浮山温泉度假区恢复重建项目纳入到全省大龙门山休闲度假旅游项目中，以罗浮山温泉度假区恢复重建为契机，按照国家级旅游度假区的标准，整合优势旅游资源，打造安县国家级旅游度假区。在灾后的规划建设中，深度挖掘罗浮山民俗和宗教文化，在建筑风貌上加以控制，完善内部特色餐饮、购物和住宿服务等旅游要素，打造独具特色的罗浮温泉风情小镇。千佛山大熊猫栖息地生态环境建设项目，千佛山近期以道路交通条件的改善和生态环境的恢复为主，发展以地质科考、地震遗迹观光为主的旅游产品，积极纳入地震遗迹旅游线路中。安县国家地质公园项目，通过恢复重建受损较轻的旅游景区，迅速恢复和启动旅游业的发展。

姊妹廊桥夜景

旅游通道建设项目 加快旅游通道的恢复重建，迅速恢复县旅游通道的可进入性，并在增强其安全性和畅通性的基础上，整体规划构建旅游景观环廊和旅游公路网，增强旅游通达性和便捷性，提升旅游业恢复重建效率和形象重建。旅游通道建设项目包括成青路主通道项目、罗浮山千佛山主通道项目、景区内部通道建设项目。

安县旅游恢复重建项目建设基本情况明细表

表 80　　　　单位：万元　2011 年 9 月 30 日

项目名称	立项金额	资金来源	开工时间	竣工时间
桑枣旅游区基础设施建设	3000	辽宁援建	2009.8	2010.10
罗浮山环山路工程	3150	辽宁援建	2010.5	2011.8
晓坝镇“中国院子”基础设施建设	800	辽宁援建	2010.5	2011.4
千佛山景区道路及防洪工程	1000	辽宁援建	2010.6	2010.12

续表

项目名称	立项金额	资金来源	开工时间	竣工时间
乡村旅游公共服务设施建设	384	中央重建	2010.8	2011.8
城镇旅游公共服务设施建设	100	中央重建	2010.10	2011.9
游客接待中心二次装修	200	中央重建	2010.8	2011.4

二、重点旅游项目

乡村旅游发展项目　打造“辽安路乡村旅游产业带”和“龙门山沿山乡村旅游观光带”。界牌镇、桑枣镇成功创建四川省乡村旅游示范镇，成为绵阳市首批4个乡村旅游示范镇之一。全面启动实施旅游交通指示牌、农家乐标牌、宣传广告牌建设，使旅游基础设施得到大力提升。全县原有的农家乐不仅得到维修和改造，还新增农家乐20余家，其中在建的农家乐项目就有10个，全县农家乐总数达到50余家。2010年全县农家乐接待游客10余万人次，实现营业收入近3000万元，增加农民就业岗位近1000个。全力打造“安昌—桑枣—晓坝—茶坪乡村旅游经济发展示范带”，重点抓“苏家大院”“猫儿沟农家乐”“石洞子山庄”等示范点建设。同时，通过开展星级农家乐的评定工作，促使乡村旅游的发展走上标准化、规范化发展轨道。

罗浮山温泉度假区项目　绵州温泉酒店按五星级酒店标准进行灾后恢复重建，泰丰源温泉酒店按三星级酒店标准进行恢复重建。2008年12月24日，在罗浮山成功举办“辽安同心”平安之夜联谊活动。随后，启动桑枣旅游基础实施项目，经绵阳市发改局绵市发改社会〔2009〕282号文件批准立项，工程主要由辽宁省援建，总投资3000万元。工程包括景区道路黑化、绿化，停车场等。

游客接待中心，占地38亩，建筑面积3600平方米，投资1500万元。工程于2009年6月动工，2010年4月完工。

2010年，全县旅游经济继续保持恢复性增长的势头，旅游收入实现6.2亿元，同比增长51.2%；接待游客150万人次，同比增长36.4%。旅游经济主要指标全面恢复到灾前水平。

太平桥

第九章　教育科技重建

第一节　学校重建

一、重建概况

2008年5月18日，县教育体育局成立灾后恢复重建办公室。5月23日，灾后恢复重建规划设计工作正式铺开，规划组全体人员没有现代办公设备使用，靠手工统计出教育系统震后灾损数据，完成灾后恢复重建规划的测算、设计和布局工作，编制《安县汶川地震灾后重建教育规划方案》，制作《安县"5·12"地震受灾学校一览图》和《安县"5·12"灾后恢复重建学校布局图》。后因行政区划调整，再次规划出全县教育体育灾后恢复重建项目53个。其中，普通高中2所，职业中学1所，单设初中10所，九年制学校8所，小学27所（含村小11所），公办幼儿园1所，教师进修学校1所，教育研究室1所，业余体校1所，青少年活动中心1个，异址整体重建11所，原址整体重建19所，原址部分重建23所；规划新建校舍29.19万平方米，维修加固校舍13.15万平方米，总投资8.41亿元。

安县桑枣中学

在灾后恢复重建工作中，县教体局从工程项目的规划立项、招标、质量监管、设备采购、资金管理、宣传报道等方面设置六个工作小组，每个工作小组由一名党委成员具体牵头负责，做到安排部署、工作责任、制度执行、协调指导、督促检查"五个到位"，推动学校重建工作。保证重建项目的质量安全、资金安全及相关人员的政治安全，印发相关文件，建立健全恢复重建相关管理制度，在资金管理上严格按照县人民政府办公室文件要求，做到"专户储存、专账管理、封闭运行"的管理方式，严格审批程序，并按照工程进度及时拨付建设工程款。开展项目学校法人代表、施工项目经理及监理人员三方人员培训，做到齐心协力，相互督查监管，做到有力、有序、有效地推进灾后重建工作，进一步增强其廉政意识、法律意识和质量意识，做到依法重建、规范重建、科学重建、廉洁重建。实行分片、包片制，开展定期拉网式检查和不定期抽查，对发现的问题及时发出书面整改通知，并将检查结果通报全县学校及相关部门，纳入学校的目标考核，确保把重建工程建成优质的民生工程。2009年9月开始，县教体局有针对性地组织实施学校灾后重建项目进程攻坚，在确保质量的前提下，进一步明确职责，落实各项保障措施，执行各项重建工程领导分片负责制，严格"倒排工期"督查制和责任追究制。

2008年7月15日，第一所灾后重建学校开工。2010年3月1日，53个教育体育灾后恢复重建项目全面竣工，先后通过验收并投入使用，新采购教学仪器设备和图书共计8531.8万元，全县中小学近54000名学生告别板房教室搬进永久性校舍。

安县灾后教育重建项目一览表

表 81　　　　单位：平方米、万元

学校名称	新建面积	加固面积	投资	重建	选址	资金来源	开工日期	竣工日期	备注
安县中学校	4000	45320	4477	部分	原址	特殊党费	新建：综合楼等 2009 年 5 月 6 日。维修加固：教学综合楼、学生宿舍、食堂等 2008 年 12 月 22 日	新建：综合楼等 2010 年 9 月 27 日。维修加固：教学综合楼、学生宿舍、食堂等 2009 年 2 月 17 日	实际新建校舍 4821 平方米，实际维修加固校舍 56082 平方米。
桑枣初级中学校	25966		6492	整体	异地	辽宁援建 中央基金	2009 年 5 月 4 日	2010 年 1 月 4 日	教师周转房项目未实施
安县七一实验小学	9000	3500	2485	部分	原址	特殊党费	新建：教学楼、学生宿舍、综合楼、学生食堂等 2009 年 8 月 1 日。维修加固：教学综合楼、教工食堂等 2009 年 2 月 1 日	新建：教学楼、学生宿舍、综合楼、学生食堂等 2010 年 12 月 30 日。维修加固：教学综合楼、教工食堂等 2009 年 2 月 20 日	实际新建校舍 9212 平方米，实际投资 2354 万元。
安县职业中专学校	23000	—	6357	整体	异地	辽宁援建 中央基金	2009 年 9 月 25 日	2010 年 12 月 25 日	—
秀水中学校	8169	5829	2420	部分	原址	辽宁援建	新建：教学楼、教学综合楼、学生宿舍等 2009 年 4 月 1 日。维修加固：教学楼、学生宿舍等 2008 年 11 月 16 日，食堂 2010 年 7 月 20 日	新建：教学楼、教学综合楼、学生宿舍等 2010 年 2 月 24 日。维修加固：教学楼、学生宿舍等 2009 年 2 月 5 日，食堂 2010 年 8 月 10 日	—
县教师进修学校	3000	—	890	整体	异地	中央基金	2009 年 10 月 18 日	2010 年 9 月 28 日	—
县教育研究室	1100	—	350	整体	异地	中央基金	2009 年 10 月 16 日	2010 年 5 月 31 日	—
县青少年学生校外活动中心		500	270	整体	原址	中央基金	2009 年 4 月 10 日	2009 年 12 月 26 日	—
县业余体校	400	—	177	整体	异地		2009 年 10 月 5 日	2010 年 7 月 12 日	实际与全民健身中心合建。
县实验幼儿园	3900	—	1095	整体	异地	辽宁援建	2009 年 9 月 20 日	2010 年 4 月 30 日	—
县实验初级中学校	18232	—	5216	整体	异地	辽宁援建 中央基金	2009 年 5 月 8 日	2010 年 3 月 20 日	—
花荄镇初级中学校	5316	6170	1677	部分	原址	辽宁援建 中央基金 社会援建	新建：教学楼、学生宿舍等 2008 年 9 月 24 日。维修加固：教学综合楼、教学楼、学生宿舍等 2008 年 10 月 3 日	新建：教学楼、学生宿舍等 2009 年 5 月 8 日。维修加固：教学综合楼、教学楼、学生宿舍等 2009 年 5 月 8 日	—
黄土镇仁和学校	13108	—	3347	整体	原址	辽宁援建 中央基金	2009 年 4 月 23 日	2009 年 12 月 16 日	教师周转房项目未实施

续表

学校名称	新建面积	加固面积	投资	重建	选址	资金来源	开工日期	竣工日期	备注
界牌镇初级中学校	3507	780	1189	部分	原址	中央基金 社会援建	新建：教学综合楼、学生宿舍等2009年4月29日。维修加固：综合用房、食堂等2009年1月15日	新建：教学综合楼、学生宿舍等2010年1月5日。维修加固：综合用房、食堂等2009年2月15日	—
秀水镇民兴初级中学校	9687	3000	2597	部分	原址	中央基金 社会援建	新建：教学综合楼、学生宿舍等2009年5月28日。维修加固：学生宿舍等2009年1月15日	新建：教学综合楼、学生宿舍等2010年5月5日。维修加固：学生宿舍等2009年3月15日	教师周转房项目未实施
睢水镇学校	14745	—	3873	整体	异地	辽宁援建 中央基金	2009年4月30日	2010年2月3日	教师周转房项目未实施
沸水镇学校	9713	—	2562	整体	原址	辽宁援建 中央基金	2009年4月16日	2010年1月27日	教师周转房项目未实施
晓坝镇学校	11225	—	3020	整体	异地	辽宁援建 中央基金	2008年12月18日	2009年8月25日	教师周转房项目未实施
迎新乡学校	7661	816	1960	部分	原址	中央基金	新建：教学综合楼、学生宿舍、食堂等2009年7月1日。维修加固：综合楼等2009年1月19日	新建：教学综合楼、学生宿舍、食堂等2010年2月28日。维修加固：综合楼等2010年5月5日	—
宝林镇学校	6929	—	1785	整体	原址	中央基金 社会援建	教学楼2010年2月21日，教学综合楼、学生宿舍、食堂等2009年4月18日	教学楼2011年1月13日，教学综合楼、学生宿舍、食堂等2010年8月19日	—
宝林镇调元金融希望小学	940	—	274	整体	原址	社会援建	2008年10月8日	2009年6月20日	—
县永河镇学校	9101	—	2337	整体	原址	中央基金	教学综合楼2009年5月28日，学生宿舍、食堂等2009年6月8日	教学综合楼2010年6月30日，学生宿舍、食堂等2010年8月23日	教师周转房项目未实施
河清镇初级中学校	5323	958	1323	部分	原址	中央基金 社会援建	新建：教学综合楼、学生宿舍等2009年4月30日。维修加固：综合楼等2008年12月10日	新建：教学综合楼、学生宿舍等2009年12月25日。维修加固：综合楼等2009年1月10日	教师周转房项目未实施
塔水镇初级中学校	5000	2171	1288	部分	原址	中央基金	新建：学生宿舍等2009年4月30日。维修加固：教学楼、实验楼等2009年1月17日	新建：学生宿舍等2010年8月2日。维修加固：教学楼、实验楼等2009年4月30日	教师周转房项目未实施

续表

学校名称	新建面积	加固面积	投资	重建	选址	资金来源	开工日期	竣工日期	备注
乐兴镇初级中学校	5161	1778	1339	部分	原址	中央基金社会援建	新建：教学综合楼、学生宿舍、食堂等2009年5月8日。维修加固：教师周转房、综合楼等2008年11月27日	新建：教学综合楼、学生宿舍、食堂等2010年9月21日。维修加固：教师周转房、综合楼等2009年1月17日	—
清泉镇初级中学校	3281	1958	900	部分	原址	中央基金社会援建	新建：教学综合楼等2009年5月14日。维修加固：教学楼等2008年12月28日	新建：教学综合楼等2009年11月25日。维修加固：教学楼等2009年3月20日	—
桑枣镇初级中学	5571	—	1450	整体	原址	中央基金社会援建	2009年4月13日	2010年1月25日	—
兴仁乡学校	1873	1283	665	部分	原址	中央基金社会援建	新建：教学楼2009年4月23日，综合楼等2009年5月10日。维修加固：教室等2008年12月16日	新建：教学楼2009年9月20日，综合楼等2009年11月23日。维修加固：教室等2009年4月21日	—
泸州老窖永盛学校	12100	1060	3253	部分	原址	中央基金社会援建	新建：教学综合楼等2009年4月28日。维修加固：教学楼等2008年9月10日	新建：教学综合楼等2010年2月2日。维修加固：教学楼等2008年10月20日	—
黄土镇小学校	7926	3000	2011	部分	原址	中央基金社会援建	新建：教学综合楼、食堂等2009年5月5日。维修加固：学生宿舍等2008年12月20日	新建：教学综合楼、食堂等2009年12月29日。维修加固：学生宿舍等2009年2月20日	教师周转房项目未实施
界牌镇小学校	7172	507	1809	部分	原址	中央基金社会援建	新建：教学综合楼、学生宿舍、食堂等2009年5月6日。维修加固：教室、学生宿舍等2009年2月4日	新建：教学综合楼、学生宿舍、食堂等2009年12月15日。维修加固：教室、学生宿舍等2009年3月20日	教师周转房项目未实施
界牌镇星艺龙集小学	410	—	148	整体	原址	中央基金社会援建	2008年8月18日	2009年4月30日	—
茶坪乡小学校	4240	900	1220	部分	原址	辽宁援建社会援建	新建：教学楼、学生宿舍、食堂等2009年6月12日	新建：教学楼、学生宿舍、食堂等2010年1月19日	规划的维修加固学生宿舍项目因多次余震需拆除重建。
高川乡小学校	4980	—	1255	整体	异地	中央基金社会援建	2009年4月15日	2010年2月4日	—

续表

学校名称	新建面积	加固面积	投资	重建	选址	资金来源	开工日期	竣工日期	备注
秀水镇第一小中心学校	12934	—	3284	整体	异地	中央基金社会援建	2009年3月28日	2010年2月4日	教师周转房项目未实施
秀水镇新民小学校	550	—	205	整体	原址	中央基金社会援建	2009年1月1日	2009年7月21日	—
秀水镇金山小学校	650	—	178.7	整体	原址	中央基金社会援建	2009年6月1日	2010年1月1日	—
秀水镇红光小学校	650	—	187	整体	原址	中央基金社会援建	2008年11月1日	2009年6月1日	—
秀水镇第二小学校	2916	—	773	整体	原址	中央基金社会援建	2009年3月26日	2010年2月6日	—
秀水镇牌坊小学校	874	—	271	整体	原址	中央基金社会援建	2008年12月7日	2009年7月1日	—
秀水镇第三小学校	2450	—	647	整体	原址	中央基金社会援建	2009年3月12日	2009年8月30日	—
霍尼韦尔联合小学	1151	—	230	整体	原址	中央基金社会援建	2009年1月6日	2009年5月20日	—
塔水镇第一小学校	8177	1500	2206	部分	原址	中央基金	新建：教学综合楼等2009年5月1日。维修加固：学生宿舍等2009年1月12日	新建：教学综合楼等2010年1月20日。维修加固：学生宿舍等2009年2月22日	教师周转房项目未实施
塔水镇第二小学校	4938	650	1308	部分	原址	中央基金社会援建	新建：教学综合楼、学生宿舍、食堂等2009年7月7日。维修加固：教学楼等2008年12月28日	新建：教学综合楼、学生宿舍、食堂等2010年3月29日。维修加固：教学楼等2009年3月20日	教师周转房项目未实施
乐兴镇小学校	8600	1301	2263	部分	原址	中央基金社会援建	新建：教学综合楼、食堂、学生宿舍等2009年4月1日。维修加固：教学楼、学生宿舍等2008年12月1日	新建：教学综合楼、食堂、学生宿舍等2010年2月10日。维修加固：教学楼、学生宿舍等2008年12月30日	教师周转房项目未实施

续表

学校名称	新建面积	加固面积	投资	重建	选址	资金来源	开工日期	竣工日期	备注
清泉镇小学校	3499	1540	991	部分	原址	中央基金社会援建	新建：教学综合楼、学生宿舍等2009年4月27日，维修加固：教学楼、综合用房等2009年2月11日	新建：教学综合楼、学生宿舍等2009年12月27日。维修加固：教学楼、综合用房等2009年7月13日	—
河清镇小学校	9000	220	2172	部分	原址	中央基金社会援建	新建：教学综合楼、学生宿舍等2009年3月30日。维修加固：食堂等2009年2月1日	新建：教学综合楼、学生宿舍等2010年8月2日。维修加固：食堂等2010年1月30日	教师周转房项目未实施
桑枣镇第一小学校	8278	890	2190	部分	原址	中央基金社会援建	新建：教学综合楼、学生宿舍、食堂等2009年8月15日。维修加固：教学楼等2009年6月15日	新建：教学综合楼、学生宿舍、食堂等2010年11月19日。维修加固：教学楼等2009年12月31日	教师周转房项目未实施
顺德台商桑枣石佛小学	704	—	195	整体	原址	中央基金社会援建	2008年7月15日	2009年1月31日	—
干柏本山爱心学校	747	—	239	整体	原址	中央基金社会援建	2009年4月23日	2009年10月15日	—
桑枣成商花庙小学	745	—	213	整体	原址	中央基金社会援建	2008年8月15日	2009年1月30日	—
中国家居服希望小学	550	—	161	整体	原址	中央基金社会援建	2008年11月15日	2009年2月31日	—
桑枣镇第二小学校	2000	4338	717	部分	原址	中央基金社会援建	新建：综合楼等2009年6月26日。维修加固：教学楼、学生宿舍等2009年3月16日	新建：综合楼等2010年2月5日。维修加固：教学楼、学生宿舍等2009年6月23日	—

安县灾后教育重建项目（资金）一览表

表 82　　　　单位：万元

学校名称	投　资	资金落实情况						
		小　计	中央财政基金	对口援建（含省内）		特殊党费	社会（含个人）援建	其他
				金额	援建单位			
安县中学校	4477	4477	—	—	—	4477	—	—
桑枣初级中学校	6492	5379	125	5254	辽宁	—	—	—
县七一实验小学	2485	2485	—	—	—	2485	—	—
县职业中专学校	6357	6677.05	20.05	6657	辽宁	—	—	—
秀水中学校	2420	2259	—	2259	辽宁	—	—	—
县教师进修学校	890	890	890	—	—	—	—	—
县教育研究室	350	350	350	—	—	—	—	—
县青少年学生校外活动中心	270	270	270	—	—	—	—	—
县业余体校	177	—	—	—	—	—	—	—
县实验幼儿园	1095	1095	—	1095	辽宁	—	—	—
县实验初级中学校	5216	5338	2	5336	辽宁	—	—	—
花荄镇初级中学校	1677	1937	187	1650	辽宁	—	100	—
黄土镇仁和学校	3347	3147	112	3035	辽宁	—	—	—
界牌镇初级中学校	1189	889	319	—	—	—	570	—
秀水镇民兴初级中学校	2597	2122.14	1487	—	—	—	635	—
雎水镇学校	3873	2998	56	2942	辽宁	—	—	—
沸水镇学校	2562	2262	57	2205	辽宁	—	—	—
晓坝镇学校	3020	2780	61	2719	辽宁	—	—	—
迎新乡学校	1960	1636	1636	—	—	—	—	—
宝林镇学校	1785	1685	1225	—	—	—	300	—
宝林镇调元金融希望小学	274	226.67	—	—	—	—	226.67	160
永河镇学校	2337	1837	1837	—	—	—	—	
河清镇初级中学校	1323	1033	733	—	—	—	300	—
塔水镇初级中学校	1288	888	888	—	—	—	—	—
乐兴镇初级中学校	1339	1339	935		—	—	404	—
清泉镇初级中学校	900	899.55	196	—	—	—	503.55	—
桑枣镇初级中学	1450	1250	910	—	—	—	340	—
兴仁乡学校	665	564.47	323	—	—	—	241	—
泸州老窖永盛学校	3253	3253	1573	—	—	—	1680	—
黄土镇小学校	2011	1511	1011	—	—	—	500	—
界牌镇小学校	1809	1628.44	812	—	—	—	523.44	—
界牌镇星艺龙集小学	148	90.67	20	—	—	—	70.67	93

续表

学校名称	投资	资金落实情况						
		小计	中央财政基金	对口援建（含省内）		特殊党费	社会（含个人）援建	其他
				金额	援建单位			
茶坪乡小学校	1220	1420	—	1314	辽宁	—	106	—
高川乡小学校	1255	1353.16	545	—	—	—	708.16	—
秀水镇第一小中心学校	3284	2399.1	299.1	—	—	—	2100	—
秀水镇新民小学校	205	145.86	70	—	—	—	75.86	—
秀水镇金山小学校	178.7	166.24	20	—	—	—	146	—
秀水镇红光小学校	187	171.8	78	—	—	—	93.8	—
秀水镇第二小学校	773	753	640	—	—	—	113	—
秀水镇牌坊小学校	271	190	75	—	—	—	115	—
秀水镇第三小学校	647	647	422	—	—	—	225	—
霍尼韦尔联合小学	230	230	17	—	—	—	213	—
塔水镇第一小学校	2206	1706	1569	—	—	—	—	—
塔水镇第二小学校	1308	987.3	383	—	—	—	604.3	137
乐兴镇小学校	2263	1813	1363	—	—	—	450	—
清泉小学	991	991	691	—	—	—	300	—
河清镇小学校	2172	1872	1272	—	—	—	600	—
桑枣镇第一小学校	2190	1613.9	739.9	—	—	—	416.04	—
顺德台商桑枣石佛小学	195	163	10	—	—	—	153	158
干柏本山爱心学校	239	152.6	30	—	—	—	123	—
桑枣成商花庙小学	213	123	60	—	—	—	63	—
中国家居服希望小学	161	110.5	45	—	—	—	65.5	—
桑枣镇第二小学校	717	716.7	313	—	—	—	403.7	—
合　计	89941.7	80922.15	24677.05	34466	—	6962	13468.69	548

二、义务教育学校

安县泸州老窖永盛学校　2008年5月20日，四川泸州老窖酒业集团的领导到花荄镇小学定向援赠人民币1680万元，用以重建校园。这是灾后接到最早的一笔校园重建援建资金。6月，曾经在安县任县委书记的泸州市委副书记、副市长杨文杰到花荄小学的帐篷教室慰问，了解资金到位及使用情况，使全体师生受到极大鼓舞。在校园原址12亩的基础上新征土地24亩。国家增拨资金1573万元，资金总投入3253万元。2008年9月动工。2009年4月，泸州老窖集团董事局主席、董事长谢明，踏着泥泞再次亲临重建工地，看望师生和工程技术人员。2009年12月，学

安县泸州老窖永盛学校

校竣工。2010 年 4 月 28 日，在泸州老窖集团的组织下举行落成典礼，花荄镇小学校正式更名为安县泸州老窖永盛学校。

安县秀水镇第一中心小学校　秀水一小是台湾法鼓山援建的“交钥匙”工程，选址在秀水镇新民村一组。2008 年 8 月 21 日，在绵阳市开元大酒店，法鼓山和县人民政府及学校三方正式签订灾后援建协议书。2008 年 12 月 23 日 16 时，在捐建方——台湾财团法人法鼓山社会慈善事业基金会的主持下，法鼓山援建秀水镇第一中心小学校动工典礼隆重举行。秀水一小重建工程通过招标，由四川长晨浪板建筑工程有限公司承建，绵阳富达建设监理有限责任公司监理。2009 年 3 月 26 日，施工方正式进入学校重建场地。2010 年 6 月 3 日，秀水一小举行隆重的新校区落成庆典。

安县桑枣初级中学校　规划新建的桑枣中学占地 62 亩，总投资 5379 万元，其中中央基金 125 万元，辽宁对口援建 5254 万元。建筑面积 21083 平方米，可容纳 20 个教学班，1800 学生。2009 年 2 月 17 日桑枣中学重建正式立项。2010 年 1 月 17 日，学校竣工。

安县实验初级中学校　2008 年 8 月 1 日，新建沙汀实验中学在县援建办立项，占地 41292 平方米，建筑面积 18232 平方米。总投资 5338 万元，其中，中央基金 2 万元，辽宁援建资金 5336 万元，属辽宁援建的“交钥匙”工程。校舍防震按 8 度设防，采用全框架、全现浇结构。2010 年 3 月，沙汀实验中学重建项目全部竣工，验收合格交付使用。

安县七一实验小学校　2008 年 10 月 1 日，加固后的原校舍投入使用，成为灾后第一所进入永久性校舍学习的学校。

安县七一实验小学

2009 年投入特殊党费 2485 万元，在学校原有土地 10 亩的基础上，新征土地 26.9 亩，建设教学楼、综合楼、学生宿舍楼、食堂共 5276 平方米。2009 年 6 月 5 日进行公开招标，确定绵阳恒博岩土勘察设计有限公司勘测，辽宁省城乡规划设计院为学校主体工程设计，长沙华银建筑设计公司成都分公司为附属工程设计，主体工程由绵阳樊华建筑工程有限公司承建，附属工程由四川能达建筑有限责任公司承建。四川四强建设项目管理有限公司监理。2009 年 8 月 1 日，学校灾后重建工程正式开工。扩建工程 2010 年 3 月顺利通过竣工验收，工程质量鉴定为合格工程，投入使用。

三、普通高完中及职业教育学校

安县中学校　安县中学灾后重建资金为特殊党费捐建项目，规划总投资 4477 万元，用于综合教学楼、学生公寓、食礼堂维修加固，科技综合楼重建和学校体育运动设施、消防设施、安保设施、文化设施及绿化等的维修和新建。2008 年 8 月，学校重建工作开始启动，重建工程分为三部分进行。

综合教学楼、学生公寓、食礼堂维修加固项目，2008 年 9 月 5 日正式批复立项，该项目维修加固教学楼 28284 平方米，学生住宿楼 4 幢、面积共 21878 平方米，学生食堂 5920 平方米。通过公开招标，由绵阳博源建筑设计有限公司设计，四川泰兴建设管理有限责任公司监理，四川尚高建设有限公司、都江堰三羊建设有限责任公司、四川省弘发建设集团有限公司分三家公司承建。维修加固工程 2008 年 12 月开工，2009 年 2 月 18 日顺利完工，并通过验收，被评为优质工程。

科技综合楼的重建。由绵阳市发展和改革委员会 2008 年 12 月 31 日批复立项在原址重建。规划投资 800 万，占地 2.2 亩，建筑面积 4821 平方米。经公开招标，由绵阳恒博岩土工程勘察设计有限公司勘察，辽宁省城乡建设规划设计院设计，绵阳樊华建筑工程有限公司承建，四川泰兴建设管理有限责任公司监理。2009 年 5 月 6 日开工，2010 年 9 月 27 日竣工，验收合格。

校园附属设施建设项目。2009 年 10 月 28 日经县发展改革和经济商务局批复立项，该项目建设包含围墙、道路、大门（含门卫室）、运动场、消防设施、安保设施、校园绿化、校园文化设施及其他基础设施的维修加固及新建。分景观提升和土建两个施工标段招标。2010 年 6 月 17 日在绵阳市人民政府招投标交易服务中心开标。四川省三台梓州建筑工程公司、绿达时代园林景观工程有限公司中标，2010 年 7 月 20 日进场开工，2011 年 1 月 10 日，竣工验收合格并投入使用。

重建后的安县中学校有教学楼 1 幢共 28284 平方米，科技综合楼 1 幢 4821 平方米，学生住宿楼 4 幢共 21878 平方米，学生食堂 1 幢 5920 平方米，有 400 米塑胶跑道的运动场、6 个塑胶篮球场、1 个乒乓球场。新添置大屏幕等离子电视机、手提电脑等教学仪器设备，价值达 991 万元，新添置价值 300 万元的图书资料。

安县秀水中学校　2008 年 10 月 8 日，安县秀水中学重建项目经市发改委批复立项。重建主体工程由辽宁省城乡建设规划院设计，辽宁对口援建资金总投资 2259 万元，规模占地 34630 平方米，建筑总面积 14201 平方米。2009 年 10 月 18 日动工，2010 年 4 月 24 完工并交付使用。

安县职业中专学校　学校异地整体重建项目选址花荄镇前进村 3 组，属辽宁援建县灾后重建的交钥匙工程，项目投资 6677.05 万元，资金来源为中央基金 20.05 万元，辽宁援建资金 6657 万元。2009 年 9 月 28 日奠基，2009 年 10 月 25 日正式开工，2010 年 8 月底竣工并交付使用。

高川乡英才学校

四、其他学校或活动中心

安县实验幼儿园　安县实验幼儿园重建项目选址于花荄镇中心街，2009 年 4 月 26 日，批复立项，项目占地 3335 平方米，建筑面积 3900 平方米。总投资辽宁援建资金 1095 万元，2009 年 9 月开工建设，2010 年 3 月顺利竣工，交付使用。

安县青少年活动中心　2009 年 2 月，活动中心灾后重建工作正式启动。活动中心占地 6670 平方米，有教室 18 间，功能用房 11 间，分区布局合理，校舍功能齐备，设备设施齐全，能同时满足 500 余名青少年儿童开展活动。用中央灾后重建基金投入 270 万元对受损校舍维修加固和添置设备设施。该工程通过公开招标，由绵阳博源建筑设计所对其进行维修加固设计，绵阳市万苹宏达建筑有限公司承建，四川鼎立建设项目管理有限公司监理。2009 年 5 月 1 日开工，2009 年 6 月 30 日竣工。

第二节　教育管理和科研机构重建

安县教师进修学校　资金来源为中央灾后重建基金，规划总投资 890 万元，其中 165 万元用于购置图书设备。2009 年 5 月，县发展改革和经济商务局正式批准立项，学校异地新建于花荄镇。2009 年 7 月 3 日召开招标代理机构比选会，确定四川中建西勘九鼎建设项目管理有限公司为招标代理机构。2009 年 9 月 2 日开标，进修校校舍由辽宁省城乡建设规划设计院设计，附属工程由绵阳博源建筑设计有限公司设计，绵阳万萍宏达建筑有限公司承建，辽宁方圆建设项目管理有限公司监理。2009 年 11 月动工、2010 年 5 月完工。新建的进修校占地 3700 平方米，教学综合楼四层共 2400 平方米，学员培训用生活设施（食堂等）600 平方米，以及附属设施，总造价 725 万元。购置教学仪器设备 4662 台（套），图书 3100 余册，价值 135 万元。学校可同时满足 500 名教师参加培训学习。设有可容纳 300 人的学术报告厅，可进行较大规模的学术报告。设有多媒体教室、计算机学习室、教师心理咨询室、教师活动室，适合开展多种形式的教师培训活动。

安县教育研究室　2009 年 5 月 26 日，县发展改革和经济商务局批复立项，异地新建于花荄镇，与进修校共用一块土地。规划占地面积 2001 平方米，建筑面积 1100 平方米，建筑抗震设防烈度为 8 度。教研综合楼一幢和相关附属工程以及设备、图书采购，总投资中央重建基金 350 万元。2009 年 7 月 18 日，项目招标。项目由辽宁城乡建设规划设计院设计，辽宁方圆建设项目管理有限公司监理，县建设局质监站进行质量监督，绵阳恒博岩土工程勘察设计有限公司进行地质勘测，绵阳市宏禹建设有限公司承建。工程项目 2009 年 10 月 16 日开工建设，2010 年 5 月 31 日全面竣工，8 月 23 日交付使用。新建的教研室占地面积 1719.74 平方米，建筑面积 986 平方米，建筑抗震设防烈度为 8 度，三层教研综合楼内设办公室、图书室、阅览室、资料保管室、会议室、多功能室，购置办公电脑 34 台，图书 1 万余册，装备多媒体教室。

第三节　科学技术重建

一、科技项目申报与管理

工业重点项目　县科技局为银河集团 15 万吨铬渣资源化处理项目、日产 2500 吨熟料新型干法水泥生产线项目、5000 吨高纯度铬酸酐技改项目服务。银河建化集团有限公司“维生素 K3 项目”的实施充分显示科技支撑引领作用。2009 年累计生产维生素 K3 380 吨，实现销售收入 3650 万元，实现利税 620 万元。“50 吨磷酸铁锂中试研发”项目的实施，解决电动车辆用长寿命、安全型、低成本的锂离子电池，可促进磷酸铁锂材料产业化步伐。“万吨级碳化法制备红矾钠关键技术及铬基新材料研发”项目成功列为国家“863”重点项目，依托国家重点实验室和工程中心的人才和技术优势，充分发挥企业的科技创新作用和积极性，进行技术互动和优势互补，提高创新能力，提升产业水平和市场竞争力。

“黄磷尾气回收利用项目”的实施，使启明星公司节能 5.07 万吨标准煤，节电 10940 万千瓦时，节水 46 万吨，实现废水零排放。新增工业总产值 1.5 亿元，新增利润 2000 万元，新增出口创汇 1000 万美元。

新农村科技重建项目　柏杨村项目技术集成与示范。科技工作着重加强科技部、省科技厅“地震灾害后新农村建设技术集成与示范”项目实施。该项目以柏杨村作为核心示范区，在灾后调查、评估基础上，集成土地空间协同调控、规划，现代蛋鸡养殖，优质果蔬标准化生产，农业资源循环利用与生态重建“四大”现代农业科学技术；构建土地空间协同调控整理，生态村园系统示范建设，粮食和经济作物、畜禽产业化示范带建设，循环农业示范工程建设，市场、物流及信息支撑体系建设“五大”灾后美好家园重建的实现路径，并

新农村示范片区

通过科学规划与设计，全面开展灾区农村居民生活恢复与重建、蛋鸡养殖、优质水果、蔬菜等生产技术集成与示范、农业资源循环利用与生态重建等研究，取得显著成效。2010 年该项目顺利通过省科技厅、科技部验收。项目共集成 60 余项技术，核心示范区农民人均纯收入达到 1 万元，人均增收 2000 元左右。安县蛋鸡产业规模恢复到震前的 270%，产值增加近 1 亿元，利润增加 1385 万元。科普画廊、养殖监视系统、LED 照明工程等 3 个重点项目对整个项目进行配套。“科普走廊”是科技部在柏杨村实施“灾后新农村建设技术集成与示范”项目而建成的，总共包括科技小常识、种植、养殖、农村普法、健康安全、节能环保等知识。2010 年 2 月 4 日，科技部政体司副司长王宇、省科技厅党组书记、厅长彭宇行在柏杨村集中安置小区共同为“科普走廊”揭幕。推广示范点新农村建设成果。以花荄镇柏杨村所取得的主要经验和重要成果为样板，2009 年 10 月，兴仁乡长沟村被省科技厅列为全省 6 个灾后新农村建设科技示范村之一，并被列为绵安新农村建设示范核心村。长沟村以山地土鸡、獭兔、生猪三大产业作支撑。以“兴仁山地土鸡养殖合作社”为龙头的土鸡养殖产业发展迅猛，现有规模养殖场 48 个，带动周边群众广泛小规模养殖，年出栏土鸡 220 万只。生猪养殖合作社引进“生物发酵床养殖模式、正大公司寄养模式、干稀分离模式”，采取个人出资、搭伙入股、引进外来资金等方式，共投资 200 万元新建生猪养殖小区（场）4 个，建标准化圈舍 10 栋，建成 600 头种猪扩繁场，发展会员 2084 户。獭兔养殖专业合作社带动发展会员 45 户，年出栏獭兔 5 万只。推进“魔芋产业化技术集成与示范”项目的实施。以西南科技大学为技术依托，积极搭建产学研促进产业发展的平台，截至 2010 年底，通过项目实施，全县建立优良魔芋繁育核心种源基地 150 亩，魔芋基地面积 2.5 万亩，单产由 2000 公斤提高到 2200 公斤；精粉产量达到 4230 吨，年递增 300 吨，实现总产值 2.32 亿元。龙头企业带动农户 2.5 万户，为农民实现收入 19800 万元，户均创收 7920 元，户均增收 4000 元，人均增收 1142 元，年递增 300 元。解决农村剩余劳动力 2000 余人。

二、搭建科技服务平台

县科技局组织县内企业进行座谈，了解制约企业自主创新的瓶颈问题，为其寻找技术合作伙伴；组织企业与四川农业大学、西南科技大学、省农科院、绵阳教育学院等高校和科研院所联系。四川农业大学支撑安县农业养殖业、种植业的发展和提升产业水平形成成功的合作示范，在柏杨村、长沟村效果十分明显。在兴仁乡举办山地土鸡养鸡技术培训，由川农大副校长、省养鸡学科首席专家朱庆教授带领的专家团队进行授课。实施地震灾后安县科技管理与服务网络平台工程，整合科技信息、项目、成果、人才、资金、设备等各类科技资源，为安县灾后恢复生产与重建家园提供全面、稳定、可持续的科技支撑与科技服务。

三、科技对口援建合作

中国农业机械化科学研究院特派团对口帮扶　中国农业机械化科学研究院汶川地震灾后恢复重建安县科技特派团开展对口帮扶工作。实施畜禽健康养殖与屠宰加工技术装备、中草药和魔芋加工与储藏技术装备、农作物水肥种药的高效施用技术及清选包装技术设备、农业机械应用示范、薯类精深加工技术装备等项目的调研、规划及技术指导工作。与 20 个政府部门、社会团体、企业、乡镇、农机服务组织对接，指导完成灾后 1156 座农业提灌站、858 公里机耕道设计。捐赠农机系统价值 30 万元的乘坐式、步进式插秧机 4 台。赠送科技局、农机局、畜牧局、农业局价值近 8 万元的现代化办公设备 12 台（套）。针对油菜籽加工产业的现状和需求，特派团组织申报 2010 年国家星火计划“地震重建对口帮扶油料加工技术应用”项目，通过技术和资金支持，帮助油菜籽加工企业进行技术升级改造，提升加工技术和产能，促进产业发展和农民增收。同时根据产业现状，特派团赠送《农业机械设计手册》《农产品加工工程》等实用书籍 150 本。

第十章　医疗卫生重建

第一节　医疗卫生重建总体情况

一、项目完成概况

县卫生系统灾后重建项目，总建筑面积144.8万平方米，新征土地面积7.54万平方米。总重建资金50305万元。其中医疗卫生机构共23个（安昌、永安属北川托管、未纳入安县灾后重建规划，全县异地重建的医疗卫生机构12个、原址扩建11个，需要新征或扩征土地的单位20个），全县234个村卫生站需要重建捆绑为2个项目。2010年底前全部建成，并投入使用。

二、项目实施管理

县卫生局于2009年6月9日成立以卫生局党委书记、局长为组长的县卫生系统地震灾后重建规划工作组。工作组下设办公室，承担全县卫生系统地震受灾情况调查、收集、汇总、灾害评估等工作，制定灾后重建规划和实施方案，指导、督促各地开展卫生系统灾后重建工作。2009年8月10日，成立以县卫生局纪委书记任组长的卫生系统灾后重建监督小组。负责对口支持省、省内对口支持和受援单位工作的衔接和协调；负责协调过渡时期临时医疗机构活动板房的落实；负责协助评估核实灾情；负责协调和参与灾后重建规划的编制和实施；负责社会各方面支持项目的争取、协调和服务；负责灾情报告工作情况、存在问题和建议。2009年9月2日，县卫生局卫生系统灾后重建工作责任分工，总负责人局长和卫生局班子成员分别牵头负责相关项目的监督检查工作。

县卫生局于5月29日将县卫生系统重建实施方案（2008—2010年）报市卫生局和县发改局。5月30日，第一批14个乡镇卫生院重建规划方案上报市红会，即河清、乐兴、桑枣、黄土、晓坝、秀水、宝林、兴仁、永河、沸水、迎新、雎水、永安、安昌，落实河清中心卫生院、乐兴镇卫生院的红十字基金会援建项目，并签订援建协议。6月3日—12日，对全县政府举办的医疗卫生单位重建用地进行调查规划。6月7日，完成市工商联兴仁、永河、宝林、晓坝四个卫生院的援建项目推荐表。6月9日，完成中国红十字会总会黄土中心卫生院、沸水镇卫生院项目推荐材料。6月23日，完成法鼓山秀水中心卫生院援建项目推荐书，并于6月28日与果品大师会商，初步同意在20亩建设用地落实的情况下，给予援建投资1500万元。6月28日，完成与辽宁省卫生厅灾后重建的对接工作。

晓坝镇卫生院

安县卫生系统灾后重建情况一览表

表83 单位：平方米、万元

单　位	建筑面积	征地面积	资　金			
			合计	土建	设备购置	其他投入
县人民医院	30100	置换土地	12738	9134	1540	2064
县中医院	16530	17285.55	7305	3143	1200	2962
县第二人民医院	8500	13696.16	3651	3051	600	—
县疾控中心	4500	3990.96	2224	1642	200	382
县保健院	6800	10826.56	2942	1650	200	1092
县康复中心	3000	中医院内	1200	1200	—	—
桑枣中心卫生院	5500	12327.23	1474	1100	100	274
界牌中心卫生院	4380	4156.73	662	205	100	—
黄土镇卫生院	3000	10056.27	1175	650	60	465
塔水镇卫生院	4400	4360.43	1440	1065	100	275
清泉中心卫生院	2748	9333.33	1027	340	100	587
秀水中心卫生院	11539	置换土地	2160	2660	100	—
河清中心卫生院	3300	8926.66	1175	510	200	465
茶坪乡卫生院	2100	2753.29	620	260	100	260
永河中心卫生院	2650	2722.24	846	612	30	204
雎水镇卫生院	2200	12251.82	735	500	30	205
沸水镇卫生院	3000	5600	1027	686	100	241
兴仁乡卫生院	1300	6666.19	517	765	100	152
高川乡卫生院	2100	原址	670	340	150	180
宝林镇卫生院	1650	3848.13	616	330	30	256
迎新乡卫生院	1650	6662.5	556	330	30	196
乐兴中心卫生院	3000	4395.87	1127	780	25	317
花荄镇卫生院	3000	5331.79	1205	683	200	322
晓坝中心卫生院	2180	5156.55	933	630	80	223
全县村卫生站	19300	25090	2280	2280	—	—
合　计	148427	175438.26	50305	34546	5375	11122

注：界牌中心卫生院含加固3480平方米

第二节　医　院

一、县直属综合医院重建项目

安县人民医院　安县人民医院重建工程由辽宁省城乡建设规划设计院规划设计，经政府公开招标，由辽宁金帝第二建筑工程有限公司承建，绵阳富达建设监理有限公司进行监理。规划重建面积30100平方米，其中新建26000平方米（住院楼16043平方米，医技楼3942平方米），改造4100平方米。资金12738万元，其中房屋新建8734万元，房屋改造400万元，设备购置维修1540万元，其他投入2064万元。重建资金由辽宁对口援建列入预算。2008年9月18日开工建设，2008年9月23日，住院大楼举行奠基典礼仪式。2010年3月20日，重建项目基本达到竣工初验条件。

安县中医院　安县中医院是辽宁省援建安县卫生灾后重建首批项目。新医院占地26亩，由辽宁省城乡规划建设设计院设计，建筑面积16567平方米，设计床位150张，辽宁省援建资金7305万元。2008年10月30日，举行开工奠基仪式。2010年4月30日，重建工程竣工，5月26日，县中医院正式由安昌搬迁至花荄镇。

安县第二人民医院　2008年9月，县政府同意安县第二人民医院异地重建。经辽宁省城乡规划设计院规划，在秀水镇东升干道新民村6组选址重建。第二人民医院灾后重建工程由辽宁省人民政府定为“交钥匙”工程，重建总资金3651万元，其中土建3051万元，设备购置600万元。2009年9月9日，举行开工奠基仪式。2010年3月主体全部完工，6月完成室内外装饰装修工程。7月9日，县第二人民医院搬入新的医院。2010年10月18日通过竣工验收。建成后的县第二人民医院占地20.5亩，总建筑面积8500平方米。

灾后重建的县人民医院住院大楼

二、乡镇卫生院

花荄镇卫生院　在花荄镇罗林村7组征地5331.79平方米异址重建。由辽宁省建筑设计研究院设计，华蓥市银鑫建筑工程有限公司承建。2009年9月2日开工建设，2010年4月29日竣工并投入使用。新建医疗业务综合用房3000平方米，购置设备50台件。灾后重建资金1205万元，其中土建683万元，设备购置200万元，其他322万元。重建资金为辽宁省对口援建资金、中央灾后重建基金和国债资金。灾后重建规划编制床位50张，编制人员44人。

黄土镇中心卫生院　在黄土镇北真村1组征地10056.27平方米异址重建。工程由辽宁省建筑设计研究院设计，绵阳市圣鼎建筑有限公司承建。2009年7月20日开工建设，2010年3月27日竣工并投入使用。新建医疗业务综合用房3000平方米，购置设备50台件。灾后重建资金1175万元，其中土建650万元，设备购置60万元，其他465万元。重建资金为辽宁对口建资金、中央灾后重建基金和国债资金。灾后重建规划编制床位50张，编制人员44人。

桑枣镇中心卫生院　在桑枣镇立志村征地12327.23平方米异址重建。工程由辽宁省建筑设计研究院设计，绵阳市普明建设有限公司承建。2009年12月1日开工建设，2010年4月28日竣工并投入使用。医疗业务综合用房5500平方米，购置设备25台件。灾后重建资金1474万元，其中土建1100万元，设备购置100万元，其他274万元。重建资金来源为中央灾后重建基金、香港红十字会援助基金。灾后重建规划编制床位80张，编制人员44人。

界牌镇中心卫生院　在原址附近新征土地4156.73平方米新建业务综合用房900平方米，原有房屋维修加固3480平方米，设备购置10台件。主体工程由辽宁省建筑设计研究院设计，四川太平洋城市基础建设工程有限公司承建，2009年8月1日开工建设，2010年2月10日竣工并投入使用。灾后重建资金662万元，其中新建房屋55万元，加固维修150万元，设备购置100万元，其他357万元。重建资金为中央灾后重建基金。灾后重建规划编制床位40张，编制人员44人。

秀水镇中心卫生院　在原秀水镇二医院附近置换土地10656平方米原址扩建。由辽宁省建筑设计研究院设计，四川长晨浪板建筑工程有限公司、四川朗业建筑工程建筑有限公司承建。2009年7月30日、2009年9月30日开工建设时间，2010年4月30日竣工并投入使用。新建医疗业务综合用房11529平方米，购置设备11台（件）。灾后重建资金2760万元，其中土建2660万元，购置设备100万元。重建资金由台湾法鼓山社会福利慈善事业基金会和香港红十字基金会援助。其中：台湾法鼓山社会福利慈善事业基金会，援建7111平方米，援建资金1600万元；香港红十字基金会，援建4418平方米，援建资金1000万元。灾后重建规划编制床位99张，编制人员88人。

河清镇中心卫生院　在河清镇富乐外街征地8926.66平方米异址重建。由辽宁省建筑设计研究院设计，四川绵阳市圣鼎建筑有限公司承建。2009年8月16日开工建设，2010年4月26日竣工并投入使用。新建医疗业务综合用房3300平方米，购置设备60台（件）。灾后重建资金1175万元，其中土建510万元，设备购置200万元，其他465万元。重建资金为中央灾后重建基金、中国红十字基金会援助基金和国债资金。灾后重建规划编制床位50张，编制人员44人。

永河镇卫生院　在医院附近皇塔村征地2722.24平方米原址扩建。由辽宁省建筑设计研究院设计，绵阳富乐建设（集团）有限公司承建。2009年9月27日开工建设，2010年4月25日竣工并投入使用。规划新建医疗业务综合用房2650平方米，购置设备12台（件）。灾后重建资金846万元，其中土建612万元，设备购置30万元，其他204万元。重建资金为红十字会援助资金、辽宁省对口援建资金、灾后重建资金和国债资金。灾后重建规划编制床位30张，编制人员33人。

雎水镇卫生院　在雎水镇红石村5组征地12251.82平方米异址重建。由辽宁省建筑设计研究院设计，绵阳市同立建筑工程有限公司承建。2009年11月19日开工建设，2010年4月30日竣工并投入使用。新建医疗业务综合用房2200平方米，购置设备7台（件）。灾后重建资金735万元，其中土建500万元，设备购置30万元，其他205万元。重建资金为中央灾后重建资金和国债资金。灾后重建规划编制床位35张，编制人员33人。

沸水镇卫生院　在医院附近与学校置换新征土地5600平方米原址扩建。由辽宁省建筑设计研究院设计，绵阳市万苹宏达建筑有限公司承建。2009年8月28日开工建设，2010年4月25日竣工并投入使用。新建医疗业务综合用房3000平方米，购置设备25台（件）。灾后重建资金1027万元，其中土建686万元，设备购置100万元，其他241万元。重建资金为中国红十字基金会援助资金、中央灾后重建基和金国债资金。灾后重建规划编制床位40张，编制人员33人。

晓坝镇卫生院　在晓坝镇中心村6组征地5156.55平方米异址重建。由辽宁省城乡建设规划设计院设计，中铁九局集团有限公司承建。2008年12月20日开工建设，2009年11月15日竣工并投入使用。新建医疗业务综合用房2180平方米，购置设备8台（件）。灾后重建资金933万元，其中土建630万元，设备购置80万元，其他223万元。重建资金来源为辽宁省对口援建资金和中央灾后重建基金、国债资金。规划编制床位30张，编制人员16人。

塔水镇中心卫生院　在塔水镇云塔社区征地4360.43平方米原址扩建。工程由辽宁省建筑设计研究院设计，绵阳市圣鼎建筑有限公司承建。2009年8月10日开工建设，2010年4月28日竣工并投入使用。建设医疗业务综合用房4400平方米，设备购置25台（件）。灾后重建资金1440万元，其中土建1065万元，购置设备100万元，其他275万元。重建资金为中央灾后重建基金和澳门红十字会援助基金。灾后重建规划编制床位80张，编制人员88人。

清泉镇中心卫生院　选址在玉泉社区，占地9333.33平方米。由辽宁省建筑设计研究院设计，绵阳市万苹宏达建筑有限公司承建。2009年8月26日开工建设，2010年4月12日竣工并投入使用。新建医疗业务综合用房2748平方米，购置设备25件。灾后重建资金1027万元，其中土建340万元，设备购置100万元，其他587万元。重建资金为中央重建基金和国债资金。灾后重建规划编制床位50张，编制人员44人。

乐兴镇卫生院　在乐兴镇先锋村4组征地4395.87平方米原址重建。由辽宁省建筑设计研究院设计，四川海峡建设有限公司承建。2009年9月20日开工建设，2010年3月29日竣工并投入使用。新建医疗业务综合用房3000平方米，设备购置25台（件）。灾后重建资金1127万元，其中土建780万元，购置设备25万元，其他317万元。重建资金为中国红十字基金会援助资金和中央灾后重建基金、国债资金。灾后重建规划编制床位40张，编制人员44人。

宝林镇卫生院　在医院附近新征土地3848.13平方米原址重建。由辽宁省建筑设计研究院设计，绵阳市圣鼎建筑有限公司承建。2009年8月20日开工建设，2010年4月27日竣工并投入使用。建医疗业务综合用房1650平方米，购置设备7台（件）。灾后重建资金616万元，其中土建330万元，设备购置30万元，其他256万元。重建资金为中央灾后重建基金。灾后重建规划编制床位30张，编制人员22人。

迎新乡卫生院　在迎新乡月峰村4组征地6662.5平方米异址重建。由辽宁省建筑设计研究院设计，绵阳高新区金宏建设有限公司承建。2009年10月13日开工建设，2010年4月26日竣工并投入使用。新建医疗业务综合用房1650平方米，购置设备7台（件）。灾后重建资金556万元，其中土建330万元，设备购置30万元，其他196万元。重建资金来源为中央灾后重建基金和国债资金。灾后重建规划编制床位30张，编制人员22人。

兴仁乡卫生院　在兴仁乡五郎村5组征地6666.7平方米异址重建。由辽宁省建筑设计研究院设计，绵阳川银建筑有限公司承建。2009年9月17日开工建设，2010年4月17日竣工并投入使用。新建医疗业务综合用房1300平方米，购置设备25台（件）。灾后重建资金517万元，其中土建265万元，设备购置100万元，其他152万元。重建资金为中央灾后重建基金和国债资金。灾后重建规划编制床位25张，编制人员16人。

茶坪乡卫生院　在原医院附近村征地2753.29平方米，原址扩建。由辽宁省建筑设计研究院设计，四川煤矿基本建设工程公司承建。2009年10月13日开工建设，2010年4月30日竣工并投入使用。新建业务综合用房2100平方米，其中业务用房1100平方米，职工周转用房1000平方米。设备购置25台（件）。灾后重建资金620万元，其中土建260万元，设备购置100万元，其他260万元。重建资金为中央灾后重建基金。灾后重建规划编制床位20张，编制人员11人。

高川乡卫生院　原址重建，由辽宁省建筑设计研究院设计，四川绵阳朝阳园林建筑有限公司承建。2009年9月22日开工建设，2010年4月24日竣工并投入使用。新建面积2100平方米，其中医疗业务用房1100平方米，职工周转用房1000平方米，购置设备37台（件）。灾后重建资金670万元，其中土建340万元，设备购置150万元，其他180万元。重建资金为中央灾后重建基金和国债资金。灾后重建规划编制床位20张，编制人员11人。

位于秀水镇异址重建的县第二人民医院

第三节　计划生育机构

一、重建概况

全县人口计生系统恢复重建项目20个，总建筑面积10700平方米，总投资4268万元（含设备购置）。其中，辽宁援建项目6个，援建资金2276万元，国债资金90万元；中央资金14个，资金1902万元。截至2010年12月30日全部竣工，投入使用。

二、项目实施

县计划生育服务站与河清、塔水、秀水、清泉、桑枣等5个乡镇计划生育服务站灾后重建项目为辽宁省援建项目，另13个计生服务站为中央资金重建项目。具体为：花荄站与县站合建，迎新、晓坝、高川站与当地政府合建，界牌、睢水、沸水、乐兴站与当地卫生院合建，黄土、宝林、茶坪、兴仁站为单独修建，永河站为原址加固。为确保灾后重建各项工作落到实处，县人口与计划生育局成立灾后重建领导小组，分别落实分管领导具体抓好灾后重建工作。灾后重建领导小组下设办公室和项目协调、项目建设、项目质量管理、项目监督四个工作组，落实专人、办公地点。实行"一项目一领导一人员"工作机制，紧扣"质量、安全、投资、工期"四大环节落实责任制，将重建工作中的职责具体分解到分管领导和股室、计生办、服务站，落实到具体人员。邀请县审计局负责人对重建领导小组成员、现场管理人员进行三次培训，强化责任，县人口和计划生育局与各建设项目现场管理人员签订《人口计生系统灾后恢复重建项目责任书》，组织召开有施工单位项目经理、技术员参加的重建项目质量管理会，并邀请城建部门专家向施工单位重申质量要求。实行"顺排工序、倒排工期"制，要求各施工单位进场后上报工期表。建立工程监督、资金管理、执行招投标、政府采购、工程监理等制度。印发《关于印发安县地震灾后恢复重建资金管理暂行办法的通知》和《关于印发安县人口计生系统灾后恢复重建项目管理制度的通知》，做到科学重建、务实重建、阳光重建、廉洁重建。每半月召开一次项目法人、现场管理人员会议，了解重建中存在的问题，重申纪律要求、安排工作、指导建立规范的灾后重建项目档案。严格资金管理，确保灾后重建资金安全，工程进度款实行层级审核制，按程序报批，直接拨付给施工单位，重建资金封闭运行。

计生服务站

县计划生育服务站　选址在花荄镇罗胜街北段异地重建，建设规模为三层楼房约1800平方米，另建辅助用房约300平方米。建设资金776万元（其中辽宁援建686万元、国债资金90万元）。

乡镇计划生育服务站　5个辽宁援建的中心站秀水、桑枣、河清、清泉、塔水，建筑面积各为1000平方米，总投资1590万元。辽宁援建项目完成竣工验收并投入使用。另13个计生服务站为中央资金重建项目，共投资1874万元，建筑总面积为3600平方米。

表 84　　安县计划生育重建项目一览表

项目名称	竣工时间	业主单位
秀水镇中心站	2009.12	秀水中心站
河清镇中心站	2009.12	河清中心站
县计生服务站	2010.4	县计生站
塔水镇中心站	2009.12	塔水中心站
桑枣镇中心站	2010.3	桑枣中心站
清泉镇中心站	2010.4	清泉中心站
花荄镇中心站	2009.12	县计生站
睢水镇中心站	2010.4	秀水中心站
界牌镇计生站	2010.4	花荄中心站
沸水镇计生站	2010.4	秀水中心站
乐兴镇计生站	2010.4	塔水中心站
兴仁乡计生站	2010.4	花荄中心站
迎新乡计生站	2010.4	河清中心站
黄土镇中心站	2010.4	安昌中心站
永河镇计生站	2010.4	河清中心站
宝林镇中心站	2010.4	塔水中心站
晓坝镇计生站	2010.3	桑枣中心站
茶坪乡计生站	2010.3	桑枣中心站
高川乡计生站	2010.3	秀水中心站
局办公楼加固	2009.12	人口计生局

第四节　其他医疗、卫生防疫管理机构

县妇幼保健院　县妇幼保健院灾后重建工程由辽宁援建，被辽宁省人民政府定为“交钥匙”工程。医院位于花荄镇花兴路，占地 13 亩，总建筑面积 6782.77 平方米。总投资 3000 万元，2009 年 7 月 20 日，县妇幼保健院重建工程破土开工。2010 年 7 月 26 日，县妇幼保健院重建主体工程竣工。

县疾病预防控制中心　县疾病预防控制中心灾后重建，属辽宁援建“交钥匙”工程，位于花荄镇花兴路，占地 6 亩，新建总建筑面积 4282.71 平方米，其中业务综合楼 5 层，面积 2786.97 平方米，实验楼 4 层，面积 1495.74 平方米。总投资 2064 万元，2009 年 8 月 11 日，县疾病预防控制中心开工建设，2010 年 10 月 15 日竣工。

村级卫生站　村卫生站业务用房建设标准为，一般村卫生站 80 平方米，标准化村卫生站 100 平方米。实施重（新）建 222 个、改建 4 个。面积 19300 平方米，资金 2280 万元。红十字会援建村卫生站 79 个、资金为 864 万元，辽宁省对口援建村卫生站 137 个、资金为 1416 万元。

第五节　心理康复工程

一、开展七彩云南爱心大行动

2008年5月18日，安县与云南省妇联携手开展“把爱留给孩子——七彩云南爱心大行动”，组织茶坪乡、高川乡、晓坝镇、永安镇、安昌镇、秀水镇、沸水镇、黄土镇、睢水镇、迎新乡10个乡镇的441名二至五年级小学生转移安置到云南省昆明市官渡区关上二小、官渡区云溪小学、盘龙区茨坝中学附小、盘龙区龙泉小学、五华区长春小学、西山区马街小学、西山区观音山小学（后转移到西山区春苑小学）、安宁市昆钢实验学校、安宁市连然小学九所学校代管学习。6月1日下午，云南省关工委、省文化厅、团省委、省妇联联合在世博吉鑫集团金色大厅，为安县灾区孩子们送上一台精心准备的“云南省小手拉大手、与灾区小朋友并肩走”庆“六一”专场演出。云南省委书记、省人大常委会主任，省委副书记、省长秦光荣，省政协主席王学仁等领导出席。

2009年1月7日，县委、县政府举行赴云南就学学生返乡欢迎仪式。余下的378名在云南就学的学生安全顺利地回到家乡。

二、开展妇儿心理抚慰活动

2008年6月19日，安县积极响应全国妇联中国儿童少年基金会“把爱心奉献给孩子们——安康家园大行动”，组织28名来自全县20个乡镇受灾儿童到山东日照“安康家园”免费生活、学习直至大学毕业。6月22日，争取国务院妇儿工委、联合国儿童基金会在秀水、晓坝、沸水、茶坪援建儿童友好家园项目。项目支持儿童教育娱乐等活动用品价值40余万元，并培训、聘请12名专职人员开展儿童友好家园的工作，项目持续支持三年。7月7日，联合国儿童基金香港委员会副主席孔美琪、龙汉标；联合国儿童基金香港委员会中国儿童副主席伍淑清；联合国儿童基金香港委员会委员于善基、纪文凤、叶迪奇；联合国儿童基金香港委员会总干事毛南杰、筹募部总经理王丽婷、经理曾乐恩、主任张德乐、联合国儿童基金会香港委员会亲善大使、香港明星杨千嬅、杨采妮、古天乐到晓坝镇、沸水镇儿童友好家园探访并开展活动。7月8日，组织6名单亲儿童参加由绵阳市妇联、山东省妇联联合举办为期7日的“爱心儿童”夏令营活动。8月1日，组织4名单亲及好儿童参加由大连市妇联、广电局、县妇联、彭州市妇联联合举办为期7日的“手拉手　好朋友”——《小螺号》爱心之旅夏令营活动。9月10日，中国儿童少年基金会在花荄板房幼儿园、秀水镇安秀苑安置小区、塔水小学、河清小学捐建“爱心岛”4个，提供书籍等价值40万元的项目支持。

2009年2月18日，中国儿基会在桑枣小学捐建“安康图书馆”1个。4月10日，中国儿童少年基金会在界牌小学捐建“爱心岛”1个。4月13日，救助儿童会在晓坝镇对茶坪、晓坝等地教师开展心理干预培训活动。4月15日，救助儿童会在行政办公大楼会议室对各乡镇妇联主席、团委书记、县委党校新任副科级干部培训班学员开展干部心理干预培训活动。4月17日，救助儿童会在茶坪乡开展异地安置学生及家长心理干预活动。6月20日，将28名学生接回安县，7月31日转移到成都双流县新建安康家园学习生活。

2010年1月15日，安县组织120余名单亲人士参加市妇联在寻龙山组织的单亲联谊会。4月16日，组织乡镇妇联、机关妇委会、儿童友好家园向玉树捐款10.2万元，为102名贫困妇女建房提供援助。6月8日，与圣元食品营养有限公司到秀水，河清，兴仁，塔水，高川，茶坪等乡镇的31户再生育家庭中，送去每人价值1000元的奶粉套装。9月1日，在兴仁小学组织举行由中国儿童少年基金会和凯德商用为兴仁乡小学、秀水镇第一小学、迎新乡小学、黄土镇小学和花荄镇小学500名家庭贫困的2010年秋季新入学一年级学生捐赠新书包及学习用品捐赠仪式。

第十一章　电力和信息产业重建

第一节　电力工程

安县变电站重建　安县变电站是供安县和北川县唯一的220千伏变电站，是安北电网的重要枢纽。2008年5月17日，重庆电力公司援建单位进场，援建公司和绵阳电业局紧密配合，投入大量的人力及机械设备。7月9日，县变电站重建工作全面结束。7月10日，变电站投运。县变电站重建由国家电网投资，计划直接下达到重庆电力公司。

国家电网部分　整站重建的220千伏县变电站（1#站）、110千伏辕门坝和晓坝变电站2008年8月底完成，并投入系统运行。以上3个变电站均由国家电网投资，重建资金约1.8亿元。从2008年6—12月，国网投资约1300万元，对所辖输配变电设备、设施进行抢修。为配合地方经济的重建及发展规划，国家电网投资约1000万元新建乐兴变电站，该站2010年9月投入运行。2010年投入600余万元对花荄新城区10千伏配电网线路进行改造。2011年投资约900万元对花荄滨河路、湿地公园配网进行改造。

地方电网部分　2008年底，由国家电网援建，对地网所辖输配变电设备、设施进行抢修维护。2010年，由农网投资对35千伏城关变电站进行全站改造。2008—2010年，农网投资对塔水、秀水地区的老旧配网线路进行改造。

地方小水电站网络　全县复重建43座小水电站、87台输配电设备、579公里输电线路，总投资2.64亿元，其中中央投资1亿元、自筹1.64亿元。2009年3月开工，2011年9月完工。

第二节　邮　政

2008年5月30日，县邮政局召开有全县各支局，所、乡镇邮政储蓄所负责人和县局部门负责人、班组长以上管理人员参加的灾后经营发展、邮政奥运安全工作会议，成立全县邮政系统灾后重建工作领导小组，明确灾后重建工作职责和人员分工，制订县邮政局灾后重建项目责任表。全县17个网点中，秀水、黄土支局经有关部门鉴定为拆除重建，河清、塔水、界牌、清泉、花荄支局列为重新购买局房项目，桑枣、塔水、雎水支局及县局（花荄）营业厅列为加固维修项目。

原址重建项目　秀水邮政支局投资125万元，建设规模500平方米，2009年8月开工，2010年底完工验收。黄土邮政支局投资120万元，建设规模600平方米，2009年8月开工，2011年6月完工。

异址重建项目　县邮政局办公楼由安昌移至花荄重建，投资150万元，建设规模1710平方米，省邮政公司批复县局办公楼重建专项资金220万元，装修费210万元，总投资579.98万元，2009年8月开工，2010年3月完工投入使用。

第三节　通　讯

一、中国电信安县分公司

灾后恢复方案　地震发生后，为尽快恢复被毁的通信网络，安县分公司在对灾后固定电话、村村通、PHS（小灵通）的用户恢复情况进行全面分析，对网络重建工作做出安排部署。恢复方案：提升小灵通和无线村通使用率，做好移机、停机用户的小灵通和无线村通恢复工作；对重点工作进行分类指导，重点关注受灾群众安置点，为受灾群众安置点提供以“小灵通”为主的通信解决方案。宽带灾后恢复应重点做好用户资料清理工作，对因受灾不能满足的较为集中的用户群进行清理后上报网络部集中统一进行网络恢复。做好受灾群众安置点无线上网的需求上报工作；有线固话、村村通用户灾后恢复的重点工作。总原则是按皮线较近的用下杆皮线恢复，较远或条件不具备的用村村通进行大面积通信恢复；按照震前的业务经营工作要求，对任务进行分解和追踪，按进度考核。2008 年 8 月 9 日，成立县电信分公司灾后重建领导小组。在继续抓好网络恢复重建工作的同时，全面启动灾后重建方案。8 月 10 日，分组下到各中心支局，开展全面市场调研。截至 2010 年底，全部完成立项、一、二、三期工程建设，新建信息基站 35 个，投入资金 5000 万元。

C 网基站勘选工作　2008 年 8 月 12 日，经过 10 天的连续奋战，分公司完成移动 C 网基站的勘测选址和协议签订工作，为县电信分公司实现电信全面业务经营打下基础。

综合大楼加固工程　县电信分公司综合大楼加固工程总投资 168 万元，2008 年 6 月开工，10 月 20 日完工投入使用。

二、中国移动安县分公司

灾后恢复方案　2008 年 8 月中旬，县移动网络建设和市场服务开始进入灾后重建阶段。按《汶川地震灾后通信基础设施重建规划》，安县移动公司大力推行“双节点、双平面、多路由”目标网架构，铺设花荄、秀水、桑枣等地建立传输结点站，确保在一条光缆因灾中断的情况下另三条仍可运行，保证县通信畅通。截至 2010 年底，全部完成灾后重建项目立项，完成灾后重建一、二、三期重建项目，新建通信基站 35 个，投入资金近 5000 万元。

超级基站　为加强网络安全系统设计与应急通信能力建设，安县移动启动震级超级基站建设项目，该基站按 9 度抗震设计、采用光纤加卫星双路由和双电源备份，并自动启动应急通信装置。2009 年 5 月 8 日，安县移动开通首个“抗震型超级基站”。

爱心工程　从 2008 年 9 月底开始，与市、县劳动保障部门合作开通“12580 就业援助平台”，为灾区群众提供管理、技术、财务、文秘、服务员、销售代表、驾驶员、普工等工种在内的就业信息，累计提供 6000 余个就业岗位信息查询服务及开展就业援助，帮助 800 余人就业。截至 2010 年 5 月，在晓坝、茶坪、高川方向，共建共享光缆建成 70 皮长公里，灾区通信能力、网络覆盖和服务能力达到或超过灾前水平。

三、中国联通安县分公司

为全面恢复通信能力，根据工业和信息化部提出的“抢通、恢复、重建”三步走要求，中国联通安县分公司制定详细的灾后重建方案，用于恢复和重建的资金投入总计累计超过 3100 万元。

2008 年 6 月初实现灾区通信完全抢通，灾区网络通信能力和网络容量达到灾前水平。截至 2010 年底，中国联通继续投资 1900 万元，恢复建设 85 个基站，恢复光缆长度 600 公里。搭建总面积 300 多平方米的临时营业板房 10 多套和翻新加固营业用房 600 平方米，开通 3G 基站 53 个。网络覆盖到各个乡镇，有效人口覆盖率达到 70% 以上，公司宽带端口数达到 1 万线，城镇网络覆盖率达到 40%。重建后网络覆盖率较灾前提高 140%，对用户和县区的服务能力大幅提升。

第十二章　市场服务体系恢复重建

第一节　农村商贸网点

一、农村小型农家店

绵阳市华蜀物资有限公司2006年被商务部纳入“万村千乡市场工程”的试点企业。公司始终坚持按照商务部颁布的《农家店建设与改造规范》要求，本着对各试点企业、各农户认真负责的态度，在配送中心的建设及农家店的改造中严把质量关，做到条件成熟一户建设一户，避免投资失误和给农民及企业带来不必要的经济损失。截至2011年9月底，共建农家店239家，经过“万村千乡市场工程”验收全部合格，解决就业340余人。

二、农村小型商贸网点

公司到乡镇企业进行“万村千乡市场工程”调查、摸底和宣传动员工作。结合农村经济差异、人口密度等综合因素考虑，在花荄镇西岩村、界牌镇石安村建成惠农民生工程，在塔水、清泉建立“塔水七星购物服务中心”和“华蜀清泉农村综合商贸服务中心”。在其余乡镇建立乡级店和村级店。全县共建立农家店239家。

第二节　城区商贸重点项目

花荄镇农贸市场　农贸市场项目由绵阳市圣鼎民乐丝绸有限公司为主设计。建设目标为“优化市场交易环境、提升综合服务功能、提高市场整体建设水平、保障城乡居民方便消费、放心消费、以达到合理布局、经济适用、卫生美观、设施配套、促进农产品配套和农村经济的繁荣”。力求做到节约资源、兼顾经济、适用、美观的原则。在项目的整体设计中实现生活形态与空间形态的多样化，营造出分区明确、宽敞整洁、交易方便、品种齐全、低碳环保的特色市场空间。

农贸市场位于花荄镇益昌社区解放街，益昌路东段繁华地段街面内。2008年8月起县镇组织协调，进行半个月的考察论证。选定原址重建。全程参与规划建设单位为绵阳市圣鼎民乐丝绸有限公司。11月，绵阳市圣鼎建筑公司完成农贸市场规划，计划在原址5800平方米投资460万元，其中灾后重建资金132万元、自筹资金228万元。重建交易棚2360平方米、交易门面1370平方米，规范的交易平台、分隔活禽交易屠宰区，配套污水处理设施、公共厕所和消防设施。

农贸市场属农产品综合交易建设项目，占地4800平方米，圣鼎公司负责市场的建设开发。项目2008年12月1日签署《花荄农贸市场建设项目合同书》。2009年2月，花荄镇成立农贸市场项目建设协调小组，下设办公室，协调推进项目建设工作。5月至7月底，项目包含的具体建设内容相继完成，8月5日竣工，8月底交付使用。

农贸市场总体布局为南北两个宽10米的硬化路入口，益昌路紧邻农贸市场南面入口而过，市场分为蔬菜区，鲜肉区，豆制品、水产区，副食干杂区，熟食区，活禽屠宰区等区域。区分布有三纵两横宽3.5米的交易通道，东南西北均有出口，64个门面及中央2360平方米的交易棚建筑，错落有致，高低有别。公用设施有垃圾堆放场、公共厕所、化粪池、校秤点、公用电话、环卫设备、污水处理系统、供排水等设施；其附属设施完备，功能基本满足城镇农产品市场所需，符合灾后重建农贸市场标准。

秀水镇贵翔超市　秀水镇贵翔超市成立2001年7月，经2003年、2004年、2006年三年三次扩建，经营副食，日用小百货，香烟零售等，营业收入及利润呈上升趋势，年均销售额300万元。地震使贵翔超市损失300万元。投资440万元（其中自有资金340万元，其他资金100万元），在秀水镇西园干道新建秀水贵翔超市，规划建筑面积1200平方米，新增信息系统、设备配套等16套。2009年2月底，完成重建，2009年3月，通过竣工验收，全面恢复营业。

塔水镇农村商贸综合服务中心　项目业主是四川省绵阳市华蜀物资有限公司。在塔水镇场镇新建1500余平方米，集食品、医药（非处方药）、通讯、日常用品、文化音像、制品、小型农机具、家电等销售以及文化、科普及代收通讯费用并为农村提供农产品采购等相关服务功能的农村综合服务中心。项目由四川东金建设工程有限公司承建。项目总投资400万元，其中：经营场所建设180万余元，店铺设施、设备维护、店铺装修70万元，货品150万元。资金来源为公司自筹资金280万元，银行贷款120万元。2010年4月下旬进行规划设计，5月下旬进行改造、拆迁的前期工作，6月中旬完成拆迁任务，7月新建工程动工，10月上旬完成基础设施建设，10月下旬完成装修布置、货品陈列等。11月上旬竣工营业。

塔水镇农村商贸综合服务中心

地震灾后恢复重建商贸项目实施进度统计表

表85　　　　2010年12月28日　单位：万元、个

项目名称	项目数	计划投资	开工项目	完工项目	完成投资
合　计	13	20220	13	11	16820
塔水农村商贸综合服务中心	1	400	1	1	400
清泉农村商贸综合服务中心	1	460	1	1	460
秀水贵翔超市	1	440	1	1	440
花荄农贸市场	1	460	1	1	460
花荄生猪屠宰场	1	260	1	1	260
晓坝农贸市场	1	700	1	1	700
秀水镇农贸市场	1	700	1	1	700
县日用品配送中心	1	1300	1	1	1300
县千佛山旅游风景区度假休闲中心	1	7000	1	—	4500
秀水农副产品配送中心	1	1500	1	1	1500
县绵州温泉酒店	1	2000	1	1	2000
花荄农产品批发市场	1	3000	1	1	3000
县农资配送中心	1	2000	1	—	1100

第三节　粮油储备库恢复建设

县粮食局直属粮库粮食仓房应急维修　项目地址塔水镇。建设内容包括维修直属粮库4个仓房屋面、吊顶、门窗、地面防潮、围墙、排水沟等。总投资124万元。工程由国贸工程设计院、四川省粮食工程设计院设计。工程监理单位：绵阳富达建设监理有限责任公司。工程施工单位是绵阳川银建筑有限公司和绵阳富阳建筑工程有限公司。2008年10月22日动工，12月5日完工并通过县粮食局组织的工程验收。

县粮食局直属粮库粮油收购网点　根据县发展改革和经济商务局《关于下达2008年第一批中央汶川地震灾后恢复重建基金计划的通知》和《关于同意县粮食局直属粮库粮油收购网点建设的批复》，分别进行规划、地勘、设计、消防、环评和防雷、水保等各个环节的方案审定和项目工程招标。项目概算投资256万元。绵阳恒博岩土工程勘察设计有限公司负责工程地勘，绵阳博源建筑设计有限公司、四川绵阳创艺建筑设计研究有限公司负责工程设计，绵阳富达建设监理有限责任公司负责工程监理；绵阳东原建设工程有限公司负责工程施工。该项目为一楼一底收购网点营业用房，设计建筑面积868.64平方米。彩钢罩棚一个，设计建筑面积892平方米。配套设备政府采购金额47.88万元。项目由县粮食局和塔水粮库共同组织实施。2010年6月30日动工，2011年4月20日完工。

秀水粮油收储站　在秀水镇新民村征用土地62.57亩，总投资3809万元。四川省粮食工程设计院设计，绵阳富达建设监理有限责任公司监理。邯郸建工集团有限责任公司中标施工。2011年11月动工，2013年1月25日完工。

桑枣粮油收储站　该站原址加固维修，总面积18300平方米，仓容7800吨，由中央财政下拨专项应急维修资金117万元。桑枣中心站粮食仓库维修工程由国贸工程设计院、四川省粮食工程设计院进行设计，绵阳市万苹宏达建筑有限公司施工，绵阳富达建设监理有限责任公司进行工程监理。2008年9月开工，2008年12月竣工验收合格。

桑枣粮油收储站所属睢水粮所仓房维修工程2011年1月实施维修加固，总投资84万元（含设备21万元），总面积750平方米，仓容1500吨。工程由深圳星蓝德工程顾问有限公司成都分公司设计。施工单位为南昌市第三建筑有限责任公司，绵阳市富达建设监理有限责任公司监理。2011年9月竣工。

安县秀水粮油收储站

第十三章　防灾减灾重建

第一节　监测预警

一、专业地震台站

防震减灾观测业务用房建设项目　2009年7月，安县发改局以安发改经贸〔2009〕510号文件立项，2010年2月，辽宁省发改委辽发改投资函〔2010〕17号批准将安县防震减灾灾后重建列入辽宁援建项目。2010年2月，安县发改局以安发改经贸〔2010〕110号变更批复。项目建设地点位于花荄镇文胜路侧道，建设内容为：建设观测业务用房1050平方米，购置网络信息节点及应急指挥设备，项目投资概算375万元。2010年3月开工，12月竣工验收合格。

地震台站及配套仪器设备建设项目　2010年3月，安县发改局以安发改经贸〔2010〕160号文件立项，建设地点位于花荄镇联丰村三组，项目投资概算387万元，全部为辽宁援建资金。项目于2010年5月开工建设，2011年4月竣工验收合格。

二、气象监测预报预警设施

人影基地及业务附属设施修建　2010年9月26日，通过招标比选，确定四川科茂建筑有限公司为人影基地的施工单位，施工单位2010年10月1日进场。11月18人影基地主体完工，2011年1月20日整个工程全部完工，1月28日通过验收。

气象设备采购　县气象局通过县政府采购办，分五次采购气象专业设备、通用设备以及车辆。通过招标确定绵阳海川电子科技有限公司为第一批气象设备采购单位，中标价为92.32万元。采购的主要设备有：野外自动气象观测站设备2套、三色室外气象专用显示屏5个，室内卫星云图监测系统（2*3LCD液晶拼接屏）1套、提携式多功能无线视频传输器3套、6千伏安在线式UPS1台。5个三色室外气象专用显示屏分别安装于桑枣镇、晓坝镇、秀水镇、塔水镇、乐兴镇黄桷村，投入使用，主要用于气象信息及其他公众消息的发布，提高公众对天气状况的了解，让气象更紧密地为公众的生产生活服务，其他设备正在安装调试。通过招标确定绵阳市虹凌电脑有限责任公司为第二批设备采购单位，中标价为38.9万元，完成采购：台式电脑2台、黑白激光打印机2台、数码照相机2台、数据服务器1台、视频服务器1台、专业摄像机1部、发电机1台、笔记本电脑5台、非编系统1套、数字式接地电阻测试仪1台、视频会议终端1套的采购工作。通过招标确定绵阳市俊杰科技有限责任公司为第三批设备采购单位，中标价为6.28万元。主要采购气象站传感器2个，机房配套设备1批、监控系统1套。通过招标确定绵阳市俊杰科技有限责任公司为第四批设备采购单位，中标价为2.06万元。主要完成GPS1部、野外应急设备1批的采购。2011年9月，通过绵阳鑫晟汽车销售服务有限公司采购NISSAN皮卡车一辆，价格为19.09万元。截至2011年3月20日，县气象局的防灾减灾气象灾后恢复重建项目基本完成。

三、水文监测预报预警设施

山洪防治及防汛预警系统工程概况　安县山洪防治及防汛预警系统工程主要内容包括：9个自动雨

量遥测站、2 个人工雨量站、4 个自动水位站、7 个河道视频监控点、对接水文水资源勘测局的 2 个雨量站、1 个水位站和 1 个水文站的水雨情信息采集与传输系统、信息汇集平台、预警指挥系统建设，县、乡镇、村、组、户五级山洪灾害防御责任制建设、山洪灾害防御体系等建设。项目总金额 627 万元，项目实施周期自 2009 年 12 月 28 日起至 2010 年 5 月 30 日结束。

山洪防治及防汛预警系统工程项目实施情况　项目 2009 年 12 月 28 日正式开工，完成室内会商室、县监测指挥中心及机房的装修；监测中心硬件系统平台的搭建；数据采集系统、传输系统、存储系统、分析系统和预警发布系统平台的搭建；“山洪预警发布系统及水资源调度”系统上位机管理系统的组建等工作。室外部分完成所有点位的基础施工，建成 9 个自动雨量站、2 个人工雨量站、4 个视频监控点。雨量及水位数据通过中国电信 CDMA 无线传输的方式自动向监测中心传输，在无线信号覆盖不到或灾害频发的地方采用卫星通信的方式传输，实现在线实时监测。2011 年 3 月 20 日竣工投入使用。

第二节　灾害风险治理

一、地质灾害评估

地质灾害防灾形势　地震导致安县山区大部分山体不同程度的变形和松动，大幅度降低斜坡的稳定性，加剧震前发现的地质灾害隐患点的险情，引发大量地质灾害和地质灾害隐患点。根据 2009 年专业队伍详查及 2010 年地质灾害巡查排查，全县具有危害的地质灾害隐患点共计 353 处，其中滑坡 148 处，崩塌（危岩）112 处，泥石流 84 处，潜在不稳定斜坡 9 处，威胁 6292 户 25981 人生命和价值近 7 亿元的财产安全。

安县发育的地质灾害主要为浅层滑坡、崩塌（危岩）、泥石流等，滑坡、崩塌（危岩）、泥石流受降雨控制明显，在余震及降雨的影响下，这些潜在地质灾害极可能频发，给安县灾后恢复重建工作带来严重的威胁和不可估量的损失，是安县人民群众生命财产安全隐患。

次重点防治区　分布于睢水、高川、茶坪等部分地区。该区域受威胁的地质灾害种类有滑坡、崩塌、泥石流。滑坡均为小型浅层碎屑岩土体滑坡；崩塌（危岩）斜坡陡峭，节理裂隙发育；泥石流为小型，不易发。威胁 92 户 269 人，威胁资产 620 万元。重要的地质灾害点包括：黑土岩窝滑坡、大坪山后山滑坡。

一般防治区　分布于秀水镇、迎新乡、河清镇、永河镇、宝林镇、清泉镇、乐兴镇、兴仁乡、塔水镇、黄土镇、花荄镇、界牌镇 12 个乡镇部分地区。该区受威胁的地质灾害种类有滑坡、不稳定斜坡。滑坡为小型浅层土体滑坡；潜在不稳定斜坡均为浅表层土体滑塌。威胁 140 户 541 人，威胁资产 1289 万元。重要的地质灾害点包括：王家小山滑坡。

二、地质灾害隐患点发展趋势预测

通过对安县各地质灾害重点防治区段、危险（隐患）区域和危险（隐患）点的预测分析，以省川建勘察设计院震后地质灾害详细调查与区划报告、省地矿局 915 队震后地质灾害巡查排查所确定的地质灾害危险（隐患）点和永久性集中安置点地质灾害危险性评估成果为基础，按照地质灾害分级管理规定，结合安县实际，确定 6 个区段纳入 2010 年地质灾害重点防范区段，确定 340 处地质灾害危险（隐患）点纳入县级地质灾害防灾预案，并就其发展变化趋势进行预测分析、防范，全县无人员伤亡。

三、地质灾害治理

落实部门责任　2010 年，县政府将地质灾害防治作为灾后恢复重建重点落实，各乡镇政府、县级有关部门高度重视。地质灾害防治工作实行行政首长负责制，乡镇政府的主要负责人对本行政区地质灾害防治工作负总责。各乡镇政府建立和完善领导责任制，将地质灾害危险点的监测和防治任务落实到具体单位，明确具体负责人，做到任务到人、责任到人。各相关部门按照省政府确定的职责做好工作，县国土资源局负责全县地质灾害防治的组织、协调、指导和监督工作，具体负责威胁城镇居民和乡村农户住房安全的地质灾害防治工作；县交通局重点做好公路，航道沿线及周边地质灾害防治工作；县水务局重点做好河道、水利设施及周边地质灾害防治和因洪水引发的地质灾害预防工作；县规划和建设局重点做好市政设施及周边地质安全隐患防治工作；县教体局重点做好学校及周边地质灾害防治工作；县移民办重点做好移民迁建区、移民迁建设施地质灾害防治工作；县发改局、安监局重点做好工业企业、矿山开采等生产活动地质灾害防治工作；工程建设项目相应的行政主管部门加强对在建项目地质灾害预防和监管工作。

编制防灾预案　各乡镇政府、有关部门依据预案，在全面调查的基础上，掌握所管辖范围内的地质灾害易发区段和地质灾害危险（隐患）点，并结合地质灾害分布规律、形成特点、主要诱发因素、危害程度，进行地质灾害趋势预测，编制本乡镇以及本部门《地质灾害防灾预案》和年度地质灾害防治规划。

做好地质灾害巡查、排查、监测、预警工作　各乡镇政府、县级有关部门加大执法监督力度，适时对经常或可能发生突发性地质灾害的地区进行跟踪管理，对学校、厂矿、旅游景区、建设工地、聚居点等人员密集场所，实施重点巡查排查，落实专人，加强重点防范。对在可能引发地质灾害的地段实施修路、建房、开矿、取土等工程活动，及时纠正，依法查处。对重要地质灾害危险（隐患）点和地质灾害易发区段，做到心中有数，并明确具体监测责任人和监测人，采取切实有效的措施实施加密监控；条件成熟的，采取必要的工程治理措施。若出现临灾征兆时，要迅速做出临灾预报，及时采取应急处理措施，按预定的疏散路线撤离人员。

健全地质灾害群测群防体系　各乡镇政府建立和完善乡镇、村、组三级地质灾害群测群防体系，制定地质灾害防治知识培训计划，通过多种形式进行地质灾害防灾、识灾、避灾的广泛宣传，提高全民地质灾害防灾意识和对地质环境的保护意识，充分发动群众，调动群众积极参与地质灾害防治。各乡镇、有关部门完善监测系统，使每一处地质灾害都有明确的监测责任人和监测人，将含有报警抢险措施、避灾疏散路线、预警信号等地质灾害防治内容的“明白卡”发到危险户手中，切实做到管理有人、人人有责、心中有数、防治有效。

建立完善各项制度　各乡镇政府、有关部门按照《安县突发地质灾害应急预案》建立健全汛期值班制度、险情巡视制度、灾情速报制度和应急调查制度，切实做好地质灾害应急准备与避险，增强地质灾害的应急反应能力，公开设立地质灾害报警电话和地质灾害主管负责人，接受社会监督。

全面实施地质灾害防治　各乡镇政府、有关部门将地质灾害防治资金纳入年度计划，多方筹措防治资金，切实保证地质灾害调查、监测、预报、治理所需的交通、通信和工作经费，确保地质灾害隐患点得到及时调查、监测和治理。2010 年，实施震后地质灾害易发区群众防灾避险搬迁安置工程，启动重大地质灾害治理工程项目。

监测防治　由于地震的影响，地质灾害及隐患数量、规模、危害及潜在危害程度成倍增加。相关责任部门及时对严重威胁群众生命和财产安全的地质灾害及隐患进行勘察、评价和治理。采取多种措施，强化对泥石流、塌方、滑坡等地质灾害易发地段的监测，并以村（社）为单位组织开展地质灾害拉网式集中排查行动。派出专业地质队组成排查组全天候巡查、监测，以及时发现地质变化情况并进行防治处理，并对危险地带的群众实施转移搬迁。6 个重点区段、340 个项目通过工程治理，消除地质灾害隐患。截至 2010 年 6 月 25 日，完工 35 个，应急排危类项目完成 107 处。发放避险明白卡和宣传手册，制作警示牌等措施，加强对地质灾害防治知识的宣传，增强群防群治能力。开展应对地质灾害的应急演练，为提升地质灾害应急处理能力起到示范作用。

茶坪乡 9 处重大地质灾害治理项目　2010 年 9 月，茶坪乡石鸭子大沟泥石流等 9 处重大地质灾害治理项目由县发展改革和经济商务局批准立项建设。县国土资源局作为项目业主委托招标代理机构四川省迅达工程咨询监理有限公司主持工程项目招标比选。工期 120 天。标段划分：一标段为麻地潮石窖尖滑坡治理工程；二标段为石鸭子大沟泥石流治理工程、干沟桥泥石流治理工程、石槽沟崩塌治理工程、舒家院子崩塌治理工程、大坪滑坡治理工程、竹竿地泥石流治理工程、大坡泥石流治理工程、赵家院子滑坡治理工程。

第三节　应急指挥和救援救助

一、应急指挥和救援救助体系

地震应急反应的目标　从地震发生之时起至紧急状态解除之前，地震应急反应行动应当是各乡镇、驻绵部队、各部门、各企事业单位的第一位工作，其人力、物力、财力、智力、信息等资源都必须全部用于实现以下目标：拯救被废墟埋压人员的生命；保护灾区公众健康和安全，减轻、消除公共和私有财产的安全威胁；向受灾人员提供避难场所和医疗服务；评估基础设施、公共设施以及场地环境的受损情况，根据评价结果立即修复使其运转；充分发挥党委、政府的领导作用，利用行政、法律、经济、思想政治工作的综合作用，维持震区的正常运转，确保灾区应急工作按照抗震救灾指挥部的指令、法律法规的各项规定协调一致的行动；连续不间断向公众公告震情、灾情动态信息，提醒受灾群众注意事项，公告禁止事项，维护灾区稳定；确定关键性资源需求，协调各项请求，最大限度满足救灾需要。

启动应急预案的条件及有关原则　发生以下情况之一者，启动县地震应急预案：安县境内发生特大地震灾害（预计亡 300 人以上，震级 7.0 级以上）、重大地震灾害（预计亡 50 人至 299 人，震级 6.5 至 6.9 级）、较大地震灾害（预计亡 20 人至 49 人，震级 6.0 至 6.4 级），一般地震灾害（预计亡 20 人以下，震级 5.0 至 5.9 级）；在本市邻近地区发生特别重大、重大地震灾害，对县境内周边地区造成 50 人以上人员伤亡和严重财产损失的地震；震级小于上述地震，但造成严重财产损失或发生严重的次生灾害，造成数十人死亡的地震灾害；国务院、省政府发布特别重大、重大地震临震预报的地点在安县及其周边地区。

地震应急必须自动启动应急预案并坚持以下原则：当公众主观感觉到发生强烈破坏性地震，地震动持续时间在 25 秒以上，发现明显的重大损失时，应立即自动启动预案；其他情况按指令启动。县地震预案启动后，各乡镇人民政府地震应急预案、各部门专项地震应急预案必须相应启动。地震应急以属地为主。发生特别重大、重大地震、较大地震灾害，均按本预案处置。一般地震灾害由所在地的乡镇人民政府处置。应急过程中，由指挥长视地震灾害的实际情况适时调整应急规模和应急力量。

预案应急期为十日，必要时由指挥部指挥长决定延长；较大地震灾害发生后，按预案实施。待震后趋势判定意见和地震类型确定后，指挥部可以决定提前结束应急期，其后续应急工作由指挥长指定自然灾害专项预案指挥长或乡镇地震应急预案指挥长负责实施地震应急工作。小于 5.0 级以下的地震，人员伤亡和财产损失不大，影响范围小，由县防震减灾局地震应急预案处置，地震发生地的乡镇人民政府配合，处置结果报告县委、县政府、县人大和县政协，不再启动本预案。

抗震救灾指挥机构与职责　发生特别重大、重大、较大、一般地震灾害后，县防震减灾领导小组自动转为县抗震救灾指挥部，统一领导、指挥和协调地震应急救援和救灾工作。相关部门、单位、社会民众按照各自职责和应当依法履行的义务，进入地震应急工作期。

县抗震救灾指挥部机构人员组成：县人民政府县长任指挥长，县人民政府分管副县长、县人武部部长及县委宣传部、县防震减灾局、县政府应急办、县发改局、县民政局、县公安局主要负责人任副指挥长，成员由县政府办公室、县公安局、县教育局、县科技局、县财政局、县国土资源局、县建设局、县交通局、县水务局、县卫生局、县农业局、县环保局、县广播电视局、县安监局、县文化旅游局、县接待办、县气象局、县红十字会、县电业局、县电信局、县移动公司、县联通公司、县公安消防中队、武警县中队、63837 部队、63839 部队等有关部门、单位负责人组成。

县指挥部主要职责是：确定应急工作方案。组织、指挥、协调县级有关部门和有关乡镇对受灾地区进行紧急救援。协调县人武部迅速组织指挥驻县部队参加抢险救灾。向市抗震救灾指挥部报告震情、灾情及灾情发展趋势，视灾情严重性提出请求上级支援和呼吁国际援助的建议。按照法律规定和上级决定，组织实施交通管制、征用物资、灾区进入紧急状态等紧急措施。处置地震应急和救灾工作的各类突发事件。承担其他有关地震应急和救灾的重要工作。

县指挥部下设办公室，办公室主任由防震减灾局局长担任，常态期指挥部设在县防震减灾局指挥室，承担县政府抗震救灾指挥部的日常工作，办公室成员为指挥部成员单位的联络员。应急期间办公室主任由县政府办公室主任担任，防震减灾局局长任副主任。视灾情和应急需要，指挥部下设综合协调组、生命拯救组、医疗救护组、外来救援队伍协调组、地震次生灾害整治组、公用基础设施抢险组、震情灾情收集组、受灾群众安置组、遇难受灾群众善后组、后勤保障与款物捐赠受理组、社会动员组、灾害应对方案专家组、通信保障组、安全稳定组、港澳台和国际联络组。

办公室主要职责是：汇集、上报震情灾情和抗震救灾进展情况。提出具体的抗震救灾方案和措施建议，贯彻县抗震救灾指挥部的指示和部署，协调有关乡镇人民政府、灾区乡镇抗震救灾指挥部、县抗震救灾指挥部成员单位之间的应急工作。掌握震情信息，及时会商，分析、判断地震发展趋势，研究制定新闻工作方案，指导抗震救灾宣传，按规定时限组织信息发布会。起草指挥部文件、简报，负责指挥部各类文书资料的准备和整理归档，承担县抗震救灾指挥部日常事务和交办的其他工作。

地震应急程序及任务 地震发生后，按照不同时段，县指挥部与各乡镇、县级各部门指挥机构有明确的任务分工，并且对全体民众参与应急处置规定具体措施。

救灾物资储备仓库项目修建 2008年12月29日，经县发展改革和经济商务局（〔2008〕427号）正式批准立项，由中央、省、市财政拨款投资450万元，在花荄镇马鞍村12组征地7亩，修建县救灾物资储备仓库。工程包括仓库、厕所、值班室、室外附属工程等项目，建筑面积1169平方米，全框架结构，建筑总高度6.3米，建设工期1年。

绵阳博源建筑设计有限公司设计，绵阳恒博岩土勘察设计有限公司进行地质勘查，深圳市建安（集团）股份有限公司中标，中标价242.87元。该工程2009年12月开工，2010年8月30日竣工。

二、专业救援救助力量

政府组织的救援救助力量 抗震救灾指挥部办公室各专业组组成与职责将专业救援救助力量划分为综合协调组、生命拯救组、医疗救护组、外来救援队伍协调组、地震次生灾害整治组、公用基础设施抢险组、震情灾情收集组、受灾群众安置组、遇难受灾群众善后与防疫组、后勤保障与款物捐赠受理组、社会动员组、技术专家应对组、通信保障组、安全稳定组、港澳台和国际联络组、信息公告、新闻宣传组，并赋予各组专业职责。

社会组织的救援救助力量 县土木建筑学会积极开展技术培训，认真搞好咨询服务。举办建筑工人职业资格技能培训班，培训中小型机械操作工、钢筋工、电工、混凝土工、砌筑、抹灰工、木工（模板安装)、焊工、架子工、油漆、防水工、绿化工、建筑（装饰）工。从整体上提高建设队伍水平。组织建筑技术咨询活动和科普活动，鉴定拆迁户房屋落后63户，审查个体建房图纸198户，建筑面积13万余平方米。为250余户私人建房户提供技术咨询服务，建筑面积约16万平方米。会员单位圣鼎建筑公司、川银建筑公司、华明建筑公司无偿为各乡镇医疗卫生机构搭建应急帐篷，援助抗震棚搭建钢管，出动机械设备数台清运建筑垃圾，为永河镇茶山村铺路3公里。对全县各乡镇房屋进行应急安全检查，从5月13日到8月8日共无偿对200余万平方米房屋进行震后安全应急检查。组织编印《震后私人建房施工安全技术培训材料》，先后免费对全县20个乡镇270余个行政村及社区的600余名灾后重建建筑技术和建筑安全管理骨干进行培训，发放培训资料1000余份。圣鼎建筑公司、川银建筑公司组织500余人对受损农房进行排危，面积达5万余平方米，对银河集团、启明星磷化工、县中医院等处排危3万余平方米，维修房屋面积7万余平方米。

表 86

地震应急指挥程序及任务分解表

时间	县指挥部主要任务	各乡镇指挥部、各部门指挥机构主要任务	民众应急措施
震时至震后30分钟	1. 指挥部成员单位负责人及联络员在震后20分钟内到指挥部报到，参加指挥部第一次工作会议，由指挥长宣布："本区域发生特大地震，从××月××日××时××分起，县进入震后应急期，县地震应急预案正式启动"。会议通报初步测定的地震发生时间、地点、震级、可能影响范围及初步震害情况，对地震应急作出初步安排，提出非常态管理期严格要求； 2. 确定指挥部各机构负责人员名单及联系方式； 3. 综合协调组向上级指挥部报告本级指挥组成人员名单、开设地点、通信手段与联系方式； 4. 各指挥部成员单位成立部门地震应急协调机构，确定地点与联系方式，报送市指挥部； 5. 各成员单位联络员迅速收集灾区人员伤亡、房屋破坏、次生灾害源、各行业灾情以及其他重大异常情况，由震情灾情收集组初步汇总后，以灾情简报报告上级指挥部和县委、县人大、县政协，通报指挥部成员单位，实现灾情信息共享；有关重大震情灾情信息按法定程序及时向社会公告； 6. 震情灾情收集组30分钟内向指挥部和成员单位通报地震精确测定参数； 7. 指挥长向各专业应急救援队下达预先地震应急行动令； 8. 各指挥部成员单位联络员向指挥部提供本行业基础数据库及电子文档； 9. 通信组开通各种应急通信手段，保持不间断通信； 10. 贯彻落实省、市抗震救灾指挥部、中央领导的指示和应急救灾的部署。	1. 启动各乡镇预案和各部门专项地震应急预案； 2. 灾区各级政府和基层单位负责人，立即组织幸存青壮人员，开展现场自救、互救； 3. 各专业应急救援队做好临战出发准备，待救援命令下达后立即到达指定地域应急； 4. 基层民政员、防灾减灾助理员向县指挥部震情灾情收集组，用规定格式报送灾情和重大异常情况； 5. 地震、水务、气象、国土、环保等有关部门启动监测预警系统，监测余震、次生灾害及动态情况，将收集到的余震和次生灾害情况时实报告指挥部； 6. 防震减灾局通过专业网及一切通信手段，20分钟内向指挥部报概略地震参数，30分钟内报精确地震参数； 7. 各成员单位按指挥部要求开通各行业专用通信网，应急期间不得善自中断。待公共通信网恢复正常后，按指挥部通知要求关闭应急通信设施； 8. 各级指挥部安排人员24小时值班制度，随时听候县指挥部下达的命令和工作部署，确保政令畅通，做到上情下达，下情上报。	1. 灾区青壮人员立即开展自救互救。互救重点区域是学校、医院等人员密集场所。并组织儿童、老人、伤员迅速撤离危险区。基层民政员通过一切办法将地震灾情、次生灾害源现状、地震宏观异常情况，通过民政渠道逐级上报； 2. 非灾区民众，在地震动结束后，迅速关掉室内燃气、水电，携带收音机和应急包，有序撤离建筑物，在开阔地带听候政府公告，自觉维护灾区日常生活秩序。此后的强余震不断发生，切记离开建筑物、玻璃幕墙、损坏的建筑物； 3. 村、社和街道居委会尽快恢复正常运转，听候指挥部号令； 4. 基层党组织、政府组织及非政府组织，切实履行公共安全社会服务职能，引导民众控制灾害。

续表

时间	县指挥部主要任务	各乡镇指挥部、各部门指挥机构主要任务	民众应急措施
震后30分钟至震后4小时	1. 召开县指挥部第二次工作会议，根据震情和初步灾情确定应急规模和方案，决策和部署下列事项：（1）协调人武部和驻县部队参加抢险救灾；（2）请求调遣国家、各省区、各地市州地震灾害专业救援队伍和医疗救护队伍赴灾区抢险救灾；（3）部署饮用水和食品的供给、伤员后送、物资调运、灾区交通保障；（4）组织县指挥部成员单位和有关乡镇对灾区紧急救援，确定救援方案和重点方向，向专业救援队下达出发令；（5）视灾情提议省、市指向国际社会呼吁援助；（6）建议省、市指挥部实施跨地市州县的紧急应急措施以及干线交通管制；（7）组建、派遣县应急工作组赴灾区慰问、指导抗震救灾工作； 2. 震情灾情收集组按民政渠道，持续收集震情和灾情，汇总后报告上级指挥部，通报县指挥部成员单位；此后按1、2、6、6、6——小时间隔报灾情动态信息，如有新的重大灾情随时报告。当连续3个6小时内灾情无变化或应急期解除后，灾情报告结束； 3. 震情灾情收集组负责，新闻宣传组配合，震后1小时内组织关于地震时间、地点、震级以及初步灾情信息的公告； 4. 稳定组部署警力，支持地震应急反应活动，维持社会治安和秩序； 5. 医疗组指定、设立伤患集结点，并部署医疗应急队伍赴集结点开展救护工作； 6. 请求省、市指挥部提供灾区全景震害图像信息； 7. 稳定组确定并通知高危人群，必要时组织撤离； 8. 受灾群众安置组开放应急避灾中心，接纳流离失所的民众； 9. 新闻组、震情灾情组汇总情况，向民众公告次生灾害源地点，提出个人保护的建议，向公众公告安全集结地点和医疗救护集结地点； 10. 综合组负责发布各项公告。	1. 各地各部门落实县指挥部工作部署，开展本地区、本部门地震应急救援工作； 2. 发改、公安、安监、交通、国土、水利、建设、教育、卫生、电信（含移动、联通公司）、电业等有关部门按行业渠道迅速了解灾情，及时报县指挥部灾情震情组汇总； 3. 各乡镇按民政渠道持续向县指挥部震情灾情组报送人员伤亡、房屋破坏、次生灾害、地震宏观异常信息，因灾个别环节不畅时，掌握灾情的人员可越级上报； 4. 震情灾情组在1小时内向县指挥部提供初步判定地震烈度图像信息； 5. 各乡镇指挥部部署警力对重点目标、次生灾害源、交通危险地段依法实行应急管制； 6. 非灾区和轻灾区政府，组织青壮人员，当灾区有请求时，对灾区快速救援； 7. 视需要组建现场抗震救灾指挥部，直接组织灾区的人员抢救和工程抢险工作； 8. 加强值班，严格24小时有人值守制度，保持通信畅通； 9. 本区域、本部门发生重大异常情况，边报告边继续核实情况。	1. 灾区民众持续开展自救互救，有条件的打开收音机，听取政府关于抗震救灾的公告，注意躲避余震和次生灾害，避免造成新的伤害； 2. 灾区民众按照法定义务向所地在民政员报告地震灾情、地震宏观异常和次生灾害源信息，当民政员受伤或不在位时，由基层组织负责人指定人员接任； 3. 轻灾区青壮年应积极参加志愿者组织，按指挥部要求，到指定地点参加救援行动和后勤保障工作； 4. 公众应通过各种媒体，主动学习地震科普、地震次生灾害、震时应急避险、自救互救等应急避险知识和技能； 5. 危险区民众必须按政府公告时限撤离，自觉维护、执行政府采取的各项应急措施。

续表

时间	县指挥部主要任务	各乡镇指挥部、各部门指挥机构主要任务	民众应急措施
震后4小时至震后12小时	1. 指挥部召开第三次会议，部署下列工作：（1）充分利用法律、经济、行政手段，整合资源，依法征用救灾急需资源，持续开展应急工作，为灾区提供基本的生活服务；（2）核定资源短缺情况（按10天至12天的需求量）请求省、市指挥部紧急支援的物品名称、数量、运达地点；（3）核定交通道路损毁现状，确定运送关键资源替代方案，实施交通管制；（4）动员一切社会力量，支援应急避难场所需要的寝具、食物、水、卫生设施、生活用品，并加强治安服务；（5）确定交通、通信、电力、供水、燃气等公用设施抢修方案，并组织实施；（6）协调医院间伤员负载平衡问题，超负荷的解决方案；（7）决定其重点地区、重点路段实行紧急管制； 2. 综合组对指挥部第三次会议决定的事项，依法向社会公告，并督促实施； 3. 次生灾害组负责，专家组配合根据各部门、各灾区政府报送的次生灾害源的地点、数量、严重程度、发展趋势，制定应对方案，对不安全地区，提出疏散撤离方案，提交指挥部，在向社会公告的同时，统一组织实施其方案； 4. 持续组织后续力量开赴灾区，实施生命救助； 5. 港澳台和国际联络组发现因地震伤亡、失踪或被困人员有港澳台人员或外国人，核实后迅速上报省市指挥部和省市港澳办、台办或外事办； 6. 综合组及时传达中央、省、市指挥部的应急工作部署。	1. 各乡镇指挥部、各部门立即落实县指挥部各项决议，动员本地区、本系统一切力量，持续开展生命救援，密切协同、主动配合资源整合； 2. 继续收集本地区、各行业灾情信息，在规定的时间内向指挥部报送； 3. 各成员单位，持续推进本系统预案的实施，其行业的应急进度，应当时实报送指挥部； 4. 防震减局灾局对灾区加密观测，收集宏观异常，对地震类型、趋势提出初步建议； 5. 各有关部门做好一线抢险队、外来紧急专业救援队的后勤保障，协调各搜救队的救援行动，抢救被压埋人员； 6. 医疗救护组组织医疗救护队伍到达现场和伤员集结点抢救伤员； 7. 公用基础设施抢险组组织力量对灾区城镇中被破坏的给排水、燃气、电力、公共客货交通、市政设施进行抢排险，尽快恢复上述基础设施功能； 8. 受灾群众安置组对宜分散安置的受灾群众进行技术指导；对毁灭性破坏的城镇灾区民众，有序转移到临时避难场所，向受灾群众分发救灾资金和物资，保障受灾群众的基本生活。	重灾区民众在当地党委政府的统一领导下，对受灾的医院、学校、办公区等人员密度大的区域开展施救，把伤员转移到指定安全区，把遇难人员遗体送达指定地点按法定程序处理； 轻灾区民众，在地震趋势未公告前，配合基层组织，暂时撤离建筑物，统一、有序转移到安全地带，自行解决室外生活设施，自觉维护公共卫生，严防传染病发生；重灾区民众，依法定义务持续报告本地新发生的重大灾情，新产生的地震宏观异常以及次生灾害动态情况，并持续不间断开展互救。

续表

时间	县指挥部主要任务	各乡镇指挥部、各部门指挥机构主要任务	民众应急措施
震后12小时至震后72小时	1. 震后24小时内组织灾情和震情趋势判定公告，适时组织后续公告，落实宏观震中、震灾破坏情况、震灾损失初步情况； 2. 为国际、国内各专业救援队伍提供后勤保障工作，全力满足紧急救援、各方协调配合工作的后勤需求，保障灾害管理； 3. 指定救援物资集中地，制定实施救援物资调度计划； 4. 确保重灾区现场指挥部、重要救援交通运输线路的燃油供应； 5. 启动尸体处置程序； 6. 按基层组织、乡镇指挥部、指挥部综合组的渠道，收集希望政府支援的短缺物资，汇总后报市指挥部； 7. 每日8时到18时，每间隔4小时召开一次新闻发布会，向社会通报震情趋势、灾情现状、县政府的救灾行动、民众应当采取的措施、政府提供的公共服务，禁止性事项； 8. 在重灾区建立饮水和食品分发站，为撤离灾区但未进入避难场所的受灾群众提供饮用水和食品； 9. 实施伤员现场急救护理、后方治疗转运方案； 10. 启动社会捐款捐物管理系统，受理、登记、分配、动态公示款、物流向和用途； 11. 掌握避难场所运转情况，加强队伍管理，增加公用设施，改进膳食服务和公共卫生，加大防疫强度，严防爆发传染病，解决急需短缺物资； 12. 持续统计死伤人数、房屋财产损失、各行业的受灾情况，汇总后上报通报各有关方； 13. 综合组协调县团委，全程对志愿者队伍进行规范管理，按灾区的需求量有序进入、登记、派遣、使用、回送及有关保障工作； 14. 根据应急需要，召开第四次指挥部工作会议，研究决定亟待解决的问题，并做出决定。	1. 各乡镇指挥部、各部门立即落实县指挥部各项决议，动员本地区、本系统一切力量，持续开展生命救援，密切协同、主动配合资源整合； 2. 继续收集本地区、各行业灾情信息，在规定的时间内向指挥部报送； 3. 各成员单位，持续推进本系统预案的实施，其行业的应急进度，应当时实报送指挥部； 4. 防震减局灾局对灾区加密观测，收集宏观异常，积极索取上级地震部门的分析意见，综合后对地震类型、趋势作出结论性意见，提交指挥部； 5. 各有关部门做好一线抢险队、外来紧急专业救援队的后勤保障，协调各搜救队的救援行动，全力持续抢救被压埋人员； 6. 医疗救护组做好军队、外地野战医院现场救护的有关保障，加强前后方协调，为伤员后送开通紧急通道； 7. 公用基础设施抢险组继续加大力量，加速恢复基础设施功能； 8. 各地、各部门加强值班，保持通信畅通，应急中发生的重大突发事项及时报告； 9. 加强请示报告制度，认真贯彻指挥部、市、省、中央关于应急工作的各项指示； 10. 加强本地区、本部门地震应急工作的组织协调，使其有序、科学地推进。	重灾区民众持续开展应急救援，为避免发生新的伤害，必须在基层组织的统一领导下，有组织地开展救援，加强互助合作；并按法定义务持续报告本地新发生的重大灾情，新产生的地震宏观异常以及次生灾害动态情况；轻灾区民众根据政府震情趋势公告和关于加强灾区民众生活秩序的通知，结合房屋具体破损情况，自行选择其回原住宅、搬迁到临时避难所、投靠亲友等方式，以解决其正常生活；灾区民众应当自觉遵守政府各项公告、有关法律法规规定，争做守法、文明的合格公民，使政府应急工作得到民众的大力支持，确保应急效率。

续表

时间	县指挥部主要任务	各乡镇指挥部、各部门指挥机构主要任务	民众应急措施
震后4天至震后10天	1. 在省市指挥部的支持下，指挥部组织专业人员对现场救援人员提供心理疏导，缓解压力； 2. 组建调查组，走访避难所，改善避难所条件，提供更好的服务； 3. 全面实施建筑物安全评估鉴定工作，公示损毁程度； 4. 地震轻灾区和波及区，尽快恢复商业服务和公共交通； 5. 地震类型及震后趋势判定公告后，重灾区可在安全许可的条件下，允许受灾群众进入室内抢救个人物品； 6. 在避难场所等人员集中地，增设公共电话亭； 7. 优化指挥，逐步调整应急规模，简化组织指挥机构，应急救援向持续救灾过渡，着手制定恢复重建方案； 8. 持续收集人员伤亡、财产损失、各行业损失情况，并进行评估，为恢复重建提供必要的依据； 9. 逐步解除紧急管制的区域、路段，逐步转向常态管理； 10. 综合组负责，防震减灾局协助，为国家灾评委、地震科学考察队进入灾区，组织开展地震烈度调查，确定发震构造，调查地震宏观异常现象、工程结构震害特征、地震社会影响和各种地震地质灾害、地震灾害损失评估等；提供相关资料、服务和保障工作； 11. 综合组全面掌握各专业组工作进度，协调资源，重点向关键环节支持，确保应急工作效率； 12. 县指挥部及重灾区的现场指挥部，每日19时召开一次地方政府、军队、各省市区专业救援队、各有关部门的工作协调会，听取进度汇报、各单位急需要资源、要求协调解决的问题，部署次日工作； 13. 继续收集灾情信息，地震宏观异常信息，灾情信息汇总后在上报通报的同时，应当向社会公告；地震宏观信息汇总后报省、市地震局； 14. 着手安排灾后恢复重建事项。	1. 县级各支救援队，继续组织搜救压埋人员，抢救伤员； 2. 防疫组组织力量深入灾区，投入防疫力量，控制疫情发生，并为防疫部队做好先期准备； 3. 持续组织抢修水、电、气、公路桥梁等生命工程，优先保障运输抢险救灾人员、伤员和救灾物资； 4. 建设、房管所配合上级派遣灾区的专业评估人员，开展房屋、设施的安全鉴定工作，其资料入档，向业主或法人公开，为恢复重建提供依据； 5. 通讯保障组在公用通信网恢复后，逐步撤除应急备分通信设施； 5. 后勤保障与款物捐赠受理组，按受灾群众需求持续不间断向灾区调运，保障灾区生活必需品的供应； 6. 稳定组协助外援警力，共同负责社会治安和重要财物、设施、首脑机关、要害部门、物资储备仓库、监狱等重要目标的警卫，预防、打击犯罪活动，维护社会秩序； 7. 震情组局负责加密监测，掌握震情动态，对地震应急实时提出建议； 8. 港澳台和国际联络组对外呼吁与接受外援，负责接受和安排国际社会向县提供的紧急救援；接受中国红十字会转赠的国际社会和境外红十字会提供的紧急援助； 9. 新闻组持续按照有关规定向社会发布震情、灾情、禁止性公告、注意事项、政府应急工作进度等抗震救灾的公告公示； 10. 各乡镇政府负责动员社会各方力量，建立应急志愿者队伍，参与抗震救灾工作。	灾区民众持续开展应急救援，为避免发生新的伤害，必须在基层组织的统一领导下，有组织地开展，加强互助合作；并按法定义务持续报告本地新发生的重大灾情，新产生的地震宏观异常以及次生灾害动态情况；轻灾区民众按政会公告，尽快恢复正常的工作、生产、生活秩序，坚守岗位，努力做好本职工作，用实际行动支援灾区。

表 87　**抗震救灾指挥部办公室各专业组组成与职责分配表**

组　别	主要职责	组成单位	组长单位
综合协调组	对抗震救灾中的重大事项进行协调；掌握地震应急全局工作进度；传达指挥长以及上级下达的指示命令，收集执行情况；起草指挥部文件、简报，负责指挥部各类文书资料的准备和整理归档；承担指挥部日常事务和临时交办的其他工作。	县政府办公室、人武部、县防震减灾局、县委宣传部、县政府应急办、县发改局、县民政局、县公安局。	县政府办公室
生命拯救组	负责对地震灾区埋压人员搜索、抢救。对重要财物、重要档案、贵重设备与原材料进行挖掘回收。	人武部、驻县部队、公安局、消防中队、卫生局。	公安局
医疗救护组	负责对震害致伤人员现场处理、急救、转运，对后方医疗基地的重危伤员进行抢救、医护。对灾区可能发生的传染病进行预警，并采取有效措施防止和控制暴发流行，检查、监测灾区的饮用水源、食品等。	卫生局、药品食品监督局。	卫生局
外来救援队伍协调组	负责对外来救援队伍的接待、介绍灾情、交接搜救任务、派遣向导、协调工作、提供有关保障。	县政府办公室、接待办。	接待办
地震次生灾害整治组	调查次生害源，了解现状及发展趋势，与专家组共同商定整治措施，提交指挥长。对堰塞湖、火灾环境污染等次生灾害的整治，与地震应急同步采取应对措施。	水务局、国土局、气象局、公安消防大队、防震减灾局、人事局。	国土资源管理局
公用基础设施抢险组	组织抢修，恢复公路、桥梁等设施，优先保障抢险救灾人员、救灾物资和伤员的运输；抢修水利设施、水电气等管网及设施。	建设局、交通局、电业局、水务局。	建设局
震情灾情收集组	实时收集、汇总灾情、震情、地震宏观异常、主要次生灾害源地点、种类、现状、发展趋势、可能产生的危害。上报、通报各相关部门，提高应急工作的协调性。	民政局、统计局、国土局、公安局、环保局、防震减灾局、应急办。	民政局
受灾群众安置组	对宜分散安置的受灾群众进行技术指导，避开地质灾害、洪水淹没、环境污染区，选址搭建临时住房；对毁灭性破坏的城镇灾区民众，有序转移到临时避难场所，向受灾群众分发救灾资金和物资，保障受灾群众的基本生活。	县民政局、财政局、救灾办、共青团、专家组有关成员。	民政局
遇难受灾群众善后与防疫组	依照法律法规，对地震中遇难人员遗体识别、建档、处置。提出灾区防疫方案，为外来防疫队伍提供工作保障。	公安局、民政局、卫生局。	公安局
后勤保障与款物捐赠受理组	负责救灾帐篷、衣物、食品、水、救援工具等储备、管理、发送工作，保障灾区生活必需品的供应和应急工作资金的需求。负责受理、登记、保管、分发、运送救灾物资，提交救灾款的使用方案，对捐增款物的全过程进行公示。	县发改局、民政局、财政局。	民政局
社会动员组	负责动员组织无灾区、轻灾区在家青壮人员，在当地政府的统一领导下，赶赴灾区对被埋压人员施救。动员社会力量，做好应急期的后勤保障。	各级政府、民政局、共青团。	共青团
技术专家应对组	评估地震灾害发展趋势，分析地震次生灾害间的相关性，开展房屋、设施的安全鉴定工作，提出应对方案。	人事局、专家组各成员单位。	人事局

续表

组　别	主要职责	组成单位	组长单位
通信保障组	负责公共通信网破坏时，开通备用应急通信设备，保障指挥部应急通信；并尽快抢修、恢复被破坏的公共通信网。按指挥部要求，开通县指挥部到指定地点的应急通信。	县电信局、联通公司、移动公司。	电信局
安全稳定组	加强灾区社会治安和国家重要财物、设施、次生灾害源以及救灾人员的安全保卫工作；协助当地加强对灾区政府首脑机关、要害部门、物资储备仓库、监狱等重要目标的警卫，预防、打击犯罪活动，维护社会秩序。	县公安局、县武警中队。	公安局
港澳台和国际联络组	负责通过红十字会向国际对口组织呼吁提供紧急援助，接受和安排国际社会向县震区提供的紧急救援物资，接受中国红十字会转赠的国际社会和境外红十字会提供的紧急援助。向有关方通报地震中遇难、致伤的港澳台和外国人员。	接待办、红十字会。	接待办
信息公告、新闻宣传组	负责政府公告、新闻信息的审查、公布研究制定新闻工作方案，指导抗震救灾宣传，组织信息发布会。	宣传部及有关专业部门。	宣传部

第十四章　外来支援

第一节　河南省援建

一、组织生产彩板

2008 年 5 月 24 日，国务院宣布河南省对口援建安县过渡安置房。河南省共有彩板生产企业 50 多家、骨干生产企业 13 家。接到任务后，河南省副省长史济春召开生产企业座谈会，提出明确的任务要求；次日率省发改委、民政厅和建设厅负责人赴新乡市部分企业进行调研。郑州、洛阳等市党政主要领导帮助企业跑贷款，落实资金问题。截至 5 月 30 日，全省 18 个省辖市与 31 家彩板房生产企业签订合同。及时投入生产的企业有 25 家，每天可生产活动板房 600 余套。其余企业也在备料中，随着投产企业的增多，日产量也逐渐上升。为解决生产活动板房及配套设施所需原材料问题，河南省及时与上海宝钢联系，帮助解决货源。

二、现场安装板房

5 月 28 日，河南省 18 个省辖市援建队伍全部到达安县，河南省对口支援过渡安置房建设全面铺开。截至 5 月 30 日，安装 111 套，待安装 1281 套，在运 1356 套，待运 1522 套。

河南省援建板房

为确保建筑质量，河南省建设厅组织工程技术人员制定《援建四川地震灾区过渡安置房施工图确定原则和要点》《关于做好灾区过渡安置房生产安装质量控制的紧急通知》《灾区过渡安置房生产安装质量监督工作要点》。全省 18 个省辖市建设行政主管部门会同质量技术监督部门，选派监督管理人员陆续进驻活动板房生产企业，实行产品生产质量驻厂监督。河南省建设厅选派省质量监督总站和省建筑设计院 5 名工程技术人员到安县，进行施工质量现场指导。4 支相关监理企业组成的监理队伍奔赴灾区，加强质量监控。5 月 25 日 17 时许，11 辆河南的载重卡车满载着 50 套活动板房建设材料抵达桑枣镇受灾群众安置点，河南六建的 50 多名工人同时到达。河南省建设厅厅长查敏深深地向河南的援建工人鞠一躬："拜托了！"前线指挥部指挥长张国晖承诺："我们实行三包三保，即包生产、包运输、包建造，保数量、保质量、保进度，力争让灾区乡亲们早一天住上遮风挡雨、隔热抗震的新房。"

洛阳的目标，是建起河南省支援四川第一间活动板房、第一所学校，同时，力争在端午节前，让灾区群众搬进新房里！郑州市500多名施工人员进驻现场，新乡市完成前期规划、平整土地的任务。6月7日，河南省援建第一批100套活动板房入住仪式在桑枣镇洛阳援建点举行。同日14时，部分高川受灾群众搬进由河南省洛阳市在沸水救助站援建的41套过渡板房。过渡房的设计人员说："让灾区群众住进过渡安置房不仅仅是赈灾性的临时安置，更要考虑到在未来几年中这里将成为灾区百姓安居乐业的家。"随着活动板房的开建，受灾群众除有遮风避雨的栖身之所外，还拥有厕所、供水点、诊疗所等生活设施。与安置房相配套的有小学、中学、诊疗所、商业网点、公共卫生间和垃圾收集点。

截至6月16日18时，完成安装1752套，正在安装1775套，进场人数总计7800人，大型设备348台，板房材料18410套。河南省共派出1.5万余人次施工队伍，援建活动板房累计安装完成11568套，截至8月30日，河南共为援建活动板房21162套。

第二节　香港特区政府援建

一、基本情况

"5·12"特大地震，使安县新增残疾人2000人，全县残疾人总数上升到3.66万人，而安县当时尚无完善的残疾人康复服务机构。根据全省统筹规划，安县残疾人康复中心项目被纳入港澳特区政府援建项目，由香港特区政府出资全额援建。为实现资源共享，项目选址安县中医院内，设计规模为二级残疾人康复中心标准，总投资1200万元，建筑面积3072.85平方米，康复床位50张，设备467台件。项目2010年12月28日破土动工，2012年7月全部竣工投入使用，2012年12月24日港方验收组对项目进行了验收，并给予高度好评。

残疾人康复服务中心

二、重建成效及社会影响

安县残疾人康复服务中心的建成是安县残疾人康复事业的一个里程碑，是残疾人康复事业的重要载体，体现的是社会的进步和文明，在大力推进社会发展和构建社会主义和谐社会中具有重要的地位和作用。自2012年7月开始试运行以来，截至2013年底，共接待各种残疾人员700余人住院康复治疗。同时，完成各种康复咨询、门诊康复治疗8000多人次。

第三节　特殊党费援建

一、"特殊党费"援建概况

地震后，中央高度重视极重灾县的灾后重建工作，安县共分配到"特殊党费"资金39970.8万元。其中用于援建学校（安县中学、“七一”实验小学）的资金6962万元，用于231个村级组织活动场所建设的资金2965.8万元，用于129个农村党员干部现代远程教育接收站点建设的资金280.8万元，用于农房恢复重建补助资金29729.2万元，用于抗震救灾中因公牺牲人员家属慰问补助资金9万元，用于城镇住房建设项目资金24万元。“特殊党费”资金和项目2010年12月全面通过审计署重庆特派办专项审计。

二、“特殊党费”的使用管理

成立领导机构　强化组织协调　为切实做好特殊党费的使用管理工作，县委、县政府及时制定《抗震救灾“特殊党费”使用管理监督办法》，成立“特殊党费”使用管理工作领导小组，成员单位包括组织部、纪委（监察局）、发改局、财政局、民政局、规划和建设局、审计局以及项目实施的主体单位和乡镇。领导小组下设项目实施管理工作小组和项目监督检查工作小组。项目实施小组负责项目方案的编制、审定和组织实施。项目监督检查工作小组负责项目实施运行过程中的监督检查工作。明确领导小组及成员单位工作职责，并按照分工认真扎实、有条不紊地开展相关工作。

严把审签程序　规范资金拨付　除按照《四川省抗震救灾“特殊党费”使用管理监督办法》对资金拨付严格实行领导小组成员会签制度外，还实行“特殊党费”使用三级联批制度，规定使用特殊党费时，先由项目牵头实施方以及项目具体实施方主要负责人签字后，再交领导小组成员单位及副组长审签核定，最后由组长签字核准后，专账使用主管部门方可拨付资金。同时分不同的使用途径，分别建立4个特殊党费专用账户，严格使用管理。

加强监督管理　确保项目落实　严格实行项目法人责任制、招标投标制、合同管理制和工程监理制，确保精心组织、精心施工、精心管理。切实履行项目审批、监管、检查职能，对项目组织实施进行全方位监管。全面实行台账式管理，建立项目进度实施台账、监理管理工作台账，实现“对象清、进度明、效果好”。设立监督举报热线电话和信箱，完善部门联合全程监督制度，由审计等部门对资金的使用情况进行全过程跟踪监督，保证资金的合理使用。

拓宽宣传渠道　做到账目公开　建立完善监督机制，聘请5名党代表、人大代表和政协委员担任县级“特殊党费”使用管理监督员，同时还在各单位、乡镇聘请70名党员、群众代表作为社会监督员，全程监督“特殊党费”使用管理工作。实行定期报告制度，利用政务网、党政网以及报刊、广播、远程教育站点、简报、村务公开栏、政务公开栏等形式，对资金使用情况进行定期公示，并加大宣传力度，主动接受党员干部群众的监督，提高特殊党费使用管理的知晓率。

三、“特殊党费”推进援建项目

援建学校项目　安县中学教学综合楼和学生公寓楼、食堂维修加固项目2009年2月底完成并投入使用；新建科技实验楼项目竣工验收；设备和图书采购结束；附属工程建设项目完工并验收交付使用。截至2011年9月30日，向安县中学拨付“特殊党费”项目学校新建、维修加固和设备购置资金共计3523.74万元。七一实验小学维修加固原教学楼项目2008年9月底完成并投入使用。截至2011年9月30日，向七一实验小学拨付“特殊党费”2126.73万元。

援助农房重建　根据2008年11月20日各乡镇上报，经上级相关部门结算情况，严密细致地做好受助对象的审核、公示、认定和登记造册工作，确定农村房屋因灾损毁重建户共计89008户，其中低保户4324户。按补助标准及时将资金拨付乡镇。根据低保户1万元、一般户3000元的标准于2009年9月下旬，将此项资金拨付至各乡镇，要求各乡镇以“一折通”方式发放给受助农户。截至2010年6月，全面完成“特殊党费”援助农房重建资金发放工作，共计发放补助资金88018户、29243.9万元。结余资金485.3万元、利息32.84万元全部退回到县财政专户。

援助村级活动场所　使用“特殊党费”资金2965.8万元用于231个村级活动阵地建设，全部完工，投入使用。

援助党员远程教育站点　重建的129个党员远程教育站点建设项目全面安装完毕。

援助其他项目　2009年5月9日，按3万元/户标准对抗震救灾中因公牺牲的教育系统3位烈士家属进行慰问。2010年4月，对城镇住房受助对象在进一步核实情况、进行公示的基础上，对公示无异议的40户城镇住房受助对象按每户6000元标准发放。

第四节　红十字会援建

一、中国红十字会总会援建

援建项目和资金　2008年9月20日，中国红十字基金会援建项目35个，援助资金总额3278万元。其中红十字博爱新村项目5个，援建资金1068万元。博爱学校5个，援建资金1650万元。博爱卫生院3个，援建资金400万元。博爱卫生站22个，援建资金160万元。

博爱新村项目　援建黄土镇柴育村、沸水镇桥木村、晓坝镇五福村均采取以组为单位，遵循“政府引导，农民主体，节约土地，美观实用，合理集中”的原则，尽量采取集中建设的方式进行。博爱新村项目，总投资1068万元，从2008年8月开始陆续动工兴建。2010年1月竣工，1025户受援对象入住。乐兴镇青龙村2009年5月10日举行揭碑仪式。2009年9月15日，全国人大常委会原副委员长、中国红十字会总会会长彭珮云参加黄土镇柴育国家电网博爱新村的竣工仪式。

黄土镇红十字博爱小学　三星集团捐资500万元援建教学综合楼工程，项目总投资1611万元，项目2009年5月5日开工，12月29日通过竣工验收，2010年春季开学时投入使用，2010年4月29日三星集团大西南区事业部部长李尚容参加落成典礼。

乐兴镇初级中学校　中国国际金融有限公司捐资300万元援建教学综合楼工程，项目总投资1299万元，2008年9月3日上午举行奠基仪式，中国红十字基金会常务副理事长汤声闻、中国国际金融有限公司业务支持部高级经理鲁璐参加奠基仪式。

乐兴镇小学校　中央企业援助基金捐资450万元援建教学综合楼工程，项目总投资1841万元，2009年4月29日开工，2010年2月5日通过竣工验收。

河清镇初级中学校　长江商学院举行“大爱无私，长江有情”支援灾区活动，共计为地震灾区捐款捐物达492万元。其中首期300万元援建教学综合楼工程，项目总投资1061万元（含学生宿舍、食堂、附属设施及教学设备等），其余资金用于购买配套设施。2008年9月17日开工，2009年12月25日竣工，2010年3月1日投入使用。

博爱村卫生站　按红十字基金会要求，县红十字会和卫生局医政股人员对红十字基金会捐建的河清镇8个村卫生站、乐兴镇11个村卫生站、黄土镇柴育村卫生站、沸水镇桥木村卫生站、晓坝镇五福村卫生站建设情况进行检查验收，2008年12月完工并投入使用。

二、香港红十字会援建

援建项目和资金　香港红十字会共援建公共项目56个，农房补助37户，资金1.2亿元。

组织实施机构　为加强重建项目监管，确保房屋质量安全，香港红十字会出资在聘请项目工程师1名，项目助理2名，农房技术员5名，兼职会计1名，项目司机1名，购买项目车1辆（20万元），组建香港红十字会项目工作组，并匹配必要的检查设备和项目执行行政费用，致力于建设优质工程、放心工程、博爱工程。

组织实施措施　为确保重建项目规范化、合理化、科学化，香港红十字会制定“汶川地震灾区灾后重建项目操作指引”，对项目申报、操作程序和管理办法做出明确要求。为加强项目执行的领导和组织能力建设，县政府成立以分管副县长为组长，发改、建设、国土、教育、卫生、审计、监察、红会及各受援乡镇政府为成员单位的香港红十字会灾后重建项目领导小组。强调部门配合、通力协作，综合、快速推进项目的筹备与实施工作，并定期召开部门联席会议，及时分析、解决项目实施过程中发现的问题。针对项目资金管理，香港红十字会要求县红十字会和各受援乡镇政府设立项目资金专户，确保做到独立运行、专户专存、专款专用，用好每一分善款。强化培训，在科学务实上狠下功夫。项目执行前期，香港红十字会专门组织安县红十字会项目执行人员进行业务知识培训，对安县红十字会的项目执行能力进行评估。对受助农户条件审核、检查要求、验收标准以及援助项目操作程序、资金管理、检查监督等做出明确规定。项目执行过程中，香港红十字会还根据项目各阶段的具体情况组织对实施单位、监理单位及业主单位进行培训，并就项目资料、工程技术、质量安全等进行详细讲解。针对农房重建，香港红十字会专门组织工程师在每个受援村进行砖混、砖木、穿斗结构房屋修建技术培训，发放大量技术资料和宣传画册，让每一位重建户明白房屋修建技术标准和要求，并主动参与到房屋质量监管之中。严格监管，在质量安全上狠下功夫。从项目规划、设计、招投标，到图纸审核、基础、主体验收等，在项目实施的每一个重要阶段，香港、绵阳、三级红十字会工程师均参与检查与监督。按照工程检查监督规范，香港红十字会制定检查制度、验收流程、资料表格、整改要求等。特别是对整改问题，必须要求整改到位、资料齐全、回复规范。充分调动县级主管部门、业主单位、监理单位对项目质量监管的能动性，主动、积极参与工程质量的监督检查，以此保障项目工程质量安全。针对前期竣工散建农房，香港红十字会还专门购买专业设备进行构造柱、钢筋检测；对于集中修建多层农房，香港红十字会出资请质检站进行混凝土硬度回弹、钢筋扫描等。

沈阳红十字会援建

三、澳门红十字会援建

2008年10月22日，塔水镇为三泉、白庵两村与澳门红十字会签订农房重建协议，400户农房重建，援建资金600万元。11月起实施，2009年8月项目完工。

第五节　台湾法鼓山慈善基金会援建

一、援建秀水镇第一小学

秀水一小校舍由于修建年代久远，震灾之后成危房，无法使用。必须尽快让师生结束板房生活，学校永久性校舍重建迫在眉睫。县教体局根据全县教育发展情况和震后布局调整，结合四川省教厅关于学校灾后重建的要求，及时向县人民政府呈交关于秀水一小重建的报告。经县人民政府批准，秀水一小异地重建。一期工程2008年8月8日立项，项目用地面积49.1亩，项目资金1300万元，拟建教学用房5400平方米，学校食堂1200平方米，值班用房100平方米。

秀水一小中心校重建项目资金来源为台湾财团法人法鼓山社会慈善事业基金会。2008年8月21日，在绵阳市开元大酒店，法鼓山和县人民政府及学校三方正式签订灾后援建协议书。秀水一小中心校原址在秀水镇西园干道，占地仅18.8亩，周围是民居和商铺。由于面积小，地形不规则，教学区和运动场地等分区不明显。地处城镇中心的繁华地带，没有向周围扩展的可能，只有选择异地重建。学校重建组确定双泉村、桥楼村和饲料厂三个候选地点。双泉村和桥楼村两处全是农田，征地费用高、困难大，离场镇有一定距离，学生上学不方便。综合种种因素，学校决定征用饲料厂的地。在分管教育的副县长刘胜军的协调下，学校辗转联系到秀水镇粮站和秀水镇中心卫生院，用置换的方式首批征到32.67亩土地用于教学区的建设，二期工程的运动场就近征用新民村一组的16.43亩。二期征地涉及村民近百户，征地难度很大。学校积极联系当地党委、政府和国土部门，制定措施、细化步骤、注意方法、稳步推进，征地工作在既定时间内圆满完成。

地质勘查、图纸会审、防雷评估、消防评估、环境评估等重建准备工作在各相关部门的协调配合下，2008年8月至2009年2月陆续完成。绵阳恒博岩土工程勘察有限公司的地质勘查报告认定，秀水一小异地重建地段符合设计和施工条件。县气象局、县公安局等部门的评估报告认定，学校重建环境等条件均达到相应要求。2008年12月23日16时，法鼓山援建秀水镇第一中心小学校动土典礼隆重举行。秀水一小是台湾法鼓山援建的“交钥匙”工程。法鼓山根据相关政策，通过招标确定规划设计单位和施工单位。学校的图纸设计由台湾法鼓山经过多次筛选，确定由北京蓝图建筑工程设计有限公司承担。工程由绵阳富达建设监理有限责任公司监理，四川长晨浪板建筑工程有限公司承建，施工方2009年3月9日中标，3月26日正式进入学校重建场地。

果品法师是法鼓山援建秀水一小的具体负责人。在援建学校的各项事务中，他和他的团队不辞辛劳，不计得失，多方奔走，农历腊月，在学校操场地面硬化铺设滤水砖时，为寻求一种最佳的配色方案，果品法师和施工方一起，动手摆放100多种方案备选。游顺益工程师是法鼓山派出的现场代表，他每天坚守工地，和学校专人进行工程质量监督。验槽、验筋、查资料、催进度，与现场监理一起做好建筑质量的监督。在一期重建工程进行时，秀水一小根据学校的发展需要，做好二期重建工程的各项准备工作。2009年11月18日，学校二期工程，即学生公寓、学前教育部和学校附属工程立项。台湾法鼓山也对秀水一小重建工程追加资金800万元。至此，秀水一小中心校灾后重建资金达2100万元。

台湾法鼓山援建秀水镇小学

2010年2月4日，台湾法鼓山同秀水一小组织相关单位对重建工程进行竣工验收。到会单位和部门一致认为，重建后的秀水一小是一项优质工程。秀水一小灾后重建工程占地49.1亩，可容纳40个教学班1800名学生就读。学校建成后共有14栋楼房，其中教学楼8栋，行政办公楼1栋，可容纳800人就餐的食堂1个，综合教学楼1栋，学生宿舍1栋，独立幼儿园1所。学校教学楼均为两层，各教学区相对独立，互不干扰，在整体上又协调一致。校园内形态各异的花台里，银杏、香樟、竹、腊梅、金叶女贞、栀子等植物种类繁多，搭配合理，绿化面积接近6000平方米。中央灾后重建基金投资266万元为学校采购仪器设备和图书。学校的各种功能室设备一流，资料齐全。2010年6月3日，秀水一小举行新校区落成启用典礼。

二、“四安”工程

2008年5月14日，台湾法鼓山慈善基金会汇集八方资源以最快的速度组团进入四川灾区救援，法鼓山救援队5月16日来到秀水镇。在医疗救治的45天时间里，他们拼命工作，深深的感动全体医务人员和灾区民众。

法鼓山赈灾行动以“四安方针”（紧急救援的安身工程、家园重建的安家工程、心理重建的安心工程、灾后重建的安业工程）为行动纲领，周密计划，分步实施，惠泽灾区百姓。

紧急助援安身工程。从2008年5月16日至7月向秀水、睢水、沸水、塔水、桑枣、安昌、永安等乡镇捐赠急需的救灾生活物质，同时开展医疗救治关怀。捐赠10万美元帮助秀水自来水厂灾后重建，使秀水灾区民众尽早得到生活用水保障。台北荣总医院医疗救治队到秀水服务共5批次，救治灾区伤病员13872人次，免费发放医疗药品约20万元人民币。

精心策划安家、安业工程。援建秀水中心卫生院1600万元人民币（其中：医疗设备100万元），按照国家二级甲等标准修建医院门诊综合楼、附属设备门卫、业务用房7111平方米。2009年7月开工建设，设置病床90张，满足20万门诊人次，4000住院病人的医疗需求。实行交钥匙工程。建筑抗震设防为8度，平时是群众的医疗救治场所，灾难发生时是民众的避难场所，2010年6月竣工交付使用。医疗救治的辐射周边睢水、高川、沸水、晓坝、桑枣、茶坪、乐兴、兴仁、塔水、河清等10个乡镇。

加快重建安心工程（投资约1200万元人民币）。设计一套符合当地文化的生命教育课程，建立安心服务站，通过对在当地教师和志愿者的培训，推广生命课程教育，建立一个互相关怀，互相支持，互相陪伴，帮助成长的关怀体系，进行持续性的关怀工作。针对学校教师、医院医护人员、灾区社会工作志愿者、机关部分干部、灾区民众，从台湾聘请心理专家和专业社工开展心理疏导、交流座谈，提供调适、心理减压放松、提供人文关怀。举办轻松愉快健康教育讲座，走出地震的恐惧阴霾、恢复健康的正常心理和生活，接受参与人次达1794人次。发放奖励助学金，帮助地震灾区家境贫困而且学习成绩优异的学生顺利完成学业。

第六节 其他援建

一、“澳川育苗行动”援建

地震发生后，澳门中华总商会青年委员会、澳门中华学生联合总会及澳门中华新青年协会，联合四川省扶贫基金栋梁工程分会，启动“5·12教育救助行动——澳川育苗行动”，并专门成立“澳川育苗行动筹委会”，负责为四川灾区学生筹款，帮助他们完成学业。通过粤港澳社会各界对灾区人民的自愿帮扶，“澳川育苗行动”首期募集资金1500万元，定向资助四川灾区1500名学生。“澳川育苗行动”对四川地震灾区家庭困难的小学生、初中生、高中生、大学生分别给予小学阶段1000元/年，初中阶段1500元/年，高中阶段2000元/年，大学阶段5000元/年的资助，对于在校期间学习成绩优良的受助学生，有机会获得继续受助的资格，直到各阶段学习完成。2010年11月24日，安县137名贫困学生，包括32名贫困大学生、26名高中生、26名初中生和53名小学生受到总额为30.4万元的“澳川育苗行动”资助金惠顾。

二、志愿者“爱心植苗服务站”援建

邱蕾今年20岁，地震时，她和14岁的弟弟邱巍正在中学读书，幸免于难。待邱蕾姐弟翻山越岭回到家时，母亲遇难，父亲邱大光待在被震成危房的家里，失魂落魄。此后一年多，邱蕾姐弟继续在中学读书。邱大光拖着病体开始灾后重建。2009年10月邱大光因病去世。那段时间，邱蕾时常默默流泪，小小年纪就成孤儿，不知未来路在何方。这时，7名来自山东、河南、陕西、福建等地的志愿者，安慰邱蕾坚强挺住，克服困难向前走。邱蕾说，在2009年高考时，因发挥失常，没能考上大学，加之弟弟还小，父亲病逝，只得暂时放弃学业。

从2009年12月开始，这群活跃在桑枣的志愿者便安排邱蕾到他们筹办的“爱心植苗服务站”管理图书，有时对附近的中小学生进行课外辅导，每月给她补助600元的生活费。志愿者还带邱蕾经常参加

爱心植苗志愿者团队的一些活动。如节假日到附近乡镇的敬老院里看望孤寡老人，母亲节带领附近中小学校的孩子做一束手工花，送给妈妈作为母亲节礼物。寒假时，则一起到邱蕾家乡的大山里，开展对一些贫困儿童的家访。邱蕾郁结的心情渐渐开朗了。没多久，邱蕾的弟弟到城里学理发，两姐弟的生活渐渐走上正轨。2010 年春节前，在亲友和志愿者的帮助下，邱蕾姐弟向银行贷款 3 万多元，加上父亲留下的 2 万多元遗产，在桑枣镇上购得一套面积约 60 平方米的二手房，在除夕夜前搬进新居。2010 年夏天，邱蕾在志愿者的带领下，在桑枣中学组织两期夏令营，开办电子琴、绘画、英语、数学等 10 多个兴趣班。来自周边 4 所中小学校的近 200 名中小学生，免费入营参加活动。在 20 多天的夏令营活动中，邱蕾负责带一个文学类的兴趣班，有 10 多个人参加。邱蕾听到中小学生们尊称自己为“老师”，既高兴又惭愧，她觉得自己离老师的要求还很远。

为早日成为一名真正的教师，志愿者给她订购英语自学书籍，鼓励她重拾课本。2010 年 9 月，邱蕾报考绵阳师范学院英语专业成教班。2010 年 10 月 16 日，邱蕾顺利应考。近日，邱蕾高兴地得知自己通过考试。11 月 22 日，家住桑枣镇的女孩邱蕾说：“震后这两年多，是在爱心植苗志愿者的帮扶下，我才渐渐走出地震阴影。”

三、“吉祥之翼”救助行动

地震发生后，北京大学贫困地区发展研究院副院长、上海交通大学安泰经济与管理学院副院长、中国企业社会责任同盟秘书长何志毅发起“吉祥之翼”汶川地震全国救助行动。何志毅教授集结多名教授到黄土镇方碑村调查，网罗多个企业，将他们的救助款以无息借款的方式借给当地农户重建家园，以一个企业帮一个村、一户人帮一户人的直接帮扶的中国救灾道路，帮助受灾村民重建家园。在村民自筹、中央政府补贴、地方政府和对口支援政府补贴、银行贷款的基础上，通过筹集社会资金，以无息借款的方式给予补偿，解决一个村的灾后重建问题。2008 年 6 月下旬，拟定“一帮一”计划，并又进行两轮的核查，最终形成第一期 218 户“一帮一”住房建设援建计划。为做好帮扶工作，何志毅教授 5 次进入方碑村，方碑村试验取得初步成功。2009 年 1 月 23 日，第一批 218 户住房正式交房，村民赶在春节前住上新家。截至 2009 年 8 月 30 日，共有 158 位专家学者和企业出借援助资金 306.3 万元，直接受益 190 户。以恢复生产、生产自救为主题的方碑村二期计划 2009 年 8 月正式启动，以村基础设施和村文化建设援助计划为主题的第三期计划启动。

四、广东顺德台商投资企业协会援建

地震后，广东顺德台商投资企业协会立即发起捐资活动，为桑枣镇石佛村小学筹得建设资金 103 万元，帮助学校建起面积达 700 平方米的教学用房。2010 年 10 月 15 日，学校落成后，广东顺德台商投资企业协会负责人，一直关心、关注着学校的发展。广东顺德台商投资企业协会会长陈钦富一行专程到学校参加落成典礼。他们参观石佛村小学的新校舍，亲切看望、慰问全体师生，还为孩子们赠送服装、文具等物品。为表达广东顺德台商投资企业协会一行的感激之情，孩子们为客人们献上自己亲手制作的绘画和手工制品。县教体局及桑枣镇相关负责人参加当天的活动。

五、博客基金会援建

博客基金捐资 600 万元援建河清镇小学教学综合楼工程，项目总投资 1869 万元，项目由中国北京设计研究院提供免费设计。2009 年 4 月 30 日开工，2010 年 2 月 3 日通过竣工验收。著名青年歌手孙悦一直关注河清镇小学，在 2008 年 7 月 30 日奠基仪式时到河清小学，11 月 28 日，孙悦又带来御寒的棉被发放给河清小学 100 个困难的孩子，并为 100 个孩子每人发放 500 元的生活费用。2010 年 4 月 28 日，孙悦第二次到河清小学并参加学校竣工仪式。

六、江苏省徐州矿物集团援建

江苏省徐州矿物集团职工援助 300 万元，用于援建沸水镇卫生院住院楼工程，项目总投资 1027 万元。因土地落实较慢，目前重建的住院楼主体完工，2011 年 4 月中旬竣工并投入使用。

七、中央企业援助基金会援建

援助 200 万元，用于援建河清镇中心卫生院住院楼工程，项目总投资 1127 万元。项目 2009 年 10 月 11 日开工，2010 年 6 月竣工投入使用。中央企业援助基金援助 200 万元，用于援建住院楼工程，项目总投资 1375 万元，项目 2009 年 8 月开工，2010 年 8 月竣工投入使用。

八、艾默生电气公司援建

艾默生电气公司出资 350 万元援建清泉小学教学综合楼，购置多功能教室相关设备设施及校服、棉被等学生生活用品。2010 年 3 月 30 日，艾默生电气公司援建的清泉小学教学综合楼开工建设。9 月 10 日，工程正式落成并投入使用。

北京市援建板房

第十五章　实施保障

第一节　组织协调

一、制定灾后重建工作方针

县委、县政府牢牢把握国家灾后恢复重建政策支持、辽宁对口援建、国家应对金融危机拉动内需三大机遇，以投资为主轴、以项目为载体，用“四个加快”来推进重建工作。始终坚持以改善民生为基点，尽快恢复受灾群众的基本生产生活条件，实现安县经济社会发展达到或超过灾前水平、群众基本生产生活条件达到或超过灾前水平的目标，在加快重建的同时，又快又好地推进经济社会发展，努力构建和谐美好新安县。

二、加强重建项目管理协调

2008 年 8 月，成立以县长为组长的住房重建领导小组，组建农房重建办、城镇住房建设办公室。按照科学重建、务实重建、和谐重建、艰苦重建的要求，充分尊重群众意愿，整合各种资源重点解决“农房重建规划、困难农户建房、宅基地灭失农户房屋重建”等问题，出台《关于“5・12”地震灾后农房重建工作实施意见》《安县灾后农房重建工作指导意见汇编》《关于“5・12”因灾失地群众返乡安置帮扶工作的实施意见》《关于妥善解决“7・17”洪涝泥石流灾害毁损农房再重建的意见》等 15 个系列文件指导农房重建，实行农房重建进度日报制和专项督查制度。制发《安县集镇居民住房灾后重建工作指导意见汇编》，针对重建工作中反映的特殊问题下发《安县灾后住房建设工作领导小组集镇重建办公室关于城镇住房灾后重建工作有关问题答复意见的通知》《安县灾后住房建设工作领导小组集镇重建办公室关于城镇住房灾后重建工作有关问题的通知》等政策性文件指导灾后城镇住房重建。县农房建设技术指导服务组，抽调规划和建设局小集镇建设管理办公室、建筑市场管理股、质监站、监理公司、全县各建筑企业质量安全员和辽宁省 18 位国家注册监理师，分片协助各乡镇对全县农房重建进行质量安全管理和技术指导。规划和建设局还抽调人员，落实办公地点和设备保障城镇房屋重建工作的开展。县规划和建设局为保障本部门承担的 59 个建设项目的顺利实施，成立项目现场管理督查组，制定《安县规划和建设局灾后重建项目现场施工、监理人员到岗位履责管理办法》，印发《安县规划和建设局项目建设管理责任制》。

第二节　资金管理与审计

一、资金管理

中央基金对安县的包干总量是 684598 万元。截至 2010 年 12 月 31 日，省财政厅下达安县 684598 万元，占包干总数的100%。县财政下达684598万元，占省厅下达的100%。

县人民政府办公室制定《安县人民政府办公室关于印发地震灾后恢复重建资金管理暂行办法的通知》，对灾后重建资金管理做出明确规定，财政严格坚持灾后重建资金县级报账制，资金通过部门、乡镇开设的灾后恢复重建资金专户封闭运行，专款专用、专账核算。严格实行工程款通过中标单位基本账户专账支付制度，财政各归口业务股室根据工程进度审核拨付资金，严把资金支付安全关。

二、审计

根据《财政部关于印发〈基本建设财务管理规定〉的通知》、省财政厅《关于加强地震灾后恢复重建基本建设项目竣工财务决算批复工作的通知》等文件精神，制发《安县财政局关于加强地震灾后恢复重建基本建设项目竣工财务决算批复工作的通知》，对灾后重建项目竣工财务决算审核批复和结余资金的使用做出明确规定，要求项目业主单位加快办理竣工项目财务决算，及时退还结余资金，由县政府统一安排用于规划内其他项目的建设。截至2011年4月，共完成审计139项，送审资金7.37亿元，审定资金6.48亿元，审减金额0.89亿元。

安县审计局地震灾后重建项目审计情况汇总表

表88　　单位：元　2011年4月

序号	建设单位	项　目	审定金额
1	县地方税务局	县地税局“5·12”地震灾后安置板房工程竣工结算	238147.18
2	县地方税务局	县地税局秀水税务所地震灾后维修工程竣工结算	239230.41
3	高川乡人民政府	高川乡灾后防洪堤新建\加固工程竣工结算	4826673.99
4	县人民政府	县全县活动板房基础及配套工程竣工结算	74446418.87
5	花荄镇人民政府	花荄镇柏杨村灾后集中重建住宅基础超深部分工程	1806056.48
6	桑枣镇第一小学校	桑枣镇第一小学校石佛村小震后重建教学楼工程竣工结算	1273558.25
7	秀水中学校	秀水中学辽渔爱心学生食堂重建教学楼工程竣工结算	364837.96
8	桑枣镇第一小学校	桑枣镇第一小学校花庙村小震后重建教学楼工程竣工结算	1439371.09
9	安昌镇小学校	安昌镇小学双龙村小震后重建教学楼工程竣工结算	1709971.95
10	花荄农业机械服务站	花荄先林提灌站机房和出水口恢复重建工程竣工结算	260131.19
11	县畜牧兽医局	县畜牧兽医局办公楼震后加固维修工程竣工结算	236278.4
12	县水务局	县安昌河黄土方碑堤防整治工程竣工结	538464.79
13	桑枣镇第一小学校	桑枣镇高峰村小学灾后重建教学楼及附属工程竣工决算	805410.8
14	黄土镇人民政府	黄土镇大南街河堤抢险工程竣工结算	284115.22
15	秀水中学校	秀水中学校供水管道工程竣工结算	195060.27
16	桑枣镇第二小学校	桑枣镇第二小学校灾后校舍维修加固工程竣工决算	790411.85
17	县水务局	安昌镇裕清水库震后除险加固工程竣工结算	1765057.54
18	县地方税务局	县地税局安昌办公楼地震灾后维修加固等工程竣工结算	1013626.29
19	县规划和建设局	县城罗胜路、宜昌路沿线房屋外观整治工程（一标段）	3043496.66
20	黄土镇人民政府	震后芋河沟水库除险加固整治工程竣工结算	702166.23
21	花荄镇初级中学校	花荄镇初级中学校教学楼及女生公寓楼等维修加固工程	1494762.7
22	桑枣镇第一小学校	桑枣一小干柏村小化粪池、围墙、绿化等附属工程竣工结算	205775.09
23	县规划和建设局	过冬安置房和农房外墙装饰工程竣工结算	1044609.01

续表

序号	建设单位	项　目	审定金额
24	县农业机械管理局	震后县农业机械管理局办公楼维修加固工程竣工结算	285676.69
25	兴仁乡小学校	兴仁乡小学校教学楼灾后维修加固工程竣工结算	43779.42
26	茶坪乡人民政府	千佛山自然保护区茶坪保护站震后维修加固工程竣工结算	898834.54
27	秀水镇第一小学校	秀水镇第一小学新民分校灾后重建教学楼等工程竣工决算	893186.22
28	秀水镇第二小学	秀水镇牌坊村小灾后重建教学楼及附属工程竣工决算	1642688.4
29	秀水镇第二小学校	秀水红光村小学灾后重建教学楼及附属工程竣工决算	1381956.49
30	秀水镇第三小学	秀水镇第二小学教学综合楼和学生食堂工程竣工决算	3691983.77
31	县投资控股有限公司	县政务中心装饰工程竣工结算	1355429.29
32	县投资控股有限公司	县惠民帮扶中心装饰工程竣工结算	1102620.18
33	县交通局	震后县花兴路花荄城区段道路工程竣工结算	1634131.14
34	乐兴镇初级中学校	乐兴镇初级中学校教学楼、学生公寓灾后维修加固工程	253640.93
35	茶坪乡人民政府	茶坪乡人民政府及税务所震后综合楼维修加固工程	562129.6
36	县交通局	震后县交通局道路桥梁抢通保通项目竣工结算	38157515.35
37	黄土镇小学校	黄土镇小学校学生公寓楼灾后维修加固工程竣工结算	164821.93
38	兴仁乡初级中学校	兴仁乡初级中学校校舍灾后维修加固工程竣工结算	57250.65
39	茶坪乡人民政府	茶坪乡东益沟防洪堤工程竣工决算	1142908.91
40	茶坪乡人民政府	茶坪乡西益沟防洪堤工程竣工决算	1555565.15
41	花荄镇小学校	花荄镇小学“大连实德教学楼”灾后维修加固工程竣工结算	27866
42	乐兴镇人民政府	乐兴镇人民政府办公楼维修加固工程竣工结算审计	300548.52
43	县地方税务局	县地税局办公楼加固维修工程竣工结算审计	1797492.43
44	县投资控股有限公司	县文化中心办公综合楼灾后加固维修工程竣工结算审计	6910277.81
45	县粮食局	县粮食局办公楼震后加固维修工程竣工结算审计	374957.57
46	县农村信用合作联社	县清泉信用社办公住宅楼加固工程竣工结算审计	880621.28
47	县农村信用合作联社	县黄土信用社震后办公住宅楼加固工程竣工结算审计	1164329.18
48	县水务局	县瓦窑坎水库震后除险加固工程竣工结算审计	794306
49	县水务局	县七一水库震后除险加固工程竣工结算审计	493063.86
50	县水务局	县大同水库震后除险加固项目竣工结算审计	218954.85
51	县规划和建设局	县抗震救灾各受灾群众救助安置站前期突击抢险工程	2105142.37
52	县清泉小学	县清泉小学震后教学楼及综合楼等加固维修工程竣工结算	303833.99
53	桑枣镇初级中学校	桑枣镇初级中学校镇后维修加固工程竣工结算审计	146195.71
54	县国土资源局	县国土资源局震后办公楼维修加固工程竣工结算审计	432793.36
55	茶坪乡人民政府	茶坪乡震后重建场镇受损房屋外墙装饰工程竣工结算审计	1503068.84
56	县国土资源局	睢水镇虎头岩治理工程竣工结算	1250277.52
57	县水务局	飞来石水库除险加固项目竣工结算	211845.75
58	四县中学校	县中学校综合教学楼等震后维修加固工程竣工决算	15435853.37

续表

序号	建设单位	项　目	审定金额
59	界牌镇初级中学	界牌镇初级中学灾后重建教学楼及男生公寓楼工程	4239387.01
60	县水务局	县团心水库除险加固项目竣工结算	615280.4
61	县水务局	县水务局办公楼灾后维修加固工程竣工结算	315386.94
62	桑枣镇第二小学校	桑枣镇第二小学校灾后重建教学校及附属工程竣工决算	4457937.3
63	桑枣镇第一小学校	桑枣镇第一小学校灾后重建附属工程竣工决算	1320954.28
64	茶坪乡小学校	茶坪乡小学校灾后重建教学楼等工程竣工决算	8098112.51
65	县交通局	县交通局办公楼灾后维修加固工程竣工结算	407666.15
66	县粮食局	县粮食震后受损仓库应急维修工程竣工结算	4143714.91
67	界牌镇小学校	界牌镇龙集村小学校灾后重建学生教室工程竣工决算	705038.38
68	黄土镇小学校	黄土镇小学校灾后重建教学楼及食堂工程竣工决算审计	8698562.9
69	县交通局公路管理所	秀水至沸水等通乡公路改建项目 A 标段工程竣工决算	31030295.98
70	县投资控股公司	县行政办公楼灾后维修加固工程竣工结算	6552863
71	县投资控股有限公司	柏杨村小区道路工程竣工结算	5379575.92
72	界牌镇小学校	界牌镇小学校灾后重建教学楼等工程竣工决算	6973004.78
73	县规划和建设局	永安路等风貌提升工程竣工结算	2709578.16
74	塔水镇人民政府	塔水镇商业新街综合整治工程竣工决算	7979116.33
75	乐兴镇小学校	乐兴小学教学楼、学生公寓维修加固工程竣工结算	172355.31
76	县旅游局	秀水天主教堂灾后重建工程竣工结算	1531540.08
77	花荄镇初级中学校	花街镇初级中学校教学楼工程竣工结算	1958680.52
78	兴仁乡人民政府	兴仁乡场镇规划区天然气管理动迁工程竣工结算	419283.68
79	桑枣镇第一小学校	桑枣镇第一小学校震后重建教学楼工程竣工决算	9523493.1
80	秀水镇民兴初级中学	秀水镇民兴初级中学灾后重建工程竣工决算	10615129.87
81	高川小学	高川小学震后重建教学楼等工程竣工决算	9730392.06
82	县人民检察院	县人民检察院办公楼维修加固工程竣工结算	1160528.19
83	桑枣镇人民政府	桑枣镇城乡环境绿化桑晓公路两侧庭院地坪硬化等	309740.26
84	塔水镇中学	塔水镇中学维修加固工程竣工结算审计	160495.85
85	秀水镇第二小学	秀水镇金山村小学幼儿园震后重建教学楼等工程竣工结算	1501009.34
86	河清中学	河清中学维修加固工程竣工结算	144212.48
87	县规划和建设局	县城罗胜路、宜昌路沿线房屋外观整治工程（二标段）	2995531.5
88	县农业局	县农业局办公楼灾后维修加固工程竣工结算	1739630.37
89	县蜀通公路开发公司	省道 S105 线成青路安昌至德阳界段路面改造工程竣工决算	95733938.75
90	桑枣镇初级中学校	桑枣镇初级中学校灾后重建教学楼及宿舍楼工程竣工决算	7092454.61
91	清泉镇初级中学校	清泉镇初级中学校灾后重建教学楼等工程竣工决算	4864224.67
92	桑枣镇第一小学校	桑枣镇第一中心小学校干柏村小学重建工程结算	1158812.68
93	县粮食局直属粮库	县粮贸大楼维修加固工程竣工结算	478084.41

续表

序号	建设单位	项　目	审定金额
94	县河清小学	县河清小学校重建教学综合楼等工程结算	7815489.03
95	界牌小学	界牌龙集村小学校灾后重建项目围墙工程竣工结算	42593.49
96	县农业局	县级农技中心灾后恢复重建项目工程竣工决算	2527456.44
97	县农业局	县灾后恢复重建桑枣镇农业技术推广站建设项目工程	424675.9
98	县农业局	县灾后恢复重建宝林镇农业技术推广站建设项目工程	407538.29
99	县交通局	县交通局应急抢通工程竣工决算	6912395.02
100	黄土镇小学校	黄土镇小学校附属工程竣工结算	1571968.11
101	县规划和建设局	县城文苑路一段改建工程竣工决算	7506189.49
102	兴仁乡学校	兴仁乡九年一贯制学校灾后重建教学楼等工程竣工结算	724382
103	县教育研究室	县教育研究室灾后重建项目竣工决算	2058746.06
104	塔水中心卫生院	塔水中心卫生院灾后重建住院楼竣工决算	11132405.58
105	县规划和建设局	县好医生大道改造工程竣工决算	16941514.95
106	塔水镇第一小学校	塔水镇第一小学校灾后重建教学综合楼等工程竣工决算	9118337.74
107	桑枣镇人民政府	桑枣镇温泉路附属设施绿化带补植移栽工程竣工结算	192915.3
108	县交通局	晓坝至白水湖晓坝街区绕线段新建公路工程竣工决算	6507386.97
109	乐兴镇卫生院	乐兴镇卫生院灾后重建门诊综合楼等工程竣工决算	9210156.32
110	县农村信用合作联社	县农村信用合作联社河清信用社维修加固工程竣工结算	1092254.73
111	县农村信用合作联社	县农村信用合作联社兴仁信用社维修加固工程竣工结算	346675.09
112	县农村信用合作联社	县农村信用合作联社秀水信用社维修加固工程竣工结算	1287833.2
113	县规划和建设局	县花荄商业小区 B 区一、二号道路工程竣工结算	1523112.66
114	塔水镇人民政府	塔水朝兴街综合整治工程（二标段）竣工结算	5057564.64
115	县规划和建设局	县城罗胜街改造工程竣工决算	22230338.96
116	宝林镇人民政府	宝林镇灾后重建敬老院住宿用房等工程竣工决算	4669665.13
117	迎新乡学校	迎新乡九年一贯制学校灾后重建教学楼等工程竣工决算	10096892.68
118	永河镇学校	永河镇九年一贯制学校灾后重建教学综合楼等工程	10491571.86
119	花荄镇人民政府	辽安路沿线风貌提升花荄段工程	1998353
120	兴仁镇人民政府	县辽安路沿线风貌提升兴仁段工程	4347913.28
121	塔水镇人民政府	县辽安路沿线风貌提升塔水段工程	2460611
122	乐兴镇人民政府	县辽安路乐兴段沿线风貌提升工程	510975.7
123	秀水镇人民政府	县辽安路、成青路秀水段沿线风貌提升应急工程	6337050.25
124	乐兴镇小学	县乐兴镇小学重建教学楼、学生公寓及食堂工程（一、二）	9416542.68
125	县公安局	县河清派出所灾后重建办公楼及附属工程竣工结算	1580198.57
126	县人民法院	县人民法院办公楼震后维修恢复工程	4317250.74
127	兴仁乡卫生院	兴仁卫生院三通一平工程	288850.63
128	乐兴镇人民政府	乐兴城镇基础设施灾后重建项目	6076382.16

续表

序号	建设单位	项　目	审定金额
129	沸水镇卫生院	沸水镇卫生院灾后重建综合楼及附属工程	6008439.66
130	界牌中心卫生院	界牌中心卫生院灾后重建	5576646.57
131	清泉卫生院	清泉卫生院灾后重建工程	6938195.06
132	秀水中心卫生院	秀水中心卫生院灾后重建	6199858.04
133	县规划和建设局	县城工业园区十三号路道路工程	4182249.36
134	兴仁乡卫生院	兴仁乡卫生院灾后重建工程	3249460.30
135	高川小学	高川乡小学室外附属工程	2212925.19
136	县工商局	县工商局机关办公楼加固	607548.07
137	县工商局	县工商局塔水工商所加固	292840.43
138	秀水镇民兴中学	秀水镇民兴初级中学灾后校舍维修加固	168084.01
139	县规划和建设局	县文化广场环形路建设工程	2967486.71

第三节　中期评估与规划调整

一、中期评估

按照党中央、国务院“三年恢复重建任务两年基本完成”和省委、省政府关于全力推进“两个加快”的总体战略部署，地震发生以来，始终坚持城乡统筹，以人为本、统一规划、分步实施、突出重点、远近结合、创新思路、分类指导、政府主导、社会参与、明确责任、分级落实、全力推进全县灾后恢复重建工作。

城镇体系建设　按照省年度计划，城镇体系建设项目25个，估算总投资25.98亿元。根据省年度计划细化后，城镇体系建设23个项目，总投资24.98亿元。截至2009年9月30日，立项21个，开工7个，累计完成投资1.39亿元，占规划总投资的5.4%。其中：市政设施项目21个，规划总投资14.89亿元，累计开工项目7个，开工率33.33%；累计完成投资1.39亿元，占规划总投资的8.8%；风景名胜区项目2个，规划总投资10.1亿元，正在积极开展前期工作。

城乡住房建设　按照国家专项规划，农房重建11.34万户，34.03万间，加固0.64万户，配套公建8.99万平方米，室外场地179.80万平方米，估算总投资70.2亿元。城镇住房重建：新建4.9万套，377.2万平方米，加固109.19万平方米，配套公共建筑22.04万平方米，室外场地293.92万平方米，估算总投资71.51亿元。高度重视城乡住房灾后恢复重建，坚持“一把手”负责制，层层签订目标责任书，确保灾后恢复重建工作有力、有序、有效开展，在规划编制、前期工作、资金筹措、政策完善、土地规划、资金补贴等方面及时兑现各项政策。确保城乡住房灾后恢复重建项目稳步、快速推进。截至2009年9月30日，全县农房重建开工92758户，完工86388户，累计完成投资78.71亿元；城镇住房重建完成重建6553户，加固25660户，累计完成投资31.36亿元。

农村建设　按照省年度计划，农村建设项目5个，估算总投资40.12亿元。根据省年度计划细化后，农村建设项目26个，总投资39.98亿元，完成立项20个，开工9个，开工率34.6%，累计完成投资1.14亿元，占规划总投资的2.8%。其中：农业生产生活设施项目24个，总投资35.9亿元，立项20个，开工9个，开工率37.5%，累计完成投资1.14亿元，完成规划总投资的3.2%。以工代赈及贫困村项目2个，总投资4.08亿元，正在开展前期工作。

公共服务设施建设　按照省年度计划，公共服务设施建设项目 397 个，估算总投资 21.54 亿元。其中，教育项目 60 个，总投资 9.42 亿元；医疗卫生项目 48 个，总投资 3.51 亿元；文化体育项目 125 个，总投资 2.88 亿元；文化遗产项目 6 个，总投资 3500 万元；就业和社会保障 150 个项目，总投资 2.45 亿元；社会管理 8 个项目，总投资 2.93 亿元。根据省年度计划细化后，公共服务建设项目 285 个，总投资 21.72 亿元，完成立项 260 个，开工 158 个，开工率 55%，竣工 19 个，累计完成投资 5.9 亿元，占规划总投资的 27.4%。其中，教育项目 53 个，总投资 8.43 亿元，立项 53 个，开工 53 个，竣工 12 个，累计完成投资 3.28 亿元。医疗卫生项目 43 个，总投资 5.42 亿元，立项 43 个，开工 36 个，累计完成投资 1.54 亿元。文化体育项目 67 个，总投资 2.32 亿元，立项 67 个，开工 12 个，累计完成投资 189 万元。广播电视项目 6 个，总投资 9831 万元，立项 6 个，开工 4 个，累计完成投资 1269 万元。乡镇电影院（19 个电影院）项目 1 个，总投资 3697 万元，立项 1 个。新闻出版项目 37 个，总投资 688 万元，立项 37 个，开工 23 个，累计完成投资 60 万元。文化遗产项目 6 个，总投资 3300 万元，立项 4 个，开工 3 个，累计完成投资 30 万元。就业和社会保障项目 108 个，总投资 2.28 亿元，立项 85 个，开工 26 个，竣工 7 个，累计完成投资 7368 万元。社会管理 8 个，总投资 2.93 亿元，立项 8 个，开工 2 个（党政基础设施、政法基础设施），累计完成投资 1929 万元。

基础设施建设　按照省年度计划，基础设施建设项目 30 个，估算总投资 16.4 亿元。其中，交通项目 2 个，估算总投资 3.81 亿元；能源项目 26 个，估算总投资 2.28 亿元；水利项目 2 个，估算总投资 10.3 亿元。根据省年度计划细化后，基础设施建设项目 36 个，总投资 24.13 亿元，完成立项 31 个，开工 18 个，开工率 50%，竣工 6 个，累计完成投资 3.66 亿元，占规划总投资的 22.3%。其中，交通项目 2 个（农村公路打捆为 1 个、客运站打捆为 1 个），总投资 9.42 亿元（其中，中央资金 28122 万元由省下达），立项 2 个，开工 2 个。能源项目 23 个，总投资 1.95 亿元，立项 21 个，开工 10 个，竣工 6 个。水利项目 11 个，总投资 12.77 亿元，立项 8 个，开工 6 个。

生产力布局与产业调整　按照省年度计划，生产力布局和产业调整项目 131 个，估算总投资 27.59 亿元。其中，工业项目 58 个，估算总投资 26.86 亿元；旅游项目 4 个，估算总投资 7000 万元；文化项目 69 个，估算总投资 370 万元。根据省年度计划细化后，生产力布局和产业调整项目 119 个，总投资 40.53 亿元。完成立项 115 个，开工 113 个，开工率 95%，竣工 99 个，累计完成投资 20.55 亿元，占规划总投资的 51%。其中：工业项目 85 个，总投资 39.79 亿元，开工 85 个，竣工 77 个，累计完成投资 20.51 亿元；旅游业项目 4 个，总投资 7000 万元，立项 2 个；文化产业项目 30 个，总投资 370 万元，开工 28 个，累计完成投资 140 万元。

市场服务体系恢复重建　按照省年度计划，市场服务体系项目 131 个，估算总投资 6.36 亿元。其中，商贸服务和粮食流通项目 131 个，估算总投资 3.71 亿元；金融服务业项目 1 个，估算总投资 2.65 亿元。根据省年度计划细化后，市场服务体系项目 130 个，总投资 4.62 亿元。完成立项 125 个，开工 104 个，开工率 80%，竣工 95 个，累计完成投资 4415 万元，占规划总投资的 9.6%。其中：商贸服务和粮食流通项目 129 个，估算总投资 3.64 亿元，累计开工 103 个，开工率 79.8%；累计完成投资 4195 万元。占规划总投资的 18.1%；金融服务业项目 1 个，估算总投资 9741 万元。立项 1 个，井工 1 个，累计完成投资 220 万元，占规划总投资的 1.6%。

土地复垦与综合利用　按照省年度计划，防灾减灾项目 4 个，估算总投资 37213 万元。其中，风险灾害治理项目 1 个，估算总投资 35935 万元；应急指挥和救援救助项目 2 个，估算总投资 729 万元；综合减灾项目 1 个，估算总投资 550 万元。根据按照省年度计划细化后，防灾减灾项目 7 个，总投资 35649 万元，完成立项 7 个，开工 3 个，开工率 42.9%，累计完成投资 209 万元，占规划总投资的 0.6%。其中：监测预警项目 1 个，立项 1 个，开工 1 个，总投资 2205 万元。灾害风险治理项目 3 个，立项 3 个，开工 2 个，总投资 32165 万元。应急指挥和救援救助项目 2 个，立项 2 个，总投资 729 万元。综合减灾项目 1 个，立项 1 个，总投资 550 万元。

精神家园　按照省年度计划，精神家园项目 1 个，估算总投资 500 万元。根据省年度计划细化后，精神家园建设项目1个（民俗博物馆），总投资500万元，正在开展前期工作。

二、规划调整

组织规划调整工作　2009年5月，按照绵阳市政府文件要求，立即组织各有关部门梳理提出在灾后恢复重建规划编制时缺报、漏报以及需要调整、整合和新增加的项目，通过收集、汇总、审核，2009年7月，形成《安县灾后恢复重建调整项目库》。8月24日，在省政府召开全省灾后恢复重建规划项目基金调整工作电视电话会和市委、市政府召开全市灾后恢复重建规划项目基金调整工作电视电话会后，立即组织全县各部门和乡镇召开县灾后恢复重建规划项目基金调整工作会议，县长赵迎春就全县灾后恢复重建规划项目调整工作做安排部署。8月25日，县政府办公室下发《关于认真开展四川省汶川地震灾后恢复重建规划项目调整工作的通知》，要求各有关部门抓紧时间对需要调整的项目进一步梳理和核实上报，经收集、汇总、县主要领导审核后，形成《安县汶川地震灾后恢复重建规划项目调整申请表》《安县汶川地震灾后恢复重建规划项目调整后年度计划》《安县行政区划调整新增灾后重建项目表》。

规划调整内容　2008年，纳入省灾后恢复重建年度计划项目728个，估算总投资155.12亿元；国家专项规划中，城乡住房建设项目2个，估算投资141.71亿元。2009年，中期调整后项目共计755个，估算总投资325.55亿元（含城乡住房），较省年度计划（含城乡住房建设）净增项目25个，净增总投资28.72亿元。具体项目调整分类情况如下：

城乡住房。调整前总投资141.71亿元；调整后总投资144.58亿元。调增总投资2.87亿元。其中，农村住房调整前重建户数8.90万余户，总投资70.2亿元；调整后重建近11.45万户，维修加固3.57万余户，总投资97.51亿元。增加重建户数2.54万余户，调增总投资27.31亿元。调整原因：余震及次生灾害，材料价格上涨。城镇住房调整前总投资71.51亿元；调整后总投资47.06亿元。调减总投资24.45亿元。

城镇体系建设（含市政建设和风景名胜）。调整前25个项目，总投资25.98亿元；调整后23个项目，总投资25.4亿元。调减总投资5838万元。

农村建设（含农业生产生活设施和以工代赈及贫困村项目）。调整前5个项目，总投资40.12亿元；调整后5个项目，总投资39.18亿元。调减总投资9390万元。

公共服务建设（含教育、卫生、文化体育、文化遗产、社会管理）。调整前397个项目，总投资21.54亿元；调整后389个项目，总投资22.66亿元。调增总投资11247万元。

基础设施建设（含交通、能源、水利）。调整前30个项目，总投资16.4亿元；调整后27个项目，总投资18.24亿元。调增总投资1.84亿元。

生产力布局与产业调整（含工业、旅游、文化、商贸、金融）。调整前262个项目，总投资33.96亿元；调整后301个项目，总投资57.65亿元。调增总投资23.69亿元。

防灾减灾（含灾害风险治理、应急指挥和救援救助）。4个项目，总投资3.72亿元，未进行调整。

生态恢复（含生态修复和土地整理）。调整前4个项目，总投资13.35亿元；调整后3个项目，总投资14.07亿元。调增总投资7253万元。

精神家园。1个项目，总投资500万元，未进行调整。

第四节　价格监管

一、抗震救灾市场价格监管

5月12日，成立以物价局长为成员的局抗震救灾工作领导小组。领导小组下设抗震救灾组、监管市场价格组、联络协调组。实行分工负责，责任明确到人头。

地震造成全县供水、供电、供气和通信中断，交通运输不畅，居民和商贸经营者房屋垮塌，受灾群众一片恐慌，市场出现抢购饮用水、食品、蜡烛、瓶装液化气、藿香正气水（液）、板蓝根冲剂、氟派酸以及搭建临时防震棚的各种塑料布、帆布、铁丝等物资的异常现象。一些经营者趁机乱涨价，如矿泉水，由震前每瓶1.5元提高至2～3元，方便面每袋由1.5元提高到5元，15公斤装液化气每瓶由75～80元提高到100～120元。其他各类商品都有不同程度的上涨。还有部分经营者囤积物资等待观望涨价。为维护灾后市场价格秩序和维护社会安定，防止囤积居奇、哄抬价格、制止趁机涨价等价格违法行为，及时采取以下监管措施：

及时监测市场价格　5月12日下午，根据抗震救灾指挥部安排，物价局带队到桑枣铜钱村了解灾情，抢救和慰问受灾群众，赴花荄镇的大型超市进行巡查，打招呼，并对大南街一商店高价出售矿泉水趁机涨价一事进行现场纠正。5月13日起，对县城花荄和黄土、安昌、桑枣、秀水、河清、塔水等七大场镇市场粮、油、肉、蛋、奶、熟食品、饮用水、蔬菜等食品、药品和塑料彩条布、帆布、铁丝等搭建临时防震棚的物资价格进行监测，及时上报市场价格信息，分析灾后市场价格变化趋势，制定控制市场价格措施。

启用价格临时干预措施　根据市场价格监测情况，报经县政府同意，5月14日，县物价局按照《中华人民共和国价格法》有关规定，依法启动控制市场价格措施，对放开的各类食品、液化气、建筑材料和国家管价的药品、石油实行市场价格临时干预措施，印制紧急通告500份发送到18个（高川、茶坪两乡路不通）乡镇政府和场镇，同时公安和广播宣传车展开广泛宣传。县物价局发布的紧急通告：严厉打击囤积居奇、哄抬价格、趁机乱涨价等价格违法行为，坚决打击趁灾难之机，哄抬生活必需品价格、牟取暴利的行为。5月22日，根据省、市政府和上级物价部门出台有关“5·12”地震后监管市场价格的要求，县物价局汇同县工商行政管理局联合印制张贴控制价格临时干预措施的通告，并在有线广播和电视反复播出，还在县政务网上发布。县物价局、县工商行政管理局联合通告事项：严厉打击囤积居奇、哄抬物价、趁机乱涨价等价格违法行为。公布价格举报电话号码4个。县物价局实行24小时轮岗值班，及时赶赴现场妥善处理投诉的价格问题。

2008年5月28日，根据绵阳市人民政府、绵阳市物价局有关在抗震救灾期间对部分商品价格实行临时干预的文件精神，县物价局结合县灾后市场商品和价格的实际，报经县府同意，县物价局以文件形式向有关生产、经营企业发出《关于抗震救灾期间对部分商品价格实行临时价格干预措施的紧急通知》。对实施的具体品种、价格管理办法、批发零售环节、执行时间做出明确规定。

市场价格监督检查　对经营者不执行临时价格干预措施，乱涨价以及散布谣言，串通涨价、囤积居奇、哄抬价格等违法行为，依照《中华人民共和国价格法》等有关法律法规坚决查处，对性质恶劣造成严重后果的典型违法案件公开曝光，从重处理。

2008年5月13日起，县物价局市场价格巡查监管组和价格投诉调查组分别带队巡查监管全县市场价格临时干预措施落实情况，严肃查处违反临时价格干预措施的行为。在抗震救灾、生产自救期间，出动价格行政执法人员检查商品价格238人次，检查商品经营户9843户，查处销售聚乙烯彩条布、方便面、矿泉水、大米、板蓝根、藿香正气水（液）、氟派酸、液化气趁机涨价，销售商品不实行明码标价的价格违法行为143件，责令经营者当场退还非法所得2798元；查处清泉曙光加油站囤积成品油，不明码标价的价格违法行为罚款3000元；受理办结群众价格投诉案件36件，责令退还非法所得5920元；查证核实桑枣镇石油液化气联合经营部2008年5月18日至6月26日超过进销差率12%的规定销售液化气300瓶（15公斤），每瓶应销价90元，实销价100元，审议决定依法没收非法所得3000元。

二、灾后重建建材价格监管

2008年10月22日，根据省、市人民政府的要求，县人民政府规定，对县物价局《关于抗震救灾期间对部分商品价格实行临时价格干预措施的紧急通知》中涉及相应商品价格具体品种，解除临时价格干预措施管理，要求在灾后重建阶段，物价和有关部门加大对重建建材价格的管理，快速、准确监测分析价格变动情况，加大执法力度，确保灾后重建建材价格的基本稳定。

灾后重建的建筑材料主要是砖、水泥、钢材、砂石、瓦、玻璃等。全县灾后重建，需砖22.13亿匹，钢材13.28万吨，水泥106.23万吨。全县震前有31家红砖生产企业，月产量4800万匹，震后仅有4家企业勉强能保持生产，月产量仅550万匹，截至2008年12月31日，全县有各类制砖企业71家，其中红砖生产企业52家，免烧砖生产企业21家，按投资设计生产能力计算年产页岩砖10亿匹，黏土砖3亿匹，免烧砖12亿匹。实际维修恢复生产和新建成投产企业42家，月产量6600万匹。震前水泥生产企业4户，月生产量11.6万吨。截至2008年10月10日4户水泥生产企业基本恢复生产，月产水泥6万吨。安县产砖、水泥不能满足县内灾后重建的需要，其他建筑所需钢材、瓦、玻璃全部在县外市场购进供应灾后重建。灾后重建建材价格混乱，生产和经营企业任意涨价，一些投机者转手倒卖层层加价，外地流入安县红砖成交价高达0.6元/匹，425#水泥高达550至600元/吨，325#水泥500元/吨。

2008年9月1日，县人民政府办公室《关于加强灾后重建建材价格管理有关问题的通知》规定，对县内生产的砖、瓦、砂石、水泥等建材实行限价管理。页岩砖0.34元/匹，黏土砖0.315元/匹，免烧砖0.32元/匹。小青瓦0.4元/匹；砂（中洗砂、机制中砂）50元/立方米；旋窑复合（P、C）325#水泥袋装480元/吨、散装460元/吨；普通硅酸盐（P、O）425#水泥袋装520元/吨、散装500元/吨；立窑复合（P、C）325#水泥袋装440元/吨、散装420元/吨。以上均为含税出厂价（含上车费）。对建材运费（含台班费、下车费）实行限价管理：30公里以内每吨公里不超过1.00元，30公里及以上每吨不超过0.90元。县内生产的砖、瓦等建材由县人民政府确定专门部门负责采购，与各生产厂家签订合同，按乡镇属地调配。钢材、水泥等大宗商品，按照省建材特供机制有关规定办理。

2008年9月2日，县物价局按照绵阳市物价局要求，制定《灾后重建期间从省内市外购销建材价格管理办法》，规定：购销省内市外生产的水泥、钢材、砖、瓦、砂石出厂价格高于安县最高限价的，按照最高限价销售，低于最高限价的按实际进货价，再加运杂费直供最终用户。购销省外产钢材按核实的实际进货价格×［1+综合差价率］核定销售价格，进销综合差率（最高不超过4%）。省外产水泥按核定的进货价格×［1+综合差价率］核定销售价格，进销差率最高不超过5%（不含直接运杂费）。农房重建特供建材在上述综合差率范围内，按照零利润、只计算一项中转费用，扣除政府对特供建材中转环节的优惠和补贴的原则确定。

为贯彻落实县人民政府《关于加强灾后重建建材价格管理有关问题的通知》，促进建材生产销售企业健全内部管理机制，严格执行政府建材临时限价政策，接受群众监督，确保灾后恢复重建工作的顺利进行，从2008年9月3日起采取一系列措施。在各乡镇人民政府落实物价监管员，负责监管本地区建材价格政策的贯彻落实；将全县建材生产销售企业分布情况划分4个片区，将物价局13名干部分片区派驻建材生产、销售企业（砖厂、水泥厂、砂石场），负责掌握企业的建材生产、销售数量、销售对象、销售价格和运输限价政策执行情况，发现问题，及时妥善处理；促进建材企业加强内部监督管理，建立建材销售（供应）明细台账，增强透明度，便于社会群众监督；在全县砖瓦厂、水泥厂、砂石场、建材物资供应公司（经营部）实行建材销售价格公示；引导建材生产、经营企业加强自我价格约束，杜绝价格欺诈，牟取暴利等不正当价格行为，确保建材市场价格稳定，维护农房重建的根本利益；在灾后重建期间，坚持每月召开建材生产销售企业执行灾后重建建材限价政策提醒告诫会，宣传价格监管政策和价格法规，通报全县建材企业近期生产、销售、建材等价格执行情况，对企业内部管理制度完善，执行建材临时限价政策好的企业予以表彰，对违反临时限价政策销售建材的企业提出批评，责令改正，并通报对典型违法企业的处理情况。

表 89　　**安县灾后重建建筑材料销售价格公示（样表）**

企业名称			企业法人		联系电话	
建材名称	规格	计价单位	销售限价	限价政策文号	备注	乡镇政府主管负责人
页岩砖	24×12×6 厘米	元/匹	0.34	县人民政府办公室安办发〔2008〕94 号《关于加强灾后重建建材价格管理有关问题的通知》	1. 建材销售限价为含税出厂价（含上车费）。2. 对建材运费（含台班费、下车费）实行限价管理。30 公里以内每吨不超过 1 元，30 里及以上每吨公里不超过 0.90 元。	
黏土砖	24×12×6 厘米	元/匹	0.315			联系电话
免烧砖	24×12×6 厘米	元/匹	0.32			
小青瓦	/	元/匹	0.40			乡镇政府物价监管员
砂石	中洗砂、机制中砂	元/立方米	50.00			
旋窑复合水泥	（P、C）32.5（袋装）	元/吨	480.00			联系电话
	（P、C）32.5（散装）		460.00			
普通硅酸盐水泥	（P、O）42.5（袋装）	元/吨	520.00			县物价局驻厂价格检监管员
	（P、O）42.5（散装）		500.00			
立窑复合水泥	（P、C）32.5（袋装）	元/吨	440.00			联系电话
	（P、C）32.5（散装）		420.00			
价格投诉举报电话			价格监制单位	县物价局价格监督检查分局		
				日期		

加大建材价格的监督检查和受理承办群众举报事项的力度。在灾后重建期间共查证核实并依法处理县境内生产、经营建材企业违反销售建筑材料临时干预限价政策的案件 22 件，依法责令纠正 7 件，经济制裁 15 件，罚没处理金额 366554 元。其中，公开通报处理典型违法案件 4 件，没收非法所得 94754 元，罚款处理 240800 元：2008 年 10 月至 11 月，黄土力源页岩砖厂采取不开票据销售页岩砖 165 万匹，每匹超过政府临时限价 0.01 至 0.08 元，依法审议决定全额没收违法所得 4.8 万元，并处罚款 24 万元；2008 年 10 月 1 日至 12 月 5 日，黄土神龙机砖厂销售黏土砖 124.44 万匹，每匹超过政府临时限价 0.035 元，依法审议决定全额没收违法所得 43554 元。2008 年 11 月 15 日至 18 日，花荄白鹤林砂厂不建立销售台账和不开票据销售砂石 100 立方米，每立方米超过政府临时限价 15 元，依法审议全额没收违法所得 1500 元，并处罚款 500 元。2008 年 11 月 10 日至 29 日，花荄福林洗砂厂不建立销售台账和不开票据销售砂石 120 立方米，每立方米超过政府临时限价 15 至 20 元，依法审议全额没收违法所得 1700 元，并处罚款 1700 元。

三、灾后重建行政事业性收费价格监管

从 2008 年 7 月 1 日至 2011 年 6 月 30 日，贯彻落实省物价局、省经济委员会、省发展和改革委员会、省财政厅转发国家发改委《关于保障灾后重建物资供应加强价格监管的通知》。对因地震灾害遗失损坏需补办证照的，一次性免收工本费：居民户口簿、暂住证、机动车登记证、机动车驾驶证、拖拉机行驶证、拖拉机驾驶证、婚姻登记证、房屋所有权登记证书、土地登记证、老年优待证、土地承包经营权证、城镇职工医疗保险证（卡）、城镇职工养老保险证（卡）、卫生许可证、税务登记证、工业产品许可证、职业（执业）资格证、道路运输从业资格证、工商营业执照（含个体工商户），房屋、户籍管理办证查询费。对地震灾区新建注册的工商企业（含个体户）免收工商营业执照、税务登记证、卫生许可证、工业产品生产许可证工本费。对地震破坏需灾后重建的，免收城市基础设施配套费、建设工程质量监督费、工程定额测定费、防空地下室易地建设费、征地管理费、城市房屋拆迁管理费、水土保持设施补偿费、河道砂石管理费、房屋安全鉴定费、特种设备检测检验费。对地震灾区运送抗震救灾物资和灾后重建建筑材料免收车辆通行费。

贯彻落实省财政厅、省物价局转发财政部、发改委公布取消行政事业性收费92项，停止征收的行政事业性收费8项，取消省定行政事业性收费39项，以及省物价局、省财政厅、省工商行政管理局转发国家发改委、财政部、工商总局停止征收个体工商户管理费、集贸市场管理费的规定。从2009年1月1日起，贯彻落实省财政厅、省物价局、省交通厅、省监察厅、省审计厅转发财政部五部委公布取消公路养路费、航道养护费、公路运输管理费、公路客货运附加费、水路运输管理费、水运客货附加费政策。

贯彻落实县人民政府《关于公布县各乡镇划拨土地使用权价格的通知》规定，对因受地震的行政机关、学校等事业单位、各类企业、人民团体、社会团体等单位因地震造成房屋倒塌、毁损、需要在原地区进行重建或迁至异地进行重建的免收新增建设用地土地有偿使用费、耕地占用税和失地农民保障金。

第五节　灾后恢复重建总结分析

一、灾后恢复重建政策落实情况

城乡住房政策保障落实情况　重建永久性住房补助政策落实情况。按照“公布等级标准、受灾群众申请、群众评议、村组公示、乡镇审核、县级民政部门审批”的程序办理，补助资金全部纳入“一折通”发放，确保补助对象按标准领取补助资金。农房维修加固补助政策落实情况。依照《四川省农村房屋地震破坏程度判别技术导则》，农房损坏程度划分为“轻微损坏”“中等破坏”“严重破坏”3个档次，发放程序等同于重建永久性住房补助资金发放程序。农房重建专项贷款政策落实情况。给予需要贷款农户每户3万元以内的担保贷款。

财政政策保障落实情况　完善规章制度，规范资金使用，确保资金按时拨付。严格执行灾后重建资金管理政策，结合实际及时出台《安县灾后恢复重建项目使用政府性资金审批管理暂行办法》。加大资金监管力度，管好用好重建资金。加强全县灾后重建资金使用情况检查和对项目实施单位的资金监管。

税收政策保障落实情况　认真贯彻落实《国务院关于支持汶川地震灾后恢复重建政策措施的意见》《国家税务总局关于增值税一般纳税人抗震救灾期间增值税抵扣凭证认证稽核有关问题的通知》、增值税实施转型政策等灾后重建税收政策。

金融政策保障落实情况　认真贯彻国家宏观经济政策，搭建灾后重建项目投融资平台推进灾后重建项目和资金有效对接的工作措施。

产业扶持政策保障落实情况　农业产业化项目政策落实情况。严格执行国家汶川地震灾后恢复重建总体规划和省农业厅印发的《关于下达灾后农业恢复重建任务的通知》。工业项目政策落实情况。凡进入国务院总规和根据总规所下达的五部委、三省一部、省政府、省经委的专项，均享受灾后重建项目中国家有关规定的土地、资金（基金）、生产要素等有关方面的优惠政策。

就业和社会保障政策保障落实情况　贯彻民生重建优先，确保社会保障设施又好又快建设。认真落实灾后就业特殊政策，确保受灾群众和就业困难人员稳定就业。

二、经验

灾后恢复重建涉及全县各个行业领域和每个行政地域，在实施过程中，全县以科学发展观为指导，坚持灾后重建工作高起点规划、高标准建设、高水平管理，紧密结合基础设施建设、产业升级、城镇化发展和社会主义新农村建设，用3年时间（2008—2010年）确保完成受灾群众住房、基础设施等重建工作，使经济和社会事业得到全面恢复提高，达到“一年基本恢复，两年大有提高，三年建设新安县”的目标。

根据《汶川地震灾后恢复重建条例》和《四川地震灾后恢复重建总体规划》有关要求，结合实际情况，编制《安县“5·12”地震灾后恢复重建总体实施规划》和10个专项规划。坚持自力更生与辽宁省对口援建相结合，发扬艰苦奋斗、自强不息、拼搏奉献精神，认真贯彻执行落实党和国家有关地震灾后恢复重建的各项政策，以“加快恢复和重建，三年建设新安县”为主基调，通过科学规划和项目争取，使基础设施建设的重点如交通、通信、电力、环保等体系更加完善，并为发展预留一定空间。通过恢复和重建，加速工业、农业和服务业的升级，推进工业化、农业现代化、城镇化的加快发展。

为有力推进全县灾后恢复重建规划实施，2008 年，先后成立县灾后恢复重建委员会、县抓投资促项目推进办公室、县农房重建办公室、县对口受援办公室，分工负责承担相应的灾后重建项目推进工作，统筹和指导全县规划实施推进工作。实行每周例会制度，每天收集、汇总、统计并研究项目推进工作，每周通报工作进展，定期编制工作简报，及时通报全县项目推进工作；定期或不定期召开专题会议，及时解决项目推进过程中存在的主要问题和困难。

建立灾后恢复重建项目推进县级领导包部门、部门包项目的领导责任制。成立灾后重建项目推进征地拆迁领导小组、工程质量监管领导小组、督查督办领导小组，加快项目推进实行项目公示制、工期倒排制，明确目标，加快项目推进。严格按照上级有关规定，大力推行项目业主负责制、质量终身负责制、招标投标制、工程质量监理制和合同管理制等五项制度。

完善项目协调机制，建立灾后恢复重建项目联审制、绿色通道制，实行“一站式服务”，减少和规范行政审批事项，主动为项目业主提供宽松和谐的环境。

特别是公共服务设施建设，除聘请专业监理机构外，积极探索成立由相关部门以及群众代表组成的检查小组，加强质量管理，争创优质工程。

安县县城

辽宁援建的安县人民医院综合大楼

第六篇 辽宁对口援建

Wenchuan Teda Dizhen Anxian Kangzhenjiuzai Zhi

汶川特大地震发生后，在生命救援告一段落，党中央、国务院决定举全国之力，加快汶川地震灾区恢复重建。2008年6月11日，国务院办公厅印发《汶川地震灾后恢复重建对口支援方案》，按照“一省帮一重灾县”的原则，中央决定辽宁省对口援建安县。援建期限3年。辽宁省委、省政府在接到中央命令后，决定举全省之力，聚全省之财，集全省之智，支援安县灾后恢复重建。成立以省长陈政高任组长的辽宁省援建安县领导小组，把安县作为辽宁省的第45个县建设。提出“向前冲、往前站、争分夺秒，全力以赴，争取提前完成任务”。辽宁省党政主要领导高度重视援建工作。两任省委书记张文岳、王珉，省长陈政高，省委常委、副省长许卫国，省委常委、省纪委书记（原辽宁省总工会主席）王俊莲等领导，先后到安县调研与指导灾后重建工作。

辽宁省对口支援安县恢复重建工作领导小组办公室，前线指挥部设在安县，由省政府副秘书长张征带领前线指挥部指挥重建工作；在辽宁省政府设后方办公室，保障援建所需的一切工作。

辽宁援建安县，三年援建任务两年全面完成。“支票工程”是辽宁有别于其他省市援蜀的特点，其目的是将节省出来的钱用于安县的建设。截至2011年9月，辽宁援建102个项目，总投入40.27亿元全部到位。辽宁援建始终坚持突出以人为本，民生工程项目资金占90%。其中，投入7.36亿元用于城乡住房建设，99329户农户喜迁新居，4173户宅基地灭失农户得到妥善安置，2044套廉租房竣工投入使用，人居环境得到改善。投资8亿元实施10个教育项目、14个卫生项目和3个文化项目全面完成。辽宁援建始终坚持夯实安县发展基础，注重功能提升。投入8.2亿元实施15个场镇、农村和农业基础设施项目，提升基础设施水平。交通等基础设施投入达8.68亿元，仅辽安路一项投入即达4.10亿元，辽安路纵贯6个乡镇，覆盖25万人口，彻底打破制约安县腹地经济发展瓶颈。县城“九曲花荄”的打造，宜居功能和品位得到有效提升，为绵安同城化发展奠定了基础。投入2.35亿元的晓坝新场镇异址重建全面完成，成为安县乡镇建设的新亮点。辽宁援建坚持“输血与造血并重、重建与发展并举”。安排5.47亿元资金用于辽宁工业园基础设施建设，华晨汽车及零部件项目顺利入驻。辽安现代农业科技示范园区和生物礁地质公园建设成效显著。同时，安排2100.00万元为安县软实力提升和扶贫开发作出了努力，对口合作不断深化。

第一章　对口援建决策部署

第一节　组织领导

一、辽宁省对口支援安县恢复重建领导小组

2008年6月21日，辽宁省委、省政府成立辽宁省对口支援安县恢复重建领导小组，下设办公室及前线指挥部。

辽宁省对口支援安县恢复重建领导小组，由省委副书记、省长陈政高任组长；省委常委、副省长许卫国和省委常委、省总工会主席王俊莲任副组长。成员有省政府副秘书长陈建安，省发展改革委主任姜作勇，省委组织部副部长王业卿，省委宣传部副部长孟繁华，省政府副秘书长、办公厅副主任周立元，省经委主任张耀军，省教育厅厅长魏小鹏，省科技厅厅长赵明鹏、省公安厅副厅长阎庆文、省监察厅厅

长成刚、省民政厅厅长徐铁男，省财政厅厅长郊志刚，省人事厅厅长赵国红，省劳动保障厅厅长刘铭，省建设厅党组书记、副厅长商向东，省交通厅厅长郑玉焯，省农委主任刘长江，省水利厅厅长史会云，省商业厅厅长赵颖奇，省文化厅厅长郭兴文，省卫生厅厅长姜潮，省审计厅厅长王悦，省国资委主任左大光，省环保局局长王秉杰，省广电局局长李厚朴，省动物卫生监管局局长宋树才，省经合办主任董晓时，省地震局局长长波，省红十字会常务副会长刘琳娜。

辽宁省委书记、省人大常委会主任张文岳看望受灾群众

领导小组主要工作职责是：统一组织全省对口支援工作，制定对口支援工作方案，统筹安排全省援建任务，督促落实各项援建工作，协调处理重大问题。

二、辽宁省对口支援安县恢复重建领导小组办公室

2008 年 6 月 21 日，成立辽宁省对口支援安县恢复重建领导小组办公室，设在辽宁省发展和改革委员会。办公室下设规划综合组、生活救助组、城乡建设组、交通建设组、医疗卫生组、教育文化组、农业水利组、资金管理组、生产恢复组、劳务输出组。领导小组办公室作为领导小组的日常办事机构，负责组织完成领导小组部署的日常工作，具体负责对口支援工作的综合协调、政策制定、督导检查、承办对口支援简报工作、文件归档、编纂志书，负责沟通、联系、衔接安县与辽宁省直相关部门需要落实的有关事宜。主要职责有：负责对口支援工作的综合协调、政策制定、投资管理，协助制定规划，承办对口支援工作简报，负责沟通、联系、衔接有关单位以及办公室的后勤保障有关事宜。协助当地做好受灾群众临时安置、生活必需品应急供应、维护社会治安等工作；协助当地做好社会福利设施及城乡居民住房建设和修复工作；组织社会捐赠。协助和指导当地做好房屋受损鉴定和设计工作；做好临时安置住房建设的衔接工作，重点保障医疗、学校等公益事业的活动板房需要；协助当地做好城镇供（排）水、供气、污水和垃圾处理等基础设施建设和修复工作。协助当地做好交通基础设施受损鉴定、建设和修复工作。提供医疗救治、疫情预防、医务人员派选等方面的支持；协助当地做好医疗设施建设和修复工作。提供选派师资、合作或定向培训、图书资料、中等职业教育定向培养、异地入学入托等支持；协助当地做好教育、文化体育、广播电视等公共服务设施建设和修复工作。协助当地做好农业、农村等基础设施建设和修复工作，支持农业产业化发展。负责全省对口支援工作的资金筹措、统筹调度、监督管理。按照市场化运作要求，协助和指导当地企业恢复生产。提供定向招工、农民工培训、劳务输入输出、农业科技等服务。负责组织对全省对口支援工作的人力、智力支持；负责全省对口支援工作的宣传报道。

辽宁省援建办于 2009 年 4 月 13 日下发《关于对口支援安县恢复重建工作领导小组办公室人事调整的通知》，由辽宁省政府副秘书长张征任辽宁省对口支援安县恢复重建领导小组办公室主任、省发改委副主任裴东伟任办公室副主任。

辽宁省援建办于 2010 年 2 月 22 日下发《关于对口支援安县恢复重建工作领导小组办公室人事调整的通知》，鉴于省发改委副主任、辽宁省对口支援安县恢复重建领导小组办公室副主任裴伟东工作变动，经辽宁省对口支援安县恢复重建领导小组研究决定，由省发改委副主任赵爱军兼任辽宁省对口支援安县恢复重建领导小组办公室副主任，并协助张征具体负责领导小组办公室日常工作。

三、辽宁省对口支援安县恢复重建领导小组前线指挥部

辽宁省对口支援安县前线指挥总指挥张征指导工作

2008年8月8日，设立辽宁省对口支援安县恢复重建领导小组前线指挥部（简称：辽宁驻安县对口支援指挥部）。由辽宁省政府副秘书长张征任总指挥，主要职责是：前线指挥部受领导小组委托，对口安县受援办，统一受理安县受援办提出的各项援建任务；负责协调辽宁省直各部门前线工作组的援建工作，研究解决援建工作的困难和问题；推动落实领导小组确定的事项；协助考核前线各小组和干部思想工作情况；及时了解掌握四川省、绵阳市、安县出台的涉及灾后重建的规划、政策、工作部署及对援建省工作的要求；了解各援建省的经验、做法；完成领导小组交办的其他相关工作。前线指挥部通过调研、论证、协商，定期提出援建工作建议，报领导小组办公室；经领导小组办公室组织有关部门论证、研究，报领导小组审定后，下达各工作组实施执行。

第二节　决策部署

一、调查研究

地震后，辽宁省委、省政府领导多次深入安县，考察、调研、指导援建工作。

辽宁省委书记、省人大常委会主任张文岳2008年6月26日至28日到安县察看灾情，研究对口援建工作。张文岳强调，按照中央“一省帮一重灾县”的统一部署，发扬“一方有难、八方支援”的精神，坚持以人为本、尊重自然、科学重建，举全省之力为安县灾区提供人力、财力、物力、智力等多种形式的支援，帮助灾区群众优先恢复基本生活条件和公共服务设施，帮助灾区人民重建美好家园、夯实发展基础，坚决完成好中央交给辽宁省的对口支援任务。

辽宁省委书记、省人大常委会主任王珉2010年5月8日至9日率辽宁省党政代表团赴安县考察对口援建工作。在刘奇葆等领导陪同下，先后考察县中医院、花荄镇前进村十三组、县社会福利中心、桑枣镇初级中学，出席辽安路的通车仪式、晓坝镇新场镇揭牌仪式等。看到安县发生翻天覆地的变化，王珉十分欣慰。王珉指出，安县在短短两年时间里，通过艰苦奋斗、顽强拼搏渡过难关，取得灾后重建的重大阶段性成果，城乡面貌、干部群众精神面貌都发生巨大变化，使我们深切感受到四川灾区人民在巨大灾难面前所表现出的伟大抗震救灾精神，让我们深受鼓舞。王珉深切地说：“钱没白花，劲没白使，事没白干，汗没白流。”

辽宁省委副书记、省长陈政高于2010年9月29日至30日率辽宁省党政代表团到安县考察对口援建项目，出席辽宁省对口援建安县工作基本完成总结大会。陈政高在总结大会上说：“我们来到安县，眼里始终饱含着泪水。我们为安县人民真挚热情所感动，这种热情来自白发苍苍的老人、天真无邪的孩子和朝气蓬勃的青年；我们为安县的巨大变化所感动，现在是一座座新城镇、一栋栋新楼房、一张张笑脸，安县已经是凤凰涅槃、焕然一新；我们为安县人民的精神所感动，灾后的安县人民，擦干泪水，挺起胸膛，奋力拼搏，这是一种值得骄傲的伟大精神。我们在安县到处可以看到感恩的标语和感恩的人

群，我们应该一起感恩党中央、国务院，是党中央、国务院的英明决策，是我们国家优越的制度和体制优势，才有今天一个全新的安县。安县已安，辽宁人民也可以安心了。安县是辽宁的第45个县，43万安县人民也是辽宁人。”刘奇葆会见辽宁省代表团成员，对辽宁对口援建工作给予高度评价。四川省委副书记、省长蒋巨峰陪同考察并在总结大会上作重要讲话。王俊莲及辽宁省有关部门负责同志参加考察。陈政高一行先后到安县社会福利中心、安县人民医院、晓坝镇、桑枣中学、辽宁广场、县工人文化宫等处，察看援建项目，慰问干部群众。

辽宁省省长陈政高视察重建工作

辽宁省人大常委会党组书记、常务副主任闫丰2010年6月1日率团一行7人到安县检查指导对口援建工作。代表团视察县中医院、花荄镇前进村13组集中建房点、社会福利中心、桑枣中学等援建项目。闫丰指出，辽宁省人大常委会对灾后重建成果是满意的。希望安县方面要牢牢抓住“发展才是硬道理”这条主线，乘势而上，力争早日跨入全国百强县行列。

辽宁省委常委、副省长许卫国于2008年5月23日带领省民政厅厅长徐铁南及省直相关部门负责人组成对口支援联络组，紧急赶赴安县，了解灾情和受灾群众生活，安排急需解决的问题。6月9日起，许卫国率省直十几个部门的主要负责人，6天行程2000多公里，走遍所有乡镇，包括深入到最危险的肖家桥堰塞湖和随时可能塌方的老虎嘴险区，入乡进村到户，看望慰问受灾群众，进一步摸清灾情，沟通情况，了解需求，帮助灾区解决急需的困难和问题。紧急向安县捐赠挖掘机、医疗用车、粮食和彩条布等一批救灾急需物资，研究制定《对口支援工作方案》，提出将集中力量为安县办十件实事，为全面开展对口援建工作奠定基础。8月29日—30日，许卫国和王俊莲专程到安县调研对口支援工作。现场考察农民永久性住房建设、中小学复课、晓坝镇异地重建情况，听取援建安县首批10个建设项目的规划设计方案，并就如何开展下一步工作与绵阳市、安县主要领导交换意见。8月30日，许卫国、王俊莲一行先后深入柏杨村、安昌小学、晓坝镇、黄羊村实地考察农户永久性住房建设、校舍建设与复课、晓坝镇重建选址等情况。四川省副省长黄彦蓉、王宁，省政协副主席解洪陪同调研。2010年1月4日许卫国带领辽宁省代表团到沙汀实验中学视察辽宁援建项目进展情况。许卫国一行深入施工现场，详细了解工程进度和质量，与工人师傅们亲切交谈，了解困难和倾听心声，并看望辽宁施工人员，向他们致以真诚的问候和崇高的敬意。深入课堂，向孩子们询问学习、生活等方面的情况。许卫国表示，辽宁省将带着责任和感情，全力以赴做好援建沙汀实验中学的工作，让党中央放心、让灾区人民满意。

辽宁省委常委、副省长许卫国（中）指导援建工作

辽宁省委常委、省总工会主席王俊莲和副省长滕卫平2008年5月27日，带领慰问组，赶赴安县慰问受灾群众，了解安县需求。7月24—26日，王俊莲率领省政府办公厅、发改委、民政厅、建设厅等部门主要负责人到安县实地考察、调研，研究协商有关援建工作。2009年5月13—15日王俊莲一行在四川省委常委、省总工会主席李登菊等陪同下视察安县灾后重建工作。视察组分别前往晓坝镇迁建现场、黄土镇平桥村4组、县人民医院、花荄镇初级中学、县中医院、县广电局进行视察。王俊莲、李登菊一行给予充分肯定。在安县期间，王俊莲与绵阳市委书记吴靖平、市长曾万明还就辽宁省援建安县工作交换意见；参加辽宁援建项目集中开工仪式；通报辽宁省调整后三年援建项目计划的情况，部署辽宁省下一步援建工作的任务。2010年4月9日，王俊莲率领辽宁省发改、财政、审计、建设等部门的负责人到安县视察对口援建工作。在安期间，王俊莲一行先后到县中医院、县文化和职工活动中心、县广播电视局、花荄镇柏杨村、辽安路、县社会福利中心、桑枣和晓坝镇等灾害重建项目现场，视察援建项目进展情况，察看工程质量。

辽宁省副省长刘国强一行于2010年6月14日到安县辽安工业园视察华瑞汽车花荄厂项目推进情况。市委书记吴靖平，张征，华晨汽车集团董事长、总裁、党组副书记祁玉民，赵迎春等参加视察。

辽宁省委常委、省总工会主席王俊莲（中）看望受灾群众

辽宁省政协副主席、省民盟主委李晓安于2010年11月17日率辽宁省政协代表团到安县考察灾后重建及对口援建工作。代表团一行先后到县医院、县社会福利中心、桑枣中学、晓坝镇实地考察学校、医院、福利院等公共服务设施重建及农房重建等情况。

由辽宁省经信委、国资委、商业厅组织本钢集团、华晨集团、能源集团、辽宁大连海洋渔业集团等21家大型企业负责人组成的辽宁省企业经贸考察团于2008年9月1—4日在安县考察。

三年援建期间，张征带领援建人员，肩负辽安人民重托，坚决贯彻执行辽宁省委、省政府的决策部署，不辱使命，身先士卒，长期深入灾区第一线，调查研究，科学指挥，靠前服务，全面协调，带领指挥部及后方办公室，全力推进102个援建项目，出色完成援建任务，得到四川省、绵阳市特别是全县人民的广泛赞誉和高度评价。根据援建任务及项目建设的需要，辽宁省省直各部门副厅级以上领导先后160余人次深入安县指导工作，使援建工作紧张有序，全力推进。

二、重大决策

2008年5月22日，张文岳、陈政高做出批示，并召开省委、省政府专题会议，决定由许卫国，王俊莲和副省长滕卫平三位省级领导带队到安县察看灾情，走访慰问，考查调研，采取措施，对安县灾区群众开展紧急救助，及时向安县调拨资金、运送救灾物资，以解决燃眉之急。

张文岳于6月13日主持召开常委会议，传达贯彻中央会议精神，研究部署做好支援灾区抗震救灾和恢复重建工作。会议决定向安县捐赠2000万元资金，用于生活救助。6月14日，召开全省领导干部会议，进一步传达贯彻中央会议精神，部署做好支援灾区抗震救灾和恢复重建工作，张文岳、陈政高作重要讲话。会议要求全省上下要认真学习、深刻领会胡锦涛总书记和温家宝总理讲话精神，更加自觉地把思想统一到中央对形势的分析和判断上来，把行动统一到中央的要求和部署上来，切实增强使命感和责任感，深入贯彻落实科学发展观，继续坚持“两手抓”，一手坚持不懈地抓抗震救灾，做好支援灾区生产自救和恢复重建工作；一手坚定不移地抓经济社会发展，促进社会和谐稳定，进一步保持当前辽宁省经济社会又好又快发展的良好势头。会议要求，动员一切力量，举全省之力全方位做好对口支援工作。6月16日，省委、省政府召开专题会议，听取辽宁省赴安县对口支援调研组汇报，研究部署对口支援安县恢复重建工作。张文岳、陈政高作重要讲话。会议指出，做好对口支援工作，不仅是党中央、国务院交给辽宁省的光荣任务，也是我们义不容辞的责任。会议要求，进一步加强与安县的沟通协调，尽快确定对口支援方案。会议决定，成立省委、省政府对口支援安县灾后恢复重建工作领导小组，领导小组向安县派出常驻人员，加强对口支援工作的组织协调。

陈政高于7月1日晚主持召开专题会议，要求迅速向灾区发送救灾物资、调拨资金和派遣救助人员，要在对口支援安县灾后恢复重建工作领导小组统一领导下，有力、有序、扎实、有效开展援建工作。要根据灾区灾情实际，重点抓紧抓好十项具体工作。7月15日晚，陈政高主持召开会议，议定：一是由城乡建设组负责，继续做好衔接和落实工作，按照住房和城乡建设部下达的过渡房建设任务，满足学校、医院和民办幼儿园的需求，所需资金请省财政厅统筹安排，保证建设需要；二是同意安县从辽宁省先期预拨的2亿元农村永久性住房建设资金中使用2000万元，作为重建农村永久性住房试点村的补助资金，支持农民尽早完成永久性住房建设。对建立农村永久性住房建设担保资金问题，要按照中央的有关要求，会同安县进一步深入研究；三是同意将晓坝镇异地重建中道路、供水等公用基础设施及学校、医院等公共服务设施的建设纳入到辽宁省对口援建的项目中，由城乡建设组负责组织设计力量，实地调研，协助尽快完成配套的学校、医院等公用基础设施、公共服务设施的设计工作，拿出一套高标准、高水平的建设方案，把国家确定的异地重建试点镇的各项前期准备工作抓实、抓细、抓好，建成辽宁省对口援建的标志性工程；四是由资金管理组拨付266万元，解决安县提出的为临时安置点受灾群众解决有线电视入户布线问题所需材料费；五是由规划综合组负责，抓紧与安县沟通，从四川省灾后恢复重建办公室提供的四川省政府确定的第一批涉及安县的恢复重建项目中，选择援建启动项目，报请领导小组审定。7月31日晚，陈政高主持召开会议，对下一阶段对口支援工作重点和援建项目进行部署。会议议定：一是关于农村居民永久性住房建设补贴问题。决定为农村居民永久性住房重建每户补贴5000元。跟进国家和四川省的补贴户，实行实名制发放。所需资金在辽宁预拨款中安排；二是关于晓坝镇异地重建问题。由城乡建设组继续按照安县的要求，进一步协助搞好晓坝镇总体规划的编制。同意将晓坝镇列入恢复重建专项规划的道路等基础设施和晓坝镇九年一贯制学校、卫生院和敬老院等公共服务设施项目纳入辽宁省对口支援首批启动项目中予以支持，资金由辽宁省全部负担；三是关于安县提出的6个方面项目问题。同意支持重建睢水镇九年制学校、花荄镇初级中学和沸水镇九年制学校等3所学校，县人民医院、县中医院2个医院，县社会福利中心以及县广播电视台、有线电视网等项目，项目所需资金由辽宁省全额承担。教育文化组、医疗卫生组要帮助安县做好规划设计、投资概算等工作。交通项目由交通建设组负责，待国家出台交通整体恢复重建方案后，再研究辽宁具体支援项目；四是关于学校复课和受灾群众过冬急需的物资问题。由教育文化组负责，全部保证中小学复课开学所需2000套桌椅、1000架学生用铁床和120套教师办公桌。由生活救助组负责，提供全县困难群体和受灾群众过冬所需的14万套棉衣、棉被以及山区乡镇异地安置的受灾群众8月份以后的所缺粮食。以上物资全部在当地采购，资金由辽宁省全额承担；五是关于卫生医疗防疫工作问题。由医疗卫生组负责，继续做好医护人员的派驻和防疫药品的提供工作，要按照卫生部的统一部署，继续派驻医疗防疫队伍，根据安县的实际需求安排医护人员；六是关于工业园区建设问题。由生产恢复组负责，继续帮助搞好恢复生产，协助招商引资。工业园区建设问题，待考察其他省的做法后再议；七是由资金管理组负责，再预拨3亿元援建资金，由安县根据首批启动项目的准备情况和建设进度支配使用，保证首批启动基础设施和公共服务设施开工建设的资金需要；督促各市将尚未支出的募捐款尽快上缴财政，统一管理；抓紧做好各项资金统计核算工作，将前一阶段辽宁省已经发生的支援灾区工作费用拨付到位。

领导小组副组长许卫国、王俊莲于8月8日上午主持召开领导小组工作会议。对下一阶段对口支援重点工作进行部署：一是进一步加强安县前线的组织领导；二是落实首批启动援建项目的可研、规划设计等前期准备工作；三是要继续做好十件实事。下午，许卫国、王俊莲主持召开领导小组专题会议，专题研究晓坝镇异地重建规划工作和农村居民永久性住房重建贷款提供担保金问题。8 月 21 日，许卫国、王俊莲主持召开领导小组专题会议，晓坝镇异地重建规划工作和全省抗震救灾捐赠资金管理使用问题。

陈政高、许卫国、王俊莲等经过沟通，于 9 月 5 日下午对以下事宜进行了研究：一是关于援助安县农民永久性住房建设问题；二是关于高川、茶坪两乡公路抢通保通费用问题；三是关于晓坝镇异地重建问题；四是关于援建一期启动的重点建设项目；五是关于援助永安北路改建工程；六是关于帮助安县恢复生产和促进发展；七是关于帮助安县提升“软实力”建设；八是关于援助受灾群众过冬急需的物资。9 月 17 日，许卫国、王俊莲主持召开领导小组专题会议，研究部署近期对口支援工作。会议议定，为了统筹做好对口支援安县工作，进一步增强计划性和指导性，要着手制定对口支援项目建设规划：一是由领导小组办公室正式向安县县委、县政府去函，督促安县提出三年重建项目清单，其总规模可略大于辽宁省三年对口支援的投资总量。二是由省发改委负责，根据国家灾后恢复重建规划和专项规划的要求，针对安县提出的项目清单，组织有关单位到安县调研论证并提出三年对口支援建设项目规划建议，提交领导小组研究确定后组织实施。9 月 27 日，王俊莲主持召开领导小组专题会议，听取前线指挥部工作汇报，研究下一阶段对口支援工作。一是继续强势推进农房建设，确保在元旦前全面完成，争取使受灾群众在春节前迁入新居；二是尽快确定第二批援建重点项目，要本着民生优先的原则，优先考虑农房、学校、医院等与灾区群众生活密切相关的民生工程及基础设施建设方面的项目；三是由发改委负责抓紧制定辽宁省对口支援安县恢复重建工作方案和三年援建总体规划，尽快提交领导小组讨论确定；四是进一步做好安县灾区群众过冬准备工作，所需粮食、棉衣、棉被等物资要提前落实，确保群众安全过冬；五是对已经完成建房的农户，要组织辽宁省农业、劳动等有关部门协助安县开展对口培训，重点做好农业技术培训和进城务工农民的技能培训，帮助灾区人民尽快走出地震阴影，全力投入灾后恢复重建和正常的生产生活。

陈政高于 11 月 12 日晚主持召开领导小组专题会议，对辽宁省援建安县项目三年滚动实施规划及下一阶段对口支援工作重点和援建项目进行研究。会议强调，尽管全国经济形势以及辽宁省财政都面临诸多困难，但仍要认真贯彻中央的统一部署，把明年的援建资金列入部门预算。同时，要加强资金管理，保证专款专用和资金安全。前线指挥部要做好与四川省、绵阳市和安县的协调沟通，加深理解，密切配合，保持目前已经取得的走在全国前列的良好态势，让灾区人民满意。会议原则同意援建安县三年滚动实施规划。并议定由省发改委负责，根据会议讨论的意见，继续完善辽宁省援建安县项目三年滚动实施规划；由领导小组办公室和前线指挥部负责，抓好第二批援建项目的选样、论证和建设工作。

前线指挥部办公室成员

许卫国、王俊莲于 12 月 4 日主持召开领导小组会议，研究部署对口支援安县恢复重建工作。会议议定：一是要认真做好下年对口支援财政投入的预算工作。要按照中央要求，资金安排总量不能低于上年财政收入的 1%，保证援建资金落实。过渡板房基础配套资金和农民临时安置住房补贴，要继续与安县沟通情况，按国家规定执行。二是加快民生工程的恢复重建。三是加强援建资金监管。四是前线指挥部近期要积极协助安县，全面排查生产生活隐患和社会稳定隐患，确保大局稳定。五是继续做好投资促进工作，坚持市场运作和互利双赢的原则，积极推动辽宁省企业到安县投资，对已确定投资意向的项目，要加大推进力度，搞好落实。六是春节前，领导小组办公室要协调安排有关省领导赴安县考察，走访慰问灾区群众和辽宁省在前线的援建人员，检查对口支援工作。

第二章　援建项目体系

第一节　总体规划

一、十件大事

2008年7月24日，辽宁省对口支援安县领导小组再次组成调研组，在省对口支援领导小组副组长王俊莲带领下，到安县进行考察，重点研究中小学复课、农民永久性住房建设、医疗卫生防疫等项工作存在的问题和困难，就下一阶段对口支援的工作重点和援建项目进行沟通衔接。经过考察和认真研究，辽宁省委、省政府决定，在国家灾后恢复重建规划出台之前，重点解决灾区生活面临的实际困难和需求，在前期已经捐赠6540多万元款物的基础上，再为安县灾区办好急需的十件实事。

一是继续搞好对受灾群众的生活救助和临时安置，为受灾群众提供必要的生活条件。辽宁省委、省政府决定，一定要千方百计保证灾区人民有饭吃、有衣穿，有干净水喝，有安全住所，这是中央的要求，更是灾区人民的生活需要。迅速组织向安县灾区捐赠一批受灾群众急需的物资，调拨医疗救护用车23台、棉被5万床、大米500多吨等，折合人民币7865万元。

二是根据灾区急需，竭力为学校复课、医院正常运营创造条件。紧急为灾区提供6500套桌椅、1.7万套运动服；组织力量加速学校过渡板房建设，确保学生按时复课。第一批5000套过渡板房建设任务已完成，初步满足安县62所中小学校的需要。第二批4660套过渡板房中，包括6所学校616套活动板房，正在加紧施工，预计8月10日前后可以完工，能够保证学校复课用房需要。

三是全力支援当地搞好伤员救治和防疫工作，确保伤员得到及时救治和不发生疫情。

四是积极组织文化娱乐活动，丰富灾区群众的精神生活。组织电影放映月活动，向灾区赠送6台放映车和6套电影设备，派出由35人组成的6个放映小组，分赴各乡镇进行巡回放映。按照教育部的统一部署，“辽宁—安县中小学生夏令营”活动于7月21日—27日在沈阳、大连两地举行，安县的70名中小学生和9名教师参加夏令营。

五是协助配合当地切实搞好病险水库的隐患排查。辽宁省派出由23名专家组成的4个工作组完成28座水库，4条主要河流堤防及主要损毁堤段，4个中型灌区渠首枢纽及干、支渠，45个集中供水处的现场勘察，启动病险水库的鉴定和除险加固设计工作，并为水库排险提供设备。协助县水务局完成桑枣镇香溪村应急集中供水工程的勘察、设计、施工等工作，于7月10日完工并正式供水，解决2300多人的吃水难题。

六是协助配合当地做好交通恢复工作，确保公路畅通。先后派出两批20多人组成的公路交通专家专业队伍，携带先进仪器设备，帮助当地排查险桥险段，支持公路抢通保通。对受损的26座桥梁和1座隧道进行检测评价，制定加固技术方案和工程排险方案，并指导采取相应的工程措施消除隐患，避免次生灾害发生。

七是尽快帮助灾区企业恢复生产，增强自救和造血能力。根据当地企业情况和要求，派出专家组按“一厂一策”提供帮助，最大限度开展生产自救，指导具备条件的企业尽快恢复生产。

八是协助搞好重建规划和损毁房屋的评估鉴定工作，为灾后恢复重建提供科学依据。组织22名规划测绘人员于7月2日到达安县，启动首批8个乡镇的总体规划和控制性详细规划。在辽宁省抽调和组织14名工程技术人员，为危房鉴定提供技术支持，完成安县中学11栋建筑、8.4万平方米校舍的检测鉴定工作。考虑到当地受灾情况比较重，清理废墟工作量大的实际情况，捐赠10台挖掘机、18台装载机、2台推土机。

九是及时提供就业信息，协助当地政府就地搞好劳务输出工作。积极为安县提供5000—10000个工作岗位，确保实现500人在辽宁就业，并切实抓好安县500名在校职高学生到辽宁就业工作。在已经接收106名转移就读学生的基础上，继续做好294名到辽学习的中等职业学校学生生活安置、困难救助和后勤保障工作，帮助完成学业。

十是协助当地加强社会治安管理，维护社会稳定。组织派出400多名公安特警，协助灾区维护社会治安。为基层派出所提供20辆警车、20辆摩托车，为公安机关正常运转提供必要的帮助和支持。

二、辽宁三年援建项目框架

辽宁省根据援建进程和安县实际情况，进行三次调整，2008年下半年下达第一批项目共计88项（辽援安办〔2008〕16号）。2009年，为贯彻党中央、国务院的总体部署，实现“三年援建任务两年基本完成”的目标，让安县灾区人民早日过上幸福美好的生活，对援建项目进行合并调整。2009年5月8日，省援安办《〈辽宁省三年援建项目框架计划〉的通知》（辽援安办〔2009〕9号），原则同意辽宁省发展改革委员会提出的调整后的《辽宁省三年援建项目框架计划》。援建项目三年任务两年基本完成实施计划项目88项，援建资金34亿元。2010年，根据安县援建项目实施过程中的调整情况，辽宁省三年援建计划项目确定为援建项目102项，援建资金40.27亿元。辽宁援建总体规划是以民生项目为主体，形成“造血”与“输血”并重的援建框架体系。

辽宁省对口支援安县捐赠仪式会场

辽宁省三年援建项目框架计划表

表 90　　单位：万元

序号	项目名称	开工年份	建成年份	建设规模及主要内容	总投资	援建资金	中央投资
	总计				473939	391958	8631
	项目合计 102 项				443939	361958	8631
一	农村住房重建 4 项				53542	53542	—
1	农房重建补贴	2008	2009	全县 89008 户农房重建地方配套补贴	44504	44504	—
2	集中重建农房补贴	2008	2009	高川、茶坪极重灾区乡镇集中建设农房 2600 户	4000	4000	—
3	宅基地灭失农户补贴	2009	2009	对因地震失去宅基地的 3095 户，12481 人落实宅基地补助	2538	2538	—
4	永安路（辽安大道）公路沿线农房风貌提升	2009	2009	对安县永安路和成青路桑枣段公路沿线 2909 户农房外观进行统一处理，墙体面积共 431828 平方米	2500	2500	—
二	城镇住房重建 2 个				17449	7790	—
5	廉租住房建设	2008	2009	建筑面积 18600 平方米	2790	2790	—
6	安居住房建设	2009	2010	建筑面积 73297 平方米安居住房补贴	14659	5000	—
三	教育项目 12 项				37909	35331	2578
7	花荄镇初级中学	2008	2009	新建校舍 5158 平方米及附属设施、购设备等	1577	1350	227
8	安县中学	2008	2009	新建校舍 4000 平方米及附属设施、购设备等，维修加固教学楼 55535 平方米	4645	2952	1693
9	安县文星阁小学（七一小学）	2008	2009	新建校舍 9000 平方米及附属设施、购设备等，维修加固 3500 平方米，征用土地 30 亩	2613	2532	81
10	安县实验初级中学（沙汀实验中学）	2008	2009	新建校舍 18232 平方米及附属设施、购设备等，征用土地 62 亩	5036	5036	—
11	安县花荄幼儿园	2009	2010	新建校舍 3900 平方米及附属设施、购设备等，征用土地 10 亩	1095	1095	—
12	安县职业中专	2010	2010	建筑面积 23000 平方米及附属设施，购设备等，征用土地 100 亩	6357	6357	—
13	沸水镇九年一贯制学校	2008	2009	新建校舍 9000 平方米及附属设施、购设备等，征用土地 14 亩	2262	2205	57
14	雎水镇九年一贯制学校	2008	2009	新建校舍 12000 平方米及附属设施、购设备等，征用土地 35 亩	2998	2942	56
15	秀水中学	2008	2009	新建校舍 8800 平方米及附属设施、购设备等，征用土地 16 亩	2420	2259	161
16	桑枣初级中学			新建校舍 17900 平方米及附属设施、购设备等，征用土地 60 亩	4779	4654	125
17	黄土镇九年一贯制学校	2008	2009	新建校舍 11108 平方米及附属设施、购设备等，征用土地 18 亩	2947	2835	112

续表

序号	项目名称	开工年份	建成年份	建设规模及主要内容	总投资	援建资金	中央投资
18	茶坪乡小学	2008	2009	新建校舍 5200 平方米及附属设施、购设备等	1180	1114	66
四	卫生项目 14 项				31399	29357	2042
19	安县人民医院	2008	2009	新建住院 16403 平方米、医技 3942 平方米，计 20270 平方米，维修门诊楼 7000 平方米，床位 300 张	10045	8463	1582
20	安县中医院迁建	2008	2009	新建住院 7230 平方米、门诊 8900 平方米等，计 16660 平方米，床位 150 张	7005	6755	250
21	安县第二人民医院	2008	2009	新建住院 5500 平方米、门诊 3000 平方米等，计 8500 平方米；床位 100 张	3471	3471	
22	安县妇幼保健院	2009	2010	新建住院 4500 平方米、门诊 1500 平方米等，计 6000 平方米，床位 80 张	2742	2597	145
23	花荄镇卫生院	2009	2010	新建住院 2200 平方米、门诊 800 平方米等，计 3000 平方米，床位 50 张	1205	1165	40
24	黄土中心卫生院	2009	2009	新建住院 2200 平方米、门诊 800 平方米等，计 3000 平方米，床位 50 张	1175	1150	25
25	安县疾病预防控制中心（含血防医院）	2009	2010	新建住院 3000 平方米、门诊医技 2440 平方米等，计 5440 平方米，床位 80 张	2064	2064	—
26	村卫生站	2008	2010	建筑面积 14480 平方米及设备	1416	1416	—
27	安县计生服务站	2008	2009	建筑面积 1800 平方米，包括设备和征地	686	686	—
28	秀水计生站	2009	2009	建筑面积 1000 平方米，包括设备	330	330	—
29	河清计生站	2009	2009	建筑面积 1000 平方米，包括设备	330	330	—
30	清泉计生站	2009	2009	建筑面积 1000 平方米，包括设备	330	330	—
31	桑枣计生站	2009	2009	建筑面积 1000 平方米，包括设备、征地	410	410	—
32	塔水计生站	2009	2009	建筑面积 1000 平方米，包括设备	190	190	—
五	文化项目 3 项				11060	11060	—
33	文化和职工活动中心	2009	2010	包括文化馆、图书馆、影剧院、博物馆、文化广场等	7260	7260	—
34	安县广播电视台业务用房工程	2008	2010	新建业务综合用房 4000 平方米，购置广播电台设备及电视台摄录编播等设备	2180	2180	—

续表

序号	项目名称	开工年份	建成年份	建设规模及主要内容	总投资	援建资金	中央投资
35	有线电视前端、光缆主干网重建及设备购置	2009	2009	有线电视数字前端、重建和维护主干光缆 650 公里，地埋管网 40 公里；更换放大器 3000 个，更换光接收机 400 个。（含县—镇乡—村三级调频广播共缆输）	1620	1620	—
六	晓坝镇项目 13 项				21355	21274	81
36	晓坝镇九年一贯制学校	2008	2009	新建校舍 8954 平方米及附属设施、购设备等，征用土地 36 亩	2580	2519	61
37	晓坝镇卫生院	2008	2009	新建住院 1080 平方米、门诊 1100 平方米等，计 2180 平方米，床位 30 张	933	913	20
38	晓坝镇敬老院	2008	2008	占地面积 3000 平方米，建筑面积 1677 平方米	525	525	—
39	晓坝镇供水站	2009	2009	日供水 5000 立方米	100	100	—
40	晓坝场镇道路设施	2008	2009	道路全长 13. 14 公里	5402	5402	—
41	晓坝镇场镇堤防建设	2009	2009	堤防 3. 5 公里	1419	1419	—
42	晓坝镇防洪沟	2009	2009	防洪沟 7 公里	2800	2800	—
43	晓坝镇场地回填平整	2008	2009	回填量 175 万立方米	4550	4550	—
44	晓坝镇市政基础设施建设	2009	2009	居民安置区等新建化粪池、小区道路、地下管网、景观绿化、房屋美化、广场、庭院灯等建设	1946	1946	—
45	晓坝镇垃圾处理场	2009	2009	处理设施及转运站建设	200	200	—
46	晓坝镇污水处理厂	2009	2009	污水处理 1000 吨，占地 25 亩	500	500	—
47	晓坝镇市场	2009	2009	占地 10 亩，2700 平方米	300	300	—
48	晓坝镇规划论证及建筑设计	2008	2009	综合规划论证、工程勘察及居民住房建筑设计等	100	100	—
七	社会福利项目 10 项				9101	7151	1950
49	安县社会福利中心	2008	2008	占地面积 30 亩，建筑面积 10500 平方米，床位 400 个	3340	3340	—
50	塔水镇敬老院	2009	2009	占地面积 8000 平方米，建筑面积 4000 平方米，130 张床	878	878	—
51	秀水镇敬老院	2009	2009	占地面积 8000 平方米，建筑面积 4000 平方米，130 张床	878	378	500
52	黄土镇敬老院	2010	2010	占地面积 8000 平方米，建筑面积 4000 平方米，130 张床	878	878	—
53	安县皮肤病防治院	2009	2009	占地面积 1500 平方米，建筑面积 1000 平方米	400	400	—
54	花荄镇敬老院	2009	2009	建筑面积 2600 平方米，床位 100 张	360	110	250

续表

序号	项目名称	开工年份	建成年份	建设规模及主要内容	总投资	援建资金	中央投资
55	界牌镇敬老院	2009	2009	建业务用房及配套用房 3515 平方米，设置床位 120 个	740	440	300
56	高川乡敬老院	2009	2009	建筑面积 2860 平方米，床位 120 个	560	260	300
57	乐兴镇敬老院	2009	2009	建筑面积 2170 平方米，床位 120 个	507	207	300
58	宝林镇敬老院	2009	2009	建筑面积 2860 平方米，床位 120 个	560	260	300
八	城镇基础设施项目 15 项				22682	22682	—
59	滨河路道路建设工程	2009	2009	道路长 1822 米，宽 20 米（含道路绿化、路灯、雨污水管道）	1015	1015	—
60	金鸿路东向延长段道路建设工程	2009	2010	道路长 448. 17 米，宽 30 米（含道路绿化、路灯、雨污水管道）	350	350	—
61	文苑路东向延长段	2009	2010	道路长 370. 38 米，宽 30 米（含道路绿化、路灯、雨污水管道）	290	290	—
62	玉林路道路建设工程	2009	2010	道路长 1115 米，宽 16 米（含道路绿化、路灯、雨污水管道）	660	660	—
63	大南街、大北街道路改造工程	2009	2010	长 1520 米、宽 12 米（含道路绿化、路灯、雨污水管道）	1448	1448	—
64	金鸿路中段、西段改造工程	2009	2010	长 924. 38 米、宽 30 米（含道路绿化、路灯、雨污水管道）	1225	1225	—
65	广兴街、解放街、道路改造工程	2009	2010	道路长 490 米，宽 15 米（含道路绿化、路灯、雨污水管道）	368	368	—
66	广元街道路改造工程	2009	2010	道路长 320 米，宽 7 米（含道路绿化、路灯、雨污水管道）	160	160	—
67	花兴路东段道路改造工程	2009	2010	长 300 米、宽 15 米（含道路绿化、路灯、雨污水管道）	270	270	—
68	滨河带一号路道路建设工程	2010	2010	道路长 332 米，宽 17 米含道路绿化、路灯、雨污水管道）	380	380	—
69	县城新城区道路	2009	2010	新建及改扩建道路 9 条，道路总长 6700 米	5746	5746	—
	九曲路二段			道路长 820 米，宽 16 米	—	—	—
	九曲路四段			道路长 1100 米，宽 16 米	—	—	—
	九曲路大桥			桥长 450 米，宽 16 米	—	—	—
	罗林路			道路长 940 米，宽 24 米	—	—	—
	白茅寺路			道路长 900 米，宽 24 米	—	—	—
	启明星大道改造工程	2009	2010	道路长 1075 米，宽 30 米（含道路绿化、路灯、雨污水管道）	—	—	—
	启明星大道北段			道路长 448 米，宽 30 米	—	—	—
	花荄宾馆路			道路长 210 米，宽 8 米	—	—	—

续表

序号	项目名称	开工年份	建成年份	建设规模及主要内容	总投资	援建资金	中央投资
	华丰名苑路			道路长 758 米，宽 16 米	—	—	—
70	花荄旧城道路	2009	2010	改扩建街路 16 条，道路总长 4370 米	1770	1770	—
	神泉街	2009	2010	长 300 米、宽 12 米（含道路路灯、雨污水管道）	—	—	—
	福兴街	2009	2010	长 210 米、宽 12 米（含道路路灯、雨污水管道）	—	—	—
	解放外街	2009	2010	长 370 米、宽 16 米（含道路路灯、雨污水管道）	—	—	—
	西浦街	2009	2010	长 150 米、宽 14 米（含道路路灯、雨污水管道）	—	—	—
	西浦北巷	2009	2010	长 76 米、宽 14 米（含道路路灯、雨污水管道）	—	—	—
	兴民街	2009	2010	长 550 米、宽 34 米（含道路路灯、雨污水管道）	—	—	—
	西昌街	2009	2010	长 550 米、宽 35 米（含道路路灯、雨污水管道）	—	—	—
	胜利街	2009	2010	长 550 米、宽 36 米（含道路路灯、雨污水管道）	—	—	—
	湖广街	2009	2010	长 550 米、宽 37 米（含道路路灯、雨污水管道）	—	—	—
	龙泉街	2009	2010	长 255 米、宽 12 米（含道路路灯、雨污水管道）	—	—	—
	文竹街	2009	2010	长 260 米、宽 14 米（含道路路灯、雨污水管道）	—	—	—
	铜锣街	2009	2010	长 180 米、宽 12 米（含道路路灯、雨污水管道）	—	—	—
	水井巷	2009	2010	长 130 米、宽 16 米（含道路路灯、雨污水管道）	—	—	—
	小东街	2009	2010	长 89 米、宽 7 米（含道路路灯、雨污水管道）	—	—	—
	新会场	2009	2010	长 40 米、宽 33 米（含道路路灯、雨污水管道）	—	—	—
	金山巷	2009	2010	长 113 米、宽 9 米（含道路路灯、雨污水管道）	—	—	—
71	秀水水厂	2008	2010	日供水 1 万吨，供水管网 28 公里	3600	3600	—
72	塔水水厂	2008	2010	日供水 0.5 万吨，供水管网 12 公里	2800	2800	—
73	河清水厂	2009	2010	日供水 0.5 万吨，供水管网 8 公里	2600	2600	—
九	农村和农业基础设施项目 10 个				167049	101578	1980
74	道路抢通保通费用				3000	3000	—
75	永安路改建	2008	2010	长 16 公里宽 49 米一级路	20000	20000	—

续表

序号	项目名称	开工年份	建成年份	建设规模及主要内容	总投资	援建资金	中央投资
76	秀茶路	2008	2009	长 27 公里宽 8.5 米水泥砼路面	9675	9675	—
77	秀水—塔水—花荄—黄土—江油道路	2009	2010	路线长度 30.16 公里；路基宽度 21.5 米；路面宽度 20 米；沥青砼路面	41250	41250	—
78	X108 安罗路北川界至罗江界段公路	2009	2010	乐兴至罗江界长 25 公里，路基宽 6.5 至 8.5 米，水泥砼路面	10530	8550	1980
79	乡村供水工程	2008	2011	80 处集中固定供水站建设，解决 15 万人吃水问题（含桑枣香溪供水站）	10558	3200	—
80	堤防工程	2009	2011	安昌河 6 处河道整治加固，安县 4 条主要河道 17 处整治加固	23594	7900	—
81	灌溉工程	2009	2011	铁旗堰灌区、129 条小型渠堰，一大渠灌区、新勘堰灌区、白水湖渠首及灌区	18670	3700	—
82	乡村清洁工程	2009	2010	15 个村建设固体废弃物发酵池，生活污水净化池，生活垃圾箱，田间废弃物收集池，乡村清洁物业管理站等	303	303	—
83	农村沼气等设施	2009	2010	修复和重建户用沼气池 20900 口，修复大中型沼气工程 1 处，修建服务网点 50 个，修建规模化养殖场沼气池 782 处，新建农村户用沼气池 20000 口等	29469	4000	—
十	产业重建项目 7 个				44214	44014	—
84	永安路辅道	2009	2009	道路长 1500 米，宽 7 米	350	350	—
85	安县工业园区标准厂房	2009	2010	建设标准工业厂房 40000 平方米	6000	6000	—
86	工业园区农民搬迁安置住房基础设施	2009	2010	农民搬迁安置住房小区道路、排洪、电力、通讯等基础设施	2800	2800	—
87	工业园区华晨小区道路工程	2009	2009	新建及改扩建道路 7 条，道路长 10 公里	23840	23840	—
	华晨小区 6 号路	2009	2009	道路长 4079 米，宽 60 米	—	—	—
	九曲路一段	2009	2009	道路长 750 米，宽 16 米	—	—	—
	华晨小区 1 号路	2009	2009	道路长 2148 米，宽 24 米	—	—	—
	华晨小区 2 号路	2009	2009	道路长 866 米，宽 28 米	—	—	—
	华晨小区 3 号路	2009	2009	道路长 872 米，宽 45 米	—	—	—
	华晨小区 4 号路	2009	2009	道路长 845 米，宽 28 米	—	—	—
	华晨小区 5 号路	2009	2009	道路长 845 米，宽 45 米	—	—	—

续表

序号	项目名称	开工年份	建成年份	建设规模及主要内容	总投资	援建资金	中央投资
88	辽安工业园区农民搬迁安置补偿费	2009	2009	土地补偿和安置补助费 2257 万元，青苗和地上附着物补偿费 183 万元，农房拆迁和住房安置费 1722 万元，新增建设用地土地有偿使用费 1225 万元，耕地开垦费 1837 万元	7224	7224	—
89	桑枣旅游区基础设施建设	2008	2009	景区道路、停车场、接待厅、展览室 3600 平方米等	3000	3000	—
90	花荄农产品批发市场	2008	2009	占地 15 亩，市场基础设施建设	1000	800	—
十一	其他类项目 12 项				28179	28179	—
91	挖掘机等设备	2008	2008		1104	1104	—
92	安县受损水利设施工程鉴定和设计费用	2008	2008		1988	1988	—
93	有线电视入户	2008	2008	解决过渡板房临时有线入户问题	266	266	—
94	金杯面包车	2008	2008		290	290	—
95	编制省级文物保护单位修复方案	2009	2009	文星塔，姊妹桥，太平桥，飞鸣禅院，开禧寺五处省级文保单位灾后修复方案设计费	100	100	—
96	全县 18 个乡镇测绘和规划费用	2008	2008		2131	2131	—
97	重点产业发展规划	2009	2009	汽车产业发展专题研究、化工产业发展专题研究、旅游产业发展专题研究、农业发展专题研究以及产业发展与生态环境保护专题研究等研究内容	200	200	—
98	风景区恢复重建规划	2009	2009	千佛山、白水湖、罗浮山等风景区的恢复重建规划	200	200	—
99	消防、市场及供水等规划	2009	2009	包含全县的消防规划、商业网点及市场布局规划、县城水系统规划等专题规划	100	100	—
100	县城重点地区的修建性详细规划及设计	2009	2009	安昌河两则、银河大道两侧、五路口地区、辽宁援建纪念广场、九曲花荄等地段的城市设计及详细规划	200	200	—
101	周边乡镇重点地区的修建性详细规划	2009	2009	晓坝和茶坪乡修建性详细规划已开始编制，肖家桥等严重受损地区也急需编制恢复重建规划	200	200	—
102	安县板房建设	2008	2008	8890 套，15.2 万平方米	21400	21400	—
Ⅱ	总预备费（预留资金）				30000	30000	—

第二节 项目管理

一、管理办法

辽宁援建项目管理采取的基本程序是：由安县方面提出建设项目计划→辽宁省驻安县前线指挥部进行调研论证，并与安县达成一致→辽宁省发展改革委审查复合→报辽宁省对口支援安县灾后恢复重建工作领导小组研究确定→辽宁省发展改革委批复下文→辽宁省财政厅拨付资金→前线指挥部和安县县委、县政府组织实施→辽宁省及安县纪委、审计部门进行监督、跟踪、管理。为规范援建项目管理程序，2008年制定《辽宁省对口援助安县项目建设管理规程》并与安县政府联名下发，对项目建设的各个环节运转程序和工作内容做出明确规定，避免援建工作中的盲目性和随意性。2009年初制定《关于加强援建项目管理的意见》。辽宁省驻安县对口支援指挥部会同县委、县政府联合下发《加强援建项目管理工作意见》。主要内容是：按规定程序确定援建项目县人民政府会同辽宁省驻安县对口支援指挥部提出年度或批次援建项目计划和资金安排意见，报辽宁省对口支援领导小组办公室批准下达。未经批准的项目一律不列入援建项目；加强援建项目招投标管理，县政府有关部门和项目建设单位要严格按照国家、四川省有关招投标管理和资质管理规定，认真组织开展项目建设工程施工、工程监理招投标工作，确定工程施工、工程监理队伍。坚持杜绝转包，确保工程质量；加强援建项目概算控制，项目概算不得超过援建资金计划，在编制时做到科学、严谨、符合实际；严把项目设计，控制项目投资，切实把加强概算控制贯穿于项目设计、建设全过程。援建项目工程设计和项目概算一律报辽宁省驻安县对口支援指挥部审批把关；加强援建项目资金管理，援建资金由辽宁省对口支援安县恢复重建工作领导小组统筹安排使用，领导小组办公室根据领导小组审定的援建任务，下达项目投资计划，辽宁省驻安县对口支援指挥部根据援建项目的建设进度，提出资金拨付建议，报省对口支援安县恢复重建领导小组审定后由省财政厅统一拨付，严格执行资金审批程序，到安县的援建资金实行专款专用，实行驻安县对口支援指挥部总指挥与安县县长双签制，确保资金合理安排、及时调拨、有效使用、安全监管，工程款拨付要按相关规定预算留工程质量保证金；切实保证援建项目质量，坚持建设项目法人责任制、工程建设监理制、施工合同制，建立和落实工程质量终身负责制度，严格执行项目建设程序，确保工程质量和建设工期，项目建设单位行政主管部门要加强管理和监督，按规定负责项目资料的整理、归档工作，所有援建项目档案资料，应及时送交辽宁省驻安县对口支援指挥部备案，项目竣工验收由辽宁省驻安县对口支援指挥部和安县联合组织进行；加强援建项目的安全管理，县政府主管部门、项目法人单位、监理、施工等单位要强化施工安全管理工作，严格按照有关安全生产标准规范要求，加强施工人员上岗前安全教育，及时处理好各项施工安全隐患，制定《关于辽宁援建工程项目设计变更和造价控制的规定》，对建设中改变设计等方面做出严格规定，在援建资金申请、划拨上严格与项目挂钩，做到资金跟着项目走，项目跟着进度报，

副指挥长王天宇检查中医院重建工作

确保援建资金安全有效使用。

加强援建项目管理贯穿援建工作全过程，着力抓好援建项目规划的落实，是确保援建任务按时完成的重要措施。援建项目总体规划一经省领导小组确定必须严格执行，任何单位不得突破，对突破项目总规划的个别单位予以坚决纠正。抓好项目设计控制，要求设计单位必须严格按照投资概算设计，不得超标准、超规模、超投资设计，对个别超规模设计的单位予以严肃批评和坚决纠正。抓好项目立项和招投标，针对援建项目建设中存在的审批慢、流标等不正常现象，及时向四川省政府反映，建议当地简化办事程序，提高工作效率，改变项目推进审批过程中部门多、层次多、时间长的状况打破陈规，创新工作方法，建立恢复重建项目审批的快速通道，使一些立项很快审批下来，同时安县被列为四川省扩权强县试点县，安县可以设立招投标分中心，加快援建步伐。加强工程质量监督，努力多建优质工程、精品工程，确保不出安全事故；强化援建项目资金监管，一律按项目计划及施工进度拨付，资金严禁挤占挪用；加强资金使用检查和审计，按项目施工进度对援建资金进行跟踪、监督、审计。为严格项目管理，辽宁省援建前线指挥部要求，所有项目严格实行项目法人责任制、招标投标制、合同管理制和工程监理制，严把设计、施工、材料质量关，确保高质量地完成恢复重建任务。

副总指挥部韩克亮在现场指导重建工作

二、日常监管

辽宁省驻安县前线指挥部与县委、县政府建立每两周一次例会制度，提出推进项目建设的意见、建议。2009 年初，为加快推进援建项目高质量、高水平全面完成，应安县要求，辽宁援建资金超过 2000 万元以上的项目由辽宁的施工单位参与援建。按照规范运作，公平、公开、公正的原则，履行严格规范的招投标程序，辽宁省一批高资质的公司直接参与援建项目建设，并在指挥部组织下实行代建制，成立项目管理组，由专家组织实施和项目建设管理，制定《辽宁省援建四川地震灾区建筑项目管理实施方案》，主要内容包括：建立项目管理机构。对工程建设项目进行全过程的、专业化的科学管理，以确保建设工程取得最好的投资效益，达到预期的进度、质量、投资、安全控制目标，实现一流的建设水平。项目管理前期准备工作的主要内容。与当地建设行政主管部门及相关部门或单位取得联系，协商确定工程开工前的各项手续的办理程序、方法及执行的相应法律、法规、文件依据的提供办法。“工程项目管理部”对施工过程的管理要点。对工程造价和工程款拨付的管理；对工程变更的处理，对“甲控”材料、构配件、设备的管理（施工合同中约定的部分重要建筑材料、构配件和设备的购置，采取由建设单位进行监督控制简称“甲控”）；对工程质量、施工进度、安全生产的监督管理；对现场文明施工的管理；对现场环境保护的管理；对参建单位驻现场职工健康与卫生防疫的管理。对工程竣工验收的管理。确定单位工程竣工验收的条件、标准及程序。项目管理工作流程框图。主要有：工程建设项目管理前期基本流程框图、工程开工/复工报告的审批程序框图、施工进度控制工作程序框图、工程款拨付工作程序框图、工程竣工决算程序框图、工程变更审批程序框图、工程签证工作程序框图、单位工程竣工验收程序框图。

第三节　质量管理

辽宁省援建安县的项目按照汶川灾后恢复重建规划要求，自始至终坚持高标准、高水平的目标，严把质量关。对工程质量、施工进度和安全生产的过程严格实施标准化控制，由项目监理机构依据有关法律、法规，规范、规程、质量、标准及施工合同、监理合同的规定，对工程施工全过程实施巡回检查、旁站监督和平行检验等方法进行监理控制。对具体援建项目，监理单位、施工单位共同努力、有效管理、监督和控制，确保以分部、分项工程质量合格率100%，实现单项工程质量达到国家“合格”标准。

副总指挥程天阳现场指导华晨道路施工

辽宁省驻安县前线指挥部与安县共同制定工程项目质量、安全、资金管理等制度。2009年，辽宁省驻安县前线指挥部在所有建设队伍中广泛开展以加强工程建设质量和安全管理为核心内容的辽宁援建安县工程项目争创“天府杯”活动，制定《辽宁省援建安县工程项目争创“天府杯”活动实施方案》，明确组织机构，制定具体项目管理制度和奖励标准，提出质量创优、重大事故为零、资金运作安全高效的要求，适时组织各工程质量监管部门负责人对各施工单位的规章制度、质量安全保证体系、施工组织设计报审、隐蔽工程质量验收、材料构配件、设备进场质量验收、安全和现场文明施工管理、施工日记、遵章守纪等有关争创“天府杯”参赛项目进行“拉练式”检查评比，对结果加以通报，为高质量地完成援建工作奠定坚实基础。在2009年7月15—16日“拉练式”检查评比中，本溪永升建筑工程有限公司施工的安县实验初级中学工程获得一等奖；中冶集团华冶资源开发有限责任公司辽宁分公司施工的安县桑枣初级中学、沈阳北方建设股份有限公司施工的黄土镇九年一贯制学校获得二等奖。各建设单位重视争创“天府杯”活动，促进企业加强质量和安全管理，高质量、高效率地推进援建工作。

辽宁选派两支质量监理队伍（即辽宁省建设设计院项目管理咨询公司和辽宁省方园监理公司）常驻安县，对辽宁援建的30多个项目建设实施监理，对建设质量进行监管，强化各个环节的质量管理，使援建项目建成放心、优质、满意工程。

第四节　资金监管

一、管理办法

2008年10月8日，辽宁省财政厅、民政厅、红十字会、审计厅、监察厅制定下发《辽宁省对口支援安县恢复重建工作经费使用管理暂行办法》和《辽宁省对口支援安县恢复重建专项资金使用管理暂行办法》。主要内容是：资金使用和管理原则。建立援建资金使用和管理统筹调配机制，严格资金审批和支付程序，在领导小组的统一领导下统一调拨、统筹规划、分步实施；规范援建资金使用事项，保证资金使用公开、透明、规范，确保资金安全运行，最大限度发挥援建资金效益；建立辽宁省对口支援安县恢复重建工作领导小组办公室（下称“援建办”）与县受援办沟通协调机制，确保援建工作高效、有序进行，避免资金重复安排，发生损失浪费；对援建资金分配、审核和拨付要提高效率，及时办理。对于特别紧急的事项，要急事急办，特事特办，可根据领导小组意见，先办理财政预拨款手续，再补办相关审批手续。资金规模和筹集渠道。资金规模确定，省财政厅根据国家政策意见，按上年全省财政一般预算收入的1%确定年度援建资金规模；资金筹集渠道为全省财政一般预算收入、全省民政等部门接收的抗震救灾捐赠资金、全省红十字会接收的抗震救灾捐赠资金；2008 年度援建资金规模确定应扣除已投入到安县抗震救灾的实物工作量。资金使用范围和方向。援建资金使用范围：包括基本建设项目支出、服务项目支出、专项支出和其他支出四类；援建期间，为完成援建任务而发生的经费支出，经受援办确认后，计入实物工作量。其他未经受援办确认的，按《辽宁省对口支援安县恢复重建工作经费使用管理暂行办法》执行；全省民政等部门接收的抗震救灾捐赠资金使用方向，优先用于安排安县恢复重建民生项目；全省红十字会接收的抗震救灾捐赠资金使用方向，优先用于安县恢复重建项目中符合其使用规定的中小学校、卫生院站等永久性建筑支出。资金审批和支付程序。省援建办根据安县受援办提出的项目申请情况报省领导小组；资金管理组根据领导小组会议纪要或有关省领导批示意见资金来源及时筹措资金：为省财力安排的资金，经省财政厅主管领导签字后拨付，按省民政厅、慈善会等部门接收的抗震救灾捐赠资金由省民政厅提出使用意见，报领导小组批准，经省财政厅主管领导签字后拨付，同时抄送省民政厅备案，全省红十字会接收的抗震救灾捐赠资金及省红十字会拨付资金，相关拨付情况抄送省财政厅备案；省财政厅对资金拨付情况及时进行汇总，并报领导小组和援建办，同时通知受援办，共同加强资金使用管理。

2008 年 7 月，制定《辽宁省对口支援安县项目建设管理规程》，并与安县政府联合下发，对项目建设的各个环节运转程序和工作内容做出明确规定，避免援建工作中的盲目性和随意性。

2009 年 3 月，制定《关于加强援建项目管理的意见》，对援建项目招投标、概算控制、资金管理等六个方面做出具体规定，提出“严格资金审批程序，到安县的援建资金实行专款专用，实行前线指挥部总指挥与安县县政府主要负责人双签制，确保资金合理安排、及时调拨、专款专用、使用规范”。制定《关于辽宁援建工程项目设计变更和造价控制的规定》，对建设中改变设计等方面做出严格规定。辽宁省发展改革委、财政厅、审计厅等部门为进一步理顺援建资金划拨、管理和监察、使资金管理更加科学合理，制发一系列文件。

二、资金监督管理

行业主管部门负责本系统对口援建项目计划的编制、落实，会同财政部门审核援建项目并编制资金分配使用方案；审计部门负责对援建资金的管理和使用情况进行全过程审计检查；援建资金实行月报表制度定期报送省委、省政府，严格按领导小组批准的使用范围和对象拨付和使用，确保专款专用，坚决防止挤占、挪用；援建资金以实物形式援建安县的，要按照国家有关规定，办理政府采购手续；援建资金的管理和使用情况要按“阳光财政”原则向社会公布，主动接受社会监督，做到资金使用公开、透明；援建办和受援办建立定期（每季度一次）联席会议制度，形成双方资金管理的沟通渠道，确保资金合理使用。

针对安县项目与财务管理人员业务能力不适应问题，辽宁省财政厅制订培训计划，聘请有关专家对安县项目管理人员、财务人员进行系统培训，选派经公开招标且具有资质的两家信誉好、技术力量强的中介机构赴安县开展援建项目财务核算检查和规范工作，对安县教育、交通、卫生、建设等各部门和所有乡镇的援建项目逐一进行财务检查，边查边教，以查促改。同时，对安县财务管理体制进行改革，帮助安县成立援建项目资金结算中心，对灾后重建项目的基建账目、资金拨付进行统一管理。

第三章 城乡住房及城镇基础设施

第一节 农村住房

一、农房重建概述

援建中，辽宁省把农房恢复重建作为第一位任务，强化灾后勘察设计和危房鉴定工作。协助安县开展损毁房屋的评估鉴定。为让受灾群众能在2010年春节前全部住进新房，在先期拨付3.5亿元的基础上，2009年增拨农房补助、统一部分公路沿线农房风貌、宅基地灭失农户建房资金等1.45亿元，2009年12月31日，安县99329户农房重建工程全部完工。

二、补贴

农房重建补贴 辽宁省坚持把农房建设作为援建工作重中之重，作为援建安县的“一号工程”，2008年7月到位第一笔资金，就用于农房建设。为解决群众建房的资金困难，在农房重建过程中，辽宁先后选派两批共38人次监理工程师，常驻安县18个乡镇，加强对农户和施工队伍指导、培训和质量监管。监理人员共走访210多个大小村组，对建房所用钢材、水泥、砖等建材进行质量检查，杜绝不合格产品进入工地。在各个村镇民房建设过程中针对发现不同程度的质量问题提出合理化建议400余项，口头通知整改500多次，现场下达《质量问题整改通知书》近100份，并协助当地政府对民宅建设中发生的矛盾纠纷，从质量角度进行调节工作，针对当地农民对建筑知识了解少、缺乏抗震建筑常识的现状，省监理人员共举办32次培训班，15个乡镇的1083名建筑工匠参加培训。上述措施有力的保证农房重建的质量，深受当地政府和群众的好评。此外，辽宁援建前线指挥部还与安县一起完善项目推进制度，各有关部门通力合作，落实目标责任制，在农房建设上明确责任主体、实行乡镇党政一把手负总责，任务层层分解落实到乡镇村组，实行责任到人，干部包户的推进措施，并根据实际情况采取一村一策、一户一策，对存在的困难和问题采取切实可行的办法和措施予以解决。由于措施得力、责任到位，有力的保障农房重建工作的工程进度，使辽宁的农房重建援建工作，在质量、完成进度等方面，走在全国援建四川地震灾区农房恢复重建工作前列，温家宝等中央领导在晓坝镇黄羊村考察时给予充分肯定和高度赞扬。四川省也高度评价农房建设

晓坝镇黄羊村农房建设

的先进经验和成功做法，于2008年10月在安县召开四川省农房建设现场交流会，推广先进的农房建设经验。2009年5月全面完成。

宅基地灭失农户补贴　地震中，8个山区乡镇4176户群众宅基地灭失，需安置人口12481人。辽宁援建人员经多方调查走访，在汇集民众智慧的基础上，鼓励山区乡镇宅基地灭失农户投亲靠友安置、本地异址安置、进城购房安置，同时，按不同情况给予每人2000—3000元的补助，并在第一时间将宅基地灭失农户补贴1138万元分别拨付下达到茶坪乡、高川乡，使所有宅基地灭失农户得到妥善安置。2009年底，茶坪乡、高川乡宅基地灭失户的农房重建全部竣工，村民喜迁新居，过上幸福的生活。现年57岁的茶坪乡双电村1组村民周言保一家，在汶川大地震中房屋全部倒塌、宅基地灭失，无法在原址建房。地震发生后，周言保一家积极重建家园，抓住灾后重建的契机，加上每人2000元的宅基地灭失补助以及自身积蓄，很快就在茶坪乡滨河路建起一栋两层小楼。

三、集中重建农房安置点

农房建设，采取适度集中、统规统建，统一川西民居外观风貌的方式，全县形成小集中点3569个，安置建房农户58546户，其中3—5户集中安置点2802个，5—10户安置点767个，10—30户安置点195个，30户以上集中安置点103个。

茶坪乡农房集中重建　地震后，茶坪乡作为重灾区，房屋90%垮塌，境内发生多处滑坡、崩塌、泥石流、不稳定斜坡等地质灾害，当地百姓无家可归。辽宁省启动援建安县的“一号工程”后，组织专家实地考察论证，确定茶坪乡灾后重建安置的基本原则是原址重建。辽宁援建人员针对大部分群众愿意在乡内安置的心愿，根据茶坪实际情况，从多方面为各个村的宅基地灭失农户规划安置点。建立乡干部包村、村组干部包户的工作机制，联系村干部深入家家户户了解重建农户的实际情况，积极为重建户协调落实宅基地，及时解决他们重建中遇到的难题。出动机械平整宅基地，茶坪乡宅基地灭失大部分农户的原址地处地质灾害处，因大面积的塌方和次生灾害隐患无法原址重建，全部需要重新选址，平整宅基地。由于工程量大、难度大，每平整一块可容15户的宅基地，耗费资金20万元左右。治理小型地灾，积极配合县国土部门，排查各村地质灾害点隐患大小，逐户登记，并建立明白卡。对宅基地有小型地质灾害的农户，通过砌堡坎、修建挡土墙、排除滑坡和治理小型泥石流等措施，确保生命财产安全。并把落实宅基地建房的，纳入地质灾害避险搬迁。贯彻政策性补助措施，调动宅基地灭失户农房重建的积极性。由宅基地灭失农户申请，经村、组组织村民评议并公示确认后，报乡政府审定。乡政府将审定结果报县国土资源局备案。经确认的补助对象，同时仍可享受国家、省、市、县农房重建政策补助。2010年春节前，茶坪乡百姓全部搬入由辽宁援建的重建农房，总户数为2652户，乡外安置718户（其中：乡外建房131户、乡外购房200户、乡外投亲靠友139户、晓坝新场镇建房248户），乡内安置1934户。

高川乡农房集中重建　地震后，全乡1810户全部需要重建。辽宁援建人员到全乡7个村56个社，以沿河、沿坡、沿坎、沿山地带为重点，对农房重建选址进行考察，论证，鉴于地震对高川乡造成重大破坏，宅基地大部分灭失，加之地震滑坡体造成的次生灾害尤为严重，为确保人民群众的生命和财产安全，专家组确定原址已经不具备重建的可能。决定对宅基地灭失的受灾群众进行集中安置。整个安置点建筑采用川西民居风格，砖混结构，安全可靠，简洁适用。2008年11月，初步完成高川乡灾后重建的规划。高川乡农房重建工程项目由核工业西南勘察设计研究院有限公司设计，施工单位为绵阳市富阳建筑工程有限公司，监理单位为四川省兴旺建设工程项目管理有限公司。为快速推进工程进展，辽宁援建人员免费组织机械帮助受灾群众平整宅基地。在辽宁援建指挥部的指挥下，高川乡集中安置点的重建，主体工程于2009年11月20日竣工，并顺利通过验收。

四、风貌提升

辽宁大道沿线农房　投入援建资金2500万元用于辽宁大道沿线农房风貌提升。辽宁大道沿线农房风貌提升工程由安县灾后住房建设工作领导小组农房重建办组织实施，县规划和建设局负责技术指导，界牌、花荄、黄土、桑枣、晓坝等五镇的人民政府分别作为各辖区的业主具体组织实施。在项目实施中，辽宁援建办组织专家多次到现场进行指导，对工程质量、工程进度做出具体指示和要求：一期：公路沿线50米内农村居民住房，主要以川西北民居风格为主，在农村永久性住房重建安全适用的前提下统一色彩、统一风貌、完善功能。二期：公路沿线视线范围，主要以统一色彩为主。三期：公路沿线主要居民住房建筑，在一期的基础上实行平改坡，形成灰瓦、白墙、挑檐、悬山、翘角的川西北民居风貌。辽宁大道沿线农房风貌提升工程于2010年5月10日全部竣工。

花荄镇西桥村　西桥村位于花荄镇西面，面积约4平方公里，耕地3000余亩，稻田800余亩，林场和荒山、荒坡200余亩。全村辖10个村民小组，826户，2285人。全村有通村公路0.5公里，通组道路约30公里；一级公路江秀路贯穿全村，长约1.5公里，村委会一级公路0.5公里。全村有一条长约4公里小溪从北向南贯穿全境，规划设计农饮工程一处。农村经济以发展养殖、水产、蔬菜、加工和劳务收入为主。地震后，西桥村道路、沟渠等农村基础设施严重受损，灾后需要恢复重建471户。2010年辽宁援建西桥村相关基础设施建设项目正式启动。项目涉及西桥村辽安路路边绿化及修建栅栏等，总投资8万元。2011年5月，该工程通过竣工验收。

花荄镇红武村　红武村地处安昌河东部丘区，面积6.8平方公里，全村12个村民小组，768户，1856人。耕地面积2242亩，其中水田1812亩，旱地392亩。全村主要村道公路10条。农村经济以发展养殖、水产、蔬菜、加工和劳务收入为主。地震后，红武村道路、沟渠等农村基础设施严重受损，农房严重损毁436户，灾后需要恢复重建433户。2010年辽宁援建红武村相关基础设施建设项目正式启动。项目涉及红武村风貌提升外墙粉刷100户，每户0.8万元，共80万元。2011年5月，该工程通过竣工验收。

五、示范点安置小区基础设施项目

建筑工地

黄土镇方碑村　方碑村位于涪江上游安昌河左岸，面积2.5平方公里。全村有耕地1280亩，林地面积1420亩，河滩350亩。村辖10个村民小组，465户，1503人。村民收入主要依靠种养殖业和外出务工，户年均收入可达2.6万元。汶川特大地震，全村房屋倒塌4094间，房屋垮塌95%，基础设施损毁严重，均已无法使用，严重影响村民生产生活。为此，辽宁省在方碑村启动新农村示范点安置小区基础设施建设。根据方碑村地理位置、地质条件，经辽宁省援建办组织专家实地考察论证，确定方碑村示范点安置小区基础设施均在原址重建，以方便群众日常生活。辽宁援建方碑村基础设施建设项目主要有：6000米排水沟建设；5000米路沿石建设，投资30万元；风貌提升工程248户，投资112万元；2560米小区道路建设，投资53万元，建筑用地面积6400平方米，总建筑面积7680平方米。项目通过实施比选和公开招标程序，确定工程的建设、设计、监理和施工单位。该工程由绵阳市博源建筑设计有限公司进行设计，四川省兴恒信项目管理咨询有限公司审图，方碑村小区道路由四川省华炜剪子工程有限公司承建，风貌提升工程由绵阳市正诚剪子公司承建，四川省城市建设工程监理有限公司监理。2010年10月1日开工建设，截至2011年4月全部工程通过竣工验收。

黄土镇菩提村、平桥村、盐井村　菩提村地处黄土镇西部3公里，距县城12公里。该村主要以发展养殖产业为主，地震后塘堰、沟渠、提灌站、道路交通等基础设施不同程度受损，许多原养殖用房基本倒塌，急需对菩提村基础设施进行恢复性重建，以满足农业生产生活需要。2010年辽宁援建菩提村相关基础设施建设项目正式启动。工程项目包括：178米排水沟建设，5000米村组道路建设；316户风貌提升工程建设。项目通过实施比选和公开招标程序，确定由绵阳市博源建筑设计有限公司设计，四川省城市建设工程监理有限公司监理，四川省兴恒信项目管理咨询有限公司审图。风貌提升工程由绵阳市万苹宏达建筑有限公司承建，排水沟项目、村组道路硬化项目均由村自主招标。总投资232万元。其中村组道路于2011年4月至6月开工建设；排水沟项目于2010年初开工建设；风貌提升工程于2011年3月初开工建设，截至2011年4月底全部工程通过竣工验收。

平桥村比邻安昌河，面积4.3平方公里，辖8个村民小组，803户，2215人，有劳动力1120人，耕地面积1228亩，林地878亩，农业总产值791.8万元，通村公路12公里，其中硬化1公里。盐井村，地处安昌河右岸，属平坝地区，有13个村民小组，907户、2802人，耕地面积2590亩，劳动力2520个。地震后道路、基础设施损毁严重。为保障农业生产，改善农民生产生活条件，2010年辽宁援建平桥村相关基础设施建设项目正式启动。主要项目：排水沟建设、村组道路硬化、庭院绿化、院坝硬化建设等工程。

盐井村91户、平桥村70户；排水沟项目盐井村6000米、平桥村4000米；村组道路建设项目盐井村2公里，平桥村1.3公里；庭院绿化及院坝硬化项目，平桥村种植700株绿化树、盐井村院坝硬化3000平方米；平桥村院坝硬化3000平方米。项目通过实施比选和公开招标，确定风貌提升工程由绵阳圣鼎建筑公司承建，村组道路硬化、排水沟由村自主招标建设。该工程由绵阳市博源建筑设计有限公司设计，四川省城市建设工程监理有限公司监理，四川省兴恒信项目管理咨询有限公司审图。排水沟、村组道路项目于2010年10月开工，12月底通过竣工验收；院坝硬化项目于2011年3月开工，4月底通过竣工验收，投资77万元，面积5000平方米，绿化率540平方米；风貌提升工程于2011年3月开工，4月通过竣工验收，投资147万元，面积2500平方米。

花荄镇联丰村、柏杨村、先林村　联丰村位于花荄镇东部，距场镇2.5公里，面积9.2平方公里，耕地1888亩，其中水田1555亩，旱地333亩；林地390亩，水域350亩，待开发的“四边地”和荒坡地230亩。全村辖10个村民小组，556户，1656人。全村现有村级碎石道路11公里，组级碎石或泥沙道路18公里，现有塘堰136口。农村经济以发展养殖、水产、蔬菜、加工和劳务收入为主。地震后，联丰村道路、沟渠等农村基础设施严重受损，全村548户房屋全部倒塌。2010年辽宁援建联丰村相关基础设施建设项目正式启动。工程项目包括：风貌提升外墙粉刷70户，每户0.8万元，共56万元；农家乐边农房绿化、栅栏等，总投资8.5万元。2011年4月开工，5月通过竣工验收。

柏杨村位于安昌河畔左侧，与县城隔河相望，地处花荄镇腹心地带，面积2600亩，可供耕地1510亩，辖10个村民小组，630户，1740人。花方路、即将修建的绵安城市快速通道分别由东向西、由南向北穿村而过。全村水利设施健全，沟渠总长5700余米，硬化达40%。村辖区内有好医生制药厂、铁骑力士集团和金江板材三家较大企业。农村经济以发展养殖、水产、蔬菜、加工和劳务收入为主。汶川特大地震后，全村道路、沟渠等农村基础设施严重受损。2010年辽宁援建柏杨村相关基础设施建设项目正式启动。项目涉及柏杨村八组102户，其主要内容为：柏杨村8组小区道路1057米；排水沟1000米；排污沟1132米；柏杨村8组小区风貌提升外墙粉刷102户；塔九路柏杨村5组、2组小区绿化。总投资358万元。该工程于2011年5月开工，11月通过竣工验收。

先林村位于安昌河左岸，辽安路穿插而过，距花荄镇2.5公里，地处半丘半坝，全村面积4平方公里，辖8个村民小组，625户，总人口1625人。农村经济以发展养殖、水产、蔬菜、加工和劳务收入为主。汶川特大地震中，全村农业基础设施损毁严重，经济损失近920万元。灾后需要恢复重建271户。2010年辽宁援建先林村相关基础设施建设项目正式启动。项目涉及先林村1组小区风貌提升28户；先林村一组小区修建道路769米，排水沟655米，排污沟425米，路灯和绿化。总投资259万元。该工程由绵阳博源建筑设计有限公司设计，四川富达建设工程监理有限公司监理，四川省兴恒信项目管理咨询有限公司审图。2010年5月开工，11月通过竣工验收。

兴仁乡长沟村　长沟村系典型的浅丘地区，距县城7公里，距兴仁乡场镇1公里，面积6.06平方公里，辖16个村民小组，799户，2438人。耕地面积2578亩。辽安路穿村而过，围村公路9.8公里，兴仁乡位于县城南面，距县城6公里，距绵阳市区24公里。辖区面积30平方公里，东与花荄镇、涪城区河边镇连界，南与塔水镇相邻，西与乐兴镇接壤，北与黄土镇交界。辖6个行政村，1个社区。农业人口11932人，非农业人口289人，以汉族为主，全乡长期以传统种养业为主。地震后，全村95%以上的农房倒塌，道路交通设施损毁严重，居民用水困难。2010年辽宁援建长沟村相关基础设施建设项目正式启动。项目包括：道路建设：总长约36公里的道路新建及改扩建，包括部分道路绿化、路灯及相关配套设施等。援建资金487.6万元。农房风貌提升：包括农房外墙装饰及院坝硬化等约70000平方米。援建资金253.1万元。排水沟及污水处理工程：包括排水沟及污水处理系统。援建资金118万元。公共服务体系建设：包括村级农民技术培训中心建设，农业信息平台建设及配套设施等。总投资137.3万元。整体绿化及文化打造：包括新栽风景树，养殖墙画及谚语，入村牌坊等。援建资金81万元。项目通过公开招标程序，确定工程由四川原境建筑设计有限公司设计，四川长和建筑工程有限公司承建，四川元丰建设项目管理有限公司监理，安县建设工程质量监督站监督。2011年5月开工，截至2011年11月，完成农房风貌提升约70000平方米，村组道路硬化25公里，大力改造和整治山平塘142口，硬化沟渠6000米，新建沼气池400口，成立专职合作社4个，入社农户达752户，建立标准化养殖小区48个。

界牌镇金凤村、西明村、石安村　金凤村位于界牌镇中部，与本镇石安村相邻，并同属辽宁大道沿线村，丘坝兼有，坝区为主，面积3.02平方公里，辖11个村民小组，1164户，2838人。农村经济以发展养殖、水产、蔬菜、加工和劳务收入为主。地震后，全村农房倒塌446户，道路、沟渠等农村基础设施严重损毁。2010年辽宁援建金凤村相关基础设施建设项目正式启动。项目涉及安置小区排污引入安绵路污水管网，小区内主、辅道路及绿化，安装排污管网392.95米，栽种香樟树131课，修建水泥道路1062米。金凤集中安置点风貌提升10户，每户1.6万元，共16万元；金凤集中安置点至青安路十字路口风貌提升，210户，每户1万元，共210万元；青安路风貌提升，150户，每户1万元，共150万元。截至2011年11月该工程通过竣工验收。该工程由绵阳博源建筑设计有限公司设计，四川鑫达建设工程监理有限公司监理，四川省兴恒信项目管理咨询有限公司审图，四川万胜建设工程有限公司承建。2011年3月开工，5月通过竣工验收。

西明村位于界牌镇东面，与涪城区参口庙村、金家林村接壤，丘坝兼有，面积5.6平方公里，辖13个村民小组，968户，2580人。全村总面积7580.86亩，其中耕地面积3099.72亩，林地面积1933.8亩，其余非耕地面积2547.34亩（含宅基地面积）。农村经济以发展养殖、水产、蔬菜、加工和劳务收入为主。地震后，全村农房倒塌156户，道路、沟渠等农村基础设施严重损毁。2010年辽宁援建西明村相关基础设施建设项目正式启动。项目涉及铺设塑料管道858.57米，安置电力电缆1125米，太阳能路灯57盏，栽植大栀子、金叶女贞等绿化树木7220棵，风貌提升52户。总投资434万元。2011年5月开工，11月该工程通过竣工验收。

石安村位于界牌镇中部，属辽宁大道沿线村，与绵阳高新区永兴镇接壤，与本镇金凤村相邻，丘坝兼有，坝区为主，面积3.7平方公里，辖14个村民小组，1736户，4312人。农村经济以发展养殖、水产、蔬菜、加工和劳务收入为主。地震致使该村农房倒塌480户，严重损毁230户；道路、沟渠等农村基础设施严重受损。2010年辽宁援建石安村相关基础设施建设项目正式启动。项目涉及修建水泥路472米，风貌提升15户，铺设管网259.95米及绿化。总投资53万元。2011年5月开工，11月该工程通过竣工验收。

六、辽安工业园征地农民拆迁安置统建房

正在建设的工业园拆迁安置小区

辽安工业园位于安县工业园区南部。辽安工业园东至辽宁大道，南至界牌镇永丰村，西至西岩山脚，北至工业园区12号路，总面积1000亩，由于项目用地需求面积非常大，拆迁范围涉及界牌镇永丰村四个组、花荄镇西岩村四个组以及胜果村两个组，为妥善安置辽安工业园征地拆迁户，辽宁援建项目新增加辽安工业园征地农民拆迁安置统建房工程。辽安工业园征地农民拆迁安置统建房项目总占地面积32917平方米、建筑面积6.32万平方米，共计26幢，均为砖混结构的6层住宅楼，共586户。室外配套工程，包括小区内道路6520平方米，停车场1200平方米，小区广场5930平方米，绿化景观11685平方米，消防系统，给水系统，排水系统，小区供配电系统，小区照明系统，通信、网络系统，小区燃气系统。该工程分两个标段施工。一标段施工单位为沈阳辰宇建设集团有限责任公司，建筑面积为27282.04平方米（共10栋），合同价款为3245.16万元；二标段施工单位为辽宁东亿建筑（集团）有限公司，建筑面积为35910.94平方米（共16栋），合同价款为4200.85万元。项目总投资9536.06万元（其中辽宁援建资金8240万元）。该项目于2010年9月25日进场开工建设，2011年11月16日通过竣工验收。

第二节　城镇廉租住房

一、县城

安康民居廉租住房（原安康民居1#、2#楼）　位于花荄镇罗林村六组，占地600平方米。总建筑面积3599.4平方米，共2幢廉租住房，建筑层高为3米，层数六层，砖混结构，总户数84套，其中：1#楼建筑面积1850.88平方米，计48套，48.5平方米/户24套，29.07平方米/户24套；2#楼建筑面积1748.62平方米计36套，48.3平方米/户18套，49.65平方米/户18套。建筑布局采用条式布局，由1#、2#楼及预留绿化用地组成，并设置自行车停放处370平方米。建设投资487万元。该工程由四川绵阳创艺建筑设计研究有限公司设计，绵阳川银建筑有限公司承建，绵阳富达监理有限公司监理。2008年10月开工建设，2009年9月通过竣工验收。

民生家园廉租住房　位于花荄镇好医生大道北段，占地1166平方米。共5幢廉租住房，总建筑面积为7000平方米，总户数为160套，其中1#楼建筑面积965.60平方米，48.28平方米/户20套，2#楼建筑面积965.60平方米，48.28平方米/户20套，3#楼建筑面积1158.72平方米48.28平方米/户24套，4#楼建筑面积1995.04平方米，32.93平方米/户24套，48.53平方米/户24套，5#楼建筑面积1995.04平方米，32.93平方米/户24套，48.53平方米/户24套。

1#楼、2#楼均为5层砖混结构住宅楼，建筑物檐高15.05平方米，3#、4#、5#楼为6层砖混结构住宅楼，建筑物檐高17.85平方米，1#—5#楼层高均为2.8米。设计使用年限为50年，耐火等级为二级，

抗震设防烈度为七度，建筑等级为三级，屋面防水等级为Ⅲ级。建筑布局采用条式布局，由1#—5#楼及预留绿化用地组成，并设置自行车停放处370平方米。总投资1400万元。该工程由绵阳市创意建筑设计研究有限公司设计，四川天园建设有限公司承建，四川省子午建设监理有限公司监理。2009年8月开工建设，2010年9月通过竣工验收。

康居小区廉租住房　位于花荄镇益昌东路北侧，占地面积为1249平方米，该廉租房项目设计为3#—6#共4幢廉租住房，总建筑面积为7499.52平方米，总户数为168套，每套均建筑面积44.64平方米。其中3#楼建筑面积950.40平方米，30.95平方米/户12套，48.25平方米/户12套，4#楼建筑面积1868.16平方米，30.31平方米/户24套，47.53平方米/户24套5#楼建筑面积2340.48平方米，48.40平方米/户24套49.12平方米/户24套，6#楼建筑面积2340.48平方米，48.40平方米/户24套49.12平方米/户24套，一室一厅36套，二室一厅132套。3#—6#楼均为6层砖混结构住宅楼，建筑物檐高17.85平方米，层高均为2.8米。设计使用年限为50年，耐火等级为二级，抗震设防烈度为七度，建筑等级为三级，屋面防水等级为Ⅲ级。建筑布局采用条式南北布局，由3#—6#楼组成，并设置自行车停放处、汽车车位。在设计中把出入口设置于小区南面东路干道处，出入口宽10米。总投资1500万元。该工程由绵阳创艺建筑设计研究有限公司设计，绵阳市朝阳园林建筑有限公司承建，绵阳富达建设监理有限责任公司监理。2009年10月开工建设，2010年9月通过竣工验收。

二、镇

阳光新区廉租住房　位于塔水镇场镇规划区范围内，占地3597.5平方米，总建筑面积5560.02平方米，共6幢廉租住房，总户数122套，户均建筑面积45.65平方米，其中1#—5#楼每幢建筑面积均为913.00平方米，每幢楼各有10套43.36平方米/户、10套47.96平方米/户。6#楼建筑面积995.02平方米，10套43.90平方米、10套48.54平方米/户、2套35.31平方米/户。1#—5#楼均为6层砖混结构住宅楼，建筑物檐高17.85平方米，6#楼为6层砖混结构住宅楼，建筑物檐高17.85平方米，1#—6#楼层高均为2.8米。设计使用年限为50年，耐火等级为二级，抗震设防烈度为七度，建筑等级为三级，屋面防水等级为Ⅲ级。建筑布局采用条式布局，由1#—6#楼及预留绿化用地组成，并设置83个自行车位，16个汽车位。建设总投资1223.9万元。该工程由绵阳博源建筑设计有限公司设计，四川太平洋城市基础建设工程有限公司承建，成都海发建设工程监理有限公司监理，2009年10月开工建设，2010年9月通过竣工验收。

幸福小区1—7#廉租住房　位于秀水镇，占地1216平方米，总建筑面积7296.00平方米，共7幢廉租住房，总户数为160套，其中：1—5#楼，每幢均建筑面积1095.60平方米，45.65平方米/户各24套，6#—7#楼每幢建筑面积均为913.00平方米，46.65平方米/户各20套。1#—5#楼均为6层砖混结构住宅楼，建筑物檐高17.85平方米，层高均为2.8米。6#—7#楼均为5层砖混结构住宅楼，建筑物檐高15.05平方米，层高均为2.8米。设计使用年限为50年，耐火等级为二级，抗震设防烈度为七度，建筑等级为三级，屋面防水等级为Ⅲ级。建筑布局采用条式南北布局，由1#—7#楼及预留绿化用地组成，并设置95个自行车位、23个汽车车位。总投资1605.12万元。该工程由绵阳博源建筑设计有限公司设计，绵阳市同立建筑工程有限公司承建，成都海发建设工程监理有限公司的监理。2010年3月开工建设，12月通过竣工验收。

幸福8—9#廉租住房　位于秀水镇场镇规划范围内，占地面积为309平方米，总建筑面积为1854.40平方米，共2幢廉租住房，总户数为40套，户均建筑面积46.36平方米/户。8#、9#楼均为5层砖混结构住宅楼，建筑物檐高17.85平方米，层高均为2.8米。设计使用年限为50年，耐火等级为二级，抗震设防烈度为七度，建筑等级为三级，屋面防水等级为Ⅲ级。

建筑布局采用条式布局，由8#、9#楼及预留绿化用地组成，并设置83个自行车位、16个汽车车位。总投资409万元。该工程由绵阳博源建筑设计有限公司设计，绵阳市天园建设有限公司承建，成都海发建设工程监理有限公司监理。2010年3月开工建设，12月通过竣工验收。

河清1—3#廉租住房　位于河清镇场镇规划范围内，占地面积为556平方米，共3幢廉租住房，总建筑面积为3337.92平方米，总户数为72套，户均建筑面积46.32平方米/户。1#—3#楼均为6层砖混结构住宅楼，建筑物檐高17.85平方米，层高均为2.8米。设计使用年限为50年，耐火等级为二级，抗震设防烈度为七度，建筑等级为三级，屋面防水等级为Ⅲ级。建筑布局采用条式布局，由1#、2#、3#楼及预留绿化用地组成，并设置83个自行车位、16个汽车车位。总投资1223.90万元。该工程由绵阳博源建筑设计有限公司设计，四川尚高建设有限公司承建，成都海发建设工程监理有限公司监理。2009年12月开工建设，2010年10月通过竣工验收。

黄土1—6#廉租住房　位于黄土镇场镇规划范围内，占地面积为1112平方米，共6幢廉租住房，总建筑面积为6675.84平方米，总户数为144套，户均建筑面积46.32平方米/户。1#—6#楼均为6层砖混结构住宅楼，建筑物檐高17.85平方米，层高均为2.8米。设计使用年限为50年，耐火等级为二级，抗震设防烈度为七度，建筑等级为三级，屋面防水等级为Ⅲ级。建筑布局采用条式南北布局，由1#—6#楼及预留绿化用地组成，并设置83个自行车位、16个汽车车位。总投资1449万元。该工程由绵阳博源建筑设计有限公司设计，绵阳市圣鼎建筑有限公司承建，绵阳富达建设监理有限责任公司监理。2010年2月开工建设，12月通过竣工验收。

桑枣1—3#廉租住房　位于桑枣镇场镇规划范围内，占地面积为556平方米，共3幢廉租住房，总建筑面积为3337.92平方米，总户数为72套，户均建筑面积46.32平方米/户。1#—3#楼均为6层砖混结构住宅楼，建筑物檐高17.85平方米，层高均为2.8米。设计使用年限为50年，耐火等级为二级，抗震设防烈度为七度，建筑等级为三级，屋面防水等级为Ⅲ级。建筑布局采用条式布局，由1#—3#楼及预留绿化用地组成，并设置83个自行车位、16个汽车车位。总投资735万元。该工程由绵阳博源建筑设计有限公司设计，绵阳市朝阳园林建筑有限公司承建，成都华西立信建设管理有限公司监理。2010年2月开工建设，12月通过竣工验收。

第三节　县城道路

一、新建

滨河路道路　滨河路道路及雨污水管道工程为新建市政道路，接长兴小区外的滨河路向先林大桥方向益昌路接头。绵阳市发展和改革委员会于2009年5月21日对该项目进行立项批复，项目总投资2700万元。工程道路总长1120米，路宽20米沥青路面。该工程的建设资金为辽宁援建资金、中央资金和自筹资金，受援资金1115万元，为“交支票”工程。7月6日，通过比选四川邦正建设工程项目有限公司为该项目的招投标代理机构。9月3日，在绵阳市招投标交易中心进行工程招标。该项目分两个标段，一标段中标人是绵阳兴绵建设有限公司，中标价1163.58万元，工期240日历天，道路长度741.2米；二标段中标人是重庆顺鹏建筑工程有限公司，中标价681.87万元，工期240日历天，道路长度378.8米。监理单位是辽宁方园建设项目管理有限公司；工程质量监督单位是县建设工程质量监督站。工程一标段（0+000—0+355.8）于2009年12月24日进场开工，该工程二标段（0+741.2—1+120）于2010年1月8日进场开工建设。

2010年1月22日，辽宁省驻安县对口支援前线指挥部副总指挥韩克亮一行到工地现场检查施工进展情况，要求加快工程建设进度，保证工程质量，保证工程建设安全。2010年3月9日，韩克亮与杨代根一行到工地现场检查施工进展情况，要求协调小组要加大工作力度，保证项目快速推进，同时要求施工单位想办法加快工程建设进度，保证工程质量和安全。该工程于2011年4月30日竣工验收后交付使用，投资1983.76万元。

金鸿路东向延长段道路　金鸿路东向延长段道路及雨污水管道工程新建市政道路，接金鸿路中段向东延伸至滨河路接头。绵阳市发展和改革委员会于2009年5月21日对该项目进行立项批复，项目总投资计760万元。该工程道路总长448.17米，路宽30米，沥青路面。该工程建设资金为辽宁援建资金、中央资金和自筹资金。受援资金350万元，为“交支票”工程。金鸿路东向延长段道路及雨污水管道工程的投资方为县投资控股有限公司。7月16日，通过比选四川协谊工程建设咨询有限公司为该项目的招投标代理机构。9月18日在绵阳市招投标交易中心进行工程招标，中标人是绵阳川银建筑有限公司，中标价510.11万元，工期240日历天，监理单位是辽宁方园建设项目管理有限公司，项目总监苑铁军，专业监理工程师张云飞；工程质量监督单位是县建设工程质量监督站。工程于2010年7月1日完工，比合同工期提前6天，并于2010年11月22日进行竣工验收，工程质量合格。工程投资为665.45万元，援建资金350万元。

文苑路东向延长段道路　文苑路东向延长段道路位于县医院老大门旁，接文苑路中段向东延伸至玉林路再到滨河路接头。绵阳市发展和改革委员会于2009年5月21日对该项目进行立项批复，项目总投资800万元。该工程道路总长370.38米，路宽30米沥青路面。该工程的建设资金为辽宁援建资金、中央资金和自筹资金，受援资金290万元，为“交支票”工程。7月6日通过比选四川协谊工程建设咨询有限公司为该项目的招投标代理机构，9月9日在绵阳市招投标交易中心进行工程招标，该项目中标人是四川汇泽建设工程集团有限公司，中标价498.98万元，工期240日历天，监理单位是辽宁方园建设项目管理有限公司，项目总监苑铁军，专业监理工程师姜永倩；工程质量监督单位是县建设工程质量监督站。该工程在2010年11月12日竣工验收后立即交付使用。工程投资635.29万元，其中辽宁援建资金290万元。

玉林路　玉林路道路及雨污水管道工程新建市政道路，位于文胜路东段接文胜路向北延伸至益昌路接头，把滨河带一号路、文苑路、金鸿路连接在一起与滨河路形成“三横两纵”的交通网络。绵阳市发展和改革委员会于2009年5月21日对该项目进行立项批复，项目总投资1200万元。该工程道路总长1115米，路宽16米沥青路面。工程建设资金为辽宁援建资金、中央资金和自筹资金，受援资金660万元，为“交支票”工程。玉林路道路及雨污水管道工程建设业主为县投资控股有限公司。7月6日，通过比选四川天力招标有限责任公司为该项目的招投标代理机构，2009年8月7日，在绵阳市招投标交易中心进行工程招标，该项目中标人是绵阳市东信建设有限公司，中标价631.09万元，工期240日历天，监理单位是辽宁方园建设项目管理有限公司，项目总监苑铁军，专业监理工程师李福源、戴英杰；工程质量监督单位是县建设工程质量监督站。工程于2011年11月28日竣工验收并交付使用，工程投资1200万元，其中辽宁援建资金660万元。

滨河带一号路道路　滨河带一号道路建设工程是一条新建市政道路，位于县医院滨江小区旁，向东延伸至玉林路接头。2009年6月1日，县发展改革和经济商务局对该项目进行立项批复（安发改经贸〔2009〕298号），项目总投资380万元。道路总长332米，路宽17米，沥青路面。工程建设资金为辽宁援建资金，受援资金380万元，为“交支票”工程。业主方为县投资控股有限公司。6月24日，通过比选四川志远建设项目管理咨询有限公司为该项目的招投标代理机构。7月30日，在绵阳市招投标交易中心进行工程招标，该项目中标人是四川佳富美建设有限公司，中标价101.52万元，工期240日历天，监理单位是辽宁方园建设项目管理有限公司，项目总监苑铁军，专业监理工程师陈士超；工程质量监督单位是县建设工程质量监督站。工程于2010年11月10日竣工验收并交付使用，工程实际完成投资辽宁援建资金380万元。

县城新城区道路　县城新城区新建道路有罗林路、九曲路二段、白茅寺路、启明星大道北段、华丰名苑路和花荄宾馆路共六条全长3915米，道路宽度为8—30米，总规划用地面积为81580平方米，配套建设地下雨污水管道、路灯、绿化等项目的建设。建设总投资3488万元，资金来源为辽宁援建资金。工程由绵阳市城市规划设计院设计。为“交支票”工程。县城乡规划建设和住房保障局作为项目建设单位，工程由绵阳恒博岩土工程勘察设计有限公司勘察，绵阳市城市规划设计院设计，辽宁建筑设计院监理咨询公司、辽宁方圆建设项目管理有限公司和绵阳三正建设监理有限公司分别监理；审图单位是宜宾市智慧建筑设计咨询有限公司。通过公开招标，确定各个工程的施工单位：白茅寺路由绵阳川银建筑有限公司中标承建。启明星大道北向延长段由四川鸿宇实业集团有限公司中标承建。华丰名苑路由广安市建筑总公司中标承建。九曲路二段道路及雨污水管道工程由绵阳川银建筑有限公司中标承建道路建设；绵阳市瑞峰建设有限公司中标承建附属工程建设。罗林路由绵阳东信建设有限公司中标承建。花荄宾馆路由四川金兴建设集团有限公司中标承建。

二、改建

大南街、大北街　工程由安发改经贸〔2009〕736号文批准立项，立项投资750万元。改造道路全长为779.91米，总宽16米及道路配套的行道树及路灯等。绵阳市城市规划设计院设计，绵阳富达建设监理有限公司监理。中基建设有限公司中标承建。工程于2010年2月19日开工建设，分别完成旧路面拆除，雨污水管道铺设、检查井浇筑，沥青底、面层油铺设，人行道地砖铺设，行道树栽植和路灯安装。4月底完成工程所有建设内容，并投入使用。2011年1月28日工程正式通过竣工验收。

金鸿路中段　工程由安发改经贸〔2009〕378号文批准立项，立项投资350万元。工程改造长度为339米，总宽30米及配套的行道树栽植及路灯安装等建设项目。项目由绵阳市城市规划设计院设计，辽宁建筑设计院监理咨询公司监理。成都市青羊市政工程公司中标承建。工程于2009年9月16日开工建设，分别完成部分旧路面拆除，雨污水管道铺设、检查井浇筑，沥青底、面层油铺设，人行道地砖铺设，行道树栽植和路灯安装。2010年4月底完成工程所有建设内容，6月11日，工程正式通过竣工验收。

广兴街、解放街　工程由安发改经贸〔2009〕535号文批准立项，立项投资450万元。改造长度为1511米，宽7—24米及配套的行道树栽植及路灯安装等建设项目。项目由绵阳市城市规划设计院设计，绵阳富达建设监理有限公司监理。由四川国丰建筑总承包有限公司中标承建。工程于2009年12月28日开工建设，分别完成了旧路面拆除，雨污水管道铺设、检查井浇筑，沥青底、面层油铺设，人行道地砖铺设，行道树栽植和路灯安装。2010年4月底完成工程所有建设内容，并投入使用。12月13日工程正式通过竣工验收，辽宁援建资金完成投资1448万元。

城镇基础设施改造

广元街　工程由安发改经贸〔2009〕358号文批准立项，立项投资160万元，长度为190米，宽4—8米，及沿街房屋外观风貌提升、路灯安装等建设内容。项目由绵阳市城市规划设计院设计，绵阳富达建设监理有限公司监理。成都华阳建筑股份有限公司中标承建。工程于2009年11月25日开工建设，分别完成旧路面拆除，雨污水管道铺设、检查井浇筑，青砂石地板路面铺设，路灯安装，沿街房屋风貌改造提升。2010年4月底完成工程所有建设内容，并投入使用。2011年1月31日工程正式通过竣工验收。

花兴路东段　工程由安发改经贸〔2009〕379号文批准立项，立项投资270万元，改造道路全长300米，宽30米。项目由绵阳市城市规划设计院设计，辽宁建筑设计院监理咨询公司监理。由四川省明泰建设工程有限公司中标承建。工程于2009年10月15日开工建设，分别完成旧路面拆除，雨污水管道铺设、检查井浇筑，沥青底、面层油铺设，人行道地砖铺设，行道树栽植和路灯安装。2010 年 4 月底完成工程所有建设内容，并投入使用。10 月 17 日工程正式通过竣工验收，其中辽宁援建资金完成投资 160 万元。

第四节　晓坝镇异址重建项目

一、概况

晓坝镇项目建设共计 15 项，投资总额 25018 万元，援建资金 24932 万元，其他投资 86 万元。城镇基础设施共计 12 项，以城镇道路重建改建为主，共投资 11124 万元，援建资金 7979 万元，其他投资 3145 万元。

中规院《安县“5・12”汶川特大地震灾后恢复重建县域村镇体系规划（2008—2010)》确定“晓坝镇镇场的灾后恢复重建方式为镇区内的原地迁址重建，镇场人口整体外移，需跨行政村异地安置的农业人口为 1946 人，建议迁移至新镇场”。晓坝镇场镇异址重建项目由辽宁省城乡规划设计院设计，除政权设施由中央资金建设外，其余市政基础设施、公益设施建设均由辽宁省统筹援建。

晓坝镇异址重建是辽宁省援建安县的重点工程。晓坝镇援建项目共计 15 项，项目包括晓坝镇九年一贯制学校、卫生院、敬老院、供水站、道路设施、堤防建设、防洪沟建设、镇场地回填平整、镇区基础设施建设、垃圾处理场、污水处理场、市场、晓坝镇农房风貌提升补助、晓坝镇规划论证及建筑设计、晓坝镇“中国院子”基础设施建设工程。

晓坝镇以灾后恢复重建为契机，注重突出特色优势，建成一座具有浓郁川西民居特色的新型集镇。充分利用晓坝镇独具特色的资源和区位优势，优化招商引资环境，努力打造特色旅游集镇，推广运用县城“水韵生态家园”的成功经验，通过市场化运作吸引资金打造“中国院子”，服务于罗浮山温泉度假区，符合旅游产业发展的需要，有助于县域经济的长远发展。晓坝新场镇注重体现民俗风貌，新场镇整体布局和谐自然，建筑风格特色鲜明，原色木门、特色店招、剪纸装饰画、曲折走廊、墙体绘画、图腾柱和街道命名等细节既体现出川西北独特韵味，又巧妙地融合辽川两地文化元素，体现出对辽宁的深切感恩之情。晓坝新场镇注重统筹城乡发展，不仅迁建安置老场镇居民，还安置该镇和茶坪乡的 360 户 1204 人宅基地灭失群众，城镇规模显著扩大。学校、医院、敬老院等配套设施齐备、功能完善，打造特色旅游集镇，为群众增收致富拓宽渠道。

二、项目

晓坝镇九年一贯制学校　2008 年 7 月 26 日，绵阳市发展和改革委员会立项批准，该项工程总投资 2780 万元。资金来源为辽宁省对口援建资金。

由辽宁省城乡建设规划设计院设计，中铁九局集团有限公司承建，绵阳富达建设监理有限公司监理。新建的教学楼、学生公寓楼、学生食堂是按照汶川大地震后国家修订的抗震标准设计的，按 7 度设防，达到乙类建筑标准，采用全现浇框架结构。项目资金由县教育局、县财政局统一监管，集中支付，保证资金的安全运行。辽宁省审计厅对工程进行全程跟踪审计，确保援建资金安全、有效、规范。为保证工程进度和施工质量，援建人员精心谋划、认真组织。学校重建工程于 2008 年 10 月动工，2009 年 8 月 25 日竣工，9 月 1 日，举行竣工交接仪式。

晓坝镇卫生院　晓坝镇卫生院选址在中心村 6 组占地 8 亩，列为首批异地重建工程，动工时间为 2008 年 12 月。规划用地 0.52 公顷，实际占地 0.4 公顷，房屋建筑面积 2193 平方米，工程预算资金 933 万元，全部由辽宁援建。卫生院新房建设规划，根据晓坝镇及茶坪乡，沸水镇、桑枣镇部分居民，与卫生院较近就医，覆盖人口约 2 万人，按卫生部一级甲等卫生院标准设计建设，能够达到为人民群众基本医疗服务及预防保健服务的需求。2009 年 12 月竣工，投入使用。

晓坝镇敬老院　该项目于2008年9月8日正式批复立项，项目概算投资530万元，其中辽宁省援建525万元，社会捐助5万元。新建的晓坝镇敬老院坐落于晓坝镇中心村。工程于2008年9月正式开工，2009年12月竣工。敬老院占地面积4002平方米，建筑面积1700平方米，建筑物为全框架式结构，各项标准均达到晓坝镇的设计要求。全院分为A、B、C三栋、封闭式大门、围墙、门卫室，各个房间均悬挂有醒目的标志、标牌。院内实现通电、通水、通天然气、通电话、通闭路电视，供养对象房间配备有呼叫器。院内有医务室、办公室、厨房、食堂、保管室、洗衣房、会议室、活动室、公共浴室、公用厕所等配套用房。院外有3亩多生产用地和猪圈。于2010年4月投入使用，拥有床位66张，可以集中供养五保人员60人。院内配套设施齐全，配有会议室、多功能活动室各1间，院务办公室2间，医务室1间，厨房、食堂各1间，保管室1间，洗衣房1间、配有坐便器公共厕所2间，公共浴室2间。

晓坝镇供水站　晓坝镇的供水设施地震中均遭受严重破坏，无法供水，应急阶段晓坝镇临时启用中心村3组3个压水井进行供水。2008年5月17日，县疾病预防控制中心配合北京军区疾控中心对3个自备饮用水源进行采样检验，发现该水质与国家卫生标准相比较，存在色度和硬度偏高，微生物指标超标等问题。5月19日，罗浮山温泉分公司开始对镇上的受灾群众安置点进行供水，该水质符合国家生活饮用水卫生标准。为了长远解决晓坝镇居民的饮水问题，使居民能用上安全放心的饮用水，辽宁省为晓坝镇异址重建一座供水站。重建的晓坝镇供水站位于晓坝镇城区背面，水源保护区范围内没有企业和其他污染源。2009年5月此项工程正式启动，2010年1月竣工日供水5000立方米，总投资规模为100万元，完全能够保证晓坝镇的居民正常用水。

晓坝场镇道路设施　震后重建市政道路设施一期：（A标段）由绵阳华明实业有限公司承建；（B标段）由绵阳川银建筑有限公司承建；2009年底已全面开工，于2010年8月竣工。市政道路设施二期，攀枝花市建筑机械化施工有限公司承建。2008年7月开工建设，2010年1月30日前竣工。重建后的晓坝镇焕然一新，配套设施设备齐全，晓坝镇场镇道路共计8条全长4.98公里。

晓坝镇场镇堤防建设　规划建设规模为：河道长925米，恢复重建防洪堤1660米，其中：左岸堤长910米，右岸堤长750米。该工程防洪标准确定为20年一遇，防洪堤工程为Ⅳ级，主要建筑场为4级。工程总投资1018.65万元，资金来源于辽宁省援建资金。建设中，根据辽宁省援建晓坝镇三年滚动计划及灾后重建实际情况，经请示有关部门，同意对晓坝镇茶坪河防洪堤项目建设内容和投资进行追加，追加建设内容和规模：堤防轴线位置偏移，防洪堤设计形式变更，右岸堤整体下卧3米，原排洪沟整体抬高1.5米，增设拦淤丁坝，增加基坑排水设计。总投资由原来的1018.65万元，追加到1419万元，原批复内容和资金来源不变。2009年1月1日开工，2010年4月30日竣工。

晓坝镇防洪沟建设　按照新场镇的总体规划，龙安堰渠道全长2692米，地震使整个渠道遭到不同程度的破坏，新规划要求该渠道除满足原灌溉任务外，还需满足晓坝镇新址的景观用水，修复震前进水口防洪沟，并连接晓坝镇新建防洪沟，在新场镇内新建景观水系，水绕经新场镇与出水口紧连茶坪河，以二水（温泉和茶坪河河水）为灵魂，山水交融的旅游服务型集镇。晓坝镇龙安堰和铁皮堰取水工程及城镇山洪防治工程一标段防洪沟及景观水系由四川得有建设工程有限公司承建。晓坝镇龙安堰和铁皮堰取水工程及城镇山洪防治工程二标段防洪沟及景观水系由泸州江南建筑工程有限公司承建。防洪沟工程于2009年初举行开工奠基仪式。在辽宁省水利厅的协调下，2009年11月初，由辽宁省水利水电科学研究院姜晓刚副院长一行三人，开展晓坝镇龙安堰引水工程和茶坪河防洪堤茶坪闸至千佛桥段防洪工程设计的前期资料收集工作。调查组历时13天，完成工程区内的测量和勘察任务展开工程设计。龙安堰渠道工程于2010年5月份主体竣工。该工程在满足原灌溉任务的同时，还能满足晓坝镇新址的景观用水，设计引水流量每秒0.5立方米，渠首建筑物设计标准为20年。龙安堰渠道全长2692米，新建拦河坝一座；新建进水闸、冲砂闸各两座以及渠道整修。总投资为1453.27万元，2010年7月竣工投入使用。

晓坝镇场地回填平整　通过邀标的形式该项目分为A、B、C、D、E等五段进行回填施工。2009年7月完工。回填量175万立方米，总投资5500.39万元，2009年8月投入使用。

晓坝镇镇区基础设施建设　地震后晓坝镇需异址重建，市政基础设施全面新建。市镇基础配套设施，总投资3266万元，由四川公望建设有限公司承建。市政配套等市政工程2009年初相继开工，2010年8月竣工。市政基础设施配套建设主要包括：居民安置区等新建化粪池、小区道路、地下管网、景观绿化、房屋美化、广场、庭院灯等。

晓坝镇垃圾处理场　地震前，晓坝镇没有垃圾转运站，晓坝镇垃圾转运站为辽宁援建项目之一，援建资金为200万元，其中100万元辽宁援建项目资金作为桑枣垃圾处理场合作建设资金，100万元辽宁援建项目资金用于晓坝镇购买垃圾转运配套设配。2009年5月此项工程正式启动。2009年12月，进行环卫设备采购工作。由于场镇功能需求垃圾转运站原投资额较少，按原投资额修建垃圾转运站不能满足新场镇转运及处理需要，而相邻的桑枣镇根据中央投资计划正在新建一座大型垃圾处理厂，处理垃圾范围已包括晓坝镇。2009年11月3日上午县人民政府也召开专门会议，议定将晓坝镇垃圾转运站纳入桑枣镇垃圾处理场整体规划中建设，项目资金用于晓坝镇购买垃圾转运配置设备。建好后的垃圾转运站位于桑枣镇，日处理设施及转运站建设为10吨/天。

晓坝镇污水处理场　新建的污水处理厂与垃圾转运站相邻，位于茶坪河左岸的低洼地，距离茶坪河约100米。污水处理厂位于晓坝镇生活废水的截污干管下游，便于废物收集。污水处理厂为晓坝镇灾后重建居民安置市政基础设施建设配套工程，包括污水处理设施总图、分流井、调节池、中间水池、厂区综合楼等项目，建筑层数均为单层。2009年5月份此项工程正式启动。污水处理设施建设，占地25亩，修建1000吨/日污水处理设施。建好后的污水处理厂占地25亩，能一次处理污水容量1000吨，建筑等级为三级，均按7度抗震设计，设计使用年限均为50年，耐火等级为二级；建筑高度为5.4米。总投资规模为500万元。

晓坝镇市场　位于晓坝镇中心村，总投资规模为300万元。建设单位是晓坝镇政府，施工总承包单位是四川华远建设工程有限公司，图纸设计是由辽宁省城乡建设设计院设计，其中集贸市场根据功能设定不设计绿化措施。施工单位是四川华远建设工程有限公司，监理单位是辽宁方圆建设项目管理公司。整体建筑面积1352平方米，共三层。2009年12月开工，2010年8月竣工。

晓坝镇农房风貌提升补助　由县发展改革局和经济商务局以安发改经贸〔2009〕55号文批准建设，项目业主为晓坝镇政府，建设资金政府投资，项目出资比例为100%，招标人为晓坝镇政府。建设地点主要在晓坝镇中心村和关心村宅基地灾失户744户，2231人。项目总投资980万元，资金全部由辽宁援建。2010年5月开工，2011年8月竣工。

异址重建的晓坝镇

第四章　农村和农业基础设施建设

第一节　农业综合项目援建

一、花荄农产品批发市场

2009年10月16日，县发展改革和经济商务局批准工程立项，总投资3000万元。花荄农产品批发市场由绵阳恒博岩土勘察设计公司完成项目勘察；由绵阳博源建筑设计有限公司完成项目设计。10月29日经过公开项目招标代理机构比选，四川省宏基工程项目管理有限公司中选。12月16日绵阳川银建筑有限公司中标，负责施工承建；辽宁方圆建设项目管理有限公司负责项目监理。2010年1月30日开工，9月1日竣工，相关责任主体单位对工程进行严格验收。该市场共占地56亩，建成商铺面积3158平方米，大棚面积4186.63平方米。

二、安县农村信用合作联社晓坝、迎新信用社综合楼

县发展改革和经济商务局《关于同意安县农村信用合作联社变更晓坝等11个信用社营业办公用房灾后重建项目的立项批复》批准立项。根据《关于辽宁省对口援建工作情况的报告》，决定将恢复重建晓坝、迎新合作社列入援建安县项目之一，共投入资金360万元，其中援建资金投入300万元，其他资金60万元。两个重建项目均由绵阳创艺建筑设计研究有限公司设计。

晓坝信用社灾后重建项目由辽宁省规划设计院进行选址规划异址重建，包括营业办公用房和职工周转房。晓坝信用社项目占地面积1225.78平方米，建筑面积1097.8平方米，抗震烈度为7级。工程项目由广安建新建设工程有限责任公司承建，绵阳富达建筑监理有限责任公司监理，2010年4月3日开工。2011年3月29日验收合格。

迎新信用社灾后重建项目由县规划建设局进行选址原址重建，包括营业办公用房和职工周转房。迎新信用社占地面积766.19平方米，建筑面积769.72平方米，抗震烈度为7级。工程项目由四川省泸县第九建筑工程有限公司承建，绵阳富达建筑监理有限责任公司监理，2010年3月31日开工。12月2日验收合格。

三、辽安现代农业科技示范园

辽安现代农业科技示范园项目经县发展改革和经济商务局批准立项。辽安现代农业科技示范园精品果蔬展示带，项目总投资为380万元，建设地点为黄土镇平桥村、盐井村，建设工期为6个月，建设内容为排灌沟渠约2200米、道路2700米、单体独栋大棚20亩及其配套工程。辽安现代农业科技示范园体验花卉栽培示范园项目，项目总投资为800万元，建设地点为黄土镇平桥村、盐井村，建设工期为6个月，建设内容为生产管理用及办公用房约2000平方米、排灌沟渠约600米、道路约2700米、展示廊80米、花卉钢架大棚约20亩及其配套工程和配套相应的设施设备。辽安现代农业科技示范园食用菌反季节栽培示范园项目，项目总投资为520万元，建设地点为国营稻麦原种场（桑枣镇云丰村），建设工期为6

农业科技示范园塑料大棚

个月，建设内容为生产及管理用房约3100平方米、道路约200米及其附属工程，并配套相应的设施设备。辽安现代农业科技示范园优质山地鸡养殖基地项目，项目总投资为300万元，建设地点为兴仁乡长沟村，建设工期6个月，建设内容为生产用房约1500平方米，道路500米及其附属工程和配套相应的仪器设备。

2010年9月28日，农用国圃仅季节栽培示范园项目由四川绵阳朝阳园林建筑有限公司以308.15万元中标价。2010年9月29日，精品果苗展示带由邻水县中信建筑工程有限公司以210.81万元中标价。2010年11月5日，精品果蔬展示带项目（大棚）由绵阳市瑞峰建设有限公司以69.11万元中标价。2011年9月22日，优质山地鸡养殖基地项目由绵阳市方园建筑工程公司以179.53万元中标价。2010年12月6日，体验农业花卉栽培示范项目由绵阳市方园建筑工程公司以158.55万元中标价。2011年3月验收合格，投入使用。

2011年9月12月31日，辽安现代农业科技示范园的房屋建筑、辅助工程、田间工程、设备安装等工作全面完工，项目累计投资2000万元，建设规模770亩。其中精品果蔬展示带235亩、体验农业花卉栽培示范园308亩、食用菌反季节栽培31亩，优质山地土鸡养殖基地196亩。主要工程有：房屋建筑6511平方米、钢架大棚40.7亩、道路6064米、田间排灌沟渠2861米、机井17口、大型蓄水池1口、变压器3台，配套设备约94台（套）。

第二节　农村道路设施

一、道路抢通、保通工程

在中央确定由辽宁省对口支援安县灾后重建后，辽宁省交通厅副厅长李雁鹏到安县了解交通道路受损情况后，决定援助3000万元用于全县道路抢通、保通工程。

2008年5月14至20日，由县顺达公路养护有限责任公司投入220型以上挖掘机18个台班，ZL50装载机30个台班，送（洒）水车6个台班，工作用车21个台班，空压机组14个台班，爆破人员70个工作日，排险人员42个工作日，民工71个工作日，抢通晓坝至肖家桥路段。工程造价10.87万元。

5月15日至8月24日，由县顺达公路养护有限责任公司投入220型以上挖掘机7.5个台班，ZL50装载机23个台班，小挖掘机7.5个台班，农用车4个台班对茶坪乡的千佛、川心、万佛、德胜、双电、白果、东益村及金宝路，高川乡的天池、甘沟、茅香、泉水村，晓坝的关心、齐心、两河村，安昌的双福村和桑枣的大竹、铜钱村实施村道抢通工程。共清理塌方553916立方米，爆破土石方6530立方米，实施道路填方22950立方米。工程造价354.45万元。

5月20日至6月10日，由县顺达公路养护有限责任公司投入220型以上挖掘机65个台班，ZL50装载机34个台班，送（洒）水车21个台班，大型自卸汽车72个台班，工作用车4个台班，空压机组44个台班，爆破人员240个工作日，排险人员132个工作日，民工488个工作日，清理塌方52430立方米，抢通墩秀路老虎嘴至高川乡段。工程造价55.66万元。

6 月 16 日至 12 月 31 日，由县顺达公路养护有限责任公司投入 220 型以上挖掘机 44 个台班，ZL50 装载机 80 个台班，大型自卸汽车 44 个台班，民工 1515 个工作日，清理塌方 1083194 立方米，爆破土石方 31350 立方米，实施道路填方 12600 立方米，运输石头 2734 车，转运废料 26558 立方米，外购沙砾 2450 立方米，对墩秀路睢水至高川段实施保通工程。工程造价 835.53 万元。

7 月 8 日至 29 日，由县顺达公路养护有限责任公司组织工程技术人员，投入机械设备和民工对秀茶路肖家桥至黑水沟段实施抢通工程。共清理塌方 144873 立方米，爆破土石方 13490 立方米，实施道路填方 85956 立方米，开挖河道 8334 立方米，竹笼围堰 840 立方米，抢通肖家桥至黑水沟路段。工程造价 26.24 万元。

2008 年 7 月 31 日至 12 月 31 日，由县顺达公路养护有限责任公司负责抢通的秀茶路的保通工作。共投入 220 型以上挖掘机 270 个台班，ZL50 装载机 119 个台班，大型自卸汽车 121 个台班，共清理塌方 1061487 立方米，爆破土石方 21097 立方米，实施道路填方 252644 立方米，抢修涵管 32 处，完成秀茶路肖家桥至黑水沟段的保通工程。工程造价 107.43 万元。

7 月 28 日至 12 月 4 日，由县顺达公路养护有限责任公司组织工程技术人员，投入机械设备和民工对高川乡川村道路实施抢通工程。共清理塌方 402594 立方米。工程造价 221.43 万元。

10 月 18 日至 11 月 28 日，由县顺达公路养护有限责任公司组织工程技术人员，投入机械设备和民工对高川乡川村道路实施抢通工程。共清理塌方 90944 立方米，工程造价 50.02 万元。

10 月 28 日至 11 月 21 日，由县顺达公路养护有限责任公司组织工程技术人员，投入机械设备和民工对晓（坝）至茶（坪）道路实施抢险保通整治工程，共砌做路基挡墙 1347 立方米，外购沙砾 311 立方米。工程造价 27.86 万元。

10 月 30 日至 12 月 31 日，由县顺达公路养护有限责任公司组织工程技术人员，投入机械设备和民工对桑枣镇三清柳坝村道路实施抢通工程。共清理塌方 264075 立方米，实施道路填方 34350 立方米。工程造价 209.06 万元。

2008 年 11 月 7 日至 11 月 16 日，由县顺达公路养护有限责任公司投入 220 型以上挖掘机 27 个台班，ZL50 装载机 39 个台班，送（洒）水车 13 个台班，大型自卸汽车 31 个台班，农用车 16 个台班，工作用车 40 个台班，空压机组（套）10 个台班，排险人员 152 个工作日，民工 2051 个工作日，对安昌至茶坪段道路实施应急清障保通工程。工程造价 24.98 万元。

2009 年 1 月 6 日至 2 月 15 日，由县顺达公路养护有限责任公司组织工程技术人员，投入机械设备和民工对茶坪至东益村村道实施保通抢修工程。砌做路基挡墙 864 立方米。工程造价 26.11 万元。

在道路抢通、保通过程中，辽宁省交通厅副厅长李雁鹏，辽宁省交通厅公路管理局副局长、中组部选派到安县挂职的县委常委、副县长郭向前，辽宁省交通厅公路管理局副局长、辽宁对口援建前线指挥部交通组副组长李江，辽宁省交通勘测设计院副院长、辽宁对口援建前线指挥部交通组副组长魏仑等领导多次深入地震损毁最严重的秀茶路、墩秀路等重要道路查看灾情并指导抢通保通工作。

二、辽宁大道（永安北公路）

根据绵阳市委、市政府的安排，由绵阳市投资控股（集团）有限公司作为辽宁大道（永安北公路，即绵阳永兴至北川县安昌镇段，后同）灾后恢复重建工程业主单位，承担该项目的建设任务。项目前期工作按国家基本建设程序要求，主要完成永安路的可研、环评、水保、地灾等报告，并通过相关部门的评审。2008 年 10 月底省发改委以川发改交能〔2008〕647 号文件批准项目立项。经上报市政府同意，项目土建施工和绿化工程施工采取公开招投标确定施工单位，可研、环评、设计、监理等服务性项目，按川府发〔2008〕21 号文件执行，即工程收费在标准计价的基础上优惠 50% 以上的，发包人可直接委托。本项目经公开招标确定土建施工单位为重庆市公路工程（集团）股份有限公司，绿化施工单位为四川省瑞云环境绿化工程有限公司。采取委托的方式确定设计单位为绵阳市川交公路规划勘察设计有限公司，监理单位为青海省交通工程监理处，试验检测单位为绵阳市川正建设工程试验检测有限公司。

永安公路永兴至安昌段灾后重建工程起于绵阳高新区德绵路交叉口，经永兴、界牌、花荄、黄土镇，止于北川县安昌二桥，路线全长26.905公里，公路技术标准为一级公路，双向六车道，设计时速为80公里/时，路基宽度51米（个别路段26—38米），沥青混凝土路面。工程概算总投资6.56亿元，其中道路建设投资4.6亿元，绿化工程投资0.7亿元。资金来源为：征地拆迁资金1.26亿元由沿线区县政府承担；辽宁省援建资金1.7亿元；市交通局补助0.3亿元；其余4亿元由绵投公司融资解决。

重建后的辽宁大道

永安路自2009年3月2日开工，9月竣工，共完成路基填筑78.41万立方米，路基挖方32.7万平方米，机动车道水泥稳定碎石基层62万平方米，桥梁5座，涵洞117道，雨水管安装42726米，沥青混凝土路面下面层（厚6厘米 AC－20C）73.3万平方米，沥青混凝土路面上面层（厚4厘米 SMA－13）73.3万平方米，四米绿化带栽植1.5公里，8米绿化带栽植20公里，均占合同总量的100%。

三、秀茶路

2009年1月21日，经绵阳市发改委批准项目重建立项，建设内容为路线起于成青路桑枣镇罗浮山牌坊，终点位于黑水沟。线路全长25.69公里，路基宽度7.5米，路面主为沥青砼路面。项目总投资11666万元，资金来源为辽宁援建资金9675万元、灾后重建资金1470万元、县自筹521万元。

抚顺市公路勘测设计院有限责任公司设计。秀茶路重建项目施工划分为五个合同段，第一合同段桩号范围K0+000－K5+960，路段长度5.96公里；第二合同段桩号范围K5+960—K12+000，路段长度6.1公里；第三合同段桩号范围K12+000—K16+200，路段长度4.19公里；第四合同段桩号范围K16+200—K20+800，路段长度4.6公里；第五合同段桩号范围K16+200—K25+692.52公里，路段长度4.9公里。

2009年5月8日，施工单位、监理单位公开招标。2009年5月19日，与中标单位抚顺市公路工程监理有限责任公司签订监理合同。A段、B段、C段、D段、E段分别由四川益鑫公路工程有限公司、四川省中普建设有限公司、重庆佳信建设（集团）有限公司、四川凯基路桥工程有限公司、四川华蓥建设工程有限公司承建。

秀茶路重建工程工期为18个月，2009年5月25日施工单位进场（D标段因流标重新招标，在7月20日正式进场），2009年6月30日后各标段相继开工，2010年10月30日全部完工。

2008年“9·24”和2009年“7·17”两次洪灾，该路损毁严重。2009年7月24日，由主管交通的副县长郭向前主持召开对秀茶路重建设计变更的县长办公会，设计变更分两段进行，第一段由千佛山牌坊至晓坝大桥，以完善提高为主。在原有设计不变的基础上，完善各种设施，整治路边环境，提高通行能力。第二段由晓坝大桥至茶坪乡场镇，以恢复和提高路基防护能力为主。路面变更为水泥砼结构，原有好路段路面全部利用。肖家桥堰塞湖段应按现有地形地貌做好实施的设计变更；太阳平桥段应提高路面高程，确保洪水不再漫过路面。设计单位要尽快提出沿线需修复加固、应拆除重建和需新增加的防护工程量，并根据现有河床和洪水流向，确定好新增防护工程的基础埋深和结构高度，提高防洪能力。

重建工程的实施应与公路环境整治结合起来，同步规划、同步实施、同步验收。肖家桥堰塞湖段可结合设计建设一个观看地震遗址的观景台。设计变更应控制不突破工程总造价。路面宽度上，如原有内边坡很稳定，与计宽度相差小于0.5米的路段可不做调整，以减少征地拆迁量；尽量利用当地的材料。防护工程和安全的设施的增加量应在总造价内调剂。

2009年10月19日，县交通局根据县人民政府《关于秀茶路工程建设设计变更的会议纪要》要求，委托原设计单位对秀茶路进行变更设计。改建工程由绵阳市公路工程质量监督站监督。项目共征用土地174.03亩，房屋拆迁646.5平方米，通信、电力杆线拆迁赔偿70.67万元，共产生费用441.99万元。

在重建过程中，辽宁省交通厅副厅长李雁鹏，辽宁省委组织部干部一处副处长郝春禄，辽宁省交通厅处级调研员杨世赢，辽宁省交通厅公路局副局长，中组部选派到安县挂职的县委常委、副县长郭向前（后任县委副书记），辽宁省抚顺市交通局局长董春然，抚顺市公路管理处处长纪绍双，辽宁省交通勘测设计院副院长、辽宁对口援建前线指挥部交通组副组长魏仑以及四川省交通厅公路局、绵阳市政府、绵阳市交通运输局的领导多次到秀茶路视察、指导重建工作。

四、辽安路

一期全长30.01公里，项目建设采用一级公路标准，挖方178万立方米、填方166万立方米、换填透水性材料49万立方米，沥青混凝土路面60.2万立方米。全线共设置大桥2座375延米、中桥3座156延米、小桥9座292.94延米、涵洞86道、通道桥1座、渡槽6道、平面交叉68处、改路24处、改渠10处，辽宁全额投资援建资金41250万元。

经辽宁省有关领导同意，批准辽安路项目建设交由辽宁省实施“交钥匙”工程，由辽宁省交通厅组建援建安县辽安路项目办进行管理。2009年6月2日，辽安路项目在辽宁省进行公开的招投标工作。辽宁华通公路工程监理有限公司、沈阳高等级公路建设总公司和辽宁省路桥建设有限公司中标。7月16日上午，在兴仁乡五郎村举行辽安路开工典礼。9月15日，中国公路学会副理事长汪临发在县委常委、副县长郭向前和辽安路项目办主任李巍的陪同下视察辽安路。10月13日，辽宁省交通厅交通工程质量与安全监督局的质量监督小组在副局长杨芳国带领下到辽安路施工现场检查指导。4月21日，辽安路全线完工。5月9日，王珉、刘奇葆、许卫国、王俊莲、魏宏等领导参加辽安路隆重的竣工通车典礼。

辽安路二期。2010年4月25日，县交通局委托绵阳市川交公路规划勘察设计有限公司负责辽安路二期项目的勘察设计。9月29日，经县发展改革和经济商务局批准项目立项，名称为辽安路二期（花荄至金家林快速通道）项目；建设内容为辽安路二期，起于辽安路友谊桥至江油方向2.5公里处；途径花荄先林村、界牌石岭村、海峰农场，止于金家林已建的涪环路（距九州大道约3.5公里）。建设里程长4.2公里。路基宽度51.0米；路面结构类型沥青砼路面。资金来源为辽宁援建资金，定为“交钥匙”工程。建设单位是辽宁省驻安县对口支援指挥部，项目管理单位是辽宁省建筑设计研究院项目管理咨询公司。12月28日在辽宁省沈阳市正式开标。招标代理机构为辽宁轩宇工程招标投标有限公司。中标单位是沈阳市政集团有限公司，施工中标金额为8385.13万元。12月30日，辽宁省驻安县对口支

新建的辽安路

援指挥部委托沈阳方正建设监理有限公司为辽安路二期项目的监理单位。

农村道路

2011 年 1 月，县交通局再次委托绵阳市川交公路规划勘察设计有限公司负责辽安路二期项目设计变更工作。变更后的路线起接新规划的涪环路止点（交叉口中心 K0 + 430.86），穿海峰农场后跨泉水沟，经道泉寺，在白泥沟处与界牌镇敬老院右侧接上界牌镇石岭村自建土路，沿土路前行在雷音寺处与建成的辽安路一期工程相接（止点桩号 K4 + 335），全长 3.91 公里。其断面形式为：2 米人行道 +4.5 米非机动车道 + 3 米绿化分隔带 + 12 米机动车道 + 8 米中央绿化带 + 12 米机动车道 +3 米绿化分隔带 +4.5 米非机动车道 +2 米人行道。调整后项目总投资为 19258.44 万元，其中建安费 15026.19 万元（包括景观绿化费 2900.53 万元）。2 月 18 日，县人民政府以安府函〔2011〕20 号文向辽宁驻安县对口支援指挥部汇报辽安路二期项目建设有关变更情况，并建议请辽宁省援建安县前线指挥部及时通知该项目施工单位按照变更后的施工设计组织施工（景观绿化工程除外），其新增加的建安费 3861.49 万元由县人民政府直接支付给辽宁省援建安县前线指挥部；该项目的景观绿化工程由县人民政府负责组织实施；该项目调整后新增加的 7258.44 万元费用由县人民政府负责解决。3 月 15 日，王天宇在辽安路二期项目管理单位辽宁省建筑设计研究院项目管理咨询公司经理宋国祥、施工单位沈阳市政集团有限公司项目经理虞连生的陪同下，视察辽安路二期工程建设情况，并提出精心组织，质量第一，加快推进的要求。9 月 30 日，辽安路二期工程（除景观绿化工程外）完工。

五、黄土大桥

2010 年 8 月 2 日 1 时左右，黄土大桥在暴风雨中垮塌，垮塌跨度约 100 米。沿桥架设的管线全部损坏，水、电、气和有线通信中断。县交通局立即在组织开行应急通行班车的同时，在距垮塌大桥的上方几十米远处抢险修建一条临时便道。

8 月 3 日，经绵阳市人民政府同意，将黄土大桥新建项目列入应急工程。县交通局工程技术人员按原桥宽度恢复重建进行测算，需投资 800 万元，并向县发展改革和经济商务局申报立项。10 月 15 日，县发展改革和经济商务局安发改经贸〔2010〕729 号文件批复同意新建黄土大桥项目立项。项目名称为县交通局新建黄土大桥项目；建设性质为新建；建设地址为黄土镇（原址）；建设主要内容及规模：新建桥梁全长 216.1 米，宽 7.5 米及相应的附属工程；估算投资 800 万元；资金来源为辽宁援建资金；建设工期 6 个月。立项后，县交通局按照灾后重建有关应急工程规定，迅速委托绵阳市川交公路规划斟察设计有限公司进行勘察设计。新建的黄土大桥系原址重建，为充分满足安昌河的防洪要求和黄土镇场镇进一步发展需要，更好地为两岸老百姓服务，对原测算方案作相应调整，采用 2 ×16 +8 ×20 米预应力砼简支空心板桥；下部为桩柱墩台，桥梁全长 204.1 米；抗震设防烈度 7 度；桥面宽度：净 9.5 +2 ×1.25（人行道及栏杆），全宽 12 米。投资 1800 万元，其中辽宁援建资金 800 万元。

11 月 5 日，通过竞争性谈判确定四川中路建设有限公司为施工单位；绵阳市川交建设监理咨询有限公司为监理单位。四川中路建设有限公司承接此任务后，迅速组建黄土大桥工程项目部。11 月 30 日开工，2011 年 7 月全部完工，投入使用。

第五章　公共服务设施建设

第一节　教育项目

一、义务教育学校

花荄镇初级中学　2008 年 7 月 26 日，经绵阳市发展和改革委员会立项批准，该项工程总投资 1977 万元。资金来源为辽宁省对口援建资金和灾后重建资金。项目由辽宁省城乡建设规划设计院设计，中铁九局承建。新建的教学楼、学生公寓楼，采用全现浇框架结构，达到乙类建筑标准。

2008 年 9 月 23 日，花荄镇初级中学举行奠基仪式。9 月 30 日项目破土动工。通过邀标产生的监理单位为绵阳富达建设监理有限公司并委派项目总监、监理工程师、监理员进驻现场，严格执行监理工作程序，严把工程质量关和安全生产关，工作过程中未出现一例安全事故。2009 年 5 月 9 日竣工并举行竣工交接仪式，比合同工期提前 3 个月。使用辽宁援建资金 1977 万元。

沸水镇九年一贯制学校　2008 年 12 月 3 日，经绵阳市发展和改革委员会立项批复，沸水镇九年一贯制学校灾后重建项目占地面积 21720 平方米，建教学综合楼、学生公寓、学生食礼堂，建筑面积 8274 平方米。总投资 2262 万元，均为灾后重建资金和辽宁对口援建资金。

通过招标，确定工程的勘察、设计、监理、施工单位。学校重建项目由绵阳恒博岩土勘察设计有限公司勘察，辽宁省城乡建设规划设计院按照川西民居风格精心设计，四川康立项目管理有限责任公司负责主体工程监理，四川鼎立建设项目管理有限公司对附属工程部分进行监理，绵阳市万苹宏达建筑有限公司中标承担该项目建设。

2009 年 4 月 7 日，主体工程开工，2010 年 1 月 27 日完工。2010 年 1 月 18 日附属工程开工，9 月 17 日完工。

灾后重建的教室

睢水镇九年一贯制学校　2008 年 10 月，根据四川勤德建设工程造价咨询有限责任公司编制的《睢水镇学校可行性研究报告》，绵阳市发展和改革委员会批准睢水镇学校重建规划（批准文号绵市发改社会〔2008〕476 号）。规划睢水镇学校校园占地面积 24012 平方米，建筑面积 12823 平方米，修建教学综合楼、学生宿舍和食堂。修建 250 米环形跑道田径运动场一个。学校覆盖人口 2 万，教学班 33 个，学生人数 1200 人，其中住宿生 1200 人。重建校舍与教学设备设施总投资 2998 万元。其中辽宁对口援建资金2942万元，中央灾后重建基金56万元。

12月16日，睢水镇学校灾后重建项目由国信招投标有限责任公司进行公开招标，地勘、设计、施工、监理分别由具有相应资质的绵阳恒博岩土工程勘察设计有限公司勘察，辽宁省城乡规划设计院设计，绵阳市万苹宏达建筑有限公司承建，四川康立项目管理有限责任公司监理。2009年4月30日，奠基。2010年2月3日竣工，并经有关部门验收，评定为合格工程。

安县桑枣初级中学　桑枣初级中学重建工程由辽宁省援建，属“交钥匙”工程。项目由绵阳恒博岩土勘察设计有限公司勘察，辽宁省城乡建设规划设计院设计，江油市思成建筑咨询服务有限公司绵阳分公司审图，辽宁省建筑设计研究院项目管理咨询公司监理，中冶集团华冶资源开发有限责任公司辽宁分公司承建。

2009年5月4日，开工。12月22日主体工程竣工。2010年1月17日，重建主建筑正式交付使用。建成后的桑枣中学占地65.5亩，其中建筑面积19282.41平方米，教学楼三层共7487.3平方米，学生食堂两层共2929.29平方米，学生住宿楼两幢各五层共8865.82平方米。附属设施拥有400米塑胶跑道的运动场、4个塑胶篮球场、乒乓球场、图书资料、门卫室和围墙等配套设施。大屏幕等离子电视机、手提电脑等仪器设备价值达338万元。种植有数十棵高大绿化树木，绿地面积达5800平方米。

2010年7月19日，学校新建综合楼正式立项，总投资300万元，均为辽宁援建资金，辽宁省援建桑枣中学校总投资5379万元。

黄土镇仁和学校　黄土镇仁和学校（规划设计方案中名为黄土镇九年一贯制学校），又名黄土镇红十字博爱学校，位于黄土镇永福街下段95号。

根据县教体局灾后重建布局调整规划，黄土镇两所初中学校合并后新建一所学校，命名为黄土镇九年一贯制学校。校址选在黄土镇永福街，在原黄土第二初级中学校校址的基础上征地扩建。新的学校规划占地28681平方米。2009年1月，学校重建规划经绵阳市发改委（绵市发改社会〔2009〕89号文件）批复立项。重建资金2947万元，中央资金112万元，辽宁援建资金2835万元。后因学校运动场改为塑胶设计，经辽宁安县对口援建指挥部、绵阳市教体局、县人民政府同意，由县发改局批准，追加建设资金200万元，工程总投资为3147万元。

学校灾后重建被确定为辽宁援建项目的“交钥匙”工程。经过招投标，确定辽宁省沈阳北方建设股份有限公司负责施工修建，辽宁省建筑设计研究院项目管理咨询有限公司监理。工程4月23日，开工。12月16日，主体工程竣工验收。2010年1月19日，附属工程竣工验收。3月1日，新学校全面投入使用。新建学校占地28681平方米，新建教学楼一幢5261平方米，新建学生公寓两幢4836平方米，新建食堂一幢910平方米，建筑总面积约11007平方米，可容纳学生1350人，27个教学班。

安县沙汀实验中学

茶坪乡大连希望小学　2008年10月15日，县城乡建设勘测规划队完成对学校的测绘。12月15日，四川勤德建筑工程造价咨询公司进行可行性研究完成，并报送绵阳市发展和改革委员会。12月22日，立项得到绵阳市发展和改革委员会批准。茶坪小学灾后重建总金额为1420万元，其中图书与设备购置为70万元。

2009年1月，辽宁城乡规划设计院完成学校的设计图。同月，学校灾后重建的主体工程图纸由四川省遂宁市卓仑建筑技术咨询服务有限公司完成审查通过。5 月 22 日，学校重建工程破土动工。2010 年 1 月 19 日工程经过建设方、监理、质检、设计、施工单位、县教体局等单位竣工验收合格并交付使用。工程经过检查评为优质工程。

安县沙汀实验中学　规划新建实验中学项目占地 62 亩，总建筑面积 18123.69 平方米；辽宁援建资金 5336 万元。为辽宁省“交钥匙”工程。

2009 年 2 月 4 日，《安县实验初级中学校灾后重建项目可行性研究报告》基本通过审定。辽宁本溪建筑工程有限公司承接该项目的修建，辽宁省建筑设计研究院项目管理咨询公司对项目进行全程监理。学校用地拟选址在花荄镇罗林村五、六组，2009 年 4 月 15 日，动工。9 月 1 日，新建的两幢教学楼和一幢食堂全面完工，交付使用。12 月 14 日，学生公寓和综合实验楼全部完工，辽宁省驻安县对口支援指挥部副总指挥长韩克亮及相关专家对实验中学整体建筑进行验收。经验收，两幢学生公寓楼工程和综合实验楼达到标准要求，800 多名学生全部搬进学生公寓。2010 年 3 月底，300 米标准化环形塑胶跑道、篮球场、羽毛球场和文化广场等全部完成，验收合格并交付学校使用。

二、中等职业学校建设

安县职业中专学校　2009 年 6 月 19 日，县职业中专学校灾后重建项目取得县规划和建设局核发的《中华人民共和国建设项目选址意见书》。学校异地整体重建项目拟选位置花荄镇前进村 3 组。安县职业中专学校重建占地 100 亩，拟建项目包括：教学综合楼、实训综合楼、学生宿舍、学生食堂、运动场及附属工程，建筑面积 23000 平方米。项目投资 6677.05 万元，资金来源为中央基金 20.05 万元，辽宁援建资金 6657 万元，属辽宁援建安县灾后重建的交钥匙工程。重建项目由辽宁省建筑设计研究院设计，辽宁本溪永升建筑有限公司承建，辽宁省建筑设计研究院项目管理咨询公司监理。

安县职业中专学校

工程于 9 月 28 日奠基，10 月 25 日正式开工，2010 年 1 月 6 日主体工程封顶，8 月底竣工并交付使用。

三、普通高中

安县秀水中学校　2008 年 12 月，秀水中学重建项目立项。绵阳市发展和改革委员会《关于灾后重建项目可研报告的批复》（绵市发改社会〔2008〕479 号）文件批准立项。经安县灾后重建发展规划委员会审查，批准学校的重建计划—原址部分重建（秀水镇簸箕街 210 号）。

主体工程由辽宁省城乡建设规划院设计，总投资 2420 万元，资金来源灾后恢复重建资金和辽宁对口援建资金 2259 万元。工程建筑工期为一年。重建以原校区为主体，在校区东面（左侧）新增土地 16.13 亩，校园占地面积 52 亩。建筑总面积 8286 平方米。建筑布局采取教学、住宿、运动场地三区分离，并在主体建筑和道路之间穿插错落有致的绿化带，主流设计风格为简略的现代欧陆风格。

2009 年 3 月 6 日，在绵阳市建设局进行工程招投标，按照相关法律程序，最后由河南红旗渠建设集团有限公司中标承建，绵阳富达建设监理有限责任公司监理。3 月 18 日，学校主体工程破土动工。10 月 8 日竣工，经验收合格并交付使用。

维修加固原教学楼和女生公寓项目由绵阳博源建筑设计有限公司设计，绵阳富达建设监理有限公司监理，重庆中远汇丽建筑有限责任公司承建。附属工程由重庆国豪建设有限公司承建。2009 年 10 月 18 日动工，2010 年 4 月 24 日完工并交付使用。

辽宁辽渔集团大连麦克轻钢彩板工程有限公司捐助 60 万元，建永久性钢架结构学生食堂一座，建筑面积 700 平方米，可容纳 700 人同时进餐。

四、幼儿园

安县实验幼儿园　2009 年 2 月 23 日，县规划建设局确定安县实验幼儿园为整体异地重建，并选址于花荄镇中心街的泰阳路。3 月 30 日辽宁城乡设计院完成设计方案，委托四川勤得建设工程造价咨询有限公司进行重建可研论证。4 月 21 日，绵阳市发改委立项，正式列为辽宁援建项目，项目计划用地 5. 8 亩，新建园舍建筑面积 3900 平方米，幼儿园室外游戏场地占地面积 1500 平方米，购置儿童游戏教育设备设施及重建相应的附属设施，辽宁援建资金总投资 1095 万元。6 月 17 日进行代理机构比选，由“国泰招标有限公司”中标。6 月 22 日经专家评审施工图符合幼儿园建筑要求以及各项重建相关规定。8 月 7 日该工程进行招投标，由绵阳市浩龙天星建筑有限公司中标，辽宁省建筑设计研究院项目管理咨询公司监督施工。

2010 年 6 月 24 日，县机构编制委员会批准安昌幼儿园更名为安县实验幼儿园。7 月 2 日，工程验收合格。

五、其他教育事业单位

安县基层技术人才培训学校　2010 年 5 月 19 日，辽宁省发展和改革委员会将安县基层技术人才培训学校重建项目（业主单位安县党校）列入援建项目计划。5 月 25 日，县发展改革和经济商务局同意安县基层技术人才培训学校重建项目开展前期工作。7 月 6 日，县委党校委托达华工程管理（集团）有限公司绵阳分公司编制可行性研究报告。7 月 8 日，县发展改革和经济商务局会同绵阳市专家组对县基层技术人才培训学校项目可行性研究报告进行评审、研究，原则同意修改后县基层技术人才培训学校改建项目可行性研究报告，县基层技术人才培训学校项目正式立项，地点在花荄镇文化广场综合大楼（部分），建设性质是改建，加固面积约 4260 平方米，总投资 1200 万元，其中辽宁援建资金 800 万元，自筹资金 400 万元。项目由县委党校负责实施，实施方案是将县文化广场的党校暨行政学校现有的全部设施及其他部分房屋进行“综合改建、加固，及教学设备购置”。

7 月 15 日，县发展改革和经济商务局核准县基层技术人才培训学校建设项目招标，《安县基层技术人才培训学校建设项目招标代理机构比选文件》在四川建设网上发布。9 月 7 日，县财政投资评审中心完成安县基层技术人才培训学校项目评审工作，审定总投资金额 490 万元。10 月 10 日，举行公开招标，绵阳市华明实业有限公司成功中标。10 月 31 日，签订承包合同，工期 150 天。10 月 13 日，通过比选，绵阳富达建设监理有限责任公司成为县基层技术人才培训学校项目监理单位。11 月 1 日，正式开工。2011 年 3 月 31 日，县基层技术人才培训学校建设项目基本完成。教学办公设备设施的采购概算约 310 万元，购置工作与施工同时进行，4 月底基本完成采购和安装调试。

第二节　医疗卫生项目

一、县级医院

安县人民医院　2008 年 8 月，经县发展改革和经济商务局以安发改经贸〔2008〕179 号立项批复，县环境保护局安环局发〔2008〕174 号文件，绵阳博源地址勘察结果，县规划和建设局颁发规划许可证，县人民医院灾后重建住院大楼、医技楼位于花荄镇启明星大道 129 号（安县人民医院门诊综合楼后侧及左侧），2009 年 8 月，经市发改委立项批复，县人民医院灾后重建项目总投资 12738 万元，由辽宁省城乡建设规划设计院设计，经县发改局招标由辽宁金帝第二建筑工程有限公司招标承建，绵阳富达建设监理有限公司实施监理。建设规模为 300 张床位，新建住院大楼面积 18590 平方米、医技大楼面积 3900 平方米，总建筑面积 26590 平方米，住院大楼共九层（不含地下室）、医技大楼共五层。该项目经辽宁对口援建指挥部和县委、县政府、县受援办作为辽宁对口援建安县先期启动的十个重点项目之一，规划资金 12738 万元（其中辽宁援建资金 9569 万元，中央资金 3169 万元）。

2008 年 9 月 23 日，县人民医院住院大楼、医技楼灾后重建开工。2010 年 4 月 30 日竣工。总投资 12364 万元（其中建安工程投 9589.02 万元，设备 2393.06 万元，其他 381.92 万元）。

为使医院环境与整体大楼协调，设计重建连接医院医技楼与住院大楼中西合璧的木制连廊，医技楼与门诊综合楼的钢架式连廊；医院住院楼的正前方设计兼有消防与景观为一体的音乐喷泉；门诊综合楼外部进行装饰与新建的住院楼、医技楼风貌达到相似，使整个医院重建形成三楼二廊、一喷一园的园林式医院。

安县中医院　辽宁省将安县中医院列入卫生灾后重建项目首批启动单位。对医院实施整体搬迁，异地重建。医院占地 26 亩，由辽宁省城乡规划建设设计院设计，建筑面积 16567 平方米，其中门诊大楼 7229 平方米，住院大楼 8909 平方米，设计床位 150 张，总投资 7305 万元，资金全部来源于辽宁省援建资金。医院重建工程由辽宁省援建，为“交钥匙”工程。由辽宁省城乡建设规划设计院勘察，辽宁省城乡建设规划设计院设计，绵阳市富达监理责任有限公司监理，沈阳北方建设集团承建，晟源建设咨询有限公司审图。

2008 年 10 月 30 日，县中医院重建工程动工，2010 年 4 月 30 日，工程竣工。5 月 26 日安县中医院正式由安昌镇搬迁至花荄镇。

安县第二人民医院　位于秀水镇东升街道，2009 年 9 月 9 日开工，重建工程由辽宁省援建，为“交钥匙”工程。由绵阳恒博岩土工程勘察设计有限咨询公司勘察，辽宁省建筑设计研究院设计，辽宁省方园项目管理咨询公司管理，辽宁省建筑设计研究院项目咨询管理公司监理，辽宁省金帝二建公司承建，四川晟源建设工程咨询有限公司审图。

2010 年 3 月主体全部完工、6 月完成室内外装饰装修工程。10 月 18 日通过竣工验收。辽宁援建资金实际完成投资 3651 万元，建成后的县第二人民医院占地 20.5 亩，总建筑面积 8500 平方米。

安县妇幼保健院　县妇幼保健院由辽宁省出资援建，为“交钥匙”工程。通过招标，由绵阳恒博岩土工程勘察设计有限咨询公司勘察，辽宁省建筑设计研究院设计，辽宁省建筑设计研究院项目管理咨询公司监理，沈阳北方建设股份有限公司承建，四川晟源建设工程咨询有限公司审图。工程设计由辽宁省建筑设计研究院提供专业设计。

2009 年 7 月 20 日开工，2010 年 7 月 26 日通过竣工验收。9 月 28 日，安县妇幼保健院告别板房医院，从安昌镇正式迁入新建的妇幼保健院。为满足安县妇幼保健院使用功能，又追加投资 200 万元，解决门卫室、值班室、库房、洗浆房等功能用房。完工后的安县妇幼保健院占地 13 亩，总建筑面积 6782.77 平方米。

安县皮肤病防治院　2009 年 3 月绵市发改社会〔2009〕283 号、安发改经贸〔2010〕334 号、安发改经贸〔2010〕648 号文件批准立项，属安县民政局灾后重建项目。计划投资总额 450 万元，为辽宁援建。占地面积 3 亩，建筑面积 1001.55 平方米，设计床位 20 张。

2009 年 8 月 13 日，项目经公开招标，确定由四川绵阳园林建筑有限公司承建。8 月 17 日，项目签订正式施工合同。9 月动工，在花荄镇兴隆村原址重建。2010 年 7 月竣工并投入使用。

二、乡镇卫生院

花荄镇卫生院　选址在花荄镇罗林村 7 组（罗胜路北段），占地 8 亩。由中央财政出资 500 万元，辽宁援建资金 665 万元，国债 40 万元，共计投资 1205 万元。2009 年 6 月进入投标建设阶段，由四川省华蓥市银鑫建筑工程有限公司中标。9月2日动工。12月，花荄镇卫生院灾后重建主体工程完工，进入内外装饰阶段。2010年4月29日，花荄镇卫生院门诊、住院大楼正式竣工。总建筑面积2999.21平方米，实际使用资金1138.49万元。

黄土中心卫生院　黄土中心卫生院属异地选址重建，地址在北真村1组（黄土镇人民路），占地12亩。灾后重建资金1175万元，由辽宁援建、中央财政、国债三部分资金组成。黄土镇中心卫生院重建竣工审计实建筑面积2976.39平方米，实到位使用资金1176.17万元。2009年3月确定绵阳市圣鼎建筑有限公司承建。2009年7月20日动工。11月，主体工程完工，进入内外装饰阶段。2010年3月27日，门诊、住院大楼正式竣工通过验收。2010年8月14日正式搬入新医院办公。

辽宁援建安县人民医院工地

村级卫生站　因行政区划调整，安县原有275个村将减少至234个。规划村卫生站业务用房建设标准为，一般村卫生站80平方米，标准化村卫生站100平方米。实施重（新）建217个，改建4个；重建面积17860平方米；重建资金2376.5万元；资金来源，由辽宁省对口援建资金解决137个，资金为1416万元，实际建筑面积11440平方米，其中：新建133个；改建红十字会及团体援建的卫生站4个。2008年6月至2011年内，全部竣工并投入使用。

三、计划生育设施

安县计划生育服务站　经安县国土资源局和安县规划和建设局批准同意，项目选址在新县城花荄罗胜街北段异地重建（原花荄计划生育服务站），建设规模为二楼一底共三层，约2100余平方米。总资金920万元，由辽宁援建资金686万元、中央资金144万元、国债资金90万元组成。

安县计生服务站由辽宁省建筑设计研究院设计，由绵阳富达建设监理有限责任公司进行工程监理，由绵阳宏达建筑责任有限公司进行项目施工。

安县计生服务指导站实际建成面积为2200平方米，立项总投资920万元，加上技术设备和办公设施采购资金，审计审定总投资837.73万元（含与县站合建的花荄站立项资金）。2010年10月13日安县计划生育服务站正式竣工并投入使用。

秀水计划生育服务站　原址修建，建设规模为二楼一底共三层，约1000平方米，援建资金330万元。项目建成后可满足秀水及周边辐射乡镇农村计划生育宣传教育、技术服务、药具发放、人员培训、信息咨询、随访服务、优生指导、生殖保健等在内的“八项服务”。

由辽宁省建筑设计研究院设计，由绵阳富达建设监理有限公司进行工程监理，由绵阳万萍宏达建筑有限公司进行项目施工。2009年5月28日施工单位进场施工，2010年5月12日竣工验收并投入使用。

河清计划生育服务站　原址重建，建设规模为二楼一底共三层，约1000平方米，辽宁援建资金330万元。河清计生服务站由辽宁省建筑设计研究院设计，由绵阳富达建设监理有限责任公司进行工程监理，由绵阳市宇发建设工程有限公司进行项目施工。2009年5月28日动工，2010年9月30日前主体工程完工，10月竣工并投入使用。

清泉计划生育服务站　异地重建，建设规模为二楼一底共三层，辽宁援建资金330万元，建筑面积约为1000平方米。工程由绵阳富达建设监理有限责任公司进行工程监理，四川郎业建筑有限公司进行项目施工。清泉计生服务站实际建成面积为1000平方米，立项总投资330万元，加上技术设备和办公设施采购资金，总投资328万元。清泉新的计划生育服务站于2010年10月竣工并交付使用。

桑枣计划生育服务站　建设规模为二楼一底共三层，建筑面积为1000平方米，辽宁援建资金410万元。由辽宁省建筑设计研究院设计，绵阳富达建设监理有限责任公司进行工程监理，2009年绵阳海峰建筑公司进行项目施工。2010年10月5日交付使用。实际建成面积为1000平方米，总投资390余万元。

塔水计划生育服务站　塔水计生服务站原址重建，总面积1000平方米，其中新建600平方米、加固400平方米。由辽宁省建筑设计研究院设计，由绵阳富达建设监理有限责任公司进行工程监理，由绵阳华明实业建筑责任有限公司进行项目施工。辽宁援建资金190万元。2009年9月15日开工，2010年7月竣工。

四、其他医疗卫生机构

安县疾病预防控制中心　2009年4月，市发改委批准，辽宁省援建，为“交钥匙”工程。迁至花荄镇罗林村5组重建，重建总投资2224万元，业务综合用房4500平方米，设备购置75台件，床位70张。重建工程由绵阳恒博岩土工程勘察设计有限公司勘察，辽宁省建筑设计研究院设计，辽宁省建筑设计研究院项目咨询公司监理，沈阳北方建设集团承建。审图单位是四川晟源建设工程咨询有限公司。

2009年8月11日动工。2010年8月20日，经安县发改委立项，安县疾病预防控制中心重建项目追加投资160万元。10月15日竣工。实际占地6亩，新建总建筑面积4282.71平方米。

第三节　文化项目

一、安县文化和职工活动中心

2009年6月至8月，县发展改革和经济商务局立项。6月，经县人民政府县长办公会研究决定（安府纪要〔2009〕26号），文化馆、图书馆、博物馆、文化广场、文物管理所、新华书店、体育馆、老年活动中心等灾后重建项目整合为“安县文化和职工活动中心”一个项目，纳入辽宁对口援建项目“交钥匙”工程实施，并作为安县灾后重建重点项目，辽宁对口援建重点项目。项目占地84.35亩，总投资13069万元，其中辽宁援建资金9190万元。由安县文化旅游局牵头，业主有县文化旅游局、县总工会、县业余体校、县老龄委、四川新华文轩集团，6月全面启动。项目由绵阳恒博岩土勘察设计有限公司勘测，辽宁省建筑设计研究院设计。8月19日，项目完成招标，中冶集团华冶资源开发有限责任公司中标实施总承包。9月20日，项目“三通一平”工程正式启动。9月21日，签订正式施工协议。9月22日，辽宁省驻安县对口支援前线指挥部与辽宁省建筑设计研究院项目管理咨询公司签订监理协议，同时与辽宁省方园项目管理公司签订项目管理协议。10月8日，中冶集团华冶公司辽宁分公司进场施工。

文化广场艺术景观邀请四川大学教授巫成金进行创作，包括辽宁援建纪念碑，沙汀浮雕墙，李调元浮雕墙，抗震救灾浮雕墙四部分，艺术景观的创意和设计得到社会各界的充分肯定。

2010年4月26日全部完工，荣获“天府杯”银奖。5月4日，省驻安县辽宁对口支援前线指挥部和安县受援方共同在文化广场举行“辽宁广场”命名揭幕仪式。7月12日，安县文化和职工活动中心通过主体验收，举行简单而庄重的交接仪式。

二、安县广播电视台业务用房

2008年8月4日，经辽援安办〔2008〕3号文件批准，在花荄镇“重建广播电视台业务用房及其设备购置”被列入安县第一批受援十大项目，辽宁省投资2180万元，中央资金420万元，共计2600万元。

辽宁援建的安县文化体育活动中心

其中，业务用房1400万元，台内其他设施设备1200万元。该项目同时已列入国务院批准颁布的《汶川地震灾后恢复重建公共服务设施建设专项规划》，属异地重建、交支票工程。

8月26日，县建设和规划局颁发《中华人民共和国建设项目选址意见书》，确定在花荄镇行政小区白鹤路南侧重建县广播电视台。同日，县环境保护局审查通过该项目的环境影响评估。8月28日，绵阳市博源建筑设计有限公司完成该工程的设计实施方案，该方案突出“科技、绿色、人文”的设计理念，体现现代广电传媒建筑风格。9月1日，安县发展改革和经济商务局批准该工程立项。9月10日，安县规划和建设局颁发规划许可证。该工程施工图由绵阳市晟源建设咨询有限公司审图通过，由安县规划和建设局审核备案。该工程由四川三信建设咨询有限公司代理招标。中铁九局集团公司（驻地沈阳）、沈阳天地建设发展有限公司、辽宁金帝第二建筑工程有限公司、沈阳北方建设有限公司等进行投标。最终由房屋建筑工程施工总承包一级资质企业中铁九局集团有限公司中标并由中铁九局集团援川安县项目部进行建设。9月13日，安县广播电视台和四川三信建设咨询有限公司正式向中铁九局集团公司发出中标通知书。9月18日，甲、乙双方正式签订《建设工程施工合同》。9月19日，安县公安消防大队核发《关于同意安县广播电视台业务用房工程消防设计的审核意见》（安公消审〔2008〕第54号）。绵阳富达工程监理有限责任公司承担该项目的监理。

2008年9月23日，辽宁省援建安县广播电视台业务用房灾后重建开工。11月下旬，完成安县广播电视大楼工程基础的浇铸、土方回填等工序。2009年8月，主体工程、装饰和水电安装工程完工。9月底，附属工程及配套的道路和绿化等工程全面完工。9月1日，验收合格。安县广播电视大楼占地9.74亩，实际建筑面积3807平方米，总投资为1600万元。2010年10月7日正式入驻办公。

三、广播电视有线前端、无线发射、监测台站设施设备

2009年5月25日，安县发改委印发安发改经贸〔2009〕274号文件，批准安县有线电视前端项目立项，该项目主要是建立有线数字电视平台和地面数字电视平台。建设资金为500万元，全部来源辽宁援建资金，项目地址在安县广播电视台业务用房内。6月19日，经绵阳市发展和改革委员会核发《关于安县广播电视系统灾后重建项目可行性研究报告的批复》（绵市发改社会〔2009〕600号）批准有线电视网络立项，该项目主要是恢复重建有线电视网络杆线路和相关配套设备的采购安装。建设资金为4645万元，其中辽宁援建资金1120万元，国家资金3525万元，项目地址分布在安县18个乡镇。9月13日，安县广播电视局与四川大明科技有限责任公司签订《安县数字电视前端系统集成项目合同书》。10月19日，安县数字电视前端系统集成项目开工建设。2010年4月10日，安县数字电视前端系统集成项目完成安装。5月10日，安县广播电视局、四川大明科技有限责任公司、成都久信网络咨询监理有限公司对数字电视前端系统集成项目前端子系统、EPG系统、数据广播系统、ADTB－T系统进行系统功能测试，测试结果均正常。

第四节　社会福利项目

一、社会福利院

安县社会福利中心　2009年4月经绵阳市发改社会〔2009〕340号文件批准立项，属安县民政局灾后重建项目。规划地点在花荄镇马鞍山。占地面积38亩，建筑面积10550平方米，设计床位数400张。计划投资总额3390万元，均为辽宁援建资金。

辽宁投资3500万元援建安县社会福利中心

2009年11月10日，项目经辽宁援建指挥部会同县发改局、建设局、纪委（监察局）等部门进行比选，确定由辽宁金帝第二建筑有限公司承建，绵阳富达建设监理有限责任公司监理，辽宁建筑设计院设计。11月28日动工。2010年1月竣工，4月投入使用。

截至2011年9月，该中心已入住城镇“三无”、孤老孤残等重点优抚对象及自费代养人员216人。

二、敬老院

塔水镇敬老院　2009年3月，绵阳市发展和改革委员会以绵市发发改社会〔2009〕281号文批准重建，位于塔水镇白庵村三组。总投资918.19万元，占地13.19亩，建筑面积3273平方米。4月，通过比选，由辽宁省建筑设计研究院设计。辽宁方圆建设项目管理有限公司监理。经公开招标，绵阳市瑞阳建设（集团）有限公司为施工单位。2009年9月开工，2010年8月完工。

秀水镇中心敬老院　在辽宁省的援建下，秀水镇在九一村7组，辽安大道旁新建秀水中心敬老院，批准文号绵市发改社会〔2009〕281号，规划建筑面积3250平方米，占地面积18.54亩，解决本镇110位老人的住宿、赡养问题。敬老院由辽宁省建筑设计研究院设计。施工方为绵阳市富阳建筑工程有限公司，大连方圆建设监理有限公司监理。2010年12月通过竣工验收，实际占地面积为18.54亩，建筑面积3250平方米，设计床位120张，投资878.19万元，后期增加附属工程款40万元，总计投资918.19万元，资金来源全部为辽宁援建。

黄土镇敬老院　经绵阳市发展和改革委员〔2009〕281号文件批复立项，地址在马村9组、11组，用地面积8000平方米，实际征用耕地12692.31平方米。业务及配套设施用房总建筑面积4000平方米，实际经财评和中标修建为3878平方米，以及附属设施绿化带和排水沟等。共有130张床位。项目总投资878.19万元，后期追加附属工程90万元，共计968.19万元。资金全部来源于辽宁省援建资金。通过公开招标，由绵阳川银公司中标，建设方为绵阳川银公司。委托辽宁方圆建设项目管理有限公司作为监理。2009年12月26日签订施工合同，2010年1月8日动工。9月22日主体完工，2011年7月完工。

花荄镇敬老院　2009年6月4日，由安县发展改革和经济商务局发文：安发改经贸〔2009〕293号文件同意花荄镇人民政府新建敬老院项目立项。获得批复后，根据选址定点和规划决定在花荄镇联丰村

9 组改扩建一所敬老院。绵阳博源建筑设计有限公司勘察、绵阳市洪源建设工程监理咨询有限公司监理，绵阳市富阳建筑工程有限公司承建，宜宾市智慧建筑设计咨询有限公司审图。2009 年 11 月 15 日动工。2010 年 11 月 6 日，主体工程竣工。2011 年 4 月 10 日通过验收。5 月 12 日，60 名五保户搬进新敬老院。总建筑面积为 2600 平方米，总占地面积 4600 平方米，床位 60 张。

界牌镇敬老院　界牌镇敬老院重建项目由安经发改经贸〔2009〕285 号文件批复立项、安发改〔2009〕308 号招标核准，立项总投资 609 万元，后追加辽宁援建资金 50 万元，总投资调整为 659 万元，属于“交支票”项目。占地面积 8831.1 平方米，总建筑面积 2962.34 平方米，设置床位 120 张。设计单位绵阳博源建筑设计有限公司，建设单位为四川鑫华建筑工程有限责任公司，监理单位是辽宁方圆建设项目管理有限公司。2010 年 3 月，主体工程完工。4 月 30 日竣工并通过验收。完成投资 659 万元。

高川乡敬老院　高川乡敬老院属辽宁援建项目。敬老院项目申请中央灾后重建资金 200 万元、辽宁对口援建资金 260 万元、其他资金 100 万元，共计 560 万元，实际投资 630 万元。项目设计单位为绵阳博源建筑设计有限公司，施工单位为绵阳圣鼎建筑有限公司，监理单位为辽宁方圆建设项目管理有限公司。2010 年 3 月开工，2010 年 9 月，主体工程竣工，2011 年 3 月，验收合格。建筑面积 2765 平方米。

乐兴镇敬老院　经安发改经贸〔2009〕305 号文件立项批复，地址在民生村 3 组，占地面积 4582 平方米，建筑面积 2600 平方米，设置床位 118 张，总投资 593 万元，其中：中央灾后重建资金 100 万元，辽宁援建 257 万元，其他资金 236 万元，统一由县人民政府财政管理。抗震强度为 8 级。

2009 年 8 月 19 日，通过代理招标确定施工单位，项目管理和承包单位是四川江油新华建筑工程有限公司，中标价为 452 万元。设计单位绵阳博源建筑设计有限公司，监理单位辽宁方圆建设项目管理有限公司，勘察单位绵阳恒博岩土工程勘察设计有限公司，审图单位宜宾市智慧建筑设计咨询有限公司。10 月 16 日，乐兴镇敬老院灾后重建工程动工，2010 年 7 月 15 日竣工，验收合格。9 月 16 日正式交付使用。

宝林镇敬老院　2008 年 12 月经县发改委〔2008〕307 号文件批准立项。由中央和辽宁省共同出资援建，通过招标，确定工程的勘察、设计、监理和施工单位。重建工程项目由绵阳恒博岩土工程勘察设计有限公司勘察，设计单位是在建筑行业中有建筑工程丙级的绵阳博源设计所设计，辽宁方圆监理有限公司监理，绵阳市圣鼎建筑公司承建，审图单位是四川晨源建筑有限公司。

老年活动室

2009 年 10 月 14 日动工。2010 年 6 月 20 日，6 幢楼主体工程、室内装饰、门窗安装、围墙、大门完工。8 月 10 日验收合格。占地面积 4680 平方米，建筑面积 2680 平方米；绿化面积达到 1320 平方米。其中住宿楼两层，建筑面积 1800 平方米，建设规模为 120 张床位；棋牌室占地 230 平方米，食堂占地 300 平方米；门卫占地 45 平方米，办公室占地 120 平方米，医疗室占地 150 平方米，机电房占地 35 平方米，配套设施齐全。总投资 600 万元，其中辽宁援建资金 260 万元，中央灾后重建资金 100 万元，散居五保集中建房及维修加固资金 200 万元，由于设计变更辽宁增加援助 40 万元。

第六章　园区项目

第一节　安县工业园区

一、概况

辽安工业园位于安县工业园区南部，东至辽宁大道，南至界牌镇永丰村，西至西岩村山脚，北至工业园区12号路，总面积1050亩。工业园区涵盖界牌镇永丰村四个组、西岩村四个组以及胜果村两个组，计划新建厂房面积35万平方米。

工业园区项目包括园区标准房建设，道路工程、电力配套设施建设及农民搬迁安置住房基础设施建设。2009年5月14日，辽宁援建项目集中开工暨辽安工业园项目奠基仪式举行。华晨汽车及零部件工业园正式落户辽安工业园。园区坚持“一园一主业，园区有特色”，将“以汽车零部件为主导产业，建立西部汽车零部件产业基地，辅之以电子信息、医药食品为配套产业”定位为园区特色。辽安工业园建成后预计实现销售收入110亿元，年税收8亿元。提供5000余个就业岗位，为未来安县经济社会发展注入新的活力。

二、项目

标准厂房　2009年8月，辽宁省委、省政府从援建资金中安排4960万元援建安县工业园区标准厂房，建设工期为12个月。标准厂房项目占地74.25亩，位于安县花荄镇西岩村七、八组。项目建设内容，包括标准工业厂房及配属道路、给排水、电力设施等。新建工业标准厂房8幢，建筑结构为钢结构，建筑面积21000平方米；新建生产生活配套综合楼1幢，建筑结构为混合结构，建筑面积12000平方米。标准厂房包括生活区和生产区两大部分，生活区包括办公楼、综合楼两部分，综合楼由食堂、职工宿舍等组成。生产区总建筑面积37152平方米；标准厂房15间；生产区绿化5619平方米；生产区内道路长度2480米；水土保持包括围墙1000米，排水管1600米，临时挡土墙200米，绿化面积4500平方米等。

2009年1月20日准备进场开工建设。9月13日各项施工建设全面展开。共修建完成8幢钢结构标准厂房、建筑面积21000平方米；新建1幢混合结构生产生活配套综合楼，建筑面积12000平方米。2010年11月15日，业主、设计、监理、质检、施工方联合对安县工业园区标准厂房进行初步验收，并对建设中存在的问题进行整改。12月7日，再次验收合格。12月10日，交付安县工业园区管委会管理使用。

截至2011年3月20日，安县工业园区8幢标准厂房全部投入使用，绵阳聚城精工机械加工有限公司、绵阳九鼎晨阳科技有限公司、济南润友模具有限公司、绵阳德虹电器有限责任公司、绵阳市长星电力设备有限公司、浙江省慈溪市天元镇宏达机械厂、四川川银动力控制科技有限公司等7家企业入驻，主要生产汽车配件、电气设备、五金工具、油控系统，累计总投资8900万元，年销售收入26300万元，实现税利1050万元。

前进安置小区道路工程　2009年经安县发改局批准，前进安置小区道路工程正式立项，项目投资

2300万元。按照相关规定，经过招标，确定前进安置小区道路工程设计单位绵阳市城市规划设计院设计，监理单位为辽宁方圆建设项目管理有限公司，四川自贡龙城建设工程有限公司以1309.99万元中标负责承建。

2009年10月24日，前进安置小区道路工程开工建设，分别完成地面附着物及表层土清除，地下雨、污水管道安装，砂砾石垫层回填、碾压，车行道水稳层及下、上面层水泥砼铺设，人行道面层彩色方块砖铺设，行道树栽植和路灯安装等建设内容。至2010年4月底完成工程所有建设内容，实际完成投资2300万元。

前进安置小区道路工程共建成道路全长5152米，道路总宽4米—25米。地下排水管网总长9127米及配套的行道树栽植及路灯安装等建设项目。

白鹤林安置小区　因建设工业园用地需要，在花荄镇白鹤林村，统一规划、统一建设被征地拆迁农民的安置住房。包括白鹤林安置小区（一期、二期、三期）、文星安置小区和辽安工业园农民拆迁安置统建房工程。

2009年经县招标办统一招投标，项目全面启动，经过近两年的施工，完成全部工程和绿化、小区道路等基础设施。据统计，安置小区室外附属工程包括小区道路、绿化等基础设施建设共使用资金3800余万元，其中使用辽宁援建资金1070万元。

小区2011年8月建设完成，共建安置房350户、小区道路3700米，绿化面积1.2万平方米，排污管网7500米，可容纳1200余人入住。

农民搬迁安置胜果小区基础设施　农民搬迁安置胜果小区基础设施，主要为恢复道路建设、绿化、路灯等，由绵阳市樊华建设有限公司负责建设施工。其中工程道路全长993米，道路总宽9米，投资198万元；路灯亮化全长4055米，路灯共292柱，投资149万元；绿化全长4055米，共绿化树木1520棵，投资85万元。

农民搬迁安置补偿　从2009年4月工业园征地拆迁工作正式启动，拆迁工作严格执行土地管理相关法律法规和政策规定，坚持依法依规做好被征地群众的补偿和协调等社会保障工作，坚决不损害群众利益，创新工作方式，及时支付各项征地拆迁补偿，积极建设安置住房，努力拓宽被征地拆迁安置农民就业和社会保障、救济渠道，有效化解各类矛盾纠纷。

2009年2月底至2011年9月底，完成新规划区5000余亩的征地及拆迁、安置工作，征地拆迁安置涉及2个镇、7个村近6000余人。按照政策规定，支付征地拆迁各项补偿补助总额为17.25亿元，其中使用辽宁援建资金637.5万元。

华晨小区道路工程　华晨小区道路工程是辽安工业园区重要的基础配套设施，项目总投资9000万元，全部为辽宁援建资金。

2009年，辽宁鞍山市政公司承担建设任务，2010年4月，工业园区华晨小区道路工程全部建设完成，完成投资9000万元。共新建及改扩建道路7条，道路长10公里。其中华晨小区1号路长2148米、宽24米，华晨小区2号路长866米、宽28米，华晨小区3号路长872米、宽45米，华晨小区4号路长845米、宽28米，华晨小区5号路长845米、宽45米，华晨小区6号路长4079米、宽60米，九曲路一段长750米、宽16米。

华晨汽车及发动机零部件园区标准厂房　2008年10月25日，辽宁省政府有关领导与辽宁华晨集团领导签署《华晨集团援建安县汽车零部件投资意向书》；2009年4月22日，县人民政府与辽宁华晨汽车集团举行“华晨汽车及发动机零部件工业园”签约仪式。总投资15亿元的辽宁华晨汽车及发动机零部件项目正式落户辽安工业园。

“华晨”汽车及发动机零部件园标准房建设总投资2.2亿元，全部为辽宁援建资金。建设冲压车间、汽车座椅厂、总装车间、检测调试车间、焊装车间、油箱油管厂、空调厂、电器厂、平架厂、货厢厂、涂装车间、油化库、办公楼、综合楼等14个子项目。面积总计35万平方米。经过统一招投标，最终确定设计方沈阳万宸建筑设计有限公司、重庆同乘工程咨询设计有限公司，监理方重庆华兴工程监理有限公司，建设中标单位甘肃第七建设集团股份有限公司、绵阳万华宏达建筑有限公司、绵阳华明建筑有限公司、四川西诚建筑有限公司、本溪永升建筑有限公司、四川正杨建筑有限公司等。

8月20日，标准房开工建设。至2010年12月完成冲压缩油箱油管厂、空调厂、整车调试检测车间、座椅厂、货厢厂、焊装车间、总装车间、斗架、电器厂标准房建设，共建成面积20万平方米。2011年9月底完工。

辽安工业园电力设施　为完善工业园区整体配套设施，解决工业用电问题，辽安工业园在建过程中，同时启动110千伏专用变电站输变电工程。该项目总体投资6866万元，其中辽宁援建资金3000万元。设计、监理方四川华煜电力设计咨询有限公司，中标单位安县恒源电力实业开发总公司。截至2011年9月，项目完成投资2000万元，完成设计、立项等前期手续和部分设备采购，平场工作完成，土建进场施工。其中投资1000万元，由安县恒源电力实业开发总公司设计、监理、完成的临时用电项目现已完成，解决包括华晨汽车花荄工厂在内的辽安工业园区域大部分入驻企业建设工地的施工及临时用电问题。

辽安工业园110千伏专用变电站输变电工程建成将主要为园区华晨汽车及发动机零部件工业园提供永久性电力保障，以提高园区要素保障能力和综合承载水平。

界牌园区道路工程　界牌园区道路工程即园区物流通道工程为辽宁援建项目，总投资12650万元，其中辽宁援建资金投资6300万元，道路规划总长3232.34米、宽23米，设计能力为双向6车道，为标准城市一级主干道。辽安工业园界牌园区道路位于安县工业园区西南部，北接华晨工业园一号路，工程终点为77123部队地下隧道道路，为西北—东南走向，占地约322亩，项目范围涉及界牌镇金凤、石安、永丰、竹林四个村组。

正在建设的辽安工业园

界牌园区道路工程设计单位为辽宁省建筑设计研究院，监理单位为辽宁方圆建设项目管理有限公司，中标单位沈阳市市政修建有限公司。2011年3月施工单位进场施工，并陆续完成污水管线约3000米，雨水管线约6000米，水稳层铺设约6万平方米及水稳层养护、路缘石安装和沥青路面的铺设工作。

第二节　海绵生物礁国家地质公园

一、桑枣旅游区基础设施建设

桑枣旅游区基础设施建设项目由辽宁全额出资援建。2009年3月27日，绵阳市发改委批准该项目立项建设。桑枣旅游区基础设施建设项目总投资3000万元，包括游客接待中心、景区道路绿化、亮化、黑化等工程，同知名高等院校共同建成地质博物馆。经过招投标，确定设计单位为辽宁省建筑设计研究院；地勘单位为绵阳恒博岩土工程勘察设计有限公司；监理单位为辽宁省建筑设计研究院项目管理咨询公司；施工单位为绵阳市万华宏达建筑有限公司。

2009 年 11 月 28 日开工，县建设工程质量监督站对工程建设全过程进行监督。2010 年 1 月 5 日进行地基验槽，12 日进行图纸会审，并对施工图纸及基础存在问题进行讨论协商，对存在问题由设计单位逐个说明解答，暂时无法确定的问题，设计单位再进行核算并做设计变更单。2010 年 12 月 1 日验收合格并交付使用。桑枣旅游区各项基础设施共建成游客接待中心建筑面积 3790.14 平方米，框架结构，独立基础，两层建筑，主要为坡屋面形式，消防水池为配套设施，钢筋砼结构，满堂基础。景区道路黑化 2 公里，更换景区路灯 400 盏太阳能路灯，景区绿化 30 亩，改建凉亭一座，步行道路 1.5 公里。

二、罗浮山环山公路

设计规划景区北环线全线长 3.6 公里，自行车道 2.3 公里。道路经晓坝和桑枣 2 个乡镇、3 个村、7 个组，占用土地 115 亩，项目概算投资 3150 万元，全部由辽宁援建资金拨付。由辽宁出资，为“交钥匙”工程。

经过公开招标，具有一级建筑资质的中标承建单位辽宁省建筑公司于 2010 年 5 月进场开工建设。项目监理由辽宁省监理公司负责。2011 年 8 月，罗浮山环山公路工程正式交付使用。项目包括新建景区道路北环线 3.4 公里和自行车道 2.3 公里，桥梁 2 座，桥涵 4 处，涵洞 14 处，新建农田水系水沟 1000 多米。罗浮山环山公路建成后，有 7 米宽的车道、3 米宽的自行车道和 2.5 米宽人行道。

三、千佛山景区道路及防洪工程

2009 年千佛山景区道路及防洪工程项目经县发改委批准正式立项。计划总投资 1000 万元，资金来源为辽宁省全额援建。项目设计单位为绵阳市川交公路规划勘察设计有限公司，监理单位为四川泰兴建设管理有限责任公司，施工单位为重庆黔程建设（集团）有限责任公司。项目建设内容：金溪湖三道坝的防洪治理，景区老街的防洪治理，景区震后恢复重建地质灾害评估及勘测。

2010 年 3 月，金溪湖三道坝的防洪治理和景区老街的防洪治理全面完工，新建挡土墙 1000 米，铺设交通道路 2 公里，堡坎 800 米，以及小型排水沟等。

春社踩桥

第七章　人力与智力建设

第一节　劳动生产技能培训

一、农业技术

为确保援建工作的有效推进，辽宁省农委专门成立由省农委副主任孙轶为组长的工作组和省农业技术推广总站站长李长山为组长的专家组先后8次赴安县进行农业援建工作。

2008年6月28日，辽宁省农委工作组、专家组赴安县了解灾情。进行调研摸底后，工作组从农技推广服务体系恢复重建、农业有害生物预警体系恢复重建、良种繁育体系恢复重建、国营农场恢复重建、设施农业恢复重建、损毁农田恢复重建、农村沼气工程恢复重建、特色农产品产业化生产基地恢复重建、农机系统恢复重建等九大方面提出援建策略及方案，编制《辽宁省农委援助安县软实力建设培训方案》。

农房重建技术培训

通过恢复农村沼气池建设的援建，省农委专家组为安县培训沼气施工人员300人，平均每个乡镇有10人—20人接受培训，建立起沼气施工专业技术队伍，配套建成农村集中沼气气化站。省农委专家依托当地优势产业，开展食用菌、小拱棚西瓜和魔芋的规模化和标准化生产技术培训。11月19日至22日，省农委对安县蔬菜生产开展技术指导，派出蔬菜专家赵义平研究员进行现场指导培训。以农业技术培训为主，实现长期持续援建目标。

二、劳动就业和技能

灾区务工人员到辽宁接受培训　在对口援建安县地震灾区过程中，辽宁始终把就业援助作为重中之重，多次与安县政府有关部门进行就业服务工作对接。辽宁省人力和社会保障厅在对口援建中，为保证务工人员上岗有技能、权益有保障，提高灾区劳动者的就业能力和素质，通过定向培训、定单式培训等方式，开展针对性、实用性强的技能培训。

2008年8月14日，营口劳动部门到沈阳北站迎接安县地震灾区的34名务工和接受培训人员。培训地点选在营口伟宏职业技术学校，学习期间由营口老边区免费提供食宿及一切生活用品。

截至10月16日，34名学员在挖掘机、装卸机和焊接专业上都能达到独立操作的程度，经严格考试考核，除个别年龄小以外，都获得初级职业技能证书。

大连市公共职业介绍中心还根据灾区务工人员的职业技能情况和培训需求，选择多项适合灾区务工人员的技能培训专业，开展有针对性、实用性、有效性强的专业技能培训，安排4名灾区务工者参加技能培训。

9月8日，辽宁省劳动和社会保障厅召开针对“对口支援安县灾区技术工人和农民工就地培训工作”会议。会议研究部署省厅对口支援安县技工培训工作。辽宁省劳动保障厅与安县劳动保障局携手开办“灾后重建，建筑技术人员职业技能免费培训班”，涉及放线工、砌砖工等10个建筑方面工种培训，并获得相关部门颁发的职业资格培训合格证书。截至2011年9月30日，该建筑安装培训班开班3期，累计培训人员600多人。

灾区群众就业岗位援助　辽宁省劳动和社会保障厅组织专门人员到各企业进行实地考察，采取多种形式广泛搜集岗位信息。岗位选择坚持优中选优，月工资不低于1200元，企业用工规范，能够提供良好的食宿条件。省社保厅还和安县劳动和社会保障局组建就业援助直通车，深入安县灾区援助对象家中，开展送岗位、送政策、送技能、送服务、送温暖和落实社保补贴等活动。

2008年6月18日，根据全省各市的情况，辽宁省劳动和社会保障厅下发《关于紧急征集就业援助岗位的通知》，要求全省各市劳动和社会保障部门立即采取多种措施，采集一些招工量大、提供食宿、工资待遇较高的岗位信息，及时上报省人力资源管理调配中心。6月30日，辽宁省人民政府与四川省人民政府共签订帮助安县对口就业援助协议书，制定向地震灾区安县提供有效岗位信息、帮助灾区劳动者在辽宁实现就业、支持和帮助安县灾区劳动者实现就地转移就业的就业援助工作规划。沈阳市组织专门人员到安县灾区深入摸查劳动力信息，并开通3条远程见工系统专线进行视频面试，方便灾区劳动者到沈应聘；葫芦岛市选派职业指导师赴安县灾区开展求职面试技巧、求职心态调整、职业生涯规划等多方面的职业指导服务，帮助他们消除外出务工的顾虑。

7月24日，辽宁团省委农村青年工作部携辽宁省青花集团到安县劳动和社会保障局慰问职工、洽谈青年劳动力转移事宜。决定在辽宁组织一批有实力有用工需求的企业到四川招工，以减轻灾后安县就业压力。7月26日上午，辽宁省劳动保障系统和县人民政府在安县行政大楼前举行“辽川同心·辽企爱心同盟现场招聘洽谈会”。辽宁省劳动保障系统和辽宁的51家企业招聘代表共60余人参加这次洽谈会。辽宁的51家企业，共提供2590个岗位。共发出宣传资料5600余份，达成就业意向约590人。抚顺市劳动保障部门及援助灾区就业工作领导小组带领用工企业副总经理、矿长等一行6人，赴安县灾区参加此次招聘洽谈会并现场进行招聘洽谈和面试。抚顺市振兴矿业有限公司沃谷铜锌矿共提供凿岩工，搬运工等300个就业岗位，组织现场报名76人。8月14日，首批安县灾区劳动者已抵达抚顺，抚顺市劳动保障部门安排接收第一批33名到辽务工人员和5名家属在抚就业。7月25日至31日，营口市赴安县就业援助团参加省劳动部门在安县举办的4场招聘会，营口各市（县）区就业部门和13户企业，提供焊工、电工、保安等岗位供灾区求职人员选择。8月18日，20多名安县到营口务工人员已在营口机床有限公司、营口濮耐镁制品材料有限公司、盖州保安服务公司、营口青花集团、营口淳鑫碳素有限责任公司、营口瑞达铝业有限公司、汇丰物流有限公司、中捷仕达隔板有限公司等企业实现就业。

省劳动和社会保障厅通过电视、信息板、中国移动“农信机”滚动发布用工信息、并面向灾区劳动者的“爱心就业援助”咨询热线电话和绿色通道，为安县提供就业、培训服务。截至2009年10月26日，辽宁省为安县灾区劳动者提供1.47万个有效岗位信息；累计帮助灾区劳动者实现异地转移就业758人，完成劳动保障部计划的151.6%；实现四川省境内就地就近就业8590人；通过援建项目吸纳灾区劳动者就业1.04万人。

第二节　教育培训

一、辽宁教育专家到安县组织培训

2008年8月7日，由辽宁省政府教育督导团办公室正处级督学潘建群带队的中小学教师暑期培训专家组一行6人到安县，在七一实验小学（原文星阁小学）对安县中小学的60名正副校长，200名班主任，100名骨干教师进行为期三天的培训。辽宁师范大学教授、博士生导师杨丽珠，辽宁师范大学教授、博士生导师刘文，本溪市13中学副校长、特级教师谢鹃，抚顺市北台小学校长、特级教师李巍，盘锦市第二中学校长、特级教师池军华分别就如何促进灾区基础教育工作全面恢复、更新灾区教育工作者和教师教育观念、提高教育教学能力等进行全面讲解和诠释，并重点设置《做阳光教师，让我们的教师之旅充满幸福和快乐》《老师如何帮助儿童》《生命（死亡）教育》等培训命题，加强灾区教师心理疏导能力。

辅导编排文艺节目

2009年9月19日，由辽宁教育专家谢艳珍、景敏、刘文、徐世贵、周宝利、李亚东、郝军组成的第一期援建讲师团到安县，在桑枣中学对全县1135位教师进行为期两天的“现代教育教学思想”“预防职业倦怠的策略”“课堂教学与指导艺术”的培训。

2010年4月24日，辽宁教育第一线的专家刑泰、赵雪红、徐世贵、戴志强、董大方、顾元彩、俞万祥、杜德林、孟庆欣、周丹、冯迤组成的第二、三期师资培训援建讲师团到安县，在安县中学、桑枣中学分别培训中小学教师2886人次，从震后心理健康、课程改革、德育工作创新、新课程理念下的课堂改革、教师专业成长、学校管理等进行讲解，抚慰灾区教师的心理、提升现代教育理念、丰富课堂教学方法、启迪德育教育的新思维、解析学校管理的内容与方法，广大参培校长、教师、学校管理人员在教育理念上得到提升，工作方法上得到进一步更新。特别是大连市沙河口区教师进修学校校长董大方的《优秀班主任必备的素质及工作方法与经验交流》讲座，让大家从师魂上受到一次洗礼。

二、安县校长、教师到辽宁考察培训

2009年10月14日与2010年4月9日，按照辽宁省政府工作部署，辽宁省教育厅、辽宁省行政学院分两批次组织安县86名中小学校长及管理干部赴辽宁，就如何转变教育观念、提高校长的管理能力和水平分别进行为期一周的培训、考察和调研。听取辽宁教育专家郑重的“校长的教师观”、孙远航的“学校发展规划与实施”、刘凌波的“教育改革与学校发展”等理论讲座；沈阳市140中学倡导“学生行为习惯养成教育”的成功理念、杏谈小学强调的“科学创新求发展”、白塔小学的“注重孩子的全面全能特长特色发展”为安县校长管理学校、办好教育提供一定的参考和借鉴。

截至2010年4月底，辽宁省共派出30余名优秀教师或教育专家，为安县培训校长及管理干部100名、教师3000余名；组织86名安县中小学校长、教师到辽宁省培训，通过开展讲座、互相研讨等活动，对安县3300多名教师全部轮训一遍，促进安县基础教育全面恢复，保证灾区教育健康、持续发展。

第三节　医疗技术培训

一、卫生对口合作协议

辽宁省的援建使安县卫生事业发展至少提前20年，推进安县“以城带乡、优势互补、县乡村医疗机构更好服务群众”的城乡卫生一体化进程，实现“小病不出乡镇，大病不出县”目标，让安县老百姓愿意到医院看病，“小病拖、大病扛”的现象明显改变。

辽宁省主动变对口支援为对口合作。2010年10月30日，辽宁省卫生厅与安县人民政府在辽宁会馆签署卫生对口合作协议。辽宁省卫生厅、辽宁省人民医院、辽宁省中医院、辽宁省疾控中心、辽宁省妇幼保健院、辽宁省卫生监督所分别与安县相对应的卫生部门，14个市卫生局与安县18家乡镇卫生院结成“合作帮扶对子”。合作内容包括：全面提高管理水平，安县卫生局达到省内县级卫生局优秀水平，安县人民医院达到三乙标准；安县中医院完成二甲复查；所有村卫生室建成标准村卫生站；辽宁省每年选派两批由中级医师及以上职称的专业技术人员和管理人员，派驻安县受援单位1至3个月开展援助活动等。有计划、分期分批地免费接收并安排受援单位的业务人员进修培训；做好安县卫生县城创建指导工作；选派专家指导卫生县城创建工作，力争将安县逐步创建为省级、国家级卫生县城。

二、培训和健康教育

辽宁省医疗卫生工作队重点加强培训和健康教育工作，对“四层人员进行科学培训”：即重点加强对县级医疗卫生机构的技术骨干、专业人员的培训，对乡镇基层卫生技术人员的培训，对志愿者和非卫生技术人员的培训。培训形式是对县级医疗卫生机构的技术骨干、专业人员制定培训计划，安排技术骨干到辽宁免费进修、学习。通过讲座、查房、研讨等形式对乡镇、社区等基层卫生技术人员进行培训，积极培训师资力量，组织全员培训。医疗工作分队轮流到县医院、中医院、各乡镇卫生院开展巡回医疗，对当地医务人员进行课内培训、手术指导、心理辅导，指导心理咨询室的建立，现场对有关医务人员做心理咨询的示范培训；对全县有关医务人员举办“灾后心理干预师资培训”的讲座；按照医务人员科室分布及要求配置所需专业人员，采取“一带一”培养计划，接诊病人后，进行广泛交流和探讨，达到共同提高的目的。制定专题讲座计划，不定期举办专题讲座，讲授疾病的诊断、治疗和新技术、新进展，同时对疑难病症进行病例讨论，在讨论中增长知识和水平。协助安县制订医疗质量管理制度和行动实施方案，组织安县所有医疗卫生人员进行以医疗卫生法律法规、医院工作制度、医疗护理操作规范及诊疗标准为主要内容的学习培训。组织专业人员按照《预防接种工作规范》的有关规定和要求，到各乡镇卫生院，对参与预防接种工

沈阳市妇联对口帮扶

作的人员进行培训；对安县卫生防疫、卫生监督、疾病控制工作人员进行培训；对安县疾控实验室人员进行“原子吸收基本理论及仪器使用注意事项”的专项业务培训；举办对口支援安县医疗卫生管理干部培训班，对安县医疗卫生管理干部进行培训。

2008 年 6 月至 2011 年 9 月 30 日，安县人民医院 4 人免进修费和住宿全在辽宁参加累计 459 天学习培训，内容涉及检验、放射、重症医学等方面。2009 年 5 月至 2011 年 6 月安县中医院院长张加宇、副院长刘翱及 53 名医护人员先后 3 次到辽宁参加医院管理人员培训。

2010 年 5 月 23 日至 30 日，安县 20 人医卫工作者到中国医科大学附属盛京医院参加培训学习，辽宁省卫生厅领导、医政处、盛京医院领导、护理部、医务部、预防感染科等负责人分别作题目为：农村卫生政策与新农合解读、医院危机管理、医院管理的组织结构重组与运行管理、护理管理改革与创新、医疗运行中的质量管理、医院感染关键环节管理、医院文化建设的专题讲座，播放介绍盛京医院的电视片，参观医院医务部、护理部、院感科、医患关系办公室、财务人事科等科室，并对参加培训的 20 人开展培训评估。

2010 年 6 月 6 日至 13 日，第二批共 23 人，在中国医科大学附属第一医院参加培训学习，省卫生厅领导、医政处负责人、附属第一医院领导、医务部、护理部、院感科等负责人分别作农村卫生政策与新农合解读、树立医保观念，增加费用意识、医院危机管理、医院感染控制、医疗质量与安全的重要保障、护理管理与优质护理服务、提高医疗质量，保证医疗安全的专题讲座，参观附属第一医院各管理部门。

第四节　科学技术培训

一、概况

为切实贯彻落实科技部“灾后重建科技特派团帮扶工作”部署，辽宁省科技厅制定调研—恢复重建—快速发展的“三步走”计划。在项目领导小组组长、科技厅副厅长张强率领下，特派团负责人及成员多次到安县，对当地的魔芋生产、受害情况及栽培环境条件进行摸底，并走访其他魔芋生产省份的著名生产区和研究单位。通过考察和学习，制定对口援建绵阳市安县灾后重建工作实施方案，并提出切实可行的技术服务、技术培训及示范推广计划。2008—2009 年，特派团在多次去往魔芋主要生产区进行实地考察的基础上，建立良种繁育基地和无公害生产示范基地；帮扶魔芋深加工企业进行技术创新，使企业尽快恢复灾后生产。2010 年，巩固和扩大示范基地，配合当地相关部门，大规模提高魔芋种植面积，改进魔芋生产加工技术，通过全面的技术保障，突破灾前的产业规模，使安县魔芋产业快速恢复，魔芋生产及加工技术得到全面提升。

二、项目实施

建立魔芋种芋快繁技术体系及繁育基地　引进种芋，解决灾后种芋严重缺乏问题。特派团与绵阳豪茂魔芋食品有限公司合作，先后从云南、贵州、陕西、重庆等地调入种芋 100 吨无偿送给农民，用以保障魔芋种植规模、缓解魔芋加工企业原料短缺和解决农户灾后投入能力有限的困难。2010 年配合安县政府投入 120 万元从云南引进种芋发放于铜钱村、骑牛村等 5 个村。建立安县魔芋品种选育示范田，引进高产、抗病魔芋新品种 10 个，在当地进行比较、试种，选育出适合安县生产的魔芋品种。为安县魔芋生产品种更新换代提供丰富的资源，为栽培生产提供依据。建立种芋生产示范基地。特派团选派多名技术干部赴安县，与县科技局、县科协、县农委办共同协作，到晓坝、桑枣、安昌、茶坪、高川等乡镇多次考察和调研。根据重点乡镇的生态条件、地理位置及交通条件，选定在桑枣镇的大竹村、铜钱村、骑牛村建立种芋生产示范基地 200 亩，并辐射带动繁育基地 3000 亩。

魔芋病虫害防治技术研究与无公害生产示范基地 编制魔芋栽培加工实用技术规程。科技特派团在考查当地生产习惯及气候、生态条件，查阅大量资料，并咨询多位专家基础上编制《魔芋栽培加工实用技术》，该书包含全国魔芋生产方面的先进技术资料，并收录关于魔芋丰产栽培的最新成果和栽培实例。全书共分概说、魔芋的特性、魔芋栽培技术、魔芋病虫害防治、魔芋良种繁育、魔芋贮藏与加工等六个部分，全面系统地介绍魔芋的栽培与加工技术。推广魔芋与玉米间作的栽培模式。根据当地人多地少、土地资源紧张的实际情况，采取两行玉米间套种两行魔芋的方式，既符合间作规律又对喜阴的魔芋生长特别有利，该技术的科学应用实现玉米、魔芋的双丰收。提高单位土地面积收入。帮助安县申请省级无公害产地资格认定。在与安县科技局的共同努力下，2009 年成功通过四川省农牧厅无公害产地资格认定。在桑枣镇大竹村建立 300 亩无公害魔芋生产示范田，用于新技术的试验、展示和推广。

开展魔芋生产技术培训 集中办班授课，培训技术骨干。根据魔芋产业发展需要和不同栽培时期的技术需求，集中举办魔芋生产技术培训班，分别对大竹、铜钱、骑牛等村的农民进行生产技术培训，讲授魔芋良种繁育技术，培训农民达 2100 人次。进行现场技术指导。特派团的科技人员在魔芋不同生长发育关键时期，到田间地头、科技园区，与广大农民面对面接触，指导关键技术实施，讲解疑难问题，操作示范。截至 2011 年 9 月 30 日，科技人员进行技术指导 90 余次。针对当地魔芋产业需求编写《魔芋栽培加工实用技术》，在大竹无公害魔芋生产示范基地发放 1000 余册，其他地区发放 2000 余册。

开发魔芋系列产品 在魔芋精粉提取率、魔芋产品深加工和新产品开发方面开展工作，摸索近百种新方法。积极引进新成果，提高安县魔芋产业化水平。安县魔芋加工企业与西南科技大学于 2009 年 1 月达成《改性魔芋葡甘聚糖技术》科技成果转化协议，共同进行魔芋葡甘聚糖共混改性产品、共聚化学改性产品及互穿聚合物网络交联改性产品的生产经营。2010 年 10 月投产，进一步提高魔芋精粉的利用价值。

豪茂魔芋食品有限公司项目 开展“辽宁省农业科技特派团对口支援安县灾后重建行动”，通过科技部、辽宁省科技厅、四川省科技厅以及安县科技局的协调和努力，辽宁省农业科学院选派多名专业技术人员组成科技特派团，与绵阳市豪茂魔芋食品有限公司达成科技合作协议。特派团专家首先与当地农业科技部门及绵阳市豪茂魔芋食品有限公司员工组成调研组，分别对魔芋受灾情况和生产状况进行全面考察。历经一个多月时间，克服诸多困难，摸清安县魔芋的生产、加工和受灾情况，并在魔芋抢收过程中给予及时的技术指导。特派团到湖北、陕西和贵州的几个魔芋科研单位和生产、加工企业进行学习和考察，聘请多位魔芋专家担任特派团咨询专家，与几家科研单位达成引种协议，2009 年春，为安县引进 10 余个魔芋新品种。考察学习结束后，有针对性地修订特派团工作方案，编写魔芋繁育和标准化生产的技术手册和培训资料，邀请两名专家对材料进行认真的审阅。编撰成册赠予灾区农民。豪茂魔芋食品有限公司与特派团在四个乡镇建立总计 200 亩的种芋繁育基地和 500 亩的标准化无公害生产示范基地，并在当地多次开办培训班，通过现场技术指导面对面与农户交流，记录生产和重建中的实际问题。2009 年 5 月 30 日，辽宁省农科院对口帮扶县科技特派团获得国家科技特派先进集体称号。11 月，由辽宁省科技特派团技术支撑单位辽宁省农科院蔬菜所承担的“魔芋种苗快繁、病虫害综合防治及新产品开发”项目被列入 2009 年度国家级星火计划重点项目，获得国家资金 60 万元。

其他经济作物及特色产业 2010 年初，特派团在充分扩大各繁育、生产基地的前提下，在走访指导魔芋生产之余，在黄土镇和永河镇的平原种植区，帮助当地建立 500 亩的保护地蔬菜生产基地，结合项目单位优势向该地区给予品种、技术、管理、基础设施建设等各方面的技术支持。帮助宝林镇规划 200 亩的保护地蔬菜基地，并为当地特色作物鱼腥草的产业化提供种植、采收、后处理等多方面的科学建议。

三、成效

建立种芋快繁基地 200 亩，辐射并带动安县魔芋繁育基地 3000 亩，加速安县的种芋繁育速度，实现种芋集中储存、统一供应。对农民进行繁育技术培训和指导，提高种芋繁育的质和量，为恢复和快速扩大魔芋种植打下良好基础。进行魔芋栽培和病虫害综合防治技术的研究，建立无公害生产示范基地500亩，定期对农民进行相关生产技术培训和田间指导。为恢复安县魔芋产业、扩大无公害魔芋生产、提高农民生活水平提供有力保障。项目结束后安县魔芋规模化无公害种植面积达3万亩，实现年产鲜芋4.5万吨，经济效益1.1亿元。通过魔芋深加工产品的开发和加工技术的研究，安县魔芋产业链有效延伸，大幅度提高魔芋加工产品的附加值，实现新增产值2000万元。安县魔芋加工企业焕发生机，解决安县魔芋产业问题、灾后重建社会问题和就业问题。

第五节　干部双向挂职

一、安县干部到辽宁省挂职

根据辽宁省“三年援建任务两年基本完成”的项目计划，2009年9月，辽宁省委组织部起草《关于安县选派干部赴辽宁挂职锻炼及学习考察活动的请示》，9月4日，许卫国、王俊莲亲自批示，要求组织部尽快落实。根据省援建办的统一部署，辽宁省分别于2009年10月、12月和2010年3月，采取深入理论学习、实地考察参观等方式分三批共选派安县4名县级领导干部和76名科级、20名副科级党政干部到辽宁省沈阳、大连、鞍山、本溪、丹东等市、县的经贸、招商、民政、组织等部门进行为期3个月的对口培训和挂职锻炼。2009年10月19日至10月31日，首批安县21名科级党政干部赴辽宁省沈阳、大连、鞍山、本溪、丹东等12个市（区）、县进行对口培训及学习考察，10名副科级领导到辽宁5个市分别挂任市、县部门副职。学习内容包括辽宁省情及经济社会发展战略、公共危机管理与应急能力建设、党的十七届四中全会精神学习体会、心理压力调适与领导方法创新。采取集中培训与实地考察相结合、理论辅导与现场讲学相结合的学习形式。学习重点有：国有企业改革与老工业基地振兴、沿海经济带建设与高新产业园区建设、山区农业结构调整与农民增收、城乡统筹发展与城市功能拓展、世界文化遗产保护及东北文化、爱国主义教育基地参观、地区旅游经济发展、城市发展建设。

二、辽宁省干部到安县挂职

根据辽安双方互派干部挂职制度，2008年7月2日，陈政高主持召开领导小组会议，要求做好对口支援安县挂职锻炼干部的选派和管理工作，以使安县灾后重建稳步推进，确保各项援建任务顺利实施。按照省委、省政府的统一部署，辽宁省从交通、卫生、建设、规划、教育等省级部门选派45名有着丰富工作经验的干部到安县进行为期1至2年的挂职锻炼。挂职干部发挥自身优势，吃苦耐劳，顽强拼搏，积极奉献，表现优秀，在安县灾后重建方面做出贡献。

2008年7月11日，经中组部选派，辽宁省交通厅公路局副局长郭向前被任命为安县县委委员、常委。7月18日，安县第十六届人大常委会第十次会议通过，任命郭向前为安县人民政府副县长。2009年12月，郭向前被任命为安县县委副书记。主要分管交通工作。

第六节　其他人力智力支援

在帮助安县人民重建生活家园的同时，辽宁省还为安县人民提供多种形式的人力智力支持，帮助安县提高“造血”机能。

2008年6月5日，辽宁省总工会副主席张征率领6支电影放映队、35人和30部精心挑选的革命教育题材电影到安县集中安置点，给灾区人们送去精神食粮。累计放映200多场电影，观看群众达数十万人。

7月14日，辽宁省抚顺特警、辽宁电视台记者到花荄小学，开展传承雷锋精神暨“共建灾区精神家园”的捐书活动。辽宁省抚顺特警和辽宁电视台的工作人员与该校学生一起开展活动。7月21日，为贯彻落实《教育部关于为地震灾区中小学生举办夏令营活动的通知》的精神，辽宁省教育厅、省教育基金会在辽宁沈阳和大连两地联合举办“辽宁—安县中小学生夏令营”活动。历时7天的夏令营活动，让灾区的学生们既感受到东北的历史文化和风土人情，了解先进的科学技术和经济发展，恢复努力学习、重建家园的决心。

8月5日至10日，安县十名孤残儿童到沈阳与9户爱心家庭结成对子，参加“奥运圆梦之旅”。

10月8日13时，大连市10名特警全副武装登车出发前往沈阳，与全省其他援建队员乘飞机赴绵阳，前往安县执行对口援建任务。10月9日，由大连市妇联、市妇女会馆、市慈善总会与爱心企业特莱维国际集团（香港）组成的救助地震灾区单亲妈妈慰问团一行10人，到安县，看望慰问“安县单亲妈妈”。

11月27日，辽宁省大化集团向安县灾区群众捐赠960本由该集团“刺槐漫画组”新编的漫画书籍。该漫画扉页注明：“此书捐赠安县人民，送去幽默，送去微笑，送去快乐，我们的心永远相连！”

辽宁省委常委、常务副省长许卫国看望辽宁在安县的电影放映队成员

12月3日，大连市文化局局长、党委书记王星航，副局长李贵林，文化处处长张丽君，大连市图书馆馆长张本义，副馆长辛欣和大连电视台文体频道，大连日报社记者以及四川省图书馆领导一行到安县，查看图书馆、文化馆、乡镇综合文化站等文化基础设施的受灾情况，与安县文化主管部门及员工座谈，向安县图书馆捐赠图书共计3万册。

地震后，辽宁省教育厅赴安县工作组专程走访慰问“用爱心铸就高尚师魂”的花荄镇中学教师郑发富、“用生命的最后姿势诠释忠诚”的秀水一小教师刘小艳和“生死面前，大爱无言”的秀水镇佳欣幼儿园教师张红梅等遇难教师的家属。

2009年1月5日，辽宁省书法家协会组织省十多名著名书法家，开展为安县受灾群众撰写春联、涌献爱心活动，在春节前夕，将两万多套经过特殊设计印制的春联运到安县，分发给广大乔迁居民。1月9日下午，辽宁省驻安县对口支援指挥部赴日本专家学习组成员刘志虹，为安县规划和建设局干部职工及沈阳建筑大学抗震救灾志愿者举行题为《日本防震减灾经验介绍》讲座。讲座介绍日本的国情，日本的防灾体系、防灾技术、救灾体系及经验和感受。1月11日，834箱1万套共10万本《辽蜀同心科技进家平安幸福》科普系列丛书，在辽宁省新华印刷厂装车运到安县。主要针对安县农村实际，重点传播农户防震减灾、生产生活、科技致富等科普知识。丛书内容通俗易懂，可操作性较强。

12月22日，沈阳市珠江五校学生寄出46张新年贺卡，将46名同学发自内心的深深祝福传递到沸水镇小学。

在地震两周年纪念日之际，举办“同一个家园辽安同心少儿书画传真情”活动，辽宁省14个市的数千名中小学师生代表共同参加现场创作活动。

第八章 其他类项目

第一节 防震减灾项目

一、建设背景

地震中，永安泉水氡取样点被毁，办公用房及观测仪器、设备均遭到不同程度的破坏。震后根据国家民政部行政区划调整方案，安县防震减灾局从安昌镇迁花荄镇异地重建。2008 年 6 月 16 日，编制完成《安县地震办公室“5·12”大震震后防震减灾及恢复重建规划》，该《规划》共分 14 个子项目，对震后观测站搬迁、观测站建立、观测网络布局及地震知识普及做出详细规划。

安县防震减灾恢复重建项目表

表 91　　单位：万元

序号	项目名称	主要内容	经费
1	安县地震台搬迁	将安县地震台迁至花荄镇	300
2	数字化测震项目搬迁	数字化测震设备搬迁至花荄、并新建仪器房（摆房）及其附属设施	50
3	新建 GPS 监测子台	在安县境内建立 2 个 GPS 监测子台，监测地壳水平和垂直运动情况	30
4	新建数字化倾斜观测台	在安县境内建立 1 个数字化倾斜观测台。	30
5	新建数字化重力台	在安县境内建立 1 个数字化重力观测台	80
6	新建水化和气体数字观测站	在安县桑枣镇上清或香溪建立 1 个数字化水化和气体观测站	30
7	恢复全县强震观测台网	恢复遭破坏的安昌、永安、塔水 3 个强震台	30
8	重新建立较为稳定的地震宏观观测网络	在全县沿龙门山断裂带建立 5 个宏观点。	5
9	建立高标准的通信网络系统	县地震办公室配备卫星电话及大功率电台通信系统	10
10	建立一支高素质的防震减灾工作队伍	地震办台增加高素质的专业技术人员 3 人	—
11	强化建筑工程抗震设防管理	严格按照新抗震设防烈度管理和地震安评管理	—
12	加快农村民居安居示范工程建设	在地震高烈度地区分别指导建立农村民居安居示范工程，提供相应设计图纸	10
13	建立防震减灾科普宣传网络	建立宣传点 10 个、编写相关科普资料，建立 1－2 个教育基地	10
合计	13 个项目	—	585

2008 年 12 月 31 日，四川省地震局下发《四川省地震局关于同意恢复重建安县地震观测业务用房的通知》（川震发财〔2008〕412 号）安排重建资金 95 万元，用于安县防震减灾业务用房建设。2009 年 4 月 1 日，按照安县规划和建设局统一规划，安县防震减灾局观测业务用房选址于花荄镇文胜路侧道，建

设用地面积3亩。5月，四川省地震局多名专家，确定地震监测台建在花荄镇联丰村二组猫儿沟一带。

2009年7月14日，按照四川省地震局的要求并结合安县实际，安县防震减灾局将灾后重建项目，由14个子项目调整为3个大项目。7月20日，安县发改局发改经贸〔2009〕510号文件同意安灾后重建防震减灾观测业务用房项目立项，项目建设地点定于花荄镇文胜路侧道，建设内容为：建设观测业务用房1050平方米，购置网络信息及应急指挥设备，项目投资概算为375万元，其中中央灾后重建基金280万元，四川省地震局重建资金95万元。9月7日，县防震减灾局将重建规划再次进行调整，将安县水化及气体观测台重建项目并入县地震台观测房及配套仪器项目。9月，绵阳博源建筑设计有限公司完成县防震减灾观测业务用房施工图设计。12月，县人民政府为解决具体问题，经研究并请示辽宁援建指挥部同意，将县防震减灾灾后重建纳入辽宁援建项目计划。

安县灾后重建项目调整表

表92　　单位：万元

项目名称	建设地区	批准建设规模及主要内容	资金
安县防震减灾观测业务用房	花荄镇文胜路	重建办公用房、网络节点机房、综合观测、分析处理、会商及应急指挥中心用房1100平方米、建设用地3亩，购置应急指挥中心及部分办公设备。	375
安县地震台观测房及配套仪器	花荄镇联丰村	地震台观测房130平方米，建设用地2.5亩。含微震观测台40平方米，仪器一套；重力观测台30平方米，仪器一套；倾斜观测台30平方米，仪器一套；井孔形变观测台30平方米，形变观测仪器1套。新钻观测井1口，50米深。	405
安县水化及气体观测台	桑枣镇	拟在桑枣镇上清或香溪新建1个数字化水化和气体观测站、建设用地0.5亩，观测房30平方米、仪器一套。	120

2010年2月10日，辽宁省发改委《关于同意调整辽宁省援建安县三年任务两年基本完成项目计划的函》正式批准将安县防震减灾灾后重建列入辽宁援建，并将该项目正式确定为“灾后重建防震减灾观测业务用房”和“灾后重建地震台站及配套仪器设备建设”两个子项目。21日，县发改局《关于变更安县防震减灾局灾后重建防震减灾观测业务用房建设项目资金来源的批复》，将防震减灾观测业务用房中央灾后重建基金变更为辽宁援建资金，并将援建资金额度调整为667万元。2月23日，安县防震减灾局会同四川省地震局、绵阳市防震减灾局技术人员再次对迁建县地震台进行选址，最后确定花荄镇联丰三组猫儿沟吴家坡处为县地震台新址。3月10日，县发改局正式批准县防震减灾局灾后重建地震台站及配套仪器设备2个建设项目立项安发改经贸〔2010〕160号文件，建设地点定在花荄镇联丰村三组，建设内容为：建设1套前兆监测技术系统，包括1个前兆台网处理中心，新建县地震台形变山洞，新增观测项目3项，即重力观测、洞体倾斜观测摆（垂直摆）、钻孔应变观测（体积式）；建设1个数字化测震台网，1个数字测震台网中心；建设1个强震动台站，土建设规模为：建50米引洞及4个仪器洞室，建75平方米观测仪器房。项目投资概算387万元，全部为辽宁援建资金。

二、防震减灾项目的建设施工及管理

灾后重建防震减灾观测业务用房项目由绵阳博源建筑设计有限公司设计，四川伟业建设监理有限公司监理，2010年3月16日完成招标，盐亭建筑安装工程公司施工总承包，3月23日开工建设，12月竣工验收合格。

灾后重建地震台站及配套仪器设备建设项目由四川省川建勘察设计院勘察和设计。湖北建盛工程项目管理有限公司绵阳分公司负责项目监理。2010年4月27日，灾后重建地震台站及配套仪器设备建设项目完成招标，乐山市东城建筑有限公司施工总承包，5月10日开工，12月31日完工。

三、防震减灾项目的建设成果及功用

县防震减灾局监测业务用房由原来的455平方米增加到1092平方米（含仪器房），新增一个50米深的仪器洞室和重力观测、洞体倾斜观测、钻孔应变观测三个前兆监测手段，建前兆台网处理中心、数字测震台网中心、省地震局网络信息中心的信息节点、地震应急系统、科普宣传教育基地。该项目累计总投资762万元，其中辽宁援建资金667万元，四川省地震局重建资金95万元。

第二节　费用性项目

一、援助挖掘机等机械设备

辽宁援建指挥部在安县发现整修道路、拆除危房和灾后重建最需要推土机、挖掘机、装载机等大量机械设备，先后两次支援挖掘机、装载机、推土机等各种大型机械设备30台，总计价值1103.8万元。

辽宁支援安县机械设备一览表

表93　　　　单位：台、万元　2008年6月21日

机械名称及规格	数　量	金　额
装载机 ZL50E－II	18	495
挖掘机 LG6060	8	268
挖掘机 SK210LC－8	2	192
推土机 SD7P	2	148.8
合计	30	1103.8

二、受损水利设施工程鉴定和设计费用

辽宁省先期援建1211.96万元，用于水利设施重建鉴定和设计。辽宁省水科院等厅直属设计机构及所有市设计院参与、阵容强大的设计力量，负责安县异地重建的晓坝镇堤防规划设计，27座震损水库（6座溃坝水库、7座高危水库、14座次高危水库）、4处中型渠堰、5个饮水工程等的设计，以及编制《安昌河总体规划》等。水利设施工程鉴定和设计费用累计投资1988.34万元，其中水库工程1294.86万元，渠堰工程654.25万元，引水工程39.23万元。辽宁到安县震损水利工程现场实地踏勘的设计专家达100余人次，参与设计工作的专家达300人。

三、农村公路设计费用

辽宁省交通厅组织对口支援人员47人参与县交通灾后重建项目的勘测设计。其中由辽宁省公路勘测设计公司派出20名工程技术人员承担江秀路（江油至秀水）一级路的勘测设计工作；由抚顺市公路勘测设计院有限责任公司派驻13名工程技术人员，承担四个在建项目桑绵路、秀拱路、子汉路、秀湖路的外业调查及工程量统计工作和安梓路友谊桥、睢水宝元桥、桑绵路红星水库桥三座改建桥梁的施工图设计；由辽宁省交通勘测设计院派驻14名工程技术人员负责墩秀路（高川至睢水段）三级路勘测设计的外业工作。

根据有关地震灾后重项目规划勘测设计费用优惠计取的相关规定，以及辽宁援建安县的情谊，参加安县交通抢通保通和灾后重建规划勘测设计的辽宁援建单位均按国家发改委、建设部颁发的《工括程勘测设计收费标准》（2002修订本）下浮50%计取费用，县交通局先后与抚顺市公路勘测设计院有限责任公司、辽宁省交通勘测设计院和辽宁省公路勘测设计公司签订秀茶路改扩建工程、安罗路（安昌至罗江界段）公路改扩建工程、桑绵路（桑枣至绵竹界段）公路改扩建工程、秀拱路（迎新至拱星段）改扩建工程、宝元桥、红星水库桥、安县安梓路友谊桥、高川至睢水路改扩建工程、恢复重建规划报告和抢通

保通设计费、四川省江秀路、安罗路新建工程等工程项目的普通公路建设工程勘察设计合同和28座桥隧震后检测评价合同。以上项目所包括恢复重建规划报告编制费、抢通保通设计费、秀茶路（桑茶路）改扩建工程勘察设计费、江秀路和江秀路连接线工程勘测设计费、桥隧检测评价费共计1227.77万元，全部由辽宁援建资金支付。

2008年6月19日至8月19日，辽宁省交通勘察设计院开展地震后病危桥检测工作。先后对28座桥梁进行病危害检测。2009年9月6日，经县财政投资评审中心核定，桥隧检测评价费为105.99万元（不含桥隧维修设计费）。

7月1日，辽宁省交通勘测设计院副院长魏仑带队前往高川、茶坪调查灾情，深入现场核实工程量、制定科学合理的抢通方案。2010年4月9日，经县财政投资评审中心核定辽宁交通公路援建工作组（辽宁省交通勘测设计院）设计的安县震后交通抢通保通设计费为17.42万元。

7月1日至8月25日，辽宁交通援建的抢通规划组（辽宁省交通勘测设计院）对安县交通灾后恢复重建和发展作全面的规划。根据安县经济社会发展的需求，安县交通基础设施恢复重建规划年限先期为2008—2010年、后期为2011—2015年。2009年9月6日，经县财政投资评审中心核定，恢复重建规划报告编制费为44.08万元。

7月28日至10月20日，辽宁省公路勘测设计公司根据辽宁省交通厅党组安排派出的首批工程设计人员对承担的江秀路、安罗路新建工程勘察设计工作。2009年9月6日，经县财政投资评审中心核定，江秀路和江秀路连接线工程勘测设计费为472.98万元。

7月28日至10月15日，辽宁省抚顺市公路勘测设计院有限公司对桑茶路的灾后重建勘测设计工作。2009年9月6日，经县财政投资评审中心核定，桑茶路改建工程勘测设计费为587.3万元。

四、城镇房屋鉴定费用

2008年7月5日，辽宁省建设科学研究院的5名专家对安县中学教学楼等建筑物及18个乡镇的灾后震损房屋进行安全鉴定和评估工作。为使房屋安全鉴定和评估工作有序顺利地完成，辽宁建设科学研究院与县政府签订《安县中学教学楼等建筑物安全性鉴定合同》《安县房屋（住房）震后安全性鉴定及地震破坏等级评估合同》。7月20日安县中学教学楼等建筑物震后安全性鉴定工作完成，鉴定面积为83667平方米，鉴定费用为125.5万元。县委、县政府办公楼、县人民医院综合楼、县人民医院住院楼、安县中学教学楼、西苑中学教学楼、西苑中学礼堂、安县华西远程会诊教学中心等建筑进行震害安全评估工作相继完成。10月8日至12月31日，辽宁省建筑科学研究院第二批30余名专家在花荄、桑枣等18个乡镇展开鉴定工作，共鉴定房屋16431户，248.26万平方米。2009年4月2日至6月1日，辽宁省建设科学研究院第三批23名专家，对迎新、高川、宝林、永河、桑枣等18个乡镇展开鉴定工作，共鉴定房屋24143户，面积376.6万平方米。费用合计约为1200.27万元。

五、有线电视入户

辽宁省援助安县板房有线电视经费266万元，用于安县居民临时安置点、活动板房有线电视线路入户布线所需材料费及高川、茶坪两个极重灾山区乡的广播电视主干线路及其场镇网络建设，并将此项目纳入辽宁省第一批援建项目。

2008年9月，安县有线电视入户项目基本完成，全县各安置点共架设光、电缆40多公里，栽电杆100多根，安装信号传输设备器件2000多件（套），安装有线电视集中收看点61个，活动板房受灾群众有线电视入户8568户，传输中央电视台、辽宁电视台、河南电视台、四川电视台等在内的25套有线电视节目。

六、捐赠金杯面包车

2008年6月，辽宁省民政厅根据辽宁省委省政府指示，从沈阳华晨金杯汽车有限公司采购20台金杯轻型客车、3 台金杯多用途乘用车，总计价值 290 万元，发往安县抗震救灾指挥部。6 月 13 日，中共辽宁省委常委、对口支援安县恢复重建工作领导小组副组长许卫国正式捐赠移交安县民政局。8 月，县民政局将 23 辆面包车分配到全县 20 个乡镇（含震后划给北川的永安镇和安昌镇）和 3 个县级部门（广电局、民政局、审计局）。

七、编制省级文物保护单位修复方案

根据川发改投资〔2009〕1225 号文件精神，将安县受损的五处省级文物保护单位修复工作纳入安县文化自然遗产规划，项目获准实施。

9 月，县文物保护局经请示辽宁省驻安县援建前线指挥部，报辽宁省援建安县总指挥部同意，支援 100 万元编制该五处文物保护单位的修复方案。辽宁省文物保护中心承担编制安县文物保护单位修复方案工作，与安县签订总价为 100 万元的文物修复方案合同。

9 月 28 日，辽宁省文物保护中心 3 位文物专家在四川省文物保护中心李向东主任的带领下到安县，对全县各省级文物受损单位进行实地测量。其中重点对省级文物保护单位花荄文星塔进行实地测绘。

2010 年 3 月 3 日，辽宁文物保护中心组成一行五人的专家组到安县，着重解决省级文保单位文星塔施工中的疑难技术问题，补充完善塔水开禧寺修复方案基础材料。

从 2008 年 10 月至 2010 年 3 月底，辽宁省文物保护中心 8 次到安县，多次实地测量，认真核对，补充完善，各项目修复方案陆续完成，2010 年 3 月完成安县所有省级文物保护单位修复方案的编制工作。将相关方案送至四川省文物管理局进行审查备案。

2009 年 12 月，由辽宁省文物保护中心编制完成的第一个灾后修复项目睢水镇太平桥开始启动修复。经过 12 个月的修复，该桥从原来的桥体严重受损达到全新修复，全面通过验收，2011 年 3 月，完成川西北盛大民俗活动睢水踩桥活动检验。

八、全县 18 个乡镇测绘和规划费用

2008 年 7 月，辽宁省划拨援建资金 2038 万元，用于全县 18 个乡镇测绘和规划费用。辽宁省城市规划设计院参与设计，共完成《绵阳市安县县城（花荄）总体规划》《各乡镇总体规划》及《详细规划》。12 月，《县城总体规划》规划完成并报送四川省建设厅审查，经专家评审一致通过。18 个乡镇启动《各乡镇总体规划》。其中晓坝镇为原地异址重建，2008 年取得四川省人民政府迁址批准，并按规划实施建设，其余乡镇总体规划成果也全部通过专家评审。为将各项规划做实做细，辽宁城市规划设计院在完成总体规划后还进行县城及全县所有镇乡进行控制性详细规划。包括《花荄镇中心城区控制性详细规划》《滨河两岸修建性详细规划》《县城九曲花荄设计》《旧城改造规划》《五路口地区城市设计》和《晓坝修建性详细规划》《茶坪修建性详细规划》等。

九、全县重点产业、风景区、消防等发展规划费用

辽宁省安排 400 万元援建资金，用于全县重点产业、风景区、消防等发展规划。在辽安工业园、现代农业科技示范园等的带动下，进一步促进安县产业经济等各项事业的协调发展。

十、安县科级干部到辽宁交流上挂和教师、卫生人员培训费用

辽宁省通过对安县党政干部、教育系统人员、卫生系统人员开展不同形式的培训，提升安县干部的综合素质和恢复重建能力，保障灾后重建的顺利进行。培训对象为安县部分科级以上党政干部，卫生系统适量行政管理人员、医技人员、公卫人员，中小学校长、教师等。培训费用 400 万元。

十一、辽安扶贫发展基金

辽宁省投入资金 1000 万元，设立“辽安扶贫发展基金”。2010 年 6 月 11 日，经县委办、县府办

〔2010〕65 号文件批准，“辽安扶贫发展基金”项目被列入新增 14 个辽安援建项目之一。

2011 年 3 月 28 日县人民政府第 36 次常务会议议定，同意组建“辽安扶贫发展基金协会”。4 月初至 4 月中旬协会先后在北川县人民银行，县民政局、县技术监督局、县公安局、中国银行安县支行等单位，完成项目审批、注册、备案和开户等前期准备工作。4 月 26 日，辽安扶贫发展基金协会召开第一次理事会监事会全体成员会议，会议推选出名誉会长、会长、副会长，选举产生第一届辽安扶贫发展基金协会理事会理事、理事长、监事和秘书长，组建协会办公室等工作部门、确定办公室工作人员。同时，会议讨论通过《安县辽安扶贫发展基金协会实施方案》《安县辽安扶贫发展基金协会章程》《辽安扶贫发展基金协会资金审批使用程序》及《安县辽安扶贫发展基金协会 2011 年工作要点》。

2011 年 4 月 29 日，辽安扶贫发展基金协会正式成立。基金协会具有独立法人资格，登记管理机关是县民政局，业务主管单位是县扶贫办，协会的工作范围是安县境内。基金协会启动资金为 1000 万元，资金来源全部为辽宁省援建资金，同时接受各机关团体、企事业等单位和个人捐赠。

辽安扶贫发展基金协会成立的宗旨和任务是计划的、有针对性的帮助全县年人均纯收入在 1200 元以下的贫困人口。通过发展产业，增强“造血”机能，改善生产、生活条件，让这些贫困户，每年在上年基础上增加收入 30% 以上，最终实现脱贫致富；同时开展加强与扶贫农头企业、专合组织合作对接，动员社会各界，募集捐赠资金，用于扶贫帮困事业，促进安县农村贫困村、组经济开发，为农村经济和县域经济的发展创造条件；进一步缩小贫富差距，实现共同富裕，为创建和谐安县、幸福安县打下基础。辽安扶贫发展基金成立后得到安县农民特别是贫困农民的广泛欢迎，基金协会成立仅半年时间内，通过龙头企业带动、直接扶持、智力扶持等多种途径和方式，已带动安县近万人脱贫致富，全县建卡贫困户 6208 户、9982 人实现脱贫致富。

辽宁省向安县捐赠援建资金和物资

第九章　辽宁安县对口合作

第一节　辽宁安县对口合作成果

一、主要成果

民生援建项目全面完成　辽宁援建始终坚持突出以人为本、惠泽灾区人民的工作思路。援建项目中，民生工程项目占84%，资金占90%。其中：投入6.4亿元用于城乡住房建设，99329户农户喜迁新居，4176户宅基地灭失农户得到妥善安置，2044套廉租住房拔地而起，城乡面貌焕然一新，人居环境得到显著改善；投入近8亿元实施10个教育项目、14个卫生项目、10个社会福利项目和3个文化项目，使安县社会事业硬件设施建设实现数十年跨越。

基础设施援建项目全面完成　辽宁援建始终坚持夯实安县发展基础，注重功能提升。投入8.2亿元实施15个城镇、农村和农业基础设施项目，极大地提升安县基础设施水平。总投资4.1亿元的辽安路一级公路，全长30公里，纵贯6个乡镇，彻底打破制约安县腹地经济发展瓶颈，这一“民心民生工程”了却了老百姓多年的夙愿，成为百姓的发展路、致富路、幸福路。秀茶路、敦秀路的建设将确保茶坪乡、高川乡生命通道畅通；县城建设如火如荼，“九曲花 ”的打造使安县县城宜居功能和品位得到有效提升，为绵安同城化发展奠定基础。投入2.35亿元的晓坝场镇（原地异址重建）基本完成，成为安县乡镇中的一个品牌和新的亮点。

产业扶持成效显著　辽宁省对口援建安县，始终坚持“输血与造血并重、重建与发展并举”。安排援建资金3.2亿元用于辽安工业园基础设施建设。华晨汽车及零部件项目顺利入驻辽安工业园，规划8平方公里的“辽安工业园”正在抓紧建设；投入6000万元帮助安县发展旅游产业，投入2000万元建设“辽安现代农业科技示范园区”，从工业、产业、旅游等多方面，为安县的长远发展夯实基础。

对口合作不断深化　辽宁省对口援建安县，始终坚持统筹兼顾，从各个方面给予安县全方位支持，不断健全以“感情为基础、利益为纽带、园区为载体、项目为支撑、制度为保障”的对口合作长效机制，不断提高合作发展的层次和水平，在产业发展、经贸合作、科技创新、人力资源等方面都给予安县无私援助，切实增强安县软实力和可持续发展能力。安排100名乡镇和部门干部到辽宁挂职锻炼和考察学习，帮助培训教师4800余人，派出500多名专家到安县支医，给予安县灾后重建巨大的智力支持。共向安县提供4000多个有效岗位信息，帮助1500人实现就业，带动12000余人就地就近就业。

二、主要做法

始终坚持科学重建、和谐重建、务实重建三位一体　辽宁援建从一开始就提出科学援建，把科学规划作为搞好援建工作的前提，高起点、高质量、高标准抓好援建工作。从全省抽调400多名科技人员帮助安县编制重建规划，用科学规划引领项目和投资，努力使所有工作经得起历史、群众和实践的检验。坚持“软件”与“硬件”援建两手抓，把输血和造血相结合，努力提升安县软硬实力。坚持以人为本、民生优先、安居为重的指导思想，把灾区群众满意不满意作为检验援建工作好坏的标准。坚持真抓实

干，以求真务实的精神推动恢复重建，努力做到质量和速度并重，扎实有效地推进整个援建工作。

积极建立有效的省县互动的援建机制 根据辽宁和安县的实际，确定以安县为主导，以灾区干部群众为主体，辽宁全力支持、全力配合的援建工作模式，工作中坚持双方一起策划、一起部署、一起检查、一起落实，最大限度发挥两个优势、调动两个积极性，形成援建工作的强大合力。

狠抓质量、安全和资金三项管理 辽宁援建本着为国家负责、为人民负责、为子孙后代负责的精神，把抓好工程质量放在第一位，采取各种措施狠抓援建项目工程的质量管理，与安县共同制定工程项目质量、安全、资金管理等制度，在所有建设队伍中广泛开展争创“天府杯”活动，提出质量创优、重大事故为零、资金运作安全高效的要求。为加强工程管理，辽宁派出近百人的工程监理、管理队伍常驻安县，配合安县强化工程质量管理，努力打造精品、优质和放心工程，坚决杜绝劣质工程、豆腐渣工程和胡子工程。

把人文关怀贯穿援建工作的始终 地震给灾区造成物质上的重大损失，但心灵的创伤更大。采取组织电影放映队、开展灾区群众心理疏导等方式，精神慰藉灾区群众。特别是组织800多人次的公安民警，到安县维护社会秩序，让老百姓有安全感。

建立长期合作机制，促进辽安两省县的合作与发展 辽宁在对口援建过程中，不仅着眼当前，更着眼未来，通过签订和落实两省县合作与发展协议，建立辽安两省县长期合作机制，努力在经济、社会等各个方面深化交流合作，巩固发展辽安两省县全方位、多领域、高水平的合作关系，促进辽安两省县的经济合作、文化融合、人民友谊。

三、主要经验

辽宁省司法厅对口援助

领导重视指挥有力是辽宁对口援建取得重大阶段性利的重要前提 中央决定辽宁省对口支援安县恢复重建之后，辽宁省委、省政府高度重视，作为一项崇高的政治任务，举全省之力支援安县的抗震救灾和恢复重建工作。张文岳曾饱含深情地说：“安县不安，我心不安！”在震后45天亲赴安县察看灾情，看望慰问受灾群众，研究对口援建工作；王珉高度重视对口援建工作，刚到辽宁工作不久就马上听取对口支建安县工作汇报，并做出重要指示：“继续加大援建工作力度，扎扎实实地做好每一项援建工作，确保援建工程质量和安全，坚决完成党中央交给我们的任务，让中央放心，让安县人民满意。”陈政高亲任对口支援领导小组组长，时刻牵挂灾区重建工作，多次主持会议，就建立援建机制、方式和重大项目建设及资金保障等进行研究部署。主管对口援建的许卫国、王俊莲先后16次亲赴安县检查指导工作。省直部门副厅级以上领导160余人次深入安县指导工作。驻安县对口支援指挥部更是靠前指挥、靠前服务和全面协调，与县委、县政府密切配合，并肩作战，日夜奋战在灾区重建第一线，克服难以想象的重重困难，确保援建项目有力有序有效的推进。辽宁举全省之力对口援建安县，从人力、物力、财力、智力各方面给予安县最大的援助支持，为援建工作提供强有力的组织保障、人力资源保障和物资财力保障。全球金融危机给辽宁经济发展带来

前所未有的严重影响，辽宁省委、省政府仍坚决表示：“不管遇到什么困难，我们对安县支援的决心不变、目标不变、力度不减！要继续加大力度，援建工作要走在全国前列。”

科学的援建机制是辽宁对口援建取得重大阶段性胜利的保障　辽宁对口援建从一开始就确定：以县委、县政府为主导，以灾区干部群众为主体，辽宁全力支持、全力配合的省县互动援建机制，工程项目建设实行“交支票”为主，责任主体主要在安县。这种援建机制在全国18个援建省中是独一无二的，充分体现辽宁对安县的信任和真诚相助。事实证明，这种机制有三大好处和优势：机构精简，运转高效。辽宁派出由副秘书长张征率队及厅局长后备干部的5人队伍组成的前线指挥部，人少效率高，通过他们高水平的工作，保证整个援建协调工作的高效运转，避免人、财、物的浪费，省下更多的钱为灾区群众办事，使每一分援建资金都用在安县最需要的地方。依靠灾区，惠泽灾区。这种机制充分依靠和发挥安县干部群众的主体力量，让安县的干部队伍在灾后重建的实践中得到锻炼和磨砺，极大地提高安县综合统筹、规划设计、项目建设、质量监管等方面的能力和水平，援建的工程就地取材，既把税收留给安县，又有效地拉动地方经济和扩大再就业，带给灾区人民实实在在的好处。据统计，仅辽宁援建工程项目给安县直接增加的税收就达6000余万元。对点衔接，优势强大。这种机制由安县对口受援办公室和辽宁前线指挥部统一组织协调，实行点对点的对接，减少多层次多部门的管理，报批环节少、动作快、效率高，工作中双方同策划、同部署、同检查、同落实，最大限度发挥两个优势、调动两个积极性，凝聚援建工作的强大合力。

辽宁援建者的奉献精神是辽宁对口援建取得重大阶段性胜利的强大动力　对口援建是一项复杂而繁巨的系统工程，面对难以想象的困难，辽宁援建干部把安县作为自己的家，总指挥张征带领援建指挥部同志们，靠前指挥、靠前服务和全面协调，近800个日日夜夜，他们视百姓为亲人，把灾区当故乡，真情投入，无私奉献，和安县的干部群众一起，把“周六保证不休息，周日休息不保证”“五加二”“白加黑”作为共同的工作模式，把“一天也不耽误”作为共同的工作要求，日夜奋战在灾区重建第一线，与安县人民风雨同舟，共克时艰。此外，在对口援建中，辽宁设计专家、技术人员、公安干警3500人次到安县帮助开展灾后鉴定、设计、维稳等工作。他们用理想凝聚力量，用信念铸就坚强，用真情凝结大爱，以恪尽职守的精神、争创一流的态度、苦干实干的作风、严谨高效的品格，在安州大地上抒写辽宁精神、辽宁作风、辽宁效率，成为安县灾后重建的强大精神动力。

2010年9月30日，辽宁省对口支援安县三年援建两年基本完成总结大会在安县举行，陈政高、蒋巨峰出席会议并讲话。

群众的心声

第二节　辽宁安县对口合作框架协议

一、签订协议

2010年9月30日，为巩固对口支援工作成果，根据《辽宁省—四川省合作框架协议》，辽宁省经济合作办公室与县人民政府签订对口合作框架协议。

二、协议内容

合作原则。第一条，市场主导，政府推动。发挥市场机制在资源配置、经济发展中的基础主导作用，促进双方各类市场主体整合资源，推动对口合作持续健康发展。对口合作的协调工作，由辽宁省经合办和安县发改局负责。

第二条，对口支援，深化合作。在全面完成对口支援工作任务的基础上，进一步拓展思路、拓宽领域，充分发挥双方的比较优势，积极推进双向对口合作，构建优势互补、合作互动、共同发展的新格局。

第三条，突出重点，全面推进。双方积极创造条件，制定得力政策措施，力求在具有牵动作用和示范效应的合作项目上先行突破，进而全面推进双方在产业发展、园区建设、商贸流通、文化交流、旅游协作、劳务开发等领域的交流与合作。

合作领域。第四条，工业合作，营造更加开放，更富吸引力的投资环境，建立规范、透明、便利的投资促进机制，鼓励辽宁优势企业到安县投资。创新辽安工业园区建设运行机制，探索共建共管、合作共赢的新模式。积极创造条件，搭建互动平台，扩大企业交流合作，力求取得突破性进展。建立对口合作信息平台，为对口合作提供真实、准确、快捷的信息服务。

第五条，农业合作。鼓励和推动辽宁农业产业龙头企业到安县投资开发特色优势农产品资源，参与建设农业产业基地、观光农业和新农村建设。加强辽宁各类农业科技园区与安县的合作，加快安县绵安省级新农村建设示范片和辽安现代农业科技示范园的建设。积极组织安县有实力的农业产业化企业到辽宁发展。双方农业产业化龙头企业、示范农民专业合作组织到对方投资经营，享受本地企业有关优惠政策。努力挖掘双方优势和潜力，寻求最佳的合作发展方式，使双方的农业产业化水平得到有效提升。

第六条，贸易合作。鼓励辽宁大型流勇企业到安县投资发展，鼓励辽宁品牌产品在安县设立商品专业街和产品专销区，共同组织开展多种形式的展览（销）会，产销对接会等，共同培育打造品牌展会。安县在用地、税收、购房、子女入学等方面，为到安县发展的辽宁流通企业及人员提供优惠政策和便捷服务。

第七条，文化旅游合作。鼓励辽宁企业到安县投资旅游基础设施建设，开发旅游资源和旅游产品，推动两地优质旅游企业跨区域发展。有机整合辽宁的东北二人转、民俗旅游、滨海旅游和安县的川西文化、地震遗址、援建项目等旅游资源，开辟辽宁旅游通道。

第八条，人才交流合作，积极实施“万名劳务去辽宁、百户辽企进安县”计划。辽宁继续加大对安县医生、教师、挂职交流干部以及农民工等人员的培训力度；每年派遣一定数量的医生、教师赴安县支医、支教，同时接收一定数量的医生、教师到辽宁进修学习。

合作机制。第九条，建立工作互访制度，原则上每年至少举行一次对口合作工作会晤，研究决定对口合作重大事宜，协调推进对口合作工作。

第十条，搭建友好往来平台。鼓励和支持辽宁相关县（市、区）与安县缔结友好合作关系。鼓励和支持辽宁相关县（市、区）与安县乡镇建立一对一帮扶机制。

第七篇 英模人物和英雄（先进）集体

Wenchuan Teda Dizhen Anxian Kangzhenjiuzai Zhi

地震发生后，县委、县政府快速反应，迅即成立抗震救灾临时指挥部，启动《安县地震应急预案》。全县20个乡镇党委、政府和696个基层组织第一时间疏散群众，抢救伤员，公安干警、武警、消防官兵、民兵，21400余名党员干部，3000多名教职员工，近千名白衣战士和广大群众纷纷投入到抗震救灾和灾后恢复重建中，奉献生命、奉献爱心、贡献力量，涌现出一批英模人物和英雄（先进）集体，其中包括革命烈士张红梅、刘晓艳、郑发富，受中共中央组织部表彰的抗震救灾优秀共产党员叶志平等。

英模人物中，受中共中央、国务院、中央军委表彰的1人；受中央及国家部委，中共四川省委、省人民政府、省军区和中共辽宁省委、省人民政府表彰的162人；受绵阳市委、市政府、绵阳军分区表彰的67人；受中共安县县委、县政府表彰的249人；受其他部门表彰的299人（包括辽宁援建者）。

英雄（先进）集体中，受中共中央、国务院、中央军委表彰的1个；受国家部委表彰的21个；受中共四川省委、省政府、省军区表彰的4个；受四川省级各部门表彰的60个；受中共绵阳市委、市政府、绵阳军分区表彰的11个；受市级各部门表彰的36个；受中共安县县委、县政府表彰的159个。

第一章 英模人物

第一节 英模传

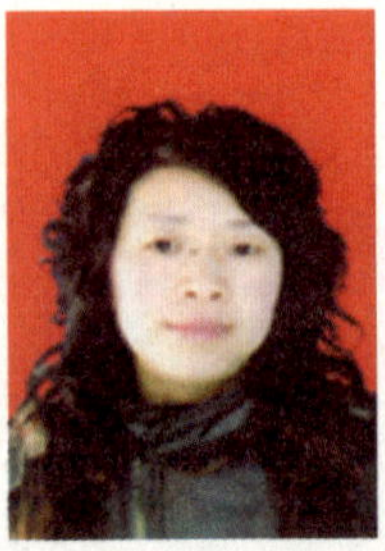

张红梅（1982.10—2008.5.12）女，安县秀水镇人。中共党员，中专学历。秀水镇佳欣幼儿园园长。在汶川特大地震中，因保护学生牺牲。

1998年，张红梅从县职业中专学校毕业后，在秀水镇开办了佳欣幼儿园。她既当园长，又当教师，经过多年的努力，佳欣幼儿园有了一定的规模，并赢得附近村民的信任，都愿把孩子送到她办的幼儿园学习，她自己的儿子也随她在这所幼儿园就读。

2008年5月12日中午，孩子们与平常一样在教室里午休，张红梅和黄小琴老师分别守护着在园熟睡的54个孩子。忽然房屋剧烈地晃动，伴随着轰轰巨响。“地震了！”张红梅立即大喊：“快带孩子们出去！”她一手抱着一个孩子，另一只手拽着几个孩子冲向幼儿园大门，随即黄小琴老师也迅即抱起小孩向外跑。此刻在睡梦中被吵醒的孩子们在教室里惊慌失措地哭喊着“爸爸！妈妈！”……

时间就是生命，张红梅见孩子就往外抱，动作非常敏捷。张红梅的儿子许佳豪，被突如其来的地震吓得躲在教室最里面，看见自己的妈妈来来去去，一直没抱自己，不停地哭喊着“妈妈抱我！妈妈抱我！”张红梅不停地说：“马上！马上！”

在幼儿园附近干活的三位家长以最快的速度冲进幼儿园，与老师们一道疏散孩子，力气大的一次抱两三个，力气小的抱一两个，在短短的一分多钟时间里，教室里只剩下最后3个孩子，张红梅的孩子就是其中的一个。张红梅、黄小琴和家长钟代云再次冲进教室，这是最后一趟！黄小琴和家长钟代云随即抱起另外两个孩子向外跑，张红梅，抱起自己心爱的孩子跑在最后。突然一声巨响，二楼的房屋轰然坍塌，四处弥漫着尘土，张红梅及其年幼的儿子已不见踪影。“张老师！张老师！”任凭大家怎么呼喊，再也不听见张红梅老师的回音，大家冒着余震冲向废墟施救，一根重达几百斤的抬梁压在张红梅的头上，垮塌的水泥板压住张红梅和她怀里的孩子，两个鲜活的生命瞬间被夺去。

2008 年 5 月 30 日，张红梅被中共中央组织部追授为“抗震救灾优秀共产党员”称号；2009 年 3 月，四川省人民政府第 29 次常务会议决定追认张红梅为革命烈士。

刘晓艳（1980. 5—2008. 5. 12）女，安县永河镇人。中共党员，大专学历。秀水镇第一小学汉昌分校教师。在汶川特大地震中，因保护学生牺牲。

刘晓艳出生于永河镇一个农民家庭。她从小一边刻苦学习，一边帮家里干一些力所能及的农活，这样的经历使她形成崇高志向和知难而进、临危不惧的品格。当刘晓艳以优异的成绩考上梦寐以求的师范专业时，村里人都称赞她：“这孩子从小就懂事，将来一定有出息。”

刘晓艳 2000 年 8 月参加工作，一直扎根于村小。她说：“我是农村长大的孩子，农村的孩子更需要我，那儿才是我的根。”在村小，她一干就是八年。

汶川特大地震发生时，担任四年级一班的班主任。刘晓艳正在教室批改英语作业。突然，伴随着沉闷的声音，大地强烈抖动，刘晓艳被这突如其来的震动吓了一跳，随即马上意识到，这可能是地震了！她迅速放下笔，对着吓得乱叫的学生大声呼喊：“同学们，别慌！别慌！听老师的话，马上蹲到课桌下面！马上蹲到课桌下面！”但是，惊慌失措的孩子们已听不清刘老师的喊声。刘晓艳看着尘土飞扬的教室和摇摇欲坠的教学楼，来不及细想，立即叫同学们赶快有秩序地撤离教室，到操场集中。

恐慌中的学生哭喊着向楼道跑去，有的学生惊吓过度，腿脚不听使唤，造成楼道拥挤。刘晓艳站在教学楼楼道拐角处，不停地大喊：“大家不要慌，不要拥挤，到操场上去！到操场上去！”学生一个个跑下楼，冲向操场。这时，楼道中还剩下 6 名学生，刘晓艳一边不断地催促：“同学们，快！快！”一边拉起一个已经吓得跑不动的学生往楼下撤。突然，楼道上方的梁柱和两侧的墙体连同房顶的瓦坍塌下来，无情地砸在刘晓艳和 6 名学生的头上。

操场上的几百名师生目睹这一惨状，都大声哭喊着“刘老师！刘老师！”几个年轻老师冲过去，用双手挖掘废墟。有些学生不顾老师的阻拦，也冲过去用稚嫩的双手在废墟上不停地刨，残砖断瓦划破他们的双手，泪水模糊他们的双眼，他们仍拼命地挖，都想尽快救出刘老师。他们终于看到刘老师的手，她的右手还紧紧拉着一个学生的衣服，一根水泥横梁砸在她的身上，夺去了她年轻的生命。

2008 年 6 月，刘晓艳被中共四川省委追认为中国共产党党员；9 月，被教育部追授为教育系统抗震救灾“先进个人”；10 月，被共青团中央、教育部、全国少工委授予“全国十佳少先队辅导员特别奖”；2009 年 3 月，四川省人民政府第 29 次常务会议决定，追认刘晓艳为革命烈士。

叶志平（1953. 9—2011. 6. 27）四川省绵竹市人。中共党员，大专学历。2011 年 6 月 27 日在灾后重建工作中因劳累过度突发脑溢血去世。

1969 年 2 月，叶志平初中毕业后在塔水镇三泉村（原兴隆公社三泉大队）当知青。1975 年 7 月毕业于绵阳师范学校，分配到沸水镇小学任教。1978 年调入桑枣镇初级中学工作，1985 年 12 月加入中国共产党，1995 年起任桑枣镇初级中学党支部书记、校长。

叶志平担任校长后，把师生的生命安全放在首位，想方设法加固维修实验教学楼，要求施工队把存在安全隐患的厕所楼拆除，重新在一楼的安全处搭建平房厕所。对存在安全隐患的教学楼，重新在原板缝中灌注混凝土，对整栋楼的 22 根承重柱子，按要求把“三七柱”重新灌注水泥，加粗为“五零柱”。对新建的教学楼，叶志平严把质量关，他担心楼外墙立面的大理石贴面掉下来砸伤学生，坚决要求施工者在每块大理石板上都打四个孔，然后用金属钉挂在外墙上再贴好。在汶川特大地震中，新旧教学楼都没有发生倒塌，甚至教学楼“干挂”大理石贴面都没有掉落一块。

从 2005 年开始，桑枣中学每学期都要在全校组织一次紧急疏散演习。每个班的疏散路线、到操场上的固定位置、每列走哪条通道等细节，学校都事先安排好，对老师的分布也有严格的要求。由于平时的多次演习，汶川特大地震发生时，全校师生从不同的教学楼和不同的教室，全部冲到操场排队站好，用时仅 1 分 36 秒。当叶志平看到两栋教学楼和四栋学生宿舍楼均未倒塌，2200 多名学生、100 多名老师安然无恙，他流下惊喜和激动的泪水。他说：“无论是校长还是老师，保护学生的生命永远是最重要的，这是最高的职责，也是最基本的要求。”学生被疏散回家后，叶志平马上组织学校教师投入到抗震救灾工作中，搬运救灾物资、打米磨面，帮助受灾的父老乡亲渡过难关；清理受损校园，搭建临时教室，为复课做好准备。

在抗震救灾、恢复重建工作中，叶志平带领教师埋头苦干。2011 年 6 月 3 日晚，叶志平因操劳过度，突发脑溢血，被立即送往绵阳市第三人民医院紧急抢救。6 月 19 日，中共中央政治局委员、国务委员刘延东和四川省委书记刘奇葆到桑枣中学视察，得知叶志平生病住院的消息，指示一定要尽最大努力挽救叶志平校长的生命。6 月 20 日叶志平转入四川大学华西医院进行治疗。6 月 27 日，叶志平医治无效逝世，终年 57 岁。

2008 年 5 月，叶志平被四川省总工会授予“四川省五一劳动奖章”；6 月，中共中央组织部授予“抗震救灾优秀共产党员”称号；8 月，中国教科文卫体工会全国委员会授予“抗震救灾感动中国师德标兵”称号；10 月，中共四川省委、四川省人民政府授予“四川省抗震救灾模范”称号；2011 年 9 月，中共四川省委追授“四川省优秀共产党员”称号。

郑发富（1966. 8—2008. 5. 12）安县花荄镇人。中共党员，大学学历。花荄镇初级中学教师。在汶川特大地震中，为疏散学生牺牲。

郑发富 1985 年 9 月考入安县师范学校，1988 年 7 月毕业分配在塔水镇初级中学任教，后调入花荄镇初级中学任初三年级组长并承担初二、初三年级的政治教学工作，是安县首届政治学科教学带头人，绵阳市学科（政治）教学带头人，多次被市、县、镇评为优秀教师、优秀教育工作者、师德标兵。郑发富对教学工作认真负责，常年忍受痛风的折磨，以坚忍不拔的意志坚守在教学岗位上，孜孜不倦地刻苦钻研教学，不断改革、创新课堂教学模式，教学质量在全县排名第一。郑发富坚持教书育人，用赤诚的爱关怀、培养学生，深得学生的信任和喜爱。郑发富的家庭经济非常拮据，年仅 14 岁的儿子正在读初中，妻子无固定工作，但他仍发扬大爱精神坚持资助贫困学生，帮助多名贫困学生顺利完成学业。

汶川特大地震发生时，办公室桌椅剧烈摇晃，郑发富迅速站起来大吼一声：“地震了，快！快！赶快疏散学生！”说着冲出办公室，此时他没有顾及正在楼上教室上课的儿子，而直奔他任教班教室。这时，受到惊吓的学生哭着喊着从教室里涌出来，学校领导和老师们都在组织学生撤离。郑发富一边大声地安抚学生，一边把学生一个个从教室里拉出来，楼房摇晃得越来越厉害，学生不顾一切向操场冲去。初二一班的教室门口是一堵围墙，郑发富注意到许多孩子正贴着围墙向外跑，如果围墙倒塌，后果不堪设想。郑发富连忙退至围墙边，阻止学生靠近围墙。就在这时摇晃的围墙开始出现裂缝，郑发富连忙大叫：“不要靠近围墙！”并用力推开身边的几个学生，瞬间围墙轰然倒塌，郑发富被倒塌的围墙砸中，学生们被这突如其来的状况吓得大叫，哭喊着“快救郑老师！”闻讯赶过来的学校领导和老师被眼前的一幕惊呆了：郑发富被仰面埋在倒塌的围墙下，身上堆满砖块，头上、眼睛里全是灰，血从耳朵、鼻孔、嘴里不断涌出来。老师们哭泣着，大声呼喊他的名字，不停地用手刨开他身上的砖块。郑发富的血不停地往外涌，在场的师生悲恸欲绝，拼命抢救。然而，众人的抢救终究没能挽回他的生命，郑发富不幸以身殉职，年仅 42 岁。

2008 年，人力资源和社会保障部、教育部授予教育系统抗震救灾英雄。2009 年 3 月，四川省人民政府第 29 次常务会议决定追认郑发富为革命烈士。

第二节　英模简介

王　黎　生于1956年5月，四川省三台县人。中共党员，硕士研究生学历。2005年9月—2006年2月，任中共安县县委书记；2006年2月—2010年8月，任中共安县县委书记、县人大常委会主任。

汶川特大地震后，中共安县县委紧急启动重大灾情应急预案，成立以王黎任指挥长的抗震救灾指挥部，发布《告全县人民的一封信》，实行能源、物资配额分配。在地震发生后的36个小时内，王黎马不停蹄地奔波在9个乡镇、12个救助点，召集召开紧急会议15次，不顾生命危险4次到通往高川、茶坪的道路塌方险段指挥救援。

王黎命令两名县委常委组织突击队，强援高川、茶坪两个地震“孤岛”，于5月14日凌晨进发。救援部队赶到后，王黎又20余次与部队首长亲赴通往“孤岛”道路的塌方险段研究部署营救工作。5月19日，顺利实现“孤岛”大救援，550余名伤员被成功救出，2万余名被困群众被安全转移到安置点。

面对全县30余万名受灾群众需要安置的艰巨任务，王黎组织人员在7天内建立临时集中安置点192个，安置群众28.23万人。全县各集中安置点在3天内让受灾群众吃上热饭，洗上热水澡。所有安置点建立临时党组织，恢复乡镇、村管理建制。临时党组织带领群众开展防疫、救治、治安维护工作。2008年8月25日，集中安置点群众全部搬进板房。

震后全县形成27个堰塞湖，时刻威胁着下游群众的生命安全，特别是肖家桥堰塞湖，蓄水量仅次于唐家山堰塞湖。王黎不顾余震和山体滑坡时有发生的危险，10次到肖家桥堰塞湖坝顶与工程技术人员现场研究制定除险方案。2008年6月6日，王黎亲自到肖家桥堰塞湖坝顶，现场指挥泄洪，当日11时30分开始疏散群众，13时15分开始泄洪，21时肖家桥堰塞湖除险成功，下游群众安全返回，无一伤亡。6月25日，全县27个堰塞湖险情全部解除。

王黎强力推进各类民生基础设施的恢复重建工作。2008年6月10日墩秀路抢通，7月27日晓茶路抢通，8月20日，全县9600余套板房教室建成使用，120所学校正式开课，50余所医疗机构恢复服务，826公里主要公路基本抢通，20个乡镇的电力、通讯、广播电视、供气、供水基本恢复。

震后产业恢复的压力巨大，王黎在3个月内到55个规模以上企业和县内主要旅游景区，实地调研部署并指导产业恢复重建。截至2008年10月1日，全县382户民营、中小企业已有337户恢复生产，其中69户规模企业已有57户恢复生产，除千佛山景区外，县内各旅游景点全部恢复营业。

王黎带领全县广大党员干部聚精会神抓重建，一心一意谋发展，安县取得灾后重建和经济社会事业发展的决定性胜利。在2009年各项经济指标走出“V”形反转轨迹的基础上，2010年全县地区生产总值完成55.9亿元，是震前的1.1倍；财政总收入完成7.1亿元，是震前的2.5倍；完成固定资产投资70.1亿元，是震前的2.7倍。新建和维修加固城乡住房17.7万户，妥善安置4176户因地震宅基地灭失的群众重建住宅，新建学校49所、医疗卫生机构25个、文化体育项目71个、敬老院和福利院22所、就业和社会保障项目65个、村（社区）组织活动场所255个。安县基本实现“家家有房住、户户有就业、人人有保障、设施有提高、经济有发展、生态有改善”的灾后重建目标。

2008年10月，王黎被中共中央、国务院、中央军委联合授予“全国抗震救灾模范”荣誉称号。

赵迎春　生于1970年7月，四川大竹县人。中共党员，硕士研究生学历。2007年1月—2010年11月，任中共安县县委副书记、县长；2010年8月—2010年11月，任中共安县县委书记、县长；2010年11月起，任中共安县县委书记。

汶川特大地震发生后，赵迎春任安县抗震救灾指挥部指挥长，按照政府职责定位，临危不乱、勇挑重担，立即召开紧急会议，启动重大灾情应急预案，迅速组织力量投入抗震救灾工作。在整个抗震救灾中，赵迎春坚持靠前指挥，周密部署，召开现场协调会19次，指挥部成员会议25次，县级部门和乡镇领导会议5次，积极汇总灾情，研究部署救援、社会稳定、物资供应、宣传等工作。5月12—20日的9天里，他冒着余震，不顾个人安危，先后40余次深入乡镇了解灾情，指挥抗震救灾，30余次深入救助点指导工作，120余次听取灾情汇报。及时落实工作职责、制定有关管理办法，实行能源、物资配额分配，有效保障了救灾物资供应，团结全县一切力量投入抗震救灾工作。

地震当晚，赵迎春连夜赶往受灾严重乡镇查看灾情，到各个救助点和医院看望受伤群众，不惜代价，抢救每一个生命，不放弃、不抛弃，全力以赴救治伤员。着力抓好重点受灾乡镇的救援工作，针对受灾最严重的高川、茶坪两个山区乡镇，20余次到救援前线指挥部现场办公，组织协调部队、民兵预备役官兵和干部群众成功营救出被困群众1.6万人；千方百计协调物资和资金，亲自到现场督战，组织人员在3天时间内搭建好7个救助站，最大限度地保障了12916名受灾群众吃、住问题。妥善安置全县受灾群众，亲自指挥在全县设立292个救助安置点，临时安置受灾群众达27.59万人；通过建临时党组织、帐篷学校、治安巡逻组队、卫生监督组等，使各个安置点管理规范有序；10余次带队到乡镇勘察板房选址，30余次到施工现场察看进度和质量，确保安置点群众尽快入住板房。强力抓实救灾物资的管理、发放、监督、审计工作，确保每位受灾群众住有所居、穿有所暖、吃有所饱。灾区没有一人因工作失误受到二次伤害。强化灾后卫生防疫七项措施，确保大灾之后无大疫。坚持每天过问，10余次到施工现场督阵，确保因灾毁坏的道路、供电、通信、供水等基础设施及早恢复。

灾后重建工作千头万绪、任务繁重。赵迎春带领县政府一班人，凝聚全县力量，顽强拼搏，务实苦干，攻坚破难，取得了灾后重建决定性胜利。科学谋划重建思路，按照县委提出的“一年重点安民，两年全面恢复，三年建设新安县”的总体重建思路，坚持以“科学重建新安县，奋力推进新跨越”为统揽，坚持以人为本，民生优先，突出农房、城镇、基础设施、社会事业、产业和生态环境六大重建，总投资316亿元的755个重建项目基本完工，灾区面貌发生脱胎换骨的历史巨变。安县灾后城乡住房重建项目荣获“中国人居环境范例奖”，是全省唯一获此殊荣的项目。科学调整项目规划，按照“建设绵阳科技城后花园，建设全市经济强县”定位，加快绵安同城化发展，着力打造“川西北最秀美县城”，宜居功能和品位得到提升。主动对接绵阳市“一核四带”产业布局，编制了《安县灾后恢复重建总体规划》，整合国家灾后重建、辽宁对口援建等各类资金，使项目资金向绵安北产业带集中、向重点基础设施集中、向民生和社会事业集中。坚持民生为基点，尽快恢复受灾群众的基本生产生活条件，全面开展城乡住房、基础设施、产业、文化和旅游、精神家园等重建。集中66个产业项目55亿元重建资金打造绵安北产业带，有力推动新型工业化、城镇化和新农村建设；集中18亿元资金新（改）建辽安路、辽宁大道等35条道路，构建了新的交通体系。总投资6亿元新建的辽安路，纵贯6个乡镇，惠及25万群众，彻底打破制约安县经济发展“瓶颈”，形成安县半小时经济圈，促进城乡一体化发展。安排9000多万资金用于山区道路、供水、供电、通信、灾害防治等“节点工程”，4176户宅基地灭失农户得到妥善安置。着眼长远夯实产业，坚持“一主三化三加强”发展路径，突出工业园区、县城和新农村示范片建设“三件大事”，县域经济走出V形反转轨迹。2010年，安县被省委、省政府表彰为县域经济发展先进县。实践探索民生优先，坚持民生项目优先启动、民生资金优先安排，民生难题优先解决，民生工程优先保障。把城乡住房、教育、卫生、民政福利等民生工程放在第一位，对农房、学校、医院、文化站、敬老院等民生项目进行整合，形成合理的布局。筹措15亿元重建项目资金，强力推进十大民生工程。在农房重建中，采取“四统一”“三投入”模式，解决了困难群众重建永久性住房难题；采取一村一策、一户一策，实行“原址建生产用房、易地集中建生活用房”的方式，解决了宅基地灭失群众建房难题。农房重建、城房重建和维修加固全面完成，灾区人民真正实现安居乐业。

2008年10月，赵迎春被中共绵阳市委、绵阳市人民政府授予“抗震救灾先进个人”称号。2011年4月，被中共绵阳市委、绵阳市人民政府表彰为灾后重建先进个人；2011年被人力资源和社会保障部、国家发展和改革委员会、解放军总政治部授予“汶川地震灾后恢复重建先进个人”荣誉称号。

姜　曦　生于1963年4月，三台县人。中共党员，大专学历。中共安县县委常委、县纪委书记。

汶川特大地震发生后，地处高山峡谷间的高川乡，瞬间与外界失去联系。县委、县政府迅即派出以姜曦为队长的应急小分队前往救援。5 月 13 日，在经过睢水镇月儿门时，因道路中断，小分队受阻。

5 月 14 日，当部队救援官兵抵达安县后，姜曦主动向县委书记王黎请缨，称自己在山区工作 20 多年，熟悉山区，能够派上用场，要求与部队一道参加救援。他带领救援小分队与部队官兵一起向高川进发，队伍挺进到月儿门路段时再次受阻。他安排小分队撤回，他和余建留下，跟部队一起再想对策。

唯一的通道全部损毁，姜曦带着队伍取道天台山，穿荆棘密林、淌激流险滩、爬悬崖峭壁，翻越 20 多个海拔 1800 多米的山头，徒步强行 10 多个小时，行程 70 多公里，终于到达高川乡政府。此时，废墟中的高川乡场镇上，聚集 3000 多名受灾群众和 200 多名伤员。受灾群众看见姜曦和解放军，全部拥过来。茅香村村民张学礼腿被砸断，躺在临时担架上，拉着姜曦的手激动地哭了："县上和解放军没有忘记我们！"

姜曦来到受灾群众聚集的平坝前面，一边安抚群众，一边指挥调度，研究解决群众当晚的食宿问题。用带来的卫星电话呼唤直升机空投粮食和药品，终因山高风大，大部分空投物资无法收取。

16 日一早，姜曦带领乡村干部分头进入各村组，寻找滞留在房前屋后的村民，动员他们下撤。在泉水村，一个腿脚不便的老人舍不得丢下牲畜，姜曦反复动员，和乡村干部轮流背着老人撤到场镇上。拼命工作 3 天 3 夜，姜曦没有合眼，双眼熬出血丝，他说："4000 人啊，身家性命都托付给你，群众信赖县委、县政府，哪敢有丝毫松懈！"

2008 年 5 月，姜曦被中央纪委、监察部授予"全国抗震救灾优秀纪检监察干部"称号；10 月，被中共四川省委、四川省人民政府授予"抗震救灾模范"称号。

王勇军　生于 1961 年 11 月，安县安昌镇人。中共党员，大学学历。县规划和建设局党委书记、局长。

地震发生后，王勇军立即组织成立规划和建设局抗震救灾应急部，下设市政、住房、在建工程等 7 个工作组和抗震救灾应急分队，组长分别由班子成员担任。王勇军迅速采取发电机发电、潜水泵直提、定时定点供水的办法解决受灾群众饮水问题，组织抢修供水设备设施。充实环卫队伍，保持灾后清洁卫生，保障大灾之后无大疫。全力以赴开展房屋应急安全检查、搭建临时帐篷、加快板房搭建，保居住安全。王勇军过度劳累，膝盖关节磨损严重，疼痛难忍，不得不两次到医院抽积液，缠上绷带。同事们几次见王勇军用手顶住胰腺部位，脸上沁出细汗，多次劝他检查治疗，但他一直坚守在抗震救灾工作一线。5 月 26 日晚，王勇军昏倒在办公楼大厅，办公室的同志将他送往医院，进行住院治疗。5 月 27 日 6 时，王勇军又跑回工作一线指挥抗震救灾，还冒着大雨参加装卸救灾物资。

2008 年 9 月，王勇军被住房和城乡建设部授予"抗震救灾先进个人"称号；10 月，被四川省委、省人民政府授予"抗震救灾英雄模范"称号。

邓定平　生于 1963 年 4 月，安县黄土镇人。中共党员，大学学历。黄土镇村建环卫中心主任。

地震发生后，邓定平立即组织办公室人员迅速撤出办公楼，马上会同政府干部职工参加抢险救灾工作。邓定平任应急救援、救灾技术指导组组长，负责各村、社区、企事业单位应急救援工作。下午 14 时 45 分，邓定平带人来到红岩村查看灾情，抢救伤员。该村村民崔顺利被七八百斤重的预制板压住右腿，身边还有 1 个液化气罐，头上悬着的一块预制板仅被一块木板支撑着，二次伤害随时可能发生。没有重型机械，营救极其艰难。邓定平和其他抢险救灾人员用手挖掘废墟，搬开水泥板，崔顺利终于被救出。方碑村的房屋损毁极其严重，很多粮食、物品被掩埋，抢险排危进程非常缓慢。邓定平得知情况后，立即从红岩村赶到方碑村，多次冲进房屋抢救牲畜、粮食等。

在灾后重建工作中，邓定平带领村建环卫中心全体工作人员认真研究重建规划，制定重建方案，并利用自己的专长进行设计。经邓定平等人设计建设的平桥村三组、四组农房重建示范点，在省、市、县农房重建现场会上多次作为样板工程被推广。

2008年9月，邓定平被住房和城乡建设部授予“抗震救灾先进个人”称号。

冯素蓉　女，生于1969年2月，安县人。中共党员，大学学历。县环境保护局副局长。

地震发生后，冯素蓉迅速带领监察大队工作人员前往重点企业，指导应急处理工作。她先后到130多家工业企业开展环境隐患排查，了解企业受损情况和污染治理设施设备情况；到50个集中安置点和安置区开展环境监管工作。对全县40多家生产、贮存、运输危化品的企业开展拉网式环境隐患执法检查，发现问题及时指出并督促整改。对7家水泥厂和2家造纸厂放射源进行安全检查，在省环境辐射监测中心站的支持下，组织收回放射源10枚，及时消除隐患。指导出现环境隐患的企业启动环境应急预案，及时处理因地震造成的两起危化品泄漏事件。针对各类环境隐患和环境风险，冯素蓉积极指挥并参与《震后环境安全预案》《肖家桥堰塞湖溃决环境安全应急预案》《关于加强震后环境监管的紧急通知》等预案和文件，并认真贯彻实施，在抗震救灾中发挥重要作用。冯素蓉带领工作人员深入到全县各集中安置点指导生活垃圾、医疗垃圾、生活污水等的有效处理，防止疫情发生。在过渡性安置区建设过程中，冯素蓉主动提早介入，提出选址定点的合理化建议，指导生活、建筑垃圾填埋场建设，积极做好服务和管理工作。

2008年7月，冯素蓉被环境保护部授予“全国环保系统抗震救灾先进个人”称号。

赵九州　生于1980年9月，盐亭县人。中共党员，硕士研究生学历。共青团安县委员会书记。

汶川特大地震发生后，赵九州立即组织成立志愿者招募处，在县抗震救灾指挥部的直接领导下，积极动员和组织广大团员青年、团干部和志愿者投身抗震救灾和灾后重建第一线。全面恢复基层团组织建设，积极探索新的团组织建设模式，并结合团建实际，进行相邻几个村联合建团试点工作，解决村一级团组织工作无阵地、活动无经费、工作无对象的现实问题。抓好抓实青年就业创业工作。对农村有创业需求和创业点子的优秀青年，以YBC青年创业计划为依托，给予资金、技术和政策上的倾斜和支持。建立志愿者工作长效机制，弘扬“奉献、友爱、互助、进步”的志愿精神，推动志愿服务事业深入发展，对“加快建设灾后新家园”发挥重要作用。

2008年12月，赵九州被共青团中央授予“抗震救灾优秀团干部”荣誉称号。

黄　霖　生于1996年7月，桑枣镇第一小学校干柏村小六年级学生。

汶川特大地震发生时，黄霖正在学前班教室外检查学前班学生的午眠纪律，突然地面剧烈晃动，学前班教室上的瓦片哗啦哗啦地往下掉。房屋的坍塌声、学生的哭喊声、尖叫声充斥整个校园。学前班一些没睡觉的和被吓醒的孩子，都惊叫着飞快地跑出教室。黄霖往教室里看，还有几十个孩子仍在熟睡，有的孩子虽然被惊醒却被吓呆了，哇哇大哭，拼命喊叫“爸爸!”“妈妈!”黄霖来不及多想，冲进摇摇欲坠、瓦片飞落的教室，抱起一个熟睡中的孩子就往外跑，放到操场上相对安全地带，又冲进教室，抱出第二个孩子。教室屋顶的瓦片、砖头不停地掉落下来，他的手臂、肩、头被瓦片砸伤，但他顾不上这些，一次又一次地冲进随时可能坍塌的教室里救孩子，学前班52个小朋友全部被救出，无一伤亡。之后，黄霖又主动请求由他把同学们带到安全地点进行看护，直到最后一个学生被家长领走，他才回家。

2008年，黄霖被教育部评为“抗震救灾英雄少年”。

伍　豪　生于1975年6月25日，北川县人。中共党员，大专学历，二级警司。安县公安局交警大队民警。

汶川特大地震发生后，伍豪立即投入到维护安北公路交通秩序的工作中连续坚守四天四夜，圆满完成上级交办的工作任务，确保通往北川生命线的畅通，为抢救北川群众的生命争取宝贵的时间。

5月13日7时，正在安北公路上值勤的伍豪惊闻在北川县电力公司上班的妻子罗英和爷爷、婆婆、姑妈4位亲人都被埋在废墟下生死不明，焦急万分，尽管值勤点距离妻子事发地点不到20公里，但他没有擅自离开工作岗位，他心里清楚，安北公路是通往北川实施救援的唯一通道，是通往灾区的生命线！他强忍悲痛，坚强地守护在安北路上，对过往车辆进行有序疏导，及时处理发生的交通事故，确保救援车辆的顺利通行。

2008 年 10 月，伍豪被中华全国总工会授予“全国五一劳动奖章”；被人力资源和社会保障部、公安部评为“全国抗震救灾英雄”；全国青联授予“中国青年五四奖章”。

张　晟、杨世平　张晟生于 1977 年 8 月 5 日，安县人。中共党员，大专学历，二级警司。安县公安局睢水派出所民警。杨世平生于 1965 年 9 月 25 日，安县人。中共党员，大专学历，三级警督。安县公安局睢水派出所民警。

2008 年 5 月 12 日下午 2 点左右，张晟与杨世平为办理一起案件驱车前往高川乡，行至睢水一路段时，张晟只觉得车子猛地一抖。“地震了，快下车！”张晟赶紧将车停下，两人立即从车上跳下来。山顶的巨石飞奔直下，前方公路被阻断。路旁的一根电杆拦腰折断向杨世平方向砸去，张晟眼疾手快，一把将杨世平拉开，电杆在杨世平刚才站立处砸出一个大坑。张晟将路边的群众带到开阔地带，傍晚为受灾群众搭建帐篷，晚上为受灾群众守夜，保证受灾群众的安全。5 月 13 日天刚蒙蒙亮，张晟和同事杨世平经过 3 个多小时徒步急行到达高川乡，立即开展救援工作。5 月 17 日，根据指挥部的安排，张晟与杨世平护送最后一批 600 余名灾区群众向大山外撤离，当日 21 时全部受灾群众安全撤离到沸水镇集中安置点。

2008 年 7 月，张晟、杨世平被公安部评为“全国公安系统抗震救灾先进个人”。

杨通玄　生于 1965 年 5 月 5 日，安县人。中共党员，中专学历，三级警督。安县公安局永河派出所民警。

汶川特大地震发生后，杨通玄顾不上家人的安危，立即与同事赶往永河镇初级中学、小学察看灾情，学校的房子东倒西歪，砖块瓦片不时落下，到处是孩子和大人的哭喊声，现场一片混乱。杨通玄一边配合学校疏散学生，一边到所有的教室察看。突然，他在混乱中看到靠近学校围墙的一间教室内有几个学生，他们惊恐地看着四周，不知道往外跑。杨通玄立即对他们大喊：“孩子！快出来！里面危险！”但那几个学生已经被吓呆了，没有反应。情急之下，杨通玄不顾自身安危，冲进教室将孩子一个个抱出来，就在他将最后一个孩子抱出教室的那一刹那，房顶的一段房梁轰然落下，正好砸在孩子们刚刚待过的地方，飞溅的瓦片残粒打在杨通玄的手臂上，鲜血直流。在杨通玄的组织和疏散下，所有的学生都安全转移。

从学校出来后，杨通玄又赶往永河镇卫生院，附近受伤的群众都涌向那里。杨通玄向院长建议把病人都转移到院内的空地上，同时他一边跟同事维护现场秩序，一边帮着抬送源源不断送来的伤员。有的伤员情绪悲观，杨通玄不断安慰他们，稳定他们的情绪。经过杨通玄的多方努力，医院恢复正常秩序，伤病员都得到及时救治。

2008 年 7 月，杨通玄被公安部评为“全国公安系统抗震救灾先进个人”。

张　华　生于 1975 年 6 月 3 日，安县人。中共党员，大学学历，一级警司。安县公安局刑侦大队法医。

汶川特大地震发生时，张华正在从桑枣镇返回单位途中，他不顾自身安危，多次沿途救助百姓，将被房屋砸伤的 5 名群众送往医院救治。张华在医院工作的妻子怀有 8 个多月的身孕，行走极不方便，加之通信中断，张华无暇顾及妻子的安危，在将受伤群众送到医院后便立即返回县公安局，听从县局抗震救灾指挥部的统一安排。当晚，张华在安昌救护点通宵参与抢救伤员。

5 月 13 日，张华受命带队前往北川县开展尸检工作，他没有来得及和妻子打招呼，便匆忙赶赴北川县城。北川县城余震不断，随时都有塌方的危险。张华加班加点，连续工作 60 多小时，尸检 70 具，提取DNA检材66份。在北川县工作3天后，张华被调回安县，投入到新的抗震救灾抢险工作中。

2008年7月，张华被公安部评为“全国公安系统抗震救灾先进个人”。

董顺华 生于1950年12月，安县人。中共党员，大专学历，二级警督。县公安局花荄派出所民警。

2008年5月12日下午，汶川特大地震发生不久，奉命派出所值班的董顺华接到群众的求助报告，在本所民警均外出抢险救灾的情况下，他只身一人赶到小东街，冒着小青瓦房随时可能再次坍塌的危险，将82岁的杨大爷徒手刨出来。接着他又将大北街一位60多岁满头是血的老人从废墟中救出，送往医院救治。在花荄建筑队，董顺华再次冒险从废墟中抢救出一名受伤妇女。地震发生的当天，董顺华一人就从倒塌的废墟中救出7名受伤群众。

2008年7月，董顺华被公安部评为“全国公安系统抗震救灾先进个人”。

陈良国 生于1963年8月28日，安县人。中共党员，大专学历，三级警督。县公安局桑枣派出所民警。

地震发生后，陈良国与同事一起积极投入到桑枣镇的抗震救灾工作中，抢救伤员53人，疏散群众1000余人。就在民警们紧张抢险时，茶坪乡传来消息，晓（坝）茶（坪）路因山体滑坡被全部阻断，茶坪乡8700多名群众生死不明。得知这一消息，曾长期在茶坪驻乡工作的陈良国非常着急，5月13日一早，陈良国冒着小雨从晓坝向茶坪徒步进发，行至距茶坪12公里左右一处称为“马颈项”的地方，由于山体滑坡严重，不时有山石坠落，陈良国尝试三次都未能通过。

15日6时，他又自愿为外地的一支志愿者救助队领路，再次冒雨向茶坪进发，一路上，余震不断、山高路滑，山体最宽的裂缝超过1米，非常危险，陈良国在脚上缠上藤条，带领救助队步行8个多小时才赶到茶坪场镇。山里群众看到陈良国到来，都万分激动。陈良国了解灾情后，委托下山的群众给派出所领导带去一张字条：“茶坪灾情严重，根据政府安排，我将在山上驻守三、五天。”陈良国带队进行治安巡逻，稳定群众情绪；配合乡党委、政府抢救伤员7名；协助政府建立落实饮用水、食物统一配发机制。17日，山里没有受伤的群众基本都下山，剩下的伤员根本无法单独下山，陈良国请求下山求援。经陈良国的努力，茶坪乡受伤的群众得到及时救助。

2008年7月，陈良国被公安部评为“全国公安系统抗震救灾先进个人”。

吴　炜 生于1982年2月，四川安县人。中共党员，大学学历。睢水镇初级中学教师。

汶川特大地震发生时，睢水初级中学的师生还在午休，吴炜立即跑到学生公寓大门前，在剧烈的晃动中拼命地打开大门，冲进公寓大楼，把一百多名惊恐乱窜的女生及时疏散到安全地带。

地震后，通信中断，吴炜无法知晓亲人的情况全力以赴投入抗震救灾，和同事一道为师生筹集饮水、粮食，搭建临时帐篷，解决学生、教师及家属们的吃住问题；清理疏通学校的排污沟，搬运救灾物资，搭建板房，苦活脏活抢着干，一心扑在工作上。

2008年7月，吴炜被共青团中央授予“抗震救灾优秀共青团员”称号。

纪　政 羌族，生于1961年4月，天津宝坻人。中共党员，大学学历。安县国税局党组书记、局长。

地震发生后，纪政冒着危险到档案室、票证库、计算机房和办税服务厅查看灾情，关掉所有水电开关，防止发生次生灾害。对公有房屋、院墙及车库损失、公有房屋装饰层及办公用品损失、职工个人财产损失等情况进行统计、核实和上报，为上级国税机关和地方党政部门了解受灾情况、安排救援提供可靠的依据。

纪政及时启动应急预案，成立抗震救灾领导小组并担任组长，从救助、安置和保障三个方面进行紧急部署。组织建立两处国税职工临时安置点，将救灾慰问金和慰问品送到每一名职工手上。开办职工食堂，为职工解决午间工作餐。成立对内救助组、对外救援组、后勤保障组和税收业务恢复组。组织干部职工深入企业调查了解受灾情况，恢复税收工作秩序。组织职工参加县抗震救灾应急小分队，多次赶赴永安、安昌、沸水、高川、睢水等乡镇，稳定受灾群众情绪，帮助抬送伤员，发放救灾物品，搭建救灾帐篷。当闻悉北川县灾情严重时，纪政冒着滚石危险，乘坐摩托车赶往北川国税局救灾现场，安抚伤员及死者家属，进行心理疏导，妥善安置北川县国税局受灾职工。

2008 年 10 月，纪政被国家税务总局记个人三等功。

刘平安 生于 1964 年 10 月，三台县人。中共党员，硕士研究生学历。安县人民法院党组书记、院长。

汶川特大地震发生后，刘平安火速奔赴河清、桑枣两镇察看灾情，3 小时后返回，向县委、县政府汇报灾情。13 日凌晨 5 时，受县委安排，他再次带领法院抗震救灾应急分队，背上干粮、冒着余震到晓坝镇、茶坪乡查看灾情。当行至千佛桥时，桥危路断，山石飞滚，他与干警一路左躲右闪，徒步前行，最终到达灾情极为严重的晓坝镇关心村。在通信中断的情况下，他迅速收集汇总灾情，再次冒险沿路返回，向县委书记王黎汇报茶坪、晓坝一带的严重灾情，随后与县委书记王黎立即奔赴绵阳，向市委书记请求部队支援、空中支援，并提出需紧急向晓坝、茶坪一带灾区送药送粮等建议，为市委全面了解安县灾情，做出整体救灾部署争取了时间。

从绵阳返回安县后，刘平安被任命为县抗震救灾前线指挥部副指挥长，战斗在茶坪抗震救灾第一线，在通往大山深处的隧道口指挥交通，协调军地之间的救灾事宜，冒着随时塌方的危险，为受灾群众发放食品，转移伤员。组织协建京安小区，安置茶坪乡受灾群众 1900 人。

2008 年 7 月，刘平安被最高人民法院授予“全国法院系统抗震救灾先进个人”称号。2011 年 5 月，被四川省高级人民法院授予“全省法院系统服务灾后重建先进个人”称号。

马传荣 生于 1962 年 4 月，安县高川乡人。中共党员，大专学历。高川乡党委副书记、纪委书记。

汶川特大地震发生后，马传荣迅速把乡干部组织起来分成 3 个应急小组，分赴学校、街道、村组抢险救灾。他指挥几位干部协助学校安全转移学生。乡政府旁边一幢 3 层楼房坍塌，他赶紧带人过去挖掘，救出 4 名受灾群众。

强烈的余震仍在继续，不断有房屋坍塌、群众被埋的消息传来。马传荣指挥几个应急小组冒着生命危险挖掘抢救被埋群众。下午 6 点，马传荣惊悉自己的母亲和弟弟被埋，但他无暇顾及家人的安危，坚持奋战在抢险救灾的第一线，拼命抢救被埋的受灾群众。晚上 10 点，抢救出来的伤员和转移出来的群众 2000 多人聚集到乡政府前的开阔地，情绪很不稳定。马传荣组织干部撑起防水布，作为临时安置点。接着，又组织乡干部和村干部把场镇上的食品、水、药品集中起来，统一安排。

13 日至 14 日，马传荣和乡干部们深入偏远村落摸清受灾情况，抢救伤员，转移受灾群众。15 日，安县派出的小分队和首批救援部队赶到高川乡，马传荣和乡干部积极协助部队战士把重伤员转移出去。马传荣获悉弟弟的遗体被挖出，要下葬，但他为转移重伤员，放弃见弟弟最后一面的机会。16 日上午，马传荣获知母亲在地震中丧生，不禁泪如泉涌。19 日深夜，大部分群众都被转移出来后，马传荣又赶到山下安置点安置群众。

2008 年 5 月，马传荣被中央纪委、监察部评为“全国抗震救灾优秀纪检监察干部”；2008 年 10 月，被中共四川省委、四川省人民政府授予“抗震救灾模范”荣誉称号。

熊　军 生于 1963 年 6 月，江油市人。中共党员，大专学历。安县地税局党组书记、局长。

汶川特大地震发生后，熊军立即组织班子成员成立临时指挥部，明确工作职责，组织排查人员伤亡情况，封锁办公楼进入通道，稳定职工情绪。熊军随即率员火速到 4 个乡镇税务所实地查看灾情，要求干部职工及家属克服困难，全力投入到抗灾抢险工作中，确保人身、税收票证、税款和税收档案资料安全。13日凌晨1时，组织8名地税干部火速驰援北川县，在坍塌的废墟、河滩中，搜救和运送北川县地税局的职工、家属及受灾群众，引领、护送他们到安全地带。经过连续6天的搜救，50多名北川地税干部职工、家属和多名群众得到救援，被妥善安置在花荄镇的临时救助点。灾后物资紧缺，熊军带领干部职工配合县抗震救灾指挥部连续5个晚上装卸、运送救灾物资达2000多吨。

地震中，熊军失去5位亲人，但他强忍悲痛，全身心投入到抗震救灾工作中。2008年10月，熊军被国家税务总局记抗震救灾个人一等功并荣获“四川省五一劳动奖章”。

梁清友 生于1965年6月，安县人。中共党员，大学学历。安县人民法院民事审判第二庭副庭长。

汶川特大地震发生后，梁清友加入法院抗震救灾应急分队。5月13日7时，应急分队奉命赶赴重灾区茶坪乡，当队伍行至晓茶路3公里处时，由于公路塌方无法前行，梁清友便与干警就地展开救援工作，组织疏散受灾群众，接应救护受伤人员。当日9时40分，当梁清友与一名干警将一位断腰断腿的太婆用警车送到西苑中学临时医疗点时，他哥一把抓住他的手说：“兄弟，咱妈被埋在围墙里，刚掏出来，腿伤了，这时还在帐篷里！”梁清友对哥说：“哥呀，我是公职人员，茶坪乡还有很多受灾群众等待救援，你就替我尽份孝心吧！”说完，又和应急分队返回茶坪开展救援工作。

14日7时，他被调到法院突击救援组，8时，赶到茶坪抢险救援第一线，当日疏散受灾群众1000余人，转送伤员18人。15日，梁清友冒着烈日，疏散受灾群众1000余人。至19日，他组织转移受灾群众4000余人。

5月20日，梁清友路过医疗点去看望母亲时，他母亲因错过最佳救治时期，已脑死亡，他顿时泪流满面。

2008年7月，梁清友被国家最高人民法院评为“全国法院系统抗震救灾先进个人”。

张永清 生于1958年7月，安县人。中共党员，中专学历。睢水镇中心小学道喜村小学主任教员。

汶川特大地震发生时，学生们惊惶失措，张永清大声喊道：“同学们，别哭，别怕，勇敢些，勇敢些！”随即，他对其他三位教师说：“快！快把学生转移到安全地带，仔细清点各班人数！”当天到校的51名学生和4位老师无一伤亡。张永清要求各班负责人仔细照看学生，做好家长接学生的记录。当晚，余震不断，还有30多个学生没有家长来接，张永清当机立断，从附近村民倒塌的房屋中找来布、椽子等材料，搭起一个简易的帐篷让学生们使用，老师轮流值班，以防不测。

5月14日清晨，张永清带领3位老师踩着泥泞，攀藤附葛，经过8个多小时的艰苦跋涉，从道喜村小平安地回到睢水中心校。张永清声泪俱下地对睢水中心校领导报告：“51名学生全部交给了家长。”

2008年9月，张永清被教育部授予“全国教育系统抗震救灾先进个人”荣誉称号。

李桂强 生于1966年4月，安县茶坪乡人，茶坪乡小学党支部书记、校长。汶川特大地震发生后，李桂强迅速冲上教学楼，组织教师有序疏散学生，160名孩子被李桂强和老师们迅速抱出，全部得到安全转移。

学校在操场上搭起帐篷，李桂强带领教师们日夜看护着几百个学生。三天后，他又带领学生们从救援部队开辟的山路撤离，经过十八个小时的艰难跋涉，全校师生平安撤出。5月17日，李桂强组织教师分别在县内五个乡镇的安置点复课。6月上旬，李桂强带领学校干部翻山越岭返回茶坪乡，抢救并保存学校的重要设备和资料。7月至9月，李桂强回到茶坪乡搭建板房学校。

2008年9月，李桂强被教育部授予“全国教育系统抗震救灾先进个人”荣誉称号。

刘　林 生于1956年5月，安县人。中共党员，中专学历。桑枣镇卫生院院长。汶川特大地震发生后，刘林以最快的速度从县卫生局赶回医院，组织全院医务人员投入抗震救灾。冒着房屋随时可能倒塌的危险，带领病员脱离危险区，抢出大量药品、医用器材。在救治现场，他组织全院医务人员因陋就简，用两张桌子并拢开展简单的清创缝合手术，并及时将严重的伤员安全转送。

在活动板房建设中，刘林整天与河南省三建公司的工人并肩战斗在工地上，不到半个月时间，完成68套板房医院的建设工作，是全县第一个完成板房建设的卫生单位。

在灾后疾病预防工作中，刘林及时组织安排4名医务人员，分别奔赴镇内几个受灾严重的村组和九个救治点开展防疫工作，配合来桑枣镇援助的防疫工作组，完成传染病疫情监测、食品卫生、饮水卫生和环境卫生管理以及病媒生物防治、消毒处理等工作。

2008年9月，刘林被卫生部、食品药品监督管理局、中医药管理局、解放军总后勤部授予“抗震救灾医药卫生先进个人”荣誉称号。

夏万俊 生于1962年12月，绵竹市人。中共党员，大学学历。秀水镇中心卫生院院长。地震发生后，夏万俊从安县卫生局会场及时赶回卫生院，同全院职工一道将43名住院人员安全转移到秀水镇民兴中学。组织职工将所有能携带的医疗用品转移到秀水镇民兴中学后操场。在转移病员和药品器械过程中，夏万俊的头部被坠落的砖头砸伤，经过简单处理后，他又投入到伤病员的救治工作中。

民兴中学后操场上，伤员越来越多。擅长骨伤医治的夏万俊，在条件极端有限的情况下，组织全院医务人员清创、缝合、手术、固定，成功地完成一例例应急救治，熬红了双眼，干裂了嘴唇，嘶哑了声音，双脚打起多个血泡。仅地震发生的当天，该院医务人员就抢救伤员800多名，在以后的三天内，每天抢救的受伤病人都在100人以上。截至6月20日，该院门诊病人、抢救地震受伤病人达到4.18万余人次。

在援助安县的防疫队到达秀水镇后，夏万俊主动配合防疫队对35个行政村、3个社区开展全面消毒，每天下乡人数78人，消毒2次，累计下乡3120人次，消毒面积2208.77万平方米。开设三期针对乡村医生的预防卫生知识培训班，发放消毒液195件、消毒片82件、漂白粉1.3万公斤、杀虫剂45件。对集中供水点进行严格检查，反复抽检全镇115口水井，确保饮用水的安全。

2008年9月，夏万俊被卫生部、食品药品监督管理局、中医药管理局、解放军总后勤部授予“抗震救灾医药卫生先进个人”荣誉称号。

张　云 生于1965年10月，中共党员，大学学历。安县食品药品监督管理局局长。在抢险救灾中，县食品药品监督管理局承担全县药品的组织管理、接受捐赠和发放工作。地震造成通信中断，张云带领职工奔赴县外药品批发企业组织急救药品，想方设法找到企业负责人，请求向安县发送急救药品。地震的当天下午和晚上，终于将八车急需药品送到全县各医疗救助点，解决灾后无急救药品的燃眉之急。

震后第二天，他冒着余震的危险深入各灾区了解受灾情况，收集各医院、卫生院和救助点用药需求情况，到药品供应网点，察看药品仓库的受损情况，及时安排启动恢复农村药品“两网”建设，对特殊情况下的配送方式进行科学调整，保证及时将药品配送到位。随着组织的药品和接受捐赠的药品越来越多，张云冒着高温酷暑，在烈日下指挥药品发放。

2008年9月，张云被卫生部、食品药品监督管理局、中医药管理局、解放军总后勤部卫生部授予“抗震救灾医药卫生先进个人”荣誉称号。

邹兴贵 生于1954年11月，安县永河镇人，大学学历。主任医师，安县人民医院院长，县人大常委会副主任。地震发生时，正在组织医护人员开会的邹兴贵大吼一声：“赶快转移病人！”他立即奔向住院大楼，和全体医护人员一道，背的背、抬的抬、推的推，不到15分钟的时间，将困在住院大楼里的200多名伤病员全部转移到安全地带，未发生一起拥挤踩踏事故。

面对突如其来的灾难，邹兴贵镇定指挥，没有电，立即启用备用发电设施；没有病房，在室外空地上迅速搭建临时病房、抢救室和清创手术室。12日当天，医院先后出动救护车90余台次，出诊医务人员150余人次，紧急救治地震伤病员1780余人次。当北川县的伤员送到医院，邹兴贵果断指示将医护人员兵分两路，在西苑中学体育场建立起临时救治点，用以救治更多的伤员。

13 日早上，邹兴贵紧急调配医护人员赶赴茶坪乡和高川乡组建医疗救治前哨站。5 月 16 日至 18 日，邹兴贵又带领医疗突击队冒着余震、山体塌方等危险，三上晓坝镇和肖家桥参加伤员救治转运和疫情防范工作。抗震救灾期间，医院共收治地震伤员 1.56 万人次，其中住院病人 5086 人次，完成手术 4000 余台次。

2008 年 9 月，邹兴贵被卫生部、国家食品药品监督管理局、国家中医药管理局、解放军总后勤部联合授予“抗震救灾医药卫生先进个人”荣誉称号。

张加宇 生于 1965 年 6 月，安县迎新乡人。中共党员，大学学历。安县中医院党支部书记、院长。地震发生后，张加宇立即组织疏散住院病人，在短短的十多分钟内，所有住院病员全部转移到空旷地带，无一人伤亡。大量的伤病员陆续被送进医院，张加宇一边指挥，一边参与救治，止血、清创、包扎、缝合、固定，紧张而有序。伤员越来越多，医院空地面积不足，张加宇果断决定在人民公园内建立临时医疗点，并带领十几个医务人员冒着生命危险，在频繁的余震中，从摇摇欲坠的大楼中抢运出一批检查设备和药品，搭建起手术室，仅 12—13 日就开展手术 68 台次。安县、北川县都是极重灾区，北川县的医疗体系损失惨重，地处安昌镇的县中医院成为救治北川县、安县首批重伤员的前沿阵地。由于伤病员太多，手术一个紧接着一个，张加宇饿了就吃点干粮，渴了就喝一点矿泉水，困了就在椅子上打个盹儿，连续数十个小时战斗在手术台上。截至 6 月 30 日，医院共救治门诊病员 1.6 万人次，收治灾区伤病员 1460 多人，其中危重病员 487 人。为确保灾后无大疫，张加宇又带领医护人员深入重灾乡镇，到高川乡、茶坪乡的前沿阵地和各受灾群众安置点耐心地作防疾病宣传，发放中药预防药 8 万份。

2008 年 9 月，张加宇被卫生部、国家食品药品监督管理局、国家中医药管理局、解放军总后勤部联合授予“抗震救灾医药卫生先进个人”荣誉称号。

张志敏 生于 1956 年 12 月，安县人。中共党员，大学学历。安县粮食局党委书记、局长。地震发生后，张志敏迅速组建“应急、保粮、调运、监管”四个小组，分别落实责任。各组奔赴各基层粮站，逐站逐仓检查灾情，摸清损失，制定应急措施，指挥各企业抢险。在张志敏的带动下，全体粮食职工发扬不怕牺牲、连续作战的精神，克服种种困难，奋战三天三夜，翻盖仓房 420 余间（栋），面积近 5 万平方米，清除砖头、瓦砾、废渣 400 车次，从废墟中抢救粮食近万吨，保证 9000 吨省、市储备粮和 1.2 万余吨商品粮食的安全。

为保证受灾群众的粮食供应，张志敏组织干部职工研究供应对策：各粮食加工企业成品粮库存，由县政府统一调配；紧急请求市粮食局给予成品粮食调拨支援；抓好企业生产自救工作，及时恢复生产，增加商品粮供应。积极与其他职能部门配合，保证对受灾群众的粮食供应。

张志敏深入各粮站，督促抓好小春粮油收购。根据灾后的特殊情况，分别采取增设固定收购网点、派出流动收购宣传车、委托经纪人代收、走乡串户收购、无偿代农户储存粮油等方式，使全县的粮油收购很好地配合全县的抗震救灾工作。从 5 月 17 日至 10 月底，全县国有粮食企业共计收购受灾农民小麦、油菜籽、稻谷 3 万余吨，减少受灾户的损失。

2008 年 12 月，张志敏被国家粮食局授予“全国粮食系统抗震救灾先进个人”荣誉称号。

蔡　林 生于 1954 年 4 月，安县人。初中文化。花荄粮油收储站站长。地震发生后，蔡林安排人员租用钢管、购买彩条布搭建简易防震棚，解决下岗职工及退休老同志 100 多人的临时住宿问题。蔡林对所有仓库、围墙等进行检查，将装粮仓房用塑料布覆盖。在震后十余天中，蔡林组织全站职工上仓房盖瓦，翻盖仓房达 2 万平方米，清理废砖烂瓦超过 400 平方米。

根据上级的安排，花荄粮站承担全县和北川县的粮油救灾物资的接收和发放。蔡林带领全站职工装卸救灾粮油超过 3000 吨。6 月 8 日下午，茶坪乡肖家桥堰塞湖开始泄洪，街道社区已通知人员撤离，为让河南省郑州市捐来的粮食能全部及时入库，全站职工在蔡林的带领下卸完100吨大米才撤离。在抗震自救中，蔡林带领全站人员共收发救灾粮油5000吨，加工储备大米并供应4000吨，装卸救灾粮油4000吨。的同时，组织职工下乡积极收购粮油，共收购入库小麦、油菜籽7000吨，稻谷4000吨。

2008年12月，蔡林被国家粮食局授予“全国粮食系统抗震救灾先进个人”称号。

陈　斌　生于1968年3月，安县人。中共党员，大专学历。县森林公安分局副局长。地震发生时，陈斌正在秀水镇出差，他迅速赶回单位参加救灾，被分在抗震救灾突击队，负责救灾物资的抢运，每天工作18小时以上。

5月16日，陈斌奉县抗震救灾指挥部命令守护全县最大的救灾物资仓库。抢运救灾物资时间紧、任务重，来往救灾物资仓库的人员多、车辆多，陈斌还主动承担起治安警、交警的职责，既保证来自全国各地的救灾物资迅速进入仓库，又保证救灾物资安全、迅速配送到受灾单位。

5月18日，陈斌奉命赶到桑枣镇受灾群众救助站，负责安全保卫工作。他组织受灾群众成立安全保卫巡逻队，落实安全责任人，做到每个帐篷、每个巷道有专人负责。坚持24小时巡逻值班，加强对受灾群众救助站的安全保卫工作。为防止火灾发生，陈斌苦口婆心地劝告受灾群众不能在帐篷区吸烟等，杜绝火灾等次生灾害的发生，保护受灾群众的生命、财产安全。

2008年7月，陈斌被公安部评为“公安系统抗震救灾先进个人”；被国家林业局授予“全国林业系统抗震救灾先进个人”荣誉称号。

刘云中　生于1963年1月，安县秀水镇人。中共党员，安县司法局桑枣司法所所长。地震发生后，刘云中带领司法所全体人员冲到桑枣镇第一小学，与老师们一道将所有学生集中到操场，转移到空旷地带。刘云中等人又立即赶往附近的医院，帮助医生将伤员转移到文化广场。在老街搜救中，刘云中在没有任何工具的情况下，用双手把9名被埋群众从废墟中刨出，其中8人成功获救。当天下午，他共参与对23名伤员的搜救工作。为使伤员能及时得到救治，他在公路上拦下6台过往车辆，及时将23名伤员全部送往上级医院。刘云中在与亲人失去联系的情况下，连续在抗震救灾一线奋战数日，安置受灾群众，组织群众进行抗灾自救，协调发电抽水设备，用土办法检验和处理地下水水质，保障5000多名受灾群众和随后赶到的850名救援人员的饮用水安全。在以后的1个多月时间里，刘云中忙于维护灾区社会稳定工作，积极主动调解各类涉灾矛盾纠纷，为桑枣镇灾后社会的稳定做了大量工作。

2008年7月，刘云中被司法部授予“全国司法行政系统二级英雄模范”荣誉称号。

李　旅　女，生于1960年11月，安县河清镇人。中共党员，大学本科学历。安县科学技术局局长。地震发生后，李旅迅速赶往联系乡镇黄土镇，与该镇干部、职工一道组织抗震救灾。在抢险救灾中，她积极与省科技专家工作组联系，省科技专家工作组先后十余次到安县，黄土、永安、晓坝、茶坪等重灾区察看灾情，安抚受灾群众，指导安县科技系统制定抗震救灾方案。李旅从各种渠道争取救灾物资，先后为桑枣中学、花荄镇初级中学争取太阳能应急发电装置、卫星电视接收装置、纯净水装置各1套，为桑枣中学送去帐篷120顶、为花荄镇初级中学送去1000平方米活动教室，为这两所学校灾后复课提供有力支持。

面临救灾药品紧缺的困难，李旅与专家组一道积极联系大型民营企业集团为安县捐赠救灾药品。先后同西藏诺迪康药业等多家公司联系，为安县争取到上百万的医疗用品，缓解安县救灾药品紧缺的矛盾。为防止灾后疫病发生，李旅同专家组一道，联系成都中医药大学科技处为受灾群众安置点送去防病中药配合药材，并亲自到灾区指导受灾群众安置点熬药、分发和服用。

2008年9月，李旅被中国科学技术协会评为“抗震救灾先进个人”。

黄　英　女，生于1964年1月，安县人。中共党员，大学学历。安县人口和计划生育局局长。地震发生后，黄英带领3名干部迅速奔赴各个乡镇查看灾情，沿途通知各计生服务站立即投入抢险救灾工作。当晚9时，全县18个基层服务站全部到所在乡镇指挥部接受任务。

从5月14日起，黄英想办法组织救灾物资，将各级、各界援助和捐赠的价值400余万元的帐篷、矿泉水、方便面、饼干、罐头、消毒液等物品送到基层计生站（办）。

在雎水、晓坝集中救助站，妇女用品的奇缺影响育龄妇女生殖健康的问题很突出。黄英迅速组织大量妇女用品紧急发往救助站，在受灾群众集中安置点开展卫生防疫和妇女生殖健康知识宣传13场次，发放宣传资料21000份。向育龄妇女发放生活用品，组织服务站技术人员深入到安置点进行卫生防疫110人。

2008年7月，黄英被国家人口计生委授予“全国人口和计划生育系统抗震救灾先进个人”荣誉称号。

唐兴荣　生于1964年9月，安县人。中共党员，大专学历。高川乡计生办公室主任。地震发生时，唐兴荣和县计划生育技术服务站的技术人员一行刚结束“联合国人口基金第六周期计划生育与生殖健康项目”宣传服务工作，正准备吃饭，突然地动山摇，顷刻间，他们所在的三层楼房就变成废墟。

当高川乡的副乡长代廷超组织的救援队赶到时，被压在废墟下的唐兴荣喊：“我是党员，我没事，你们先救其他人！”同时被压在废墟下的另两人及时获救。6个多小时之后，救援人员将他从废墟里挖出时经当地卫生站检查，确定他为脑颅骨骨折、右肩胛骨骨折和左小腿软组织拉伤。16日，解放军和武警部队开始往外运送伤员，当要运送唐兴荣时，受伤不轻的他依旧说：“先运送其他伤员，我可以坚持！”17日19时，唐兴荣被运送到花荄镇。

2008年7月，唐兴荣被国家人口计生委授予“全国人口和计划生育系统抗震救灾先进个人”荣誉称号。

朱元光　生于1968年7月，安县人。中共党员，大学学历。县委常委、县总工会主席。汶川特大地震发生后，朱元光受命赶往茶坪，到达晓坝通往茶坪的大桥处时，他看见6名受伤的晓坝变电站职工在路边求救，迅速将6名伤员送往县医院，并返回指挥部报告情况。得知灾情较重的秀水镇因电力中断导致救治工作无法开展的情况，朱元光连夜赶到秀水镇协调组织柴油、小型发电机、医疗药品等紧急物资，返回指挥部时已是13日凌晨2时30分。

13日晚，县指挥部决定迅速对茶坪实施强援。朱元光担任抢险分队带队领导，星夜兼程到达晓坝镇。14日凌晨，朱元光毅然决定带领抢险分队冒雨徒步向茶坪挺进，12时，抢险队到达长青桥，那里山体严重垮塌，根本没有道路可寻，突击行动受阻。14时30分，朱元光获悉：茶坪乡因地震引发山体严重滑坡，交通、通信、电力全部中断，伤亡惨重，6000余人被困。朱元光果断决定带领6人组成的先遣队继续向茶坪挺进，其他队员驻扎长青桥建立救助点，迅速开展群众救援安置和接应工作。15日凌晨1点时，先遣队经过艰难跋涉抵达茶坪乡政府。朱元光详细了解灾情、救灾救护和受灾群众安置情况后，研究制定救援工作方案，并全面、深入开展救援工作。

5月19日13时42分，在茶坪山上连续奋战五天的朱元光在全乡人员基本安全转移后，最后撤离下山。下山后，他每天辗转在各安置点，协调物资和资金，最大限度地保障安置群众的生活。

地震引发山体崩塌阻塞河道，在茶坪、高川形成大小不等26个堰塞湖。至6月1日，茶坪河肖家桥、雎水河罐滩两处堰塞湖总蓄水量达859.5万立方米，严重威胁下游9个场镇、重要企业和行洪区内17.5万人民群众的生命财产安全。危急时刻，朱元光承担起堰塞湖排危抢险的任务，他多次到抢险施工现场查看险情，指导施工，调运机械，深夜与水利专家、施工单位详细研讨方案，组织编写《堰塞湖溃决影响范围人员疏散撤离预案》。在朱元光的组织实施下，雎水河罐滩、茶坪肖家桥堰塞湖相继于5月28日和6月6日成功泄洪。6月10日，他从雎水徒步到高川，投入老鹰岩堰塞湖排险工作中。

2008 年 6 月，朱元光荣获“四川省五一劳动奖章”并被四川省委授予“抗震救灾优秀党员领导干部”称号；10 月，被四川省委、省人民政府授予“四川省抗震救灾模范”荣誉称号。

向云刚 生于 1963 年 2 月，安县茶坪乡人。中共党员，大学学历。茶坪乡党委书记。汶川特大地震发生时，向云刚正在前往县城办事途中，他立即掉头往回赶，克服通信中断、余震不断、道路开裂、垮塌等困难，冒着生命危险，拖着被碎石擦伤的双腿，艰难跋涉，13 日 1 时回到乡政府。向云刚立即安排人员下山向县抗震救灾指挥部报告茶坪乡受灾情况，同时，在全乡全力开展施救工作。向云刚将乡、村、组干部分成搜救组、医疗救治组、安全保卫组、后勤保障组、信息联络组，从废墟中爬出来的党员群众组成志愿服务队。向云刚带领搜救组在废墟里挖救被埋人员，及时转移 6000 多名受灾群众到安全地带，搭建简易抗震棚，并划分管理区域，明确负责人，实行统一管理所剩食品，定额配送。集中火化遇难者的遗体，深埋所有的死亡禽畜，烧毁可燃垃圾，深挖临时公厕，有效防止瘟疫蔓延和水质污染。从 5 月 12 日至 17 日，向云刚组织乡村干部一直全力奋战在抗灾第一线，困了打个盹，饿了自己在地里挖野菜吃，将分配给自己的口粮送给受灾群众。

根据县指挥部意见，茶坪乡受灾群众将全部转移。向云刚提出“以村为单位，伤病员优先，老中青搭配”的转移方案，从 15 日到 18 日，成功转移 4000 余名受灾群众。之后向云刚仍然坚守在茶坪乡，直到群众全部转移完毕他才撤离。

2008 年 6 月，向云刚被中共四川省委授予“四川省抗震救灾优秀共产党员”称号；10 月，被中共四川省委、省人民政府授予“四川抗震救灾模范”荣誉称号。

刘云相 生于 1967 年 4 月，开江县人。中共党员，大学学历。塔水镇党委书记。汶川特大地震发生后，刘云相立即组织干部、干警和民兵共 97 人投入到抗震救灾工作中。14 时 53 分，刘云相组织调集 11 台民用车辆应急抢救伤员，全镇 139 个重伤员被及时送到医院救治。15 时 13 分，又征用 3 台发电机，用于抢救伤员。16 时 15 分，刘云相带队到加油站、副食店和塑料薄膜经销店，宣布政府统管和限价限购的紧急决定，及时将有限的救灾物资集中统管，维护救灾秩序。在抢险救灾中，刘云相不顾家人的安危，始终把全镇老百姓的生命、财产放在第一位，精心组织，果断决策，全镇抢险救灾工作有序、有力推进，受到上级领导和广大群众好评。

2008 年 10 月，刘云相被中共四川省委、省人民政府授予“四川省抗震救灾模范”荣誉称号。

邓　忠 生于 1977 年 1 月，安县人。中共党员，大学学历。黄土镇武装部副部长。在汶川特大地震中，安昌镇、黄土镇有多所学校教学楼垮塌，数百名学生被困。邓忠火速赶往学校参加救援，与老师、当地群众一道，将困在危房中的 300 多名学生成功转移到安全地带。在一座即将垮塌的教学楼中，邓忠带领民兵将被困的 25 名学生全部背出。

学校抢险刚刚结束，邓忠就接到到北川县紧急救援的动员令。5 月 12 日晚 20 时 30 分，邓忠所在的安县民兵应急分队 125 人赶赴北川县开展救援工作。路上一片漆黑，余震和飞石不断，邓忠和战友们冒着生命危险，扛着工具，徒步向北川县挺进。5 月 13 日凌晨 3 时，应急分队经过几个小时的艰难急行抵达北川县城。邓忠一直往返于北川中学和北川县城之间，协助救援官兵抬伤员和搬运遇难者遗体。5 月 15 日下午，在搬运遗体时，疲惫不堪的邓忠摔倒在废墟上，被水泥板露出的钢筋划破右手，伤口感染上尸毒，医生建议他立即离开疫区。邓忠顾不得个人安危，在简单清理伤口后，组织投入救援工作。17 日早上，他的右手越发红肿，伤口乌黑疼痛难忍，尸毒感染已引起伤口周围部分肌肉坏死，必须立即将坏死的肌肉割掉，否则后果不堪设想。在县武装部领导的强制命令下，邓忠才接受手术治疗。术前，邓忠向医生提出要求：救灾药品紧张，请不要给他使用麻醉用品。术后，他又赶回县武装部抗震救灾指挥部，忍着伤痛，主动请命，投入新的任务中。

2008 年 8 月，邓忠被四川省军区授予“抗震救灾先进个人”称号。

张 征 男，汉族，生于1954年7月，辽宁沈阳市人。1972年1月参加工作，1974年12月加入中国共产党，在职研究生学历。辽宁省工会副主席，省政府副秘书长，辽宁省对口支援安县恢复重建领导小组办公室主任、辽宁省驻安县对口支援指挥部总指挥。2008年6月2日，张征临危受命，带领一支由35人组成的辽宁工会赴川电影放映队，行程3000公里，于6月9日到达安县。在安县的一个多月时间里，电影队共放映电影200多场，灾区观众20多万人观看了电影，使受灾群众情绪得到很好的调整。

从安县回到辽宁后不久，张征被任命为辽宁省政府副秘书长，再次受命组建辽宁省对口援建安县前线指挥部任总指挥。到安县后他用半个月时间，走村入户，走遍全县20个乡镇，掌握大量一手资料。

三年援建两年完成。40多亿资金，102个项目，总体规划要尽快制订完成。张征组织辽宁省建设厅、教育厅、卫生厅、水利厅、交通厅等各相关援建部门，深入实地、现场办公，当场解决问题，形成可操作的工作思路。即“四句话三满意”方针：参与不决策、监督不越位、帮助不添乱，好事要做好，达到安县人民满意，辽宁人民满意，党中央满意。

角色定位准确后，张征说，他领导的辽安前线指挥部，一头连着安县，一头连着辽宁，还要做好纽带作用。他们援建的前方安县，是43万安县老百姓的利益，他们的背后是辽宁4300万人民对灾区人民的共同心愿和期待。

辽宁援建模式与其他对口援建省不同，人员最少，仅5人，而且是“交支票工程”模式。张征算了一笔账，一个援建人员，一年各种费用平均需要20万元左右，如果援建省指挥部人员按20人计算，仅此一项一年就可能节省400万元，这笔省下的钱，为灾区人民可以干许多事。安县县委、县政府为保证施工建设高质量、高效率，提出2000万元以上的重点工程，采取“交钥匙”方式。这既不改变辽宁援建模式，又能加快工程进度。通过前线指挥部协调，辽宁调来具有甲级资质的建设大军，8个子项，两条道路（辽宁大道、辽安路）均由辽宁建设。此外，还有资金协调、医务、教育、公安等方面的工作，只要需要，张征都能做到随叫随到。

2010年9月，中共四川省委、省人民政府授予张征四川省汶川地震灾后恢复重建先进个人荣誉称号。

刘志虹 男，汉族，生于1965年2月，辽宁省海城市人。中共正式党员，硕士研究生。辽宁省住房和城乡建设厅副厅长，国家注册城市规划师。辽宁省省直机关十大杰出青年，辽宁省驻安县对口支援指挥部副总指挥（前期）。地震后不久，刘志虹来到灾区，在安县过渡板房建设前线指挥部工作。2008年8月28日，他被选派到辽宁省驻安县对口支援指挥部领导恢复重建工作。具体负责对口援建工作的项目计划，配合当地推进工程实施建设，起草《辽宁省对口支援安县恢复重建工作方案》、《辽宁省对口援助安县项目建设管理规程》，配合省发改委编制三年支援滚动项目库。

刘志虹在辽宁援建安县初期，对省委、省政府率先启动十大建设项目，晓坝镇的异址建设工作，后期实施重大项目工程进言献策，促进安县工业园区建设和项目引进，促进华晨汽车零部件建设项目落户安县，安县银河化工集团与辽宁科研单位技术联合做了大量工作。

在整个灾后重建期间，刘志虹指导省规划院完成安县18个乡镇的总体规划编制工作；指导完成18个乡镇1:500地形图测绘工作；指导协调对口支援安县建设项目的建筑设计工作；指导安县18个乡镇房屋检测鉴定工作；协调开展农民住宅施工监理工作；指导晓坝镇异址重建的总体规划，中心区详细规划，市政管网和道路设计等各项技术支撑工作；指导编制产业规划和风景区规划。

2010年9月，中共四川省委、省人民政府授予刘志虹四川省汶川地震灾后恢复重建先进个人荣誉称号。

李锦奇 男，汉族，生于1962年2月，辽宁省沈阳市人。中共党员，大学学历。辽宁省教育厅发展规划处处长。辽宁省驻安县对口支援指挥部副总指挥，2008年8月到安县工作。具体负责农民永久性住房建设、教育、卫生等项目建设。为加强项目管理，他先后组织编写《辽宁省对口支援安县灾后恢复重建援建项目计划》《关于加强项目管理的意见》，并会同省有关部门组织选派工程监理技术人员到安县18个乡镇，监督工程质量。

在安县的日子里，李锦奇经常深入实地调研，了解灾后重建实际情况。他针对安县教育恢复重建实际，提出教育重建不是克隆过去，不是过去的简单，而是在原有基础上的升级，超越、创新，是更高水平的发展，教育重建更要科学规划。先后撰写《坚持以人为本搞好科学援建》《灾后教育重建是一项文化再造工程》分别刊登在《辽宁工作》《中国教育导报》，并被引以指导重建工作。

2010年9月，中共四川省委、省人民政府授予李锦奇四川省汶川地震灾后恢复重建先进个人荣誉称号。

李　巍　男，汉族，生于1969年11月，辽宁省沈阳市人。中共党员，大学毕业。辽宁省交通厅公路管理局工程处副处长，高级工程师。第十三届“四川青年五四奖章”获得者。辽宁省援建安县辽安路办公室工作。

地震发生后，李巍于2008年7月2日到达安县，负责震损公路贯通保通工作，当时带有10人，前后四次到安县作材料调研和交通援助。2009年3月下旬奉命参加辽安路项目建设。2009年7月16日辽安路破土动工，采用一级路标准，仅用288天就使一期道路全线贯通，创造出安县公路史上的奇迹。

辽安路总投资4.1亿元，双向四车道，是辽宁单项援建最大项目，横贯界牌、秀水等6个乡镇，辐射12个乡镇360平方公里，受益25万人。

辽安路是辽宁省“交钥匙”工程，为确保这条路外在形象好、科技质量高，内在质量优，真正成为“放心工程”，李巍晴天一身汗，雨天一身泥，天天泡在工地，一次工程质量汇报会，李巍已高烧三天，正在治疗，领导叫他休息，他硬是到会认真听取意见。一次施工单位忽略了预制件施工计划已修改，仍按原设计加工构件，他发现后，立即叫停，重新铸造。为了尽快修好辽安路，李巍没有休过节假日，连春节都在工地上。李巍克服重重困难，带头实干苦干，自己甚至站着睡觉，仅用10个月就完成任务，比正常工期提前8个月。

2010年9月，中共四川省委、省人民政府授予李巍四川省汶川地震灾后恢复重建先进个人荣誉称号。

闫　伟　男，汉族，生于1954年9月，辽宁省沈阳市人。大学毕业。辽宁省建筑设计研究院院长助理，大连分院院长，高级工程师。2008年10月在安县负责地震灾区过渡房设计工作。

闫伟于2008年10月到安县开展援建工作，全面负责安县灾后重建工程设计工作。在安县援建期间，完成安县卫生局、文化局、计生局、民政局等部门40余项工程的设计任务。其中包括安县等二人民医院、县妇幼保健院、县疾病控制中心、县文化馆、县电影院、县博物馆、县计生站、黄土敬老院、安县职业中专等。

闫伟患有心脏病、高血压等病症多年，在援建安县工作中，作为总工程设计的总负责人，他总是身先士卒，长期坚持在一线，带领设计组全体干部迎难而上，哪里最困难，就出现在哪里，取得援建工作的全面胜利。

2010年9月，中共四川省委、省人民政府授予闫伟四川省汶川地震灾后恢复重建先进个人荣誉称号。

宋国祥　男，汉族，生于1960年11月，辽宁省开原市人。大学毕业。辽宁省建筑设计研究院项目管理咨询公司，项目经理，高级工程师，国家注册管理工程师、造价工程师。

随着辽宁援建安县工程项目的全面展开，2009年4月3日，宋国祥奉命出征安县。到安县后宋国祥负责的项目管理工程共四项：安县沙汀实验中学、安县桑枣初级中学、黄土镇九年一贯制学校、安县妇幼保健院。在施工建设中，宋国祥严把质量关，吃住在工地。他说："一定要把学校建成最牢固、最安全、最让家长放心的地方。一定要确保重建学校达到设计使用年限，建成最放心的建筑、经得起实践、历史的检验。"为确保学校、医院重建工作有序、有力推进，宋国祥提出"要切实把好设计和施工图审查关，建筑材料质量关和工程施工质量关等原则"。

在具体管理进程中，宋国祥要求建设中每个工序，每道环节都要由项目管理办签字才能进行下个工序，下道环节，他天天到工地巡查，几次劳累晕倒在工地。2009年9月12日，他到北京参加援建成套项目管理专家培训班，已到家门口，离沈阳只有4个小时的路程。他很想回去看望一下年过八旬患病的父亲、母亲，但一想到工程，想到在板房煎熬的灾区学子，他毅然放弃回家的机会，培训一结束他立刻返县，投身到紧张的重建工程中。

2010年9月，中共四川省委、省人民政府授予宋国祥四川省汶川地震灾后恢复重建先进个人荣誉称号。

花　英　男，汉族，生于1956年1月，辽宁省沈阳市人。大专毕业。辽宁方圆建设项目管理有限公司，项目经理，高级工程师。

2009年2月25日，花英奉命以方圆公司项目管理总带队身份到安县参与援建。他的主要任务是，对花荄镇震损房屋7996户，在建5000户，基础工程及主体结构实施施工质量与安全监督，确保每户施工质量符合抗震要求。花英以高度负责任的精神精心制定国家抗震工程施工工序技术标准，供各施工单位参照使用，同时亲临每户施工现场进行技术指导和监督，率领41位工程师到17个乡镇从事援建方监督工作。协助对口支援指挥部及县政府各部门联系协调工作。

2010年9月，中共四川省委、省人民政府授予花英四川省汶川地震灾后恢复重建先进个人荣誉称号。

付铁男　男，汉族，生于1955年6月，辽宁省沈阳市人。中共党员，中专毕业。沈阳北方建设股份有限公司项目负责人、工程师。

地震灾后恢复重建过程中，付铁男随辽宁对口支援，辽阳北方建设股份有限公司于2009年春到达安县。他主要负责安县中医院，安县妇幼保健院、安县疾病控制中心、安县黄土镇九年一贯制学校的重建工作。付铁男从工程立项、选址到物探、基础工程，吃住在工地，晴天一身汗，雨天一身泥，战酷暑、斗严寒圆满完成公司下达的各项任务。特别是安县中医院、黄土镇九年一贯制学校工程，获四川省结构优质工程，四川省"天府杯"工程奖。

2010年9月，中共四川省委、省人民政府授予付铁男四川省汶川地震灾后恢复重建先进个人荣誉称号。

那永升　男，汉族，生于1965年5月，辽宁省本溪市人。中共党员，大专毕业。辽宁本溪永升建筑工程有限公司董事长兼党支部书记。

地震后，那永升带头捐款捐物，带领公司干部职工亲朋好友捐款捐物，随后即组织技术骨干到灾区抢险救灾，并积极投入过渡板房建设和灾区恢复重建工作。

2009年3月，他在公开招投标中，投中恢复重建安县部分工程。他立即精心组织优秀管理班子和施工队伍奔赴安县，开展学校重建工作。在参与灾后恢复重建的两年多时间里，他的团队先后承建安县沙汀实验中学、安县职业中专学校、辽安工业园车桥厂工程、调试车间工程以及利民工程。在每个工程中，他以对党和国家的无限忠诚，对灾区人民的无限大爱，对企业员工的高度责任感，对社会的无私奉献，以满怀热情和勇气勤奋工作。在每项工程的施工中，他都层层把关，亲临指挥，对建筑材料严格执行国家防震规定和标准，一丝不苟。多次受到援建指挥部，管理公司、绵阳市和安县相关部门的好评。

2010年9月，中共四川省委、省人民政府授予那永升四川省汶川地震灾后恢复重建先进个人荣誉称号。

王天宇 男，蒙古族，生于1966年1月，辽宁朝阳市人。中共党员，研究生学历。辽宁省卫生厅党组成员、厅长助理、主任医师、辽宁省驻安县对口援建指挥部常务副总指挥，安县人民医院名誉副院长。

王天宇在安县工作一年零四个月。他负责援建项目与资金协调和项目推进，曾作为辽宁省卫生厅的领导带队到安县进行灾后防疫，参与过震后初期的卫生援建，他的足迹走遍当时安县的20个乡镇，三上茶坪，四到高川，18个乡镇卫生院的重建、中医院、县医院、妇幼保健院、县疾控中心援建，文化广场援建，他都一一亲自参与，从选址、设计到施工他亲临指导、协助施工方，受援单位解决一个又一个难题；经常是早上6点过起床到晚上23、24点才能休息。一天工作长达18个小时。王天宇在指挥部分工发改、财政、国土、卫生都是国计民生，事关每个受灾群众切身利益，他既要熟悉各方面政策，又要苦口婆心的与群众沟通。在安县，很多人都熟识他，大家知道他是厅级干部，但从来没有人把他当“大官”而远离，安县人都喜欢他，有事找他出主意，想办法。王天宇熟悉当时满目疮痍的安县，他亲自参与了灾后恢复重建，他高兴地看到援建后涅槃新生的安县。

2010年9月，中共四川省委、省人民政府授予王天宇四川省汶川地震灾后恢复重建先进个人荣誉称号。

程天阳 男，汉族，生于1963年10月，辽宁省沈阳市人。中共党员，研究生学历。辽宁省国资委监事会第五办事处主任、处长，高级会计师，辽宁省对口援建安县恢复重建前线指挥部副总指挥。

程天阳一到安县，冒着余震，奔忙在震后的废墟上。根据指挥部分工，他负责农房建设和城镇住房建设，兼管辽安路建设，华晨工业园、晓坝镇异地重建。家中的老父老母一位78岁，一位74岁，且都身患多种疾病，女儿正在考高中的关键时期，妻子在私企打工。这些困难都一一克服，从未向组织提及，全身心扑在援建工作中。

辽安路工程是辽宁援建资金投入的最大项目，贯穿全县6个乡镇，与辽宁大道，成青路搭建了安县新的交通枢纽，程天阳分管该项目推进工作，经常深入现场，了解和解决施工中存在的困难和问题。晓坝镇异地重建，打造省级旅游示范城镇。程天阳不辞辛劳，对该镇辽宁援建13个项目建设倾尽心血。面对所发生的变更设计、资金调整，以及施工方与业主单位矛盾纠纷等，程天阳多次组织协调会，化解矛盾，合理调配资金，严格审核工程费用，督促工程进度。异地重建的晓坝场镇，成为川西北首个灾后新兴旅游集镇如期完成，学校、卫生院、敬老院按时交付使用。

在企业合作、产业发展，提升安县的造血功能过程中，他积极协调，促进双方对接，推动华晨汽车到安县投资建设“华晨汽车产业园”。安县华晨工业园项目是四川震后产业援建的最大项目之一，规划投资15亿元，投产后预计实现年产值127亿元，创利税8亿元。新增就业岗位5000个，将极大地带动安县经济发展和产业结构调整。

2010年9月，中共四川省委、省人民政府授予程天阳四川省汶川地震灾后恢复重建先进个人荣誉称号。

韩克亮 男，汉族，生于1953年5月，辽宁省沈阳市人。中共党员，大学毕业。辽宁省建设工程质量监督总站，副站长、总工程师，技术职称高级工程师。

2008年8月到安县，负责辽宁援建项目的质量、安全及工程进度的组织管理工作。在安县工作期间，他坚持“以人为本、民生优先、安居为重的原则”。特别注重狠抓质量，要求每一项工程必须达到优质工程、优秀工程。工地就是他的家，他每天都巡检，严格把守设计、材料、验收三关。他还积极做好灾后重建项目工程设计变更及造价控制管理，制定出台《安县灾后恢复重建项目工程设计变更及造价控制管理规定》，有效杜绝单位和部门擅自更改设计，突破投资规模的现象，加快重建项目的进程。积极配合辽宁审计厅对辽宁援建项目进行跟踪审计。韩克亮与审计组一起深入施工现场，对工程实体和工程技术档案进行抽查，对辽宁援建“交钥匙”工程质量，施工现场和工程技术进行归类入档，随时对审计出的问题进行认真整改，受到省委、省政府高度肯定。

2010年9月，中共四川省委、省人民政府授予韩克亮四川省汶川地震灾后恢复重建先进个人荣誉称号。

张　坤　男，汉族，生于1962年2月，辽宁省沈阳市人。高中文化。辽宁省总工会职工。张坤于2008年7月19日奉命参加对口支援安县工作，担任辽宁省驻安县对口支援指挥部办公室主任。在两年多的灾后恢复重建工作中，完成了组织交办的各项工作。在灾区最艰难的时刻，办公室工作千头万绪，纷繁复杂，张坤制订一系列工作制度，按轻重缓急、有条不紊处理好每一件事。工作条件艰苦，他想方设法，克服困难，努力改善办公条件、生活条件，合理协调各方关系，调度车辆，保障指挥部工作正常高效运转。在刚到灾区时，余震不断，他临危不惧，坚持与指挥部领导深入灾区一线，为受灾群众送衣、送药、送慰问品，为受灾群众放电影。恰在此时，女儿参加高考，老父亲病危住进医院，他一直坚持灾区工作，父亲临终想见一面都未能如愿。这种为灾区舍小家为大家的高尚精神，受到灾区各级领导和群众的高度赞扬。

2010年9月，中共四川省委、省人民政府授予张坤四川省汶川地震灾后恢复重建先进个人荣誉称号。

刘炳新　男，汉族，生于1963年1月，辽宁省沈阳市人。中共党员，研究生学历。辽宁省经济和信息化委员会处长，省优秀共产党员。2008年8月，经省委、省政府抽派到安县对口支援指挥部任副总指挥。

地震发生后，刘炳新在单位带头捐款捐物奉献爱心。当中央下达给辽宁6万套板房生产任务后，他立即组织重点钢铁企业生产，并帮助企业解决生产中的各种困难，亲自到生产一线督战，板房原材料生产比计划提前一周完成任务，确保灾区建设使用。

到灾区后，根据指挥部安排，刘炳新主要负责对口支援安县重点企业。他逐户走访重点企业，了解受灾情况，发展规划，发展措施，按照“一厂一策”的原则，多次组织辽宁企业考察团与当地企业进行对接洽谈，开展合资合作。与安县签订魔芋深加工技术合作和酒类市场销售合作4个协议。为提高安县造血功能，引进辽宁华晨汽车零部件落户安县“辽安工业园区”，总投资达15亿元。2008年为了让灾区人民温暖过冬，刘炳新积极开展资金和过冬物资的协调落实工作，通过努力，共落实资金2240万元。购置棉被140万床，棉大衣14万件分发到受灾人民手中。为使受灾人民早日搬进永久性住房，刘炳新积极协调省直有关部门，及时增拨统一农房风格风貌和宅基地灭失的农户补助资金，有力加快农房建设。刘炳新从到指挥部就负责文字综合工作，前线指挥部向省委、省政府的各种请示、汇报对口支援工作建议、总结、领导讲话、电台、电视台报道稿件草稿均由他负责。2010年9月底，辽宁投入援建资金和完成实物工作量达到85%，援建资金投入34亿元，涉及项目88个，狠抓项目、资金、施工、监督管理工作，有力推动项目资金建设质量安全。

授予辽宁援建工作者“安县荣誉市民”称号

2010年9月，中共四川省委、省人民政府授予刘炳新四川省汶川地震灾后恢复重建先进个人荣誉称号。

第三节　英模表

一、国家级

序号	姓　名	性别	工作单位	职务（职称）	获奖名称	授奖单位	授奖时间
1	王　黎	男	中共安县县委	县委书记、县人大常委会主任	全国抗震救灾模范	中共中央、国务院、中央军委	2008. 10

二、省部级

序号	姓　名	性别	工作单位	职务职称	获奖名称	授奖单位	授奖时间
1	赵迎春	男	中共安县县委	县委书记	汶川地震灾后恢复重建先进个人	人力资源和社会保障部、国家发展和改革委员会、解放军总政治部	2011
2	姜　曦	男	安县纪委	县委常委、纪委书记	抗震救灾优秀纪检监察干部	中央纪委、监察部	2008. 5
3	马传荣	男	高川乡	副书记、纪委书记	全国抗震救灾优秀纪检监察干部	中央纪委、监察部	2008. 5
4	夏　平	男	桑枣镇飞龙村	党支部书记	优秀共产党员	中央组织部	2008. 6
5	叶志平	男	桑枣中学	党支部书记、校长	抗震救灾优秀共产党员	中央组织部	2008. 6
					抗震救灾感动中国师德标兵	中国教科文卫体工会全国委员会	2008. 6
6	李云双	男	睢水小学	校长	抗震救灾优秀校长	教育部	2008
7	吴　炜	男	睢水中学	教师	抗震救灾先进共青团员	共青团中央	2008. 7
8	冯素蓉	女	安县环境保护局	副局长	全国环保系统抗震救灾先进个人	环境保护部	2008. 7
9	钟　良	男	中国农业发展银行安县支行	客服经理	抗震救灾优秀青年	全国金融团工委、农发行总行团委	2008
10	伍　豪	男	安县公安局	民警	全国抗震救灾英雄	人力资源和社会保障部、公安部	2008. 10
					全国五一劳动奖章	中华全国总工会	2008. 10
					中国青年五四奖章	全国青联	2008. 10

续表

序号	姓　名	性别	工作单位	职务（职称）	获奖名称	授奖单位	授奖时间
11	张　晟	男	安县公安局	民警	全国公安系统抗震救灾先进个人	公安部	2008.7
12	杨世平	男	安县公安局	民警	全国公安系统抗震救灾先进个人	公安部	2008.7
13	杨通玄	男	安县公安局	民警	全国公安系统抗震救灾先进个人	公安部	2008.7
14	张　华	男	安县公安局刑侦大队	法医	全国公安系统抗震救灾先进个人	公安部	2008.7
15	董顺华	男	安县公安局	民警	全国公安系统抗震救灾先进个人	公安部	2008.7
16	陈良国	男	安县公安局	民警	全国公安系统抗震救灾先进个人	公安部	2008.7
17	纪　政	男	安县国税局	党组书记、局长	在汶川地震抗震救灾工作中做出较大贡献记个人三等功	国家税务总局	2008.10
18	罗　辉	男	安县国税局	办公室主任	在汶川地震抗震救灾工作中做出较大贡献记个人三等功	国家税务总局	2008.10
19	刘平安	男	安县人民法院	党组书记、院长	全国法院系统抗震救灾先进个人	国家最高人民法院	2008.7
20	梁清友	男	安县人民法院	副庭长	全国法院系统抗震救灾先进个人	国家最高人民法院	2008.7
21	张　云	男	安县食品药品监督管理局	局长	抗震救灾医药卫生先进个人	卫生部、食品药品监督管理局、中医药管理局、解放军总后勤部卫生部	2008.9
22	刘　林	男	桑枣中心卫生院	院长	抗震救灾医药卫生先进个人	卫生部、食品药品监督管理局、中医药管理局、解放军总后勤部卫生部	2008.9
23	夏万俊	男	秀水中心卫生院	院长	抗震救灾医药卫生先进个人	卫生部、食品药品监督管理局、中医药管理局、解放军总后勤部卫生部	2008.9
24	张加宇	男	安县中医院	党支部书记、院长	抗震救灾医药卫生先进个人	卫生部、食品药品监督管理局、中医药管理局、解放军总后勤部卫生部	2008.9
25	邹兴贵	男	安县人民医院	县人大常委会副主任、院长	抗震救灾医药卫生先进个人	卫生部、食品药品监督管理局、中医药管理局、解放军总后勤部卫生部	2008.9
26	张志敏	男	安县粮食局	党委书记、局长	全国粮食系统抗震救灾先进个人	国家粮食局	2008.12
27	蔡　林	男	安县花荄粮油收储站	站长	全国食粮系统抗震救灾先进个人	国家粮食局	2008.12
28	周兆明	男	安县工商局	局长	全国工商系统优秀工商行政管理人员	国家工商总局	2008
29	陈　斌	男	安县森林公安分局	副局长	公安系统抗震救灾先进个人	公安部	2008.7
					全国林业系统抗震救灾先进个人	国家林业局	2008.7
30	刘云中	男	桑枣司法所	所长	全国司法行政系统二级英雄模范	司法部	2008.7

续表

序号	姓　名	性别	工作单位	职务（职称）	获奖名称	授奖单位	授奖时间
31	黄　霖	男	桑枣干柏村小学	学生	抗震救灾英雄少年	共青团中央	2008
32	李　旅	女	安县科学技术局	局长	中国科协抗震救灾先进个人	中国科学技术协会	2008.9
33	郑发富	男	安县花荄镇中学	教师	教育系统抗震救灾英雄	人力资源和社会保障部、教育部	2008
34	刘小艳	女	安县秀水一小	教师	教育系统抗震救灾“先进个人”	教育部	2008.6
					全国十佳少先队辅导员特别奖	共青团中央、教育部、全国少工委	2008.10
35	李桂强	男	安县茶坪小学	党支部书记、校长	全国教育系统抗震救灾先进个人	教育部	2008.9
36	张永清	男	安县雎水中心小学	主任教员	全国教育系统抗震救灾先进个人	教育部	2008.9
					全国优秀教师	教育部	2009
					全国中小学优秀德育工作者	教育部	2009
37	黄　英	女	安县人口和计划生育局	局长	全国人口和计划生育系统抗震救灾先进个人	国家人口计生委	2008.7
38	唐兴荣	男	高川乡计生办	办公室主任	全国人口和计划生育系统抗震救灾先进个人	国家人口计生委	2008.7
39	张红梅	女	秀水镇佳欣幼儿园	园长	抗震救灾优秀共产党员	中央组织部	2008.5
40	王勇军	男	规划和建设局	党委书记、局长	全国住房和城乡建设系统抗震救灾先进个人	住房和城乡建设部	2008.9
41	邓定平	男	黄土镇村建环卫中心	主任	全国住房和城乡建设系统抗震救灾先进个人	住房和城乡建设部	2008.9
42	熊　军	男	县地税局	党组书记、局长	抗震救灾个人一等功	税务总局	2008.10
43	张　健	男	安县民政局	股长	抗震救灾嘉奖	民政部	2008
44	郑　荣	男	安县民政局	股长	抗震救灾嘉奖	民政部	2008
45	赵九州	男	共青团安县委员会	书记	抗震救灾优秀团干部	共青团中央	2008
46	张益宽	男	安县机要局	局长	全国党政密码系统抗震救灾先进个人	中央密码工作领导小组办公室	2008
47	邓子富	男	塔水片区农机服务站	干部	抗震救灾英雄	人力资源和社会保障部、农业部	2008
48	徐　平	女	安县供电局（公司）	总经理	抗震救灾先进个人	国家电网公司	2008
49	刘北龙	男	安县供电局（公司）	科长	抗震救灾先进个人	国家电网公司	2008

续表

序号	姓　名	性别	工作单位	职务（职称）	获奖名称	授奖单位	授奖时间
50	李先荣	男	安县银河公司	党委书记、董事长、总经理	全国“技术进步，节能减排”个人突出贡献奖	中国无机盐工业协会	2008
51	马顺友	男	安县银河公司	董事、化工厂厂长	全国“技术进步，节能减排”先进个人	中国无机盐工业协会	2008
52	李建强	男	安县卫生局	局长	全国医药卫生先进个人	卫生部、食品药品监督管理局、中医药管理局	2009
					四川省灾后恢复重建先进个人	四川省委、省政府	2009
53	马银国	男	安县国土资源局高川国土所	所长	全国国土资源系统先进工作者	人力资源和社会保障部、国土资源部	2009
54	张　淼	男	安县文化旅游局	干部	文物系统汶川地震灾后文物抢救保护工作先进个人	国家文物局	2011
55	朱元光	男	县总工会	县委常委、县总工会主席	抗震救灾优秀党员领导干部	四川省委	2008. 6
					四川省五一劳动奖章	四川省总工会	2008. 6
					四川省抗震救灾模范	四川省委、省政府	2008. 10
56	向云刚	男	茶坪乡党委	书记	四川省抗震救灾优秀共产党员	四川省委	2008. 6
					四川省抗震救灾模范	四川省委、省政府	2008. 10
57	刘云相	男	塔水镇党委	书记	四川省抗震救灾模范	四川省委、省政府	2008. 10
58	邓　忠	男	黄土镇武装部	副部长	抗震救灾先进个人	四川省军区	2008. 8
59	谈剑安	男	中国银行安县支行	信贷员	汶川地震灾后重建先进个人	四川省委	2009
60	向云跃	男	交通运输局	养护公司经理	四川最美丽灾后重建工作者	四川省委、省政府	2011
61	张　征	男	辽宁省政府、辽宁省驻安县对口支援指挥部	辽宁省政府副秘书长、指挥部总指挥	四川省汶川地震灾后恢复重建先进个人	四川省委、省政府	2010. 9
62	刘志虹	男	省住房城乡建设厅	副厅长（时任厅长助理、省驻安县对口支援指挥部副总指挥）	四川省汶川地震灾后恢复重建先进个人	四川省委、省政府	2010. 9
					对口支援安县恢复重建先进个人	辽宁省委、省政府	2010. 12
63	李锦奇	男	辽宁警官高等专科学校	校长（时任省教育厅发展规划处处长、省驻安县对口支援指挥部副总指挥）	四川省汶川地震灾后恢复重建先进个人	四川省委、省政府	2010. 9
					对口支援安县恢复重建先进个人	辽宁省委、省政府	2010. 12

续表

序号	姓　名	性别	工作单位	职务（职称）	获奖名称	授奖单位	授奖时间
64	李　巍	男	辽宁省交通厅公路管理局工程处、辽宁省援建安县辽安路办公室	副处长	四川省汶川地震灾后恢复重建先进个人	四川省委、省政府	2010.9
65	闫　伟	男	辽宁省建筑设计研究院院长助理、大连分院	分院院长	四川省汶川地震灾后恢复重建先进个人	四川省委、省政府	2010.9
66	宋国祥	男	辽宁省建筑设计研究院项目管理咨询公司	项目经理	四川省汶川地震灾后恢复重建先进个人	四川省委、省政府	2010.9
67	花　英	男	辽宁方圆建设项目管理有限公司	项目经理	四川省汶川地震灾后恢复重建先进个人	四川省委、省政府	2010.9
68	付铁男	男	沈阳北方建设股份有限公司	项目负责人	四川省汶川地震灾后恢复重建先进个人	四川省委、省政府	2010.9
69	那永升	男	辽宁本溪永升建筑建筑工程有限公司	董事长兼党支部书记	四川省汶川地震灾后恢复重建先进个人	四川省委、省政府	2010.9
70	王天宇	男	辽宁省卫生厅、辽宁省驻安县对口援建指挥部	党组成员、厅长助理、指挥部常务副总指挥	四川省汶川地震灾后恢复重建先进个人	四川省委、省政府	2010.9
					对口支援安县恢复重建先进个人	辽宁省委、省政府	2010.12
71	程天阳	男	辽宁省国资委监事会、辽宁省对口援建安县恢复重建前线指挥部	第五办事处主任、处长、指挥部副总指挥	四川省汶川地震灾后恢复重建先进个人	四川省委、省政府	2010.9
					对口支援安县恢复重建先进个人	辽宁省委、省政府	2010.12
72	韩克亮	男	辽宁省建设工程质量监督总站、省驻安县对口支援指挥部	副站长、指挥部副总指挥	四川省汶川地震灾后恢复重建先进个人	四川省委、省政府	2010.9
					对口支援安县恢复重建先进个人	辽宁省委、省政府	2010.12
73	张　坤	男	辽宁省总工会办公室、省驻安县对口支援指挥部	职工	四川省汶川地震灾后恢复重建先进个人	四川省委、省政府	2010.9
					对口支援安县恢复重建先进个人	辽宁省委、省政府	2010.12
74	刘炳新	男	辽宁省经济和信息化委员会、辽宁省对口援建安县恢复重建前线指挥部	处长、指挥部副总指挥	四川省汶川地震灾后恢复重建先进个人	四川省委、省政府	2010.9
					对口支援安县恢复重建先进个人	辽宁省委、省政府	2010.12
75	张立鹏		省城乡建设规划设计院	副院长	对口支援安县恢复重建优秀个人	辽宁省委、省政府	2010.12

续表

序号	姓　名	性别	工作单位	职务（职称）	获奖名称	授奖单位	授奖时间
76	杨振凯		省建筑设计研究院	党委书记	对口支援安县恢复重建优秀个人	辽宁省委、省政府	2010. 12
77	易富和		省建设科学研究院	副院长	对口支援安县恢复重建优秀个人	辽宁省委、省政府	2010. 12
78	由世岐		省建设科学研究院	副院长	对口支援安县恢复重建优秀个人	辽宁省委、省政府	2010. 12
79	李　健		沈阳市城乡建设委员会工程管理处	处长	对口支援安县恢复重建优秀个人	辽宁省委、省政府	2010. 12
80	张志明		大连市城乡建设委员会	总经济师	对口支援安县恢复重建优秀个人	辽宁省委、省政府	2010. 12
81	刘绍义		省公安厅纪委	副书记	对口支援安县恢复重建优秀个人	辽宁省委、省政府	2010. 12
82	张　猛		省公安厅巡防总队防暴队	队长	对口支援安县恢复重建优秀个人	辽宁省委、省政府	2010. 12
83	刘　群		省公安厅计划财务装备处	副处长	对口支援安县恢复重建优秀个人	辽宁省委、省政府	2010. 12
84	张智斌		沈阳市公安局交警支队	副支队长（时任沈阳市公安局特警支队副支队长）	对口支援安县恢复重建优秀个人	辽宁省委、省政府	2010. 12
85	苏　明		省公安厅交管局	副局长	对口支援安县恢复重建优秀个人	辽宁省委、省政府	2010. 12
86	李树森		省公安厅治安总队四支队	副支队长	对口支援安县恢复重建优秀个人	辽宁省委、省政府	2010. 12
87	刘　伟		省卫生厅疾病预防控制处	副处长	对口支援安县恢复重建优秀个人	辽宁省委、省政府	2010. 12
88	都英杰		沈阳市卫生局	副局长	对口支援安县恢复重建优秀个人	辽宁省委、省政府	2010. 12
89	张　群		抚顺市卫生局	副局长	对口支援安县恢复重建优秀个人	辽宁省委、省政府	2010. 12
90	姜　华		本溪市卫生局	局长	对口支援安县恢复重建优秀个人	辽宁省委、省政府	2010. 12
91	柳青峰		省人民医院	副院长	对口支援安县恢复重建优秀个人	辽宁省委、省政府	2010. 12
92	窦志勇		省卫生监督所	所长	对口支援安县恢复重建优秀个人	辽宁省委、省政府	2010. 12
93	郭向前	男	省交通厅公路管理局（时任安县副县长、县委副书记）	副局长	对口支援安县恢复重建优秀个人	辽宁省委、省政府	2010. 12
94	徐同连		省交通厅运输管理局	副局长	对口支援安县恢复重建优秀个人	辽宁省委、省政府	2010. 12
95	许党党		省交通规划设计院	工程师	对口支援安县恢复重建优秀个人	辽宁省委、省政府	2010. 12

续表

序号	姓　名	性别	工作单位	职务（职称）	获奖名称	授奖单位	授奖时间
96	孔令文		省民政厅救灾处	副处长	对口支援安县恢复重建优秀个人	辽宁省委、省政府	2010.12
97	任　强		省减灾中心	副主任	对口支援安县恢复重建优秀个人	辽宁省委、省政府	2010.12
98	宋升勇		省教育厅体育卫生与艺术教育处	副处长	对口支援安县恢复重建优秀个人	辽宁省委、省政府	2010.12
99	李守权		省水利厅科技外事处	处长	对口支援安县恢复重建优秀个人	辽宁省委、省政府	2010.12
100	王洪新	男	省发展改革委经济体制综合改革处、省对口支援安县灾后重建工作领导小组办公室	调研员	对口支援安县恢复重建优秀个人	辽宁省委、省政府	2010.12
101	梁　楠	男	省财政厅投资审核中心、省对口支援安县灾后恢复重建工作领导小组办公室	会计师	对口支援安县恢复重建优秀个人	辽宁省委、省政府	2010.12
102	尹　鉴	男	省发展改革委重大项目管理办公室、省对口支援安县灾后恢复重建工作领导小组办公室	科员	对口支援安县恢复重建优秀个人	辽宁省委、省政府	2010.12
103	郑广辉	男	省发展改革委投资处	副处长	对口支援安县恢复重建优秀个人	辽宁省委、省政府	2010.12
104	朱建中		省财政厅办公室	主任	对口支援安县恢复重建优秀个人	辽宁省委、省政府	2010.12
105	盖凌洋		省住房城乡建设厅住房保障处	处长	对口支援安县恢复重建先进个人	辽宁省委、省政府	2010.12
106	孙晓光		省住房城乡建设厅招投标建管处	处长	对口支援安县恢复重建先进个人	辽宁省委、省政府	2010.12
107	王　斌		辽宁城市建设职工技术学院	副院长	对口支援安县恢复重建先进个人	辽宁省委、省政府	2010.12
108	柴光宇		省建设工程安全监管总站办公室	主任	对口支援安县恢复重建先进个人	辽宁省委、省政府	2010.12
109	蒋立华		省城乡建设规划设计院	主任工程师	对口支援安县恢复重建先进个人	辽宁省委、省政府	2010.12
110	冯　建		省建筑设计研究院	主任工程师	对口支援安县恢复重建先进个人	辽宁省委、省政府	2010.12

续表

序号	姓　名	性别	工作单位	职务（职称）	获奖名称	授奖单位	授奖时间
111	郑家仁		沈阳市建设工程造价管理站	党支部书记	对口支援安县恢复重建先进个人	辽宁省委、省政府	2010. 12
112	李长斌		大连市城乡建设委员会建筑节能处	处长	对口支援安县恢复重建先进个人	辽宁省委、省政府	2010. 12
113	桑　武		大连市公安消防支队特勤二中队	指导员	对口支援安县恢复重建先进个人	辽宁省委、省政府	2010. 12
114	张再新		鞍山市公安消防支队特勤一中队	班长	对口支援安县恢复重建先进个人	辽宁省委、省政府	2010. 12
115	曹　群		大连市公安局特警支队	支队长	对口支援安县恢复重建先进个人	辽宁省委、省政府	2010. 12
116	张维富		鞍山市公安局巡特警支队	副队长	对口支援安县恢复重建先进个人	辽宁省委、省政府	2010. 12
117	李　惠		抚顺市抚顺县公安局	局长（时任抚顺市巡特警支队支队长）	对口支援安县恢复重建先进个人	辽宁省委、省政府	2010. 12
118	尹　越		省公安厅治安总队四支队	支队长	对口支援安县恢复重建先进个人	辽宁省委、省政府	2010. 12
119	刑永先		盘锦市公安局双台子分局	政委	对口支援安县恢复重建先进个人	辽宁省委、省政府	2010. 12
120	沈　民		鞍山市公安局立山分局	局长（时任省公安厅巡防总队副总队长）	对口支援安县恢复重建先进个人	辽宁省委、省政府	2010. 12
121	康　冰		丹东市卫生局	副局长	对口支援安县恢复重建先进个人	辽宁省委、省政府	2010. 12
122	王晓伟		营口市卫生局	副局长	对口支援安县恢复重建先进个人	辽宁省委、省政府	2010. 12
123	赵立华		阜新市疾病预防控制中心	副主任	对口支援安县恢复重建先进个人	辽宁省委、省政府	2010. 12
124	刘铁春		辽阳市卫生局	副局长	对口支援安县恢复重建先进个人	辽宁省委、省政府	2010. 12
125	赵福德		铁岭市卫生局	副局长	对口支援安县恢复重建先进个人	辽宁省委、省政府	2010. 12
126	任殿芝		朝阳市疾控中心	副主任	对口支援安县恢复重建先进个人	辽宁省委、省政府	2010. 12
127	王　刚		盘锦市卫生局	副局长	对口支援安县恢复重建先进个人	辽宁省委、省政府	2010. 12
128	王克非		葫芦岛市卫生局	副局长	对口支援安县恢复重建先进个人	辽宁省委、省政府	2010. 12
129	李　强		省公路勘测设计公司	副总工程师	对口支援安县恢复重建先进个人	辽宁省委、省政府	2010. 12

续表

序号	姓　名	性别	工作单位	职务（职称）	获奖名称	授奖单位	授奖时间
130	魏　仑		省交通规划设计院	副院长	对口支援安县恢复重建先进个人	辽宁省委、省政府	2010. 12
131	尹　岩		抚顺市公路勘测设计院	副院长	对口支援安县恢复重建先进个人	辽宁省委、省政府	2010. 12
132	孙延涛		省慈善总会	副秘书长	对口支援安县恢复重建先进个人	辽宁省委、省政府	2010. 12
133	徐　航		沈阳市救灾物资管理服务中心	主任	对口支援安县恢复重建先进个人	辽宁省委、省政府	2010. 12
134	王绍华		沈阳市救灾物资管理服务中心	正处级调研员	对口支援安县恢复重建先进个人	辽宁省委、省政府	2010. 12
135	孟宪彬		省实验学校	校长	对口支援安县恢复重建先进个人	辽宁省委、省政府	2010. 12
136	于　玲		省教育厅机关党委	主任科员	对口支援安县恢复重建先进个人	辽宁省委、省政府	2010. 12
137	李　杨		抚顺市水利勘测设计研究院	总工程师	对口支援安县恢复重建先进个人	辽宁省委、省政府	2010. 12
138	徐战儒		大连市总工会	副巡视员	对口支援安县恢复重建先进个人	辽宁省委、省政府	2010. 12
139	于　鹏	男	团省委组织部	主任科员	对口支援安县恢复重建先进个人	辽宁省委、省政府	2010. 12
140	嵇育楠		省妇联	调研员	对口支援安县恢复重建先进个人	辽宁省委、省政府	2010. 12
141	房　勇		省发展改革委投资处	处长	对口支援安县恢复重建先进个人	辽宁省委、省政府	2010. 12
142	沈念平		省发展改革委办公室	主任	对口支援安县恢复重建先进个人	辽宁省委、省政府	2010. 12
143	李德海		省财政厅经济建设处	处长	对口支援安县恢复重建先进个人	辽宁省委、省政府	2010. 12
144	王春雷		省财政厅经济建设处	主任科员	对口支援安县恢复重建先进个人	辽宁省委、省政府	2010. 12
145	杨　笑		省红十字会	秘书长	对口支援安县恢复重建先进个人	辽宁省委、省政府	2010. 12
146	赵东旭		省国际人才交流中心	主任	对口支援安县恢复重建先进个人	辽宁省委、省政府	2010. 12
147	孙立新		省经济和信息化委经济运行处	副处长	对口支援安县恢复重建先进个人	辽宁省委、省政府	2010. 12
148	赵文进		省委宣传部新闻出版处	副处长	对口支援安县恢复重建先进个人	辽宁省委、省政府	2010. 12
149	李传民		省国资委规划发展与改革处	处长	对口支援安县恢复重建先进个人	辽宁省委、省政府	2010. 12
150	李长山		省农业技术推广总站	站长	对口支援安县恢复重建先进个人	辽宁省委、省政府	2010. 12
151	张　伟		省委办公厅秘书处	处长	对口支援安县恢复重建先进个人	辽宁省委、省政府	2010. 12

续表

序号	姓名	性别	工作单位	职务（职称）	获奖名称	授奖单位	授奖时间
152	周　仁		省政府办公厅综合六处	主任科员	对口支援安县恢复重建先进个人	辽宁省委、省政府	2010. 12
153	屈占友		省委组织部干部一处	处长	对口支援安县恢复重建先进个人	辽宁省委、省政府	2010. 12
154	那家强		省监察厅	副处级监察员	对口支援安县恢复重建先进个人	辽宁省委、省政府	2010. 12
155	靖亚东		省审计厅投资二处	副处长	对口支援安县恢复重建先进个人	辽宁省委、省政府	2010. 12
156	于　兵		省科技厅农村科技处	副处长	对口支援安县恢复重建先进个人	辽宁省委、省政府	2010. 12
157	王　义		省服务业委消费品流通处	主任科员	对口支援安县恢复重建先进个人	辽宁省委、省政府	2010. 12
158	付友生		省环境监测实验中心	工程师	对口支援安县恢复重建先进个人	辽宁省委、省政府	2010. 12
159	张东平		省经合办对口支援处	处长	对口支援安县恢复重建先进个人	辽宁省委、省政府	2010. 12
160	孙永祥		省重大动物疫病应急中心	主任	对口支援安县恢复重建先进个人	辽宁省委、省政府	2010. 12
161	吴　娟		省地震局地震检测中心	高级工程师	对口支援安县恢复重建先进个人	辽宁省委、省政府	2010. 12
162	李向东		省文物考古研究所	所长	对口支援安县恢复重建先进个人	辽宁省委、省政府	2010. 12

三、市级

序号	姓名	性别	工作单位	职务（职称）	获奖名称	授奖单位	授奖时间
1	王　黎	男	中共安县县委	县委书记、人大常委会主任	绵阳市抗震救灾先进个人	市委、市政府	2008. 6
2	赵迎春	男	县人民政府	县委副书记、县长	绵阳市抗震救灾先进个人	市委、市政府	2008. 6
			中共安县县委	书记	绵阳市灾后恢复重建先进个人	市委、市政府	2011. 4
3	张孝勇	男	县交通局	党委副书记、总工程师	绵阳市抗震救灾先进个人	市委、市政府	2008. 6
4	伍　豪	男	县公安局交警大队	事故中队副队长	绵阳市抗震救灾先进个人	市委、市政府	2008. 6
5	邓德元	男	县财政局	局长	绵阳市抗震救灾先进个人	市委、市政府	2008. 6
			县投资控股有限公司	董事长	绵阳市灾后恢复重建先进个人	市委、市政府	2011. 4
6	唐京生	男	县委办	副主任、政研室主任	绵阳市抗震救灾先进个人	市委、市政府	2008. 6
7	向光社	男	县政府办	副主任	绵阳市抗震救灾先进个人	市委、市政府	2008. 6

续表

序号	姓　名	性别	工作单位	职务（职称）	获奖名称	授奖单位	授奖时间
8	付　军	男	县委组织部	副部长	绵阳市抗震救灾先进个人	市委、市政府	2008. 6
9	李代全	男	安洲驾校	校长	绵阳市抗震救灾先进个人	市委、市政府	2008. 6
10	席珍奎	男	县委宣传部	副部长	绵阳市抗震救灾先进个人	市委、市政府	2008. 6
11	应　莉	女	茶坪乡川心村	村主任助理	绵阳市抗震救灾先进个人	市委、市政府	2008. 6
12	李国洪	男	茶坪乡山里人超市	经理	绵阳市抗震救灾先进个人	市委、市政府	2008. 6
13	鲜青松	男	县规划和建设局	总工程师	绵阳市抗震救灾先进个人	市委、市政府	2008. 6
14	沈兴国	男	县文化馆	党支部书记、副馆长	绵阳市抗震救灾先进个人	市委、市政府	2008. 6
15	陈善学	男	高川乡政府	财政所所长	绵阳市抗震救灾先进个人	市委、市政府	2008. 6
16	徐　明	男	永安镇党委	镇党委委员、向阳村党支部书记	绵阳市抗震救灾先进个人	市委、市政府	2008. 6
17	王　平	男	县妇幼保健院	院长	绵阳市抗震救灾先进个人	市委、市政府	2008. 6
18	阮建祥	男	县检察院	副检察长	绵阳市抗震救灾先进个人	市委、市政府	2008. 6
19	张　平	男	茶坪乡政府	副乡长、武装部部长	绵阳市抗震救灾先进个人	市委、市政府	2008. 6
20	刘小林	男	茶坪乡初级中学	政教处主任	绵阳市抗震救灾先进个人	市委、市政府	2008. 6
21	荣昌洪	男	黄土镇常乐村党支部	书记	绵阳市抗震救灾先进个人	市委、市政府	2008. 6
22	薛兴琼	女	县农业局	种子管理站站长	绵阳市抗震救灾先进个人	市委、市政府	2008. 6
23	向云刚	男	茶坪乡党委	书记、人大主席	绵阳市抗震救灾先进个人	市委、市政府	2008. 6
24	郭学群	男	县武装部	部长	抗震救灾先进个人	市委、市政府、绵阳军分区	2008. 11
25	潘　进	男	县武装部	副部长兼军事科科长	抗震救灾先进个人	市委、市政府、绵阳军分区	2008. 11
26	吕　林	男	县武装部	职工	抗震救灾先进个人	市委、市政府、绵阳军分区	2008. 11
27	吴明富	男	乐兴镇武装部	部长	抗震救灾先进个人	市委、市政府、绵阳军分区	2008. 11
28	李　伟	男	迎新乡武装部	部长	抗震救灾先进个人	市委、市政府、绵阳军分区	2008. 11
29	张福茂	男	睢水镇武装部	部长	抗震救灾先进个人	市委、市政府、绵阳军分区	2008. 11
30	王　健	男	沸水镇武装部	部长	抗震救灾先进个人	市委、市政府、绵阳军分区	2008. 11
31	刘　伟	男	宝林镇武装部	部长	抗震救灾先进个人	市委、市政府、绵阳军分区	2008. 11

续表

序号	姓　名	性别	工作单位	职务（职称）	获奖名称	授奖单位	授奖时间
32	李　宁	男	秀水镇	民兵	抗震救灾先进个人	市委、市政府、绵阳军分区	2008. 11
33	吕　勇	男	界牌镇	民兵	抗震救灾先进个人	市委、市政府、绵阳军分区	2008. 11
34	吴　芳	女	县交通局	运安法规股副股长	绵阳市交通行业抗震救灾先进个人	市人民政府	2009. 3
35	廖　兵	男	县交通局	公路管理所所长	绵阳市交通行业抗震救灾先进个人	市人民政府	2009. 3
36	陈道荣	男	成青路安县收费站	工作人员	绵阳市交通行业抗震救灾先进个人	市人民政府	2009. 3
37	胡德兵	男	县人民政府	县长	绵阳市灾后恢复重建先进个人	市委、市政府	2011. 4
38	梁　建	男	中共安县县委	副书记	绵阳市灾后恢复重建先进个人	市委、市政府	2011. 4
39	谭　莉	女	县委宣传部	县委常委、宣传部部长	绵阳市灾后恢复重建先进个人	市委、市政府	2011. 4
40	蔡晓玲	女	花荄镇党委	书记	绵阳市灾后恢复重建先进个人	市委、市政府	2011. 4
41	邓章军	男	晓坝镇党委	书记	绵阳市灾后恢复重建先进个人	市委、市政府	2011. 4
42	李永根	男	县政法委	副书记	绵阳市灾后恢复重建先进个人	市委、市政府	2011. 4
43	唐　鸿	男	县水务局	局长	绵阳市灾后恢复重建先进个人	市委、市政府	2011. 4
44	李　凯	男	县教育体育局	局长	绵阳市灾后恢复重建先进个人	市委、市政府	2011. 4
45	胡珍兰	女	县发展改革和经济商务局	副局长	绵阳市灾后恢复重建先进个人	市委、市政府	2011. 4
46	刘学林	男	龙泉供水有限责任公司	职工	绵阳市灾后恢复重建先进个人	市委、市政府	2011. 4
47	向云跃	男	顺达公路养护有限责任公司	职工	绵阳市灾后恢复重建先进个人	市委、市政府	2011. 4
48	马　勇	男	投资控股有限公司	职工	绵阳市灾后恢复重建先进个人	市委、市政府	2011. 4
49	齐桂芳	女	安州农业综合发展投资有限公司	职工	绵阳市灾后恢复重建先进个人	市委、市政府	2011. 4
50	杨光荣	男	县鑫安土地开发有限公司	职工	绵阳市灾后恢复重建先进个人	市委、市政府	2011. 4
51	胡　勇	男	县保安服务公司	职工	绵阳市灾后恢复重建先进个人	市委、市政府	2011. 4
52	崔　强	男	县广播电视信息网络有限公司	总经理	绵阳市灾后恢复重建先进个人	市委、市政府	2011. 4
53	郑　荣	男	县社会福利中心	职工	绵阳市灾后恢复重建先进个人	市委、市政府	2011. 4

续表

序号	姓　名	性别	工作单位	职务（职称）	获奖名称	授奖单位	授奖时间
54	张志刚	男	银河建化集团有限公司	职工	绵阳市灾后恢复重建先进个人	市委、市政府	2011.4
55	何　峰	男	电力公司绵阳安县供电局	职工	绵阳市灾后恢复重建先进个人	市委、市政府	2011.4
56	罗建明	男	汇利纸业有限公司	职工	绵阳市灾后恢复重建先进个人	市委、市政府	2011.4
57	耿福昌	男	好医生药业集团有限公司	职工	绵阳市灾后恢复重建先进个人	市委、市政府	2011.4
58	周天明	男	天明磷化工有限公司	职工	绵阳市灾后恢复重建先进个人	市委、市政府	2011.4
59	杜少友	男	联丰农业开发有限责任公司	职工	绵阳市灾后恢复重建先进个人	市委、市政府	2011.4
60	杨　展	男	中国移动通信集团有限公司安县分公司	职工	绵阳市灾后恢复重建先进个人	市委、市政府	2011.4
61	王学军	男	河清中心卫生院	职工	绵阳市灾后恢复重建先进个人	市委、市政府	2011.4
62	陈　航	男	农业银行股份有限公司安县支行	职工	绵阳市灾后恢复重建先进个人	市委、市政府	2011.4
63	金兴全	男	福山旅游开发有限责任公司	职工	绵阳市灾后恢复重建先进个人	市委、市政府	2011.4
64	胡杰英	男	启明星磷化工有限公司	董事长	绵阳市灾后恢复重建先进个人	市委、市政府	2011.4
65	谢崇义	男	县鑫安土地开发有限公司	董事长	绵阳市灾后恢复重建先进个人	市委、市政府	2011.4
66	邓　军	男	绵阳市博源建筑设计有限公司	职工	绵阳市灾后恢复重建先进个人	市委、市政府	2011.4
67	赵伦福	男	秀水镇政府	副镇长	绵阳市灾后恢复重建先进个人	市委、市政府	2011.4

四、县级

序号	姓　名	性别	工作单位	职务（职称）	获奖名称	授奖单位	授奖时间
1	陈　刚	男	县委办	副主任	抗震救灾优秀共产党员	县委、县政府	2008.7
2	张加林	男	县政府办	副主任	抗震救灾优秀共产党员	县委、县政府	2008.7
3	罗玉才	男	县人大办	农工委主任	抗震救灾优秀共产党员	县委、县政府	2008.7

续表

序号	姓　名	性别	工作单位	职务（职称）	获奖名称	授奖单位	授奖时间
4	杨恩权	男	县政协办	副主任	抗震救灾优秀共产党员	县委、县政府	2008. 7
5	余　建	男	县纪委	副书记	抗震救灾优秀共产党员	县委、县政府	2008. 7
6	陈　华	男	县委组织部	副部长	抗震救灾优秀共产党员	县委、县政府	2008. 7
7	李　春	女	县委宣传部	副部长	抗震救灾优秀共产党员	县委、县政府	2008. 7
8	李永根	男	县政法委	副书记	抗震救灾优秀共产党员	县委、县政府	2008. 7
9	刘　强	男	县总工会	副主席	抗震救灾优秀共产党员	县委、县政府	2008. 7
10	赵九州	男	共青团县委	书记	抗震救灾优秀共产党员	县委、县政府	2008. 7
11	黄　尧	男	县法院	纪检组长	抗震救灾优秀共产党员	县委、县政府	2008. 7
12	刘　萍	女	县委统战部	干部	抗震救灾优秀共产党员	县委、县政府	2008. 7
13	钟述强	男	县委宣传部	借调干部	抗震救灾优秀共产党员	县委、县政府	2008. 7
14	万　强	男	县委组织部	干部	抗震救灾优秀共产党员	县委、县政府	2008. 7
15	何廷超	男	县地震办	主任	抗震救灾优秀共产党员	县委、县政府	2008. 7
16	杨　浩	男	县政法委	干部	抗震救灾优秀共产党员	县委、县政府	2008. 7
17	张天明	男	县老干局	局长	抗震救灾优秀共产党员	县委、县政府	2008. 7
18	汤　旭	男	县电信公司	总经理	抗震救灾优秀共产党员	县委、县政府	2008. 7
19	王高华	男	县国税局	干部	抗震救灾优秀共产党员	县委、县政府	2008. 7
20	张传喜	男	县安全办	副主任	抗震救灾优秀共产党员	县委、县政府	2008. 7
21	陈　华	男	县畜牧局	干部	抗震救灾优秀共产党员	县委、县政府	2008. 7
22	王晓芹	女	县直机关工委	干部	抗震救灾优秀共产党员	县委、县政府	2008. 7
23	王　勇	男	县移民办	副主任	抗震救灾优秀共产党员	县委、县政府	2008. 7
24	钟尚华	男	县地税局	干部	抗震救灾优秀共产党员	县委、县政府	2008. 7
25	李玉琼	女	县目标督查办	副主任	抗震救灾优秀共产党员	县委、县政府	2008. 7
26	熊学彬	男	县气象局	局长	抗震救灾优秀共产党员	县委、县政府	2008. 7
27	刘德全	男	县邮政局	局长	抗震救灾优秀共产党员	县委、县政府	2008. 7

续表

序号	姓　名	性别	工作单位	职务（职称）	获奖名称	授奖单位	授奖时间
28	王　芳	女	安州通讯社	干部	抗震救灾优秀共产党员	县委、县政府	2008. 7
29	周　明	男	县法院	法院干警	抗震救灾优秀共产党员	县委、县政府	2008. 7
30	彭东林	男	县人事局	干部	抗震救灾优秀共产党员	县委、县政府	2008. 7
31	罗绍聪	男	县农机局	干部	抗震救灾优秀共产党员	县委、县政府	2008. 7
32	陈　俊	男	县检察院	干警	抗震救灾优秀共产党员	县委、县政府	2008. 7
33	刘运春	男	财政局	干部	抗震救灾优秀共产党员	县委、县政府	2008. 7
34	刘小林	男	县工商局	干部	抗震救灾优秀共产党员	县委、县政府	2008. 7
35	王虹琳	女	县社保中心	办公室主任	抗震救灾优秀共产党员	县委、县政府	2008. 7
36	张发洪	男	县劳动和社会保障局	办公室主任	抗震救灾优秀共产党员	县委、县政府	2008. 7
37	彭玉洁	女	县住房公积金管理处	干部	抗震救灾优秀共产党员	县委、县政府	2008. 7
38	李英明	男	县民政局	干部	抗震救灾优秀共产党员	县委、县政府	2008. 7
39	张　平	男	县档案局	办公室主任	抗震救灾优秀共产党员	县委、县政府	2008. 7
40	唐华文	男	县防邪办	副主任	抗震救灾优秀共产党员	县委、县政府	2008. 7
41	杨　剑	男	县史志办	干部	抗震救灾优秀共产党员	县委、县政府	2008. 7
42	朱述全	男	县工商联	副会长	抗震救灾优秀共产党员	县委、县政府	2008. 7
43	龚华云	男	县广电局	职工	抗震救灾优秀共产党员	县委、县政府	2008. 7
44	伍炳泽	男	县委党校	常务副校长	抗震救灾优秀共产党员	县委、县政府	2008. 7
45	陈　丹	女	县审计局	干部	抗震救灾优秀共产党员	县委、县政府	2008. 7
46	马琼瑶	女	县残联	理事长	抗震救灾优秀共产党员	县委、县政府	2008. 7
47	黄玉川	男	县武装部	干部	抗震救灾优秀共产党员	县委、县政府	2008. 7
48	黄定拥	男	县发改局	工委副书记	抗震救灾优秀共产党员	县委、县政府	2008. 7
49	庞　爽	男	县发改局	综合股股长	抗震救灾优秀共产党员	县委、县政府	2008. 7
50	贺方林	男	侨安公司	职工	抗震救灾优秀共产党员	县委、县政府	2008. 7
51	彭世富	男	五一煤矿	职工	抗震救灾优秀共产党员	县委、县政府	2008. 7

续表

序号	姓　名	性别	工作单位	职务（职称）	获奖名称	授奖单位	授奖时间
52	易　立	男	县物价局	干部	抗震救灾优秀共产党员	县委、县政府	2008. 7
53	杨天伦	男	安昌镇小学	副校长	抗震救灾优秀共产党员	县委、县政府	2008. 7
54	桂兴明	男	安县中学	校长助理	抗震救灾优秀共产党员	县委、县政府	2008. 7
55	张议心	男	安昌镇幼儿园	教师	抗震救灾优秀共产党员	县委、县政府	2008. 7
56	罗　义	男	县公安局	干警	抗震救灾优秀共产党员	县委、县政府	2008. 7
57	罗华军	男	县公安局	干警	抗震救灾优秀共产党员	县委、县政府	2008. 7
58	邓孝蓉	女	县公安局	干警	抗震救灾优秀共产党员	县委、县政府	2008. 7
59	姚必安	男	县公安局	干警	抗震救灾优秀共产党员	县委、县政府	2008. 7
60	陈道荣	男	县交通局	成青路收费站职工	抗震救灾优秀共产党员	县委、县政府	2008. 7
61	高　恒	男	县交通局	运管所职工	抗震救灾优秀共产党员	县委、县政府	2008. 7
62	陈　强	男	县交通局	建管股股长	抗震救灾优秀共产党员	县委、县政府	2008. 7
63	冯德才	男	县交通局	副大队长	抗震救灾优秀共产党员	县委、县政府	2008. 7
64	胡良喜	男	县水务局	党委委员、总工程师	抗震救灾优秀共产党员	县委、县政府	2008. 7
65	唐明述	男	县水务局	水利站站长	抗震救灾优秀共产党员	县委、县政府	2008. 7
66	段业光	男	县水务局	一大渠管理处处长	抗震救灾优秀共产党员	县委、县政府	2008. 7
67	黄荣武	男	白水湖管理局	局长	抗震救灾优秀共产党员	县委、县政府	2008. 7
68	刘　勇	男	县水务局	站长	抗震救灾优秀共产党员	县委、县政府	2008. 7
69	张文华	男	县疾控中心	主任	抗震救灾优秀共产党员	县委、县政府	2008. 7
70	赖永辉	男	县妇幼保健院	妇产科主任	抗震救灾优秀共产党员	县委、县政府	2008. 7
71	王永科	男	县中医院	医生	抗震救灾优秀共产党员	县委、县政府	2008. 7
72	刘宇明	男	桑枣镇粮站	站长	抗震救灾优秀共产党员	县委、县政府	2008. 7
73	徐　勇	男	河清镇粮站	站长	抗震救灾优秀共产党员	县委、县政府	2008. 7
74	王　芳	女	县供销联社	干部	抗震救灾优秀共产党员	县委、县政府	2008. 7
75	刘顺聪	男	县供销联社	干部	抗震救灾优秀共产党员	县委、县政府	2008. 7

续表

序号	姓　名	性别	工作单位	职务（职称）	获奖名称	授奖单位	授奖时间
76	邓　军	男	县规划建设局	干部	抗震救灾优秀共产党员	县委、县政府	2008.7
77	陈　玺	男	县规划建设局	干部	抗震救灾优秀共产党员	县委、县政府	2008.7
78	郑晓松	男	县规划建设局	副总工程师	抗震救灾优秀共产党员	县委、县政府	2008.7
79	易俊吉	男	工业园管委会	职工	抗震救灾优秀共产党员	县委、县政府	2008.7
80	唐志建	男	雷天绿色电动源公司	总经理	抗震救灾优秀共产党员	县委、县政府	2008.7
81	姚　福	男	工业园管委会	城建国土分局局长	抗震救灾优秀共产党员	县委、县政府	2008.7
82	卢　锐	男	四川好医生有限公司	职工	抗震救灾优秀共产党员	县委、县政府	2008.7
83	毛玉康	男	地质公园管理处	副主任	抗震救灾优秀共产党员	县委、县政府	2008.7
84	张宝剑	男	寻龙山旅游开发公司	助理	抗震救灾优秀共产党员	县委、县政府	2008.7
85	尹春霖	男	银河建化集团公司	团委书记	抗震救灾优秀共产党员	县委、县政府	2008.7
86	赵必勇	男	银河建化集团公司	职工	抗震救灾优秀共产党员	县委、县政府	2008.7
87	周胜林	男	银河建化集团公司	职工	抗震救灾优秀共产党员	县委、县政府	2008.7
88	郭义祥	男	银河建化集团公司	副厂长	抗震救灾优秀共产党员	县委、县政府	2008.7
89	杨　勇	男	县政务中心	主任	抗震救灾优秀共产党员	县委、县政府	2008.7
90	欧孝成	男	县农业局	植保站站长	抗震救灾优秀共产党员	县委、县政府	2008.7
91	张世春	男	县农业局	土肥站站长	抗震救灾优秀共产党员	县委、县政府	2008.7
92	何　毅	男	县农业局	副局长	抗震救灾优秀共产党员	县委、县政府	2008.7
93	何长清	男	县林业局	干部	抗震救灾优秀共产党员	县委、县政府	2008.7
94	胥斌先	男	县林业局	干部	抗震救灾优秀共产党员	县委、县政府	2008.7
95	朱子良	男	县林业局	干部	抗震救灾优秀共产党员	县委、县政府	2008.7
96	唐国春	男	茶坪乡党委	党委副书记、纪委书记	抗震救灾优秀共产党员	县委、县政府	2008.7
97	肖　红	女	茶坪乡党委	县委组织员	抗震救灾优秀共产党员	县委、县政府	2008.7
98	黎万福	男	茶坪乡双电村	支部书记	抗震救灾优秀共产党员	县委、县政府	2008.7
99	李　健	男	浮山建材公司	职工	抗震救灾优秀共产党员	县委、县政府	2008.7

续表

序号	姓　名	性别	工作单位	职务（职称）	获奖名称	授奖单位	授奖时间
100	石贵明	男	兴仁乡长沟村	支部书记	抗震救灾优秀共产党员	县委、县政府	2008. 7
101	代　刚	男	兴仁乡政府	干部	抗震救灾优秀共产党员	县委、县政府	2008. 7
102	石　勇	男	兴仁乡茶园村	支部书记	抗震救灾优秀共产党员	县委、县政府	2008. 7
103	薛远超	男	花荄镇党委	副书记、纪委书记	抗震救灾优秀共产党员	县委、县政府	2008. 7
104	刘朝彬	男	花荄镇政府	职工	抗震救灾优秀共产党员	县委、县政府	2008. 7
105	谢文金	男	花荄镇文星社区	支部书记	抗震救灾优秀共产党员	县委、县政府	2008. 7
106	刘玉华	男	花荄镇柏杨村支部	书记	抗震救灾优秀共产党员	县委、县政府	2008. 7
107	陈辉友	男	花荄镇西岩村支部	书记	抗震救灾优秀共产党员	县委、县政府	2008. 7
108	杜少友	男	花荄镇联丰村支部	书记、主任	抗震救灾优秀共产党员	县委、县政府	2008. 7
109	文德生	男	花荄镇胜果社区	支部书记	抗震救灾优秀共产党员	县委、县政府	2008. 7
110	黄　楷	男	安昌镇党委	副书记、纪委书记	抗震救灾优秀共产党员	县委、县政府	2008. 7
111	李元璋	男	安昌镇政府	经发办副主任	抗震救灾优秀共产党员	县委、县政府	2008. 7
112	李桂炳	男	安昌镇政府	副镇长	抗震救灾优秀共产党员	县委、县政府	2008. 7
113	廖贵军	男	安昌镇圣灯社区支部	书记	抗震救灾优秀共产党员	县委、县政府	2008. 7
114	谭江明	男	安昌镇南丰村支部	书记、村主任	抗震救灾优秀共产党员	县委、县政府	2008. 7
115	李　强	男	安昌镇翼泉村支部	书记	抗震救灾优秀共产党员	县委、县政府	2008. 7
116	陈才友	男	安昌镇金龟村支部	书记	抗震救灾优秀共产党员	县委、县政府	2008. 7
117	魏代强	男	桑枣镇立志村支部	书记	抗震救灾优秀共产党员	县委、县政府	2008. 7
118	李明聪	男	桑枣镇政府	党政办主任	抗震救灾优秀共产党员	县委、县政府	2008. 7
119	张枢全	男	桑枣镇飞龙村	主任	抗震救灾优秀共产党员	县委、县政府	2008. 7
120	肖明弟	男	桑枣镇红牌村	支部书记	抗震救灾优秀共产党员	县委、县政府	2008. 7
121	彭增祥	男	桑枣镇高峰村支部	书记	抗震救灾优秀共产党员	县委、县政府	2008. 7
122	杨清志	男	桑枣镇云丰村支部	书记	抗震救灾优秀共产党员	县委、县政府	2008. 7
123	周先锋	男	桑枣镇松林村支部	书记	抗震救灾优秀共产党员	县委、县政府	2008. 7

续表

序号	姓　名	性别	工作单位	职务（职称）	获奖名称	授奖单位	授奖时间
124	易吉伟	男	黄土镇党委	书记	抗震救灾优秀共产党员	县委、县政府	2008. 7
125	张华军	男	黄土镇人民村支部	书记	抗震救灾优秀共产党员	县委、县政府	2008. 7
126	付道成	男	黄土镇党委	县委组织员	抗震救灾优秀共产党员	县委、县政府	2008. 7
127	眭道宽	男	黄土镇友谊村支部	书记	抗震救灾优秀共产党员	县委、县政府	2008. 7
128	衡孝淑	女	黄土镇江池村支部	书记	抗震救灾优秀共产党员	县委、县政府	2008. 7
129	谢孝贵	男	黄土镇明月村村委会	主任	抗震救灾优秀共产党员	县委、县政府	2008. 7
130	杨宝富	男	黄土镇长生村支部	书记	抗震救灾优秀共产党员	县委、县政府	2008. 7
131	邓　贵	男	黄土镇党委	武装部副部长	抗震救灾优秀共产党员	县委、县政府	2008. 7
132	李　荣	男	塔水镇政府	干部	抗震救灾优秀共产党员	县委、县政府	2008. 7
133	王成佑	男	塔水镇云塔社区党支部	书记	抗震救灾优秀共产党员	县委、县政府	2008. 7
134	李代军	男	塔水镇浮萍村村委会	主任	抗震救灾优秀共产党员	县委、县政府	2008. 7
135	吴兴寿	男	塔水镇正觉村党支部	书记、主任	抗震救灾优秀共产党员	县委、县政府	2008. 7
136	朱家良	男	塔水镇联盟村党支部	书记、主任	抗震救灾优秀共产党员	县委、县政府	2008. 7
137	谢　刚	男	塔水镇党委	党委副书记、纪委书记、武装部长	抗震救灾优秀共产党员	县委、县政府	2008. 7
138	宋德清	男	河清镇白马村党支部	书记	抗震救灾优秀共产党员	县委、县政府	2008. 7
139	田　勇	男	河清镇政府	工业办主任	抗震救灾优秀共产党员	县委、县政府	2008. 7
140	曹云祥	男	河清镇广红村支部	书记	抗震救灾优秀共产党员	县委、县政府	2008. 7
141	曾大荣	男	明生纸业公司	职工	抗震救灾优秀共产党员	县委、县政府	2008. 7
142	王廷洪	男	秀水镇党委	副书记、纪委书记	抗震救灾优秀共产党员	县委、县政府	2008. 7
143	李远强	男	秀水镇政府	副镇长	抗震救灾优秀共产党员	县委、县政府	2008. 7
144	吴启迁	男	秀水镇珍珠村支部	书记	抗震救灾优秀共产党员	县委、县政府	2008. 7
145	代作林	男	秀水镇金埝村支部	书记	抗震救灾优秀共产党员	县委、县政府	2008. 7
146	卢　强	男	秀水镇政府	干部	抗震救灾优秀共产党员	县委、县政府	2008. 7
147	刘兴明	男	秀水镇水井村支部	书记	抗震救灾优秀共产党员	县委、县政府	2008. 7

续表

序号	姓　名	性别	工作单位	职务（职称）	获奖名称	授奖单位	授奖时间
148	徐武荣	男	秀水镇高山村村委会	主任	抗震救灾优秀共产党员	县委、县政府	2008. 7
149	黄华清	男	秀水镇龙泉村支部	书记	抗震救灾优秀共产党员	县委、县政府	2008. 7
150	杜胜权	男	秀水镇新民村支部	书记	抗震救灾优秀共产党员	县委、县政府	2008. 7
151	刘定国	男	秀水镇六一村	党员	抗震救灾优秀共产党员	县委、县政府	2008. 7
152	杨　超	男	永安镇党委	副书记、纪委书记	抗震救灾优秀共产党员	县委、县政府	2008. 7
153	朱　平	男	永安镇政府	副镇长	抗震救灾优秀共产党员	县委、县政府	2008. 7
154	李长英	男	永安镇小学	教师	抗震救灾优秀共产党员	县委、县政府	2008. 7
155	蒲开华	男	永安镇坪桥村支部	书记、村主任	抗震救灾优秀共产党员	县委、县政府	2008. 7
156	李文浩	男	永安镇九鼎社区支部	书记	抗震救灾优秀共产党员	县委、县政府	2008. 7
157	贾　凡	男	睢水镇党委	副书记、纪委书记	抗震救灾优秀共产党员	县委、县政府	2008. 7
158	王　娟	女	睢水镇政府	副镇长	抗震救灾优秀共产党员	县委、县政府	2008. 7
159	肖洪斌	男	睢水镇道喜村村委会	主任	抗震救灾优秀共产党员	县委、县政府	2008. 7
160	袁贤英	女	睢水镇金华村支部	书记、村主任	抗震救灾优秀共产党员	县委、县政府	2008. 7
161	杨永坤	男	睢水镇东林村支部	书记	抗震救灾优秀共产党员	县委、县政府	2008. 7
162	李满兵	男	睢水镇罐滩村村委会	主任	抗震救灾优秀共产党员	县委、县政府	2008. 7
163	李茂友	男	晓坝镇党委	委员、副镇长	抗震救灾优秀共产党员	县委、县政府	2008. 7
164	龙尧华	男	晓坝镇政府	县委组织员	抗震救灾优秀共产党员	县委、县政府	2008. 7
165	肖　义	男	晓坝镇黄羊村党支部	书记	抗震救灾优秀共产党员	县委、县政府	2008. 7
166	葛显贵	男	晓坝镇中心村党支部	书记、村主任	抗震救灾优秀共产党员	县委、县政府	2008. 7
167	何江军	男	界牌镇党委	党委副书记、纪委书记	抗震救灾优秀共产党员	县委、县政府	2008. 7
168	陈开车	男	界牌镇金凤村支部	书记	抗震救灾优秀共产党员	县委、县政府	2008. 7
169	向旭辉	男	界牌镇中心卫生院	院长	抗震救灾优秀共产党员	县委、县政府	2008. 7
170	石　军	男	乐兴镇党委	党委副书记、纪委书记	抗震救灾优秀共产党员	县委、县政府	2008. 7
171	魏　艳	男	乐兴镇政府	副镇长	抗震救灾优秀共产党员	县委、县政府	2008. 7

续表

序号	姓　名	性别	工作单位	职务（职称）	获奖名称	授奖单位	授奖时间
172	袁显军	男	乐兴镇	职工	抗震救灾优秀共产党员	县委、县政府	2008. 7
173	张　建	男	乐兴镇青龙村支部	书记	抗震救灾优秀共产党员	县委、县政府	2008. 7
174	陈　谦	男	清泉镇白果村支部	书记	抗震救灾优秀共产党员	县委、县政府	2008. 7
175	李代玉	女	清泉镇政府	干部	抗震救灾优秀共产党员	县委、县政府	2008. 7
176	曾文强	男	清泉镇双星村支部	书记	抗震救灾优秀共产党员	县委、县政府	2008. 7
177	张正龙	男	宝林镇党委	副书记、纪委书记	抗震救灾优秀共产党员	县委、县政府	2008. 7
178	张坤富	男	宝林镇高林村支部	书记	抗震救灾优秀共产党员	县委、县政府	2008. 7
179	李成培	男	永河镇党委	副书记、纪委书记	抗震救灾优秀共产党员	县委、县政府	2008. 7
180	薛大树	男	永河镇梓潼村支部	书记、村主任	抗震救灾优秀共产党员	县委、县政府	2008. 7
181	王德举	男	永河镇安罗村支部	书记	抗震救灾优秀共产党员	县委、县政府	2008. 7
182	赵顺强	男	永河镇政府	干部	抗震救灾优秀共产党员	县委、县政府	2008. 7
183	罗　斌	男	沸水镇桥木村支部	书记、主任	抗震救灾优秀共产党员	县委、县政府	2008. 7
184	李代飞	男	沸水镇沸泉村支部	书记	抗震救灾优秀共产党员	县委、县政府	2008. 7
185	毛　婕	男	沸水镇红星村支部	书记、主任	抗震救灾优秀共产党员	县委、县政府	2008. 7
186	孙兴旺	男	沸水中学党支部	书记、校长	抗震救灾优秀共产党员	县委、县政府	2008. 7
187	代廷超	男	高川乡党委	委员、副乡长、武装部长	抗震救灾优秀共产党员	县委、县政府	2008. 7
188	李贵伦	男	高川乡党委	党委委员、副乡长	抗震救灾优秀共产党员	县委、县政府	2008. 7
189	龙顺光	男	高川乡新桥村支部	书记	抗震救灾优秀共产党员	县委、县政府	2008. 7
190	陈　建	男	高川乡综治办	主任	抗震救灾优秀共产党员	县委、县政府	2008. 7
191	林兴聪	男	高川乡甘沟村	文书、民兵连长	抗震救灾优秀共产党员	县委、县政府	2008. 7
192	王安明	男	迎新乡政府	民政管理员	抗震救灾优秀共产党员	县委、县政府	2008. 7
193	姜　军	男	迎新乡政府	经发办副主任	抗震救灾优秀共产党员	县委、县政府	2008. 7
194	郑大明	男	迎新乡皇觉村	主任	抗震救灾优秀共产党员	县委、县政府	2008. 7
195	王兴华	男	迎新乡卧龙村	书记	抗震救灾优秀共产党员	县委、县政府	2008. 7

续表

序号	姓名	性别	工作单位	职务（职称）	获奖名称	授奖单位	授奖时间
196	周昭军	男	睢水镇武装部	副部长	抗震救灾、抗洪抢险先进个人	县委、县政府	2010. 2
197	殷　华	男	永河镇政府	副镇长	2009 年度灾后重建先进个人	县委、县政府	2010. 2
198	魏世洪	男	界牌镇政府	城建办主任	2009 年度灾后重建先进个人	县委、县政府	2010. 2
199	李太河	男	迎新乡政府	副乡长	2009 年度灾后重建先进个人	县委、县政府	2010. 2
200	刘　杰	男	茶坪乡政府	副乡长	2009 年度灾后重建先进个人	县委、县政府	2010. 2
201	蒋　斌	男	桑枣镇政府	副镇长	2009 年度灾后重建先进个人	县委、县政府	2010. 2
202	邓　松	男	河清镇政府	副镇长	2009 年度灾后重建先进个人	县委、县政府	2010. 2
203	何　超	男	县政府办、县重建办	副主任	2009 年度灾后重建先进个人	县委、县政府	2010. 2
					2010 年度灾后恢复重建工作先进个人	县委、县政府	2011. 2
204	王定友	男	农房办	副主任	2009 年度灾后重建先进个人	县委、县政府	2010. 2
205	张　力	男	县规划和建设局	副局长	2009 年度灾后重建先进个人	县委、县政府	2010. 2
206	胡珍兰	女	县发展改革和经济商务局	副局长	2009 年度灾后重建先进个人	县委、县政府	2010. 2
207	李　熙	男	县文化旅游局	文化股股长	2009 年度灾后重建先进个人	县委、县政府	2010. 2
208	王　强	男	县信访局	办公室主任	2009 年度灾后重建先进个人	县委、县政府	2010. 2
209	杨建新	男	县地质公园管理处	党工委书记	2009 年度灾后重建先进个人	县委、县政府	2010. 2
210	许启剑	男	县畜牧局	副局长	2009 年度灾后重建先进个人	县委、县政府	2010. 2
211	孙祖德	男	县农机局	副局长	2009 年度灾后重建先进个人	县委、县政府	2010. 2
212	魏世奎	男	县审计局	副局长	2009 年度灾后重建先进个人	县委、县政府	2010. 2
213	邹　刚	男	县广播电影电视局	副总工程师	2009 年度灾后重建先进个人	县委、县政府	2010. 2
214	蒙　一	男	县劳动局	副局长	2009 年度灾后重建先进个人	县委、县政府	2010. 2
215	李晓强	男	县物价局	局长	2009 年度灾后重建先进个人	县委、县政府	2010. 2
216	蒋治忠	男	县环境保护局	副局长	2009 年度灾后重建先进个人	县委、县政府	2010. 2
217	李　萍	女	县妇联	副主席	2009 年度灾后重建先进个人	县委、县政府	2010. 2
218	李永根	男	县政法委	副书记	2009 年度灾后重建先进个人	县委、县政府	2010. 2

续表

序号	姓　名	性别	工作单位	职务（职称）	获奖名称	授奖单位	授奖时间
219	洪　波	女	县司法局	股长	2009 年度灾后重建先进个人	县委、县政府	2010. 2
220	黄慕春	男	县人事局	副局长	2009 年度灾后重建先进个人	县委、县政府	2010. 2
221	张良聪	男	县公安局	副局长	2009 年度灾后重建先进个人	县委、县政府	2010. 2
222	蒲文强	男	县消防大队	大队长	2009 年度灾后重建先进个人	县委、县政府	2010. 2
223	姚　福	男	花荄工业开发区	城建国土分局局长	2009 年度灾后重建先进个人	县委、县政府	2010. 2
224	肖兴义	男	县信用联社	部门经理	2009 年度灾后重建先进个人	县委、县政府	2010. 2
225	王青龙	男	花荄镇政府	党政办主任	2010 年度灾后恢复重建工作先进个人	县委、县政府	2011. 2
226	肖　波	男	界牌镇政府	村建环卫中心主任	2010 年度灾后恢复重建工作先进个人	县委、县政府	2011. 2
227	陈发亮	男	塔水镇政府	副镇长	2010 年度灾后恢复重建工作先进个人	县委、县政府	2011. 2
228	张琳琳	女	晓坝镇党委	副书记	2010 年度灾后恢复重建工作先进个人	县委、县政府	2011. 2
229	傅道成	男	河清镇政府	副镇长、武装部长	2010 年度灾后恢复重建工作先进个人	县委、县政府	2011. 2
230	杨金生	男	乐兴镇政府	城建办主任	2010 年度灾后恢复重建工作先进个人	县委、县政府	2011. 2
231	魏俊杰	男	兴仁乡政府	职员	2010 年度灾后恢复重建工作先进个人	县委、县政府	2011. 2
232	叶世术	男	清泉镇政府	村建环卫中心主任	2010 年度灾后恢复重建工作先进个人	县委、县政府	2011. 2
233	袁　平	男	宝林镇政府	重建办主任	2010 年度灾后恢复重建工作先进个人	县委、县政府	2011. 2
234	梁　军	男	高川乡政府	党政办主任、民政办主任	2010 年度灾后恢复重建工作先进个人	县委、县政府	2011. 2
235	余志强	男	县人大办	秘书科科长	2010 年度灾后恢复重建工作先进个人	县委、县政府	2011. 2
236	蔡　涛	男	县政协办公室	秘书科科长	2010 年度灾后恢复重建工作先进个人	县委、县政府	2011. 2
237	丁　敏	男	县地质公园管理处	主任	2010 年度灾后恢复重建工作先进个人	县委、县政府	2011. 2
238	姜永斌	男	县林业局	局长	2010 年度灾后恢复重建工作先进个人	县委、县政府	2011. 2
239	龚　云	男	县公安局	警务保障室主任	2010 年度灾后恢复重建工作先进个人	县委、县政府	2011. 2
240	谢　丽	女	县政府办	副主任	2010 年度灾后恢复重建工作先进个人	县委、县政府	2011. 2
241	赵　伟	男	县广播电影电视局	纪检组长	2010 年度灾后恢复重建工作先进个人	县委、县政府	2011. 2
242	袁海花	女	县环境保护局	办公室主任	2010 年度灾后恢复重建工作先进个人	县委、县政府	2011. 2

续表

序号	姓　名	性别	工作单位	职务（职称）	获奖名称	授奖单位	授奖时间
243	窦　勇	男	县司法局	纪检组长	2010年度灾后恢复重建工作先进个人	县委、县政府	2011.2
244	杨　浩	男	县政法委	政治处主任	2010年度灾后恢复重建工作先进个人	县委、县政府	2011.2
245	陈小平	男	县人事局	局长	2010年度灾后恢复重建工作先进个人	县委、县政府	2011.2
246	许　敏	男	县统计局	副局长	2010年度灾后恢复重建工作先进个人	县委、县政府	2011.2
247	陈　波	男	县信用联社	信用分社主任	2010年度灾后恢复重建工作先进个人	县委、县政府	2011.2
248	夏　斌	男	县重建办	科长	2010年度灾后恢复重建工作先进个人	县委、县政府	2011.2
249	张家贵	男	县重建办	干部	2010年度灾后恢复重建工作先进个人	县委、县政府	2011.2

五、其他表彰

序号	姓　名	性别	工作单位	职务（职称）	获奖名称	授奖单位	授奖时间
1	贾友忠	男	县委组织部	县委常委、组织部部长	抗震救灾先进个人	四川省委组织部	2008.9
2	安　瑛	女	县人民政府	县委常委、副县长	四川省抗震救灾妇女儿童先进个人	四川省妇女儿童工作委员会	2008.9
3	顾德军	男	县档案局	局长	四川省档案系统抗震救灾先进个人	四川省档案局	2008.7
4	姜　南	女	县民政局	局长	抗震救灾二等功	四川省民政厅	2008.6
5	蒋　波	男	县民政局	副局长	抗震救灾嘉奖	四川省民政厅	2008.6
6	卢春华	女	县民政局	干部	抗震救灾嘉奖、接收康复安置地震伤员工作先进个人	四川省民政厅、省卫生厅、省残联	2008.6
7	张　健	男	县民政局	社会事务股股长	接收康复安置地震伤员工作先进个人	四川省民政厅、省卫生厅、省残联	2008.6
8	姜永斌	男	县林业局	局长	抗震救灾先进个人	四川省人事厅、省林业厅	2008.9
9	马忠全	男	县林业局	森林公安分局局长	四川省森林公安系统抗震救灾先进个人	四川省人事厅、省林业厅	2008.10
10	陈志勃	男	县人民检察院	检察长	抗震救灾个人二等功	四川省人民检察院	2008.7
11	汪　平	男	县人民检察院	干部	抗震救灾先进个人	四川省人民检察院	2008.7
12	邓　安	女	县人民检察院	干部	全省女检察官抗震救灾先进个人	四川省人民检察院	2008.7
13	谢崇义	男	县国土资源局	局长	四川省国土资源系统（地勘单位）抗震救灾先进个人	四川省人事厅、省国土资源厅	2009.1

续表

序号	姓　名	性别	工作单位	职务（职称）	获奖名称	授奖单位	授奖时间
14	肖成明	男	县卫生局	干部	5·12 抗震救灾接收康复安置地震伤员先进个	四川省民政厅、省卫生厅、省残联	2009.1
15	罗玉涛	男	县委办	科长	四川省党委办公厅（室）系统抗震救灾先进个人	四川省委办公厅	2008.9
16	陈志辉	男	县委办	信息科科长	四川省党委办公厅（室）系统抗震救灾先进个人	四川省委办公厅	2008.9
17	刘景田	男	花荄镇初级中学	教师	四川省教育系统抗震救灾优秀教师	四川省教育工委、省教育厅	2008.9
18	王世明	男	西苑中学	教师	四川省教育系统抗震救灾优秀教师	四川省教育工委、省教育厅	2008.9
19	贺昌保	男	黄土镇小学	教师	四川省教育系统抗震救灾优秀教师	四川省教育工委、省教育厅	2008.9
20	魏玲华	男	永安镇小学	教师	四川省教育系统抗震救灾优秀教师	四川省教育工委、省教育厅	2008.9
21	万　强	男	县委组织部	干部	抗震救灾先进个人	四川省委组织部	2008.9
22	陈世勇	男	县委组织部	干部	抗震救灾先进个人	四川省委组织部	2008.9
23	杨　文	女	县委组织部	干部	抗震救灾先进个人	四川省委组织部	2008.9
24	李　凯	男	县教育体育局	局长	四川省教育系统抗震救灾优秀教育工作者	四川省委教育工委、省教育厅	2008.9
25	张文洪	男	高川乡英才学校	教师	四川省教育系统抗震救灾优秀教育工作者	四川省委教育工委、省教育厅	2008.9
26	欧清禄	男	茶坪乡初级中学	校长	四川省教育系统抗震救灾优秀教育工作者	四川省委教育工委、省教育厅	2008.9
27	郭正恩	男	花荄镇小学	书记、校长	四川省教育系统抗震救灾优秀教育工作者	四川省委教育工委、省教育厅	2008.9
28	叶志平	男	桑枣镇中学	校长	四川省教育系统抗震救灾优秀教育工作者	四川省委教育工委、省教育厅	2008.9
29	罗晓辉	男	兴仁乡小学	校长	四川省教育系统抗震救灾优秀教育工作者	四川省委教育工委、省教育厅	2008.9
30	文益全	男	县职业中专校	副校长	四川省教育系统抗震救灾优秀教育工作者	四川省委教育工委、省教育厅	2008.9
31	刘应高	男	沸水小学	副校长	四川省教育系统抗震救灾优秀教育工作者	四川省委教育工委、省教育厅	2008.9

续表

序号	姓　名	性别	工作单位	职务（职称）	获奖名称	授奖单位	授奖时间
32	张世才	男	沸水镇初级中学	政教主任	四川省教育系统抗震救灾优秀教育工作者	四川省委教育工委、省教育厅	2008.9
33	杨育琼	女	乐兴镇小学	党支部书记、工会主席	四川省教育系统抗震救灾优秀教育工作者	四川省委教育工委、省教育厅	2008.9
34	唐德清	男	界牌镇中学	书记、校长	四川省教育系统抗震救灾优秀教育工作者	四川省委教育工委、省教育厅	2008.9
35	陈丽娟	女	安昌镇幼儿园	会计	四川省教育系统抗震救灾优秀教育工作者	四川省委教育工委、省教育厅	2008.9
36	杨长春	男	兴仁乡初级中学	副书记	四川省教育系统抗震救灾优秀教育工作者	四川省委教育工委、省教育厅	2008.9
37	张清儒	男	县史志办	主任	四川省党史、地方志系统抗震救灾先进个人	四川省委党史研究室、省人事厅、省地方志编纂委员会	2008.9
38	杨代根	男	县公安局	县委常委、副县长	全省公安系统抗震救灾先进个人	四川省公安厅	2008.9
39	张良聪	男	县公安局	政委	全省公安系统抗震救灾先进个人	四川省公安厅	2008.9
40	黄海军	男	县公安局	干警	全省公安系统抗震救灾先进个人	四川省公安厅	2008.9
41	杨通玄	男	县公安局	干警	全省公安系统抗震救灾先进个人	四川省公安厅	2008.9
42	杨世平	男	县公安局	干警	全省公安系统抗震救灾先进个人	四川省公安厅	2008.9
43	张　晟	男	县公安局	干警	全省公安系统抗震救灾先进个人	四川省公安厅	2008.9
44	张　华	男	县公安局	干警	全省公安系统抗震救灾先进个人	四川省公安厅	2008.9
45	邹建新	男	县公安局	干警	全省公安系统抗震救灾先进个人	四川省公安厅	2008.9
46	周佑乐	男	县公安局	干警	全省公安系统抗震救灾先进个人	四川省公安厅	2008.9
47	罗应辉	男	县公安局	干警	全省公安系统抗震救灾先进个人	四川省公安厅	2008.9
48	朱呈平	男	县公安局	干警	全省公安系统抗震救灾先进个人	四川省公安厅	2008.9
49	杨金高	男	县公安局	干警	全省公安系统抗震救灾先进个人	四川省公安厅	2008.9
50	张　力	男	县建设局	副局长	四川省风景名胜行业抗震救灾先进个人	四川省建设厅	2008.12
51	马国友	男	高川乡政府	林业站站长	抗震救灾先进个人	四川省人事厅、省林业厅	2008.9
52	马银国	男	高川乡政府	国土所所长	抗震救灾先进个人	四川省国土资源系统	2008.9

续表

序号	姓　名	性别	工作单位	职务（职称）	获奖名称	授奖单位	授奖时间
53	黄华富	男	县农村信用合作联社	主任	抗震救灾先进个人	四川省农村信用社联合社	2008. 9
54	魏世双	男	县农村信用合作联社	职工	抗震救灾先进个人	四川省农村信用社联合社	2008. 9
55	肖兴义	男	县农村信用合作联社	职工	抗震救灾先进个人	四川省农村信用社联合社	2008. 9
56	罗生文	男	县农村信用合作联社高川信用社	职工	抗震救灾先进个人	四川省农村信用社联合社	2008. 9
57	李　健	男	县农村信用合作联社高川信用社	职工	抗震救灾先进个人	四川省农村信用社联合社	2008. 9
58	邓红梅	女	县农村信用合作联社	职工	抗震救灾先进个人	四川省农村信用社联合社	2008. 9
59	董　建	男	县农村信用合作联社睢水信用社	职工	抗震救灾先进个人	四川省农村信用社联合社	2008. 9
60	陈　平	男	县农机局	职工	抗震救灾先进个人	四川省人事厅、四川省农机局	2008. 9
61	张天明	男	县老干部局	总支部书记、局长	全省老干部工作系统抗震救灾先进个人	四川省委老干部局	2008. 9
62	金朝万	男	县老干部局	职工	全省老干部工作系统抗震救灾先进个人	四川省委老干部局	2008. 9
63	黄　佳	女	桑枣镇第一小学	学生	四川省抗震救灾好儿童	四川省妇联	2008. 9
64	车　俊	男	桑枣镇第一小学	学生	四川省抗震救灾好儿童	四川省妇联	2008. 9
65	肖梦蝶	女	桑枣镇第一小学	学生	四川省抗震救灾好儿童	四川省妇联	2008. 9
66	苗　琳	女	桑枣镇第一小学	学生	四川省抗震救灾好儿童	四川省妇联	2008. 9
67	刘　成	男	桑枣镇第一小学	学生	四川省抗震救灾好儿童	四川省妇联	2008. 9
68	刘燚笙	男	桑枣镇第一小学	学生	四川省抗震救灾好儿童	四川省妇联	2008. 9
69	范琼强	男	县安监局	局长	省抗震救灾先进个人	四川省安监局	2008. 9
70	马琼瑶	女	县残联	理事长	全省地震伤员转运、医疗、康复先进个人	四川省残联、民政厅、卫生厅	2008. 9
71	骆志军	男	县法院	副院长	全省法院抗震救灾先进个人	四川省高级人民法院	2008. 9
72	巩　建	男	县法院	审监庭庭长	全省法院抗震救灾先进个人	四川省高级人民法院	2008. 9
73	吴贤谦	男	县法院	法警大队副大队长	全省法院抗震救灾先进个人	四川省高级人民法院	2008. 9
74	陈　玲	女	县法院	书记员	全省法院抗震救灾先进个人	四川省高级人民法院	2008. 9

续表

序号	姓　名	性别	工作单位	职务（职称）	获奖名称	授奖单位	授奖时间
75	胡长群	男	县法院	书记员	全省法院抗震救灾先进个人	四川省高级人民法院	2008.9
76	魏世奎	男	县审计局	副局长	汶川地震抗震救灾个人三等功	四川省审计厅、省人事厅	2008.9
77	成蛟龙	女	县妇联	主席	抗震救灾“三八”红旗手	四川省妇联	2008.9
78	李　萍	女	县妇联	妇联主席	抗震救灾优秀妇联干部	四川省妇联	2008.9
79	孙福敬	男	县人口和计划生育局	副局长	全省人口计生系统抗震救灾先进个人	四川省人事厅、省计生委	2008.9
80	杨　明	男	县人口和计划生育局	纪检组组长	全省人口计生系统抗震救灾先进个人	四川省人事厅、省计生委	2008.9
81	李　旅	女	县科技局	局长	四川省科协抗震救灾先进个人	四川省科协	2008.9
82	纪廷建	男	县科技局	副主席	四川省科协抗震救灾先进个人	四川省科协	2008.9
83	谢流华	女	县科技局	职工	四川省科协抗震救灾先进个人	四川省科协	2008.9
84	张孝文	男	县司法局	局长	四川省司法行政系统抗震救灾先进个人	四川省司法厅	2008.9
85	周兆明	男	县工商局	局长	抗震救灾先进个人	四川省人事厅、省工商局	2008.9
86	王国辉	男	县国家保密局	局长	抗震救灾先进个人	四川省保密委员会办公室省国家保密局	2008.9
87	胡良喜	男	县水务局	党委委员　工程师	全省水利抗震救灾先进个人	四川省水利厅	2008.9
88	杨　斌	男	县环境保护局	局长	全省环保系统抗震救灾先进个人	四川省环境保护局	2008.8
89	袁海花	女	县环境保护局	办公室主任	全省环保系统抗震救灾先进个人	四川省环境保护局	2008.8
90	姜永斌	男	县林业局	局长	抗震救灾先进个人	省人事厅、省林业厅	2008.9
91	郑发富	男	县花荄镇中学	教师	四川省抗震救灾优秀教师－怡和烛光奖	四川省教育基金会	2008.9
					绵阳市教育系统抗震救灾先进个人	市人事局、市教育局	2008.9
92	刘小艳	女	县秀水镇第一小学	教师	四川省抗震救灾优秀教师－怡和烛光奖	四川省教育基金会	2008.9
					绵阳市教育系统抗震救灾先进个人	市人事局、市教育局	2008.9
93	马忠全	男	县林业局	森林公安局局长	四川省森林公安系统抗震救灾先进个人	四川省公安厅	2008.10
94	马国友	男	县林业局	高川乡林业站站长	抗震救灾先进个人	四川省人事厅、省林业厅	2008.12
95	杨建新	男	地质公园管理处党工委	书记	省旅游系统抗震救灾先进个人	四川省旅游局	2008.9
96	刘胜武	男	县公安局	干警	全省公安系统抗震救灾先进个人	四川省公安厅	2008.9

续表

序号	姓　名	性别	工作单位	职务（职称）	获奖名称	授奖单位	授奖时间
97	邓世琼	男	县公安局	干警	全省公安系统抗震救灾先进个人	四川省公安厅	2008.9
98	杨清勇	男	县公安局	干警	全省公安系统抗震救灾先进个人	四川省公安厅	2008.9
99	赵海洋	男	县公安局	干警	全省公安系统抗震救灾先进个人	四川省公安厅	2008.9
100	张　华	男	县疾控中心	职工	全省卫生系统抗震救灾先进个人	四川省卫生厅、省人事厅、省中管局	2008.9
101	杨明松	男	县人民医院	职工	全省卫生系统抗震救灾先进个人	四川省卫生厅、省人事厅、省中管局	2008.9
102	彭明礼	男	县劳动和社会保障局	局长	“5·12“特大地震抗震救灾先进个人	四川省劳动和社会保障厅	2008.9
103	金　红	女	县劳动和社会保障局	副局长、社保中心主任	“5·12“特大地震抗震救灾先进个人	四川省劳动和社会保障厅	2008.9
104	李先荣	男	银河建化集团公司	总经理	抗震救灾先进个人	四川省经委	2008.9
105	刘　宁	男	农业发展银行安县支行	行长	抗震救灾优秀共产党员	农发行四川省分行	2008.9
106	李国洪	男	茶坪乡山里人超市	经理	四川省抗震救灾见义勇为先进个人	四川省综治委	2009.2
107	陈　平	男	县农机局	局长	四川省农机系统抗震救灾先进个人	四川省人事厅、省农机局	2008.11
108	周保全	男	县外宣办、县政府新闻办	主任	四川省宣传新闻战线先进个人	四川省委宣传部	2008.11
109	刘平安	男	安县人民法院	党组书记、院长	全省法院系统服务灾后重建先进个人	四川省高级人民法院	2011.5
110	张立鹏		辽宁省城乡建设规划设计院	副院长	五一奖章	辽宁省总工会	2010.12
111	杨振凯		辽宁省建筑设计研究院	党委书记	五一奖章	辽宁省总工会	2010.12
112	易富和		辽宁省建设科学研究院	副院长	五一奖章	辽宁省总工会	2010.12
113	由世岐		辽宁省建设科学研究院	副院长兼总工程师	五一奖章	辽宁省总工会	2010.12
114	李　健		沈阳市城乡建设委工程管理处	处长	五一奖章	辽宁省总工会	2010.12
115	张志明		大连市城乡建设委员会	总经济师	五一奖章	辽宁省总工会	2010.12
116	刘绍义		辽宁省公安厅	纪委副书记	五一奖章	辽宁省总工会	2010.12
117	张　猛		辽宁省公安厅巡防总队防暴队	队长	五一奖章	辽宁省总工会	2010.12
118	刘　群		辽宁省公安厅计财处	处长	五一奖章	辽宁省总工会	2010.12

续表

序号	姓　名	性别	工作单位	职务（职称）	获奖名称	授奖单位	授奖时间
119	张智斌		沈阳市公安局交警支队	副支队长	五一奖章	辽宁省总工会	2010. 12
120	苏　明		辽宁省公安厅交管局	副局长	五一奖章	辽宁省总工会	2010. 12
121	李树森		辽宁省公安厅治安总队四支队	副支队长	五一奖章	辽宁省总工会	2010. 12
122	刘　伟		辽宁省卫生厅	副处长	五一奖章	辽宁省总工会	2010. 12
123	都英杰		沈阳市卫生局	副局长	五一奖章	辽宁省总工会	2010. 12
124	张　群		抚顺市卫生局	副局长	五一奖章	辽宁省总工会	2010. 12
125	姜　华		本溪市卫生局	党委副书记	五一奖章	辽宁省总工会	2010. 12
126	柳青峰		辽宁省人民医院	副院长	五一奖章	辽宁省总工会	2010. 12
127	窦志勇		辽宁省卫生监督所	所长	五一奖章	辽宁省总工会	2010. 12
128	郭向前	男	辽宁省交通厅公路管理局	副局长	五一奖章	辽宁省总工会	2010. 12
129	徐同连		辽宁省交通厅运输管理局	副局长	五一奖章	辽宁省总工会	2010. 12
130	许党党		辽宁省交通规划设计院	工程师	五一奖章	辽宁省总工会	2010. 12
131	孔令文		辽宁省民政厅救灾处	副处长	五一奖章	辽宁省总工会	2010. 12
132	任　强		辽宁省减灾中心工作	副主任	五一奖章	辽宁省总工会	2010. 12
133	宋升勇		辽宁省教育厅	副处长	五一奖章	辽宁省总工会	2010. 12
134	李守权		辽宁省水利厅科技外事处	处长	五一奖章	辽宁省总工会	2010. 12
135	王洪新	男	辽宁省发改委经济体制改革处	调研员	五一奖章	辽宁省总工会	2010. 12
136	梁　楠	男	辽宁省财政厅投资审核中心	会计师	五一奖章	辽宁省总工会	2010. 12
137	尹　鉴	男	辽宁省发改委重大项目管理办	科员	五一奖章	辽宁省总工会	2010. 12
138	郑广辉	男	辽宁省发展和改革委员会投资处	副处长	五一奖章	辽宁省总工会	2010. 12

续表

序号	姓　名	性别	工作单位	职务（职称）	获奖名称	授奖单位	授奖时间
139	朱建中		辽宁省财政厅办公室	主任	五一奖章	辽宁省总工会	2010. 12
140	李英明	男	县民政局	优抚安置股股长	抗震救灾三等功	市人事局、市民政局	2008. 12
141	毛世永	男	县民政局	副局长	抗震救灾三等功	市人事局、市民政局	2008. 12
142	杨贵萍	女	县民政局	低保中心主任	抗震救灾嘉奖	市人事局、市民政局	2008. 12
143	龙绍勇	男	睢水镇兽医站	站长	抗震救灾先进个人	市人事局、市畜牧局	2008. 7
144	张加林	男	县人民政府	政府办副主任	抗震救灾先进个人	陆军预备役高射炮兵师第三团	2008. 9
145	王定友	男	县人民政府	政府办副主任	抗震救灾先进个人	市政府救灾办	2008. 7
146	李　贺	男	县人民政府	应急办主任	抗震救灾先进个人	市政府救灾办	2008. 7
147	向光社	男	县人民政府	财金办主任	抗震救灾先进个人	市委	2008. 7
148	杨应成	男	秀水镇卫生院	副院长	绵阳市卫生系统抗震救灾先进个人	市人事局、市卫生局	2009. 1
149	李振华	男	晓坝镇卫生院	院长助理	绵阳市卫生系统抗震救灾先进个人	市人事局、市卫生局	2009. 1
150	冯德元	男	永安镇卫生院	院长	绵阳市卫生系统抗震救灾先进个人	市人事局、市卫生局	2009. 1
151	张文华	男	县疾控中心	主任	绵阳市卫生系统抗震救灾先进个人	市人事局、市卫生局	2009. 1
152	王学军	男	河清镇卫生院	院长	绵阳市卫生系统抗震救灾先进个人	市人事局、市卫生局	2009. 1
153	吴生建	男	宝林镇卫生院	院长	绵阳市卫生系统抗震救灾先进个人	市人事局、市卫生局	2009. 1
154	覃钦蓉	女	县妇幼保健院	医务科长	绵阳市卫生系统抗震救灾先进个人	市人事局、市卫生局	2009. 1
155	杨进富	男	县第二人民医院	院长	绵阳市卫生系统抗震救灾先进个人	市人事局、市卫生局	2009. 1
156	乔胜利	男	县卫生执法所	所长	绵阳市卫生系统抗震救灾先进个人	市人事局、市卫生局	2009. 1
157	刘小康	男	高川乡卫生院	院长	绵阳市卫生系统抗震救灾先进个人	市人事局、市卫生局	2009. 1
158	宁思波	男	迎新乡卫生院	院长	绵阳市卫生系统抗震救灾先进个人	市人事局、市卫生局	2009. 1
159	杨昌敏	男	睢水镇卫生院	院长	绵阳市卫生系统抗震救灾先进个人	市人事局、市卫生局	2009. 1
160	周　军	男	清泉镇卫生院	院长	绵阳市卫生系统抗震救灾先进个人	市人事局、市卫生局	2009. 1
161	邓才华	男	沸水镇卫生院	院长	绵阳市卫生系统抗震救灾先进个人	市人事局、市卫生局	2009. 1
162	陈宇龙	男	塔水镇卫生院	院长	绵阳市卫生系统抗震救灾先进个人	市人事局、市卫生局	2009. 1

续表

序号	姓 名	性别	工作单位	职务（职称）	获奖名称	授奖单位	授奖时间
163	钟述明	男	花荄镇卫生院	副院长	绵阳市卫生系统抗震救灾先进个人	市人事局、市卫生局	2009.1
164	向旭辉	男	界牌镇卫生院	院长	绵阳市卫生系统抗震救灾先进个人	市人事局、市卫生局	2009.1
165	陈 波	男	桑枣镇卫生院	住院部主任	绵阳市卫生系统抗震救灾先进个人	市人事局、市卫生局	2009.1
166	郑书台	男	永河镇卫生院	院长	绵阳市卫生系统抗震救灾先进个人	市人事局、市卫生局	2009.1
167	秦文兆	男	茶坪乡卫生院	院长	绵阳市卫生系统抗震救灾先进个人	市人事局、市卫生局	2009.1
168	丁光明	男	安昌镇卫生院	院长	绵阳市卫生系统抗震救灾先进个人	市人事局、市卫生局	2009.1
169	何 阳	男	县新农合中心	主任	绵阳市卫生系统抗震救灾先进个人	市人事局、市卫生局	2009.1
170	李善琪	男	黄土镇卫生院	院长	绵阳市卫生系统抗震救灾先进个人	市人事局、市卫生局	2009.1
171	张来宏	男	兴仁乡卫生院	执业助理医师	绵阳市卫生系统抗震救灾先进个人	市人事局、市卫生局	2009.1
172	曾 林	男	乐兴镇卫生院	院长	绵阳市卫生系统抗震救灾先进个人	市人事局、市卫生局	2009.1
173	李建强	男	县卫生局	局长	绵阳市卫生系统抗震救灾先进个人	市人事局、市卫生局	2009.1
174	王 涛	男	县卫生局	副局长	绵阳市卫生系统抗震救灾先进个人	市人事局、市卫生局	2009.1
175	肖成明	男	县卫生局	医政股股长	绵阳市卫生系统抗震救灾先进个人	市人事局、市卫生局	2009.1
176	李俊勇	男	县人民医院	副院长	绵阳市卫生系统抗震救灾先进个人	市人事局、市卫生局	2009.1
177	胡建生	男	县人民医院	副院长	绵阳市卫生系统抗震救灾先进个人	市人事局、市卫生局	2009.1
178	向维民	男	县中医院	副院长	绵阳市卫生系统抗震救灾先进个人	市人事局、市卫生局	2009.1
179	李 凯	男	县教育体育局	局长	绵阳市教育系统抗震救灾先进个人	市人事局、市教育局	2008.9
180	黄正友	男	县审计局	纪检组长	抗震救灾先进个人	市人事局、市审计局	2008.8
181	李晓东	男	县审计局	办公室主任	抗震救灾先进个人	市人事局、市审计局	2009.2
182	陈 莉	女	县水务局	办公室主任	抗震救灾先进个人	市人事局、市水务局	2008.8
183	龙 丹	男	县广电局	副局长	全市广电系统抗震救灾先进个人（荣立三等功）	市人事局、市广电局	2008.12
184	陈泓光	男	县广电局	记者	全市广电系统抗震救灾先进个人（荣立三等功）	市人事局、市广电局	2008.12
185	刘定会	女	县广电局	桑枣广播站站长	全市广电系统抗震救灾先进个人（荣立三等功）	市人事局、市广电局	2008.12

续表

序号	姓　名	性别	工作单位	职务（职称）	获奖名称	授奖单位	授奖时间
186	王　琦	女	县广电局	管理科副科长	全市广电系统抗震救灾先进个人	市人事局、市广电局	2008.12
187	叶单丹	女	县广电局	社教部主任	全市广电系统抗震救灾先进个人	市人事局、市广电局	2008.12
188	唐　鸿	男	县水务局	党委书记、局长	绵阳市水务系统抗震救灾先进个人	市人事局、市水务局	2008.8
189	梁　泽	男	县水务局	党委委员、副局长	绵阳市水务系统抗震救灾先进个人	市人事局、市水务局	2008.8
190	李桂强	男	茶坪乡小学	校长	绵阳市教育系统抗震救灾先进个人	市人事局、市教育局	2008.9
191	张永清	男	安县	教师	绵阳市教育系统抗震救灾先进个人	市人事局、市教育局	2008.9
192	张文洪	男	安县	校长	绵阳市教育系统抗震救灾先进个人	市人事局、市教育局	2008.9
193	欧清禄	男	安县	校长	绵阳市教育系统抗震救灾先进个人	市人事局、市教育局	2008.9
194	郭正恩	男	花荄镇小学	书记、校长	绵阳市教育系统抗震救灾先进个人	市人事局、市教育局	2008.9
195	叶志平	男	桑枣镇初级中学	校长	绵阳市教育系统抗震救灾先进个人	市人事局、市教育局	2008.9
196	张红梅	女	安县	教师	绵阳市教育系统抗震救灾先进个人	市人事局、市教育局	2008.9
197	王世明	男	安县	教师	绵阳市教育系统抗震救灾先进个人	市人事局、市教育局	2008.9
198	罗晓辉	男	安县	校长	绵阳市教育系统抗震救灾先进个人	市人事局、市教育局	2008.9
199	文益全	男	安县	副校长	绵阳市教育系统抗震救灾先进个人	市人事局、市教育局	2008.9
200	刘应高	男	安县	副校长	绵阳市教育系统抗震救灾先进个人	市人事局、市教育局	2008.9
201	张世才	男	安县	政教主任	绵阳市教育系统抗震救灾先进个人	市人事局、市教育局	2008.9
202	贺昌保	男	安县	教师	绵阳市教育系统抗震救灾先进个人	市人事局、市教育局	2008.9
203	杨育琼	女	安县	党支部书记、工会主席	绵阳市教育系统抗震救灾先进个人	市人事局、市教育局	2008.9
204	刘景田	男	安县	教师	绵阳市教育系统抗震救灾先进个人	市人事局、市教育局	2008.9
205	唐德清	男	安县	书记、校长	绵阳市教育系统抗震救灾先进个人	市人事局、市教育局	2008.9
206	魏玲华	女	安县	教师	绵阳市教育系统抗震救灾先进个人	市人事局、市教育局	2008.9
207	陈丽娟	女	安县	会计	绵阳市教育系统抗震救灾先进个人	市人事局、市教育局	2008.9
208	杨长春	男	安县	党支部副书记	绵阳市教育系统抗震救灾先进个人	市人事局、市教育局	2008.9
209	杨　建	男	安县	校长	绵阳市教育系统抗震救灾先进个人	市人事局、市教育局	2008.9

续表

序号	姓　名	性别	工作单位	职务（职称）	获奖名称	授奖单位	授奖时间
210	刘汉伦	男	安县	教师	绵阳市教育系统抗震救灾先进个人	市人事局、市教育局	2008.9
211	张传明	男	安县	教师	绵阳市教育系统抗震救灾先进个人	市人事局、市教育局	2008.9
212	税清礼	男	安县	校长	绵阳市教育系统抗震救灾先进个人	市人事局、市教育局	2008.9
213	王开乐	男	安县	教师	绵阳市教育系统抗震救灾先进个人	市人事局、市教育局	2008.9
214	陈剑平	男	安县	校长	绵阳市教育系统抗震救灾先进个人	市人事局、市教育局	2008.9
215	刘胜林	男	安县	校长	绵阳市教育系统抗震救灾先进个人	市人事局、市教育局	2008.9
216	姜顺娣	女	安县	校长	绵阳市教育系统抗震救灾先进个人	市人事局、市教育局	2008.9
217	陈玉红	女	安县	教师	绵阳市教育系统抗震救灾先进个人	市人事局、市教育局	2008.9
218	张玉环	男	安县	教师	绵阳市教育系统抗震救灾先进个人	市人事局、市教育局	2008.9
219	彭　真	男	安县	教师	绵阳市教育系统抗震救灾先进个人	市人事局、市教育局	2008.9
220	张世发	男	安县	总务主任	绵阳市教育系统抗震救灾先进个人	市人事局、市教育局	2008.9
221	蒋贤军	男	安县	教师	绵阳市教育系统抗震救灾先进个人	市人事局、市教育局	2008.9
222	罗　勇	男	安县	教师	绵阳市教育系统抗震救灾先进个人	市人事局、市教育局	2008.9
223	汪洋勋	男	安县	副校长	绵阳市教育系统抗震救灾先进个人	市人事局、市教育局	2008.9
224	张春琰	女	安县	教师	绵阳市教育系统抗震救灾先进个人	市人事局、市教育局	2008.9
225	袁　刚	男	安县	教师	绵阳市教育系统抗震救灾先进个人	市人事局、市教育局	2008.9
226	刘　刚	男	安县	教师	绵阳市教育系统抗震救灾先进个人	市人事局、市教育局	2008.9
227	蒋　铭	男	安县	教师	绵阳市教育系统抗震救灾先进个人	市人事局、市教育局	2008.9
228	蒋大翃	男	安县	副校长	绵阳市教育系统抗震救灾先进个人	市人事局、市教育局	2008.9
229	龚　蓉	女	安县	教导主任	绵阳市教育系统抗震救灾先进个人	市人事局、市教育局	2008.9
230	林其虎	男	安县	教师	绵阳市教育系统抗震救灾先进个人	市人事局、市教育局	2008.9
231	文昌德	男	安县	教师	绵阳市教育系统抗震救灾先进个人	市人事局、市教育局	2008.9
232	钟吉平	男	安县	教师	绵阳市教育系统抗震救灾先进个人	市人事局、市教育局	2008.9
233	黄　利	女	安县	教师	绵阳市教育系统抗震救灾先进个人	市人事局、市教育局	2008.9

续表

序号	姓　名	性别	工作单位	职务（职称）	获奖名称	授奖单位	授奖时间
234	张　斌	男	安县	教师	绵阳市教育系统抗震救灾先进个人	市人事局、市教育局	2008.9
235	陈景贵	男	安县	教师	绵阳市教育系统抗震救灾先进个人	市人事局、市教育局	2008.9
236	房凌阳	女	安县	教师	绵阳市教育系统抗震救灾先进个人	市人事局、市教育局	2008.9
237	喜思涛	男	安县	教师	绵阳市教育系统抗震救灾先进个人	市人事局、市教育局	2008.9
238	邓　勇	男	安县	副校长	绵阳市教育系统抗震救灾先进个人	市人事局、市教育局	2008.9
239	曾夏贵	男	安县	教师	绵阳市教育系统抗震救灾先进个人	市人事局、市教育局	2008.9
240	邱　敏	女	安县	教师	绵阳市教育系统抗震救灾先进个人	市人事局、市教育局	2008.9
241	刘　敏	男	安县	总务主任	绵阳市教育系统抗震救灾先进个人	市人事局、市教育局	2008.9
242	李永玉	男	安县	教师	绵阳市教育系统抗震救灾先进个人	市人事局、市教育局	2008.9
243	唐永强	男	安县	副校长	绵阳市教育系统抗震救灾先进个人	市人事局、市教育局	2008.9
244	张远坤	男	安县	教师	绵阳市教育系统抗震救灾先进个人	市人事局、市教育局	2008.9
245	谢　英	女	安县	校长	绵阳市教育系统抗震救灾先进个人	市人事局、市教育局	2008.9
246	杨明军	男	安县	校长	绵阳市教育系统抗震救灾先进个人	市人事局、市教育局	2008.9
247	李长奎	男	安县	校长	绵阳市教育系统抗震救灾先进个人	市人事局、市教育局	2008.9
248	蒋　明	男	安县	校长	绵阳市教育系统抗震救灾先进个人	市人事局、市教育局	2008.9
249	邓　诚	女	安县	校长	绵阳市教育系统抗震救灾先进个人	市人事局、市教育局	2008.9
250	童小华	男	安县	校长	绵阳市教育系统抗震救灾先进个人	市人事局、市教育局	2008.9
251	刘进军	男	安县	校长	绵阳市教育系统抗震救灾先进个人	市人事局、市教育局	2008.9
252	张久长	男	安县	校长	绵阳市教育系统抗震救灾先进个人	市人事局、市教育局	2008.9
253	杨清文	男	安县	校长	绵阳市教育系统抗震救灾先进个人	市人事局、市教育局	2008.9
254	李桂刚	男	安县	副校长	绵阳市教育系统抗震救灾先进个人	市人事局、市教育局	2008.9
255	李和平	男	安县	教师	绵阳市教育系统抗震救灾先进个人	市人事局、市教育局	2008.9
256	罗　德	男	安县	教导主任	绵阳市教育系统抗震救灾先进个人	市人事局、市教育局	2008.9
257	陈继旭	男	安县	教师	绵阳市教育系统抗震救灾先进个人	市人事局、市教育局	2008.9

续表

序号	姓　名	性别	工作单位	职务（职称）	获奖名称	授奖单位	授奖时间
258	皮志学	男	安县	教师	绵阳市教育系统抗震救灾先进个人	市人事局、市教育局	2008. 9
259	邓国强	男	安县	副校长	绵阳市教育系统抗震救灾先进个人	市人事局、市教育局	2008. 9
260	魏　忻	男	安县	副校长	绵阳市教育系统抗震救灾先进个人	市人事局、市教育局	2008. 9
261	王成友	男	安县	总务主任	绵阳市教育系统抗震救灾先进个人	市人事局、市教育局	2008. 9
262	许翠华	女	安县	教师	绵阳市教育系统抗震救灾先进个人	市人事局、市教育局	2008. 9
263	邱　娅	女	黄土镇小学	校长	绵阳市教育系统抗震救灾先进个人	市人事局、市教育局	2008. 9
264	王世军	男	县农机局	办公室主任	绵阳市农机系统抗震救灾先进个人	市农业机械化管理局	2008. 12
265	陈小明	男	县农机局	办公室副主任	绵阳市农机系统抗震救灾先进个人	市农业机械化管理局	2008. 12
266	李英蓉	女	县档案局	副局长	绵阳市档案系统抗震救灾先进个人	市档案局	2008. 7
267	张　蓉	女	县档案局	纪检员	绵阳市档案系统抗震救灾先进个人	市档案局	2008. 7
268	杨　旭	女	县总工会	党组书记、常务副主席	绵阳市工会系统抗震救灾先进个人	市总工会	2008. 9
269	尹　伟	男	县法院	党组成员、副院长	绵阳市法院抗震救灾先进个人	市中级人民法院	2008. 12
270	张　洁	女	县法院	党组成员、副院长	绵阳市法院抗震救灾先进个人	市中级人民法院	2008. 12
271	李　强	男	县法院	党组成员、执行局局长	绵阳市法院抗震救灾先进个人	市中级人民法院	2008. 12
272	闻运刚	男	县法院	执行员	绵阳市法院抗震救灾先进个人	市中级人民法院	2008. 12
273	文　明	男	县法院	司法警察	绵阳市法院抗震救灾先进个人	市中级人民法院	2008. 12
274	李茂嘉	男	县法院	司法警察	绵阳市法院抗震救灾先进个人	市中级人民法院	2008. 12
275	唐成辉	男	县法院	审判员	绵阳市法院抗震救灾先进个人	市中级人民法院	2008. 12
276	李涛涛	女	县法院	安昌庭庭长	绵阳市法院抗震救灾先进个人	市中级人民法院	2008. 12
277	贺春辉	男	县法院	秀水法庭副庭长	绵阳市法院抗震救灾先进个人	市中级人民法院	2008. 12
278	段明红	女	县交通局	行政审批股股长	抗震救灾先进个人	地方海事局	2008. 7
279	陈　余	男	县交通局	航管所所长	抗震救灾先进个人	地方海事局	2008. 7
280	李　亮	男	县交通局	道路运输管理所	抗震救灾先进个人	市运管处	2008. 6
281	李　博	男	县交通局	道路运输管理所	抗震救灾先进个人	市运管处	2008. 6

续表

序号	姓　名	性别	工作单位	职务（职称）	获奖名称	授奖单位	授奖时间
282	李　江	男	县司法局	安置帮教和社区矫正股股长	司法行政系统抗震救灾先进个人	市司法局	2008. 12
283	杨小安	男	县司法局	塔水司法所所长	司法行政系统抗震救灾先进个人	市司法局	2008. 12
284	胡益东	男	县司法局	永河司法所所长	司法行政系统抗震救灾先进个人	市司法局	2008. 12
285	成贻勇	男	县司法局	花荄司法所所长	司法行政系统抗震救灾先进个人	市司法局	2008. 12
286	李　澍	女	县司法局	工作人员	司法行政系统抗震救灾先进个人	市司法局	2008. 12
287	刘　军	男	县司法局	宝林司法所所长	司法行政系统抗震救灾先进个人	市司法局	2008. 12
288	翟明澜	男	县司法局	法律援助中心工作人员	司法行政系统抗震救灾先进个人	市司法局	2008. 12
289	罗兆保	男	西华律师事务所	律师	司法行政系统抗震救灾先进个人	市司法局	2008. 12
290	冯　俊	男	花荄法律服务所	工作人员	司法行政系统抗震救灾先进个人	市司法局	2008. 12
291	刘　斌	男	县司法局	工作人员	抗震救灾和灾后重建工作个人三等功	市司法局	2009. 7
292	成贻勇	男	县司法局	花荄司法所所长	抗震救灾和灾后重建工作个人三等功	市司法局	2009. 7
293	潘林林	女	团县委	副书记	绵阳市共青团抗震救灾先进个人	团市委	2008. 8
294	廖贵军	男	安昌镇政府	团委书记	绵阳市共青团抗震救灾先进个人	团市委	2008. 8
295	王晓芹	女	县直机关	团工委书记	绵阳市共青团抗震救灾先进个人	团市委	2008. 8
296	赵　丹	女	县规划和建设局	团委书记	绵阳市共青团抗震救灾先进个人	团市委	2008. 8
297	罗　辉	男	晓坝镇政府	团委书记	绵阳市共青团抗震救灾先进个人	团市委	2008. 8
298	任加超	男	银河建化集团公司	职工	绵阳市共青团抗震救灾先进个人	团市委	2008. 8
299	成劲松	男	安县中学	政教处主任	绵阳市共青团抗震救灾先进个人	团市委	2008. 8

第二章 英雄（先进）集体

第一节 英雄（先进）集体简介

县水务局 汶川特大地震发生后，县水务局立即启动应急预案，迅速成立抗震救灾指挥部，下设10个工作组，所有人员迅速奔赴各地核查水利灾情并进行应急处置，对水库、堤防、渠道、农村饮水工程、水土保持工程、渔业生产、地方电力、管理设施等损毁情况进行拉网式排查和核实。在震后18小时内全面摸清工程震损情况并迅速上报，在24小时内制定工程除险、避险方案。

为及时准确掌握堰塞湖险情，县水务局陆续组织勘测队30余支，冒着强烈余震，步行前往茶坪河、睢水河流域等高山峡谷地带进行现场勘察，迅速摸清27处堰塞湖的库容、集雨面积、坝体结构、水位上涨速度等数据。其中茶坪河肖家桥、睢水河罐滩、老鹰岩3处高危堰塞湖险情重大。

6月6日13时15分，经过13个昼夜的连续施工，肖家桥堰塞湖实施泄流，20时38分解除警报。此次排险，临时疏散下游群众4.8万人，无一人伤亡。睢水河流域的罐滩和老鹰岩两处高危堰塞湖也分别于6月10日和6月25日泄流排险。

强震造成县内安昌河、茶坪河、干河子等3条主要河流堤防严重受损，而多数群众安置点建立在河谷地带，因此，防汛度汛形势极为严峻。为确保震灾后无涝灾，县水务局投入资金410万元及时抢修安昌镇东升村、永安镇跃进村、河清镇保华村等震灾损险工程，确保安置点在几次大雨中特别是在9月24日洪灾中安然无恙。

安县饮水工程在地震中损毁严重，管网破损，设备损坏，水塔倒塌、裂缝、错位，水源变迁，水质污染，全县近47万人的饮水受到影响。县水务局积极争取上级救灾资金支持，得到大连水务应急抢险队的援助，迅速修复集中供水站18处，设置应急供水点89处，安装净水设备70套，铺设临时管道80公里，建立公共取水点40处，用较短的时间解决受灾群众临时生活用水问题。

县水务局对县内28座水库实行24小时专人监测，及时汇报险情；采取工程措施，及时控制险情；动员灌区提前栽插秧苗，及时放水减负；周密制定疏散预案，有效地防止次生灾害发生，确保工程安全度汛，保障库区及下游群众的生命财产安全。

2008年7月，县水务局被水利部授予“全国水利抗震救灾先进集体”称号；10月7日，被中共中央、国务院、中央军委授予“全国抗震救灾英雄集体”称号。

县人民法院 地震发生后，县人民法院干警奉命奔赴茶坪、高川、河清、睢水重灾区抢险救灾。在受灾最重的茶坪乡，法院干警身兼政府干部、交警、医疗队、救护队等多项职责全力抢救伤员，警车也当运输车、救护车、指挥车、抢险车，全院干警坚持工作，连续两天两夜没能合眼。在抗震救灾最紧张的阶段，法院抽调干警守卫县救灾物资仓库，开展灾后损失调查工作，协助县政法委管理云丰救助站2000名受灾群众，协建京安小区，安置茶坪乡受灾群众1900人。全院共出动干警700多人次，车辆200多台次，协助运送救助伤员200多人，协助转移受灾群众8000多人，指挥疏散群众2万余人，协助运输、发放救灾物资200余吨。

法院干警分别为安县受灾群众和北川法院捐款8000元、16050元，缴纳特殊党费6650元。

抗震救灾期间，县法院还积极向外发布安县灾情，报道安县人民奋力抗震抢险，其中20余篇被《人民法院报》、新华网、中国法院网等媒体刊登和转载。《安县法院在帐篷法庭敲响了法槌》一文还获得中国法院网“海勃湾杯”头条好新闻三等奖。

2008年7月，县法院被国家最高人民法院评为“全国法院系统抗震救灾先进集体”。

县教育体育局　地震发生后，教体局立即启动突发公共事件应急预案，成立抗震救灾工作指挥部，采取一切措施，确保师生安全，全县94%以上学校做到无一人伤亡，桑枣中学更是创造1分36秒全校2300余师生全部逃生的奇迹。各校加强应急值守和信息报送工作，做到师生安全、校园稳定。抗震救灾指挥部设有应急处置组、后勤保障组、抢险自救组、安全督察组、学生看护组和对外宣传组等，各组既各施其责，又整体协调，齐心协力抗震救灾。同时还组织教师成立教体系统救助队，在县抗震救灾指挥部的统一调配下，参加电力抢险、救灾物资装卸、转运伤员和人员救助等工作，妥善安置滞留学生。组建晓坝、睢水、安县职中、永安、沸水等学生临时救助站，建立帐篷学校，组织骨干教师对滞留学生进行灾后复课和心理辅导，确保全县各校滞留学生有吃、有穿、有人管、有书读。密切配合县卫生防疫部门搞好学校卫生防疫，加强学校校内及周边环境的卫生整治，每天安排人员到学校检查和指导卫生防疫工作，要求学校严格执行食品和饮水卫生有关制度，严格消毒，扎实做好学校卫生防疫工作，确保师生安全。制定《安县中小学复课工作实施方案》，对学校复课工作做详细周密的安排，采取帐篷集中复课、树林分散复课、教师到家辅导复课等“一校一策”复课形式，使全县学生及时复课，特别是安县中学2000多人的厂房复课教室，让世人瞩目。教体局会同县建设等部门，对学校校舍和设施设备等进行拉网式排查，仔细核对各校上报的损失数据，积极向县委、县政府和市教育局上报和反馈信息。教体局在全面调研、科学评估、充分论证的基础上，科学规划出灾后恢复重建项目53个。

2008年9月，县教体局被教育部评为“全国教育系统抗震救灾先进集体”。

县国家税务局　地震发生后，县国税局及时成立抗震救灾领导小组，组下设抢险互助组、后勤保障组、业务恢复组和职工心理抚慰组，由班子成员分别任小组长。

县国税局组织人员对受损建筑设施进行检查和排危，严防次生灾害发生，对灾后损失及时统计上报。搭建板房，解决职工吃、住和工作问题。组织职工参加县委、县政府统一组织的抗震救灾突击队，先后共派出抗震救灾小分队25个，救灾人员165人次，深入秀水、高川和茶坪等乡镇，抢运伤员，发放救灾物品，挖掘简易厕所，搭建帐篷。全局职工捐款和党员缴纳特殊党费共计2.53万元，为安昌镇群联村受灾群众赠送矿泉水、饼干、罐头、方便面和牛奶等救灾物资三次，组织专人多次前往乡镇联系点，慰问受灾群众，发放救济金，帮助受灾群众筹划农房重建事宜，帮助他们选择建房地点，联系建筑材料等。

迅速恢复税收工作秩序，组织征管科和税源管理单位，到51个受灾企业调查核实损失，开展税源调查，做好相关征管数据的备案工作。分行业总结地震对国税工作的影响，为上级国税机关准确了解灾情，调整相关税收计划提供可靠依据。积极清理、宣传和执行灾后重建相关税收政策，确保各项税收优惠政策落实到位。

2008年10月，县国家税务局在汶川地震抗震救灾工作中做出重大贡献被国家税务总局记集体二等功。

县地方税务局　地震发生后，县地税局立即启动应急预案，成立临时指挥部安排部署抗震救灾工作。党组成员带队迅速前往安昌、桑枣、秀水、塔水4个基层税务所查看灾情，救助伤员，抢救税收票款，震后不到3个小时，就全面掌握全局受灾情况。为61名干部职工及家属搭建简易帐篷，赢得抗震自救的主动权。

5月13日凌晨1时，局长熊军率8名抢险队员赶赴北川县城抢险救灾，运送、转移北川县地税局幸存职工和其他受灾群众。安县地税局承担北川县地税局干部职工的临时住宿、办公的安置任务。

5月14日早6时，县地税局选派10名干部组成救灾抢险队，进驻晓坝镇，为受灾群众发放救灾物资、供应食物，转移护送伤员。5月31日晚，救灾抢险队被县抗震救灾指挥部调到抗震救灾物资装卸搬运组，装卸救灾物资，并运送到晓坝、沸水、永安、河清、清泉、宝林等乡镇。被选派到绵阳火车站、江油火车站的几名抢险队员积极协助县抗震救灾指挥部做好全县救灾物资的统计、搬运工作，共计装卸救灾物资2万余吨，累计发放救灾物资上亿元。

县地税局派出5个工作小组，到各企业、个体工商户了解受灾、生产恢复和税源情况，向纳税人宣传国家税收优惠政策。县局办税服务厅、安昌、桑枣服务所迅速搭建临时板房，提供服务。

晓坝镇齐心村是县地税局的“帮扶”联系村，灾情发生后，县地税局先后9次到齐心村抢险救灾，给受灾群众送去大米1000公斤、防雨条布800平方米、牛奶40件、饮用水20件、饼干30件、方便面40件，以及棉被、药品、帐篷等救灾物资，解决全村248户848人的燃眉之急。4名局领导、20名干部“结对子”帮扶齐心村5户受灾特困党员、17名困难党员，集体帮扶1名遇难学生家属。6名干部分别参与永安镇、晓坝镇6个村的灾后重建工作，全县地税干部职工捐赠现金3万元，党员干部和入党积极分子捐赠3700元。

2008年10月，县地税局被国家税务总局记抗震救灾集体一等功。

县审计局 地震发生后，审计局职工奔赴包村点秀水镇长春村，走组入户，查看灾情，安置群众。该村有200多户村民房屋全部倒塌，粮食被埋，水源被污染无法饮用。局领导兵分三路，一组到秀水镇告急，一组又马不停蹄地赶回县抗震救灾指挥部汇报灾情，另一组四处奔波，紧急组织救灾物资，帮助解决受灾群众生活、生产所需的救灾物资和卫生防疫药品等。

在抢险救灾危急时刻，县审计局派出救援组抢救和安置受灾群众。抢救组人员身背30公斤的食品、矿泉水，冒着余震不断的危险，挺进高川乡实施救援。在做好高川乡群众转移后，县审计局又抽调3名职工协助沸水安置点装卸救灾物资、搭建帐篷、修建公共厕所。此外，该局还派出干部到晓坝、沸水、睢水救助站收拾生活垃圾，修建厕所5处，挖排水沟3千米，搭建帐篷560顶。

2008年6月，县审计局被国家审计署评为汶川地震抗震救灾和救灾资金物资审计先进集体，并记集体三等功。

县防震减灾局 地震发生时，县防震减灾局值班人员张平不顾个人生命危险，冲进正在垮塌的测震机房抢救测震。震后12分钟全体职工赶到单位集结，职工雷春从附近农民手中借一辆旧摩托车，赶往县城汇报。15时30分，局长何廷超在县指挥中心整理启动破坏性地震紧急预案材料，判断高川、茶坪、睢水、晓坝、桑枣等9个乡镇灾情极重，和后来的受灾情况完全一致，为安县第一时间实施救援起到极为重要的作用。县防震减灾局全体职工夜以继日分析处理余震数据4万余个，实地落实地震宏观现象60余处，编写安县震后恢复重建规划、方案6个，发放地震宣传资料10万余份。还为北川、江油、三台、盐亭、梓潼提供资料信息。在工作任务重、单位人员紧缺的情况下，副台长肖明得服从组织安排，立即到北川羌族自治县防震减灾局主持工作，及时启动北川县的防震减灾工作。

2009年5月，县防震减灾局被中国地震局评为“2008年全国县级防震减灾先进单位”；12月，被四川省地震局评为“2008年度市县防震减灾工作先进单位”。

县粮食局 地震发生后，县粮食局党委书记张志敏组织党委成员和全局干部职工，立即奔赴各粮油收储企业检查灾情，摸清损失，制定措施，指挥抢险。各粮站的干部职工不顾余震的危险，上房盖瓦，搭盖塑料棚布，抢救粮食，保护储粮安全。广大党员和职工奋战三天三夜，翻盖仓房420余间（栋），面积44196平方米；清除废渣400车次，1190多立方米；用双手从废墟中抢救粮食近万吨，保证9000吨省、市储备粮和12000余吨商品粮食的安全。

为确保灾后成品粮食供应，面对严峻形势，县粮食局果断采取措施：迅速核实各粮食加工企业现有成品粮库存，锁定数量，由政府统一调配；紧急请求市粮食局给予成品粮食调拨支援；迅速做好各加工企业生产自救工作，积极与电力等部门沟通协调，及时恢复能够正常生产的粮食加工企业用电，增加商品粮食供应量；与工商、物价部门协调配合，通过明察暗访，查处哄抬粮价的不法粮商。

5月中下旬正值农户小春粮油收割季节。为把农民群众收割的粮油尽快收起来，县粮食局印发《切实做好受灾农户小春粮油收购工作的通告》，各收储企业迅速安排仓容、资金，公开收购价格、品质，做到随到随收。在增设固定收购网点的同时，派出五辆流动收购宣传车进村入社收购，帮助农户节省运粮成本。组织动员120余名农村粮食经纪人，走乡串户收购粮油。对确实不愿出售粮油的农户，开展无偿代储粮油业务。从5月17日到10月底，全县国有粮食企业共计收购受灾农民小麦8442吨、油菜籽11199吨、稻谷10426吨，切实减轻受灾农户的损失。

2008年12月，县粮食局被国家粮食局授予“全国粮食系统抗震救灾先进集体”称号。

安县水产站　地震发生后，水产站站长唐琪立即带领水产站职工，到水产龙头企业、重点苗种生产场站、商品鱼基地查看灾情，统计损失。

为防止死鱼腐烂后对公共环境和水源造成污染，5月16日，县水产站及时向企业传达《安县水务局关于切实做好抗震救灾期间水产品质量安全工作的紧急通知》精神，同时派出技术人员分赴各乡镇，顶着烈日，广泛宣传死鱼无害化处理和池水消毒技术措施，指导养殖户开展死鱼无害化处理、养殖水体消毒和疫病防治工作。

在灾后重建工作中，水产站职工进村入户，鼓励受灾群众坚定抗震救灾、重建家园、恢复生产的信心，帮助渔业生产单位恢复生产。针对灾后渔业重建和恢复生产对技术的需求，县水产站组织编写下发《安县灾后渔业重建和恢复生产技术指导手册》，并深入重灾渔业企业、乡镇、村组开展灾后重建培训工作。截至6月10日，共培训渔民700多人，为养殖户联系调运853万尾、1.1万公斤鱼种，恢复养殖面积4200亩。

2008年6月，县水产站被农业部、人力资源和社会保障部授予“全国农业系统抗震救灾英雄集体”称号。

河清计划生育服务站　地震发生时，计生站医务人员正在为一位育龄妇女做手术，地震迫使手术停止，他们不顾个人安危，立即把病人转移到安全地带，14时50分，冒着余震的危险继续做完因地震中断的手术，并将患者送到其亲属的身边。面对地震造成的巨大伤亡，站长龙晓英把站内仅有的5位技术人员分为救助组和后勤服务保障组。救助组到河清镇卫生院救助伤员，后勤服务保障组坚守阵地，为育龄群众做好服务工作。伤员转送到绵阳、成都后，计生站医务人员又当志愿者，搬运救灾物资。5月15日凌晨3点，值班医务人员接到睢水镇光明村村民殷科蓉的求助电话，马上向龙晓英报告，龙晓英迅速组织服务站的5位医生做好准备，她亲自为该育龄妇女做手术，经过一夜的辛勤工作，手术非常成功，殷科蓉得救。截至5月30日，河清计划生育服务站在帐篷里为100多名育龄群众做计划生育手术。

2008年7月，河清计生服务站被国家人口和计划生育委员会授予“全国人口和计划生育系统抗震救灾先进集体”称号。

县中医院　震后十分钟，在院医务人员将所有的住院病员全部转移到医院对面安县公园（今北川安昌镇公园）安全地带，住院病员和医务人员无伤亡。全院医护人员顾不上亲人的安危，全部赶到医院抢救伤员。医院启动应急预案，成立现场急救领导小组，地震后不到2个小时，从北川县营救出来的大量伤员陆续安顿到县中医院临时医疗点，他们急需救治。医务人员冒着生命危险，从大楼中抢运出一批批检查设备和药品，在有限的条件下，开展X光、B超、化验等检查，并搭建起手术室。县中医院临时医疗点成为震后离北川县重灾区最近、最重要和最完善的急救点和转运站，为抢救危重病员争取到时间，挽救一大批伤员的生命。截至2008年6月30日，医院救治点共收治各种住院病员1460人，其中危重病员487人，转送病员近400余人次；完成清创缝合及各种骨折外固定800余人次，其中采用小夹板固定420余人；门诊治疗16000余人次；派出救护车200多车次，参与接运病员360余人次；先后派出8个医疗救治小分队到北川县及本县、茶坪乡、高川乡等重灾区现场处置病员320余人次。

2008年7月，县中医院被四川省人事厅、卫生厅、省中医药管理局联合授予“抗震救灾先进集体”称号；2009年5月，被全国总工会授予“抗震救灾工人先锋号”。

县人民医院 地震发生后，东区（花荄）全院医务人员不顾个人安危，冒着余震的危险一次次冲进住院大楼，营救、转移和疏散病员200余人，又一次次冲进大楼抢出药品、医疗设备。全院医护人员、行政后勤人员紧急行动，自觉投入到安置病员、搭建帐篷、保障应急电源、组织食品和水等工作中。西区在安昌镇县医院的球场、安中校快速搭建起露天救治点，救治安县、北川县来的伤员。在安县受灾严重的“孤岛”茶坪乡，医院前线救援队抢救伤员536人。同时，县人民医院还承担乡镇受灾群众安置点的卫生咨询、健康教育、现场治疗共计23万余人次的工作任务，对地震伤员和前来就医的其他病人实施费用全免。部分医护、后勤人员在房屋倒塌、失去亲人的情况下，仍坚守岗位，全力以赴抗震救灾。

2009年5月，县人民医院被全国总工会授予“抗震救灾工人先锋号”。

县交警大队 地震发生后，县交警大队领导迅速收集各个中队的受损情况，立即组织各中队、综合室的交警抢救伤员并到县城医院维持秩序，帮助运送伤员。当天下午，就抢救伤员31人，帮助被困群众16人。当晚，县交警大队对永安线、安北线、成青线、秀墩线、谭秀线等重要交通要道执勤进行部署，以编组的方式整合警力，实行24小时执勤。下发《勤务安排表》，安排布置各大场镇、交通要道、重要桥梁、受灾群众救助点等10多处的执勤和巡逻任务，共出动警力3808人次，出动警车13855台次。党和国家领导人先后到北川县、安县视察灾情，县交警大队从5月12日至7月9日，共完成开道任务18次、一级警卫任务4次、二级警卫任务3次、二级加强警卫任务2次。为救灾物资车辆、解放军、武警部队车辆、救护车辆引导230次。

2008年7月，县公安局交警大队被公安部授予“全国公安系统抗震救灾先进集体”称号。

县看守所 突如其来的特大地震，对监所造成重大损毁，围墙倒塌，监室倾斜，近百名在押人员非常惊恐，情绪焦躁，整个监区一片混乱。看守所领导和民警全部火速赶到现场，及时组织分工，对监区进行布控，全力抢救物品及监区的设施设备。部分民警受伤，却忍着伤痛，不下火线。当晚18时30分，上级下达指令，将监所在押人员转移到绵阳看守所。接到指令后，所领导立即组织车辆，协调警力，迅速组织近百人在押人员大转移，当晚8时安全到达绵阳看守所。

2008年7月，县看守所被公安部授予“全国公安系统抗震救灾先进集体”称号。

秀水派出所 地震发生后，秀水派出所民警立即组织在所内办事的群众撤离到安全的地方，然后立即赶到派出所对面的秀水中心卫生院，将院内的病人全部送到安全的地方。其后，民警们又赶往小学、中学，协助学校组织学生安全撤离。所长刘胜武带领民警到秀水镇街上安抚受灾群众，进行治安安全检查，防止发生火灾等意外事故。当天晚上，秀水派出所按计划组织民警冒雨进行通宵巡逻守候，保证人民群众的生命财产安全。派出所办公楼在地震中严重损毁，民警们在第二天搭起临时工作帐篷，建立派出所临时办公点，全体干警坚持奋斗在抗震救灾的第一线，坚持每天夜间巡逻，超负荷工作15到18个小时。每一次救灾物资到达，干警都立即帮着搬运，以最快的速度发到受灾群众手里。6月11日，县公安局下发《关于做好安县老鹰岩堰塞湖溃决影响范围人员疏散撤离总体预案》后，所长刘胜武立即组织民警到秀水干河子视察汛情，制定《秀水派出所关于做好老鹰岩堰塞湖溃决影响范围人员疏散撤离预案》，全力开展疏散撤离工作，无一人因老鹰岩堰塞湖泄流受到伤害。在抗震救灾中，秀水派出所全体民警没有人回过一次家，用实际行动保护人民群众的生命财产安全。至7月9日，全所共出动车辆285余次，警力570余人次，守护重点部位5处，收集不稳定信息34条，辖区没有发生群体性事件和重大恶性案件。

2008年7月，秀水派出所被公安部授予“全国公安系统抗震救灾先进集体”称号。

花荄司法所 地震刚刚过去，所长成贻勇带领全体干警奔赴各个街道、学校抢险救灾。成贻勇骑摩托车冲向花荄镇初级中学，途经龙泉街时，眼前的灾情令他非常震惊：不到100米长的街道，有近20名死伤群众，呻吟声、哭泣声乱成一团。成贻勇一边安抚惊魂未定的受灾群众，一边组织群众抢救伤员，将救出来的受伤群众立即送往县人民医院抢救。其后，成贻勇又骑车直奔司法所的联系村——花荄镇先林村，了解灾情、抢救伤员。5月13日，司法所和法律服务所的全体人员作为志愿者，在政府的安排下到镇政府的抢险救灾应急组和救灾物资收发组负责处理突发事件和救灾物资的收发工作，负责接待群众的来信来访，解答法律咨询。5月14日，司法所人员和镇人民政府干部一起，耐心细致地给受灾群众做解释工作，制止了一起部分受灾群众拦车哄抢救灾物资事件的发生，保证救灾物资及时送往北川羌族自治县及安县其他乡镇。

2008年9月，花荄司法所被司法部授予“全国司法行政系统抗震救灾工作先进集体”。

秀水工商所 地震发生后，秀水工商所干部立即投入到生命抢救行动中，迅速组织工商所附近的居民和新民村的110多名村民安全转移，对行动不便的老人及房屋垮塌的个体工商户进行救助，对受灾较重的个体工商户进行安抚，耐心地疏导劝慰因巨大财产损失而迟迟不愿离开危险区的受灾群众，动员和组织他们尽快撤离到安全地带。当天下午，工商所为受灾群众搭起避灾居住的帐篷，提供茶水等服务，全所干部分组轮流值班，确保受灾群众人身安全。秀水工商所辖区内的秀水、沸水两镇是重灾区，辖区内的8个农贸市场，1036户个体工商户遭受重创停业。工商所干部逐户给经营户说理说法，加强宣传，防止擅自涨价损害受灾群众利益的行为发生。从5月13日起，秀水工商所组织工商干部深入辖区的每一条街道、每一个副食经营户查看灾情，组织抢救被掩埋的货物用于救灾。在宽阔的秀丰干道统一规划应急市场，发动个体工商户利用废旧椽子搭建摊位328个，主要经营食品、水果、蔬菜、调味品、鲜肉、服装、日杂百货等受灾群众生活必需品和生活日用品。应急市场的设立，基本满足受灾群众对食品和生活用品的需求。在应急市场还设立“12315”临时投诉站，为消费者、经营者提供法律保护。秀水工商所加大市场监管力度，依法查处外地经销商高价销售彩条布的违法行为。从5月13日至6月17日，秀水工商所检查各类经营户6950户次，依法处理违法经营案件16起，没收销毁过期变质饮料230瓶、糖果糕点48公斤、面包210袋、啤酒42瓶。查处销售过期农药案件6起，没收过期和禁止销售的高毒农药120瓶。受理消费者投诉案件5起，为消费者挽回经济损失3.2万元。

2008年6月，秀水工商所被国家工商行政管理总局授予“工商行政管理系统抗震救灾先进集体”称号。

县财政局 地震后，安县面临财政短收、支出大增的局面，县财政局认真贯彻落实国家灾后恢复重建的各项政策措施，狠抓财政增收和科学化、精细化管理，千方百计保障全县灾后恢复重建资金需求，为全县灾后恢复重建取得全面胜利做出突出贡献。

加强征收管理，注重和加强对重点税种、重点税源的监控征收；强化税收征管，做到应收尽收；非税收入继续实行“收支两条线”“银行代收制”的管理模式，并加强对财政专户和票据的规范管理。积极培植税源，努力恢复自身“造血”功能。发挥财政职能作用，支持创业发展、科技创新，引导产业升级，支持企业集群发展，帮助受灾企业恢复生产；积极鼓励中小企业发展，切实发挥投资控股公司、兴安担保公司的作用，构建中小企业融资平台，解决企业融资瓶颈问题；认真落实强农惠农政策，充分发挥农业产业化资金的引导作用，对龙头企业大力给予资金扶持和贷款担保，全力支持农业产业化和新农村建设。2008 年至 2010 年，全县财政总收入以 33.72% 的速度连年增长，2008 年实现 2.87 亿元，2009 年实现 4.21 亿元，2010 年实现 7.07 亿元。

县财政局努力为全县灾后重建提供优质高效的资金保障服务。认真贯彻落实各级出台的灾后恢复重建优惠政策，大力筹集县级配套资金，建立灾后恢复重建基金，竭尽全力向上级和辽宁省争取项目、资金、物资等方面的支持。2008—2010 年，共争取到上级灾后恢复重建补助资金 70.79 亿元。大力压缩县级部门公用经费、项目支出预算，严格控制非生产性支出，严禁违规建设楼堂馆所、超标准超规模建设、搞形象工程等，在全市率先推行公务卡消费，将结余资金全部配套用于灾后恢复重建。积极推行资金调拨审批"一站式"服务，极大地提高资金保障服务工作效率和水平。对恢复重建资金实行县级报账、联审联签制度，严格执行"专户储存、专账管理、封闭运行"的管理方式。加强对灾后恢复重建项目资金管理使用情况的跟踪检查力度。每年都要独立组织 10 余次灾后恢复重建项目资金使用情况的专项检查。搞好灾后重建项目投资评审管理和政府采购，为加快推进恢复重建，财政局创下"3 天时间完成单项评审并出具书面评审报告"和"1 天完成 5 个采购项目招标"的纪录。累计完成灾后重建项目评审 496 项，审减金额 3.97 亿元，审减率 10.62%；组织实施政府采购 47662 万元，节约资金达 7876 万元，节约率 16.52%。

2011 年 10 月，县财政局被国家发展和改革委员会、人力资源和社会保障部、解放军总政治部授予"汶川地震灾后恢复重建先进集体"称号。

茶坪乡党委　地震发生后，因灾死亡 852 人，失踪 217 人，受伤 6957 人；房屋损毁 18.2 万间、64.5 万平方米，道路损毁 157 公里，全乡损失惨重。乡党委和政府立即成立抢险救灾指挥部，分三路开展伤员抢救工作。30 分钟后，搭起医疗救治帐篷，学校师生已经转移到安全地带，老街搜救工作仍在紧张进行。18 时 30 分，场镇安全地带已搭建临时帐篷 800 余顶，周边 3000 多名群众得到安置。

13 日上午 11 时，在县城出差的乡党委书记向云刚、副乡长李华志带领 10 余名抢险队员，冒着余震徒步 7 个小时回到茶坪乡，立即召开紧急会议，对抢险救灾工作进行详细安排部署。各抢险救灾组以共产党员为骨干、各级干部为主力，组织和发动群众奋力开展抗灾自救。17 日，在抗震救灾指挥部的精心组织和内江军分区官兵的大力帮助下，茶坪乡 8000 余名受灾群众用 4 天时间陆续被转移到晓坝镇临时安置点。18 日，在晓坝镇、桑枣镇、云丰村、京安小区 4 个临时救助站，分别成立 4 个临时党委、临时社区管委会以及监管会。云丰村救助站被省委组织部、省纪委列为联系点，京安小区被国家作为卫生防疫综合示范点。6 月 7 日，由北京市政府援建的京安板房小区建成并投入使用，7 月中旬，茶坪乡所有受灾群众全部入住板房。

随着受灾群众的全部安置，乡党委、政府又将工作重心转移到重建家园上来。7 月 29 日，因大面积山体塌方阻断两个多月的晓（坝）茶（坪）路—茶坪乡通往外界的"生命通道"被打通。8 月初，场镇居民陆续返回家园，清理旧料和废墟，半个月后，废墟基本清理完毕。乡党委、政府组织乡干部和村组干部与农户一起，就灾后宅基地选址进行逐户规划。8 月中旬，水、电、通信等基础设施基本恢复，为群众返乡重建家园提供有力保障。

2008 年 10 月，茶坪乡党委被中共四川省委、四川省人民政府授予"抗震救灾优秀模范集体"称号。

高川乡党委　全乡地震死亡 871 人，失踪 103 人，受伤 4318 人；城乡居民 28.5 万余平方米住房倒塌或严重受损；路损毁 217 公里，桥梁损毁 19 座；通信、邮政、有线电视、网络设施严重损毁，信号全部中断。学校、卫生院房屋和医疗设施受到严重损毁。由于山体大量垮塌，高川乡形成多个堰塞湖。高川乡党委临危不乱，立即成立临时指挥部，建立抢险救灾组，冒着强烈余震威胁，分赴学校、矿山、村庄，抢救生命，转移学生。动员街道各商店将药品、粮食、食盐、水、塑料篷布等生活用品集中，由政府统筹安排。及时组织医疗队，现场抢救受伤群众，解决 3000 多群众在外援队伍到达前的医、吃、住等问题。党员干部组织志愿后勤队搭建帐篷，优先安置老弱病残，党员干部无帐篷住，就在露天蹲宿。在食品极为紧张的情况下，党员干部饿着肚子将食品送给学生、伤员、老人。多数干部强忍着失去亲人的悲痛，顽强战斗在抗震救灾第一线，奋力抢救受灾群众的生命和财产，安全转移受灾群众6000多人。

2008年7月，高川乡党委被中共四川省委授予“抗震救灾先进基层党组织”称号。

桑枣镇党委　地震发生后，镇党委立即启动重大灾害应急预案，成立由镇党委书记、镇长任指挥长，镇党委副书记、镇政府各副镇长为副指挥长的镇抗震救灾指挥部，由副科级以上领导带领抢险救灾、受灾群众安抚、应急机动、后勤保障四个工作组立即奔赴抗震救灾最前线，组织全镇群众全力抗震救灾。镇党委把紧急转移安置受灾群众作为头等大事。

地震发生后至5月13日上午10时，三清、柳坝两个山区村还没有任何消息传出，镇指挥部当即决定，派人上山了解情况。应急小分队临危受命，带着指挥部的重托，冒着余震和山上不时滚落石头的危险，经过三次冲锋，翻山越岭8小时，终于在5月14日到三清、柳坝村，并立即开始救援活动。随即，镇党委书记、镇长又亲自带队上山察看灾情。镇党委连夜召开党委会，研究五个山区村受灾群众的安置问题，设置4个集中安置点，共建2926套活动板房，将受灾群众全部安置。茶坪乡的生命线打通后，转移出来的受灾群众无栖身之地，桑枣镇党委积极配合县指挥部，安排专人协助在桑枣城镇周边设立两个救助站，共安置受灾群众4600余人。

镇党委带领各党支部充分发挥战斗堡垒作用，组织广大受灾群众抗灾自救。镇党委打破社区和城镇周边村组建制，在3个受灾群众集中点分别建立临时党支部，全面负责抗震救灾工作，3个集中点都组建卫生防疫、安全保卫、医疗救助、救灾物资领取分发、宣传教育等工作组；组建青年志愿者队伍。3个集中点安置受灾群众2000余人，修建临时简易厕所3座，协助修建标准厕所2座，每天坚持两次对居住点、厕所、周边等进行消毒，每晚坚持24小时巡逻，对周边环境进行排险、清理整治，确保抗震救灾工作有序进行。全体共产党员身先士卒，始终坚持战斗在抗震救灾第一线，抢救伤员和物资，主动承担垃圾清运、帮助受灾群众落实临时安置点等工作。

2008年6月，桑枣镇党委被中共四川省委授予“抗震救灾先进基层党组织”称号。

第二节　英雄（先进）集体表

一、党中央、国务院、中央军委表彰

序号	获奖单位	获奖名称	授奖单位	授奖时间
1	县水务局	全国抗震救灾英雄集体	中共中央、国务院、中央军委	2008.7

二、国家部委表彰

序号	获奖单位	获奖名称	授奖单位	授奖时间
1	县防震减灾局	2008年全国县级防震减灾先进单位	中国地震局	2008.5
2	县水产站	全国农业系统抗震救灾英雄集体	农业部、人力资源和社会保障部	2008.6
3	县秀水镇工商所	工商行政管理系统抗震救灾先进集体	国家工商总局	2008.6
4	县审计局	汶川地震抗震救灾和救灾资金物资审计先进集体，并记集体三等功	国家审计署	2008.6

续表

序号	获奖单位	获奖名称	授奖单位	授奖时间
5	县水务局	全国水利抗震救灾先进集体	水利部	2008.7
6	县交警大队	全国公安系统抗震救灾先进集体	公安部	2008.7
7	秀水镇派出所	全国公安系统抗震救灾先进集体	公安部	2008.7
8	县看守所	全国公安系统抗震救灾先进集体	公安部	2008.7
9	县中医院	抗震救灾重建家园工人先锋号	全国总工会	2008.7
10	县人民医院	抗震救灾重建家园工人先锋号	全国总工会	2008.7
11	河清计划生育服务站	全国人口计生系统抗震救灾先进集体	国家计生委	2008.7
12	县人口和计划生育局	全国人口计生系统抗震救灾先进集体	国家计生委	2008.7
13	县供电局（公司）	抗震救灾重建家园工人先锋号	全国总工会	2008.7
14	县教育体育局	教育系统抗震救灾先进集体	教育部	2008.9
15	花荄镇司法所	全国司法行政系统抗震救灾先进集体	司法部	2008.9
16	县地方税务局	抗震救灾集体一等功	国家税务总局	2008.10
17	县国家税务局	在汶川地震抗震救灾工作中做出重大贡献记二等功	国家税务总局	2008.10
18	县人民法院	抗震救灾先进集体	国家最高人民法院	2008.12
19	桑枣中学	抗震救灾先进集体	教育部	2008.12
20	县粮食局	全国粮食系统抗震救灾先进集体	国家粮食局	2008.12
21	县财政局	汶川地震灾后恢复重建先进集体	国家发改委、人力资源和社会保障部、解放军政治部	2011

三、四川省委、省政府、四川省军区表彰

序号	获奖单位	获奖名称	授奖单位	授奖时间
1	高川乡党委	四川省抗震救灾先进基层党组织	四川省委	2008.7
2	茶坪乡党委	抗震救灾优秀模范集体	四川省委、省政府	2008.10
3	桑枣镇党委	四川省抗震救灾先进基层党组织	四川省委	2008.6
4	县人民武装部	抗震救灾先进单位	四川省军区	2008.9

四、四川省级部门表彰

序号	获奖单位	获奖名称	授奖单位	授奖时间
1	县民政局	抗震救灾二等功	四川省民政厅	2008.9
2	县殡仪馆	抗震救灾嘉奖	四川省民政厅	2008.9
3	县委组织部	抗震救灾先进集体	四川省委组织部	2008.9
4	桑枣镇党委	抗震救灾先进基层党组织	四川省委组织部	2008.7
5	县妇联	抗震救灾“三八”红旗集体	四川省妇联	2008.9

续表

序号	获奖单位	获奖名称	授奖单位	授奖时间
6	县财政局妇委会	抗震救灾“三八”红旗集体	四川省妇联	2008.9
7	县卫生局妇委会	抗震救灾“三八”红旗集体	四川省妇联	2008.9
8	县住房公积金管理处妇委会	抗震救灾“三八”红旗集体	四川省妇联	2008.9
9	茶坪乡妇联	抗震救灾先进妇联组织	四川省妇联	2008.9
10	县委办公室	四川省党委办公厅（室）系统抗震救灾先进集体	四川省委办公厅	2008.9
11	县保密局	全省保密系统抗震救灾先进集体	四川省保密委员会办公室、省国家保密局	2008.9
12	县地方志办公室	四川省地方志系统抗震救灾先进集体	四川省人事厅、省地方志编纂委员会	2008.9
13	县就业服务管理中心	四川省抗震救灾援助先进集体	四川省就业服务管理局	2008.9
14	县科学技术局	四川省科协系统抗震救灾先进集体	四川省科学技术协会	2008.9
15	县文化旅游局	抗震救灾先进集体	四川省文化厅	2008.9
16	县防震减灾局	2008年度市县防震减灾工作先进单位	四川省地震局	2008.9
17	县残联	全省地震伤员转运、医疗、康复先进集体	四川省残联、民政厅、卫生厅	2008.9
		四川省“5·12”抗震救灾安置地震伤员工作先进集体	四川省民政厅、省卫生厅、省残联	2009
18	河清镇小学	抗震救灾先进集体	四川省教育厅	2008.9
19	县教育体育局	抗震救灾关爱妇女儿童先进集体	四川省妇儿工委	2008.9
20	县司法局	四川省司法行政系统抗震救灾先进集体	四川省司法厅	2008.9
21	县林业局	全省林业系统抗震救灾先进集体	四川省人事厅、省林业厅	2008.9
22	安县银河公司团委	四川省抗震救灾优秀团组织	共青团四川省委	2008.9
23	县安全生产监督管理局	省抗震救灾先进集体	四川省安监局	2008.9
24	县中医院	抗震救灾先进集体	四川省卫生厅、省人事厅、省中管局	2008.9
25	县人口和计划生育局	计生系统抗震救灾先进集体	四川省人事厅、省人口计生委	2008.9
26	县农村信用合作联社	抗震救灾先进集体	四川省农村信用社联合社	2008.9
27	茶坪乡信用社	抗震救灾先进集体	四川省农村信用社联合社	2008.9
28	县交通局	全省交通行业抗震救灾先进集体	四川省人事厅、省交通厅	2008.9
29	中国农业发展银行安县支行	抗震救灾先进基层党组织	农发行四川省分行	2008.9
30	安县国家地质公园管理处	省旅游系统抗震救灾先进集体	四川省旅游局	2008.9
31	县政协	“我为抗震救灾作贡献”活动先进单位	四川省政协办公厅	2008.9
32	国营安县稻麦原种场	抗震救灾工作先进集体	四川省农业厅	2008.9
33	县工商局	抗震救灾先进集体	四川省人事厅、省工商局	2008.9

续表

序号	获奖单位	获奖名称	授奖单位	授奖时间
34	县食品药品监督管理局	抗震救灾先进集体	四川省人社厅、省食品药品监督管理局	2008.9
35	县广播电视局	全省广电系统抗震救灾先进集体（荣立三等功）	四川省人事厅、省广电局	2008.9
36	县劳动和社会保障局	“5·12”特大地震抗震救灾先进集体	四川省劳动和社会保障厅	2008.9
37	睢水镇小学	抗震救灾先进集体	四川省教工委、省教育厅	2008.9
38	县委老干部局	全省老干部工作系统抗震救灾先进集体	四川省委老干部局	2008.9
39	县财政局	抗震救灾四川省三八红旗集体	四川省妇联	2008.9
40	县卫生局	抗震救灾四川省三八红旗集体	四川省妇联	2008.9
41	县住房公积金管理处	抗震救灾特别支持奖	四川省红十字会	2009
		抗震救灾四川省三八红旗集体	四川省妇联	2008.9
42	县粮食局	全省粮食系统抗震救灾抢险应急供应先进集体	四川省粮食局	2008.9
43	县公安局	全省抗震救灾先进集体	四川省公安厅	2008.9
44	秀水派出所	全省抗震救灾先进集体	四川省公安厅	2008.9
45	县看守所	全省抗震救灾先进集体	四川省公安厅	2008.9
46	县交警大队	全省抗震救灾先进集体	四川省公安厅	2008.9
47	县档案局（馆）	四川省档案系统抗震救灾先进集体	四川省档案局	2008.9
48	安州驾校团支部	抗震救灾优秀团组织	共青团四川省委	2008
49	银河建化集团	抗震救灾优秀团组织	共青团四川省委	2008
50	县政法委	抗震救灾先进集体	四川省委政法委	2008.9
51	县城市建设管理监察大队	抗震救灾先进集体	四川省建设厅	2008.9
52	县气象局	抗震救灾先进集体	四川省气象局	2008.9
53	县邮政局	抗震救灾先进集体	四川省邮政公司	2008.9
54	生物礁国家地质公园管理处	抗震救灾先进集体	四川省旅游局	2008.9
55	县人民法院	全省法院系统服务灾后重建先进集体	四川省高级人民法院	2008.9
56	县发改商务局	2008年全省经委系统抗震救灾先进集体	四川省经委	2008
57	桑枣镇粮油收储站	抗震救灾军粮供应先进单位	中国人民解放军二炮兵后勤部四川省粮食军需处	2008.12
58	县人民检察院	抗震救灾先进集体	四川省人民检察院	2009
59	县审计局	2009年度灾后恢复重建审计工作考核优秀单位	四川省审计厅	2009
		2010年度灾后恢复重建审计先进集体	四川省审计厅	2010
60	县对口受援办	“5·12”汶川地震灾后恢复重建对口支援工作先进单位	四川省灾后恢复重建对口支援办公室	2010.9

五、中共绵阳市委、市政府、绵阳军分区表彰

序号	获奖单位	获奖名称	授奖单位	授奖时间
1	县水务局	全市抗震救灾先进集体	市委、市政府	2008.6
2	县人民医院	绵阳市抗震救灾先进集体	市委、市政府	2008.6
3	安县银河建化集团有限公司	绵阳市抗震救灾先进集体	市委	2008.6
4	塔水镇三泉村党支部	绵阳市抗震救灾先进集体	市委、市政府	2008.6
5	安昌镇金霞社区	绵阳市抗震救灾先进集体	市委、市政府	2008.6
6	县人民武装部	抗震救灾先进集体	市委、市政府、绵阳军分区	2008.6
7	高川乡人民政府	绵阳市抗震救灾先进基层党组织	市委	2008.6
		绵阳市“5·12”抗震救灾先进集体	市委、市政府、绵阳军分区	2008.6
8	安县顺达公路养护有限责任公司	交通行业抗震救灾先进单位	市政府	2008.6
9	河清中学	抗震救灾先进单位	市政府	2008.6
10	中共安县县委	地震灾区挂职援建干部工作先进管理服务单位	市委	2009
11	县卫生局	地震灾区挂职援建干部工作先进管理服务单位	市政府	2009

六、绵阳市市级部门表彰

序号	获奖单位	获奖名称	授奖单位	授奖时间
1	县水务局	绵阳市水务系统抗震救灾先进集体	市人事局、市水务局	2011.4
2	一大渠管理处	绵阳市水务系统抗震救灾先进集体	市人事局、市水务局	2011.4
3	白水湖管理局	绵阳市水务系统抗震救灾先进集体	市人事局、市水务局	2011.4
4	清泉镇中心卫生院	绵阳市卫生系统抗震救灾先进集体	市人事局、市卫生局	2011.4
5	县卫生局	绵阳市卫生系统抗震救灾先进集体	市人事局、市卫生局	2011.4
6	县疾控中心	绵阳市卫生系统抗震救灾先进集体	市人事局、市卫生局	2011.4
7	界牌镇中心卫生院	绵阳市卫生系统抗震救灾先进集体	市人事局、市卫生局	2011.4
8	秀水镇中心卫生院	绵阳市卫生系统抗震救灾先进集体	市人事局、市卫生局	2011.4
9	高川乡卫生院	绵阳市卫生系统抗震救灾先进集体	市人事局、市卫生局	2011.4
10	桑枣镇中心卫生院	绵阳市卫生系统抗震救灾先进集体	市人事局、市卫生局	2011.4
11	河清镇中心卫生院	绵阳市卫生系统抗震救灾先进集体	市人事局、市卫生局	2011.4

续表

序号	获奖单位	获奖名称	授奖单位	授奖时间
12	茶坪乡卫生院	绵阳市卫生系统抗震救灾先进集体	市人事局、市卫生局	2011.4
13	县人民医院	绵阳市卫生系统抗震救灾先进集体	市人事局、市卫生局	2011.4
14	睢水镇卫生院	抗震救灾先进集体	市人事局、市卫生局	2011.4
15	睢水镇小学	抗震救灾先进集体	市人事局、市教育局	2011.4
16	黄土小学	抗震救灾先进集体	市人事局、市教育局	2011.4
17	安昌派出所	抗震救灾先进集体	市公安局	2011.4
18	花荄派出所	抗震救灾先进集体	市公安局	2011.4
19	桑枣派出所	抗震救灾先进集体	市公安局	2011.4
20	睢水派出所	抗震救灾先进集体	市公安局	2011.4
21	塔水派出所	抗震救灾先进集体	市公安局	2011.4
22	县国保大队	抗震救灾先进集体	市公安局	2011.4
23	县司法局	绵阳司法行政系统抗震救灾先进集体	市司法局	2011.4
24	界牌司法所	绵阳司法行政系统抗震救灾先进集体	市司法局	2011.4
25	秀水司法所	绵阳司法行政系统抗震救灾先进集体	市司法局	2011.4
26	睢水司法所	绵阳司法行政系统抗震救灾先进集体	市司法局	2011.4
27	黄土司法所	绵阳司法行政系统抗震救灾先进集体	市司法局	2011.4
28	茶坪司法所	绵阳司法行政系统抗震救灾先进集体	市司法局	2011.4
29	高川司法所	绵阳司法行政系统抗震救灾先进集体	市司法局	2011.4
30	县法律援助中心	绵阳司法行政系统抗震救灾先进集体	市司法局	2011.4
31	县公证处	绵阳司法行政系统抗震救灾先进集体	市司法局	2011.4
32	秀水法律服务所	绵阳司法行政系统抗震救灾先进集体	市司法局	2011.4
33	县红十字会	绵阳市红十字会抗震救灾先进集体	市红十字会	2011.4
34	安县交通局公路运输管理所	抗震救灾先进集体	市交通局公路运输管理处	2011.4
35	县农机局	全市农机系统抗震救灾先进单位	市农业机械化管理局	2011.4
36	共青团安县委员会	绵阳市抗震救灾先进集体	共青团绵阳市委	2011.4

七、安县县委、县政府表彰

序号	获奖单位	获奖名称	授奖单位	授奖时间
1	县直属机关工委	抗震救灾先进党组织	县委、县政府	2008.7
2	县发展改革和经济商务党委	抗震救灾先进党组织	县委、县政府	2008.7
3	县公安局党委	抗震救灾先进党组织	县委、县政府	2008.7
4	花荄工业开发区党工委	抗震救灾先进党组织	县委、县政府	2008.7
5	县卫生局党委	抗震救灾先进党组织	县委、县政府	2008.7
6	县教育体育局党委	抗震救灾先进党组织	县委、县政府	2008.7
7	县交通局党委	抗震救灾先进党组织	县委、县政府	2008.7
8	县规划和建设局党委	抗震救灾先进党组织	县委、县政府	2008.7
9	县粮食局党委	抗震救灾先进党组织	县委、县政府	2008.7
10	县农业局党委	抗震救灾先进党组织	县委、县政府	2008.7
11	县委办支部	抗震救灾先进党组织	县委、县政府	2008.7
12	县人大机关支部	抗震救灾先进党组织	县委、县政府	2008.7
13	县工商局总支	抗震救灾先进党组织	县委、县政府	2008.7
14	县政府办支部	抗震救灾先进党组织	县委、县政府	2008.7
15	县政协机关支部	抗震救灾先进党组织	县委、县政府	2008.7
16	县纪委（监察局）支部	抗震救灾先进党组织	县委、县政府	2008.7
17	县委组织部支部	抗震救灾先进党组织	县委、县政府	2008.7
18	县委宣传部支部	抗震救灾先进党组织	县委、县政府	2008.7
19	县林业局党委	抗震救灾先进党组织	县委、县政府	2008.7
20	县政法委支部	抗震救灾先进党组织	县委、县政府	2008.7
21	国家地质公园管理处党工委	抗震救灾先进党组织	县委、县政府	2008.7
22	县委统战部支部	抗震救灾先进党组织	县委、县政府	2008.7
23	花荄镇党委	抗震救灾先进党组织	县委、县政府	2008.7
24	县审计局支部	抗震救灾先进党组织	县委、县政府	2008.7
25	安昌镇党委	抗震救灾先进党组织	县委、县政府	2008.7
26	县人事局支部	抗震救灾先进党组织	县委、县政府	2008.7
27	永安镇党委	抗震救灾先进党组织	县委、县政府	2008.7
28	县统计局支部	抗震救灾先进党组织	县委、县政府	2008.7
29	睢水镇党委	抗震救灾先进党组织	县委、县政府	2008.7
30	县妇女联合会支部	抗震救灾先进党组织	县委、县政府	2008.7
31	塔水镇党委	抗震救灾先进党组织	县委、县政府	2008.7
32	县广播电视局支部	抗震救灾先进党组织	县委、县政府	2008.7
33	界牌镇党委	抗震救灾先进党组织	县委、县政府	2008.7

续表

序号	获奖单位	获奖名称	授奖单位	授奖时间
34	县科技局支部	抗震救灾先进党组织	县委、县政府	2008.7
35	茶坪乡党委	抗震救灾先进党组织	县委、县政府	2008.7
36	县食品药品监督管理局支部	抗震救灾先进党组织	县委、县政府	2008.7
37	永河镇党委	抗震救灾先进党组织	县委、县政府	2008.7
38	县劳动和社会保障局支部	抗震救灾先进党组织	县委、县政府	2008.7
39	宝林镇党委	抗震救灾先进党组织	县委、县政府	2008.7
40	县农委办支部	抗震救灾先进党组织	县委、县政府	2008.7
41	晓坝镇党委	抗震救灾先进党组织	县委、县政府	2008.7
42	县环保局支部	抗震救灾先进党组织	县委、县政府	2008.7
43	河清镇党委	抗震救灾先进党组织	县委、县政府	2008.7
44	县人口和计划生育局支部	抗震救灾先进党组织	县委、县政府	2008.7
45	清泉镇党委	抗震救灾先进党组织	县委、县政府	2008.7
46	县质量技术监督局支部	抗震救灾先进党组织	县委、县政府	2008.7
47	乐兴镇党委	抗震救灾先进党组织	县委、县政府	2008.7
48	县国土资源局支部	抗震救灾先进党组织	县委、县政府	2008.7
49	沸水镇党委	抗震救灾先进党组织	县委、县政府	2008.7
50	县信访和群众工作局支部	抗震救灾先进党组织	县委、县政府	2008.7
51	兴仁乡党委	抗震救灾先进党组织	县委、县政府	2008.7
52	安州通讯社支部	抗震救灾先进党组织	县委、县政府	2008.7
53	迎新乡党委	抗震救灾先进党组织	县委、县政府	2008.7
54	县畜牧局支部	抗震救灾先进党组织	县委、县政府	2008.7
55	县检察院党总支	抗震救灾先进党组织	县委、县政府	2008.7
56	县招商局支部	抗震救灾先进党组织	县委、县政府	2008.7
57	县法院党总支	抗震救灾先进党组织	县委、县政府	2008.7
58	县司法局支部	抗震救灾先进党组织	县委、县政府	2008.7
59	县民政局党总支	抗震救灾先进党组织	县委、县政府	2008.7
60	县物价局支部	抗震救灾先进党组织	县委、县政府	2008.7
61	县财政局党总支	抗震救灾先进党组织	县委、县政府	2008.7
62	安县新鸿宇印制公司支部	抗震救灾先进党组织	县委、县政府	2008.7
63	县地税局党总支	抗震救灾先进党组织	县委、县政府	2008.7
64	县安全生产监督管理局支部	抗震救灾先进党组织	县委、县政府	2008.7
65	县文化旅游局党总支	抗震救灾先进党组织	县委、县政府	2008.7
66	安县金鸿公司支部	抗震救灾先进党组织	县委、县政府	2008.7
67	安县福山旅游有限公司支部	抗震救灾先进党组织	县委、县政府	2008.7
68	茶坪乡金溪村支部	抗震救灾先进党组织	县委、县政府	2008.7

续表

序号	获奖单位	获奖名称	授奖单位	授奖时间
69	安县永安金属有限公司支部	抗震救灾先进党组织	县委、县政府	2008.7
70	茶坪乡川心村支部	抗震救灾先进党组织	县委、县政府	2008.7
71	四川朗迪有限公司支部	抗震救灾先进党组织	县委、县政府	2008.7
72	兴仁乡五郎村支部	抗震救灾先进党组织	县委、县政府	2008.7
73	花荄镇益昌社区支部	抗震救灾先进党组织	县委、县政府	2008.7
74	安昌镇东升村支部	抗震救灾先进党组织	县委、县政府	2008.7
75	花荄镇西桥村支部	抗震救灾先进党组织	县委、县政府	2008.7
76	安昌镇群联村支部	抗震救灾先进党组织	县委、县政府	2008.7
77	桑枣镇干柏村支部	抗震救灾先进党组织	县委、县政府	2008.7
78	桑枣镇飞龙村支部	抗震救灾先进党组织	县委、县政府	2008.7
79	黄土镇常乐村支部	抗震救灾先进党组织	县委、县政府	2008.7
80	黄土镇盐井村支部	抗震救灾先进党组织	县委、县政府	2008.7
81	塔水镇白庵村支部	抗震救灾先进党组织	县委、县政府	2008.7
82	塔水镇裕丰村支部	抗震救灾先进党组织	县委、县政府	2008.7
83	河清镇金光村支部	抗震救灾先进党组织	县委、县政府	2008.7
84	河清镇富乐社区支部	抗震救灾先进党组织	县委、县政府	2008.7
85	秀水镇顺江村支部	抗震救灾先进党组织	县委、县政府	2008.7
86	秀水镇九一村支部	抗震救灾先进党组织	县委、县政府	2008.7
87	秀水镇红光村支部	抗震救灾先进党组织	县委、县政府	2008.7
88	永安镇新石村支部	抗震救灾先进党组织	县委、县政府	2008.7
89	永安镇永明村支部	抗震救灾先进党组织	县委、县政府	2008.7
90	睢水镇宝元村支部	抗震救灾先进党组织	县委、县政府	2008.7
91	睢水镇教场村支部	抗震救灾先进党组织	县委、县政府	2008.7
92	晓坝镇齐心村支部	抗震救灾先进党组织	县委、县政府	2008.7
93	晓坝镇钟福村支部	抗震救灾先进党组织	县委、县政府	2008.7
94	界牌镇石安村支部	抗震救灾先进党组织	县委、县政府	2008.7
95	乐兴镇团心村支部	抗震救灾先进党组织	县委、县政府	2008.7
96	清泉镇红埝村支部	抗震救灾先进党组织	县委、县政府	2008.7
97	宝林镇龙溪村支部	抗震救灾先进党组织	县委、县政府	2008.7
98	宝林镇乌龙村支部	抗震救灾先进党组织	县委、县政府	2008.7
99	永河镇金星村支部	抗震救灾先进党组织	县委、县政府	2008.7
100	永河镇海泉村支部	抗震救灾先进党组织	县委、县政府	2008.7
101	沸水镇胜利村支部	抗震救灾先进党组织	县委、县政府	2008.7
102	沸水镇三合村支部	抗震救灾先进党组织	县委、县政府	2008.7
103	高川乡高川村支部	抗震救灾先进党组织	县委、县政府	2008.7

续表

序号	获奖单位	获奖名称	授奖单位	授奖时间
104	高川乡泉水村支部	抗震救灾先进党组织	县委、县政府	2008.7
105	迎新乡月峰村支部	抗震救灾先进党组织	县委、县政府	2008.7
106	茶坪乡	2008年度灾后重建先进集体一等奖	县委、县政府	2009.2
		2009年度乡镇灾后重建工作一等奖	县委、县政府	2010.2
		2010年度乡镇灾后恢复重建工作二等奖	县委、县政府	2011.2
		2011年度灾后恢复重建先进集体一等奖	县委、县政府	2012.2
107	乐兴镇	2008年度灾后重建先进集体一等奖	县委、县政府	2009.2
		2009年度乡镇灾后重建工作一等奖	县委、县政府	2010.2
		2010年度乡镇灾后恢复重建工作一等奖	县委、县政府	2011.2
		2011年度灾后恢复重建先进集体一等奖	县委、县政府	2012.2
108	宝林镇	2008年度灾后重建先进集体一等奖	县委、县政府	2009.2
		2009年度乡镇灾后重建工作二等奖	县委、县政府	2010.2
		2010年度乡镇灾后恢复重建工作一等奖	县委、县政府	2011.2
109	黄土镇	2008年度灾后重建先进集体一等奖	县委、县政府	2009.2
		2009年度乡镇灾后重建工作二等奖	县委、县政府	2010.2
		2010年度乡镇灾后恢复重建工作二等奖	县委、县政府	2011.2
		2011年度灾后恢复重建先进集体三等奖	县委、县政府	2012.2
110	高川乡	2008年度灾后重建先进集体一等奖	县委、县政府	2009.2
		2009年度乡镇灾后重建工作一等奖	县委、县政府	2010.2
		2010年度乡镇灾后恢复重建工作一等奖	县委、县政府	2011.2
		2011年度灾后恢复重建先进集体二等奖	县委、县政府	2012.2
111	睢水镇	2008年度灾后重建先进集体一等奖	县委、县政府	2009.2
		2009年度乡镇灾后重建工作一等奖	县委、县政府	2010.2
		2010年度乡镇灾后恢复重建工作二等奖	县委、县政府	2011.2

续表

序号	获奖单位	获奖名称	授奖单位	授奖时间
112	界牌镇	2008年度灾后重建先进集体一等奖	县委、县政府	2009.2
		2009年度乡镇灾后重建工作一等奖	县委、县政府	2010.2
		2010年度乡镇灾后恢复重建工作一等奖	县委、县政府	2011.2
		2011年度灾后恢复重建先进集体二等奖	县委、县政府	2012.2
113	迎新乡	2008年度灾后重建先进集体一等奖	县委、县政府	2009.2
		2009年度乡镇灾后重建工作一等奖	县委、县政府	2010.2
		2010年度乡镇灾后恢复重建工作二等奖	县委、县政府	2011.2
114	清泉镇	2008年度灾后重建先进集体一等奖	县委、县政府	2009.2
		2009年度乡镇灾后重建工作一等奖	县委、县政府	2010.2
		2010年度乡镇灾后恢复重建工作一等奖	县委、县政府	2011.2
115	塔水镇	2008年度灾后重建先进集体一等奖	县委、县政府	2009.2
		2009年度乡镇灾后重建工作一等奖	县委、县政府	2010.2
		2010年度乡镇灾后恢复重建工作一等奖	县委、县政府	2011.2
		2011年度灾后恢复重建先进集体三等奖	县委、县政府	2012.2
116	花荄镇	2008年度灾后重建先进集体一等奖	县委、县政府	2009.2
		2009年度乡镇灾后重建工作一等奖	县委、县政府	2010.2
		2010年度乡镇灾后恢复重建工作一等奖	县委、县政府	2011.2
		2011年度灾后恢复重建先进集体一等奖	县委、县政府	2012.2
117	永河镇	2008年度灾后重建先进集体一等奖	县委、县政府	2009.2
		2009年度乡镇灾后重建工作一等奖	县委、县政府	2010.2
		2010年度乡镇灾后恢复重建工作二等奖	县委、县政府	2011.2
118	晓坝镇	2008年度灾后重建先进集体一等奖	县委、县政府	2009.2
		2009年度乡镇灾后重建工作一等奖	县委、县政府	2010.2
		2010年度乡镇灾后恢复重建工作一等奖	县委、县政府	2011.2

续表

序号	获奖单位	获奖名称	授奖单位	授奖时间
119	兴仁乡	2008年度灾后重建先进集体二等奖	县委、县政府	2009.2
		2009年度乡镇灾后重建工作二等奖	县委、县政府	2010.2
		2010年度乡镇灾后恢复重建工作一等奖	县委、县政府	2011.2
120	安昌镇	2008年度灾后重建先进集体二等奖	县委、县政府	2009.2
121	河清镇	2008年度灾后重建先进集体二等奖	县委、县政府	2009.2
		2009年度乡镇灾后重建工作二等奖	县委、县政府	2010.2
		2010年度乡镇灾后恢复重建工作一等奖	县委、县政府	2011.2
122	永安镇	2008年度灾后重建先进集体二等奖	县委、县政府	2009.2
123	沸水镇	2008年度灾后重建先进集体二等奖	县委、县政府	2009.2
		2009年度乡镇灾后重建工作二等奖	县委、县政府	2010.2
		2010年度乡镇灾后恢复重建工作二等奖	县委、县政府	2011.2
124	秀水镇	2008年度灾后重建先进集体二等奖	县委、县政府	2009.2
		2009年度乡镇灾后重建工作二等奖	县委、县政府	2010.2
		2010年度乡镇灾后恢复重建工作二等奖	县委、县政府	2011.2
125	桑枣镇	2008年度灾后重建先进集体二等奖	县委、县政府	2009.2
		2009年度乡镇灾后重建工作二等奖	县委、县政府	2010.2
		2010年度乡镇灾后恢复重建工作二等奖	县委、县政府	2011.2
		2011年度灾后恢复重建先进集体三等奖	县委、县政府	2012.2
126	县卫生局	2008年度灾后重建工作奖	县委、县政府	2009.2
		2009年度县级部门灾后重建工作奖	县委、县政府	2010.2
		2010年度灾后恢复重建工作先进集体	县委、县政府	2011.2
127	县教体局	2008年度灾后重建工作奖	县委、县政府	2009.2
		2009年度县级部门灾后重建工作奖	县委、县政府	2010.2
		2010年度灾后恢复重建工作先进集体	县委、县政府	2011.2

续表

序号	获奖单位	获奖名称	授奖单位	授奖时间
128	县交通局	2008 年度灾后重建工作奖	县委、县政府	2009. 2
		2009 年度县级部门灾后重建工作奖	县委、县政府	2010. 2
		2010 年度灾后恢复重建工作先进集体	县委、县政府	2011. 2
		2011 年度灾后恢复重建先进集体二等奖	县委、县政府	2012. 2
129	县水务局	2008 年度灾后重建工作奖	县委、县政府	2009. 2
		2009 年度县级部门灾后重建工作奖	县委、县政府	2010. 2
		2010 年度灾后恢复重建工作先进集体	县委、县政府	2011. 2
		2011 年度灾后恢复重建先进集体一等奖	县委、县政府	2012. 2
130	县广电局	2008 年度灾后重建工作奖	县委、县政府	2009. 2
131	县民政局	2008 年度灾后重建工作奖	县委、县政府	2009. 2
		2009 年度县级部门灾后重建工作奖	县委、县政府	2010. 2
		2010 年度灾后恢复重建工作先进集体	县委、县政府	2011. 2
132	县国土资源局	2008 年度灾后重建工作奖	县委、县政府	2009. 2
		2009 年度县级部门灾后重建工作奖	县委、县政府	2010. 2
		2010 年度灾后恢复重建工作先进集体	县委、县政府	2011. 2
		2011 年度灾后恢复重建先进集体一等奖	县委、县政府	2012. 2
133	县发展改革和经济商务局	2008 年度灾后重建工作奖	县委、县政府	2009. 2
		2009 年度县级部门灾后重建工作奖	县委、县政府	2010. 2
		2010 年度灾后恢复重建工作先进集体	县委、县政府	2011. 2
		2011 年度灾后恢复重建先进集体一等奖	县委、县政府	2012. 2
134	县规划和建设局	2008 年度灾后重建工作奖	县委、县政府	2009. 2
		2009 年度县级部门灾后重建工作奖	县委、县政府	2010. 2
		2010 年度灾后恢复重建工作先进集体	县委、县政府	2011. 2
		2011 年度灾后恢复重建先进集体一等奖	县委、县政府	2012. 2

续表

序号	获奖单位	获奖名称	授奖单位	授奖时间
135	县农房办	2008 年度灾后重建工作奖	县委、县政府	2009. 2
136	县委办	2009 年度县级部门灾后重建工作奖	县委、县政府	2010. 2
		2010 年度灾后恢复重建工作先进集体	县委、县政府	2011. 2
		2011 年度灾后恢复重建先进集体一等奖	县委、县政府	2012. 2
137	县人大常委办	2009 年度县级部门灾后重建工作奖	县委、县政府	2010. 2
		2010 年度灾后恢复重建工作先进集体	县委、县政府	2011. 2
		2011 年度灾后恢复重建先进集体一等奖	县委、县政府	2012. 2
138	县政府办	2009 年度县级部门灾后重建工作奖	县委、县政府	2010. 2
		2010 年度灾后恢复重建工作先进集体	县委、县政府	2011. 2
		2011 年度灾后恢复重建先进集体一等奖	县委、县政府	2012. 2
139	县政协办	2009 年度县级部门灾后重建工作奖	县委、县政府	2010. 2
		2010 年度灾后恢复重建工作先进集体	县委、县政府	2011. 2
		2011 年度灾后恢复重建先进集体一等奖	县委、县政府	2012. 2
140	县纪委	2009 年度县级部门灾后重建工作奖	县委、县政府	2010. 2
		2010 年度灾后恢复重建工作先进集体	县委、县政府	2011. 2
		2011 年度灾后恢复重建先进集体一等奖	县委、县政府	2012. 2
141	县委组织部	2009 年度县级部门灾后重建工作奖	县委、县政府	2010. 2
		2010 年度灾后恢复重建工作先进集体	县委、县政府	2011. 2
		2011 年度灾后恢复重建先进集体二等奖	县委、县政府	2012. 2
142	县委宣传部	2009 年度县级部门灾后重建工作奖	县委、县政府	2010. 2
		2010 年度灾后恢复重建工作先进集体	县委、县政府	2011. 2
143	县目标督查办	2009 年度县级部门灾后重建工作奖	县委、县政府	2010. 2
		2010 年度灾后恢复重建工作先进集体	县委、县政府	2011. 2
		2011 年度灾后恢复重建先进集体二等奖	县委、县政府	2012. 2

续表

序号	获奖单位	获奖名称	授奖单位	授奖时间
144	县财政局	2009 年度县级部门灾后重建工作奖	县委、县政府	2010. 2
		2010 年度灾后恢复重建工作先进集体	县委、县政府	2011. 2
		2011 年度灾后恢复重建先进集体一等奖	县委、县政府	2012. 2
145	县农业局	2009 年度县级部门灾后重建工作奖	县委、县政府	2010. 2
		2011 年度灾后恢复重建先进集体二等奖	县委、县政府	2012. 2
146	县计生局	2009 年度县级部门灾后重建工作奖	县委、县政府	2010. 2
147	县林业局	2009 年度县级部门灾后重建工作奖	县委、县政府	2010. 2
		2011 年度灾后恢复重建先进集体二等奖	县委、县政府	2012. 2
148	县农委办	2010 年度灾后恢复重建工作先进集体	县委、县政府	2011. 2
149	县重建办	2010 年度灾后恢复重建工作先进集体	县委、县政府	2011. 2
150	县审计局	2010 年度灾后恢复重建工作先进集体	县委、县政府	2011. 2
		2011 年度灾后恢复重建先进集体一等奖	县委、县政府	2012. 2
151	县公安局	2010 年度灾后恢复重建工作先进集体	县委、县政府	2011. 2
152	县法制办	2010 年度灾后恢复重建工作先进集体	县委、县政府	2011. 2
153	县政法委	2011 年度灾后恢复重建先进集体一等奖	县委、县政府	2012. 2
154	工业园区	2011 年度灾后恢复重建先进集体一等奖	县委、县政府	2012. 2
155	地质公园管理处	2011 年度灾后恢复重建先进集体二等奖	县委、县政府	2012. 2
156	县红十字会	2011 年度灾后恢复重建先进集体二等奖	县委、县政府	2012. 2
157	县惠民中心	2011 年度灾后恢复重建先进集体二等奖	县委、县政府	2012. 2
158	县文化旅游局	2011 年度灾后恢复重建先进集体三等奖	县委、县政府	2012. 2
159	白水湖管理局	2011 年度灾后恢复重建先进集体三等奖	县委、县政府	2012. 2

附 录

工程名称 四川省绵阳市江秀路（江油界至秀水段）
工程概况
工期 2009年7月15日—2010年5月5日 质量标准
建设单位 辽宁省交通厅
设计单位 辽宁省公路勘测设计公司
施工单位 辽宁省沈阳高等级公路建设总公司 辽宁省路桥建设股份有限公司
监理单位 辽宁华通公路工程监理有限公司

一、文　存

（一）安县人民政府抗震救灾重要文件（摘要）

安县人民政府

关于“5·12”地震灾后农房重建工作实施意见

为了切实做好“5·12”地震灾后全县农房重建工作，根据《汶川地震灾后恢复重建条例》（国务院第526号令）、《民政部、财政部、住房和城乡建设部关于做好汶川地震房屋倒损农户住房重建工作的指导意见》和《四川省“5·12”汶川地震灾后农房重建工作方案》（川府发电〔2008〕96号文件）的精神，结合我县实际，提出如下实施意见：

一、指导思想

坚持以科学发展观为指导，以人为本，统筹兼顾，科学规划，恢复重建与新农村建设相结合，充分发挥受灾群众的主体作用，通过政府组织、受灾群众自建、社会支持，确保受灾群众尽快住进安全、经济、实用的永久性住房，恢复正常的生产生活秩序。

二、基本原则

（一）统一规划，分步实施。在全面准确掌握农房受损情况基础上，科学制定重建规划和实施方案，做到规划先行，方案具体，充分体现科学性、实用性和操作性，并尽快启动分步实施。

（二）政府组织，农民自建。政府主要做好农房重建的科学选址、规划设计、建设管理、资金补助、政策扶持、社会动员等方面的工作。同时调动受灾农民的主动性和积极性，充分发挥其自力更生、自主建房的主体作用。

（三）因地制宜，统筹兼顾，农房重建应当结合倒塌和严重毁损情况，因地因户制宜。适宜集中的集中建设，不宜集中的原址重建。保护农村生态环境，传承农房地方文化特色。

（四）技术指导，强化质量。农房重建应按照国家和地方建筑技术和抗震设防标准进行建设，政府有关部门切实加强技术指导和服务，做到“安全、经济、适用”，降低建设成本。

三、目标任务

（一）总体目标任务。用一年半时间，全面完成全县农村倒塌和严重受损的农户灾后住房恢复重建任务，保证受灾群众在2009年12月底前住进新房。

（二）阶段目标任务

1. 2008年12月底前各乡镇必须完成农村倒塌和严重受损的农户灾后住房恢复重建任务的60%。

2. 2009年底各乡镇全面完成农村倒塌和严重受损农户灾后住房恢复重建任务。

四、政府补助的对象、标准和办法

1. 补助对象和范围：对因“5·12”地震灾害造成房屋倒塌和严重损毁无房居住、无法居住的农户重建住房给予补助。对因灾造成的“三孤”人员（孤儿、孤老、孤残）和无房的散居五保对象不单独重建住房，通过纳入福利院、敬老院重建规划统筹解决。

2. 对象认定：在镇（乡）、村的统一领导和组织下，以村民小组为单位，成立农房重建评估小组，评估小组由村民代表会议推荐产生，由村组干部、党员、群众代表、辖区各级人大代表或党代表、本村技术工匠等5—7人组成，并民主推荐产生一名召集人。评估的范围仅限于地震受灾农村居民居住用房。

3. 补助标准。根据《四川省“5·12”汶川地震灾后农房重建工作方案》的有关规定：全省平均标准为每户2万元，受灾农户的经济状况和家庭人数实行分类分档补助，对不同人口家庭适当予以区别，对建卡绝对贫困户和低保户两类困难农户给予适当照顾。具体补助标准为两类三档。（单位：元）

农户类别	1—3人家庭	4—5人家庭	6人及以上家庭
一般农户	16000	19000	22000
困难农户	20000	23000	26000

在上述补助标准中，对农户家庭人数的认定，一律以2008年5月11日户口簿记载家庭人数为准；对建卡绝对贫困户和低保户两类困难农户的认定，一律以2008年5月11日民政部门建卡为准。

4. 贷款建房优惠政策。金融部门按政策规定对灾后农房重建给予优惠贷款支持。

5. 补助办法。发放补助金按照建房进度，分三步实施：第一步，由受助对象与乡镇人民政府签订重建协议后发放基本补助金的40%；第二步，重建住房基础完工后再发放基本补助金的50%；第三步，重建住房竣工验收后发放基本补助金的10%。发放补助金采取“一折通”形式或根据实际情况需要发放现金。

五、重建选址

在充分尊重农民意愿的情况下，农房重建采取如下方式选址：

1. 原址重建：凡可利用原宅基地重建的，原则上实行就地重建。

2. 异地重建：原宅基地在震中灭失；原宅基地位于地质灾害地段；原宅基地受洪涝影响住户安全的等。

3. 规划重建。结合新农村建设需要以村、组为单位集中建房的；永安路、成青路安县段、谭秀太路公路两边50米内以及旅游公路沿途需要规划控制建房距离的；城市规划区内需要重建农房的等。

六、工作程序

（一）登记建卡。从县政府办、督查办、农委办、民政、国土、建设等部门抽调人员，组成工作组，指导和监督各乡镇人民政府开展农房灾损登记建卡工作。各乡镇人民政府要组织对农房因灾倒损情况进行核准查实，分门别类，登记造册，逐户建档立卡。按照受灾群众申请、群众评议、村组公示、乡镇审核、民政审批的程序，确定重建对象。

（二）制定规划。各乡镇要根据调查核实的农房倒损情况，与新农村建设相结合，抓紧制定完整的受灾农户住房重建规划和实施方案。原则上城镇规划区、工业集中发展规划区内的农房重建纳入城镇规划，可采用在规划点集中建房的方式安置，规划点由县国土资源局和规划建设局确定；乡镇场镇周边的农房重建纳入场镇规划。对旅游沿线外观风格、屋顶用瓦颜色必须符合规划要求。具体工作按照如下程序进行：

1. 农户提出申请。农户按照自己的需求，填写《地震灾后农房重建申请表》和《地震灾后农房重建审批表》。

2. 村民小组召开会议初步评议。确定集中或分散居住点重建的户数、人数。各村民小组将规划的建房点、处数、户数、面积、地址等结果公示并逐级报审。

3. 乡镇人民政府审核并报县民政局确定重建对象及补助金额。

（三）实施重建。各乡镇人民政府按照《城乡住房建设规划》《农村建设规划》和《民政部灾区民房恢复重建管理工作规程》要求，对农房重建实行全程跟踪，指导督促和质量监管，加快建设工程进度。

1. 完成选点和设计后，乡镇、村组要尽快组织农户及时进行建设施工，开工前乡镇应组织相关人员按照规划设计实施定位和放线。

2. 由农户自主选择有资质的工匠或施工队伍进行建设。

3. 鼓励农户互助，采取换工、帮工等方式解决农房重建中劳动力短缺问题；对地震灾害中遇难人员家属、特困户、伤残人员等困难群体，在农房重建中缺乏劳动力的，所在村民委员会尽力组织人员给予援助。

4. 对于农村集中居住点，由乡镇人民政府协调道路、供水、供电、广播、电视、沼气等公用设施配套建设。

（四）工作验收。乡镇人民政府在农户重建完工后10日之内要组织力量对重建农房情况进行检查。县民政、建设、国土、财政、监察、审计、农业、扶贫等部门要抽调专门技术人员，对重建农房进行抽查。切实建立以“一户一表一卡一证”（建房审批表、建房登记卡和集体土地使用证）为主要内容的农村房屋档案，做到“一乡一册”（恢复重建花名册），相关工作以乡镇为单位开展，乡镇是此项工作的工作主体和责任主体，要建立完整的“一户一表一卡一证”档案。县灾后农房重建领导小组统一制作“一表一卡”（建房审批表、建房登记卡），完善操作规程，并指导乡镇完成登记、建档。县国土资源局制作“一表一证”（建房用地审批表、集体土地使用证），完善操作规程，组织镇乡进行确认。在各乡镇、部门农村房屋档案的基础上，由县民政局按照“一县一台账”的要求完成全县农村房屋重建户台账，并对全县每个村民小组、每个村、每个乡镇建立完善的台账进行全面指导，保持各项数据和资料的衔接和统一。

（五）明确重建工作进展时限。各乡镇要和建房对象签订重建协议，合理安排工期，确保重建进度和质量。从7月10日起，各乡镇在每天上午12前向县灾后农房重建领导小组办公室上报一次恢复重建进度，填报《安县灾后农房恢复重建进度表》。

七、保障措施

（一）组织指导。各乡镇党委政府和各相关职能部门要实行“一把手”负责制，建立地震灾后农房重建工作领导机构，明确工作职责，配备工作人员，健全工作机制，形成一级抓一级、层层抓落实的工作格局。县民政局要做好毁损房屋恢复重建补助工作；财政局要及时筹集拨付补助资金；国土资源局、水务局、环保局要做好地质灾害危险性评估、建房选址、用地审批等工作；发改商务局做好受灾群众建房所需建材的产销衔接工作，保证建材物资供应；安县投资控股有限公司做好建材供应保障工作；农业局要做好土地调整等工作；规划建设局要做好技术指导等工作；工商局要加强市场监管；物价局要加强对建材价格监测管理，保持价格基本稳定，严防建材价格暴涨；交通局要做好重建物资调运工作；扶贫办要积极做好农房恢复重建有关工作；审计部门要对灾后农房重建资金的管理使用及相关政策落实情况进行审计监督。为了提高上述行政效能，整合行政执法资源，县上将成立灾后农房重建工作联合执法队，加强建设物资市场监管，确保广大受灾群众的合法权益。

（二）技术指导。县地震办要立即向上级汇报，争取专业力量的有效支持，尽快确定灾区抗震设防烈度。县规划建设局要制定农房建设技术政策，做好户型设计、技术指导和施工安全管理工作。重建住房应满足《四川省农村居住建筑抗震设计技术导则》（2008修订版）和《四川省农村居住建筑抗震设防构造图集》的相关技术要求。

（四）督促检查。由县灾后农房重建领导小组办公室牵头，县目督办、农委办、民政、财政、建设、国土、审计、监察等部门参加，采取定期与不定期相结合方式，深入村组和农户，对重建工程进度、建房质量、政策落实和建房资金分配使用等情况进行督促检查，建立每天党政网上排名通报制度，确保重建任务圆满完成。

二〇〇八年七月八日

（摘自安县人民政府安府发〔2008〕41号文件）

（二）县委、县府领导在抗震救灾及灾后重建中重要讲话（摘要）

在纪念建党87周年暨抗震救灾进行中表彰大会上的讲话

——县委书记 县人大常委会主任 王 黎

（2008年7月1日）

历史罕见的“5·12”地震，给安县人民造成了生命、财产的巨大损失。这场突如其来的特大自然灾害，是对全县各级党组织，全体党员干部最严峻、最直接、最全面的考验，是对各级党组织、各级领导干部处理异常复杂突发事件、执行力、党性和执政能力的最现实的考验。在大灾难面前，最考验党组织的战斗力和凝聚力，最考验共产党员的理想信念，最考验干部的作风和能力。

刚刚过去的五十多个日日夜夜，在中央、省、市的坚强领导下，县委团结带领全县广大党员和各族群众，万众一心、众志成城、顽强战斗、拼搏奉献，尤其是全县各级党组织、广大党员干部、积极响应县委的号召，紧密团结在党中央周围，团结发动和带领共青团员、民兵预备役人员和广大群众，奋力抗击自然灾害，始终战斗在抗震救灾第一线，冲锋在前，充分发挥了战斗堡垒、先锋模范和人民的主心骨作用，经受住了考验，使我县抗震救灾取得了重大阶段性胜利。

一、怀着高度责任感、使命感，全力以赴抗震救灾，取得了阶段性胜利

在这场艰苦卓绝的抗震救灾中，全县上下坚决响应党中央、国务院的紧急号令，按照省、市、县统一部署，万众一心、众志成城、顽强拼搏、团结奋进，最大限度地减少了人民群众的生命财产损失，夺取了抗震救灾的重大阶段性胜利。

——明确责任，整合各方面力量全力抗震救灾。县委、县政府和各乡镇、各部门成立抗震救灾指挥部，为抗震救灾顺利推进提供了坚强组织保证。实行县级领导、部门包乡镇工作责任制，将抗震救灾工作落实到副县级领导和联乡部门，将县级机关328名干部充实到村（社区），把县内外和社会各界力量凝聚到抗震救灾中，发挥了党员干部的模范带头作用。

——始终把救人摆在第一位，不惜一切代价抢救人员。通过部队强援、群众自救，安县从受灾最严重的高川、茶坪两乡成功营救出伤员550余名，转移被困群众1.5万余人。

——始终将受灾群众安置摆在突出位置，点面结合，突出重点，妥善安置受灾群众。全力保障物资供应，全力改善临时救助站居住生活条件，使全县47万受灾群众得到妥善安置；对4.5万余名茶坪、高川及睢水、沸水、晓坝、桑枣、永安、安昌等沿山乡镇重灾村受灾群众进行集中安置。

——始终坚守卫生防疫防线。把卫生防疫摆在突出位置，制定了防疫实施方案，严格落实乡、村、组防疫责任制，妥善处理遇难者遗体、动物尸体，广泛发动群众开展灭鼠、灭蝇、灭蚊等环境卫生整治，严防传染病流行蔓延。由于防疫措施得当，有效防止了疫情发生。

——全力以赴抢修损毁的基础设施。迅速使全县电力、通讯、交通、广播电视、供水、供气等基本恢复，目前，20个乡镇的通讯全部恢复。全县除高川、茶坪两乡外的18个乡镇，恢复了居民生活用电和农业生产用电，恢复了有线电视、广播信号。天然气主管道检查完毕，正逐步恢复供气。全力加快墩秀路、晓茶路抢通工程，6月10日完成了睢水至高川段抢通工程任务。

——全力以赴抢险排险，有效防范次生灾害。统筹各方救援力量，全力投入堰塞湖、泥石流、危险建筑排险工作，在最短的时间内，使肖家桥堰塞湖成功排险。对山区乡镇受到泥石流、山体垮塌等地震次生灾害威胁的群众进行了安全转移，并妥善安置。

——全力以赴加快学校复课，协调支持工业、农业、旅游业积极开展生产自救、恢复生产，最大限度减少灾害损失，使产业经济得到有效复苏。截至目前，中小学复课率已达94%，工业恢复生产率63%。

——扎实做好灾情统计建档等基础工作，千方百计落实兑现国家救助政策，全面加大救灾物资和资金的监管。

——千方百计加大对社会面的稳控。发布系列公告、公开信，客观准确地公布震情，广泛普及防震和卫生防疫知识，切实做好群众信访、政策宣传、情绪疏导、心理安抚工作，及时化解社会矛盾，严厉打击各种违法犯罪活动，有力维护了社会稳定。坚持正确的舆论导向，全面深入地组织报道抗震救灾工作，大力弘扬抗震救灾斗争中的先进事迹，坚持“自力更生、艰苦奋斗、自强不息、奉献拼搏”的精神导向，增强了全县各族人民战胜灾害的信心。

——千方百计做好承接对口援建工作。成立了安县灾后恢复重建对口受援工作领导小组，积极主动做好与辽宁、河南等援建省市的沟通、协调、服务，最大限度地争取外来支援。

总之，经过前一阶段艰苦卓绝的努力，最大努力地解救了被困群众，救治受伤群众，安排受灾群众基本生活，保持社会秩序总体稳定，我县抗震救灾取得了阶段性的重大胜利，得到了中央、四川省、绵阳市和辽宁省委、省政府领导的充分肯定。这些成绩的取得是党中央、国务院、省委、省政府和市委、市政府坚强领导的结果；是解放军指战员、武警官兵、民兵预备役人员和公安民警临危不惧、顽强奋战的结果；是全国各族人民和社会各界万众一心、全力支援的结果；更是安县干部群众，特别是全县各级基层党组织和全体共产党员，充分发挥战斗堡垒作用和先锋模范作用，紧急行动、冲锋在前、自力更生、艰苦奋斗、共同努力的结果。

二、面对特大灾难，安县人民经受住了血与火的考验，为抗震救灾工作取得阶段性胜利做出突出贡献

（一）巨灾突降，各级党委迅速反应、有力指挥，充分发挥了领导核心作用。面对突如其来的灾难，全县各级党组织视灾情如命令，视责任如泰山，第一时间成立了抗震救灾组织机构，构建起上下协作、高效运转的指挥系统，紧急动员全县党员干部群众迅速投入到抗震救灾各项工作中，在关键时刻充分发挥了领导核心作用。一是县委立即启动突发公共事件应急预案，第一时间组建县抗震救灾指挥部并下设11个工作组，统一指挥全县抗震救灾，争分夺秒救人治伤。县上派出的领导同志和救援队伍全部在当天下午抵达抗震救灾第一线。二是各乡镇党委临危不惧、镇定指挥，建起抗震救灾指挥部，全力组织疏散救援，让群众有了“主心骨”。特别是茶坪、高川两个重灾乡和6个沿山乡镇党委关键时刻展示出坚韧不拔、坚强有力的良好形象，让受灾群众看到了任何灾难也打不垮、压不倒的党组织。高川、茶坪两乡通讯交通完全中断，县抗震救灾指挥部果断决策、科学部署抢险避险工作；救援要道因余震毁损，迅速靠前指挥，全力组织抢通通向“孤岛”的“生命通道”。面对肖家桥等堰塞湖重大险情，挖通导流明渠，实施有控制导流泄洪，有序组织群众疏散转移，并于6日21时解除警报，肖家桥堰塞湖严重险情基本消除，整个过程控制有序，无人员伤亡，受到了社会各界的高度评价。

（二）艰险之中，各单位各部门紧急行动、有序组织，充分发挥了协调保障作用。灾难面前，各单位、各部门主动请缨、紧急行动，在县抗震救灾指挥部的统一领导下，做了大量卓有成效的工作。

一是领导机关率先垂范，成为服务抗震救灾的坚强中枢。县委和县政府机关第一时间冒险抢出设备搭建起指挥协调平台，迅速建立起全县信息收发转工作体系，实行全天候运转，不怕疲劳，连续作战，为指挥抗震救灾提供了基础信息，为前线指挥部指挥救灾提供了重要保障，为灾情上报、下情上传、县指挥部科学决策和有力指挥提供了坚强保障。以负责的精神、超强的负荷、高效的工作，始终奋战在抗震救灾各条战线，全力协调，保障了抗震救灾指挥系统的高效运转；人大、政协机关充分发挥模范带头作用，在危难时刻勇于担当重任，服从县委统一指挥，主动承担起雎水、沸水、晓坝、桑枣、永安、花荄等救助站的受灾群众安置、卫生防疫、思想教育、生产自救、就业就学、治安管理等工作，深入调研，献智灾后重建。县人武部发挥特别能吃苦、特别能战斗的突击队作用，在第一时间，共出动民兵

10500多人次，转移安置受灾群众4650多人，转移学生170多人，帮助医疗站运送伤员2400多人。做好安县救援部队达16支8700多人的协调、服务工作。法、检两院服从指挥，分别组成茶坪、高川两个突击队，安排干警协助做好救助点的管理工作、并为严厉打击地震后发生的刑事犯罪案件做好审判的前期准备工作。在维护稳定等工作中，发挥了重要作用。

二是各系统各部门执行有力，成为服务抗震救灾的骨干力量。纪检监察系统开设了举报投诉热线，切实做好救灾款物接收和发放的监督管理工作，严肃处理了抗震救灾不力和违规违纪干部，加大对干扰破坏抗震救灾违纪违法行为查处力度，及时为一批干部澄清了是非。组织人事系统第一时间发出号召，动员组织全县党员干部投身抗灾一线，在危难关头发挥了动员组织干部的特殊作用。并火线提拔了23名科级领导干部，充实了乡镇领导力量，组织工作受到中组部李源潮部长的高度赞扬。政法维稳战线坚持把社会稳定、国家安全、治安作为重中之重的工作，充分发挥职能作用，迅即组织警力，抢险救援、维护道路交通，运送危重伤员，坚守“生命通道”，做好安置点治安防范工作。完成警卫任务，确保了中央首长的绝对安全，完成了肖家桥堰塞湖疏散等安全保卫任务，确保了人民群众生命财产的绝对安全。宣传系统以责任和使命，为重灾安县鼓劲与呐喊，通过大规模、全天候、多媒体、立体式的抗震救灾宣传强势，组织接待媒体采访，把受灾最重情况快速地传到全国，为全县抗震救灾提供了强大思想舆论保证。广电局还抢通抢修有线广播电视线路。目前，70%以上用户能看上有线电视节目，极大地鼓舞了全县人民战胜灾害的信心。城建系统承担了群众饮水、震后房屋安全应急检查、过渡房搭建、环境卫生保护、重建规划等工作。及时抢修供水管网；积极配合河南、辽宁等援建队伍搭建受灾群众过渡安置房。交通系统为打通和确保灾区人民群众的“生命线”畅通，及时抢通保通阻断道路695.2公里，28天全面抢通墩秀路，晓茶路已抢通至肖家桥堰塞湖；运送抗震救灾物资1.4万吨，共运送救助人员、志愿者及受灾群众3.6万人次。卫生系统广大医护工作者舍生忘死、不怕牺牲、连续作战，收治病人11.3万人次，安全转移了832名住院病人、3650名门诊病人；与支援安县的防疫队伍密切配合，落实了“分片包干、责任到人、进村入户、户不漏篷、篷不漏人”的责任机制，确保了我县大灾之后没有发生大的疫情和突发公共卫生事件。经济贸易系统和电信、移动、联通等通讯单位及时抢修水、电、油、气、通讯受损管网和设备，抓紧做好生活必需物资调运供应和市场监管。为抗震救灾和恢复生产创造了良好条件。银河建化集团有限公司不等不靠，积极开展灾后生产自救，提出“重建亚洲铬都，建设百亿企业!”的目标，加快损毁设施的修复，加固、维修生产厂房，更换和维修设备，想方设法对受到损毁的公司红矾钠和水泥生产线进行修复，力争7月底全面恢复生产，力保全年目标基本实现。安县工业集中发展区党工委临危不乱反应快速，承担全县和部分市上所接受的几百车上千吨救灾物资的存储、转运、保卫工作，未出任何差错。农林水系统迅即开展堰塞湖、泥石流、病险水库等次生灾害险情防治，全程参与肖家桥堰塞湖排险避险处置，并组织全面完成了“双抢”任务。国土资源局积极展开地灾巡查和保障受灾群众安置用地等方面工作。保证了受灾群众安置用地的需要。畜牧兽医局及时无害化处理死亡动物，同时全面开展灾后动物紧急免疫和夏季动物疫病防控工作；坚持不等不靠，积极组织抗灾自救，目前已有80%以上的规模养殖场恢复了生产。农业局强力组织各种力量开展灾后“双抢”，全力抓好灭鼠防疫、沼气安全管理和排危工作，把农业种植业因灾损失降到最低。林业局主动请战，全力开展林区灭鼠、林业灾害调查和林业重建规划，向上级争取项目，落实兑现天然林保护、退耕还林工程等现行政策，启动恢复重建和发展提升林业基础建设设施和林业产业，不断壮大林业经济。水务局在特大灾难面前，勇于面对，敢于负责，始终将人民群众的生命财产安全放在首位，始终奋战在抗震抢险第一线，谱写了一曲壮美的水利战歌。教科文系统迅速组织学校开展抗灾自救，在确保安全前提下全力抓好学校复课，认真做好遇难学生家长的帮扶和学校重建工作，积极组织文艺会演慰问受灾群众，在稳定受灾群众方面发挥了积极作用。特别值得一提的是教育局，加强对教学楼的排危、加固，教育学生增强灾难意识，多次演练，在这次地震中的重灾县中，安县死亡的学生是最少的。财政局不仅科学、及时地做好了全县抗震救灾资金保障工作，而且还竭尽全力地搞好了捐赠资金接收管理、捐赠物资装卸发放以及向上的资金、政策争取等工作，成绩卓然。县民政局发挥服务群众、为民解困的职能，做好了“灾情核查上报、受灾群众安置转移、受灾群众生活救助、灾后恢复重建、救灾款物管理”五大工作重点。县统计局设立“帐篷统计局”，24小时不间断地收集、整理、汇总灾情数据，上报市、县指挥部。县物价局加强价格执法力度，启动灾后临时价格干预措施，为稳定灾后物价总水平发挥了坚强有力的作用。审计局获得了全国审计先进集体、记三等功。气象局紧急启动突发事件应急预案，开展抗震救灾应急气象保障服务，为直升机空中飞行和病险水库度汛提供了及时可靠的气象保障服务。地震办地震发生后，24小时跟踪震情，分析处理余震1万余次，核实宏观异常现象50余次，为县委、县府及上级业务部门提供了大量的震情资料和趋势意见。劳动社会保障局全面恢复劳动保障各项工作，搞好受灾群众就业援助、农村劳动力外出务工和农村劳动力培训工作。组织输出农村劳动力1592人。为重建家园奠定了坚实基础。团县委共招募各类志愿者1.6万余名，充分发挥突击队和生力军作用。志愿者奉献、贡献和牺牲精神感动了全县人民，激励了广大受灾群众抗震救灾的意志。总工会、妇联、残联等群团组织积极动员志愿者等多方力量参与抗震救灾。

（三）危难之际，基层党组织紧急动员、有效自救，充分发挥了战斗堡垒作用。面对艰险，广大基层党组织想群众之所想、急群众之所急，第一时间迅速出击，夜以继日工作，动员组织受灾群众全力抗灾自救，在抗震救灾第一线形成了一个个震不垮的坚强战斗堡垒。茶坪乡每个党员既是战斗员又是指挥员，带领广大群众展开了与死神、与灾难顽强斗争的生死竞赛，从“孤岛”转移受灾群众9000余人。高川乡党委及各党支部充分发挥中流砥柱作用，提出“山垮、房垮，我们干部绝对不能垮”的口号，在“孤岛”奋战7天7夜，安全转移和妥善疏散群众5000多人；塔水镇三泉村党支部针对该村青壮劳力大多外出务工的实际，提出“先给老、弱、病、残等困难群众搭，党员干部最后搭”，确保全村所有群众都尽快住进了简易帐篷；花荄镇坚持班子成员靠前、党员靠前、村组干部靠前，在救人抢险的基础上，20个村和3个社区按照“宜聚则聚、宜散则散”的原则制定规划，积极开展灾后重建；乐兴镇成立了外出流动党员党支部，向外出务工人员邮寄公开信，通报灾情，宣传政策，争取乐兴商会捐款捐物60余万元，支持家乡抗震救灾；宝林镇临危不乱、思路清晰、果断处置，分村护送中、小学、幼儿园学生900余名安全返家，无一人伤亡；安昌镇金霞社区党支部组织党员群众在辖区内每天防疫消毒2次，并通过组织防疫知识讲座等形式，教育群众养成良好卫生习惯，有效推进卫生防疫工作；沸水镇、睢水镇、晓坝镇在自身受灾非常严重的情况下，反应迅速，自发组织千余名志愿者参与救援转移，千方百计确保生命线的畅通，配合部队成功转移安置高川、茶坪受灾群众1.5万余名；桑枣镇党委带领广大党员始终冲锋在前，积极组织群众抗灾自救、重建家园，涌现出了受中组部表彰的先进典型——飞龙村党支部书记夏平同志；秀水镇让全镇受灾群众相信党，切实维护社会稳定，确保不出现大的治安案件及安全事故；永安镇发扬大爱无疆的精神，作为北川受灾群众的第一安置点，给予了北川受灾群众更多的温暖；界牌镇顾大局情相连，小灾援大灾，在做好本镇抗震救灾工作的同时，关心、支持其他重灾乡镇工作。清泉镇红埝村党支部发动全村预备党员、入党积极分子，组成5支志愿队，对全村进行24小时巡逻，逐一进行防震减灾知识宣传，挨家挨户对地震造成的隐患进行了排查；河清镇、永河镇快速反应，指挥有序，为抢救人员赢得了第一时间，最大限度地减少了人民的生命财产损失，全镇学校学生在地震灾害中无一人伤亡；黄土镇常乐村党支部把鲜艳的党旗插在了每一处为受灾农户房屋排危的工地上，让村民们知道，那就是我们老百姓的主心骨；兴仁乡在各村设立了由乡、村干部组成的群众接访点，有效稳定了受灾群众情绪；迎新乡集中搭建简易安置房，组织受灾群众结成互助小组。可以说，无论身处何时何地，全县广大基层党组织都坚定地树起党的旗帜，不怕艰险、勇挑重担，在关键时刻经受住苦与累、生与死的严峻考验，展示出强大的凝聚力和战斗力，真正发挥出了战斗堡垒作用。

（四）危急之时，各级领导干部身先士卒、靠前指挥，充分发挥了中流砥柱作用。

各位县级领导关键时刻勇挑重担。赵迎春同志第一时间深入一线了解灾情，立足全县、把握大局，深入调研、科学决策，靠前指挥、率先垂范，确保全县伤员救治、卫生防疫、受灾群众安置、生产自救、恢复重建等各项工作有力、有序、有效地开展，为夺取抗震救灾的最后胜利付出了艰辛努力。朱安保同志承担晓坝救助站建设和管理工作，深入细致，负责综合协调处理纷繁复杂事务，有责任、有激情，每日冒着酷暑坐镇指挥，耐心细致接待来访受灾群众，确保全县抗震救灾工作顺利运转。张忠贵同志负责睢水救助站受灾群众安置，千方百计改善受灾群众基本生活，加强组织建设，使条件极差的救助站工作井然有序；带领政协一班人深入一线了解社情民意，给县委和上级提出了极有价值的建议。张道斌同志临危不乱，在县委、县政府主要领导外出情况下，勇挑重担，紧急启动安县重大灾情应急预案。不论是坐镇指挥部负责综合协调还是负责面上的工作，都靠前指挥，负责的各项工作有条不紊，很有成效。姜曦同志在5位亲人在北川生死不明的情况下，主动请缨，带领部队官兵翻越天台山冒死挺进高川，在荆棘密林、急流险滩中最终将5000多名受灾群众顺利转移。梁建同志临危不乱，统筹协调，在危急时刻，主动承担起抗震救灾的组织协调工作，及时启动抗震救灾应急预案；积极做好救灾物资的接受、分发、管理和整个抗震救灾面上协调工作，各项工作保障有力。贾友忠同志地震当晚就进驻桑枣镇，不到三天就跑遍了除高川、茶坪外的所有乡镇。抗震救灾和党建工作两不误，负责的桑枣救助站党建工作、引导群众自我管理工作富有成效。王浩、郭学群同志发挥特别能吃苦、特别能战斗的突击队作用，在第一时间，派出民兵应急分队开展救援，协调、服务安县救援部队工作有力有效。谭莉同志以“铁娘子”精神，撑起对内对外宣传的脊梁，为全县振奋精神、重建家园做出了重要贡献。安瑛同志服从大局，不辞辛劳，积极组织全县抗震救灾所需物资、药品和机械设备，勇挑道路生命线抢通重担，展现出巾帼风采。钟思亮同志不畏艰险、连续作战，第一时间深入永安组织抢险救人，通宵冒雨迎接第一支救援部队，主动请缨，组建永安、云丰救助站。朱元光同志勇挑重担、冲锋在前，带领抢险分队赶到茶坪连续奋战5天，使6000多名群众和伤病员全部被安全营救转移。堰塞湖险情告急，他又不畏艰险再上火线，承担起堰塞湖排危抢险的任务。高量同志到安县后，立即投入抗震救灾战斗，同时利用自身优势，积极向上争取相关政策、资金和项目。

四套班子办公室正副主任、秘书长积极做好抗震救灾的协调工作。县级各部门各单位的领导多渠道参与抗震救灾，服从调遣、协作配合，为抗震救灾取得重大阶段性胜利，起到了至关重要的协调保障和推动作用。

（五）关键时刻，广大共产党员豁得出来、冲得上去，充分发挥了先锋模范作用。在这次特大地震灾害中，共产党员把生的希望留给群众，把死的危险留给自己，用鲜血和汗水抢险救人；县级部门、企业的党员纷纷组建先锋服务队、志愿者服务队、抢险突击队，或奔赴重灾一线抗震救灾，或在各安置点连续奋战，都以自己的实际行动践行着自己入党时的铮铮誓言。桑枣镇飞龙村党支部书记夏平在地震发生后喊出“共产党员站出来，为群众干实事”，不顾自家房屋倒塌、外婆被埋废墟之中，第一时间赶去救援受灾群众，在无法确定井水是否安全的情况下，自己首先“尝水”，确定无害之后再让受灾群众饮用；晓坝镇黄羊村党支部书记肖义在自己残疾儿子被压和村民被废墟所困的情况下毅然选择先抢救后者；永安镇党委委员、向阳村党支部书记徐明面对埋在废墟下的乡亲的呼喊、求援，说道“用手刨也要把他们刨出来!”……指甲脱落、皮肉严重磨伤也片刻不停；桑枣中学校长叶志平长期坚持抓学校排危工作，挨骂也要让学生演习“紧急疏散”，使2200名学生毫发未损，上百名老师全部安然无恙，被网友称为“史上最牛校长”；共产党员、县政府办公室副主任向光社同志连续两天三夜顽强奋战在抗震救灾物资供应第一线，身先士卒，手抬肩扛，组织调动各方力量确保了全县抗震救灾的物资供应；茶坪乡大学生村官、川心村村主任助理应莉与战士和突击队员一起，在滑坡、泥石流随处可见的崎岖山道和悬崖间打桩、扎绳，背运伤员、输送群众，被部队官兵称为“象真正战士的小姑娘”；妇幼保健院院长王平，在连续48个小时不下手术台、全力抢救伤员后主动请缨加入医疗突击队，徒步10个小时到达茶坪救治伤员；堰塞湖工作组组长、水务局党委委员、总工程师胡良喜50余次奔赴堰塞湖踏勘、观测第一线，高危时段在肖家桥堰塞坝工地上坚守12天。可以说，全县共产党员奋不顾身战斗在第一线，冲锋在最前面，在关键时刻成为抗震救灾的先锋队，成为受灾群众的“贴心人”。

（六）紧要关头，人民军队和公安干警挺身而出、冲锋在前，充分发挥了主力军作用。面对特大灾害，党中央、国务院、中央军委一声号令，8700余名人民解放军指战员、武警官兵、民兵预备役人员紧急火速奔赴安县，承担最重任务，抢险救人，修路架桥，冒险突击，防疫消毒，处理废墟。民兵预备役应急分队第一时间赶赴重灾乡镇开展生死援救，竭尽全力搜救幸存者。全县所有公安干警坚持奋战在抗震救灾第一线，抢救受灾群众，指挥疏导车辆，维护治安秩序，打击犯罪行为，有效维护了人民群众的生命财产安全。交警伍豪同志的妻子等4位亲人被埋，他依然在绵阳至北川这条生命救援线上四天四夜坚守值勤，被评为二级英模；县看守所指导员谢军同志震后第一时间冲进内监区，安抚在押人员情绪，及时将看守所全体人犯安全转移到市看守所安置；河清派出所民警马军同志，两个亲叔叔遇难、婆婆受重伤、在高川的父亲生死不明的情况下，始终坚守岗位，白天忙着抢救人员，晚上继续同战友们一起巡逻；桑枣派出所民警陈良国主动请缨，只身徒步挺进茶坪乡，几次险些被滑落的石头砸中等，都是我县公安队伍中抗震救灾的典型代表。可以说，人民军队和公安干警英勇无畏、不怕牺牲，在抗震救灾最危难、最关键的时刻，充分发挥了主力军和突击队作用，受到广大人民群众交口称赞。

（七）大难当前，全县各界群众万众一心、同舟共济，充分发挥了主体作用。面对深重灾难，全县各界群众团结一心、顽强拼搏，识大体、顾大局，听从安排、服从指挥，有钱出钱、有力出力、有智出智，甚至付出生命代价，为抗震救灾增添了重要力量。作为企业经营者，县政协委员、好医生药业常务副董事长耿福昌，在企业自身受损2700余万元的情况下，两次捐赠药品170余万元，腾出厂房车间无偿提供给近500名茶坪受灾群众和全县2300余名高三学生复课使用；雷天公司董事长唐志建主动向参加高川乡、茶坪乡和北川县救人的解放军官兵捐送价值近30万元的锂电池矿灯，并将车间厂房、办公室及住宿房腾出无偿提供给成都军区医院使用；县政协委员安福魔芋精粉厂厂长赵福水，在自己损失800多万的困难面前，首先想到的是如何救助受灾群众，利用自己的厂区搭建防震棚，主动接受安置茶坪乡、安昌镇的受灾群众130多人，并出资为受灾群众安排生活。委员黄丕明，在灾情发生后，安置受灾群众300余人，自己出资每天为受灾群众发10元/天的生活费，并拿钱购大米1400余斤为受灾群众煮饭。黄埔军校同学会后裔政协委员谢文英，积极去当志愿者，做自己力所能及的工作，她对安县黄埔同学会的家属一一进行灾情了解。金鸿饲料有限公司寇俊伟向高川泉水村捐款2万余元。茶坪个体经营者李国洪倾其所有安抚救助受灾群众；建筑经营者李文才不仅为板房建设提供铲车、挖掘机等机具，还自己出钱请人驾驶，帮助平整场地。明星纸箱厂厂长谢刚主动为安县残疾人捐献洗衣机30余台；永安金属公司总经理胡伟杰，正德公司经理林鹏，卡斯达总经理向承伟，阳晨公司老总胡柳燕、龙嘉，金麦香食品厂厂长陈锦标等主动腾出车间作救灾物资仓库、供受灾群众作临时住处、为受灾群众组织饼干等方便食品……；作为普通农民，雎水镇抗美援朝老战士黄绍良在有人散播将有更大地震谣言、造成群众恐慌的关键时刻，用吼的方式说出“逃荒也要有个党支部”，用他对党和国家的信任深深影响着他身边的每一个人，稳定了人心。作为志愿者，安县的有车青年、出租车司机率先发起“红丝带行动”，全县随处都能看到手系红丝带的志愿者、悬挂红丝带的志愿服务车队在开展地震知识宣传、救灾物资运送、交通秩序维持等志愿服务。作为普通员工，永河镇机关干部赵顺强服从号令，临危不惧，跟随民兵应急分队冒险进入北川中学实施救援；桑枣镇机关干部杨学富的母亲从重伤入院到转入川北医院，他一直未顾得上去看望一眼，始终坚守在抗灾第一线。作为人民教师，秀水一小教师刘小艳、秀水龙泉村佳欣幼儿园教师张红梅、花荄镇中教师郑发富等，不顾个人安危、勇救学生不幸遇难；茶坪中学教师刘小林，舍生忘死从废墟中接连救出5名学生，在学生和村民安全转移后，在“孤岛”上坚守15天，做一名忠实的勤杂工。作为学生，桑枣干柏村小学黄霖，茶坪中学赵彬等同学临危不惧、积极救人，在灾难面前表现出非凡勇气，成为抗震救灾的“英雄少年”“优秀少年”。可以说，无论身处前线还是后方，51万安县人民都向世人展示了坚强、坚定、坚韧的光辉形象。

三、经过灾难洗礼和锤炼，形成了人民大团结、社会大凝聚的良好社会局面，助推了党和政府执政能力的大提高、党和政府形象的大提升

大灾面前，经历的磨难刻骨铭心；危难之际，党和人民赋予的职责重如千钧；生死关头，人性的光芒熠熠生辉。在这场史无前例的抗震救灾斗争中，英勇顽强的安县人民与时间赛跑，与死神抗争，万众一心、不屈不挠、友爱互助、自强不息，谱写了气吞山河、不畏艰险、同舟共济、一往无前的英雄史诗。经历抗震救灾的大洗礼，全县上下形成了“人民大团结、社会大凝聚”的良好社会局面经历抗震救灾的大锤炼，使全县各级党委和政府执政能力大提高、党和政府形象大提升。

（一）公而忘私、舍己为人、互助友爱的人性光辉，奏响了人民大团结的时代赞歌。正如胡锦涛总书记指出，“任何困难都难不倒英雄的中国人民”，抗震抢险期间，我县四大班子全体成员、全县数百位科级领导干部和离退休干部、广大基层干部和共产党员，坚决听从党的指挥和人民的召唤，始终坚守在岗位上、战斗在第一线、和群众在一起，用“请放心，马上办”、“到哪里，让我去”、“有任务，叫一声”等相互话语表达真情，以不谈条件抢着干、不讲价钱全力办、不论难易勇争先的实际行动书写人生。在这场历史罕见的特大灾难面前，记不清有多少舍己救人、不顾个人安危、不计个人得失、舍小家为大家的先进事迹令我们唏嘘落泪；讲不完在最危险的时刻，医护人员对伤病员不抛弃、不放弃，老师把生的希望留给学生，把危险留给自己的可歌可泣感人故事；留下了多少受灾群众团结互助、患难与共、生死相依的场面令我们激动不已；在我们的记忆中，有解放军和受灾群众辗转几十公里崎岖“生命通道”接力背下山的104岁的老人，有高川受灾群众自发组织起来的助耕队，有素不相识、不远千里支援安县的志愿者，有经历生死离别紧紧相拥而泣的亲人和朋友；数不清有多少轻灾支援重灾、军民互爱、干群互助令人称道的生动事例让我们感动；记不清有多少乡镇干部宁愿自己风餐露宿、忍饥挨饿、甚至忍辱负重也要千方百计尽力保障受灾群众的感人之举；在我们最艰难、最危险、最关键的时刻，党中央、国务院、国家各部委、四川省委省政府、绵阳市委市政府、辽宁省和河南省委、省政府等各级领导的亲切关怀以及源源不断来自四面八方的救援物资、来自祖国各地的诚挚问候令我们倍受鼓舞，给我们增添了战胜灾难的信心和勇气。在抗震救灾的伟大斗争中，全县各级干部和、广大党员和全县父老乡亲，同心同德、齐心协力、以实际行动弘扬了伟大的民族精神和社会主义核心价值体系，泼洒了一幅党群同心、干群同心、军民同心、万众一心的人民大团结的壮美画卷。

（二）不屈不挠、风雨同舟、自强不息、拼搏奉献的顽强精神，书写了社会大凝聚的壮美情怀。在指挥体系，各级党委总揽全局、协调各方，各级人大、政府、政协共同参与、同步行动，哪里有灾情就把精锐之师派往哪里；在工作层面，各级各部门分组分线、全体出击，各行各业有人出人、有钱出钱，哪里有需要、哪里有攻坚任务，就把力量凝聚在那里；在前方，军地救援队、抢险队、运输队、医疗队、施工队、宣传队协同作战，水、电、油、气和地震、气象、交通、通讯等单位通力协作，哪里有危险就把奋进旗帜插在哪里；在后方，广大工人、农民、教师、公务员、企业家、志愿者等无数普通人纷纷慷慨解囊，全国各地、社会各界、海内海外、港澳台胞踊跃捐款捐物，哪里有困难就把爱心洒向哪里。事实再一次告诉我们，利益诉求的日趋多元，并不能改变广大人民群众的核心价值取向，反而为民族精神提供了更为广阔的成长空间；市场经济的滚滚大潮，并不全带来纸醉金迷和唯利是图，反而强烈唤起了人们的道义责任和社会意识；突如其来的自然灾害，造成了大量生命倒下和房屋倒塌，却又高高树起了不屈不挠、风雨同舟的擎天之旗。正如国外媒体评价那样：“在这场举国上下的民族行动中，世界看到中国人民百折不挠，再铸民族之魂”。这种历经劫波铸成的民族之魂，必将更深地融入安县人民的血脉里，扎根于加快恢复重建、共创美好未来的奋斗之中。

（三）临危不惧、处变不乱、沉着应对、措施得当，灾难的锤炼使全县各级党委、政府的执政能力大提高。大灾难就是大考验，对各级党委、政府的执政能力考验最为彻底。而应对突发事件、驾驭复杂局面的能力，正是执政能力的重要方面。为了战胜这次地震灾害，在党中央、国务院和省委、省政府和市委、市政府的坚强领导下，县委、县政府沉着应对、镇定指挥，第一时间组建抗震救灾指挥部，以任务安排县级领导抓各条战线，用任务指挥县级部门成建制行动，实行县级领导、部门包乡镇：包集中救助站工作责任制，将抗震救灾各方面工作落实到副县级领导和部门，将县级机关328名干部充实到到村（社区）一线投入抗震救灾和灾生重建；在晓坝和睢水成立了前线指挥部，按属地管理原则落实各乡镇和部门责任，保证了整个抗震救灾的指挥有序、工作不乱。特别是抢险救人阶段，我们把45000余名茶坪、高川及其他高山重灾村群众妥善转移安置到各个集中救助点；组织受灾群众中的青壮年返乡自救，有力推动了双抢任务的完成和卫生防疫工作的开展，激励了全县上下艰苦奋斗重建家园的斗志，展示了非凡的应变能力、决策能力和动员能力。各乡镇党委、政府头脑清醒、不等不靠、冷静应对，主动作为，靠前指挥，确保了危难时刻党的旗帜不倒、党的组织不散、党的工作不断，展示了非凡的预警能力、组织能力和执行能力。在救援人员无法赶到的第一时刻为群众撑起一片天空，使他们找到了依靠、坚定了信心、看到了希望，展示了非凡的处险能力、示范能力和独立作战能力。在生与死的严峻考验，公与私的道德考量，亲人和群众的伦理选择面前，我们各级干部、共产党员没有自私地选择前者，而是用自己最朴素、最无华的行动，诠释着对党、对人民的铮铮誓言。有这样一大批特别能吃苦、特别能战斗、特别能奉献的好干部、好党员，是我们取得抗震救灾的重大阶段性胜利的重要基石。实践表明，长期以来我们的自身建设是富有成效的，只有按照具备抵御各种风险和考验能力的高标准来加强党的建设，加强各级领导班子和干部队伍建设，加强各级基层组织建设，才能以百折不挠的勇气迎接重大挑战，才能以沉着冷静的品格经受风浪考验。

（四）以人为本、人民利益高于一切的执政理念，助推了党和政府形象的大提升。“国之兴也，视民如伤”。作为自然灾害多发的国家，中华五千年文明史，也是一部与自然灾害的抗争史。但纵观历史不难看出，历朝历代没有任何一次抗灾斗争，比这次抗震救灾更有力、更有序、更有效。远看清代洛阳地震后“斗米千钱，人相食”的惨烈记载，近观民国时期茂县大地震时“陈尸百里，遍地哀号”的惨痛记录，这次特大地震后展示给我们的，是举国上下齐心协力抗震救灾的壮举，是全县群众生活保障有力的状况。形成这样鲜明的对比，最为根本的一条，就在于我们有一个完全不同于历朝历代统治者的中国共产党的坚强领导，就在于党全心全意为人民服务的正确宗旨。正是在党中央、省委、市委的坚强领导下，县委、县政府带领全县各级党组织和广大党员干部快速反应、紧急行动，勇敢担当为生民立命之任，果断肩负解民于倒悬之责，才取得了与旧时代抗灾斗争完全不同的结果，也才得到了李克强、李源潮等党和国家领导人及四川省蒋巨峰省长、辽宁省委张文岳书记、许卫国副省长等领导和绵阳市委的高度评价。这正是我们始终不渝地坚持立党为公、执政为民的结果，是近年来持续不断加强和改进党的领导的结果。实践再一次雄辩地证明，在当代中国，只有坚定地信仰马克思主义，坚定地跟随中国共产党，坚定地走中国特色社会主义道路，才是我们唯一正确的选择，我们也才能抵御前进道路上的任何风险，战胜前进道路上的任何挑战。实践也再一次教育我们，只要坚持权为民所用，我们的各级班子就会有强大凝聚力，就能成为全县人民的“主心骨”；只要坚持情为民所系，我们的干部队伍就会有强大的战斗力，就能成为重大关头的“顶梁柱”；只要坚持利为民所谋，我们的党员群体就会有强大的号召力，就能成为广大群众的“贴心人”。

（三）在汶川特大地震三周年祭奠仪式上的讲话

——县委书记　赵迎春

（2011 年 5 月 12 日）

在汶川特大地震三周年到来之际，我们在这里庄严集会，向特大地震中不幸罹难的同胞们，向抗震救灾斗争中英勇献身的烈士们，表达我们最深切的悼念和无尽的追思。

此时此刻，站在这面铭刻着惨烈意味着逝去的纪念碑前，我们心情沉重、不能自已。三年前那场山河破碎、哀鸿遍地的国殇，已经成为灾区民众不能触碰不可忘却的切肤之痛，成为一段刻进灵魂深处的伤痛记忆。从最开始的没时间回忆，到不敢回忆，到不愿回忆，再到勇敢面对，我们走过了一段难以言语刻骨铭心的荆棘岁月。

此时此刻，作为抗震救灾、灾后重建和发展振兴的亲历者和参与者，作为灾区焕然新生、凤凰涅槃的缔造者和见证人，我们更加心潮澎湃、感慨万千。三年来，在党中央的深切关怀和全国各族人民的大力支持下，在省委、市委的坚强领导和辽宁省的倾情援建下，英雄的安县人民克服了难以想象的重重困难，以“快”的速度、“闯”的干劲、“拼”的精神重整河山、重建家园，以“苦干三年、跨越二十年”的壮志豪情谱写了一曲曲穿越灾难崛起危难的自强自立壮歌，打赢了一场场艰苦卓绝气势恢宏的攻坚决胜战役，留存下一幕幕百折不挠感天动地的场景和瞬间，在地震废墟上重建起更加美好的新家园。

——百日攻坚，安县取得了抗震救灾和抢险救援安置的伟大胜利。解救被困群众1193人，紧急救治伤病人员11.3万人；建立192个临时安置点，妥善安置受灾群众28万人；及时有效处置堰塞湖等次生灾害，奋勇抗击山洪泥石流肆虐；牢牢坚守卫生防疫防线，确保大灾之后无大疫；全力抢修基础设施，迅速恢复重点基础设施功能；全面及时兑现国家各项救助政策，切实加强救灾物资资金监管。实现了抢险救援安置向灾后恢复重建的平稳过渡。

——千日奋战，安县实现了“家家有房住、户户有就业、人人有保障、设施有提高、经济有发展、生态有改善”的重建目标，取得了灾后恢复重建的决定性胜利。我们以“科学重建新安县，奋力推进新跨越”为统揽，从容应对危机和挑战，化危为机，超常工作，拼搏奉献，“一年重点安民，两年全面恢复，三年建设新安县”的目标圆满实现，辽宁省对口援建安县“三年援建任务两年基本完成”目标提前完成。我们坚持科学规划，把重建项目资金向产业带集中、向重点基础设施集中、向民生和社会事业集中，推进了城乡基础设施一体化和城乡资源共享。坚持民生项目优先启动、民生资金优先安排、民生难题优先解决、民生工程优先保障。震后一年，震损住房修复加固全面完成；震后一年半，农村住房重建全部完成；震后两年，城镇住房重建基本完成。现在，安县受灾群众住房问题都得到了妥善解决，漂亮崭新的川西风格民居处处可见。学校、医院等设施的抗震设防标准由7度提高到8度，建筑物更加坚固安全，硬件装备也明显升级，安县的教育、医疗、文化、卫生、民政等公共服务设施条件得到极大改善。以“两纵两横一环”公路交通网络为代表的城乡基础设施构筑起发展跨越新平台。通过集中66个产业项目55亿元资金全力打造绵安北产业带，安县工业园区和绵安新农村建设示范片迸发出旺盛活力，安县区位优势、后发优势进一步凸现。

——三年跨越，安县开创了经济社会发展新局面。我们坚持以科学发展观统揽灾后重建全局，借力灾后重建政策机遇，围绕“规划项目产业投资”主线，建成了一大批打基础、利长远、增后劲、促造血的重大项目。坚持“一主三化三加强”发展路径，主动融入绵阳“一核四带”产业布局，在工业园区建设、县城建设和新农村示范片建设“三件大事”上发力，实现了灾后重建和经济发展双胜利。县域经济进入良性加快发展的新阶段，为“十二五”期间蓄势突破和跨越发展奠定了坚实基础。

今天的安州大地，不论是风韵初现的生态滨水花城，还是特色鲜明的晓坝镇；不论是杨柳拂堤、欣欣向荣的“最美新村”乐兴镇青龙村，还是通过“一帮一”社会援建盎然新生的黄土镇方碑村；不论是诞生“安县产”第一台汽车的辽安工业园，还是聚集了近百家工业企业的省级工业园区，处处可见涅槃重生脱胎换骨的新安县新面貌，处处可见人民群众乐观向上、斗志昂扬的别样豪情，处处洋溢着蓬勃生机与旺盛活力。

“家祭无忘告逝者”。在灾后重建目标圆满实现的今天，我们终于可以庄严而自豪地告慰逝去的同胞们：安县，已经从悲壮走向新生，从原地起立走向发展起跳；安县，已经夺取了抗震救灾和灾后重建的伟大胜利，走进了发展振兴、追赶跨越的明媚春天。

这一切奇迹的发生，是因为我们身后有伟大的中国共产党，有一个日益强盛的祖国，有一个伟大的民族和一种无比优越的社会主义制度。抗震救灾和灾后重建的伟大胜利，本质上就是中国共产党的伟大胜利，是中华民族的伟大胜利，是社会主义制度的伟大胜利。我们在回望艰辛历程和赞叹壮丽奇迹的同时，更要大力弘扬伟大的抗震救灾精神，进一步唱响“共产党好、社会主义好、改革开放好、伟大祖国好、各族人民好、人民军队好”的时代主旋律。

——追根溯源，我们要感恩党，党和政府的坚强领导是重建美好新安县的根本保证。当灾难袭来，党中央国务院第一时间对抗震救灾工作作出部署，成立抗震救灾总指挥部，省、市、县、乡各级党委政府迅速启动应急预案，全国上下迅速形成万众一心抗震救灾的局面；面对复杂艰巨的灾后重建，中央、省、市领导多次到我县视察灾情、指导重建。县委带领全县人民凝心聚力，攻坚破难，上下一条心，全县一盘棋，有序有力有效地推动抗震抢险救援安置和灾后恢复重建各项工作。在大灾大难面前，各级党组织的领导力、凝聚力、战斗力得以充分发挥，成为灾区重建最坚强有力的堡垒，为创造重建奇迹提供了强大组织保证。

——追根溯源，我们要感恩祖国，中国特色的社会主义制度是重建美好新安县的独特优势。中华民族的共同信念把全国各族人民紧紧团结起来，凝聚成坚不可摧的民族力量，帮助灾区人民走出危难，走向重生。庞大的人力、物力、财力等各种资源，极短时间内在灾区快速集结配置，我们迎来了天南地北志愿者们的无私帮助，我们收到了社会各界人士的无私捐赠，我们感受到了56个民族一条心的无疆大爱。“一方有难八方支援”的民族精神在危难时刻、生死关头折射出社会主义大家庭团结一致、互助互爱的动人风采，为重建美好新家园提供了坚强的物质保障和精神动力。

——追根溯源，我们要感恩辽宁，辽宁4300万人民的倾力帮助是重建美好新安县的重要支撑。辽宁省委、省政府坚决落实党中央、国务院的决策部署，把安县作为特殊的第45个县，在自身遭受国际金融危机强烈冲击的情况下，毅然决然保证：“对口援建安县的决心不变、目标不变、力度不减”，给予了安县巨大的人力、物力、财力和智力支援。王珉、张文岳、陈政高、许卫国、王俊莲等辽宁省领导同志的亲切关怀，在安县人民心中留下永远难忘的记忆；辽宁省急安县之所急，先后实施的“五大恢复”、“十件实事”、“暖冬行动”、“节点工程”和“产业援建”，帮助安县渡过了重重难关；独具特色的“以安县为主体，辽宁全力支持、全力配合的‘交支票’援建机制”，给安县发展带来实实在在的好处，并锻炼了安县的干部队伍；以张征总指挥为首的援建指挥部和广大援建者，他们视百姓为亲人、把灾区当故乡，与安县人民风雨同舟，共克时艰，他们不辱使命、无私奉献、务实高效的优良作风，成为激励安县广大干部群众的精神动力。浴火重生的美丽安县既是中华民族无疆大爱结出的硕果，更是辽宁坚持以人为本，科学援建、和谐援建、倾力援建书写的时代壮歌。波澜壮阔的辽宁援建，在安县人民心中铸起不朽丰碑！

——追根溯源，我们要感恩人民，万众一心、众志成城的全县干部群众是重建美好新安县的力量源泉。灾后重建中，全县广大党员干部群众心往一处想，劲往一处使，通力协作，不计得失，合力攻坚，凝聚起了战胜困难的巨大力量。各级党组织快速行动，组织群众自救、互救，带领群众有力有效有序开展恢复重建工作，充分发挥了战斗堡垒作用。党员干部“舍小家，顾大家”，第一时间组织开展抢险救人，优先推进城乡住房、学校医院、道路交通等设施重建，优先抓好因灾失地农民安置、“三孤三无”人员救济和因灾遇难学生家长、地震伤残人员帮扶等工作，充分发挥了先锋模范作用；灾区人民衷心拥护党和国家的方针政策，自力更生、互帮互助，艰苦奋斗、不等不靠，发出“出自己的力，流自己的汗，自己的事情自己干”的时代强音，展示出新时代民众坚定坚韧、自立自强的拼搏精神。广大干部群众以无私的主动性、无穷的创造力和无畏的战斗精神，成为重建灾后美好新家园的主体力量。三年来，安县人民发扬伟大的抗震救灾精神，顽强拼搏，超常努力，一路攻坚破难，闯关夺隘，使灾后残垣断壁、满目疮痍的灾区发生了翻天覆地、脱胎换骨的巨大变化，使灾区基础条件实现了数十年跨越，创造了人间奇迹，用生动具体的事实，充分展现了社会主义制度的无比优越性。

逝者安息，生者图强。走过灾难，我们更加坚定坚韧；面向未来，我们更加自信自强。三年重建成就为安县跨越发展奠定起前所未有的牢固根基，新一轮西部大开发战略实施为安县科学发展提供了更为有利的历史机遇。安县，已从悲壮走向豪迈。让我们更加紧密地团结在以胡锦涛同志为总书记的党中央周围，始终铭记灾难、铭记历史、铭记恩情，继续自力更生、奋斗不止、战斗不息，加快谱写灾后美好新家园发展振兴的新篇章！

（四）抗震救灾文件（部分）目录

序号	发文单位	文 号	名 称	发文日期
1	中共安县县委	安委发〔2008〕12 号	进一步明确工作职责切实做好当前抗震救灾工作的紧急通知	2008. 5. 15
2	中共安县县委	安委发〔2008〕13 号	切实做好地震灾后恢复重建工作的意见	2008. 6. 28
3	中共安县县委	安委发〔2008〕14 号	地震灾后恢复重建对口受援工作的实施意见	2008. 7. 3
4	中共安县县委	安委发〔2008〕17 号	进一步加强地震灾后公安基层基础建设的意见	2008. 7. 17
5	中共安县县委	安委发〔2008〕18 号	贯彻落实《中共四川省关于在抗震救灾和经济社会发展中加强和改进党的建设的意见》的实施意见	2008. 10. 24
6	中共安县县委	安委发〔2008〕19 号	进一步做好灾后恢复重建工作的意见	2008. 11. 12
7	中共安县县委	安委发〔2008〕20 号	开展“万村党建、建设美好家园”行动的实施意见	2008. 12. 5
8	中共安县县委	安委〔2008〕39 号	茶坪河肖家桥堰塞湖、睢水河罐滩堰塞湖溃决影响范围人员疏散撤离预案	2008. 5. 19
9	中共安县县委	安委〔2008〕40 号	成立安县受灾群众安置点临时过渡房修建领导小组的通知	2008. 5. 23
10	中共安县县委	安委〔2008〕65 号	强力推进永安路、桑茶路永久性农房建设的实施方案	2008. 7. 22
11	中共安县县委	安委〔2008〕88 号	印发《安县 2008 年灾后重建工作目标任务》的通知	2008. 11. 5
12	中共安县县委	安委〔2008〕89 号	印发《安县 2008 年灾后重建工作目标管理办法》的通知	2008. 11. 5
13	中共安县县委	安委〔2008〕102 号	向辽宁省援安民警朱兴俊同志学习的决定	2008. 12. 23
14	中共安县县委	安委〔2010〕11 号	2010 年灾后恢复重建工作安排意见	2010. 2. 13
15	中共安县县委	安委〔2010〕47 号	开展安县灾后重建城乡建设用地增减挂钩试点工作的通知	2010. 6. 26
16	中共安县县委	安委发〔2011〕23 号	表彰奖励 2010 年度经济社会发展及灾后重建工作先进集体和先进个人的决定	2011. 2. 16
17	中共安县县委	安委〔2011〕34 号	调整安县灾后重建委员会和相关机构人员的通知	2011. 3. 28
18	中共安县县委	安委〔2011〕52 号	邀请辽宁省领导参加安县“5·12”三周年纪念活动的请示	2011. 5. 6
19	中共安县县委	安委〔2011〕63 号	“特殊党费”使用管理情况的工作总结	2011. 6. 2
20	中共安县县委	安委〔2011〕86 号	开展向优秀共产党员叶志平同志学习活动的决定	2011. 6. 30
21	安县人民政府	安府发〔2008〕30 号	确保受灾群众临时安置用电的通知	2008. 5. 24

续表

序号	发文单位	文　号	名　称	发文日期
22	安县人民政府	安府发〔2008〕34 号	进一步做好地震灾害后爱国卫生运动有关工作的紧急的通知	2008. 6. 10
23	安县人民政府	安府发〔2008〕36 号	印发《安县抗震救灾资金和物资管理办法》的通知	2008. 5. 20
24	安县人民政府	安府发〔2008〕37 号	做好“5・12”地震灾害受灾群众临时生活救助工作的紧急通知	2008. 5. 20
25	安县人民政府	安府发〔2008〕38 号	做好“5・12”地震遇难人员家属抚慰金发放工作的紧急通知	2008. 5. 21
26	安县人民政府	安府发〔2008〕41 号	“5・12”地震灾后农房重建工作实施意见	2008. 7. 8
27	安县人民政府	安府发〔2008〕43 号	印发《安县地震灾后恢复重建项目审计监督办法》的通知	2008. 7. 21
28	安县人民政府	安府发〔2008〕44 号	保障灾后重建用地有关问题的通知	2008. 7. 19
29	安县人民政府	安府发〔2008〕46 号	进一步做好“5・12”大地震遇难者家属抚慰工作的通知	2008. 7. 24
30	安县人民政府	安府发〔2008〕47 号	做好灾后环境保护工作的通知	2008. 8. 7
31	安县人民政府	安府发〔2008〕48 号	转发《四川省“5・12”汶川地震损坏农房维修加固工作方案》的通知	2008. 8. 6
32	安县人民政府	安府发〔2008〕51 号	地震灾害造成重大损失减征个人所得税的通知	2008. 8. 20
33	安县人民政府	安府发〔2008〕54 号	印发《安县“5・12”汶川大地震城镇受损房屋建筑安全鉴定及修复加固拆除实施办法》的通知	2008. 10. 31
34	安县人民政府	安府发〔2008〕65 号	做好“5・12”地震灾害困难群众后续生活救助工作的通知	2008. 10. 13
35	安县人民政府	安府发〔2008〕68 号	加强农村自建过渡房防寒保暖措施确保受灾群众安全过冬的紧急通知	2008. 11. 13
36	安县人民政府	安府发〔2008〕69 号	“5・12”因灾失地群众返乡安置帮扶工作的实施意见	2008. 11. 24
37	安县人民政府	安府发〔2009〕7 号	地震灾后城镇住房重建工作的实施意见	2009. 2. 18
38	安县人民政府	安府发〔2009〕10 号	加强全县因灾失地群众宅基地用地管理工作的实施意见	2009. 2. 23
39	安县人民政府	安府发〔2009〕23 号	灾后恢复重建和扩大内需项目资金实行跟踪审计的通知	2009. 5. 22
40	安县人民政府	安府发〔2009〕32 号	印发《安县灾后重建项目工程设计变更及造价控制管理规定》的通知	2009. 8. 28
41	安县人民政府	安府发〔2009〕34 号	灾后生态植被恢复重建工作的实施意见	2009. 9. 3
42	安县人民政府	安府发〔2009〕44 号	进一步规范我县灾后重建项目建设的通知	2009. 12. 3
43	安县人民政府	安府发〔2009〕103 号	印发《安县灾后恢复重建项目推进工作行政问责办法（试行）》的通知	2009. 6. 16
44	安县人民政府	安府发〔2010〕41 号	转发《四川省灾后恢复重建对口支援省市援助建设形成的国有资产管理暂行办法的通知》	2010. 11. 4
45	安县人民政府	安府发〔2011〕8 号	将绵阳市安县工业开发有限公司所承担的灾后重建和辽宁援建项目移交给安县富腾实业有限公司的通知	2011. 3. 2

续表

序号	发文单位	文　号	名　称	发文日期
46	安县抗震救灾指挥部	安指〔2008〕1号	统筹做好重灾镇和一般乡镇抗震救灾工作的通知	2008.5.23
47	安县抗震救灾指挥部	安指〔2008〕2号	转发省抗震救灾指挥部关于加强救灾物资发放管理的紧急通知	2008.5.22
48	安县抗震救灾指挥部	安指〔2008〕6号	做好灾后灭鼠防控鼠传疾病工作的紧急通知	2008.5.25
49	安县抗震救灾指挥部	安指〔2008〕7号	切断灾区污染源确保人民生命健康的紧急通知	2008.5.25
50	安县抗震救灾指挥部	安指〔2008〕8号	调整抗震救灾集中救助安置人员安排的通知	2008.5.26
51	安县抗震救灾指挥部	安指〔2008〕12号	印发《安县工业污染源防控和医疗生活建筑垃圾集中安全处置工作方案》的通知	2008.5.27
52	安县抗震救灾指挥部	安指〔2008〕14号	确保灾区饮用水安全的通知	2008.5.28
53	安县抗震救灾指挥部	安指〔2008〕15号	切实加强灾区消防工作的紧急通知	2008.5.29
54	安县抗震救灾指挥部	安指〔2008〕17号	进一步恢复灾后市场供应工作的紧急通知	2008.5.29
55	安县抗震救灾指挥部	安指〔2008〕18号	印发《绵阳市“5·12”地震灾区预防接种实施方案》的紧急通知	2008.5.29
56	安县抗震救灾指挥部	安指〔2008〕19号	进一步明确进驻安县抗震救灾部队任务区的通知	2008.5.30
57	安县抗震救灾指挥部	安指〔2008〕20号	组织发动群众开展生产自救重建家园的通知	2008.5.30
58	安县抗震救灾指挥部	安指〔2008〕21号	成立安县堰塞湖排险工作指挥部的通知	2008.5.30
59	安县抗震救灾指挥部	安指〔2008〕23号	印发《安县茶坪、高川乡堰塞湖突发溃坝后动物尸体无害化处理应急预案》的通知	2008.5.30
60	安县抗震救灾指挥部	安指〔2008〕24号	进一步加强救灾资金和物资管理的通知	2008.5.30
61	安县抗震救灾指挥部	安指〔2008〕25号	转发《四川省地震灾区重大传染病疫情应急处置预案》的通知	2008.5.30
62	安县抗震救灾指挥部	安指〔2008〕26号	切实遏制浪费救灾物资和损害灾区环境现象的紧急通知	2008.5.31
63	安县抗震救灾指挥部	安指〔2008〕27号	做好地震灾后农作物改种补种工作的紧急通知	2008.5.28
64	安县抗震救灾指挥部	安指〔2008〕29号	做好震后建筑垃圾处置工作的通知	2008.5.30
65	安县抗震救灾指挥部	安指〔2008〕30号	转发《震灾地区示范厕所建设工作方案》的紧急通知	2008.6.1
66	安县抗震救灾指挥部	安指〔2008〕31号	进一步加强抗震救灾食品安全工作的紧急通知	2008.6.1
67	安县抗震救灾指挥部	安指〔2008〕32号	做好安县罐滩堰塞湖溃决影响范围人员疏散撤离工作的通知	2008.6.28
68	安县抗震救灾指挥部	安指〔2008〕33号	做好肖家桥堰塞湖溃决影响范围人员疏散撤离工作的通知	2008.5.30
69	安县抗震救灾指挥部	安指〔2008〕35号	做好受灾群众集中安置点和受灾群众防病工作的紧急通知	2008.6.2

续表

序号	发文单位	文　号	名　称	发文日期
70	安县抗震救灾指挥部	安指〔2008〕36号	转发《灾区废物处理卫生防疫技术指导意见》的通知	2008.6.2
71	安县抗震救灾指挥部	安指〔2008〕39号	公布公示救灾物资接受到分配情况的通知成立供给保障社会捐赠组食品安全组的通知	2008.6.3
72	安县抗震救灾指挥部	安指〔2008〕42号	转发省抗震救灾指挥部关于加强和规范水环境质量监测和信息发布的紧急通知	2008.6.4
73	安县抗震救灾指挥部	安指〔2008〕43号	转发中央办公厅秘书局《信息综合专报（545）》的通知	2008.6.4
74	安县抗震救灾指挥部	安指〔2008〕44号	科学规范抗震救灾卫生防疫措施的通知	2008.6.4
75	安县抗震救灾指挥部	安指〔2008〕45号	转发省抗震救灾指挥部关于进一步加强灾区群众供水保障工作的紧急通知	2008.6.3
76	安县抗震救灾指挥部	安指〔2008〕46号	进一步加强灾区动物防疫工作的紧急通知	2008.6.4
77	安县抗震救灾指挥部	安指〔2008〕47号	转发《强化地震灾区传染病防控重点的工作方案》的通知	2008.6.3
78	安县抗震救灾指挥部	安指〔2008〕48号	转发绵阳市“5·12”抗震救灾指挥部《关于切实做好灾区防雨防灾等工作的紧急通知》的通知	2008.6.4
79	安县抗震救灾指挥部	安指〔2008〕49号	转发省抗震救灾指挥部《组织社会监督员开展抗震救灾资金物资监督工作实施方案》的通知	2008.6.5
80	安县抗震救灾指挥部	安指〔2008〕51号	聘请社会监督员开展抗震救灾资金物资监督工作的通知	2008.6.5
81	安县抗震救灾指挥部	安指〔2008〕52号	转发《四川省地震灾区过渡安置点建设消防技术和措施》和《四川省地震受灾群众安置点消防安全管理规定》的通知	2008.6.7
82	安县抗震救灾指挥部	安指〔2008〕55号	征集“5·12”特大地震实物资料的函	2008.6.8
83	安县抗震救灾指挥部	安指〔2008〕56号	印发《安县抗震救灾药品和医疗器械采购管理办法》的通知	2008.6.5
84	安县抗震救灾指挥部	安指〔2008〕59号	印发《绵阳市抗震救灾指挥部水利工作组关于对安县肖家桥、罐滩堰塞湖排险的评估意见》的通知	2008.6.9
85	安县抗震救灾指挥部	安指〔2008〕60号	转发市指挥部关于做好抗震救灾工作文件材料收集、归档工作的通知	2008.6.10
86	安县抗震救灾指挥部	安指〔2008〕61号	转发市指挥部关于做好地震伤员治疗、康复、出院有关工作的通知	2008.6.10
87	安县抗震救灾指挥部	安指〔2008〕63号	对“佳享脆皮鸡肉”火腿肠等冷冻冷藏肉制品进行专项检查的紧急通知	2008.6.6
88	安县抗震救灾指挥部	安指〔2008〕65号	安县抗震救灾指挥部关于加强救援队伍后勤保障工作的通知	2008.6.10
89	安县抗震救灾指挥部	安指〔2008〕67号	安县抗震救灾药品和医疗器械采购管理办法	2008.6.5
90	安县抗震救灾指挥部	安指〔2008〕68号	转发《绵阳市“5·12”抗震救灾指挥部关于认真做好“三孤”人员清理确认和安置工作的紧急通知》的通知	2008.6.11
91	安县抗震救灾指挥部	安指〔2008〕71号	调整供给保障社会捐赠组织职责分工的通知	2008.6.10
92	安县抗震救灾指挥部	安指〔2008〕72号	转发《绵阳市“5·12”抗震救灾指挥部关于尽快恢复地震灾区和集中安置点居民服务业经营和工作的紧急通知》的通知	2008.6.13

续表

序号	发文单位	文　号	名　称	发文日期
93	安县抗震救灾指挥部	安指〔2008〕73 号	选派机关干部到村（社区）参加抗震救灾灾后重建工作的通知	2008. 6. 14
94	安县抗震救灾指挥部	安指〔2008〕74 号	进一步发挥群团组织桥梁作用加强灾后重建工作的通知	2008. 6. 15
95	安县抗震救灾指挥部	安指〔2008〕75 号	充实灾后重建规划实施方案编制成员单位的通知	2008. 6. 15
96	安县抗震救灾指挥部	安指〔2008〕76 号	进一步鼓励农村受灾群众自建过渡期安置房的通知	2008. 6. 14
97	安县抗震救灾指挥部	安指〔2008〕77 号	对机关干部到村（社区）参加抗震救灾灾后重建工作进行督查的通知	2008. 6. 15
98	安县抗震救灾指挥部	安指〔2008〕78 号	印发《安县“5·12”地震灾害农村受灾群众生活用房损毁情况评定办法和标准及自建过渡期安置房的指导性意见》的通知	2008. 6. 15
99	安县抗震救灾指挥部	安指〔2008〕81 号	进一步做好受灾群众活动板房安置管理工作的紧急通知	2008. 6. 18
100	安县抗震救灾指挥部	安指〔2008〕83 号	转发《四川省“5·12”抗震救灾指挥部关于做好地震灾区防雨防灾工作的紧急通知》的通知	2008. 6. 19
101	安县抗震救灾指挥部	安指〔2008〕87 号	转发《绵阳市“5·12”抗震救灾指挥部关于绵阳市城区居民灾后住房救助安置工作的意见》的通知	2008. 6. 22
102	安县抗震救灾指挥部	安指〔2008〕88 号	转发《绵阳市“5·12”抗震救灾指挥部关于加强震后房屋安全鉴定和特级危险房屋拆除工作的通知》的通知	2008. 6. 22
103	安县抗震救灾指挥部	安指〔2008〕89 号	印发《安县“5·12”地震灾害城镇受灾群众生活用房损毁情况评定办法和标准的指导性意见》的通知	2008. 6. 22
104	安县抗震救灾指挥部	安指〔2008〕91 号	印发《安县“5·12”地震受灾群众活动板房安置使用管理办法》的通知	2008. 6. 23
105	安县抗震救灾指挥部	安指〔2008〕97 号	印发《安县“5·12”地震受灾群众过渡期安置活动板房分配入住实施办法》的通知	2008. 6. 25
106	安县抗震救灾指挥部	安指〔2008〕99 号	安县抗震救灾指挥部关于疏通天佛河白石岩段河道及道路的批复	2008. 6. 28
107	安县抗震救灾指挥部	安指〔2008〕100 号	安县抗震救灾指挥部关于落实农村受灾村民自建过渡安置房补助政策的实施意见	2008. 6. 29
108	安县抗震救灾指挥部	安指〔2008〕102 号	受灾群众在城镇搭建临时商业用房及住房相关问题的通知	2008. 6. 30
109	安县抗震救灾指挥部	安指〔2008〕104 号	转发《四川省“5·12”抗震救灾指挥部<关于加强救灾粮食食品质量管理的通知>》的通知	2008. 7. 1
110	安县抗震救灾指挥部	安指〔2008〕105 号	转发《绵阳市“5·12”地震受灾群众集中安置点建立临时社区组织实施意见》的通知	2008. 7. 2
111	安县抗震救灾指挥部	安指〔2008〕107 号	安县农业综合开发优质杂交竹造纸基地建设项目在“5·12”特大地震中损失的情况报告	2008. 7. 7
112	安县抗震救灾指挥部	安指〔2008〕109 号	成立高川地区电力抢险领导小组的通知	2008. 7. 6
113	安县抗震救灾指挥部	安指〔2008〕110 号	对老鹰岩堰塞湖进一步采取排险工程措施的报告	2008. 7. 9
114	安县抗震救灾指挥部	安指〔2008〕111 号	调整充实对口受援办公室工作人员的通知	2008. 7. 9
115	安县抗震救灾指挥部	安指〔2008〕115 号	组织检查验收农村受灾居民自建过渡安置房的通知	2008. 7. 21

续表

序号	发文单位	文　号	名　称	发文日期
116	安县抗震救灾指挥部	安指〔2008〕117 号	印发进一步加强受灾群众集中安置点管理有关规定的通知	2008. 9. 18
117	安县抗震救灾指挥部	安指〔2008〕119 号	转发绵阳市灾区重建工作委员会《关于做好受灾群众集中安置点卫生防疫工作的通知》的通知	2008. 9. 28
118	安县抗震救灾指挥部	安指〔2008〕120 号	确保受灾群众安全过冬的有关问题的通知	2008. 10. 7
119	安县重建委	安重建委〔2009〕3 号	转发《关于进一步做好地震灾区特困户帮扶工作的通知》的通知	2009. 10. 28
120	安县重建委	安重建委〔2009〕4 号	转发《绵阳市人民政府关于又好又快推进恢复重建的通知》的通知	2009. 11. 12
121	中共安县县委办公室	安委办发〔2008〕5 号	抗震救灾和灾后重建重点工作职责分工的通知	2008. 6. 11
122	中共安县县委办公室	安委办发〔2008〕7 号	认真执行《四川省救灾捐赠款物管理使用过错责任追究办法》的通知	2008. 7. 4
123	中共安县县委办公室	安委办发〔2008〕10 号	加强抗震救灾和灾后重建期间财政资金管理的规定	2008. 7. 16
124	中共安县县委办公室	安委办〔2008〕52 号	印发《安县“5・12”抗震救灾指挥部分工职责》的通知	2008. 5. 12
125	中共安县县委办公室	安委办〔2008〕53 号	成立安县电网灾后恢复协调领导小组的通知	2008. 5. 25
126	中共安县县委办公室	安委办〔2008〕56 号	编写《地动山摇之后》的通知	2008. 6. 4
127	中共安县县委办公室	安委办〔2008〕62 号	做好“5・12”地震遇难学生家庭对口联系帮扶工作的通知	2008. 6. 4
128	中共安县县委办公室	安委办〔2008〕63 号	进一步深入实施受灾党员帮扶行动的通知	2008. 6. 17
129	中共安县县委办公室	安委办〔2008〕64 号	成立安县花荄镇柏杨村实施“地震灾后新农村建设技术集成与示范”项目领导小组的通知	2008. 6. 20
130	中共安县县委办公室	安委办〔2008〕65 号	转发县委组织部《关于开展对遇难党员干部家属帮扶工作的意见》的通知	2008. 6. 20
131	中共安县县委办公室	安委办〔2008〕66 号	成立安县灾后恢复重建对口支援工作领导小组的通知	2008. 6. 21
132	中共安县县委办公室	安委办〔2008〕67 号	成立安县花荄镇柏杨村灾后恢复重建试点工作领导小组的通知	2008. 6. 20
133	中共安县县委办公室	安委办〔2008〕72 号	调整和充实灾后农房建设领导小组办公室工作人员的通知	2008. 7. 9
134	中共安县县委办公室	安委办〔2008〕73 号	增补安县人口与计划生育局为灾后恢复重建对口受援工作领导小组成员的通知	2008. 7. 9
135	中共安县县委办公室	安委办〔2008〕74 号	成立灾后恢复重建督查指导工作组的通知	2008. 7. 9
136	中共安县县委办公室	安委办〔2008〕78 号	对“5・12”地震遇难失踪职工亲属开展慰问工作的通知	2008. 7. 16
137	中共安县县委办公室	安委办〔2008〕88 号	转发《关于实施“万村党建富民、建设美好家园”行动的意见》的通知	2008. 7. 30
138	中共安县县委办公室	安委办〔2008〕94 号	进一步加快受灾农户永久性住房建设工作的通知	2008. 8. 21
139	中共安县县委办公室	安委办〔2008〕97 号	“5・12”特大地震抗震救灾百日工作情况的通报	2008. 8. 20

续表

序号	发文单位	文　号	名　称	发文日期
140	中共安县县委办公室	安委办〔2008〕103 号	印发《安县受灾农户永久性住房建设工作考核办法》的通知	2008. 9. 27
141	中共安县县委办公室	安委办〔2008〕104 号	成立“5·12”灾后住房建设工作领导小组集镇重建办公室的通知	2008. 10. 10
142	中共安县县委办公室	安委办〔2008〕109 号	进一步加强办公室自身建设推进“三个服务”工作再上新台阶意见	2008. 10. 27
143	中共安县县委办公室	安委办〔2008〕115 号	扎实抓好受灾群众安全越冬和灾后恢复重建重大项目推进工作的紧急通知	2008. 10. 30
144	中共安县县委办公室	安委办〔2008〕124 号	在全县开展向郑发富等同志抗震救灾先进事迹学习宣传活动的安排	2008. 10. 23
145	中共安县县委办公室	安委办〔2008〕125 号	转发市委办、市政府办《关于进一步加强灾后重建国家投资工程建设项目监督工作的通知》的通知	2008. 12. 16
146	中共安县县委办公室	安委办〔2010〕43 号	举行庆祝辽宁省对口援建三年任务两年基本完成暨辽宁广场命名仪式的通知	2010. 5. 3
147	中共安县县委办公室	安委办〔2010〕62 号	建设“安县灾后重建网”有关事宜的通知	2010. 6. 8
148	中共安县县委办公室	安委办〔2010〕74 号	开展乡镇灾后重建工作督查调研的通知	2010. 7. 12
149	中共安县县委办公室	安委办〔2010〕111 号	整理报送辽宁援建安县工作情况的通知	2010. 10. 12
150	中共安县县委办公室	安委函〔2010〕1 号	辽宁省红十字会援助安县灾后重建项目冠名等事宜的复函	2010. 3. 12
151	中共安县县委办公室	安委办〔2011〕14 号	2011 年全县工作会议精神贯彻落实情况及城镇房屋灾后恢复重建工作进行督查的通知	2011. 2. 25
152	中共安县县委办公室	安委办〔2011〕25 号	做好《汶川特大地震辽宁省抢险赈灾与对口援建志》编纂有关工作的通知	2011. 3. 7
153	中共安县县委办公室	安委办〔2011〕47 号	转发《省委办、省府办关于进一步做好汶川地震灾区因灾失地农民安置帮扶工作的紧急通知》的通知	2011. 4. 26
154	中共安县县委办公室	安委办〔2011〕49 号	加强“5·1”和“5·12”地震三周年纪念活动期间值班工作的通知	2011. 4. 28
155	中共安县县委办公室	安委办〔2011〕51 号	组织开展汶川特大地震三周年暨中国共产党建党九十周年纪念系列活动的通知	2011. 5. 5
156	中共安县县委办公室	安委办〔2011〕67 号	调整安县地震灾区失地农民安置帮扶工作领导小组的通知	2011. 5. 30
157	中共安县县委办公室	安委办〔2011〕71 号	开展灾后重建和扩大内需项目监督检查工作的通知	2011. 6. 10
158	中共安县县委办公室	安委办〔2011〕84 号	印发《<安县抗震救灾和恢复重建经验启示>编纂工作方案》的通知	2011. 7. 11
159	中共安县县委办公室	安委办〔2011〕119 号	开展灾后重建和扩大内需项目检查的通知	2011. 12. 19
160	中共安县县委办公室	安委办函〔2011〕3 号	召开全县灾后重建（辽宁援建）项目推进会的通知	2011. 1. 6
161	中共安县县委办公室	安委办函〔2011〕16 号	召开全县特殊党费项目推进暨组织工作会议的通知	2011. 3. 25
162	安县人民政府办公室	安府办发〔2008〕41 号	在全县开展震后房屋安全检查工作的紧急通知	2008. 5. 26
163	安县人民政府办公室	安府办发〔2008〕42 号	成立协调安县受灾群众过渡安置房建设工作的通知	2008. 5. 27

续表

序号	发文单位	文　号	名　称	发文日期
164	安县人民政府办公室	安府办发〔2008〕43 号	编制“5·12”特大地震后恢复重建规划的紧急通知	2008. 5. 27
165	安县人民政府办公室	安府办发〔2008〕44 号	规范社会各界捐建我县地震灾区公共基础设施项目管理的通知	2008. 5. 28
166	安县人民政府办公室	安府办发〔2008〕45 号	切实做好受灾群众过渡安置房有关用电问题的通知	2008. 5. 30
167	安县人民政府办公室	安府办发〔2008〕47 号	对“5·12”特大地震党政机关办公业务用房灾情进一步核实的紧急通知	2008. 6. 3
168	安县人民政府办公室	安府办发〔2008〕48 号	印发《安县“5·12”地震灾害损失统计工作方案》的紧急通知	2008. 6. 4
169	安县人民政府办公室	安府办发〔2008〕49 号	加强地震灾区受灾群众临时安置点和单位临时办公房防雷工作的紧急通知	2008. 6. 6
170	安县人民政府办公室	安府办发〔2008〕51 号	加强农村档案资料管理的紧急通知	2008. 6. 8
171	安县人民政府办公室	安府办发〔2008〕54 号	灾后重建规划实施方案编制工作的补充通知	2008. 6. 16
172	安县人民政府办公室	安府办发〔2008〕58 号	成立震后新建页岩砖厂矿权设置领导小组的通知	2008. 6. 24
173	安县人民政府办公室	安府办发〔2008〕61 号	加强灾后水稻中后期主要病虫防治工作的紧急通知	2008. 7. 3
174	安县人民政府办公室	安府办发〔2008〕65 号	落实国家下达辽宁省帮助我县就业援助任务的通知	2008. 7. 10
175	安县人民政府办公室	安府办发〔2008〕66 号	灾后重建规划实施方案编制的紧急通知	2008. 7. 21
176	安县人民政府办公室	安府办发〔2008〕70 号	灾后重建红砖需求生产安排的通知	2008. 8. 1
177	安县人民政府办公室	安府办发〔2008〕72 号	在全县开展地震受损城镇居民住房情况调查的通知	2008. 8. 8
178	安县人民政府办公室	安府办发〔2008〕73 号	成立公路沿线农房重建监督检查工作领导小组的通知	2008. 8. 11
179	安县人民政府办公室	安府办发〔2008〕74 号	转发《绵阳市人民政府办公室关于进一步加强受灾群众安置点安全工作的紧急通知》的通知	2008. 8. 12
180	安县人民政府办公室	安府办发〔2008〕75 号	进一步做好受灾群众安置点安全工作的通知	2008. 8. 12
181	安县人民政府办公室	安府办发〔2008〕76 号	公路沿线重建农房外观要求的通知	2008. 8. 13
182	安县人民政府办公室	安府办发〔2008〕77 号	在河道外取砂用于灾后农房建设的通知	2008. 8. 6
183	安县人民政府办公室	安府办发〔2008〕81 号	加强抗震救灾机械设备管理维护的通知	2008. 8. 7
184	安县人民政府办公室	安府办发〔2008〕83 号	做好地震灾区档案抢救收集工作的通知	2008. 8. 18
185	安县人民政府办公室	安府办发〔2008〕84 号	成立安县灾后农房重建建材特供工作领导小组的通知	2008. 7. 27
186	安县人民政府办公室	安府办发〔2008〕88 号	做好我县灾后城镇下岗失业人员灵活就业“40、50”人员社会保险补贴有关问题的通知	2008. 8. 27
187	安县人民政府办公室	安府办发〔2008〕90 号	印发《安县农村药品“两网”灾后重建工作实施意见》的通知	2008. 9. 1

续表

序号	发文单位	文　号	名　称	发文日期
188	安县人民政府办公室	安府办发〔2008〕94 号	加强灾后重建建材价格管理有关问题的通知	2008. 9. 1
189	安县人民政府办公室	安府办发〔2008〕97 号	《地震灾区灾后重建有关农村承包土地问题的处理意见》的通知	2008. 8. 15
190	安县人民政府办公室	安府办发〔2008〕98 号	转发《省政府办公厅关于加强汶川地震灾后恢复重建建材产品质量监督管理工作的通知》的通知	2008. 9. 24
191	安县人民政府办公室	安府办发〔2008〕101 号	转发《关于进一步对农房还本长效保险遗留问题清查处理的报告》的通知	2008. 9. 25
192	安县人民政府办公室	安府办发〔2008〕102 号	灾后重建工程严禁转让中标项目的通知	2008. 9. 27
193	安县人民政府办公室	安府办发〔2008〕108 号	开展灾后城镇住房重建摸底调查工作的通知	2008. 10. 27
194	安县人民政府办公室	安府办发〔2008〕109 号	转发省政府办公厅《关于灾后重建国家投资工程建设项目招标段工作的补充通知》的通知	2008. 10. 28
195	安县人民政府办公室	安府办发〔2008〕110 号	转发《安县民政局关于进一步做好“5·12”特大地震灾后社会福利院新建和农村敬老院恢复重建的实施意见》的通知	2008. 11. 3
196	安县人民政府办公室	安府办发〔2008〕111 号	切实做好我县震后地质灾害防灾避险搬迁安置工作的通知	2008. 10. 10
197	安县人民政府办公室	安府办发〔2008〕112 号	成立灾后重建项目前期工作协调小组和工作组的通知	2008. 11. 6
198	安县人民政府办公室	安府办发〔2008〕116 号	切实加强冬季板房及受灾群众安置点安全工作的通知	2008. 11. 23
199	安县人民政府办公室	安府办发〔2008〕117 号	进一步做好金融支持农房工作的通知	2008. 11. 25
200	安县人民政府办公室	安府办发〔2008〕123 号	转发市府办《关于切实加强灾后重建建材价格管理的紧急通知》的通知	2008. 12. 14
201	安县人民政府办公室	安府办发〔2008〕126 号	进一步做好确保受灾群众安全过冬工作紧急通知	2008. 12. 9
202	安县人民政府办公室	安府办发〔2008〕127 号	灾毁耕地（废弃宅基地）整理复垦项目的实施意见	2008. 12. 16
203	安县人民政府办公室	安府办发〔2008〕128 号	转发《市府办关于印发〈灾后重建工程建设项目招投标程序〉〈灾后重建工程建设项目比选程序〉灾后重建工程建设项目不招标不比选程序的通知》的通知	208. 12. 12
204	安县人民政府办公室	安府办发〔2008〕130 号	成立协助部队开展运输灾后农房重建特供建材物资领导小组的通知	2008. 12. 22
205	安县人民政府办公室	安府办发〔2008〕134 号	加强灾后重建建材运输价格监管的紧急通知	2008. 12. 24
206	安县人民政府办公室	安府办发〔2008〕135 号	灾后重建水泥价格管理有关问题的紧急通知	2009. 1. 5
207	安县人民政府办公室	安府办发〔2009〕2 号	进一步加强干部群众和学校师生心理服务工作的通知	2009. 1. 6
208	安县人民政府办公室	安府办发〔2009〕10 号	印发安县地震灾后恢复重建资金管理暂行办法的通知	2009. 1. 22
209	安县人民政府办公室	安府办发〔2009〕15 号	城镇住房灾后重建规划建设工作的意见	2009. 2. 6
210	安县人民政府办公室	安府办发〔2009〕16 号	加强灾后恢复重建中政府采购监督管理工作的通知	2009. 2. 6

续表

序号	发文单位	文　号	名　称	发文日期
211	安县人民政府办公室	安府办发〔2009〕38 号	检查乡镇抗震救灾资金的通知	2009. 3. 4
212	安县人民政府办公室	安府办发〔2009〕70 号	预拨“5·12”特大地震宅基地灭失补助资金的通知	2009. 4. 24
213	安县人民政府办公室	安府办发〔2009〕77 号	切实加强我县山区永久性安置点地质灾害防治工作的通知	2009. 5. 4
214	安县人民政府办公室	安府办发〔2009〕79 号	进一步做好地震伤员康复工作的通知	2009. 5. 6
215	安县人民政府办公室	安府办发〔2009〕90 号	落实宅基地灭失群众政策性补助资金有关规定的通知	2009. 5. 25
216	安县人民政府办公室	安府办发〔2009〕96 号	半于进一步加强受灾群众集中安置点安全管理工作的通知	2009. 6. 5
217	安县人民政府办公室	安府办发〔2009〕107 号	对各乡、镇抗震救灾及灾后重建和涉农财政补贴资金管理使用情况进行集中检查的通知	2009. 6. 21
218	安县人民政府办公室	安府办发〔2009〕108 号	加强活动板房后期管理的通知	2009. 6. 22
219	安县人民政府办公室	安府办发〔2009〕114 号	印发《农村困难群众震后房屋重建贷款担保基金管理实施办法》的通知	2009. 7. 3
220	安县人民政府办公室	安府办发〔2009〕132 号	印发《安县灾后恢复重建项目使用政府性资金审批管理暂行办法》的通知	2009. 8. 5
221	安县人民政府办公室	安府办发〔2009〕135 号	拨付“5·12”地震灾后农村宅基地灭失补助资金的通知	2009. 8. 22
222	安县人民政府办公室	安府办发〔2009〕136 号	认真开展四川省汶川地震灾后恢复重建规划项目调整工作的通知	2009. 8. 25
223	安县人民政府办公室	安府办发〔2009〕38 号	改制企业职工住房灾后重建实施意见	2009. 8. 27
224	安县人民政府办公室	安府办发〔2009〕141 号	印发《安县农村畜禽圈仓灾后恢复重建补助项目实施方案》的通知	2009. 9. 9
225	安县人民政府办公室	安府办发〔2009〕146 号	切实抓好村级和社区综合服务设施恢复重建工作的通知	2009. 9. 24
226	安县人民政府办公室	安府办发〔2009〕155 号	印发《安县征地拆迁灾后重建房屋补偿标准（试行）》的通知	2009. 10. 20
227	安县人民政府办公室	安府办发〔2009〕158 号	做好“5·12”地震灾毁耕地（废弃宅基地）自行复垦工作的通知	2009. 10. 29
228	安县人民政府办公室	安府办发〔2009〕159 号	进一步落实困难农户农房重建担保贷款工作的紧急通知	2009. 10. 30
229	安县人民政府办公室	安府办发〔2009〕162 号	印发《安县微型水利设施项目灾后重建实施方案》的通知	2009. 10. 26
230	安县人民政府办公室	安府办发〔2009〕163 号	印发《安县灾后重建项目实施调整审批办法》的通知	2009. 11. 2
231	安县人民政府办公室	安府办发〔2009〕164 号	下达灾后村道抢通保通恢复重建工作任务的通知	2009. 9. 30
232	安县人民政府办公室	安府办发〔2009〕170 号	印发《在全县灾后基层政权建设建设中落实社区和农村警备工作的通知》的通知	2009. 11. 16
233	安县人民政府办公室	安府办发〔2009〕173 号	印发《在全县灾后基层政权建设中落实社区和农村警务工作的通知》的通知	2009. 11. 16
234	安县人民政府办公室	安府办发〔2009〕175 号	切实做好防范我县“5·12”地震灾后农房重建贷款风险工作的通知	2009. 12. 3

续表

序号	发文单位	文　号	名　称	发文日期
235	安县人民政府办公室	安府办发〔2009〕177 号	加强灾后重建工程拖欠工程款和民工工资监督管理的通知	2009. 12. 10
236	安县人民政府办公室	安府办发〔2009〕178 号	拨付“5·12”地震因灾宅基地灭失农户安置调地经费的通知	2009. 12. 16
237	安县人民政府办公室	安府办发〔2009〕185 号	印发《安县农村饮水安全工作工程灾后重建项目实施管理办法》的通知	2009. 12. 30
238	安县人民政府办公室	安府办发〔2009〕187 号	拨付“5·12”汶川地震因灾耕地全部灭失农民安置调地地经费的通知	2009. 12. 31
239	安县人民政府办公室	安府办发〔2010〕8 号	加强贫困村灾后重建项目管理的通知	2010. 1
240	安县人民政府办公室	安府办发〔2010〕33 号	做好板房安置点消防隐患整治工作的通知	2010. 3. 25
241	安县人民政府办公室	安府办发〔2010〕34 号	加快推进灾毁耕地整理复垦工作的通知	2010. 3. 25
242	安县人民政府办公室	安府办发〔2010〕38 号	进一步加强农房重建档案管理工作的通知	2010. 4. 12
243	安县人民政府办公室	安府办发〔2010〕45 号	加强灾后生产恢复重建资金使用管理的意见	2010. 4. 13
244	安县人民政府办公室	安府办发〔2010〕46 号	印发《安县受灾群众相对集中安置点及重大工程建设项目地质灾害复查复核工作方案》的通知	2010. 4. 13
245	安县人民政府办公室	安府办发〔2010〕47 号	印发《安县汶川地震灾后恢复重建产业重建项目贷款贴息资金管理办法》的通知	2010. 4. 20
246	安县人民政府办公室	安府办发〔2010〕51 号	印发《安县 2010 年“5·12”地震灾后农房重建贷款收回工作任务的通知》	2010. 5. 6
247	安县人民政府办公室	安府办发〔2010〕64 号	印发《安县灾后农业生产产业化重建项目实施检查验收及报账办法》的通知	2010. 6. 10
248	安县人民政府办公室	安府办发〔2010〕67 号	进一步做好《〈汶川特大地震安县抗震救灾志志〉赈灾篇》编纂工作的通知	2010. 6. 12
249	安县人民政府办公室	安府办发〔2010〕72 号	印发《安县灾后森林植被恢复建设人工造林项目检查验收和报账方法》的通知	2010. 6. 18
250	安县人民政府办公室	安府办发〔2010〕73 号	《关于做好灾后重建，拉动内需务外贷款建设项目档案管理工作的通知》	2010. 6. 30
251	安县人民政府办公室	安府办发〔2010〕77 号	《关于督查灾后恢复重建项目的通知》	2010. 6. 30
252	安县人民政府办公室	安府办发〔2010〕87 号	《关于地震后恢复重建项目施工过程中工程质量变更和结余资金调整有关事项的通知》	2010. 7. 30
253	安县人民政府办公室	安府办发〔2010〕96 号	印发《安县 2010 年农房重建贷款风险防控工作方案》的通知	2010. 8. 31
254	安县人民政府办公室	安府办发〔2010〕99 号	调整农村道路灾后重建工作任务的通知	2010. 9. 6
255	安县人民政府办公室	安府办发〔2010〕108 号	印发《安县林区防火生产道路灾后重建项目实施方案》的通知	2010. 10. 20
256	安县人民政府办公室	安府办发〔2010〕117 号	对灾后重建在建项目供灾损失认定及其相关事宜的通知	2010. 11. 16
257	安县人民政府办公室	安府办发〔2010〕132 号	进一步做好灾后重建项目联审工作的通知	2010. 12. 6
258	安县人民政府办公室	安府办发〔2010〕133 号	做好灾后重建项目中农民工工资支付工作的通知	2010. 12. 7

续表

序号	发文单位	文　号	名　称	发文日期
259	安县人民政府办公室	安府办发〔2010〕139 号	认真抓好有利时机切实做好农房重建贷款回收工作的通知	2010. 12. 23
260	安县人民政府办公室	安府办发〔2011〕3 号	灾后重建项目工程造价变更有关事项的补充通知	2011. 1. 6
261	安县人民政府办公室	安府办发〔2011〕26 号	下达 2011 年“5・12”地震灾后农房重建贷款收回工作目标任务的通知	2011. 3
262	安县人民政府办公室	安府办发〔2011〕30 号	印发《安县“5・12”地震安置受灾群众板房用地处置方案》的通知	2011. 3. 25
263	安县人民政府办公室	安府办发〔2011〕42 号	对灾后重建形成的资产和原有的房地产进行清理的通知	2011. 4. 6
264	安县人民政府办公室	安府办发〔2011〕64 号	加快安县灾后重建城乡建设用地增减挂钩项目实施工作的通知	2011. 5. 12
265	安县人民政府办公室	安府办发〔2011〕65 号	进一步做好因灾失地农民灾毁耕地整理复垦工作的通知	2011. 5. 12
266	安县人民政府办公室	安府办发〔2011〕97 号	完善灾后重建项目资料的通知	2011. 6. 10
267	安县人民政府办公室	安府办发〔2011〕98 号	加快卫片执法完善灾后重建项目用地手续的通知	2011. 6. 9
268	安县人民政府办公室	安府办发〔2011〕157 号	加快推进地震灾后恢复重建基本建设项目竣工财务决算工作的通知	2011. 9. 30
269	安县重建委办公室	安重建办〔2009〕1 号	转发《关于进一步做好扩大内需促进经济增长加快灾后恢复重建政策落实监督检查工作的通知》的通知	2009. 4. 9
270	安县重建委办公室	安重建办〔2009〕2 号	落实受灾群众安置点防火和灭火应急机制的通知	2009. 4. 14
271	安县重建委办公室	安重建办〔2009〕3 号	开展城乡过渡安置点火灾等安全隐患排查工作的通知	2009. 5. 4
272	安县重建委办公室	安重建办〔2009〕4 号	督查开展城乡过渡安置点火灾等安全隐患排查、整改的通知	2009. 5. 11
273	安县重建委办公室	安重建办〔2009〕5 号	转发《市重建委办公室关于实施灾后恢复重建农房竣工验收工作指导的意见》	2009. 5. 12
274	安县重建委办公室	安重建办〔2009〕8 号	对灾后恢复重建有关情况实行周报制度的通知	2009. 6. 10
275	安县重建委办公室	安重建办〔2009〕9 号	转发市重建办《关于严控建材企业规模严管建材价格质量的通知》的通知	2009. 7. 3
276	安县重建委办公室	安重建办〔2009〕10 号	进一步加快推进农村永久性住房建设的通知	2009. 7. 20
277	安县重建委办公室	安重建办函〔2009〕1 号	加强救灾应急储备物资管理的通知	2009. 3. 2
278	安县重建委办公室	安重建办〔2010〕2 号	切实加强灾后重建公共设施使用管理的通知	2010. 12. 25
279	安县重建委办公室	安重建办〔2010〕5 号	转发《绵阳市重建委办公室绵重建办〔2010〕16 号文件》的通知	2010. 5. 27
280	安县重建委办公室	安重建办〔2010〕7 号	转发《市重建办市目标督查办关于开展城乡住房重建问题排查和整改工作的通知》的通知	2010. 6. 28
281	安县重建委办公室	安重建办〔2010〕9 号	转发绵重建办〔2010〕30 号文件的通知	2010. 11. 19
282	安县重建委办公室	安重建办〔2010〕10 号	调减部分灾后重建项目中央基金的通知	2010. 12. 3

二、艺 文

惊闻故乡地震消息有感

吴庚舜

安州蜀水畔，梦里常追寻。
岭似三峡峻，江如九寨清。
千佛邻雪域，浮山云外屯。
县南石林秀，温泉气氤氲。
沸水出佳酿，白水湖粼粼。
文化喜悠久，地灵学海深。
沙汀笔如椽，中外素所钦。
蜀人写蜀事，蜀语苦难呈。
红旗改面貌，建设日日新。
好事多磨难，前进历艰辛。
突闻汶川震，故乡受灾侵。
漫漫五一二，通讯骤然停。
心中急如火，呼天天不闻。
瞑坐想故园，灾难幻亦真。
似闻山倒塌，似闻地裂崩。
似闻河喷激，似闻暴雨声。
似见弟奔走，似见诗友奔。
似见民房夷，似见子失亲。
亲戚埋瓦砾，乡邻哭断魂。
多苦难，摧肝心！热泪横流天地昏。
好传统，爱人民，指挥若定总理声。
八方援救及时至，舍生忘死子弟兵。
赈灾自救两结合，动人事迹最可珍。
房屋急修建，重伤得重生。
道路保安全，通电到村村。
田野忙收获，厂矿生气生。
战胜天灾后，故乡重繁荣！

2008年5月15日作于北京文学所

（作者系安县人，中国社会科学院文学研究所研究员、博士生导师、著名唐诗研究专家）

汶川灾变长歌

徐世丕

其一

蜀山巨灾惊世衷，万千生灵陷危穹。
山“合”水掩屋成砾，风啸地裂人变虫。
龙门卅载两度虐，西川今岁一夕空。（注1）
天府锦绣忽成昨，父老弟妹安危中。

其二

黎庶高层心同感，军民血肉情何堪！
噩耗演成生死令，天灾激发华夏缘。
塌楼不掩生命光，断路岂阻救人团！
环球人道寓真情，救死扶伤爱无边！

其三

戊子多难恸蜀乡，汶川极震毁两“阳”（注2）。
山倾江阻城颠覆，地崩天哭人悲亡。
罹难同胞魂已渺，幸存众生唯坚强。
三分默哀天动容，华夏儿女悼国殇！

其四

曾经苦难心犹怖，长歌当哭我扶桑。
震魔无情毁山河，苍生有志抗灾殃。
极限难扼生命力，地狱不掩人性光。
今非昔比国运盛，祈我家国早平康！

2008年5月13—19日

注1：龙门山断裂带32年来，已发生两次大地震。上一次是1976年盛夏，发生在四川松潘、平武的7.2级地震；另一次即2008年5月12日发生在汶川8.0级大地震。注2：两“阳”：指受灾最重的绵阳市、德阳市。

（作者系安县人，《中国文化报》副总编辑）

一个人张灯结彩

肖　棱

地震夺去了她的丈夫和儿子
她曾整日消沉

今年大部分寨子都
不过羌年
春节就显得很重要
她决定
一个人也要张灯结彩

腊月二十九
她将羌红挂在板房的屋顶上
再在房前挂上红灯笼
然后贴上黄色的对联
上面有她深情的挽词
除夕夜
她穿上亲手缝制的盛装
戴上结婚时他送的银圈子
板房虽小还是要
像他那样藏好旧年的刀锄
反正就她一人
不会有其他人看见
也就不担心谁会毁了来年的运气
该倒青稞酒了
一杯
两杯
酒壶在空中停顿了一下
儿子还小
要不要也倒一杯呢
她又停顿了片刻
然后倒下第三杯

自从住进板房
她从未感觉过孤单
她四处去给那些建房的乡亲帮忙
她感觉浑身上下有使不完的劲
她明白
地震夺去亲人的躯体
但是留下了他们的灵魂和力量
在屋里她随时能闻到他们的气味
只要一睡着他们就和她在一起
现在她看见他们从开着的门外走进来了
丈夫进门时还向她藏刀锄的角落瞄了一眼
她的心怦地跳了一下
天哪
千万不要被他发现
她轻轻的嘬了一口酒

像是怕惊扰了什么
她记得是咽下去了的
结果酒又从眼里溢了出来
她环顾周围
板房里装饰真是简单啊
就像他们多年来的生活
她想
这么多年来怎么就没感受到
这是一种幸福
现在
这简单的幸福包围着她和她的板房
包围着他们三个

2009 年 3 月 20 日

（作者系安县银河建化集团职工）

直击大地震中的安县

杨永安

2008 年 5 月 12 日，天气凉，太阳一会从云缝里钻了出来，地面顿时显现着黄白色的光，一会儿躲进云层里，顿时天又变得有些阴沉。不过天气还算凉爽，一改前几天 32℃—33℃的高温，室内可能最多 25℃—26℃。

亲身历险

14 时 28 分，汶川大地震发生了，第一冲击波到来时我立即感觉到了，按以往经历估计有 4—5 级。方向是由东北向西南晃动，我在沙发上感觉沙发像有人往前一推又往后一搬。我爱人午休也刚刚起了床，梳洗后坐在沙发上换鞋子，刚好穿了一只皮鞋，另一只脚还穿着拖鞋，我们不约而同地大声说“地震了”。约 7 - 10 秒，第二冲击波以更大的力量冲来，我已与爱人冲进了盥洗间。我爱人叫我快蹲下，我已站立不稳被重重地摔在地上。我回答说我已震坐在地上了。我住的一幢 5 楼一底的砖混大楼，我感觉就像是一个竹子扎成的傣族居住的小竹楼，有人使劲地在摇，楼上、楼下、地板叽叽嘎嘎地响个不停。楼房像一个正在发痉疾打摆子的人，不停地抖，抖得越来越厉害……同时，我感觉又好像正乘着一只木船遇上了十级大风，楼房在上下剧烈地颠簸。我与爱人说今天楼房要垮。我使劲地抓住盥洗间的水盆抬头，从窗户往外看，只看见屋外顿时刮起了一阵大风，风中裹挟着黄色灰尘向西南方吹去。顿时天昏地暗，屋里屋外乒乒乓乓乱响。隔着一堵围墙老百姓的二楼高的烟囱砸在瓦房上的瓦片破碎声，家里电器倒地破碎声，楼上住房的家电、装饰品倒在楼板上的响声，乱成一片。什么叫山摇地动？什么叫惊天动地？我感悟到了。

家里的小狗旺旺（约 1 岁），始终跟着我爱人吓得浑身打战，不停地往人身上跳，这只狗特别聪明，我爱人紧紧地抱着它。另一只小狗珠珠吓得一声不响，躲在沙发下面而不敢动弹。约摸 1 分多到 2 分钟，我们感到地震停了下来。我与爱人迅速打开大门向开阔地跑去。到了安县中学家属楼通道我才看见我爱人起床后鞋子还没有换好，一只脚穿着高跟鞋，一只脚穿着拖鞋。这时她很清醒，立即用手机给学校打电话，可全是忙音；她说我没有提包，你快给我点钱我要坐三轮到花荄小学，我是分管安全的副校长，此时必须到学校去。我也没有带钱，因为我平时回家把自己身上的硬件钥匙、打火机、钱包全部放在茶几上，这是几十年养成的习惯，身上分文没有，我只好跟门卫同志借了5元钱，交给她。她与其高中同学黄志群换了一双拖鞋，急匆匆离开了安县中学，向学校走去。此时，余震不断，安中食堂右侧靠近公路的草坪上已站满了人，大家纷纷诉说在地震到来时的亲身感觉。

友邻感悟

地震，使大家惊恐不已，纷纷诉说自己感受，议论着震级和烈度。有的说有6级多，有的说有7级多。

守门的刘师傅和陈师傅说地震时他们在门口值班室看见礼堂三层大楼框架结构从东南向西北，倒过去倒过来，连续了三四次，再摇一两下可能就要倒了。我抬头向礼堂望去，只看见墙上的水泥砖、装饰品都掉了下来，墙体裂了一条缝。他们还说看见校门前大地已凸起至少25度的斜面又平下去了。地面像海水的波浪一涌一涌的向前推动，他们感觉是地震了，连忙扶住椅子，才没有倒在地上。

政教处一位管理员文老师（56岁），说他骑着摩托车送孙子到幼儿园回来，中午喝了点白酒，突然看见他住的一号楼天旋地转，他以为自己中午酒喝多了，心想今天要醉死。正想着摩托车和人一块重重地摔在地上，他爬起来一看，楼房好似也想赶场，从东北向西南，赶绵阳去了，整个楼房向前一倾又往后一退这样连续有3—4次，由东向西再由北向南剧烈晃来晃去，中间的沉降缝张开一尺多，又很快合拢。突然沉降缝中间冒起了一股黄烟，文老师以为着火了，大喊房子燃了，房子燃了！结果发现是两楼相撞引起的灰尘不断上升成烟雾。

广场草坪里人们仍述说大地震感觉。有的说从来没有感觉过这么强的地震，有的说唐山大地震，1976年的松潘大地震我们都没感觉到震级这么大，时间这么长，这次地震肯定距离近、震级高，大家都在猜这次地震到底有几级。

这时，有人拿出手机打电话，通信中断，一个电话也打不出去，值班室老师开电灯，电灯没有亮，值班室旁边有一个自来水龙头是用来洗手的，开始还有一点水，后来就没有了压力，约摸十分钟就滴水不流了，天然气也停了。这时我听到救护车的鸣叫、消防车的警笛，心想肯定是出现了伤亡。我想上街去看一看，刚一出校门看见公路上、田埂上到处是惊恐万状的人，大家互相述说着见闻。

目睹灾难

我再向田野望去，老百姓的小洋楼，有的倒塌了，有的虽没有倒，没有垮，楼房上的城堡却倒了下来，钢筋像几条粗壮的手臂抓着摇摇欲坠的砖块和水泥块。有的楼房上的自建水塔倒了，墙上还在流水。有的楼房像一个醉汉东倒西歪，不成样子，有的小青瓦房全散了架，地上尽是砖头瓦块……老百姓瞪大惊恐的眼睛望着自己的家园，没有人哭，也没有人闹，除了惊恐，还是惊恐。

我大步向五路口走去，街上旧房几乎全部垮塌，老百姓自建两楼一底、一楼一底小洋房80%倒塌，100%成了危房。伤员已被县医院、镇卫生院接走。垮房处是衣物、家私、家电、破裂的墙体、破碎的瓦砾、倒塌的电杆、满地的电线。绝大部分人们还在惊恐中，有部分胆大的人已开始自救，从废墟、瓦砾中捡可用的衣服、被子和日用品……

我继续向花荄镇中心小学走去。沿途路过几个副食店，农村超市，只见胆大的店主正在组织员工抢救物资，刺鼻的酒味满街散发着，有的人头砸破了就用白帕子包着，有的到医院处理后，又回来了，抢救自己的财产。货柜倒了，瓶装酒、瓶装醋、酱油倒了一地散发着难闻的气味。当我到了小学，发现全校近2000名师生全部集中在操场，教学楼、教师宿舍楼已缺胳膊少腿，东倒西歪。由于学校四月十几号才搞了消防安全疏散演练，加之学校作息时间是14时30分上课，绝大部分学生正在向教室走去，而没有一人伤亡。学校领导教师等已分组分别到村小检查震情，救护师生。留在中心校的老师也正在等待家长前来带领孩子们回家。我看了一切都好，又沿前来的线路返回。这时，见街上的社区居民和商店店员似乎已经从大震中醒来。人们发现，这是安县有史以来，至少近59年没发生和没有经历的一次巨大的破坏性地震。人们争相在已开门的店铺买蜡烛，买方便面，买矿泉水，买饼干。不到1个小时人们已把能搬动的床、被子、电视、锅碗瓢盆搬到了街沿的两边过街公路两边。街道更加窄了。这时，我发现前来店铺购物的人开的小汽车、骑的三轮车、摩托车、自行车等都被倒下房屋埋在废墟里。有的砸烂了挡风玻璃，有的砸烂顶篷，有的只能看到小车的尾巴，有的已被从中间砸断，小车的两头翘起，有的已被全埋，只隐约看见有一个小车的形状，有的地方还有鲜红的血。我想肯定有人负了重伤……

我很感激我们的白衣战士，在第一时间仅仅一个多小时，把花荄新县城和旧街的伤员，全部救走并及时处理，使很多宝贵的生命得以延续。我快步向县委、县府办公大楼走去，到县委宣传部办公室已空无一人，我想他们一定到抗震救灾一线去了。看见县委办一位领导，并向他请示安排工作，他说你们50岁以上老同志，县委领导指示搞好自救，注意保重，暂无任务。最后，他又补了一句，你是县委、县府督查员明早在旗杆下面集中，县抗震救灾指挥部有安排，……

下午约17时，手机收到了女儿从成都发来的短信，了解了灾情；同时也收到祖国四面八方我的朋友发来的问候短信，可就是回不过去，也打不出去。安中一位老师拿了一部收音机来，从中国国际广播电台证实了，下午14点28分四川汶川发生了强烈地震，震级7.8级（后更正为8.0级），党中央、国务院已紧急部署抗震救灾。温家宝总理已飞赴四川，到了都江堰察看灾情，指挥抗震救灾，公路上也看到公交车、公共汽车开始行驶。机关干部前往乡镇、下属单位了解灾情。据乡亲们说，下午还看见有十几辆军车载着解放军通过花荄向安昌镇方向驶去。

晚19点左右，我爱人从村小检查工作回来，我得知她们学校近3000名师生无一伤亡，但学校校舍已绝大部分垮塌，成了危房，学校全面停课，学生已由家长接走。我爱人与我一起回家，准备拿点东西，我们带着两只小狗一道回家，但小狗走到门口怎么也不进屋，只在门口叫。我们迅速抱了被褥到小学，与老师们一道抬了四张小课桌当床防震。当晚陆续从全县各乡镇回来的受灾群众口中得知，安县受灾严重，农村、场镇房屋垮塌，已知全县有数百人遇难，众多群众受伤、医院已住满了伤员，很多医院医务人员只好把伤员放在露天救治，安县已有公安、消防、武警、民兵，预备役官兵在县委、县府统一指挥下深入灾区抗震救灾。高川、茶坪两乡在地震时山崩地裂交通中断，两乡音信全无，成了生命的“孤岛”。只听说睢水至高川公路因山崩塌方，被山体掩埋了100多辆汽车，死了不少人。高川有7000多人，茶坪有8000多人。高川乡是我出生地，家就在泉水二组，家里还有两个姐姐、两个兄弟。杨家在泉水、二郎两村都是大姓有上千人，茶坪也有亲戚，我为两乡1.5万多父老乡亲担心，也为我的亲友担心。

当晚，我们住在一起的近200多名受灾群众都没有饭吃，没有水、没有天然气、没有电，都纷纷到没有垮塌已成危房的超市买饼干、方便面，我们也只吃了几块饼干，喝了点矿泉水。

夜幕降临，四处漆黑，小孩在哭闹，大人们有的冒着生命危险回到摇摇欲坠的破楼，小心翼翼地找到蜡烛、手电来到临时“防震棚”。这一夜很多人没有睡。我躺在桌子上蚊虫不停地叮咬，更是无法入睡。我开始回忆近几天小动物的异常情况。记得“5·12”前一周，家里两只小狗不怎么吃食，晚上也不安心睡觉。记得从5月9号到11号三个晚上，珠珠半夜2—3点起来在我们的寝室不停地走，走得木地板哒哒哒地响，吵得我很烦，起来骂它。本来珠珠是很乖的，晚上一早就进自己的窝里睡觉，早上我们起床它才出来，但1976年唐山地震后30多年我们把动物的这种反常早已忘了。再说旺旺也有反常现象，只不过没有引起我们的注意。10号晚上睡到半夜我觉得枕边有一个毛茸茸的、软乎乎的东西，一摸是小狗旺旺，这是一年来从来没有发生的事。旺旺从买回后一直到10号晚上从来没有上过床，也没有与人一起睡过，我把它放进窝里，天亮时我发现它又睡在我的脚旁，我再次把它放在窝里。但7时30分我起床时，它却睡在我的拖鞋上。这些，都没有引起我的注意。这些反常现象，可能是动物的异常反应。我想着想着，蒙眬入睡，但仅十几分钟，我又觉得地在动，一头爬了起来，这样一夜都没有睡好。

2008年5月13日

（作者系中共安县县委宣传部干部）

安县人民医院不寻常的草坪

张清儒

2008年5月12日，我在上班，地震发生后，我负了轻伤。妻子陪我走到县医院已是下午3点过。沿路上，慌慌张张的人群东奔西走，车辆也匆匆忙忙，昔日宁静有序、繁荣的景象荡然无存。当走进县医院大门时，看见医院内地上、草坪上到处是伤员。有些是用门板或担架抬来的，或是用车送来的，都躺在地上；有些还能走动的，就席地坐在草坪上、石头上、树脚下，总之，到处是受伤的人员，男女老幼约一二百人，伤者个个头破血流，手脚骨折，喊叫声、哭啼声、医生护士急忙施救的说话声、抢救伤员快步小跑的脚步声响成一片。我看见数十名医护人员来回奔走，汗流满面，繁忙的救治伤员。危重病人马上将液体挂上，草坪内树枝上、竹竿上到处吊着输液瓶，没有地方挂了，有的亲属手举着输液瓶给躺在地上的亲人输液。此时，我由衷感悟到白衣天使的神圣伟大，此刻，多么需要更多的白衣战士啊！大约过了半小时，四面八方送来的伤员越来越多，我理解，医生这时在抢救危及生命的伤者。我看见过去县医院院长姜菽芳医生，还有张友平主任等正在指挥医护人员作抢救工作。这时，县委常委、组织部部长贾友忠、副部长陈华和县卫生局领导同医院领导站在现场研究工作，我想：肯定是在汇总情况，研究抢救方案，为县委指挥这次抗震救灾提供救治伤员的决策依据。我昏昏沉沉地靠着一棵碗大的树干坐着，等到大约下午5点左右，一位医生来看了我的伤，给我编上号贴在手臂上，说："要缝几针，现在针用完了，等明天吧。你右眼肿得成一条逢，等消炎后才可以检查眼底有无问题。"我没有任何想法，只说好，谢谢！因为我很庆幸。我从进医院到现在已看见有七八个伤者死亡向医院最后面抬去，随行的亲属泣不成声。

天黑下来了，县医院将停车棚作了病房，又在草坪上搭了五六个帐篷，重伤病人安置在帐篷内，还搭了两个帐篷做临时手术室，医生护士就在里面通宵做手术。从医护人员互相谈话中我知道：地震发生时，许多医护人员将正在住院的病人抢救下来；有的还在休假中大震刚过，便主动停止休假赶回医院加入抢救伤员行列；有的至今还不知家里亲人消息，一心埋头抢救伤者；有的到半夜还未喝一口水，吃一点食品。此时，我怨恨地震，尤其怨恨将我抛向玻璃大门那一下巨大震动。否则，我不会受伤，我也会加入抗震救灾队伍……此时此刻的我比起这些平凡而伟大的忘我工作的战士，我感到愧疚。

我们斜靠在树干旁，身旁一位农村老大爷头部受伤，没有亲人也没吃晚饭，我们便拿了一瓶矿泉水和一盒饼干给他，并对他说：党和政府会管你的。为了减轻头部疼痛，我将头枕在妻子冯丽萍的手臂上，我们从中午以来已是水米未沾，在饥寒、惊恐、疼痛交织难挨的夜半时分，老天像是存心与我们作对似的，又下起雨来。这时，旁边一位不愿留姓名的伤员亲属，轻轻地将一条毛毯盖在我们身上避寒遮雨，并说"别感冒了，看遭破伤风"。妻无甚感激，当即赋诵《大地震劫生即言》小诗以答谢恩人。此情此景，真是令人感动难忘。

13日早晨，几个医生护士按昨天编号在草坪上处理伤者，近中午轮到我了，医生看了我额上的伤口说："缝三针，忍着痛，没有麻药，家属把他按紧点。"我只好听从医生命令，躺在草地上，冯丽萍使劲将我的双手按住，我闭上眼睛，咬住牙，心里想：只在《三国演义》中看过关云长不要麻药刮骨疗毒的故事，这次不用麻药缝伤口，看来我也要学下关云长的英雄胆气了。其实，当天在草坪上处理了近百名伤者，都是这样医治的。说心里话，不是医生狠心，当时缺药、缺设备，只有这个医疗条件救命要紧。白衣战士的心，是善良的。

2008年6月

（作者系中共安县县委党史研究室、县地方志办公室干部）

安昌镇亲历“5·12”大地震

旭　恒

5月8日，女婿用车送我和昌莹回到安县。

这么多年我们都是秋冬在成都儿女处过，春夏在故乡住几个月，像候鸟一样在成都安县之间飞来飞去，暑假再把孙女珈珈带回安县避暑，今年也是这样打算安排的。

5月10日，安州诗词学会召开了《安州诗词》第九辑编委会，张清儒会长在会上安排了工作，明确了各自职责任务，中午聚了餐，诗友们谈笑风生，其乐融融。

几天来，我沉浸在刚回到故乡及与文友相逢的喜悦之中，不料天有不测风云，一场巨大的灾难已步步逼近，悄然而至。12日吃过午饭后，昌莹在拖地板、做清洁，我惬意地靠在客厅沙发上看电视，那天科教频道播的是沈从文先生跟张兆和女士的情书故事传奇。我正看得津津有味，忽然，我感觉房子摇了一下，随后似乎又归于平静，我的第一反应是地震了。安县地处龙门山地层断裂带，多年来小震时有发生，我们已经见惯不惊、习以为常。谁知几秒钟后，忽见窗外狂风大作、飞沙走石，天也暗了下来，房屋开始剧烈摇动，铝合金窗框“哗哗”作响，很快被震掉了，饮水机、温水瓶、花瓶打倒在地，书架上的书报撒满了屋，厨房的坛坛罐罐都打烂了，一片狼藉。我抓住沙发扶手想站起来拉昌莹，哪里站得稳，一下子被摔在沙发上。我们从未见过这样突如其来的阵仗，都很紧张，昌莹吓得脸色惨白、浑身发抖。我看到挂壁画的那面墙大幅度的左右晃动，又上下波动，像跳舞一样，大起大落，屋顶似乎要塌下来，简直吓惨了。我们政协宿舍楼是1990年修的，只有客厅是现浇的框架结构，其他房间和阳台都是预制板，我想框架可能都保不到险，今天肯定凶多吉少，只好听天由命了。那恐怖、无助、难挨的分分秒秒，显得是那样漫长，大脑一片茫然、空白。过了好久好久，房屋才逐渐停止了摇晃，感觉有四五分钟。我慢慢站起来开门去拉电闸，谁知防盗门被挤压变形一时打不开，我又急了，还好，压得不很实在，使劲推了几下才把门推开。门一开，一股呛人的黄尘烟雾扑面而来，令人睁不开眼睛，我用手捂住嘴巴，随便抓了两件衣服，拉着昌莹下楼逃生。幸喜楼梯还在，但承重墙已经被震裂了，一条曲曲弯弯的裂缝，从我住家的五楼，断断续续延伸到四楼、三楼、二楼、一楼。我扶着昌莹，小心翼翼地下楼，生怕楼会随时垮塌下来，也不敢走快了，万一脚被扭伤更麻烦。我们战战兢兢走下楼，政协院坝里砖头、瓦砾横陈，那幢旧宿舍楼顶，几块预制板已小半截悬空露在外面，令人胆战心惊。

一出政协大门，见鸿雁饭店临街的高墙已凹凸不平，部分墙体膨出，裂开长长的口子，摇摇欲坠。基督教会新修不久的房屋被削去一角，伤痕累累。丁家巷里一片废墟。我们顺着西河往北门原安县中学校（现西苑中学）体育场逃窜。一路上，人们扶老携幼，背包挟伞，大呼小叫，河边的平房都垮了，酱园厂一根烟囱也断了一截，河对门的山上滚下的巨石落在河里，占据了河道，成为一处新景。体育场站着许多从教室里撤离出来的学生，人们从四面八方向那里涌去，惊魂未定，脸上写满惊吓。操场跑道边裂开了一条近百米长、几十厘米深的槽缝。喘息片刻，我用手机给在成都的女儿报信，根本没有信号，周围的人都打不出去电话。后来女儿给我打来电话，我接到了，她哭着问我爸爸你们那里怎么样，我大声告诉她，安县发生了至少六级以上的地震，家里的房子震裂了，她说成都也地震了，我叫她快与哥哥联系，两兄妹在一起，好相互有个照应，话没说完，电话就中断了。当时我根本没有想到这次地震波及范围之广、烈度之大、损失之惨重。

混乱中，我们的好朋友、老知青李旭鑫好不容易在体育场找到我们，他说河边很危险，听说北川上边的水要下来了，安州大道地势高，我们跟着他一起来到安县职中校园，安顿了下来。此时安县的电力、通信全部中断，外界的信息一点都不知道。下午四五点钟，从在一起躲避的医药公司郑林的收音机里才知道，四川阿坝汶川5月12日下午14时28分发生了7.8级地震，震中在映秀，已近万人遇难，温家宝总理已赶赴都江堰前线指挥抗震救灾。很多人都围在郑林的收音机旁收听，老朋友廖振奎这位资深摄影师用镜头摄下了我当时的情景，他一直在搭满帐篷的人丛中穿梭，寻寻觅觅，记录下那难忘的历史瞬间。

晚上，我们在李旭鑫搭的帐篷内打起电筒，喝了啤酒，吃了麻鱼子、卤牛肉，因他开的“万客隆”馆子损失惨重，楼梯都震垮了，吧台上的瓶瓶罐罐全部打烂，难为旭鑫和他的妻子小王把剩下的食品抢出来拿到帐篷让大家共同分享，他叫大家吃、吃，不要想那么多，天无绝人之路。此情此景，令人感慨万千，使我想起耳熟能详的“面包会有的，土豆也会有的”那句名言。大难有大爱，我们席地而坐，吃得很开心，一时竟忘却了惊吓和苦难，那真是终生难忘的一顿美餐啊，谢谢旭鑫了。

深夜了，我们在帐篷和衣而眠，睡在草坪上，明显感到大地在颤动、起伏，像睡在大海的一条小船上，不时有“嗡嗡”的地声从远处传来。13日凌晨2点，我一早用手机跟女儿发的那条弥足珍贵的短信终于有了回音：爸爸，哥哥和我们已经在一起了，请放心，多保重。收到短信后，昌莹牵挂孩子的心才算落地，迷迷糊糊地入睡了。这时天上下起了小雨，住在帐篷里寒气袭人，旁边的安州大道上不断有汽车开过，部队官兵嘹亮的军歌声，划破了静谧漆黑的夜空，后来才知道，那是解放军战士、武警官兵和医疗队的汽车，路过安县开赴北川救灾。

13日一整天雨下个不停，余震不断，安州大道一直有从北川往下拉伤员和幸存者的翻斗车、大卡车通过，人群像插笋子一样挤在车厢里，一无所有，满脸悲戚。我碰到从北川翻山越岭逃到安县的两个老师，一男一女，一脸疲惫，满身泥污，我正想问问情况，他们未语先泪，哽咽着说他们学校的教学楼已经陷落到地下，一瞬间学生被埋在了下面，全没有了，都是娃娃啊，他们毫无办法，喊天天不应，说着便失声哭了起来，我也忍不住眼眶湿润了。我和老友陈显禄打着伞四处去看了看，曾经熟悉的美丽家园已经满目疮痍，电线杆东倒西歪，房屋开裂，令人伤感。安中体育场里，七零八落地搭满了帐篷、雨伞、棚布，人心惶惶。来自省内各地和县医院的救护人员正在简易帐篷里救治伤员，听得见病员痛苦的呻吟声，操场一角还停放有几具受灾群众遗体，卫生防疫人员正在进行消毒，空气中弥漫着刺鼻的药水味。

下午，细雨霏霏，笑儿和晓儿家保姆小曾开车从成都绕道回到安县，我们和儿子劫后重逢，悲喜交集。小曾家乡下的房子垮了，家毁了，她和丈夫回去料理一下。

晚上七八点钟，女儿和光平当机立断，决定把我们接回成都，因安县已实行交通管制，只允许解放军、武警、医疗队、抢险队的车进去，其他车辆一律免入，女儿女婿想办法电话联系了一辆车把我们送到安昌二桥，再请一位值勤公安招呼了一辆车把我们送往绵阳永兴，经黄土、花荄等地，沿途许多农房倒塌，到处是残垣断壁，偶见路边还搭有灵棚，放了花圈。我们在永兴路口等待成都来车接，路口有交警冒雨指挥，这时从成都方向源源不断有许多运送部队官兵、医疗救护队的车辆，还有大量工程机械车、志愿者运送救灾物资的大、小车，往安县、北川方向进发，也有不少的车往绵阳方向驶去，车上贴有支援灾区的鲜红横幅，浩浩荡荡。

天上下着大雨，我们伫立雨中，衣服被打湿了，光平和侄儿林峰从成都开车到永兴把我们接到，我们终于逃离险境，回到成都已是14日凌晨了。

2008年7月

（作者系安县政协退休干部）

废墟上矗立起大爱丰碑（节选）

萨仁图娅

废墟之上聚力重建，胜利属于伟大的中国。8 级地震是一场大灾难，带给我们痛苦和悲怆；8 级地震何尝不是一次大机遇，在以最快速度最大限度援建的行动中赫然彰显民族大爱。

两年时间，确实很短，短得以援建为崇高使命的人们无法松弛一下身心，也不曾轻松地睡个安稳觉，以致未能抽出时间来陪家人和孩子一同过个节假日。

两年时间，又确实很长，长得让这段值得铭记的岁月载入共和国历史，我们经历了太多太多感人至深的事，以致我两次走进安县用 20 余天时间无法一一了解。

举全国之力，支持灾区重建，是党中央、国务院英明决策的壮丽凯歌，是社会主义制度无比优越性所折射的绚丽光芒。

举全省之力，对口援建安县，是辽宁省以真情大爱所书写的恢宏篇章，是废墟上矗立起的巍峨丰碑。

那一刻，不堪回首。山崩地裂，数万人瞬间失去生命，无数人顷刻痛失家园。

这一幕，感人至深。两年援建，废墟上重建新家园，大爱撑起一片天。

2010 年 5 月 9 日的安县县城，一派喜庆热烈气氛，成千上万的群众拥向街头，或早早站到大街与公路两旁，手持鲜花彩旗，举起写着“感恩党，感恩辽宁”“辽宁援建，大爱无边”“感恩辽宁，辽安一家亲”“铭记援建情，奔向新希望”等字句的标语，甚至有些就是用纸板或用红纸白纸写上的心里话——“谢谢您，辽宁的兄弟姐妹”“滴水之恩，涌泉相报”“大爱无言，感恩辽宁”等，很朴实却很真诚。

尽管当天细雨蒙蒙，却难掩安县人民一颗颗感恩而欢乐的心所涌动的高涨热情，因为对口援建的辽宁省委书记、省人大常委会主任王珉率领辽宁省党政代表团到安县考察，代表团中有多次到安县并为广大干部群众所熟悉的辽宁省委常委、常务副省长许卫国，辽宁省委常委、省纪委书记、省总工会主席王俊莲，以及辽宁省有关部门的负责同志。四川省委书记、省人大常委会主任刘奇葆等领导陪同考察。

这天，辽宁省援建安县的最大项目——辽安路通车，并举行隆重的竣工通车剪彩仪式，还有晓坝镇、新场镇建设揭牌等系列活动。

以民为本，民生优先。医院、学校和福利院等公共服务设施重建是辽宁援建工作的重中之重，王珉率领的辽宁省党政代表团首先到达的是安县中医院。由辽宁省援建的安县中医院，建筑面积 16567 平方米，设计床位 150 张，今年 4 月 30 日竣工交付使用。

拔地而起的安县中医院，展示了新的风尚，给人以新颖别致的感觉，楼檐电子显示屏标语是：感恩党，感恩祖国，感恩辽宁；辽宁人民和安县儿女手挽手，心连心，共辉煌；辽宁援建中医院，安县人民永不忘；辽宁安县一家亲，灾后重建情更浓。门诊楼正面竖幅写的是：感恩党，您温暖的双手传递给了我们力量；感恩祖国，您让每一处生命的呼喊更加坚强；感恩辽宁，您让每一片受伤的土地勇敢崛起；精雕细刻，铸造援建一流质量；文明施工，彰显辽宁援建特色。

辽宁援建的安县中医院，不仅规划设计了门诊、住院楼、中医名医馆，还有中医特色科室针灸理疗康复科、中医骨伤科以及人行通道、消防通道、停车场、绿地等齐全的公共设施。整个工程是由具有特级资质的辽宁北方集团负责施工。辽宁省领导王俊莲等多次到施工现场，“辽字号”工程，饱含辽宁援建人的智慧、心血和汗水。

浓浓的中药香味弥漫。9 点 10 分，王珉一行来到安县中医院，李建强简要汇报情况后，王珉一行参观了该医院在重建工程中重点打造的中医名医馆，看望了几位老中医，王书记还在康复中心训练室看望并慰问正在接受训练的地震伤员，关切地询问伤在哪里，现在恢复得怎么样。正在进行康复治疗的 66 岁的谢怀富老人对王珉说："辽宁省委、省政府和辽宁人民给了我们无私援助，我们十分感激！"王珉亲切地勉励他说："要坚持下去，相信一定会好转的！"刘奇葆称赞中医院体现了浓厚的中医文化特色，感谢辽宁对四川人民的支持。

上午9点40分，辽安路通车剪彩仪式开始，少先队员向辽安路援建工人献花、献词。辽宁交通厅厅长郑玉焯汇报辽安路建设情况。绵阳市委书记、市人大常委会主任吴靖平说："承载着安县人民梦想与希望的辽安路，既是一条发展之路，又是一条民生之路，更是一条友谊之路，对带动安县腹地经济发展，推动城乡统筹发展具有重要作用。"接着，王珉、刘奇葆两位省委书记为竣工纪念碑揭碑，赢得全场雷鸣般的掌声。王珉、许卫国、王俊莲等领导与刘奇葆等为通车剪彩，现场是一片欢乐的海洋。

辽安路是辽宁援建10个"交钥匙工程"重点项目之一，也是辽宁省援建安县单体投资最大的项目，全长30公里，东起安县花荄镇红武村与江油市方水乡白玉村交界处，西至秀水镇与墩秀路相接，途经6个乡镇，辐射面积近360平方公里，受益人口达25万。辽安路被当地群众称为幸福路、腾飞路。

安县社会福利中心由辽宁省援建而成，今年4月投入使用，建筑面积10550平方米，主要以服务农村"五保"、城镇"三无"及重点优抚对象为主，是一个以社会养老、社会救助为辅的集医疗、康复、养老等多功能服务为一体的社会福利机构，共有床位400张，现已入住150人。

在安县社会福利中心，住在这里的老人们集聚在一起，喜迎辽宁亲人的到来。王珉一行走进宿舍、餐厅、阅览室，同老人们亲切交谈，亲切地问候他们，肯定康复中心环境优美，功能齐全，设施先进。老人们纷纷用朴实的话语表达对辽宁援建方的谢意。王珉说："一方有难，八方支援，是我们中华民族的传统，祝你们在这里安度幸福晚年！"王珉、许卫国、王俊莲还代表辽宁省委、省政府向福利中心捐赠了一批健身器材。老人们依依不舍地目送辽宁亲人离开康复中心。

安县花荄镇前进村13组的村民的住宅楼，是社会主义新农村的样板，整齐别致，前庭后院具有川西民居特色。这里灾后重建农房45户，以集中建房模式为主，统一规划为一个集中小区。辽宁省在基础设施配套、环境绿化美化等方面给予了极大支持。

在村民们的夹道欢迎中，王珉一行来到前进村13组，参观居民集中安置点，并走进村民马跃凤家，这是一户回族人家。王珉与马跃凤一家人亲切交谈，关心地询问他们的生活状况，王俊莲抱起马跃凤家刚满1岁的孙子，俨然一个慈祥的奶奶，场面气氛非常融洽。

离开马跃凤家，走在村路上，看到这个安置点坚持规划、建材、施工、装饰、绿化、天井等"六统一"，每户沼气，水、电、路三通，还落实了农民群众的健身设施，并将排洪、排污接入城市管网，王珉对此给予充分肯定，称赞灾后重建使农村发生了翻天覆地的变化。

桑枣初级中学重建项目是辽宁省对口援建"交钥匙工程"，总投资4779万元，总建筑面积19283平方米。该工程主要包括教学楼、学生公寓、学生食堂三大建筑群，建筑结构形式均为框架结构，抗震烈度设计为7度，今年1月正式投入使用。

在桑枣初级中学，王珉一行参观了学校教学楼、学生食堂、寝室和操场，听取了学校情况介绍。王珉勉励曾被称为"史上最牛校长"的叶志平争取成为"教学质量最牛校长"。

王珉一行还走进初一九班，与师生们亲切交谈，询问学生住家离学校多远、怎么到学校、有多少寄宿学生等情况。学生们看到辽宁恩人的到来，非常激动，争先恐后地说，千言万语也难以表达我们对恩人们的感谢之情，向你们深深一鞠躬，感谢你们的无疆大爱！王珉动情地说，看到孩子们在这样安全、优美、舒适的学校中愉快地学习，我们感到很欣慰！希望你们好好学习，学好本领，将来为建设家乡、建设祖国贡献力量。

王珉、许卫国还代表辽宁省委、省政府向学校捐赠了22166册图书。当辽宁亲人即将离开之际，全校3000名师生一起唱起了《感恩的心》，歌声在每个人的心里激荡。

晓坝镇场镇是震后第一个经四川省政府正式批准建设的整体异址迁建场镇，也是安县着力打造的仿中国传统民居特色的旅游集镇。目前辽宁援建的九年一贯制学校、卫生院、敬老院及市政基础设施等14个项目主体工程已经完工。全镇张灯结彩，一片喜庆景象。村民们拥上街头，擂鼓欢庆。辽宁对口援建安县前线指挥部总指挥张征首先在晓坝镇落成揭幕仪式上讲话，他说，中央决定由辽宁对口援建安县，让辽宁人民有机会帮助这里的老百姓重建家园。历史让我们结缘，重建让我们成为一家人。辽宁省把晓坝镇恢复重建作为对口援建中的一个重大民生工程，投入2亿多元资金率先启动。晓坝镇异地重建，是辽安两省县合作共建的结晶，凝聚着辽安两地人民的智慧与汗水。根据安县的需求，辽宁省派出了高水平的规划、设计、施工、监理队伍，与当地干部群众及施工力量并肩奋斗。辽宁的专业技术人员率先进入现场，听取当地干部群众意见，结合四川民俗风情，规划设计出具有川西北风格并集多功能为一体的新兴乡镇蓝图；为了加快推进重建，辽宁省还派出了建设队伍率先启动和完成了晓坝镇的学校、医院、敬老院等公共服务设施建设，让老百姓看到这个新兴乡镇重新崛起的希望，极大地带动了老百姓建房的热情和积极性。晓坝镇大面积的兴建和加快推进，最根本的力量之源是依靠和发挥当地的广大干部群众，安县县委县政府的主要领导靠前指挥，并召开现场会、调度会、推进会，及时解决遇到的各种问题，广泛调动全县各方面的力量靠前服务，团结动员群众“我的家园我来建”，形成了“辽安联手，干群合力”共建美好家园的浓厚氛围。今天，我们高兴地看到，在地震后的一片废墟上，辽安人民用自己的双手和汗水，重新建起一个具有川西北独特风格的新兴乡镇。患难见真情，重建结友谊，晓坝镇的落成将成为辽川辽安人民友谊与合作的历史见证！我们衷心地祝福晓坝镇的父老乡亲在这个美丽的家园中，生活得更加幸福！我们也衷心地祝愿两省人民在恢复重建中建立起来的深厚友谊，像茶坪河水源远流长，世代相传！

绵阳市委副书记、市长曾万明在仪式上说，晓坝新场镇是辽川两地人民友谊的象征，更是中华民族“一方有难，八方支援”优良传统的集中体现，新场镇的建设充分彰显了“敢担当、重情义、能吃苦”的辽宁精神，充分展现了“辽宁速度”，辽宁人民的无疆大爱和各级领导的真切关怀，安县人民、绵阳人民将永远铭记！

王珉与刘奇葆两位省委书记为新场镇揭碑，全场一片欢腾。揭碑仪式结束后，王珉一行沿着宽阔平坦的沈阳路参观晓坝新场镇，实地领略这座以川西北民居为主，依托环山美景，再现小青瓦、粉白墙、木门窗等传统院落式风格的建筑风貌。

在安县，新铺就的辽安大道宽广通畅，新落成的校园书声琅琅，新建好的农房整洁舒适，辽宁代表团每到一处，都受到安县人民的热烈欢迎，“感恩祖国、感谢辽宁”是所有安县人发自肺腑的强烈心声，弥漫在安县大地上，让你感觉无所不在，沁入每个人的心田。广大干部群众以绽放的灿烂笑容，用欢声雷动的掌声，用自制的标语、图画等各种方式，表达对辽宁援建人的感激之情，“王书记好！”“感恩辽宁！”声浪此起彼伏。那场景，让人心动血热，忍不住热泪盈眶。

大灾聚大爱，大爱感苍穹。

2010年5月

（作者系辽宁籍女作家，本文选自《国家行动——十八省援蜀记》）

冬天里的一种特别温暖

田涌泉

听说温总理要到安县考察，一种幸福之感在心中油然而升。

想见共和国总理，是安县人民的一种美好盼望；能见到共和国总理，是安县人民的一种福分。

产生这种愿望，是发生“5·12”特大地震的缘故。在5月14日那天，温总理心急如焚去北川视察灾情，往返路过安县境内，同样看见了安县永安路沿线的百姓灾情。5月16日那天，胡锦涛总书记到北川视察灾情，往返路过安县境内，同样看见了安县永安路沿线的百姓灾情。总书记和总理那两次路过安县，虽然没有停车视察安县，但对安县人民奋力抗震救灾鼓舞极大。9月1日那天，温总理到北川县视察，第二次沿安县界牌、花荄、黄土、安昌和永安等乡镇一线，收尽眼里的，不再是悲伤，而是如火如荼修建农房的场景。温总理感慨不已，称之为灾后恢复重建的一种“奇迹”。

做了想见温总理的美梦，总有一种成为现实的期盼。终于，这个梦的现实向我们快步走来。

11月12日上午，县委办小孙通知我下午3点参加县委召开的稳定会议。会上，县委书记王黎宣布温总理近日将到安县灾区考察。他要求全县各级要努力抓好重建，做好稳定工作，以实际行动迎接温总理的到来。同时，王书记提到我写的那篇文章《安县在温总理的眼里》，将由一个感受变为了现实。顿时，我为安县人民能见到亲民爱民的好总理而感到特别的兴奋。当然，我能否见到温总理并不刻意追求，只要安县人民见到了温总理，也是我的幸福。

11月13日早上8时30分，县委办电话通知，安排我到晓坝镇黄羊村作协调工作。晓坝镇我联系过四年，熟悉一些情况，很有信心做好工作。因此，当天上午，我就到晓坝黄羊村了解情况。下午两点，县委、县府召开稳定会议。会上，王黎书记、赵迎春县长、政法委钟思亮书记和杨代根副县长分别讲了话。会议重点是做好稳定工作，保证温总理顺利考察安县。按县委办县府办文件通知，晓坝黄羊视察点，由县委副书记张道斌和我及严洪兵副县长、县法院院长刘平安负责。在我的建议下，会后张道斌副书记召集我们有关的同志又作了具体研究。14日上午，我和张道斌副书记、严洪兵副县长、刘平安院长到晓坝镇黄羊村进一步落实行动方案。下午两点，我们在张道斌副书记的主持下，在晓坝镇政府召开了县级部分机关干部到黄羊调研的会议，讲明了目的、意义和要求。15日上午9时，王黎书记、赵迎春县长和我们共同检查黄羊村的重建及有关工作事项的落实情况。10点左右，市府副市长林新到黄羊。尔后，市委书记谭力到黄羊村，又一起察看工作情况。过后，谭书记等在王黎书记和赵迎春县长等的陪同到茶坪乡视察。11点过，省委书记刘奇葆等领导路过黄羊村到茶坪乡视察。这一切行动，老百姓都知道，敬爱的温总理要到安县来视察，要到黄羊村视察，要到茶坪乡视察。为了防止意外的事情发生，安县党政领导不敢懈怠，始终以积极的、宽松的、开放的措施做好各个方面的稳定工作。

因此，从这个角度出发，我们考虑到黄羊村是温总理到安县的首站视察点，更不能掉以轻心。王黎书记说：温总理是一个亲民爱民的总理，最想看老百姓的真实。而且，温总理到安县，与群众是零距离，场面肯定很热烈。所以，群众组织工作一定要做实做好。鉴于此，我建议张道斌副书记在15日晚召开黄羊村党员、干部和群众代表会议，讲明有关事项，让老百姓共同维护稳定和营造热烈的现场气氛。张道斌副书记同意我的意见，让我同刘平安到黄羊村开会。当日下午5时20分，我同刘平安驱车到黄羊村。在近百名黄羊村老百姓参加的会上，我主要讲了三点：一是希望大家要有感恩意识；二是希望大家要有文明意识；三是希望大家要有法纪意识。三点希望，我讲得通俗易懂，讲得人心沸腾，讲得充满阳光。所以，与会百姓表示热烈支持。

这一夜，我失眠了。

失眠中迎来了11月16日的黎明。6时40分，在黎明的曙光中，我出发到晓坝黄羊村。刚出花荄镇，驾驶员的家属打电话，说刚才地震有点凶。事后媒体公布，6时59分在平武县发生5.1级地震。说实话，余震对我们灾区而言，早已习惯，说到地震像玩耍似的。在车里，我玩笑地说：这余震比人懂事，总理一来，抢先“欢迎”。

车行到安昌，透过车窗，我回首眺望，发现东方的天空，显露出一抹淡淡的红霞。随之，霞光四射，让久日的阴雨之天变得灿烂了。此刻，我说：今天很特别，总理一来，就给一种崭新的气象，安县的明天一定很有希望，更为美好。

到黄羊村，正好7时40分。

立刻，在县委王黎书记的带领下，我们又作了一些协调检查工作。这时，黄羊村都沉浸在一种幸福而兴奋的期待之中。

在黄羊村席万发家门前的晓茶公路边，王黎书记、赵迎春县长、张道斌副书记和我及严副县长、刘院长、镇党委书记邓章军，包括所有数百名干部群众，都在静心翘首盼看那进入安县的方向……

“来了，温总理快来了！”

前方报告落音。阳光瞬间闪射。顿时，一种特别的温暖洋溢山川。

“到了，温总理到了！”

翘首东方的人们，一阵欢呼。总理的车在我们面前停住。

车门开，那朴素、宽厚、慈祥、务实，而总是忙碌不知疲倦的总理健步下车。

首先，温总理依次与王书记、赵县长、张副书记亲切握手。当总理那温暖的手朝我伸向来时，我情不自禁地发出敬重的声音：“总理，您好！”

我握住总理的手，微笑的总理向我点点头。此时，人群欢呼：“总理好！”的声音响彻山川。

在省委书记刘奇葆、省长蒋巨峰、国务院有关部委领导李学举、姜伟新、尤权、谢伏瞻、丘小雄、刘铁男、廖晓军，省领导柯尊平、钟勉和绵阳市委书记谭力、代市长曾万明等领导的陪同下，在王黎书记的引带下，温总理走进了席万发，彭仕平、郭泽友、陈木江和周映义的家。总理视察完这些人家后，又到大山深处的茶坪乡视察。这时，我立即安排安州通讯社副社长尹全鸿到总理视察过的几家，记录原始的视察情况。

席万发家

温总理（在仔细察看他家的房屋后）问：房子是谁设的计？

席万发答：我和木匠共同设的计，修木质结构，利用山区资源，还防震。

问：造价好多钱一个平方？

答：480 多一个平方。

问：有两百来个平方米吧？

答：是。

问：（问旁边的人）你算算多少钱？要 10 万元？

答：要 13 万多。

问：政府补贴了多少钱？

答：6 个人 2.2 万。

问：资金兑现没有？

答：兑现了。

问：过冬之前能修好不？

答：行。

彭世平家

温总理：1. 要迅速让群众温暖地过这个冬，首先是解决好温饱；2. 加大基础设施建设，打牢基础，修好民房，节约土地，做到节能排污，使用能源灶；3. 以节约为准，节约能源为前提，群众要办啥事，国家不阻拦；4. 国家计划在三年内把民房全部恢复。

彭世平：感谢共产党，共产党比爹妈还亲，哪里去找这么好的干部。感谢胡主席、温总理、党中央、国务院和辽宁援建，感谢新闻记者把灾情送到党中央。

郭泽友家

温总理问：修了几间房？

郭泽友答：三间房。

问：衣服够不够穿，吃的够不够？

答：吃的穿的都是上面弄起来的，被子是统一发的。

期间，温总理到郭泽友卧室看棉被，并说有点薄。当看见郭泽友衣服穿得少时，就问他发的衣服合不合身？同时要求在他身过的地方领导为他换合身的衣服。

郭泽友：党和政府对我这么好，我也说不来个啥，但从内心来说，还是共产党好，哪有这么好的干部。

陈木江家

温总理问：芋角多少钱一斤？

陈木江答：10.7元一斤

问：房子花了多少钱？

答：九万多。

问：补助拿齐没有？

答：早就拿齐了。

陈木江：全靠村上、县上、省上，党中央支持我们，才把房子修起了。

温总理还到陈木江的房子周围去看了看。

周映义家

温总理问：家里修了好多房子？

周映义答：四间，花了接近10万。

问：家里有几口人？

答：六口人，两户。

问：钱是哪门来的？

答：两家一下补贴了三万五，贷了三万，其他是女子、娃寄回来的。

周映义：感谢党中央、国务院，省委、省政府，市委、市政府，县委、县政府，村两委对我们的关心和爱戴，比我妈给我喂奶那种还高了十倍那样的关心，我终身不忘共产党！

在晓坝镇黄羊村视察时，温总理与许多百姓都亲切握手。从茶坪乡返回路过黄羊村，温总理倚靠开放的车窗又向大家亲切招手致意。人们大声祝福：“总理，一路平安！”

温总理返绵阳时，在安县黄土镇的板凳桥停车，步行到左侧的安昌河堤上，视察安昌河两边的平坦原野。因为，这里将是北川新县城的建设之地。站在那里，温总理久久凝望。听完讲解，温总理说，新北川县城建设，四川关注，全国关注，全世界都关注，一定要建设好。新县城建设要有长远的、战略的眼光，有现代的、发展的眼光。要按照“安全、宜居、特色、繁荣、文明、和谐”的标准进行建设。离开黄土镇板凳桥时，温总理语重心长地对负责新北川县城建设工作的有关人员说，要努力把新北川县城建成标志性工程，成为城建工程标志、抗震精神标志和文化遗产标志。要在科学规划、确保质量的基础上加快重建步伐。

记录这个重要时刻，是因为从法定上讲，这里还是安县所辖之地。安县许多老百姓都特别关心。听说总理来了，人们从四面八方涌向总理，终于见到了人民的好总理。所以，安县这个变革的历史，应当真实记录。之前，因为北川县城选址安县境内，引起社会极大关注。我把我写的《一种特别的情怀诉说》之文，发到有关网站媒体。总理视察之前，我又将此稿发到《人民网》温总理留言处。不管发表与否，表明了我们一种情怀和想法。我们最大的希望，北川好，安县也要好，北川与安县应共同繁荣发展。

温总理离开安县后，我们仍沉浸在一种幸福的感受之中。17日早上九点过，王黎书记专门打电话，叫我写一篇温总理视察安县的感想文章。他说，温总理到了茶坪，数千人欢迎，很壮观。具体情况叫县委办主任给我介绍。19日上午上班，任主任向我简介了温总理在茶坪视察的情况。温总理到了茶坪，群众很多。温总理走进群众亲切握手询问。让温总理感动的一件事：为了让受灾邻居有更好的过冬住所，川心村村民金朝中挤出自家房让给三户村民住，大家一起生活。看着这个有18个人的“大家庭”，温总理称赞金朝中在大灾面前有互助互爱的精神。设在场镇上的过冬物资储备库里，棉被、菜油、大米等物资齐全。温总理仔细察看了储备物资情况后肯定地说，四川省高度重视受灾群众安全温暖过冬问题，全面开展暖冬行动，保过冬住房、保御寒衣被、保冬春口粮、保卫生防疫，还建立了应急性的过冬物资储备，工作做得很好。要继续落实好各项安全温暖过冬措施，加快对过渡住房进行防寒保暖的改造，抓好高寒山区和特困群众的过冬问题，决不能让一个受灾群众受冻挨饿。要按照安全、经济、适用、省地的原则，加快推进永久性住房建设，让受灾群众早日住进新房。

温总理离开茶坪，还察看了肖家桥堰塞湖情况。当温总理听了县水务局长唐鸿关于安县以科学的态度，以果断的方式，迅速处置了次之唐家山堰塞湖的肖家桥堰塞湖险情的汇报后，表示肯定，并与唐鸿等工程人员握手慰问。

总之，温总理到安县考察，给安县51万人民的鼓舞是巨大的。安县人民将在县委、县府的科学领导下，认真落实温总理的指示，奋力推进重建，争取尽快建好家园，以实际行动感恩党、感恩祖国。

（作者系安县人大常委会干部）

感谢辽宁人民对灾区的情意

田涌泉　田世荣　尹全鸿　杨名鸣

安县又称安州，与大禹出生的北川县、李白故里江油市相邻，人口51万余，面积1404平方公里，有1600余年建县历史，是一个美丽富饶的地方。这里山川秀丽，是著名乡土作家沙汀的故里，也是清代才子李调元的故乡，工业、农业、旅游业欣欣向荣。

安县在此次大地震中，损失非常惨重。截至目前，安县因灾死亡2640人，失踪655人，受伤近9万人。全县20个乡镇全部受灾，成灾人口47万。全县建筑物因地震灾害受损达80%以上，垮塌50%以上，房屋受损面积达1950万平方米，安县直接经济损失达430多亿元！

面对灾难，安县人民没有被吓倒，我们选择了坚强，大家心手相连积极开展抗震自救，重建家园。然而，面对如此巨大的地震灾害，安县人民仅靠自救，显然是“心有余而力不足”。地震无情人有情。党中央、国务院高度关心安县的重灾工作，中央安排辽宁省对口援建我们安县。当我们得知辽宁省将全力支持安县灾后重建时，安县沸腾了，人们欢呼雀跃，眼里含着泪花奔走相告：把这一好消息来传递！

为切实做好对口支援工作，辽宁省委、省政府成立了以省委副书记、省长陈政高任组长，省委常委、常务副省长许卫国和省委常委、总工会主席王俊莲任副组长，由26个省级部门任成员的对口支援安县恢复重建工作领导小组，下设综合组、生活救助组、城乡建设组等12个工作组，具体负责对口支援我县灾后恢复重建工作，切实加强了对口支援安县灾后恢复重建工作的领导，确保对口支援工作顺利推进。

6月9日—15日，辽宁省委常委、常务副省长许卫国代表省委、省政府，带领辽宁省各重点单位等部门主要负责人来到安县，冒着酷暑，不辞辛劳，集中7天时间走遍了全县18个乡镇、县属学校、医院和部分重点企业，进村入户进行实地考察灾情，与有关方面进行了会谈，研究制定了对口支援安县灾后恢复重建初步方案，提出将集中力量为安县灾区办十件实事。由此可见辽宁人民对安县的灾后重建是多么重视。

同是华夏子孙，血脉相承，辽宁人民和安县人民一家亲。所以，许副省长满怀深情地说，安县是四川的安县，也是辽宁的安县，辽宁人民会带着真情、带着感情、带着责任，全力帮助安县实施灾后重建。许副省长承诺，要为安县做十件实事：一是继续搞好对灾区群众的生活救助；二是尽全力为安县中小学校学生复课创造条件；三是全力支援搞好伤员救治和防疫工作；四是帮助解决听广播、看电视难的问题，满足群众的精神文化需求；五是抓紧时间派出水利专业技术人员，帮助排除病险水库隐患；六是派出公路交通专业技术人员，排查险桥险段并采取相应的工程措施，消除隐患，保证交通畅通；七是尽快帮助企业恢复生产，以最快的速度开展生产自救；八是组织建筑评估机构和人员，协助搞好损毁房屋的评估鉴定，为灾区重建提供科学依据，同时提供10台挖掘机、20台推土机，用于废墟清理工作；九是及时提供就业信息，为灾区有培训需求的劳动力提供普惠制培训；十是继续派出公安特警，协助抓好社会治安。副省长铿锵的话语让我们倍感振奋！说干就干，辽宁迅速行动起来——

第一时间，派出400名公安干警赴安县帮助维持社会治安。

5月23日，辽宁省委、省政府向安县捐赠现金1000万元。

5月24日，辽宁省委、省政府向安县捐赠1000顶帐篷、480吨大米、200箱粽子；大连市捐赠价值1700余万元的衣被、食品和药品。

5月30日，辽宁省公安厅支援安县公安局价值251万元的警用吉普车20台、摩托车10台。

6月2日，辽宁省民政厅向安县捐赠价值330万元的棉被褥2万床、酸奶44500箱。

6月13日，辽宁省对口支援工作组代表辽宁省委、省政府向安县捐赠现金2000万元，捐赠金杯商务车23台、挖掘机10台、推土机20台、篷布5万平方米、大米50吨、木工板4万张、彩条布280万平方米、棉被3万床、手电筒2000个、学生桌椅6000套、学生运动服1.2万套、学生夏装3000套以及蚊帐、食品、饮料等物资。

6月17日，辽宁省委、省政府向安县捐赠篷布242捆（5万平方米）40吨；矿泉水500件；药品1900件；棉被1000件；大米400件；鞋3000双。

6月18日，辽宁省委、省政府向安县捐赠棉被2500件；矿泉水4000件；方便面4000件；34300件衣物；1165床棉垫；学生用品2350件。

在捐赠大量现金和物资的同时，辽宁省援川过渡安置房对口援助队伍于6月21日到达我县，与我县规划和建设局、教体局、卫生局进行对接，迅速组织人员对第一批援建的六块场地进行规划设计。

6月24日下午，辽宁省援建施工队伍全面展开第一批援建点的放线和施工。辽宁省对口援建安县5000套住房及配套任务计划于7月25日前完成并交付验收使用。

6月25日，辽宁省首批137人派往安县的医疗卫生人员也抵达我县，迅速组织人员进村入社开展工作，以务实的工作态度做好医疗救治、卫生防疫和卫生监督工作。

如今，大地震已经过去一个多月了，辽宁建设者在安州大地上挥汗如雨，默默为安县的灾后重建奉献着一份心力。此时的安州，帐篷林立、书声琅琅、机器轰鸣、炊烟袅袅，人民生产生活秩序井然，处处充满勃勃生机，人们的眼里充满着希冀，脸上多了一份笑意。

落叶化作春泥，谱写着一曲感恩的乐章，那是绿叶对根的情谊和感恩；白云在蔚蓝的天空中飘荡，绘画着那一幅幅感人的画面，那是白云对蓝天的依恋和感恩。辽宁的兄弟姐妹，你们的每一份无私的援助都必将化为漫天的甘霖，滋润安县人民的每一颗心。无论我们是否相识，你们给予我们的每一句叮咛、每一个微笑、每一份关爱，足以让我在生活安然时深深地回味而动情，安县人民的子孙后代也都会铭记辽宁人民的恩情，若山中子规，啼血报恩！

请辽宁人民放心：安县有对人民高度负责和充满智慧的党和政府，有勤劳勇敢的51万安县人民，有悠久的历史文化积淀和明显的区位优势，所以，安县人民坚信：在4300万辽宁人民的大力支持和全国人民对我们的关心下，安县人民一定能战胜地震灾害，在废墟上重建美好家园！

“丈夫不感恩，感恩宁有泪。心头感恩血，一滴染天地。”最后，再次感谢你们！

谨祝辽宁人民幸福安康！

2008年6月26日

（作者田涌泉系安县人大常委会干部，田世荣系中共安县县委党史研究室、县地方志办公室干部，尹全鸿系安州通讯社干部，杨名鸣系中共安县纪律检查委员会干部）

辽宁人为我们留下了广场艺术景观

李 熙

安县辽宁广场是由辽宁省倾情援建。广场上的艺术景观由四川大学艺术学院教授、硕士生导师巫成金先生设计，包括辽宁广场纪念碑、调元园、沙汀园、抗震浮雕墙四部分。

辽宁广场纪念碑。高5.5米，宽3.1米，采用不锈钢、经典黑石材、青铜铸造而成。上面是两颗心，代表辽宁安县心心相连一家亲。正面是时任县委书记王黎题写的“辽宁广场”四个大字，笔力苍劲，深含感恩辽宁之情；两侧是辽宁援建安县的感人浮雕画面，背面镌刻有是《感恩辽宁援建记》，该碑记在网上公开征文，共收到来自山东、辽宁、河南等省市以及安县本地作者近50篇稿件，经过认真反复公正评选，安县史志办主任张清儒撰写的碑记因语言精练、表述准确、概括全面而入选刻碑。背面还有安县感谢辽宁无私援建的话语。

调元园。调元园由辽宁省政府副秘书长、辽宁省驻安县对口支援指挥部指挥长张征亲自题字，包括李调元塑像及园林。李调元塑像高8米、宽5米、厚3米。采用超硬青石材料制作而成。正面是智者李调元的巨大全身像，他神态飘逸，行走在安县道中，遥望安县远处美景而沉思；身旁是他赞美安县的诗句《安县道中》；下部是编纂大型丛书《函海》的场景、李调元简介。左侧是他的藏书楼和书冢，右侧上面是李调元一家父子“一门四进士、兄弟三翰林”的画面，右侧下面是李调元游罗浮山时的感言，后面是李调元与川剧、李调元与川菜的画面。园林景观石上刻有李调元赞美安县的诗句及对李调元的评价。李调元，生于1734年，去世于1802年。他出生于安县宝林镇大沙村（原绵州罗江县），清代乾隆年间著名文学家、诗人、剧作家、藏书家。编纂大型丛书《函海》，共集图书163种，合编为40函，852卷。包括历史、考古、地理、农学、医学、文学、方言、音韵、民俗、姓氏、川剧、川菜等很多方面的研究成果。李调元热爱川剧艺术，亲身从事戏曲教育，被人们称之为“川剧之父”；李调元对民间质朴的烹饪十分赞赏，主张传承传堪称古代巴蜀文化的百科全书统烹饪成果，对后世川菜的发展起到了桥梁作用。

沙汀园。沙汀园包括沙汀塑像及园林景观，沙汀塑像高5米、宽7.2米、厚2.2米，采用芝麻白花岗石、铸铜制作而成。整个雕塑远看似几本书，正面是沙汀铜像及其简介，书中有他的代表作《淘金记》、《困兽记》、《还乡记》、《在其香居茶馆里》的故事场景；背面是沙汀的铭言和近代名家对沙老的评价；园林景观内有经典名言、名句等。

沙汀名言：找故事容易，找零件难；没有茶馆便没有生活；没有自信，勇气，不可能有艺术；在艺术中，有性格的作品，才算是美的；我热爱创作，这是我的第二生命，任何艰难困苦都无法使我改变；祝愿家乡社会主义文艺事业发展和繁荣 。

对沙汀的评价：巴金说：“沙汀同志是我钦佩的当代我国大作家，他的长篇小说是现实主义的艺术精品。”

马识途《念奴娇》词怀念沙汀写道：看君嶙骨，似铁梅，磊落一生奇节。冷眼看穿旧世界，巨椽肃清妖孽。沪海亭间，雎水关头，多少风和雪。其香居里，妙手文章新页。曾记昭觉同监，面壁无言，好友成路陌。“赤匪”幡然成“黑帮”。“报告”声里年月。努力加餐，无过可省，壮志还如铁，惜君先去，为歌悲曲声咽。

萧崇素写诗怀念沙汀：笔写农村相，神传鲁迅翁；鞭挞旧世界，呼喊新英雄。流云写“三记”，爱憎满文中；人鬼分界限，《其香》、《丁跛公》。诗人永不老，后继有遗风。

邓仪中在《沙汀评传》中说：每一个有成就的作家都是一本丰富多彩的书。沙汀是一本博大精深的鸿篇巨制。

沙汀简介：沙汀，生于1904年12月19日，逝世于1992年12月14日。原名杨朝熙，又名杨子青，生于四川省安县安昌镇。1927年夏加入中国共产党，原中国作家协会副主席。

1931年他的第一篇小说《俄国煤油》发表后，与同窗好友艾芜联名向鲁迅求教，深得先生指导。1932年底加入左联后被鲁迅誉为最优秀的左翼作家之一。

1938年秋与何其芳、卞之琳共赴延安，毛泽东亲切接见并鼓励之。年底随贺龙到抗战前线，创作出《随军散记》等。1940年著名短篇小说《在其香居茶馆里》问世。

皖南事变爆发后，经组织安排回安县蛰居睢水，十年创作了长篇小说《淘金记》《困兽记》《还乡记》和30余篇中短篇小说。

1949年后，他历任四川文联主席、中国作协四川分会主席；中国作协副主席；全国人大第一、二、三届代表，全国政协第五、六届委员。他一生出版著作选集50多部500余万字。他的小说以极强的幽默感和浓烈的地方色彩著称。

沙汀是一位优秀的共产党员、杰出的文化战士，为我国文学事业做出了巨大贡献！他的一生情系故土，他的骨灰安葬于绿树掩映的安昌镇东升村。

抗震浮雕墙。高3.7米、长13.5米、厚1米，采用红雅石制作而成，正面的深浮雕由五个板块构成：灾难降临、国家力量、孤岛救援、堰塞湖排险、重建家园的巨幅浮雕画面，生动地展现了安县“5·12”大地震灾情及全县军民在县委、县政府领导下抢险救灾、灾后重建以及全国各地支援，尤其是辽宁无私援建安县的辉煌画卷，让后人永远铭记那段悲壮而感人的历史。背面镌刻有安县县委、县人民政府的《安县抗震救灾纪念碑记》和《“5·12”援助安县抢险救灾捐赠名录》，与正面浮雕画内容相互补充，相得益彰。

辽宁广场艺术景观已成为安县最具文化底蕴之地，每天来此休闲观赏的游人络绎不绝，人们在休闲娱乐中会得到文化艺术的熏陶，铭记辽宁的恩情。

2010年8月

（作者系安县文化旅游局干部）

安县“5·12”抗震救灾碑记

巍巍龙安[①]，美如画卷。东晋立县治，一千六百年。悠悠瀚海浩无际，沙汀崇素调元誉尘寰。滔滔汶水碧波流，风光绮丽叠翠景幽然。社会和谐进步，经济跃马扬鞭。物产丰饶民殷实，百姓乐业皆祥安。

晴天响霹雳，地覆惊天翻。八级大地震，山崩人如丸。楼毁桥断道路阻，十七万户飞狼烟。水电通讯断，茶坪高川成孤岛。堰塞湖水满，十万生命悬一线。天昏地暗尘土扬，三千同胞赴冥泉。哀声遍野震苍穹，八万余众皆伤残。直接损失四百三十亿，受灾群众四十又七万。昔日秀丽景，转瞬毁一旦。

山河奏悲歌，惊魂生死间。县委速建指挥部，抗灾自救号令传。县乡村干部，奔赴第一线，除路障、救伤员、搭帐篷、送温暖。公安消防武警，排险冲锋在前；数千白衣战士，昼夜抢治伤员；园丁护佑学子，红烛永照心田；仗义商家业主，慷慨解囊募捐。全县军民勇自救，英雄搏浪挽狂澜。

华夏有大爱，热血荐轩辕。千钧一发箭上弦，八方勇士来支援。车流人海似潮涌，送来物资万万千。高炮旅，装甲团，救茶坪，援高川。救出伤员五百五，转移群众上万千。红十字，旗飘飞，驱除疫病敢争先；志愿者，从天降，舍生取义终无怨。援建板房助教育，难忘北京与河南。文化宣传慰心灵，拂去阴霾志弥坚。纵将云彩作锦，难书壮士赤胆。

长忆总理视察，牵挂百姓冷暖。牢记多难兴邦，弘扬抗灾气概。春暖农村展新景，红檐碧瓦靓山川。新铺道路似长龙，校园书声琅琅天。八方机声隆，南北挥热汗。城乡建设忙，宏图铁肩担。群山硕果吟唱，感恩辽宁援建。三年援安四十亿，无疆大爱铭心间。辽安携手铸辉煌，丰功伟业千古传！

看今朝，万众结同心，重建新家园。

待未来，安州腾飞日，美景赋新篇！

中共安县县委
安县人民政府
二〇〇九年五月十二日立

注：2009 年 5 月 12 日汶川特大地震一周年纪念之际，中共安县县委、安县人民政府将《安县“5·12”抗震救灾碑记》镌刻于县文化广场“5·12”抗震救灾纪念碑。张清儒撰文，张拔群书。

①龙安：县境一山名，唐武德三年（620 年），县境置龙安县，属绵州。龙安在此双关，既指龙安山，又指龙安县，即今安县。

感恩辽宁援建碑记

汶川大地震，崩雷惊破天。安县满目疮痍，山河为之悲叹！

多难兴邦，大爱无疆。党中央决定对口援建，辽宁省委省政府运筹帷幄，四千三百万辽宁人情系灾区。慷慨募捐，救灾物资车流如织；雪中送炭，各路援军急奔一线。“安县不安我心不安！重建安县当辽宁第四十五县！”铮铮誓言，真挚情感，人间大爱，辽宁胸怀！

援建战鼓擂，万众战犹酣。辽宁特警，维护稳定威震安县；医务队员，战酷暑确保灾后无疫患；建设职工，废寝忘食建过渡板房解万民之难；治水勇士，争分夺秒送千家甘泉；设计专家，顶风雨绘就十八乡镇新蓝图；筑路大军，冒余震战天堑抢通生命线。三年任务两年完成，辽安携手同心建家园。夜以继日，助九万九千余户农房重建；披星戴月，援建二十六所学校医院；高瞻远瞩，增强造血功能建辽安工业园；心系民生，帮万余民众就业暖心坎。晓坝异址重建，集川西北精品民居彰显辽宁情怀。提升文化素养，建活动中心丰富群众精神家园。打通辽安路，福泽六镇民众；修筑辽宁大道，拓展南北干线。三年援资四十亿，援建项目百余个。辽宁援建，铸就伟业辉煌；无私奉献，安县跨越三十年！

高山仰止，碧水长吟，安县子孙后代永志辽宁恩情！

万壑高歌，千秋功炳，安县秉承辽宁精神激流勇进！

中共安县县委
安县人民政府
二〇一〇年五月十二日立

注：为真诚感谢 4300 万辽宁人赤诚无私援助安县灾后重建，使安县子孙后代铭记辽宁恩情，中共安县县委、安县人民政府特修建了辽宁广场，并铸铜质纪念碑以作永恒纪念。安县文化旅游局面向全国征集《感恩辽宁纪念碑记》，经征文评选小组严格公正评选后，安县张清儒撰写的碑记被遴选刻碑。“5·12”两周年之际，中共安县县委、安县人民政府将此碑文镌刻于安县辽宁广场纪念碑。

安县抗震救灾纪念碑记

千载沧海桑田，安县物阜民安。调元沙汀故里，风光旖旎悠然。交通四通八达，东临绵阳西达茂县，南接绵竹北连北川。

山河悲鸣，时钟凝寒。2008年5月12日14时28分，汶川八级地震，安县地裂山翻。举目断壁残垣，凄风惊绝尘寰。弹指挥间，全县2640人罹难、655人失踪、88623人伤残，城乡14万余户房屋损毁，47万余人成灾；工农商业面目全非，水电气路瞬间瘫痪。直接经济损失430.4亿元，灾情居全国第七极重灾县。苍天泣悲泪，万民离家园。

万众一心，众志成城。千年灾难，生死攸关。县委县政府处变不惊，运筹帷幄力挽狂澜。县级领导临危不惧，十个救灾组速奔一线。各级党员干部牢记宗旨冲锋在前，基层组织团结一心奋勇自救，消防武警公安干警昼夜抢险，学校园丁救护学生披肝沥胆，商企业主捐款捐物力挺难关，男女老幼舍己为人踊跃参战。废墟中，1193位同胞获救生还；抢险时，白衣天使夜以继日救治11.8万人次伤病员。全县建立安置点192个，集中安置受灾群众28万。危难之际，全民奋力共克时艰。

不畏艰险，百折不挠。一方有难，八方驰援。党中央国务院，铁臂一挥号令传。心系苍生，温家宝总理踏余震，亲临晓坝茶坪问寒暖。体恤百姓，党和国家省市领导，冒酷暑查灾关怀。共赴戎关，人民解放军突进茶坪高川孤岛，空投物资运伤员。搏浪飞沙，排危勇士舍生忘死，劈泻肖家桥等27处堰塞湖水患。大爱无悔，不同肤色志愿者，披荆斩棘将博爱美德承传。真情彰显，国内外爱心人士，援助物资善款上亿元。共赴国难，全国41支医疗卫生防疫队，沐风雨救伤员确保大灾无疫患。无私奉献，云南安置500名学生缓解教育之急难。功奏第一，北京援建京安板房小区12昼夜创灾区之冠。名震千山，河南援建板房21162套。青史无前，辽宁对口援建，三年援资40亿，援建项目百余个，安县跨越三十年。义海恩山，美名与精神长存；英雄壮举，故事与爱心永传！

以人为本，尊重科学。同是极重灾县，唇齿相依相连。危急时，安县救治北川2万余名伤员；重建中，划出安昌永安黄土6村，共79843人215平方公里，支援北川建新城，情谊绵远！重建战鼓，震撼尧天。历尽艰辛，挥洒热汗。高歌猛进，业绩璀璨：全县重建农房99329户、城镇住房13588户；维修加固农房30199户、城镇住房33349户。重建项目755个，总投资达325.54亿元。灾后重建，民生优先，多难兴邦，任重道远！

春风漾，舒画卷：安县政通人和，激流千帆。交通发达，辽宁大道辽安路春光无限。百业兴旺，工业跃迁；经济腾飞，财政翻番。校园书声朗，文化大发展，新建文化中心辽宁广场旷古空前。山河依然美丽，原野七彩斑斓。县域集镇靓丽，新村美如画卷。城乡换新貌，百姓笑开颜！三年重建两年基本完成，抗震救灾精神谱写壮丽诗篇！

碧血丹心，气壮河山，安县人民顽强拼搏铸就千秋伟业！

勒石立碑，激励后人，安县人民铭记党恩国泽跃马扬鞭！

中共安县县委
安县人民政府
二○一○年五月十二日立

注：安县灾后重建两年基本完成。为使安县子孙后代牢记这段悲壮历史，铭记国内外爱心人士的无私援助，中共安县县委、安县人民政府在县文化广场特修建抗震救灾艺术墙以作永恒纪念。安县文化旅游局面向全国征集《安县抗震救灾纪念碑记》，经征文评选小组严格公正评选后，安县张清儒撰写的碑记被遴选刻碑。“5·12”两周年之际，中共安县县委、安县人民政府将此碑文镌刻于安县文化广场抗震救灾艺术墙。

安县赋

巍巍千佛，雄视五千年华夏文明古邦；浩浩汶水，穿越一千六百载人世沧桑。山河依旧，易帜更张。东晋设县，古郡益昌。元称安州，明置安县。绵延千余平方公里，川西北一明珠闪亮。西抵松茂，东眺绵阳，南接绵竹，北临禹羌。人杰地灵，山河毓香。

岁月流星逝，代有英杰扬。清代才子李调元，秉烛辑《函海》，美名永流芳。乾隆邑令张仲芳，建汶江书院，修志播文昌。晚清翰林李珉琛，捐银修纤道，博爱青史彰。近代著名作家沙汀，著“三记”鸿篇，椽笔耀华光。民间文学家萧崇素，苦研格萨尔，学识中外仰。巾帼刘稚琳，投笔从戎，就义辽县抗日沙场。勇将军王黼，忠烈永昭，抗战血染湖北黄冈。倔翁王者成，赐“死”字旗，励子抗倭荡气回肠。英烈朱英汉，献身革命，捐躯邛崃傅庵乡。先烈陈永安、王敬德，策动安县兵变，视死如归魂系安昌。英雄陈开茂、蔡朝兴，荣获特等功臣，抗美援朝胸堵机枪。烈士墓碑，日月同光。俊彦辈出，星空辉煌。安州儿郎，无愧家邦！

土沃民风清，物阜鱼米乡。社会大发展，全县建设步小康。农业齐飞越，产业基地连山岗。水稻制种质优远播，魔芋枣皮享誉四方。工业跃迁，化工建材成主业。亚洲铬盐，银河公司踞首榜。启明星磷化，出口创汇；好医生药业，驰骋商场。中联水泥，行业巨星；天明化工，由小做强。安县中学，荣创国重。人民医院，二甲登榜。基础建设，市政道路日月新，人居环境如画舫。琼浆飘香，睢水王酒沸泉王，名冠川西品佳酿。当今木雕九龙杯，绝技深藏；宋代芙蓉赤金碗，举世无双。改革弄潮，经济腾飞，火树银花，万众欢畅！

碧水绕青山，幽景蔚霞光。千佛嵯峨，红军丰碑扶摇直上九千尺，万亩杜鹃漫芬芳。罗浮叠翠，古羌遗寨峻拔奇峰三千岁，唐代古刹梵音长。温泉之都，亿年药石涌清波，休闲疗疾瑶池汤。白水湖翠，绿岛相连烟霞锁，渔舟晚唱夜未央。沸泉绵绵吐珠玉，睢水险关通氐羌。龙泉砾宫藏玄妙，龙隐古镇觅旧巷。金霞古洞，道家仙基；七贤古柏，华夏树王。鹰嘴岩一崖三景，圣灯山二峰千丈。晓坝姊妹桥，优美故事传佳话，绿波浮长廊。睢水太平桥，春社游人十万余，踩桥免灾殃。海绵生物礁，见证两亿年海洋生命；花荄文星阁，倒插二百载巨笔临江。江山秀丽，英雄折腰，文人墨客，千古吟唱！

磨砺铸大业，安州启新航。二〇〇二年，县城移花荄。千年机遇辨雄才，百业繁荣新气象。迁县方六载，晴天霹雳响。汶川八级大地震，县域民众赴国殇。军民苦鏖战，八方支援强，辽宁恩情永难忘，城乡村村换靓妆。危难时刻，大爱无疆，安县划出安昌永安黄土六村，支援北川建新城情深谊长。今日安县，千帆激浪。交通发达，商贸兴旺。文化繁荣，书声清朗。人文荟萃，辽宁广场。湿地公园，美景衔窗。广袤原野，粼粼春光。

举目锦绣河山，千古英雄志，安州儿女开来继往！

壮哉政通人和，跨越长征路，安州大地虎跃龙骧！

安县投资控股有限公司　立

安州张清儒 撰文　张拔群 书

公元二〇一〇年八月

附：《安县赋》有关历史人文简介：

①古郡益昌：郡，古代的行政区域。古郡，代指古巴西郡。益昌：益昌县。古郡益昌，即古巴西郡益昌县。②元称安州：元，元朝。③明置安县：明，明朝。④松茂：松潘、茂县。⑤禹羌：大禹故里北川。⑥李调元：清代著名文学家、戏剧理论家、诗人，安县宝林镇大沙村人（清属绵州罗江县），编撰巨著《函海》，被誉为“巴蜀才子”。⑦张仲芳：江苏人，清乾隆年间安县知县，在任时重建汶江书院，

为安县培养人才，组织编撰出首部《安县志》(乾隆版)。⑧李珉琛：安县人，晚清翰林。他在任湖北按察使代布政使期间，自捐白银5000两，并集公款数万，组织凿通宜昌以上至四川长江纤路，使两省通航。⑨沙汀：安县人，原名杨朝熙，现代著名作家，曾任中国作家协会副主席。著《淘金记》《困兽记》《还乡记》最著名。⑩萧崇素：安县人，著名民间文学家，作品译成多国文字流传，他研究藏族史诗格萨尔名扬全国。⑪刘稚琳：安县人，抗日女英雄。任教5年后赴延安抗日，民国31年（1942年）在日寇扫荡中随八路军总部突围，牺牲于辽县十字岭，时年26岁。⑫王黼（fu音府）：安县人，抗战时随川军赴山西抗日前线，因作战勇敢，相继晋升至营长。民国28年（1939年）在湖北黄冈县大巴河与日军作战阵亡。国民党二十二集团军司令部追认他为中校旅长，并赠“忠烈永昭”匾额。⑬王者成：曲山镇人（抗战后曲山镇由安县划归北川）。抗战爆发，王者成送儿子王建成参军，临行时送子白旗一面，旗上大书一“死”字，激励其子为国抗日战死沙场。⑭朱英汉：安县人，革命烈士。民国37年（1948年）在邛崃傅庵乡组织开会筹备暴动泄密，被地方反动武装包围杀害。⑮陈永安、王敬德：陈永安安县人，王敬德阆中人，革命烈士。民国22年（1933年）他们策动国民党安县保卫团兵变失败，在安昌被害。⑯陈开茂、蔡朝兴：安县人。1953年他们在抗美援朝的鱼隐山战斗中，陈开茂、蔡朝兴先后胸堵敌人机枪牺牲。被分别授予“特等功臣”和“一等功臣”。⑰荣创国重：争创到国家级示范性重点高中。⑱二甲登榜：国家级二级甲等医院榜上有名。⑲木雕九龙杯：安县木雕绝技，全国有名。⑳宋代芙蓉赤金碗：安县出土的宋朝芙蓉金碗，全国无二。㉑红军丰碑：红军长征途中，红四方面军在安县千佛山与川军激战73天，牺牲了许多将士，故称丰碑。今千佛山已被命名为国家级森林公园，最高海拔3033米。㉒罗浮叠翠：罗浮山上有古羌族山寨，今建有羌王城。有始建于唐朝古刹飞鸣禅院。㉓温泉之都：安县桑枣罗浮山温泉度假区。㉔白水湖、沸泉、睢水关、龙泉砾宫、龙隐镇、金霞洞、七贤柏、鹰嘴岩、圣灯山、姊妹桥、太平桥等均是安县名胜景点。㉕海绵生物礁：在睢水一带，是两亿年前深海古生物化石群，是迄今世界上发现最早期的、保存最完整、最具科考价值的海绵生物化石。㉖文星阁：清道光十六年（1836年）始建于花荄下场口，共13层，远望宛如一支饱蘸浓墨的毛笔尖立于安昌江畔。2007年6月，四川省人民政府列为省级文物，并命名为“文星塔”。㉗安县划出安昌永安黄土六村：“5·12”大地震后，安县安昌镇、永安镇、黄土镇的六个村共79843人215平方公里划归北川。㉘辽宁广场：安县县委、县政府为使安县子孙后代铭记辽宁援建恩情，特修建辽宁广场以作永恒纪念。

安县睢水太平桥重建碑记

睢水太平桥，俗称大拱桥。坐落在虎头岩下，横跨于睢水河上。清代嘉庆四年（1799年），睢水乡绅林贤相，壮心立志补天堑，慷慨倾囊捐白银，额达一千八百两。集众建拱桥，三载战寒霜。川西第一桥，美名誉四方。桥高十五米，桥宽九米一，南北跨度三十九米五，东西桥体坚固亦雄壮。单拱如半月，浑厚又古苍。造型夺天工，蛟龙头高昂。浮雕镶石栏，细品韵无双。拾阶三十六，妙理玄机藏。天地聚灵气，日月耀华光。前贤洒汗水，后辈度安康。踩桥民俗始，迄今更辉煌！

阳春三月，遍地金黄。岁初立春之后，第五戊日之期，千载春社良日，大地绿波飞扬。睢水春社，人海茫茫。四县五州踏青至，车水马龙踊高岗。虎头山下人鼎沸，俊男靓女笑声朗。摩肩接踵踩桥游，遥望人流似水长。江山丽景催人醉，川西古镇披霓裳。

踩桥民俗事，故事源流长。桥上过三趟，平安伴吉祥，夫妻双双行，地老到天荒。桥头拜干爹，小儿免病殃，两家达心愿，亲友共举觞。凭栏丢药钱，身健家宅昌，向河抛衣物，灾去洪福降。遥射桃木箭，驱邪保安康。桥头戏狮舞，孩童远祸殃。桥端卧佛寺，长年紫烟香，智者觅古迹，居士拜佛堂。艺人墨客助雅兴，商贾云集人熙攘。河畔碧波滟，游客赏春光，绿岸青山湿，人人沐朝阳。文物古迹堪保护，政府修缮桥无恙，春社游人十万余，安县美名传他乡。

二〇〇八年，历史永难忘。汶川大地震，晴天霹雳响。万民泣悲泪，桑田化溟沧。虎头岩崩碎，拱桥亦震伤。桥危需加固，民众翘首望。县委县政府规划立项修古桥，拨中央灾后重建资金四百万。县文化旅游局全力组织实施，相关部门不计得失鼎力支助。苦战一周年，干群昼夜忙。栉风沐寒雨，古桥换靓装。残垣断壁拓画屏，荒丘葱绿变广场，晨晖点染山川秀，桥头诗画映霞光。两岸翠柳吐新芽，一河清风好纳凉。

摇舟桥下行，人在画中央。水天一色如满月，天然人工巧嵌装。春社踩桥祈平安，盛世太平民心向。淳朴民风聚人气，社会和谐尽春光。古桥重建千秋业，碧水长歌永流芳！

安县文化旅游局　立
安州　张清儒　撰文
公元二〇一〇年十二月

祭“5·12”地震高川遇难同胞碑记

时维公元 2010 年 5 月 12 日，汶川八级特大地震两周年之际，遥望高川巍巍群山，潺潺流水，特致祭大灾罹难同胞：

汶川地震，重创高川。山崩地裂，石飞雾漫。
墙倾屋塌，众生蒙难。大竹坪下，亲人毁颜。
大光包山，地貌巨变。老鹰岩下，堰塞湖满。
二郎村前，接龙桥断。三百余众，同胞遇难。
一千三百，人员伤残。痛失亲人，生者泪涟。
茶园包山，永为灵柩。青峰万树，永为摇幡。

回首抗灾，岁月艰难。震后高川，孤岛一片。
满目疮痍，山河改变。县委政府，指挥救援。
党委政府，迅速抢险。党员干部，冲锋在前。
千百群众，踊跃参战。废墟救人，血泡磨穿。
稀粥充饥，露宿林间。多难兴邦，大爱无边。
危难之际，全国支援。飞机空运，解民倒悬。
部队进山，排危除险。白衣战士，抢救伤员。
爱心人士，慷慨募捐。扶老携幼，移民出山。
炎黄子孙，义薄云天！

回首重建，波澜壮观。万众一心，重返家园。
机声隆烈，铁臂挥钎。修房筑路，挥洒热汗。
大恩难忘，辽宁援建。房屋损毁，原址重建。
地基灭失，集中修建。众志成城，共度难关。
顽强拼搏，鏖战两年。道路畅通，新楼倚山。
安居乐业，旧貌新颜。

回首往事，思亲肠断。父老娘亲，安息九泉。
兄弟姐妹，英灵在天。告知亲人，归程路远。
一路走好，相互扶搀。故乡难忘，永佑家园。

回首昔日，秀美高川。青山环绕，绿水漪涟。
物产富饶，民风淳贤。今日祭奠，万众心愿：
缅怀逝者，生者弥坚。继承遗风，建设高川。
同舟共济，共创和谐！美好愿景，就在明天！

注：①2008年“5·12”大地震中，高川乡道路水电中断，一度成为“孤岛”。受灾严重，遇难344人，受伤1331人，6400余人受灾，1902户城乡居民房屋倒塌或严重受损，经济损失23亿余元。②大竹坪：是高川泉水村八、九组所在地，大地震山体垮塌，掩埋近百人于山体下。③大光包山：安县最高山峰，地震垮塌滑坡10平方公里，约1亿立方米。④老鹰岩：位于高川泉水村，山体垮塌形成堰塞湖严重水患。⑤接龙桥：清代修建，约200余年，在地震中垮塌。⑥茶园包山：位于高川泉水村大白果树处，高川乡政府建“5·12”地震高川遇难同胞纪念碑于大白果树旁，以作永久纪念。⑦该碑记由张清儒撰文，2010年5月镌于高川乡“5·12”遇难同胞纪念碑。

索 引

H

J

K

L

M

N

Q

R

S

T

W

X

Y

Z

后 记

《汶川特大地震安县抗震救灾志》，历时五载，数易其稿，现出版问世。

汶川特大地震是新中国成立以来破坏性最强、波及范围最广，救灾难度最大的地震。这起历史罕见的地震灾害所造成的巨大破坏，举国震惊，举世关注。汶川特大地震震级达里氏8级，最大烈度11度。经国务院综合评估，灾区有10个县列为极重灾县，安县列第七位。为了把这一世所罕见的特大地震灾害和无与伦比的救灾事迹完整记录下来，以存史资鉴，我们启动了《汶川特大地震安县抗震救灾志》的编纂工作。

《汶川特大地震安县抗震救灾志》的编修工作，在中共安县县委、安县人民政府的领导和上级地方志领导机构的指导下，大体经历了三个阶段。第一阶段：动员培训，启动搜集资料，确定分志编写人员。从2009年9月5日至2011年9月，在县内外访、抄、收、录各种史料万余件，近千万字。编写分篇6篇，近200万字。第二阶段：分志编撰和总纂。2012年2月10日开始总纂工作，在原已完成6篇分志稿的基础上，重新调整全志设计方案，增设辽宁对口援建篇，制定总纂篇目，并报绵阳市地方志办公室同意，按总纂方案规定的质量标准进行增、删、并、调和第一次、第二次改写，总纂补写了每篇无题小序；同时，对仍在征集资料的辽宁对口援建篇、灾后重建篇、人物篇、概述等，进行初稿编写，历经近6个月的总纂，于2012年6月完成130万余字的送审稿，报县委、县人民政府和《汶川特大地震安县抗震救灾志》编委会审查验收。第三阶段：报市政府审批前的精加工和深加工。2012年12月，根据县委、县人民政府领导和《汶川特大地震安县抗震救灾志》编委会的意见，以及市人民政府的意见再次进行修改，于2013年10月16日，县人民政府报请绵阳市人民政府审批出版。绵阳市人民政府分管领导于2013年10月21日批示，同意出版。

本志在编纂过程中得到县内外有关各方的指导关心和支持。绵阳市地方志办公室主任许登义、副主任余正道、纪检组长曹玉琦、市地方志编审科晏茂川、李维怡等以及北川县地方志办公室的同仁大力支持、亲临安县指导。《汶川特大地震安县抗震救灾志》编纂委员会聘请的顾问们提出了不少指导性意见。《辽宁省对口支援安县抗震救灾志》编写组不辞辛劳赴安县地方志办公室交流切磋、指导。

《汶川特大地震安县抗震救灾志》编写工程浩繁，历时较长，工业园区，地质公园管理处，各乡镇党委、政府，县级各部门领导都为本书的成书做出了贡献。在此，谨致诚挚的谢意。

编修《汶川特大地震安县抗震救灾志》是党中央、国务院的要求，是安县43万人民的夙愿，也是县级各部门、各乡镇义不容辞的历史责任。全县各级党政机关、企事业单位，特别是县级各牵头部门为本志编写做了组织、协调、资料搜集、撰写初稿等大量工作，为本志编纂打下了基础。县地方志办公室总编室的同志们历经五度春秋、案牍劳形，五年如一日，不论风霜雨雪，不分寒冬酷暑，不为名、不为利，为修好本志呕心沥血，尽心尽力！本志编委会、领导小组全体成员以及各行各业专业人员，对本志初稿的审查修改做了大量具体工作，全体编纂人员为本志的问世付出了艰辛的劳动。可以说《汶川特大地震安县抗震救灾志》是集体智慧的结晶。凡为编修《汶川特大地震安县抗震救灾志》出过力的单位和个人，安县人民是不会忘记的！

“千淘万滤虽辛苦，吹尽黄沙始见金”。《汶川特大地震安县抗震救灾志》虽经数次撰修，几易其稿，但由于汶川特大地震历史罕见，知识性、专业性很强，我们知识水平有限，加之资料搜集有限，本书疏漏之处在所难免，敬请关心《汶川特大地震安县抗震救灾志》的各界人士、专家学者批评指正。

《汶川特大地震安县抗震救灾志》编委会

二〇一三年十月